Napoleon I.

Ich, der Kaiser I & II

Herausgegeben von
Sigmund von Löhnen
In der Übersetzung von
H. Conrad und Th. Sauvageot

Jena und Tilsit
Moskau und Wilna

Vollständige Ausgabe
mit 11 Karten

fourierverlag

Der vorliegende Teil I entspricht ungekürzt den Bänden 7 und 8 der Gesamtausgabe in 10 Bänden und 3 Ergänzungsbänden des Verlages von Robert Lutz, Stuttgart bis 1913/1.–3. und letzte Fassung. Die Übertragung wurde von Heinrich Conrad aus dem Französischen vorgenommen und anhand des Originalmanuskriptes sprachlich und inhaltlich in den Jahren 1996–1999 im Auftrag des Instituts für Geschichtsdokumentation, Amsterdam, von Theophile Sauvageot überarbeitet und dem Urtext angepaßt. Aus den Originalausgaben wurden 11 Karten hinzugefügt.

Genehmigte Sonderausgabe für Fourier Verlag GmbH,
Wiesbaden 2003

Covergestaltung: Thomas Jarzina, Köln
Bildmotiv: AKG, Berlin
Gesamtherstellung: Pollard & Moss Inc., Lillington, NC
Printed in USA

ISBN 3-932412-28-1

Napoleon I.

Ich, der Kaiser

1. Teil

Vorwort.

Mit diesem siebenten Bande beginnt die zweite Abteilung von »Napoleons Leben. Von Ihm Selbst«, der ich den Untertitel

Ich der Kaiser

gegeben habe, um dadurch das Wesen dieses wichtigen Abschnittes der Weltgeschichte zu kennzeichnen, der zumeist von Napoleons Persönlichkeit sein Gepräge empfangen hat. Ich habe bereits in der Vorrede zum ganzen Werk des näheren ausgeführt, daß für diesen Zeitabschnitt eine zusammenhängende und eigens zu dem Zweck verfaßte Darstellung fehlt. Aber das Material, das an persönlichen Äußerungen Napoleons zu Gebote steht, ist reich genug. Es beruht auf den fragmentarischen Diktaten Napoleons, auf den Gesprächen, die seine Exilgenossen Las Cases, Montholon und Gourgaud in ihren Tagebüchern aufgezeichnet haben, und vor allem auf des Kaisers Korrespondenz, die in fast erdrückender Fülle jede wichtige Epoche seines Herrschertums illustriert, z. T. auch, wie zum Beispiel in seinen berühmten Bulletins, schon in literarischer Form die Ereignisse schildert.

Es ist gewiß sehr zu bedauern, daß Las Cases dem gefangenen Kaiser durch das Mißtrauen der englischen Machthaber und Aufseher so bald entrissen wurde. Montholon war wohl ein liebenswürdiger und vor allem ein durch und durch treuer Mann; aber er hatte nicht das Talent, Napoleon zur Arbeit zu drängen, wie es der ganz in Begeisterung für seinen Helden entflammte Las Cases verstand. Der Inhalt der bisher in unserer Ausgabe veröffentlichten 6 Bände ist im wesentlichen während des einen Jahres entstanden, das Las Cases auf St. Helena verleben durfte. Fürwahr auch dies wieder eine Riesenleistung des Geistesriesen Napoleon! Der sauertöpfische Pantoffelheld Bertrand und der ewige Nörgler Gourgaud waren leider nicht die geeigneten Männer, Napoleons begreifliche Mißstimmung zu besiegen und ihn zu einer systematischen Fortsetzung seiner Memoiren zu ermuntern, wie es dem unermüdlichen Las Cases sicherlich gelungen sein würde.

Daß Napoleon die feste Absicht gehabt hat, sein Werk fortzusetzen, geht unwiderleglich aus einem Diktat hervor, das Las Cases aufbewahrt hat. Es lautet: »Da der ›Feldzug in Italien‹ beendet ist, wird Las Cases binnen 8 Tagen den Zeitraum vom Bruch des Friedens von Amiens bis zur Schlacht von Jena in Angriff nehmen.

Im Jahre 1802 ist der Friede in ganz Europa eingekehrt. Bald darauf rüstet sich Europa zum Krieg. Die Staatsform wird geändert, die Republik in ein Kaiserreich verwandelt. Die Frage des Seerechts wird der springende Punkt in dem Bruch des Friedens von Amiens.

Las Cases wird damit beginnen, unter seinen Augen durch den kleinen Emmanuel[1] die *Moniteur*-Nummern dieses Zeitraums durchsuchen zu lassen; er wird deren täglich sechs bis sieben durchsehen, was im Monat etwa hundertundachtzig Nummern ausmacht, also in einem Zeitraum von sechs Monaten zu erledigen ist. Es ist notwendig, daß er die *Moniteur*s von wenigstens sechs Monaten durcharbeitet, bevor wir unsere Arbeit beginnen.

Die Abschnitte, die diesem Zeitraum vorhergehen und ihm folgen, sollen ebenfalls von ihnen vorbereitet und bearbeitet werden. Die Durcharbeitung soll nach dem schon von Herrn von Montholon aufgestellten Muster vorgenommen werden; es soll also alles nach den Geschehnissen analysiert werden, mit Angabe der Seite und des Monats ohne Unterschied des Gegenstandes.

Wir haben folgende Hauptkapitel zu bearbeiten:

1) Geschichte der Flottille;
2) Die Erklärungen Österreichs;
3) Geschwaderbewegungen;
4) Schlacht von Trafalgar;
5) Ulm, Austerlitz;
6) Frieden von Preßburg;
7) Verhandlungen des Lord Lauderdale in Paris;
8) Schlacht bei Jena.

An geeigneter Stelle unterzubringen:

1) die Verschwörung von Georges;
2) die Episode des Herzogs von Enghien;
3) Salbung des Kaisers durch den Papst;
4) die Einrichtungen des Kaiserreichs.

---

1 den sechzehnjährigen Sohn des Grafen Las Cases.

Dies wird einer der schönsten Abschnitte der Geschichte Frankreichs werden, da man darin einerseits einen Papst nach Paris kommen sieht, um den Kaiser zu salben, was seit tausend Jahren nicht vorgekommen ist, andrerseits die französischen Fahnen über Wien und Berlin wehen sieht und der Auflösung des Römischen Reiches und dem Untergang der preußischen Monarchie beiwohnt.«

Dieses Programm liegt nun ganz naturgemäß auch der Arbeit zugrunde, die ich mit der Zusammenstellung authentischer Äußerungen und Darstellungen des Kaisers in diesem VII. Bande geleistet habe und in den beiden folgenden noch leisten werde. Der rote Faden, der sich durch alle Kapitel hindurchzieht, ist der Kampf gegen England. Wer in Napoleon durchaus nur den Tyrannen, den Despoten, den Eroberer sehen will – nun, dem ist nicht zu helfen. Mir persönlich ist es ganz unzweifelhaft, daß Napoleon gern bereit gewesen wäre, Ruhe zu halten, wenn England dies zugelassen und nicht immer wieder die Festlandsmächte gegen ihn gehetzt hätte. Und es ist aufs tiefste zu bedauern, daß das größte Verwaltungsgenie, das die Welt je gesehen hat, auf diese Weise verhindert worden ist, seine ganze Kraft zu entfalten.

Der Aufstieg des Kaisers zur Sonnenhöhe seines Ruhms, bis zu dem Tage von Austerlitz, ist das Thema dieses Bandes. Und ganz gewiß gilt von Napoleon, was O'Meara, sein treuer und darum von Albions Rachsucht von der Seite des schon todkranken Mannes gerissener Leibarzt, gesagt hat:

»Die Nachwelt wird Napoleon Gerechtigkeit widerfahren lassen. Die Wahrheit wird bekannt werden, und man wird den Fehlern, die er begangen hat, das Gute, das er vollbrachte, gegenüberstellen. Über das Resultat kann der Kaiser beruhigt sein. Alles in allem und trotz seinem Unterliegen wird er stets für einen außergewöhnlichen Mann gelten. Seine Erhebung zu solcher Höhe ist beispiellos und um so verdienstvoller, als sie nicht auf Verbrechen aufgebaut ist. Er hat sechzig große Feldschlachten geliefert, aus fast allen ist er als Sieger hervorgegangen. Er hat ein Gesetzbuch verfassen und in Kraft treten lassen, das seinen Namen bis in die späteste Nachwelt fortleben lassen wird. Aus nichts hat er sich zum mächtigsten Herrscher der Erde hinaufgeschwungen, dem ganz Europa zu Füßen lag. Gewiß, sein Ehrgeiz war groß, aber von kühler Überlegung begleitet und nur durch die Ereignisse und die Meinung der großen Massen hervorgerufen. Stets leitete ihn der Gedanke, daß die Herrschergewalt auf dem Volkswillen beruhe. Und in der Tat stellte die kaiserliche Regierungsform eine Art Republik dar. An die Spitze derselben durch die Stimmung des Volkes berufen, zeigte der Kaiser stets eifrigstes Bemühen, jede Laufbahn dem Talent offenzuhalten, ohne Rücksicht auf Geburt und Vermögen.«

Saint Jean sur Mer
Februar 1912

Heinrich Conrad

Die Schlacht bei Austerlitz

Vormittags 9 Uhr

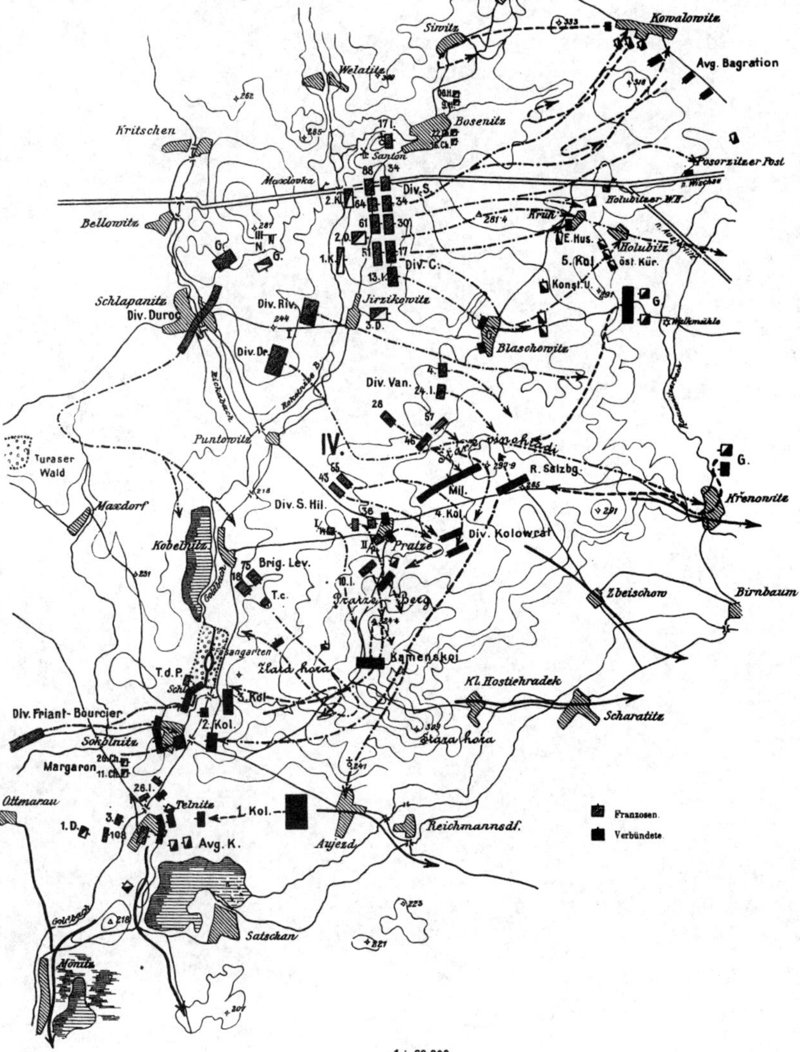

Inhaltsverzeichnis

Viertes Kapitel.

Die Eiserne Krone.

Fünftes Kapitel.

Die dritte Koalition.

Sechstes Kapitel.

Ulm. Trafalgar. Wien.

Karten:

Erstes Kapitel.

Übergang.

I. Konsulargarde und Palasteinrichtungen. – II. Der Erste Konsul wird Präsident der Italienischen Republik. – III. Die Ehrenlegion. – IV. Ernennung Napoleons zum Konsul auf Lebenszeit.

I.

Die Stellung des Ersten Konsuls machte es zur Notwendigkeit, für ihn und die beiden anderen Konsuln einen militärischen Hofstaat einzurichten und seiner Gemahlin eine fürstliche Umgebung zu verleihen.

Die Konsulargarde bestand aus vier Bataillonen Infanterie, jedes von 1200 Mann, worunter zwei Grenadier- und zwei Jägerbataillone, und aus zwei Regimentern Kavallerie, reitenden Grenadieren und reitenden Jägern. Sie enthielt die schönsten und tüchtigsten Soldaten des Heeres. Eine zahlreiche und gut bediente Artillerie vervollständigte diese Garde und machte eine wahre Kriegsdivision daraus, die alle Waffengattungen enthielt und etwa 6000 Mann stark war. Ein glänzender Stab stand an der Spitze dieser prächtigen Truppen. Jedes Bataillon hatte einen Obersten, zwei Bataillone zusammen einen Brigadegeneral an der Spitze. Vier Generalleutnants, einer von der Infanterie, einer von der Kavallerie, einer vom Geniewesen, einer von der Artillerie, befehligten abwechselnd eine Dekade hindurch das ganze Korps und versahen den Dienst bei den Konsuln. Es war eine auserlesene Schar, die den vorzüglichsten Soldaten eine Belohnung für gutes Verhalten gewährte, die Regierung mit einem ihrem kriegerischen Charakter entsprechenden Glanze umgab und an Schlachttagen eine unüberwindliche Reserve darbot. Bei Marengo hatte das Grenadierbataillon der Konsulargarde, wie man sich erinnern wird, fast die Armee gerettet. Außer diesem der Konsulargarde angehörigen Stabe hatte der Erste Konsul einen Militärgouverneur des Tuilerienpalastes eingesetzt, dem unter dem Titel von Adjutanten zwei Generalstabsoffiziere zugeteilt waren. Dieser Gouverneur war der Adjutant Duroc.

Kein Offizier war geeigneter, im Regierungspalaste die Ordnung und Wohlanständigkeit walten zu lassen, die dem Geschmacke des Ersten Konsuls und dem Geiste der Zeit entsprachen. Diese völlig militärische Umgebung mußte durch einige bürgerliche Elemente etwas gemildert werden. Ein Staatsrat, Benezech, war während des ersten Jahres beauftragt gewesen, die Audienzen zu besorgen und die auswärtigen Gesandten oder hochstehenden Männer, die bei den Konsuln Zutritt erhielten, mit der angemessenen Aufmerksamkeit zu empfangen. Für dieses Geschäft traten vier Zivilbeamte mit dem Titel Palastpräfekten an die Stelle des Staatsrats Benezech.

Madame Bonaparte erhielt vier Palastdamen, die im Salon des Ersten Konsuls die Honneurs machen halfen. Sobald es bekannt wurde, daß diese neue Palasteinrichtung im Werke sei, gingen zahlreiche Bewerbungen ein, selbst von den zum sogenannten *Ancien Régime* gehörigen Familien. Zwar kam noch nicht der hohe Adel, welcher weiland die Gemächer von Versailles füllte, mit Gesuchen, für ihn war der Augenblick der Unterwerfung noch nicht erschienen. Es kamen jedoch vornehme Familien aus der alten Zeit, die nicht unter den Emigranten gewesen waren und sich nunmehr einer mächtigen Regierung anschlossen, die durch ihren Ruhm den Dienst bei ihr für jedermann ehrenvoll gestaltete.

Zu Palastpräfekten wählte Bonaparte Benezech, der dieses Amt schon versehen hatte, Didelot und de Luçay, der ehemals der Finanzverwaltung, und de Rémusat, der ehemals der Justizverwaltung angehört hatte.

Die vier Palastdamen, die bei Madame Bonaparte die Honneurs machten, waren Madame de Luçay, Madame de Lauriston, Madame de Talhouet und Madame de Rémusat. Selbst die verleumdungssüchtigsten Leute in den Salons der Emigration in Paris hatten nichts gegen die Schicklichkeit dieser Wahl einzuwenden, und die vernünftigen Leute, die von den Höfen nur wollen, was die Wohlanständigkeit verlangt, hatten nichts an dieser militärischen und bürgerlichen Einrichtung auszusetzen. Und in der Tat muß auch der Palast der Staatsoberhäupter in einer Republik wie in einer Monarchie bewacht und mit dem imponierenden Gepränge der öffentlichen Gewalt umgeben werden; es müssen sich im Inneren dieses Palastes auserlesene Männer und Frauen befinden, die erlauchten Fremden oder hervorragenden Staatsbürgern, welche bei den höchsten Beamten der Republik Zutritt erhalten, daselbst die Honneurs machen. In diesem Sinne war der Hof des Ersten Konsuls imponierend und würdig. Eine gewisse Anmut erhielt er durch seine Frau und seine Schwestern, die sich sämtlich entweder durch ihr Benehmen oder durch Geist und Schönheit auszeichneten.

Madame Bonaparte überragte sie alle durch ihre Stellung als Gemahlin des Ersten Konsuls und bezauberte durch Liebenswürdigkeit Franzosen wie Fremde, die zum Regierungspalast Zutritt bekamen.

II.

Der Augenblick war gekommen, durch eine zweite Konstituierung der Cisalpinischen Republik die Angelegenheiten Italiens zu regeln. Talleyrand war gegen diese Schöpfung und wies auf die Schwierigkeit hin, die Angelegenheiten in einer Republik in Gang zu bringen; er berief sich auf die Batavische, Helvetische, Ligurische, Römische und Parthenopeische Republik und auf die Schwierigkeiten, die man mit ihnen gehabt und noch hatte. Man habe schon genug, meinte er, an diesen Töchterrepubliken der Französischen und solle nicht noch weitere schaffen. Er schlug ein Fürstentum oder eine Monarchie vor wie die etrurische, die man einem mit Frankreich befreundeten und von ihm abhängigen Fürsten verleihen könne. Er wäre nicht abgeneigt gewesen, diesen Staat einem Fürsten aus dem Hause Österreich, z. B. dem Großherzog von Toskana, zu bewilligen, den man in Deutschland entschädigen sollte, wofern man es nicht in Italien tat. Diese Österreich unendlich angenehme Kombination hätte es kräftig an den Frieden gekettet und in gleichem Maße auch die deutschen Mächte befriedigt, die durch dieses Mittel einen Teilhaber weniger mit den Ländereien der geistlichen Fürsten zu entschädigen gehabt hätten. Besonders gefallen hätte sie auch dem Papst, welcher hoffte, daß man ihm die Legationen zurückgeben würde, wenn man nicht gebunden wäre durch die der Cisalpinischen Republik gegebenen Versprechungen. Kurz, diese Kombination hatte den Beifall von ganz Europa, denn sie unterdrückte eine Republik, ließ ein Gebiet mehr zu verteilen übrig und stellte einen Staat weniger unter die unmittelbare Herrschaft der französischen Republik.

Bei diesem System mußte man aber dem Besitze Piemonts entsagen; denn wenn auch die Italiener die Franzosen den Deutschen vorziehen, so lieben sie doch im Grunde weder die einen noch die anderen, weil beide für sie Fremdlinge sind. Es ist das ein natürliches und berechtigtes Gefühl, das man achten muß. Wenn die Franzosen Italien beschützt hätten, ohne es besitzen zu wollen, so hätten sie seine Anhänglichkeit für immer erworben und nicht jenes schnelle Umschlagen der Neigung verursacht, von dem dies Land so vielfache Beispiele gegeben hat, seitdem es, hin- und hergeworfen zwischen Franzosen und Deutschen, immer nur die Gebieter gewechselt hat. Bei diesem Plane hätte man Etrurien nicht einem spanischen Prinzen geben dürfen. Wenn man dann die Lombardei, Piemont, die Herzogtümer Parma und Modena, das Gebiet von Mantua, die Legationen und Toskana vereinigte, bildete man einen herrlichen Staat, der sich von den Seealpen bis zur Etsch, von der Schweiz bis zum Kirchenstaat erstreckte. Es war leicht, von demselben entweder in Toskana oder in der Romagna einen Gebietsteil abzutrennen, um den Papst zu entschädigen, dessen Ergebenheit nicht dauerhaft sein konnte, wenn man nicht früher oder später seiner Geldnot abhalf. Diese verschiedenen Provinzen mußte man unter einer mit kräftiger, vollziehender Gewalt ausgestatteten Föderativregierung vereinigen, die schnell ihre Streitkräfte zusammenbringen und unseren Heeren Zeit geben konnte, zu Hilfe zu eilen. Das Bündnis zwischen diesem Staate und Frankreich mußte in der Tat ein inniges sein, denn es konnte nur durch Frankreich fortbestehen, und Frankreich mußte ebenfalls an seinem Bestehen ein großes, unveränderliches Interesse nehmen.

Ein italienischer Staat von 10 oder 12 Millionen Einwohnern, im Besitz der schönsten Grenzen, bespült von zwei Meeren, mit der gewissen Aussicht, sich beim ersten glücklichen Kriege um die venetianischen Staaten zu vergrößern und sich dann bis an die natürlichen Grenzen Italiens, die Julischen Alpen, auszudehnen, imstande, später durch ein einfaches Föderativband, welches jeder Regierung ihre Unabhängigkeit ließ, die neu konstituierte genuesische Republik, unter den zu seinem politischen und religiösen Bestehen notwendigen Bedingungen auch den Papst und endlich selbst den neapolitanischen Staat zu umfassen, nachdem man diesen von einem dummen und blutdürstigen Hofe befreit hatte: ein so konstituierter Staat war mit dem Zuwachs, den die Zukunft ihm bereitete, die Begründung der Wiedergeburt Italiens!

Der Plan übrigens, den man gegenwärtig verfolgte, schloß diese schöne Zukunft nicht aus, denn Piemont konnte eines Tages dem neuen italienischen Staate zurückgegeben werden und das Herzogtum Parma ebenfalls, bei dem aller Wahrscheinlichkeit nach bald zu erwartenden Tode des Herzogs. Selbst Etrurien konnte ihm wiedergegeben werden, wenn es notwendig war. Es war also leicht, diesen Plan künftig wieder aufzunehmen, und es hieß ihm eine erste und breite Grundlage geben, wenn man das cisalpine Land als eine unabhängige Republik konstituierte. Überdies war es für den Augenblick vielleicht besser, den Plan einer Wiedergeburt Italiens nicht ganz einzugestehen, um nicht Europa dadurch aufzubringen. Aber diese schönen Provinzen, die man tatsächlich besaß, nach Talleyrands Vorschlag zu zerstückeln, um eine kleine Monarchie mehr zugunsten eines österreichischen Prinzen zu bilden, das hieß Italien an Österreich geben; denn dieser Fürst wäre immer österreichisch geblieben, und das Volk selbst, dessen Hoffnungen man dann so unwürdig getäuscht hätte, würde gegen Frankreich einen gerechten Haß gefaßt und sich aus Groll und Verzweiflung wieder den Deutschen zugewandt haben.

Bonaparte, der sich seinen ersten und vielleicht seinen schönsten Ruhm dadurch erworben, daß er Italien aus den Händen Österreichs befreit hatte, konnte einen solchen Fehler nicht begehen. Er entschied sich für ein Mittelsystem, das die italienische Unabhängigkeit im großen nicht verhinderte und sogar der Anfang derselben sein sollte.

Er gab der Cisalpinischen Republik die ganze Lombardei bis zur Etsch, die Legationen, das Herzogtum Modena, kurz alles, was sie beim Frieden von Campo Formio erhalten hatte. Das Herzogtum Parma blieb verfügbar; Piemont gehörte einstweilen zu Frankreich. In dieser Weise konstituiert, zählte die Cisalpinische Republik gegen 5 Millionen Einwohner, konnte leicht 70 bis 80 Millionen Staatseinnahmen erzielen und ein Heer von 40 000 Mann unterhalten, das nicht über die Hälfte der Einkünfte in Anspruch nahm und genügende Mittel übrigließ, um die Verwaltung angemessen zu besolden.

Frankreich konnte ihr jederzeit zu Hilfe eilen, hatte Ober- und Mittelitalien in seiner Gewalt und beherrschte auch Süditalien durch seinen Einfluß. Es konnte nach Rom und Neapel minder offenbare Befehle senden, die aber dort ebenso Gehorsam fanden wie in Turin oder Mailand.

Man mußte dieser Cisalpinischen Republik eine Regierung geben. Den Anfang hatte man damit gemacht, ihr eine vorläufige Obrigkeit zu bilden, bestehend aus einem vollziehenden Ausschuß von drei Mitgliedern, Sommariva, Visconti und Ruga, und einer Consulta, einer Art gesetzgebender Versammlung, die aber nicht sehr zahlreich und aus verständigen und ergebenen Leuten zusammengesetzt war. Allein ein solcher Zustand konnte nicht lange beibehalten werden.

Von allen Fragen war die schwierigste die Ernennung des Präsidenten. Das stets von Priestern oder Fremden regierte Italien hatte keine Staatsmänner erzeugen können und wußte nicht einen Namen aufzuweisen, vor welchem die anderen eingewilligt hätten, in den Hintergrund zu treten. Der Erste Konsul gedachte also noch ferner sich den Präsidententitel übertragen zu lassen und einem aus den hervorragendsten Männern Italiens ernannten Vizepräsidenten die Geschäfte zu übertragen, sich selbst aber die Oberleitung derselben vorzubehalten. Es war dies für den Anfang der Republik das einzig angemessene Regierungssystem. Ihren eignen Wahlen und einem italienischen Präsidenten überlassen, wäre sie bald wie ein Schiff ohne Kompaß ein Spiel aller Winde geworden. Wurde sie dagegen von Italienern verwaltet und aus der Ferne von einem Manne geleitet, der ihr Schöpfer war und noch lange Zeit ihr Beschützer bleiben sollte, so hatte sie große Aussicht, gleichzeitig unabhängig und gut regiert zu werden.

Zu alledem mußte eine imposante Feierlichkeit hinzukommen, mit welcher man dem neuen Staat seine Verfassung und seine ernannten Behörden gab. Dieser Akt konnte nicht mit genug Glanz vollzogen werden. Er mußte zu Italien und gleichzeitig zu ganz Europa sprechen. Der Erste Konsul wählte Lyon für eine großartige Versammlung aller Italiener, denn es war zu weit für sie, nach Paris zu kommen, und zu weit für ihn, nach Mailand zu gehen.

Die so einfache Idee der Ernennung Napoleons zum Präsidenten der Cisalpinischen Republik wurde von ihren in Lyon versammelten hervorragendsten Männern für ausgezeichnet befunden, vorausgesetzt jedoch, daß der Vizepräsident ein Italiener sei. Man bestimmte den Bürger Melzi dazu, diese Würde zu übernehmen. Nachdem alles abgemacht war, brachte ein Mitglied der Dreißiger-Kommission einen diesbezüglichen Antrag ein, der freudig angenommen und sogleich in einen Dekretentwurf verwandelt wurde. Man verlor keine Zeit, und schon am 25. Januar wurde der Entwurf der versammelten Consulta vorgelegt. Sie nahm ihn mit Zuruf an und rief Napoleon Bonaparte zum Präsidenten der Italienischen Republik aus. Es war dies das erste Mal, daß man diese beiden Namen, Napoleon und Bonaparte, zusammen sah. Der General sollte mit dem Titel: Erster Konsul der französischen Republik den Titel: Präsident der Italienischen Republik verbinden. Eine Deputation wurde an ihn abgesandt, um ihm diesen Wunsch auszusprechen.

Am folgenden Tage, den 26. Januar, begab der Erste Konsul sich in den Sitzungssaal der Consulta, eine zu diesem Zweck eingerichtete und ausgeschmückte Kirche. Alles ging hier zu wie bei einer königlichen Sitzung in Frankreich oder England. Der Erste Konsul saß, umgeben von seiner Familie, den französischen Ministern und vielen Präfekten, auf einer Estrade. In italienischer Sprache hielt er eine einfache und bündige Rede, in welcher er seine Annahme erklärte, seine Ansichten über das Gedeihen der Regierung aussprach und zugleich die hauptsächlichsten Wahlen mitteilte, die er nach dem Wunsch der Consulta getroffen hatte. Am Schluß der Rede ertönte der laute Ruf: Es lebe Bonaparte! Es lebe der Erste Konsul der französischen Republik! Es lebe der Präsident der Italienischen Republik! Man las darauf die Verfassung vor und das Verzeichnis der Bürger jeden Ranges, die dazu berufen waren, sie in Tätigkeit zu setzen. Ein lang anhaltender Zuruf bekundete die Übereinstimmung des Willens zwischen dem italienischen Volke und dem Helden, der es befreit hatte. Diese Sitzung war feierlich und erhaben; sie begann auf würdige Weise das Bestehen der neuen Republik, die fortan Italienische Republik heißen sollte.

III.

Zu einem Gegenstand wahrer Sorge war dem Ersten Konsul der hohe Grad von Uneinigkeit zwischen den Männern der Revolution geworden, denen es an Verbindung miteinander und an Kraft gegen ihre gemeinschaftlichen Feinde gänzlich fehlte. Während die alten Adligen sich alle die Hand reichten; während die Vendeer, wenn auch erschöpft und unterworfen, doch im geheimen noch verbündet waren; während die Geistlichkeit, obschon sie eine neue Verfassung erhalten hatte, dennoch eine mächtige Korporation von höchst zweifelhafter Freundschaft für die Regierung bildete: lebten die Männer, welche die Revolution gemacht hatten, in Zwietracht und wurden sogar, man muß es gestehen, von der undankbaren und irregeleiteten öffentlichen Meinung verleugnet. Kaum ließ man den Wahlen freien Lauf, als man auch sogleich entweder Neulinge, denen man weder Gutes noch Schlimmes nachsagen konnte, oder ungestüme Revolutionäre emporkommen sah, deren Andenken Schrecken einflößte.

Der Erste Konsul war überzeugt, daß von den Urhebern der Revolution bald auch nicht einer mehr auf dem Platze sein würde, wenn man dieser Bewegung nachgäbe, und daß dann eine neue, für den Royalismus leicht geneigt zu machende Klasse auftreten würde.

Er hielt es deshalb für unerläßlich, die Bewegung der freien Institutionen zu verlangsamen und dadurch die Generation am Ruder zu erhalten, die die Revolution gemacht hatte. Einige blutbefleckte Männer mußten davon ausgeschlossen werden, aber selbst diesen sollte Vergessenheit und ihr Auskommen gesichert werden. Mit dieser Generation wollte er eine ruhige, geregelte und glänzende Gesellschaft begründen, deren Oberhaupt er wäre und in welcher seine Waffengefährten und Mitarbeiter in den Staatsgeschäften die höhere Klasse, wenn man will, eine Aristokratie bildeten, aber eine Aristokratie, die dem Verdienst stets offen bliebe, in welcher die Männer, die große Dienste geleistet hatten, samt ihren Kindern verblieben, und in welcher zugleich auch diejenigen Platz finden würden, die neue Dienste leisteten. Diese nach den ewigen Gesetzen der Natur gebildete Gesellschaft wollte er umgeben mit jeglichem Ruhm, verschönen durch jegliche Kunst, um sie zu ihrem eignen Vorteil jener alten Wirtschaft entgegenzuhalten, die in der Erinnerung der Emigrierten und in den Augen Europas als eine Wirklichkeit bestand. Er hoffte, selbst die Emigrierten für sie zu gewinnen und durch den Reiz hoher Stellungen anzulocken, jedoch nur unter der Bedingung, daß sie nicht als hochmütige Beschützer, sondern als nützliche und ergebene Diener aufträten.

Das waren die Ideen, nach denen der Erste Konsul sein System bürgerlicher und militärischer Belohnungen entworfen hatte.

Die Ehrenwaffen, eine Erfindung des Konvents, hatten kein Glück gemacht, weil sie den Sitten nicht entsprachen. Überdies hatten sie unangenehme Verwicklungen in der Verwaltung herbeigeführt wegen der doppelten Löhnung, die man den einen bewilligte, den anderen verweigerte. Der Erste Konsul erfand einen in der Form militärischen, aber nicht nur für Militärs bestimmten Orden. Er nannte ihn Ehrenlegion, um die Idee eines Vereines von Männern auszudrücken, die sich dem Dienste der Ehre und der Verteidigung großer Grundsätze widmeten. Sie sollte bestehen aus 15 Kohorten von je 7 Großoffizieren, 20 Kommandeurs, 30 Offizieren und 350 einfachen Legionären, im ganzen aus 6000 Personen jeden Ranges. Der Eid zeigte an, welcher Sache man sich widmen mußte, wenn man der Ehrenlegion angehörte. Jedes

Mitglied versprach, sich der Verteidigung der Republik, der Unversehrtheit ihres Gebiets, dem Grundsatz der Gleichheit, der Unverletzlichkeit des Nationaleigentums zu widmen. Es war mithin eine Legion, die ihre Ehre dareinsetzen sollte, den Grundsätzen und den Interessen der Revolution den Sieg zu sichern. Jeder Grad hatte seine Dekoration und Ausstattung. Den Großoffizieren waren 5000, den Kommandeurs 2000, den Offizieren 1000, den einfachen Legionären 250 Franken Gehalt ausgesetzt. Eine Ausstattung mit Nationalgütern sollte diese Ausgaben bestreiten. Jede Kohorte sollte ihren Sitz in der Provinz haben, in welcher die ihr zugewiesenen Güter lägen. Alle Kohorten zusammen sollten unter der Verwaltung eines Oberrates von 7 Mitgliedern stehen, zu denen zunächst die drei Konsuln und dann vier Großoffiziere gehörten, von denen den ersten der Senat, den zweiten der Gesetzgebende Körper, den dritten das Tribunat und den vierten der Staatsrat erwählte. Der so zusammengesetzte Rat der Ehrenlegion hatte die Güter der Legion zu verwalten und über die Ernennung der Mitglieder zu beraten. Was endlich diese Institution vollständig machte und ihren Geist bezeichnete, war die Bestimmung, daß bürgerliche Verdienste in jeder Laufbahn, in der Verwaltung, Regierung, in der Wissenschaft, Kunst und Literatur ebensogut als Militärverdienste Anspruch auf die Aufnahme verliehen. Um von dem gegenwärtigen Stande der Dinge auszugehen, wurde bestimmt, daß alle Inhaber von Ehrenwaffen von Rechts wegen Mitglieder der Ehrenlegion sein und je nach ihrem Range im Heere einen entsprechenden Grad in der Legion erhalten sollten.

Diese neue Schöpfung fand sehr heftigen Widerstand. Auf der einen Seite erblickte man darin ein Aufheben der verfassungsgemäßen Gleichheit. Auf der anderen Seite standen diejenigen, welche verlangten, der neue Orden solle rein militärisch sein und nur dem Heere verliehen werden. Napoleon sprach sich hierüber im Staatsrat in folgender Weise aus:

»Ich will keine Regierung von Prätorianern gründen; ich will nicht nur die Militärs belohnen; meine Absicht geht dahin, daß alle Verdienste verschwistert werden, daß der Mut eines Konventspräsidenten, der dem Pöbel Widerstand leistet, dem Mut eines Kléber an die Seite gestellt werde, der zum Sturm auf Saint Jean d'Acre vorging. Man spricht von den Grenzen der Verfassung. Man muß sich nicht so durch Worte fesseln lassen. Die Verfassung hat alles sagen wollen, aber sie hat es nicht immer vermocht. Uns liegt es ob, das Fehlende zu ergänzen. Die bürgerlichen Tugenden müssen ihren Anteil haben an der Belohnung wie die militärischen. Die, welche dagegen sind, denken wie die Barbaren. Die Gegner der Legion denken wie Barbaren. Was sie uns raten, ist die Verehrung der rohen Kraft! und die Kraft selbst ist nichts ohne die Einsicht. In den Heroenzeiten war der Stärkste, der persönlich Tüchtigste der Feldherr; in den Zeiten der Gesittung ist der Feldherr der einsichtvollste der Tapferen. Als wir in Kairo waren, konnten die Ägypter nicht begreifen, daß nicht Kléber, der Mann von so ansehnlichem Äußeren, Oberbefehlshaber sei. Als aber Murad Bey unsere Taktik näher kennengelernt hatte, sah er ein, daß nur ich und kein anderer der General eines solchen Heeres sein konnte. Sie denken wie die Ägypter, wenn Sie die Belohnungen auf kriegerische Tapferkeit zu beschränken beabsichtigen. Selbst die Soldaten haben richtigere Ansichten. Gehen Sie in ihre Biwaks und hören Sie sie an. Glauben Sie, daß unter ihren Offizieren der größte, von Gestalt ansehnlichste ihnen die meiste Achtung einflößt? Nein, der Tapferste. Und glauben Sie selbst, daß nur der Tapferste von ihnen am höchsten gestellt wird? Ohne Zweifel würden sie den verachten, dessen Mut ihnen verdächtig vorkäme; aber den, welchen sie für den Einsichtvollsten halten, stellen sie weit über den Tapferen. Und um von mir selbst zu sprechen, glauben Sie, daß ich Frankreich befehlige, nur weil ich für einen großen Feldherrn gelte? Nein, sondern weil man mir die Eigenschaften eines Staatsmannes und Beamten zuschreibt. Frankreich wird niemals die Regierung des Säbels dulden, und wer das glaubt, täuscht sich gewaltig. Da müßten erst fünfzig Jahre der Erniedrigung vorhergehen! Frankreich ist ein zu edles, zu einsichtsvolles Land, um sich der materiellen Macht zu unterwerfen und bei sich die Verehrung der Kraft einzuführen. Ehren wir die Einsicht, die Tüchtigkeit, kurz die bürgerlichen Tugenden in jedem Berufe, und belohnen wir sie bei jedem in gleichem Maße.«

Allem Widerstand zum Trotz setzte der Erste Konsul seinen Plan durch, und die Ehrenlegion wurde eingeführt.

Später machte Napoleon mit der Verleihung der Ehrenlegion eine eigentümliche Erfahrung, die hier ihren Platz finden möge:

In dem Gedanken, alle Arten von Verdiensten durch ein und dieselbe allgemeine Auszeichnung zu belohnen, beschloß der Kaiser, das Kreuz der Ehrenlegion dem Schauspieler Talma zu verleihen. Er ließ sich jedoch durch die launenhaften Sitten und die lächerlichen Vorurteile der französischen Gesellschaft beeinflussen und beschloß, erst einen anderen Versuch zu machen, um den Eindruck eines solchen Schrittes zu beobachten: er verlieh dem Sänger Crescentini die Eiserne Krone. Dieser Orden war ein nichtfranzösischer und Crescentini ein Ausländer; der Akt mußte weniger bemerkt werden und konnte höchstens zu einigen Scherzen Anlaß geben. Aber wie sehr täuschte sich der Kaiser! Er, der Kronen nach seinem Belieben verteilte, vor deren Trägern man den Rücken krümmte, er war nicht imstande, ein einfaches Ordensband zu verleihen, wenn die öffentliche Meinung dagegen war. Ganz Paris empörte sich, alle Salons keiften gegen ihn, die Böswilligkeit verrichtete Wunder.

Die Einführung des bald so sehr begehrten Ordenszeichens entsprang dem Gedanken, daß Ehre das mächtigste moralische Triebmittel, besonders für Soldaten ist. Napoleon hat in dieser Beziehung früher und später sehr reiche Erfahrungen gemacht.

Als die Österreicher Herren von Italien waren, versuchten sie vergeblich, aus den Italienern Soldaten zu machen. Sie desertierten, sobald sie ausgehoben waren, oder flohen beim ersten Schuß, wenn sie vor den Feind gebracht wurden. Nach der Eroberung Italiens durch Napoleon fing dieser ebenfalls an, zur Freude der Österreicher, italienische Truppen einzustellen, aber mit anderem Erfolg. Er hob viele Tausende aus, die sich mit ebenso großer Tapferkeit wie die Franzosen schlugen und ihn auch im Unglück nicht im Stiche ließen. Und der Grund dafür? Der Kaiser hatte den Gebrauch von Peitsche und Stock verboten, der bei den Österreichern in Ehren stand; er beförderte Soldaten, die sich als tüchtig erwiesen, und ernannte mehrere von ihnen zu Generalen: er setzte Ehre und Wetteifer an Stelle von Furcht und Peitsche.

Als der Kaiser im französischen Heere die Adler einführte, befahl er, daß zwei Unteroffiziere sich stets zur Rechten und Linken des Feldzeichens befinden sollten; damit sie nicht im Handgemenge und in der Hitze des Gefechts ihrer einzigen Aufgabe vergäßen, war ihnen verboten, Säbel oder Degen zu tragen; sie hatten als Waffen nur mehrere Paare Pistolen, um jedem Feind, der die Hand nach dem Adler ausstreckte, eine Kugel vor den Kopf zu schießen. Um diesen Ehrenplatz zu erhalten, mußte ein Unteroffizier den Beweis erbringen, daß er weder lesen noch schreiben konnte. Das klingt befremdlich; aber diese Bestimmung war reiflich erwogen worden: Ein Soldat, der lesen und schreiben kann und überhaupt Bildung hat, kann schon dadurch allein vorwärtskommen; wer aber diese Vorteile nicht besitzt, der kann nur durch außergewöhnlichen Mut es zu etwas bringen. Gerade solche Männer brauchte aber die Armee.

Als ein Regiment im Gefecht seinen Adler verloren hatte, hielt Napoleon eine Ansprache an die Soldaten und gab seine Entrüstung darüber kund, daß sie sich ihr Wahrzeichen schimpflicherweise hätten nehmen lassen. Ein Gascogner rief dem Kaiser zu: »Na, die sind schön reingefallen: sie haben nur den Stock gekriegt, den *Kuckuck* habe ich in meine Tasche gesteckt!« – und dabei holte er wirklich den Adler hervor. Die Soldaten brauchten dem Kaiser gegenüber oft sehr freie Ausdrücke; es kam häufig vor, daß sie ihn duzten.

Am Tage vor der Schlacht bei Jena schritt Napoleon mit sehr geringer Begleitung die Vorpostenkette ab. Eine Schildwache hielt ihn an und fluchte: »Hier kommt keiner durch, und wenn's der kleine Korporal selber wäre!« Als er dann bemerkte, daß es wirklich der *kleine Korporal* war, kam er keineswegs aus der Fassung, denn ein instinktives Gefühl sagte den Soldaten, daß der Kaiser es gut mit ihnen meinte und ein derbes Wort gern durchgehen ließ.

IV.

Seit einiger Zeit fragte man sich in Frankreich, ob man nicht einen großen Beweis der Nationaldankbarkeit dem Manne geben sollte, der in zwei und einem halben Jahre Frankreich aus dem Chaos herausgezogen, es mit Europa, der Kirche und mit sich selbst versöhnt und es beinahe schon vollständig organisiert hatte. Dies Gefühl der Dankbarkeit war allgemein und verdient. Es war leicht, dasselbe zur Erfüllung der geheimen Wünsche des Ersten Konsuls hinzuleiten, die darin bestanden, die ihm auf zehn Jahre anvertraute Macht auf immer zu erhalten. Dazu kam, daß die Gemüter mit sich hierüber einig waren; ausgenommen eine kleine Anzahl von Royalisten oder Jakobinern, hätte niemand den Übergang der Gewalt in andere Hände als die des Generals Bonaparte begriffen, niemand gewollt. Man hielt die unbegrenzte Fortdauer seiner Macht für das Allereinfachste und Unvermeidlichste. Diese Stimmung in eine gesetzliche Erklärung zu verwandeln, war also leicht. Es bedurfte nur eines Wortes, und man bot dem Ersten Konsul unter jedem Titel, jeder Form, die er wollte, eine wahre Souveränität an. Es genügte, irgendeinen Anlaß zu wählen und den Vorschlag auszusprechen, um ihm sofort Annahme zu verschaffen.

General Bonaparte wünschte die oberste Gewalt, dies war natürlich. Indem er das Gute getan hatte, war er seinem Genius gefolgt, hatte zugleich aber auf den Lohn dafür um so mehr gehofft, als nach seiner Überzeugung noch lange ein allmächtiges Oberhaupt notwendig war, um dieses Gute zu vollenden. In einem Lande, das ohne eine starke und schöpferische Macht nicht bestehen konnte, war es rechtmäßig, nach der obersten Gewalt zu streben. In einer Gesellschaft, die nur durch Zufall republikanisch, von Natur aber monarchisch, von Feinden umringt und eben deshalb jetzt militärisch war, die sich nicht regieren und verteidigen konnte ohne Einheit im Handeln, in einer solchen Gesellschaft hatte General Bonaparte recht, nach der obersten Gewalt zu streben, gleichviel unter welchem Titel. Allein mit einem Satze zur erblichen Souveränität überzugehen, die man Kaisertum oder Königtum nennen konnte, dies schien doch zu verwegen. Vielleicht war es besser, über eine oder mehrere Zwischenstufen dahin zu gelangen. Aber man konnte, und das war bequemer, ohne den Titel des Ersten Konsuls zu verändern, ihm das Äquivalent der königlichen Macht und selbst das der Erblichkeit verleihen: das Konsulat auf Lebenszeit mit der Befugnis, seinen Nachfolger zu ernennen.

Mit einigen Abänderungen an der Verfassung, die sich beim Senat, der eine Art konstituierender Macht geworden war, leicht durchsetzen ließen, war es möglich, eine wirkliche Souveränität unter einem republikanischen Titel zu schaffen. Man gewann sogar durch die Befugnis, den Nachfolger zu ernennen, den einzigen Vorteil der Erblichkeit, den man jetzt wünschen konnte; denn da der Erste Konsul keine Kinder, nur Brüder und Neffen hatte, war es das Beste, ihm das Recht zu übertragen, denjenigen unter ihnen auszuwählen, den er für den Würdigsten hielt, sein Nachfolger in der Gewalt zu werden.

Es wurde über diese Frage die öffentliche Abstimmung angeordnet. 3 577 259 Bürger gaben ihre Stimmen ab, und von diesen stimmten 3 568 885 für das lebenslängliche Konsulat, nur achttausend und einige hundert hatten ein verweigerndes Votum abgegeben, also eine kaum merkliche Minorität. Noch nie hatte eine Regierung eine solche Zustimmung erlangt.

Demgemäß erließ der Senat am 14. Thermidor des Jahres X folgenden Beschluß:

Artikel I: Das französische Volk ernennt und der Senat erklärt Napoleon Bonaparte zum Ersten Konsul auf Lebenszeit.

Artikel II: Ein Standbild der Friedensgöttin, die in der einen Hand den Siegeslorbeer, in der anderen das Dekret des Senates hält, wird der Nachwelt die Dankbarkeit der Nation bezeugen.

Artikel III: Der Senat wird dem Ersten Konsul den Ausdruck des Vertrauens, der Liebe und der Bewunderung des französischen Volkes darbringen.

Auf diesen ihm von einer Abordnung des Senats überbrachten Beschluß antwortete Napoleon schriftlich folgendermaßen:

Paris, den 15. Thermidor des Jahres X (3. August 1802).

Senatoren!

Das Leben eines Bürgers gehört seinem Vaterland! Das französische Volk will, daß das meinige gänzlich ihm geweiht sei. Ich gehorche diesem Willen.

Indem es mir ein neues Pfand, ein dauerndes Pfand seines Vertrauens gibt, legt es mir die Pflicht auf, das System seiner Gesetze auf Einrichtungen zu stützen, die mit der Zukunft rechnen.

Dank meinen Bemühungen, dank Eurer Mitwirkung, Bürger Senatoren, dank der Mitwirkung aller Behörden, dank dem Vertrauen und dem Willen unseres großen Volkes, werden Freiheit, Gleichheit und Wohlergehen Frankreichs gegen die Launen des Schicksals und gegen die Ungewißheiten der Zukunft geschützt sein. Das beste aller Völker wird auch das glücklichste sein, da es das würdigste ist, dies zu sein, und sein Glück wird zu dem Glück von ganz Europa beitragen.

In dem frohen Bewußtsein, durch den Willen Gottes, von dem alles ausgeht, dazu berufen zu sein, Gerechtigkeit, Ordnung und Gleichheit auf Erden wiederherzustellen, werde ich ohne Bedauern mein Sterbeglöckchen läuten hören, denn die Meinung künftiger Geschlechter kann mich nicht beunruhigen.

Senatoren! Empfangt meinen Dank für Euren feierlichen Beschluß. Der Senat hat gewünscht, was das französische Volk gewollt hat. Er tritt dadurch den Aufgaben noch näher, die zum Heil des Vaterlandes noch zu erfüllen sind!

Es ist mir ein köstliches Gefühl, die Gewißheit dieser Hoffnung in der Rede Eures ausgezeichneten Präsidenten Barthélemy zu finden.

Bonaparte.

Frankreich empfand eine tiefe Befriedigung. Die Familie des Ersten Konsuls hatte weder alle ihre Befürchtungen noch alle ihre Wünsche sich verwirklichen gesehen; nichtsdestoweniger teilte sie die allgemeine Zufriedenheit. Josephine, die für ihren Gatten stets den Dolchstoß eines Meuchelmörders befürchtete, begann sich zu beruhigen, da sie den Gedanken des Königtums verschwinden sah. Diese Art von Erblichkeit, die dem Staatsoberhaupt die Sorge überließ, sich einen Nachfolger zu wählen, war alles, was sie wünschte, denn sie hatte kein Kind vom General Bonaparte, wohl aber eine geliebte Tochter, die Gattin Louis Bonapartes, die auf dem Wege war, Mutter zu werden. Sie wünschte und hoffte, einen Enkel zu bekommen. In ihm glaubte sie den Erben der Weltherrschaft zu sehen. Ihr Gemahl war damit einverstanden.

*

Zweites Kapitel.

Die Kaiserkrone.

I. Vorverhandlungen. – II. Verhandlungen mit dem römischen Hof. – III. Reise des Papstes nach Paris. – IV. Feierliche Krönung. – V. Papst Pius in Paris; seine Bemühungen. – VI. Der kaiserliche Hofstaat. – VII. Alter und neuer Adel. – VIII. Das Schwarze Kabinett. – IX. Religiöse Momente.

I.

Die öffentliche Meinung und das Interesse des französischen Reiches drängten dazu, an Stelle der bereits bestehenden tatsächlichen Monarchie eine solche zu setzen, die auch den Namen derselben trüge.

Aber bevor er sich bis zu dem Punkt vorwagte, von dem er nicht mehr zurückkonnte, wollte Napoleon erst der Armee und Europas gewiß sein. Im Grunde zweifelte er an beiden nicht, denn der ersteren war er teuer, und letzteres fürchtete ihn. Allein es war doch ein hartes Opfer, das er seinen Waffengefährten auferlegte, die ihr Blut für Frankreich und nicht für einen Mann vergossen, von ihnen zu verlangen, daß sie ihn als ihren Souverän annähmen.

Der Erste Konsul schrieb an Soult und diejenigen Generale, zu denen er das meiste Zutrauen hatte, und befragte sie um ihre Meinung über die vorgeschlagene Änderung. Er habe, sagte er, sich noch zu nichts entschlossen, suche darin nur das Beste Frankreichs und wolle, bevor er sich entscheide, die Ansichten der Heerführer hören. Die Antworten waren sicherlich nicht zweifelhaft; sie mußten auf alle Fälle Ergebenheitsbezeigungen veranlassen, die als Beispiel dienten und die lauen und widerspenstigen Gemüter mit hinrissen.

Die Geneigtheit von seiten Europas war zwar im Grunde auch wahrscheinlich, aber doch zweifelhafter. Mit England lag man im Kriege, brauchte sich also um diese Macht nicht zu kümmern. Die neue Lage gegenüber Rußland machte es zu einer Pflicht der Würde, sich an diesen Hof nicht zu wenden. Es blieben also noch Spanien, Österreich, Preußen und die kleinen Mächte übrig. Spanien war zu schwach, um überhaupt irgend etwas abzuschlagen, allein das vergossene Blut des Bourbonen Enghien gebot wenigstens, einige Wochen verstreichen zu lassen, bevor man sich an dieses Land wandte.

Österreich hatte sich von allen Mächten am wenigsten empfindlich gezeigt über die Verletzung des deutschen Gebiets, und bei seiner großartigen Gleichgültigkeit gegen alles, was nicht seinen Vorteil betraf, gab es nichts, was man nicht vom Wiener Hof erwarten konnte. Allein in Angelegenheiten der Etikette war er schwierig, kleinigkeitskrämerisch und eifersüchtig als der älteste und höchstbetitelte Hof. Napoleon hatte sich für den Titel Kaiser entschlossen, weil er großartiger, neuer und militärischer klang als König; aber einen Kaiser mehr in die Liste der europäischen Herrscher aufnehmen zu lassen, dazu konnte, wie es schien, das Oberhaupt des Heiligen Römischen Reichs nicht so leicht zu bewegen sein.

Preußen war noch, wenngleich in letzter Zeit kälter geworden, diejenige Macht, die sich am leichtesten günstig stimmen ließ. Man fertigte also auf der Stelle einen Kurier nach Berlin ab, der dem Gesandten Laforest den Befehl brachte, mit Herrn von Haugwitz zu sprechen und sich zu erkundigen, ob der Erste Konsul hoffen dürfe, vom König von Preußen als erblicher Kaiser der Franzosen anerkannt zu werden. Man sollte diese Frage auf eine Weise stellen, daß dem jungen Könige die Wahl blieb zwischen inniger Dankbarkeit und bitterm Groll von seiten Frankreichs. Laforest hatte Befehl, keine Spur von diesem Schritt in dem Gesandtschaftsarchiv zu lassen. Bei Österreich brachte man, ohne an Champagny zu schreiben und eine unmittelbare Eröffnung zu wagen, ein Mittel in Anwendung, das nahelag: man suchte Cobenzl auszuforschen, der Talleyrand gegenüber ein ungemessenes Bestreben an den Tag legte, dem Ersten Konsul zu gefallen. Zu einer solchen Unterhandlung war Talleyrand wie geschaffen. Er erhielt von Cobenzl die befriedigendsten Äußerungen, aber nichts Positives. Er müsse, sagte er, nach Wien schreiben, um Gewißheit geben zu können. Der Erste Konsul sah sich daher genötigt, einige Wochen zu warten, bevor er den Mitarbeitern an seiner neuen Größe gestattete, ihr Werk fortzusetzen. Doch ließ man die Adressen der großen Städte und der Hauptbehörden eingehen und begnügte sich damit, sie nicht im *Moniteur* zu veröffentlichen.

Man fand den König von Preußen in bester Stimmung. Nachdem

er sich Rußland zugewandt und mit dieser Macht heimlich verbunden, fürchtete er, in dieser Hinsicht zuviel getan und zu sehr seine Mißbilligung des in Ettenheim Geschehenen an den Tag gelegt zu haben. Es war ihm daher nichts erwünschter, als dem Ersten Konsul einen persönlichen Beweis des Wohlwollens zu geben. Laforest hatte kaum die ersten Worte ausgesprochen, als Haugwitz ihm schon in die Rede fiel und sich beeilte zu erklären, daß der König von Preußen kein Bedenken tragen würde, den neuen Kaiser der Franzosen anzuerkennen. Friedrich Wilhelm erwartete zwar neuen Tadel von seiten der unruhigen Sippschaft, welche die Königin umgab, aber er wußte ihr im Interesse seines Königreichs zu trotzen, und das gute Einverständnis mit dem Ersten Konsul hielt er für ein Hauptinteresse Preußens.

Der König von Preußen schrieb am 23. April 1804 eigenhändig an Herrn v. Lucchesini einen Brief, der dem Ersten Konsul mitgeteilt wurde und der die freundschaftlichsten Ausdrücke enthielt. »Ich werde kein Bedenken tragen«, sagte der König, »Sie zu ermächtigen, sobald als möglich eine Gelegenheit zu ergreifen, es Herrn von Talleyrand zu bezeugen, daß ich, nachdem ich mit Vergnügen die oberste Gewalt dem Ersten Konsul auf Lebenszeit übertragen gesehen, es mit noch größerer Teilnahme sehen würde, wenn die durch seine Weisheit und seine großen Taten hergestellte Ordnung der Dinge durch Einführung der Erblichkeit in seiner Familie befestigt würde, und daß ich keine Schwierigkeit machen werde, ihn anzuerkennen. Setzen Sie hinzu, daß ich mir der Hoffnung schmeichle, dieser unzweideutige Beweis meiner Gesinnung werde in seinen Augen gleichen Wert haben mit allen Sicherheiten und Bürgschaften, die ihm ein förmlicher Vertrag hätte bieten können, dessen Grundlagen tatsächlich existieren, und daß ich hoffe, auch meinerseits auf die Wirkungen dieser gegenseitigen Freundschaft und des Vertrauens bei ihm rechnen zu dürfen, das ich gern beständig zwischen den beiden Regierungen herrschen sähe.«

Anders ging es in Wien. Hier dachte man nur daran, auf die bestmögliche Weise seinen eigenen Schnitt dabei zu machen. Der Tod des Herzogs von Enghien, die Verletzung des deutschen Gebiets, alles das wurde als geringfügig angesehen. Das einzige, woran man dachte, war die Entschädigung, die man zum Lohn für das Opfer der Anerkennung des neuen Kaisers verlangen sollte. Zunächst mußte man sich, trotz dem Übelstand, daß man Rußland einen schlechten Gefallen tat, wenn man der französischen Regierung ein ihr überaus angenehmes Zugeständnis machte, sich schon entschließen, Napoleon anzuerkennen, denn durch eine abschlägige Antwort stellte man sich gegen Frankreich so gut wie auf den Kriegsfuß, was man vor allen Dingen, wenigstens für den Augenblick, vermeiden wollte. Aber man mußte Nutzen ziehen aus der zu bewilligenden Anerkennung, sie etwas verzögern, sie durch einige Vorteile erkaufen lassen und die zur Verhandlung über die zu erlangenden Zugeständnisse angewendete Zeit Rußland als eine aus Übelwollen hervorgegangene Verzögerung darstellen. Das war die österreichische Politik, und man muß zugeben, daß sie zwischen Leuten, die gegeneinander auf dem Fuße beständigen Mißtrauens standen, natürlich war.

Seitdem die österreichische Partei im Reiche so außerordentlich geschwächt war, konnte es kommen, daß bei der nächsten Wahl das Haus Österreich die Kaiserkrone verlor. Es gab ein Mittel, dem vorzubeugen. Man mußte dem Hause Österreich selbst für seine Erbstaaten eine Krone, und zwar nicht eine königliche, sondern eine Kaiserkrone sichern, so daß das Oberhaupt dieses Hauses Kaiser von Österreich blieb, falls es durch die Zufälligkeiten einer künftigen Wahl aufhörte, Kaiser von Deutschland zu sein. Dies vom Ersten Konsul zum Lohn für die Erfüllung seines Wunsches zu verlangen, beauftragte man Champagny in Wien und Cobenzl in Paris. Übrigens sollte man ihm erklären, daß mit Vorbehalt der Verhandlung über die Bedingungen das Prinzip der Anerkennung vom Kaiser Franz ohne weiteres zugegeben werde.

Obgleich der Erste Konsul an der Gesinnung der Mächte wenig gezweifelt hatte, erfüllten ihn doch ihre Antworten mit Zufriedenheit. Dem preußischen Hofe bewies er die größte Dankbarkeit und Freundschaft. Nicht minder lebhaft dankte er dem Wiener Hofe und antwortete, er willige ohne Schwierigkeit ein, dem Haupte des Hauses Österreich den Kaisertitel zuzuerkennen.

Vom Heere hatte der Erste Konsul Beweise der bereitwilligsten Zustimmung erhalten. Namentlich der General Soult hatte ihm einen Brief voll höchst befriedigender Erklärungen geschrieben, und in den vierzehn Tagen, die man gebraucht, um mit Berlin und Wien zu korrespondieren, hatten auch die großen Städte energische Adressen für die Herstellung der Monarchie eingesandt.

Es handelte sich somit nur noch um Formalitäten, und als solche stand in erster Linie die feierliche Vollziehung der Krönung.

II.

Napoleon hatte einen kühnen Gedanken gefaßt, dessen Verwirklichung die Gemüter ergreifen und seine Throngelangung noch ungewöhnlicher machen mußte; er wollte sich nämlich vom Papste selber salben und ihn zu der Feierlichkeit von Rom nach Paris kommen lassen. Das war ohne Beispiel in den achtzehn Jahrhunderten der Kirche. Es war dies das erstemal, daß ein Papst Rom verlassen sollte, um den Rechten eines neuen Monarchen in der eignen Hauptstadt desselben die Weihe zu erteilen.

Kaum war dieser Gedanke gefaßt, so machte ihn Napoleon zu seinem unabänderlichen Entschluß und nahm sich vor, Pius VII. durch jedes Mittel, sei es Überredung oder Furcht, nach Paris zu bringen. Es war dies eine der schwierigsten Unterhandlungen. Er gedachte sich des Kardinals Caprara zu bedienen, der fortwährend nach Rom schrieb, daß ohne Napoleon die Religion in Frankreich und vielleicht sogar in Europa verloren gewesen sein würde. Sein Vorhaben teilte er dem Erzkanzler Cambacérès mit und bestimmte in Gemeinschaft mit diesem das zu beobachtende Verfahren, um den ersten Angriff auf die Vorurteile, die Bedenklichkeiten und die Trägheit des römischen Hofes zu machen.

Nachdem Napoleon sich mit seinem bisherigen Kollegen über alles geeinigt hatte, was zu tun war, ließ er den Kardinallegaten nach St.-Cloud kommen und sprach mit ihm in achtungsvollem, aber so bestimmtem Tone, daß es dem Kardinal nicht in den Sinn kam, auch nur eine einzige Einwendung zu wagen. Napoleon sagte, daß er ihn ausdrücklich beauftrage, vom Papste zu verlangen, er möge nach Paris kommen, um den Gottesdienst bei der Krönung zu halten; daß er später, sobald er gewiß sei, keine abschlägige Antwort zu erhalten, das förmliche Verlangen deshalb stellen werde, übrigens nicht an Erfüllung seines Wunsches zweifle, da die Kirche es sowohl ihm als sich selbst schuldig sei, einzuwilligen, und da der Religion nichts größeren Nutzen bringen könne als die Gegenwart des Papstes und die Vereinigung des religiösen Gepränges mit dem bürgerlichen bei dieser feierlichen Veranlassung. Kardinal Caprara schickte einen Kurier nach Rom, und Talleyrand schrieb an den Kardinal Fesch, um ihn von diesem neuen Plane zu unterrichten und zu beauftragen, die Unterhandlung fördern zu helfen.

Es war Frühling. Napoleon hätte es gern gesehen, wenn der Papst seine Reise erst im Herbst unternommen hätte. Er gedachte dann das Wunder des in Paris den Repräsentanten der französischen Revolution krönenden Papstes durch ein zweites zu vermehren: durch die Expedition nach England, die er wegen der Royalistenverschwörung und der Errichtung des Kaisertums verschoben hatte. Allein die Vorbereitungen dazu waren so weit vollendet, daß der Erfolg ihm nicht mehr zweifelhaft schien. Nur einen Monat höchstens brauchte er dazu, denn ein Wetterstrahl sollte es sein, den er schleudern wollte. Er bestimmte den Juli oder August zu dieser großen Expedition. Um die Zeit des Oktobers hoffte er daher siegreich heimgekehrt zu sein, im Besitze der europäischen Allgewalt, um sich zu Anfang des Winters, am Jahrestage des 18. Brumaire (9. November 1804) krönen zu lassen.

Als Pius der Siebente durch den außerordentlichen Kurier des Kardinals Caprara den Wunsch Napoleons erfuhr, war er betroffen, und lange bewegten ihn widersprechende Gefühle. Er erkannte wohl, daß dies eine Gelegenheit sei, der Religion neue Dienste zu leisten und manches Zugeständnis für sie zu erlangen, vielleicht gar die Rückgabe der reichen, dem Erbe Sankt Peters entrissenen Provinzen. Was aber hatte er dagegen auch zu wagen! Welche gehässigen Urteile von seiten Europas hinzunehmen! Welche Unannehmlichkeiten zu erdulden inmitten dieser revolutionären, vom Geiste der Philosophie angesteckten, von dem spottsüchtigsten Volke der Erde bewohnten Hauptstadt! Alle diese Aussichten, die sich auf einmal vor dem Geiste des empfindlichen und reizbaren Papstes eröffneten, regten ihn dermaßen auf, daß seine Gesundheit darunter merklich litt. Sein Minister und Ratgeber, Kardinal-Staatssekretär Consalvi, wurde der Vertraute seiner Unruhe, die er teilte. Aber beide sahen schließlich, besonders auch durch die Briefe des Legaten und des Bischofs von Orléans aufgeklärt, die Unmöglichkeit einer Weigerung ein und verstanden sich dazu, auf Drängen des Kardinals Fesch, nachzugeben, nachdem sie jedoch lange und wiederholt mit den in Rom anwesenden Kardinälen beraten hatten.

Pius der Siebente ließ daher erklären, er sei bereit zu kommen, unter der Bedingung, daß der bei der Krönung von Napoleon zu leistende Eid keine Billigung ketzerischer Dogmen, sondern nur die tatsächliche Duldung abweichender Bekenntnisse enthalte; daß man ihm Gehör verspräche, wenn er gegen gewisse organische Artikel Einspruch erhöbe und wenn er die Interessen der Kirche und des Heiligen Stuhles verträte (die Legationen wurden nicht genannt); daß man keine Bischöfe, die ihre Unterwerfung unter den Heiligen Stuhl bestritten, vor ihn lasse, bevor sie sich nicht unterworfen hätten; daß er nicht mit Personen zusammenträfe, deren Lebensverhältnisse den Gesetzen der Kirche zuwiderliefen (man bezeichnete ausdrücklich die Frau des Ministers der Auswärtigen Angelegenheiten Talleyrand); daß die zu beobachtende Zeremonie dieselbe sei wie am Hofe zu Rom bei der Krönung der Kaiser oder bei der Salbung der Könige von Frankreich durch den Erzbischof von Reims; daß nur eine ausschließlich vom Papste vollzogene Zeremonie stattfinde; daß eine Deputation von zwei französischen Bischöfen ihm ein Einladungsschreiben überbringe, worin der Kaiser sage: durch wichtige Gründe im Schoße seines Reiches zurückgehalten und um sich mit ihm über die kirchlichen Angelegenheiten zu verständigen, bitte er ihn, nach Frankreich zu kommen, um seine Krone zu weihen und über die Interessen der Kirche zu verhandeln; daß keine Art von Forderung an ihn gestellt und er durch nichts an seiner Rückkehr nach Italien behindert werde.

Das päpstliche Kabinett sprach endlich den Wunsch aus, die Krönung auf den 25. Dezember, den Tag, an dem Karl der Große zum Kaiser ausgerufen worden war, zu verlegen, denn der Papst sei sehr aufgeregt und fühle das Bedürfnis, einige Zeit in Castel Gandolfo zuzubringen, um sich ein wenig zu erholen, und könne überdies Rom nicht verlassen, bevor er nicht mancherlei Angelegenheiten der römischen Regierung geordnet habe.

Diese Bedingungen waren sehr annehmbar, denn mit dem Versprechen, die Reklamationen des Papstes wegen gewisser organischer Artikel zu hören, verpflichtete man sich zu nichts und brauchte ihnen nicht zu willfahren, falls sie den Grundsätzen der französischen Kirche zuwiderliefen.

Nachdem Kardinal Fesch einmal die Zusage erhalten hatte, erklärte er, daß der Kaiser alle Reisekosten übernehme, was für eine bankerotte Regierung eine große Schwierigkeit aus dem Wege schaffte.

Napoleon hielt das Erlangte für einen großen Sieg, der seinen Rechten das letzte Siegel aufdrücke und ihm in der Legitimitätsfrage nichts mehr zu wünschen lasse. Gleichwohl wollte er inmitten dieses äußerlichen Gepränges keineswegs seinen selbständigen Charakter aufgeben und nichts seiner Würde und den Grundsätzen seiner Regierung Zuwiderlaufendes tun oder versprechen. Da ihm Kardinal Fesch gesagt hatte, daß es genügen würde, einen ausgezeichneten General an den Papst abzusenden, so machte er den General Caffarelli zum Überbringer seiner Einladung, die er in achtungsvollen, ja schmeichelhaften Ausdrükken abfaßte. Sie lautete:

»Heiligster Vater!

Der glückliche Einfluß auf die Moral und den Charakter meines Volkes, den die Wiedereinführung der christlichen Religion gehabt hat, bewegt mich, Eure Heiligkeit zu bitten, mir bei einer der wichtigsten Veranlassungen, die die Weltgeschichte aufzuweisen hat, einen neuen Beweis des Interesses zu geben, das Sie an meinem Geschick und an dem dieser großen Nation nehmen. Ich bitte Eure Heiligkeit nach Paris zu kommen und der Salbungs- und Krönungsfeier des ersten Kaisers der Franzosen in feierlicher Weise die Weihe der Religion zu verleihen. Der Glanz dieser Zeremonie wird heller strahlen, wenn sie von Eurer Heiligkeit selbst vollzogen wird. Sie wird auf uns und unsere Völker die Segnungen Gottes herabrufen, dessen Ratschlüsse die Geschicke der Reiche und Familien nach seinem Willen lenken.

Eure Heiligkeit kennt die liebreiche Gesinnung, die ich seit langem für Sie hege, und wird deshalb das Vergnügen ermessen, das mir diese Gelegenheit gewähren wird, derselben neue Beweise davon zu geben.

Und so bitten wir Gott, daß er Sie, Allerheiligster Vater, lange Jahre als Lenker und Leiter unserer Mutter, der heiligen Kirche, erhalten möge.

Ihr ehrfurchtsvoller Sohn

Napoleon.«

An dieses Schreiben schlossen sich dringende Bitten, der Papst möge statt am 25. Dezember schon in den letzten Tagen des Novembers ankommen. Den wahren Grund, der ihn zu dem Wunsche bewog, die Zeremonie möchte früher stattfinden, sprach Napoleon nicht aus. Es war kein anderer als sein auf den Dezember hinausgeschobener Plan, in England zu landen.

General Caffarelli kam in der Nacht vom 28. zum 29. September in Rom an. Kardinal Fesch stellte ihn dem Papste vor, der ihn väterlich aufnahm. Pius der Siebente empfing das Schreiben aus den Händen des Generals, las es aber erst nach der Audienz. Nachdem er davon Kenntnis genommen und nichts von den kirchlichen Angelegenheiten als Beweggrund seiner Reise nach Frankreich darin gefunden hatte, ergriff ihn ein tiefer Schmerz und ein Nervenanfall, der große Besorgnis erregte. Was dem ehrwürdigen Papst, wie allen Fürsten von erhabener Seele, am Herzen lag, war im Grunde seine Ehre und die Würde seiner Krone. Diese glaubte er bloßgestellt, wenn das Interesse der religiösen Angelegenheiten nicht als Erklärung seiner Reise angeführt wäre. Der Spottname »Kaplan Napoleons«, den seine Feinde ihm gaben, schmerzte ihn tief. Er ließ den Kardinal Fesch rufen und sagte zu ihm: »Was Sie mir da gebracht haben, ist Gift!« Auf einen solchen Brief werde er nicht antworten, und nach Paris gehe er nicht, denn man habe ihm nicht Wort gehalten. Kardinal Fesch beruhigte den erzürnten Papst, und eine neue Befragung der Kardinäle hob diese letzte Schwierigkeit. In der Tat begriffen alle, daß ein Rücktritt unmöglich sei, und es wurde bestimmt, daß der Papst am 2. November abreisen solle, um am 27. in Fontainebleau einzutreffen.

III.

Am 2. November frühmorgens begab sich der Papst, nachdem er dem Kardinal Consalvi seine ganze Gewalt anvertraut und ihn wiederholt umarmt hatte, in die Peterskirche und betete lange, von den Kardinälen, den Großen Roms und dem Volke umgeben. Dann bestieg er den Wagen und schlug die Straße nach Viterbo ein. Eine weite Strecke begleiteten die ihren Päpsten so ergebenen Trasteveriner seinen Wagen unter Tränen.

Pius der Siebente wünschte trotz seiner Armut einige Geschenke mitzubringen, die des Mannes würdig wären, den er besuchte. Mit dem ihm eignen feinen Takte wählte er zwei durch ihre Schönheit und Bedeutung ausgezeichnete antike Kameen. Die eine stellte Achilles, die andere Scipio dar. Für die Kaiserin bestimmte er antike Vasen von bewundernswerter Arbeit. Auf Talleyrands Rat brachte er für die Damen des Hofes eine Unmenge von Rosenkränzen mit.

Er fuhr durch den Kirchenstaat und Toskana, auf seinem ganzen Wege von der knienden Bevölkerung Italiens begrüßt. In Florenz wurde er von der eben verwitweten Königin von Etrurien empfangen, die für ihren Sohn die Regentschaft des von Napoleon neu errichteten Königreiches führte. Sie nahm den Papst, wie es nicht anders von der frommen spanischen Fürstin zu erwarten war, mit Beweisen von Verehrung und Hochachtung auf, die ihn entzückten, und er fing an, sich von seiner großen Besorgnis etwas zu erholen. Die Legationen vermied er, um durch sein Erscheinen die Einverleibung derselben in einen anderen als den Kirchenstaat nicht gutzuheißen, und fuhr daher über Piacenza, Parma und Turin weiter. Er war noch nicht in Frankreich, aber schon gaben ihm französische Staatsbeamte und Truppen das Geleit, und er sah den alten Menou und die Offiziere der italienischen Armee sich ehrfurchtsvoll vor ihm verbeugen.

Pius der Siebente wurde allmählich ruhiger und hörte schließlich auf, die Folgen seines Entschlusses zu befürchten. Er fuhr über die Alpen. Es waren außerordentliche Vorsichtsmaßregeln getroffen worden, um seinen Übergang und den der ihn begleitenden alten Kardinäle sicher und leicht zu gestalten. Kaiserliche Palastbeamte sorgten für alles mit größter Freigebigkeit und unendlichem Eifer. Endlich kam er in Lyon an. Hier wurden seine Besorgnisse in wahre Freude verwandelt. Aus der Provence, dem Dauphiné, Franche Comté, Burgund war das Volk in Strömen herbeigeeilt, um den Stellvertreter Gottes auf Erden zu sehen. Die Völker haben alle ein unbestimmtes, aber tiefes Gefühl der Gottheit im Herzen. Es kommt wenig auf die Form an, unter der man dieser Gottheit seine Anbetung darbietet, wofern sie nur eine althergebrachte ist und ihr von oben her Achtung gezollt wird.

In Lyon erhielt Pius wieder einen Brief vom Kaiser mit neuen Danksagungen und Wünschen für seine baldige Ankunft. Der schwache, krankhaft reizbare Papst, der die Anstrengungen nicht mehr fühlte, seitdem er sich so empfangen sah, erbot sich selbst, seine Reise um zwei Tage zu beschleunigen. Er verließ Lyon unter den gleichen Huldigungen wie bei seiner Ankunft, durchzog Moulins, Nevers und fand allenthalben auf der Landstraße dieselbe bewegte Menge, die den Segen des Kirchenoberhauptes verlangte.

In Fontainebleau sollte Pius der Siebente haltmachen. Dies war von Napoleon so angeordnet worden, damit er die Gelegenheit hatte, dem Heiligen Vater entgegenkommen zu können und ihm zwei oder drei Tage Erholung in dieser schönen Zurückgezogenheit zu verschaffen. Er hatte für diesen Tag, den 25. November, eine Jagd angesetzt, die sich nach der Straße hinwenden sollte, auf der der Papst anlangte. Als der päpstliche Reisezug beim Kreuze von Sankt Herem ankam, lenkte Napoleon sein Roß nach dieser Seite und sprengte dem Papste entgegen. Er stellte sich ihm vor und umarmte ihn. Pius betrachtete, gerührt von dieser Zuvorkommenheit, mit Neugier und innerer Erregung diesen zweiten Karl den Großen, an den er seit einigen Jahren unaufhörlich als an ein Werkzeug Gottes auf Erden gedacht hatte.

Es war gerade Mittag. Die beiden Souveräne setzten sich in den

Wagen, um nach Fontainebleau zu fahren, und Napoleon überließ dabei dem Papste den Platz zur Rechten. Auf der Schwelle des Palastes stand die Kaiserin mit den im Halbkreise aufgestellten Großen des Reiches und den Befehlshabern der Armee, um Pius den Siebenten zu empfangen und ihm ihre Huldigung darzubringen. Obwohl der Heilige Vater an das römische Gepränge gewöhnt war, mußte er sich doch gestehen, so Prächtiges noch nicht gesehen zu haben. Von diesem Kreise geleitet und umgeben, gelangte er in die für ihn bestimmten Gemächer.

Am 28. November, nach dreitägiger Ruhe, bestiegen Kaiser und Papst den Wagen – der Papst stets zur Rechten sitzend –, um sich nach Paris zu begeben, wo für Pius der Flora-Pavillon zur Wohnung eingerichtet war.

IV.

Am 1. Dezember 1804 erließ Napoleon folgende Kundgebung an den Senat:

Ich besteige den Thron, auf den mich der einstimmige Wille des Senates, des Volkes und der Armee beruft, das Herz voll von Mitgefühl für das große Schicksal dieses Volkes, das ich zuerst aus dem Feldlager als das »große« begrüßte.

Seit meiner Jugend sind alle meine Gedanken ihm geweiht, und, ich will es hier aussprechen, Freud oder Leid erwächst mir heute nur noch aus Glück oder Unglück meines Volkes.

Meine Nachkommen werden lange diesen Thron behaupten.

Im Felde werden sie die ersten Soldaten des Heeres sein, ihr Leben für die Verteidigung ihres Landes aufopfernd.

Als Verwalter werden sie niemals aus dem Auge lassen, daß Mißachtung der Gesetze und Erschütterung der gesellschaftlichen Ordnung stets nur die Folgen der Schwäche und Unsicherheit der Fürsten sind.

Ihr, Senatoren, deren Rat und Beistand mir unter den schwierigsten Verhältnissen niemals versagt hat, werdet euren Geist und eure Gesinnung auch auf eure Nachfolger übertragen. Seid stets die Stützen und ersten Ratgeber dieses Thrones, der für das Glück unseres großen Reiches so notwendig ist.

Am Sonntag, den 2. Dezember, einem kalten, aber hellen Wintertage, strömte die Bevölkerung von Paris von allen Seiten zusammen, um dem

Zuge des kaiserlichen Gefolges beizuwohnen. Der Papst zog vorauf, um 10 Uhr morgens, lange vor dem Kaiser, damit die beiden Züge einander nicht behinderten. Ihn begleitete eine zahlreiche Geistlichkeit, in die kostbarsten Ornate gekleidet und von Abteilungen der kaiserlichen Garde geleitet. Die Neugierde der Pariser wurde besonders durch die Erscheinung eines Abbés angeregt, der auf einer Eselin sitzend, ein Kruzifix in der Hand, dem Heiligen Vater auf seinem Weg zur Kirche voranritt.

Ein reich verzierter Säulengang war rings um den Platz Notre-Dame errichtet worden, um die Souveräne und Prinzen, die sich in die alte Kathedrale begeben wollten, beim Aussteigen aus ihren Wagen aufzunehmen. Der erzbischöfliche Palast, mit einer Pracht geschmückt, die der Gäste, die er aufnehmen sollte, würdig war, war so eingerichtet, daß der Papst und der Kaiser einen Augenblick daselbst ausruhen konnten.

Nach kurzem Verweilen trat der Papst in die Kirche, wo sich schon seit mehreren Stunden die Deputationen der Städte, die Repräsentanten der Magistrate und der Armee, die sechzig Bischöfe mit ihren Geistlichen, der Senat, der Gesetzgebende Körper, das Tribunat, der Staatsrat, die Fürsten von Nassau, Hessen, Baden, der Erzkanzler des Deutschen Reiches, endlich die Gesandten aller Mächte versammelt hatten. Die Haupttür der Notre-Dame-Kirche war geschlossen, weil sich der kaiserliche Thron an dieselbe anlehnte. Man trat durch die Seitenpforten ein, die sich an den beiden Enden des Querschiffs befinden.

Als der Papst, dem das Kreuz und die Zeichen des Nachfolgers Petri vorangetragen wurden, in dieser alten Kathedrale des heiligen Ludwig erschien, erhoben sich alle Anwesenden, und 800 Musiker und Sänger stimmten nach einer feierlichen Melodie den geweihten Gesang an: Tu es Petrus. Dies machte einen ergreifend tiefen Eindruck. Der Papst ging mit langsamen Schritten zum Altare, wo er niederkniete, und nahm dann Platz auf einem zur Rechten des Altars für ihn errichteten Throne. Die sechzig Prälaten der französischen Kirche kamen einer nach dem anderen, ihn zu begrüßen. Jedem, den konstitutionellen wie den anderen, bewies sein Blick gleiches Wohlwollen. Dann erwartete man die Ankunft der kaiserlichen Familie.

Die Kirche Notre-Dame war mit einer Pracht ohnegleichen geschmückt. Sammetbehänge, mit goldenen Bienen übersät, bekleideten die Wände von der höchsten Wölbung bis auf den Fußboden. Am Fuß des Altars standen einfache Armstühle, die der Kaiser und die Kaiserin vor ihrer Krönung einnehmen sollten. Im Hintergrunde der Kirche, dem Altar gegenüber, stand ein mächtiger Thron auf vierundzwanzig Stufen, zwischen Säulen mit einem Giebel, eine Art von Monument in einem Monumente, für den gekrönten Kaiser und seine Gemahlin bestimmt. So war der Gebrauch nach beiderlei Ritus, dem römischen und dem französischen. Der Monarch setzte sich nicht eher auf den Thron, als bis er vom Papste gekrönt war.

Man wartete auf den Kaiser und wartete lange. Dies war der einzige bedauerliche Umstand bei der großen Feierlichkeit. Die Ursache dieser Verzögerung war die Furcht des Ordners der Feierlichkeit, die beiden Aufzüge möchten sich begegnen. Der Kaiser hatte die Tuilerien verlassen in einem ringsum mit Glasfenstern versehenen Wagen, auf dem man goldene, eine Krone haltende Genien sah. Er trug ein vom größten Maler der damaligen Zeit vorgezeichnetes und der Tracht des 16. Jahrhunderts sehr ähnliches Gewand, einen kurzen Mantel und ein Barett mit Federn. Den kaiserlichen Ornat wollte er erst im erzbischöflichen Palaste anlegen, kurz bevor er in die Kirche eintrat. Von seinen Marschällen zu Pferde begleitet und die Großwürdenträger im Wagen voran, fuhr er langsam die Straße Saint-Honoré und den Seine-Quai entlang über den Notre-Dame-Platz, umjauchzt von einer unermeßlichen Volksmenge.

Vor dem beschriebenen Portikus angelangt, stieg Napoleon aus und begab sich in den erzbischöflichen Palast, wo er den kaiserlichen Mantel anlegte, Krone und Szepter nahm; hierauf schritt er zu Fuß in die Kathedrale. Die große Krone, der die Krone Karls des Großen als Muster gedient hatte, wurde neben ihm hergetragen. Er selbst trug vorläufig nur die Krone der Cäsaren, einen einfachen goldenen Lorbeerkranz.

Nachdem er unter dem Klange einer rauschenden Musik in die Kirche eingetreten war, kniete er nieder und begab sich dann zu dem Lehnsessel, den er einnehmen sollte, bevor er von dem Throne Besitz nahm. Krone, Szepter, Degen und Mantel waren auf dem Altare niedergelegt. Der Papst nahm die gewöhnliche Salbung an seiner Stirn, seinen Armen und Händen vor, weihte dann den Degen, den er ihm umgürtete, das Szepter, das er ihm darreichte, und ergriff hierauf die Krone. Napoleon beobachtete seine Bewegungen mit aufmerksamem Auge, nahm die Krone ohne Hast, aber mit sicherer Entschiedenheit dem Papst aus den Händen und setzte sie selbst auf sein Haupt. Diese von allen Anwesenden verstandene Handlung machte einen unnennbaren Eindruck. Dann nahm Napoleon die Krone der Kaiserin, näherte sich der vor ihm knienden Josephine und setzte sie der Gefährtin seines Glücks auf, die dabei in Tränen zerfloß.

Nachdem dies geschehen, begab er sich zu dem großen Throne und stieg denselben empor, begleitet von seinen Brüdern, die die Zipfel des kaiserlichen Mantels trugen. Wie herkömmlich begab sich jetzt der Papst an den Fuß des Thrones, um dem neuen Souverän den Segen zu erteilen und jene Worte zu singen, die in der Peterskirche den Ohren Karls des Großen erklungen waren, als die römische Geistlichkeit ihn unvermutet zum Kaiser des Abendlandes ausgerufen hatte: Vivat in aeternum semper Augustus! Bei diesem Gesange ertönte tausendfach wiederholt der Ruf: Es lebe der Kaiser! und hallte von den Kuppeln des Domes wider; die Kanonen donnerten dazwischen und verkündeten ganz Paris den feierlichen Augenblick, indem Napoleon nach allen unter den Menschen hergebrachten Formen wirklich gekrönt worden war. Der Erzkanzler Cambacérès überbrachte ihm hierauf die Eidesformel, ein Bischof reichte ihm das Evangelium dar, und die Hand auf dem Buche der Christen, sprach er den Eid, der die großen Grundsätze der französischen Revolution enthielt:

»Ich schwöre, das Gebiet der Republik in seinem vollen Umfange zu bewahren, die Gesetze des Konkordats und der freien Religionsübung zu achten und ihnen Achtung zu verschaffen, die politische und bürgerliche Freiheit sowie die Unanfechtbarkeit der Verkäufe von Nationalgütern aufrechtzuerhalten; Steuern und Umlagen nur nach Maßgabe der Gesetze zu erheben; die Einrichtung der Ehrenlegion bestehen zu lassen; nur im Hinblick auf die Wohlfahrt, das Glück und den Ruhm des französischen Volkes zu regieren.«

V.

Der Papst war außerordentlich duldsam. Alle hübschen Frauen von Paris, und zumal diejenigen, denen wegen ihres Rufes der Zutritt zum kaiserlichen Hof verweigert worden war, genossen der Ehre, sich ihm nahen zu dürfen und seinen Segen zu empfangen. Madame Hamelin und Madame Tallien wurden oft von ihm empfangen. Im allgemeinen haben die Frauen Priester gern, und diese sind ihnen oft sehr nützlich, wenn sie es verstehen, sie in sich verliebt zu machen. Die Vergebung der Sünden ist ein wunderschöner Gedanke! Wer könnte sagen: »Ich werde niemals glauben!«

Nach der Krönung wollte der Papst den Kaiser sprechen und hielt darauf, ihm seinen Besuch zu machen. Der Papst hatte viel nachgegeben. Er hatte sich dazu verstanden, nach Paris zu kommen, darauf verzichtet, mit eigener Hand dem Kaiser die Krone aufs Haupt zu setzen, und ihm die öffentliche Beichte vor der Zeremonie erlassen. Er zählte deshalb auf eine große Belohnung, er hatte von der Romagna und den Legationen geträumt und fing nun an zu begreifen, daß er auf alles dies verzichten müsse. Er setzte seine Wünsche herab und bat nur noch um einen kleinen Gnadenbeweis, wie er sagte, nur um die Unterschrift des Kaisers unter ein altes Dokument, ein sehr abgenutztes Stück Papier, das von Ludwig dem Vierzehnten stammte. »Erweisen Sie mir diese Gnade«, bat er, »im Grunde ist das ohne Bedeutung.«

»Gern, Heiliger Vater«, antwortete der Kaiser, »wenn sie ausführbar, ist die Sache erledigt.« Das Schriftstück enthielt eine Erklärung Ludwigs des Vierzehnten, die ihm am Ende seiner Tage wahrscheinlich durch Madame de Maintenon oder seine Beichtväter abgedrungen war und in der er die denkwürdigen Artikel des Jahres 1682, die Grundlagen der Freiheiten der gallikanischen Kirche, mißbilligte. Der Kaiser sagte boshaft, daß er für seine Person nichts einzuwenden habe, aber daß er doch der Ordnung halber mit den Bischöfen sprechen müsse. Der Papst meinte wiederholt, daß das nicht nötig, daß die Sache so vieler Umstände gar nicht wert sei. »Ich werde niemals diese Unterschrift zeigen«, sagte er, »ebenso wenig als man jemals diejenige Ludwigs des Vierzehnten gezeigt hat.« – »Aber wozu dann die Unterschrift«, war die Antwort des Kaisers, »wenn sie ohne Bedeutung ist? Hat sie aber Wichtigkeit, dann ist es doch schicklich, daß ich meine Theologen befrage.«

VI.

Der Hof des Kaisers war in jeder Beziehung glänzender und prächtiger als alles, was man bis dahin gesehen hatte – trotzdem waren die Kosten unglaublich viel geringer als die der Hofhaltungen alten Systems. Dieser große Unterschied hatte seinen Grund darin, daß keine Mißbräuche Platz fanden und daß in den Rechnungen Ordnung und Regelmäßigkeit herrschten. Seine Jagden waren so glänzend wie unter Ludwig dem Sechzehnten und kosteten ihm, obgleich alles, abgesehen von Falkenjagd und ähnlichen überflüssigen oder lächerlichen Dingen, auf dem gleichen Fuße eingerichtet war, jährlich nur 400 000 Franken, während der König sieben Millionen im Jahr dafür ausgegeben hatte. Ebenso verhielt es sich mit der Tafel: Durocs Ordnungsliebe und Strenge hatten in diesem Punkt Wunder gewirkt. Unter den Königen waren die Paläste nicht möbliert; man schaffte, was man brauchte, aus einem Palast in den anderen. Für die Hofbediensteten war nicht gesorgt; jeder mußte selber sehen, wie er fertig wurde. Unter Napoleon dagegen fand jeder, der Dienst tat, in dem ihm zugewiesenen Zimmer alles Notwendige und Wünschenswerte so gut und besser als in seinem eigenen Heim.

Der Marstall kostete dem Kaiser drei Millionen; ein Pferd kam im Durchschnitt auf 3000 Franken jährlich zu stehen. Ein Page kostete 6–8000 Franken im Jahr; diese Ausgabe war vielleicht die kostspieligste von allen; die jungen Leute wurden aber auch wirklich ganz ausgezeichnet erzogen und behandelt. Daher sahen die ersten Familien des Reiches es mit Recht als eine Gnade an, ihre Kinder an Napoleons Hof unterbringen zu können.

In bezug auf die Etikette war Napoleon der erste, der den Ehrendienst von wirklichen Dienstverrichtungen trennte. Ein König ist keine Schöpfung der Natur, sondern der Zivilisation. Er darf sich niemals nackt, sondern nur bekleidet zeigen.

Der Kaiser wählte für seinen Hofstaat Großoffiziere der Krone, Kämmerer, Ritter und andere Hofchargen sowohl unter den neuen Männern, die die Revolution emporgebracht, wie unter den alten Familien, die sie zugrunde gerichtet hatte. Die ersteren sahen sich auf ein Gebiet versetzt, das sie neu erworben hatten, die letzteren auf einen Boden, den sie wiedererlangt zu haben glaubten. Dem Kaiser lag daran, in dieser gemischten Welt den Haß auszulöschen und eine Verschmelzung herbeizuführen. Indessen bemerkte er unschwer die Verschiedenheit der Sitten und Gewohnheiten: die alten vollzogen ihren Dienst mit viel mehr Eifer und Anmut; eine Montmorency wäre herbeigestürzt, um der Kaiserin die Schuhbänder zuzuknüpfen; eine Dame der neuen Gesellschaft hätte einen Widerwillen dagegen gehabt, sie hätte gefürchtet, für eine Kammerfrau gehalten zu werden; eine Montmorency wäre gar nicht auf solchen Gedanken gekommen. Diese Ehrenämter waren mit keinem Gehalt verbunden, sie erforderten sogar große Ausgaben, aber deren Inhaber verlebten ihre Tage unter den Augen des Herrschers, der Quelle aller Ehren- und Gnadenbeweise, eines allmächtigen Herren, der laut seinen Willen geäußert hatte, allen denen zu helfen, die sich an ihn wenden würden.

Zur Zeit seiner Eheschließung mit Marie Louise wählte der Kaiser eine große Zahl von Kämmerern aus den ersten Kreisen der alten Aristokratie aus. Einerseits wollte er damit Europa beweisen, daß nur noch eine Partei in Frankreich bestände, andererseits war seine Absicht, die Kaiserin mit Trägern von Namen zu umgeben, deren Klang ihr doch schon vertraut war. Der Kaiser schwankte, ob er in diesen Kreisen nicht sogar die Ehrendame der Kaiserin wählen sollte, aber die Befürchtung, daß die Kaiserin, deren Charakter er nicht kannte, von den Vorurteilen ihrer Geburt beherrscht und daß dadurch dem Hochmut der alten Gesellschaft wieder Nahrung zugeführt würde, ließ ihn eine andere Wahl treffen.

Von dieser Zeit an bis zum Zusammenbruch des Kaiserreichs drängten die ältesten und edelsten Familien sich zu der Gunst, in den Hofstaat des Kaisers aufgenommen zu werden. Und warum hätten sie das auch nicht tun sollen? Der Kaiser war der Herr der Welt, er hatte Frankreich und die Franzosen hoch über alle Völker erhoben; Macht, Ruhm und Ehre gaben ihm das Geleit, man fühlte sich glücklich, in den Glanzkreis eines solchen Gestirns hineingezogen zu werden. Seiner Person anzugehören verlieh nach innen und nach außen Anspruch auf Achtung, Huldigung und Ehrbezeigung.

Die Ausgaben des Kaisers für seine Tafel beliefen sich auf eine Million Franken jährlich. Für seine Person kamen aber darauf nur hundert Franken täglich in Anrechnung. Er hielt selten Tafel, denn er hatte keine feste Essensstunde und ließ sich von seiner Arbeit durch die Mahlzeiten nicht abhalten. Da man niemals wußte, wann er das Essen befehlen würde, so mußte man sich zu jeder Stunde darauf vorbereiten. So kam es, daß, da man alle 30 Minuten für ihn ein Huhn briet, bisweilen ein Dutzend gebraucht wurde, bevor ihm endlich eines serviert werden konnte.

Napoleon legte Wert auf eine gute Buchführung und hielt daher große Stücke auf Herrn von Mollien, der damit betraut war. Er verwaltete die öffentlichen Gelder auf die denkbar einfachste Weise. Alles wurde in ein kleines Heft eingetragen, aus dem der Kaiser zu jeder Stunde sich genau über den Stand seiner Geschäfte, der Ausgaben und Einnahmen, Rückstände und Kassenbestände informieren konnte.

In seinen Kellern hatte der Kaiser manchmal 400 Millionen Franken in Gold liegen, von denen nur er etwas wußte. An Eintragungen darüber existierte nur ein kleines Buch, das sich in den Händen seines Privatschatzmeisters befand. Er betrachtete diese Gelder aber nicht als sein Eigen, sondern als Nationalvermögen. Sie wurden übrigens auch in diesem Sinne, besonders in den Unglückszeiten, aufgebraucht.

An gemünztem Gelde hat der Kaiser mehr als 2 Milliarden dem Ausland abgenommen, nicht eingerechnet die Summen, die die einzelnen Individuen auf eigene Rechnung erworben hatten.

Sehr unangenehm berührt wurde der Kaiser von dem Vorgehen des Herrn de la Bouillerie, der im Jahre 1814 von Orléans 10 Millionen Franken, die Eigentum des Kaisers waren, nach Paris in die Hände des Grafen von Artois abführte, anstatt sie, wie es seine Pflicht war, nach Fontainebleau zu bringen. Als Napoleon 1815 zurückkehrte, bat La Bouillerie um eine Audienz, um sich wegen dieses Schrittes zu rechtfertigen. Sicherlich hätte er sich mit seiner Unerfahrenheit zu entschuldigen versucht, und er wußte wohl, daß er mit einigen Vorwürfen davonkommen würde, wenn es ihm gelang, den Kaiser persönlich zu sprechen. Der Kaiser aber weigerte sich, ihn zu empfangen, denn er kannte sich auch und wußte, daß er Bitten gegenüber machtlos war. Der Nachfolger La Bouilleries, Estèves, hätte anders gehandelt. Er war dem Kaiser treu ergeben und hätte den Schatz mit Gewalt nach Fontainebleau gebracht oder ihn, anstatt ihn auszuliefern, vergraben, in den Fluß geworfen oder an andere verteilt.

Der Kaiser war vielleicht der einzige Herrscher Europas, der keine Leibwache hatte; man kam geraden Weges zu ihm, ohne einen Saal mit einer solchen zu durchschreiten. Hatte man einmal die äußere Linie der Schildwachen überschritten, so konnte man sich frei im ganzen Palast bewegen. Es rief dies die große Verwunderung der Kaiserin Marie Luise hervor, die nicht begreifen konnte, daß der Kaiser fast so ganz ohne Verteidigung war, während ihr Vater von Leibwachen umringt war. Natürlich lief der Kaiser oft große Gefahr; bekannt geworden sind dreißig und einige Verschwörungen; und wie viele sind unbekannt geblieben![1]

Daß Napoleon aus allen unversehrt hervorgegangen ist, lag außer an seinem guten Stern an gewissen eigentümlichen Umständen. So hat-

---

1 Die von den Bourbonen angestifteten Verschwörungen sind in Band 3 im Kapitel: Umtriebe der Bourbonen behandelt worden. C.

te er nie bestimmte regelmäßige Gewohnheiten, die bekannt geworden wären, sondern lebte nach den Eingebungen seiner Laune. Die übermäßige Arbeitslast fesselte ihn an sein Arbeitszimmer, er speiste nie auswärts, ging selten ins Theater und nur dann, wenn er nicht erwartet wurde.

Die beiden Attentate, bei denen er die größte Gefahr lief, waren die des Bildhauers *Cerachi* und des *Fanatiker von Schönbrunn.*

Cerachi hatte mit einigen Besessenen den Tod des Ersten Konsuls beschlossen, sie wollten ihn beim Verlassen seiner Theaterloge ermorden. Trotzdem der Konsul gewarnt war, begab er sich dennoch ins Theater und ging kühn mitten durch die Verschwörer hindurch, die bereits ihre Posten besetzt hatten. Gegen Ende des Schauspiels wurden alle festgenommen.

Cerachi war anfangs ein eifriger Verehrer Napoleons gewesen, er hatte aber seinen Untergang geschworen, sobald er in ihm nur noch den Tyrannen erblickte. Er war von Napoleon mit Wohltaten überhäuft worden. Er hatte dessen Büste angefertigt und suchte auf alle mögliche Art und Weise nur noch eine Sitzung bewilligt zu erhalten, um, wie er sagte, eine Verbesserung daran vorzunehmen. Der gute Stern Napoleons wollte, daß er damals nicht einen Augenblick Zeit fand, ihm zu sitzen. Da er glaubte, daß der wahre Grund für das Drängen Cerachis Geldmangel sei, so ließ er ihm 6000 Franken anweisen. Seltsamer Irrtum! Cerachi hatte keine andere Absicht, als ihn während der Sitzung zu erdolchen!

Die Verschwörung wurde durch einen Mitschuldigen, einen Hauptmann der Linie, verraten. Ein sonderbares Spiel des menschlichen Gehirns! Dieser Offizier haßte Napoleon als Konsul, aber er betete ihn an als General! Er wollte wohl, daß er von seinem Posten abgesetzt würde, aber unter keinen Umständen, daß er ermordet würde. Er wollte in Napoleon den General retten, der die Feinde schlüge und Frankreich zu Ruhm und Ehren führen würde. Die Verschworenen lachten ihm ins Gesicht über solche Ansichten. Als er sah, wie in ernstlichster Absicht die Dolche verteilt wurden, da verriet er das Komplott.

Der *Fanatiker von Schönbrunn* war der Sohn eines protestantischen Pfarrers aus Erfurt[1]; er hatte um die Zeit der Schlacht von Wagram herum beschlossen, den Kaiser während einer Parade im Schloß-

---

1 Der neunzehnjährige Friedrich Staps, dessen verwitwete Mutter in Naumburg wohnte. C.

hof von Schönbrunn zu ermorden. Es war ihm gelungen, die zur Fernhaltung der Zuschauer aufgestellte Postenkette zu durchbrechen, als General Rapp, der ihn mit der Hand zurückschieben wollte, sich an einem harten Gegenstand unter seinem Rock stieß. Man durchsuchte ihn und fand, daß dieser Gegenstand ein spitzes, zweischneidiges Messer von anderthalb Fuß Länge war, das in ein Zeitungsblatt eingewikkelt war. Napoleon ließ den Jüngling zu sich kommen. Er erklärte dem Kaiser, er habe ihn töten wollen, damit kein Blut mehr fließe. Dieser fragte ihn, warum er denn nicht eher daran gedacht hätte, den Kaiser Franz zu ermorden. Staps antwortete, das wäre ganz etwas anderes; der Kaiser von Österreich wäre ein Dummkopf, dem nur ein anderer Dummkopf nachfolgen würde. In alle seine Reden mischte er Bibelsprüche; er war ein kalter Fanatiker, doch schien er bewegt zu sein, als Napoleon ihn fragte, ob er es noch einmal tun würde, wenn er seine Begnadigung erhielte. Er zögerte und antwortete dann: »Nein! Ich würde denken: Ich habe meine Pflicht getan, aber Gott hat es nicht gewollt.« Aber indem er diese Worte aussprach, sah er nicht recht zerknirscht aus. Der Kaiser ließ ihn 24 Stunden fasten und befragte ihn dann noch einmal. Er war immer noch derselbe Mensch. Er ist erschossen worden.

Der Kaiser verhehlte sich nicht, daß sein Palast in der Hauptstadt in mancher Beziehung unzulänglich war; andrerseits war Versailles unbequem für die Minister und Hofmänner. Es war ein Fehler Ludwigs des Vierzehnten, Versailles zu wählen, wo doch Saint-Germain ganz geboten war: dieses schien die Natur eigens zur Wohnung der französischen Könige bestimmt zu haben. Napoleon selbst hatte in dieser Hinsicht Fehler gemacht. Er hätte Compiègne ganz aufgeben sollen; er bedauerte später, dort und nicht in Fontainebleau seine Hofhaltung eingerichtet zu haben. Fontainebleau war zwar nicht ein architektonisch schöner Palast, aber sicherlich ein prächtiger, recht geeigneter Wohnsitz, ein glückliches und angemessenes Heim für den Herrscher. Ein Vergleich mit den Königsschlössern aller Hauptstädte fiel zugunsten Fontainebleaus aus, das zugleich in politischer wie militärischer Hinsicht alle Vorteile bot. Der Kaiser bedauerte die großen Ausgaben, die er für Versailles bewilligt hatte, doch waren diese nötig, um das Schloß nicht zur Ruine verfallen zu lassen. Während der Revolution war geplant gewesen, einen großen Teil des Schlosses niederzulegen, den Mittelbau zu entfernen und die beiden Flügel dadurch zu trennen. Das hätte dem Kaiser gepaßt, denn die Unterhaltung dieses ganzen massigen Schlosses war zu kostspielig und das große Gebäude ganz unnütz. Napoleon hat allerdings auch ein Schloß zu bauen angefangen, das für den König von Rom, dabei hatte er aber seine Zukunftspläne, er wollte das Terrain vorbereiten.

Der Kaiser ging bei seinen Bauten von anderen Erwägungen aus als die Architekten. Er wollte nicht große Summen opfern, ohne gleich etwas dafür zu haben. Wenn er für einen Bau 30 Millionen Franken bewilligte, so wollte er diese Summe auf 20 Jahre verteilen, also jährlich 1 500 000 Franken aufwenden. Für diese 1 500 000 Franken wollte er aber gleich im ersten Jahre auch ein Resultat sehen, eine Wohnung oder irgend etwas, wenn auch Kleines, vollendet ausgeführt haben. Die Architekten dachten anders, solche Art und Weise störte ihre großartig angelegten Pläne. Sie wollten erst eine Fassade errichten, die lange Zeit unbenützt dasteht, mächtige Kosten verursacht, und wenn der Bau unterbrochen wird, zu nichts zu gebrauchen ist.

Von solchen Gesichtspunkten ausgehend hat der Kaiser vieles geschaffen, trotz so vielen politischen und militärischen Hindernissen. Er erwarb für die Krone für 40 000 000 Franken Möbel und 400 000 Franken Silbergeschirr, und viele Schlösser wurden restauriert.

Dank seiner Methode konnte der Kaiser schon im ersten Jahre Fontainebleau beziehen bei einer Ausgabe von nur 500- bis 600 000 Franken. Im Laufe der nächsten 6 Jahre wurden dann 6 Millionen verausgabt, mit der Zeit hätte er noch mehr aufgewendet. Sein Hauptaugenmerk war, daß die Ausgaben unfühlbar seien, das Resultat aber ewig daure.

Wenn der Kaiser in Fontainebleau verweilte, waren dort 12- bis 1500 Personen seine Logiergäste, mehr als 3000 konnten zur Tafel herangezogen werden. Dank der Ordnung, die Duroc eingeführt hatte, waren die Kosten dafür nicht allzu große.

Die Schöpfungen von Versailles mißfielen dem Kaiser; sie waren aber einmal da und sollten daher den großzügigen Ideen Napoleons dienen. Er träumte davon, aus Versailles mit der Zeit eine Art Vorstadt von Paris zu machen, einen Ausflugsort für die Hauptstädter; aus den herrlichen Anlagen wollte er die geschmacklosen Nymphen und anderen barocken Ornamente entfernen und sie durch Panoramen aller Hauptstädte, in die er als Sieger einzog, und aller Schlachten, die die ruhmreichen französischen Waffen gewonnen hatten, ersetzen lassen. So wollte er ewige Denkmäler französischer Triumphe und nationalen

Ruhmes an den Toren der Hauptstadt Europas erstehen lassen, zu der alle Völker der Erde pilgern würden.

Die kaiserlichen Gärten standen unter der Oberaufsicht eines Jugendfreundes namens Desmasis, der Napoleon einmal einen großen Dienst geleistet hatte. Nach der Belagerung von Toulon befand Napoleon sich in Paris in großer finanzieller Bedrängnis. Seine Mutter hielt sich mit ihren vielen kleinen Kindern in Marseille auf, wohin sie infolge der korsischen Unruhen hatte flüchten müssen. Infolge der gehässigen Umtriebe des Repräsentanten Aubry war dem General Bonaparte sein Gehalt gesperrt worden; seine ganzen Mittel bestanden in einem Assignatenzettel von 5 Franken. Er dachte an Selbstmord und ging in düsteren Gedanken dem Seineufer zu. Plötzlich stieß er zufällig mit einem als Arbeiter gekleideten Mann zusammen, der zu seinem Erstaunen ihm um den Hals fiel und ausrief: »Wie? Du bist es, Napoleon? Welche Freude, dich wiederzusehen.« Es war Desmasis, ein alter Kamerad vom Artillerieregiment. Er war emigriert und verkleidet nach Frankreich zurückgekehrt, um seine alte Mutter wiederzusehen; er wollte grade wieder abreisen.

»Was hast du denn?« fragte er Napoleon; »du hörst ja gar nicht auf das, was ich sage! Du freust dich ja nicht, mich wiederzusehen! Bist du von einem Unglück bedroht? Du siehst aus wie ein Wahnsinniger, der sich das Leben nehmen will!«

Napoleon sagte ihm alles. »Weiter nichts?« rief Desmasis, knöpfte seinen elenden Kittel auf, schnallte seinen Gürtel ab und drückte ihn Napoleon in die Hand. »Hier sind 30000 Franken in Gold; nimm sie und rette deine Mutter!«

Von einer unwillkürlichen Bewegung hingerissen, nahm Napoleon das Gold und stürzte davon, um es seiner Mutter zu schicken. Erst als er es nicht mehr hatte, kam ihm zum Bewußtsein, was er getan hatte[1]. Er eilte nach dem Ort zurück, wo er Desmasis stehengelassen hatte, aber dieser war nicht mehr da. Mehrere Tage hintereinander ging General Bonaparte frühmorgens aus und kam erst spät abends nach Hause, nachdem er alle Orte aufgesucht hatte, wo er hoffen konnte, seinen

---

1 Die Verantwortung für die Richtigkeit dieser etwas sonderbaren Anekdote muß Montholon überlassen bleiben, der sie als authentische Erzählung Napoleons mitteilt. Richtig ist aber jedenfalls, daß D. dem General Bonaparte einen großen Dienst geleistet hat und dafür in der angegebenen Weise später belohnt worden ist. C.

Freund zu finden. Aber alles Suchen war vergeblich. Auch die Nachforschungen, die er als Erster Konsul und Kaiser anstellen ließ, waren erfolglos. Erst nach vielen Jahren begegnete er ihm zufällig und fragte ihn, was er wohl von seinem seltsamen Benehmen gedacht und warum er in den langen Jahren nichts von sich hätte hören lassen. Er antwortete: er hätte das Geld nicht nötig gehabt und es darum nicht zurückverlangt, obwohl er nicht daran gezweifelt hätte, daß ihm die Bitte nicht übelgenommen wäre; er hätte nur befürchtet, daß der Kaiser ihn aus der Zurückgezogenheit hervorholen würde, in der er glücklich lebte, sich mit Gartenbau beschäftigend. Es kostete dem Kaiser die größte Mühe, ihn zur Annahme von 300 000 Franken als Begleichung der 30 000 zu bewegen, die der Regimentskamerad von ihm entliehen hatte. Nur mit Widerstreben nahm er die vom Kaiser ihm angetragene Stellung als Generalverwalter der kaiserlichen Gärten mit 30 000 Franken Jahresgehalt und dem Range eines Offiziers des kaiserlichen Hauses an. Seinem Bruder gab Napoleon ebenfalls eine sehr schöne Stelle.

VII.

Ein Nationaladel ist durchaus nicht im Widerspruch mit dem Begriff der Gleichheit, er ist sogar notwendig zur Aufrechterhaltung der sozialen Ordnung; keine soziale Ordnung kann begründet sein auf dem Akkergesetz: das Prinzip des Eigentums und dessen Übertragung durch Verkauf, Schenkung unter Lebenden oder Testamentsakt ist ein Grundprinzip, das der Gleichheit nicht entgegen ist. Von diesem Prinzip stammt auch der Brauch her, vom Vater auf den Sohn die Zeichen der Erkenntlichkeit für dem Staate geleistete Dienste zu übertragen. Ein Vermögen kann bisweilen durch unehrenhafte und verbrecherische Mittel erworben werden. Die durch Dienstleistungen für den Staat erworbenen Titel und Werte entstammen immer einer reinen und ehrenhaften Quelle, ihre Übertragung auf die Nachwelt ist nur eine Gerechtigkeit. Als Napoleon einer großen Zahl von Männern der Revolution, erklärten Anhängern des Gleichheitsprinzips, die Frage unterbreitete, ob die Einführung der Erbtitel diesem widerspräche, antworteten alle mit Nein.

Durch die Errichtung eines nationalen Erbadels verfolgte Napoleon drei Zwecke: erstens, Frankreich mit Europa auszusöhnen; zweitens, das alte Frankreich mit dem neuen zu versöhnen; drittens, in Europa das letzte Überbleibsel des Feudaladels verschwinden zu lassen, indem er die Idee des Adels mit dem Begriff der Verdienste um den Staat verband, aber jeden feudalen Gedanken davon lostrennte.

An der Spitze von ganz Europa standen Adlige, die sich energisch dem Fortschreiten der Revolution widersetzt hatten; diese bildeten ein Hindernis, das überall den französischen Einfluß hemmte. Es mußte weggeräumt werden, und in diesem Sinne bekleidete Napoleon die Hauptpersonen des Kaiserreichs mit Titeln, die denen des Feudaladels gleich waren. Der Erfolg war vollständig, der europäische Adel stellte seinen Widerstand gegen Frankreich ein und sah mit heimlicher Freude einen neuen Adel entstehen, der ihm, gerade weil er neu war, als dem alten nachstehend erschien; er sah die Folgen des französischen Systems nicht voraus, dessen Zweck darin bestand, den Feudaladel zu entwurzeln, seinen Wert herabzusetzen oder ihn wenigstens zu zwingen, sich neue Titel zu erwerben.

Der alte Adel Frankreichs hatte, in die Heimat zurückgekehrt, wo er einen Teil seiner Güter noch vorfand, seine Titel wieder angenommen; er betrachtete sich, zwar nicht gesetzlich, aber de facto, mehr denn je als eine bevorrechtigte Rasse; jede Verschmelzung oder Vermischung mit den Führern der Revolution erschien äußerst schwierig: die Schaffung neuer Titel half diesen Schwierigkeiten ab, und es gab bald keine alte Familie mehr, die sich nicht gern mit den neuen Herzögen verbunden hätte. Auch die Noailles, Colbert, Louvois, Fleury waren neue Häuser; gleich bei ihrem Auftreten warben die ältesten Häuser Frankreichs um Verbindung mit ihnen. So wurden die Familien der Revolution gefestigt und das alte und neue Frankreich vereint. Mit Absicht verlieh Napoleon den ersten Titel gerade dem Marschall Lefebvre, denn dieser war einfacher Soldat gewesen, und ein jeder Pariser hatte ihn als Sergeanten der französischen Garde gekannt.

Napoleons Plan war, außerdem den alten französischen Adel wieder herzustellen. Jede Familie, die unter ihren Vorfahren einen Kardinal, einen Großoffizier der Krone, einen Marschall von Frankreich, einen Minister usw. zählte, erhielt das Recht, beim Siegelbewahrer um die Erlaubnis einzukommen, den Herzogstitel zu führen; jede Familie mit einem Erzbischof, Gesandten, einem ersten Präsidenten, einem Generalleutnant oder einem Vizeadmiral als Vorfahren, konnte den Grafentitel, und eine solche mit einem Bischof, Feldmarschall, Konteradmiral, Staatsrat als Ahnen den Baronstitel beanspruchen. Die Titel sollten verliehen werden, wenn die Bittsteller eine Rente von 100000

Franken für die Herzöge, 30 000 Franken für die Grafen und 10 000 Franken für die Barone nachweisen könnten. Auf diese Weise würde ein historischer Adel geschaffen werden, der Vergangenheit, Gegenwart und Zukunft miteinander verband und der auf Verdiensten um den Staat und nicht auf Unterschieden des Blutes beruhte, welch letztere doch nur in der Einbildung bestehen, da nur eine menschliche Rasse existiert. Dieser große Plan änderte den Charakter des Adels, der nicht mehr auf Grund mittelalterlicher Gebräuche bestand, sondern in Diensten, die dem Staate, dem Volke oder den Herrschern geleistet waren, seine Begründung fand. Dieser Gedanke war, wie der der Ehrenlegion und der Universität, äußerst liberal; er befestigte die soziale Ordnung und vernichtete den eitlen Hochmut des Adels; er zerstörte die herrschsüchtigen Anmaßungen weniger und hielt in seiner Unversehrtheit die Würde und Gleichheit der Menschen aufrecht. Es war ein Urgedanke, eine liberale, Neues schaffende Idee, die dem neuen Jahrhundert ihren Stempel aufdrückte.

Napoleon überstürzte nicht die Ausführung seines Planes, er glaubte dazu genug Zeit vor sich zu haben. Oft sagte er im Staatsrat: »Ich habe 20 Jahre nötig, um meine Projekte auszuführen.«

Das Haus des Herzogs von Luynes war der Mittelpunkt des Faubourg Saint-Germain. Der Kaiser hatte der Frau von Chevreuse wiederholt gedroht, er würde ihre Unverschämtheiten nicht länger dulden. Endlich zum äußersten getrieben, sagte er zu ihr: »Madame, in Ihren mittelalterlichen Grundsätzen und Lehren befangen, glauben Sie Herrin Ihrer Ländereien zu sein: gut, nach Ihren Anschauungen bin daher ich Herr von Frankreich, und Paris ist mein Dorf. In diesem aber dulde ich niemand, der mir mißfällt. Nach Ihren eigenen Gesetzen fälle ich daher das Urteil über Sie: verlassen Sie Paris und kehren Sie nie wieder zurück.« Der Kaiser nahm sich vor, ihr gegenüber unbeugsam zu bleiben. Er hatte zu viel über sich ergehen lassen müssen, und ein Beispiel mußte zur Abschreckung anderer statuiert werden.

Als Napoleon einen Ehrendienst an seinem Hof zu bilden begann, suchte er unter den hervorragendsten Persönlichkeiten seiner Armee Namen, die geeignet wären, durch den Glanz ihres jungen Ruhmes die erlauchtesten Namen des alten Hofes würdig zu ersetzen. Es erboten sich allerdings freiwillig mehrere Personen von ältestem Adel, so die Herzogin de La Rochefoucauld, die Herzogin von Montmorency, Graf Béarn, Graf Ségur, der frühere Botschafter des Königs in St. Petersburg. Napoleon mußte jedoch diese alten Namen harmonisch in den

Rahmen der Kriegshelden und Revolutionsmänner einfügen, sonst würde er das Mißvergnügen und Mißtrauen des Volkes hervorgerufen haben. Er wollte auch mit den *Redebolden* der Rheinarmee ein Ende machen, indem er die begabtesten von ihnen zu sich herüberzog. Caulaincourt hatte lange unter Moreau gedient, er empfing den Auftrag, seinen alten Kameraden auf den Zahn zu fühlen. Oberst Préval, früher Generaladjutant, der sich im Felde ausgezeichnet hatte, war einer von denen, die Napoleon zu gewinnen wünschte. Seine Abkunft von einer alten Offiziersfamilie, seine Brauchbarkeit, seine gute Erziehung ließen ihn dem Kaiser besonders wertvoll erscheinen. Caulaincourt erhielt die Antwort, daß Préval die Eröffnungen mit Verachtung aufgenommen habe. Napoleon wunderte sich darüber weiter nicht, denn so machten es zu jener Zeit Moreaus Getreue. Er war jedoch gröblich getäuscht worden! Préval, der trotz allen Intrigen zehn Jahr später sich aus freien Stücken dem Kaiser anschloß, hatte das Anerbieten nicht zurückgewiesen, denn ihm war gar keins gemacht worden; er wäre im Gegenteil hoch erfreut gewesen, in den Hofstaat des Kaisers eintreten zu können. In seinem wie in Napoleons Interesse war es sehr zu bedauern, daß dieser Eintritt auf hinterlistige Weise verhindert wurde. General Préval war vielleicht der beste militärische Organisator in Frankreich; niemand kannte wie er den Mechanismus eines Heeres. Seine soldatischen und diplomatischen Leistungen in Frankfurt während des Feldzugs von 1813 waren hervorragend; da sah der Kaiser, was ein ebenso tapferer wie intelligenter General zu leisten imstande ist. – Durch ähnliche Intrigen wurde Napoleon jahrelang der Dienste eines Macdonald, Delmas, Lecourbe, Carnot, Dessoles beraubt.

Über die besten Mittel, eine neue Hofgesellschaft zu bilden, hatte der Kaiser viel nachgedacht. Er hielt Cercle in den Tuilerien, verlangte das Erscheinen der Hofgesellschaft bei Theatervorstellungen, denen er beiwohnte, machte Fahrten nach Fontainebleau und dergleichen. Die Teilnahme daran war für seinen Hof ein lästiger Zwang, und die andere, die alte Pariser Gesellschaft ließ sich dadurch nicht im geringsten beeinflussen. Es bestand noch zu wenig innerer Zusammenhang zwischen diesen ganz entgegengesetzten Elementen einer vornehmen Gesellschaft, und es fehlte daher an einer gegenseitigen Einwirkung. Aber mit der Zeit würde diese sich ganz von selber eingestellt haben. Man machte in diesen Kreisen Napoleon oft den Vorwurf, er sei schuld, daß die Abendgesellschaften der Hauptstadt zu so früher Stunde schlössen. Dies war allerdings richtig und auch ganz erklärlich: Die Mitglieder der höchsten Behörden hatten viel zu arbeiten, und da sie morgens früh aufstehen mußten, waren sie gezwungen, abends früh zu Bette zu gehen.

Übrigens war es ein Ereignis, das ganz Paris in Erstaunen setzte und sozusagen eine Revolution in den Sitten hervorbrachte, ja beinahe zu offenem Widerstand der betreffenden Kreise geführt hätte, als der Erste Konsul verbot, bei Hofe in Stiefeln zu erscheinen, Kniehosen und seidene Strümpfe vorschrieb und eine gewisse Sorgfalt im Anzug verlangte.

Als jemand eines Tages dem Kaiser sein Erstaunen darüber ausdrückte, daß er so viele Herzöge und Prinzen mit auswärtigen Titeln geschaffen, nie aber einem ein Herzogtum in Frankreich verliehen habe, antwortete er: »Dadurch hätte ich im Volke großes Mißvergnügen erregt. Wenn ich zum Beispiel einen meiner Marschälle zum Herzog von Burgund gemacht hätte, anstatt ihm den Namen eines meiner Siege zu geben, so hätte das in ganz Burgund eine große Bewegung hervorgerufen; man hätte angenommen, daß mit dem Titel irgendwelche Feudalrechte verbunden wären und daß der Herzog sie ausüben wollte. Das Volk empfand einen so tiefgewurzelten Haß gegen den alten Adel, daß die Schaffung eines Titels, der an ihn erinnerte, große Mißstimmung erregt hätte, gegen die ich mit aller meiner Macht nichts hätte ausrichten können. Gerade um den alten Adel zu schwächen und das Volk zu befriedigen, hatte ich den neuen Adel eingesetzt, zumal da die neuen Träger desselben aus den Reihen des Volkes hervorgegangen waren. So hatte jeder einfache Soldat das Recht, nach dem Herzogstitel zu streben. Vielleicht habe ich damit sogar unrecht getan, denn die Einrichtung trat immerhin etwas dem Gleichheitsprinzip entgegen, das dem Volke so sehr am Herzen liegt.«

VIII.

Der Leiter des sogenannten Schwarzen Kabinetts, Generalpostmeister Lavalette, war in Italien und Ägypten Napoleons Adjutant gewesen und hatte mehrere schwierige Aufträge zu dessen voller Zufriedenheit ausgeführt, besonders als er kurz vor dem 18. Fructidor nach Paris entsandt wurde, um die öffentliche Meinung zu beobachten und über die umgehenden Intrigen Bericht zu erstatten. Infolgedessen erhielt er später die Vertrauensstellung eines Generalpostmeisters, als der Kaiser sich genötigt sah, Laforest dieses Amtes zu entheben, weil er sich auf eine Intrige eingelassen und dem Kaiser gefälschte Briefe unterbreitet hatte, die angeblich von der Post aufgefangen waren und das Schloß des Herrn von La Rochefoucauld als einen Herd von Verschwörungen gegen die kaiserliche Regierung erscheinen ließen. Napoleon entdeckte zufällig die Wahrheit durch ein Gespräch mit Madame de Montmorency im Boudoir der Kaiserin Josephine.

Nach diesen Briefen sollte ein naher Verwandter von ihr, der die Seele dieses Komplotts wäre, soeben von England angekommen sein. Die ganze Geschichte war ein Roman. Der Betreffende hatte England niemals verlassen und wartete in aller Ruhe auf das Ergebnis der Bemühungen dieser selben Madame de Montmorency, ihn von der Emigrantenliste zu streichen, damit er im Kreise seiner Familie sterben könnte. Der Zweck ihres Besuches und ihrer Unterhaltung mit dem Kaiser war nur diese Bitte. Napoleon bewilligte ihr Gesuch und ließ sofort nach ihrem Gehen Herrn de Laforest kommen. Er räumte sogleich alles ein und suchte sich nur damit zu entschuldigen, daß er von seiner persönlichen Anhänglichkeit an den Kaiser zu einem Irrtum verführt worden sei. Talleyrand, der damals in Napoleons Vertrauen wohl den höchsten Platz einnahm, hatte dem Generalpostmeister diese Briefe gegeben.

Dieser Vorfall bewies dem Kaiser, daß Sittlichkeit und strenge Rechtlichkeit die ersten Eigenschaften eines Generalpostmeisters sein müssen. Er erinnerte sich an Lavalette und ernannte diesen sofort zum Generalpostmeister. Er hat während der ganzen Regierung des Kaisers sein Amt versehen, ohne jemals einen Mißbrauch zu üben oder ein Familiengeheimnis zu verraten.

Madame Lavalette, die einzige Tochter des Marquis de Beauharnais, der gleich seinem Bruder, dem Vicomte, Mitglied der Konstituierenden Versammlung war und der Opposition angehörte und der in der Armee Condés diente, während sein Vater die Heere der Republik befehligte, war die Cousine Eugènes von Beauharnais. Sie war eine große Schönheit und hatte sich mit Lavalette auf Wunsch Napoleons bei seiner Rückkehr aus dem ersten italienischen Feldzuge 1798 vermählt. Sie wurde Hofdame von Josephine, und obgleich die Pocken ihr einen Teil ihrer strahlenden Schönheit genommen hatten, blieb sie immer noch ein sehr einnehmendes Weib. Aber sie hatte einen ziemlich trägen Charakter, und niemand hätte sie der heroischen Tat für fähig gehalten, die sie durch die Befreiung ihres Gatten aus dem Gefängnis vollbracht und die sie mit Recht berühmt gemacht hat.

Der Polizeiminister hatte dem Kaiser täglich über alle Vorkommnisse, die seine Aufmerksamkeit erregten, Bericht zu erstatten. Der Polizeipräfekt lieferte deren ebenfalls über alle Geschehnisse in Paris. Beide Beamte trugen in ihre schriftlichen Berichte auch ausführliche Bemerkungen über die augenblickliche Volksstimmung ein. Napoleon schaffte später diesen Brauch ab und befahl ihnen, sich auf die einfache Anführung der Tatsachen zu beschränken, ohne daraus Schlußfolgerungen zu ziehen.

Da er indessen zugleich gründlichst die Ansicht der öffentlichen Meinung über die Akte seiner Verwaltung kennenlernen wollte, so ernannte er zwölf Referenten, bekannte Schriftsteller aus allen Parteien, die ihm ein- oder zweimal monatlich, wie sie es für angebracht hielten, darüber berichten mußten. Sie erhielten durch Vermittlung Lavalettes ein Gehalt von 1000 Franken monatlich. Einige von ihnen gehörten zur Berg-Partei, einige der Gironde, den Verfassungsmännern von 1791, andere den nach England Emigrierten an, oder sie bestanden aus Männern, die im Heere Condés Dienst getan hatten. Damit sie sich unumwunden und ohne Rückhalt aussprechen konnten, faßten sie ihre Berichte so ab, als ob sie an Lavalette gerichtet wären. Dieser gab sie dann an den Kaiser weiter, der sie öffnete, durchlas und, nachdem er sich einige Auszüge daraus gemacht hatte, zerriß. Auf diese Weise hatten selbst seine Geheimsekretäre keine Kenntnis von deren Inhalt.

Die chiffrierten Briefe werden entziffert, gleichviel in welcher Sprache sie geschrieben sind; alle fremdsprachlichen werden übersetzt. Es gibt keine Chiffre, die sich nicht mit Hilfe des etwa 40 Seiten umfassenden Schlüssels enträtseln ließe. Die Einrichtung dafür kostete dem Kaiser jährlich 600 000 Franken. Um die auf der Post ausgelieferten Briefe zu lesen, ist ein besonderes Bureau nötig. Die Leute, die bei diesem Dienst verwendet werden, wissen nichts voneinander. Es ist ein Graveur angestellt, der alle möglichen Arten von Petschaften fertig zur Hand hat und etwa fehlende sofort machen kann. Man erhält durch diese Einrichtung ausgezeichnete Auskünfte; aber es ist doch wohl fraglich, ob nicht die Vorteile durch die Nachteile aufgehoben werden. Der Kaiser hielt über diesen Gegenstand viele geheime Beratungen ab. Im Grunde ist das Mittel doch wohl mehr gefährlich als nützlich. Die Franzosen sind so sonderbare Leute, daß sie oft Sachen schreiben, die gar nicht ihren Gedanken entsprechen; auf diese Weise wird man irregeführt. Durch die Verletzung des Briefgeheimnisses entstehen leicht falsche Vorurteile.

Man kann natürlich nicht alle Briefe lesen, aber man öffnete die Briefschaften der vom Kaiser bezeichneten Personen und besonders die seiner Minister. Auch die Briefe von Personen, die dem intimsten Kreise Napoleons angehörten, wurden geöffnet, so z. B. die von Berthier, ja sogar von Duroc. Oft genug las der Kaiser, wie sie in den stärksten Ausdrücken ihren Verdruß über die ewigen Kriegsstrapazen aussprachen. Sie waren wütend, daß der Dienst für Kaiser und Staat sie von allen Pariser Vergnügungen fernhielt. Hätten sie gewußt, daß Napoleon von ihrem Schimpfen Kenntnis hatte, sie würden sich für verloren gehalten haben. Fouché und Talleyrand schrieben nicht selber, aber ihre Freunde und Angehörigen schrieben, und aus solchen Briefen ersah man ihre eigenen Gedanken. Malouet schrieb alle Gespräche nieder, die er mit Fouché hatte, und dadurch erfuhr man die von diesem gebrauchten Worte. Die Minister und fremden Diplomaten wußten, daß die Briefe dem Kaiser vorgelegt wurden, und schrieben oft Briefe in der Absicht, daß Napoleon sie lesen sollte; sie sagten darin über Talleyrand Sachen, von denen sie wünschten, daß sie zu des Kaisers Kenntnis kämen. Talleyrand seinerseits gab sich die allergrößte Mühe, um den Glauben zu erwecken, alle Briefschaften würden *ihm* vorgelegt; er wollte hierdurch die fremden Gesandten davon abhalten, ihm Übles nachzureden.

Das System ist von Ludwig dem Vierzehnten erdacht worden; Ludwig der Fünfzehnte benutzte es, um Kenntnis von den Liebschaften seiner Untertanen zu erhalten. Es ist immerhin eine nicht unwichtige Hilfe; als der Kaiser eines Tages dem Polizeiminister Fouché den Vorwurf machte, er wisse nichts, konnte dieser mit Recht sagen: »Oh, wenn Eure Majestät mir das Schwarze Kabinett anvertrauen wollten, würde ich alles wissen!«

IX.

Nach seiner Verheiratung mit Marie Luise bot man alles auf, um den Kaiser zu bewegen, sich nach Art der französischen Könige mit großem Pomp in die Kirche Notre-Dame zu begeben, um dort öffentlich zu beichten. Er weigerte sich dessen auf das entschiedenste, denn einerseits war er zu wenig gläubig, als daß er von einer Beichte Segen zu ernten erhoffte, andererseits war er doch zu guter Christ, um kalten Herzens einen gottlosen Frevel zu begehen.

Der Kaiser war weit davon entfernt, Atheist zu sein. Trotz aller Betrügereien und Sittenverderbnis der Diener der Kirche, die beständig predigen, daß ihr Reich nicht von dieser Welt sei und dennoch alles an sich reißen, was sie erreichen können, tat Napoleon von dem Augenblick an, wo er an der Spitze der Regierung stand, alles, was in seinen Kräften stand, um die Religion wiederherzustellen. Er wollte dieselbe aber als Grundstein und Stützpunkt der guten moralischen Prinzipien betrachtet wissen und nicht als eine Macht, die sich die oberste Herrschaft über alle weltlichen Dinge anmaßte. Der Mensch braucht immer etwas Wunderbares; besser für ihn, wenn er es in der Religion als bei Mademoiselle Lenormand[1] findet. Übrigens ist die Religion ein großer Trost und eine große Hilfsquelle für alle, die glauben können, und niemand weiß und kann dafür einstehen, was er in seiner letzten Stunde tun wird.

Es ist dem Kaiser stets unbegreiflich gewesen, daß so hervorragende und gelehrte Männer wie Laplace, Monge und Berthollet nicht an das Dasein Gottes glaubten; er konnte sich ihren Materialismus nur dadurch erklären, daß ihre Jugendeindrücke zum Teil haftengeblieben waren. Voltaires und Diderots Schule hat viel Unheil angerichtet. Wie mancher prahlt nicht sein Leben lang mit seinem Unglauben; wenn er aber den Tod herannahen fühlt, dann sucht er bei der Religion sehnlichst die Hoffnung auf ein Jenseits. Wollte der Kaiser diese Akademiker bekehren, so erwiderten sie ihm: »Wir würden glauben, wenn die katholische Religion schon seit Erschaffung der Welt vorhanden wäre.« Hierauf konnte Napoleon, was den Glauben an Jesus Christus anbelangte, nichts erwidern; aber er sagte ihnen: »Solange die Welt besteht, wird die gleiche Moral den Menschen als Gottes Wort gepredigt. Ihre Gegengründe leugnen also gar nicht das Dasein eines Gottes, und Sie müssen dieses mehr als jeder andere zugeben, denn kein Mensch ist so wie Sie in die Wunder der Schöpfung eingedrungen. Die Religionen mögen Menschenwerk sein, aber das Dasein Gottes wird uns durch alles, was wir wahrnehmen, bezeugt; wenn unser Blick nicht zu Ihm dringt, so hat Er eben nicht gewollt, daß unsere Geisteskräfte so weit reichen.«

Die Gründe, warum der Kaiser den Juden so große Rechte einräumte, waren hauptsächlich folgende: Er wollte, daß sie dem Wucher entsag-

---

1 Die bekannte Wahrsagerin und Kartenschlägerin, die von der Kaiserin Josephine sehr oft befragt wurde. C.

ten. Sie waren in den von dem Kaiser regierten Ländern sehr zahlreich. Der Kaiser meinte: wenn er sie mit den anderen Bürgern, Katholiken oder Protestanten, auf gleiche Stufe stellen würde, so würde er sie dadurch zwingen, ebenfalls gute Bürger zu werden und sich der gleichen Haltung zu befleißigen. Die Rabbiner lehrten, daß die Juden gegen Juden keinen Wucher treiben dürften, daß ihnen solches aber den Christen und Andersgläubigen gegenüber erlaubt sei. Wenn der Kaiser ihnen nun dieselben Rechte gab wie seinen anderen Untertanen, so daß sie diesen vollkommen gleich waren, so hätten sie ihn wie Salomon oder Herodes als das Haupt ihrer Nation und die anderen Untertanen als ihre Brüder gleichen Stammes ansehen müssen. Folglich wäre ihnen dadurch nicht mehr erlaubt gewesen, gegen diese Wucher zu treiben, da sie sie ebenfalls als zum Stamme Juda gehörig betrachten mußten. Da sie dieselben Rechte erworben hatten, mußten sie auch wie alle anderen Steuern zahlen, Militärdienst leisten und sich allen anderen Gesetzen unterwerfen. Der Kaiser vermehrte dadurch die Zahl seiner Soldaten und zog große Reichtümer nach Frankreich, denn viele Juden verließen die Länder, in denen sie keine Freiheit genossen, um sich in Frankreich niederzulassen. Ferner wollte der Kaiser durch Befreiung der Juden das Prinzip der allgemeinen Gewissensfreiheit fördern. Nach ihm sollte es keinen vorherrschenden Glauben geben, Gewissens- und Gedankenfreiheit sollten die Menschen gleichmachen; Protestanten, Katholiken, Mohammedaner, Deisten oder andere; der Glauben sollte keinen Einfluß ausüben. Glaubensverschiedenheit sollte bei der Besetzung von Staatsämtern keine Rolle spielen, darüber dürften nur die Fähigkeiten entscheiden. Ebenso sollte die Gerichtsbarkeit allen gleich zugänglich sein. Die Heiraten wurden von den Priestern unabhängig gemacht, deren Autorität selbst die Kirchhöfe entzogen wurden, so daß sie die Beerdigung Andersgläubiger nicht mehr untersagen konnten. Kurz, alles was dem Staat und der Verfassung gehörte, sollte rein bürgerlich gestaltet werden und nichts mit dem Glauben zu tun haben. Den Priestern wollte der Kaiser jeden Einfluß, jede Macht in bürgerlichen Dingen nehmen. Sie sollten auf dem geistlichen Gebiet arbeiten und sich in nichts anderes mischen.

Junge Leute sind meistens ungläubig; aber wenn sie altern, werden fast alle Menschen fromm – mit wenigen Ausnahmen. Man sagt, das rühre daher, daß die Vernunft ihre Kraft verliere, wenn der Körper schwach werde. Man hat unrecht. Man müßte sagen: Der Glaube erwächst durch das Nachdenken über die Wunder der Schöpfung; man muß Gottes Werk studiert haben, um dessen Unermeßlichkeit zu begreifen; die Jugend aber gibt sich gedankenlos dem Genuß hin. Napoleon fragte einmal den Bischof von Nantes, wohin die Seele eines Hundes käme. Er antwortete: »Ohne Zweifel ist auch für die Hunde irgendwo ein Ort vorhanden.«

Eroberer müssen den *Mechanismus* aller Religionen kennen und über alle zu sprechen wissen; sie müssen in Ägypten Muselmänner, in Frankreich Katholiken zu sein verstehen: und zwar *Protektoren* der betreffenden Religion. Wenn Napoleon den Papst in Paris haben wollte, so war dabei seine Absicht, der katholischen Religion den ganzen Glanz seiner Macht zu verleihen: die Fortschritte des Katholizismus hätte der Kaiser geleitet, dabei aber dem Papst gerne den Ruhm überlassen, dies alles zu machen. Napoleon wäre Herr der katholischen Welt gewesen. Von seiten der Frommen wäre ihm kein Widerstand entgegengesetzt worden. Sie hätten sich schließlich daran gewöhnt, in ihm den wahren irdischen Vertreter des göttlichen Wissens zu erblicken. In China betet das Volk seinen Herrscher als einen Gott an; so muß es auch sein!

*

Drittes Kapitel.

Albion.

I. Die politische Lage. – II. Die Stimmung in England. – III. Der Präliminarfrieden von London (2. Oktober 1801). – IV. Abschluß des Friedens zu Amiens (25. März 1802). – V. Friedensbruch durch das englische Kabinett. Verhaftung aller in Frankreich sich aufhaltenden Engländer. – VI. Behandlung der Gefangenen. – VII. Napoleons Pläne. Kriegsbereitschaft der beiden Nationen. Neue englische Umtriebe auf dem Kontinent und in der Vendée. – VIII. Das Lager bei Boulogne. Der große Landungsplan.

I.

Der Friede von Lunéville hatte seine unausbleiblichen Folgen. Österreich war entwaffnet und jetzt in aller Augen machtlos. Rußland war allerdings seit dem Tode Pauls des Ersten und der Thronbesteigung Alexanders nicht mehr zu kräftigem Auftreten gegen England geneigt, aber ebensowenig hatte es die Absicht, sich den Plänen Frankreichs im Westen zu widersetzen. Daher gab sich auch der Erste Konsul weiter keine Mühe, seine Absichten zu verbergen. Er hatte durch eine einfache Verfügung Piemont in französische Departements verwandelt, ohne daß es geschienen hätte, als fürchte er den Einspruch des russischen Geschäftsträgers. In betreff Neapels hatte er erklärt, daß der Vertrag von Florenz das diesem Hofe auferlegte Gesetz bleiben sollte. Genua hatte ihm seine Verfassung vorgelegt, damit er einige Abänderungen in derselben vornähme, um die Macht der vollziehenden Gewalt zu verstärken. Die Cisalpinische Republik, bestehend aus der Lombardei, dem Herzogtum Modena und den Legationen, zum ersten Male durch den Frieden von Campo Formio, zum zweiten Male durch den von Lunéville konstituiert, organisierte sich jetzt neu als ein Frankreich verbündeter und von ihm abhängiger Staat. Holland legte gleich Ligurien dem Ersten Konsul seine Verfassung vor, und die Geschäftsträger der kleinen Länder sahen nur in der Gunst des Ersten Konsuls eine Verbesserung der Lage ihrer Staaten. Besonders eifrig zeigten sich, diese zu erlangen, die Vertreter der kleinen Fürsten Deutschlands. Der Friede von Lunéville hatte die Säkularisation der geistlichen Staaten und die Verteilung derselben als Grundsatz aufgestellt. Diese bevorstehende Teilung erweckte die Habgier. Die großen wie die kleinen Mächte wollten jede das Beste haben. Österreich und Preußen wollten ebenfalls ihre Entschädigungen, obgleich sie sehr wenig auf dem linken Rheinufer eingebüßt hatten. Bayern, Württemberg, Baden, das Haus Oranien umlagerten das neue Oberhaupt Frankreichs mit ihren Gesuchen, weil er als Hauptfaktor des Lunéviller Vertrages auf die Vollziehung desselben den größten Einfluß haben mußte. Selbst Preußen, das sich in Paris durch den Marquis Lucchesini vertreten ließ, verschmähte es nicht, sich zur Rolle des Bittstellers zu erniedrigen und durch seine Gesuche die Macht des Ersten Konsuls zu heben. So hatten die sechs Monate, die seit Abschluß des Friedens von Lunéville verflossen waren, den Einfluß der französischen Regierung wachsen sehen. Alle diese Umstände konnten nicht ohne Einfluß auf das englische Kabinett bleiben, und die Unterhandlungen in London, die man einen Augenblick etwas lässig betrieben hatte, wurden jetzt infolge einer merkwürdigen Übereinstimmung beider Regierungen mit neuem Eifer aufgenommen.

II.

Die in London zwischen Lord Hawkesbury und dem französischen Vertreter Otto stattfindenden Unterhandlungen wurden nicht mehr geheimgehalten, seitdem man sich beeilte, zum Abschluß zu kommen. Besonders der neue englische Minister Addington wollte den Frieden, weil derselbe der einzige Grund seines Emporkommens und Verbleibens im Amte war. Denn sollte der Krieg fortdauern, so war Pitt weit mehr geeignet als er, an der Spitze der Regierung zu stehen.

Der König von England war zu friedlicheren Gesinnungen zurückgekehrt. Das durch die Not niedergedrückte Volk hoffte von der Beendigung des Krieges eine Verbesserung seiner Lage. Die vernünftigen Leute ohne Ausnahme meinten, zehn Jahre blutigen Ringens seien genug und man dürfe nicht länger durch andauernde Hartnäckigkeit Frankreich Gelegenheit verschaffen, sich noch mehr zu vergrößern.

Übrigens war man in London auch nicht ganz ohne Besorgnis wegen der Vorbereitungen zu einer Landung, die man an verschiedenen Punkten der jenseitigen Küste des Kanals treffen sah. Nur eine Gattung von Menschen war dem System Addingtons nicht sehr hold: diejenigen, welche sich mit großen überseeischen Unternehmungen abgaben und die ungeheuren Anleihen Pitts gezeichnet hatten, denn sie sahen ein, daß der Friede den Flaggen aller Nationen, besonders Frankreichs, die Meere wieder öffnen, ihnen den Alleinhandel entziehen und den großen Finanzgeschäften ein Ende machen würde. Sie waren ganz und gar Pitt und seiner Politik ergeben und selbst dann noch zum Kriege geneigt, als Pitt selbst den Frieden für notwendig zu halten begann. Aber diese reichen Spekulanten der City mußten verstummen vor dem Geschrei des Volkes und der Landleute, besonders aber vor der einstimmigen Meinung aller vernünftigen Männer der Nation.

Das englische Ministerium war also entschlossen, nicht nur zu unterhandeln, sondern auch schnell zu unterhandeln, um beim Zusammentreten des Parlaments im Herbst das Ergebnis der Verhandlungen vorlegen zu können.

III.

Es verging freilich noch eine geraume Zeit, bis wenigstens die größten Schwierigkeiten beseitigt waren, die darin bestanden, daß Frankreich die Räumung Maltas von englischen Truppen verlangte und England die endgültige Abtretung der den Spaniern abgenommenen Insel Trinidad beanspruchte. So donnerten noch mehrere Male die Feuerschlünde in Seegefechten an der französischen Küste, besonders in zwei Treffen vor Boulogne, in denen die französischen Kanonenboote entschiedene Vorteile über Nelson errangen.

Allein die große Unterhandlung nahte ihrem Ende. Bewogen durch die Haltung des spanischen Kabinetts, das trotz der französischen Unterstützung den Ansprüchen des englischen Ministeriums wich, hatte der Erste Konsul endlich Otto die Ermächtigung erteilt, in die Abtretung der spanischen Insel Trinidad an England einzuwilligen. Dieses Zugeständnis sowie die beiden Gefechte vor Boulogne mußten dem Zaudern des britischen Kabinetts ein Ende machen. Es willigte daher in die vorgeschlagenen Grundlagen ein, mit Ausnahme einiger Einzelheiten, die noch in der Schwebe blieben. Man wollte zwar Malta dem

Johanniterorden wiedergeben, dabei aber abmachen, daß die Insel unter den Schutz einer bürgenden Macht gestellt wurde, da man dem Orden nicht die Kraft zutraute, dieselbe zu verteidigen. Über die Wahl dieser Macht war man nicht einig. Der Papst, der Hof von Neapel und Rußland wurden nacheinander vorgeschlagen und verworfen.

Endlich bot auch die Form der Abfassung ihre Schwierigkeit. England willigte wohl ein, in dem Vertrage die zahlreichen Besitzungen aufzuzählen, die es Frankreich und seinen Bundesgenossen zurückgab, doch wollte es auch die angeführt wissen, die es behielt, wogegen der Erste Konsul verlangte, daß die Frankreich, Holland und Spanien zurückgegebenen Gebiete aufgezählt würden, daß aber in betreff der anderen nur durch Stillschweigen England das Eigentum übertragen werden sollte.

Zu diesen im Grunde nicht sehr ernsten Schwierigkeiten gesellten sich andere in bezug auf die Gefangenen, die Schulden, die mit Beschlag belegten Güter und besonders die Verbündeten der beiden abschließenden Teile sowie auf die Rolle, die man denselben im Protokoll anweisen sollte. Es war jedoch beiden Parteien darum zu tun, zu Ende zu kommen und den Leiden der ganzen Welt ein Ziel zu setzen.

Man kam demnach überein, dem bereits Erreichten sofort die Weihe zu geben und die noch bestehenden Fragen einer ferneren Unterhandlung vorzubehalten. Zu diesem Behufe sollten Friedenspräliminarien unterzeichnet und danach Bevollmächtigte beauftragt werden, in Muße einen definitiven Vertrag zu entwerfen. Jede Schwierigkeit, die nicht eine wesentliche war und deren Lösung Verzögerungen mit sich brachte, sollte diesem vorbehalten bleiben.

Die beiden Unterhändler, Otto und Lord Hawkesbury, waren ehrenhafte Männer und wollten den Frieden. Sie wollten ihn um seiner selbst willen und aus dem sehr natürlichen und gerechten Ehrgeiz, ihre Namen unter einen der größten Verträge der Weltgeschichte setzen zu können. Deshalb gestatteten sie auch bei der Abfassung der Präliminarien jede mit ihren Instruktionen verträgliche Erleichterung.

Man kam überein, daß England an Frankreich und dessen Bundesgenossen Spanien und Holland alle Eroberungen herausgeben solle, die es zur See gemacht hatte, ausgenommen die Inseln Ceylon und Trinidad, die ihm für immer zufielen.

Das war die Form, die man wählte, um die gerechte Eigenliebe beider Nationen zu schonen. England behielt das Festland von Indien, das es von den indischen Fürsten erobert, die Inseln Ceylon, die es den Holländern, und Trinidad, die es den Spaniern in den Antillen genommen hatte. Das konnte die größte Nationalherrschsucht zufriedenstellen. Zurück gab es: den Holländern das Kap Demerari, Berbice, Essequibo, Surinam; den Spaniern Minorka; den Franzosen Martinique und Guadeloupe; dem Johanniterorden Malta. Die bürgende Macht für die letztere Insel sollte im definitiven Vertrage bezeichnet werden. England räumte Porto Ferrajo, das nebst der Insel Elba wieder an Frankreich zurückfiel. Dagegen sollten die Franzosen die neapolitanischen Staaten, d. h. den Meerbusen von Tarent räumen.

Ägypten endlich wurde von den Truppen beider Nationen verlassen und der Pforte zurückgegeben. Die Staaten Portugals wurden diesem garantiert.

Will man nur die großen Resultate in Betracht ziehen, die durch diese vielbestrittene Zurückgabe einiger Inseln weder sehr verringert noch vermehrt wurden, so ergibt der Vertrag folgendes. In diesem zehnjährigen Kampfe hatte England Indien erobert. Dafür aber hatte Frankreich die Gestalt des Festlandes zu seinen Gunsten verändert; es hatte die starke Alpen- und Rheinlinie erobert, Österreich durch Erwerbung der Niederlande für immer von seinen Grenzen entfernt und dieser Macht den steten Gegenstand ihres Trachtens, Italien, entrissen, das fast ganz unter die Oberherrschaft Frankreichs gekommen war. Es wurde ferner die vorherrschende Macht in der Schweiz, Holland und Spanien. Keine Macht übte ein Ansehen in der Welt gleich dem Frankreichs, und wenn England sich zur See vergrößert hatte, so verfügte Frankreich über die Küsten Hollands, Flanderns, Spaniens und Italiens; denn diese Länder waren seiner Herrschaft oder seinem Einfluß vollständig unterworfen. Das waren großartige Mittel der Macht zur See.

Das war, was England durch Unterzeichnung der Präliminarien von London als Preis für das indische Festland gewährte. Frankreich konnte einwilligen. Seine kräftig verteidigten Bundesgenossen erhielten fast alles zurück, was sie durch den Krieg verloren hatten. Um Trinidad war Spanien durch seinen eigenen Fehler gekommen, aber es gewann Olivenza in Portugal und Toskana in Italien. Holland verlor Ceylon, aber es erhielt seine Kolonien in Indien, das Kap und Guyana zurück und war vom Statthalter befreit.

Das waren die Resultate dieses schönen Friedens, des glorreichsten, den Frankreich jemals abgeschlossen hatte. Es war natürlich, daß der französische Geschäftsträger ungeduldig wünschte, zum Abschluß zu kommen, und Otto hatte die Freude, endlich am Abend des 1. Oktober, einen Tag vor dem vom Ersten Konsul bestimmten letzten Termin, seinen Namen unter die Friedenspräliminarien setzen zu können.

Man vereinbarte, die Nachricht davon in London vierundzwanzig Stunden lang geheimzuhalten, damit der Kurier der französischen Gesandtschaft seiner Regierung die erste Meldung erstatten konnte. Dieser reiste am 1. Oktober nachts ab und kam am 3. um vier Uhr nachmittags in Malmaison an. In diesem Augenblick hielten die drei Konsuln gerade eine Regierungsberatung. Die eröffneten Depeschen riefen einen mächtigen Eindruck hervor, man legte die Arbeiten nieder und umarmte einander. Der Erste Konsul ließ den Gefühlen, die ihn erfüllten, freien Lauf. So große Resultate, erreicht in so kurzer Zeit, Ordnung, Sieg, Friede, die Frankreich durch sein Genie und seine ausdauernde Arbeit in zwei Jahren wiedergegeben waren, das waren Wohltaten, die ihn glücklich machen mußten und auf die er wohl stolz sein konnte.

Die Nachricht wurde augenblicklich nach Paris geschickt, um daselbst bekanntgemacht zu werden. Gegen Abend donnerten plötzlich die Kanonen, und alle Welt fragte sich, welches glückliche Ereignis das zu bedeuten habe. Man eilte, um es zu erfahren, an die öffentlichen Orte, wo die Kommissare der Regierung beauftragt waren, die Unterzeichnung der Präliminarien bekanntzugeben. Der Abschluß des Friedens wurde in allen Theatern ausgerufen, und diese Nachricht erregte eine Freude, wie man sie lange nicht gesehen. Das war natürlich, denn der Friede mit England war in Wahrheit der Weltfriede; er befestigte die Ruhe des Kontinents, unterdrückte die Ursache der europäischen Koalitionen und eröffnete die Welt dem Aufschwung von Handel und Industrie, Paris illuminierte an diesem Abend.

Der Erste Konsul gab dem Präliminarvertrage sofort seine Genehmigung und beauftragte seinen Adjutanten Lauriston, dieselbe nach London zu bringen. War die Zufriedenheit lebhaft und allgemein in Frankreich, so wurde sie in England bis zur Raserei getrieben. Die von den Unterhändlern anfangs verheimlichte Nachricht war zuletzt doch bekannt geworden, und man hatte sich genötigt gesehen, sie dem Lord-Mayor von London durch eine Botschaft zu melden. Diese Botschaft machte um so größeren Eindruck, als seit einigen Tagen das Gerücht verbreitet war, die Unterhandlungen seien abgebrochen. Sogleich gab sich das Volk rückhaltlos jenen übertriebenen Gefühlsausbrüchen hin, die dem leidenschaftlichen Charakter der englischen Nation eigentümlich sind. Auf den von London abgehenden öffentlichen Wagen sah man mit Kreide in großen Buchstaben geschrieben: Friede mit Frankreich.

Man kam überein, daß Bevollmächtigte in der Stadt Amiens, auf dem halben Wege zwischen London und Paris, zusammenkommen sollten, um daselbst den definitiven Friedensvertrag abzuschließen. Das britische Kabinett wählte einen alten und achtungswerten Kriegsmann, der lange Zeit für sein Vaterland mit Ehren die Waffen getragen hatte, jetzt aber den Augenblick für gekommen hielt, den Leiden der Welt ein Ende zu machen: Lord Cornwallis, einen der geachtetsten Männer Großbritanniens. Lord Cornwallis hatte die englischen Heere in Amerika und Indien befehligt, war Generalgouverneur von Bengalen und gegen Ende des abgelaufenen Jahrhunderts Vizekönig von Irland gewesen. Er sollte sich zuerst nach Paris verfügen, um dem Ersten Konsul seine Aufwartung zu machen, bevor er sich an den Ort der Unterhandlung begäbe.

Der Erste Konsul wählte seinen Bruder Joseph, den er besonders liebte und der durch Anmut der Formen und durch die Milde seines Charakters für diese Mission so recht geeignet erschien, zu der von ihm schon mehrere Male gut durchgeführten Rolle des Friedensstifters. Joseph hatte den Frieden mit Amerika in Mortefontaine, den mit Österreich in Lunéville unterzeichnet und sollte jetzt auch den mit England in Amiens unterzeichnen.

Die mit verschiedenen Staaten angeknüpften und noch nicht zum Abschluß gekommenen Unterhandlungen wurden fast augenblicklich vollendet.

Mit Portugal ließ Napoleon in Madrid durch seinen Bruder Lucian einen Vertrag unterzeichnen. Man drang nicht mehr auf Besetzung einer portugiesischen Provinz, denn da die Grundlagen des Friedens mit England seit der Abtretung Trinidads festgesetzt waren, hatte man kein Interesse mehr, die Unterpfänder zurückzubehalten, die man sich anfangs hatte verschaffen wollen. Die Ausschließung englischer Kriegs- und Handelsschiffe bis zum Abschluß des definitiven Friedens wurde ausdrücklich festgesetzt.

Die Räumung Ägyptens beendigte alle Schwierigkeiten mit der Ottomanischen Pforte. Talleyrand schloß in Paris mit einem Minister des Sultans Friedenspräliminarien ab, welche die Zurückgabe Ägyptens an die Pforte, die Herstellung der alten Beziehungen zwischen derselben und Frankreich und die Inkraftsetzung aller früheren Handels- und Schiffahrtsverträge abmachten.

Ähnliche Vereinbarungen wurden mit den Regentschaften von Tunis und Algier abgeschlossen.

Mit Bayern wurde ein Vertrag geschlossen, um es in dasselbe Bundesverhältnis zur Republik zu bringen, welches früher zwischen dem bayrischen Hofe und der alten französischen Monarchie bestanden hatte, als die letztere alle deutschen Mächte zweiten Ranges gegen die Herrschsucht des Hauses Österreich in Schutz nahm. Dies war eine wahre Erneuerung des Westfälischen Friedens und des Vertrages von Teschen. Bayern trat an Frankreich alles ab, was es früher auf dem linken Ufer des Rheines besessen hatte, und Frankreich versprach dafür, bei den demnächst bevorstehenden Unterhandlungen über die deutschen Angelegenheiten seinen Einfluß aufzuwenden, um Bayern eine genügende und passend gelegene Schadloshaltung zu verschaffen. Außerdem garantierte Frankreich die bayrischen Staaten.

Um endlich das Werk des allgemeinen Friedens zu vollenden, wurde auch der Vertrag mit Rußland, der einen bereits tatsächlich bestehenden Frieden rechtlich herstellte, nach langen Debatten zwischen Markoff und Talleyrand unterzeichnet.

Diese verschiedenen Verträge, die den Weltfrieden vervollständigten, wurden fast gleichzeitig mit den Londoner Präliminarien unterzeichnet. Die Freude des Publikums hatte ihren Gipfel erreicht, und man beschloß, den Weltfrieden durch ein großes Fest zu feiern. Dasselbe wurde auf den 18. Brumaire festgesetzt. Man konnte den Tag nicht besser wählen, denn der Revolution vom 18. Brumaire mußte man alle diese schönen Ereignisse zuschreiben. Lord Cornwallis sollte dem Fest beiwohnen. Er kam am 16. Brumaire (7. November) mit vielen seiner Landsleute in Paris an. Kaum waren die Präliminarien unterzeichnet, als sich auch bei Otto die Gesuche um Pässe häuften. Man hatte 300 hingeschickt, aber diese reichten nicht aus. Die Fahrzeuge, die französische Waren holen wollten und englische nach Frankreich brachten, trachteten ebenso eifrig nach Schutzbriefen. Alle diese Gesuche wurden auf das bereitwilligste gewährt, und die Verbindungen waren sogleich mit unglaublicher Schnelligkeit hergestellt. Am 18. Brumaire war Paris bereits voller Engländer, die sich kaum gedulden konnten, dieses neue und plötzlich so glänzend gewordene Frankreich zu sehen. Der berühmte Fox war mit unter den Engländern, die sich beeilten, Frankreich zu besuchen. Am Tage des Festes, das durch die friedliche und innige Freude aller Klassen von Bürgern verschönt wurde, war das Fahren mit Wagen verboten. Nur für Lord Cornwallis hatte man eine Ausnahme gemacht. Die Menge öffnete sich bereitwillig und ehrfurchtsvoll vor diesem ehrenwerten Vertreter der englischen Armee, welcher den Frieden zwischen den beiden großen Nationen abzuschließen kam.

Lord Cornwallis war der erste Engländer, der dem Kaiser eine bessere Meinung über seine Landsleute beibrachte; auch Fox und später auf St. Helena dem Admiral Malcolm gelang dieses.

Cornwallis war im ganzen Sinne des Wortes ein Ehrenmann. Als später in Amiens alles vereinbart worden war, hatte er versprochen, zu einer bestimmten Stunde des darauffolgenden Tages seine Unterschrift zu geben. Leider trat eine Verhinderung ein, und er wurde in seiner Wohnung zurückgehalten. Am Abend desselben Tages erschien bei ihm ein Kurier aus London, der ihm neue Anweisungen des Ministeriums überbrachte. Er antwortete, daß er bereits unterzeichnet hätte, und kam dann erst zur Unterschrift.

Fox arbeitete an einer Geschichte der Stuarts und bat den Ersten Konsul, die diplomatischen Archive durchsuchen zu dürfen. Napoleon stellte ihm alles zu seiner Verfügung und empfing ihn häufig. Er hatte von seinen Fähigkeiten sprechen hören und lernte ihn bald aus eigner Erfahrung schätzen und lieben wegen seines Seelenadels, seiner Herzensgüte und seiner weitsichtigen, edlen und freisinnigen Ansichten. Oft unterhielten sie sich freimütig über alle möglichen Dinge. Napoleon liebte es, ihn zu necken und das Gespräch auf die Höllenmaschine zu bringen; er behauptete, die englischen Minister hätten ihn ermorden wollen. Dann kam Fox in Feuer, bekämpfte diese Ansicht und schloß immer in seinem mangelhaften Französisch: »Erster Konsul, schlagen Sie sich das aus dem Kopf.« Innerlich war er aber doch nicht davon überzeugt, daß er eine gute Sache verteidigte; wahrscheinlich trat er nur für die Ehre seines Landes, nicht aber für die ehrliche Gesinnung der englischen Minister ein.

Leute wie Fox und Cornwallis, und wenn es auch nur ein halbes Dutzend wäre, würden genügen, um den ehrlichen Namen einer ganzen Nation zu begründen. Mit solchen Leuten hätte Napoleon sich immer leicht verständigt, mit ihrer Nation in Frieden gelebt und zusammengewirkt, um Großes zu erreichen.

IV.

Merkwürdigerweise war der wahnsinnige Kaiser Paul von Rußland der erste gewesen, der zu erkennen und zu würdigen wußte, was der Erste Konsul als Regent bedeutete. Er schrieb ihm einmal: »Ich lasse die abstrakte Beurteilung der Revolution beiseite; ich halte mich nur an eine einzige Tatsache, und die genügt mir: in meinen Augen sind Sie eine Regierung, und ich spreche mit Ihnen, weil wir uns verständigen und miteinander verhandeln können.«

Das englische Ministerium dagegen mußte mit Gewalt vom übrigen Europa isoliert werden, bevor es sich dazu bequemte, seinen Gegner überhaupt nur anzuhören. Als es endlich in die Vorbesprechungen mit dem Ersten Konsul eintrat, machte es alle möglichen Schikanen, suchte die Verhandlungen durch lange Protokolle, Etikettefragen, Berufung auf Präzedenzfälle und dergleichen Formelkram hinzuziehen. Napoleon lachte nur darüber – denn er fühlte sich so mächtig!

Auf einem ganz neuen Felde waren auch neue Methoden nötig, aber die englischen Unterhändler schienen von Zeit, Umständen und Menschen keine Ahnung zu haben. Napoleons Art brachte sie ganz aus der Fassung. Er verfuhr in diplomatischen Dingen wie auf einem Kriegsschauplatz und sagte ihnen gleich zu Anfang: »Ich mache Ihnen folgende Vorschläge: Wir sind Herren von Holland und der Schweiz. Ich gebe diese frei, als Entgelt für die Rückerstattungen, die Sie uns oder unseren Verbündeten werden zu machen haben. Wir sind auch Herren von Italien. Davon gebe ich einen Teil heraus; den andern behalte ich, um eine Bürgschaft für den Bestand des Ganzen zu haben. Dies sind meine Grundlagen. Bauen Sie nun um diese herum, was Ihnen beliebt – darauf kommt es mir wenig an; aber das Ziel und Ergebnis müssen dieselben bleiben; daran werde ich nichts ändern. Ich will von Ihnen keine Zugeständnisse erkaufen, sondern vernünftige, ehrenhafte und dauernde Abmachungen treffen. Wie ich sehe, haben Sie weder von der Lage noch auch von den Machtmitteln unserer beiden Nationen eine Ahnung; ich fürchte mich nicht vor Ihrer Weigerung und nicht vor allen Verlegenheiten, die Sie mir bereiten könnten. Ich habe starke Arme!«

Diese ungewohnte Sprache tat ihre Wirkung. Man hatte die Absicht gehabt, Frankreich in Amiens nur zu foppen, und trat nun wirklich in ernstliche Unterhandlungen ein. Da sie nicht wußten, wie sie dem Ersten Konsul beikommen konnten, boten sie ihm an, ihn zum König von

Frankreich zu machen. Da kamen sie grade an den Rechten! Napoleon zuckte nur mitleidig die Achseln. Französischer König von Englands Gnaden! Er war ja schon Herrscher durch den Willen des Volkes.

Napoleons Machtstellung war bereits so stark, daß er sich noch während der Verhandlungen von Amiens zum Präsidenten der Italienischen Republik machen ließ. Dieses Ergebnis, das sonst bei diplomatischer Behandlung unabsehbare Zwischenfälle veranlaßt haben würde, unterbrach nicht einmal die Verhandlungen. Übrigens war Napoleon in Amiens des festen Glaubens, das Los Frankreichs und Europas und sein eigenes sei nun fest bestimmt, der Krieg zu Ende. Das englische Kabinett hat ihn wieder entzündet; ihm allein verdankt Europa die Kriegsfurie, die noch zwölf Jahre lang gewütet hat. Dafür ist einzig und allein das englische Kabinett verantwortlich.

Die Londoner Präliminarien hatten die Grundlagen zum Frieden gelegt; allein solange diese Präliminarien noch nicht in einen definitiven Vertrag verwandelt waren, sagten die eigennützigen Ruhestörer täglich, man sei nicht mehr einig, man werde bald wieder in den Seekrieg und durch ihn in den Landkrieg verwickelt werden. Deshalb betrieb der Erste Konsul die Unterhandlungen in Amiens mit unermüdlicher Tätigkeit. »Unterzeichne«, schrieb er Joseph jeden Tag, »denn nach den Präliminarien ist weiter keine ernste Frage zu verhandeln.« – Und das war richtig.

In London wünschte man den Bruch ebenso wenig als in Paris oder Amiens. Das englische Kabinett sah ein, daß es der Lächerlichkeit unterliegen würde, wenn die sechsmonatliche Waffenruhe, die Folge der Präliminarien, nur dazu gedient hätte, den französischen Flotten die Meere zu eröffnen. Lord Cornwallis war daher bei der Abfassung des Vertrages sehr nachgiebig. Joseph Bonaparte war es nicht minder, und am 25. März 1802 abends wurde der Friede mit Großbritannien unterzeichnet. Der Janustempel war also geschlossen!

V.

Der Friede dauerte nur achtzehn Monate. Den Anlaß zum Bruch gab die hinterlistige Art und Weise, wie die englische Regierung die Räumung von Malta hinauszog. Am 18. Februar hatte der Erste Konsul in seinem Arbeitszimmer eine Unterredung mit Lord Whitworth, dem englischen Botschafter in Paris. Er trug ihm seine berechtigten Beschwerden anfangs in ruhigem, dann in immer erregterem Tone vor und rief schließlich aus: »Lieber will ich die Höhen von Montmartre in der Gewalt der Engländer sehen als Malta!«

Zwei Tage später eröffnete der Erste Konsul die Sitzung des Gesetzgebenden Körpers und legte diesem der Verfassung gemäß die jährliche Übersicht über die Lage der Republik vor. Die auf England bezüglichen Auslassungen lauteten folgendermaßen:

»Die Regierung verbürgt der Nation den Frieden auf dem Festlande und darf auch auf Fortdauer des Friedens zur See hoffen. Dieser Friede ist ein Bedürfnis und ein Wunsch aller Völker. Um ihn zu erhalten, wird die Regierung alles tun, was sich mit der Nationalehre verträgt, die wesentlich an die pünktliche Erfüllung der Verträge geknüpft ist.

Allein in England streiten zwei Parteien um die Gewalt. Die eine hat den Frieden geschlossen und scheint willens, ihn aufrechtzuerhalten; die andere hat Frankreich einen unversöhnlichen Haß geschworen. Daher dieses Schwanken in den Meinungen und in den beratenden Versammlungen sowie die gleichzeitig friedliche und drohende Haltung.

Solange dieser Streit der Parteien dauert, müssen Maßregeln getroffen werden, die der Regierung der Republik von der Klugheit geboten werden. Fünf mal hunderttausend Mann müssen und werden bereit sein, sie zu verteidigen und zu rächen, eine sonderbare Notwendigkeit, worin erbärmliche Leidenschaften zwei Nationen versetzen, die dasselbe Interesse und ein gleicher Wille an den Frieden knüpft.

Welchen Erfolg die Intrige in London auch haben mag: andere Völker wird sie nicht zu neuen Bündnissen verleiten, und mit gerechtem Stolze spricht die Regierung es aus: allein mit Frankreich zu ringen, wäre England jetzt nicht mehr fähig.

Hegen wir aber bessere Hoffnungen, und glauben wir lieber, daß man im britischen Kabinett nur auf die Ratschläge der Weisheit und die Stimme der Menschlichkeit hören wird.

Ja, ganz gewiß: der Friede wird sich täglich mehr befestigen; die Beziehungen beider Regierungen werden den Charakter des Wohlwollens annehmen, der ihren gegenseitigen Interessen entspricht; eine glückliche Ruhe wird die langen Leiden eines verderblichen Krieges in Vergessenheit bringen, und wechselseitig ihr eignes Glück gründend, werden Frankreich und England sich den Dank der ganzen Welt verdienen.«

Die Antwort blieb nicht aus.

Am 8. März erging an das britische Parlament folgende königliche Botschaft:

»Seine Majestät hält es für notwendig, dem Hause der Gemeinen Nachricht zu geben, daß sie, da in den französischen und holländischen Häfen beträchtliche Rüstungen stattfinden, neue Vorsichtsmaßregeln zur Sicherheit ihrer Staaten zu ergreifen für angemessen erachtet hat. Die Rüstungen, um die es sich handelt, haben zwar anscheinend Expeditionen nach Kolonien zum Zweck; da indessen gegenwärtig zwischen Sr. Majestät und der französischen Regierung Erörterungen von großer Wichtigkeit stattfinden, deren Ergebnis ungewiß ist, so hat Se. Majestät sich entschlossen, ihrem treuen Hause der Gemeinen diese Mitteilung zu machen, in der festen Überzeugung, daß sie, wiewohl es ihre eifrige und unermüdliche Sorgfalt für die Fortdauer des Friedens teilt, sich nichtsdestoweniger mit vollem Vertrauen auf seinen Gemeinsinn und seine Freigebigkeit verlassen und darauf rechnen darf, daß es sie in den Stand setzen werde, alle Mittel anwenden zu können, die die Umstände für die Ehre ihrer Krone und die wesentlichen Interessen ihres Volkes zu erheischen scheinen.«

Diese Thronrede verkündete den Beginn eines neuen Krieges und den Bruch des Friedens von Amiens.

Lord Withworth ahnte sogleich, welchen Eindruck die Botschaft ans Parlament auf General Bonaparte machen werde. Auch gab er Talleyrand nur mit großem Bedauern eine Abschrift von ihr und beschwor den Minister, er möge zum General eilen, ihn besänftigen und zu überzeugen suchen, daß dieses noch keine Kriegserklärung, sondern eine einfache Vorsichtsmaßregel sei. Talleyrand begab sich unverzüglich in die Tuilerien, richtete aber wenig aus.

Dieser Friedensbruch, der unter so faulen Vorwänden und in so hinterlistiger Weise von seiten des englischen Kabinetts erfolgte, erregte den heftigsten Zorn des Ersten Konsuls, der sofort erkannte, daß er hinters Licht geführt worden war. Als dann sogar noch vor der Kriegserklärung mehrere französische Handelsschiffe weggenommen wurden, war das Maß voll. Auf seine dringenden Beschwerden erhielt Napoleon die kühle Antwort: dies wäre ihr Brauch und sie hätten es immer so gemacht. Das stimmte; aber die Zeiten hatten sich geändert, und Frankreich konnte nicht mehr eine solche Ungerechtigkeit und Demütigung geduldig hinnehmen. Napoleon war der Mann, der die Rechte und den Ruhm der Nation zu verteidigen hatte, und war vollkommen bereit, den Feinden zu zeigen, mit wem sie es zu tun hätten. Unglücklicherweise konnte er, so wie die Verhältnisse auf beiden Seiten lagen, für die Gewalttat nur durch eine noch stärkere Gewalttat Rache nehmen. Repressalien an Unschuldigen auszuüben ist stets eine traurige Genugtuung; aber dem Ersten Konsul blieb keine andere Wahl.

Sobald Napoleon die ironische und unverschämte Antwort auf seine Beschwerden gelesen hatte, fertigte er noch in derselben Nacht den Befehl ab, in ganz Frankreich und in allen von den französischen Truppen besetzt gehaltenen Ländern alle Engländer, gleichviel welchen Standes, zu verhaften und zur Vergeltung für die unberechtigte Wegnahme der französischen Schiffe ins Gefängnis zu werfen. Die meisten von diesen Engländern waren angesehene, reiche und vornehme Leute, die zu ihrem Vergnügen reisten. Diese Maßregel erließ der Erste Konsul, weil sie auf die empörende Rechtsverletzung der Engländer die einzig richtige Antwort gab. In ganz Europa erhob sich ein Geschrei. Alle von dem Befehl betroffenen Engländer wandten sich an den Ersten Konsul, der sie an die britische Regierung verwies, indem er ihnen antwortete, daß nur von dieser ihr Schicksal abhänge. Um ihre Freilassung zu erwirken, taten mehrere von ihnen sich zusammen und erboten sich, aus ihren eigenen Mitteln den Wert der weggenommenen Schiffe zu ersetzen. Der Erste Konsul ließ ihnen antworten, es komme ihm gar nicht auf ihr Geld an, sondern darauf, daß die einfachsten Gebote der Sittlichkeit beachtet und daß abscheuliche Ungerechtigkeiten wiedergutgemacht würden.

Sollte man es glauben? Die englische Regierung, die an ihren Vorrechten zur See mit so schlauer Hartnäckigkeit festhält wie die römische Kurie an ihren religiösen Vorrechten, ließ lieber eine Menge ausgezeichneter und vornehmer Landsleute zehn Jahre lang im Kerker schmachten, als daß sie auf elende Seeräuberunsitten, die formell als Recht galten, in offizieller Form verzichtet hätte.

VI.[1]

Während der ganzen Dauer des nun folgenden elfjährigen Krieges hat Napoleon immer und immer wieder die Auswechselung der Gefangenen beantragt; die englische Regierung war jedoch der Meinung, daß

1 Dieser Abschnitt umfaßt naturgemäß auch die nachfolgenden Jahre der napoleonischen Herrschaft. C.

diese für Frankreich vorteilhafter sein würde als für England, und weigerte sich bald unter diesem, bald unter jenem Vorwand. Hiergegen hatte der Kaiser nichts einzuwenden: im Kriege geht der politische Vorteil allem Gefühl vor. Aber warum mußten die englischen Machthaber sich ohne Notwendigkeit als Barbaren zeigen? Und das taten sie, als sie die Zahl der englischen Gefangenen immer größer werden sahen. Da begann für die unglücklichen gefangenen Franzosen die Marterqual auf den *Hulks,* den abgetakelten Rümpfen ausgedienter Schiffe – eine Marter, die die alten Dichter zu den Höllenqualen gerechnet haben würden, wenn ihre Phantasie dergleichen hätte ersinnen können. Gewiß werden die Beschuldigungen übertrieben gewesen sein, aber ebenso sicher war auch nicht alles Wahrheit, was zur Verteidigung vorgebracht wurde. Man weiß, was Parlamentsberichte sind: Lügen und Verleumdungen werden mit der kaltblütigsten Frechheit vorgebracht. Um die Wahrheit klarzumachen, genügen die Tatsachen: die armen Soldaten, die an das Meer nicht gewöhnt waren, wurden in die Hulks geworfen, in stinkenden, viel zu engen Räumen zusammengepfercht. Zweimal im Verlauf von 24 Stunden mußten sie bei Ebbe die pestartigen Ausdünstungen des Schlamms einatmen. Und diese Qualen zehn, zwölf Jahre lang Tag für Tag – ist das nicht genug, um einem das Blut in den Adern in Wallung zu bringen? Der Kaiser hat sich später oft den Vorwurf gemacht, keine Vergeltung geübt zu haben. Er hätte in ebensolche Schiffsrümpfe nicht etwa die armen Matrosen, deren Stimme nicht gehört wird, sondern die Mylords und reichen Leute sollen werfen lassen! Man hätte ihnen freien Briefverkehr mit ihrer Heimat, ihren Familien gestattet, und ihr Geschrei würde den Ministern die Ohren betäubt und sie zum Nachgeben bewogen haben. In den Pariser Salons, wo die Feinde Frankreichs ja stets ihre besten Verbündeten hatten, würde man natürlich den Kaiser einen Tiger, einen Kannibalen geschimpft haben, aber der Kaiser hätte es trotzdem tun sollen; es wäre seine Pflicht gegen die Franzosen gewesen, die ihm das Amt gegeben hatten, sie zu beschützen und zu verteidigen.

Bei den Verhandlungen über die Gefangenen trat der Machiavellismus des englischen Kabinetts in völliger Nacktheit zutage. Die Engländer beschuldigten den Kaiser einer ungeheuerlichen Verletzung der Menschenrechte, weil er erklärte, die als *Geiseln* in Haft Genommenen als *Gefangene* ansehen zu wollen; die Minister erklärten, ein solches Prinzip unter keinen Umständen anerkennen zu können. Dann begannen aus England wie aus Frankreich Gefangene zu entweichen. Einige von den *Geiseln,* denen auf ihr Wort hin freie Bewegung gestattet worden war, brachen dasselbe und wurden in England freudig begrüßt. Franzosen, die es ebenso machten, wurden vom Kaiser hart getadelt. Dieser machte sogar den Vorschlag, daß Flüchtlinge, die ihr Wort gebrochen hätten, von beiden Ländern wieder ausgeliefert werden sollten. Ihm wurde jedoch geantwortet, die *Geiseln* wären keine Gefangenen und hätten nur von einem ihnen zustehenden Recht Gebrauch gemacht, hätten sich einer ungerechten Bedrückung entzogen und damit vollkommen richtig gehandelt. Diese Leute wurden denn auch wieder im englischen Staatsdienst verwandt. Von diesem Augenblick an ermunterte Napoleon die französischen Gefangenen ebenfalls zur Flucht und stellte sie wieder an. Sofort erschienen in den englischen Zeitungen, vom Ministerium veranlaßt, die heftigsten Brandreden gegen Napoleon als einen Menschen ohne Moral, ohne Treu und Glauben usw.

Als es ihnen endlich aus irgendeinem Grunde gut dünkte, über die Auswechselung zu unterhandeln, vielleicht weil sie glaubten, den Kaiser übers Ohr hauen zu können, schickten sie einen Kommissär. Die großen Schwierigkeiten waren auf einmal nicht mehr vorhanden; nur von Menschenliebe war die Rede und von anderen solchen großtönenden Worten! Die englischen Minister willigten ein, die *Verhafteten* als Gefangene anzusehen und unter deren Zahl auch die hannöversche Armee zu rechnen, die Napoleon gefangengenommen hatte. Diese Frage war bis dahin das Haupthindernis gewesen, denn man hatte behauptet, die Hannoveraner seien keine Engländer. Soweit ging alles gut, und ein Abschluß schien nahe bevorzustehen. Aber Napoleon kannte seine Gegner und durchschaute ihre wahren Absichten: sie hatten ungeheuer viel mehr französische Gefangene, als in Frankreich Engländer waren. Sobald sie die ihrigen zurückgehabt hätten, würde es an Vorwänden nicht gefehlt haben, und die Auswechselung wäre ins Stocken geraten; die übrigen armen Franzosen wären auf ewig in den *Hulks* geblieben. Der Kaiser erklärte also, von einem solchen Austausch wolle er nichts wissen, nur von einer gänzlichen Auswechselung. Diese könnte auf folgende Weise erleichtert werden: Der Kaiser gebe zu, daß er in Frankreich viel weniger Engländer hätte, als in England sich gefangene Franzosen befänden. Er hätte aber auch Spanier, Portugiesen und andere Verbündete, die unter englischen Fahnen kämpfend gefangengenommen wären. Auf diese Weise brachte der Kaiser eine Gesamtzahl von Gefangenen zusammen, die viel beträchtlicher war als die, welche die Engländer aufweisen konnten. Napoleon erbot sich trotzdem, einfach alle gegen alle auszutauschen! Dieser Vorschlag brachte das englische Kabinett in Verlegenheit; er wurde erwogen, dann aber abgelehnt. Als man jedoch das Mittel gefunden zu haben glaubte, zum selben Ergebnis zu gelangen, nahm man Napoleons Vorschlag an. Dieser aber hielt seine Augen offen. Wenn man begonnen hätte, Engländer gegen Franzosen auszuwechseln, würde das Verfahren eingestellt worden sein, sobald die Engländer ihre volle Anzahl erhalten hätten; diese bildeten aber an Zahl höchstens den dritten Teil der gefangenen Franzosen. Um jedes Mißverständnis unmöglich zu machen, schlug nunmehr der Kaiser vor, immer nur 3000 Mann auf einmal auszutauschen; gegen 3000 Franzosen wollte er 1000 Engländer und 2000 Hannoveraner, Spanier, Portugiesen usw. freilassen. So hätte also, wenn irgendeine Hemmung eingetreten wäre, immer das gleiche Verhältnis fortbestanden, und eine gegenseitige Täuschung wäre unmöglich gewesen. Über diesen Vorschlag, der doch gewiß eine gesunde Grundlage hatte, wurde ein lautes Geschrei erhoben. Die Verhandlungen wurden abgebrochen! Vielleicht lag den englischen Ministern aber doch viel daran, ihre Landsleute wiederzusehen, denn sie zeigten sich einer Verständigung geneigt, als Napoleon auf einem Umweg wieder auf seinen früheren Vorschlag zurückkam. Doch der Ausgang des russischen Feldzugs erfüllte sie mit neuen Hoffnungen und machte des Kaisers Bestrebungen wiederum zunichte.

Der Kaiser hatte übrigens lange Zeit die Absicht, die europäischen Mächte zu einer völligen Änderung der in bezug auf die Gefangenen geltenden Rechtsverhältnisse zu veranlassen. Er dachte daran, sie regimenterweise zu organisieren und zum Bau von großen Monumenten u. dergl. zu verwenden. Sie würden dafür ihren Sold erhalten haben. Auf diese Weise hätte die Faulenzerei aufgehört und damit die vielen Unordnungen, die aus dieser entspringen. Sie hätten gute Kost und Kleidung empfangen, und es hätte ihnen an nichts gefehlt, ohne daß dies doch dem Staat etwas gekostet hätte, denn dieser hätte ja ihre Arbeit als Gegenleistung empfangen. Auf diese Weise hätten alle dabei gewonnen. Des Kaisers Pläne fanden jedoch im Staatsrat keinen Anklang; man hielt ihm jene falsche Menschenfreundlichkeit entgegen, die so vielen Leuten den Kopf verdreht. Man erklärte es für hart und barbarisch, Gefangene zur Arbeit zwingen zu wollen, und sprach die Befürchtung aus, daß Repressalien erfolgen würden. Man meinte, ein Gefangener sei schon unglücklich genug nur dadurch, daß er seine

Freiheit verloren habe, und man habe kein Recht, über seine Zeit und seine Handlungen zu verfügen. Napoleon entgegnete: »Ich beklage mich ja grade über den Mißbrauch der Zeit. Ein Gefangener muß auf einen gewissen Zwang gefaßt sein, und der Zwang, den ich ihm auferlege, ist so gut zu seinem Besten wie zu dem anderer. Ich verlange von ihm weniger Mühe und Strapazen und mute ihm weniger Gefahr zu, als er tagtäglich in seinem Soldatenberuf hat. Sie fürchten, daß der Feind Repressalien üben und die Franzosen ebenso behandeln werde? Wollte der Himmel, er täte es! Das würde ich für das allergrößte Glück halten. Ich sähe gern meine Matrosen und Soldaten auf Straßen und Plätzen oder auf freiem Felde beschäftigt, statt sie in abscheulichen Kerkern lebendig begraben zu wissen! Sie würden mir als gesunde, fleißige, von Arbeit abgehärtete Menschen zurückgegeben, die in Feindesland etwas zurückgelassen hätten, was einen gewissen Ersatz für die durch den Krieg verursachten Verwüstungen bedeuten würde.« Um sich dem Kaiser scheinbar zu fügen, organisierte man ein paar Kompagnien freiwilliger Arbeiter oder dergleichen. Aber das entsprach keineswegs dem Gedankengang Napoleons.

VII.

Napoleon beschloß, als Kriegsschauplatz England selber, das meerumgürtete Albion zu wählen.

Eine Landung in England war zweifelsohne kein Ding der Unmöglichkeit; war sie aber einmal erfolgt, so wurde London unfehlbar eingenommen. Sobald die Franzosen Herren von London gewesen wären, hätte sich unverzüglich eine mächtige Partei gegen die britische Adelsherrschaft erhoben. Als Hannibal die Alpen überschritt, als Cäsar in Epirus oder Spanien landete – blickten da diese Helden hinter sich? London liegt nur wenige Tagemärsche von der Küste entfernt, und sobald die Landung vollzogen gewesen wäre, hätte die zur Verteidigung der Küsten zerstreute englische Armee keine Zeit mehr gehabt, sich zu sammeln, um ihre Hauptstadt zu beschützen. Ohne Zweifel konnte eine solche Landung nicht mit einem Armeekorps unternommen werden, wohl aber war der Erfolg sicher mit 160 000 Mann, die fünf Tage nach ihrer Landung vor London erschienen wären. Bootsflottillen sollten nur dazu dienen, diese 160 000 Mann in wenigen Stunden hinüberzuschaffen und alle englischen Landungsplätze zu besetzen. Die Überfahrt sollte sich unter dem Schutz einer Flotte vollziehen, die sich bei Martinique sammeln und von dort so schnell wie möglich nach Boulogne segeln sollte; wurde die Vereinigung der Flotte im ersten Jahre vereitelt – nun, so hätte sie im nächsten oder einem der folgenden stattgefunden: Fünfzig Linienschiffe, die von Toulon, Brest, Rochefort, Lorient, Cadix abgefahren wären, hätten sich bei der Insel Martinique vereinigt, wären nach Boulogne gesegelt und hätten die Überfahrt der Truppen gedeckt, während die englischen Flotten zwei Meere hätten behaupten müssen, um die britische Herrschaft über Indien aufrechtzuerhalten.

Schon damals dachte Napoleon auch an eine entscheidende Expedition nach Indien, aber seine Pläne wurden immer vereitelt. Er gedachte 16 000 Soldaten auf Kriegsschiffen dorthin zu transportieren. Jedes Schiff sollte 500 Mann aufnehmen, mithin wären deren 32 nötig gewesen. Für 4 Monate sollte Wasser mitgeführt werden, das eventuell auf Isle de France oder in Afrika, Brasilien oder an der Küste des Indischen Meeres hätte erneuert werden können. Am Bestimmungsorte angekommen, würden die Truppen ausgeschifft werden, und die Schiffe hätten sogleich wieder in See zu gehen, nachdem sie ihre Mannschaft aus der Besatzung von sieben oder acht der ältesten und unbrauchbarsten Schiffe, die geopfert werden mußten, ergänzt hätten. Ein englisches Geschwader, das von Europa aus die französischen Schiffe vielleicht verfolgt hätte, würde bei seiner Ankunft auf diese Weise nichts mehr vorgefunden haben. Die ans Land geworfene Armee hätte unter der Führung eines fähigen und treuen Feldherrn die gewohnten Wundertaten vollführt, und Europa hätte mit Staunen von der Eroberung Indiens gehört, wie es vorher die Ägyptens erfahren hatte.

Während der Jahre 1803, 1804 und 1805 bedeckten militärische Feldlager den Strand bei Boulogne, Dünkirchen und Ostende; in Brest, Rochefort und Toulon wurden gewaltige Flotten ausgerüstet; auf allen französischen Werften wurden Prähme, Schaluppen, Kanonenboote, große und kleine Kähne gebaut; Tausende von Armen waren beschäftigt, die Kanalhäfen instand zu setzen, um diese zahlreichen Bootsflottillen aufzunehmen. Auch England eilte zu den Waffen. Pitt gab die Friedensarbeiten als Lordschatzminister auf, zog Uniform an und dachte nur noch an Kanonen, Bataillone, Forts, Batterien. Der ehrwürdige alte König Georg der Dritte verließ seine Paläste und hielt jeden Tag Revuen ab; in den Dünen bei Dover, in den Grafschaften Kent und

Sussex wurden Feldlager gebildet: die beiden Armeen standen einander sozusagen von Angesicht zu Angesicht gegenüber, nur die Meerenge von Calais trennte sie.

England verabsäumte außerdem kein Mittel, um die Festlandsmächte aufzurütteln; aber Österreich, Rußland, Preußen, Spanien waren mit Frankreich, dem ganz Europa gehorchte, verbündet oder befreundet. Ebensowenig Glück hatte England mit seinen Versuchen, den Krieg in der Vendée wieder zu entfachen. Das Konkordat hatte den Klerus mit Napoleon versöhnt, die Einwohner der Vendée dachten jetzt ganz anders als früher; sie erkannte dankbar die gute Verwaltung an: die gewaltigen öffentlichen Arbeiten, die Napoleon angeordnet hatte, beschäftigten Tausende und aber Tausende von Armen; es wurde ein Kanal zur Verbindung der Vilaine und der Rance gebaut, wodurch es den Küstenschiffern ermöglicht wurde, von der Küste von Poitou nach der Küste der Normandie zu fahren, ohne um Kap Ouessant segeln zu müssen. Eine neue Stadt erhob sich mitten im Departement Vendée; acht große Straßen wurden im westlichen Frankreich gebaut; außerdem wurden beträchtliche Summen in Form von Prämien unter die Vendeer verteilt, um ihre auf Befehl des Wohlfahrtsausschusses niedergebrannten oder sonstwie zerstörten Wohnungen, Kirchen und Pfarrhäuser wieder aufzubauen.

Das Kabinett von Saint James war oft durch die Royalisten, die sich falschen Illusionen hingaben, verleitet worden, sich auf mißliche Unternehmungen einzulassen. Neuerdings hatte es dagegen eine übertriebene Vorstellung von den Machtmitteln und dem Einfluß der Jakobiner; es bildete sich ein, daß viele von diesen unzufrieden und daher geneigt seien, sich mit den Royalisten zu verbünden, und daß eifersüchtige Generale ihre Führung übernehmen würden. Das Kabinett glaubte, daß durch eine Vereinigung der beiden einander entgegengesetzten, aber durch gleiche Leidenschaft erhitzten Parteien sich eine große Wirkung würde erzielen lassen.

Seit vier Jahren hatte der Erste Konsul das von Parteiungen zerklüftete Frankreich einig gemacht. Die Emigrantenliste war geschlossen worden; alle diejenigen, die in ihr Vaterland zurückkehren wollten, waren von dieser Liste gestrichen worden, und endlich hatte der Erste Konsul eine Amnestie erlassen; alle ihre noch vorhandenen, nicht inzwischen verkauften Güter waren ihnen zurückgegeben worden, mit Ausnahme der Wälder, von denen ihnen nach dem Gesetz nur die Einkünfte zuflossen. Auf der Emigrantenliste verblieben nur noch wenige Personen, die zur nächsten Umgebung der Prinzen gehörten oder als erklärte Feinde der Revolution es abgelehnt hatten, sich amnestieren zu lassen. Tausende von Emigranten waren zurückgekehrt und hatten keine andere Bedingung zu erfüllen gehabt, als daß sie der Republik den Treueid leisteten. So hatte der Erste Konsul die köstlichste Genugtuung gehabt, die einem Menschen beschieden sein kann: er hatte mehr als 30 000 Familien wieder ein Heim gegeben und hatte die Nachkommen der großen und ruhmvollen Menschen, denen Frankreich durch Jahrhunderte hindurch so viel verdankt hatte, ins Vaterland zurückgeführt. Selbst diejenigen, die freiwillig im Exil blieben, erhielten oftmals Pässe, um ihre Familien zu besuchen. Die Altäre waren wieder aufgerichtet; Priester, die deportiert und verbannt gewesen waren, standen wieder an der Spitze der Gemeinden und erhielten ihr Gehalt von der Republik. Diese verschiedenen Gesetze hatten die öffentlichen Verhältnisse wesentlich gebessert. Sie hatten nur einen leider unvermeidlichen Übelstand an sich: sie ermutigten die Feinde der Konsularregierung, die royalistische Partei und das Ausland in ihren Hoffnungen.

VIII.

Um in England zu landen, war zunächst ein Heer notwendig, und Napoleon beschloß, eins zu bilden, das hinsichtlich der Zahl und Organisation nichts zu wünschen übriglasse, es vom Texel bis an die Pyrenäen in verschiedene Lager zu verteilen und so aufzustellen, daß es sich auf einigen richtig gewählten Küstenpunkten schnell zusammenziehen ließ. Nachdem ein Korps von 25 000 Mann zwischen Breda und Nimwegen zusammengezogen war, um gegen Hannover zu marschieren, ordnete der Kaiser die Errichtung von sechs Lagern an: bei Utrecht, Gent, Saint-Omer, Brest, Compiègne und Bayonne. Letzteres sollte Spanien einschüchtern. Den Anfang machte er mit der Bildung der Artillerieparks auf diesen sechs Sammelpunkten; denn solche Parks sind immer am allerschwersten zu organisieren. Hierauf sandte er nach jedem Lager eine hinlängliche Anzahl von Infanteriehalbbrigaden ab, um die Truppenzahl auf mindestens 25 000 Mann zu bringen. Die Kavallerie wurde später hingeschickt, und zwar in kleinerem Verhältnis als gewöhnlich, da man im Falle einer Einschiffung nur sehr wenig Pferde mitnehmen konnte. Bei einem solchen Heere mußte die Beschaffenheit und Stärke der Infanterie, die Vorzüglichkeit der Artillerie und die Menge der Geschütze die geringere Stärke der Kavallerie ersetzen können. In dieser doppelten Beziehung erfüllte die französische Infanterie und Artillerie alle wünschenswerten Bedingungen. Sämtliche Dragoner wurden an der Küste zusammengezogen und aus ihnen vier starke Divisionen formiert; denn da die Soldaten dieser Waffengattung zu Pferde und zu Fuß zu kämpfen verstanden, sollten sie nur ihre Sättel mit einschiffen und als Infanteristen wirken, bis man sie mit den dem Feinde abgenommenen Pferden beritten gemacht hätte.

Die Hauptaufgabe war aber, die Transportmittel aufzubringen, um dies Heer von Calais nach Dover überzusetzen. In dieser Beziehung hatte Napoleon noch keinen festen Entschluß gefaßt. Nur ein Punkt war infolge einer langen Reihe von Beobachtungen definitiv festgestellt worden: die Form der zu erbauenden Schiffe. Fahrzeuge mit flachem Boden, die auf den Strand laufen, segeln und gerudert werden könnten, waren allen Marineingenieurs als das zur Überfahrt geeignetste Mittel erschienen, abgesehen von dem Vorteil, daß sie überall, selbst in den oberen Läufen der französischen Ströme, gebaut werden konnten. Dann mußte man sie aber noch sammeln, in angemessen gelegenen Häfen in Sicherheit bringen, bewaffnen, bemannen und endlich das beste Manövriersystem ausmitteln, um sie angesichts des Feindes in Ordnung bewegen zu können. Zu diesem Behufe war eine Reihe langwieriger und schwieriger Experimente anzustellen. Napoleon beabsichtigte daher, in Boulogne an der Küste des Kanals sich selbst oft und lange genug aufzuhalten, um die Örtlichkeit, die Verhältnisse des Meeres und des Wetters kennenzulernen und die geplante Unternehmung in allen ihren Teilen selbst zu organisieren.

Zur Hinüberschaffung von 150 000 Mann, nebst der Menge von Pferden, Geschützen, Schießbedarf und Lebensmitteln, die ein solches Heer voraussetzt, sind große Rüstungen erforderlich. Es ist schon eine schwierige Aufgabe, 20–30 000 Mann übers Meer zu schaffen. Den Beweis hatte die Expedition nach Ägypten geliefert.

Nun aber waren gar 150 000 Soldaten, 10–15 000 Pferde und 3–400 Geschütze einzuschiffen! Ein Linienschiff kann für eine Fahrt von einigen Tagen durchschnittlich 6–7000 Mann aufnehmen, eine große Fregatte die Hälfte. Zur Einschiffung eines solchen Heeres waren daher 200 Linienschiffe erforderlich, also eine Flotte, wie sie nirgends existiert und die höchstens ein Bündnis Frankreichs und Englands zu einem und demselben Zwecke denkbar machen könnte. Eine

Armee von 150000 Mann nach England hinüberzuschaffen wäre also ein unmögliches Unternehmen gewesen, wäre England so weit entfernt wie Ägypten oder Morea. Man brauchte aber nur über die Meerenge von Calais zu setzen, d. h. eine Strecke von 8 bis 10 Seemeilen zurückzulegen.

Zu einer solchen Überfahrt waren keine großen Schiffe nötig. Man hätte solche dazu, selbst wenn man sie gehabt hätte, nicht einmal gebrauchen können, denn von Ostende bis Havre gibt es nicht einen Hafen, der sie aufzunehmen imstande wäre, und ohne einen weiten Umweg ließe sich auch auf der entgegengesetzten Küste nicht ein Hafen finden, in dem sie hätten landen können. Bei der Kürze der Fahrt und der Beschaffenheit der Häfen hatte man daher stets an kleine Fahrzeuge gedacht. Solche Fahrzeuge entsprachen ferner der Natur dieses Teils der See. Langjährige Beobachtungen an den Küsten hatten festgestellt, was für Fahrzeuge am besten dazu geeignet waren.

Im Sommer z. B. treten im Kanale oft beinahe völlige Windstillen ein, die lange genug dauern, daß man für 48 Stunden auf beständiges Wetter rechnen kann. Soviel Zeit brauchte man ungefähr, nicht zur Überfahrt, wohl aber um die große Flottille aus den Häfen herauslaufen zu lassen. Da sich die englischen Kreuzer während einer solchen Windstille nicht rühren konnten, vermochten Fahrzeuge, die zugleich zum Rudern eingerichtet waren, selbst angesichts einer feindlichen Flotte ungestraft hinüberzusetzen. Der Winter hatte ebenfalls seine günstigen Momente. Wenn die dichten Nebel der kalten Jahreszeit mit einer Windstille oder doch schwachem Winde zusammentrafen, gaben sie ebenfalls eine Möglichkeit, in Gegenwart einer entweder regungslosen oder durch den Nebel getäuschten feindlichen Flotte die Überfahrt zu bewerkstelligen. Dann gab es endlich noch eine dritte günstige Gelegenheit, die während der Tagundnachtgleichen eintreten konnte. Unmittelbar nach den Äquinoktialstürmen legt sich nicht selten der Wind mit einem Male und läßt eine hinlängliche Zeit übrig, noch vor der Rückkehr des feindlichen Geschwaders, welches das Unwetter die hohe See zu suchen zwingt, über die Meerenge zu setzen. Das waren die Verhältnisse, wie sie von den an den Küsten des Kanals lebenden Seeleuten übereinstimmend geschildert wurden.

Es gab einen Fall, in dem man zu jeder Jahreszeit und bei jedem Wetter, wenn nur kein Sturm war, über die Meerenge gelangen konnte: wenn man nämlich durch geschickte Manöver ein starkes Liniengeschwader nur auf einige Stunden in den Kanal hineinbrachte. Von diesem Geschwader gedeckt, konnte dann die Flottille unter Segel gehen, ohne sich um die feindlichen Kreuzer zu kümmern.

Außer den Wind- und Wasserverhältnissen im Kanal war auch die Gestaltung der Küsten zu berücksichtigen. Die französischen Häfen an der Meerenge waren sämtlich Strandhäfen, d. h., sie wurden durch die Ebbe trocken gelegt und hatten bei der Flut nicht über 8 bis 9 Fuß Wasser. Es waren daher Fahrzeuge notwendig, die beladen nicht über 7 bis 8 Fuß tief gingen und zugleich ohne Schaden auf den Strand laufen konnten. Die zwischen der Themse, Dover, Folkstone und Brighton gelegenen Häfen der englischen Küste waren sehr klein. Wären sie aber auch bedeutender gewesen, so mußte man zu einer so großartigen Ausschiffung sich geradezu an die Küste selbst werfen, und brauchte also auch dazu Fahrzeuge, die auf den Strand laufen konnten.

Um allen diesen Bedingungen zu genügen, baute man große Kanonenschaluppen mit flachem Boden von solidem Bau und von zweierlei Art. Die der ersten Art, die eigentlichen Kanonenschaluppen, waren so gebaut, daß sie vier Geschütze von schwerem Kaliber, vom 24- bis zum 36pfünder, zwei vorn und zwei hinten, führen und so das Feuer der Linienschiffe und Fregatten erwidern konnten. Eine Flotte von 500 Kanonenschaluppen von je 4 Geschützen konnte also das Feuer von 20 Linienschiffen von je 100 Kanonen gleich stark erwidern. Diese Schaluppen waren aufgetakelt wie Briggs, d. h. mit zwei Masten, mit 24 Matrosen bemannt und imstande, eine Infanteriekompagnie von 100 Mann mit Waffen und Schießbedarf aufzunehmen.

Die Schaluppen der zweiten Klasse, die man zum Unterschied von den andern Kanonenboote nannte, waren nicht so stark bewaffnet und minder leicht zu steuern, sollten aber außer der Infanterie auch die Feldartillerie aufnehmen. Diese Kanonenboote trugen vorn einen Vierundzwanzigpfünder, hinten ein auf der Lafette gelassenes Feldgeschütz nebst dem erforderlichen Apparat, es in wenigen Minuten ein- und auszuschiffen. Sie führten außerdem einen gefüllten Artilleriemunitionswagen, welcher dergestalt auf dem Verdeck angebracht war, daß er die Matrosen nicht hinderte und in einem Augenblicke ans Land geschafft werden konnte. Die Schaluppen enthielten mitten im Raum auch einen kleinen Stall, in dem zwei Artilleriepferde mit Futter auf mehrere Tage untergebracht werden sollten. Dieser in der Mitte der Schaluppe befindliche, oben mit einer Klappe versehene Pferdestall war so eingerichtet, daß man vom Takelwerk aus durch Flaschenzüge ein Pferd in der Schwebe bequem vom Ufer hinein- und dahin wieder herausbringen konnte. Hinsichtlich der Bewaffnung standen die Boote den Kanonenschaluppen nach, konnten aber eine schwere Geschützkugel abfeuern und aus dem am Heck befindlichen Feldgeschütz mit Kartätschen schießen und gewährten den Vorteil, daß sie außer einem Teile der Infanterie die ganze Artillerie des Heeres nebst zwei Pferden für jedes Geschütz aufnehmen und sofort nach der Landung in Reihe und Glied zu bringen vermochten. Die übrige Bespannung sollte auf Transportschiffe geladen werden. Diese Kanonenboote waren nur mit sechs Matrosen bemannt und konnten wie die Kanonenschaluppen eine Infanteriekompagnie mit ihren Offizieren nebst zwei Geschützführern und einigen Artilleristen aufnehmen.

Eine dritte Art von Fahrzeugen waren große, schmale 60 Fuß lange Prähme mit beweglichem Verdeck, das sich auflegen und wegnehmen ließ. Sie waren mit etwa 60 Rudern versehen, konnten nötigenfalls ein kleines Segelwerk tragen und fuhren außerordentlich schnell. Diese Fahrzeuge konnten außer den zwei bis drei Matrosen, die sie steuerten, 60 bis 70 Soldaten aufnehmen, die so gut rudern gelernt hatten wie Matrosen. Auch führten sie eine kleine Haubitze nebst einem Vierpfünder an Bord und sollten keine andere Ladung erhalten als die Waffen ihrer Besatzung und einige als Ballast verteilte Lebensmittel.

Nach zahlreichen Versuchen war man bei diesen dreierlei Arten von Fahrzeugen geblieben, die allen Erfordernissen der Überfahrt entsprachen und, in Schlachtlinie aufgestellt, eine furchtbare Feuerlinie bildeten. Die leichter beweglichen und stärker bewaffneten Kanonenschaluppen nahmen die vorderste Reihe ein; die Kanonenboote bildeten die zweite Linie, hinter den Zwischenräumen zwischen den Schaluppen, so daß keine Stelle ohne Feuer blieb. Die Prähme, die nur kleine Haubitzen führten und hauptsächlich durch ihr Flintenfeuer gefährlich waren, konnten, vor und hinter der Schlachtreihe und auf den Flügeln verteilt, rasch zum Entern eilen, wenn man mit einer Flotte zu tun hatte, oder ihre Mannschaften ans Land setzen, wenn man eine Landung bewerkstelligen wollte, oder schließlich sich davonmachen, wenn sie schweres Geschützfeuer auszuhalten hatten.

Von diesen dreierlei Fahrzeugen sollten 1200 bis 1500 zusammengebracht werden, die außer einer Menge leichter Geschütze mindestens 3000 Stücke von schwerem Kaliber führen, also ebenso viel Kugeln werfen konnten wie das stärkste Schiffsgeschwader. Ihr Feuer war gefährlich, denn es strich hart über die Wellen hin und zielte auf die Wasserlinie. Im Kampfe mit großen Schiffen bildeten sie für diese ein schwer zu treffendes Ziel, während sie selbst auf ein leicht zu treffendes schossen. Sie konnten sich bewegen, verteilen, den Feind umzingeln.

Jedoch hatten diese Fahrzeuge auch Übelstände, die eben in der Form ihrer Bauart lagen. Da sie anstatt eines tiefgehenden Kiels einen flachen Boden hatten, der nur wenig ins Wasser einsank, und dabei noch ziemlich stark aufgetakelt waren, so konnten sie nicht sehr standfest sein, sondern mußten sich vor dem Winde leicht auf die Seite neigen, ja selbst umschlagen, wenn sich eine plötzliche Brise erhob.

Ein schlimmerer Übelstand war der, daß sie abtrieben, d. h. der Strömung nachgaben, was von ihrer schwerfälligen Bauart herrührte, die dem Wasser mehr Fläche bot als das Segelwerk dem Winde. Dieser Übelstand wurde noch schlimmer, wenn sie ohne Wind mit Rudern fuhren und die Gewalt der Strömung nur durch die Wirkung der Ruder bekämpft werden konnte.

Ein solcher Fehler, in jedem Wasser schlimm, war noch schlimmer im Kanal, wo zwei Strömungen herrschen, die jederzeit sehr stark sind. Jedoch gestattete der zwischen Boulogne und Dover nicht nur sehr schmale, sondern auch nicht sehr tiefe Kanal, selbst in der Mitte Anker zu werfen, und so hielten die Admirale es für möglich, im Fall allzu starken Abtreibens anzuhalten und vor Anker die Rückkehr der entgegengesetzten Strömung abzuwarten, ein Manöver, das allerdings drei bis vier Stunden erfordern konnte und eine Schwierigkeit bildete, die aber nicht unüberwindlich war.

Da jede Kanonenschaluppe und jedes Kanonenboot eine ganze Kompagnie Infanterie und jeder Prahm zwei Drittel davon faßte, so konnte man, wenn 500 Schaluppen, 400 Boote und 300 Prähme, also überhaupt 1200 Fahrzeuge zusammengebracht wurden, 120 000 Mann einschiffen. Angenommen, daß das Geschwader von Brest 15–18 000, das von Texel 20 000 führte, so ergab dies im ganzen 150–160 000 Mann, die man nach England werfen konnte: 120 000 in einer einzigen Masse an Bord der Flottille, und 30–40 000 in abgesonderten Divisionen an Bord von zwei großen Geschwadern, von denen das eine aus Holland, das andere aus der Bretagne auslief.

Eine solche Macht mußte genügend sein zur Überwindung und Überwältigung der stolzen Nation, die sich anmaßte, von ihrer unangreifbaren Insel aus die Welt zu beherrschen.

Mit der Hinüberschaffung der Mannschaften ist aber noch nicht alles getan: diese brauchen Material, Lebensmittel, Waffen und Pferde.

Die Kriegsflottille konnte die Mannschaften, den für die ersten Gefechte nötigen Schießbedarf, Lebensmittel auf etwa zwanzig Tage und die Feldartillerie mit einer Bespannung von zwei Pferden für jedes Geschütz aufnehmen. Man hatte aber auch den übrigen Teil der Bespannung, wenigstens 7- bis 8000 Pferde, Schießbedarf für einen ganzen Feldzug, Lebensmittel für ein bis zwei Monate und einen großen Belagerungspark nötig. Allein um die Pferde zu transportieren, mußte man 6- bis 700 Fahrzeuge zur Verfügung haben.

Zu diesem Behufe brauchte man nicht erst zu bauen, sondern konnte an der ganzen Küste von Saint-Malo bis Texel und selbst im Innern Hollands Fahrzeuge kaufen, die, 20 bis 60 Tonnen tragend, sehr geeignet waren, bei angemessener Einrichtung alles aufzunehmen, was nötig erschien. Eine zu diesem Zweck gebildete Kommission kaufte von Brest bis Amsterdam solche Fahrzeuge an, die auf 12- bis 15 000 Franken zu stehen kamen. Es waren bereits mehrere hundert angeschafft worden, und die noch fehlende Anzahl war leicht zu bekommen.

Es wäre unmöglich gewesen, diese ungeheure Menge von Schiffen an einem oder zwei Orten der Küste zu erbauen. So klein sie auch waren, nie hätte man auf einer Stelle die erforderlichen Materialien, Arbeiter und Werkzeuge zusammenzubringen vermocht. Deshalb war es notwendig gewesen, sämtliche Häfen und alle Ströme zu benutzen.

Nachdem man sie dann sehr entfernt voneinander gebaut hatte, handelte es sich darum, sie durch die englischen Kreuzergeschwader hindurchzubringen und auf einen Punkt zwischen Boulogne und Dünkirchen zu konzentrieren. Dann mußte man sie in drei bis vier Häfen bringen, die womöglich unter demselben Winde und in geringer Entfernung voneinander lagen, damit sie zusammen unter Segel gehen konnten. Endlich mußten sie nicht zu gedrängt, geschützt vor dem feindlichen Feuer und in der Nähe der Truppen untergebracht werden, damit die Matrosen das Ein- und Auslaufen lernen konnten und die Truppen sich andrerseits mit dem Verstauen der Kanonen und dem Ein- und Ausladen von Material, Pferden und Mannschaften vertraut machen konnten.

Alle diese Schwierigkeiten konnten nur an Ort und Stelle von Napoleon selbst beigelegt werden, wozu er noch sachkundige Mitarbeiter nötig hatte.

Von den französischen Admiralen zogen in diesem Augenblicke vier seine Aufmerksamkeit auf sich: Decrès, Latouche-Tréville, Ganteaume und Bruix. Admiral Decrès war ein klarer Kopf, dabei aber ein Krittler, der die Dinge immer nur von ihrer schlechten Seite sah, ein vortrefflicher Beurteiler anderer, und deshalb ein guter Minister. Daher war sein Platz an der Spitze der Marineverwaltung, während er zum Oberbefehl über ein Geschwader untauglich gewesen wäre. Ganteaume, ein tapferer, einsichtsvoller, unterrichteter Offizier, konnte ein Geschwader ins Feuer führen, war aber sonst unschlüssig und schwankend, ließ den richtigen Augenblick vorüber und durfte deshalb nur bei leichten Unternehmungen verwandt werden. Latouche-Tréville und Bruix gehörten mit zu den ausgezeichnetsten Seeleuten ihrer Zeit und waren mit Recht berufen, England die Herrschaft zur See streitig zu machen. Latouche-Tréville war ein Mann voll Feuer und Kühnheit, energisch, erfahren und klug, und wußte seine eigene Entschlossenheit auf seine Leute zu übertragen. Er hatte, was der französischen Seemacht zu sehr fehlte: Selbstvertrauen. Bruix endlich war ein hinfälliger, kränklicher, durch Genüsse ausgemergelter Mann, aber er besaß einen umfassenden Überblick, ein seltenes Organisationstalent, gediegene Erfahrungen und war der einzige Mann, der schon vierzig Linienschiffe zugleich kommandiert hatte.

Dem Admiral Bruix wollte Napoleon die Flottille anvertrauen, weil hier erst noch alles zu schaffen war; Ganteaume die Flotte von Brest, die nur Truppen zu transportieren hatte; Latouche-Tréville die Flotte von Toulon, die ein schwieriges, kühnes, entscheidendes Manöver auszuführen hatte.

Bei der Organisation der Flotte kam Bruix fortwährend mit Decrès in Berührung. Beide waren zu ehrgeizig, um nicht Nebenbuhler zu sein und somit Feinde zu werden. Decrès erklärte die Schwierigkeiten für unüberwindlich und bekrittelte die Versuche, die man machte, um sie zu bewältigen. Bruix erkannte und prüfte sie, versuchte aber, ihrer Herr zu werden. Unter einem schwachen Gebieter hätten diese beiden Männer durch ihre Zwistigkeiten die ganze Flotte durcheinandergebracht, unter einem Manne aber wie Napoleon wurden sie gerade durch ihre Gegensätze nützlich. Bruix brachte Entwürfe in Vorschlag, Decrès kritisierte, und der Erste Konsul entschied.

Von diesen Männern umgeben, erledigte Napoleon an Ort und Stelle alle noch unentschiedenen Fragen. Seine Anwesenheit in Boulogne war dringend nötig, denn ungeachtet seiner nachdrücklichen und häufigen Befehle war doch noch vieles im Rückstand. In Boulogne, in Calais, in Dünkirchen wurde nicht gebaut, aber man besserte die alte Flottille aus und machte Anstalten, auf den 2000 neugebauten oder angekauften Fahrzeugen die erforderlichen Einrichtungen anzubringen. Es fehlte an Arbeitern, Holz, Eisen, Hanf und an Geschützen von großer Tragweite, um die Engländer fernzuhalten, die nicht abließen, Brandgeschosse zu werfen.

Die Gegenwart Napoleons brachte bald neues Leben in das Unternehmen. Schon in Paris hatte er eine Maßregel in Anwendung gebracht, die er auch in Boulogne, wie überall, wohin er kam, zu versuchen gedachte. Er ließ aus den Rekruten alle Handwerker herausnehmen, 5- bis 6000 an Zahl, die mit Holz- oder Eisenarbeiten umzugehen wußten, die Tischler, Zimmerleute, Stellmacher, Schlosser und Schmie de, und er füllte so seine Werfte in kurzer Zeit mit Schiffbauarbeitern.

Der Hafen von Boulogne galt als der beste Ausgangspunkt für eine Expedition gegen England. Die Küste Frankreichs streckt der englischen Küste ein Vorgebirge entgegen, das Grisnez heißt. Die Häfen östlich von diesem Kap, von Calais bis Dünkirchen, liegen außerhalb der Meerenge, sind also zur Abfahrt weniger geeignet; dagegen liegen die Häfen westlich von Kap Grisnez, nämlich Boulogne, Ambleteuse und Etaples an der Meerenge selbst. Zu einer Überfahrt nach England waren letztere also günstiger gelegen, nur hatten sie einen Übelstand: sie waren kleiner und weniger tief als Calais und Dünkirchen.

Der Hafen von Boulogne, der von einem kleinen schlammigen Flusse, der Liane, gebildet wird, konnte beträchtlich erweitert werden. Napoleon befahl sofort die Ausbaggerung des Hafenbeckens und des Bettes der Liane. Die Truppenlager wurden näher ans Meer herangerückt, und die Soldaten wurden damit beauftragt, die ungeheuren Erdmassen fortzuschaffen. Errichtet wurden ferner Werfte, Werkstätten, Magazine, Kasernen, Bäckereien, Spitäler, kurz alles, was zum Bedarf von 2300 Fahrzeugen und zur Unterkunft und Ernährung von 120 000 Soldaten, gesunden und kranken, notwendig war. Hätten nicht diese Einrichtungen nur provisorische sein sollen, so wären sie völlig unmöglich gewesen.

Ein einziger Hafen reichte aber für die ganze Expedition nicht aus. Boulogne konnte nur 12- bis 1300 Fahrzeuge fassen, und es mußten 2300 untergebracht werden. Man mußte daher einen weiteren Unterkunftsort suchen und fand dazu am passendsten eine weiter südlich gelegene, winklige Bucht, in die ein kleiner Fluß, die Canche, mündet. Leider war sie allen Winden ausgesetzt, bot daher einen weniger sicheren Ankerplatz als der von Boulogne. Dort befand sich der kleine Fischerhafen Etaples. Dieser wurde für 400 Fahrzeuge eingerichtet, und in der Nähe traf man alle Anstalten zu einem Lager für 24 000 Mann, das, wenn man Boulogne als Zentrum annahm, den linken Flügel der Armee bildete.

Etwas nördlich von Boulogne lagen noch zwei Buchten, von den kleinen Flüssen Wimereux und Salacque gebildet. Diese sollten zu Häfen für 200 bis 300 Fahrzeuge eingerichtet werden.

Die batavische Flottille wurde bald mit gleichem Eifer armiert wie die französische. Es fragte sich, ob sie von der Schelde aus unter dem Geleit einiger Fregatten nach der englischen Küste abgehen oder ob man sie nach Dünkirchen und Calais bringen sollte, um sie aus den östlich von Kap Grisnez gelegenen Häfen auslaufen zu lassen. Admiral Bruix sollte diese Frage später entscheiden.

Die beiden Schlachtflotten sollten, die eine von Brest, die andere vom Texel auslaufen und die 40 000 Mann transportieren, deren Verwendung ausschließliches Geheimnis des Ersten Konsuls war.

Um dieses umfassende System vollständig zu machen, mußte noch die Küste gegen die Engländer gedeckt werden.

Ihre Annäherung unschädlich zu machen oder zu verhindern war keine leichte Aufgabe, denn die Küste hatte weder scharfe Einbuchtungen noch Vorsprünge, die es ermöglicht hätten, weit in die See hinauszufeuern. Man sorgte jedoch dafür. Vor der Küste von Boulogne liefen zwei Riffe ins Meer hinaus, zwischen denen eine Strecke von 5 Kilometern einen ganz sicheren und bequemen Ankerplatz bildete. Zur Flutzeit standen diese Riffe unter Wasser, zur Zeit der Ebbe aber lagen sie frei. Napoleon befahl, zwei halbkreisförmige Forts aus starken Backsteinmauern mit widerstandsfähigen Kasematten darauf zu errichten, mit zwei Geschützstockwerken übereinander, die mit ihrem Feuer den zwischen beiden liegenden Ankerplatz decken könnten. Er ließ auf der Stelle das Werk beginnen. Um aber auch noch die Mitte der Ankerlinie zu decken, wurde in ihrer Mitte ein dritter Stützpunkt gerade vor der Einfahrt in den Hafen gewählt, und weil dort Triebsandboden war, beschloß Napoleon, dieses dritte Fort aus starkem Holzwerk bauen zu lassen. Sogleich begannen zahlreiche Arbeiter während der Ebbe Hunderte von Pfählen einzurammen, die einem Bau für eine Batterie von 18 Vierundzwanzigpfündern zur Grundlage dienen sollten. Während dieser Tätigkeit waren sie meistens dem Feuer der Engländer ausgesetzt.

Außerdem ließ der Erste Konsul alle hervorspringenden Stellen des

Strandes mit Kanonen und Mörsern ausrüsten, und nicht ein Punkt, der Geschütze aufzunehmen vermochte, blieb ohne Kanonen vom schwersten Kaliber. Er hoffte mit allen diesen Arbeiten bis zum Winter fertig zu werden.

Durchdrungen von er Überzeugung, daß man alles selbst sehen muß und daß die zuverlässigsten Beamten, entweder weil sie nicht aufmerksam oder nicht einsichtsvoll genug sind, in ihren Berichten oft ungenau sind, wenn sie auch nicht absichtlich die Unwahrheit sagen, hatte Napoleon sich bei Boulogne ein Absteigequartier eingerichtet.

Abends reiste er von Saint-Cloud ab, traf am folgenden Tage um Mittag auf dem Schauplatz seiner Tätigkeit ein und nahm erst alles in Augenschein, bevor er einen Augenblick schlief. Er hatte verlangt, daß der von Anstrengungen erschöpfte, durch seine Streitigkeiten mit dem Minister Decrès manchmal aufgeregte Admiral Bruix nicht in Boulogne, sondern unmittelbar am Strande in einer für ihn erbauten wasserdichten Baracke auf einer Anhöhe wohne, von der aus man den Hafen, die Reede und die Lager überblickte. Bruix hatte sich zu diesem für seine hinfällige Gesundheit gefährlichen Aufenthalt verstanden, um der unruhigen Wachsamkeit seines Kaisers Genüge zu leisten. Napoleon hatte sich dicht daneben eine gleiche Baracke bauen lassen, in der er ganze Tage und Nächte verbrachte. Er verlangte, daß die Generale Davout, Ney und Soult ununterbrochen in den Lagern wohnten, persönlich bei den Arbeiten und Manövern zugegen seien und ihm täglich über alles Bericht erstatteten. General Soult, der sich durch seine Wachsamkeit auszeichnete, war ihm von großem Nutzen. Nachdem Napoleon von seinen Generalen täglich Briefe erhalten hatte, die er augenblicklich beantwortete, reiste er hin, um die Richtigkeit der ihm erstatteten Berichte selbst zu ermitteln, denn er wollte immer nur seinen eignen Augen trauen.

Die Engländer hatten sich alle Mühe gegeben, die Arbeiten an den Befestigungsanlagen bei Boulogne zu zerstören. Ihre Kreuzerflotte, die gewöhnlich aus etwa zwanzig Fahrzeugen bestand, drei bis vier Linienschiffen von 74 Kanonen, fünf bis sechs Fregatten, zehn bis zwölf Briggs und Korvetten nebst einer Anzahl Kanonenschaluppen, unterhielt ein ununterbrochenes Feuer auf die französischen Arbeiter. Ihre Kugeln flogen über das Gestade hinweg und schlugen in den Hafen und die Stadt ein. Taten ihre Geschosse aber auch nur wenig Schaden, so war doch dieses Feuern höchst unbequem und konnte, wenn eine große Anzahl von Fahrzeugen beisammen war, verderbliche Verheerungen, wohl gar eine Feuersbrunst unter ihnen anrichten. Napoleons unerschöpfliche Erfindungsgabe ermittelte auch dagegen neue Vorkehrungen.

Er ließ an der Küste Versuche anstellen, um die Tragweite des schweren Geschützes bei Schüssen unter einem Winkel von 45 Graden, also ungefähr wie beim Werfen aus Mörsern, zu ermitteln. Die Versuche gelangen, und man schoß mit Vierundzwanzigpfündern vier ein viertel Kilometer weit, was die Engländer nötigte, sich in entsprechender Entfernung zu halten.

Ferner befahl er, auf die Fahrzeuge mit schweren Granaten zu feuern, die, in den Holzwänden oder im Segelwerk platzend, entweder gefährliche Lücken im Schiffsrumpf oder große Zerstörungen im Takelwerk hervorbringen mußten. Auf Holz muß man mit Sprengkugeln schießen.

Als die Engländer statt der Vollkugeln, die durch alles, was sie treffen, wie der Blitz durchschlagen, aber auch kein viel größeres Loch machen als ihr Durchmesser beträgt, Wurfgeschosse ankommen sahen, die zwar weniger Triebkraft hatten, aber in den Seiten des Schiffs oder über den Köpfen der Bemannung wie eine Mine zersprangen, waren sie überrascht und hielten sich fortan sehr fern. Endlich kam Napoleon noch auf den Gedanken, unterseeische Batterien anzulegen, d.h., er ließ auf dem Ebbegestade Batterien von schweren Kanonen und schweren Mörsern aufstellen, die das Wasser während der Flut bedeckte und bei eintretender Ebbe wieder bloßlegte. Es kostete viel Mühe, den Bettungen, auf denen die Geschütze ruhten, Festigkeit zu geben und die Versandung und Verstopfung zu verhindern, doch gelang es, und als die Engländer zur Zeit der Ebbe, als die Arbeit begann, um sie zu stören, herankamen, wurden sie vom Ebbegestade mit Geschützsalven empfangen, so daß die Feuerlinie gleichsam mit dem Meere zugleich vor und zurück wich. Diese Batterien wurden aber nur während der Arbeit an den Hafenforts verwandt, denn sie waren überflüssig, nachdem man diese beendigt hatte.

Im Laufe des Oktober, November und Dezember trafen gegen tausend Fahrzeuge: Kanonenschaluppen, Kanonenboote und Prähme aus allen Häfen in Boulogne ein. Von dieser Anzahl nahmen die Engländer nur drei oder vier, und die See zerstörte nur zehn bis zwölf.

Nach wiederholten Übungen brachte man es bald dahin, alle Manöver ebenso schnell wie pünktlich auszuführen. Täglich und bei jedem

Wetter, außer bei Sturm, lief man mit 100 bis 150 Fahrzeugen aus, um angesichts des Feindes auf der Reede zu manövrieren oder zu ankern. Auch übte man sich auf jeden beim Landen an einer feindlichen Küste möglichen Vorfall ein und suchte alte Schwierigkeiten auf, die sich irgend ermitteln ließen.

An diesen mannigfaltigen Übungen zu Lande und zu Wasser, an diesen Manövern und schweren Arbeiten, fanden die nach Abenteuern begierigen Soldaten voll Einbildungskraft und Ehrgeiz großes Gefallen. Die gute Beköstigung, die fortwährende Tätigkeit, die frische gesunde Luft, alles dies mußte sie außerordentlich stählen und kräftigen, und die Hoffnung, eine Wundertat auszuführen, auch ihre moralische Kraft vermehren. So entwickelte sich allmählich jenes unvergleichliche Heer, das in zwei Jahren das Festland erobern sollte.

Napoleon brütete unablässig über dem Plan, durch ein unerwartetes Manöver eine große Flotte in den Kanal zu werfen. Wenn diese nur drei Tage lang der englischen Downsflotte überlegen blieb und die Überfahrt der Flottille deckte, so verschwanden alle Hindernisse.

Napoleon hatte in Brest eine Flotte von 18 Linienschiffen, die bald auf 21 vermehrt werden sollten, in Rochefort 5 Schiffe, in Ferrol 5, in Cadix ein Linienschiff, in Toulon endlich 8, die bald auf 10 gebracht werden sollten. Der englische Admiral Cornwallis blockierte Brest mit 15 bis 18 Linienschiffen und Rochefort mit 4 oder 5; eine schwache englische Abteilung blockierte Ferrol. Endlich aber kreuzte Nelson mit seinem Geschwader bei den Hyerischen Inseln, um Toulon zu beobachten. Das war der Stand der gegenseitigen Streitkräfte zur See.

Napoleons Idee war, die eine seiner Flotten insgeheim wegzubringen und unversehens in den Kanal segeln zu lassen, um hier den Engländern einige Tage lang überlegen zu sein.

Aber um diesen großen Plan durchzuführen, war vor allen Dingen der rechte Mann notwendig. Napoleon ließ Latouche-Tréville zu sich kommen, der erst kürzlich von St. Domingo zurückgekehrt war und sich in Paris aufhielt. Latouche hatte weder den weitblickenden Geist noch das Organisationstalent des Admirals Bruix; bei der Ausführung aber zeigte er eine Entschlossenheit, einen schnellen Blick, die ihn wahrscheinlich, wenn er länger leben geblieben wäre, zum Nebenbuhler Nelsons gemacht hätten. Er war nicht entmutigt, wie seine anderen Waffengenossen, und zeigte sich bereit, alles zu versuchen. Leider hatte er auf St. Domingo den Keim einer tödlichen Krankheit in sich aufgenommen. Napoleon entwickelte ihm seinen Plan, machte ihm die Ausführbarkeit desselben begreiflich, enthüllte ihm die Größe, die ungeheuren Folgen, und es gelang ihm, in seinem Geiste die ganze Glut des eigenen zu entzünden. Latouche-Tréville war begeistert, verließ Paris noch vor seiner Genesung und eilte, selbst die Ausführung seines Geschwaders in Toulon zu übernehmen. Alles war darauf berechnet, daß er im Juli, spätestens im August fertig sein konnte!

Admiral Ganteaume, der vor Latouche in Toulon befehligt hatte, ward nach Brest versetzt. Der Kaiser baute auf die Ergebenheit Ganteaumes und war ihm sehr gewogen; fand er ihn auch nicht kühn genug für die Ausführung seines wichtigen Manövers, so zog er ihn doch hinsichtlich der Fähigkeiten nächst dem Admiral Bruix, hinsichtlich seiner Kühnheit nächst dem Admiral Latouche, seiner Erfahrung und seines Mutes wegen allen andern vor. Er hatte ihm daher das Geschwader von Brest anvertraut, das wahrscheinlich bestimmt war, Truppen nach Irland zu werfen, und beauftragte ihn, dessen Ausrüstung zu vollenden, damit es imstande sei, mit dem von Toulon zusammenzuwirken.

Um den Geist der Truppen womöglich noch mehr zu heben, beschloß Napoleon, dem Heer ein großes Fest zu geben. Am Jahrestag des 14. Juli hatte er die großen Dekorationen der Ehrenlegion an die ersten Männer des Reiches in der Invalidenkirche verteilt. Jetzt gedachte er selber die an Stelle der abgeschafften Ehrenwaffen tretenden Kreuze an das Heer zu verteilen und diese Feierlichkeit am Strande des Ozeans und angesichts der englischen Geschwader zu begehen.

Napoleon ließ einen östlich von Boulogne am Meere gelegenen Platz auswählen, der die Form eines wie absichtlich am Strand angelegten halbrunden Amphitheaters hatte und von der Natur zu einem großen Nationalschauspiel geschaffen zu sein schien. Auf seinem Raum hatte die ganze Armee Platz. Im Mittelpunkt dieses Amphitheaters wurde ein Thron für den Kaiser errichtet, so daß er mit der Lehne gegen das Meer gekehrt stand. Rechts und links wurden Stufen für die Großwürdenträger, Minister und Marschälle angelegt. Auf der Verlängerung dieser Stufen sollten sich auf beiden Flügeln die Abteilungen der Kaisergarde entfalten, gegenüber aber auf dem allmählich ansteigenden Boden dieses natürlichen Amphitheaters, wie vordem das römische Volk in seinen weiten Arenen, die verschiedenen Armeekorps in geschlossenen Kolonnen und gleichsam in Strahlen aufgestellt werden, die den Thron des Kaisers zum Mittelpunkt hatten. An der Spitze jeder Kolonne sollte die Infanterie, hinter ihr die Reiterei stehen.

Am 16. August, dem Tage nach Sankt-Napoleons-Tag, rückten die Truppen durch eine aus allen benachbarten Provinzen zu diesem Schauspiel herbeigeeilte ungeheure Volksmenge auf den Festplatz. Hunderttausend Mann, fast lauter Veteranen der Revolutionsheere, erwarteten von Napoleon den Lohn ihrer Taten. Die Soldaten und Offiziere, welche Kreuze erhalten sollten, waren aus den Reihen bis an die Stufen des Kaiserthrones vorgetreten. Napoleon las ihnen stehend die schöne Eidesformel der Ehrenlegion vor, worauf alle zusammen unter dem Geschmetter der Trompeten und dem Donner der Geschütze antworteten: Wir schwören! Dann kamen alle, einer nach dem andern, mehrere Stunden lang, um das Kreuz zu empfangen, das den Geburtsadel ersetzen sollte. Mit einfachen Bauernsöhnen stiegen alte Edelleute die Stufen zu diesem Thron hinan, um die der Tapferkeit bestimmten Auszeichnungen zu empfangen, und alle nahmen sich vor, gern ihr Blut an Englands Strand zu vergießen, um ihrem Vaterlande die unbestrittene Herrschaft über die Welt zu sichern.

Dieses prachtvolle Schauspiel bewegte alle Herzen, und ein unvorhergesehenes Ereignis verlieh ihm tiefen Ernst. Eine Abteilung der kürzlich von Havre abgegangenen Flottille lief nämlich in demselben Augenblick bei heftigem Winde und unter lebhafter Kanonade mit den Engländern in Boulogne ein. Napoleon verließ von Zeit zu Zeit den Thron, um durch sein Fernrohr mit eigenen Augen zu sehen, wie seine Land- und Seesoldaten sich dem Feinde gegenüber hielten.

Der wackere und unglückliche Latouche-Tréville, aufgerieben von einer schlecht geheilten Krankheit und einem Eifer, den er nicht mäßigen konnte, starb am 20. August 1804 im Hafen von Toulon, als er im Begriff war, nächstens unter Segel zu gehen. Napoleon erfuhr dies traurige Ereignis in den letzten Tagen des August in Boulogne, als er eben zur Einschiffung bereit war. Da die Touloner Flotte ihren Befehlshaber verloren hatte, mußte der Kaiser notgedrungen die englische Expedition verschieben; denn um einen neuen Admiral zu wählen und ernennen, ihn abzusenden und ihm Zeit zu geben, sich mit seinem Geschwader bekannt zu machen, zu alledem war mehr als ein Monat erforderlich. Es war aber bereits Ende August; man mußte also die Abfahrt von Toulon auf den Oktober, die Ankunft im Kanal auf den November verschieben, so daß es jetzt galt, einen Winterfeldzug zu machen und neue Kombinationen zu erfinden.

Napoleon sah sich unverzüglich um einen Nachfolger für Latouche um. »Es ist«, schrieb er am 28. August 1804 dem Minister Decrès, »mit der Absendung eines Admirals, der das Geschwader von Toulon befehligen kann, kein Augenblick zu verlieren. Dieses kann nicht übler beraten sein als jetzt; denn Dumanoir ist nicht imstande, in einem so großen Geschwader die Mannszucht aufrechtzuerhalten und mit demselben zu manövrieren. Nach meiner Meinung kommen für die Touloner Flotte nur drei Männer in Betracht: Bruix, Villeneuve oder Rosily. Sie können Bruix einmal auf den Zahn fühlen. Dem Admiral Rosily traue ich guten Willen zu; er hat jedoch seit 15 Jahren keinen Dienst getan ... Es ist aber dringend notwendig, schnell einen Entschluß zu fassen.«

Decrès berief also die Admirale Villeneuve und Missiessy zu sich, um ihnen die erledigten Kommandos anzutragen. Da nach seiner Meinung Bruix in Boulogne unentbehrlich und Rosily dem Meere zu fremd geworden war, sah er in Villeneuve den geeignetsten Mann für das Geschwader von Toulon und in Missiessy dessen Nachfolger im Kommando des Geschwaders von Rochefort. Admiral Villeneuve war ein kluger Mann, er war tapfer und besaß praktische Fachkenntnisse, aber keine Charakterstärke. Bei seiner großen Erregbarkeit war er immer geneigt, sich die Schwierigkeiten einer Lage übertrieben vorzustellen.

Admiral Missiessy war minder gewandt, aber kälter und ebenso wenig Optimist wie Pessimist.

Decrès bewog Missiessy, das Kommando des Geschwaders von Rochefort, Villeneuve das des Geschwaders von Toulon zu übernehmen. Er hegte für letzteren eine aus der ersten Zeit ihrer Jugend herrührende Freundschaft und offenbarte ihm das Geheimnis des Kaisers und die Mission, für welche das Geschwader von Toulon auserlesen war. Er wollte seine Einbildungskraft und seine Energie anregen, indem er ihm eine große zu lösende Aufgabe und die damit verbundenen Ehren in Aussicht stellte. Beklagenswerter Versuch! Die momentane Erregung sollte bei Villeneuve einem verderbenbringendem Kleinmut weichen und für die Marine die blutigste Niederlage herbeiführen!

Der Minister beeilte sich, dem Kaiser das Ergebnis seiner Unterhaltung mit Villeneuve und den Eindruck mitzuteilen, den die Aussicht auf Gefahren und Ruhm auf diesen hervorgebracht hätte.

Napoleon baute aber nicht allzusehr auf den Nachfolger des Admirals Latouche. Stets in Gedanken mit seinem Vorhaben beschäftigt, änderte er seinen Plan von neuem und erweiterte es noch infolge der inzwischen eingetretenen Umstände.

Der Winter gab der Flotte in Brest ihre Bewegungsfreiheit wieder, indem er die ununterbrochene Blockade unmöglich machte. Napoleon verschob die Expedition bis nach dem 18. Brumaire (9. November), dem zur Krönungsfeier angesetzten Tage, und beschloß, Ganteaume in dieser rauhen Jahreszeit mit 15–18 000 Mann nach Irland segeln zu lassen. Sobald er sie ans Land geworfen habe, sollte er rasch in den Kanal einlaufen, um die Überfahrt der Flottille zu decken. In diesem veränderten Plane erhielten die Admirale Missiessy und Villeneuve eine ganz andere Rolle zuerteilt als die, die den Geschwadern von Toulon und Rochefort zuerst bestimmt war.

Villeneuve sollte sich von Toulon nach Amerika wenden und Surinam sowie die holländischen Kolonien in Guyana zurückerobern. Im Vorbeifahren sollte eine von seinem Geschwader entsendete Division die Insel Sankt Helena nehmen.

Missiessy erhielt Befehl, nach den französischen Antillen 3- bis 4000 Mann Verstärkung zu werfen und dann die englischen Antillen zu verheeren, die er fast wehrlos überraschen konnte.

Beiden Admiralen, die sich dann bei ihrer Rückkehr nach Europa vereinigen sollten, war zum Schluß die Aufgabe gestellt, das in Ferrol blockierte Geschwader zu befreien und mit demselben, 20 Linienschiffe stark, in Rochefort einzulaufen. Sie sollten vor Ganteaume auslaufen, damit die Engländer, von ihrer Abfahrt unterrichtet, veranlaßt würden, sie zu verfolgen. Napoleon wünschte, daß Villeneuve von Toulon am 12. Oktober, Missiessy von Rochefort am 1. November und Ganteaume am 22. Dezember 1804 von Brest ausliefe. Er nahm an, daß die 20 Linienschiffe Villeneuves und Missiessys wenigstens 30 englische aus den europäischen Gewässern entfernen und nach sich ziehen würden, denn die unversehens auf allen Seiten angegriffenen Engländer konnten es nicht unterlassen, überallhin zu Hilfe zu eilen. Dadurch würde Admiral Ganteaume mutmaßlich genug Freiheit erlangen, das ihm übertragene Unternehmen auszuführen und, nachdem er in Irland gewesen war, vor Boulogne zu erscheinen, wohin er, entweder um Schottland herum oder geradenwegs von Irland aus, steuern konnte.

Nachdem dies alles beschlossen war, verließ Napoleon Boulogne, wo er anderthalb Monate verweilt hatte. Vor der Abreise hatte er noch Gelegenheit, einem Gefecht der Flottille mit einer englischen Division beizuwohnen. Er befand sich am 26. August um 2 Uhr nachmittags in seinem Boote auf der Reede und besichtigte die äußerste Linie, die wie gewöhnlich aus 150 bis 200 Schaluppen und Segelbooten bestand. Das vor ihm in See liegende englische Geschwader bestand aus 2 Linienschiffen, 2 Fregatten, 7 Korvetten, 6 Briggs, 2 Schonern und 1 Kutter, zusammen 20 Fahrzeugen. Eine Korvette trennte sich von der feindlichen Division und steuerte auf den äußersten Punkt der französischen Verteidigungslinie los, um zu beobachten. Der französische Admiral gab der ersten Division Kanonenschaluppen unter Kapitän Leroy sofort Befehl, die Anker zu lichten und geschlossen auf die Korvette loszugehen. Dies geschah, und die Korvette wurde gezwungen, sich zurückzuziehen. Als die Engländer dies sahen, sandten sie eine Fregatte, mehrere Korvetten, Briggs und den Kutter vor, um die französische Abteilung ihrerseits zum Rückzug zu zwingen und sie von ihrer Stellung abzuschneiden. Der Kaiser, der sich mit Admiral Bruix, dem Kriegs- und Marineminister und mehreren Marschällen in seinem Boote befand, begab sich mitten unter die im Gefecht begriffenen Schaluppen und ließ, um ihnen ein Beispiel zu geben, gerade auf die mit vollen Segeln herankommende Fregatte zuhalten. Er wußte, daß die Soldaten und Seeleute, die seine Kühnheit zu Lande bewunderten, sich mitunter fragten, ob er auch zur See so tapfer sein würde. Er wollte sie in dieser Hinsicht aufklären und sie daran gewöhnen, den großen Schiffen des Feindes kühn die Spitze zu bieten. Er ließ sein Boot, der französischen Linie weit voraus, so nahe wie möglich an die Fregatte heransteuern. Diese hatte offenbar die Kaiserflagge auf dem Boot gesehen und hielt daher ihr Feuer zurück, um es nahe herankommen zu lassen und um so sicherer zu vernichten. Der Marineminister zitterte für das Leben des Kaisers und wollte auf das Steuer losstürzen, um die Richtung zu ändern, aber ein gebietender Wink Napoleons tat seiner Bewegung Einhalt, und man segelte weiter auf die Fregatte los. Napoleon beobachtete sie durch ein Fernglas, als sie plötzlich die zurückgehaltene Ladung abfeuerte und das Boot mit einem Hagel von Geschossen überschüttete. Niemand wurde verwundet, einige wurden nur vom aufspritzenden Seewasser getroffen. Alle französischen Fahrzeuge segelten nun so schnell heran, als sie konnten, um das Feuer zu erwidern und das Boot des Kaisers zu decken. Die englische Division wurde mit Vollkugeln und Kartätschen angegriffen, worauf sie anfing, sich zurückzuziehen. Man verfolgte sie, allein sie kehrte, gegen die Küste lavierend, von neuem zurück. Inzwischen hatte eine andere Division Kanonenschaluppen unter Kapitän Pevrieu die Anker gelichtet und war gegen den Feind vorgerückt. Bald mußte die übel zugerichtete Fregatte, die kaum noch dem Steuer gehorchte, wieder das Weite suchen; die Korvetten folgten dieser Rückwärtsbewegung, einige sehr beschädigt, und der Kutter war so zerschossen, daß er sank. Napoleon schrieb über dieses Seegefecht an Marschall Soult:

Aachen den 6. September 1804.

»Das kleine Gefecht, dem ich kurz vor meiner Abreise von Boulogne beigewohnt habe, hat in England großen Eindruck gemacht und einen wahren Alarm erregt. Sie werden darüber höchst merkwürdige Einzelheiten in den Zeitungen lesen. Die Haubitzen an Bord der Kanonenschaluppen haben sehr gut gewirkt. Die besonderen Nachrichten, die mir zugekommen sind, lauten dahin, daß der Feind 60 Verwundete und 12 bis 15 Tote gehabt hat. Die Fregatte ist sehr mitgenommen worden.«

In den ersten Tagen des Mai entwarf Napoleon einen neuen Plan, und sogleich wurden die Befehle ausgeteilt. Dieser neue Plan, wie der frühere einer Fahrt nach Surinam, bezweckte, die Engländer nach Westindien und den Antillen zu locken, wo bereits das am 11. Januar abgegangene Geschwader des Admirals Missiessy ihre Aufmerksamkeit in Anspruch nahm, und dann sofort mit einer jedem englischen Geschwader weit überlegenen Vereinigung von Kräften in die europäischen Meere zurückzukehren. Es war dies zum Teil allerdings der Plan vom vorigen Dezember, allein vergrößert und vervollständigt durch das Hinzukommen der spanischen Macht. Admiral Villeneuve sollte mit dem ersten günstigen Winde auslaufen, durch die Straße von Gibraltar segeln, in Cadix anlegen, den Admiral Gravina mit sechs bis sieben spanischen Linienschiffen sowie das französische Linienschiff *Aigle* an sich ziehen und dann nach Martinique gehen, sich dort mit Missiessy vereinigen, falls er noch da war, um dort auf eine beträchtlichere Verstärkung als alle anderen zu warten, nämlich auf das Geschwader Ganteaumes. Dieser sollte während der Tagundnachtgleiche den ersten Windstoß, der die Engländer entfernte, benutzen, mit 21 Linienschiffen, den besten dieses Arsenales, aus Brest auslaufen, vor Ferrol die französische Division und die segelfertige spanische aufnehmen und nach Martinique steuern, wo Villeneuve ihn erwartete. Nach dieser allgemeinen Vereinigung, die wenig wirkliche Schwierigkeiten darbot, mußten bei Martinique 12 Linienschiffe unter Villeneuve, 6 oder 7 unter Gravina, 5 unter Missiessy, 21 unter Ganteaume und das französisch-spanische Geschwader von Ferrol beisammen sein, also ungefähr 50 bis 60 Linienschiffe, eine ungeheure Macht, wie man sie noch niemals und auf keinem Meere beisammen gesehen hatte. Diese Kombination war so vollständig, so wohlberechnet, daß sie bei Napoleon mit Recht die größte Hoffnung erregen durfte. Selbst der Minister Decrès gab zu, daß sie die größten Aussichten auf Erfolg gewähre.

Die Abfahrt von Toulon war bei Nordwestwind stets möglich, wie Villeneuves letztes Auslaufen bewiesen hatte. Die Vereinigung mit Gravina in Cadix war leicht, wenn man Nelson hinterging; denn die Engländer hatten es noch nicht für nötig gehalten, eine Blockade dieses Hafens zu beginnen. Das dadurch auf 17 oder 18 Linienschiffe gebrachte Geschwader von Toulon hatte fast volle Gewißheit, nach Martinique zu gelangen. Missiessy war dort kürzlich angelangt, ohne anderen als Kauffahrteischiffen begegnet zu sein, die er aufgebracht hatte. Der schwierigste Punkt war die Abfahrt von Brest. Allein im März, während der Tagundnachtgleiche, hatte man guten Grund, auf einen Windstoß rechnen zu können. Vor Ferrol angelangt, das nur von 5 oder 6 englischen Linienschiffen blockiert war, mußte Ganteaume mit 21 Schiffen ihnen jeden Gedanken an Kampf benehmen, ohne einen Schuß zu tun, die vom Admiral Gourdon kommandierte französische Abteilung und was von spanischen Schiffen bereit war, an sich ziehen und dann nach Martinique segeln. Den Engländern konnte es nicht einfallen, daß man auf einem Punkte wie Martinique 50 bis 60 Linienschiffe auf einmal vereinigen wolle, vielmehr war anzunehmen, daß sie an Indien denken würden. Jedenfalls aber hätte, wenn Ganteaume, Gourdon, Villeneuve, Gravina, Missiessy einmal vereinigt waren, eins der ihnen begegnenden englischen Geschwader von höchstens 12 bis 15 Linienschiffen es nicht mit 50 aufgenommen, und die Rückkehr in den Kanal war gewiß. Die ganze Macht Frankreichs war dann zwischen den Gestaden Englands und Frankreichs in demselben Augenblicke vereinigt, wo die englischen Flotten nach dem Orient, nach Amerika oder Ostindien steuerten. Die Ereignisse bewiesen bald, daß diese große Kombination selbst bei mittelmäßiger Ausführung zu verwirklichen war.

Es war die größte Sorgfalt aufgeboten, den Plan aufs tiefste geheimzuhalten. Den Spaniern, die sich verpflichtet hatten, der Leitung Napoleons willig zu folgen, wurde er nicht mitgeteilt. Von den Admiralen sollten allein Villeneuve und Ganteaume darum wissen, jedoch auch noch nicht bei der Abfahrt, sondern erst in See, wenn sie nicht mehr mit dem Lande in Berührung kommen konnten. Dann sollten sie durch Depeschen, die sie erst unter einer gewissen Breite eröffnen durften, erfahren, welchen Weg sie einzuschlagen hätten. Kein Kapitän war in das Geheimnis der Unternehmung eingeweiht; sie kannten nur Sammelplätze für den Fall einer Trennung. Außer Decrès wußte kein Minister um den Plan. Diesem war ausdrücklich befohlen, nur mit Napoleon zu korrespondieren und seine Depeschen eigenhändig zu schreiben. In allen Häfen ward das Gerücht einer Expedition nach Indien verbreitet. Man tat, als ob man viele Truppen einschiffe. In der Tat sollte aber das Geschwader von Toulon kaum 3000 Mann, das von Brest aber 6000 oder 7000 an Bord nehmen. Die Admirale hatten Befehl, die Hälfte dieser Streitkräfte auf den Antillen ans Land zu setzen zur Verstärkung der dortigen Besatzungen und 4- bis 5000 der besten Soldaten nach Europa zur Teilnahme an der Boulogner Expedition zurückzubringen.

So wurden die Flotten nicht überfüllt und daher in ihrer freien Bewegung nicht behindert. Sie hatten Lebensmittel für 6 Monate, um lange Zeit in See bleiben zu können, ohne daß sie irgendwo anzulegen brauchten. Nach Ferrol und Cadix gingen Kuriere und überbrachten den Befehl, sich ohne Verzug zu rüsten und stets zur Abfahrt bereit zu halten, da jeden Augenblick eine verbündete Flotte die Blockade aufheben könne; doch sagte man weder, welche Flotte, noch wie sie es tun solle.

Zu allen diesen Vorsichtsmaßregeln, um die Engländer auf falsche Fährte zu bringen, kam noch eine weitere, die nicht minder geeignet war, sie zu täuschen: die Reise Napoleons nach Italien. Er nahm an, daß seine Ende März abgegangenen Flotten den April brauchen würden, um nach Martinique zu kommen, den Mai, um sich zu vereinigen, den Juni, um zurückzukehren, daß sie also in den ersten Tagen des Juli im Kanal sein würden. Während dieser ganzen Zeit blieb er in Italien, hielt Truppenmusterungen, gab Feste, verbarg seine tiefangelegten Pläne unter dem Scheine eines müßigen, prunkenden Lebens, um dann in einem gewissen Augenblick heimlich mit Extrapost abzureisen, in 5 Tagen von Mailand nach Boulogne zu kommen und, während man ihn noch in Italien glaubte, gegen England den Schlag zu führen, mit dem er schon so lange drohte. Es hatte diesen Schlag schon 2 Jahre lang erwartet, so daß es anfing, nicht mehr an ihn zu glauben. Europa sah hierin nur eine Finte, um die britische Nation zu beunruhigen und sich in unnützen Anstrengungen erschöpfen zu lassen. Während man sich aber diesen Vorstellungen hingab, hatte Napoleon die Ozeanarmee fortwährend verstärkt, indem er die Feldbataillone mit der tauglichen Mannschaft der Depots vermehrte und in diesen die Lücken durch die Aushebung des laufenden Jahres wieder ausfüllte. Die Boulogner Armee war so um etwa 30 000 Mann verstärkt worden, ohne daß jemand etwas davon wußte. Der Kaiser hatte dieses Heer beständig in einer solchen Tätigkeit und Bereitschaft erhalten, daß man nicht leicht wahrnehmen konnte, ob ihr Bestand vermehrt oder vermindert wurde. Die Ansicht, es sei eine bloße Demonstration beabsichtigt, um England zu beunruhigen, wurde mit jedem Tag allgemeiner.

Unterdessen beschäftigte der Kaiser sich unaufhörlich mit den Mitteln, die Landung im Sommer 1805 auszuführen. Die Konsularagenten und Marineoffiziere, die in den spanischen und französischen Häfen angestellt waren, in Carthagena, Cadix, Ferrol, Bayonne, an der Mündung der Gironde, in Rochefort, an der Mündung der Loire, in Lorient, Brest, Cherbourg, hatten Kuriere zu ihrer Verfügung und meldeten die geringsten Neuigkeiten, die auf der See vorkamen, sogleich nach Italien. Die zahlreichen geheimen Agenten, die in den englischen Häfen unterhalten wurden, machten ebenfalls ihre Berichte, die sofort an Napoleon überschickt wurden. Endlich hatte Marbois, der eine große Kenntnis der englischen Verhältnisse hatte, den besonderen Auftrag, alle in England erscheinenden Zeitungen selbst zu lesen und alle auf die Seeoperationen bezüglichen Nachrichten, selbst die unbedeutendsten, zu übersetzen. Napoleon wurde durch diese Zeitungen am besten unterrichtet, so daß er alle Kombinationen der englischen Admiralität richtig erriet. Obgleich sie gewöhnlich falsche Angaben machten, gaben sie seinem Scharfsinn doch die Mittel, die Wahrheit davon zu erraten. Eins ist noch merkwürdiger. Indem diese Zeitungen Napoleon die außerordentlichsten und häufig die einfältigsten Pläne unterlegten, so hatten mehrere doch, ohne es zu ahnen, seine wahre Absicht entdeckt und gesagt, daß er seine Flotten in die weite Ferne schicke, um sie plötzlich im Kanal zu vereinigen. Die Admiralität hatte auf diese Angabe, die die Wahrheit enthielt, kein Gewicht gelegt, wenigstens ließen ihre Verfügungen annehmen, daß sie nicht daran glaube.

Napoleon hatte alle Veranlassung, mit dem Gange seiner Operationen zufrieden zu sein, abgesehen von einem Umstande, der ihm höchst unangenehm war und eine letzte Umänderung seines großen Planes herbeiführte. Admiral Missiessy war im Januar nach den Antillen gesegelt. Man kannte die Details seiner Expedition noch nicht, wußte aber, daß die Engländer für ihre Kolonien sehr fürchteten und nach den amerikanischen Küsten Verstärkungen schickten, was für die Pläne des Kaisers eine sehr vorteilhafte Diversion war. Admiral Villeneuve war am 30. Januar von Toulon ausgelaufen und in Cadix erschienen, wo er sich mit sechs Linienschiffen und mehreren Fregatten unter Admiral Gravina, ferner mit dem französischen Linienschiffe Aigle vereinigt und seinen Weg nach Martinique fortgesetzt hatte.

Man hatte von ihm seitdem keine Nachrichten, wußte aber, daß es Nelson unmöglich gewesen war, ihn bei Toulon oder bei der Meerenge von Gibraltar zu erreichen. Die spanischen Seeoffiziere taten alles, was bei der gänzlichen Entblößung ihrer Marine nur möglich war. Admiral Salcedo vereinigte 7 Linienschiffe in Carthagena, Admiral Gravina 6 in Cadix, Admiral Grandella 8 in Ferrol. Aber es fehlte infolge von Krankheiten und wegen des schlechten Zustandes des spanischen Handels an Matrosen, und man nahm Fischer und Arbeiter aus den Städten, um Schiffsmannschaften zu bilden. Endlich hatte Mangel an Getreide, der zu der Finanznot und der Epidemie hinzukam, die Hilfsquellen Spaniens dergestalt verringert, daß man sich die Schiffszwiebacke auf sechs Monate, die jedes Geschwader nötig hatte, nicht verschaffen konnte. Admiral Gravina hatte kaum für drei Monate Vorrat, als er zu Villeneuve stieß, Admiral Grandella in Ferrol nur für vierzehn Tage. Zum Glück war der Finanzmann Ouvrard in Madrid eingetroffen, wo er das Vertrauen des Hofes gewonnen, einen später zu erwähnenden Vertrag geschlossen und dem Mangel durch verschiedene Maßregeln ein Ende gemacht hatte. Es war ihm zugleich gelungen, die spanischen Flotten mit einigen Schiffszwiebackvorräten zu versehen. Die Angelegenheiten gingen mithin in den Häfen der Halbinsel so gut, wie der traurige Zustand der spanischen Verwaltung es nur gestattete.

Während aber Admiral Missiessy in den englischen Antillen Schrekken verbreitete, während die Admirale Villeneuve und Gravina, ohne einen Unfall zu erleiden, nach Martinique segelten, konnte Ganteaume, der sich mit ihnen vereinigen sollte, nicht einen einzigen Tag finden, an dem das Auslaufen aus dem Hafen von Brest möglich gewesen wäre. Es war seit Menschengedenken nie vorgekommen, daß die Tagundnachtgleiche sich nicht durch Stürme bemerkbar gemacht hätte. Aber die Monate März, April und Mai waren verflossen, ohne daß die englische Flotte ein einziges Mal genötigt gewesen wäre, sich aus den Gewässern von Brest zu entfernen.

Admiral Ganteaume, der das große Unternehmen kannte, zu dem er mitwirken sollte, erwartete den Augenblick der Abfahrt mit einer solchen Ungeduld, daß er zuletzt vor Kummer krank geworden war. Das Wetter war immer ruhig und heiter. Zuweilen ließ ein Windstoß aus Westen, von Sturmwolken begleitet, auf ein Unwetter schließen, aber dann wurde der Himmel plötzlich wieder heiter. Es gab kein anderes Mittel als einen ungleichen Kampf mit einem Geschwader, das der französischen Flotte an Zahl beinahe gleich war und sie an Qualität bedeutend übertraf. Die Engländer hatten ihre Blockadegeschwader vermehrt, da die Anwesenheit von zwei Flotten in Brest und Ferrol sie beunruhigte und das Auslaufen der Geschwader von Toulon und Cadix ihren Argwohn erregte. Sie hatten vor Brest 20 Linienschiffe unter Admiral Cornwallis und vor Ferrol 7 oder 8 unter Admiral Calder.

In dieser Lage segelte Admiral Ganteaume bald nach der innern, bald nach der äußern Reede und hatte seit zwei Monaten seine ganze Mannschaft an Bord, Soldaten und Matrosen. In seinem Kummer fragte er an, ob er, um das offene Meer zu gewinnen, eine Schlacht liefern solle, was ihm ausdrücklich verboten war.

Da Napoleon bedachte, daß es gefährlich sei, Villeneuve, Gravina und Missiessy länger bei Martinique warten zu lassen, weil die englischen Geschwader sie zuletzt dort erreichen würden, so veränderte er diesen Teil seines Planes noch einmal. Er bestimmte, daß Ganteaume, wenn er bis zum 20. Mai nicht auslaufen könne, in Brest warten sollte, bis man ihn deblockiere. Villeneuve erhielt Befehl, mit Gravina nach Europa zurückzukehren und die ursprünglich für Ganteaume bestimmt gewesene Aufgabe auszuführen, d. h. Ferrol zu deblockieren, dann womöglich Rochefort zu berühren, um sich mit Missiessy zu vereinigen, der in dieser Zeit wahrscheinlich von den Antillen zurückgekehrt war, und sich endlich vor Brest zu zeigen, um Ganteaume freie Bahn zu machen, wodurch die Gesamtsumme seiner Streitkräfte auf 56 Linienschiffe gebracht wurde. Mit diesem Geschwader, dem größten, das jemals auf dem Ozean erschienen war, sollte er in den Kanal einlaufen.

*

Viertes Kapitel.

Die Eiserne Krone.

I. Verhältnisse der Italienischen Republik. Notwendigkeit des Anschlusses an Frankreich. – II. Napoleons Bruder Joseph lehnt die italienische Königskrone ab. – III. Napoleon beschließt, sich selber die Eiserne Krone aufs Haupt zu setzen. – IV. Verkündigung dieses Entschlusses in feierlicher Audienz der in Paris weilenden Vertreter der Consulta. – V. Begründung des Beschlusses in einem Brief an den Kaiser von Österreich. – VI. Krönung in Mailand (26. Mai 1805). Ratschläge Napoleons für seinen Stiefsohn, den Vizekönig Eugène. – VII. Schaugepränge und Ordensaustausch. – VIII. Absichten auf das Königreich Neapel. Einverleibung der Republik Genua in Frankreich.

I.

Eine endgültige Organisation der Italienischen Republik war zur dringenden Notwendigkeit geworden. Als Tochterrepublik der französischen sollte sie in allem dem Schicksal ihrer Mutter folgen. Im Jahre 1802, zur Zeit der Consulta von Lyon, hatte sie sich nach dem Beispiele Frankreichs konstituiert und eine der Form nach republikanische, tatsächlich aber absolute Regierung angenommen. Jetzt war es natürlich, daß sie im Gefolge Frankreichs auch den letzten Schritt mitmachte und aus der Republik zur Monarchie wurde.

Die Italiener nahmen ohne Bedauern die Umgestaltung ihrer Republik in eine Monarchie an, weil sie von dieser Gelegenheit Vorteil zu ziehen hofften, um wenigstens teilweise die Erfüllung ihrer Wünsche zu erlangen. Sie wollten wohl einen König und einen Bruder Napoleons zum Könige, aber mit der Beschränkung, daß die Wahl auf Joseph oder Louis Bonaparte und nicht auf Lucien falle, den sie ausdrücklich ausschlossen; daß dieser König ihnen gehöre und fortwährend in Mailand residiere; daß die beiden Kronen von Frankreich und Italien alsbald getrennt würden; daß alle Beamte Italiener sein sollten; daß keine

Subsidien mehr zum Unterhalt der französischen Armee gezahlt würden und daß endlich Napoleon es übernähme, Österreich zur Anerkennung dieser neuen Veränderung zu bewegen.

Die Krönung hatte Gelegenheit gegeben, den Vizepräsidenten Melzi und einige Abgeordnete verschiedener italienischer Behörden nach Paris zu ziehen. Cambacérès, Marescalchi und Talleyrand setzten sich mit ihnen in Besprechung und einigten sich auch über alle Punkte, ausgenommen einen, die an Frankreich zu zahlenden Subsidien; denn die Italiener baten zwar um die Besetzung durch Frankreich wie um ihr Heil, wollten aber die Kosten derselben nicht tragen.

II.

Der Erzkanzler Cambacérès wurde hierauf beauftragt, mit Joseph Bonaparte über seine Erhebung auf den Thron Italiens zu unterhandeln. Zu Napoleons großem Erstaunen lehnte Joseph diesen Thron aus zwei Gründen ab, von denen einer sehr natürlich, der andere sehr anmaßend war. Joseph erklärte, da zufolge des Grundsatzes der Trennung der beiden Kronen an den Thron von Italien sich die Bedingung der Verzichtleistung auf den Thron Frankreichs knüpfe, wünsche er französischer Prinz mit allen seinen Nachfolgerechten im Kaisertum zu bleiben. Da Napoleon keine Kinder habe, ziehe er die zwar weit hinaus liegende Möglichkeit, einmal in Frankreich zu regieren, der Gewißheit vor, sofort über Italien zu herrschen. Dieser Grund war nur natürlich und patriotisch. Der zweite Weigerungsgrund Josephs war der, daß man ihm ein zu benachbartes und daher zu abhängiges Königreich anbiete, daß er nicht anders als unter dem Einfluß des Oberhauptes des französischen Kaisertums würde regieren können; daß es ihm aber nicht genehm sei, um diesen Preis zu regieren. So blickten bereits die Gesinnungen hervor, welche die Brüder des Kaisers auf allen den Thronen geleitet haben, die er ihnen gab. Es war der Beweis einer recht törichten Eitelkeit, von einem Manne wie Napoleon keinen Rat annehmen, eine recht unpolitische Undankbarkeit, sich seiner Gewalt entziehen zu wollen, denn an der Spitze eines neugeschaffenen italienischen Staates nach Absonderung streben, das hieß ebensosehr das Verderben Italiens als die Schwächung Frankreichs zu seinem Ziele machen.

Alle Vorstellungen waren vergebens, und obgleich Josephs künftige Königswürde allen Höfen, mit denen Frankreich in Verbindung stand,

Österreich, Preußen, dem Heiligen Stuhle, angezeigt war, mußte man sich doch anders besinnen und eine neue Kombination zu finden suchen.

III.

Gewitzigt durch diese letzte Erfahrung, daß er in der Lombardei kein eifersüchtiges Königtum errichten dürfe, das geneigt sei, seine großen Entwürfe zu behindern, beschloß Napoleon, die Eiserne Krone für sich selbst zu nehmen und sich Kaiser der Franzosen, König von Italien zu nennen. Zugleich adoptierte er Eugène de Beauharnais, den Sohn Josephinens, den er wie sein eigen Kind liebte, und vertraute ihm das Vizekönigtum von Italien an.

Cambacérès und Talleyrand wurden beauftragt, diese Entschließungen den in Paris anwesenden Italienern zu eröffnen und mit ihnen die Mittel zur Ausführung zu ordnen. Die letzteren schienen zu fürchten, daß die drei großen beständigen Kollegien der Possidenti, Dotti und Commercianti, welche die Behörden zu wählen, Abänderungen der Verfassung zu beschließen hatten, sich jedem anderen Plane als dem einer sofort von der französischen Monarchie getrennten lombardischen, passiven Widerstand entgegensetzen und weder für noch wider abstimmen möchten. Napoleon verzichtete in diesem Falle auf die Anwendung der konstitutionellen Formen. Er handelte als Schöpfer, der Italien zu dem gemacht hatte, was es war, und der das Recht besaß, damit ferner zu machen, was er für zweckmäßig hielt.

Italien mußte jedoch bei diesen neuen Bestimmungen mitbeteiligt sein. Man beschloß also, dort ebenfalls das Schauspiel einer Krönung zu geben und aus dem Schatze von Monza die berühmte Eiserne Krone der Lombardenkönige hervorzuholen, damit Napoleon, nachdem der Erzbischof von Mailand sie eingesegnet, sie sich aufs Haupt setzen könne, übereinstimmend mit dem alten Brauch der germanischen Kaiser, die in Rom die Krone des Abendlandes, in Mailand aber die Krone von Italien empfingen. Dieses Schauspiel mußte auf die Italiener Eindruck machen, ihre Hoffnungen wieder erwecken, den Adel und die Geistlichkeit gewinnen, die von der österreichischen Herrschaft vor allem die monarchischen Formen zurückwünschten, und endlich das Volk zufriedenstellen, das von der Pracht seines Gebieters stets geblendet und entzückt wird; denn diese Pracht, die seinen Blicken schmeichelt, beschäftigt zugleich seine Industrie. Die aufgeklärten Liberalen aber sollten endlich begreifen, daß nur die Vereinigung mit den Geschicken Frankreichs die Zukunft Italiens sichern könne.

IV.

Am 17. März 1805 empfing Napoleon den Vizepräsidenten, die Consulta und die Abgeordneten der Italienischen Republik in feierlicher Audienz. Er saß auf seinem Thron und war von seinen Großwürdenträgern umgeben. Der Oberzeremonienmeister führte die Herren in den Saal; der Vizepräsident hielt eine Ansprache, verlas das Protokoll und überreichte dieses dem Kaiser. Napoleon antwortete:

»Seitdem wir zum ersten Mal in eurem Lande erschienen, haben wir uns stets mit dem Gedanken getragen, die italienische Nation unabhängig und frei zu machen; wir haben diesen großen Plan durch alle Unsicherheit der Ereignisse hindurch verfolgt. Zunächst vereinigten wir die Völker auf dem rechten Po-Ufer zur Cispadanischen Republik und die auf dem linken Ufer zur Transpadanischen Republik.

Später erlaubten günstigere Verhältnisse uns, diese Staaten zu vereinigen und aus ihnen die Cisalpinische Republik zu bilden.

Gerührt von der Sorgfalt, die wir auf allen Gebieten betätigten, erkannten die Völker Italiens die Teilnahme an, die wir für alles empfanden, was zu ihrem Wohlergehen und Glück beitragen konnte; und als wir einige Jahre später an den Ufern des Nils die Kunde erhielten, daß unser Werk über den Haufen geworfen sei, ging uns euer Unglück tief zu Herzen. Dank dem unbesieglichen Mut unserer Heere erschienen wir in Mailand, als unsere Völker Italiens uns noch am Roten Meer wähnten.

Noch mit dem Blut und Staub der Schlachten bedeckt, richteten wir unseren ersten Gedanken auf die Wiederaufrichtung des italienischen Vaterlandes.

Die Lyoner Statuten legten die Herrschergewalt in die Hände der Consulta und der Kollegien, in denen die verschiedenen Elemente der italienischen Nation vereinigt waren.

Ihr hieltet es damals für notwendig, daß wir das Oberhaupt eurer Regierung wären, um eure Interessen wahrzunehmen; so beharrt ihr auch heute noch bei demselben Gedanken und wünscht, daß wir euer erster König seien. Die Trennung der Kronen Frankreichs und Italiens, die später vielleicht von Nutzen sein mag, um euren Nachkommen die Unabhängigkeit zu sichern, wäre in diesem Augenblick verhängnisvoll für eure Existenz und für eure Ruhe.

Ich werde diese Krone bewahren! Aber nur so lange, wie eure Interessen es erheischen. Mit Freuden werde ich den Augenblick begrüßen, wo ich sie auf ein jüngeres Haupt setzen kann, das, von meinem Geist beseelt, mein Werk fortführen und stets bereit sein wird, seine Person und seinen Vorteil für die Sicherheit und das Glück des Volkes zu opfern, zu dessen Herrscher die Vorsehung, die Verfassung und mein Wille es berufen haben wird.«

Unmittelbar darauf wurde die Abordnung vom Oberzeremonienmeister hinausgeleitet. Eine Viertelstunde später ließ der Kaiser die Consulta und den Vizepräsidenten in sein Kabinett bescheiden und hielt mit ihnen eine Beratung ab, worauf er die in italienischer und französischer Sprache niedergeschriebene Verfassung des neuen Königreiches Italien unterzeichnete.

Am nächsten Tage begab der Kaiser sich um 2 Uhr nachmittags mit großem Pomp in den Senat; die Consulta, der Vizepräsident und die Abgeordneten wurden in kaiserlichen Hofequipagen befördert. Napoleon teilte dem Senat die Gründe des von ihm gefaßten Entschlusses mit. Hierauf empfing er den Treueid des Vizepräsidenten und jedes einzelnen Mitgliedes der Consulta und der Abordnung. Der Aufruf zur Eidesleistung erfolgte durch den italienischen Minister des Auswärtigen, Marescalchi. Am Abend wurden Kuriere abgefertigt, um die Nachricht in Mailand und in der ganzen Italienischen Republik bekanntzumachen.

V.

Da der gefährlichste Widerspruch gegen die Übertragung der Italienischen Krone auf Napoleons Haupt von seiten Österreichs zu erwarten war, richtete der Kaiser der Franzosen noch an demselben Tage an den Kaiser von Österreich folgenden Brief:

La Malmaison, den 17. März 1805.

Mein Herr Bruder! Das von mir verkündigte Statut der Consulta und der Abordnungen der Italienischen Republik entspricht nicht in allem meinen Hoffnungen, denn ich hegte den wohl natürlichen Wunsch, mich einer so schwer auf mir lastenden Bürde entledigen zu können. Die Regierung der Italienischen Republik ist jedoch der Meinung gewesen, daß während der Dauer des Aufenthaltes russischer Truppen auf Korfu und englischer Truppen auf Malta die Trennung der Kronen Frankreichs und Italiens durchaus illusorisch sein würde; denn von einer Trennung der Kronen kann nicht die Rede sein, wo eine Armee vorhanden ist, die einer anderen Krone angehört. Es ist keine Möglichkeit vorhanden, daß das französische Heer das Gebiet der Italienischen Republik räumen könnte, solange die Levanteangelegenheiten nicht geordnet sind. Eure Majestät werden jedoch sehen, daß ich durchaus nur bei meinem Prinzip geblieben bin, denn ich habe die Absicht, die Krone Italiens niederzulegen und von der Krone Frankreichs zu trennen, sobald die Republik der Sieben Inseln und die Insel Malta ihre Unabhängigkeit zurückerlangt haben. Und wenn Eure Majestät ein Interesse daran haben, daß die Regierung Italiens gänzlich von der Regierung Frankreichs getrennt sei, so muß dieses Interesse auch dafür vorhanden sein, daß die Republik der Sieben Ionischen Inseln und die Insel Malta den Verträgen gemäß ihr Selbstbestimmungsrecht wiedererlangen. Übrigens möchte ich heute Eurer Majestät wiederholen, daß es mein Wunsch ist, neue Anlässe zum Kriege zu vermeiden, und daß ich daher bereit bin, die Kronen Frankreichs und Italiens zu trennen, sobald man die Räumung der Inseln Korfu und Malta wird erhoffen können, und daß ich unter keinen Umständen eine Vereinigung der Länder Frankreich und Italien plane und beabsichtige. Ich hoffe, diese Erklärung wird Eure Majestät von der Friedlichkeit meiner Absichten überzeugen – eine Erklärung übrigens, die eigentlich wohl nicht nötig wäre, wenn Eure Majestät nur bedenken wollen, wie wenig ich bei einem Kriege gewinnen kann und wie gut dagegen meinem Volk und mir ein langer und dauerhafter Frieden tun wird. Ich hätte auch den Frieden mit England gewünscht, und die Antwort, die ich vom großbritannischen Kabinett erhielt, hatte mir einige Hoffnung darauf erweckt; aber die Königliche Botschaft an das Parlament ließ mir keinen Zweifel mehr über die wahren Absichten der englischen Regierung. So müssen also die Wechselfälle des Krieges ertragen werden, solange es der britischen Regierung belieben wird, sich zu schlagen. Hiermit bitte ich Gott, er wolle Eure Majestät in seinen heiligen und gnädigen Schutz nehmen.

Napoleon.

Gleichzeitig wurde das Fürstentum Piombino, das seit mehreren Jahren in französischem Besitz war, vom Kaiserreich losgetrennt und Napoleons Schwester Elisa als erbliches Eigentum übergeben. Ihr Gemahl, Fürst Bacciocchi, erhielt den Titel eines Fürsten von Piombino und die Rechte eines Fürsten des französischen Reiches.

VI.

Am 26. Mai 1805 wurde Napoleon in Mailand mit großem Pomp als König von Italien gekrönt. Als er die Eiserne Krone ergriff und sie sich aufs Haupt setzte, sprach er die Worte: »Gott gibt sie mir! Wehe dem, der sie anrührt!« Das Mailänder Volk war in einem wahren Freudentaumel. Am Abend war die ganze Stadt illuminiert, und es fand ein herrliches Feuerwerk statt; von zauberhafter Wirkung war der in Glut getauchte Dom.

Am 7. Juni erließ der Kaiser und König folgendes Dekret:

Von dem Wunsche beseelt, dem Prinzen Eugène, unserem Stiefsohn und Staatskanzler unseres Kaiserreiches Frankreich, ein glänzendes Zeugnis unseres Vertrauens zu seiner treuen Anhänglichkeit an unsere Person zu geben und zugleich während unserer Abwesenheit für eine regelrechte Regierung unseres Königreichs Italien zu sorgen, ernennen wir ihn hiermit zum Vizekönig unseres besagten Königreiches; wir erwarten demgemäß, daß er im Einklang mit unseren Verordnungen und Vorschriften das ihm von uns zugewiesene Amt versehe, und ermächtigen ihn, die volle ihm von uns eingeräumte Autorität auszuüben und aller Ehren, Titel und Vorrechte zu genießen, die wir durch besagte Verordnungen und Vorschriften ihm eingeräumt haben.

Napoleon.

An demselben Tage erteilte Napoleon dem Vizekönig Eugène die nachstehenden Ratschläge:

Mein Vetter! Indem wir Ihnen die Regierung unseres Königreichs Italien anvertrauen, geben wir Ihnen einen Beweis der Achtung, die Ihr bisheriges Verhalten uns eingeflößt hat. Da Sie aber noch in einem Alter stehen, worin man die Verderbtheit des menschlichen Herzens noch nicht kennt, so können wir Ihnen Umsicht und Klugheit gar nicht genug anempfehlen. Unsere italienischen Untertanen sind von Natur mehr zur Verstellung geneigt als die Bürger Frankreichs. Es gibt für Sie nur ein Mittel, sich die Achtung zu bewahren und zu ihrem Glück beizutragen, nämlich keinem Menschen Ihr volles Vertrauen zu schenken und niemandem zu sagen, was Sie von den Ministern und Großwürdenträgern Ihres Hofes denken. Die Verstellung, die dem reiferen Alter natürlich und angemessen ist, bedeutet für Sie nur die Ausübung eines Grundsatzes. Wenn Sie einmal Ihr Herz ausgeschüttet und sich ausgesprochen haben, wo es nicht nötig war, so gestehen Sie sich selber, daß Sie einen Fehler begangen haben, und nehmen Sie sich vor, einen solchen nicht wieder zu begehen. Bezeigen Sie der Nation, die Sie beherrschen, Ihre Achtung grade dann um so mehr, wenn sie sie nach Ihrer Meinung weniger verdient. Es wird eine Zeit kommen, wo Sie erkennen, daß die Unterschiede zwischen einem Volk und dem andern nur sehr gering sind. Da Ihre Verwaltung das Glück meines italienischen Volkes zum Zweck hat, so ist Ihre erste Pflicht, daß Sie Ihre Abneigung gegen die Ihnen nicht zusagenden Gebräuche überwinden. Setzen Sie stets und überall Ihren Ruhm darein, Franzose zu sein – nur in Ihrer Stellung als Vizekönig von Italien nicht! Hier müssen Sie vergessen machen, daß Sie Franzose sind, und Sie werden erst dann Erfolge haben, wenn Sie die Italiener überzeugen, daß Sie sie lieben; Sie wissen, daß man nur liebt, wenn man Achtung empfindet. Pflegen Sie ihre Sprache, umgeben Sie sich hauptsächlich mit Italienern, zeichnen Sie diese bei Festlichkeiten ganz besonders aus; loben Sie, was sie loben, und lieben Sie, was sie lieben.

Sprechen Sie so wenig wie möglich; Sie haben nicht Kenntnisse genug, und Ihre Erziehung ist nicht so gewesen, daß Sie sich einer freien Diskussion überlassen könnten. Verstehen Sie zuzuhören und seien Sie überzeugt, daß Schweigen oft dieselbe Wirkung hervorbringt wie tiefes Wissen. Schämen Sie sich nicht, Fragen zu stellen. Sie sind zwar Vizekönig, aber auch erst 23 Jahre alt, und was Ihnen auch immer die Schmeichler sagen mögen, im geheimen weiß alle Welt ganz genau, wieviel Sie wissen, und die Achtung, die man Ihnen zollt, beruht mehr auf der Hoffnung, daß Sie dereinst etwas sein werden, als auf der Meinung, daß Sie jetzt bereits etwas sind.

Nehmen Sie sich mein Auftreten nicht in allen Dingen zum Muster; Sie müssen größere Zurückhaltung üben.

Übernehmen Sie nur selten den Vorsitz im Staatsrat; Sie besitzen nicht genügend Kenntnisse, um dieses Amt mit Erfolg ausüben zu können. Ich werde nichts Unpassendes darin erblicken, daß Sie den Sitzungen beiwohnen, während einer der Räte von seinem Platz aus den Vorsitz führt. Die Ihnen noch mangelnde Kenntnis der italienischen Sprache und auch der italienischen Gesetzgebung ist ein sehr guter Vorwand für eine derartige Enthaltung. Ergreifen Sie im Staatsrat niemals das Wort; man würde Sie anhören, ohne Ihnen zu antworten, aber man würde sofort bemerken, daß Sie nicht imstande sind, eine Debatte durchzuhalten. Wenn ein Fürst schweigt, legt man keinen Maßstab an seine geistige Kraft; er darf das Wort nur ergreifen, wenn er das Bewußtsein hat, den übrigen geistig überlegen zu sein.

Schenken Sie Spionen niemals Glauben. Spione zu benutzen bringt mehr Nachteile als Nutzen. In Mailand brauchen Sie niemals unruhig zu sein. Sorgen Sie für gute militärische Zucht, so daß Sie Ihrer Truppen sicher sind; mehr haben Sie nicht nötig.

Die Armee ist der Hauptgegenstand, mit dem Sie sich unmittelbar und unter Verwendung Ihrer Kenntnisse beschäftigen können.

Arbeiten Sie zweimal wöchentlich mit Ihren Ministern; das eine Mal mit jedem einzeln; das zweite Mal mit allen zusammen im Ministerrat. Wenn Sie Gutes wirken können, so wird dies zum Teil darauf beruhen, daß Ihre Minister und Ratgeber die Überzeugung gewinnen, Ihre Zustimmung nur durch gute Gründe erlangen zu können, die Sie stets sorgfältig und ohne Voreingenommenheit prüfen.

Wenn bei öffentlichen Zeremonien und Festlichkeiten Ausländer und Franzosen anwesend sind, müssen Sie wissen, welchen Platz Sie ihnen anzuweisen und was Sie zu tun haben. In dieser Beziehung dürfen Sie niemals einen Schnitzer machen und müssen mit der größten Sorgfalt vermeiden, Gelegenheit zu bieten, daß Ihnen gegenüber die schuldige Ehrfurcht außer acht gesetzt werde. Sollte es aber doch geschehen, so dürfen Sie es nicht dulden. Wer Sie in Ihrem Palast beleidigt, den lassen Sie sofort verhaften, einerlei ob Fürst, Minister, General oder Gesandter, und wenn es selbst der österreichische oder russische Botschafter wäre. Aber, noch einmal sei es gesagt, solche Vorfälle sind stets ärgerlich. Was für mich gleichgültig ist, das ist für Sie eine heikle Angelegenheit, die ihre Folgen nach sich ziehen wird.

Ihre Hauptsorge muß es sein, die Italiener gut zu behandeln, möglichst alle zu kennen, ihre Namen und Familienverhältnisse zu wissen. Zeigen Sie sich Ausländern gegenüber nicht zu freundlich; von ihnen haben Sie niemals etwas zu erwarten. Ein Botschafter wird niemals Gutes über Sie schreiben, denn üble Nachrede ist sein Beruf. Die fremden Gesandten sind offizielle Spione in der vollen Bedeutung des Wortes. Es kann Ihnen niemals schaden, sie sich vom Leibe zu halten; wenn sie Sie selten sehen, werden sie eher geneigt sein, Sie zu achten, als wenn Sie ihnen Freundschaft und Wohlwollen bezeigen.

Hier in Mailand ist nur ein einziger Mann von wirklicher Bedeutung, nämlich der Finanzminister; er ist ein Arbeiter, der seine Sache ausgezeichnet versteht.

Obgleich man weiß, daß ich hinter Ihnen stehe, so wird man doch unzweifelhaft versuchen, Ihren Charakter zu studieren. Halten Sie auf Befolgung Ihrer Befehle, besonders der militärischen; dulden Sie niemals, daß dergleichen unterbleibt.

Das von mir unterzeichnete öffentliche Dekret gibt bekannt, wieviel Autorität ich Ihnen zubillige; eine größere Autorität behalte ich mir selber vor: nämlich das Recht, Sie bei allen Ihren Handlungen zu leiten. Schreiben Sie mir jeden Tag, was vorkommt; erst allmählich werden Sie lernen, wie ich jeder einzelnen Frage gegenüberstehe.

Zeigen Sie meine Briefe keinem Menschen und unter keinem Vorwand! Man darf weder wissen, daß ich Ihnen schreibe, noch was ich Ihnen schreibe. Reservieren Sie sich ein Zimmer, das niemand betritt, nicht einmal Ihr Geheimschreiber oder Ihr Privatsekretär.

Herr Méjan wird Ihnen von Nutzen sein, wenn er nicht Geld zu verdienen sucht, und das wird er nicht tun, wenn er weiß, daß Sie auf seine Handlungen achtgeben und daß er es durch einen einzigen derartigen Fehltritt nicht nur bei Ihnen, sondern auch bei mir verderben würde. Er muß gut bezahlt werden und Hoffnung auf die glänzendste Laufbahn haben; dafür muß er aber auch Tag und Nacht auf den Beinen sein; sobald er sich angewöhnt, nur zu bestimmten Stunden zu arbeiten und außerhalb derselben sich zu amüsieren, wird er Ihnen nichts nützen. Sie werden bei ihm, wie bei jedem anderen Franzosen, die Neigung zu bekämpfen haben, Italien geringzuschätzen, zumal da er an Heimweh leiden wird; denn der Franzose fühlt sich nur in Frankreich wohl.

Halten Sie meinen Hofstaat, meinen Marstall in guter Ordnung und lassen Sie sich mindestens alle acht Tage Rechnung ablegen. Das ist um so notwendiger, da man hier in Italien von guter Verwaltung keine Ahnung hat.

Halten Sie allmonatlich in Mailand eine Parade ab.

Umgeben Sie sich hauptsächlich mit jungen Italienern; die alten taugen nichts.

Alle zwei Monate werde ich die erforderlichen Mittel für die Budgetausgaben der Minister anweisen. Sie werden mir daher die Aufstellung jedes Ministers einsenden und zugleich damit eine Bilanz des Staatsschatzes und die Abrechnungen über die vorhergehenden beiden Monate. Sie werden mir den Arbeitsbericht der Minister, die Protokolle des Staatsrats, die Aufstellung der Truppenbestände und die Polizeiberichte übermitteln.

Ihr Amt ist wichtig, und die von Ihnen verlangte Arbeitsleistung wird sehr beträchtlich sein. Studieren Sie die Lokalgeschichte aller Städte meines Königreichs Italien; besichtigen Sie die Festungen und besuchen Sie alle Örtlichkeiten, die durch Schlachten berühmt sind. Wahrscheinlich werden Sie in Ihrem Lande Heerführer sein müssen, bevor Sie dreißig Jahre alt sind, und es ist ein großer Vorteil, wenn man das Gelände kennt.

Zum Schluß: seien Sie unerbittlich gegen Diebe! Für die Verwaltung eines Staates bedeutet die Entlarvung eines ungetreuen Beamten einen gewonnenen Sieg. Dulden Sie nicht, daß die französische Armee sich mit Schmuggelei befaßt.

Napoleon.

VII.

Napoleon hielt alle Sonntage Heerschau über die Truppen in Mailand, kehrte dann in seinen Palast zurück und empfing in einer Audienz die Gesandten aller Höfe Europas, die Fremden von Auszeichnung und hauptsächlich die Repräsentanten der großen italienischen Familien und des Klerus. Bei einer dieser Vorstellungen tauschte er die Insignien der Ehrenlegion gegen die ältesten und berühmtesten Orden von Europa aus. Der preußische Gesandte zeigte sich zuerst, um den schwarzen und roten Adler zu überreichen. Dann kam der spanische Gesandte mit dem Goldenen Vlies, dann erschienen die Gesandten von Bayern und Portugal mit dem St.-Hubertus- und dem Christusorden.

Napoleon gab dagegen das große Band der Ehrenlegion und bewilligte eine gleiche Zahl von Dekorationen, wie er selbst empfing. Er teilte sodann die fremden Orden unter die Hauptpersonen des Reiches aus. In einigen Monaten befand sich sein Hof auf gleichem Fuße mit den Höfen von Europa und trug dieselben Insignien nebst reichen Kostümen, die sich der militärischen Kleidung näherten. Napoleon, der mitten in diesem Glanze für seine Person stets einfach blieb, als einzige

Dekoration den Stern der Ehrenlegion anlegte, sich in die Uniform der Gardejäger kleidete, ohne goldene Stickerei, endlich einen schwarzen Hut trug, an dem bloß die dreifarbige Kokarde glänzte – Napoleon wollte dadurch zu verstehen geben, daß der Luxus, mit dem er sich umgab, ihm selbst nichts gelte. Aber unter diesem Gefolge, das von Gold glänzte und die Orden von ganz Europa zur Schau trug, suchten alle Augen allein nach seiner Person.

VIII.

Sein Aufenthalt in dem schönen Lande Italien erweckte in ihm bald umfassende Pläne! Er begann einen starken Groll gegen den Hof von Neapel zu fassen, der sich den Engländern und Russen gänzlich hingab und gegen Frankreich die feindseligsten Gesinnungen hegte. Die unvorsichtige Königin tat, nachdem sie die Regierung ihres Gemahls durch gehässige Grausamkeiten geschändet hatte, einen Schritt, der nicht unglücklicher sein konnte; sie schickte nach Mailand einen höchst ungeschickten Unterhändler, einen gewissen Fürsten von Cardito, um gegen den von Napoleon angenommenen Titel eines Königs von Neapel zu protestieren. Der neapolitanische Gesandte, Marchese Gallo, ein verständiger, beim kaiserlichen Hofe beliebter Mann, hatte diesem gefährlichen Schritte vergebens entgegenzuwirken gesucht.

Napoleon willigte ein, den Fürsten von Cardito zu empfangen, aber an einem Tage, an welchem eine allgemeine Vorstellung der Diplomaten stattfand. An diesem Tage nahm er Gallo auf das freundlichste auf und richtete dann an den Fürsten von Cardito eine Anrede, in der er ihm in harter Sprache erklärte, daß er seine Königin aus Italien verjagen und ihr kaum die Insel Sizilien als Zufluchtsort lassen werde. Man mußte den Fürsten von Cardito beinahe ohnmächtig hinausführen. Diese Szene erregte großes Aufsehen.

Napoleon faßte von diesem Augenblicke an die Idee, aus Neapel ein Familienkönigreich, ein Lehen seines großen Reichs zu machen. Nach und nach bildete sich in seinem Geiste der Gedanke, die Bourbons von allen Thronen zu verjagen. Der Eifer, den die spanischen Bourbons in dem Kriege gegen England zeigten, rückte für sie die Ausführung dieses Planes noch in die Ferne. Aber Napoleon ahnte, daß er Europa bald neu zu gestalten haben werde, sei es nun, daß er durch eine Landung in England die Allmacht gewinne, sei es, daß er infolge eines neuen

Kontinentalkrieges die Österreicher aus Italien vertreibe, und er sagte sich, daß er dann die venetianischen Staaten mit seinem Königreich vereinigen und Neapel für einen seiner Brüder erobern werde. Dies alles wurde jedoch für jetzt aufgeschoben. Ausschließlich mit der Landung beschäftigt, wollte er in diesem Augenblick keinen Kontinentalkrieg hervorrufen. Eine Maßnahme indessen erschien ihm rechtzeitig und gefahrlos, nämlich die Abstellung der traurigen Verhältnisse in der Republik Genua. Diese Republik, die zwischen dem von England beherrschten Mittelmeer und Piemont lag, das Frankreich mit seinem Gebiet vereinigt hatte, war zwischen beiden großen Mächten gleichsam eingekerkert und sah ihren Wohlstand dahinschwinden, denn sie hatte alle Nachteile der Vereinigung mit Frankreich und keinen einzigen der Vorteile. In der Tat erkannten die Engländer sie nicht an, betrachteten sie als ein Anhängsel des französischen Reiches und verfolgten ihre Flagge. Selbst die Barbaresken plünderten sie schonungslos. Frankreich dagegen behandelte die Republik als fremdes Gebiet und trennte sie durch eine Zoll-Linie von Piemont und Nizza. Genua erstickte folglich zwischen Land und Meer, die ihm beide verschlossen waren. Frankreich litt durch dieses Verhältnis ebenfalls sehr.

Die Apenninen, die Grenze zwischen Piemont und Genua, wimmelten von Räubern, und man brauchte eine große Anzahl tapferer Gendarmerie, um die Sicherheit der Straßen aufrechtzuerhalten. Für die Marine sicherte der neu abgeschlossene Vertrag die Dienste, welche Genua ihr leisten konnte, auf eine sehr unvollständige Weise. Die Benutzung eines fremden Hafens, in dem man keine direkte Autorität besaß, war nur ein Versuch, der noch etwas Weiteres erforderte. Wenn man den Hafen von Genua und die Gebiete der östlichen und der westlichen Riviera mit Frankreich vereinigte, so schaffte sich Napoleon vom Texel bis zum Hintergrunde des größten Golfs im Mittelmeer eine Küstenausdehnung und eine Masse von Matrosen, die ihn mit der Zeit England gleichstellen oder doch zu einem gefährlichen Nebenbuhler machen konnte.

Napoleon widerstand allen diesen Betrachtungen nicht. Er glaubte, daß England allein an dieser Frage ein wahres Interesse habe. Über das Schicksal der Herzogtümer Parma und Piacenza zu entscheiden, würde er nicht gewagt haben, teils wegen des Papstes, der dieses Land zu gewinnen hoffte, teils wegen Spaniens, das Etrurien damit zu vergrößern wünschte, teils endlich wegen Rußlands, das die Hoffnung auf Entschädigung des alten Königs von Piemont nicht aufgab, solange in

Italien noch ein freies Gebiet war. Aber Genua war nach seiner Meinung von wenig Interesse für Österreich, das zu weit entfernt davon war, von keinem Gewicht für den Papst und für Rußland. England glaubte er nicht schonen zu müssen, da er das neue Bündnis desselben mit Rußland nicht kannte, und er beschloß daher, die Ligurische Republik mit der Französischen zu vereinigen.

Die Aufgabe war keine schwierige, denn die Stimmung in Ligurien war vortrefflich. Die aristokratische und englisch-österreichische Partei konnte nicht feindlicher werden, als sie bereits war. Das gegenwärtige Protektorat, unter dem Genua stand, war ihr ebenso verhaßt wie eine Vereinigung mit Frankreich.

Die Volkspartei sah in dieser Vereinigung die Freiheit ihres Handels mit dem Innern des Reiches, die Gewißheit des schönsten Gedeihens für die Zukunft, die Garantie, niemals unter die Tyrannei der Oligarchie zurückzufallen, endlich den Vorteil, dem größten Staate Europas anzugehören. Die für die Revolution eingenommene Minorität des Adels sah die Zerstörung der genuesischen Nationalität mit Unmut, konnte aber durch Stellen am kaiserlichen Hofe leicht gewonnen werden.

Nachdem der Vorschlag mit einigen Senatoren besprochen und von diesen dem Senat vorgelegt war, wurde er dort von 20 unter 22 Stimmenden angenommen. Er wurde dann durch eine Art von Volksbeschluß bestätigt, der die in Frankreich seit dem Konsulat übliche Form hatte. Es wurden Register eröffnet, in denen jeder seine Stimme einschreiben konnte. Das Volk von Genua drängte sich eifrig herbei, und fast alle Stimmen lauteten bejahend. Dann begaben sich Senat und Doge nach Mailand, um Napoleon ihren Wunsch vorzutragen. Sie wurden mit einem Pomp eingeführt, der an die Zeiten erinnerte, da die besiegten Völker um die Ehre baten, einen Teil des Römischen Reiches bilden zu dürfen. Napoleon empfing sie auf seinem Throne sitzend, erklärte, daß er ihren Wunsch erhöre, und versprach ihnen, Genua zu besuchen, ehe er Italien verlasse.

Nachdem Napoleon den Eidschwur der Genuesen empfangen und Lebrun die Organisation dieses neuen Teiles seines Reichs übertragen hatte, reiste er nach Turin ab, wo er sich einzig mit Revuen zu beschäftigen schien. Am 8. Juli abends fuhr er mit zwei sehr einfachen Postwagen ab, ließ sich unterwegs für den Minister des Innern ausgeben und kam in achtzig Stunden in Fontainebleau an.

*

Fünftes Kapitel.

Die dritte Koalition.

I. Beitritt Rußlands zur dritten Koalition. – II. Anschluß des Wiener Kabinetts an dieselbe. Österreichische Rüstungen. – III. Napoleon begibt sich in das Lager bei Boulogne. – IV. Peinliches Warten auf das Eintreffen der französischen Schlachtflotten. Aufgabe des Plans eines Einfalls in England. – V. Kriegsplan für den Feldzug 1805 gegen Österreich und Rußland. – VI. Beginn des Krieges. Haltung Bayerns.

I.

Je drohender die Gefahr einer Landung der französischen Armee in England wurde, desto fieberhafter bemühte das britische Kabinett sich, eine neue Koalition zustande zu bringen. Es wurde dabei vom Glück auf merkwürdige Art begünstigt, indem die an und für sich wenig bedeutende Einverleibung des genuesischen Freistaates sich plötzlich als ein Akt von größter Tragweite erwies.

Kaiser Alexander hatte die Ratifikation des Vertrages über die Bildung einer neuen Koalition bis zu dem Augenblick verschoben, da England in die Räumung von Malta willigen würde. Da er an einer günstigen Antwort nicht zweifelte, so hatte er für Nowosiltzoff Pässe verlangt, um sich mit Napoleon so rasch wie möglich zu verständigen. Seine kriegerische Glut minderte sich, je näher die Gefahr rückte, und er hoffte durch dieses schnelle Handeln die Aussicht auf Frieden zu vermehren. Er hatte aber das Kabinett von Saint James schlecht beurteilt. Dieses weigerte sich mit Bestimmtheit, die Insel Malta zu räumen. Diese Nachricht kam in St. Petersburg an, während Nowosiltzoff in Berlin auf seine Pässe für Paris wartete, und stürzte das russische Kabinett in eine unbeschreibliche Verwirrung. Was sollte man tun? Gab man England nach, so nahm man in den Augen Europas eine sehr untergeordnete Stellung ein und mußte jeder Unterhandlung mit

Frankreich entsagen; dann wurde Nowosiltzoff sofort von Paris weggeschickt, vielleicht auf eine beschimpfende Weise, wenn er nicht die Räumung von Malta versprechen konnte. Rußland mußte dann für Englands Rechnung und in dessen Solde Krieg führen, und Europa wußte, daß dies der Fall war. Brach man dagegen mit England, so gestand man öffentlich, daß man sich in die britische Politik eingelassen habe, ohne sie zu kennen, so gab man Napoleon im Angesicht der Welt Recht und isolierte sich selber auf eine lächerliche Weise, nachdem man sich mit Frankreich aus Leichtsinn, mit England wegen dessen übertriebener Forderungen überworfen hatte. Indem man sich sträubte, von Englands Willen abzuhängen, verfiel man der Willkür Napoleons, der alsdann die Bedingungen der Annäherung an Frankreich vorschreiben konnte.

Wenn Napoleon nicht durch die Einverleibung Genuas dem russischen Kabinett zu Hilfe gekommen wäre, so würde er seine Feinde in die größte Verwirrung gebracht haben. Das Petersburger Kabinett beriet eben über seine mißliche Stellung, da erfuhr es die Einverleibung. Die Freude war groß; denn dieses unvorhergesehene Ereignis entriß die unvorsichtigen Staatsmänner ihrer Verlegenheit. Man beschloß, einen großen Lärm zu erheben und laut zu erklären, daß man nicht länger mit einer Regierung verhandeln könne, die jeden Tag neue Rechtsbrüche begehe. Man hatte jetzt einen guten Vorwand, Nowosiltzoff von Berlin zurückzurufen, und übersandte ihm auf der Stelle den Befehl, nach St. Petersburg zurückzukehren, indem man eine Note an den König von Preußen beifügte, worin man diese Veränderung des früheren Entschlusses rechtfertigte. Man hielt sich jetzt nicht länger für verpflichtet, auf der Räumung Maltas zu bestehen, und ratifizierte den Vertrag der dritten Koalition, indem man sich auf die neuerliche Usurpation des Kaisers der Franzosen berief.

Nowosiltzoff befand sich in Berlin beim König von Preußen. Seine Zurückberufung machte ihm großen Kummer, denn er verlor dadurch die Gelegenheit, eine wichtige Verhandlung zu führen. Er verhehlte dem König sein Mißvergnügen nicht und sagte ihm, daß er persönlich entschlossen gewesen sei, in Paris alles aufzubieten, um den Kaiser zu gewinnen, daß er sogar im Namen seines Hofes bedeutende Konzessionen gemacht haben würde. Dies war für den König von Preußen ein Grund mehr, in seine gewöhnlichen Klagen auszubrechen; denn jeder neue Grund zu einem Kriege, der zu den bereits zahlreichen Zwistigkeiten hinzukam, bekümmerte ihn tief.

II.

In Wien war die Wirkung noch entscheidender. Hier wurde man durch die Einverleibung Genuas einem langen Zaudern entrissen. Man sah seit langer Zeit, daß Napoleon ganz Italien zu haben wünschte, und konnte sich nicht entschließen, ihm das schöne Land zu überlassen, ohne noch einmal mit dem Mute der Verzweiflung darum zu kämpfen. Aber die österreichischen Finanzen befanden sich in einem traurigen Zustand; in Ober- und Niederösterreich, in Böhmen, Mähren und Ungarn herrschte Hungersnot. In Wien war das Brot so teuer, daß die sonst so geduldige Bevölkerung mehrere Bäckerläden gestürmt hatte. Bei dieser Lage der Dinge würde man noch lange gezaudert haben, sich in die Kosten eines dritten Krieges gegen einen so furchtbaren Gegner zu stürzen; als man aber die Einverleibung von Genua, die Errichtung des Herzogtums Lucca erfuhr, hatte alle Ungewißheit mit einemmal ein Ende. Der Beschluß, zu kämpfen, wurde auf der Stelle gefaßt. Dieser definitive Entschluß wurde nach St. Petersburg gemeldet, wo er große Freude erregte, da man die Mitwirkung Österreichs als das glücklichste Ereignis betrachten mußte.

Der Beitritt des Wiener Kabinetts zum Koalitionsvertrag wurde ohne Zögern vollzogen. Rußland übernahm es, bei England zu vermitteln, daß Österreich möglichst hohe Subsidien bekomme. Man verlangte und erhielt als Beitrag zu den Rüstungen eine Million Pfund Sterling, ferner die sofortige Einzahlung der Hälfte der jährlichen Hilfsgelder, zwei Millionen Pfund.

Der Feldzugsplan wurde von Wintzingerode und dem Fürsten Schwarzenberg beraten. So wurde verabredet, daß 10 000 Russen und einige tausend Albanesen in Neapel landen und eine Unternehmung gegen Unteritalien vorbereiten sollten, während 100 000 Österreicher nach der Lombardei marschieren würden. Die österreichische Hauptarmee, unterstützt von 60 000 durch Galizien heranziehende Russen, sollte in Bayern vorgehen, eine Armee von 80 000 Russen an die preußische Grenze rücken, eine zweite Armee, aus Russen, Engländern, Hannoveranern und Schweden bestehend, von Schwedisch-Pommern aus gegen Hannover marschieren. Rußland verpflichtete sich außerdem, bedeutende Reserven aufzustellen und nach allen bedrohten Punkten zu schicken. Die Engländer sollten an mehreren Stellen der französischen Küsten Landungen machen, sobald die Bedrohung mit dem allgemeinen Angriff die Aufhebung des Lagers von Boulogne herbeigeführt haben würde. Es wurde beschlossen, daß die zu Österreichs Unterstützung bestimmten Truppen noch vor dem Herbst marschieren sollten, damit Napoleon nicht den Winter benutzen könnte, um die österreichische Armee zu zerschmettern.

Außerdem wurde bestimmt, daß das Wiener Kabinett seine Verstellung fortsetzen, seine Rüstungen leugnen und tätiger denn je waffnen sollte. Wenn sich die Heuchelei nicht mehr fortsetzen ließ, sollte es von Verständigung reden und die von Nowosiltzoff abgebrochenen Verhandlungen im eigenen und in Rußlands Namen wieder aufnehmen. Man wollte auch jetzt noch jede Verbindung mit England leugnen und sich den Anschein geben, als ob man nur für den Kontinent unterhandle. Die gewöhnliche Falschheit der Schwäche charakterisiert dieses ganze Benehmen.

Preußen schwebte in der größten Angst. Ohne in das Geheimnis eingedrungen zu sein, ahnte es doch, daß ein Krieg beschlossen sei, lehnte aber die Teilnahme daran nach allen Seiten ab, indem es zu Rußland sagte, es sei den Streichen Napoleons zu sehr ausgesetzt, zu Napoleon, es habe von Rußland zuviel zu fürchten.

Der Horizont verdüsterte sich inzwischen von allen Seiten und auf eine Weise, die dem blödesten Auge sichtbar werden mußte. Es liefen zahlreiche Meldungen ein, daß in Friaul, Oberösterreich und Tirol Truppen angesammelt würden. Man berichtete nicht mehr bloß von einfachen Truppenzusammenziehungen, sondern von Organisation der Spezialwaffen, was noch viel bezeichnender war. Die Remontierung der Reiterei, die Versorgung der Artillerie mit Pferden und die Versetzung derselben an die Ufer der Etsch, die Anlegung beträchtlicher Magazine, der Bau von Feldschanzen in den Lagunen von Venedig, von Brücken über die Piave und den Tagliamento – dies alles ließ keinen Zweifel mehr aufkommen. Österreich leugnete mit einer Falschheit, von der in der Geschichte wenige Beispiele vorkommen, und gestand bloß zu, daß es in den venezianischen Staaten einige Vorsichtsmaßregeln treffe, zu denen die Anhäufung der französischen Truppen in Italien Veranlassung gegeben habe. Den Austausch der Orden verweigerte es unter verschiedenen Vorwänden!

III.

Am 11. Juni traf Napoleon aus Italien in Fontainebleau ein; der Erzkanzler Cambacérès war daselbst erschienen, um mit ihm über die großen Angelegenheiten des Augenblicks zu verhandeln. Der Minister erschrak über die Stimmung des Kontinents, über die deutlichen Symptome eines nahen Krieges und betrachtete die Ereignisse in Italien als die Veranlassung eines Bruchs. Bei dieser Lage konnte er nicht begreifen, daß Napoleon Italien und Frankreich den Streichen der Koalition ausgesetzt lasse, um sich auf England zu werfen. Napoleon, der voll Vertrauen zu seinem großen Plane eines Seekriegs war, dessen Geheimnis selbst der Erzkanzler nicht vollständig kannte, Napoleon legte auf keinen dieser Einwürfe Gewicht.

Nach seiner Ansicht berührte die Besitzergreifung von Genua und Lucca Rußland nicht, da dieses Reich in Italien nichts zu schaffen habe. Der russische Hof müsse sich glücklich schätzen, wenn er ihn nicht zur Rechenschaft ziehe über das, was in Grusien, in Persien, selbst in der Türkei geschehen. Er habe sich von England gewinnen lassen, stehe mit ihm sichtbar in einem Bündnisse: Nowosiltzoff sei nur ein englischer Kommissär gewesen, den man ihm habe schicken wollen, aber er würde ihn nach Verdienst empfangen haben.

So eng Rußland und England auch verbunden seien, so vermöchten beide doch nichts ohne Österreich, ohne die Heere und das Gebiet dieser Macht, und Österreich, das Frankreich im Grunde stets fürchte, werde noch einige Zeit zaudern, ehe es sich gänzlich fortreißen lasse. Jedenfalls werde es nicht so schnell in Bereitschaft sein, um die Expedition nach England zu verhindern. Einige Tage seien für diese Expedition ausreichend, und sei das Meer einmal frei, so gehe es mit allen Koalitionen zu Ende, Österreich werde dann den gegen Frankreich gehobenen Arm auf der Stelle senken. »Vertrauen Sie mir«, sagte Napoleon zu dem Erzkanzler, »vertrauen Sie meiner Tatkraft. Ich werde Europa durch die Wucht und die Schnelligkeit meiner Schläge überraschen.«

Er gab dann einige Befehle für Italien und die Rheingrenze. Er befahl Eugène, in Mailand zu bleiben; dem Marschall Jourdan, militärischen Ratgeber des Vizekönigs, die Festungen zu versorgen, die Feldartillerie zu vereinigen, Zugpferde zu kaufen und Belagerungsparks zu bilden. Die Truppen, die bei Marengo und Castiglione paradiert hatten, ließ er der Etsch näher rücken. Er hatte seit einiger Zeit in der Umgebung von Pescara eine Reservedivision gebildet, um den General

Saint-Cyr im Notfall zu unterstützen. Er befahl diesem General, auf seiner Hut zu sein und sobald er die geringste Unternehmung der Russen oder Engländer gegen irgendeinen Punkt von Kalabrien erfahre, von Tarent nach Neapel zu ziehen, den Hof über das Meer zu jagen und sich des Königreichs zu bemächtigen.

Die schwere Reiterei und die Regimenter, die an der Expedition nach England nicht teilnehmen sollten, wurden an den Rhein geschickt. Nach Metz, Straßburg und Mainz ergingen Befehle, die Feldartillerie auf Kriegsfuß einzurichten.

Napoleon gab endlich auch Talleyrand seine letzten Befehle bezüglich der italienischen Angelegenheiten. Bei jeder neuen Nachricht über die Rüstungen Österreichs sollte er an den Wiener Hof schreiben, ihn seiner Heuchelei überführen, mit der Hinweisung auf die Folgen eines solchen Benehmens schrecken. Dieses Mal war Österreich der Untergang gedroht, wenn es die Expedition nach England unterbrach. Mit Preußen unterhandelte man seit längerer Zeit über Hannover. Man mußte diese Gelegenheit benutzen, um ihm Hoffnungen auf diese kostbare Erwerbung zu machen und seinen Ehrgeiz zu erwecken. Um es zu verlocken, wurde ihm Hannover sofort angeboten unter der Bedingung eines offenen Bündnisses mit Frankreich. Mit einem solchen Bündnis konnte Frankreich Österreich erschrecken und für viele Jahre unbeweglich machen. Jedenfalls aber glaubte der Kaiser seine Angelegenheiten durch die Landung in England besser zu fördern als durch die geschicktesten Unterhandlungen.

Die Zeit drängte; an den Küsten des Ozeans war alles bereit, und Villeneuve konnte in jedem Augenblicke vor Ferrol, Brest und im Kanal erscheinen.

So begab sich denn Napoleon mit dem Marschall Berthier nach Boulogne und erteilte dem Admiral Decrès den Befehl, sofort dort einzutreffen. Er erreichte Boulogne am 3. August unter dem lauten Freudengeschrei einer Armee, die sich nach und nach zu langweilen anfing, daß sie seit zweieinhalb Jahren dieselben Übungen wiederholen mußte, und fest glaubte, daß Napoleon sich dieses Mal an ihre Spitze stellen werde, um nach England zu segeln.

Gleich am folgenden Tage versammelte er die ganze Infanterie am Strande. Sie nahm mehr als 15 Kilometer ein und bildete eine Masse von mehr als 100 000 Menschen.

Seit Napoleon befehligte, hatte er nichts Schöneres gesehen. Am Abend schrieb er dem Admiral Decrès die bezeichnenden Worte: »Die

Engländer wissen nicht, was über ihren Häuptern schwebt. Wenn wir zwölf Stunden lang der Überfahrt sicher sind, hat England gelebt.«

Er hatte jetzt in den vier Häfen westlich vom Kap Grisnez und unter dem Winde von Boulogne alle die Truppenkorps vereinigt, die sich auf der Flottille einschiffen sollten. Dieser zwei Jahre alte Wunsch war endlich in Erfüllung gegangen, dank auch einem glänzenden Gefecht, das die batavische Flottille unter dem Befehl des Admiral Verhuel bei Kap Grisnez gegen ein ganzes englisches Geschwader bestanden hatte.

Dieses Gefecht, das am 18. Juli, also kurz vor der Ankunft Napoleons, stattfand, war das bedeutendste, das die Flottille gegen die Engländer zu bestehen hatte. Mehrere Divisionen holländischer Truppen trafen bei Kap Grisnez auf 45 englische Segel, Linienschiffe, Fregatten, Korvetten und Briggs, und bekämpften sie mit seltener Kaltblütigkeit und einem vollständigen Erfolg. Das Zusammentreffen war gefährlich, weil die englischen Schiffe bei der großen Wassertiefe die schwachen französischen Fahrzeuge ganz in der Nähe bedrängen konnten. Trotz diesem Vorteil des Feindes hielten die holländischen Schaluppen ihren mächtigen Gegnern stand. Die Strandartillerie kam herbei, die Flotte von Boulogne lief zur Unterstützung aus, und Admiral Verhuel segelte unter einem Regen von Kugeln in halber Kanonenschußweite an dem englischen Geschwader vorüber, ohne ein einziges Schiff zu verlieren.

Napoleon hatte seine ganze Armee in Bereitschaft. In zwei Stunden konnten Menschen und Pferde eingeschifft und in vierundzwanzig Stunden nach Dover hinübergesetzt werden. Das Material befand sich schon seit langer Zeit an Bord der Schiffe.

Die auf diesem Punkt vereinigte Armee bestand jetzt aus 132 000 Streitern und 15 000 Pferden, ohne das Korps des Generals Marmont im Texel, das aus 24 000 Mann bestand, und ohne die 4000 Mann in Brest, die auf dem Geschwader Ganteaumes segeln sollten. Die 132 000 Mann waren in sechs Armeekorps geteilt. Die Vorhut, von Lannes befehligt und 14 000 Mann stark, aus der Division Gazan und den Arrasschen Grenadieren bestehend, sollte sich in Wiwereux einschiffen. Diese zehn Grenadierbataillone, die das schönste Fußvolk der Welt bildeten, waren zu der Ehre berufen, die englische Küste zuerst zu betreten. Dann kam das Haupttreffen, in rechten Flügel, linken Flügel und Zentrum geteilt. Der rechte Flügel unter Davout war 26 000 Mann stark und bestand aus jenen tapferen Divisionen Morand, Friant und Gudin, die sich später bei Jena und in so vielen anderen Schlachten unsterblich machten. Sie sollten sich in Ambleteuse auf der holländischen Flottille einschiffen. Das Zentrum unter Marschall Soult, 40 000 Mann in vier Divisionen unter dem Befehl von Vandamme, Legrand und Saint-Hilaire war für die vier vor Boulogne vereinigten Geschwader bestimmt. Der linke Flügel endlich wurde vom unerschrokkenen Ney befehligt. Er zählte 22 000 Mann in drei Divisionen, unter denen die Division Dupont zu erwähnen ist, die sich bei der Brücke von Halle und bei Friedland mit Ruhm bedeckte. Dieses Korps sollte von Etaples auf zwei Geschwadern der Flottille abfahren. Eine 3000 Mann starke Elitedivision der Garde, die sich noch auf dem Marsch befand, sollte sich in Boulogne mit dem Zentrum vereinigen.

Die sechste Unterabteilung der Großen Armee war zur Reserve bestimmt. Ihr Führer war Prinz Louis, der Bruder des Kaisers. Sie umfaßte die Dragoner und Jäger zu Fuß, unter den Generalen Klein und Margaron, die schwere Reiterei unter Nansouty und eine italienische Division, die in ihrer Haltung den schönsten französischen Truppen gleichkam. Napoleon hatte gesagt, er wolle den Briten etwas zeigen, was sie seit Cäsars Zeiten nicht gesehen hätten, nämlich Italiener auf ihrer Insel, und die Italiener werde er lehren, sich selbst zu achten und sich so gut zu schlagen wie die Franzosen. Diese Reserve, die aus 27 000 Mann bestand und hinter allen Lagern aufgestellt war, sollte das Ufer besetzen, sobald die anderen fünf Armeekorps abgesegelt wären. Da man annähme, daß die Schlachtflotte die Überfahrt für einige Tage frei erhalten werde, so sollte die Transportflottille sich auf einige Stunden von der Kriegsflotte trennen, um diese Reserve und die zweite Hälfte der Pferde aufzunehmen; denn die Flottille konnte von den 15 000 Pferden nur 8000 auf einmal einschiffen; ein zweiter Transport würde die anderen 7000 hinübergebracht haben.

Die 132 000 Mann der Armee setzten sich zusammen aus 100 000 Mann Infanterie, 7000 Mann berittener und 12 000 Mann unberittener Kavallerie, 13 000 Mann Artillerie.

Mit dieser gewaltigen Masse von Streitern erwartete Napoleon das Geschwader des Admirals Villeneuve. Aber dieser kam nicht.

IV.

Die vereinigte französisch-spanische Flotte hatte bei Ferrol einen Kampf bestanden, der für sie durchaus ehrenvoll verlaufen war, obgleich zwei spanische Schlachtschiffe verlorengegangen waren. Als Napoleon, der von Villeneuve eine recht geringe Meinung hatte, Kunde von der Schlacht bei Ferrol und von dem Einlaufen in Coruña erhielt, war er doch mit dem Gesamtergebnis zufrieden und ließ in die Zeitungen den Bericht über die Seeschlacht einrücken, wobei Villeneuve und die beiden Flotten sehr gelobt wurden. Der Verlust der beiden Linienschiffe erschien dem Kaiser nur als ein durch den Nebel herbeigeführter Unfall, der ohne Zweifel bedauernswürdig, aber im Vergleich zu dem erlangten Resultat von keinem Gewicht sei.

Er zweifelte nicht mehr, daß Villeneuve vor Brest zu suchen sein werde. Ganteaume war in Bertheaume, d.h. außerhalb der inneren Reede im Angesicht des offenen Meeres, unterstützt durch 150 Feuerschlünde, die auf der Küste in Batterien aufgefahren waren. Es mußte sehr unglücklich kommen, wenn Ganteaume nicht an der Schlacht teilnehmen konnte, wenn die Franzosen mit ihren 50 Linienschiffen nicht die Feinde schlugen und mit 30 bis 40 Schlachtschiffen – den Verlust zu 10 bis 20 angenommen – in den Kanal einliefen.

Vom 15. bis zum 20. August stieg die Ungeduld Napoleons aufs höchste. Auf den höchsten Punkten der Küste waren Signale aufgestellt, um ihn sofort zu benachrichtigen, wenn die französische Flotte am Horizont erschiene. Stets einen Kurier erwartend, der von Paris oder von den Häfen einträfe, gab er in jedem Augenblick neue Befehle, um die Unfälle gutzumachen, die seine Entwürfe durchkreuzen könnten. Da Talleyrand berichtete, daß die Rüstungen Österreichs mit jedem Tage bedeutsamer und bedrohlicher würden, daß aber Preußen, durch die Hoffnung auf den Besitz von Hannover bestimmt, bereit zu sein scheine, mit Frankreich ein Bündnis einzugehen, so berief Napoleon unverzüglich Duroc und übergab ihm ein Schreiben an den König sowie die nötigen Vollmachten, um einen Vertrag zu unterzeichnen. »Reisen Sie auf der Stelle ab, begeben Sie sich nach Berlin, ohne Paris zu berühren«, sagte er ihm, »und bestimmen Sie Preußen, ein Bündnis mit uns zu unterzeichnen. Ich gebe ihm Hannover, aber unter der Bedingung, daß es sich sofort entschließt. Das Geschenk, das ich ihm mache, verlohnt der Mühe. Nach Verlauf von vierzehn Tagen ist von einem solchen Anerbieten keine Rede mehr. Gegenwärtig habe ich das Bedürfnis, gegen Österreich gedeckt zu werden, während ich mich einschiffe. Um von Preußen diesen Dienst zu erhalten, bewillige ich ihm ein großes Land, das seine Armee um 40000 Mann vermehrt. Wenn ich aber später gezwungen werde, die Ufer des Ozeans zu verlassen, um mich gegen den Kontinent zu wenden, wenn ich meine Feldlager aufhebe, meine Entwürfe gegen England vertage, dann brauche ich niemand mehr, um Österreich zur Vernunft zu bringen, und bezahle einen unnütz gewordenen Dienst nicht so teuer.« Napoleon verlangte mithin, daß Preußen sofort Truppenbewegungen nach Böhmen hin mache. Die Angelegenheiten Hollands, der Schweiz und Italiens sollten vom Vertrag ausgeschlossen bleiben. Napoleon trat Hannover ab und wollte, daß Preußen sich ohne irgendeine andere Bedingung mit ihm einigte.

Der oben erwähnte Brief an den König von Preußen lautete:

Lager bei Boulogne, den 23. August 1805.

Mein Herr Bruder, ich entsende den General Duroc zu Eurer Majestät. Er ist von mir mit Vollmachten versehen, um mit dem von Eurer Majestät zu bezeichnenden Bevollmächtigten den zwischen unseren Gesandten vereinbarten Vertrag zu unterzeichnen. Alle neuen Bande, die unsere Staaten enger miteinander verbinden, werden mir eine Freude sein. Wir haben dieselben Feinde. Die Erwerbung Hannovers ist für Eure Majestät eine geographische Notwendigkeit, zumal da das Gebiet von Europa unter so große Mächte verteilt ist. Die Teilung Polens hat eine große Veränderung herbeigeführt: sie hat Schweden zunichte gemacht und aus Rußland eine europäische Macht geschaffen, die kein Gegengewicht mehr findet; Konstantinopel und Ispahan können als solches nicht mehr gelten. Österreich verdoppelt seine Vorbereitungen zum Kriege; der Kurfürst von Bayern ist darob sehr beunruhigt. Eure Majestät dürfen keinen Tag mehr verlieren, um eine Truppenansammlung in der Richtung auf Böhmen anzuordnen.

Ich habe den Auftrag gegeben, Eurer Majestät alles mitzuteilen, was ich Österreich habe sagen lassen; wenn es nicht seine Truppen in ihre Garnisonen und Friedensquartiere zurückschickt, bin ich entschlossen, selber mit mehr als 100000 Mann in Bayern einzumarschieren. Man wird sich also wieder schlagen müssen. Gott, mein Gewissen, Eure Majestät und ganz Europa werden mir bezeugen, daß ich angegriffen worden bin; denn ich werde an meinen Grenzen bedroht, während alle meine Truppen eingeschifft sind oder an den Küsten stehen. Das Haus Österreich ist nicht imstande, mir die Spitze zu bieten. Es will nicht sehen. Alles Elend des Krieges wird über sein Haupt kommen. Ich habe von diesem Kampfe nichts zu fürchten – wohl verstanden: mit dem Beistand Gottes, von dem alles abhängt.

Mein Herr Bruder, ein neues Schauspiel bietet sich den Blicken Europas. Die Ruhe der Welt und das Glück unserer Staaten erfordern, daß wir uns verständigen und einträchtig vorgehen. Ich hoffe, daß Eure Majestät so wenig wie ich abtrünnig werden und daß unsere Staaten und die der Fürsten, die gemeinsame Sache mit uns machen werden, ihren alten Glanz behalten.

Ich habe das Haus Österreich zu sehr geschont; es ist noch zu mächtig, als daß es Europa in Ruhe und die Freiheit Deutschlands unangetastet lassen könnte. Bleibt Österreich unter den Waffen, so steht der Krieg unmittelbar bevor.

Alle Gelegenheiten, Ihnen Beweise meiner Achtung und Freundschaft zu geben, werden für mich Augenblicke des Glücks sein.

Napoleon.

Man kann nach diesem raschen und ernstgemeinten Schritte beurteilen, wie hohen Wert Napoleon in jenem Augenblick darauf legte, seine Entwürfe frei ausführen zu können. An demselben Tage, an dem er Duroc diese Instruktionen gab, traf in Boulogne der Kurier ein, der von Ferrol abgegangen war, während Villeneuve absegelte, und der eine Depesche des Generals Lauriston an den Kaiser sowie einen Brief Villeneuves an den Marineminister Decrès brachte.

Hocherfreut über die Worte Lauristons: »Wir segeln nach Brest«, diktierte Napoleon sogleich zwei Briefe an seine beiden Admirale.

An Ganteaume schrieb er:

»Ich habe Ihnen bereits durch den Telegraphen meine Absicht zu erkennen gegeben, die dahin geht, daß Sie Villeneuve nicht einen einzigen Tag verlieren lassen dürfen, damit Sie, die große Überlegenheit benutzend, die Ihnen 50 Linienschiffe geben, auf der Stelle in See stechen können, um Ihre Bestimmung zu erfüllen und mit allen Ihren Streitkräften im Kanal zu erscheinen. Ich zähle bei einer so wichtigen Gelegenheit auf Ihre Talente, Ihre Festigkeit, Ihren Charakter. Segeln Sie ab und kommen Sie hierher. Wir werden sechs Jahrhunderte der Schmach rächen. Niemals haben meine Soldaten für einen größeren Zweck ihr Leben eingesetzt!«

An Villeneuve schrieb er:

»Herr Vizeadmiral, ich hoffe, daß Sie in Brest angekommen sind. Segeln Sie ab, verlieren Sie keinen Augenblick, mit meinen vereinigten Geschwadern in den Kanal zu laufen. England gehört uns! Wir sind ganz bereit, alles ist eingeschifft. Beherrschen Sie den Kanal nur 24 Stunden, so ist alles zu Ende.«

Während aber Napoleon, durch die Depesche Lauristons getäuscht, diese Worte an die beiden Admirale richtete, hatte Decrès von Villeneuve ein sehr verschiedenes Schreiben empfangen, das zu einer Fahrt nach Brest wenig ermutigte. Er eilte damit zum Kaiser und machte ihn mit dem traurigen Gemütszustande bekannt, in dem sich Villeneuve befand, als er Ferrol verließ.

Napoleon teilte sich nun zwischen zwei Entwürfen und gab am 23. die nötigen Befehle, die sich auf eine doppelte Annahme gründeten. – »Mein Entschluß steht fest«, schrieb er an Talleyrand. »Meine Flotten sind am 14. August auf der Höhe des Kap Ortegal aus dem Gesichtskreise verschwunden. Wenn sie in den Kanal kommen, so ist es noch Zeit, daß ich in London den Knoten aller Koalitionen durchhaue. Wenn dagegen meine Admirale Charakterschwäche zeigen oder schlecht manövrieren, so hebe ich mein Lager am Ozean auf, falle mit 200 000 Mann in Deutschland ein und halte nicht eher an, bis ich Wien genommen, die Österreicher aus Italien, die Bourbons aus Neapel vertrieben habe. Die Österreicher und Russen werde ich schlagen, ehe sie sich vereinigen können. Ist der Kontinent beruhigt, so kehre ich nach dem Ozean zurück, um abermals an dem Frieden zur See zu arbeiten.«

Unaufhörlich befand sich der Kaiser am Ufer des Meeres, am Horizont nach irgendeiner unerwarteten Erscheinung suchend. Seeoffiziere, mit Fernrohren auf den verschiedenen Küstenpunkten aufgestellt, hatten den Auftrag, alles zu beobachten und über jeden Vorfall zu berichten. Auf diese Weise brachte er drei Tage in einer jener ungewissen Lagen zu, die für glühende und starke Seelen am widerwärtigsten sind. Endlich erklärte ihm der Admiral Decrès, in Berücksichtigung der verflossenen Zeit, der herrschenden Winde und der Stimmung Villeneuves sei er überzeugt, daß die Flotten nach Cadix gesegelt seien.

Mit tiefem Schmerze, in den sich heftige Zornausbrüche mischten, entsagte Napoleon endlich seiner Hoffnung, seine Flotte im Kanal erscheinen zu sehen. Plötzlich beruhigte er sich wieder und diktierte mehrere Stunden lang den Plan des Feldzugs von 1805. Statt England direkt anzugreifen, wollte er es auf dem Kontinent bekämpfen.

V.

Die Vereinigung der Republik Genua mit Frankreich trieb Österreich zum Kriege. Sie rief eine furchtbare Koalition hervor, und zwar in einem Augenblicke, wo man auf dem Festlande gänzlicher Ruhe bedurfte, um gegen England mit voller Freiheit verfahren zu können. Allerdings sah Napoleon die Folgen der Einverleibung Genuas nicht voraus; sein Irrtum bestand darin, daß er Österreich zu gering einschätzte. Und diese Einverleibung war doch im Grunde ein glückliches Ereignis. Gewiß wäre der Admiral Villeneuve fähig gewesen, in den Kanal zu segeln und vor Boulogne zu erscheinen, so müßte man die Störung, die in der Ausführung des großartigsten aller Pläne stattfand, für ewige Zeiten bedauern; aber da der Admiral nicht eintraf, so würde sich Napoleon in der größten Verlegenheit befunden haben, da er sich abermals zur Untätigkeit verurteilt sah, wenn er nicht so tollkühn war, ohne den Schutz einer Flotte über den Kanal zu setzen. Diese Expedition, die so häufig angekündigt und dreimal hintereinander mißlungen war, hätte ihn lächerlich gemacht und England gegenüber als ohnmächtig erscheinen lassen.

Indem die europäische Koalition ihm ein Schlachtfeld lieferte, das ihm fehlte, zog sie ihn ganz zur rechten Zeit aus einer unbestimmten und unangenehmen Lage.

Nachdem Napoleon den Schmerz, daß die Expedition von Boulogne gescheitert war, einmal überwunden hatte, überließ er sich ganz seinem neuen Plane eines Kontinentalkrieges. Nie hatte er über größere Hilfsquellen verfügt, nie ein weiteres Feld für seine Operationen gehabt.

Diejenigen seiner Waffengefährten, welche ihre Eifersucht oder ihr Ruf unbequem machte, hatten sich selbst durch ein unkluges und verbrecherisches Betragen von dem Wettkampfe ausgeschlossen. Er hatte jetzt nur noch Feldherren, die sich seinem Willen unterwarfen und in hohem Grade die Eigenschaften besaßen, die zur Ausführung seiner Pläne nötig waren. Sein Heer, einer langen Untätigkeit müde, nach Ruhm und Kämpfen begierig, durch zehnjährigen Krieg und durch ein dreijähriges Lagerleben gebildet, war zu den schwierigsten Unternehmungen und den kühnsten Märschen geeignet. Ganz Europa war seinen Kombinationen geöffnet. Die Lage, die Mittel, alles war groß. Befand man sich aber einerseits in der Lage, plötzlichen und ernsten Gefahren begegnen zu können, so war auf der andern Seite auch die Schwierigkeit keine geringe. Dieses Heer, so herrlich ausgebildet, daß man sagen kann, es habe nie seinesgleichen gegeben, befand sich am Ufer des Ozeans, weit entfernt von der Donau, vom Rhein, von den Alpen, weshalb auch die Mächte der Vereinigung desselben ruhig zugesehen hatten, und man mußte es plötzlich in die Mitte des Festlandes versetzen. Das war das zu lösende Problem.

Obgleich Napoleon den Krieg nicht so nahe geglaubt hatte, wie er wirklich war, so kannte er doch den Plan und die Vorbereitungen dazu vollkommen. Schweden rüstete in Stralsund und in Pommern, Rußland in Reval und im Meerbusen von Finnland. Man sprach von zwei großen russischen Heeren, die sich in Polen und Galizien versammeln würden, um Preußen zum Anschluß an den Bund zu bestimmen und Österreich zu unterstützen.

Man argwöhnte jetzt nicht nur, sondern wußte mit Bestimmtheit die Bildung von zwei österreichischen Heeren; eins von 80 000 Mann in Bayern, eins von 100 000 Mann in Italien, beide durch ein Korps von 25–30 000 Mann in Tirol in Verbindung gesetzt. Die Anhäufung russischer Truppen in Korfu, englischer auf Malta, die Symptome von Bewegung am Hofe von Neapel ließen keinen Zweifel mehr, daß ein Angriff auf den Süden von Italien drohe.

Also bereiteten sich vier Angriffe vor: der erste nördlich von Pommern aus gegen Hannover und Holland, den die Schweden, Russen und Engländer übernommen hatten; der zweite östlich im Tal der Donau, von den Russen und Österreichern auszuführen; der dritte in der Lombardei, den Österreichern allein vorbehalten; der vierte im Süden von Italien, der etwas später durch die Russen, Engländer und Neapolitaner geschehen sollte.

Napoleon hatte diesen Plan ebenso gut aufgefaßt, wie wenn er den militärischen Konferenzen des Herrn von Wintzingerode in Wien beigewohnt hätte. Es gab für ihn, wie für seine Feinde, nur eine Ungewißheit: ob nämlich Preußen der Koalition sich anschließen werde. Napoleon glaubte es nicht. Die verbündeten Mächte hofften zum Ziel zu gelangen, indem sie den König Friedrich Wilhelm einschüchterten. In diesem Falle würde der Angriff von Norden her, der sonst nur ein unerheblicher Nebenversuch war, das Reich von Köln bis zur Rheinmündung ernstlich bedroht haben. Dies war indessen wenig wahrscheinlich, und Napoleon betrachtete nur die beiden Angriffe als ernstlich, die in Bayern und in der Lombardei sich vorbereiteten, während er gegen die in Pommern und Neapel stattfindenden Unternehmungen Vorsichtsmaßregeln für genügend erachtete.

Er beschloß, die Hauptmasse seiner Streitkräfte in das Donautal zu werfen und dort Hauptschläge zu führen, die zugleich die Nebenangriffe seiner Feinde niederschmettern sollten. Sein Plan beruhte auf einer Tatsache: der weiten Entfernung der Russen, die jene der Gefahr aussetzte, zu spät zu kommen. Er glaubte, daß die Österreicher in Bayern einfallen und die berühmte Stellung von Ulm besetzen würden, wodurch sie sich von den Russen noch mehr trennen mußten. Wenn er die Österreicher vor der Ankunft der Russen schlug, so wollte er sich dann auf die Russen werfen, die nunmehr der Unterstützung des österreichischen Hauptheeres beraubt waren, er wollte also die in der Theorie sehr leichte, in der Praxis sehr schwere Taktik ausführen, seine Feinde einzeln zu schlagen.

Um zu gelingen, bedingte dieser Plan eine ganz eigentümliche Weise, sich auf den Schauplatz der Operation, d.h. in das Donautal zu verfügen. Wenn Napoleon nach Moreaus Beispiel den Rhein hinaufging und ihn zwischen Straßburg und Schaffhausen überschritt, wenn er dann durch die Engpässe des Schwarzwaldes zog, zwischen der Schwäbischen Alb und dem Bodensee sich entwickelte und auf diese Weise die hinter der Iller zwischen Ulm und Memmingen stehenden Österreicher von vorn angriff, so erreichte er seinen Zweck nicht vollkommen. Selbst wenn er die Österreicher schlug, was bei der Trefflichkeit seiner im Lager von Boulogne gebildeten Armee sicherer denn je war, so trieb er sie den Russen entgegen und führte dann selbst ihre Verbindung mit den nordischen Verbündeten herbei. Er mußte die Österreicher umgehen, wie bei Marengo und noch vollständiger als dort, mußte sie umzingeln und sie alle als Gefangene nach Frankreich schicken. Dann konnte er sich auf die Russen werfen, die nur noch von den russischen Reserven unterstützt wurden.

Die Stellung des Marschalls Bernadotte, der von Hannover kam, und des Marschalls Marmont, der von Holland heranzog, war ein Vorteil, denn der eine brauchte nur 17 Tage, der andere 14–15, um nach Würzburg in die Flanke der feindlichen Armee zu gelangen. Der Marsch der von Boulogne kommenden Truppen erforderte ungefähr 24 Tage und mußte die Aufmerksamkeit der Österreicher auf die gewöhnlichen Ausgänge des Schwarzwaldes gefesselt erhalten.

In einem Zeitraume von 24 Tagen, d.h. gegen den 25. September, konnte Napoleon auf dem entscheidenden Punkte stehen. Wenn er seinen Entschluß auf der Stelle faßte, seine Bewegungen durch seinen Aufenthalt in Boulogne so lange als möglich verheimlichte, falsche

Gerüchte ausstreute und seine Absichten verheimlichte, so konnte er im Rücken der Österreicher über die Donau gehen, ehe sie seine Gegenwart nur ahnten. Gelang ihm dies, so war er vom Oktober an der ersten feindlichen Armee entledigt, zog im November auf Wien zu und traf in der Umgebung der österreichischen Hauptstadt auf die Russen, die er nie gesehen hatte, von denen er wußte, daß sie tüchtige Fußsoldaten, aber nicht unbesiegbar seien, denn Moreau und Masséna hatten sie bereits geschlagen, und er hoffte sicher, sie noch empfindlicher zu treffen.

Was den im Norden in so weiter Entfernung vorbereiteten Angriff betraf, so beschränkte sich Napoleon zu dessen Abwehr darauf, die in Berlin über das Königreich Hannover angeknüpften Unterhandlungen fortzusetzen. Er hatte allerdings Preußen dieses Königreich als Preis seines Bündnisses anbieten lassen; da er aber von einem so zaghaften Hofe kein formelles Bündnis zu erlangen hoffen durfte, so machte er demselben den Vorschlag, Hannover, wenn auch nicht als Geschenk, doch als Depot anzunehmen. Jedenfalls war Preußen verpflichtet, feindliche Truppen daraus zu entfernen, und seine Neutralität reichte daher hin, den Norden des Reiches zu decken.

Dies war der von Napoleon entworfene Plan. Indem er seine Armeekorps durch einen raschen und unvorhergesehenen Marsch von Hannover, Holland und Flandern in den Mittelpunkt von Deutschland versetzte, unterhalb Ulm über die Donau ging, die Österreicher von den Russen trennte, die ersteren umzingelte, die letzteren niederwarf, dann in dem Donautal bis Wien vordrang und Masséna durch diese Bewegung in Italien Luft verschaffte, schlug er die beiden gegen sein Reich gerichteten Hauptangriffe in kurzer Zeit zurück. Seine siegreichen Heere standen vereinigt unter den Mauern von Wien, und es war nichts mehr zu fürchten als ein Angriff im Süden von Italien und ein zweiter im Norden von Deutschland, der durch die preußische Neutralität von allen Seiten eingeengt wurde.

Um die Österreicher so lange wie möglich in Ungewißheit zu lassen, empfahl Napoleon Talleyrand, das dem Kabinett von Wien bestimmte Manifest noch aufzuschieben und vorläufig eine definitive Erklärung zu verlangen. Es waren neue Lügen zu erwarten, mit der Enthüllung dieser Doppelzüngigkeit hatte es Zeit bis zum Augenblick der ersten Feindseligkeit. General Thiard, der nach der Rückkehr der Emigranten in französische Dienste getreten war, erhielt den Auftrag, nach Karlsruhe zu gehen und mit dem Großherzog von Baden ein Bündnis zu schließen. Denselben Antrag richtete Napoleon an Württemberg, indem er anführte, daß die Rüstungen Österreichs den Krieg bezweckten, aber sorgfältig verschwieg, daß er entschlossen sei, den Kampf sofort aufzunehmen. In das Geheimnis seiner Pläne wurde nur der Kurfürst von Bayern eingeweiht. Dieser unglückliche Herrscher wußte nicht, wem er sich anschließen sollte, und schwankte zwischen dem feindlichen Österreich und dem befreundeten Frankreich, weil das eine nahe, das andere entfernt war, und weil er sich erinnerte, daß er im Kriege durch beide stets gelitten hatte und im Frieden stets vergessen worden war. Er sah wohl ein, daß er sich durch den Anschluß an Frankreich eine Gebietsvergrößerung verschaffen könne, wußte aber noch nichts von dem Aufheben des Lagers von Boulogne und hielt Napoleon außerstande, seinen deutschen Verbündeten zu Hilfe kommen zu können. Er sprach mit dem französischen Minister Otto fortwährend von einem Bündnisse, schloß es aber nicht ab. Diese Sachlage änderte sich bald infolge einiger Briefe Napoleons.

Dieser schrieb dem Kurfürsten persönlich, daß er seine Pläne gegen England vertage und mit 200 000 Mann sofort nach dem Zentrum von Deutschland abmarschieren werde; es sei dies ein Staatsgeheimnis, das er seiner Ehre anvertraue. »Sie werden zur rechten Zeit Hilfe erhalten«, schrieb er, »und wir wollen das Haus Österreich schon zwingen, Ihnen Gebiete abzutreten, aus welchen sich ein bedeutender Staat bilden läßt.«

Napoleon legte großes Gewicht auf den Kurfürsten, der 25 000 Mann gut organisierter Soldaten und wohlversehene Magazine besaß. Es war ein wichtiger Vorteil, diese 25 000 Soldaten der Koalition zu entziehen und dem eignen Heere einzuverleiben. Das Geheimnis war überdies nicht in Gefahr, denn der Kurfürst hegte einen wahren Haß gegen die Österreicher und schloß sich gern an Frankreich an, wenn man ihn nur sicherstellte.

Dies alles war in den letzten Tagen des August geschehen. Aber nun beging Österreich mit einer Hast, die ihm sonst nicht eigen war, einen großen Fehler. Man konnte die Stellung von Ulm nicht besetzen, ohne die bayerische Grenze zu überschreiten. Bayern besaß ein Heer von 25 000 Mann, große Magazine, die Innlinie, und man hatte daher gute Gründe, sich rasch auf eine so reiche Beute zu stürzen. Man wollte mit Bayern verfahren, wie Rußland mit Preußen verfahren sollte: es überraschen und mit sich fortreißen. Dies war allerdings das Leichteste, mißlang aber der Plan, dann waren ernste Folgen zu befürchten.

Nachdem General Mack an den Ufern des Inns eingetroffen war, wurde Fürst Schwarzenberg nach München geschickt, um dem Kurfürsten von seiten des Kaisers die lebhaftesten Vorstellungen zu machen. Er sollte von ihm verlangen, daß er sich auf die Seite der Koalition schlage, seine Truppen mit den österreichischen verbinde, sein Gebiet, seine Magazine ausliefere, sich mit einem Worte diesem neuen Kreuzzuge gegen den gemeinsamen Feind Deutschlands anschließe. Schwarzenberg hatte die Vollmacht, Bayern im Notfall Salzburg und selbst Tirol anzubieten, vorausgesetzt, daß man Italien erobere und die Nebenzweige des kaiserlichen Hauses dahin zurückversetzen könne.

Aber die Forderung Österreichs, das Heer aufzulösen und unter die österreichischen Divisionen zu verteilen, hatte den Unwillen der bayerischen Offiziere und Generale erregt. Man hörte zu gleicher Zeit, daß die Österreicher, ohne auf die Vorstellungen des Hofes zu warten, den Inn überschritten hatten, und über diese Gebietsverletzung war die öffentliche Meinung empört.

Die Vorstellungen des französischen Gesandten gewannen daher den Kurfürsten und seinen sehr tüchtigen Minister Montgelas um so eher wieder, als sie von der öffentlichen Meinung und dem Groll des Heeres unterstützt wurden. Der Kurfürst kehrte zu Frankreich zurück. In der Unruhe, in der er sich befand, brachte man ihn zu allem, was man wollte. Man machte ihm den Vorschlag, nach Würzburg zu flüchten und seine Armee dorthin folgen zu lassen. Er nahm diesen Vorschlag an. Um Zeit zu gewinnen, ließ er Schwarzenberg sagen, er werde den bayerischen General Nogarola nach Wien schicken, der als Anhänger Österreichs bekannt war. Der Kurfürst reiste demnach mit seinem Hofe in der Nacht vom 8. zum 9. September ab und begab sich über Regensburg nach Würzburg, wo er am 12. September ankam. Die bayerischen Truppen, die in Amberg und Ulm standen, erhielten Befehl, sich um Würzburg zu konzentrieren.

So sahen Schwarzenberg und General Mack den Kurfürsten, seinen Hof und seine Armee ihnen entschlüpfen. Die Österreicher gingen in Gewaltmärschen vor, ohne die Bayern erreichen zu können, und fanden die Volksmeinung stark gegen sich. Ein Umstand reizte das Volk besonders auf. Die Österreicher hatten alle Hände voll Papiergeld, das nur in Wien und mit großem Verlust Kurs hatte. Sie zwangen die Einwohner, dieses schlechte Papier als bares Geld anzunehmen. So gesellte sich zu der Verletzung des bayerischen Nationalgefühls noch ein materieller Verlust.

General Mack begab sich nach dieser traurigen Expedition, für die er übrigens weniger verantwortlich war als der österreichische Unterhändler, nach der oberen Donau und nahm die Stellung ein, die ihm seit langer Zeit angewiesen war, den rechten Flügel in Ulm, den linken in Memmingen, die Front durch die Iller gedeckt, die bei Ulm in die Donau mündet. Die Offiziere des österreichischen Generalstabes hatten diese Stellung seit Jahren als die beste gerühmt, um den aus dem Schwarzwalde hervorbrechenden Franzosen die Spitze zu bieten. Man stützte sich mit dem einen Flügel auf Tirol, mit dem anderen auf die Donau. Man hielt sich daher von beiden Seiten für wohl gesichert; daß man im Rücken bedroht sei, daran dachte man nicht, da man sich nicht vorstellen konnte, daß die Franzosen auf einer anderen als der gewöhnlichen Straße aufmarschieren würden. General Mack hatte die Division von Vorarlberg unter General Jellachich an sich herangezogen. Er hatte 65 000 Mann unmittelbar zu seiner Verfügung, und in seinem Rücken stand General Kienmayer mit 25 000 Mann, um die Verbindung mit den Russen aufrechtzuerhalten. Das Heer zählte also 90 000 Streiter.

General Mack stand mithin gerade da, wo Napoleon ihn vermutete und haben wollte, nämlich an der oberen Donau, von den Russen durch die ganze Entfernung von Wien bis Ulm getrennt. Der Kurfürst von Bayern befand sich in Würzburg, wo er mit seinem Heere die nahe Ankunft der Franzosen erwartete.

*

Sechstes Kapitel.

Ulm. Trafalgar. Wien.

I. Kapitulation von Ulm. – II. Waffenstreckung des Mackschen Heeres. – III. Admiral Villeneuve in Cadix. – IV. Trafalgar. – V. Von München nach Wien.

I.

Napoleon, der von früher her die Unfähigkeit des österreichischen Heerführers Mack kannte, faßte den Plan, diesen zu überlisten; seine Absicht erfüllte sich sogar schneller, als er selber geglaubt hatte.

Auf die einleitenden Gefechte bei Wertingen und Günzburg folgten sofort Waffentaten von größerer Bedeutung: die Gefechte bei Albeck und Elchingen, die Einnahme der Festungen Ulm und Memmingen.

Am 13. Oktober traf Marschall Soult vor Memmingen ein und umschloß die Festung, deren Kommandant nach einigen Verhandlungen kapitulierte.

Neun Bataillone, darunter zwei Grenadierbataillone, fielen in Kriegsgefangenschaft; außerdem wurde viel Gepäck und Munition erbeutet. Sofort setzte Marschall Soult sich wieder in Marsch auf Ochsenhausen, um bei Biberach dem Erzherzog Ferdinand die einzige noch mögliche Rückzugslinie abzuschneiden.

Am 11. Oktober hatten die Österreicher einen Ausfall aus Ulm gemacht und die bei Albeck stehende Division Dupont angegriffen. Der Kampf war sehr erbittert. Von 25 000 Mann umzingelt, hielten die 6000 tapferen Franzosen nicht nur stand, sondern machten sogar 1500 Gefangene. Es waren aber auch Regimenter, die zu den besten der Armee gehörten, nämlich das 9. leichte und das 32., 69. und 76. Linienregiment.

Am 13. Oktober befahl der Kaiser den Angriff auf die feindliche

Armee. Dazu war vor allem notwendig, sich der Brücke und der Hügel bei Elchingen zu bemächtigen.

Bei Tagesanbruch des 14. überschritt Marschall Ney an der Spitze der Division Loison diese Brücke. Der Feind machte ihm mit 16 000 Mann den Besitz von Elchingen streitig, wurde aber allerorten über den Haufen geworfen, verlor 3000 Gefangene und wurde bis in seine Verschanzungen verfolgt.

Marschall Lannes besetzte die niedrigen Hügel, die die Ebene oberhalb des Dorfes Pfuhl beherrschen. Die ausgeschwärmten Schützen nahmen den Ulmer Brückenkopf; die ganze Festung geriet in furchtbare Verwirrung. In diesem Augenblick setzte Prinz Murat die Kavalleriedivisionen Klein und Beaumont in Bewegung, die an allen Punkten die feindliche Reiterei in die Flucht trieben.

An demselben Tage besetzte General Marmont die Brücken bei Unter- und Oberkirchberg an der Einmündung der Iller in die Donau und sämtliche Verbindungswege, die an die Iller führten.

Am 15. Oktober erschien der Kaiser persönlich vor der Festung Ulm. Die Korps des Prinzen Murat und der Marschälle Lannes und Ney stellten sich in Schlachtordnung, um die österreichischen Verschanzungen zu erstürmen. Das Wetter war entsetzlich; die Soldaten wateten bis an die Knie im Schlamm.

Am 18. Oktober fand die Kapitulation von Ulm statt; damit war ein Sieg errungen, der zu den schönsten in der Geschichte Frankreichs gehört! Napoleon hätte die Festung mit Sturm nehmen können; aber 30 000 Mann, die hinter Festungswällen und gefüllten Wassergräben standen, würden heftigen Widerstand geleistet haben, und der Kaiser wollte nicht unnütz Blut vergießen. Der kommandierende General der österreichischen Armee befand sich in der Stadt; es war das Schicksal der dem Kaiser gegenüberstehenden Heerführer, daß sie in ihren Hauptfestungen gefangengenommen wurden. So ging es dem alten Feldmarschall Wurmser in Mantua, so dem Marschall Melas nach Marengo in Alessandria.

Das feindliche Heer war eins der schönsten, die Österreich jemals gehabt hatte; es hatte aus 32 Regimentern Infanterie und 15 Regimentern Kavallerie bestanden. Napoleon hatte es in dieselbe Lage versetzt wie früher die Armee des Marschalls Melas. Nach langem Zögern faßte Melas den heldenhaften Entschluß, das französische Heer über den Haufen zu rennen; die Folge davon war die Schlacht bei Marengo. Mack faßte einen anderen Entschluß: Ulm ist der Kreuzungspunkt zahlreicher Landstraßen; er gedachte auf jeder dieser Straßen eine seiner Divisionen entwischen zu lassen und sie in Tirol und in Böhmen wieder zu sammeln. Der Kaiser eilte jedoch schon am 12. Oktober von Augsburg nach Ulm und machte alle diese Pläne zuschanden, indem er die Brücke und die österreichische Stellung bei Elchingen erstürmen ließ. In den nächsten Tagen fanden noch mehrere Gefechte statt; der Gesamtverlust der Österreicher in diesen Kämpfen betrug 40–50 000 Mann; sie verloren 40 Fahnen, viele Geschütze und fast ihr ganzes Gepäck. Und diese großen Erfolge wurden fast nur durch Märsche und Manöver erreicht. Die Franzosen hatten nur etwa 500 Tote und 1000 Verwundete. Die Soldaten sagten daher oft: »Der Kaiser hat eine neue Art der Kriegsführung erfunden; er braucht nicht unsere Bajonette, sondern unsere Beine.« Fünf Sechstel der Armee feuerten überhaupt keinen Schuß ab; aber alle mußten tüchtig marschieren, und sie verdoppelten gern ihre Schnelligkeit, wenn sie Hoffnung hatten, an den Feind zu gelangen.

Am 18. Oktober erreichte Prinz Murat Nördlingen, und es gelang ihm, die Division Werneck zu umzingeln, die kapitulieren mußte. Die Generalleutnants Werneck, Baillet, Hohenzollern und die Generale Vogt, Mecséry, Hohenfeld, Weber und Dinnersberg erhielten als Gefangene auf Ehrenwort die Freiheit, nach Hause zurückzukehren. Die Truppen wurden kriegsgefangen nach Frankreich geführt. Dadurch wurden 2000 Pferde frei, mit denen eine Fußdragonerbrigade beritten gemacht wurde. Der ganze Reservepark der Österreicher, bestehend aus 500 Wagen, fiel in französische Hände. Da der Rest der Kolonne des Erzherzogs Ferdinand auf seinem rechten Flügel bereits vom Prinzen Murat bei Aalen und sein linker bei Nördlingen vom Marschall Lannes überholt war, so war dessen Schicksal nicht zweifelhaft.

Napoleons nächster Zweck war erfüllt. In zwei Wochen waren die Österreicher aus Bayern verjagt worden; Frankreichs Verbündeter saß wieder auf seinem Thron. Alle stattgefundenen Gefechte waren in ihrer Art unbedeutend; aber auf den Ruhm, in einer großen Feldschlacht gesiegt zu haben, konnte der Kaiser herzlich gern verzichten.

Bei der österreichischen Armee herrschte ein geradezu entsetzliches Elend; der Soldat wurde in Papierzetteln bezahlt, deren Kurs 40% unter dem angeblichen Wert war; die französischen Krieger, denen es an nichts fehlte, nannten daher die Österreicher schadenfroh *Papiersoldaten.* Mehrere österreichische Generale versicherten dem Kaiser Napoleon, sie hätten seit Jahren kein Goldstück mehr gesehen

England machte seinem Verbündeten ein schönes Geschenk: es erließ die aus dem vorigen Kriege herrührende Schuld von 48 Millionen, die ohnehin als uneinbringlich gelten konnte. Neues Bargeld wäre dem Hause Habsburg jedenfalls lieber gewesen!

Um zwei Uhr nachmittags am 19. Oktober hatte der Kaiser eine Unterredung mit General Mack. Es wurde ein Zusatzartikel zur Kapitulation redigiert und von ihm und General Berthier unterzeichnet, laut welchem die Garnison von Ulm den Platz am anderen Tage, den 20. Oktober zu verlassen habe. Sie bestand aus 27 000 Mann, 3000 Pferden, 18 Generalen und etwa 60 bespannten Geschützen.

Die Hälfte der kaiserlichen Garde war schon nach Augsburg aufgebrochen, der Kaiser selbst blieb zurück, um die österreichische Armee vorbeidefilieren zu sehen.

Den ganzen Tag über blieb der Kaiser in Elchingen. Die Strapazen und das schlechte Wetter zwangen ihn zur Ruhe. Doch Ruhe und Leitung einer so zahlreichen Armee passen nicht zueinander. Zu jeder Tages- und Nachtzeit kamen Meldungen, die des Kaisers Befehle erheischten. Dieser war besonders von der Tätigkeit und dem Eifer des Marschalls Berthier befriedigt.

II.

Am 20. Oktober fand von zwei Uhr nachmittags bis sieben Uhr abends auf der Höhe von Ulm das Vorbeidefilieren der österreichischen Armee vor dem Kaiser statt. 30 000 Mann, darunter 2000 Reiter, 60 Geschütze und 40 Fahnen wurden den Franzosen ausgeliefert, die die Anhöhen besetzt hielten. Der Kaiser befahl die österreichischen Generale zu sich, die er mit der größten Zuvorkommenheit behandelte.

Während des Vorbeimarsches der gefangenen Truppen sagte der Kaiser zu den österreichischen Generalen: »Meine Herren, Ihr Kaiser überzieht mich mit einem ungerechten Kriege. Ich sage Ihnen offen, ich weiß nicht, warum ich mich schlage, ich weiß nicht, was man von mir will.

Diese Armee ist übrigens nicht meine einzige. Wäre sie es, so würden wir doch unseren Weg machen. Aber Ihre Gefangenen, die bald Frankreich durchschreiten werden, können Ihnen berichten, welcher Geist mein Volk beherrscht und mit welchem Eifer ein jeder zu den Fahnen eilt, wenn ich ihn rufe. Ein Wort von mir, und 200 000 Mann stehen bereitwillig unter den Waffen und werden in 6 Wochen gute

Soldaten sein. Ihre Rekruten gehorchen nur der Gewalt und werden erst nach Jahren zu brauchbaren Leuten herangebildet.

Ich will meinem Bruder, dem Kaiser von Österreich, noch einen Rat erteilen. Möge er so rasch als möglich Frieden schließen. Er soll daran denken, daß alle Reiche ein Ende haben; der Gedanke, daß das Ende des Hauses Lothringen bevorsteht, muß ihn in Schrecken versetzen. Ich suche nichts auf dem Kontinent. Ich brauche Schiffe, Kolonien, Handelsbeziehungen, und das soll Ihnen, wie mir, zum Vorteil gereichen.«

General Mack antwortete, daß der deutsche Kaiser den Krieg nicht gewollt habe, daß er aber von Rußland dazu gezwungen worden sei. »In diesem Falle«, erwiderte darauf der Kaiser, »sind Sie keine Großmacht mehr.«

Übrigens machte die Mehrzahl der Generale kein Hehl daraus, wie unangenehm ihnen der Krieg sei und mit welch peinlichen Gefühlen sie eine russische Armee Schulter an Schulter mit ihnen sähen. Sie tadelten eine Politik, die so verblendet ist, ein Volk, das gewohnt sei, in unkultivierten Ländern zu leben, ins Herz Europas hereinzulocken, wo die Lust ihm kommen könnte, zu bleiben und sich festzusetzen.

Der Kaiser tröstete die Generale über ihr Unglück, spielte auf das Kriegsglück an und sagte, daß sie, die schon so oft gesiegt hätten, nun auch einmal unterliegen könnten.

Mack mußte sich gefangen geben, weil seine 30000 Mann in den Häusern von Ulm zusammengepfercht lagen. Der fortwährende Regen hatte die ganze österreichische Armee in Unordnung gebracht. Niemand kommandierte! Erzherzog Ferdinand wollte dem Feldmarschall Mack nicht gehorchen. Napoleon ließ diesem sagen, er werde nicht Sturm laufen lassen, sondern ihn aushungern. Er besaß die Listen der österreichischen Armeebestände und zeigte sie ihm. Mack glaubte, die Russen ständen schon am Inn; der Kaiser versicherte ihm, das wäre nicht wahr, und aus diesem Grunde eben würde er sich darauf beschränken, ihn einzuschließen. Das Gefecht bei Elchingen hatte die Österreicher demoralisiert. Mack gestand dem Kaiser Napoleon, daß seine Truppen in der größten Unordnung wären.

Am 21. Oktober erließ der Kaiser aus seinem Hauptquartier Elchingen folgende Proklamation an die Armee:

»Soldaten der Großen Armee! In vierzehn Tagen haben wir unser Ziel erreicht. Wir haben die Truppen des Hauses Österreich aus Bayern verjagt und unseren Verbündeten in seine Staaten wieder eingesetzt. Die feindliche Armee, welche mit so viel Kühnheit und Unvorsichtigkeit gegen unsere Grenzen vorging, ist vernichtet. Was liegt aber England daran? Seine Absicht ist erreicht. Wir sind nicht mehr in Boulogne. Darum werden aber seine Hilfsgelder nicht größer und nicht kleiner werden.

Von den 100 000 Mann, die die Armee zählte, sind 60 000 kriegsgefangen in unseren Händen; diese werden unsere Ausgehobenen in den Feldarbeiten ersetzen. Ferner sind 200 Geschütze, der ganze Wagenpark, 90 Fahnen und alle Generale in unserer Macht, keine 15 000 Mann konnten sich retten.

Soldaten! Ich hatte euch eine große Schlacht in Aussicht gestellt, aber dank den schlechten Manövern des Feindes habe ich dieselben Erfolge erzielt, ohne die Gefahr einer Schlacht laufen zu müssen. Und was einzig in der Geschichte der Völker dasteht, ein solches Resultat schwächt unsere Streitkräfte nur um 1500 Mann, die außer Gefecht gestellt sind. Soldaten! Dieser Erfolg wurde erreicht durch eucr unbegrenztes Vertrauen zu eurem Kaiser, eure Geduld, Strapazen und Entbehrungen jeder Art zu ertragen, und eure Unerschrockenheit.

Aber da werden wir nicht stehenbleiben: ihr seid ungeduldig, den zweiten Teil des Feldzuges zu beginnen. Wir werden der russischen Armee, die das Gold Englands vom Ende der Welt uns entgegenführt, dasselbe Schicksal bereiten. In diesem Kampfe handelt es sich besonders um die Ehre der Infanterie, und es wird sich zum zweiten Male die Frage entscheiden, wie schon vorher in der Schweiz und in Holland: ist die französische Infanterie die zweite oder die erste in Europa? Ich habe keine Generale gegen mich, die zu schlagen mir zu besonderem Ruhme gereichen würde; alle meine Sorgfalt werde ich darauf verwenden, den Sieg mit möglichst wenig Blutvergießen zu erkämpfen; meine Soldaten sind meine Kinder.

Napoleon.«

Im Anschluß daran erließ der Kaiser am 21. Oktober folgendes Dekret.

»Wir Napoleon, Kaiser der Franzosen, König von Italien:

Die Große Armee hat durch Mut und Hingebung Erfolge erzielt, wie man sie erst am Ende des Feldzuges erhoffen konnte. In Anerkennung ihrer Leistungen und als Zeichen unserer kaiserlichen Zufriedenheit:

haben wir daher beschlossen und verfügen hiemit:

Artikel I. Der Monat Oktober des Jahres 1805 wird allen, die zur Großen Armee gehören, als Feldzug angerechnet.

Dieser Monat wird als solcher in die Listen behufs Festsetzung der Pensionen und militärischen Dienstleistungen eingetragen.

Artikel II. Unsere Minister des Krieges und des Schatzes werden mit der Ausführung dieses Dekrets beauftragt.

Napoleon.«

Gegen Mittag desselben Tages reiste der Kaiser nach Augsburg ab, noch unter dem Eindrucke der Gemütsverfassung in den beiden Heeren. In der französischen Armee äußerte sich Heroismus bis zum äußersten Grade, die österreichische Armee war auf der letzten Stufe der Entmutigung angelangt. Der österreichische Soldat empfing seine Löhnung in Scheinen, so daß er nichts nach Hause senden konnte; dazu wurde er sehr schlecht behandelt. Der französische Soldat hatte nur einen Gedanken: den Ruhm. Man könnte Tausende von Zügen wie diesen anführen: Ein Soldat des 76. Regiments mußte sich der Amputation des Oberschenkels unterziehen. Als der Arzt sich zur Ausführung der Operation anschickt, sagt er zu ihm: »Ich weiß, daß ich kaputtgehen werde, aber was tut's, ein Mann weniger wird die Sechsundsiebenziger nicht daran hindern, mit dem Bajonett drei feindliche Reihen zu überrennen.«

Worüber der Kaiser sich vielmehr zu beklagen hatte, war das zu große Ungestüm seiner Soldaten. So stürzte sich das 17. leichte Infanterieregiment, kaum vor Ulm eingetroffen, im Sturm auf die Festung, und während der Kapitulationsverhandlungen wollte die ganze Armee zum Sturm schreiten, und der Kaiser war gezwungen, seinen festen Willen bekanntzugeben, daß er keinen Sturmangriff wolle.

Nach der Kapitulation des Generals Werneck bei Nördlingen war Erzherzog Ferdinand auf preußisches Gebiet geflüchtet und hatte sich dann über Gunzenhausen gegen Nürnberg gewendet. Prinz Murat verfolgte, überholte ihn und lieferte ihm auf der Straße von Fürth nach Nürnberg ein Gefecht am Abend des 29. Oktober. Er bemächtigte sich des Restes seiner Artillerie und seines ganzen Gepäcks. Die kaiserlichen Jäger zu Fuß warfen alles, was sich ihnen entgegenstellte, über den Haufen und schlugen die Mackschen Kürassiere in die Flucht. Man muß den Marsch des Prinzen Murat von Albeck bis Nürnberg bewundern. Fortwährend kämpfend, wußte er doch an Schnelligkeit den Feind, der ihm zwei Tagemärsche voraus war, zu schlagen. Das Resultat dieser fieberhaften Tätigkeit war die Wegnahme von 1500 Wagen, 50 Geschützen und einer großen Anzahl von Fahnen; drei Generale wurden getötet, 18 Generale und 16000 Mann wurden gefangengenommen.

Am 24. Oktober abends 9 Uhr traf der Kaiser in München ein. Die Stadt war äußerst geschmackvoll illuminiert, viele Leute hatten die Front ihrer Häuser mit Sinnbildern geschmückt, die ihre Gefühle ausdrückten.

Der Kaiser befahl, die Befestigungen von Ulm und Memmingen zu schleifen, dagegen ließ er unverzüglich die von Ingolstadt und Augsburg herstellen und verstärken, an allen Brücken des Lech Brückenköpfe errichten und Depots auf der ganzen Rückzugslinie anlegen.

Die Generale Deroy und Wrede entfalteten die größte Tätigkeit. Letzterer stand im vorigen Kriege in österreichischen Diensten und hatte sich dort sehr ausgezeichnet. Er traf zufällig am Inn mit General Mack zusammen, der auf dem Rückweg nach Wien war. Sie hatten zusammen eine lange Unterhaltung über die Art und Weise, wie die Franzosen die bayrische Armee behandelten, die General Wrede mit folgenden Worten kritisierte:

»Wir haben es besser bei ihnen, als bei euch. Wir haben weder Hochmut noch schlechte Behandlung zu erleiden. Man schickt uns nicht stets als die ersten ins Feuer, sondern wir müssen erst darum bitten, gefahrvolle Stellungen beziehen zu dürfen, da die Franzosen solche für sich in Anspruch nehmen. Bei euch war es umgekehrt, da wurden wir überallhin befohlen, wo der schlimmste Stoß auszuhalten war.«

III.

Während derselben Tage des Monats Oktober, die für Frankreich auf ewig ruhmvoll sind, traf die französische Flotte der härteste Schlag. Fast zu derselben Stunde, da bei Ulm die gefangenen Krieger Österreichs waffenlos vor Napoleon vorüberzögen, fand an der spanischen Küste im Angesicht des Kaps Trafalgar eine furchtbare Szene der Zerstörung statt.

Als der unglückselige Villeneuve von Ferrol ausgelaufen war, hatte er nach dem Kanal segeln wollen, um zu den großen Zwecken des Kaisers mitzuwirken; aber ein unwiderstehliches Gefühl führte ihn nach Cadix zurück. Die Nachricht von der Vereinigung der Admirale Calder und Cornwallis erfüllte ihn mit einer Art von Entsetzen. In gewisser Beziehung war diese Nachricht wahr, da Nelson bei seiner Rückkehr nach England den Admiral Cornwallis vor Brest besucht hatte; aber in der Hauptsache war sie falsch, denn Nelson war vor Brest nicht geblieben, sondern nach Portsmouth gesegelt. Admiral Calder war allein nach Ferrol zurückgekehrt und dort erst nach dem Auslaufen Villeneuves erschienen. So waren die Flotten aneinander vorbeigesegelt, wie es auf dem unermeßlichen Meere so oft geschieht, und wäre Villeneuve fest geblieben, so hätte er vor Brest nur Cornwallis ohne Nelson und Calder gefunden! Er ließ sich die schönste Gelegenheit entschlüpfen.

Als Villeneuve Ferrol verließ, wagte er dem General Lauriston nicht zu sagen, daß er nach Cadix segle. Als er jedoch auf hoher See war, verhehlte er ihm nicht länger die Unruhe, die ihn bestimmte, sich vom Kanal nach dem äußersten Ende der Iberischen Halbinsel zu entfernen. Infolge der lebhaften Vorstellungen des Generals Lauriston kam er beizeiten zu dem Entschlusse zurück, nach dem Kanal zu segeln, und ließ nordöstlich steuern. Da aber ein heftiger Wind aus Nordosten länger anhielt, änderte er wieder den Kurs und beschloß, nun doch nach Cadix zu segeln, obgleich er Napoleons Zorn zu erregen fürchten mußte. Am 20. August erschien er vor Cadix, das gewöhnlich ein englisches Geschwader von geringer Stärke blockierte. Villeneuve konnte mit seinen vereinigten Flotten dieses Geschwader nehmen; aber immer von derselben Furcht verfolgt, schickte er einige Schiffe voraus, um sich zu überzeugen, ob vor Cadix nicht etwa eine feindliche Schlachtflotte liege, warnte auf diese Weise die feindlichen Kreuzer und ließ ihnen Zeit, die Flucht zu ergreifen.

Villeneuve fürchtete einen heftigen Zornesausbruch des Kaisers und brachte einige Tage in völliger Verzweiflung zu. Er täuschte sich nicht. Vor seiner Abreise nach Deutschland erteilte Napoleon dem Admiral Decrès seine letzten Befehle bezüglich der Operationen zur See. »Ihr Freund Villeneuve«, sagte er, »wird wahrscheinlich zu feige sein, um aus Cadix auszulaufen. Schicken Sie den Admiral Rosily ab, um den Oberbefehl über die Flotte zu übernehmen, falls diese noch nicht ausgelaufen ist, und befehlen Sie Villeneuve, nach Paris zurückzukommen und mir über sein Benehmen Rechenschaft zu geben.« Decrès konnte es nicht übers Herz bringen, Villeneuve mit diesem neuen Unglück bekannt zu machen, und begnügte sich damit, ihm die Abreise Rosilys anzuzeigen, ohne den Grund anzugeben.

Als Villeneuve die Briefe des Ministers erhielt, erriet er alles, was jener ihm nicht sagte. Was ihn am schmerzlichsten berührte, war der Vorwurf der Feigheit, den er aus den halben Andeutungen herauslas. Er wollte nun um jeden Preis beweisen, daß er nicht feige sei, und verwendete den Monat September und die ersten Tage des Oktobers darauf, einige Ordnung in die beiden Flotten zu bringen. Er ließ die Truppen ausschiffen, um ihnen einige Erholung zu verschaffen, und die Kranken, um sie zu heilen. Mit den ärmlichen Mitteln Spaniens besserte er seine Schiffe aus und verschaffte sich Lebensmittel auf drei Monate. Auf seinen Rat entledigte Admiral Gravina sich seiner schlechten Schiffe, indem er sie gegen bessere aus dem Arsenal von Cadix austauschte. Die spanische Flotte besaß einige schöne und große Schiffe, unter ihnen die *Santissima Trinidad* von 140 Kanonen, das größte Linienschiff Europas. Aber diese ungeheuren Kriegsmaschinen waren nur dem Scheine nach vortrefflich, in der Gefahr aber unnütz. Die Entblößung der spanischen Arsenale hatte nicht gestattet, sie mit einer angemessenen Takelung zu versehen, und die Schiffsmannschaften taugten gar nichts. Man hatte in den Häfen der Halbinsel Leute aller Art zusammengerafft, die sich in keiner Beziehung mit den alten englischen Matrosen messen konnten; die Mehrzahl der Offiziere waren nicht besser als die Matrosen.

Der Admiral bildete zwei Geschwader, das eine zur Schlacht, das andere zur Reserve. Er selbst übernahm den Befehl über das Schlachtgeschwader, das aus 21 Linienschiffen bestand, und teilte es in drei Divisionen von je 7 Linienschiffen. Unter seinem unmittelbaren Befehl stand die Division des Zentrums. Admiral Dumanoir befehligte die Nachhut; Vizeadmiral Alava das Vordertreffen. Das Reservegeschwader bestand aus 12 Linienschiffen in zwei Divisionen. Admiral Gravina war der Anführer dieser Reserve, und unter ihm befehligte Admiral Magon die zweite Division. Die vereinigte Flotte bestand aus 33 Linienschiffen, 5 Fregatten und 2 Briggs.

Villeneuve wartete nunmehr auf einen günstigen Augenblick, um Cadix auf jede Gefahr hin zu verlassen. Endlich stand er dem furchtbaren Nelson gegenüber, dessen Schreckbild ihn auf allen Meeren verfolgt und unfähig gemacht hatte, seine große Aufgabe zu erfüllen.

IV.

Nelson hatte einen Augenblick das englische Gestade berührt, das er nicht mehr wiedersehen sollte, und war dann nach Cadix gesegelt. Er befehligte eine der Flotten, die die britische Admiralität im Kanal zusammengezogen hatte. Nach Cadix führte ihn das auf dem Ozean verbreitete Gerücht, daß Villeneuve dorthin zurückgekehrt sei.

Nelson hatte beinahe dieselben Kräfte zu seiner Verfügung wie Villeneuve: 33 Linienschiffe, die aber alle durch lange Fahrten erprobt waren. Spanische Spione hatten ihn von allen Vorbereitungen Villeneuves genau unterrichtet, und er zweifelte daher nicht daran, daß es bald zum Kampfe kommen werde. Als er sich vergewissert hatte, daß der französische Admiral weder Lallemand noch Salcedo an sich gezogen hatte, nahm er keinen Anstand, vier Linienschiffe in Gibraltar zu lassen, eins dem nach England abberufenen Admiral Calder zu geben und eins nach Gibraltar zurückzuschicken, um Wasser einzunehmen. Dieser Umstand wurde in Cadix bekannt und bestärkte Villeneuve in seinem Entschluß, unter Segel zu gehen. Er hatte die Engländer auf 33 bis 34 Linienschiffe geschätzt und freute sich zu hören, daß sie nicht so stark seien. Er schätzte sie nunmehr sogar für schwächer ein, als sie wirklich waren, nämlich auf 23 bis 24 Schlachtschiffe.

Im Anfang Oktober kamen in Cadix die letzten Depeschen aus Paris an, die die Abreise des Admirals Rosily meldeten. Anfangs wurde Villeneuve wenig davon berührt. Unter dem Gewicht einer zu großen Verantwortlichkeit fast erliegend, erleichterte ihn der Gedanke, daß er unter einem Führer, der durch Alter und Dienstgrad sein Vorgesetzter war, ehrenvoll dienen und sich tapfer schlagen werde. Aber Rosily kam in Madrid an und meldete dem Admiral Villeneuve in keiner Depesche die Stellung, die ihm unter dem neuen Befehlshaber bestimmt sei. Er begann daher zu glauben, daß man ihn absetzen wolle, daß er die Gelegenheit verlieren werde, seine Ehre durch Tapferkeit im Gefecht wiederherzustellen. Um dieser Schande zu entgehen, benutzte er seine Instruktionen, die ihn ermächtigten und sogar anwiesen, den Hafen zu verlassen, wenn der Feind schwächer sei. Auf der Stelle gab er das Signal dazu. Am 19. Oktober schickte er bei einem schwachen Südostwind den Konteradmiral Magon vor die Reede hinaus. Dieser machte Jagd auf ein englisches Linienschiff und einige Fregatten und ankerte nachts außerhalb der Reede. Am folgenden Tage segelte Villeneuve selber mit der ganzen Flotte ab. Ein schwacher und veränderlicher

Wind wehte aus Osten. Die Flotte steuerte südwärts; an der Spitze segelte Admiral Gravina mit der Reserve.

Obgleich man den Feind noch nicht sah, so ließen doch die Bewegungen seiner Fregatten darauf schließen, daß er nicht fern sei. Das Linienschiff *Achille* entdeckte ihn endlich, sah und signalisierte aber nur 18 Segel. Villeneuve glaubte einen Augenblick, daß die Engländer ihm an Zahl weit unterlegen seien. Ein Hoffnungsschimmer leuchtete ihm auf; es war der letzte seines Lebens.

Am Abend befahl er, sich nach der Reihenfolge der Schnelligkeit zur Schlacht aufzustellen und auf das Schiff, das am weitesten unter dem Winde liege, eine Linie zu bilden. Auf allen Schiffen der Flotte war das Signal zum Kampf aufgezogen.

Während der Nacht sah und hörte man ununterbrochen die Signale der englischen Fregatten, die durch Lichter und Kanonenschüsse ihrem Admiral die Richtung der französischen Flotte anzeigten. Bei Tagesanbruch wehte der Wind, der noch immer schwach und veränderlich war, aus Westen; die See ging hohl; die Wellen stiegen hoch empor, aber ohne sich zu brechen; man entdeckte jetzt den Feind, in mehrere Gruppen verteilt. Er segelte der französischen Flotte entgegen und war von ihr noch fünf bis sechs Stunden entfernt.

Gegen halb acht Uhr wurde die Absicht des Feindes deutlicher. Die Gruppen des englischen Geschwaders hatten sich augenscheinlich zu zwei Kolonnen vereinigt. Dies verriet deutlich den Plan Nelsons, die französisch-spanische Flotte an zwei Stellen zu durchbrechen.

Die französische Linie war hauptsächlich deshalb schlecht, weil die Zwischenräume zwischen den einzelnen Schiffen ungleiche waren; mehrere von diesen standen hinter ihren Posten oder seitwärts davon. Villeneuve wollte diesen Fehlern abhelfen und gab Signal über Signal, erreichte aber doch nichts, obgleich alle von gutem Willen und Gehorsam beseelt waren.

Endlich, gegen 11 Uhr morgens, erreichten die englischen Kolonnen den Kampfplatz. An der Spitze segelten ihre Dreidecker, deren Nelson sieben besaß, während Villeneuve nur vier hatte, unglücklicherweise lauter Spanier. Infolgedessen waren die Engländer von gleicher Stärke, obgleich sie Villeneuves 33 Linienschiffen nur 27 entgegenstellen konnten; denn sie besaßen die gleiche Anzahl von Geschützen. Sie hatten für sich ihre Erfahrungen, ihre Gewohnheit zu siegen, einen großen Anführer und an diesem Tage sogar die Gunst des Glücks; denn der Vorteil des Windes war auf ihrer Seite.

Und so begann dann die denkwürdige Schlacht bei Trafalgar, deren Höhepunkte die Geschicke der beiden Führer bezeichnen.

Lord Nelson stand, in eine alte Uniform gekleidet, die er an Schlachttagen zu tragen pflegte, neben seinem Flaggenkapitän, dem Commodore Hardy; keinen Augenblick dachte er daran, sich der Gefahr zu entziehen. Der große Seemann stand unbeweglich auf seinem Hinterdeck und beobachtete die furchtbaren Szenen der Schlacht; da traf eine Musketenkugel, die aus dem Mastkorb des *Redoutable* kam, ihn in die linke Seite. Nelson sank sogleich in die Knie, suchte sich aber auf eine seiner Hände zu stützen. Zu seinem Flaggenkapitän sagte er:

»Hardy, mit mir ist's vorbei!« – »Nein, noch nicht!« antwortete der Kapitän. – »Doch; ich sterbe«, sagte Nelson mit schwacher Stimme.

Man brachte ihn unter Deck nach dem Verbandplatz; aber er hatte fast schon die Besinnung verloren und konnte nur noch wenige Stunden leben. Sooft er auf einige Augenblicke seine Besinnung wiederbekam, fragte er nach dem Stande der Schlacht und gab wiederholt einen guten Rat, den sein Nachfolger im Kommando zu seinem Unheil nicht befolgte. »Die Flotte muß am Abend vor Anker gehen!« sagte der sterbende Held.

So verlor der Sieger sein Leben; der Besiegte behielt es und verlor die Freiheit. Villeneuves Admiralschiff *Buzentaur* hatte zu Beginn des Kampfes von der *Victory* einige Breitseiten empfangen, die ihm viel Schaden zufügten.

Bald umringten ihn mehrere englische Linienschiffe. Einige stellten sich gegen sein Hinterdeck auf, andere gegen sein Steuerbord. So beschossen ihn 4 Linienschiffe, worunter 2 Dreidecker, von hinten und von der rechten Seite. Villeneuve, im Kugelregen ebenso fest wie im Kommando unentschlossen, stand auf seinem Hinterdeck und hoffte, daß von den vielen französischen und spanischen Schiffen, die ihn umgaben, irgendeines ihm zu Hilfe kommen werde. Er kämpfte mit der äußersten Kraft und nicht ohne einige Hoffnung. Da er zu seiner Linken keine Feinde hatte, so wollte er seine Stellung verändern, um sein Hinterdeck und die Stellen des Steuerbords, die sehr gelitten hatten, dem Feinde zu entziehen und die frischen Batterien des Backbords in das Gefecht zu bringen. Aber er konnte sich nicht bewegen, da sein Bugspriet in die Galerie der *Santissima Trinidad* verwickelt war. Er ließ dieser eine Bewegung anbefehlen, welche die Trennung der beiden Schiffe herbeigeführt haben würde. Zum Unglück konnte der Befehl nicht ausgeführt werden, da die *Santissima Trinidad* aller ihrer Masten beraubt und zur vollkommensten Untätigkeit verurteilt war.

Der *Buzentaur* blieb an seine Stellung festgenagelt und mußte ein niederschmetterndes Feuer aushalten, ohne seine Batterien links gebrauchen zu können. Er hielt indessen die Ehre der Flagge heroisch aufrecht und antwortete mit einem ebenso lebhaften Feuer. Nicht lange, so stürzten der große Mast und der Besanmast auf das Verdeck herab und riefen eine traurige Verwirrung hervor. Man zog die Flagge am Fockmast auf. In eine dichte Rauchwolke versenkt, unterschied der Admiral nicht mehr, was in der übrigen Flotte vorging. Als er bei einem augenblicklichen Aufhellen die Schiffe des Vordertreffens noch immer unbeweglich sah, befahl er ihnen durch Signale, augenblicklich heranzukommen, um am Kampfe teilzunehmen. Aufs neue in die mörderische Wolke eingehüllt, die Tod und Verwüstung ausspie, fuhr er zu kämpfen fort, obgleich er voraussah, daß er sein Admiralschiff in wenigen Augenblicken werde verlassen müssen, um seine Pflicht auf einem andern zu erfüllen. Gegen drei Uhr stürzte sein dritter Mast auf das Verdeck nieder und füllte es ganz mit Trümmern.

Der *Buzentaur* mit seiner zerrissenen rechten Seite, seinem zerstörten Hinterdeck, seinen weggeschossenen Masten war jetzt rasiert wie ein Ponton. – »Meine Rolle auf dem *Buzentaur* ist beendigt«, rief der unglückliche Villeneuve aus, »ich werde auf einem andern Schiffe versuchen, das Glück zu beschwören.« – Er wollte sich in ein Boot werfen und zum Vordertreffen eilen, um es selbst in den Kampf zu führen; aber die Boote auf dem Verdeck waren von den Masten zerschmettert, die an den Schiffsseiten befindlichen von Kugeln durchlöchert. Man rief der *Santissima Trinidad* zu, sie solle ein Boot schicken; vergebliche Anstrengung! In diesem Höllenlärm konnte keine menschliche Stimme sich verständlich machen. Der französische Admiral sah sich daher an den Leichnam seines Schiffes gefesselt, ohne daß er einen Befehl geben oder für die Rettung seiner Flotte das geringste tun konnte. Beinahe die ganze Schiffsmannschaft war kampfunfähig. Seiner Masten beraubt, von Kugeln durchlöchert und außerstande, sich seiner Batterien zu bedienen, hatte der *Buzentaur* nicht einmal die grausame Genugtuung, seinen Feinden ihre Schläge erwidern zu können. Es war 4¼ Uhr, als der Admiral, da keine Hilfe herbeikam, die Flagge strich. Eine englische Schaluppe holte ihn ab und führte ihn an Bord des Linienschiffes *Mars.* Man empfing ihn dort mit der Rücksicht, die man seinem Grade, seinem Unglücke, seiner Tapferkeit schuldete: eine schwache Entschädigung für ein so furchtbares Los. So hatte ihn denn endlich jener große Unfall getroffen, den er so lange gefürchtet hatte. Er traf ihn eben da, wo er ihn zu vermeiden hoffte, bei Cadix, und er hatte nicht einmal den Trost, daß er bei der Unterstützung eines großen Unternehmens fiel.

Um fünf Uhr hatte der Kampf fast überall ein Ende genommen. Die französische Schlachtlinie, zuerst an zwei, dann an drei und vier Punkten durchbrochen, war von einem Ende bis zum andern zerstört. Bei dem Anblick dieser Flotte, die entweder vernichtet oder auf der Flucht begriffen war, gab der Admiral Gravina das Zeichen zum Rückzuge. Außer zwei französischen Schiffen, die ihn selber in einem kritischen Augenblick der Schlacht frei gemacht hatten, und dem *Prinzen von Asturien,* auf dem er sich selbst befand, hatte er noch über 8 Linienschiffe zu verfügen. Diese letzteren hatten ihre Existenz gerettet, aber nicht ihre Ehre. Es waren mithin 11 Schiffe der Niederlage entgangen, mit den 4 des Admirals Dumanoir, die einen gesonderten Rückzug angetreten hatten, im ganzen 15. Dazu kamen noch die Fregatten, die die Flotte nicht so unterstützt hatten, wie zu erwarten gewesen war.

Siebzehn französische und spanische Linienschiffe waren von den Engländern genommen, eins in die Luft geflogen. Das vereinigte Geschwader hatte an Getöteten, Verwundeten, Ertrunkenen und Gefangenen 6–7000 Mann verloren. Nie hatte man auf den Wogen ein schrecklicheres Schauspiel gesehen.

Die Engländer hatten einen vollständigen, aber blutigen, teuer erkauften Sieg errungen. Von den 27 Linienschiffen, aus denen ihr Geschwader bestand, hatten fast alle die Masten verloren, und einige waren dienstunfähig, zum Teil für immer.

Die Engländer hatten ungefähr 3000 Mann verloren, eine große Anzahl ihrer Offiziere und den berühmten Nelson, der mehr wert war als ein ganzes Heer. Sie führten einen gefangenen Admiral mit sich fort und 17 Linienschiffe, die fast alle entmastet und dem Sinken nahe waren. Sie hatten Geschicklichkeit, Erfahrung und einen unbestreitbaren Mut gezeigt.

Gegen Ende des Tages segelte Gravina mit 11 Linienschiffen und Fregatten nach Cadix. Der Konteradmiral Dumanoir fürchtete, unterwegs auf den Feind zu treffen, und wendete sich daher nach der Meerenge.

Der Admiral Collingwood legte um seinen Anführer Trauer an, glaubte aber, den Rat des Sterbenden nicht befolgen zu müssen, und beschloß, unter Segel zu bleiben, statt zu ankern. Man sah vor sich die Küste und das verhängnisvolle Kap Trafalgar, das der Schlacht den Namen gegeben hat. Ein gefährlicher Wind begann sich zu erheben, die Nacht wurde finster, und die englischen Linienschiffe, die infolge der erlittenen Beschädigungen schwer manövrierten, mußten noch 17 Schiffe im Schlepptau führen. Bald wurde der Wind stärker, und den Schrecken einer blutigen Schlacht folgten die Schrecken eines furchtbaren Sturmes, als ob der Himmel die beiden gebildetsten Nationen der Welt, die der Herrschaft über dieselbe am würdigsten sind, für ihre Wut gegeneinander hätte bestrafen wollen.

Admiral Gravina und seine 11 Linienschiffe hatten in Cadix einen nahen und sichern Zufluchtsort. Aber Collingwood, von Gibraltar zu weit entfernt, hatte nur das weite Meer, um von den Mühen und Leiden des Sieges auszuruhen. In wenigen Augenblicken machte die Nacht Sieger und Besiegte gleich. Die Engländer mußten die Schiffe, welche sie im Schlepptau führten, loslassen und konnten diejenigen, welche sie unter ihrer Eskorte hatten, nicht bewachen.

Den Engländern blieben von ihren Prisen nur wenige. Sie hielten mit ihren am wenigsten beschädigten Schiffen im offenen Meer im Angesicht von Cadix, und widrige Winde versperrten ihnen die Rückkehr nach Gibraltar. Der englische Admiral konnte dorthin von seinen 17 Prisen nur 4 bringen, worunter ein französisches Schiff, den *Swiftsure,* und drei spanische. Auch der *Swiftsure* mußte noch in den Grund gebohrt werden.

Das war die verhängnisvolle Schlacht von Trafalgar. Unerfahrene Seeleute, noch unerfahrenere Verbündete, eine schwache Disziplin, ein vernachlässigtes Material, eine traurige Übereilung mit allen ihren Folgen; ein Anführer, der diese Nachteile zu lebhaft fühlte, auf allen Meeren von düstern Ahnungen verfolgt wurde und unter diesen Einflüssen die großen Entwürfe seines Herrschers scheitern ließ; dieser Admiral, von dem Geschick so grausam verfolgt, daß es ihm selbst den Vorteil des Windes versagte; die Hälfte der Flotte durch Unwissenheit oder die Unkunde der Elemente zur Untätigkeit gezwungen, die andere Hälfte mit Wut sich schlagend; auf der einen Seite ein berechnender und kalter Mut, auf der andern Seite eine heroische Unerfahrenheit und die edelste Aufopferung; ein furchtbares Blutbad, eine unerhörte Verwüstung; nach dem Wüten der Menschen das Wüten des Sturmes, die Trophäen des Siegers in den Abgrund versunken, endlich der siegreiche Admiral mitten in seinem Triumph von der Hand des Todes niedergeworfen und der besiegte Admiral in Gefangenschaft – das war die verhängnisvolle Schlacht von Trafalgar mit ihren Ursachen, ihren Ergebnissen, ihren tragischen Erscheinungen.

V.

Das Armeekorps Bernadottes hatte München am 26. Oktober verlassen und in Altenburg Nachtquartiere bezogen. Die Brücke über den Inn war zerstört. In Rosenheim war die dortige Brücke ebenfalls in die Luft gesprengt worden. Nach lebhafter Kanonade zog sich der Feind überall vom rechten Ufer zurück, die Brücken wurden wiederhergestellt, und am 28. Oktober konnte der Fluß von mehreren französischen und bayrischen Bataillonen passiert werden. Der Feind wurde sofort energisch verfolgt, wobei zahlreiche Nachzügler gefangengenommen wurden.

Marschall Davout hatte mit seinem Korps den Übergang des Flusses am 28. Oktober bei Mühldorf forciert. Über die dortige Brücke schickte Prinz Murat seine Kavalleriebrigade, während seine Reserve die Brücken von Ötting und Marktl wiederherstellte und passierte. Der Kaiser selbst hatte sich nach Haag begeben. Das Korps des Marschalls Soult biwakierte vorwärts von Haag, das des Marschalls Marmont bei Vilsbiburg, das des Marschalls Ney bei Landsberg und das des Marschalls Lannes auf der Straße von Landshut und Braunau. Es regnete den ganzen Tag, das Land zwischen Isar und Inn bot wenig Hilfsmittel, und die Armee war auf die Subsistenzmittel angewiesen, die von den Einwohnern Münchens mit großem Eifer geliefert wurden.

Marschall Bernadotte traf am 30. Oktober in Salzburg ein, das ein feindliches Korps von 6000 Mann tags zuvor schleunigst aufgegeben hatte. Das kaiserliche Hauptquartier war am 29. in Mühldorf.

Lannes wendete sich nach Braunau, fand dort die Brücke abgebrochen und sandte eine Abteilung in Kähnen auf das andere Ufer. Diese Truppen zeigten sich an den Toren von Braunau. Wie staunten sie, als sie diesen Platz offen fanden, der im besten Verteidigungszustande, vollständig armiert und mit beträchtlichen Hilfsmitteln versehen war. Man bemächtigte sich der Festung auf der Stelle und zog aus einer so auffallenden Tatsache den Schluß, daß der Feind sich in Unordnung zurückziehe.

Braunau konnte als einer der schönsten und für die Armee nützlichsten Plätze betrachtet werden. Es war von Bastionen mit Zugbrücken und wassergefüllten Gräben umgeben. Es besaß zahlreiche Artilleriedepots, die alle in gutem Zustande und überraschenderweise mit allem Nötigen ausgestattet waren. Es wurden 40 000 Portionen Brot, zur Verteilung bereit, vorgefunden, mehr als 1000 Säcke Mehl, 45 Geschütze mit ihren Ersatzlafetten und mehr als 40 000 Mörserkugeln und Vollgeschosse, einige hundert Zentner Pulver, eine große Menge Patronen und Bleikugeln, Tausende von Gewehren und der ganze Apparat, um eine lange Belagerung auszuhalten.

Napoleon eilte persönlich nach Braunau, um sich mit eigenen Augen von dem Werte der Festung zu überzeugen. Nachdem er sie gesehen hatte, befahl er, daß ein großer Teil der Hilfsquellen, die anfänglich für Augsburg bestimmt gewesen waren, hierher gebracht werde. Er ließ hier eine Besatzung und ernannte zum Befehlshaber seinen Adjutanten Lauriston, der von seiner Seefahrt zurückgekehrt war. Es war nicht ein einfaches Platzkommando, das er ihm übertrug, sondern seine Tätigkeit umfaßte alle Manipulationen im Rücken der Armee. Die Verwundeten, die Munition, die Vorräte, die Rekruten, die von Frankreich kamen, die Gefangenen, die man dorthin schickte, alles mußte durch Braunau gehen.

Prinz Murat nahm die Verfolgung des Feindes wieder auf. Er stieß auf der Mernbacher Straße auf die Nachhut in Stärke von 6000 Mann. Sie sehen und chargieren war für die Kavallerie das Werk eines Augenblicks. Sie wurde auf die Höhen des Ried versprengt. Die feindliche Reiterei suchte nun den Rückzug der Infanterie durch einen Hohlweg zu decken. Doch das 1. Jägerregiment und die Dragonerdivision des Generals Beaumonts rannten sie über den Haufen und warfen sich zugleich mit dem Feind in den Hohlweg. Nur die hereinbrechende Nacht rettete die feindliche Division. Es wurden 500 Gefangene gemacht.

Prinz Murat blieb dem Feinde auf den Fersen und stellte ihn am 31. Oktober vorwärts von Lambach. Als die österreichischen Generale einsahen, daß ihre Soldaten nicht mehr standhalten konnten, schickten sie acht russische Bataillone ins Gefecht, um den Rückzug ihrer Truppen zu decken. Doch sie werden zurückgeworfen, wobei 500 Gefangene gemacht werden.

Napoleon sandte Lannes über Efferding nach Linz, die Marschälle Davout und Soult auf der Straße von Ried-Lambach nach Wels. Murat ging mit seiner Reiterei immer voraus, die Garde folgte mit dem Hauptquartier. Da Napoleon indessen fürchtete, daß der Feind die Ebene von Wels zum Schlachtfelde wählen könnte, so gab er Marmont den Befehl, Bernadotte in Salzburg zu lassen und sich der Armee zu nähern, so daß er den Feinden in der Seite stand, wenn sie Stellung nehmen wollten, um eine Schlacht zu liefern.

Das erste Jägerregiment erreichte sie vor Ried, griff mutig an und warf sie zurück. Man zog auf Lambach, wo sie Verteidigungsanstalten trafen, aber nur um Zeit zur Rettung ihres Gepäcks zu gewinnen. Davout erreichte sie und hatte mit ihnen ein glänzendes Nachtrabsgefecht, entdeckte aber nirgends Vorbereitungen zu einer Schlacht. Napoleon traf in Linz am 5. November ein.

In demselben Augenblicke, als der Kaiser Linz wieder verlassen wollte, traf im Hauptquartier ein Gesandter des deutschen Kaisers ein. Es war der General Giulay, einer der bei Ulm gefangenen und später entlassenen Offiziere, der das, was Napoleon über seine friedliche Stimmung gesprochen, seinem Herrn erzählt und damit einen gewissen Eindruck gemacht hatte. Der General Giulay sprach sich nicht deutlich aus, aber es war klar, daß man Napoleon vor Wien aufhalten wollte, und doch bot man keine Garantie eines nahen und annehmbaren Friedens. Napoleon gab seine Einwilligung, mit einem hinreichend beglaubigten Bevollmächtigten, der die nötigen Opfer zugestehen dürfe, auf der Stelle über den Frieden zu unterhandeln; aber einen Waffenstillstand gewähren ohne alle Garantie, daß Frankreich eine gebührende Kriegsentschädigung bekomme, das hieß der zweiten russischen Armee Zeit geben, zu der ersten zu stoßen, und die in Italien kommandierenden Erzherzöge einladen, sich mit den Russen unter den Mauern von Wien zu vereinigen. Napoleon war nicht der Mann, einen solchen Fehler zu begehen. Er erklärte daher, daß er anderenfalls die Hauptstadt besetzen wolle. Giulay schützte die Notwendigkeit vor, daß man sich mit dem Kaiser Alexander besprechen müsse, ehe man Bedingungen feststelle, die für alle kriegführenden Mächte annehmbar seien. Napoleon antwortete, Kaiser Franz, der in Gefahr sei, hätte nicht recht, seine Entschlüsse dem Kaiser Alexander unterzuordnen, der nicht in Gefahr sei; er müsse an das Wohl seiner Monarchie denken, sich zu diesem Zwecke mit Frankreich verständigen und der französischen Armee die Sorge überlassen, die Russen nach Hause zu jagen. Napoleon hatte sich über die Bedingungen nicht ausgesprochen, die ihn zufriedenstellen könnten, aber jedermann wußte, daß er nach den venezianischen Staaten strebte. Er würde um dieser Staaten willen, die sein Königreich Italien abrundeten, nicht zum Kriege herausgefordert haben, aber da Österreich den Krieg angefangen hatte, so war es natürlich, daß er diesen rechtmäßigen Siegespreis zu haben wünschte. Er übergab Giulay einen Brief an den Kaiser Franz, in dem er sich höflich, aber doch deutlich genug über die Friedensbedingungen aussprach.

Für das bayrische Heer bot sich bei Lofer eine Gelegenheit, sich auszuzeichnen. Die Österreicher hatten jenseits Lofer ein fast unnahbares Defilee besetzt, das rechts und links von steilen Bergwänden eingeschlossen ist. Die Höhen waren von Tiroler Jägern eingenommen, denen alle Wege und Stege bekannt waren. Drei Forts machten den Zugang fast unmöglich. Trotzdem griffen die Bayern diese feste Stellung mit äußerster Hartnäckigkeit an und brachen den verzweifelten Widerstand der Österreicher, denen sie 6000 Gefangene, 2 Geschütze und die Forts abnahmen. Die Bayern verloren 12 Offiziere und 50 Soldaten, sie hatten außerdem 250 Verwundete. Der Oberkommandierende der bayrischen Armee, General Deroy, wurde durch einen Pistolenschuß verwundet. Sein Benehmen verdiente das höchste Lob.

Die Russen hatten versucht, sich auf den Höhen von Amstetten festzusetzen. Sie wurden aber von den Grenadieren Oudinots trotz hartnäckigem Widerstande daraus vertrieben und verloren 400 Tote und Verwundete sowie 1500 Gefangene. Aufgefangene Briefe melden, daß die Möbel des kaiserlichen Hofes bereits in Sicherheit gebracht werden und daß man die Franzosen in Wien in Kürze erwartet.

Nach dem Gefechte bei Amstetten beschleunigten die Russen ihren Rückzug. Sie brachen die Brücken der Ypps ab; dieselben wurden aber sofort wiederhergestellt, und Prinz Murat konnte bis zur Abtei Mölk vordringen. Marschall Mortier manövrierte mit einem Armeekorps auf dem linken Donauufer.

Am 7. November brach das Korps Davout von Steyer auf, um auf Waidhofen, Mariazell und Lilienfeld zu marschieren. Durch diese Bewegung wurde der linke Flügel des Feindes gänzlich aufgerollt, er mußte die Höhen von St. Pölten aufgeben und sich auf Wien zurückziehen.

Am 8. November stieß die Vorhut des Marschalls Davout bei Mariazell auf das Korps des Generals Merveldt, der auf Neustadt marschierte, um die Hauptstadt von dieser Seite zu decken. Der Befehlshaber der Vorhut, Brigadegeneral Heudelet, griff den Feind mit größter Entschlossenheit an, warf ihn zurück und verfolgte ihn noch fünf Meilen weit. Er nahm ihm drei Fahnen, 16 Geschütze und 4000 Gefangene ab, unter ihnen die Obersten der Regimenter Joseph Colloredo und Deutschmeister und fünf Majore.

Am 9. November frühmorgens kam Prinz Murat in St. Pölten an. Er sandte sofort den Brigadegeneral Sebastiani mit seinen Dragonern auf Wien, das der Hof und die Großen des Reiches bereits verlassen hatten.

Inzwischen besetzte General Vialannes, der die Kavallerie des Marschalls Davout befehligte, Preßburg. General Baraguey d'Hilliers vertrieb die Österreicher aus Waldmünchen und drang in Böhmen ein, und Marschall Ney operierte gegen Tirol und erledigte sich seiner Aufgabe mit seiner bekannten Entschlossenheit und Intelligenz. Er umzingelte die Forts Scharnitz und Lütasch und nahm sie mit Sturm, wobei er dem Feinde 1800 Mann, eine Fahne und 16 bespannte Feldgeschütze wegnahm.

Am 7. November 5 Uhr nachmittags hielt er seinen Einzug in Innsbruck, wo er ein wohlgefülltes Zeughaus, eine starke Artillerie, 16 000 Gewehre und ungeheure Mengen Munition vorfand. Am gleichen Tage besetzte er Hall, wo sich große, reich versehene Depots befanden. Erzherzog Johann, der in Tirol befehligte, entwischte durch das Luschtal, ließ alle Depots den Franzosen aushändigen und empfahl 1200 Kranke, die sich in Innsbruck befanden, dem Edelmut des Feindes.

Bei Übernahme des Zeughauses in Innsbruck spielte sich eine herzergreifende Szene ab. Während des letzten Feldzuges hatte das 76. Regiment in Graubünden zwei Fahnen verloren. Dieser Verlust erfüllte seit langem die Soldaten mit Trauer. Die Braven wußten, daß ihr Unglück überall bekannt war, obgleich man ihren Mut nicht anzweifeln konnte. Diese Fahnen nun, Gegenstand einer so edlen Trauer, fanden sie im Zeughaus von Innsbruck wieder. Als ein Offizier sie erkannt hatte, liefen alle Soldaten herbei und konnten ihre Tränen nicht zurückhalten, denn der französische Soldat empfindet für seine Fahne ein Gefühl von Zärtlichkeit, er verehrt sie, wie man das Geschenk der Geliebten verehren würde. Der Kaiser befahl, diese Episode durch ein Gemälde der Nachwelt zu überliefern.

General Klein machte mit seiner Dragonerdivision einen Einfall in Böhmen. Überall bemerkte er die verwüstende Hand der Russen und hörte von ihren Schandtaten. Die niederträchtige Wirtschaft dieser Barbaren, die von der Regierung selbst herbeigerufen waren, hatte in den Herzen der Österreicher sogar die Neigung für ihren Fürsten erstickt. »Wir und die Franzosen«, sagen die Deutschen, »sind Söhne der alten Römer, die Russen sind Kinder der Tartaren. Wir wollen tausendmal lieber die Franzosen gegen uns in Waffen sehen als solche Verbündete haben wie die Russen.« In Wien war der Name Russe gleichbedeutend mit Schrecken. Diese wilden Horden begnügten sich nicht damit, zu nehmen, was sie brauchten, sondern schleppten alles mit oder zerstörten, was sie nicht tragen konnten.

Die russische Armee ging über die Donau und zog sich auf Krems zurück, wahrscheinlich aus Furcht für ihre Rückzugslinie nach Mähren, die durch die Manöver des Marschalls Mortier auf dem linken Donauufer bedroht war.

Das kaiserliche Hauptquartier wurde nach der Abtei Mölk verlegt, einem der schönsten Klöster Europas. Weder in Frankreich noch in Italien gibt es etwas, was sich ihm an die Seite stellen könnte. Es befindet sich in einer befestigten Stellung, die die Donau beherrscht. Zur Römerzeit war es einer der wichtigsten befestigten Punkte und führte den Namen *das eiserne Haus.* Kaiser Commodus war der Erbauer. Die Keller der Abtei enthielten eine ungeheure Menge Fässer köstlichen Ungarweins, der der Armee, die schon lange den Wein entbehren mußte, sehr zustatten kam. Der Kaiser befahl, ganz besondere Sorgfalt auf die Bewachung des Schlosses *Lustschloß,* eines kleinen Landhauses des Kaisers von Österreich auf dem linken Ufer der Donau, zu verwenden.

Alle aufgefangenen Briefe sprachen von dem entsetzliches Chaos, das in Wien Platz gegriffen hatte. Der Krieg war gegen die Ansicht aller Prinzen der kaiserlichen Familie vom Ministerium beschlossen worden. Aber der Einfluß Colloredos, dessen Frau, eine Französin, ihrem Lande den giftigsten Haß entgegenbrachte, Cobenzls, der schon beim Namen Rußland ins Zittern geriet und der Überzeugung war, daß sich alles vor Rußland beugen muß, und schließlich dieses elenden Macks, der schon bei der Erneuerung der zweiten Koalition eine so große Rolle spielte, war stärker als der aller vernünftigen Ratgeber und aller Erzherzöge. Jeder bis auf den letzten Bürger fühlte, daß dieser Krieg nur den Engländern nützlich sein konnte, daß man sich nur für sie schlüge und daß sie das Unglück Europas herbeiführten, wie sie schon durch ihr Monopol die Teuerung sämtlicher Lebensmittel und Waren verursacht hätten.

Unterdessen hatten die Russen sich allen Versuchen, sie zu einer Schlacht auf den Anhöhen von St. Pölten zu verleiten, entzogen. Sie überschritten die Donau bei Krems und zerstörten unmittelbar darauf die dortige prächtige Brücke.

Am 11. November, während Murat auf dem rechten Ufer bis zu den Toren von Wien eilte, hatte Mortier auf dem linken Ufer Dürrenstein erreicht, einen Ort, wo sich die Ruinen des Schlosses befinden, in dem Richard Löwenherz gefangen saß. Bei diesem Punkte treten die Höhen etwas zurück und lassen zwischen ihrem Fuße und dem Flusse einen freien Raum. Die Straße durchschneidet diesen Raum, bald in denselben eingetieft, bald über ihm auf einem Damme emporragend. Als die französische Division auf dieser Straße marschierte, sah sie den Rauch von der brennenden Brücke bei Krems emporsteigen. Bald entdeckte sie die Russen und vermutete, daß sie auf dieser Brücke über den Fluß gegangen seien. Ohne sich viel Rechenschaft zu geben, was sie eigentlich vorhabe, gab sie dem Ungestüme, der die ganze Armee erfüllte, nach und dachte nur daran, vorwärts zu gehen und zu kämpfen. Mortier gab den Befehl dazu, der auf der Stelle ausgeführt wurde. Die Russen stürmten in geschlossenen Massen herein. Das Geschützfeuer wütete entsetzlich in ihren Reihen. Sie warfen sich auf die Geschütze, um sie zu nehmen. Die Infanterie des 100. und 103. Regiments verteidigte sie mit der äußersten Tapferkeit. Es entspann sich auf dieser engen Straße ein erbitterter Kampf, Mann gegen Mann. Die Franzosen stellten sich auf jeder, selbst der kleinsten Erhöhung auf und unterhielten ein Tirailleurfeuer, das nicht minder furchtbar war als jenes der Artillerie. Man schlug sich auf diesem Punkte einen halben Tag lang, und nach den zahlreichen Verwundeten zu urteilen, die man am folgenden Tage fand, erlitt der Feind starke Verluste. Mortier nahm ihm 1500 Gefangene. Endlich blieb er Herr des Terrains und glaubte ruhen zu können.

Man war kämpfend bis Stein vorgedrungen. Das 4. leichte Regiment, das auf den Höhen verteilt war, unterhielt dort ein wohlgeordnetes Tirailleurfeuer, das von Minute zu Minute heftiger wurde. Bald erfuhr man die Ursache, die man sich anfänglich kaum erklären konnte. Die Russen hatten die Höhen umgangen. Sie waren mit zwei Kolonnen, die eine Masse von 12- bis 15 000 Mann bildeten, der Division Gazan in den Rücken gelangt und in Dürrenstein eingedrungen, das diese Division am Morgen verlassen hatte. Man war mithin umringt und von der Division Dupont getrennt, die man um einen Tagemarsch rückwärts gelassen hatte. Es zeigte sich kein Teil der Donauflottille, und man hatte wenig Hoffnung, sich zu retten. Die Nacht brach an, die Lage war schrecklich, denn man durfte nicht zweifeln, daß man es mit einer ganzen Armee zu tun habe. In dieser Not, die jedermann klar war, dachte doch niemand daran, zu kapitulieren, weder Offiziere noch Soldaten. Lieber alle bis zum letzten zu sterben, als sich zu ergeben, das war der einzige Entschluß, den diese Tapfern faßten; so heroisch war der Geist, der diese Armee beseelte. Der Marschall Mortier dachte wie seine Soldaten und war gleich ihnen entschlossen, lieber zu sterben, als den Russen seinen Marschallstab zu übergeben. Er befahl daher, in geschlossener Kolonne zu marschieren und sich den Rückzug nach Dürrenstein zu bahnen, wo man die Division Dupont zu finden hoffte.

Nachdem man indessen mehrere feindliche Massen durchbrochen hatte, verzweifelte man, zum Ziel zu gelangen und eine Straße zu öffnen, die sich unaufhörlich wieder schloß. Einige Offiziere Mortiers, die kein Heil mehr sahen, machten ihm den Vorschlag, sich auf der Donau einzuschiffen und wenigstens seine eigene Person den Russen zu entziehen. – »Nein«, antwortete der tapfere Marschall, »von so tapfern Leuten trennt man sich nicht. Man rettet sich mit ihnen oder stirbt.« – Er stand mit dem Degen in der Hand an der Spitze seiner Grenadiere, als man plötzlich hinter Dürrenstein ein heftiges Feuer hörte. Auf der Stelle lebte die Hoffnung wieder auf, denn aller Wahrscheinlichkeit nach mußte es die Division Dupont sein. In der Tat hatte diese tapfere Division, die den ganzen Tag marschiert war, unterwegs die Gefahr des Marschalls Mortier erfahren und eilte zu seiner Hilfe herbei.

General Marchand ging mit dem 9. leichten Regiment und dem 96. und 32. Linienregiment vor. Einige Abteilungen folgten der großen Straße, andere stiegen die Schluchten abwärts, die sich von den Gebirgen herabsenken; hier entspann sich ein hartnäckiger Kampf.

Endlich erreichte das 9. leichte Regiment Dürrenstein, während Marschall Mortier dort von der entgegengesetzten Seite eindrang.

Der Verlust war auf beiden Seiten groß, aber der Ruhm war nicht gleich, denn 5000 Franzosen hatten mehr als 30 000 Russen Widerstand geleistet und ihre Fahnen gerettet. Soldaten, die zu sterben entschlossen sind, können stets ihre Ehre retten, häufig ihre Freiheit und ihr Leben.

Der Marschall Mortier fand in Dürrenstein die 1500 Gefangenen wieder, die er am Morgen gemacht hatte. Die Russen verloren an Toten, Verwundeten oder Gefangenen etwa 4000 Mann. Die Franzosen zählten 3000 Tote und Verwundete. Die Division Gazan hatte die Hälfte ihrer Mannschaft verloren.

Am 13. November zogen die Franzosen in die Hauptstadt ein, wo ihnen das ganze Zeughaus, alle Artilleriedepots, Kanonen, Gewehre und so ungeheure Mengen von Munition jeder Art in die Hände fielen, daß sie damit vier Feldzüge hätten durchhalten können. Frühmorgens hatte sich eine Kavallerieabteilung auf die Donaubrücke begeben und war nach verschiedenen Hin- und Herverhandlungen mit den österreichischen Generalen auf die andere Seite hinübergegangen. Feindliche Feuerwerker hatten vorher verschiedentlich versucht, die Brücke in Brand zu stecken, aber es war ihnen nicht gelungen.

Marschall Lannes und General Bertrand waren die ersten, die die Brücke passierten. Die Truppen hielten sich in Wien nicht auf. Sie durchzogen die Hauptstadt und nahmen die Verfolgung des Feindes wieder auf. Prinz Murat, der um 10 Uhr in die Stadt eingezogen war, nahm sein Hauptquartier im Palast des Erzherzogs Albert.

Der Kaiser wählte Schloß Schönbrunn zu seinem Wohnsitz und begab sich um 2 Uhr morgens nach Wien. Darauf besichtigte er die Vorposten und alle Stellungen auf dem linken Ufer, vergewisserte sich, daß der Dienst gut getan wurde, und kehrte bei Tagesanbruch nach Schönbrunn zurück.

Verkehr und Handel waren in der Hauptstadt wieder aufgenommen worden, die Einwohner hatten wieder Vertrauen gefaßt und waren beruhigt.

Schloß Schönbrunn, das der Kaiser bewohnte, ist von Maria Theresia erbaut worden, deren Porträt sich in fast allen Zimmern befindet. In dem Arbeitszimmer des Kaisers stand eine Marmorbüste von ihr. Als der Kaiser sie erblickte, sagte er: »Wenn diese große Herrscherin lebte, würde sie sich nicht von den Ränken einer Colloredo leiten lassen. Immer von den Großen ihres Reiches beraten, würde sie den Willen ihres Volkes gekannt und nicht geduldet haben, daß Kosaken und Moskowiten ihre Provinzen verwüsten. Sie würde einen Mann wie Cobenzl nicht angehört haben, der seiner bei Hof einflußreichen Frau ungehorsam zu sein fürchtet, oder einen Collembach, diese Schreiberseele, oder einen Lambertie, der allgemein verhaßt ist. Sie hätte nicht den Oberbefehl ihres Heeres einem Mack anvertraut, der nicht das Vertrauen der Regierung und des Volkes besaß, sondern nur das Englands und Rußlands.«

*

Siebentes Kapitel.

Austerlitz.

I. Marsch nach Mähren. – II. Vorbereitungen zur Schlacht. – III. Die Schlacht bei Austerlitz. – IV. Der Zar auf dem Rückzug. Napoleons Dank an die Armee. – V. Dynastische Verbindungen. – VI. Bündnisvertrag mit Preußen. – VII. Der Preßburger Frieden.

I.

Als der Kaiser bei Ulm den großen Erfolg gehabt und das ganze Kriegsmaterial der österreichischen Armee in die Hände bekommen hatte, hielt er es aus folgenden Gründen für angebracht, sofort auf Wien zu marschieren: 1) um Italien von den Österreichern zu säubern, indem er dem Erzherzog Karl, der den Marschall Masséna geschlagen hatte und schon an der Etsch angelangt war, in den Rücken fiel; 2) um die Vereinigung der österreichischen Armee mit dem Heere des Kaisers Alexander zu verhindern; 3) um die Armee Kutusoffs anzugreifen und abzuschneiden. Als aber der Kaiser in Wien eintraf, erfuhr er, daß Erzherzog Karl sich in vollem Rückzug befände und von Masséna hart bedrängt würde. Sein Heer sei sehr geschwächt, da er in Venedig, in Palmanova und in Krain habe Besatzungen zurücklassen müssen, er führe nach Ungarn nur noch 35- bis 40 000 Mann zurück. Ferner meldete man ihm, daß Kaiser Alexander sich in Olmütz befände.

In Wien ließ Napoleon 15 000 Mann unter Mortier zurück. Marmont mit 18 000 Mann beobachtete auf dem Sömmering die Bewegungen des Erzherzogs Karl. Davout stand mit 30 000 Mann an der Grenze Ungarns. Masséna war mit 40 000 Mann in Klagenfurt eingetroffen. So standen 100 000 Franzosen den 35 000 Österreichern des Erzherzogs Karl gegenüber.

Die Bewegung auf Austerlitz, um die russische Armee zu schlagen und ihre Vereinigung mit der aus Italien zurückkehrenden österreichischen Armee zu verhindern, war durch die Regeln der Kriegskunst geboten. Wenn Kaiser Alexander Olmütz geräumt hätte, um der Schlacht aus dem Wege zu gehen, und behufs Vereinigung mit Erzherzog Karl in Ungarn eingedrungen wäre, so wäre die französische Armee durch die Korps der Marschälle Davout, Mortier, Marmont und Masséna verstärkt worden; der Vorteil der Zahl war also stets ganz auf französischer Seite.

Der Kaiser beschloß, die Donau bei Wien zu überschreiten, um Kutusoff bei Hollabrunn abzuschneiden, der, bei Amstetten geschlagen, die Donau bei Krems überschritten hatte. Dieses Manöver gelang, aber leider ließ sich Murat vom Fürsten Bagration an der Nase herumführen und unterbrach seine Vorwärtsbewegung.

Während nämlich Kutusoff auf Hollabrunn vorging, überraschte ihn plötzlich die Nachricht, daß die Franzosen auf der großen Straße stünden, die er erreichen wollte, daß er mithin abgeschnitten sei. Bei ihm befand sich jener General Wintzingerode, der die Verhandlungen über den Feldzugsplan geleitet hatte. Er sandte ihn zu Murat, um diesem die Lüge zu melden, daß in Schönbrunn Friedensverhandlungen stattfänden. Er schlug demnach einen Waffenstillstand vor, dessen Hauptbedingung die war, daß beide Heere da stehen bleiben sollten, wo sie eben waren, so daß also durch die Unterbrechung der Feindseligkeiten nichts geändert würde. Wenn sie wieder aufgenommen werden sollten, müßte sechs Stunden zuvor eine Anzeige stattfinden. Murat, dem Wintzingerode geschickt zu schmeicheln wußte und der außerordentlich empfindlich für die Ehre war, der erste Friedensvermittler sein zu können, nahm den Waffenstillstand an, vorbehaltlich der Bestätigung durch den Kaiser.

Am anderen Tage stellte sich Fürst Bagration bei Murat ein und erkundigte sich sehr angelegentlich nach den französischen Generalen, namentlich dem Marschall Lannes. Dieser, ein Mann von einfachem Benehmen, ohne es darum an Höflichkeit fehlen zu lassen, sagte zum Fürsten, wenn er hier allein zu befehligen gehabt hätte, so würde man sich in diesem Augenblicke schlagen, anstatt Höflichkeiten auszutauschen. In der Tat benutzte gerade die russische Armee ihre Nachhut, die angeblich unbeweglich stehen blieb, dazu, hinter diesem Vorhange rasch zu marschieren und die Straße von Mähren zu gewinnen. Auf diese Weise wurde Murat hinters Licht geführt.

Bald traf ein Adjutant des Kaisers ein, General Lemarrois, der Murat einen strengen Verweis erteilte und ihm wie Marschall Lannes den

Befehl überbrachte, unverzüglich anzugreifen, zu welcher Stunde auch immer sie diese Weisung erhielten. Lannes trug indessen Sorge, dem Fürsten Bagration einen Offizier zu senden, um ihm den erhaltenen Befehl kundzutun. Man traf auf der Stelle die Vorbereitungen zum Angriff. Fürst Bagration hatte 7- bis 8000 Mann. Da die Bewegung Kutusoffs noch immer gedeckt werden mußte, so faßte er den edlen Entschluß, sich lieber vernichten zu lassen als zu weichen. Lannes schickte seine Grenadiere gegen ihn. Die beiden Infanterielinien gerieten auf einem fast ebenen Gelände aneinander. Sie wechselten einige Zeit lang ein sehr lebhaftes, mörderisches Musketenfeuer und griffen dann mit dem Bajonett an. Man kämpfte mitten in der Nacht beim Feuerscheine um das brennende Dorf Schöngraben, das zuletzt den Franzosen verblieb. Die Russen schlugen sich tapfer. Sie verloren beinahe die Hälfte ihrer Nachhut, ungefähr 3000 Mann, wovon 1500 tot auf dem Schlachtfelde lagen. Dieser blutige Kampf fand am 16. November statt.

Am 19. November erreichte Prinz Murat Brünn, die Hauptstadt Mährens. Der Feind hatte die Stadt und die Zitadelle geräumt, obgleich sie imstande gewesen wäre, eine regelrechte Belagerung auszuhalten.

Der Kaiser verlegte sein Hauptquartier nach Pohrlitz, wo tags zuvor General Sebastiani mehreren feindlichen Korps den Rückzug abgeschnitten und 2000 Russen gefangengenommen hatte.

Am 20. November morgens 10 Uhr hielt der Kaiser seinen Einzug in Brünn, wo Abgeordnete Mährens und der Erzbischof ihn empfingen.

Die Russen hatten unterdessen ein Kavalleriekorps von 6000 Reitern zusammengezogen, um den Kreuzungspunkt der Straßen von Brünn und Olmütz zu verteidigen. General Walther hielt diese den ganzen Tag über in Schach und zwang sie schließlich durch wiederholte Angriffe, das Terrain zu verlassen. Prinz Murat ließ zudem die Kürassierdivision des Generals d'Hautpoul und vier Schwadronen der kaiserlichen Garde ins Gefecht eingreifen, obgleich die Pferde der französischen Reiterei sehr ermüdet waren. Der Feind wurde zersprengt und ließ mehr als 200 Mann Elitedragoner und Kürassiere auf dem Schlachtfelde. Bei dieser Reiterattacke bildete das Stillschweigen der französischen Gardekürassiere einen seltsamen Kontrast zu dem Gebrüll der russischen Reiter. Die russische Reiterei ist gut beritten und ausgerüstet, zeigt auch Unerschrockenheit und Entschlossenheit, aber die Mannschaften wissen nicht, sich ihrer Waffen zu bedienen, und sind in dieser Beziehung den Franzosen unterlegen.

Die österreichischen Generale Giulay und Stadion suchten Napoleon in seinem Hauptquartier auf.

Nachdem der Kaiser von ihren Vollmachten Kenntnis genommen hatte, bot er einen vorläufigen Waffenstillstand an, um Blutvergießen zu vermeiden und zu sehen, ob man wirklich die ernste Absicht habe, zu einem definitiven Einvernehmen zu gelangen. Es war ihm indessen leicht, zu bemerken, daß man ganz andere Pläne schmiede. Da der Feind seine einzige Hoffnung nur in die russische Armee setzen konnte, so vermutete der Kaiser, daß die zweite und dritte Armee vor Olmütz bereits angelangt seien oder bald anlangen würden und daß demnach das Eintreten in Verhandlungen nur eine Kriegslist sei, um seine Wachsamkeit einzuschläfern.

Am 28. November um 9 Uhr morgens waren die Vorposten des Prinzen Murat gezwungen, sich vor einem Schwarm Kosaken, der von russischer Kavallerie unterstützt wurde, zurückzuziehen. Die Kosaken besetzten Wischau und nahmen 50 Dragoner des 6. Regiments, die abgesessen waren, gefangen. Im Laufe des Tages erreichte der Kaiser von Rußland Wischau, und die ganze russische Armee nahm hinter dieser Stadt Stellung.

Napoleon wünschte die Gesinnungen des Zaren Alexander näher kennenzulernen und sandte seinen Adjutanten, den General Savary, um den Kaiser von Rußland zu begrüßen. Savary kehrte zurück, als der Kaiser gerade die feindlichen Biwaks um Wischau rekognoszierte. Savary lobte den guten Empfang, die Gnade und guten persönlichen Gefühle, die der Kaiser von Rußland und auch Großfürst Konstantin an den Tag gelegt hatten. Letzterer habe ihm die größtmögliche Aufmerksamkeit bezeigt. Aber in den drei Tagen, die er beim Zaren weilte, hatte er mit einigen dreißig jungen Laffen, die sich unter verschiedenen Titeln im Hauptquartier aufhielten, Unterredungen gehabt, aus denen hervorging, daß im Militärkabinett des Zaren dieselbe Überhebung, Unklugheit und Achtlosigkeit herrschten wie im politischen.

Eine so schlecht befehligte Armee mußte natürlich Fehler machen. Der Kaiser faßte den Plan, solche abzuwarten und dann sofort daraus Nutzen zu ziehen. Er gab augenblicklich Befehl zum Rückzuge, als ob er eine Niederlage erlitten hätte, bezog eine günstige Stellung, dreizehn Kilometer rückwärts, und ließ ostensiv Befestigungen errichten und Batterien aufstellen.

Er schlug dem Zaren eine Unterredung vor. Dieser sandte den Fürsten Dolgorucki ins französische Lager. Fürst Dolgorucki glaubte zu bemerken, daß im französischen Heere Zurückhaltung und Verschüchterung herrsche. Die Aufstellung der Feldwachen, die eilends aufgeführten Befestigungen, alles ließ den russischen Offizier darauf schließen, daß er eine halb geschlagene Armee vor sich habe.

Entgegen seinem sonstigen Gebrauche begab sich der Kaiser, der sonst nie mit so großer Vorsicht Parlamentäre im Hauptquartier empfing, selbst zu den Vorposten. Nach den ersten Begrüßungen wollte der russische Offizier politische Fragen erörtern. Er sprach von allem verächtlich und legte eine Unverschämtheit an den Tag, die man sich nur schwer vorstellen kann. Er befand sich in absoluter Unkenntnis der Interessen Europas und der Lage des Kontinents, er war nur das Echo Englands. Er sprach zum Kaiser, als ob er sich mit seinen russischen Offizieren unterhielte, und erregte durch sein schlechtes Benehmen und seine anmaßende Haltung dessen höchsten Unwillen. Der Kaiser hielt indessen seinen Unwillen zurück, und der junge Mann, der auf den Zaren einen tatsächlichen Einfluß ausübte, kehrte mit dem Gedanken zurück, daß die französische Armee am Vorabend ihres Unterganges stände. Man wird verstehen, was der Kaiser alles ruhig hinnehmen mußte, wenn man hört, daß der Russe ihm schließlich vorschlug, Belgien abzutreten und die Eiserne Krone auf das Haupt eines der unversöhnlichsten Feinde Frankreichs zu setzen.

Alle diese verschiedenen Schritte erfüllten ihren Zweck. Die Brauseköpfe, die die russischen Angelegenheiten leiteten, konnten sich ganz ihrem maßlosen Dünkel ergeben. Es war nicht nur die Rede davon, die französische Armee zu schlagen, sondern sie zu umgehen und gefangenzunehmen: die Taten, die sie bisher verrichtet habe, seien nur durch die Feigheit der Österreicher möglich gewesen. Es wird versichert, daß alte österreichische Generale, die gegen den Kaiser gekämpft hatten, ihre warnenden Stimmen erhoben und vor dem Kriegsrat betonten, man solle nicht mit so blindem Vertrauen gegen eine Armee marschieren, die so viele alte Soldaten und Offiziere von höchstem Verdienst in ihren Reihen zähle. Sie hätten gesehen, wie der Kaiser in schwierigsten Augenblicken und nur mit einer Handvoll Menschen durch schnelle und überraschende Manöver den Sieg an sich riß und überlegene Heere vernichtete. Hier sei noch kein Vorteil errungen worden, im Gegenteil seien alle Nachhutsgefechte der ersten russischen Armee zugunsten der Franzosen ausgefallen. Allem diesem setzten die dünkelhaften jungen russischen Offiziere die Tapferkeit von 80 000 Russen, die Begeisterung, die ihnen die Anwesenheit ihres Kaisers einflöße und, was sie sich vielleicht nicht anzuführen getrauten, ihr Talent entgegen, das sie zu ihrem Erstaunen von den Österreichern nicht gewürdigt sahen.

II.

Am 30. November sah Napoleon von der Höhe seines Biwaks aus, wie die russische Armee zu seiner unbeschreiblichen Freude sich, auf zwei Kanonenschußweiten von den französischen Vorposten, in Bewegung setzte, um seinen rechten Flügel zu umgehen. Da sah er, bis zu welchem Grade Anmaßung und Unkenntnis der Kriegskunst die Führer dieser tapferen Armee verwirrt hatten, und er rief mehrmals aus: »Vor morgen abend gehört dieses Heer mir.« Auf seiten des Feindes herrschte ein anderes Gefühl. Er näherte sich den französischen Feldwachen bis auf Pistolenschußweite und zog in einem Flankenmarsche, auf einer Linie von achtzehn Kilometern Länge, an der französischen Armee vorbei, die ihre Stellung nicht verlassen zu wollen schien. Er hatte nur die eine Angst, daß die französische Armee ihm entwischte. Auf französischer Seite wurde alles getan, um die Russen in diesem Gedanken zu bestärken. Prinz Murat ließ ein kleines Kavalleriekorps in die Ebene vorrücken, es aber in Eile wieder zurücknehmen, als ob er über die ungeheuren Streitkräfte des Feindes erschrocken sei. So kam alles dazu, um den russischen General zu veranlassen, bei seinem schlecht berechneten Manöver zu beharren.

An demselben Abend verfaßte Napoleon folgende Proklamation:

An die Armee.

Im Biwak, 1. Dezember 1805.

Soldaten! Ihr habt die russische Armee vor euch, die herbeigeeilt ist, um die österreichische Armee für die Niederlage von Ulm zu rächen. Es sind dieselben Truppen, die ihr bei Hollabrunn geschlagen und bis hierher verfolgt habt.

Die Stellungen, die wir besetzt haben, sind stark. Während der Feind meinen rechten Flügel umgeht, bietet er mir seine Flanke zum Angriff dar.

Soldaten! Ich werde selbst die Führung eurer Bataillone übernehmen. Ich werde dem Feuer fernbleiben, wenn ihr mit gewohnter Tapferkeit Unordnung und Verwirrung in die feindlichen Reihen bringt; wenn aber der Sieg nur einen Augenblick zweifelhaft wäre, dann würdet ihr euren Kaiser in den ersten Reihen fechten sehen, denn der Sieg kann uns nicht ausbleiben an einem Tage, wo es sich um die Ehre der französischen Infanterie handelt, die so sehr mit der Ehre der ganzen Nation verwachsen ist.

Gebt acht, daß sich eure Reihen nicht lichten, auch nicht unter dem Vorwande, Verwundete wegzuführen; möge jeder einzelne von dem Gedanken durchdrungen sein, daß diese Söldner Englands, die von so großem Haß gegen unser Volk erfüllt sind, besiegt werden müssen.

Dieser Sieg wird den Feldzug beendigen, wir können Winterquartiere beziehen und neue Heere, die in Frankreich in Bildung begriffen sind, heranziehen. Dann werde ich einen Frieden schließen, der meines Volkes, eurer und meiner würdig sein wird.

Napoleon.

Am Abend des 30. November besuchte der Kaiser zu Fuß alle Biwaks. Er wollte unerkannt bleiben, aber kaum hatte er einige Schritte getan, als er erkannt wurde. Die Begeisterung zu beschreiben, die die Truppen bei seinem Anblick erfaßte, ist unmöglich. Strohbrände wurden im Nu auf Tausende von Ruten aufgepflanzt, und 80000 Mann jubelten ihm zu. Die einen riefen ihm zu, sie feierten den Jahrestag seiner Krönung, die anderen, sie würden ihrem Kaiser am anderen Morgen den Feststrauß überreichen. Einer der ältesten Grenadiere näherte sich ihm und sagte – »Kaiser, du wirst nicht nötig haben, dich auszusetzen. Ich verspreche dir im Namen der Grenadiere, daß du nur mit den Augen zu fechten haben wirst und daß wir dir morgen die Fahnen und Kanonen der russischen Armee zur Feier des Jahrestags deiner Krönung überreichen werden.« Als der Kaiser in sein Quartier, eine schlichte, dachlose Strohhütte, die ihm die Grenadiere erbaut hatten, zurückgekehrt war, sagte er: »Das ist der schönste Abend meines Lebens. Nur der Gedanke, daß ich eine große Zahl dieser Braven verlieren werde, stört mich. Ich fühle an dem tiefen Schmerz, der mich dabei erfaßt, daß sie wirklich meine Kinder sind. Manchmal werfe ich mir dieses Gefühl vor, denn ich fürchte, daß es mich schließlich unfähig machen wird, Krieg zu führen.«

Wenn der Feind dieses Schauspiel mit angesehen hätte, so wäre er erschrocken; aber der Unvernünftige setzte seine Bewegung fort und rannte in sein Verderben.

Der Kaiser traf sofort alle Anordnungen für die Schlacht. Er schickte den Marschall Davout in aller Eile nach Kloster Raigern, wo er mit einer seiner Divisionen und einer Dragonerdivision den linken Flügel des Feindes aufhalten sollte, damit im gegebenen Augenblicke die ganze feindliche Armee umfaßt werden könne. Er übertrug den Befehl über den linken Flügel an Marschall Lannes, über den rechten an Marschall Soult, übers Zentrum an Marschall Bernadotte und über die Kavallerie, die er an einem einzigen Punkte versammelte, an den Prinzen Murat. Die Linke des Marschalls Lannes stützte sich auf den *Santon*[1], eine starke Stellung, die der Kaiser befestigt hatte und wo achtzehn Kanonen aufgestellt waren. Am Tag vorher hatte er die Verteidigung dieser ausgezeichneten Stellung dem 17. leichten Infanterieregiment anvertraut, und sicherlich konnte er keine bessere Wahl treffen. Die Division des Generals Suchet bildete den linken Flügel des Marschalls Lannes, die des Generals Caffarelli seinen rechten, der sich auf die Kavallerie des Prinzen Murat stützte; diese hatte vor sich Husaren und reitende Jäger unter dem Befehl des Generals Kellermann und die Dragonerdivisionen Walther und Beaumont. In Reserve standen die Kürassierdivisionen der Generale Nansouty und d'Hautpoul mit vierundzwanzig Geschützen leichter Artillerie.

Das Zentrum unter Bernadotte hatte zu seiner Linken die Division des Generals Rivaud, die sich auf den rechten Flügel des Prinzen Murat stützte, und auf seiner Rechten die Division des Generals Drouet.

Marschall Soult, der Oberbefehlshaber des rechten Flügels der Armee, hatte zu seiner Linken die Division des Generals Vandamme, im Zentrum die Division des Generals St.-Hilaire, zu seiner Rechten die Division des Generals Legrand.

Marschall Davout stand getrennt auf der Rechten des Generals Legrand, der die Ausflüsse der Weiher der Dörfer Sokolnitz und Telnitz zu bewachen hatte. Er hatte die Division Friant und die Dragoner des Generals Bourcier bei sich. Die Division des Generals Gudin hatte sich am frühen Morgen von Nikolsburg in Marsch zu setzen, um ein etwa auf der Rechten erscheinendes feindliches Korps aufzuhalten.

Der Kaiser hielt sich mit seinem treuen Waffengefährten Marschall

---

1 Dies war ein kleiner Hügel, den die in Ägypten gewesenen französischen Soldaten wegen seiner Ähnlichkeit mit einem Derwischbegräbnishügel Santon nannten. C.

Berthier, seinem ersten Adjutanten, dem Generalobersten Junot, und seinem ganzen Stab bei der Reserve auf, die aus den zehn Gardebataillonen und den zehn Grenadierbataillonen des Generals Oudinot bestand und von der General Duroc einen Teil kommandierte.

Diese Reserve war in zwei Linien aufgestellt, in Bataillonskolonnen und -abständen; in den Zwischenräumen waren vierzig Geschütze aufgefahren, die von den Gardekanonieren bedient wurden. Mit diesen Truppen wollte der Kaiser sich überallhin stürzen, wo es nötig erscheinen könnte. Die Reserve war so stark, daß sie für sich allein als eine Armee gelten konnte.

Um 1 Uhr morgens stieg der Kaiser zu Pferd. Er durcheilte die Vorposten, rekognoszierte die Feuer der feindlichen Biwaks und nahm die Meldungen der Feldwachen entgegen. Er erfuhr, daß der Feind die Nacht mit Trinken und Toben zugebracht und daß ein russisches Infanteriekorps sich vor Sokolnitz gezeigt habe, das von einem Regiment der Division des Generals Legrand besetzt sei. Legrand erhielt Befehl, Verstärkungen heranzuziehen.

III.

Der Tag graute, und endlich ging die Sonne strahlend auf. Es war der erste Dezember, Jahrestag der Krönung des Kaisers, an dem sich eine der schönsten Waffentaten des Jahrhunderts zutragen sollte. Es war ein wunderbar schöner Herbsttag.

Diese Schlacht, die die Soldaten den *Dreikaisertag,* andere den *Jahrestag* nannten und die der Kaiser *die Schlacht bei Austerlitz* taufte, ist auf ewig mit goldenen Lettern in die Geschichte der großen Nation eingetragen.

Der Kaiser, umgeben von allen Marschällen, wartete, um seine letzten Befehle zu erteilen, bis der Horizont sich aufgeklärt hatte. Beim Hervorbruch der ersten Sonnenstrahlen gab er diese, und jeder Marschall sprengte im Galopp zu seinem Korps. An der Frontlinie mehrerer Regimenter vorbeireitend, sagte der Kaiser zu den Soldaten: »Soldaten, dieser Feldzug muß mit einem Donnerschlag beendet werden, der den Hochmut unserer Feinde zu Boden schmettert!« Sofort schwenkten die Soldaten die Tschakos auf den Bajonetten, und alle riefen: »Es lebe der Kaiser!« Das war das Zeichen zum Kampf. Einen Augenblick später ließ sich am rechten äußersten Flügel, den die feindliche Vorhut bereits aufgerollt hatte, ein lebhafter Kanonendonner vernehmen. Dort stieß der Feind unvermutet auf den Marschall Davout, seine Bewegung wurde aufgehalten, und das Gefecht begann.

Im gleichen Moment beginnt Marschall Soult seine Vorwärtsbewegung. Er marschiert auf die Anhöhen des Dorfes Pratzen los mit den Divisionen der Generale Vandamme und St.-Hilaire und schneidet den rechten Flügel des Feindes ab, dessen Manöver nunmehr unsicher werden. Durch einen Seitenangriff in seiner Flanke bedroht, tritt der rechte Flügel des Feindes den Rückzug an; während er glaubt, der Angreifer zu sein, wird er selbst angegriffen und muß sich als halb geschlagen ansehen.

Nun läßt Murat seine Kavallerie ins Werk treten. Die Linke, unter Marschall Lannes, geht in Regimentsstaffeln vor, wie auf dem Manöverfeld. Eine furchtbare Kanonade setzt auf der ganzen Linie ein. Zweihundert Geschütze und 200 000 Streiter vollführen ein furchtbares Getöse. Das war wahrhaft ein Kämpfen von Riesen. Erst seit einer Stunde tobte die Schlacht, und schon war die ganze Linke des Feindes abgeschnitten. Seine Rechte war schon in Austerlitz angekommen, wo sich das Hauptquartier der beiden Kaiser befand. Um die Verbindung des Zentrums mit der Linken wiederherzustellen, wurde die Garde des Zaren ins Gefecht geführt. Ein Bataillon des 4. Linienregiments wurde von der berittenen russischen Kaisergarde über den Haufen gerannt, aber Napoleon wachte. Er bemerkte die Bewegung und befahl dem Marschall Bessières, seinem rechten Flügel mit den *»Unbesiegbaren«* zu Hilfe zu eilen, und bald darauf stießen die beiden Garden aufeinander. Der Erfolg konnte nicht zweifelhaft sein: in kurzer Zeit wurde die russische Garde zersprengt; ihr Oberst, die Artillerie und Standarten, alles wurde genommen. Das Regiment des Großfürsten Konstantin wurde vernichtet, er selbst verdankte seine Rettung nur der Schnelligkeit seines Pferdes.

Von den Höhen von Austerlitz herab sahen die beiden verbündeten Kaiser die Niederlage der russischen Garde.

Im gleichen Augenblick ging das Zentrum unter Bernadotte vor. Drei seiner Regimenter schlugen eine brillante Reiterattacke des Feindes ab. Die Linke, unter Marschall Lannes, griff mehrmals an, alle Vorstöße waren siegreich. Auch die Division Caffarelli zeichnete sich aus, und die Kürassierdivisionen bemächtigten sich der feindlichen Batterien.

Um 1 Uhr nachmittags war der Sieg entschieden. Er war nicht eine Minute in Frage gestellt gewesen. Die Reserven hatten an keiner Stelle einzugreifen.

Nur auf dem rechten Flügel wurde noch weitergekämpft. Dort war ein feindliches Korps umzingelt, von den Höhen verjagt und in einer Niederung an einem See in die Enge getrieben worden. Der Kaiser eilte dorthin mit zwanzig Geschützen, das Korps wurde von Stellung zu Stellung zurückgeworfen, und es war ein grausiger Anblick, der an Aboukir erinnerte, wie 20 000 Menschen sich auf den gefrorenen See warfen und zum größten Teil in dem Wasser umkamen, da Napoleon das Eis durch Kanonenschüsse zerschmettern ließ.

Zwei russische Kolonnen, jede 4000 Mann stark, legten die Waffen nieder und ergaben sich. Der ganze Wagenpark des Feindes fiel in die Hände der Franzosen, vierzig russische Fahnen, darunter die Standarten der kaiserlichen Garde, bildeten die Siegestrophäen, und eine beträchtliche Zahl von Gefangenen, ungefähr 20 000, darunter 12 oder 15 Generale, trugen zum Erfolge des Tages bei. An 15 000 getötete Russen bedeckten das Schlachtfeld. Der Verlust der Franzosen betrug nur 800 Tote und 15–1600 Verwundete. An diesem Tage war nur ein Bataillon des 4. Regimentes über den Haufen gerannt worden. Unter den Verwundeten befand sich General St.-Hilaire, der trotz seiner bei Beginn der Schlacht empfangenen Verwundung den ganzen Tag auf dem Schlachtfelde verblieb. Er hat sich mit Ruhm bedeckt wie auch die Divisionsgenerale Kellermann und Walther, die Brigadegenerale Valhubert, Thiébault, Sebastiani, Compans und Rapp. Letzterer – Adjutant des Kaisers – nahm an der Spitze der Gardegrenadiere den Fürsten Repnin, Kommandeur der kaiserlich russischen Chevaliergarde, gefangen.

Mit einem Wort: die ganze Armee bedeckte sich mit Ruhm. Sie griff beständig mit dem Rufe: *Es lebe der Kaiser!* an, und sicherlich hat der Gedanke, den Jahrestag der Kaiserkrönung würdig zu begehen, ihnen zum Ansporn gedient.

Die französische Armee war tüchtig und zahlreich, aber doch der feindlichen Armee, die 105 000 Mann stark war (80 000 Russen und 25 000 Österreicher), an Zahl unterlegen. Die Hälfte der feindlichen Armee wurde vernichtet, der Rest zersprengt, der größte Teil warf die Waffen weg.

Am Tage nach der Schlacht richtete Napoleon an sein Heer folgenden Aufruf:

Austerlitz, am 12. Frimaire.

Soldaten!

Ich bin mit euch zufrieden: Ihr habt am Tage von Austerlitz alles gerechtfertigt, was ich von eurer Unerschrockenheit erwartete. Ihr habt eure Adler mit unsterblichem Ruhme geschmückt. Eine Armee von 100 000 Mann, von den Kaisern von Rußland und Österreich geführt, wurde in weniger als vier Stunden zerstreut oder vernichtet. Was eurem Eisen entging, ertrank in den Seen.

Vierzig Fahnen, die Standarte der kaiserlichen Garde von Rußland, 120 Geschütze, 20 Generale, mehr als 30 000 Gefangene sind das Resultat dieses ewig denkwürdigen Tages. Dieses so oft gerühmte Fußvolk hat trotz seiner Überlegenheit eurem Angriffe nicht widerstehen können, und ihr habt jetzt keine Nebenbuhler mehr zu fürchten. So wurde diese Koalition in zwei Monaten besiegt und aufgelöst. Der Friede kann nicht mehr fern sein, aber ich werde das Versprechen halten, das ich meinem Volke gab, ehe ich über den Rhein ging: ich werde nur einen solchen Frieden schließen, der uns Garantien gibt und unseren Verbündeten Belohnungen sichert.

Soldaten! Wenn alles geschehen ist, was nötig ist, um das Glück und das Gedeihen unseres Vaterlandes zu sichern, so werde ich euch nach Frankreich zurückführen, und dort werdet ihr der Gegenstand meiner zärtlichsten Sorgfalt sein. Mein Volk wird euch mit Freude wiedersehen, und ihr werdet nichts weiter zu sagen brauchen als: »Ich war bei der Schlacht von Austerlitz«, damit man euch antworte: »Das ist ein Tapferer!«

Napoleon.

Dieser Tag hat St. Petersburg blutige Tränen gekostet. Es wäre zu wünschen gewesen, daß Rußland in Zukunft mit Empörung das Gold Englands von sich geworfen und daß sein junger Fürst, den so viele Tugenden zum Vater seiner Untertanen stempelten, sich von dem unseligen Einfluß einiger dreißig junger Laffen frei gemacht hätte, die England schlauerweise bezahlte und deren Unverschämtheiten seine guten Absichten trübten, ihm die Liebe seiner Soldaten raubten und ihn auf ganz falsche Wege führten! Er war von der Natur, die ihn mit so reichen Gaben ausgestattet hatte, dazu geschaffen, der Trost Europas zu sein. Niederträchtige Ratgeber hatten ihn in die Arme Englands getrieben, und die Geschichte wird ihn in die Reihe der Männer stellen, die den Kriegszustand auf dem Kontinent zu einem dauernden gemacht, die britische Tyrannei auf den Meeren befestigt und das Unglück unserer Generation besiegelt haben. Wenn Frankreich nur unter den Bedingungen, die der Adjutant des Zaren, Dolgorucki, dem Kaiser vorgeschlagen und die Nowosiltzoff offiziell mitgeteilt hatte, zum Frieden hätte gelangen können, dann hätte zuvor die russische Armee auf den Höhen von Montmartre kampieren müssen.

Nie bot ein Schlachtfeld einen schauderhafteren Anblick als das von Austerlitz. Entsetzlich waren die Schreie tausend Unglücklicher, die in den Seen ertranken und denen man keine Rettung bringen konnte. Drei Tage waren nötig, um die Verwundeten nach Brünn weiterzuschaffen. Das Herz blutete einem bei diesem traurigen Anblick! Für alles vergossene Blut, alles entstandene Elend waren die perfiden Inselbewohner verantwortlich, besonders die schändlichen Oligarchen, die an der Spitze der Londoner Regierung standen!

IV.

Am 4. Dezember verließ Napoleon Austerlitz und begab sich zu den Vorposten in der Nähe von Zieroschitz. Kurz darauf traf auch der österreichische Kaiser ein. Beide Monarchen hatten eine zweistündige Unterredung. Der deutsche Kaiser konnte, sowohl für sich als auch im Namen des Zaren, die Mißbilligung und Verachtung nicht verhehlen, die ihnen das Vorgehen Englands einflößte: »Das sind Krämer«, sagte er wiederholt, »die den Kontinent in Brand stecken, um sich den Welthandel zu sichern.«

Die beiden Herrscher vereinbarten einen Waffenstillstand und legten die hauptsächlichsten Friedensbedingungen fest. Der definitive Friede sollte in einigen Tagen geschlossen werden. Der deutsche Kaiser verständigte Napoleon davon, daß der Zar seinen separaten Frieden schließen wollte, daß er aber jedenfalls die Sache Englands im Stiche ließe und sich nicht mehr dafür interessieren würde. Der deutsche Kaiser betonte, daß Frankreich in seinem Konflikte mit England zweifellos recht habe. Als er um Waffenstillstand für den Rest des russischen Heeres bat, machte Napoleon ihn darauf aufmerksam, daß das russische Heer umzingelt sei und kein Mann den Franzosen entwischen könne, »aber«, fügte er hinzu, »um dem Kaiser Alexander angenehm zu sein, werde ich die russische Armee durchlassen und den Marsch meiner Kolonnen aufhalten, wenn mir Eure Majestät dafür einsteht, daß das russische Heer Deutschland und Österreichisch-Polen sowie Preußisch-Polen räumt und nach Rußland zurückkehrt.« – »Das ist die Absicht des Kaisers Alexander«, antwortete darauf der deutsche Kaiser, »ich kann es versichern, übrigens werden sich Eure Majestät noch diese Nacht durch Ihre eigenen Offiziere davon überzeugen können.«

Napoleon geleitete den deutschen Kaiser zu seinem Wagen, ließ sich die Prinzen von Liechtenstein und den Fürsten von Schwarzenberg vorstellen, verabschiedete sich vom Kaiser von Österreich und kehrte nach Austerlitz zurück. General Savary, Adjutant des Kaisers, begleitete den deutschen Kaiser zur Zusammenkunft, um zu erfahren, ob der Zar die Kapitulation ratifizieren würde. Er fand den Rest der russischen Armee in einer schrecklichen Auflösung begriffen und aller ihrer Kanonen und Gepäckwagen beraubt. Es war Mitternacht. General Merveldt war von Göding durch Marschall Davout verjagt und die russische Armee umzingelt worden. Fürst Czartoryski führte den General Savary vor den Zaren. »Sagen Sie Ihrem Kaiser«, rief ihm dieser zu, »daß ich abziehe. Er hat Wunder verrichtet, und dieser Tag erhöht meine Bewunderung für ihn. Er ist ein Gesandter des Himmels. Ich würde hundert Jahre brauchen, um mein Heer dem seinigen gleichwertig machen zu können. Aber kann ich mich in aller Sicherheit zurückziehen?« – »Ja, Sire«, antwortete General Savary, »wenn Eure Majestät ratifizieren, was zwischen den Kaisern von Frankreich und Deutschland in ihrer Unterredung festgelegt ist.« – »Und was ist das?« – »Daß die Armee Eurer Majestät sich in Etappen zurückzieht, die vom französischen Kaiser geregelt werden, und daß sie Deutschland und Polen räumt. Wenn diese Bedingung angenommen wird, begebe ich mich auf Befehl des Kaisers zu unseren Vorposten, die Sie schon umzingelt haben, um ihnen seine Weisungen für Ihren Rückzug zu überbringen. Der Kaiser will den Freund des Ersten Konsuls in seinen Schutz nehmen.« – »Und welche Garantien verlangen Sie?« – »Ihr Wort, Sire!« – »Ich gebe es Ihnen.« Darauf sprengte General Savary im Galopp zum Marschall Davout und gab ihm den Befehl, jede Bewegung einzustellen und sich ruhig zu verhalten.

General Savary hatte über eine Stunde lang mit dem Zaren im Gespräch zugebracht und in ihm einen Mann von Herz und Verstand trotz allen Schicksalsschlägen gefunden. »Ihr waret mir an Zahl unterlegen«, sagte der Zar, »aber überlegen trotzdem an allen Angriffspunkten.« – »Sire«, antwortete Savary, »das ist Kriegskunst und die Frucht von fünfzehn Jahren des Ruhmes. Dieses ist die vierzigste Feldschlacht, die der Kaiser schlug.« – »Es ist wahr, er ist ein großer Kriegsheld. Ich war ja zum erstenmal im Feuer. Ich habe nie die Anmaßung gehabt, mich mit ihm messen zu wollen.« – »Sire, wenn Sie mehr Erfahrung haben, werden Sie ihm vielleicht eines Tages über sein.« – »Ich kehre in meine Hauptstadt zurück. Ich war dem deutschen Kaiser zu Hilfe geeilt. Er hat mir sagen lassen, daß er zufrieden ist, ich bin es auch.«

Am 7. Dezember erließ der Kaiser aus dem Feldlager von Austerlitz folgende Verfügungen:

Dekret.

Artikel I. Die Witwen der Generale, die in der Schlacht bei Austerlitz gefallen sind, erhalten eine lebenslängliche Pension von 6000 Franken; die Oberst- und Majorswitwen eine solche von 2400 Franken; die Hauptmannswitwen 1200 Franken; die Offizierswitwen 800 Franken und die Witwen von Soldaten 200 Franken jährlich.

Artikel II. Unser Kriegsminister ist mit der Ausführung dieses Dekretes beauftragt, das in einem Tagesbefehl zur Kenntnis der Armee zu bringen und im *Gesetzblatt* zu veröffentlichen ist.

Napoleon.

Dekret.

Artikel I. Wir adoptieren alle Kinder von Generalen, Offizieren und Soldaten, die in der Schlacht bei Austerlitz gefallen sind.

Artikel II. Sie werden auf unsere Kosten unterhalten und erzogen, die Knaben im kaiserlichen Schloß zu Rambouillet, die Mädchen im kaiserlichen Schloß zu Saint-Germain. Den Knaben werden wir Stellungen verschaffen, die Mädchen werden wir verheiraten.

Artikel III. Sie haben das Recht, ihrem Tauf- und Familiennamen den Namen Napoleon hinzuzufügen. Unser Justizminister wird alle Formalitäten erfüllen, die das Zivilgesetz vorschreibt.

Artikel IV. Unser Großmarschall und der Generalintendant der Krone sind mit der Ausführung dieses Dekrets beauftragt, das in einem Tagesbefehl der Armee zur Kenntnis zu bringen und im *Gesetzblatt* zu veröffentlichen ist.

Napoleon.

V.

Napoleon beabsichtigte, die drei Fürsten Süddeutschlands durch Heiraten an sich zu fesseln. Er brauchte Prinzen und Prinzessinnen, um sie mit seiner Dynastie zu verbinden und so durch Familienbeziehungen Einfluß zu gewinnen.

Prinz Eugène Beauharnais war seinem Herzen teuer. Er hatte ihn zum Vizekönig von Italien gemacht und suchte eine Frau für ihn. Seine Augen fielen auf die Tochter des Kurfürsten von Bayern, eine ausgezeichnete Prinzessin, die des ihr bestimmten Gatten vollkommen würdig war. Da er den größten Teil der Gebiete, die Österreich genommen werden sollten, für Bayern bestimmte, so wollte er, daß ein Teil derselben die Mitgift des französischen Prinzen bildete.

Aber die Prinzessin Auguste war dem Erbprinzen von Baden zugesagt, und ihre Mutter, die Kurfürstin von Bayern, die eine erbitterte Feindin Frankreichs war, berief sich auf diese Verpflichtung, um die Verbindung zurückzuweisen. General Thiard, der in der Zeit, als er in der Armee Condés diente, Verbindungen mit den kleinen Höfen angeknüpft hatte, war nach München und Karlsruhe geschickt worden, um die Hindernisse zu heben, die sich dieser Verbindung entgegensetzten. Der General, der ein geschickter Unterhändler war, hatte die Gräfin Hochberg gewonnen, die mit dem Herrscher von Baden in morganatischer Ehe verbunden war und Frankreich brauchte, um die Anerkennung ihrer Kinder durchzusetzen. Durch den Einfluß dieser Dame hatte der Hof von Baden sich bestimmen lassen, auf die Hand der Prinzessin Auguste von Bayern zu verzichten. Nachdem dies erreicht war, hatten der Kurfürst und die Kurfürstin von Bayern keinen Vorwand mehr, eine Verbindung zu verweigern, die ihnen Tirol und einen Teil von Schwaben als Mitgift einbrachte.

Das war nicht die einzige Heirat, an die Napoleon dachte. Der Erbprinz von Baden, dem man die Prinzessin genommen hatte, war nun zu verheiraten. Napoleon bestimmte ihm Stephanie von Beauharnais, eine liebenswürdige, geistreiche Dame, die er zur Prinzessin erheben wollte. Er beauftragte General Thiard, auch diese zweite Heirat zustande zu bringen.

Endlich hatte der alte Herzog von Württemberg eine Tochter, die Prinzessin Katharina, deren herrliche Eigenschaften im Unglück glänzend hervorgetreten sind. Napoleon wünschte sie für seinen Bruder Jérôme. Aber dieser hatte ohne Erlaubnis seiner Familie in Amerika

Bande geknüpft, die erst gelöst werden mußten. Diese Heirat mußte daher noch verschoben werden. Zu den Gebietsvergrößerungen, die an Bayern, Württemberg und Baden fielen, beabsichtigte Napoleon für diese Häuser noch den Königstitel zu fügen.

Man übertrug diesen Fürsten außerdem alle Hoheitsrechte über den reichsunmittelbaren Adel und befreite sie von den Lehensleistungen, die der österreichische Kaiser als Lehensherr von ihnen forderte.

Da der Kurfürst von Baden die Bescheidenheit hatte, den Königstitel als seinen Einkünften nicht angemessen abzulehnen, so ließ man ihm seinen Titel als Kurfürst, übertrug aber auf den Kurfürsten von Württemberg den Königstitel auf der Stelle.

Für alle diese Vorteile verpflichteten sich diese drei Fürsten, Frankreich in jedem Kriege zu unterstützen, der die Behauptung seines gegenwärtigen Besitzstandes sowie den Frieden mit Österreich zum Zweck habe. Frankreich verpflichtete sich seinerseits, wenn nötig, die Waffen zu ergreifen, um diese Fürsten in ihren Besitzungen zu schützen.

Dieses Bündnis wurde am 10., 11. und 12. Dezember unterzeichnet. General Thiard war damit beauftragt worden, als er abreiste, um über die erwähnten Heiraten zu unterhandeln.

VI.

Haugwitz, der unter dem Schein einer Vermittlung Napoleon hatte Bedingungen aufzwingen wollen, fand ihn triumphierend und als den Herrn von fast ganz Europa. Ohne Zweifel war es auch jetzt noch möglich, dem Kaiser der Franzosen die Spitze zu bieten, wenn man einig, fest und beharrlich war. Aber Rußland war vom Übermut plötzlich zur Niedergeschlagenheit übergegangen. Das niedergeschmetterte Österreich lag unter den Füßen seines Besiegers, und Preußen zitterte bei dem bloßen Gedanken an Krieg. Überdies hegten die Verbündeten Mißtrauen gegeneinander. Haugwitz besuchte unaufhörlich und ausschließlich die französische Botschaft, trieb die Schmeichelei so weit, täglich das große Band der Ehrenlegion zu tragen, und sprach von Austerlitz, von dem Genie Napoleons mit größter Bewunderung. Er konnte sich einer lebhaften Erregung nicht erwehren, wenn er dachte, was ihm bevorstünde.

Napoleon kam am 13. Dezember in Wien an und ließ Haugwitz nach Schönbrunn berufen, wo er ihm in dem Audienzsaal Maria Theresias Gehör schenkte. Er war von der Existenz eines am 3. November unterzeichneten Vertrages unterrichtet, durch den Preußen sich unter gewissen Umständen verpflichtete, der Koalition beizutreten. Er machte Haugwitz sehr heftig zum Vorwurf, daß er, der früher zum Frieden gestimmte Minister, er, der seinen Ruhm in das Neutralitätsverhältnis gesetzt habe, der hierüber sogar mit Frankreich habe unterhandeln wollen, trotzdem so schwach gewesen sei, sich in Potsdam mit Österreich und Rußland zu vereinigen und Verpflichtungen einzugehen, die notwendig zum Kriege führen müßten. Er beklagte sich bitter über die Doppelzüngigkeit seines Kabinetts, über das Schwanken seines Königs, über die Herrschaft der Frauen am Hofe und gab zu verstehen, daß er jetzt, da er sich von seinen Feinden befreit habe, mit Preußen machen könne, was er wolle. Dann fragte er mit Heftigkeit, was denn Preußen eigentlich wolle, welches System es zu verfolgen beabsichtige, und verlangte auf alle diese Fragen vollständige und kategorische Erklärungen.

Haugwitz erholte sich bald von seiner augenblicklichen Verwirrung, denn er war ebenso kaltblütig wie klug. Er glaubte herauszufühlen, daß Napoleon im Grunde eine Aussöhnung wünschte und daß er sich wieder beruhigen würde, wofern Preußen seine Verbindung mit der Koalition abbräche.

In diesem Sinne gab er eine geschickte und glaubwürdige Darstellung der Verhältnisse, die Preußen mit fortgerissen hätten, tadelte diejenigen, die schwach genug gewesen wären, durch reine Zufälligkeiten die wahre Politik des Landes aufzugeben, und gab endlich ziemlich deutlich zu verstehen, daß, wenn Napoleon nur wolle, alles rasch ausgeglichen und sogar ein Bündnis an die Stelle der gegenwärtigen Spannung gesetzt werden könne.

Napoleon durchschaute Haugwitz und erkannte, daß die Preußen gar nichts Besseres verlangten, als mit einer plötzlichen Wendung zu ihm zurückzukehren. So kam es ihm in den Sinn, Haugwitz das Projekt vorzuschlagen, das schon Duroc in Berlin beantragt hatte, nämlich ein förmliches Bündnis Preußens mit Frankreich um den Preis von Hannover. Dies war freilich der Ehre des preußischen Kabinetts unwürdig, denn Napoleon mutete ihm, und zwar gewissermaßen gegen Bezahlung, das Aufgeben der am Grabe des großen Friedrich eingegangenen Verpflichtungen zu. Er verlangte, daß Preußen, nachdem es in Potsdam um Europas willen von Frankreich abgefallen war, in Wien um Frankreichs willen von Europa abfiel. Als Napoleon diesen Antrag aussprach, sah er Haugwitz lange Zeit fest an.

Der preußische Minister legte jedoch weder Überraschung noch Unwillen an den Tag. Er schien sogar entzückt zu sein, daß er von Wien statt einer Kriegserklärung Hannover und das französische Bündnis zurückbringe. Haugwitz konnte allerdings fürchten, daß Napoleon durch Böhmen marschieren und sich plötzlich auf Berlin werfen werde. Er war daher glücklich, eine Lage, die mit einem Unglück drohte, mit einer Eroberung beenden zu können. Was die Treue gegen die Verbündeten betraf, so behandelte er sie, wie sie es untereinander zu tun gewohnt waren. Er nahm das Anerbieten Napoleons noch in derselben Unterredung an.

Über das Gelingen seines Planes erfreut, sagte Napoleon zu Haugwitz: »Wohl, es ist entschieden, Sie bekommen Hannover. Sie geben mir dafür einige Gebietsstücke, deren ich bedarf, und unterzeichnen mit Frankreich einen Bündnisvertrag. Sie müssen aber in Berlin der Camarilla Schweigen auferlegen, sie mit der gebührenden Verachtung behandeln und der Politik des Ministeriums über die Hofpolitik den Sieg verschaffen.«

Die Anspielungen Napoleons galten der Königin, dem Prinzen Louis und deren Umgebung.

Er gab darauf Duroc den Befehl, sich mit Haugwitz zu verständigen und die Bedingungen des Vertrages zu entwerfen.

Napoleon hatte Haugwitz am 13. Dezember gesehen. Der Vertrag wurde am 14. entworfen und am 15. in Schönbrunn unterzeichnet. Die Hauptbedingungen waren folgende:

Frankreich betrachtete Hannover als seine eigne Eroberung und trat es an Preußen ab. Dagegen trat Preußen an Bayern die Markgrafschaft Anspach ab, eben dieselbe Provinz, durch die es die Franzosen nicht hatte durchmarschieren lassen wollen. An Frankreich gab es das Fürstentum Neuenburg und das Herzogtum Cleve mit der Festung Wesel. Beide Mächte garantierten einander ihre Besitzungen.

Es war ein wahres Offensiv- und Defensivbündnis, und es trug auch diesen Namen, den man bei allen früheren Verträgen zurückgewiesen hatte.

Napoleon hatte Neuenburg, Cleve und Anspach, welches letztere an Bayern gegen das Herzogtum Berg gegeben werden sollte, deshalb verlangt, um an seine besten Mitarbeiter Dotationen verteilen zu können. Dies waren für Preußen schwache Opfer, für ihn aber kostbare Mittel der Belohnung.

VII.

Die österreichischen Bevollmächtigten erwarteten Talleyrand in Preßburg, das Napoleon als neuen Ort der Verhandlungen bestimmt hatte, weil Brünn ihm zu weit von Wien entfernt war; Talleyrand traf Mitte Dezember in Preßburg ein. Man besprach sich zwischen den Vorposten beider Armeen. Die Erzherzöge hatten sich Preßburg genähert und standen noch zwei Tagemärsche von Wien, woselbst Napoleon den größten Teil seiner Truppen vereinigt hatte; er hatte Masséna auf der Straße von Steiermark an sich gezogen. In und bei der Hauptstadt Österreichs standen nahe an 200 000 Franzosen. Napoleon war über die Verschleppungspolitik des Hauses Habsburg sehr zornig und wollte die Feindseligkeiten wieder aufnehmen. Dahin durfte Österreich es aber nicht kommen lassen, namentlich jetzt nach dem Abfall Preußens, nach der Niedergeschlagenheit, die sich des Kaisers Alexander bemächtigt hatte. Wie große Opfer auch gefordert wurden, das Wiener Kabinett mußte sie bringen.

Es wurde also am 26. Dezember der Frieden von Preßburg geschlossen und verabredet, daß Österreich die venetianischen Staaten mit den Provinzen des Festlandes, Friaul, Istrien, Dalmatien, abtrete. Auf diese Weise kamen Triest und Cattaro an Frankreich. Diese Gebiete sollten mit dem Königreiche Italien vereinigt werden. Die Trennung der Kronen von Frankreich und Italien wurde aufs neue versprochen, aber in so unbestimmten Ausdrücken, daß diese Trennung bis zum allgemeinen Frieden oder bis zum Tode Napoleons hinaus verschoben werden konnte.

Bayern erhielt Tirol, den ewigen Gegenstand seiner Wünsche, und zwar das deutsche Tirol wie das italienische. Österreich empfing als Ersatz die Fürstentümer Salzburg und Berchtesgaden, die man 1803 dem Erzherzog Ferdinand, dem früheren Großherzog von Toskana, gegeben hatte, und Bayern entschädigte den Herzog mit dem Bistum Würzburg, das es ebenfalls 1803 infolge der Säkularisation bekommen hatte.

Das Gebiet Österreichs war auf diese Weise besser abgerundet, aber es verlor mit Tirol seinen ganzen Einfluß auf die Schweiz und Italien, und der Erzherzog Ferdinand, der in die Mitte von Franken versetzt wurde, hörte auf, unter seinem unmittelbaren Einflusse zu stehen. Der Staat, den man diesem Fürsten bewilligte, war nicht mehr wie früher ein reines Anhängsel der österreichischen Monarchie.

Zu dieser Entschädigung für Salzburg fügte man für Österreich die Säkularisation der Güter des Deutschen Ordens und deren Umwandlung in ein erbliches Besitztum, das einem der Erzherzöge gegeben werden konnte. Die Wichtigkeit dieser Güter lag in einer Bevölkerung von 120 000 Einwohnern und einem Einkommen von 150 000 Gulden. Erzherzog Ferdinand behielt seinen Kurfürstentitel und seine Stimme im Kollegium der Kurfürsten.

Österreich erkannte die Königswürde der Kurfürsten von Württemberg und Bayern an und gab seine Einwilligung, daß Baden, Württemberg und Bayern über den reichsunmittelbaren Adel ihrer Gebiete dieselben Rechte haben sollten, die der Kaiser in seinem Territorium übte.

Die Genehmigung des Reichstages wurde der Form wegen vorbehalten. Frankreich bewirkte in einem bedeutenden Teile Deutschlands eine soziale Umwandlung, denn es zentralisierte dort die Macht zugunsten des Souveräns und machte jedem Einflusse feudaler Natur ein Ende.

Gleichzeitig setzte es auch das System der Säkularisation fort, denn mit dem Deutschen Orden verschwand eines der beiden letzten noch bestehenden geistlichen Fürstentümer, und es blieb nichts mehr als das Kurfürstentum Regensburg. Auch diese Säkularisation geschah wieder, wie früher, zugunsten eines der großen Höfe Deutschlands.

Österreich, von Italien definitiv ausgeschlossen, mit Tirol die beherrschenden Stellungen der Alpen verlierend, hinter den Inn zurückgeworfen, seiner vorgeschobenen Posten in Schwaben, seiner Lehensrechte in den süddeutschen Staaten beraubt, hatte ungeheure materielle und politische Verluste. Es verlor von 24 Millionen Einwohnern 4 Millionen, von 103 Millionen Einkünften 15 Millionen.

Am 27. Dezember erließ der Kaiser folgende Proklamation an die Armee:

Schönbrunn, 27. Dezember 1805.

Soldaten! Der Friede zwischen mir und dem Kaiser von Österreich ist geschlossen. Ihr habt in dieser Spätsaison zwei Feldzüge durchgeführt und alle Erwartungen erfüllt, die ich in euch gesetzt habe. Ich reise nach meiner Hauptstadt ab. Ich habe Rangerhöhungen und Belohnungen bewilligt denen, die sich am meisten hervorgetan haben. Ich werde alles halten, was ich versprochen habe. Ihr habt euren Kaiser alle Mühen und Gefahren mit euch teilen sehen, ich will nun auch, daß ihr ihn in der ganzen Größe und in dem ganzen Glanze seht, der dem Herrscher über das erste Volk der Welt zukommt. Ich gebe in den ersten Tagen des Mai ein großes Fest in Paris; ihr werdet alle daran teilnehmen, und danach werden wir sehen, wohin uns weiter das Wohlergehen unseres Vaterlandes und die Interessen unseres Ruhmes rufen werden.

Soldaten! Seid während der drei Monate, die eure Rückkehr nach Frankreich erfordert, das Vorbild aller Heere: nicht Beweise von Mut und Unerschrockenheit habt ihr zu geben, sondern Beweise strenger Disziplin. Macht, daß meine Verbündeten nicht über euren Durchmarsch zu klagen haben, und betragt euch, auf dem heiligen Boden des Vaterlandes angelangt, wie Kinder im Kreise ihrer Familie. Mein Volk wird euch aufnehmen, wie es das seinen Helden und Verteidigern schuldig ist.

Soldaten! Der Gedanke, euch alle in sechs Monaten um mein Schloß aufgestellt zu sehen, tut meinem Herzen wohl, und im voraus erfaßt mich freudige Bewegung. Wir werden das Andenken derjenigen feiern, die in diesen Feldzügen auf dem Felde der Ehre geblieben sind. Die Welt soll wissen, daß wir alle bereit sind, ihrem Beispiele zu folgen und noch mehr zu tun, wenn es verlangt wird, gegenüber allen, die unserer Ehre zu nahe treten oder sich durch das Gold der ewigen Feinde des Kontinents bestechen lassen.

Napoleon.

*

Achtes Kapitel.

Der Rheinbund.

I. Vasallenstaaten des Kaiserreichs. – II. Pläne zu Neubildungen in Deutschland. – III. Versorgung der napoleonischen Familie. – IV. Belohnung der Mitarbeiter des Kaisers. – V. Gründung des Rheinbundes.

I.

Als Napoleon dem Kaisertitel vor dem Königstitel den Vorzug gab, hatte ihm von Anfang an der Gedanke eines großartigen Reiches vorgeschwebt, das über mehrere Vasallenreiche herrsche, also eine Nachahmung des Deutschen Reiches, das nur noch dem Namen nach bestand.

Diese Vasallenreiche waren bereits gefunden und sollten unter die Mitglieder der Familie Bonaparte verteilt werden. Eugène Beauharnais, den er an Kindes Statt angenommen und mit einer Prinzessin von Bayern vermählt hatte, war bereits Vizekönig von Italien und herrschte über die wichtigste Hälfte der Halbinsel, von Toskana bis zu den Julischen Alpen. Joseph war zum König von Neapel bestimmt. Verschaffte man ihm noch Sizilien, so besaß er eines der schönsten Königreiche zweiten Ranges. Holland, das als Republik schwer zu regieren war, stand unter der gänzlichsten Abhängigkeit Napoleons, der glaubte, es für immer an sein System knüpfen zu können, wenn er es zu einem Königreiche erhob und es seinem Bruder Louis gab. So konnte er drei Königreiche, Neapel, Italien und Holland, unter die Souveränität seines Reiches stellen.

In dieser großen Hierarchie von Vasallenstaaten wollte er einen zweiten und dritten Rang haben, der nach dem Muster der deutschen Reichslehen aus großen und kleineren Herzogtümern bestehen sollte. Er hatte für seine ältere Schwester bereits das Herzogtum Lucca gegründet und wollte dasselbe jetzt durch das Fürstentum Massa vergrößern. Er wollte noch ein zweites gründen, das Herzogtum Guastalla, das ebenfalls vom Königreich Italien losgelöst werden sollte. Die beiden Zerstückelungen waren sehr unbedeutend, wenn man sie mit dem durch die venezianischen Staaten entstehenden Gebietszuwachs verglich. Napoleon erhielt von Preußen Neuenburg, Anspach und den Überrest des Herzogtums Cleve. Er hatte Anspach an Bayern gegeben und dafür das Herzogtum Berg erhalten, ein hübsches Land, das auf dem rechten Rheinufer unterhalb von Köln liegt und die wichtige Festung Wesel enthält. Straßburg, Mainz und Wesel sind die drei Zügel des Rheins.

In Oberitalien gab es noch Parma und Piacenza; im Königreich Neapel Pontecorvo und Benevent, strittige Lehen zwischen Neapel und dem Papst, welch letzterer in diesem Augenblick Napoleon zu großer Unzufriedenheit Veranlassung gab.

So konnte er außer mehreren Königreichen noch Lucca, Guastalla, Benevent, Pontecorvo, Parma, Piacenza, Neuenburg und Berg als Fürsten- oder Herzogtümer an seine Schwestern und seine treuesten Diener verteilen. Wenn er Königreiche oder Gebietsvergrößerungen verteilte, wie Neapel an Joseph und die venetianischen Staaten an Eugène, so wollte er dort etwa zwanzig kleinere Herzogtümer gründen und an seine besten Generale und Beamten vergeben, um in seiner kaiserlichen Hierarchie einen dritten Rang zu bilden und die Männer zu belohnen, denen er seinen Thron und Frankreich seine Größe verdankte.

Als er sich mit der kaiserlichen Krone selbst den Lohn für die Großtaten zusprach, welche die gegenwärtige Generation mit ihm ausgeführt hatte, da entfesselte er die Wünsche seiner Waffengefährten, die nun auch belohnt sein wollten. Leider ahmten sie die Redlichkeit der Generale der Republik nicht nach und nahmen häufig selbst, wenn man ihnen nicht schnell genug gab. In Italien und namentlich in den venetianischen Staaten waren schändliche Erpressungen vorgekommen, die Napoleon auf das strengste tadelte. Er hatte das Geheimnis dieser Erpressungen aufgespürt und entdeckt, berief die Schuldigen zu sich, entriß ihnen das Geständnis und befahl ihnen, sofort alles wieder zurückzuerstatten, wobei er mit dem Hauptmissetäter den Anfang machte, der eine beträchtliche Summe an die Armeekasse abzuführen hatte.

Wenn er aber von seinen Generalen die strengste Redlichkeit verlangte, so sollten sie doch nicht leer ausgehen. –

»Sagen Sie ihnen«, schrieb er an Eugène und Joseph, bei denen mehrere der schuldigen Offiziere angestellt waren, »sagen Sie ihnen, ich würde allen viel mehr geben, als sie selbst sich nehmen könnten. Was sie sich nehmen, wird sie mit Schande bedecken, was ich ihnen gebe, macht ihnen Ehre und gilt als ewiges Zeugnis ihres Ruhmes. Wenn sie sich selbst bezahlt machen, so drücken sie meine Völker und ziehen Frankreich den Haß der Besiegten zu; was ich dagegen gebe, wird aus Ersparungen bestehen und niemand berauben. Sie sollen warten, dann werde ich sie mit Reichtum und Ehren überfüllen, und sie brauchen nicht mehr über Erpressungen zu erröten.«

Ähnlich wie im Deutschen Reiche sollten die neuen Könige auf ihren Thronen ihre Eigenschaft als Großwürdenträger ihres Reiches behalten. Joseph sollte Großwähler bleiben, Louis Konnetabel, Eugène Erzkanzler, Murat Großadmiral. Ersatzbeamte, ein Vizekonnetabel, Vizegroßwähler usw., welche aus den Hauptpersonen des Staates genommen wurden, füllten ihre Funktionen aus, wenn sie abwesend waren, und vervielfältigten so die zu verteilenden Stellen. Die Könige sollten auch häufig in Frankreich residieren und im Louvre königliche Gemächer zu ihrer Verfügung haben. Sie sollten den Rat der kaiserlichen Familie bilden, im Fall von Vormundschaften gewisse Funktionen ausüben und selbst den Kaiser wählen, wenn der Mannesstamm vielleicht zum Aussterben käme.

Die Ähnlichkeit mit dem deutschen Reiche war eine vollständige. Das Reich der Franken konnte wieder werden, was es unter Karl dem Großen war, das Kaiserreich des Westens, und selbst diesen Namen annehmen.

Eine Verkettung von Umständen führte in diesem Augenblicke zur Auflösung des Deutschen Reiches und erledigte den schönen Titel eines Kaisers von Deutschland, der bei den Nachfolgern Karls des Großen den Titel Kaiser des Westens ersetzt hatte.

II.

Indem Napoleon bei seinem letzten Vertrage mit Österreich Anstalten traf, seine treuen Verbündeten in Süddeutschland zu belohnen und jede Veranlassung zu Koalitionen dieser mit dem Kaiser aus der Welt zu schaffen, hatte er die nahe Auflösung des alten deutschen Reiches ausgesprochen.

Im Jahre 1803 wurde Frankreich zur Einmischung in die innere Regierung Deutschlands aufgefordert; die Fürsten, welche durch die Abtretung des linken Rheinufers ihre Staaten ganz oder zum Teil verloren hatten, suchten sich durch die Säkularisierung der geistlichen Fürstentümer zu entschädigen. Da sie sich nicht einigen konnten, so riefen sie Napoleon an, um die Teilung mit der Billigkeit und Kraft zu vollziehen, ohne die sie zur Unmöglichkeit wurde. Preußen und Österreich nahmen ebenfalls Kirchengüter an und bedauerten nur eines dabei, daß sie nicht mehr bekamen.

Kaum zogen die vermittelnden Mächte Frankreich und Rußland, durch die langen Verhandlungen darüber ermüdet und anderweitig mehr beschäftigt, ihre Hand von dem halbreformierten Deutschland ab, so brach die Anarchie aus. Österreich besetzte unter dem Vorwande eines angeblichen Heimfallrechtes die Dependenzen der geistlichen Güter, die zu Entschädigungen gedient hatten, und beraubte die entschädigten Fürsten eines beträchtlichen Anteils ihres Gebietes. Die Fürsten griffen ihrerseits nach den Gütern des reichsunmittelbaren Adels.

Seit dieser Zeit fanden sich Unterdrücker und Unterdrückte vor dem Throne Napoleons ein. Es wurde augenscheinlich, daß das Szepter Karls des Großen von den Germanen an die Franken übergegangen war.

Dies sagte der Fürst Erzkanzler Dalberg von Mainz, der letzte von Napoleon beibehaltene geistliche Kurfürst, unter allen nur möglichen Formen. Dieser Fürst suchte die Macht da, wo sie wirklich war, und bat Napoleon unaufhörlich, das Szepter Karls des Großen in die Hand zu nehmen. Wenn dieser Name, der für Napoleons Stolz nicht der schmeichelhafteste war, da er Alexander und Cäsar viel höher schätzte, der aber mit seinen Entwürfen in bezug auf Europa in naher Verbindung stand, wenn dieser Name immer mit dem seinigen verbunden wurde, so geschah dies weniger durch ihn als durch diejenigen, welche seinen Schutz anflehten. Wenn die Kirche etwas von ihm haben wollte, so sagte sie zu ihm: »Sie sind Karl der Große, geben Sie uns, was er uns gegeben hat.«

Wenn die kleineren deutschen Fürsten bedrückt wurden, so riefen sie ihm zu: »Sie sind Karl der Große, beschützen Sie uns, wie er es getan haben würde.« Zu allen Zeiten haben die deutschen Fürsten außer ihrem Reichstag Sonderbündnisse gehabt, um gewisse gemeinschaftliche Rechte oder Interessen zu verteidigen. Alles, was von diesen Bünden noch übrig war, wendete sich an Napoleon und bat um seine Intervention, sowohl als Urheber und Bürge der Vermittelungsakte von 1803 wie auch als Unterzeichner und Exekutor des Vertrags von Preßburg. Die einen wollten unter seinem Schutz neue Bünde bilden, die andern unter seinem Szepter ein neues deutsches Reich gründen. Die Fürsten, deren Besitzungen besetzt worden waren, der reichsunmittelbare Adel, dem man seine Güter geraubt hatte, die Reichsstädte, denen der Verlust ihrer Freiheit drohte, schlugen verschiedene Pläne vor, waren aber alle bereit, Napoleons Beschlüssen sich zu unterwerfen.

Der Fürst Erzkanzler, welcher befürchtete, daß sein geistliches Fürstentum diesem neuen Sturme erliegen werde, nachdem es dem früheren Schiffbruche allein entgangen war, entwarf zu dessen Rettung den Plan, einen neuen deutschen Reichstag zu bilden, der unter seinem Vorsitz beraten und alle deutschen Staaten mit Ausnahme von Preußen und Österreich umfassen sollte. Um Napoleon für seine Schöpfung zu interessieren, ersann er zwei Mittel. Einmal sollte das Herzogtum Berg, von dem er wußte, daß es für Murat bestimmt war, zum Kurfürstentum erhoben werden, zweitens sollte ein Mitglied der kaiserlichen Familie die Koadjutorstelle des Erzbistums Regensburg bekommen. Da dieser Koadjutor der Nachfolger des Erzbischofs und der künftige Erzkanzler des Bundes war, so bekam Napoleon den neuen Reichstag in seine Gewalt.

Das Mitglied der Familie Bonaparte, das die Stelle des Koadjutors bekommen sollte, war durch seinen geistlichen Stand im voraus bestimmt; es war der Kardinal Fesch. Ohne zu warten, bis dieser Plan erörtert und angenommen war, ernannte der Erzkanzler zum großen Erstaunen seiner Mitstände den Kardinal Fesch zum Koadjutor von Regensburg und meldete dies Napoleon in einem offiziellen Schreiben.

Napoleon hatte keinen Grund, den Kardinal Fesch besonders gern zu haben, da gerade dieser ihn von allen seinen Verwandten am meisten plagte, und sah ihn ungern an der Spitze des deutschen Reiches. Er duldete indessen diese sonderbare Ernennung, ohne sich näher darüber auszusprechen. Sie war ein auffallendes Symptom von der Stimmung der unterdrückten deutschen Fürsten.

Napoleon wußte genau, was er gegenwärtig in Deutschland wagen konnte, und hatte seinen Entschluß gefaßt. Er wollte die Fürsten des südlichen Deutschlands, die Fürsten vom Rhein, von Franken, Schwaben und Bayern, unter seinem Protektorat zu einem Bunde vereinigen. Dieser Bund sollte seine Verbindung mit dem deutschen Reiche für aufgelöst erklären. Die übrigen deutschen Fürsten blieben entweder unter Österreichs Leitung in dem alten Bunde, oder sie traten aus, was wahrscheinlicher war, und scharten sich nach ihrer eigenen Wahl um Preußen oder um Österreich. Dann umfaßte das Französische Reich Italien, Neapel und Holland, später vielleicht die Halbinsel der Pyrenäen, hatte das Protektorat über das südliche Deutschland, enthielt fast alle Staaten Karls des Großen und *war* das Kaiserreich des Westens.

Um diesen Plan auszuführen, hatte man wenig zu tun, denn Bayern, Württemberg und Baden unterhandelten eben in Paris, um eine Regulierung ihrer unsichern Stellung zu erlangen. Alle anderen Fürsten wollten in den neuen Bund, den man als unvermeidlich erkannte, aufgenommen werden, gleichviel unter welchem Titel und unter welchen Bedingungen. Die Aufnahme in den Bund sicherte ihre Existenz, der Ausschluß vernichtete sie. Man brauchte daher bloß mit Bayern, Baden und Württemberg zu unterhandeln, und auch mit diesen nur in beschränktem Maßstabe. Man wollte den Bundesvertrag denjenigen Fürsten, deren Aufnahme beschlossen war, ganz fertig vorlegen und sie einfach zur Unterzeichnung auffordern. Der neue Bund sollte der Rheinbund heißen, Napoleon den Titel eines Protektors empfangen.

Talleyrand erhielt den Auftrag, den Plan zu dem neuen Bunde zu entwerfen und ihn dem Kaiser vorzulegen.

Dies war die Verkettung der Tatsachen, welche Frankreich zweimal dahin brachte, sich in die deutschen Angelegenheiten einzumischen. Das erste Mal, als die unvermeidliche Teilung der Kirchengüter Deutschland mit Anarchie bedrohte, ging man Napoleon an, die Teilung selbst zu vollziehen und zugleich die Veränderungen zu treffen, die in der deutschen Verfassung nötig wurden. Das zweite Mal, als Napoleon durch den Einfall der Österreicher in Bayern an die Ufer der Donau gerufen wurde, und sich im südlichen Deutschland Verbündete verschaffen und sie belohnen und an sich fesseln mußte, war er wieder zur Intervention gezwungen, um die Stellung derjenigen deutschen Staaten zu ordnen, welche in geographischer Beziehung für Frankreich wichtig waren.

III.

Napoleon überließ Talleyrand die Sorge, die Einzelheiten des neuen deutschen Bundes mit den Gesandten von Bayern, Baden und Württemberg insgeheim zu ordnen, und begann zur Ausführung seines allgemeinen Planes zu schreiten, namentlich in bezug auf Italien und Holland, damit die englischen und russischen Unterhändler die Geschicke dieser Reiche schon unwiderruflich festgelegt fänden. Die Krone von Neapel war Joseph, die von Holland Louis bestimmt, denn die neugeschaffenen Königreiche und Herzogtümer wollte Napoleon unter die Mitglieder seiner Familie verteilen. Die Krone von Neapel sicherte Joseph eine unabhängige Stellung und war außerdem glänzend genug, um nicht ausgeschlagen zu werden. Trotzdem war Napoleon nicht sicher, ob Joseph diese Krone annehmen würde, da er ihn schon den Vorsitz im Senat und die Würde des Vizekönigs in Italien hatte ablehnen sehen, und ernannte ihn anfangs nur zu seinem Stellvertreter. Als er der Annahme aber sicher war, trug er seinen Namen in die Dekrete ein, welche dem Senat vorgelegt werden sollten.

Holland bestimmte er für seinen Bruder Louis, den er bei dieser Gelegenheit wenig befragte, da er von ihm eine ernstliche Weigerung nicht befürchtete. Er berief einige der vornehmsten Bürger von Holland zu sich, namentlich den Admiral Verhuel, den tapferen Befehlshaber der Flottille, um die Holländer zu bestimmen, daß sie endlich ihre alte republikanische Verfassung mit einer monarchischen vertauschten. Die Repräsentanten Hollands ließen sich dazu bestimmen, da man ihnen die Beibehaltung ihrer Gesetze, namentlich der Städteverfassung versprach und da sie von Louis, seinen geregelten Sitten, seiner Sparsamkeit und seinem Unabhängigkeitssinn nur das Beste gehört hatten. Zwischen Holland und Frankreich sollte ein Bündnisvertrag geschlossen werden.

Die venetianischen Provinzen kamen mit Einschluß Dalmatiens an das Königreich Italien unter der Bedingung, daß dieses an die Prinzessin Elisa Massa und an die Prinzessin Pauline, die von der Freigebigkeit ihres Bruders noch nichts erhalten hatte, Guastalla abtrete. Pauline mochte ihr Herzogtum nicht behalten und verkaufte es für mehrere Millionen an das Königreich Italien.

Napoleon wollte auch Murat versorgen, den Gatten von Caroline Bonaparte, der im Kriege große Verdienste erworben hatte. Auch er hatte seine Wünsche, die aber viel mehr von seiner Frau als von ihm kamen. Napoleon hatte für ihn das Fürstentum Neuenburg bestimmt, aber weder Murat noch seine Gemahlin wollten es. Napoleon dachte nun für sie an das Herzogtum Berg, dem er noch die Reste des Herzogtums Cleve anfügte, ein schönes Land, das, am rechten Rheinufer in glücklichster Lage gelegen, damals 320 000 Einwohner zählte, nach

Abzug aller Kosten 400 000 Gulden einbrachte, den Unterhalt von zwei Regimentern gestattete und seinem Besitzer eine gewisse Bedeutung in dem neuen Rheinbunde versprach. Die fruchtbare Einbildungskraft des Muratschen Ehepaares verfehlte auch nicht, von einer sehr bedeutenden Rolle zu träumen, der irgendein großer Titel des Heiligen Römischen Reiches Glanz verschaffen sollte.

IV.

Die regierende Familie war versorgt. Aber Napoleon liebte nicht nur seine Brüder und Schwestern. Es waren auch seine Waffengefährten da und die Gehilfen bei seinen bürgerlichen Arbeiten. Sein natürliches Wohlwollen, das hier mit seiner Politik im Einklang stand, gefiel sich darin, den einen ihr Blut, den anderen ihre Nachtwachen zu bezahlen. Er wollte, daß sie tapfer, arbeitsam und redlich seien, und glaubte, sie deshalb gut belohnen zu müssen. Vor allem mußte Berthier zuerst belohnt werden, der geschickteste, eifrigste und vielleicht gebildetste Offizier Napoleons, der im Kugelregen stets bei ihm war und willig ein Leben ertragen hatte, dessen Gefahren er nicht achtete. Indessen fing er doch an, den Mühseligkeiten eines solchen Lebens weniger Geschmack abzugewinnen, und Napoleon empfand daher eine wahre Freude, ihn für seine Dienste belohnen zu können. Er gab ihm das Fürstentum Neuenburg und machte ihn dadurch zum souveränen Fürsten.

Unter seinen Mitarbeitern war einer, der in Europa einen höheren Rang einnahm als jeder andere, Talleyrand, der ihm durch seine Kunst, mit den fremden Gesandten zu unterhandeln, und durch seine eleganten Sitten weit mehr nützlich war als durch seine Einsicht im Rat. Napoleon liebte ihn nicht und mißtraute ihm, sah ihn aber ungern unzufrieden, und Talleyrand war unzufrieden, seitdem man ihn nicht unter die Zahl der Großwürdenträger aufgenommen hatte. Napoleon gab ihm das schöne Fürstentum Benevent, eine der beiden neapolitanischen Enklaven, die der Papst hatte hergeben müssen.

Napoleon hatte noch das Fürstentum Pontecorvo zur Verfügung, das dem Papst ebenfalls als neapolitanische Enklave abgenommen worden war. Er wollte es einem Manne geben, der keinen bedeutenden Dienst geleistet hatte, der selbst Verrat im Herzen trug, aber Josephs Schwager war: dem Marschall Bernadotte. Napoleon mußte sich Gewalt antun, als er ihm diese Würde übertrug. Er entschloß sich dazu aus Schicklichkeitsgefühl, aus Verwandtenliebe und weil er Beleidigungen vergaß.

Es wäre nicht schwer gewesen, diese drei oder vier seiner Gehilfen zu belohnen, wenn Napoleon nicht auch an die anderen hätte denken müssen, die zahlreicher waren, ebenso viele oder größere Verdienste hatten und ihren Anteil an den Früchten des Sieges erwarteten. Er sorgte für sie durch eine geschickt ersonnene Kombination. Indem er Königreiche austeilte, gab er sie den neuen Herrschern unter der Bedingung, daß sie in ihren Gebieten Herzogtümer gründeten und ihm einen gewissen Teil der Domänen auslieferten. So reservierte er, als er die venetianischen Staaten dem Königreiche Italien einverleibte, zwölf Herzogtümer unter folgenden Titeln: Dalmatien, Istrien, Friaul, Cadore, Belluno, Conegliano, Treviso, Feltre, Bassano, Vicenza, Padua und Rovigo. Diese Herzogtümer übertrugen keine Gewalt, sicherten aber eine jährliche Dotation, die dem fünfzehnten Teile der Landeseinkünfte gleichkam. Joseph bekam Neapel mit der Bedingung, sechs Lehen zu gründen: Benevent, Pontecorvo, Gaëta, Otranto, Tarent und Reggio. Als er Massa mit Lucca vereinigte, behielt sich Napoleon die Gründung eines Herzogtums Massa vor. Drei andere wurden in den Gebieten von Parma und Piacenza errichtet, alle unter derselben Bedingung wie die zwölf in den venetianischen Staaten. Außerdem ließ sich Napoleon in jedem der neuen Gebiete Nationalgüter und Renten zusichern, um Dotationen schaffen zu können. So nahm er von Venedig dreißig Millionen Nationalgüter und ließ im großen Buch des Königreichs Italien für 1 200 000 Renten einschreiben. Zu demselben Zwekke reservierte er sich die Nationalgüter in Parma und Piacenza, im Königreich Neapel eine Rente von einer Million, in den Fürstentümern Lucca und Massa vier Millionen Nationalgüter. Das Ganze bildete zweiundzwanzig Herzogtümer, vierunddreißig Millionen Nationalgüter, zwei Millionen viermal hunderttausend Renten, und fügt man den Schatz der Armee hinzu, den eine erste Kriegskontribution bereits auf siebzig Millionen gebracht hatte, und der durch neue Siege noch unendlich vermehrt werden sollte, so hatte man Dotationen für alle Grade, vom Soldaten bis zum Marschall. Die bürgerlichen Beamten sollten ebenfalls ihren Anteil an diesen Dotationen bekommen.

Diese verschiedenen Beschlüsse wurden dem Senat in den Monaten März, April und Juni nach der Reihe vorgelegt, um in Artikel der Reichsverfassung umgewandelt zu werden.

Am 15. März 1806 wurde Murat als Großherzog von Cleve und

Berg ausgerufen, am 30. März Joseph als König von Neapel und Sizilien, Berthier als Fürst von Neuenburg, Pauline als Herzogin von Guastalla, am 5. Juni Ludwig als König von Holland, Talleyrand als Fürst von Benevent, Bernadotte als Fürst von Pontecorvo.

V.

Diese Reihe neuer Schöpfungen wurde durch die definitive Bildung des Rheinbundes beschlossen. Talleyrand hatte die Unterhandlungen mit den Gesandten von Bayern, Baden und Württemberg insgeheim geführt. An der Aufregung der deutschen Fürsten erkannte aber jedermann, daß es sich abermals um große Änderungen für Deutschland handelte. Diejenigen, die infolge der geographischen Lage ihrer Staaten in den Bund eingeschlossen werden konnten, baten um ihre Aufnahme, um ihre Existenz zu sichern. Die angrenzenden Fürsten suchten die Verfassung des Bundes kennenzulernen, um zu wissen, wie ihre Beziehungen zu dieser neuen Macht sein würden, und wären gern beigetreten, wenn man ihnen gewisse Vorteile gewährt hätte.

Österreich, das seit einiger Zeit das Reich als aufgelöst und mithin nutzlos für sich betrachtete, wohnte diesem Schauspiel mit anscheinender Gleichgültigkeit bei. Preußen dagegen, das in dem Sturz der alten deutschen Verfassung eine unermeßliche Umwälzung erblickte, das die dem Hause Habsburg genommene kaiserliche Macht mindestens mit Frankreich teilen wollte, indem es den Norden von Deutschland beanspruchte, während Frankreich den Süden haben sollte – Preußen horchte überall herum, um zu erfahren, was vorgehe. Man verbreitete tausend Gerüchte von Gebietsaustauschungen, die Preußen einige Gebiete nehmen würden, um ihm dafür andere kleinere zu geben.

Zwei deutsche Fürsten, von denen der eine ebenso alt wie der andere neu war, riefen durch ihre ungeduldige Habsucht alle diese Gerüchte hervor. Der *alte* war der Kurfürst von Hessen-Kassel, ein schlauer und habgieriger Fürst, den das Blut seiner an das Ausland verkauften Untertanen bereichert hatte, der England schonen wollte, weil er dort viele Kapitalien hatte, Preußen, weil er an dasselbe angrenzte und einer seiner Generale war, Frankreich endlich, weil es zu jener Zeit über das Schicksal der Reiche entschied. Es gibt keine List, von der er nicht bei Talleyrand Gebrauch gemacht hätte, um bei den neuen Veränderungen Vorteile für sich herauszuschlagen. So bot er seinen Beitritt zum Rheinbunde an, wodurch dieser das wichtige Hessen bekommen haben würde, aber unter der Bedingung, daß man ihm einen Teil des Gebietes von Hessen-Darmstadt gäbe, welches Haus er mit jenem Hasse verfolgte, den in Deutschland die direkte Linie häufig gegen die Seitenlinie hegt. Er bestand hartnäckig auf dieser Forderung und schlug einen sehr ausführlichen, bis ins kleinste gehenden Plan vor. Zugleich schrieb er an den König von Preußen, daß man einen Bund vorbereite, der Preußens wie Österreichs Einfluß gleichmäßig vernichten würde, und daß man bei ihm alles mögliche ahne, um ihn zum Beitritt zu bewegen.

Der *neue* deutsche Fürst, Murat, ging anders vor. Mit dem schönen Herzogtum Berg nicht zufrieden, wollte er mindestens den Herrschern von Baden und Württemberg gleich stehen und verlangte zu diesem Zwecke in Westfalen einen Staat mit einer Million Einwohner. Natürlich war es Preußen, das zu dem neuen Staat das Material hergeben, d. h. Münster, Osnabrück und Ostfriesland abtreten sollte. Als Ersatz sollte es dafür die Hansastädte erhalten, die an Reichtum und Bedeutung dem abzutretenden Gebiet gleichkamen.

Diese Pläne erhielten die Billigung Napoleons nicht. Er wollte um Murats willen keine neuen Gebietszerstückelungen in Deutschland vornehmen und namentlich die Hansastädte keinem großen Staat einverleiben. Der französische Handel mit dem Norden ging über Hamburg, Bremen und Lübeck. Napoleon konnte diese Städte nicht opfern, deren Unabhängigkeit im Interesse Frankreichs und Europas war.

Die französischen Weine und Teppiche gingen nach Deutschland und Rußland unter der neutralen Flagge der Hansastädte, und unter derselben Flagge kamen die Schiffsmaterialien und zuweilen auch das Getreide des Nordens zurück.

Napoleon wies daher jeden Plan zurück, der die Hansastädte einem anderen Staate auslieferte. Er begünstigte also keinen von Murats Entwürfen. Den Kurfürsten von Hessen verabscheute er als einen falschen und habgierigen Fürsten, der unter anscheinender Gleichgültigkeit eine erbitterte Feindseligkeit verbarg. Er beschloß, ihn bei der nächsten Gelegenheit zu bestrafen. Daher wollte er sich gegen ihn nicht binden und ihn nicht in den Rheinbund aufnehmen, da er dadurch einen zukünftigen Plan unmöglich gemacht haben würde, der den Untergang dieses Fürsten nach sich ziehen mußte. Wenn man Hannover an England zurückgab, so war für Preußen eine Entschädigung ausfindig zu machen, und Napoleon bestimmte dazu Hessen, das Friedrich Wilhelm gewiß angenommen hätte, da er doch schon die geistlichen Fürstentümer und Hannover angenommen hatte und täglich um die Hansastädte bat. Dieser Plan, der für die europäische Diplomatie ein Geheimnis blieb, war die damals unerklärliche Ursache, daß man den Kurfürsten von Hessen-Kassel nicht in den Rheinbund aufnahm.

Nachdem man mit den Fürsten von Baden, Württemberg und Bayern alles geordnet hatte, ließ man den Vertrag von den anderen Fürsten unterzeichnen, die in den Bund aufgenommen wurden, ohne daß man sie die Verfassung desselben mit beraten ließ. Dieser Vertrag wurde vom 12. Juli datiert und enthielt folgende Bestimmungen:

Der neue Bund sollte der *Rheinbund* heißen, so daß schon dieser Name andeutete, daß man nicht die Absicht habe, ganz Deutschland zuzuziehen, sondern sich auf die an Frankreich angrenzenden Staaten beschränken wolle. Die beitretenden Fürsten bildeten einen Bund unter dem Vorsitz des Fürsten Erzkanzlers und unter dem Protektorat des Kaisers der Franzosen. Jeder Streit unter ihnen sollte durch eine Bundesbehörde entschieden werden, die in Frankfurt sich versammeln und nur aus zwei Kollegien bestehen werde, aus einem Kollegium der Könige und einem Kollegium der Fürsten. Das erstere entsprach dem alten Kollegium der Kurfürsten, das jetzt keinen Sinn mehr gehabt haben würde, da es keinen Wahlkaiser mehr gab; das zweite war dem Namen und der Sache nach das alte Kollegium der Fürsten. Das Kollegium der Städte kam in Wegfall.

Die verbündeten Fürsten schlossen für ewige Zeiten mit Frankreich ein Offensiv- und Defensivbündnis. Jeder Krieg war gemeinschaftlich. Frankreich stellte dazu 200 000 Mann und der Bund 63 000, wovon Bayern 30 000 gab, Württemberg 12 000, Baden 8000, Berg 5000, Darmstadt 4000, die kleinen Staaten zusammen 4000. Bei dem Tode des Fürsten Erzkanzlers ernannte der Kaiser den Nachfolger.

Die Verbündeten traten für immer aus dem deutschen Reiche aus und sollten dies dem Reichstage von Regensburg sofort erklären. Ihre Beziehungen untereinander sollten durch Gesetze geregelt werden, welche die Bundesbehörde nächstens entwerfen werde.

Ein besonderer Artikel erteilte allen deutschen Fürstenhäusern das Recht, dem Rheinbunde später beizutreten, ohne daß sie aber Bedingungen machen durften.

Die gegenwärtig beitretenden Fürsten waren die Könige von Bayern und Württemberg, der Fürst Erzkanzler, die Großherzöge von Baden, Berg und Darmstadt, die Herzöge von Nassau-Usingen und Nassau-

Weilburg, die Fürsten von Hohenzollern-Hechingen und Hohenzollern-Sigmaringen, von Salm-Salm und Salm-Kirburg, von Isenburg, Aremberg, Liechtenstein und von der Leyen.

Die Hohenzollern und die Salm wurden deshalb zugelassen, weil mehrere Mitglieder dieser Familien lange in Frankreich verweilt und Anhänglichkeit gezeigt hatten. Der Fürst von Liechtenstein erhielt seine Zulassung, obgleich er ein österreichischer Fürst war, weil er den Vertrag von Preßburg unterzeichnet hatte. Nach seinem Fürstentum wie nach den Gebieten mehrerer anderer Mitglieder war von gewissen Seiten her starkes Verlangen gewesen, das Napoleon zurückgewiesen hatte.

Geographisch umfaßte der Rheinbund das Gebiet zwischen der Sieg, der Lahn, dem Main, dem Neckar, der Ober-Donau, der Isar und dem Inn, d. h. Nassau und Baden, Franken, Schwaben, die Oberpfalz und Bayern. Jeder in diesem Gebiet begüterte Fürst, der in der Verfassung nicht mit benannt wurde, verlor seine Souveränität. Er wurde *mediatisiert,* ein dem alten deutschen Recht entlehnter Ausdruck, womit man sagen wollte, daß er aufhörte, reichsunmittelbar zu sein, und unter die Autorität des Landesherrn kam.

Die mediatisierten Fürsten und Grafen behielten gewisse fürstliche Befugnisse und verloren nur die eigentlichen Hoheitsrechte der Gesetzgebung, der hohen Gerichtsbarkeit, der hohen Polizei, der Besteuerung und der Rekrutierung. Den Mediatisierten blieben die mittlere und niedere Gerichtsbarkeit, die Waldpolizei, das Fischerei-, Jagd- und Weiderecht, die Benutzung der Bergwerke und überhaupt alle eigentlichen Lehensrechte.

Der reichsunmittelbare Adel wurde definitiv einverleibt.

Die Mediatisierten waren ziemlich zahlreich und würden ohne die Dazwischenkunft Frankreichs noch zahlreicher geworden sein. Es befanden sich unter ihnen die Fürsten von Fürstenberg und Hohenlohe, der Fürst von Thurn und Taxis, der sein Postmonopol verlor, die Fürsten von Löwenstein, Wertheim, Leiningen, Schwarzenberg, Solms und mehrere andere. Das Haus Nassau-Fulda verlor einiges an den Rheinbund angrenzende Gebiet.

Zu diesen Grundgesetzen fügte der Vertrag solche Gebietsregulierungen, die nötig wurden, um zwischen den Herrschern von Württemberg, Baden und Bayern die Verteilung des österreichischen Schwabens wie der Güter der Reichsunmittelbaren und der Mediatisierten zu ordnen.

Die freie Stadt Nürnberg, wo eine unruhige Bürgerschaft mit einem verschwenderischen Adel um die Herrschaft stritt, wurde an Bayern gegeben, ebenso Regensburg. Der Fürst Erzkanzler Dalberg wurde mit der Stadt und dem Gebiet von Frankfurt entschädigt. In Frankfurt sollte der neue Reichstag seinen Sitz nehmen.

Dieser Vertrag, der am 12. Juli veröffentlicht wurde, verursachte gar keine Überraschung, vervollständigte aber das europäische System Napoleons in den Augen aller. Da er jetzt durch seine Familienkönigreiche den ganzen Süden von Europa unter seiner Herrschaft hatte und Protektor des Rheinbundes war, so fehlte ihm zu seinem Kaiserreiche des Westens nur der Name. Man mußte dieses Resultat den Beteiligten anzeigen, nämlich dem Reichstage zu Regensburg, dem Kaiser von Österreich und dem Könige von Preußen. Die Erklärung an den Reichstag war einfach; man zeigte ihm an, daß man ihn nicht mehr anerkenne. An den Kaiser von Österreich richtete man eine Note, in der man das Deutsche Reich ein Institut nannte, das sich wie die Republik Venedig überlebt habe, von allen Seiten in Ruinen zerfallen sei, den schwachen Staaten keinen Schutz, den großen Mächten keinen Einfluß mehr gewähre, weder den Bedürfnissen der Zeit noch den Verhältnissen der deutschen Staaten unter sich entspreche, endlich dem Hause Österreich selbst nur einen leeren Titel verleihe, dessen Hinfälligkeit sein eigenes Oberhaupt anerkenne, indem er sich zum Kaiser von Österreich erklärt habe. Man schien also zu hoffen, daß der Kaiser Franz einen Titel niederlegen werde, der in dem ganzen Rheinbunde tatsächlich aufgehört hatte und von Frankreich nicht mehr anerkannt werden konnte.

Preußen wünschte man Glück, von den Banden dieses deutschen Reiches befreit zu sein, welches gewöhnlich Österreich dienstbar gewesen sei, und forderte es auf, den Norden Deutschlands ebenso unter seinen Schutz zu nehmen wie Frankreich den Süden. »Der Kaiser Napoleon«, schrieb das französische Kabinett, »wird mit Vergnügen sehen, wenn Preußen alle Staaten des nördlichen Deutschlands durch einen ähnlichen Bund wie der Rheinbund unter seinen Einfluß stellt.« – Man bezeichnete diese Staaten nicht, man schloß mithin keinen aus, aber ihre Zahl wie ihre Wichtigkeit konnte nicht groß sein. Es waren Hessen-Kassel, Sachsen mit den thüringischen Herzogtümern, die beiden Mecklenburg, endlich die kleinen Fürsten des Nordens, die aufzuzählen überflüssig ist. Man versprach, einem Bunde dieser Art kein Hindernis in den Weg zu legen.

Napoleon hatte diese Veränderung nicht vorgenommen, ohne energische und augenfällige Vorsichtsmaßregeln zu treffen. Er hatte die große Armee auf einen furchtbaren Fuß gebracht. Sie stand nach dem Kriege in Bayern, Franken und Schwaben in guten Quartieren, hatte ausgeruht und war zu neuen Märschen bereit, sei es nun gegen Österreich oder gegen Preußen. Napoleon hatte die beiden in Straßburg und Mainz gebildeten Reserven in ihre Reihen eintreten lassen. Dies war eine Verstärkung um 40 000 Mann, die seit einem Jahre dienten und vollkommen eingeübt waren. Viele unter ihnen, welche den Reserven früherer Jahre angehörten, hatten sogar das Alter der wahren Stärke erreicht, das heißt, sie zählten etwa fünfundzwanzig Jahre. Die Armee war im letzten Feldzuge um 20 000 Mann geschwächt worden, wovon der vierte Teil jetzt wieder diente, so daß sie mit den Reserven stärker war denn je.

Napoleon hatte den Umstand, daß ein Teil seiner Soldaten vom Auslande verpflegt wurde, dazu benutzt, die Gesamtmacht Frankreichs auf 450 000 Mann zu bringen, wovon 152 000 im Innern standen, 40 000 in Neapel, 50 000 in der Lombardei, 20 000 in Dalmatien, 6000 in Holland, 12 000 im Lager von Boulogne und 170 000 bei der Großen Armee. Diese letztere bildete eine einzige Masse, war auf vollständigstem Kriegsfuß und zählte 30 000 Reiter, 10 000 Artilleristen, 130 000 Fußsoldaten, lauter Soldaten, die auf dem höchsten Punkte der Vollendung standen, der durch Mannszucht, Krieg und gute Führer zu erreichen ist.

*

SCHLACHT BEI JENA.

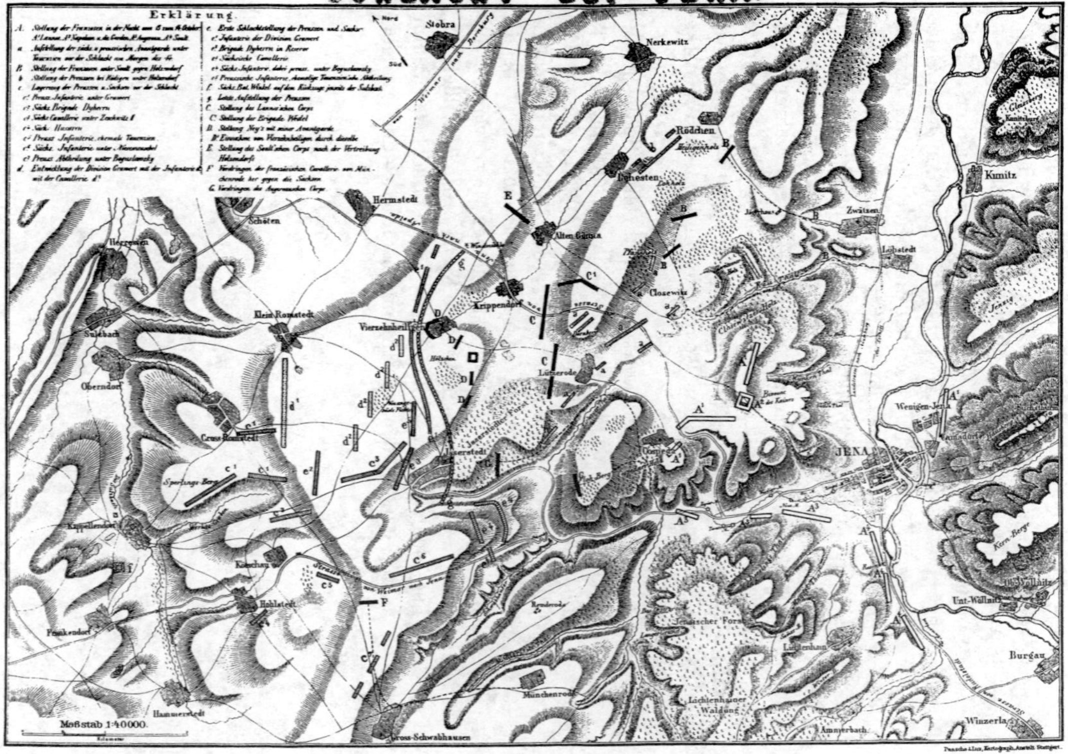

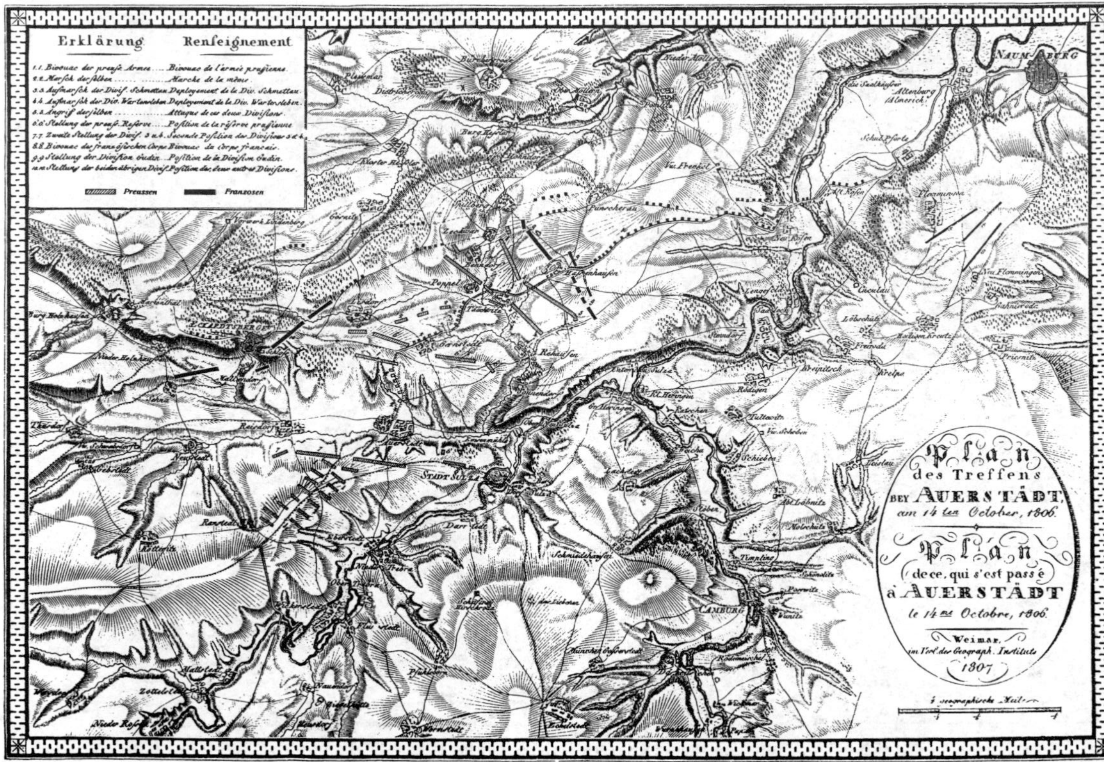

Paasche & Lux, Kartograph. Anstalt Stuttgart.

Die Schlacht bei Eylau

Stellungen am Morgen.

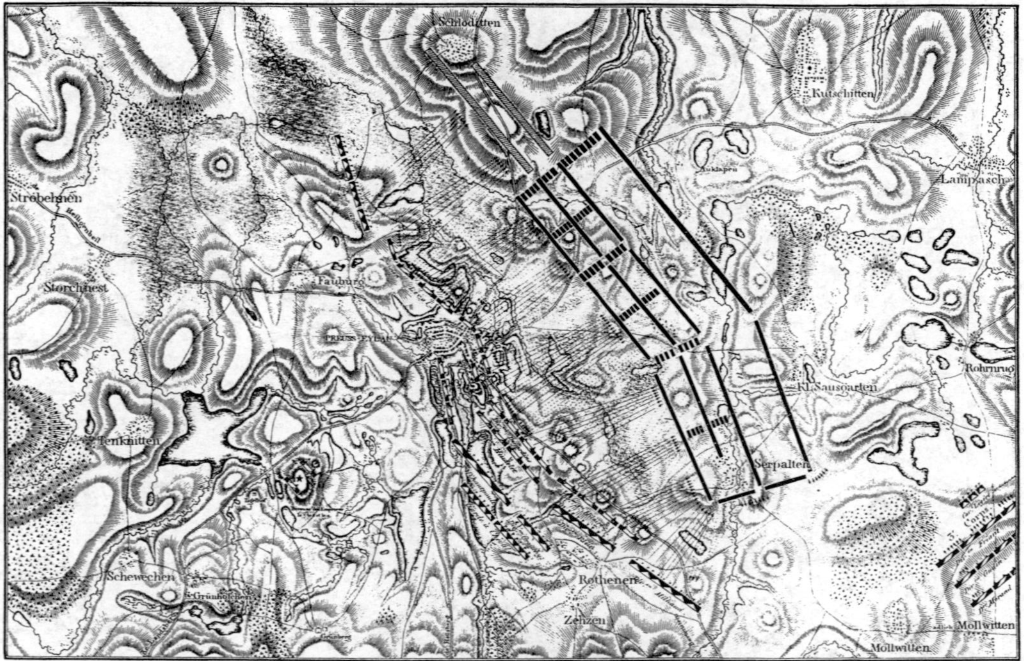

Franzosen

Infanterie — Kavallerie

★ Biwak Napoleon's

Eine halbe Meile, ¹⁄₃₀ einen Grad

Am Tage der Schlacht waren die Seen, Bäche und Sümpfe zugefroren und unter fusshohem Schnee. Das Gelände zeigte sich daher ohne diese Hindernisse. Die Aufnahme der Karte erfolgte einige Tage später, nachdem es getaut hatte.

Verbündete

Russen — Preussen

Paasche & Leo, Kartograph. Anstalt, Stuttgart.

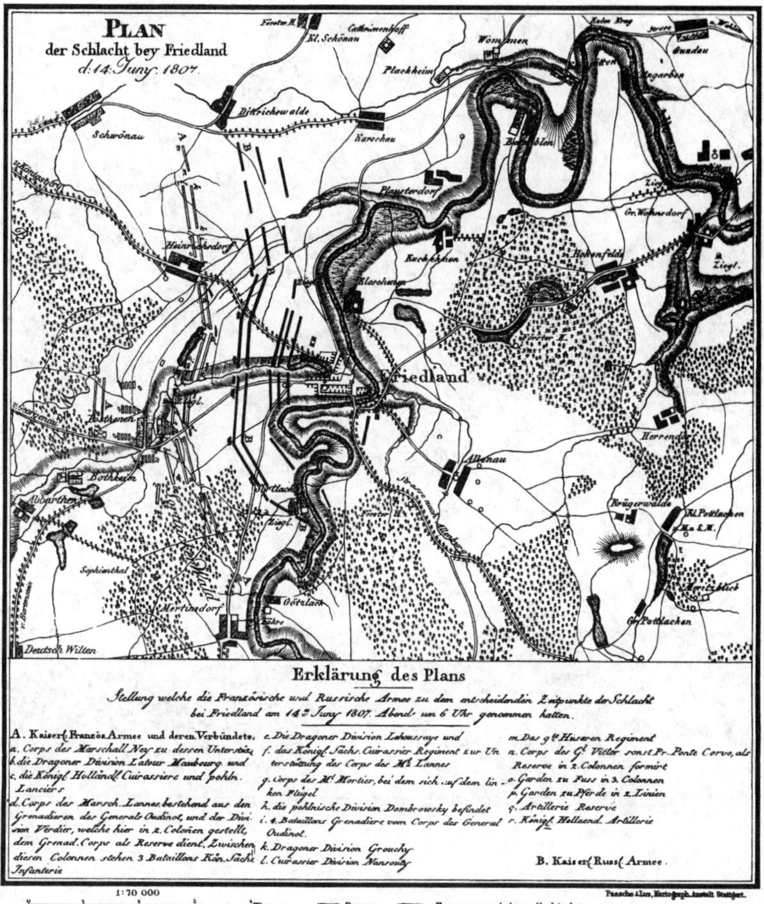

Erklärung des Plans

Stellung welche die Französische und Russische Armee zu dem entscheidenden Zeitpunkte der Schlacht bei Friedland am 14ten Juny 1807. Abends um 6 Uhr genommen hatten.

A. Kaiserl. Französ. Armee und deren Verbündete.

a. Corps des Marschall Ney zu dessen Unterstüz

b. die Dragoner Division Latour Maubourg und

c. die Königl. Holländl. Cuirassiere und pohln. Lanciers

d. Corps des Marsch. Lannes bestehend aus den Grenadieren des Generals Oudinot, und der Division Verdier, welche hier in 2. Colonnen gestellt, dem Grenad. Corps als Reserve dient. Zwischen diesen Colonnen stehen 3 Bataillons Kön. Sächs. Infanterie

e. Die Dragoner Division Lahoussaye und

f. das Königl. Sächs. Cuirassier Regiment zur Unterstützung des Corps des M^{l}. Lannes

g. Corps des M^{l}. Mortier, bei dem sich auf dem linken Flügel

h. die pohlnische Division Dombrowsky befindet

i. 4. Bataillons Grenadiere vom Corps des General Oudinot.

k. Dragoner Division Grouchy

l. Cuirassier Division Nansouty

m. Das 9te Husaren Regiment

n. Corps des G^{l}. Victor sonst Pr. Ponte Corvo, als Reserve in 2. Colonnen formirt

o. Garden zu Fuss in 3. Colonnen

p. Garden zu Pferde in 2. Linien

q. Artillerie Reserve

r. Königl. Hollaend. Artillerie

B. Kaiserl. Russl. Armee.

1:70 000

0 1 2 3 4 Kilom.

Russen — Franzosen und deren Verbündete

Paasche & Lux, Kartograph. Anstalt Stuttgart.

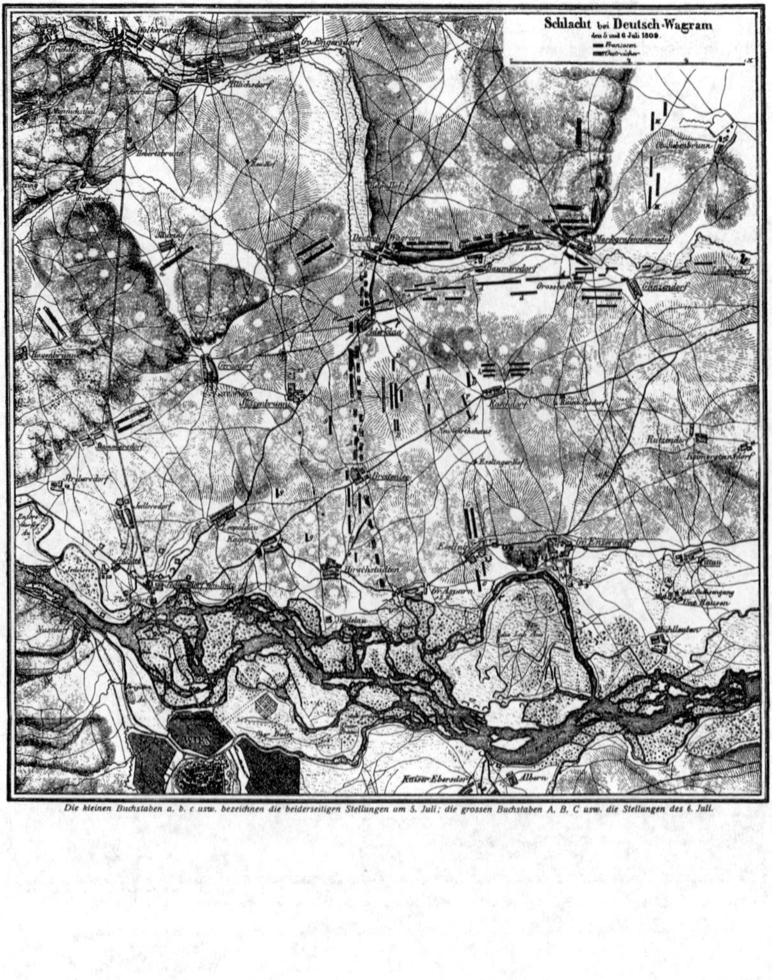

Die kleinen Buchstaben a. b. c usw. bezeichnen die beiderseitigen Stellungen am 5. Juli; die grossen Buchstaben A. B. C usw. die Stellungen des 6. Juli.

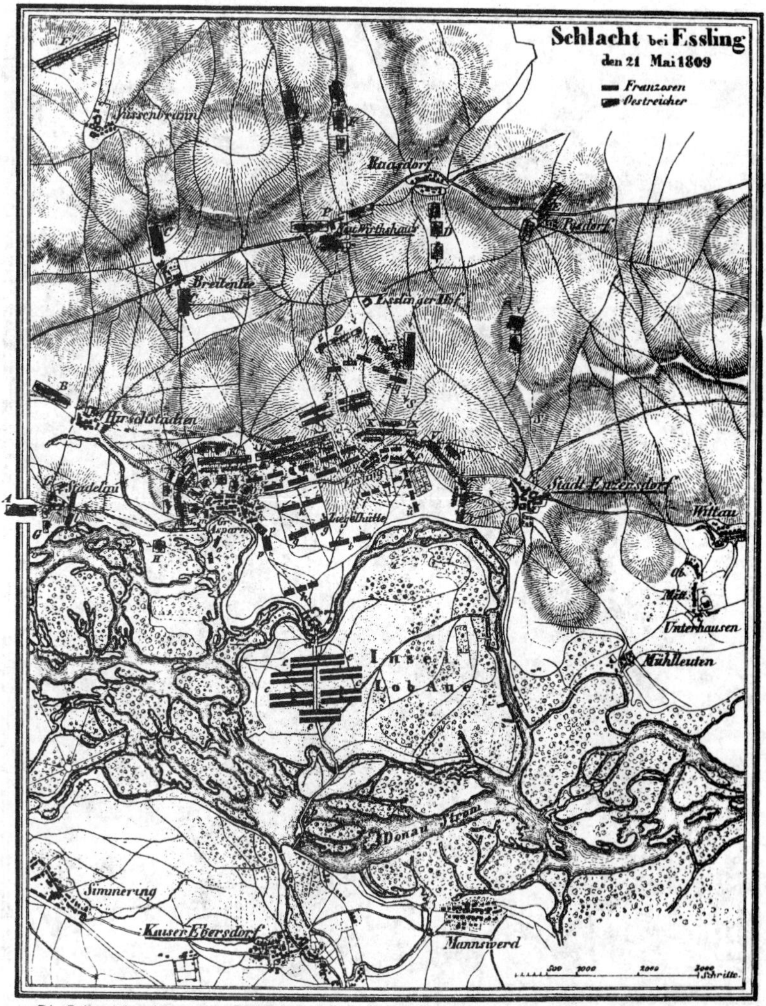

Die Reihenfolge der grossen Buchstaben A, B, C, D usw. bezeichnet die österreichischen Bewegungen und Stellungen; die kleinen Buchstaben a, b, c usw. gelten entsprechend für die Franzosen.

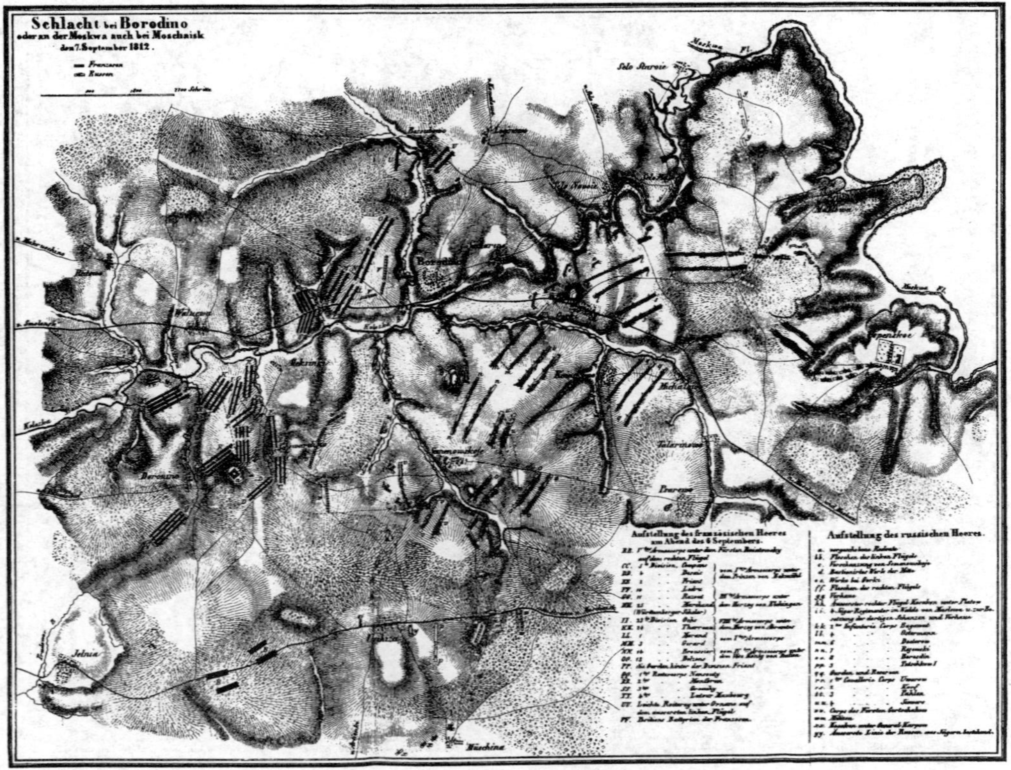
Schlacht bei Borodino
oder an der Moskwa auch bei Moschaisk
den 7. September 1812.
Franzosen
Russen
Moskwa Fl.
Borodino
Jelnia
Aufstellung des französischen Heeres am Abend des 6 Septembers.
Aufstellung des russischen Heeres.

Paasche & Luz, Kartograph. Anstalt Stuttgart.

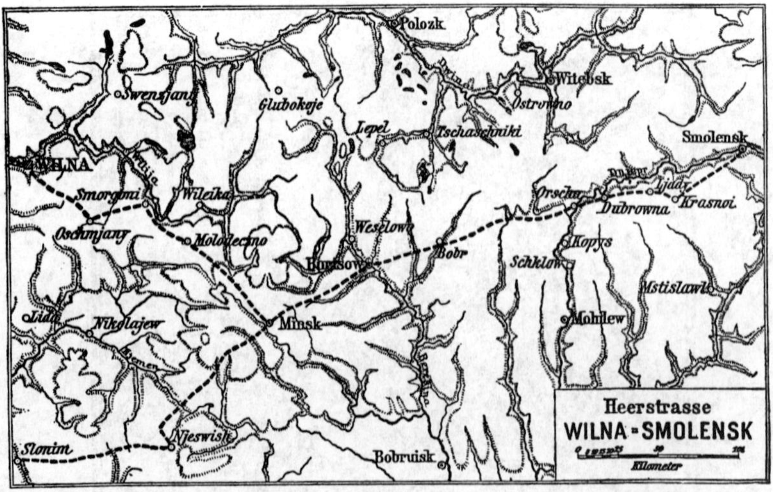
Heerstrasse
WILNA = SMOLENSK
Kilometer
Polozk
Witebsk
Ostrowno
Swenzjany
Glubokoje
Lepel
Tschaschniki
Smolensk
WILNA
Smorgoni
Wileika
Orscha
Ljady
Krasnoi
Dubrowna
Oschmjany
Molodeczno
Weselowo
Bobr
Kopys
Borissow
Schklow
Mstislawl
Lida
Nikolajew
Minsk
Mohilew
Njeswish
Slonim
Bobruisk

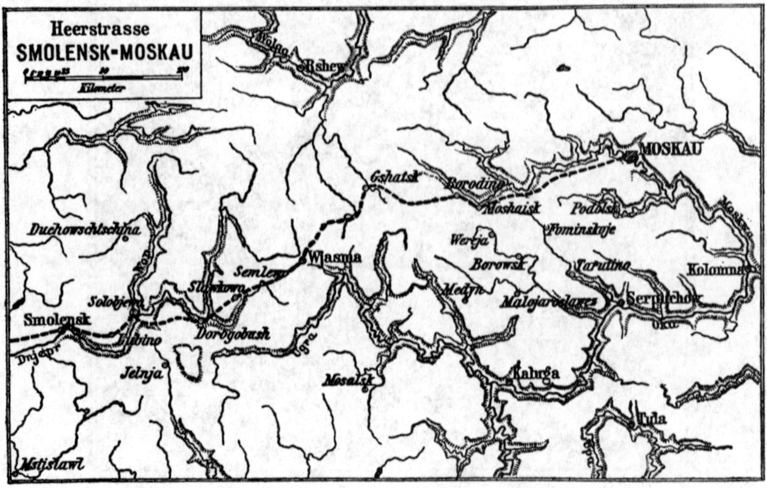
Heerstrasse
SMOLENSK = MOSKAU
Kilometer
Rshew
MOSKAU
Gshatsk
Borodino
Moshaisk
Podolsk
Fominskoje
Duchowschtschina
Werija
Wjasma
Borowsk
Tarutino
Kolomna
Semlewo
Slawkowo
Solowjewa
Medyn
Malojaroslawez
Serpuchow
Smolensk
Lubino
Dorogobush
Dnjepr
Oka
Jelnja
Mosalsk
Kaluga
Tula
Mstislawl

Vorwort.

Von der Höhe: Jena und Tilsit – in die Tiefe: Moskau und Wilna.

Dieser Zeitraum von sechs Jahren bildet den Inhalt des achten Bandes von Napoleons Memoiren, des zweiten Bandes ihrer zweiten Abteilung: *Ich der Kaiser.*

Es ist schon nicht mehr die ununterbrochene Siegerlaufbahn, wie in dem Jahrzehnt von 1796 bis 1805. Zwischen Jena und dem Frieden von Tilsit liegt Eylau, zwischen Eggmühl und dem Frieden von Schönbrunn liegt Aspern. Andererseits muß man gerechterweise doch wohl dem Urteil Napoleons beipflichten, wenn er die Tage von Eylau und Aspern nicht als *Niederlagen* anerkennen will. Die Russen beanspruchen Eylau als einen *Sieg.* Nun ist es wohl keine Frage, daß sie auf dem Schlachtfeld völlig vernichtet worden wären, wenn nicht im kritischsten Augenblick das preußische Korps unter L'Estocq wenigstens den Abzug unter die Mauern von Königsberg ermöglicht hätte. Dieser Sachverhalt ist von Napoleon vollkommen richtig dargestellt worden, und nicht mit Unrecht ironisiert der Kaiser Bennigsens *Siege,* die immer mit einem Rückzug endigen.

Auch was Napoleon über Aspern und Eßling sagt, wird man im wesentlichen nicht anfechten können. Da der Erzherzog Karl seinen *Sieg* nicht ausgenutzt hat (wie Napoleon meint: wegen seiner eigenen ungeheuren Verluste nicht ausnützen konnte) – wo bleibt da der Sieg? Jedenfalls ist die ungeheure Tatkraft, womit Napoleon in sechs Wochen alles an sich heranzuziehen wußte, um am Tage der Entscheidung mit erdrückender Überlegenheit zur Stelle zu sein, der höchsten Bewunderung würdig. Diese Leistung seines Genies hat Napoleon in aller Kürze, aber sehr anschaulich dargestellt.

Bedenklicher freilich erscheint Napoleons Versuch, die russische Katastrophe in milderem Lichte darzustellen. Immerhin darf man auch hier wohl sagen, daß ein solches Bestreben menschlich sehr wohl zu begreifen ist. Und jedenfalls hat man die Pflicht, besonnen und vorurteilsfrei nachzuprüfen, was ein solcher Geist zu seinen Gunsten auszuführen sucht. Wenn er sagt: Der russische Feldzug habe Frankreich nur 50 000 Menschen gekostet, so wirkt das zunächst frappierend. Und doch mag die Rechnung wohl stimmen. Denn von dem Gesamtheer, das gegen Rußland zog, bestand mehr als die Hälfte aus fremden Hilfstruppen, und die Truppen des *Empire* enthielten zahlreiche Mannschaften aus den deutschen, holländischen, italienischen und illyrischen Departements, die organisch zum Kaiserreich gehörten, aber doch nicht französisch waren. Von den eigentlichen Franzosen aber sind zweifelsohne sehr viele, die zunächst als verloren gelten mußten, später aus der russischen Gefangenschaft wieder heimgekehrt. Man muß doch bedenken, daß Napoleon diese Berechnung nicht unmittelbar nach dem russischen Feldzug angestellt hat, sondern erst in einem späteren Rückblick von St. Helena aus. Auch spricht er ausdrücklich nur von Frankreich, nicht von seinen Verbündeten, deren Tote freilich darum nicht weniger tot waren.

Daß der Feldzug 1812 zur Katastrophe wurde, die ihn selber und sein Reich in den Abgrund zog, hat zwei Hauptursachen. Die erste: Napoleon täuschte sich gründlich über die Wandlung, die seit Erfurt in der Denkungsart des Zaren sich vollzogen hatte. Dies trifft Napoleon gradezu als eine Schuld. Das Mißtrauen, das einen so wesentlichen Zug seines Charakters bildete, war ihm hier Pflicht. Diese Pflicht hat er versäumt. Vierzehn Tage, ja vielleicht nur acht Tage früher von Moskau aufgebrochen, und die *Katastrophe* wäre nach menschlicher Voraussicht vermieden worden. Daß freilich Napoleon über diese *Schuld* in seinen Äußerungen sehr leicht hinweggegangen ist, das ist wiederum menschlich wohl begreiflich.

Die zweite Hauptursache ist der Fall von Wilna, der im allgemeinen viel zuwenig beachtet wird. An diesem Fall aber trifft die Schuld nicht Napoleon, sondern Murat. Ohne diesen Fall von Wilna ist es durchaus noch nicht ausgemacht, daß selbst das vereinigte Europa seiner Herr geworden wäre. Inwiefern dieser Fall von Wilna des Kaisers Berechnungen umstieß, das wird im neunten Bande dargelegt werden.

Eigentümlich berühren einige Äußerungen Napoleons über seine Pläne zum Heil der *Völker*. Es ist lange Zeit geradezu eine Modesache gewesen, diese Ideen als bloße Phrasen hinzustellen, auf die erst der Gefangene von St. Helena verfallen sei, um seine *schlechte Sache* in ein besseres Licht zu stellen. Ich glaube aber, daß sie eine recht ernstliche Beachtung verdienen. Jedenfalls ist wohl die Gegenfrage erlaubt:

was hat denn Englands Sieg den *Völkern* genützt? Sind nicht in schamloser Weise alle Versprechungen gebrochen worden, die man eben den *Völkern* gemacht hatte, als man ihrer durchaus nicht mehr entbehren konnte?

Daß der ganze zwanzigjährige Krieg schließlich auf einen Zweikampf zwischen Napoleon und der englischen Aristokratie hinauslief, daran ist meines Erachtens nicht mehr zu zweifeln. Nur diese Auffassung kann den richtigen Maßstab für die Beurteilung der ganzen Periode abgeben. Über das einzelne will ich nicht rechten. Den furchtbaren Druck, womit Napoleons schwere Hand auf Europa lastete, will ich nicht leugnen. England hat gesiegt, aber nicht aus eigener Kraft, sondern nur durch Europa, weil Europa diesen Druck nicht länger ertragen konnte – oder wollte.

War aber Napoleons Kampf gegen England oder vielmehr gegen die englische Aristokratie – die selbstsüchtigste aller Oligarchien, die jemals mit dem Worte *Freiheit* Mißbrauch getrieben haben – wirklich nur *Cäsarenwahnsinn?* Nun, es ist Tatsache: wenn Napoleon in Rußland siegte, so war England verloren. Im Jahre 1812 hatte England bereits für sein Papiergeld Zwangskurs einführen müssen; auf Gold wurde ein Agio von ungefähr 25% bezahlt. Im Jahre 1813 wäre – ohne Napoleons Unglück in Rußland – der englische Staatsbankerott unvermeidlich gewesen; oder der Friede.

Ich begnüge mich, an dieser Stelle nur noch eine Bemerkung Napoleons über die Behandlung der Völker anzuführen, die nach meiner Meinung durchaus keine *Phrase,* sondern die sehr richtige Beobachtung eines großen Mannes ist:

»Alte entartete Nationen können nicht regiert werden wie die tugendhaften Völker des Altertums; auf einen, der alles dem öffentlichen Wohle opfert, gibt es heute Tausende und Millionen, die nur ihr Interesse kennen, nur an ihre Eitelkeiten und Genüsse denken: nun zu glauben, man könne ein Volk im Nu regenerieren, ist eine Verrücktheit! Das Talent des Arbeiters besteht darin, aus dem Material, das ihm zu Gebote steht, etwas Rechtes zu machen: das ist auch das Geheimnis der Wiederaufnahme aller monarchischen Formen, der Titel, Orden und Bänder in meinem Empire. Der Gesetzgeber großen Stils weiß selbst aus den Wunderlichkeiten derjenigen Vorteil zu ziehen, die er zu regieren hat. Alle diese Firlefanzereien sind bei dem Punkte, auf dem die heutige Zivilisation angelangt ist, geeignet, der Menge Achtung einzuflößen; sie können die Eitelkeit der Schwachen befriedigen, ohne den Starken den Kopf zu verdrehen.«

Saint Jean sur Mer
Pfingsten 1912.

Heinrich Conrad

Inhaltsverzeichnis

Viertes Kapitel.

Erfurt.

Fünftes Kapitel.

Spanien.

Sechstes Kapitel.

Der Krieg von 1809.

Erster Abschnitt:

Der Feldzug in Bayern. Eßling.

Register:

Erstes Kapitel.

Jena.

I. Die Lage vor Ausbruch des Krieges. – II. Anordnungen Napoleons für den Feldzug. Kriegsplan der Preußen. Gefecht bei Saalfeld (10. Oktober 1806). – III. Schlacht bei Jena (14. Oktober). – IV. Gleichzeitige Schlacht bei Auerstädt. – V. Folgen des Sieges. Kontributionen. – VI. Brief Napoleons an den König von Preußen.

I.

Kraft des Vertrages vom 15. Dezember 1805 konnte Preußen Hannover sich einverleiben, aber diesem Vertrag wurde in Berlin nur eine bedingte Ratifikation zuteil. Die endgültige Ratifikation gab Anlaß zu Auseinandersetzungen, die sich über einen guten Teil des Jahres 1806 hinzogen. Endlich besetzte Preußen aber doch Hannover, und alles schien in Ordnung zu sein – da erklärte es plötzlich den Krieg. Es wurde dazu nicht von Frankreich herausgefordert, sondern durch die glühende Leidenschaftlichkeit der Berliner Jugend fortgerissen und hatte sich außerdem durch eine Depesche seines Pariser Gesandten, des Marquis Lucchesini, täuschen lassen; dieser versicherte, daß nach dem in Paris vom Grafen Ubril zustande gebrachten Vertrag Rußland und Frankreich Verpflichtungen eingegangen wären, die den preußischen Interessen zuwiderliefen. Im ersten augenblicklichen Schreck griff Preußen zu den Waffen. Wollte es den Russen und Franzosen gleichzeitig standhalten? Warum auch nicht? Hatte es nicht im Siebenjährigen Kriege Frankreich, Rußland und Österreich die Spitze geboten? Das Berliner Kabinett wurde jedoch sofort vom Kaiser von Rußland beruhigt, der die Abmachungen seines Bevollmächtigten, des Grafen Ubril, verwarf und den Pariser Vertrag, in welchem übrigens von Preußen gar nicht die Rede war, nicht ratifizierte. Der König, der sich darauf gefaßt gemacht hatte, gegen die beiden Mächte zu kämpfen, nunmehr aber es nur noch mit den Franzosen zu tun hatte, ja sogar des russischen Beistandes sicher war, zweifelte nicht an Preußens Sieg.

Der Krieg war durch das Benehmen des Berliner Hofes unvermeidlich geworden. Es war freilich von seiten Preußens eine große Unvorsichtigkeit, mit Napoleon einen Kampf zu beginnen in einem Augenblicke, da die französische Armee von Austerlitz zurückkehrte, noch im Herzen von Deutschland stand und schlagfertiger war, als jemals ein Heer gewesen ist. Hauptsächlich war es aber eine arge Folgewidrigkeit, daß es sich jetzt allein in den Krieg stürzte, nachdem es im Jahre zuvor, als Österreich, Rußland, England, Schweden, Neapel ihm verbündet gewesen wären, die Waffen hatte ruhen lassen. Gegenwärtig war Österreich, durch seine letzten Anstrengungen erschöpft und über Preußens Schwanken erbittert, fest entschlossen, seinerseits ein friedlicher Zuschauer fremden Unglücks zu bleiben. Rußland war, infolge des Rückzugs seiner Truppen über die Weichsel, dem Kampfplatze wieder entrückt worden. England schmollte über die Besetzung von Hannover und hatte Preußen den Krieg erklärt; Schweden war dem Beispiel gefolgt. Allerdings konnten ehemalige Freunde Frankreichs, die jetzt feindliche Gesinnungen hegten, mit Sicherheit darauf rechnen, daß England sich mit Preußen versöhnen und ihm Hilfsgelder zahlen werde. Aber Preußen mußte sich dem britischen Kabinett erklären und von vornherein mit der Rückgabe von Hannover beginnen, was selbst bei dem schlechtesten Vernehmen mit Frankreich niemals hätte der Fall zu sein brauchen, wenigstens nicht ohne Entschädigung.

Rußland war freilich von seinen früheren Träumen militärischen Ruhms zurückgekommen, indessen noch immer geneigt, in Gemeinschaft mit den preußischen Truppen, die ihm das größte Vertrauen einflößten, das Waffenglück abermals zu versuchen. Aber es würden jedenfalls mehrere Monate erforderlich gewesen sein, bevor seine Heere in die Schlachtlinie hätten einrücken können. Preußen befand sich mithin einige Zeit lang Napoleon allein gegenüber. Es mußte im Oktober 1806 in Sachsen auf ihn stoßen, gerade wie Österreich im Oktober 1805 ihm in Bayern begegnet war, jedoch mit dem für Preußen sehr unvorteilhaften Unterschiede, daß Napoleon nicht mehr das Hindernis der Entfernungen zu besiegen hatte; denn statt am Ufer des Ozeans zu lagern, stand er bereits im Herzen von Deutschland und konnte die preußische Grenze in zwei bis drei Tagemärschen erreichen. Das Benehmen Preußens läßt sich nur durch eine verhängnisvolle Verblendung erklären.

Bevor Napoleon ins Feld rückte, ließ er dem Lord Lauderdale einen Wink geben und ihn darauf hinweisen, daß seine Landsleute besser daran täten, Frieden zu schließen, da er in weniger als zwei Monaten Herr über Preußen sein werde. Denn niemals könne dieses Land allein ihm siegreich entgegentreten, mit Rußland zusammen vielleicht, aber die Russen seien zu weit entfernt und hätten drei Monate zu marschieren, bevor sie Berlin erreichten, das nach dem Plane der Koalition verteidigt werden sollte. Des Kaisers Plan sei also, zuerst die Preußen vor Eintreffen der Russen und dann diese zu vernichten. Er riete ihm daher, seine Friedensanerbietungen anzunehmen, bevor die Preußen, die besten Freunde der Engländer auf dem Kontinent, eine Niederlage erlitten. Lord Lauderdale gab darüber seinem Ministerium Bericht und befürwortete die Schließung des Friedens, aber die Minister wollten nicht: sie sahen den König von Preußen an der Spitze von 100 000 Mann, hofften, daß Napoleon geschlagen und daß eine Niederlage seinen Untergang herbeiführen würde.

Napoleon hegte nicht die geringste Unruhe wegen des nahen Krieges. Er kannte die Preußen nicht, denn er war ihnen nie auf dem Schlachtfeld begegnet; aber er sagte sich, daß diese Preußen, die man so sehr lobte, nachdem sie seine Feinde geworden waren, gegen die unerfahrenen Franzosen von 1792 noch weniger ausgerichtet hätten als die Österreicher; und daß sie gegen das ausgezeichnete Heer unter seinem Befehl noch weniger erreichen könnten als gegen die in aller Hast ausgehobenen Freiwilligen jener Zeit.

II.

Ein bis zwei Tage genügten Napoleon, seine Pläne zu entwerfen und alles einzelne zu ordnen. Er pflegte 24 bis 48 Stunden lang fast ohne Unterbrechung 100 bis 200 Briefe zu diktieren. Da Fürst Berthier, der gewöhnliche Dolmetscher seiner Willensmeinung, wegen der Angelegenheiten des Rheinbundes in München hatte bleiben müssen, so verwendete er bei dieser Gelegenheit den General Clarke und diktierte ihm am 18. und 19. September seine Befehle. Er sah voraus, daß etwa noch 18 bis 20 Tage in vergeblichen Erörterungen mit Preußen verfließen würden und daß dann der Krieg unfehlbar ausbrechen müßte. Er wollte daher diese 20 Tage dazu verwenden, die Große Armee zu vervollständigen und sie mit allem Nötigen versehen.

Die Marschbefehle wurden so gegeben, daß sie in den ersten Tagen des Oktobers ausgeführt werden konnten. Napoleon befahl den Marschällen Ney und Soult, sich im Fürstentum Bayreuth zu vereinigen, um den rechten Flügel der Armee zu bilden; den Marschällen Davoust und Bernadotte, in Bamberg zusammenzustoßen, um sich als Zentrum der Armee aufzustellen; den Marschällen Lannes und Augereau, in der Umgebung von Coburg zusammenzutreffen, um als linker Flügel zu agieren. Auf diese Weise konzentrierte er seine Streitkräfte an den Grenzen von Sachsen. Murat hatte Befehl, die Reiterei in Würzburg zu versammeln, und die Garde zu Fuß marschierte eben dahin. Diese verschiedenen Korps mußten am 3. oder 4. Oktober auf ihren Posten sein. Es war ihnen ausdrücklich befohlen, die Grenzen von Sachsen nicht zu überschreiten.

Napoleon reiste in der Nacht vom 24. auf den 25. September ab, von der Kaiserin und von Talleyrand begleitet, verweilte einige Stunden in Metz, um die Festung kennenzulernen, und reiste dann nach Mainz weiter, wo er am 28. eintraf. Hier erfuhr er, daß ein Kurier von Berlin, der die letzten Erklärungen des preußischen Hofes überbringe, nach Paris durchgereist sei.

Obgleich Napoleon daher von dem preußischen Hofe keine definitive Erklärung erhalten hatte, so beschloß er doch, den Krieg als erklärt zu betrachten, wenn die Preußen in Sachsen einmarschierten. Im vorigen Jahre hatte er ebenso den Einmarsch der Österreicher in Bayern als Feindseligkeit betrachtet. Unter diesen Umständen war der Krieg bereits vollständig erklärt, denn die Preußen hatten die Elbe bei Dresden schon überschritten. Die preußischen Streitkräfte standen in zwei Massen konzentriert; die eine unter dem Befehle des Herzogs von Braunschweig in der Umgebung von Magdeburg, die andere unter dem Fürsten von Hohenlohe in der Gegend von Dresden. Die Hauptarmee war von Magdeburg nach Naumburg an der Saale gezogen, dann von Weimar nach Erfurt und befand sich in diesem Augenblicke bei der letztgenannten Stadt, die Front durch den Thüringer Wald, die linke Flanke durch die steilen Ufer der Saale gedeckt. Der Herzog von Weimar hielt mit einer starken Abteilung leichter Truppen das Innere des Waldes besetzt und schob starke Rekognoszierungen auf den jenseitigen Abhang vor. General Rüchel bildete mit den westfälischen Truppen den rechten Flügel der Armee.

Man konnte diese Armee, das Korps des Generals Rüchel mitgerechnet, auf 93000 Mann schätzen. Die zweite Armee war von Schlesien nach Sachsen gezogen, um den Kurfürsten zur Teilnahme am Kriege zu bestimmen. Er hatte 20 000 Sachsen zu stellen versprochen, wenn man seine Staaten durch eine der beiden Armeen decke. Die 20 000 Sachsen waren noch nicht in Bereitschaft, und der Fürst von Hohenlohe ging inzwischen die Saale aufwärts, um den Engpässen gegenüber Stellung zu nehmen, die von Franken nach Sachsen führen. Das preußische Kontingent des Fürstentums Bayreuth, das General Tauenzien befehligte, hatte sich bei der Annäherung der französischen Truppen nach Schleiz zurückgezogen und bildete so den Vortrab des Fürsten Hohenlohe. Der Fürst verfügte im ganzen über mehr als 50 000 Mann.

Dies waren die beiden preußischen Feldarmeen; als Reserve hatte man in Magdeburg ein Korps von ungefähr 15 000 Mann, das unter dem Befehle eines Prinzen von Württemberg stand, der mit seiner Familie in Unfrieden lebte. Dazu muß man die Besatzungen an der Oder und Weichsel rechnen, die ungefähr 25 000 Mann betrugen. So hatten die Preußen mit Einschluß der Sachsen nicht mehr als 180 000 bis 185 000 Mann zu ihrer Verfügung, von denen 160 000 im Felde standen.

Die Preußen waren tapfer, wie die Deutschen dies stets waren, aber seit dem Siebenjährigen Krieg hatten sie an keinem Feldzuge teilgenommen, denn der Feldzug in der Champagne war nicht lang und nicht ernstlich genug gewesen. So hatten sie auch an keiner der Veränderungen teilgenommen, die seit fünfzehn Jahren in der Organisation der europäischen Truppen vorgenommen worden waren. Sie legten das größte Gewicht auf eine Regelmäßigkeit der Bewegungen, die auf dem Übungsplatze viel mehr Wert hat als auf dem Schlachtfelde. Sie schleppten eine Masse Gepäck mit sich, das durch die ewigen Hindernisse, die es dem Marsch in den Weg legte, schon allein ein Heer zugrunde richten konnte. Der Stolz der Preußen war groß, hauptsächlich bei den Offizieren, und wurde durch ihren Patriotismus noch gesteigert.

Der Befehl war nicht in den besten Händen. Die Oberleitung des Krieges war dem Herzog von Braunschweig übertragen worden, einem Schüler Friedrichs des Großen, der als solcher großen Ruf hatte. Es gibt Berühmtheiten, die zuweilen eigens dazu bestimmt sind, Reiche zugrunde zu richten; man kann ihnen den Oberbefehl nicht versagen, und wenn man sie auf eine hohe Stelle gestellt hat, so tadelt das Publikum, das die Untüchtigkeit unter der blendenden Hülle des Ruhms bald entdeckt, eine Wahl, die es doch selbst erzwungen hat, und macht sie durch seine scharfe Kritik noch unglücklicher. So geschah es auch bei der Ernennung des Herzogs von Braunschweig.

Dieser besaß sehr viel Geist, hielt sich aber selber dem Kriege nicht gewachsen. Er hatte den Oberbefehl aus Schwäche angenommen, um ihn nicht einem Nebenbuhler zu überlassen, und unterlag der Last. Er beurteilte die Torheit des Hofes und des jungen militärischen Adels nach Verdienst und war deswegen ebenso besorgt wie wegen seiner eigenen Unzulänglichkeit. Zur Seite des Herzogs von Braunschweig befand sich eine andere Ruine aus der Regierungszeit Friedrichs, der alte Marschall von Möllendorf, der, ebenso alt wie jener, keine Befehlsgewalt hatte und nur guten Rat erteilen sollte. Zu der Schwäche der Greise kam die Anmaßung der jüngeren Generale, die fest überzeugt waren, daß sie allein das Recht hätten, den Krieg zu leiten. Der bedeutendste unter diesen war der Fürst von Hohenlohe, der Anführer der zweiten Armee und einer jener deutschen Fürsten, die der Untergang des Reiches ihrer Staaten beraubt hatte. Ein stolzer und leidenschaftlicher Mann, verdankte er den Ruf eines kühnen und unternehmenden Generals einigen glücklichen Gefechten, die er im Kriege von 1792 geführt hatte. Dieser Ruf, den er wenig verdiente, erweckte in ihm den Ehrgeiz, vom Generalissimus unabhängig zu sein und seinen eigenen Eingebungen folgen zu dürfen. Er hatte sich mit einer solchen Bitte an den König gewandt, und dieser war schwach genug gewesen, ihm eine halbe Unabhängigkeit einzuräumen, die zu einer Spaltung und zu Insubordination führen mußte.

Hohenlohe wollte den Krieg nach der oberen Saale ziehen, wo er bereits stand; während der Herzog von Braunschweig hinter dem Thüringer Walde schlagen wollte, wo er seine Stellung genommen hatte. Aus diesem Widerstreit mußten sich bald die schlimmsten Folgen ergeben, zumal da noch Brauseköpfe vorhanden waren, wie der General Rüchel und Prinz Louis[1], die sofort losschlagen wollten, damit Friedrich Wilhelm und Napoleon sich nicht etwa wieder versöhnten.

Während das preußische Hauptquartier über Angriffspläne beriet, die alle auf die Annahme gegründet waren, daß man Napoleon am 11. Oktober überraschen könnte, erfuhr es plötzlich, daß dieser schon in

---

1 So hieß der Prinz zu seinen Lebzeiten nicht nur bei Hofe, sondern auch allgemein beim Volke; die Benennung als Prinz Ludwig Ferdinand ist erst später üblich geworden. C.

Würzburg angekommen war, und begann nun seinen Plan zu erraten. Der Herzog von Braunschweig entsagte sofort allen Angriffsplänen, beschloß, sich an seine Verteidigungsstellung am Thüringer Wald aus allen Kräften anzuklammern, und erteilte dem Fürsten Hohenlohe den Befehl, das Zusammenziehen seines Heeres an der oberen Saale fortzusetzen und dem General Tauenzien die sorgsamste Bewachung der fränkischen Engpässe zu übertragen. Gleichzeitig übersandte man dem Kaiser ein Ultimatum, worin man eine genügende Erklärung verlangte, die aber von einem für Deutschland beruhigenden Schritt begleitet sein mußte – nämlich von dem Rückzug der französischen Truppen über den Rhein. Dieser Rückzug sollte bis zu einem bestimmten Tage beendigt sein und am 8. Oktober beginnen!

Wenn Preußen wirklich den Frieden noch wünschte, so war diese Note ein sehr übel gewähltes Mittel. Als Napoleon sie am 7. Oktober erhielt, geriet er in großen Zorn und richtete unverzüglich an sein Heer folgenden Aufruf:

Soldaten!

Der Befehl zu eurer Rückkehr nach Frankreich war ausgefertigt; ihr standet eurem Vaterland um mehrere Tagemärsche näher; Siegesfeste erwarteten euch. Aber während wir uns mit zu großem Vertrauen in Sicherheit wiegten, wurden unter der Maske der Freundschaft und Bundesgenossenschaft neue Ränke gegen uns geschmiedet. In Berlin ertönte Kriegsgeschrei. Derselbe Geist des Übermutes, der die Preußen vor vierzehn Jahren in die Champagne führte, leitet sie auch jetzt wieder bei ihren Entschlüssen. Wenn sie auch heute nicht mehr Paris vom Erdboden vertilgen wollen, so haben sie dafür die Anmaßung, ihre Fahnen in den Hauptstädten unserer Verbündeten aufpflanzen und uns die Lorbeeren von der Stirn reißen zu wollen. Sie verlangen, daß wir bei dem bloßen Anblick ihrer Armee Deutschland räumen sollen.

Soldaten! Gewiß ist unter euch nicht einer, der nach Frankreich auf einem anderen Wege zurückkehren möchte als auf dem der Ehre. Nur unter Triumphbögen dürfen wir unseren Einzug halten! Haben wir deshalb den Unbilden von Wetter, Meeren und Wüsten getrotzt, haben wir deshalb mehrere Male das verbündete Europa besiegt und unseren Ruhm von Westen gen Osten, von Osten gen Westen getragen, um heute gleich Flüchtlingen in unser Vaterland zurückzukehren, unsere Verbündeten im Stich zu lassen und sagen zu hören, der französische Adler sei beim Anblick des preußischen Adlers erschrocken?

Drum wehe denen, die uns herausfordern! Möge die Preußen dasselbe Schicksal treffen wie vor vierzehn Jahren! Mögen sie erfahren, daß es wohl leicht ist, durch die Freundschaft eines großen Volkes Macht und Land zu gewinnen, daß aber eines solchen Volkes Feindschaft gefährlicher ist als die Stürme des Weltmeers!

Am nächsten Tage, den 8. Oktober, gab Napoleon der ganzen Armee den Befehl, die sächsischen Grenzen zu überschreiten, und die drei Kolonnen, aus denen sie bestand, setzten sich zu gleicher Zeit in Bewegung. Nach einem kleineren Gefecht bei Schleiz am 9. Oktober, das dem Kaiser zu seiner Befriedigung den Beweis lieferte, daß die preußische Kavallerie, obwohl sie treffliche Pferde hatte und gut zu reiten verstand, seinen eigenen tapfern Fußsoldaten und kühnen Reitern doch nicht furchtbar war, kam es am 10. Oktober bei Saalfeld zu einem ernstlichen Zusammenstoß. Am frühen Morgen dieses Tages erreichte Marschall Lannes die Höhen, die das Städtchen überragen, und bemerkte im Tale das Korps des Prinzen Louis von Preußen, das aus 7000 Mann Infanterie und 2000 Reitern bestand. Die Stellung des preußischen Prinzen war nicht gut gewählt. Seine Infanterie bildete den linken Flügel, der sich an die Stadt und die Saale anlehnte, der ausschließlich von Reiterei gebildete rechte Flügel dehnte sich in der Ebene aus. In ihrer Front von den Höhen beherrscht, die bereits von französischer Artillerie besetzt waren, hatten die Preußen im Rücken einen sumpfigen Bach, die Schwarza, die unterhalb der Stadt Saalfeld in die Saale mündet und schwer zu passieren ist. Ihr Rückzug war daher schlecht gesichert.

Obwohl Lannes nur die Division Suchet und zwei leichte Reiterregimenter bei sich hatte, ging er doch sofort zum Angriff vor. Die preußische Infanterie vermochte dem Anprall der Division Suchet nicht standzuhalten. Von den Höhen herab wütete das Geschützfeuer fürchterlich in ihren Reihen. Nachdem Prinz Louis mit einer Tapferkeit gestritten hatte, die seiner Ahnen würdig war, sah er seine Bataillone sich auflösen und in Verwirrung hinter den Mauern von Saalfeld Schutz suchen. Er eilte nun zu seiner Reiterei, um die beiden französischen Husarenregimenter anzugreifen, die inzwischen vorgerückt waren, und warf sie anfangs zurück. Bald aber gewannen die Husaren die Oberhand und verfolgten die Preußen mit Ungestüm. Zwei Adjutanten des Prinzen wurden an seiner Seite getötet. Der Prinz, in glänzender Uniform und mit seinen Orden geschmückt, wurde von allen Seiten umringt. Er wandte sich nun zur Flucht, aber sein Pferd wurde von einer Hecke aufgehalten. Ein Wachtmeister vom 10. Husarenregiment, der in ihm wohl einen General, aber nicht den Prinzen erkannte, sprengte gegen ihn an und rief ihm zu: »General, ergeben Sie sich!« Prinz Louis antwortet mit einem Säbelhieb, worauf der Wachtmeister mit einem Stich erwidert, der den Prinzen mitten in die Brust trifft und ihn tot vom Pferde wirft. Die Leiche wurde erkannt und mit allen Rücksichten, die der Rang des Toten verdiente, nach Saalfeld gebracht, wo sie in der Kirche aufgebahrt wurde. Die preußischen und sächsischen Truppen, die weder aus noch ein wußten, suchten ihr Heil in wilder Flucht; sie ließen 20 Geschütze, 400 Tote und Verwundete, 1000 Gefangene in den Händen der Sieger.

So hatten die ersten Schläge des Krieges einen seiner Haupturheber getötet. Das Gefecht von Saalfeld versetzte das preußische Hauptquartier in die größte Bestürzung. Und doch war es nur der Vorbote des vernichtenden Schlages, der wenige Tage später auf die stolzen Preußen niederfahren sollte.

III.

Die Schlacht bei Jena hat die Schmach von Roßbach ausgelöscht und in sieben Tagen einen Feldzug entschieden, der dem kriegerischen Übermute, von dem die preußischen Köpfe erfaßt waren, einen gehörigen Dämpfer aufsetzte.

Die Stellungen, welche die Armee am 13. Oktober einnahm, waren folgende:

Der Großherzog von Berg und der Marschall Davoust standen mit ihren Korps bei Naumburg und hatten Abteilungen gegen Halle und Leipzig vorgeschoben.

Das Korps des Marschalls Bernadotte war im Anmarsch auf Dornburg.

Das Korps des Marschalls Lannes stand vor Jena.

Das Korps des Marschalls Augereau hatte bei Kahla Aufstellung genommen.

Das Korps des Marschalls Ney war in Roda.

Das Hauptquartier befand sich in Gera, der Kaiser war unterwegs nach Jena.

Das Korps des Marschalls Soult war von Gera aufgebrochen, um sich näher an die Kreuzung der Straßen von Naumburg und Jena heranzuschieben.

Der Feind hatte folgende Stellung inne:

Der König von Preußen hatte den Beginn der Bewegungen auf den 9. Oktober festgesetzt. Seine Rechte sollte auf Frankfurt, sein Zentrum auf Würzburg und die Linke auf Bamberg marschieren. Alle preußischen Divisionen standen in Bereitschaft, um diesen Plan auszuführen. Aber die französische Armee hatte sich inzwischen gegen den linken preußischen Flügel vorgeschoben und befand sich in wenigen Tagen in Saalburg, Lobenstein, Schleiz, Gera und Naumburg. Dadurch wurde die preußische Armee gezwungen, um nicht umfaßt zu werden, alle diese Detachements zurückzurufen, wozu sie die Tage des 9., 10., 11. und 12. Oktobers benutzte.

Am 13. Oktober stand sie in Schlachtordnung zwischen Kapellendorf und Auerstädt in einer Stärke von 160000 Mann.

Am selben Tage, um 2½ Uhr nachmittags, traf der Kaiser in Jena ein. Er begab sich zur Vorhut, die auf einem kleinen Plateau aufgestellt war, und sah aus den Bewegungen des Feindes, daß dieser am nächsten Tage angreifen wolle, um die verschiedenen Übergänge über die Saale in seinen Besitz zu bekommen. Der Feind stand in starker und uneinnehmbarer Stellung an der Chaussee, die von Jena nach Weimar führt, und schien der Ansicht, daß es den Franzosen unmöglich sei, sich in der Ebene zu entfalten, bevor sie nicht diese Stellung erobert hätten. Es erschien in der Tat unmöglich, Kanonen auf dem sehr kleinen Plateau aufzufahren. Indessen wurde dies dadurch möglich gemacht, daß man die ganze Nacht darauf verwendete, einen neuen Weg in den Felsen zu schlagen, auf welchem die Artillerie die Höhe erreichte.

In seiner Ungeduld leitete Napoleon diese Arbeit persönlich und leuchtete dabei seinen Soldaten eigenhändig mit einer Fackel.

Marschall Davoust erhielt den Befehl, über Naumburg vorzurücken, um den Engpaß von Kösen zu decken, falls der Feind auf Naumburg marschieren würde, oder nach Apolda vorzudringen, um ihn im Rükken anzugreifen, wenn er in seiner Stellung bleiben würde.

Das Korps Bernadottes wurde bestimmt, von Dornburg aus dem Feind in den Rücken zu fallen, ob er sich nun auf Naumburg oder auf Jena werfen würde.

Die Hauptmasse der Kavallerie, die mit der Armee noch nicht vereinigt war, konnte erst gegen Mittag eintreffen. Die Gardekavallerie war noch sechsunddreißig Stunden entfernt, obgleich sie von Paris aus nur Eilmärsche gemacht hatte. Es gibt aber im Kriege Augenblicke, wo keine Erwägung den Feldherrn zurückhalten kann, dem Feinde zuvorzukommen und zuerst zum Angriff zu schreiten. Daher befahl der Kaiser dem ganzen Korps Lannes, das die Vorhut innehatte, sich auf dem Plateau, das der Feind zu vernachlässigen schien, obgleich es unmittelbar vor seiner Front lag, in Schlachtordnung aufzustellen. Marschall Lefèbvre ließ die kaiserliche Garde Karree bilden, und der Kaiser biwakierte inmitten dieser Braven. Die Nacht bot ein eigentümliches Schauspiel: die Biwakfeuer beider Armeen leuchteten weithin; die der einen Armee erstreckten sich fünfundzwanzig Kilometer lang, die der anderen waren auf einen Punkt zusammengedrängt, und in beiden Armeen herrschte geschäftige Bewegung und Unruhe. Beide Heere waren nur auf Kanonenschußweite voneinander entfernt; die Vorposten waren fast in Berührung miteinander, und man vernahm jedes Geräusch.

Die Korps Ney und Soult marschierten die ganze Nacht hindurch. Bei Tagesanbruch griff alles zu den Waffen. Die Division Gazan war in drei Linien rangiert auf der linken Seite des Plateaus; die Division Suchet bildete den rechten Flügel; die kaiserliche Garde hielt den Gipfel des Berges besetzt, in den Zwischenräumen waren die Geschütze aufgefahren. Nach der Stadt zu und in den benachbarten Tälern hatte man Notwege hergestellt, die die Entfaltung der Truppen erleichterten, welche auf dem Plateau keinen Platz mehr gefunden hatten. Es war vielleicht das erste Mal, daß eine Armee mit so kleinen Raumverhältnissen zu rechnen hatte.

Dicker Nebel herrschte bei Anbruch des Tages. Der Kaiser passierte die Linien und empfahl den Soldaten, auf die preußische Kavallerie achtzuhaben, die als gefährlicher Gegner bekannt sei. Er erinnerte sie daran, daß sie vor einem Jahre Ulm eingenommen hätten, daß die preußische Armee, wie damals die österreichische, heute umzingelt und von ihrer Operationslinie und den Vorratsdepots abgeschnitten sei; daß sie in diesem Augenblicke nicht mehr für ihren Ruhm, sondern um den Rückzug zu sichern kämpfe, und daß Truppen, welche die preußische Armee entwischen ließen, Ehre und Ruf verlieren würden. Auf diese Worte antworteten die Soldaten mit dem Rufe: *Los an den Feind!*

Die Schützen begannen den Kampf, bald knatterte lebhaftes Gewehrfeuer. So stark auch die Stellung des Feindes war, er wurde daraus vertrieben, die französische Armee konnte sich auf der Hochebene entfalten und Schlachtordnung formieren.

Das Gros der feindlichen Armee, das erst den Nebel sich aufhellen lassen wollte, griff nun zu den Waffen. Ein Korps von 50 000 Mann des linken Flügels brach in der Richtung nach Naumburg auf, um die dortigen Pässe und den Kösener Talweg zu besetzen. Aber Marschall Davoust war ihnen zuvorgekommen. Die beiden anderen Korps, die zusammen 80 000 Mann stark waren, drangen gegen das französische Heer vor, das auf der Hochebene bei Jena vorrückte. Zwei Stunden lang hüllte der Nebel beide Heere ein, bis ihn endlich eine schöne Herbstsonne verdrängte. Da bemerkten sich die Gegner nur auf Kanonenschußweite voneinander entfernt. Der linke französische Flügel wurde von Marschall Augereau befehligt und stützte sich auf Kospeda und die benachbarten Wälder. Die kaiserliche Garde trennte ihn vom Zentrum, das das Korps Lannes innehatte. Den rechten Flügel bildete das Korps Soult. Marschall Ney hatte erst 3000 Mann seines Korps, das im Anmarsch war, beisammen.

Die feindliche Armee war zahlreich und besaß eine vorzügliche Kavallerie, ihre Manöver wurden schnell und genau ausgeführt. Der Kaiser hätte gern noch zwei Stunden gewartet, um in der neuen Stellung, die er nach dem Angriff des Morgens eingenommen hatte, seine Verstärkungen und besonders die Kavallerie heranziehen zu können, aber die *Furia francese* riß ihn mit fort.

Da einige Bataillone sich im Dorfe Hohlstedt festgesetzt hatten, suchte der Feind sie wieder hinauszuwerfen. Marschall Lannes erhielt Befehl, Verstärkungen nach Hohlstedt zu werfen. Marschall Soult marschierte auf den Wald am rechten Flügel. Da der rechte feindliche Flügel unsere Linke bedrohte, erhielt Marschall Augereau Befehl, ihn zurückzuwerfen. In weniger als einer Stunde wurde der Kampf allgemein.

Marschall Soult hatte nach zweistündigem Gefecht das Gehölz genommen und war im Vormarschieren. In diesem Augenblicke begannen die Reservedivisionen der Kavallerie in die Stellung einzurücken, und zwei neue Divisionen des Korps Ney trafen auf dem Schlachtfelde ein. Der Kaiser ließ nun alle Reservetruppen der ersten Linie ins Gefecht treten, und damit war der Sieg entschieden. Der Feind wurde auf der ganzen Linie geworfen und zum Rückzuge gezwungen. Während der ersten Stunde geschah er in guter Ordnung. Als aber der Großherzog von Berg an der Spitze der Dragoner- und Kürassierdivisionen die Verfolgung aufnahm, verwandelte sich der Rückzug in wilde Flucht. Die braven Reiter stürzten sich, da sie sahen, daß der Sieg ohne sie davongetragen worden war, auf den Feind, wo auch immer sie ihn antrafen. Weder die preußische Infanterie noch die Kavallerie konnte dem Stoß standhalten; vergebens bildete die Infanterie Vierecke; fünf preußische Bataillone wurden über den Haufen gerannt, die Artillerie, Kavallerie, Infanterie wurden zersprengt oder gefangengenommen, und die Franzosen drangen mit dem Feinde zugleich in Weimar ein.

Um 2 Uhr nachmittags war General Rüchel mit seinem 15 000 Mann starken Korps auf dem Schlachtfeld eingetroffen. Vergeblich suchte er durch einen mutvollen Angriff das Gefecht zum Stehen zu bringen; er wurde in die allgemeine Flucht mit fortgerissen und selber schwer verwundet.

IV.

Unterdessen gewann gleichzeitig der rechte Flügel der französischen Armee unter Marschall Davoust die Schlacht bei Auerstädt.

Am 13. Oktober hatte Davoust Naumburg und alle Magazine der preußischen Armee genommen; im Hauptquartier von Weimar herrschte Panik. Der preußische Heerführer faßte den Entschluß, die Saale wieder zu überschreiten, die Korps des Generals Blücher und des Herzogs von Weimar sich selber zu überlassen und auf Naumburg zu marschieren, um die Magazine wieder zu nehmen. Am 14. eröffneten 60 000 Preußen das Gefecht am Eingang des Engpasses von Kösen. Aber die vom König persönlich befehligte Armee wurde bei Auerstädt von nicht mehr als 30 000 Mann des 3. Korps auf ihrem Marsche angehalten und geschlagen.

Bernadotte mit seinem 18 000 Mann starken Korps hatte Befehl, dem Marschall Davoust zu helfen, den Paß von Kösen und die Ebene von Auerstädt zu verteidigen. Die Hälfte des Korps Davoust hatte schon die Saale überschritten, als Bernadotte eintraf und die Spitze der Kolonne nehmen wollte. Davoust widersetzte sich dem mit Recht; dadurch wäre eine kostbare Zeit verlorengegangen, und außerdem wären die Korps in dem Paß durcheinandergekommen, was von größtem Unheil gewesen wäre. Bernadotte marschierte nun auf Dornburg und überschritt die Saale. Davoust empfand es hart, die 18 000 Mann Bernadottes entbehren zu müssen. Indessen gewann er die Schlacht und bedeckte sich mit Ruhm. Es wäre natürlich möglich gewesen, daß bei Auerstädt der Marschall Davoust nicht gesiegt hätte, aber das Kösener Defilee hätte man ihm nicht entreißen können; da er eine so ausgezeichnete Infanterie befehligte, brauchte er nur 10 000 Mann, um den Paß den ganzen Tag zu halten. Hätte er ihn aber trotz alledem verloren, so konnten die Preußen doch nicht vor ihm über die Saale gehen: 6000 Franzosen mit 24 Geschützen waren hinreichend, um den Übergang zu verwehren. Wäre also Marschall Davoust aus seiner Stellung bei Kösen geworfen und gezwungen worden, über die Saale zu gehen, so hätte dies auf den Ausgang der Schlacht bei Jena keinen Einfluß gehabt. Vielleicht wäre gerade dadurch die Vernichtung der preußischen Armee noch sicherer geworden.

Bernadotte hätte sicherlich von Dornburg aus seinen Fehler wiedergutmachen können, indem er der preußischen Armee in den Rücken fiel, er machte aber nur Parademanöver und gab nicht einen Schuß ab. Generale, Offiziere und Soldaten waren aufs höchste empört. Der Marschall hätte von Rechts wegen erschossen werden sollen; es hat dem Kaiser später leid getan, daß er ihn auf die Fürsprache Berthiers, an den er sich weinend gewandt hatte, mit einer kurzen Ungnade davonkommen ließ. Er hatte gegen Napoleon schon am 18. Brumaire und unter dem Konsulat konspiriert. Trotzdem war er unbehelligt geblieben und sogar zum Marschall und zum Fürsten Pontecorvo erhoben worden. Sein einziger Anspruch auf so hohe Gunstbezeugungen war seine Heirat mit der Schwägerin eines Bruders des Kaisers. Er hat niemals ein wichtiges Kommando gehabt, niemals eine Schlacht gewonnen, und man kann sagen, daß der Ruf, den er sich gemacht hat, wohl mehr auf seiner gascognischen Ruhmredigkeit als auf wirklichem Verdienst beruht.

Der Herzog von Braunschweig war ein trauriger General. Napoleon hatte sich sehr in ihm getäuscht, indem er anfangs glaubte, er sei ein Feldherr. Aber er hatte seinen Ruhm unverdient erhalten: er hatte einen Parteigängerkrieg geführt, und man hatte einen Helden aus ihm gemacht. Boufflers und andere Schöngeister waren seine Freunde; sie haben ihn in den Salons gerühmt und ihm einen großen Ruf gemacht. Der Herzog von Braunschweig glaubte, Napoleon halte sich in der Defensive; deshalb ging er zum Angriff über.

Man hat getadelt, daß Napoleon sein Heer auf der Hochebene bei Jena zusammengedrängt habe; aber dieses Manöver war wohl überlegt: Augereau und Ney stießen mit dem linken Flügel auf der Landstraße vor; Soult machte einen Flankenmarsch mit dem rechten Flügel. Davoust und Bernadotte waren in Naumburg. Wäre Lannes auf dem Landgrafenberg bei Jena geschlagen worden, so hätte die Garde doch das Zentrum so lange halten können, bis Soult und Augereau herangekommen wären.

Jena ist eine prachtvolle Schlacht, weil infolge der Bewegungen, die Napoleon dort machte, der Tag für sich allein dem ganzen Feldzug sein Gepräge aufdrückte.

Husaren und reitende Jäger haben an diesem Tage eine Kühnheit gezeigt, die das höchste Lob verdient. Die preußische Kavallerie hat ihnen nirgends standgehalten, und alle ihre Angriffe auf Infanterie gelangen.

Die französische Infanterie bewahrte ihren Ruf als erste der Welt, aber auch der Kavallerie konnte der Kaiser nach dieser großen Schlacht das Zeugnis ausstellen, daß sie nicht ihresgleichen besitze.

Das preußische Heer verlor durch diese Niederlage seine Rückzugs- und Operationslinie. Seine Verluste waren ungeheuer; man kann annehmen, daß es während der Schlacht und bei Beginn der Flucht an Toten, Verwundeten und Gefangenen die Hälfte seiner Truppen einbüßte.

Die Franzosen verloren bei Jena an Mannschaften 1100 Tote und 3000 Verwundete; die Verluste bei Auerstädt waren etwas stärker. Während der Schlacht herrschte unter den Truppen die höchste Begeisterung. Wenn einen kurzen Augenblick einmal Unentschlossenheit sich bemerkbar machte, so genügte der Ruf: *Es lebe der Kaiser,* um den Mut wiederzubeleben. Als der Kaiser im ärgsten Gedränge, weil er seine Flügel von Kavallerie bedroht sah, im Galopp heransprengte, um Frontveränderungen der Karrees zu befehlen, schallte ihm bei jedem Schritt der Ruf: *Es lebe der Kaiser* entgegen. Die kaiserliche Garde konnte ihren Unwillen nicht zurückhalten, als sie sah, daß sie in Untätigkeit bleiben mußte, und einige riefen: *Vorwärts!* Die Rufe gingen in guter Absicht von jungen Freiwilligen aus, die ungeduldig waren, ihren Mut zur Schau zu tragen.

Die Vorsehung hatte die französische Armee an diesem Tage in ihren Schutz genommen. Trotz heißem Ringen wurde keiner der hervorragenden Führer getötet oder verwundet. Marschall Lannes wurde von einer Kartätschenkugel an der Brust gestreift, aber nicht verwundet. Dem Marschall Davoust wurde von einer Vollkugel der Hut heruntergerissen, auch seine Uniform war an vielen Stellen durchlöchert. Ein großer Teil des französischen Heeres war bei Jena gar nicht ins Feuer gekommen.

V.

Nach dem Siege bei Jena legte der Kaiser den verschiedenen feindlichen Staaten folgende Kriegskontributionen auf:

Es hatten zu zahlen:

die Staaten des Kurfürsten von Sachsen	25 375 000	Frs.
das Herzogtum Weimar	2 200 000	„
die Staaten Braunschweig und Wolfenbüttel	5 625 000	„
die Staaten des Fürsten von Nassau, Oranien und Fulda	1 300 000	„
der Kurfürst von Hessen-Cassel	6 000 000	„
die Stadt Erfurt und die Grafschaft Blankenhayn	400 000	„
die Grafschaft Eichsfeld	675 000	„
die Stadt Goslar	200 000	„
das Fürstentum Halberstadt	525 000	„
Hildesheim	100 000	„
Paderborn	225 000	„
Münster	2 500 000	„
die Landschaften Tecklenburg und Lingen	100 000	„
die Grafschaft Mark	2 000 000	„
die Fürstentümer Minden und Ravensberg	600 000	„
die Markgrafschaft Bayreuth	2 500 000	„
die Staaten des Königs von Preußen diesseits der Weichsel	100 000 000	„
(die Stadt Berlin zahlte davon den Betrag von zehn Millionen Franken)		
Hannover	9 100 000	„
Total	159 425 000	Frs.

Die Staaten der Herzöge von Sachsen, Coburg, Gotha, die Fürstentümer Anhalt, Waldeck, Lippe und Reuß, die an dem Kriege nicht teilgenommen hatten, hatten keine Kriegskosten zu zahlen.

Ostfriesland fiel an den König von Holland, und alle englischen Waren, die in den nordischen Städten aufgefunden wurden, sollten Eigentum des französischen Heeres werden. Zu diesem Zwecke gab der Kaiser dem Vizeadmiral Decrès Befehl, auf alle preußischen Schiffe Jagd zu machen und die in französischen Häfen befindlichen in Beschlag zu nehmen.

Am 15. Oktober zernierte der Großherzog von Berg Erfurt, das am 16. kapitulierte. Dadurch fielen 14 000 Mann, darunter 6000 Verwundete, der Prinz von Oranien, Feldmarschall Möllendorf, Generalleutnant Larisch, Generalleutnant Grawert, die Generalmajore Lossow und Zweifel in französische Hände, desgleichen ein Artilleriepark von 120 Geschützen.

VI.

Vor der Schlacht von Jena hatte der Kaiser, von Gera datiert den 12. Oktober, einen Brief an den König von Preußen gerichtet, als Antwort auf ein Schreiben des Königs vom 25. September. Er sagte darin:

Mein Herr Bruder, ich erhielt den Brief Eurer Majestät vom 25. September erst am 7. Oktober. Es tut mir leid, daß Eure Majestät Ihre Unterschrift unter eine Art von Schmähschrift zu setzen geruhten.

Ich beantworte den Brief nur, um Eurer Majestät zu versichern, daß ich Sie für dessen Inhalt nicht verantwortlich mache, der so ganz Ihrem Charakter und unser beider Ehre entgegengesetzt ist. Ich bedaure und verachte die Verfasser dieses Machwerks. Ich empfing unmittelbar darauf die Note Ihres Ministers vom 1. Oktober. Sie gibt mir Rendezvous auf den 8. Oktober. Ritterlich habe ich mich eingestellt: ich bin mitten in Sachsen. Möge Eure Majestät mir Glauben schenken, wenn ich versichere, daß ich Streitkräfte mit mir führe, denen Eurer Majestät Macht nicht gewachsen ist. Warum aber soviel Blut vergießen? Zu welchem Zweck? Ich will zu Eurer Majestät sprechen, wie ich es zum Kaiser Alexander zwei Tage vor der Schlacht von Austerlitz tat. Möge der Himmel fügen, daß nicht bezahlte oder fanatisierte Individuen, die Eurer Majestät Regierung mehr feind sind als der meinigen, Ihnen dieselben verhängnisvollen Ratschläge geben, die zu so traurigem Ende führten! Sire, ich war seit sechs Jahren Ihr Freund. Ich beabsichtige keineswegs aus dieser Art Schwindel, der Ihre Berater ergriffen hat und der Eure Majestät politische Fehler begehen ließ, die ganz Europa in Staunen versetzten, und militärische, deren Bedeutung Sie bald erkennen werden, Nutzen zu ziehen. Wenn die Note von mir Mögliches verlangt hätte, so hätte ich es bewilligt; da sie von mir Unehrenvolles verlangt, hatte ich nur eine Antwort darauf. Es besteht also nun der Kriegszustand zwischen uns, das Bündnis ist gebrochen. Aber warum unsere Untertanen zur Schlachtbank führen? Mir liegt nichts an einem Sieg, dem so viele meiner Kinder zum Opfer fallen werden. Wenn ich am Anfange meiner militärischen Laufbahn stände und die Zufälle des Kriegsglücks fürchten müßte, so wären meine Worte gänzlich unangebracht. Sire, Eure Majestät wird eine Niederlage erleiden, Eure Majestät spielt um die Ruhe Ihrer Tage und die Existenz Ihrer Untertanen ohne den Schatten eines vernünftigen Vorwandes. Heute steht Eure Majestät noch groß und mächtig da, heute kann sie noch mit mir ihrem Range entsprechend sich in Verhandlungen einlassen – in einem Monat werden Unterhandlungen einen wesentlich anderen Boden vorfinden. Eure Majestät hat sich in ihrem Zorne zu Handlungen hinreißen lassen, deren Wirkungen mit großer Kunst vorherberechnet waren. Sie behaupten, mir oft Dienste geleistet zu haben. Nun gut, ich will beweisen, daß ich die Erinnerung daran bewahrt habe. Eure Majestät hat es in der Hand, Ihre Untertanen vor den Verheerungen und dem Elend eines Krieges zu bewahren. Sie kann den kaum begonnenen beendigen und dafür den Dank Europas einernten. Wenn Eure Majestät den Wahnsinnigen, die vor vierzehn Jahren Paris erobern wollten, sein Ohr schenkt, denselben, die sie heute in diesen Krieg verwickelt haben, denselben, die ihr die unglaublichste Offensive angeraten haben, so wird daraus für Ihr Volk ein Unheil entstehen, das Eure Majestät außerstand ist zu heilen. Sire, ich habe von Eurer Majestät nichts zu gewinnen. Ich will nichts und habe nie etwas gewollt. Dieser Krieg ist ein politischer Fehler.

Ich fühle, daß ich vielleicht Worte gebrauche, die Eurer Majestät Empfindlichkeit erregen, aber die Umstände verlangen, daß jede Schonung beiseite gesetzt wird. Ich rede, wie ich denke. Gestatte mir Eure Majestät übrigens zu bemerken, was für Europa kein Geheimnis ist, daß Frankreichs Bevölkerung ebenso mutig und kriegsgewohnt ist als Eurer Majestät Untertanen, dabei aber um das Dreifache stärker an Zahl. Ich habe keinen Grund zum Kriege gegeben. Möge Eure Majestät diesem Schwarm von Übelwollenden und Unsinnigen befehlen, sich angesichts der Krone in Schweigen zu hüllen und dieser die Achtung zu erweisen, die ihr gebührt. Verschaffen Sie sich und Ihrem Lande die Ruhe wieder. Wenn Eure Majestät in mir auch nie mehr einen Verbündeten sehen wird, so wird sie in mir doch stets einen Mann antreffen, dessen Wunsch es ist, jedem Kriege aus dem Wege zu gehen, der nicht für das Wohl seiner Länder politisch unvermeidlich ist, und kein Blut zu vergießen in einem Kampfe mit Herrschern über Länder, deren Handel, Industrie und Politik zu der unsrigen nicht in Feindschaft stehen. Ich bitte Eure Majestät, in meinen Worten nichts anderes zu sehen als den Wunsch, das Blut meiner Leute zu schonen und einer Nation, die nach ihrer geographischen Lage mein Feind nicht sein kann, die bittere Reue zu ersparen, augenblicklichen Gefühlsausbrüchen gefolgt zu sein, die bei den Völkern sich ebenso leicht beruhigen, wie sie entstehen.

Ich schließe, indem ich zu Gott flehe, er möge Sie, mein Herr Bruder, in seinen heiligen und gnädigen Schutz nehmen.

Eurer Majestät freundwilliger Bruder

Napoleon.

Auf diesen Brief erfolgte erst nach der Schlacht die Antwort des Königs von Preußen.

*

Zweites Kapitel.

Berlin.

I. Rückzug der preußischen Armee. Vernichtung ihrer einzelnen Teile. – II. Napoleon in Potsdam und Berlin. – III. Erlaß des Dekrets der Kontinentalsperre. – IV. Frankreich und England; der Kampf um die Weltmacht.

I.

Die Trümmer der preußischen Armee, die nur noch in Bruchstücken vorhanden war, zogen sich auf Magdeburg zurück. Die verschiedenen Korps, die ihre Verfolgung aufnahmen, machten fortwährend Gefangene und bemächtigten sich der Munitionskolonnen, Kanonen und Magazine. Davoust erbeutete weitere 30 Geschütze, Marschall Soult 3000 Tonnen Mehl; Marschall Bernadotte nahm 1500 Mann gefangen. Die feindliche Armee wurde so arg bedrängt, daß Teile davon sich unseren Truppen beimischten und eines ihrer Bataillone sogar ein französisches Biwak bezog, das es für ein preußisches hielt.

Man hat dem Kaiser den Vorwurf gemacht, daß er sich gegen die Königin Louise von Preußen zu jener Zeit in seinen Berichten zu hart, ja gradezu grausam ausgelassen habe. Aber hatte er nicht recht, in ihr die Hauptanstifterin dieses nutzlosen Krieges zu brandmarken? Möge man nach dem Wortlaut seines *Bulletins* urteilen, ob er wirklich zu weit gegangen war. Er schrieb im *Moniteur:*

»Die Königin von Preußen wurde wiederholt in der Nähe unserer Vorposten bemerkt; sie befand sich in einem unbeschreiblichen Zustand von Erregung. Sie hatte erreicht, was sie wollte. Am Tage vor Jena hatte sie über ihr Regiment die Parade abgenommen und dabei den König und die Generale angespornt. Sie wollte Blut vergießen, und das kostbarste Blut ist geflossen! Der Kaiser bewohnt jetzt das Schloß von Weimar, wo sie einige Tage vorher mit ihrem Hofstaat eingezogen war. Hier war es, wo sie zum Widerstand aufreizte und das Feuer anfachte. Sie ist eine Frau mit schönen Gesichtszügen, aber nicht eben klug. Sie ist unfähig, die Folgen ihrer Taten zu berechnen. Man muß sie mehr beklagen als verurteilen, denn wie muß sie leiden beim Anblick des Elends, das sie über ihr Land und den König, ihren Gemahl, der einstimmig als ein nur dem Frieden und dem Wohle seines Volkes lebender Ehrenmann betrachtet wird, heraufbeschworen hat, wie muß sie über ihr Tun Gewissensbisse empfinden!«

Inzwischen zog sich die Reserve des Prinzen Eugen von Württemberg auf Halle zurück. Marschall Davoust zog am 18. Oktober in Leipzig ein. Halle wurde zur selben Zeit von Marschall Bernadotte angegriffen und nach einstündigem Kampf in Besitz genommen. Die Reserve des Prinzen Eugen von Württemberg wurde zersprengt, wobei der Feind 5000 Gefangene, darunter 2 Generale und 3 Obersten, 4 Fahnen und 34 Geschütze verlor. Nach dem Gefecht bei Halle existierte keine einzige unversehrte feindliche Abteilung mehr. General Blücher gelang es, sich mit 5000 Mann durch die Dragonerdivision des Generals Klein hindurch, die ihn abgeschnitten hatte, zu retten. Er gebrauchte die List, sich dem General gegenüber auf den angeblichen Abschluß eines sechswöchigen Waffenstillstandes zu berufen, und dieser war so einfältig, es zu glauben.

Als der Kaiser in die Nähe von Roßbach kam, besuchte er das Schlachtfeld und gab Befehl, die Säule, die dort zur Erinnerung an den preußischen Sieg errichtet worden war, nach Paris zu schaffen. Das Hauptquartier des Kaisers befand sich am 18. Oktober in Merseburg und am 19. in Halle.

Marschall Soult verfolgte den Feind bis an die Tore von Magdeburg. Mehrmals hatten die Preußen versucht, sich zu sammeln und standzuhalten, aber immer wurden sie aus ihren Stellungen geworfen.

So war der erste Teil des Feldzuges zugunsten der Franzosen entschieden. In Sachsen, Westfalen und den Ländern bis zum linken Elbufer befanden sich keine preußischen Abteilungen mehr. Was von der glänzenden Armee noch übrigblieb, war ohne Artillerie, Gepäck, Offiziere und zählte höchstens noch ein Drittel seines Bestandes; was aber am schlimmsten war: seine Moral und alles Vertrauen waren dahin.

Vom Hauptquartier in Halle schrieb der Kaiser am 19. Oktober an den König von Preußen, der um einen sechswöchigen Waffenstillstand gebeten hatte, einen Brief, der folgenden Wortlaut hatte:

Kaiserliches Hauptquartier Halle, den 19. Oktober.

Mein Herr Bruder, ich empfing den Brief Eurer Majestät und bedaure lebhaft, daß mein letzter Brief, den ich durch einen meiner Ordonnanzoffiziere befördern ließ, erst am 13. in Ihre Hände gelangte und die Schlacht vom 14. nicht mehr verhindern konnte. Jeder Waffenstillstand, der den Russen, die Eure Majestät zum Winter herbeigerufen hat, die Zeit zum Eintreffen gäbe, würde meinen Interessen zu sehr zuwiderlaufen, als daß ich trotz meinem Wunsche, dem Elend und der weiteren Opferung von Menschenleben ein Ende zu setzen, darauf eingehen könnte. Ich fürchte keineswegs die russischen Heere, sie sind für mich keine Drohung mehr, ich habe sie im letzten Feldzuge kennengelernt. Aber Eure Majestät wird ihr Herannahen mehr zu beklagen haben als ich. Die eine Hälfte Ihrer Länder wird den Kriegsschauplatz bilden und alles Elend des Krieges kennenlernen, und die andere Hälfte wird durch die Anwesenheit dieses Verbündeten noch mehr zu leiden haben. Ich werde ewig bedauern, daß unsere beiden Völker, die aus so vielen Gründen zusammenstehen sollten, in diesen unbegründeten Streit hineingetrieben worden sind. Die hauptsächlichen Anstifter zum Kriege waren die ersten Opfer. Ich muß Eurer Majestät wiederholen, daß ich mit Befriedigung Mittel und Wege sehen möchte, die es ermöglichten, das alte Vertrauen zwischen uns tunlichst wiederherzustellen und die Gefühle, die ich für Eure Majestät hege, mit meiner Pflicht und dem Heile meiner Völker, das neuerdings durch die vierte Koalition gefährdet ist, in Einklang zu bringen.

Napoleon.

Am 24. Oktober kam Napoleon in Potsdam an und stieg im Schloß Sans-Souci ab, wo er lange Zeit im Zimmer Friedrichs des Großen weilte, das sich noch in demselben Zustande befand wie beim Tode des großen Königs.

Es war ein sonderbares Spiel des Schicksals, daß der Kaiser gerade am selben Tage und genau zur gleichen Stunde in Potsdam eintraf wie ein Jahr vorher der Kaiser von Rußland auf seiner Reise, die so verhängnisvolle Folgen für Preußen haben sollte. Von diesem Augenblick an ließ die Königin die Sorgen um ihren Hofstaat und die Beschäftigung mit ihren Toiletten beiseite, um sich in die Staatsleitung zu mischen, Einfluß auf den König zu gewinnen und überall die Glut zu verbreiten, von der sie besessen war.

Der gesunde Sinn des preußischen Volkes sah diese Reise des Zaren als den Ausgangspunkt alles Unheils an, das über es hereinbrach. Von da ab setzte eine gewisse Clique alles daran, um den König gegen seinen Willen zum Kriege zu treiben. Am 4. November 1805 wurde der berühmte Eid über dem Grabe des großen Friedrich geschworen. Unmittelbar darauf erschien zur Verherrlichung dieses Ereignisses eine Gravüre, die in allen Läden prangte und selbst die braven Landleute zum Lachen brachte. Man erblickt darauf den schönen Zaren, neben ihm die Königin und auf seiner anderen Seite den König, der die Hand über dem Grabe des großen Friedrichs erhebt; die Königin ist in einen Schal gehüllt, ungefähr so, wie die Londoner Stiche Lady Hamilton darstellen; sie legt die Hand aufs Herz und blickt den Zaren an. Es ist unbegreiflich, daß die Berliner Polizei die Verbreitung einer so jammervollen Satire duldete. Der Schatten des großen Königs mußte sich über eine so skandalöse Karikatur empören, denn sein Genius war stets mit dem französischen Volke, das er so hoch achtete und von dem er einst gesagt hatte, wenn er an seiner Spitze stände, würde kein Schuß in Europa ohne dessen Zustimmung abgefeuert werden.

Am 25. Oktober fiel Spandau, wodurch 80 Kanonen, große Mengen Pulver und Lebensmittel und 1200 Gefangene in die Hände der Franzosen fielen. Der Kaiser traf sofort alle Anordnungen, diese Festung aufs stärkste zu armieren und zu verproviantieren, um sie als wertvollen Stützpunkt in seinem Rücken zu haben. In gleicher Weise wurden Erfurt und Wittenberg mit allem ausgerüstet.

Unterdessen war eine preußische Abteilung, die aus der Reiterei bestand, welche Magdeburg verlassen hatte und nach Stettin zu flüchtete, bis in die Nähe des Dorfes Zehdenick gelangt. Dort war bereits der unermüdliche Großherzog von Berg am 26. Oktober mit der leichten Kavalleriebrigade des Generals Lasalle eingetroffen. Die Divisionen der Generale Beaumont und Grouchy waren ebenfalls im Anmarsch.

Die Brigade des Generals Lasalle brachte den Feind zum Stehen. Dieser war 6000 Reiter stark und bildete die Vorhut des Korps des Prinzen von Hohenlohe, der im Marsch auf Stettin begriffen war. Als um 4 Uhr nachmittags die beiden Dragonerdivisionen Beaumonts und Grouchys eingetroffen waren, griff Lasalle den Feind mit der Unerschrockenheit an, die die französische Reiterei in diesem Feldzuge kennzeichnete. Die dreifache Linie der Preußen wurde durchbrochen, der Feind bis in das Dorf Zehdenick verfolgt und in die Hohlwege geworfen. Die Dragoner der Königin wollten sich sammeln, aber die Dragoner Grouchys eilten beizeiten herbei, warfen sich auf sie und richteten ein furchtbares Blutbad an. Von den 6000 Reitern wurde ein Teil in die Sümpfe gejagt, 300 blieben auf dem Schlachtfeld, und 700 wurden mit ihren Pferden gefangengenommen, unter diesen der Oberst des Regiments und eine große Anzahl von Offizieren. Die Standarte des Regiments fiel in die Hände der Franzosen. Marschall Lannes eilte zur Unterstützung der Kavallerie herbei, seine Kürassiere stellten sich in Kolonne am rechten Flügel auf, ein anderes Korps marschierte auf Gransee.

Das Kavalleriegefecht von Zehdenick ist insofern von militärischem Interesse, als es ohne Infanterieunterstützung ausgefochten wurde. Es zeigte die absolute Überlegenheit der französischen Reiterei über die preußische, die ihr höchstens in doppelter Zahl hätte standhalten können.

II.

Am 27. Oktober hielt der Kaiser seinen feierlichen Einzug in Berlin. Er war umringt von dem Fürsten von Neuchâtel, den Marschällen Davoust und Augereau, dem Palastmarschall, dem Oberhofstallmeister und seinen Adjutanten. Marschall Lefèbvre eröffnete den Zug an der Spitze der kaiserlichen Garde zu Fuß. Die Kürassiere der Division Nansouty waren am Wege aufgestellt. Der Kaiser ritt zwischen den Grenadieren und den Jägern zu Pferde. Um drei Uhr nachmittags stieg er im Schloß von Berlin ab, wo er vom Großmarschall Duroc empfangen wurde. Eine ungeheure Menschenmenge war herbeigeeilt. Es war ein herrlicher Tag. Der Magistrat der Hauptstadt wurde vom Platzkommandanten General Hulin dem Kaiser vorgestellt und übergab diesem die Schlüssel der Stadt. An seiner Spitze befand sich der General Fürst Hatzteld.

Der Kaiser gab Befehl, daß sich zweitausend der reichsten Bürger Berlins im Rathaus zu versammeln hätten, um aus ihrer Mitte sechzig auszuwählen, die den Stadtrat zu bilden hätten. Die zwanzig Stadtbezirke hatten je eine Wache von sechzig Mann zu stellen, im ganzen also zwölfhundert wohlhabende Bürger der Stadt, um die Bewachung der Hauptstadt und den Polizeidienst zu übernehmen. Zum Fürsten Hatzfeld sagte der Kaiser: »Lassen Sie sich nicht vor mir blicken, ich danke für Ihre Dienste, ziehen Sie sich auf Ihre Besitzungen zurück.« Dann empfing er den Kanzler und die Minister des Königs von Preußen.

Die Mutter des Prinzen von Oranien, Schwester des vorigen Königs, lag krank in den oberen Räumen des Schlosses. Ihre Lage war sehr peinlich, alle Welt hatte sie im Stich und fast ohne Geld gelassen. Einige Tage nach seiner Ankunft bat man den Kaiser, sich ihrer anzunehmen, man habe nicht einmal die Mittel, Holz anzuschaffen, um ihre Zimmer zu heizen, der König habe sie schändlich verlassen. Der Kaiser sandte ihr sofort 100 000 Franken und stattete ihr seinen Besuch ab. Er befahl ferner, daß man sie ihrem Range gebührend mit allem versehen solle, und machte ihr viele Besuche. Für so zartfühlende Aufmerksamkeit war sie sehr empfindlich, und mit der Zeit entstand zwischen beiden eine Art Freundschaft. Der Kaiser liebte besonders ihre Unterhaltung.

Als später der Prinz von Oranien als Adjutant Wellingtons in London weilte, schrieb er von dort mehrere Briefe an seine Mutter, in denen er ihr eine scharfe Schilderung des englischen Königshauses gab. Die Briefe wurden über Hamburg nach Berlin geschickt. Der Kaiser befahl von Paris aus, den Agenten, der damit beauftragt war, festzunehmen und die Briefe zu konfiszieren. Er nahm von deren Inhalt Kenntnis und befahl ihre Veröffentlichung im *Moniteur.* Aber bevor das geschehen konnte, erhielt er von der Mutter des Prinzen ein rührendes Schreiben, in dem sie ihn bat, davon abzusehen und nicht sie und ihren Sohn unglücklich zu machen; er möge sich an seinen Aufenthalt in Berlin erinnern. Der Kaiser ließ sich bewegen und befahl, die Veröffentlichung zu unterlassen.

Der Kaiser war empört über die Handlungsweise des Fürsten Hatzfeld, der, seine Stellung als Präsident der Zivilverwaltung der Hauptstadt mißbrauchend und dieselbe benutzend, um sich über die Lage der französischen Armee zu orientieren, dem Feinde von allem hatte Mitteilungen zugehen lassen. Er bestimmte, daß der Fürst als Verräter und Spion vor ein Kriegsgericht gestellt werden solle. Der Fürst wurde verhaftet und wäre unfehlbar zum Tode verurteilt worden, denn seine Schuld ging klar aus dem aufgefangenen Brief, den er an den Fürsten Hohenlohe gerichtet hatte, hervor. Aber seine Frau, die Tochter des Ministers Schulenburg, warf sich dem Kaiser zu Füßen und bat um Gnade. Sie wollte nicht an die Schuld des Fürsten glauben und sagte, er sei verleumdet worden. Der Kaiser antwortete ihr: »Sie kennen die

Schrift Ihres Mannes, ich werde Sie zu seinem Richter machen« und übergab ihr den aufgefangenen Brief. Bei der Durchlesung desselben fiel die unglückliche Frau, die ihrer Entbindung entgegensah, in Ohnmacht, sie hatte die Schrift und die Schuld ihres Mannes erkannt. Der Kaiser ließ sich durch ihren Schmerz rühren und sagte zu ihr. »Werfen Sie den Brief ins Feuer; wenn er verbrannt ist, kann Ihr Mann nicht mehr verurteilt werden.« Diese rührende Szene trug sich in der Nähe des Kamins zu. Die Fürstin ließ es sich nicht zweimal sagen. Unmittelbar darauf gab der Kaiser Befehl, den Fürsten seiner Frau wiederzugeben.

Nach dem glänzenden Reitergefecht bei Zehdenick marschierte der Großherzog von Berg auf Templin, wo er die Tafel für die preußischen Generale und Offiziere gedeckt fand. Da der Großherzog Templin vor Hohenlohe erreicht hatte, sah dieser sich gezwungen, seine Marschroute zu ändern und auf Prenzlau zu marschieren. Sofort setzte der Großherzog von Berg sich mit den Dragonerdivisionen der Generale Beaumont und Grouchy in Bewegung und marschierte die ganze Nacht hindurch. Die Vorhut der leichten Kavallerie des Generals Lasalle erreichte frühmorgens Prenzlau zugleich mit dem Feinde, mußte sich aber vor der Übermacht zurückziehen. Um 9 Uhr morgens, am 28. Oktober, traf der Großherzog von Berg vor Prenzlau ein und sah die feindliche Armee im vollen Marsche begriffen. Ohne Zeit zu verlieren, befahl er dem General Lasalle, den Feind in den Vorstädten Prenzlaus anzugreifen. Der Angriff wurde durch Grouchy und Beaumont mit ihren sechs Geschützen unterstützt. Drei Regimenter Dragoner passierten zu gleicher Zeit bei Golmitz das Flüßchen, an dem Prenzlau liegt, und griffen den Feind in der Flanke an. Die reitende Artillerie schoß aus einer günstigen Stellung mit solcher Sicherheit, daß sie Schwanken in den Bewegungen des Feindes erzeugte. Diesen Augenblick benutzte Grouchy, um eine allgemeine Attacke auszuführen. Seine braven Dragoner entledigten sich ihrer Aufgabe mit Entschlossenheit und Unerschrockenheit und drängten die feindliche Kavallerie, Infanterie und Artillerie in den Vorstädten von Prenzlau in wirre Haufen zusammen. Es wäre leicht gewesen, mit dem Feinde zugleich in die Stadt einzudringen, aber der Großherzog zog es vor, ihn durch den General Belliard zur Übergabe auffordern zu lassen. Da die Tore der Stadt schon gesprengt waren und Prinz Hohenlohe keinen Ausweg mehr sah, so mußte er, einer der Hauptthetzer und Urheber dieses ruchlosen Krieges, kapitulieren und den Franzosen seine 16000 Mann Garde und Grenadiere, 6 Regimenter Kavallerie, 45 Fahnen und 64 bespannte Geschütze ausliefern. Er selbst, ein Prinz von Mecklenburg-Schwerin und mehrere Generale fielen in Gefangenschaft.

So war fast nichts mehr von der großen und schönen Armee Preußens übrig. Dem König blieben nur noch ungefähr 15000 Mann, mit denen er über die Weichsel zurückgegangen war, andere 8000 Mann unter Blücher wurden vom Großherzog von Berg verfolgt, und endlich stand der Herzog von Weimar mit 10000 Mann im Begriff, die Elbe zu überschreiten. Es gelang ihm dies bei Havelberg, von wo er auf Rheinsberg marschierte.

Am 29. Oktober morgens hatte Blücher mit 7000 Mann Rheinsberg verlassen, um sich nach Stettin zu flüchten, wohin ihm aber Marschall Lannes und der Großherzog von Berg schon vorausgeeilt waren. Bei Pasewalk stießen diese auf eine preußische Kolonne von 6000 Mann, die die Waffen strecken mußte, während General Lasalle, vor Stettin angelangt, die Festung zur Übergabe aufforderte. Obgleich sie in gutem Zustande, gut befestigt und verproviantiert war, 160 Geschütze und 6000 Mann bester Truppen besaß, war die Entmutigung, die das Verschwinden der großen preußischen Armee hervorgerufen hatte, doch zu groß, als daß sie an einen Widerstand denken konnte. So fiel Stettin ohne Kampf in französische Hände.

Dadurch wurde dem General Blücher und dem Herzog von Weimar der Weg nach Stettin verlegt. Sie wandten sich daher nach links und setzten ihren Marsch nach Norden fort.

Am 30. Oktober kam Blücher in Neustrelitz an, von wo er Rostock zu erreichen suchte, um sich in diesem Hafen einzuschiffen. Es gelang ihm, sich mit dem Herzog von Weimar zu vereinigen, zu dem auch bereits der Prinz Friedrich Wilhelm von Braunschweig-Oels gestoßen war. Diese drei Divisionen befanden sich nunmehr unter dem Befehl des Generals Blücher.

Da diesem durch die kombinierten Märsche des Großherzogs von Berg und der Marschälle Soult und Bernadotte auch der Weg nach Rostock verlegt war, so blieb ihm nur noch der Weg nach Lübeck offen, das er am 5. November erreichte. Sofort ging er daran, sich dort zu befestigen, in aller Eile die alten Stadtmauern auszubessern und die Bastionen mit Geschützen zu versehen. Doch die französische Armee war ihm auf den Fersen: ihn sehen, erkennen und angreifen war das Werk eines Augenblicks. General Drouot stürzte sich an der Spitze des 27. Regiments leichter Infanterie und der Regimenter 94 und 95 kalten Blutes und mit französischer Entschlossenheit auf die Batterien und Wälle. Die Tore wurden gesprengt, die Bastionen erklettert und die Stadt mit Sturm genommen. Das Korps Bernadottes drang durch das Burgtor, das des Marschalls Soult durch das Mühlentor in die Stadt ein. Vergebens suchten die Preußen, sich in den Straßen festzusetzen, es entstand ein furchtbares Blutbad, alle Straßen und Plätze waren mit Toten und Verwundeten bedeckt. So blieb dem General Blücher nur die Kapitulation übrig, wodurch der Rest der preußischen Artillerie, viele Fahnen und 16 000 Mann in französische Hände fielen.

Der Kaiser hatte dem Marschall Ney befohlen, die Belagerung Magdeburgs energisch fortzusetzen und die Festung regelrecht zu beschießen. Er erhielt zu diesem Zwecke 24 Belagerungsgeschütze und 2 Mörser von Wittenberg aus zugesandt, und dadurch war das Geschick der Festung besiegelt. Da mit Brandkugeln geschossen wurde und bald überall die Flammen um sich griffen, mußte sie am 9. November kapitulieren; 24 000 Mann Infanterie, 6500 Pferde, 800 Geschütze und die Kriegskasse fielen in die Hände des Siegers.

In Hameln kapitulierte General Lecoq mit 8000 Mann am 22. November, Nienburg ergab sich mit 3000 Mann Besatzung am 26. November, und da Küstrin sich schon am 1. November einer einzigen Division des Davoustschen Korps ergeben hatte, so waren alle Festungen Preußens diesseits der Weichsel im Besitz der Franzosen, das preußische Heer war vernichtet und der Feldzug somit tatsächlich beendigt.

Infolge des unglücklichen Verlaufs des Krieges sah sich der König von Preußen gezwungen, den Kaiser um einen Waffenstillstand zu bitten. Zu diesem Zweck traten Duroc von französischer Seite, Lucchesini und Zastrow von preußischer Seite zusammen und arbeiteten einen Vertrag aus, der am 16. November von den Vertretern unterzeichnet wurde. Großmarschall Duroc begab sich damit nach Osterode, wo er dem König die Vereinbarung zur Ratifikation unterbreitete. Der König erklärte aber, daß er dazu nicht mehr in der Lage sei. Die Russen hätten inzwischen die andere Hälfte seines Reiches besetzt, er sei in vollständiger Abhängigkeit von ihnen und es sei ihm unmöglich, die Stipulationen des Vertrages einzuhalten. Duroc kehrte unverrichteter Sache zurück, und der König von Preußen begab sich nach Königsberg.

III.

Der Kaiser hatte sich inzwischen klargemacht, daß er trotz allen Siegen und militärischen Erfolgen der Lage nicht Herr werden würde, wenn er nicht den Machenschaften Englands ein Ziel setzen könnte. England mußte getroffen werden. Und in diesem Sinne erließ er am 21. November von Berlin aus ein Dekret, von dessen Wirkung er sich alles versprach. Es lautete:

Kaiserliches Hauptquartier, Berlin, den 21. November.

Wir Napoleon, Kaiser der Franzosen, König von Italien etc. erklären hiermit:

England verletzt das Völkerrecht, wie es von den anderen Völkern allgemein anerkannt wird;

England sieht jeden Untertanen des feindlichen Landes als Feind an und erklärt demgemäß nicht nur die Mannschaften der Kriegsschiffe, sondern auch die der Handels- und Kauffahrteischiffe, die Handelsagenten und Kaufleute als kriegsgefangen;

England erstreckt seine Eroberungsrechte, die nur auf Staatseigentum anwendbar sind, auf die Schiffe, die Waren und den Besitz von Privateigentümern;

England mißbraucht das Blockaderecht, das nach der Ansicht aller anderen Völker nur auf befestigte Plätze anwendbar ist, indem es dasselbe auf Städte, Handelshäfen und Flußmündungen, die nicht befestigt sind, ausdehnt und Plätze für blockiert erklärt, vor denen es nicht ein einziges Kriegsschiff unterhält, während doch die Blockade eines Ortes nur dann effektiv ist, wenn er so eingeschlossen ist, daß man sich ihm nicht ohne drohende Gefahr nähern kann;

England erklärt selbst ganze Küsten und Länder für blockiert, die so ausgedehnt sind, daß seine ganzen vereinigten Seestreitkräfte nicht hinreichen würden, die Blockade durchzuführen.

Diese mißbräuchliche Auslegung des Blockaderechts hat nur den einen Zweck, den Verkehr zwischen den anderen Völkern zu beeinträchtigen und dem englischen Handel auf Kosten des Handels aller Völker des Kontinents Vorteile zu verschaffen.

Da dieses offenbar der Zweck Englands ist, so macht sich jeder, der auf dem Kontinent englische Waren vertreibt, zu seinem Mitschuldigen.

Das Verhalten Englands, das an die fernsten Zeiten der Barbarei erinnert, hat dieser Macht zum Schaden der anderen ungeheuren Vorteil verschafft.

Dem Feinde muß man mit denselben Waffen beizukommen suchen, deren er sich bedient; muß seine eigne Kampfesweise anwenden, wenn er alle Ideen von Gerechtigkeit und alle freisinnigen Gefühle, das Ergebnis der menschlichen Zivilisation, mit Füßen tritt.

Wir beschließen daher, auf England dieselben Gebräuche anzuwenden, die es in sein Seerecht aufgenommen hat, solange England nicht ein und dasselbe Kriegsrecht für Land und See anerkennt, das sich auf Staatseigentum beschränkt und Privateigentum schützt, und verfügen, was folgt:

Artikel I. Die britischen Inseln befinden sich im Blockadezustand.

Artikel II. Jeder Handel und jede Korrespondenz mit den britischen Inseln sind untersagt. Alle Briefe und Pakete, die nach England oder an Engländer adressiert oder in englischer Sprache geschrieben sind, werden vom Postverkehr ausgeschlossen und konfisziert.

Artikel III. Jeder englische Untertan, welches Standes er auch sei, wird gefangengenommen, wenn er in Gebieten angetroffen wird, die von unseren Truppen oder denen unserer Verbündeten besetzt sind.

Artikel IV. Jedes Magazin, jede Ware, überhaupt jeder Besitz, welcher Beschaffenheit er auch sei, der einem englischen Untertan gehört, wird als gute Prise erklärt.

Artikel V. Der Handel mit englischen Produkten ist verboten. Jede Ware, die England gehört oder aus seinen Fabriken und Kolonien stammt, wird als gute Prise erklärt.

Artikel VI. Die Hälfte des Ertrages aus der Konfiszierung der als gute Prise erklärten Waren und Besitztümer soll verwandt werden, um die Kaufleute zu entschädigen, die durch Wegnahme ihrer Handelsschiffe durch englische Kreuzer Verluste erlitten haben.

Artikel VII. Schiffe, die direkt von England oder englischen Kolonien kommen oder sich daselbst nach der Veröffentlichung dieses Dekretes aufgehalten haben, werden in keinem Hafen zugelassen werden.

Artikel VIII. Ein Schiff, das sich einer falschen Erklärung bedient, um dieser Bestimmung zu entgehen, wird mit Beschlag belegt. Schiff und Ladung werden konfisziert, als ob sie englisches Eigentum wären.

Artikel IX. Unser Prisengerichtshof in Paris entscheidet über alle Streitigkeiten, die in unserem Reiche oder in den von französischen

Truppen besetzten Ländern über die Ausführung dieses Dekretes entstehen könnten. Unser Prisengerichtshof in Mailand ist zuständig, soweit unser Königreich Italien dabei in Frage kommt.

Artikel X. Von diesem Dekret wird unser Minister des Äußeren den Königen von Spanien, Neapel, Holland und Etrurien und unseren anderen Verbündeten Mitteilung machen, deren Untertanen, wie die unsrigen, Opfer der Ungerechtigkeit und der Barbarei des englischen Seerechts geworden sind.

Artikel XI. Wir beauftragen unsere Minister des Äußeren, des Krieges, der Marine, der Finanzen, der Polizei und unseren Generalpostmeister, einen jeden in seinem Bereich, mit der Ausführung dieses Dekrets.

Napoleon.

IV.

Als Napoleon durch dieses Dekret die sogenannte *Kontinentalsperre* verkündigte, ließ er sich von folgenden Erwägungen leiten: Der Streit zwischen England und Frankreich hatte sich allmählich zu einem wahren Kampf auf Leben und Tod gestaltet. Die Wut von ganz England gegen Napoleon hatte den Höhepunkt erreicht; die Dekrete von Mailand, seine Politik gegen das Inselreich hatten alle Gemüter jenseits des Kanals in Gärung gebracht. Ihrerseits sorgten die englischen Minister für Erregung der Leidenschaften, indem sie sich aller nur denkbaren Mittel der Fälschung und des Betruges bedienten, um den Streit populär zu machen. In voller Parlamentssitzung wurde der *ewige* Krieg oder wenigstens der *lebenslängliche* proklamiert.

Pitt beherrschte die ganze europäische Politik; er hat das Schicksal der Völker in seinen Händen gehalten und hat seine Macht mißbraucht: er hat einen Weltbrand entfacht, und sein Name wird wie der des Herostratos in Flammenglut fortdauern. Die ersten Funken, die die Revolution entzündeten, der Widerstand gegen die Wünsche des Volkes und endlich die entsetzlichen Verbrechen, die im Gefolge der Revolution verübt wurden – das alles ist sein Werk. Fünfundzwanzig Jahre lang stand Europa in Brand, alle Länder wurden zerrüttet und verwüstet, Ströme von Blut mußten fließen. England, das dies alles bezahlt hat, lud eine ungeheuerliche Schuldenlast auf sich; wie eine Pest verbreitete sich das System der Anleihen, das jetzt allen Ländern das Mark aussaugt. Überall herrscht Unzufriedenheit und Verdrossenheit. Und an allem diesem trägt Pitt die Schuld. Die Nachwelt wird ihn als das, was er war, erkennen: als eine furchtbare Geißel für die Menschheit. Dieser Mann, zu seiner Zeit so hochgepriesen, wird eines Tages nur noch als Genius des Bösen angesehen werden. Gewiß war er überzeugt, daß er nur das Gute wollte und täte. Nun, die Bartholomäusnacht hat auch ihre Lobredner gehabt; der Papst und seine Kardinäle haben dafür ein Tedeum gesungen, und unter allen diesen guten Leuten waren zweifelsohne auch einige, die es aufrichtig meinten. Was aber die Nachwelt vor allem Pitt vorwerfen wird, das ist die abscheuliche Schule, die er hinterlassen hat: ihr unverschämter Machiavellismus, ihre tiefe Unmoralität, ihr kalter Eigennutz, ihre Verachtung menschlicher Verhältnisse und einer gerechten Weltanschauung.

Wie dem auch sei – die europäische Adelskaste sah stets in Pitt ihren Mann, sei es aus wirklicher Bewunderung oder Dankbarkeit, sei es aus bloßem Instinkt und Mitgefühl. Und in der Tat, er hatte etwas von Sulla an sich. Sein System hat zur Unterjochung der Volksmasse und zum Triumph der Patrizier geführt. Für Fox muß man nicht bei den Alten ein Muster suchen – er selber muß als Muster dienen, und sein System wird früher oder später die Welt regieren. Sicherlich war es einer der schlimmsten Schicksalsschläge für den Kaiser, daß Fox gerade in dem Augenblick starb, da er seiner am meisten bedurfte; wäre er am Leben geblieben, so würden die Staatsgeschäfte eine andere Wendung genommen haben, die Sache des Volkes hätte gesiegt, und in Europa würde sich eine neue Ordnung der Dinge gebildet haben.

Napoleon war stets der Meinung, daß die zwischen den beiden Nationen herrschende Feindseligkeit nur durch den Mangel an Verständigung herbeigeführt werde. Als durch die Schuld des Admirals Villeneuve Napoleons Plan einer Landung in England gescheitert war, mußte ihm der Frieden erwünscht sein. Solange Fox die Verhandlungen leitete, herrschte auf beiden Seiten guter Wille. Wäre Fox am Leben geblieben, so wären seit dem Jahre 1806 England und Frankreich in enger Freundschaft verbunden gewesen. Zum Unglück für die beiden Völker starb Fox, und das Ministerium, das auf ihn folgte, fügte sich leider dem Mann, der nur Pitts Schatten war – Castlereagh.

Um es kurz zu fassen: Napoleon wollte stets den Frieden mit England, sofern dieser sich mit der Ehre Frankreichs vertrug. Um diesen Frieden zu erlangen, hätte er gern alle Opfer gebracht, die die Würde seiner Nation nicht verletzten. Napoleon empfand England gegenüber kein Vorurteil, keinen Haß, keine ehrgeizige Eifersucht. Ihm machte es wenig aus, wenn England blühte und reich war, nur wollte er, daß Frankreich sich in demselben glücklichen Zustande befände. Er bestritt England nicht den Dreizack als Zeichen der Herrschaft über die Meere; nur verlangte er, daß es zur See Frankreichs Trikolore achten sollte, wie die Kaiser von Rußland und von Österreich sie zu Lande achteten!

Jedenfalls mußte Napoleon alle seine Pläne dieser Sachlage anpassen; er verzichtete fortan, den Erwägungen der Notwendigkeit Gehör schenkend, auf alle Kreuzerfahrten, auf Fernoperationen und gewagte Unternehmungen; er beschränkte sich auf strikte Defensive, bis daß die kontinentalen Angelegenheiten beendet und seine Streitkräfte so stark ausgebaut wären, daß er einen sicheren Schlag zu führen in der Lage wäre. Er hielt also alle Schiffe in den Häfen zurück und ging daran, nach und nach alle maritimen Hilfsmittel zu vermehren, ohne sie weiteren Gefahren auszusetzen: alles wurde für einen späteren Erfolg vorbereitet.

Die französische Marine hatte große Verluste an Schiffen erlitten, die meisten besseren Matrosen waren kriegsgefangen in England, und alle französischen Häfen waren durch englische Streitkräfte blockiert, die der freien Bewegung der Schiffe äußerst hinderlich waren. Der Kaiser befahl, in der Bretagne Kanäle zu erbauen, mit deren Hilfe man frei zwischen Bordeaux, Rochefort, Nantes, Holland, Antwerpen, Cherbourg und Brest verkehren und so für die Verproviantierungen jeder Art sorgen könnte. Für Vlissingen plante er den Bau eines großen Docks, das während des Winters die Flotte von Antwerpen, gänzlich gerüstet und imstande, in 24 Stunden in See zu stechen, aufnehmen könnte. Diese Flotte war wiederholt während vier oder fünf Monaten durch die gefrorene Schelde blockiert worden. Endlich plante er in der Nähe von Boulogne den Bau eines großen Dammes, ähnlich dem von Cherbourg, und zwischen Cherbourg und Brest bei der Ile-à-Bois einen geeigneten Ankerplatz, alles dies, um zu jeder Zeit gefahrlos die freie und volle Verbindung der französischen Schlachtschiffe von Antwerpen bis Brest zu sichern. Um dem Mangel an Matrosen und der großen Schwierigkeit, solche heranzubilden, abzuhelfen, befahl er tägliche Übungen junger Rekruten auf allen französischen Reeden. Sie sollten zuerst auf kleine Schiffe eingeschifft werden, eine kleine derartige Flotte sollte die Zuidersee befahren; dann erst sollten sie auf große Schiffe verteilt und durch Nachkommende ersetzt werden. Die Schiffe sollten tägliche Übungen veranstalten, große Fahrten, soweit es der Platz gestattete, unternehmen und selbst mit dem Feinde Kugeln wechseln, wenn solche Gelegenheit ohne große Gefahr sich darböte.

Was die Zahl der Schiffe betraf, so hatten die Franzosen immerhin noch manche trotz allen Verlusten. Dazu wollte der Kaiser jährlich zwanzig bis fünfundzwanzig neue erbauen lassen. Nach Verlauf von vier bis sechs Jahren konnte der Kaiser sich auf 200 Schlachtschiffe stützen, vielleicht, wenn die Notwendigkeit sich erweisen sollte, auf 300 nach 10 Jahren. Was lag an der Zeit in Anbetracht des *ewigen* oder *lebenslänglichen* Krieges, den man gegen Frankreich verkündet hatte? Unterdessen würden die Angelegenheiten auf dem Festlande erledigt und der ganze Kontinent würde dem französischen System beigetreten sein. Dadurch kam der Kaiser in die Lage, den größten Teil seines Heeres an die Küste schicken zu können, um den Entscheidungskampf aufzunehmen. Alle Hilfsmittel beider Länder wären dabei angespannt worden und, so dachte der Kaiser, wenn dann der Feind sich nicht vor der moralischen Macht Frankreichs beugen würde, dann müßte er ihn durch seine militärische Übermacht erdrücken.

Der Kaiser hegte neue Gedanken für die Taktik der Marine, in die er mehreres aus seiner Kriegskunst auf dem Lande übertragen wollte. Seine Angriffs- und Verteidigungslinie sollte vom Kap Finistère bis zu den Mündungen der Elbe reichen. Er dachte sich drei Geschwaderkorps mit kommandierenden Admiralen an der Spitze, wie er Armeekorps mit ihren kommandierenden Generalen besaß: das des Zentrums mit Cherbourg als Hauptquartier; das des linken Flügels in Brest und das des rechten in Antwerpen; kleinere Divisionen verteilte er auf die äußersten Punkte, auf Rochefort und Ferrol, auf Texel und die Elbmündungen, um die Möglichkeit zu besitzen, den Feind in den Flanken zu umgeben. Zahlreiche Zwischenstationen sollten alle diese Punkte verbinden, mit denen die kommandierenden Admirale mittels des optischen Telegraphen in steter Verbindung bleiben konnten.

Was hätten nun die Engländer während der Dauer der französischen Vorbereitungen und der Flottenvermehrung tun können? Die Blockade der Häfen fortführen? Dann würden die Franzosen mit Genugtuung gesehen haben, wie sie gezwungen waren, ihre Kreuzerfahrten zu vermehren und stets 100 bis 150 Schiffe an den französischen Küsten den Tücken des Wetters, den Gefahren der Klippen und anderen Schicksalsschlägen auszusetzen, während die Franzosen alle Chancen des Erfolges für sich hatten, wenn Naturereignisse oder Fehler der Admirale irgendeine unvorhergesehene Katastrophe herbeiführten, was im Laufe der Zeit nicht ausbleiben konnte. Welch ein Vorteil dann für die Franzosen, die frisch und gut ausgerüstet nur auf einen solchen Augenblick warteten, immer bereit, unter Segel zu gehen und zu kämpfen!

Wenn nach Beendigung der Vorbereitungen der entscheidende Augenblick kam und die Engländer, für ihre Insel fürchtend, ihre Schiffe auf ihre Kriegshäfen Plymouth, Portsmouth und die Themse zu deren Schutz zusammenzogen, dann konnten die drei französischen Geschwaderkorps von Brest, Cherbourg und Antwerpen sich auf sie stürzen, während die Flügel eine Umgehung über Irland und Schottland auszuführen gehabt hätten.

Wenn sie aber, stolz auf ihre Seetüchtigkeit und kampfesfreudig, in Masse vereinigt blieben, dann kam alles auf einen Entscheidungskampf heraus, dessen *Stunde, Ort* und *Jahreszeit* in der Wahl der Franzosen lag: das nannte der Kaiser seine Schlacht bei Actium, in welcher die Franzosen, wenn sie geschlagen würden, nur einfache Verluste zu erleiden hätten, der Feind aber, besiegt, aufhören würde zu existieren. Der Triumph aber, meinte der Kaiser, wäre den 40 Millionen Franzosen sicher gegen nur 20 Millionen Engländer.

*

Drittes Kapitel.

Eylau. Friedland. Tilsit.

I. Einmarsch in Polen. Schlacht bei Pultusk. – II. Die Frage der Wiederherstellung eines gesamtpolnischen Reiches. – III. Schlacht bei Eylau. – IV. Schlacht bei Friedland. – V. Verhandlungen in Tilsit. Zar Alexander, König Friedrich Wilhelm, Königin Luise. – VI. Der Friede von Tilsit – VII. Belohnungen.

I.

Während Napoleon in Berlin verweilte, geschahen von beiden Seiten Bemühungen, einen Frieden oder wenigstens einen Waffenstillstand herbeizuführen. Diese Verhandlungen führten jedoch zu keinem Ergebnis, da der König von Preußen die bereits verabredeten Bedingungen, die Napoleon gefordert hatte und die nur der wirklichen Lage der beiden kriegführenden Parteien entsprachen, nicht genehmigen wollte, sich vielmehr auf die Hilfe der Russen verließ, die inzwischen in einer Stärke von mehr als 100 000 Mann sich den Grenzen seiner Staaten genähert, zum Teil sogar sie überschritten hatten. Es war daher selbstverständlich, daß der Kaiser den Krieg mit aller Tatkraft fortzusetzen beschloß, um die bisher erfochtenen Siege auszunutzen. Schon zu Anfang des Monats November waren die Korps Davoust, Lannes und Augereau nebst zwei selbständigen Kavalleriedivisionen nach der Weichsel aufgebrochen. Am 4. November wurde Davoust in Posen von den befreiten Polen mit unbeschreiblicher Begeisterung begrüßt.

Die polnischen Gebietsteile wurden nicht als erobertes Land behandelt und blieben von Auflagen frei; alle Bedürfnisse des französischen Heeres wurden bar bezahlt. Aber die Einwohner beeiferten sich, Getreide und alle nötigen Lebensmittel in Massen herbeizuschaffen; im übrigen fanden die Truppen die preußischen Staatskassen wohlgefüllt vor, so daß es dem Davoustschen Korps an nichts mangelte. Die Korps Augereau und Lannes dagegen mußten durch höchst armselige Gegenden ziehen, deren Bewohner, teils Deutsche, teils Polen, sich kaum vom Vieh unterschieden und an den großen Ereignissen nur geringen Anteil nahmen. Am 28. November wurde Warschau von Davousts Korps und von der Reiterei des Großherzogs von Berg besetzt.

In zweiter Linie folgten die Korps Ney, Bernadotte und Soult. Das Land zwischen Elbe und Oder wurde durch ein neugebildetes Korps unter Marschall Mortier besetzt; Prinz Jérôme zog mit bayrischen und württembergischen Truppen nach Schlesien und schloß am 7. November die Festung Glogau ein, die sich am 2. Dezember ergab. Die Polen bildeten nationale Legionen, die unter französischen Befehl traten; ferner trafen die sächsischen Hilfstruppen an der Weichsel ein, so daß Napoleon, der am 25. November von Berlin her in Posen ankam, im ganzen über mehr als 200 000 Mann Feldtruppen verfügte. Die Preußen hatten nur noch kaum 25 000 Mann, von denen etwa die Hälfte für den Krieg im offenen Felde verfügbar war; die andere Hälfte lag in Danzig und Graudenz. 25 000 Preußen hielten die schlesischen Festungen besetzt.

Die Russen marschierten in drei Korps heran; General Bennigsen traf mit 60 000 Mann schon gegen Mitte November an der Weichsel, Buxhövden erschien mit 40 000 Mann von Litauen her Anfang Dezember, General Essen mit 20 000 Mann von der Donau her Mitte Dezember.

Am 19. Dezember traf Napoleon mit seinen Garden in Warschau ein, worauf sofort der allgemeine Vormarsch begann. Am 26. Dezember stieß Marschall Lannes bei Pultusk auf vier russische Divisionen in Stärke von 43 000 Mann, während er selber kaum über 18 000 verfügte. Trotzdem hielt er den ganzen Tag der mehr als doppelt so großen Übermacht stand und war überall im Vordringen, als die Dunkelheit dem Gefecht ein Ende machte. General Bennigsen benutzte die Nacht, um sein Heer über die Brücken von Pultusk zurückzuführen. Die Franzosen verloren 1500 Mann, die Russen mehr als die doppelte Zahl an Toten und Verwundeten und außerdem 2000 Gefangene und viele Geschütze.

An demselben Tage fanden auf einer Strecke von mehr als 100 Kilometern überall Zusammenstöße statt, die für die Russen mit einem Verlust von mehr als 20 000 Mann endeten; außerdem desertierten viele Polen aus ihren Reihen. Das preußische Korps unter General L'Estocq lieferte bei Soldau ein Gefecht, das seiner Tapferkeit Ehre machte; doch mußte es sich nach vier vergeblichen Bajonettangriffen zurückziehen. Die französische Armee drang also unaufhaltsam vor; doch kostete dieser Tag auch ihr etwa 5000 Mann.

II.

Man hat dem Kaiser den Vorwurf gemacht, er habe nicht genug für die Polen getan. Er hat im Gegenteil zuviel für sie getan. Er hatte die Angelegenheit gut eingeleitet: er wollte ganz Polen wiederherstellen. Nach der Schlacht bei Austerlitz war es ihm gelungen, zwei von den beteiligten Mächten, Preußen und Österreich, zur Aufgabe ihres Widerstandes zu bewegen; bei der dritten Macht, Rußland, mißlangen alle Bemühungen.

Napoleon wollte das Königreich Polen wiederherstellen, weil dies das einzige Mittel war, der ungeheuren russischen Macht, die in nächster Zukunft Europa zu überfluten drohte, einen Damm entgegenzustellen. Denn wenn Zar Alexander nicht dem Beispiel seines Vaters Paul folgen und seine Blicke auf Indien lenken wollte, um dessen Reichtümer zu gewinnen und seinen zahllosen Horden von Kosaken, Kalmücken und anderen Barbaren, die in europäischen Ländern Geschmack am Luxus gefunden hatten, Beschäftigung zu verschaffen, so war er gezwungen, über den Süden Europas herzufallen, um eine Revolution in Rußland zu verhindern.

Wenn es ihm je gelingt, Polen und Rußland harmonisch zu verschmelzen und die Polen mit der russischen Herrschaft auszusöhnen, so wird sich alles unter sein Joch beugen müssen. Europa und besonders England werden es bedauern, nicht ein von Rußland unabhängiges Königreich Polen hergestellt, sondern auf dem Wiener Kongreß aus dem Lande eine russische Provinz gemacht zu haben; aber das englische Kabinett war durch seinen Haß gegen Napoleon geblendet. Es beging lauter Fehler; hätte der Wiener Kongreß den Frieden mit Napoleon unterzeichnet, so wäre Europa heute ruhig, und es würde nicht der revolutionäre Geist alle Throne untergraben. In Frankreich wäre er durch neue Einrichtungen in Schranken gehalten und zufriedengestellt worden.

Auf einem Ball in Warschau sah Napoleon zum erstenmal die schöne Frau Walewska; diese Bekanntschaft wurde für den General Bertrand und für einen Adjutanten des Marschalls Berthier, Louis de Périgord, die plötzliche und ihnen selber ganz unerklärliche Ursache, daß sie beim Klange der Geigen Befehle erhielten, die sie in weite Fernen entführten. Sie hatten keine Ahnung, daß Napoleons Gedanken sich mit der Gräfin Walewska beschäftigten, und flatterten wie Schmetterlinge um sie herum. Mehrere Male fand der Kaiser, daß sie ihm im Wege waren, besonders Louis de Périgord. Dies wurde ihm schließlich langweilig, und er sagte Berthier, er möchte seinen Adjutanten sofort abreisen lassen, um Nachrichten von dem an der Passarge stehenden VI. Korps einzuholen. Von Bertrand dachte Napoleon, er würde hellsichtiger sein. Aber die schönen Augen der Gräfin hatten auch ihn geblendet. Er wich ihr nicht von der Seite. Beim Souper hatte er sich so über die Stuhllehne gebeugt, daß die Stifte seiner Fangschnüre ihren von Napoleon bewunderten rosig-weißen Nacken berührten. Im höchsten Grade ungeduldig, nahm der Kaiser ihn am Arm, zog ihn in eine Fensternische und gab ihm den Befehl, ohne jeden Zeitverlust sich in das Hauptquartier des Prinzen Jérôme zu begeben und über den Stand der Belagerungsarbeiten vor Breslau Bericht abzustatten. Der arme Teufel war noch nicht fort, da tat dem Kaiser schon seine verdrießliche Aufwallung leid; ohne Zweifel hätte er ihn zurückgerufen, wenn er nicht im selben Augenblick daran gedacht hätte, daß seine Anwesenheit beim Prinzen Jérôme von Nutzen sein würde.

III.

Nach der Schlacht bei Pultusk marschierte Bennigsen, der Befehlshaber der russischen Armee, nach der unteren Weichsel, um den in Elbing stehenden Marschall Bernadotte anzugreifen. Napoleon brach am 25. Januar 1807 von Warschau auf, versammelte sein Heer bei Willenberg und marschierte gegen die linke Flanke der Russen, um diese in das Frische Haff zu werfen. Die Erde war mit Schnee und Eis bedeckt. Bennigsens Armee war stark bedroht, denn französische Truppen hatten sich bereits in ihren Rücken geschoben. Da fingen die Kosaken einen Generalstabsoffizier, den der Fürst von Neuchâtel, Marschall Berthier, an den Marschall Bernadotte abgesandt hatte. Durch seine Depeschen wurde das französische Manöver enthüllt. Bennigsen erschrak und wich in aller Eile nach Allenstein zurück, das er aber noch in derselben Nacht wieder räumte, um eine Schlacht zu vermeiden. Er wurde lebhaft verfolgt. Bei Deppen ließ er den preußischen General Yorck über die Passarge gehen und nach Wormditt marschieren. Der Kaiser befahl dem Marschall Ney, ihn mit dem VI. Korps zu verfolgen. Wäre diese Verfolgung unterblieben, so hätte Yorck sich auf den linken Flügel und Rücken der französischen Armee werfen können, die am Abend des 7. Februar vor Eylau eintraf, nachdem sie mehrere Gefechte geliefert hatte. General Bennigsen hielt Eylau mit starken Kräften besetzt; Marschall Soult griff ihn mit dem IV. Korps an und eroberte die Stadt nach einem heißen Kampf, der erst um 11 Uhr abends ein Ende nahm.

Marschall Davoust mit dem III. Korps marschierte auf dem rechten Flügel gegen eine an der Alle stehende russische Kolonne; er sollte den linken Flügel der feindlichen Schlachtlinie umgehen. Der Kaiser schlug sein Hauptquartier in Eylau auf; das IV. Korps biwakierte vor der Stadt und zu beiden Seiten derselben; in zweiter Linie lagerte die Garde, in dritter Linie das VII. Korps und die Reserve der schweren Kavallerie. Am nächsten Tage eröffneten die Russen in der Morgendämmerung das Gefecht; sie wollten Eylau erstürmen, wurden aber zurückgetrieben. Ihre Angriffe waren völlig aussichtslos, da ihnen die Korps der Marschälle Soult und Augereau, die Garde und die Kavalleriereserve gegenüberstanden, während sie am Tage vorher die Stadt nicht einmal gegen das IV. Korps allein hatten behaupten können. Die Schlacht war allerdings blutig für die Franzosen, die an den beiden Tagen 18000 Mann verloren, aber noch viel verlustreicher für den Feind. Der gegen den Marschall Augereau erhobene Vorwurf, er sei kein guter Taktiker und wisse nicht einmal, ein Korps von 12- bis 15000 Mann zu handhaben, ist unberechtigt. Der Kaiser befand sich auf dem Kirchturm von Eylau und sah das VII. Korps vorübermarschieren. Dies geschah nicht in Kolonne, denn das wäre bei dem Kugelregen völlig unmöglich gewesen; aber das Korps rückte in der schönsten Schlachtordnung vor; die Flügel der beiden Divisionen wurden durch Kolonnen gedeckt, die in Zugabstand marschierten. Der Schnee fiel in großen Flocken und verfinsterte gerade in diesem Augenblicke den Himmel. Infolgedessen schlug Augereau eine falsche Richtung ein, und sein Korps hat für sich allein größere Verluste erlitten als die ganze übrige Armee.

Am Tage nach der Schlacht, also am 9. Februar, waren die Russen nicht imstande, den Angriff zu erneuern, denn sie hatten schon um 5 Uhr nachmittags am 8. Februar den Kampfplatz geräumt, der vom III. französischen Armeekorps besetzt wurde, und am Morgen des 9. um

3 Uhr sammelten sich die Trümmer ihres Heeres unter den Wällen von Königsberg, das 27 Kilometer vom Schlachtfeld entfernt liegt; sie ließen alle ihre Verwundeten und einen Teil ihrer Artillerie im Stich. Aber selbst wenn die russische Armee auf dem Schlachtfeld geblieben wäre und am anderen Morgen ihren Angriff erneuert hätte, so würde ihre Anstrengung erfolglos gewesen sein, denn im Laufe der Nacht waren die Korps der Marschälle Ney und Bernadotte, die an der Schlacht nicht teilgenommen hatten, eingetroffen. Wie hätten wohl die Russen, die bereits geschlagen waren, über die durch sechs Divisionen verstärkte französische Armee siegen können? Sie wären überhaupt am Schlachttage völlig vernichtet worden, wenn nicht ein Teil des preußischen Korps ihnen einen Augenblick Luft gemacht hätte.

Nach der Schlacht bezog die französische Armee eine Stellung an der Passarge, um die Belagerung von Danzig zu decken. Nach der Übergabe wurde Danzig Depot und Stützpunkt für die Operationen, die der Schlacht bei Friedland vorausgingen.

IV.

Die Winterquartiere in Polen bedeuteten für die französische Armee kein Wohlleben. Die ersten Kantonierungstage in den Wäldern und Sümpfen bei naßkaltem Wetter waren peinlich zu ertragen. Wäre die Kälte heftiger gewesen, so würden die Soldaten, die in den Wäldern immerhin vor dem Winde geschützt waren, vom Frost weniger gelitten haben als von der durchdringenden Nässe, die den Boden aufweichte und alle Transporte höchst schwierig und mühselig machte. Doch besserte sich dies alles mit der Zeit, besonders seitdem die provisorische polnische Regierung in Warschau kräftig herangezogen wurde. Die Polen, die bis dahin wenig genützt hatten, mußten nun das Nötige liefern. Lebensmittel waren für bares Geld leicht durch die jüdischen Kaufleute zu beschaffen, in deren Händen der ganze Handelsverkehr jener Gegenden liegt; sie verstanden es vor allen Dingen, durch Bestechungen die österreichischen Grenzwächter blind zu machen. Die Lebensmittel gingen auf Schiffen nach Warschau, Thorn und Marienwerder und wurden von dort teils mit Regimentswagen, teils auf Bauernkarren nach Osterode geschafft, wo Napoleon mehrere Monate lang sein Hauptquartier hatte und bald viele Millionen Portionen Brot, Reis, Branntwein und Wein zusammenbrachte. Am fühlbarsten machte sich der Mangel an Wein; die Übergabe von Danzig, wo mehrere Millionen Flaschen lagerten, war daher von großer Wichtigkeit.

Übrigens wußten die Soldaten sich einigermaßen zu behelfen; sie hatten viele versteckte Lebensmittel entdeckt und konnten daher das Eintreffen der Vorräte abwarten. Die Truppen biwakierten nicht mehr, sondern wohnten in Dörfern – eine große Erleichterung für sie, nachdem sie fünf Monate lang, vom Oktober bis zum Februar, meistens im Freien gelegen hatten. Die Vorposten hatten Baracken, zu denen die vielen Wälder reichliches Material lieferten.

Napoleon gab seinen Truppen ein Beispiel der Entsagung, indem er unter ihnen blieb. Mit Recht konnte er daher seinem Bruder Joseph, der sich über die Leiden der Armee von Neapel beklagte, die Antwort geben: »Die Offiziere des Generalstabs sind seit zwei, einige sogar seit vier Monaten kaum aus den Kleidern gekommen; ich selber habe seit vierzehn Tagen meine Stiefel nicht ausgezogen. Wir stehen hier mitten in Schnee und Kot, ohne Wein, ohne Branntwein, ohne Brot, leben nur von Kartoffeln und Fleisch, machen lange Märsche und Gegenmärsche, ohne irgendeine Erleichterung zu finden, und schlagen uns gewöhnlich mit dem Bajonett und unter einem Hagel von Kartätschen. Es ist daher ein schlechter Scherz, die Orte, wo wir hausen, mit dem schönen Neapel zu vergleichen, wo man Wein, Brot, Gesellschaft, ja sogar Frauen findet. Nachdem wir die preußische Monarchie zertrümmert haben, schlagen wir uns gegen die Reste ihrer Armee, gegen Russen, Kalmücken, Kosaken und alle Völkerschaften des Nordens. Wir haben alle Schrecken des Krieges kennengelernt. Infolge der großen Anstrengungen ist alle Welt mehr oder weniger krank gewesen; ich selber allerdings habe mich niemals wohler befunden; ich habe sogar an Gewicht zugenommen.«

Am 26. Mai 1807 fiel die Festung Danzig, die ihr Befehlshaber, Feldmarschall Kalckreuth, noch 51 Tage nach Eröffnung der französischen Laufgräben ehrenvoll verteidigt hatte; er war ein Schüler Friedrichs des Großen und erhielt von Napoleon in Anerkennung seiner tapferen Verteidigung freien Abzug bewilligt, unter der Bedingung, daß seine Truppen ein Jahr lang nicht gegen Frankreich dienen dürften. Doch verließen von mehr als 18 000 Mann, die Kalckreuth gehabt hatte, nur 7000 die Festung; die übrigen waren gefallen, gefangengenommen oder desertiert.

Napoleon beschloß, sich am 10. Juni in Bewegung zu setzen, um die

Alle abwärts zu marschieren, die Russen von Königsberg abzuschneiden und sie an den Njemen zurückzuwerfen; er hatte Befehl gegeben, daß jedes Armeekorps sich mit Brot oder Zwieback für 14 Tage versorgen solle. Während er sich aber zur Wiederaufnahme der Feindseligkeiten vorbereitete, kamen die Russen ihm um fünf Tage zuvor. General Bennigsen hatte dem Zaren versprochen, den Fall von Danzig glänzend wiedergutzumachen. Übrigens nannte er sich den *Sieger von Pultusk und Eylau.* Bei Heilsberg erfocht er gegen Marschall Soult einen ähnlichen Sieg, der wieder wie alle seine Siege mit Rückzug und Räumung seines Lagers endigte.

Am 12. Juni verlegte der Kaiser sein Hauptquartier nach Eylau. Eis und Schnee waren geschmolzen, und die Natur prangte im Festkleide. Am 13. Juni ging der Großherzog von Berg gegen Königsberg vor, Marschall Davoust folgte ihm zu seiner Unterstützung. Marschall Soult ging auf Kreuzburg, Marschall Lannes auf Domnau und die Marschälle Ney und Mortier rückten auf Lampasch vor.

Inzwischen hatte General Latour-Maubourg die Nachhut des Feindes verfolgt. Die Russen mußten viele Verwundete im Stich lassen, Bartenstein aufgeben und sich in der Richtung auf Schippenbeil zurückziehen, das rechte Ufer der Alle verfolgend. Auf die Nachricht davon setzte sich der Kaiser sofort in Bewegung. Er zog die Korps der Marschälle Ney, Lannes und Mortier, die kaiserliche Garde und das 1. Korps unter General Victor an sich und marschierte auf Friedland. Der Großherzog von Berg, Soult und Davoust hatten gegen Königsberg zu manövrieren.

Am 13. zog das 9. Husarenregiment in Friedland ein, wurde aber durch 3000 feindliche Reiter wieder herausgeworfen.

Am 14. Juni brach der Feind auf der Brücke von Friedland vor, um 3 Uhr morgens fielen die ersten Kanonenschüsse. »Ein Glückstag für uns«, rief der Kaiser, »es ist der Jahrestag von Marengo.«

Lannes und Mortier wurden zuerst ins Gefecht verwickelt und durch die Dragonerdivision Grouchys sowie die Kürassiere des Generals Nansouty unterstützt. Sie hielten den Feind auf, der nicht über das Dorf Posthenen hinauskam. Er glaubte, nur ein Korps von 15 000 Mann vor sich zu haben, und wollte den Durchbruch auf Königsberg erzwingen. Man kämpfte den ganzen Tag. Verschiedene Attacken wurden durch französische und sächsische Kavallerie ausgeführt, wobei dem Feinde vier Geschütze abgenommen wurden.

Um 5 Uhr nachmittags hatten die verschiedenen Korps ihre Aufstellungen genommen, auf dem rechten Flügel Marschall Ney, im Zentrum Marschall Lannes, auf dem linken Flügel Marschall Mortier. Das Korps des Generals Victor und die Garde standen in Reserve.

Unterdessen war die ganze feindliche Armee in Schlachtordnung aufmarschiert. Ihr linker Flügel stützte sich auf die Stadt Friedland, und ihr rechter zog sich sechs Kilometer in die Länge.

Nachdem der Kaiser die Stellungen rekognosziert hatte, entschied er sich für die sofortige Wegnahme der Stadt. Er ließ eine plötzliche Frontänderung vornehmen, schob den rechten Flügel nach vorn und ließ den Angriff durch den äußersten rechten Flügel beginnen.

Um halb sechs Uhr begannen Marschall Ney und die Division Marchand den Vormarsch und nahmen die Richtung auf den Kirchturm der Stadt. Die Division des Generals Bisson unterstützte den linken Flügel. Als der Feind bemerkte, daß Marschall Ney das Gehölz verlassen hatte, in dem sein rechter Flügel vorher Stellung genommen hatte, überflügelte er ihn durch seine Reiterei und eine Wolke von Kosaken. Die Dragonerdivision des Generals Latour-Maubourg erkannte die Gefahr, eilte im Galopp auf den rechten Flügel, machte einen Gegenangriff und schlug die feindlichen Reiterscharen zurück. Unterdessen hatte General Victor eine Batterie von dreißig Geschützen vorwärts von seinem Zentrum auffahren lassen, die unter General Senarmont dem Feinde furchtbare Verluste beibrachte. Die Russen versuchten wiederholt, die Franzosen abzulenken, aber vergebens. Marschall Ney ging mit der ihm eigenen Entschlossenheit und Kaltblütigkeit vor, ordnete alles bis auf die geringsten Einzelheiten an und ging mit gutem Beispiel seinem Armeekorps voran, das schon gewohnt war, sich unter allen auszuzeichnen. Mehrere feindliche Kolonnen, die seinen rechten Flügel angriffen, wurden mit dem Bajonett zurückgedrängt und in die Alle geworfen, Tausende fanden dabei ihren Tod, nur wenige retteten sich durch Schwimmen. Inzwischen gelangte der linke Flügel des Marschalls Ney bis an den Hohlweg, der die Stadt Friedland umkreist. Dort lag die kaiserlich russische Garde zu Pferd und zu Fuß im Hinterhalt. Sie stürzte sich mit großer Unerschrockenheit auf den linken Flügel Neys, der für einen Augenblick ins Wanken geriet; aber die Division Dupont, die den rechten Flügel der Reserve bildete, wachte, griff die kaiserliche Garde an, rannte sie über den Haufen und richtete ein entsetzliches Blutbad an.

Der Feind war gezwungen, seine Reserven heranzuziehen und aus dem Zentrum einige Korps zurückzunehmen, um Friedland zu decken.

Vergebliche Anstrengung! Die Stadt wurde erstürmt und ihre Straßen mit Toten und Verwundeten übersät.

Da der Vorstoß des Feindes gegen den rechten Flügel der französischen Armee mißlungen war, versuchte er nunmehr deren Zentrum zu durchbrechen. Dort stieß er aber auf das Korps des Marschalls Lannes und wurde empfangen, wie man es von diesem und den Braven Oudinots und Verdiers erwarten durfte.

Alle Infanterie- und Kavallerieattacken konnten den Vormarsch der französischen Kolonnen nicht aufhalten. Vergebens war die Tapferkeit der Russen, sie erreichten nichts und fanden den Tod durch die französischen Bajonette.

Nun griff auch Marschall Mortier ein, der den ganzen Tag über mit größter Kaltblütigkeit auf dem linken Flügel standgehalten hatte. Er begann seinen Vormarsch, unterstützt durch die Gardefüsiliere unter General Savary.

Die kaiserliche Garde und zwei Divisionen der Reserve des I. Korps waren nicht ins Feuer gekommen. Der Sieg war nicht einen Augenblick zweifelhaft gewesen. Alle, Kavallerie, Infanterie und Artillerie, hatten sich ausgezeichnet geschlagen.

Das Schlachtfeld bot einen entsetzlichen Anblick. Man übertreibt nicht, wenn man den Verlust der Russen an Toten auf 15- bis 18000 Mann angibt. Die Franzosen verloren nur 500 Tote und weniger als 3000 Verwundete. 80 Geschütze, eine große Anzahl Protzen und mehrere Fahnen waren die Siegestrophäen. Fünfundzwanzig russische Generale wurden getötet, verwundet oder gefangengenommen. Ungeheure Verluste erlitt die russische Reiterei.

Die Verfolgung dauerte bis 11 Uhr abends. Der Feind versuchte bei Nacht die Alle auf mehreren Furten zu überschreiten, und am anderen Morgen bemerkte man überall umherliegende Protzen, Kanonen und Wagen, die im Stich gelassen worden waren.

Die Schlacht von Friedland reiht sich würdig denen von Marengo, Austerlitz und Jena an. Auch hier galt es, einen zahlreichen Feind, der über eine schöne und starke Reiterei verfügte und sich mit großem Mute schlug, zu bezwingen.

Am Morgen des 15. Juni, während der Feind sich zu sammeln suchte und seinen Rückzug auf dem rechten Ufer der Alle fortsetzte, manövrierte die französische Armee auf dem linken Ufer des Flusses, um ihn von Königsberg abzuschneiden.

Als aber die Nachricht von der Schlacht bei Friedland bekannt wurde, gab der Feind Königsberg auf. Marschall Soult konnte daher von der Stadt Besitz ergreifen, in der riesige Vorräte angehäuft waren. Außer mehreren hunderttausend Zentnern Getreide fand er die ganze Kriegsausrüstung vor, die England an Rußland geliefert hatte, unter anderem 160 000 Gewehre, die noch nicht ausgeladen waren. In den Krankenhäusern lagen 20 000 verwundete Russen und Preußen.

Man kann den Gesamtverlust des Feindes seit Beginn der Feindseligkeiten am 5. Juni auf 60 000 Tote, Verwundete, Gefangene und außer Gefecht Gesetzte berechnen. Er büßte außerdem einen Teil seiner Artillerie, fast seine ganze Munition und alle seine Depots auf einer Linie von mehr als 150 Kilometern ein. Die französischen Heere haben selten einen größeren Erfolg unter geringeren Verlusten erzielt.

V.

Der Krieg war beendigt. Es blieb den Preußen und Russen nichts anderes übrig, als Napoleons Friedensbedingungen anzunehmen. Als Ort für die endgültigen Unterhandlungen wurde die am Njemen gelegene Stadt Tilsit bestimmt.

Am 25. Juni um 1 Uhr nachmittags ging der Kaiser in Begleitung des Großherzogs von Berg, des Fürsten von Neuchâtel, des Marschalls Bessières, des Großmarschalls Duroc und Oberhofstallmeisters Caulaincourt an Bord eines Bootes, das zu seiner Aufnahme am Ufer des Njemen bereitstand. Dieses brachte ihn zu einem Floß, das sich in der Mitte des Flusses befand und auf dem General La Riboisière eine Art Pavillon hatte errichten lassen. Daneben befand sich ein anderes Floß mit einem Zelt, das zur Aufnahme des Gefolges dienen sollte. Zu gleicher Zeit stieß ein Boot vom anderen Ufer ab, in dem sich der Zar Alexander, der Großfürst Konstantin, General Bennigsen, General Uworof, Fürst Labonof und der erste Adjutant des Kaisers, Graf von Lieven, befanden.

Die beiden Boote legten zu gleicher Zeit an. Die beiden Kaiser bestiegen das Floß und umarmten sich. Dann betraten sie den Salon, in dem sie zwei Stunden lang verweilten. Danach wurde das Gefolge der beiden Kaiser zugelassen. Der Zar unterhielt sich in liebenswürdiger Weise mit den französischen Generalen, während Kaiser Napoleon lange Zeit mit dem Großfürsten Konstantin und General Bennigsen im Gespräch verweilte.

Dann bestiegen die beiden Kaiser wieder ihre Boote und traten die

Rückfahrt an. An beiden Ufern hatten große Mengen von Soldaten beider Heere diesem Auftritt beigewohnt und waren Zeugen dieser Szene gewesen.

Das Ergebnis der Unterredung war ein befriedigendes. Fürst Labonof kam gleich darauf ins französische Hauptquartier, wo man übereinkam, daß die Hälfte der Stadt Tilsit neutralisiert würde, man bestimmte die Wohnung des Zaren und seines Hofes und wies der russischen Garde einen Teil der Stadt als Kantonnement an.

Unmittelbar nach seiner Ankunft begab sich der Kaiser zur Königin von Preußen, um ihr seinen Besuch zu machen. Die Königin Luise war sehr schön, befand sich aber nicht mehr im ersten Reiz der Jugend.

Sie begann sofort in höchst pathetischem Tone für ihre Sache zu plädieren. »Preußen«, sagte sie, »war verblendet in seinem Machtgefühle. Es hat gewagt, einen Helden zu bekämpfen, sich dem Geschicke Frankreichs entgegenzuwerfen und seine wertvolle Freundschaft zurückzuweisen! Schwer wurde es dafür bestraft! ... Der Ruhm Friedrichs des Großen, sein Andenken und sein Erbe hatten Preußen zu zuversichtlich gemacht und dadurch seinen Ruin herbeigeführt!« ... Sie bat, drang, flehte. Magdeburg besonders lag ihr am Herzen. Der Kaiser wehrte sich, so gut er konnte. Zum Glück kam der König dazu. Die Königin warf ihm einen ausdrucksvollen Blick zu und konnte ihre schlechte Laune über die Störung nicht verbergen. In der Tat mischte sich der König in die Unterhaltung, verdarb damit alles und zog den Kaiser aus der peinlichen Lage.

Der Kaiser bat die Königin zum Diner: sie bot alles auf, um ihn zu fesseln, ließ ihren Geist spielen – und sie hatte Geist – und entfaltete alle ihre guten Eigenschaften, ihre ganze Koketterie, die nicht ohne Reiz war. Aber der Kaiser war entschlossen, nicht zu wanken und zu weichen. Er paßte genau auf sich auf, um nicht ein unvorsichtiges Wort auszusprechen, das ihn gebunden hätte, er war um so mehr auf seiner Hut, als er sich von Alexander beobachtet sah.

Um der Sache ein Ende zu machen, erging der Kaiser sich schließlich in harten Worten und äußerte, daß denn doch die Liebenswürdigkeit einer Frau auf die Geschicke eines Volkes weder einwirken könne noch dürfe. Er verlangte demnach die sofortige Unterzeichnung und erhielt diese Genugtuung. So hatte also diese ganze Unterredung mit der Königin nur die Beschleunigung der Vertragsschließung zur Folge, die sich sonst noch vielleicht 8 oder 14 Tage hinausgezogen hätte. Am folgenden Tage erfuhr die Königin die Unterzeichnung und war darüber außer sich. Sie zerfloß in Tränen und wollte den Kaiser nicht wiedersehen. Sie lehnte die Einladung zu einem zweiten Diner ab. Alexander suchte sie persönlich auf, um sie anderen Sinnes zu machen, aber sie wollte nichts hören und erging sich in lauten Vorwürfen gegen den Kaiser, der ihr gegenüber sein Wort gebrochen hätte. Alexander, der bei allen Unterredungen gegenwärtig gewesen war, protestierte gegen diesen Vorwurf und sagte: »Napoleon hat nichts versprochen; wenn Sie mir das Gegenteil beweisen, so verpflichte ich mich hiermit, ihn aufzufordern, sein Wort als Ehrenmann zu halten, und er wird es tun, dessen bin ich sicher.« – »Aber er gab mir zu verstehen, daß ...« »Nein«, antwortete Alexander, »Sie haben ihm nichts vorzuwerfen.« Endlich entschied sie sich, zu erscheinen. Napoleon, der sich nicht mehr zu verteidigen brauchte, verdoppelte seine Liebenswürdigkeit ihr gegenüber. Eine Zeitlang spielte sie die Rolle der beleidigten Kokette. Als das Diner beendet war, führte der Kaiser sie am Arme zu ihrem Wagen. Mitten auf der Treppe hielt sie ihn zurück, drückte ihm die Hand und sagte ihm mit bewegter Stimme: »Ist es möglich, daß der Held des Jahrhunderts und der Geschichte, den ich das große Glück hatte, so nahe zu sehen, mir nicht die Befriedigung verschafft, ihn meiner Ergebenheit für das ganze Leben versichern zu können! ...« »Madame«, antwortete der Kaiser feierlich, »beklagen Sie mich, aber mein böser Stern will es so.« Und er verabschiedete sich von ihr.

Die Königin bat, den Palastmarschall Duroc rufen zu lassen, auf den sie große Stücke hielt. Zu diesem sagte sie schluchzend: Oh! man hat mich in diesem Hause grausam getäuscht.

Die Königin von Preußen war sicherlich äußerst begabt, sehr gebildet und geschickt, sie war der wahre Herrscher Preußens seit zehn Jahren. Trotz aller Feinheit und Gewandtheit des Kaisers blieb sie immer Herrin der Unterhaltung und wußte diese dahin zu führen, wohin sie wollte. Sie kam immer wieder, vielleicht zu oft, auf ihren Gegenstand zurück, aber in einer so geziemenden Weise, daß man ihr nicht böse sein konnte. Der Gegenstand war ja auch für sie zu wichtig, und die Zeit kostbar und nur kurz.

Was den König von Preußen schwer betrübt hatte und was er nicht verzeihen konnte, war die Verletzung seines Gebietes von Ansbach durch die französischen Truppen. Immer wieder kam er, über große, wichtigere Gegenstände hinweggehend, auf diesen Punkt zurück, um dem Kaiser zu beweisen, daß er tatsächlich diese Grenzverletzung begangen habe. Er hatte zwar unrecht, seine Überzeugung trug aber den Stempel der Ehrlichkeit.

Napoleon warf sich später als einen groben Fehler vor, den König von Preußen in Tilsit empfangen zu haben. Sein erster Entschluß war, ihn zurückzuweisen: er hätte sich dann weniger Mäßigung aufzuerlegen brauchen und Schlesien erhalten können; dieses hätte er an Sachsen abgetreten und dadurch vielleicht sein ganzes Geschick geändert. Man hat den Kaiser später getadelt, daß er den Vertrag von Tilsit geschlossen und damit Europa den Russen ausgeliefert habe. Wie sehr würde man ihn aber bewundert haben, wenn der Zug nach Moskau ihm geglückt wäre und er dann hätte zeigen können, wie er gerade durch diesen Vertrag die Russen dem vereinigten Europa in die Gewalt gegeben hatte! Denn mit den Deutschen hatte er Großes vor ... Aber da sein Plan scheiterte, hatte er das Unrecht auf seiner Seite: das nennt man Gerechtigkeit!

Fast täglich ritten in Tilsit die beiden Kaiser und der König aus, dieser spielte aber eine so traurige Figur, daß es den Preußen sichtlich peinlich war. Napoleon ritt zwischen beiden, der König konnte aber kaum folgen.

Zum Schloß zurückgekehrt, sprangen die beiden Kaiser mit einem Satze von den Pferden herunter und gingen Hand in Hand die Treppe hinauf. Da Napoleon die Honneurs machte, so konnte er nicht vor dem König ins Schloß eintreten, und so waren die beiden Kaiser oft gezwungen, auf ihn zu warten und sich vom Regen durchweichen zu lassen, ein Schauspiel, das auf die Zuschauer nicht gerade einen erhebenden Eindruck machte.

Diese Ungeschicklichkeit machte sich um so mehr bemerkbar, als Alexander voller Anmut war und sich an liebenswürdigem Auftreten mit jedem Salonhelden von Paris hätte messen können. Der Zar hatte oft so genug von seinem Gefährten, der immer traurig war, daß er unter irgendwelchen Vorwänden seiner Gesellschaft entfloh, um später mit Napoleon wieder zusammenzutreffen und mit ihm den Tee einzunehmen, wobei beide Kaiser bisweilen bis Mitternacht und länger im Gespräch verweilten.

Als das preußische Königspaar sich verabschieden wollte, bat der Zar, Napoleon möchte ihre Abreise um einen Tag hinauszögern, damit der König in Tilsit bliebe, während er mit der Königin auf dem Lande wäre. Der König konnte nicht abreisen, bevor Napoleon ihm seinen Abschiedsbesuch erwidert hatte. Dieser ließ ihn acht oder zehn Stunden warten; der König ließ ihm sagen, daß er ihn von der Höflichkeit eines Besuches entbinde; der Kaiser aber erwiderte, ihm liege daran, ihn noch einmal zu sehen. Übrigens war Napoleon fest überzeugt, daß Alexander mit der Königin nur eine zarte Freundschaft unterhalte, in allen Züchten und Ehren.

Von feindlicher Seite ist dem Kaiser vorgeworfen worden, er habe die Königin Luise mit äußerster Grausamkeit behandelt und sei schuld an ihrem Tode. Das ist natürlich Erfindung. Der Kaiser ist der Königin stets mit größter Aufmerksamkeit und Hochachtung begegnet, niemand hat sie mehr gewürdigt als er. Wahrscheinlich ist es, daß der große Kummer, den sie über die traurige Lage ihres Gatten und ihres Vaterlandes empfinden mußte, und der Schmerz über die erlittenen Verluste ihren Tod beschleunigt haben. Aber das war nicht des Kaisers Schuld. Warum hatte der König ihm den Krieg erklärt?

Napoleons größter Fehler war es vielleicht, den König von Preußen nicht zu entthronen, als ihm dies so leicht war. Er mußte nicht nur Posen, sondern auch Schlesien von Preußen lostrennen und an Sachsen abtreten; denn es war klar, daß der König von Preußen und sein Volk eine zu große Erniedrigung erlitten hatten, als daß sie nicht die erste günstige Gelegenheit benutzen würden, sich zu rächen. Hätte er aber Preußen so geschwächt, dem Volke eine freisinnige Verfassung gegeben und die Bauern von der Leibeigenschaft befreit, so wäre jede Gefahr beseitigt gewesen.

VI.

Am 7. Juli wurde der Friedensvertrag von Tilsit abgeschlossen; am 8. wurde er unterzeichnet. Die Abmachungen waren von dreierlei Art. Erstens: ein öffentlicher Vertrag zwischen Frankreich und Rußland und ein öffentlicher zwischen Frankreich und Preußen. Zweitens: geheime Artikel zu beiden Verträgen. Drittens: ein geheimer Vertrag über ein Schutz- und Trutzbündnis zwischen Frankreich und Rußland.

Die beiden öffentlichen Verträge enthielten folgende Verabredungen: Der König von Preußen erhält aus Achtung für den Kaiser von Rußland Altpreußen, Pommern, Brandenburg und Schlesien zurück;

er tritt an Frankreich alle Gebiete jenseits der Elbe ab, aus denen nebst dem ehemaligen Kurfürstentum Hessen für Jérôme Napoleon ein Königreich Westfalen gebildet werden wird; er tritt die Herzogtümer Posen und Warschau ab, aus denen ein polnischer Staat gebildet und dem König von Sachsen anvertraut werden wird. Rußland und Preußen erkennen Louis Napoleon als König von Holland an; Joseph Napoleon als König von Neapel; Jérôme Napoleon als König von Westfalen. Sie erkennen die Verfassung des Rheinbundes und aller von Napoleon geschaffenen Staaten an. Die Herzöge von Mecklenburg und Oldenburg gelangen wieder in den Besitz ihrer Staaten; doch werden diese zur Aufrechterhaltung der Kontinentalsperre von französischen Truppen besetzt. Rußland wird seine Vermittlung eintreten lassen, um den Frieden zwischen Frankreich und England herbeizuführen. Frankreich wird den Frieden zwischen Rußland und der Türkei vermitteln.

Die geheimen Artikel zu den beiden Verträgen enthielten folgende Bestimmungen:

Frankreich erhält die *Bocche di Cattaro* und die Sieben Ionischen Inseln. Joseph wird als König beider Sizilien anerkannt, sobald die neapolitanischen Bourbonen mit den Balearen oder mit Kreta entschädigt worden sind. Wird Hannover mit dem Königreich Westfalen vereinigt, so erhält Preußen auf dem linken Elbufer ein Gebiet mit 300- bis 400 000 Einwohnern.

Der geheime Vertrag, der von allen der wichtigste war, enthielt für Rußland und Frankreich die Verpflichtung, in allen Fällen gemeinschaftliche Sache zu machen; bei jedem künftigen Kriege ihre See- und Landtruppen zu vereinigen; gegen England die Waffen zu ergreifen, wenn es sich den vorgeschlagenen Bedingungen nicht fügen würde. Dasselbe galt gegen die Türkei, der man in diesem Fall ihre europäischen Provinzen mit Ausnahme von Konstantinopel und Rumelien abnehmen würde. Die beiden Mächte verpflichteten sich, gemeinschaftlich Dänemark, Schweden, Portugal und Österreich aufzufordern, sich der Politik Frankreichs und Rußlands anzuschließen – das heißt, England den Krieg zu erklären.

Zar Alexander ließ seinen preußischen Verbündeten gänzlich fallen. Er hätte diesem eine gewisse Entschädigung für die notwendigen Verluste verschaffen können, aber er hätte zu diesem Zweck seine eigenen Verwandten, die Herzöge von Mecklenburg und Oldenburg, aufopfern müssen, deren Gebiete den preußischen Staat nach Norden und nach der Ostsee hin hätten abrunden können. Der König von Preußen wäre ferner völlig berechtigt gewesen, sich von Schweden loszusagen und diesem Stralsund und Vorpommern abzunehmen. Gegen diese Erwerbungen würde Napoleon keinen Widerspruch erhoben haben. Aber Alexander litt schon genug durch die Niedergeschlagenheit seiner preußischen Bundesgenossen; er wollte nicht auch noch in seiner eigenen Familie Klagen und Vorwürfe haben.

Sobald die unglückliche preußische Königsfamilie sich entfernt hatte, überließ der Zar sich ganz dem Enthusiasmus für seine neuen Entwürfe. Er war besiegt worden, aber seine Armee hatte sich Ehre erworben, und statt nach so vielen Niederlagen Verluste zu erleiden, hatte er die Aussicht gewonnen, die Entwürfe seiner Großmutter Katharina verwirklichen zu können. Dies hing ganz von ihm ab; denn er konnte die Verwendung Rußlands bei England wie die Vermittlung Frankreichs bei der Pforte nach seinem Willen zum Frieden oder zum Kriege wenden. Die eine Vermittlung mußte ihm Finnland, die andere die Donaufürstentümer verschaffen.

Die beiden neuen Verbündeten versprachen einander, unverbrüchliche Freundschaft zu halten, sich nichts zu verheimlichen und sich bald wiederzusehen.

Am 9. Juli 1807 fand die feierliche Auswechselung der Ratifikationen statt. Napoleon begab sich, mit dem großen Bande des Andreasordens geschmückt, in die Wohnung des Zaren, der das große Band der Ehrenlegion trug und von seiner Garde umgeben war. Nachdem die beiden Kaiser die Ratifikationen ausgewechselt hatten, stiegen sie zu Pferde, um sich ihren Truppen zu zeigen. Napoleon bat, den tapfersten Soldaten der russischen Kaisergarde vortreten zu lassen, und überreichte diesem eigenhändig das Kreuz der Ehrenlegion. Nachdem er sich hierauf lange mit dem Zaren unterhalten hatte, begleitete er diesen an den Njemen. Hier umarmten die beiden Kaiser sich noch einmal. Napoleon wartete am Ufer, bis er seinen neuen Freund am jenseitigen Ufer landen sah.

VII.

Den Generalen, die sich in den Feldzügen 1806 und 1807 ausgezeichnet hatten, wurden aus den Krongütern des neugebildeten und dem König von Sachsen übertragenen Großherzogtums Warschau folgende

Dotationen[1] angewiesen, deren Kapitalwert nach der Schätzung nachstehend wiedergegeben wird:

Im Departement Posen:		
dem Divisionsgeneral Grouchy	550 000	Frs.
dem Divisionsgeneral Victor	1 070 000	„
dem Marschall Soult	1 400 000	„
Im Departement Kalisch:		
dem Marschall Lannes	2 600 000	Frs.
dem Brigadegeneral Mouton	900 000	„
dem Divisionsgeneral Marchand	700 000	„
dem Divisionsgeneral Friant	700 000	„
Im Departement Warschau:		
dem Marschall Davoust	4 800 000	Frs.
dem Divisionsgeneral Legrand	350 000	„
dem Divisionsgeneral Bertrand	1 090 000	„
Im Departement Plock:		
dem Marschall Ney	500 000	„
dem Divisionsgeneral Belliard	670 000	„
dem Marschall Masséna	850 000	Frs.
dem Divisionsgeneral Nansouty	200 000	„
dem Marschall Bernadotte	900 000	„
Im Departement Bromberg:		
dem Divisionsgeneral de Saint-Hilaire	800 000	Frs.
dem Divisionsgeneral Savary	860 000	„
dem Divisionsgeneral Walther	600 000	„
dem Marschall Bessières	1 050 000	„
dem Generalinspektor der Artillerie Songis	350 000	„
dem Divisionsgeneral Suchet	430 000	„
dem Divisionsgeneral Oudinot	950 000	„
dem Divisionsgeneral La Riboisière	450 000	„
dem Marschall Mortier	720 000	„
dem Marschall Berthier	1 600 000	„
dem Divisionsgeneral Chasseloup-Laubat	650 000	„
dem Divisionsgeneral Dupont	600 000	„

im ganzen also mehr als 26 Millionen Franken.

1 Außerdem wurden natürlich auch die Krongüter anderer neu erworbener Gebiete zu Dotationen verwandt; hieraus erklärt es sich, daß Augereau und andere an dieser Stelle nicht genannt sind. C.

Viertes Kapitel.

Erfurt.

I. Unzufriedenheit des St. Petersburger Hofes mit der französischen Allianz. – II. Reise des Zaren nach Erfurt – III. Die Freundschaft der Cäsaren. – IV. Ausflug nach Weimar und Jena. – V. Neuer Traktat zwischen Frankreich und Rußland.

I.

Es dauerte nicht lange, so führte die Hofgesellschaft zu St. Petersburg eine ungeziemende Sprache über die Allianz mit Frankreich. Auf das genaueste von dem, was an diesem Hofe vorging, durch die Depeschen Caulaincourts unterrichtet, der ihm mit der größten Gewissenhaftigkeit über seine täglichen Unterredungen mit dem Kaiser Alexander Bericht erstattete, hatte Napoleon endlich den Entschluß gefaßt, eine Zusammenkunft herbeizuführen. Alle Wünsche des Zaren zu erfüllen wäre ohne Gefährdung der Ruhe Europas unmöglich gewesen; aber Napoleon glaubte, es sei die Zeit gekommen, wenigstens auf einen Teil dieser Wünsche einzugehen.

Abgesehen von dem Vorteile, sich mit dem jungen Kaiser unmittelbar ins Einvernehmen zu setzen, sich über das zu vergewissern, was er im Herzen trug, und ihn durch irgendein wichtiges Zugeständnis an sich zu fesseln, war eine solch politische Zusammenkunft im Angesichte von ganz Europa ein großes Schauspiel, das die Einbildungskraft fesselte, war der greifbare Beweis einer Allianz, die man nicht nur wahrhaft und fest, sondern auch auffällig machen mußte, um allen Feinden des französischen Reichs Scheu einzuflößen.

Napoleon schickte daher einen Kurier an Caulaincourt mit der Ermächtigung, in eine feierliche Zusammenkunft mit dem Kaiser Alexander zu willigen. Dieser hatte von Ende September gesprochen, weil da die Schiffahrt geschlossen wurde; Napoleon nahm diesen Zeitpunkt, der ihm gleichfalls zusagte, an. Alexander hatte zum Orte der Zusammenkunft entweder Weimar, weil dort seine Schwester residierte, oder Erfurt, wegen der größeren Freiheit, die man dort genösse, gewünscht. Napoleon entschied sich für Erfurt, dessen Gebiet ihm nach der Zerstückelung Deutschlands geblieben und worüber er noch nicht zugunsten eines der Rheinbundfürsten verfügt hatte. Nachdem so im allgemeinen Zeit und Ort der Zusammenkunft bestimmt waren, überließ er dem Kaiser Alexander die Sorge, Tag und Stunde festzusetzen, und ordnete alles an, um der Zusammenkunft allen nur wünschenswerten Glanz zu verleihen.

Am Rhein befanden sich noch Abteilungen der Kaisergarde. Napoleon schickte ein sehr schönes Grenadierbataillon dieser Garde nach Erfurt. Er befahl, ein sehr schönes, leichtes Infanterieregiment, ein Husarenregiment und ein Kürassierregiment unter den aus Deutschland im Rückmarsche befindlichen Truppen zu wählen und gleichfalls nach Erfurt zu dirigieren, um bei den Souveränen, die der Zusammenkunft beiwohnen würden, Ehrendienste zu verrichten. Er schickte Beamte seines Haushaltes mit dem reichsten Teile des Kronmobiliars hin, um die größten Häuser der Stadt elegant und prachtvoll einzurichten und den Bedürfnissen der hohen Personen anzupassen, die sich dort einfinden würden. Er wünschte, daß auch die französische Kunst zum Glanze dieser Zusammenkunft beitragen sollte, und befahl der Theateradministration, die ersten französischen Schauspieler, namentlich Talma, hinzusenden, um den Cinna, die Andromache, den Mahomet und den Ödipus aufzuführen, Das Lustspiel schloß er aus, obschon er die unsterblichen Werke Molières so hoch schätzte, wie sie es verdienen; aber er meinte, man verstehe sie in Deutschland nicht. Man müßte den Deutschen die Schönheit und Großartigkeit der tragischen Bühne zeigen; sie seien fähiger, diese zu fassen, als in die Tiefe Molières zu dringen. – Er gebot endlich, einen außerordentlichen Luxus zu entfalten, denn er wollte, daß Frankreich durch seine Zivilisation ebenso sehr imponiere wie durch seine Waffen.

II.

Die der Allianzpolitik feindselige Partei zu St. Petersburg, sehr erfreut über die Schwierigkeiten, auf welche Frankreich in Spanien stieß, und in auffälliger Weise die Leiden des russischen Handels beklagend, tadelte die Zusammenkunft zu Erfurt auf das bitterste. Insbesondere hatte der österreichische Gesandte sich eine Freiheit der Sprache erlaubt, der man hatte Einhalt tun müssen. Der Hof der Kaiserinmutter hatte sich zwar nur mit Widerstreben Zaum angelegt, aber hatte es nach der förmlichen Willenskundgebung Alexanders schließlich doch getan. Im letzten Augenblicke jedoch gab die Kaiserinmutter im Hinblicke auf die Gefahren ihres Sohnes, an die sie vollkommen zu glauben schien, ihrer inneren Überzeugung und Befürchtung Ausdruck, machte dem Minister Romanzoff heftige Vorwürfe, sagte ihm, daß er Alexander zu seinem Untergange führe und daß dem Kaiser von Rußland in Erfurt vielleicht widerfahren werde, was die unglücklichen Souveräne von Spanien zu Bayonne erlitten hätten.

Alexander gab auf diese Besorgnisse nicht das geringste, brach mit seinem Bruder und einigen Adjutanten (Romanzoff und Caulaincourt waren vorausgegangen) von St. Petersburg auf und reiste mit der Post ebenso einfach wie schnell. Man war übereingekommen, daß Napoleon, da Erfurt ja seine Stadt war, sich mit der Sorge für das Materielle dieser großen Zusammenkunft befasse und daß Alexander nichts dahin bringe als seine Person und seine Offiziere. Er reiste in einer einfachen Kalesche, und zwar schneller als die eiligsten Kuriere. Den 18. September verweilte er in Königsberg, zeigte vieles Mitleid mit dem Unglücke seiner ehemaligen Verbündeten, die fast in Dürftigkeit am äußersten Ende ihres Königreichs leben mußten, und brach unmittelbar nach Weimar auf.

Überall, wo französische Truppen lagen, wurde dem jungen Selbstherrscher der glänzendste Empfang bereitet. Die Armeekorps standen unter Waffen in Parade und riefen: Es lebe Alexander! Es lebe Napoleon! Alexander hielt Heerschau über sie, belobte sie wegen ihrer militärischen Haltung und vorzüglichen Erscheinung, die ihrer Tapferkeit so sehr entspräche, und bezauberte sie durch seine Freundlichkeit und Anmut. Napoleon hatte ihm den zum Herzoge von Montebello erhobenen Marschall Lannes entgegengesendet, um ihn an der Grenze des Rheinbundes zu bewillkommnen. Alexander überhäufte den alten Kriegsmann mit Beweisen der Zuneigung und gewann ihn ganz, der zwar bei seinen revolutionären Ansichten mit großem Eigensinn beharrte, aber dennoch für die glänzenden und wohlverdienten Gunstbezeigungen, die von der Höhe der Throne auf ihn herabregneten, äußerst empfänglich war.

Alexander langte am 25. September in Weimar an, um im Kreise des dortigen ihm verwandten Hofes bis zum 27., dem für das Zusammentreffen zu Erfurt festgesetzten Tage, zu verweilen.

Napoleon hatte inzwischen Paris verlassen. Eine große Anzahl Generale und Diplomaten machten die Reise mit. Deutschland wurde durch eine Menge gekrönter Fürsten vertreten; schon am 26. war der König von Sachsen nach Erfurt gekommen. Dieses kleine Erfurt, das ehemalige Besitztum eines geistlichen Fürsten, gleich Weimar und anderen Musenstädten Deutschlands an Stille gewöhnt, war der belebteste, glänzendste, war ein von Soldaten, Offizieren, Equipagen und Dienern in Livree überfüllter Ort geworden. Man begegnete dort als einfachen Spaziergängern Königen, Fürsten und anderen sehr großen Herren aus der alten und neuen Herrschaftszeit.

III.

Napoleon hatte im voraus alles hingesendet, was erforderlich war, um unter eleganten und prachtvollen Vergnügungen den Ernst der wichtigen Angelegenheiten zu verbergen. Er selbst langte am 24. September vormittags in Erfurt an. Nachdem er die aus der ganzen Umgebung herbeigeeilten Zivil- und Militärbehörden, die Diplomaten Europas und die Potentaten des Rheinbundes empfangen hatte, stieg er gegen Mittag zu Pferde und ritt, von einem unermeßlichen Generalstabe begleitet, dem Kaiser Alexander entgegen, der im offenen Wagen von Weimar kam. Als Napoleon den Wagen, in dem sein Verbündeter fuhr, erblickte, setzte er sein Pferd in Galopp, wie um seine sehnsuchtsvolle Ungeduld an den Tag zu legen. Einander nahe gekommen, stieg Napoleon vom Pferde und Alexander gleichzeitig aus seinem Wagen, worauf sich beide herzlich umarmten und alle Zeichen höchster Freude des Wiedersehens zu erkennen gaben; eine Freude, die übrigens aufrichtig war, denn abgesehen davon, daß beide Herrscher das dringende Bedürfnis empfanden, sich über ihre Angelegenheit zu besprechen, hatten sie aneinander Wohlgefallen.

Nach der Ankunft zu Erfurt stellte Napoleon, bei den Königen und Fürsten anfangend, dem Kaiser Alexander alle die hohen zu dieser Zusammenkunft zugelassenen Personen vor und geleitete ihn dann in das für ihn bestimmte Palais. Das Mahl fand jeden Tag bei Napoleon statt, da er es war, der dem Herrscher des Nordens Gastfreundschaft erwies. Am Abend ließen zu dem glänzenden Gastmahle sich nieder: Napoleon, Alexander, der Großfürst Konstantin, der König von Sachsen, der Herzog von Weimar, Prinz Wilhelm von Preußen, endlich die Menge der regierenden Fürsten und der hohen Personen vom Zivil- und Militärstande. Die Stadt war erleuchtet, und man wohnte der Tragödie Cinna bei, die von den vollkommensten tragischen Schauspielern gegeben wurde, welche Frankreich je besessen hat. Die kluge Milde Cäsars, des Stifters des römischen Kaiserreichs, der die Parteien entwaffnet und sie an seine Obergewalt fesselt, war das Schauspiel, mit welchem Napoleon die Vorstellungen der französischen Tragödie eröffnen ließ.

Alexander und seine Minister waren mit hochfliegenden Plänen und großen Erwartungen nach Erfurt gekommen. Es wurde auch ein neuer Vertrag aufgesetzt, der im Grunde eine Teilung der Türkei zwischen Frankreich und Rußland bedeutete. Frankreich erhielt Ägypten und Syrien, Rußland bekam Rumelien. Die schwierige Frage war, wer Konstantinopel bekommen sollte. Als nun aber der Vertrag unterzeichnet werden sollte, da wollte Napoleon nicht. Er hatte sich überlegt, daß Rußland in den Griechen von Konstantinopel und Rumelien sofort treue und anhängliche Untertanen finden würde, während dagegen die Länder, die der Kaiser als Gegenwert erhalten sollte, ihm nicht einen einzigen Untertan gegeben hätten, auf den er hätte rechnen dürfen. Rußland brauchte die Griechen nur zu bewaffnen und hatte dann nur ein paar von seinen eigenen Regimentern nötig, um Konstantinopel im Schach zu halten.

Darüber hinaus aber bestimmten noch höhere Gesichtspunkte Napoleons Sinnesänderung: Der Vertrag bedeutete eine ganz neue Verteilung der Welt und vielleicht einen Krieg mit Österreich wegen der polnischen Provinzen. Und wie hätte man jemals auf einen Frieden mit England hoffen können, da infolge der Aufteilung der Türkei alle jene Länder, die Napoleon im geheimen als Tauschobjekte bei den Unterhandlungen wegen des Weltfriedens ansah, in Frankreich einverleibt werden mußten? Wurde die Krone eines *Kaisers des Westens* Napoleon aufs Haupt gesetzt, so war ein Frieden mit England nicht mehr möglich.

An Stelle eines großartigen, aber für Europa gefährlichen Traumes eine beschränkte, aber sofortige Wirklichkeit zu setzen war Napoleons Plan in betreff Rußlands. Alles, was der Kaiser Alexander und Romanzoff seit mehreren Monaten gesagt hatten, bewies, daß sie trotz ihren exaltierten Hoffnungen von dem Anspruch auf Teilung des türkischen Reiches in Anbetracht der Schwierigkeit eines Einverständnisses ohne große Mühe würden abzubringen sein, wenn man ihnen sofort und entschieden einen Teil seines Gebiets, der ihnen bequem gelegen war, den Teil an der Donau nämlich, überließ.

Dagegen wollte Napoleon von Rußland eine innige Allianz, sowohl für den Frieden als für den Krieg, und unbedingte Mitwirkung gegen Österreich und England. Diese Mitwirkung war übrigens unvermeidlich, denn indem Napoleon die Moldau und Walachei Rußland zugestand, entschied er sich zu einem Geschenke, das Alexander mit Österreich und England entzweien mußte.

An die Stelle riesenhafter, nur allzu chimärischer Entwürfe eine Wirklichkeit setzen, wie das Geschenk der Donaufürstentümer, vorausgesetzt, daß es keine eitle Verheißung, sondern eine unzweifelhafte, unmittelbare Gabe war, das enthielt genug, um den Zaren zufriedenzustellen. Er fühlte selber, daß ihm das am besten zusage; denn er hatte dann Frankreich nichts an der orientalischen Küste zu geben, weder Albanien noch Morea, noch Thessalien, noch Mazedonien, noch Ägypten. Das altersschwache Reich der Sultane blieb daher eine für den Augenblick, in dem man es würde verschlingen können, bereitgehaltene Beute. Für jetzt empfing man ein reelles Geschenk, das zu jeder Zeit für großartig gegolten haben würde, das keine Reue nach sich zog und mit keiner mißlichen Gegengabe bezahlt wurde; denn ob Spanien dem Hause Bourbon oder dem Hause Bonaparte angehöre, das war allerdings für England, aber keineswegs für Rußland wichtig.

Nach Zulassung dieses neuen Systems der Ausgleichung warfen Alexander und Romanzoff sich daher mit einer Leidenschaft ohnegleichen auf die Erwerbung der Moldau und Walachei und wollten von Erfurt nicht eine eitle Verheißung, sondern eine Tatsache mitnehmen, die man bei ihrer Rückkehr nach St. Petersburg öffentlich ankündigen könnte.

Bisher hatte Napoleon die zeitweilige Besetzung der Moldau und Walachei durch die Russen geduldet, aber nicht ohne einige Klagen über diese Tatsache, und nicht ohne zu verstehen zu geben, daß die verlängerte Besetzung Schlesiens durch die Franzosen eine notwendige Folge davon sei. Davon konnte jetzt nicht mehr die Rede sein. Frankreich mußte durch einen förmlichen Traktat einwilligen, daß Rußland die Donaufürstentümer definitiv besitze, und verpflichtete sich nicht nur, diese Erwerbung selbst genehm zu halten, sondern auch die Genehmigung der Türkei, Österreichs, ja sogar Englands zu erlangen, sobald mit letzterer Macht unterhandelt würde. Folglich hatte Rußland den Waffenstillstand mit den Türken zu brechen und bis an den Fuß des Balkans und über dieses Gebirge bis Adrianopel, sogar bis Konstantinopel, wenn nötig, vorzurücken, um der Pforte dieses Opfer zu entreißen. Falls Österreich dazwischentreten würde, wollte man es mit gemeinsamen Kräften erdrücken. Mit England war man im Kriege, hatte also dieser Macht gegenüber keinen neuen Entschluß zu fassen.

Nachdem die Wünsche Alexanders und Romanzoffs befriedigt waren, empfanden diese eine Freude, die fast der Wonne glich, womit sie drei Monate vorher von der Eroberung von Konstantinopel geträumt hatten. Napoleon hatte also seinen Zweck erreicht.

Freilich hat Alexander dem Kaiser Napoleon wegen der Vertagung seiner eigentlichen Wünsche doch stets gegrollt; er glaubte ihm nicht, als er sagte, das Interesse Frankreichs erheische, daß zuvor die spanischen Angelegenheiten geordnet würden. Er glaubte, Napoleon wolle nur eine Ausflucht machen. Aber er irrte sich: der Kaiser würde unterzeichnet haben, sobald Spanien wirklich unterworfen gewesen wäre und seinem Willen gehorcht hätte; denn alsdann hätte er sich stark genug gefühlt, um von den Bekennern des griechischen Glaubens nichts mehr zu befürchten.

Erfurt war der außerordentlichste Sammelplatz von Souveränen geworden, dessen die Geschichte Erwähnung tut. Zu den Kaisern von Frankreich und von Rußland, zum Großfürsten Konstantin, zum Prinzen Wilhelm von Preußen, zum König von Sachsen hatten sich gesellt: die Könige von Bayern und Württemberg, der König und die Königin von Westfalen, der Fürst-Primas und Kanzler des Rheinbundes, der Großherzog und die Großherzogin von Baden, der Großherzog von Hessen-Darmstadt, die Herzöge von Sachsen-Weimar, Sachsen-Gotha, Oldenburg, Mecklenburg-Strelitz und Mecklenburg-Schwerin und eine Menge andere mit ihren Kammerherren und Ministern. Sie speisten jeden Tag bei dem Kaiser und nahmen bei Tafel ihre Plätze je nach ihrem Range. Des Abends besuchte man das Theater, dessen Saal Napoleon für diese feierliche Gelegenheit hatte herstellen und ausschmücken lassen. Der Abendzirkel war bei dem Kaiser von Rußland. Napoleon hatte bemerkt, daß Alexander wegen seiner Gehörschwäche im Theater nicht alles wohl vernehmen könne; er ließ daher dort, wo sich sonst in den Schauspielhäusern das Orchester befindet, eine Estrade herrichten, auf der die beiden Kaiser auf zwei Lehnstühlen saßen, so daß sie von allen im Hause gut gesehen werden konnten. Rechts und links standen Stühle für die Könige. Dahinter, d. h. im Parkett, befanden sich die Prinzen, Minister und Generale, was zu dem so oft wiederholten Worte Anlaß gab, zu Erfurt sei vor einem Parkett von Königen gespielt worden. Cinna war bereits dargestellt worden, man führte noch Andromache, Britannicus, Mithridates, Ödipus auf. Bei Darstellung des letzten Stückes erfüllte ein eigentümlicher Vorfall die Zuhörer mit Erstaunen und Freude. Alexander, ganz voll von der neuen Zufriedenheit, die Napoleon ihm eingeflößt hatte, gab diesem einen Beweis der liebenswürdigsten Schmeichelei. Bei dem Verse des Ödipus: »Eines großen Mannes Freundschaft ist Wohltat der Götter« ergriff Alexander in einer Art, daß alle Zuschauer es gewahr werden mußten, die Hand Napoleons und drückte sie mit Innigkeit. Diese Handlung verursachte unter den Anwesenden eine Bewegung einmütiger Zustimmung.

IV.

Bereits zehn Tage waren die beiden Monarchen beisammen: es blieb nur noch übrig, die Bedingungen ihres Einverständnisses schriftlich abzufassen. Um ihre mit jedem Tage herzlicher werdende Einigung nicht durch Erörterung untergeordneter Dinge zu trüben, kamen die beiden Souveräne überein, ihren Ministern Romanzoff und Champagny die Sorge der förmlichen Abfassung der Übereinkunft zu überlassen, die ihre neuen Beschlüsse enthalten sollte, und reisten nach Weimar, wo für sie großartige Feste bereitet waren. Die Minister Romanzoff und Champagny blieben in Erfurt zurück, um zur Vollbringung des ihnen anvertrauten wichtigen Werkes zu schreiten.

Zwischen Erfurt und Weimar liegt der Ettersburger Wald. Hier hatte der Herzog von Weimar eine Reihe eleganter Pavillons für alle seine gekrönten Gäste errichten lassen. Der für die Kaiser und Könige befand sich in der Mitte und war in der Tat prachtvoll. Vor diesen Pavillons mußte eine unermeßliche Menge Wild, Hirsche, Damwild, Rehe vorbei, die nicht anders entfliehen konnten, als indem sie das Feuer der zu dieser Jagd geladenen Gäste aushielten.

Ein prachtvoller Empfang erwartete die beiden Kaiser zu Weimar. Nach einem prunkhaften Mahl vereinigte ein Ball die glänzendste Gesellschaft Deutschlands. Goethe und Wieland waren gegenwärtig. Napoleon verließ die Gesellschaft, um in einer Ecke des Saales lange mit den beiden berühmten deutschen Schriftstellern sich zu unterhalten. Er redete mit ihnen vom Cristentum, von Tacitus, dem Schrecken der

Tyrannen, dessen Namen er, wie er lachend sagte, ohne Furcht ausspreche, und behauptete, daß Tacitus das düstere Gemälde seiner Zeit übertrieben habe und daß er kein so einfacher Maler wäre, um durchaus wahr zu sein.

Nach dieser langen Unterhaltung, in der er den beiden großen Schriftstellern zeigte, daß er um ihretwillen die erlauchteste Gesellschaft verlassen habe, schied er von ihnen, die sich durch einen so großen Beweis von Aufmerksamkeit gebührend geschmeichelt fühlten. Der Zusammenkunft von Erfurt verdanken sie, daß sie mit dem Orden der Ehrenlegion geschmückt wurden, eine Auszeichnung, die sie in jeder Beziehung verdienten und die, so hervorragenden Männern verliehen, an ihrem Glanze nichts einbüßte.

Am folgenden Tage wurde ihm ein neues Fest auf dem Schlachtfelde von Jena, zwischen Erfurt und Jena, gegeben. Der Eifer, Napoleon zu gefallen, war so groß, daß man seine eigene Würde vielleicht vergaß, indem man sich in dieser Art eine der schrecklichsten Schlachten, welche Frankreich in Deutschland gewonnen hatte, in das Gedächtnis rief. Ein Pavillon war auf dem Landgrafenberg errichtet, wo Napoleon in der Nacht vom 13. zum 14. Oktober vor zwei Jahren (man war dem Jahrestage der denkwürdigen Schlacht von Jena nahe) biwakiert hatte. Ein Plan dieser Schlacht befand sich in dem Pavillon, der zur Aufnahme der Fürstlichkeiten bestimmt war. Es wurde daselbst ein Frühstück aufgetragen.

Bevor Napoleon die Höhen verließ, von denen man die Stadt Jena erblickt, wollte er ein Andenken der Wohltätigkeit stiften. Die unglückliche Stadt war durch Granaten in Brand gesteckt worden. Napoleon gab eine Summe von 300 000 Franken zur Entschädigung derjenigen, die damals durch seine Anwesenheit gelitten hatten.

V.

Die beiden Kaiser hatten ihre Minister Romanzoff und Champagny zum Abschluß eines Vertrags ermächtigt, und am 12. Oktober 1808 kamen sie über folgenden geheimzuhaltenden Traktat überein:

Die Kaiser von Frankreich und von Rußland erneuern ihre Allianz in feierlicher Weise und verpflichten sich, sowohl im Frieden wie im Kriege gemeinsam zu handeln.

Jede dem einen von beiden gemachte Eröffnung soll auf der Stelle dem andern mitgeteilt, und es soll auf dieselbe nur eine gemeinsame und verabredete Antwort gegeben werden.

Die beiden Kaiser sind übereingekommen, an England einen feierlichen Friedensantrag, und zwar einen unmittelbaren, öffentlichen und so auffallend als möglich zu machenden Antrag gelangen zu lassen, damit dem britischen Kabinette die Ablehnung desselben um so schwerer falle.

Die Grundlage der Unterhandlungen soll das uti possidetis sein.

Frankreich darf nur in einen solchen Frieden willigen, der dem Kaiser von Rußland Finnland, die Moldau und die Walachei zusichert.

Rußland darf nur in einen solchen Frieden willigen, welcher Frankreich, abgesehen von allem, was es besitzt, die Krone von Spanien auf dem Haupte des Königs Joseph sichert.

Unmittelbar nach Unterzeichnung des Traktats kann Rußland beginnen, bei der Pforte die notwendigen Schritte zu tun, um in Frieden oder durch Krieg von ihr die zwei Donauprovinzen zu erhalten; aber (und das war der Hauptpunkt des Abkommens) die Bevollmächtigten und Agenten der beiden beteiligten Mächte werden sich über die zu führende Sprache einverstehen, um nicht die zwischen Frankreich und der Pforte bestehende Freundschaft zu gefährden.

Ferner wenn Rußland wegen der Erwerbung der Donauprovinzen Österreich als bewaffnetem Feinde begegnen müßte oder wenn Frankreich wegen dessen, was es seinerseits in Italien oder in Spanien getan, einem Bruche mit Österreich ausgesetzt wäre, so werden Frankreich und Rußland ihre Truppenkontingente gegen diese Macht stellen und einen gemeinsamen Krieg führen.

Endlich, wenn aus der Konferenz von Erfurt der Krieg und nicht der Frieden hervorgehen sollte, so versprechen die beiden Kaiser, einander binnen Jahresfrist wiederzusehen.

Die Zusammenkunft von Erfurt hatte ihren Zweck erfüllt; die beiden Kaiser waren einträchtig, und jedenfalls war dies der Welt augenscheinlich. Alexander glaubte, endlich die Moldau und Walachei in Händen zu haben; Napoleon glaubte, den jungen Kaiser fest an sich geknüpft zu haben, fest genug wenigstens, um jedwede neue Koalition unmöglich zu machen, fest genug, um von Österreich bis zum nächsten Frühjahre nichts zu befürchten zu haben. Er hoffte sogar, daß aus dieser so öffentlich verkündeten engen Allianz zwischen den beiden größten Mächten der Erde der Weltfriede hervorgehen würde.

Der österreichische Gesandte, General Vincent, hatte trotz unerhörten Anstrengungen, hinter das Geheimnis zu kommen, es doch nicht zu erforschen vermocht. Er wußte, daß gegenseitig Freundschaftsbeweise jeder Art gegeben worden, wußte auch, daß man die Grundzüge der Allianz in die Form eines Traktats gebracht; aber das eigentliche Geheimnis der Erwerbungen, die man sich gegenseitig zugestanden, der Unterhandlungen, die man eröffnen wollte, kannte er nicht und mutmaßte weit mehr, als an der Sache wirklich war. Der Kaiser gewährte ihm seine Abschiedsaudienz, erneuerte seine Ermahnungen und wiederholte, daß Österreich für immer außerhalb der europäischen Angelegenheiten gestellt werden sollte, wenn es sich weiter den Anschein gebe, zu den Waffen greifen zu wollen. Napoleon beauftragte ihn, dem Kaiser Franz folgendes Schreiben, das seine ganzen Gedanken enthielt, zu überbringen:

Erfurt, den 14. Oktober 1808.

Mein Herr Bruder! Ich danke Ew. Kaiserlichen Majestät für das Schreiben, das Sie an mich zu richten so gütig gewesen und das mir der Herr Baron von Vincent überreicht hat. Ich habe nie an den redlichen Gesinnungen Ew. Majestät gezweifelt, habe aber dennoch einen Augenblick befürchtet, daß die Feindseligkeiten zwischen uns sich erneuern könnten. Es gibt zu Wien eine Partei, die Furcht heuchelt, um Ihr Kabinett in gewaltsame Maßregeln zu stürzen, welche noch viel größeres Unglück als das frühere zur Folge haben würden. Es stand bei mir, die Monarchie Ew. Majestät zu zerstückeln oder sie wenigstens an Macht zu verringern; ich aber habe das nicht gewollt. Was sie ist, das ist sie mit meiner Zustimmung. Das ist ein offenbarer Beweis, daß unsere Rechnungen geschlossen sind, daß ich nichts von der österreichischen Monarchie will und jeden Augenblick bereit bin, ihre Integrität zu garantieren. Ich werde nie etwas gegen die wesentlichen Interessen derselben unternehmen, aber Ew. Majestät mögen nicht wieder in Frage stellen, was fünfzehn Kriegsjahre entschieden haben. Ew. Majestät müssen jede Proklamation, jeden Schritt verbieten, der den Krieg herausfordert. Die letzte Truppenaushebung würde ihn zur Folge gehabt haben, wenn ich irgend hätte besorgen müssen, daß sie samt den anderen Rüstungen im Einverständnis mit Rußland geschehen sei.

Ich habe die Lager des Rheinbundes aufgelöst. Von meinen Truppen marschieren 100 000 Mann nach Boulogne, um meine Pläne gegen England wieder aufzunehmen. Möge Ew. Majestät sich jeder Rüstung enthalten, die mir Besorgnis einflößen und eine Ablenkung zugunsten Englands sein könnte. Ich hätte glauben sollen, daß, nachdem ich das Glück gehabt, mich mit Ew. Majestät zu besprechen, und nachdem ich den Preßburger Frieden geschlossen habe, unsere Angelegenheiten für immer beendigt wären und daß ich dem Seekriege, ohne beunruhigt oder abgelenkt zu werden, mich würde widmen können. Mögen Ew. Majestät denjenigen mißtrauen, die von Gefahren für Ihre Monarchie sprechen und dadurch Ihr, Ihrer Familie und Ihrer Völker Glück stören. *Die,* die so sprechen, sind die Gefährlichen, sie allein rufen die Gefahren herbei, die sie zu fürchten heucheln.

Mit einem geraden, offenen, und einfachen Auftreten werden Ew. Majestät Ihre Völker glücklich machen, werden selbst das Glück genießen, dessen Bedürfnis Sie nach so vielen Unruhen empfinden müssen, werden sicher sein, in mir einen Mann zu finden, der niemals etwas gegen Ihre wesentlichen Interessen unternehmen wird. Mögen Ew. Majestät Schritte Vertrauen zeigen, und sie werden es einflößen. Die beste Politik ist heutzutage Einfachheit und Wahrheit. Mögen Ew. Majestät, wenn man Ihnen Besorgnisse einflößt, sie mir anvertrauen, und ich werde dieselben auf der Stelle zerstreuen. Und erlauben Ew. Majestät mir ein letztes Wort: Folgen Sie Ihrer Ansicht, Ihrem Gefühle, es ist dem Ihrer Ratgeber weit überlegen. Ich bitte Ew. Majestät, mein Schreiben in einem guten Sinne aufzufassen und darin nichts zu erblicken, was nicht das Heil und die Ruhe Europas und Ew. Majestät zum Zwecke hätte.

Diesem ebenso höflichen als stolzen Schreiben fügte Napoleon das abermalige, formelle Begehren der Anerkennung Josephs als König von Spanien bei, weil es das sicherste Mittel war, die wahren Gesinnungen Österreichs zum Ausbruche zu bringen, und es entweder in sein System fortzureißen oder in eine Verlegenheit zu verwickeln, aus der es sich nur durch aufrichtigen Frieden oder durch offenen Krieg ziehen konnte.

Nachdem die nach Erfurt geströmten Souveräne sich von den beiden Kaisern verabschiedet hatten, reisten diese einer nach dem andern ab. Am Morgen des 14. Oktober 1808 stiegen Alexander und Napoleon in Mitte einer von allen Seiten herbeigeeilten Volksmenge zu Pferde und verließen Erfurt, während die Truppen paradierten.

Alexander und Napoleon schieden gerührt voneinander und drückten sich in gutem Glauben die Hand. Alexander reiste nach Weimar und St. Petersburg, Napoleon nach Erfurt und Paris. Sie sollten sich niemals wiedersehen, und keiner ihrer damaligen Entwürfe, auch nicht ein einziger, sollte verwirklicht werden.

Nach Erfurt zurückgekehrt, erteilte Napoleon den Männern von Rang, den Prinzen und anderen, die noch geblieben waren, Abschiedsaudienz, stieg einige Stunden später in seinen Reisewagen und hinterließ in Ruhe und Stille jene kleine Stadt, die er eine kurze Zeit aus ihrer gewohnten Ruhe und Einsamkeit gezogen, um sie mit nie gesehenem Glanz und noch nicht dagewesener Aufregung und Bewegung zu erfüllen, und sie dann wieder in ihre friedliche Dunkelheit und Ruhe versinken zu lassen. Sie wird indessen berühmt bleiben als der Platz, wo diese wunderbare Schaustellung menschlicher Größe stattgefunden hat.

Vorbemerkung zum fünften Kapitel:

Von den für sein eigenes Schicksal so ungeheuer wichtigen spanischen Ereignissen hat Napoleon nur eine zwar einigermaßen zusammenhängende, aber leider nur fragmentarische Darstellung gegeben.

Es erschien daher dem Herausgeber notwendig, nach anderen Quellen eine gedrängte Darstellung zu geben. Wer diese Ereignisse kennt und beherrscht, möge die Vorbemerkungen zum Kapitel Spanien überschlagen und sich nur an Napoleons Anmerkungen halten. Es kann bei dieser Gelegenheit nicht verschwiegen werden, daß von den durch Las Cases zuerst mitgeteilten, dann aber auch von Montholon wiederholten Briefen, die in Napoleons Schilderung eingeschaltet sind, mehrere im höchsten Grade verdächtig sind. Die Originale haben sich nicht nachweisen lassen.

Der Herausgeber ist jedenfalls der Meinung, daß Napoleons Darstellung der Ereignisse, die besonders durch Hervorhebung gewisser grpersönlicher Momente, namentlich der Tätigkeit Talleyrands, ein großes Interesse bietet, eines ganz objektiven Berichtes über den Gang der Ereignisse nicht entraten könne. Da Napoleon fast alles, was er über Spanien gesagt hat, in ein einziges Diktat zusammengefaßt hat, so erstreckt auch diese Vorbemerkung sich über die Jahre 1807 bis 1814. C.

Als Napoleon 1806 gegen Preußen ins Feld rückte, wünschte man sich in Madrid der Abhängigkeit von dem Nachbar zu entziehen und plante insgeheim Abfall. Die Schlacht bei Jena machte diesem Projekt ein jähes Ende. Napoleon aber dachte seitdem an einen Dynastiewechsel in Spanien, der Frankreich solcher Gefahr in seinem Rücken überheben sollte. Er forderte zunächst, daß 15 000 Spanier an die Elbemündung geschickt würden, um gegen England zu fechten, dann, nach seiner Rückkehr von Tilsit, ging er systematisch gegen die Bourbons jenseits der Pyrenäen vor. Im geheimen Vertrag von Tilsit war bestimmt worden, Portugal solle zum Handelskriege gegen England bestimmt werden. Da man in Lissabon nicht sofort den Befehl Napoleons im vollen Umfange ausführte, verbündete sich dieser am 27. Oktober 1807 insgeheim mit Karl IV. zum Kriege gegen Portugal und zur Thronentsetzung des dort herrschenden Hauses Braganza, ließ unter General Junot 20 000 Mann Franzosen in Portugal einrücken und zog den Kern des spanischen Heers zu dieser Armee heran, die angeblich Portugal vom englischen Joche befreien sollte. Der Regent Johann verzichtete darauf, Widerstand zu leisten, und schiffte sich nach Brasilien ein, als Junot sich der Hauptstadt näherte. Napoleon aber verstärkte das in Spanien stehende Heer durch Nachschübe aus Frankreich, so daß schließlich in der Gegend von Vittoria Marschall Murat über 75 000 Mann verfügen konnte und sich aller wichtigen Festungen im nördlichen Spanien, insbesondere der Plätze San Sebastian, Pamplona, Figueras und Barcelona bemächtigte. In Madrid ließ er sagen, die Truppen seien dazu bestimmt, nach Cadiz zu marschieren, um eine Landung der Engländer zu verhüten. In Wahrheit sollten sie Madrid besetzen und für einen der Brüder Napoleons als König Raum schaffen. Ein Volksaufstand zugunsten des Kronprinzen Ferdinand bewog Karl IV., die Krone zu dessen Gunsten niederzulegen. Napoleon erkannte diesen nicht an, lud Vater und Sohn zu sich nach Bayonne, zwang den letztern gleichfalls zur Thronentsagung und übergab die spanische Krone am 6. Juni 1808 seinem Bruder Joseph.

Aber Napoleon hatte nicht mit dem Unabhängigkeitsgefühl der spanischen Nation gerechnet. Als am 20. Mai die Thronentsagung Karls IV. zugunsten Napoleons amtlich veröffentlicht wurde, erhob sich allenthalben das Volk. In jeder Provinz übernahm eine Junta die Regierung, und die Junta von Sevilla führte die Zentralleitung, vermochte jedoch die Zersplitterung der Kräfte nicht zu hindern. Die Junta von Asturien verhandelte selbständig mit England und erhielt von dort Waffen und Geld. Vom spanischen Heere, das damals ungefähr 100 000 Mann stark war, standen 16 000 Mann in Dänemark, 14 000 auf den Balearen und in Ceuta, 10 000 in Portugal, 10 000 in den amerikanischen Besitzungen, so daß nur 50 000 Mann im Lande waren, und zwar größtenteils Milizregimenter. Murat verfügte dagegen zu Ende Juni über ein völlig operationsfähiges Heer von 100 000 Franzosen. Gleichwohl hinderte der mit Wut entbrannte Volkskrieg die Franzosen an Erfolgen. General Dupont nahm am 7. Juni 1808 Cordova nach leichtem Widerstande, ließ die Stadt plündern und zog sich vor den bei Sevilla gesammelten andalusischen Truppen unter Castaños nach Andujar zurück, wo ihm der Rückzug durch eine unter Reding über die Sierra Morena gegangene spanische Kolonne abgeschnitten wurde. Am 19. Juli kam es bei Baylén zur Schlacht, die am 22. Juli mit der Kapitulation des 17 000 Mann starken französischen Korps endigte. Im Hafen von Cadiz wurden französische Schiffe genommen und der Angriff einer französischen Kolonne auf Valencia am 28. Juni zurückgeschlagen. Palafor verteidigte mit wenigen Truppen die offene Stadt Saragossa vom 18. Juni bis 14. August gegen die französischen Generale Lefèbvre-Desnouettes und Verdier, die nach längerem, sehr verlustreichem Häuserkampfe unverrichteter Sache abziehen mußten. Gerona hielt sich nach vierzehntägiger Beschießung und zwei Sturmversuchen gegen General Duhesme, der dann in Barcelona eingeschlossen wurde. In Galizien hatte der spanische Generalkapitän Cuesta ein 30 000 Mann starkes Heer aufgebracht und war mit diesem gegen Madrid vorgerückt; dann freilich erlitt er am 14. Juli durch Marschall Bessières bei Medina de Rio Seco eine vollständige Niederlage. Am 20. Juli zog König Joseph in Madrid ein, mußte es jedoch schon am 1. August wieder verlassen und versammelte seine Truppen hinter dem Ebro.

Am 20. September landete in Santander der Marquis Romana mit 9000 Spaniern, dem Reste der in Dänemark unter Befehl des französischen Marschalls Bernadotte gewesenen Truppen, denen es gelungen war, das Meer zu erreichen und sich nach der Heimat einzuschiffen. Diese kriegsgeübten Soldaten gaben den neuerrichteten spanischen Truppen eine sehr wertvolle Verstärkung; eine zu Madrid aus je zwei Abgeordneten der 17 Provinzialjuntas gebildete Zentraljunta sollte nunmehr für einheitliche Verwendung der spanischen Heere sorgen. Die britische Regierung hatte sich entschlossen, die Spanier, denen es an fest organisierten Truppen und an geeigneten Führern fehlte, nunmehr durch Hilfstruppen zu unterstützen, und den General Sir Arthur Wellesley mit 9000 Mann am 6. August an der portugiesischen Küste (in der Mondegobai) landen lassen; am 8. stieß von Gibraltar her General Spencer mit 5000 Mann zu dem Heere, das auf Lissabon marschierte; die britischen Generale Sir Harry Burrard und Sir John Moore sollten mit 18 000 Mann nachfolgen und Sir Hew Dalrymple, der sich in Gibraltar befand, den Oberbefehl über alle englischen Truppen auf der Halbinsel übernehmen. In Portugal hatte Junot nach der Abreise des Regenten die Regierung übernommen und die Verwaltung in der bisherigen Weise weiter geführt, den größten Teil der portugiesischen Truppen auf dem Seewege nach Frankreich geschafft, die im Lande verbliebenen demnächst aufgelöst und am 1. Februar 1808 die Absetzung des Hauses Braganza im Namen Napoleons verkündet. Es gärte im Volke, doch brach der Aufstand erst aus, als Junot die in seinem Heere befindlichen spanischen Truppen entwaffnen ließ. Die französische Besatzung von Oporto wurde vertrieben und dort eine provisorische Regierung errichtet, der sich bald das nördliche Portugal unterwarf. Dort leiteten General Freire, in der Provinz Alemtejo Graf Castro Marino die militärischen Angelegenheiten; beide schlossen die Franzosen vollständig ein, doch blieben die festen Plätze Almeida, Elvas und Peniche in deren Besitz. Als am 10. August Sir Arthur Wellesley mit 16 000 Mann gegen Lissabon vorzurücken begann, traf er bei Leiria auf 6000 Portugiesen, von denen sich jedoch nur 1600 Mann dem englischen Heere anschlossen. Am 17. August wurde der französische General Laborde bei Roliza besiegt und dessen Artillerie genommen, am 20. erreichte Wellesley den Hafenplatz Vimeiro, wo 4000 englische Soldaten zu seiner Verstärkung gelandet wurden, wies am folgenden Tage einen von Junot mit 14 000 Mann unternommenen überraschenden Angriff glücklich zurück und brachte den französischen General in so üble Lage, daß er in Verhandlungen eintrat. Sir Harry Burrard traf mit Verstärkungen am 21. in Vimeiro ein und übernahm den Oberbefehl, trat ihn jedoch tags darauf an den von Gibraltar angekommenen Sir Hew Dalrymple ab. Die Verhandlungen mit Junot wurden fortgesetzt und endigten am 30. August mit der Konvention von Cintra, welche die nur 24 000 Mann starke, dem englischen Heere nicht gewachsene, von der Heimat völlig abgeschnittene Armee Junots mit Waffen, Geschütz und Gepäck freigab und nach französischen Häfen über See befördern ließ. Die englische Regierung enthob auf die Nachricht von diesem Abkommen Sir Hew Dalrymple des Oberbefehls.

In Spanien hatte Graf Florida Blanca die Leitung der Zentraljunta übernommen, doch wurde die Tätigkeit dieser höchsten Behörde durch Eifersüchteleien zwischen den einzelnen Provinzialjuntas und höhern Befehlshabern beständig gehemmt. Im Oktober stellte Spanien 155 000 Mann ins Feld, von denen 40 000 unter Blake in Galizien und Asturien, 45 000 von Castaños in Andalusien und Kastilien, 20 000 von Palafor in Aragon aufgebracht waren; Blake stand bei Bilboa, Castaños bei Tudela und Palafor bei Saragossa; in Estremadura und zur Deckung von Madrid standen 30 000 Mann, während 20 000 Catalonier Barcelona und Figueras umschlossen hielten. Von der britischen Regierung wurden 33 000 Mann teils zu Schiff über Coruña, teils aus Portugal mittels Fußmarsches bei Valladolid vereinigt, über die Sir John Moore den Befehl übernahm; doch trafen diese Truppen größtenteils erst im November dort ein.

Napoleon suchte die Erhebung des spanischen Volks zu erdrücken und sendete während der zweiten Hälfte des Jahres 1808 111 000 Mann Fußvolk und 23 000 Reiter als Verstärkung über die Pyrenäen, denen er selbst am 30. Oktober nachfolgte, um den Oberbefehl in Spanien zu übernehmen. Bevor der Kaiser eintraf, war das spanische Heer Blakes durch eine Reihe kleinerer Gefechte (31. Oktober bis 11. November) nahezu aufgelöst worden; Marquis Romana sammelte die Versprengten und führte sie nach Leon, wo er sodann mit Hilfe neuen Zuzugs gegen 20 000 Mann zusammenbrachte. Palafor hatte sein Heer nach Tudela geführt und mit dem von Castaños vereinigt, doch erlitten dort beide Heere am 22. November eine schwere Niederlage, nach der sich Palafor mit den Trümmern seines Heeres nach Saragossa rettete, während Castaños nach Valencia zurückging. Auch das Heer von Estremadura wurde bei Burgos zersprengt und die Festung Figueras entsetzt. Das zur Deckung der Hauptstadt am Passe von Somosierra aufgestellte spanische Reserveheer wurde nach Talavera zurückgeworfen, und Napoleon zog am 4. Dezember an der Spitze von 50 000 Mann in Madrid ein. Gegen Saragossa rückte Moncey, gegen die bei Valladolid in der Versammlung begriffenen englischen Truppen der Marschall Soult vor. General Moore erhielt am 14. Dezember Kenntnis vom Falle Madrids und stand am 21. mit 29 000 Mann bei Toro, wo er erfuhr, daß Napoleons Hauptmacht von verschiedenen Seiten gegen ihn heranrücke. Moore führte sein Heer am 26. nach Benavente und dann unter sehr schwierigen Verhältnissen über Villafranca und Lugo nach Coruña, wo er mit noch 15 000 Mann am 11. Januar 1809 eintraf. Am 15. begann die Einschiffung in Coruña, und am 16. fiel General Moore bei der Verteidigung der Stadt gegen einen Angriff des Soultschen Korps; doch wurde die Einschiffung beendigt, und das Heer segelte am 17. Januar nach England ab. General Sebastiani hatte mit 12 000 Mann am 24. Dezember 1808 den Tajo überschritten und in mehreren Gefechten die Truppen des Generals Galluzo auseinandergetrieben und bis gegen Merida verfolgt. In Catalonien stand Saint-Cyr mit 30 000 Mann seit Anfang November und nahm nach hartem Kampfe und fünfwöchiger Belagerung am 6. Dezember die Festung Rosas, entsetzte das schwer bedrängte Barcelona und siegte am Llobregat über das Heer Redings.

Nach dem Abzug der Engländer und den Niederlagen der spanischen Truppen stand Anfang Februar 1809 nur noch das 20000 Mann starke Heer des Marquis de la Romana bei Orense zu Gebote, während 200000 Franzosen das Land besetzt hielten. Da sandte England, das am 14. Januar 1809 ein Bündnis mit der Zentraljunta geschlossen hatte, Geld und Waffen, im April auch Truppen, unter denen die Deutsche Legion an zahlreichen Siegen des Krieges hervorragenden Anteil hatte, und reorganisierte das portugiesische Heer, von dem 20000 Mann unter Lord Beresford britischen Sold bezogen. Sir Robert Wilson errichtete außerdem ein selbständiges Korps unter dem Namen der Lusitanischen Legion. Die Spanier hatten aus den südlich des Tajo Versprengten bei Merida neue Truppen aufgestellt, die Cuesta befehligte. Einige gegen Mitte Februar von Teilen dieses Heeres bei Consuegra und Mora gegen Truppen des Marschalls Victor erzielte Erfolge gaben dem Volkskriege neue Nahrung, und überall brach der Aufstand wieder aus, als bekannt wurde, daß Napoleon nach Frankreich zurückgekehrt sei.

Drei französische Heere standen zum Einmarsch nach Portugal bereit, in Galizien (Soult), bei Salamanca (Sebastiani) und am Tajo (Victor). Soult marschierte über Vigo nach Orense und drängte die Spanier unter Marquis Romana bis Senabrea zurück, nahm darauf Chaves, schlug die im nördlichen Portugal stehenden Truppen des Barons Eben bei Carvalho da Este und nahm am 29. März Oporto nach dreitägiger Beschießung durch Sturm. Victor ging am 10. März bei Almaráz über den Tajo und bei Merida über den Guadiana, schlug das spanische Heer Cuestas am 28. März bei Medellin und verfolgte es bis Almendralejo. Auch Sebastiani hatte guten Erfolg und sprengte am 27. März bei Ciudad-Rodrigo das in der Mancha gebildete spanische Heer gänzlich auseinander. Aber die französischen Heerführer blieben mehrere Wochen hindurch untätig stehen, wodurch die Engländer Zeit zur Rettung Portugals gewannen. Die portugiesischen Truppen waren bei Thomar, die englischen bei Leiria und Abrantes versammelt worden, und am 22. April traf Sir Arthur Wellesley in Lissabon ein, um an Stelle von Sir John Craddok den Oberbefehl zu übernehmen. Wellesley ging am 1. Mai mit 22000 Mann in zwei Kolonnen gegen Oporto, wo Soult noch immer stand, vor, überschritt am 12. den Duero, drängte durch Seitenkolonnen sehr geschickt die aus Oporto abziehenden Franzosen von der Straße nach Amarante ab und trieb sie fluchtartig über den Paß von Ruivaes am 18. nach Montalegre, wobei die französische Artillerie und der Fuhrpark genommen wurden. Soults Korps war ziemlich aufgelöst, und Wellesley konnte es zunächst sich selbst überlassen und nach dem Süden marschieren. Dort war das Korps Victor bei Alcantara über den Tajo gegangen und gegen Lissabon vorgerückt, doch erreichte Wellesley bereits in den ersten Tagen des Juni den Tajo und bestimmte dadurch den Marschall Victor, sich ohne Kampf zurückzuziehen.

Im Ebrotale fanden die Franzosen bei Saragossa, das durch Palafox verteidigt wurde, unerwartet hartnäckigen Widerstand. Vom 20. Dezember 1808 bis 20. Februar 1809 dauerte der Häuserkampf und nahm 36 000 Mann französischer Truppen unter Marschall Lannes gänzlich in Anspruch; dann ergab sich Saragossa. Man ließ 14 000 Mann unter Suchet in Aragonien stehen und sendete die übrigen französischen Truppen unter Mortier nach Kastilien. Die Spanier versuchten unter Blake von Valencia aus Saragossa wiederzunehmen, wurden jedoch von Suchet bei Sta. Maria am 17. Juni auseinandergesprengt. Die Zentraljunta hatte auch in Estremadura ein neues Heer (53 000 Mann) unter Cuesta zusammengebracht, auch sammelte der Marquis Romana bei Genabria Truppen, und Vigo wurde von den Spaniern erobert. Zuerst kämpfte Ney, später auch Soult gegen Romana, doch ließ sich dieser nicht aus Galizien vertreiben und wich jedem größern Kampfe geschickt aus. Soult rückte am 24. Juni nach Genabria, dann nach Zamora, Ney wurde bei Payo von Murillo geschlagen, räumte darauf Coruña am 22. Juni und entfernte sich ganz aus Galizien. Um diese Zeit bildeten sich in Spanien unter dem Namen Guerrillas Freischaren, die auf eigene Hand gegen die Franzosen einen Rachekrieg führten, durch den es den französischen Truppen bald unmöglich wurde, sich anders als in größern Kolonnen außerhalb der von ihnen besetzten Städte zu bewegen.

Zu dem in Estremadura gesammelten Heere Cuestas (37 000 Mann, davon 7000 Reiter) ließ Wellesley aus Portugal 9000 britische Soldaten stoßen und führte dies Heer persönlich auf dem rechten Tajo-Ufer gegen Madrid, während auf dem linken Ufer 14 000 Spanier unter Venegas auf Toledo und Aranjuez marschierten und Lord Beresford mit 20 000 Portugiesen die in Leon stehenden Franzosen festhielt; die Lusitanische Legion wurde auf 5000 Mann verstärkt und unter Wilson selbständig im Rücken der französischen Korps verwendet. Am 20. Juli vereinigte sich Wellesley bei Plasencia mit Cuesta, der jedoch im weitern Vormarsch von Victor am 23. angegriffen und zurückgeworfen wurde. Wellesley ließ das verbündete Heer bei Talavera de la Reina Stellung nehmen und wies in dieser am 27. und 28. Juli alle Angriffe des 47 000 Mann starken französischen Heers unter König Joseph blutig zurück, so daß die Franzosen sich hinter den Alberche zurückziehen mußten. Wellesley erhielt für diesen Sieg den Titel eines Herzogs von Wellington. Auf die Nachricht von der Schlacht bei Talavera schritt Soult unverzüglich zum Angriff, nahm den Bafiospaß und besetzte am 2. August Plasencia. Das verbündete Heer ging am 4. August bei Arzobispo über den Tajo und trennte sich, da Cuesta sich den Anordnungen Wellingtons nicht fügte und andererseits auch nicht dazu zu bewegen war, entscheidende Maßregeln auf eigene Verantwortung zu treffen; Wellington führte seine britischen Truppen über Deleitosa nach Badajoz, und Cuesta trat nach einer am Tajo durch französische Kavallerie erlittenen Schlappe den Oberbefehl an Ariezaga ab. Durch den unvermuteten Rückzug des verbündeten Heers war Wilson, der ganz nahe bei Madrid stand, der Verbindung beraubt und mußte sich nach Castel Branco zurückziehen. Auf dem linken Tajoufer hatte Venegas Toledo beschossen und am 30. Juli ein französisches Korps bei Aranjuez geschlagen, dann aber am 10. August bei Almonacid eine Niederlage erlitten, nach der er seine Truppen zum Heere Ariezagas führte und dieses auf 50 000 Mann brachte. Ariezaga marschierte auf Madrid, wurde jedoch bei Ocaña am 19. November geschlagen, worauf sich sein Heer größtenteils zerstreute. Bei Salamanca siegte am 18. Oktober der Herzog del Parque über Kellermann, wurde jedoch am 28. November bei Alba de Tormes geschlagen und sammelte die Trümmer seines Heers unter dem Schutz der Engländer hinter dem Coa.

Im Januar 1810 stand Ariezaga mit 30 000 Mann in der Sierra Morena, wurde jedoch von Soult mit 55 000 Mann am 20. Januar angegriffen und geschlagen. Soult besetzte hierauf Cordoba und Sevilla, wo ungeheure Vorräte in seine Hand fielen. Ariezaga wurde am 28. Januar bei Granada, am 5. Februar bei Malaga von Sebastiani geschlagen, womit der Widerstand im Süden gebrochen schien; doch gelang es dem mit 8000 Mann in Estremadura stehenden Herzog von Albuquerque, sich über Carmona und Lebrija am 4. Februar nach Cadiz zu werfen. In Catalonien hatte Saint-Cyr nach langwieriger Belagerung am 10. Dezember 1809 das von Don Marian Alvarez heldenmütig verteidigte Gerona zwar genommen, sonst jedoch keine Fortschritte gemacht. An seine Stelle trat Augereau, der seit dem 20. Januar 1810 Hostalrich belagerte und im Mai nahm, nachdem die Besatzung sich, vom Hunger zum Aufgeben des Platzes gezwungen, großenteils durchgeschlagen hatte. Nun übernahm dort Macdonald den Oberbefehl. Spanien hatte in Catalonien keine Feldarmee mehr aufgebracht, und seine Widerstandskraft schien gebrochen, auch war der bisherige Sitz der Zentraljunta, Sevilla, in Feindeshand. England entschloß sich deshalb, auf der Pyrenäischen Halbinsel mit erheblich stärkeren Mitteln als bisher den Krieg gegen Napoleon zu führen, bevor die Spanier durch die französische Übermacht gänzlich erdrückt wären. Man brachte die portugiesischen Soldtruppen unter Lord Beresford auf 30 000 Mann und sendete an Lord Wellington namhafte Verstärkungen.

Wellington hatte bei Lissabon ein starkes verschanztes Lager anlegen lassen und die Schlagfertigkeit der portugiesischen Truppen durch allerlei organisatorische Maßregeln erhöht; die »Linien von Torres Vedras« sperrten die Landenge von Alhandra bis zur Mündung des Sizandro und deckten die portugiesische Hauptstadt gegen jeden Angriff von der Landseite her, auch Peniche und Abrantes wurden stark befestigt. Wellington hatte im Januar 1810 51 000 Mann, darunter 3000 Reiter, unter seinem Befehl, gegen die Anfang April Marschall Masséna mit 72 000 Mann, darunter 6000 Reiter, anrückte. Masséna führte die aus alten Soldaten zusammengesetzten Korps von Ney und Junot von Salamanca am 26. April nach Ciudad-Rodrigo, das am 10. Juli kapitulierte, drängte am 24. Juli Wellingtons Vorhut unter Crawford über den Coa, begann am 15. August die Belagerung von Almeida und gewann diese Festung am 27. durch Kapitulation. Das Korps Reynier war zunächst auf dem linken Tajoufer zur Beobachtung des von Wellington südlich von Almeida an der portugiesischen Grenze mit 13 000 Mann aufgestellten Generals Hill verblieben, wurde nunmehr aber herangezogen, worauf Masséna mit seinen drei Korps rechts des Mondego vormarschierte. Wellington ging auf dem linken Ufer zurück, zog Hill und 10 000 Mann unter Leith, die als Reserve bei Thomar gestanden hatten, heran und ging auf das rechte Ufer des Mondego über, wo er am 26. August eine feste Stellung bei Vonsaco bezog und einen tags darauf gegen diese von Masséna unternommenen Angriff blutig zurückschlug. Darauf führte er sein Heer über Coimbra am 8. Oktober in die Linien von Torres Vedras, wo tags darauf 6000 Spanier unter dem Marquis Romana sich mit ihm vereinigten.

Masséna hatte von dem Vorhandensein dieser starken Werke keine

Kenntnis, unternahm am 13. Oktober einen vergeblichen Vorstoß und blieb bis zum 14. November davor stehen, worauf er nach Thomar abzog. Coimbra war unterdessen durch portugiesische Truppen besetzt worden, wobei 5000 Franzosen zu Gefangenen gemacht wurden; die rückwärtige Verbindung Massénas wurde von dort aus sehr belästigt. Wellington blieb in seiner festen Stellung, und Masséna verschanzte sich bei Thomar, wo 12000 Mann Verstärkungen zu ihm stießen. Außerdem wurden gegen Ende des Jahres alle im Süden verfügbar gewordenen Truppen zur Unterstützung Massénas gegen die Provinz Alemtejo in Marsch gesetzt, wodurch Wellington genötigt wurde, seine in den Linien von Torres Vedras stehende Hauptmacht durch Entsendungen zu schwächen. – Aber Anfang März 1811 trat Masséna, dem es an Lebensmitteln zu fehlen begann, den Rückzug aus der Stellung bei Thomar an, und Wellington, der 7000 Mann Verstärkung aus England erhalten hatte, folgte ihm. Masséna ging auf dem linken Mondegoufer nach Salamanca zurück, wo auch Reynier eintraf, nachdem er am 3. April bei Sabugal von Wellington zurückgeworfen war. Wellington schloß am 9. April Almeida ein und sendete 15000 Mann nach der Provinz Alemtejo, bezog dann zur Deckung der Belagerung eine Stellung bei Fuentes d'Onoro und wies in dieser am 3. und 5. Mai Angriffe Massénas, der sein Heer inzwischen wieder auf 44000 Mann gebracht hatte, zurück, worauf Masséna am 9. nach Salamanca abzog und sich tags darauf die französische Besatzung von Almeida durchschlug, nachdem sie die Werke in die Luft gesprengt hatte. Nach diesem neuen Erfolg führte Wellington Verstärkungen nach der Provinz Alemtejo und ließ die übrigen Truppen unter Sir Brent Spencer bei Almeida stehen.

Im Süden war Soult schon im Dezember 1810 mit 40000 Mann gegen Badajoz aufgebrochen und hatte die schwachen spanischen Truppen unter Mendizabal und Ballesteros nach Portugal und an den untern Guadiana gedrückt, am 11. Januar 1811 Olivenza angegriffen, dasselbe am 22. genommen und dann das Korps Mortier nach Badajoz entsendet. Dieses wurde am 26. Januar auf dem linken Ufer des Guadiana eingeschlossen; auf dem rechten Ufer traf am 9. Februar Mendizabal in der Nähe ein, der zwar am 19. von Mortier an der Gebora geschlagen wurde, jedoch einen großen Teil seiner Mannschaft in die Stadt warf. Mortier blockierte hierauf Badajoz, das den 11. März kapitulierte, und nahm am 13. Campomayor. Da trafen die von Wellington während seines Vormarsches nach Almeida entsendeten 15000 Mann unter Lord Beresford bei Campomayor ein, die alsbald den Guadiana überschritten und am 15. April Olivenza, am 8. Mai Badajoz einschlossen und belagerten, nachdem Mortier nach Sevilla zurückgegangen war. Soult näherte sich Badajoz, worauf Beresford am 14. Mai die Belagerung aufhob und, verstärkt durch spanische Korps unter Blake und Ballesteros, am 16. Mai bei Albuera den Angriff der Franzosen blutig zurückschlug und hierauf am 18. Badajoz aufs neue einschloß. Nun traf auch Lord Wellington von Almeida her mit Verstärkungen vor Badajoz ein, das den 7. und 9. Juli vergeblich bestürmt und am 16. durch Marmont, der den Befehl über Massénas Heer inzwischen übernommen hatte, entsetzt wurde. Wellington hatte die Stellung von Albuera bezogen, ging jedoch nach dem Entsatze von Badajoz, nachdem er sich mit dem von Almeida herangerückten Heere Spencers vereinigt hatte, nach Campomayor und bezog westlich des Platzes mit 50000 Mann eine starke Verteidigungsstellung. Soult vereinigte sich bei Badajoz mit Marmont und folgte, 70000 Mann stark, dem Heere Wellingtons nach Campomayor, wo beide Heere einander gegenüberstanden, ohne daß es zu größern Kämpfen kam. Von Gibraltar her wurde der Guerrillakrieg im Süden beständig unterstützt, ohne daß es dort zu Kämpfen von Bedeutung kam.

Die Zentraljunta hatte sich nach Cadiz begeben und einen Regierungsausschuß aus fünf ihrer Mitglieder errichtet, der die Cortes nach Cadiz berief. Die Cortes setzten im September 1810 einen Ausschuß unter Vorsitz des Generals Blake für die obere Leitung aller Regierungsangelegenheiten ein und gaben Spanien eine Verfassung. Ein Versuch, von Cadiz aus Malaga zu nehmen, mißlang im Oktober, dagegen hatte ein zu Anfang Mai 1811 unternommener Ausfall, der durch den Angriff eines bei Tarifa gelandeten und längs der Küste heranmarschierten Korps unterstützt wurde, Erfolg; die Franzosen wurden bis nach Xeres zurückgetrieben. Der Guerrillakrieg hatte während des Jahres 1811 sehr an Ausdehnung gewonnen; die Scharen der beiden berühmtesten Führer, Mina und Longa, erreichten bisweilen die Stärke von 8000 Mann und vermochten in den Gebirgen von Aragon und Navarra selbst ganzen Armeekorps Widerstand zu leisten. In Aragonien und Catalonien befehligte Suchet, der im Mai 1810 Lerida und im Juni Mequinenza genommen hatte, dann Tortosa einschloß und diesen wichtigen Platz am 1. Januar 1811 gewann. Anfang Mai begann die Belagerung von Tarragona, dessen Werke am 29. Mai und 28. Juni gestürmt wurden; am 24. Juli wurde Montserrat, am 20. August Figueras erobert, so daß die Spanier in Catalonien keine Festung behielten und nur noch im Gebirge den Kampf fortsetzten. Im September 1811 erschien Suchet mit 25 000 Mann in der Provinz Valencia und griff Murviedro an, mußte die Belagerung jedoch nach mehreren Stürmen bei Annäherung Blakes aufheben. Dieser war im Juni von Bajadoz abmarschiert, hatte sich von Cadiz aus nach Almeria eingeschifft, die Truppen aus Murcia an sich gezogen, war dann bei Lorca am 9. August von Soult geschlagen worden, hatte sein Korps durch allerlei Zuzug aber bald wieder auf die Stärke von 35 000 Mann gebracht und griff Suchet bei Puzol am 25. Oktober an; er wurde abermals geschlagen und zog sich hinter den Guadalaviar zurück. Hierauf ergab sich Murviedro. Suchet erzwang am 25. den Übergang über den Guadalaviar, und Blake ging nach Valencia, ein Teil seiner Truppen nach Murcia. Suchet folgte Blake und beschoß vom 1. bis 3. Januar 1812 Valencia, worauf Blake am 9. kapitulierte und sich mit 16 000 Mann am See Albufera ergab. Von Badajoz rückte Soult Ende Juli 1811 nach Andalusien und Marmont, gefolgt von Wellington, nach Salamanca ab. Wellington bereitete die Wiedereroberung von Ciudad-Rodrigo im geheimen vor und besetzte am 10. August die Stellung von Fuenteguinaldo, die er am 27. September gegen einen Angriff Marmonts hielt, in der folgenden Nacht jedoch räumte; er ging nach Freneda. General Hill war im Juli im Alemtejo stehen geblieben, unternahm einen Zug nach Estremadura, überfiel am 28. Oktober bei Arroyomolinos das Korps des Generals Girard, zersprengte es und kehrte nach Portalegre zurück.

Am 8. Januar wurde Ciudad-Rodrigo eingeschlossen und am 19. erstürmt, wofür die Cortes Wellington zum Herzog von Ciudad-Rodrigo ernannten. Der Platz erhielt britische Besatzung, worauf Wellington über Elvas nach Badajoz zog und am 17. März dort die Belagerung eröffnete. Am 25. März fiel das Fort Picurina, am 6. April die Stadt durch Sturm; am 7. April kapitulierte der Rest der französischen Besatzung unter General Philippon in Fort Cristobal, als Soult mit einem Entsatzheere nur noch zwei Märsche entfernt war. Soult kehrte nach Sevilla zurück und vertrieb die nach seinem Abmarsche vor der Stadt erschienenen Spanier. Marmont hatte sich inzwischen Ciudad-Rodrigo genähert, seinerseits die Festung eingeschlossen, erfolglos Almeida sowie Castello Branco angegriffen und war dann nach Salamanca zurückgekehrt. Wellington wandte sich nunmehr gegen ihn und ließ zunächst am 19. Mai durch Hill die auf beiden Tajoufern durch Schanzen gedeckte Schiffbrücke bei Almaráz wegnehmen, wodurch die direkte

Verbindung zwischen Soult, der mit 55 000 Mann in Andalusien stand, und Marmont, der Leon mit 52 000 Mann hielt, unterbrochen wurde. Wellington ging am 13. Juni mit 50 000 Mann über den Agueda, schloß am 17. Salamanca ein und erstürmte die befestigte Stadt am 28. Juni, worauf Marmont hinter den Duero zurückging, diesen am 17. Juli bei Tordesillas überschritt und am folgenden Tage am Trabancos eintraf, wodurch er wieder in direkte Verbindung mit Soult trat, der ihm zu Hilfe eilte. Nach mehreren kleinen Gefechten fand am 22. Juli 1812 die blutige Schlacht bei Salamanca statt, in der der Kampf namentlich um den Besitz zweier Felskuppen bei Arapiles geführt und Marmont verwundet wurde. General Clausel führte das geschlagene französische Heer über Valladolid nach Burgos zurück, und Wellington folgte bis Valladolid. Von dort wandte er sich nach Madrid, erreichte am 6. August Segovia, trieb am 11. die französischen Vortruppen bei Guadarrama zurück und zog tags darauf in Madrid ein, worauf am 14. Buen-Retiro kapitulierte. Wellington ernannte den General España zum Gouverneur von Madrid und ließ das Volk auf die von den Cortes gegebene Verfassung vereidigen, rückte am 7. September nach Valladolid und am 17. vor Burgos, dessen Kastell mehrmals vergeblich bestürmt wurde.

Das Heer Clausels war inzwischen auf 30 000 Mann verstärkt und unter den Befehl des Generals Souham gestellt worden, der es nach Burgos führte und Wellington am 21. Oktober zum Rückzug von dort nötigte; dabei lieferte die Englisch-Deutsche Legion am 23. bei Venta del Pozo ein glänzendes Gefecht gegen französische Kavallerie. Das britische Heer erreichte unter täglichen Gefechten am 8. November Cristobal. Soult hatte auf die Nachricht von Marmonts Niederlage bei Salamanca die Stellungen vor Cadiz am 25. August aufgegeben und sein Heer bei Granada versammelt, worauf die Streifkorps von Ballesteros und Cruzmorgeon wieder in Andalusien auftraten. Ballesteros weigerte sich, den Befehlen Wellingtons zu gehorchen, und wurde deshalb auf Weisung der Cortes gefangengesetzt. In Valencia unterdrückte Suchet alle Aufstandsversuche und eroberte die Festungen Peniscola und Denia, schlug dann die Reste des von O'Donnell geführten Heers von Blake am 12. Juli bei Castalla und vereitelte die Landung eines englisch-spanischen Korps, das sich nach Alicante warf. Souham folgte Wellington nur bis zum Duero, vereinigte sich den 10. November am Tormes mit den Heeren von Soult und König Joseph, nachdem Madrid von den dort zurückgelassenen britischen Truppen geräumt worden war, worauf das 93 000 Mann starke französische Heer auf das linke Ufer des Tormes überging und sich zwischen Wellington, der bei Cristobal 53 000 Mann versammelt hatte, und Ciudad-Rodrigo schob. Wellington trat deshalb am 15. November den Rückzug nach Portugal an und erreichte am 18. November Ciudad-Rodrigo, worauf beide Heere Winterquartiere bezogen. Während des Winters empfing Wellington beträchtliche Verstärkungen und ergänzte die portugiesischen Truppen, indessen Napoleon einige der besten Generale und einen großen Teil der französischen Truppen infolge des übeln Ausgangs des Feldzugs in Rußland aus Spanien abberief. Die Cortes ernannten Wellington im Dezember zum Generalissimus aller spanischen Heere.

Im Frühjahr 1813 war Wellingtons Heer bei Ciudad-Rodrigo auf 71 000 Mann angewachsen, außerdem standen unter Giron, Freire und Graf de Bispal 50 000 Mann spanische Truppen in Galizien, Estremadura und Andalusien. Unter König Josephs direktem Befehl standen 100 000 Franzosen in den nördlichen Provinzen Spaniens, unter Suchet 40 000 Mann in Aragonien und Catalonien. Um Mitte Mai rückte Wellington in zwei Kolonnen auf Zamora und Salamanca, worauf König Joseph, dem Marschall Jourdan als Generalstabschef zur Seite stand, bei Vittoria Stellung nahm. Französischerseits waren 12 000 Mann unter Foy nach Bilbao und 10 000 Mann unter Clausel nach Logroño entsendet, so daß nach Abzug der Besatzungstruppen längs der Verbindungslinie König Joseph bei Vittoria 60 000 Mann vereinigt hatte. Wellington ging am 15. Juni bei San Martin und Fuente de Arenas über den Ebro, zog sein Heer am 20. bei Bayas zusammen und griff tags darauf die französische Stellung bei Vittoria an. Diese Schlacht entschied den Feldzug auf der Pyrenäischen Halbinsel; die Franzosen erlitten eine schwere Niederlage und wurden in Auflösung nach Pamplona geworfen und durch General Hill bis zum Mayapaß nachdrücklich verfolgt. Foy war auf die Nachricht von der Niederlage des Königs Joseph von Bilbao nach Tolosa marschiert, wurde dort von einer unter Graham von Vittoria gegen ihn abgesendeten Kolonne angegriffen und über die französische Grenze gedrängt. Clausel ging über Saragossa und den Jacapaß, wo er seine Artillerie einbüßte, ebenfalls auf französisches Gebiet zurück. Die Franzosen besaßen nur noch die Festungen San Sebastian und Pamplona, östlich von ihnen stand Wellingtons Heer und sperrte die Pyrenäenpässe.

Zu Anfang Juli 1813 übernahm Soult den Oberbefehl und reorganisierte das französische Heer, das fast seine ganze Artillerie (bei Vittoria allein 150 Geschütze) verloren hatte; er verfügte am 20. Juli über 80 000 Mann, sammelte den größten Teil der Truppen bei St. Jean Pied de Port und griff am 25. Juli in zwei Kolonnen die Pässe von Maya und Roncesvalles an, die auch genommen wurden. Unweit Pamplona traf Soult auf das britisch-spanische Heer, das die von den Pässen kommenden Straßen sperrte, griff dieses am 28. an, wurde aber abgewiesen, sandte seine Artillerie nach Frankreich zurück und marschierte rechts ab nach Ortix, wo er sich mit dem Korps des Grafen Erlon vereinigte, das inzwischen die Truppen des Generals Hill zurückgedrängt hatte. Wellington zog Verstärkungen an sich, vereinigte sich mit Hill und schritt am 30. zum Angriff, dem sich Soult jedoch in der folgenden Nacht geschickt entzog. Er führte das französische Heer über den Paß von Donna-Maria nach Frankreich, worauf Wellington am 1. August wieder die Pässe besetzte. Pamplona kapitulierte am 30. Oktober. San Sebastian war gegen Ende Juni von Graham mit 10 000 Engländern auf der Landseite eingeschlossen und am 25. Juli, nachdem zwei Breschen gangbar waren, vergeblich bestürmt worden. Zur Deckung der Belagerung besetzten 10 000 Spanier die Höhen bei San Marcial an der Bidassoa und schlugen am 31. Juli den Angriff eines 15 000 Mann starken französischen Korps blutig zurück. Am 28. August erstürmte Graham die Stadt San Sebastian, und am 9. September ergab sich die Besatzung des Kastells, worauf Graham am 11. September die Bidassoa überschritt und die starke Stellung auf dem Berge La Rhune besetzte. Das französische Heer, 70 000 Mann, besetzte die Nivelle und verstärkte die Stellung durch Feldwerke, mußte jedoch vor Wellingtons Angriff, nach zweitägigem, verlustreichem Kampfe (10. und 11. November), nach Bayonne zurückgehen. Wellington folgte und verschanzte sich bei Biarritz, ließ einen Teil seines Heeres am 9. Dezember bei Cambo über die Nive gehen und wies an den drei folgenden Tagen die Angriffe Soults zurück. Hierauf ließ Soult die Werke von Bayonne verstärken, und beide Heere bezogen Winterquartiere.

Während dieser Kämpfe der Hauptarmeen hatten sich in Valencia, wo Suchet mit 40 000 Mann stand, folgende Ereignisse zugetragen. General Sir John Murray rückte mit 16 000 Mann, größtenteils britischen Truppen, im März von Alicante nach Castalla und trat in Verbindung mit 12 000 Spaniern unter Elio, die aus Murcia nach Villena marschiert waren, aber am 11. April von Suchet überfallen und auseinandergesprengt wurden. Am 30. griff Suchet die Stellung Murrays bei Castalla an, wurde aber abgewiesen und zog sich nach San Felipe zurück. Auf Befehl Wellingtons sandte Murray 2000 Mann nach Sizilien, schiffte sich am 31. Mai mit dem Rest seiner Truppen in Alicante ein, landete am 3. Juni dicht bei Tarragona und eroberte am 5. Juni Balaguer, das die Straße nach Valencia sperrt. Suchet war am 9. Juni in Tortosa angekommen und führte seine Infanterie auf Gebirgswegen heran, worauf Murray, über dessen Korps am 17. Lord William Bentinck den Befehl übernommen hatte, Fort Balaguer sprengte und das verbündete Heer sich einschiffte und nach Alicante zurückkehrte. Suchet räumte die Provinz Valencia bis auf die festen Plätze, als er Nachricht von der Schlacht bei Vittoria erhielt, und ging, gefolgt von Bentinck und einem spanischen Korps unter dem Herzog del Parque, über den Ebro, worauf Tarragona am 30. Juli von den Verbündeten eingeschlossen, aber von Suchet am 16. August entsetzt wurde. Die Franzosen zerstörten indessen die Werke der Festung, räumten sie und bezogen eine Stellung hinter dem Llobregat; das verbündete Heer unter Bentinck rückte Mitte September nach Villafranca und bestand dort mehrere Gefechte gegen Suchet, worauf es nach Tarragona und Suchet in die alte Stellung am Llobregat abzog und die Truppen während des Winters in diesen Stellungen kantonierten. Ende Januar führte Suchet aus Spanien 10 000 Mann nach Carcassonne, um Soult zu verstärken, und ließ nur in Barcelona und Figueras sowie den Festungen Valencias Besatzungen zurück; er kam jedoch zu spät, um noch wirksam eingreifen zu können. Die französischen Besatzungen wurden durch Bentincks Truppen eingeschlossen und mußten infolge der Konvention von Toulouse gegen Ende April zurückgezogen werden; drei Festungen (Lerida, Mequinenza und Monzon) waren schon vorher durch Verrat in Besitz der Verbündeten gelangt.

Mitte Februar 1814 schritt Wellington vor Bayonne zum Angriff und schlug am 15. Februar die Franzosen bei St. Palais. Soult wurde am 26. von Beresford in der Front und von Hill im Rücken angegriffen und verlor die Stellung von Orthez, sein Heer floh nach Sault de Navailles und verlor die Verbindung nach Pau, von wo Suchet mit Verstärkungen im Anmarsch war. Soult erreichte am 1. März Agen, unternahm am 13. einen Vorstoß, der den linken Flügel der Verbündeten bei Conchez zum Stehen brachte, und zog sich langsam vor Wellington nach Vic-en-Bigorre zurück, wo seine Nachhut am 19. geschlagen wurde. Wellington hatte während des Vormarsches Bordeaux durch Beresford besetzen lassen und rückte auf dem linken Garonneufer am 27. März nach Toulouse, wo Soult am 23. eingetroffen war, überschritt am 4. und 9. April unterhalb der Stadt die Garonne und warf am 10. von drei Seiten her die Franzosen aus ihren verschanzten Stellungen nach Toulouse hinein. Soult zog am 12. April mit 35 000 Mann auf der Straße nach Carcassonne ab, um sich mit Suchet zu vereinigen, und erhielt am folgenden Tage die Nachricht von der Absetzung Napoleons. Daraufhin schloß Lord Wellington am 18. April mit Soult und Suchet die Konvention von Toulouse ab, die die Feindseligkeiten auf diesem Teile des Kriegsschauplatzes beendigte. Der Pariser Friede gab Spanien die Grenzen vom 1. Januar 1792 wieder.

*

Fünftes Kapitel.

Spanien.

I. Allgemeines. Charakteristik der spanischen Bourbonen und des Königs Joseph. – II. Besondere Ursachen zum Eingreifen Napoleons in die spanischen Angelegenheiten. – III. Briefe der spanischen Bourbonen an Napoleon. – IV. Prinz Murat in Spanien. – V. Napoleon in Spanien. – VI. Räumung der Iberischen Halbinsel. Der Vertrag von Valençay. – VII. Rückkehr des Königs Ferdinand in sein Land. – VIII. Kritische Bemerkungen. Masséna, Talleyrand.

I.

Es ist zweifellos, daß der unglückselige spanische Krieg zum Verderben des Kaisers das meiste beitrug. Er zwang ihn, seine Streitkräfte zu teilen, seine Anstrengungen zu verdoppeln, und lähmte seine Energie. Und dennoch konnte er die Halbinsel nicht dem feindlichen Gebaren der Engländer überlassen oder sie den Ränken und Hoffnungen der Bourbonen ausliefern; es war sein Schicksal, das ihm diese Last auferlegte, all sein Unglück nahm von dort seinen Ausgang; zudem wurde Spanien zu einer Bildungsschule der englischen Truppen, und der Kaiser konnte mit Recht sagen: »Ich war es, der die englische Armee auf der Iberischen Halbinsel herangebildet hat.« Übrigens verdiente der spanische Hof nicht einmal, daß man ihn fürchtete. In nationaler Beziehung war man sich gegenseitig gänzlich fremd; auf Schloß Marrach, bei Bayonne, bemerkte der Kaiser mit Erstaunen, daß Karl IV. und die Königin nicht einmal begriffen, welcher Unterschied zwischen einer Madame de Montmorency und den neuen Damen des Hofstaates bestand; ja die Namen der letzteren waren ihnen mehr bekannt, da sie in den Zeitungen und öffentlichen Aktenstücken erwähnt worden waren. Die Kaiserin Josephine, die in solchen Dingen den feinsten Takt besaß, konnte sich darüber gar nicht fassen. Wie dem auch sei, die bourbonische Familie bat den Kaiser fußfällig, er möge doch irgendeine junge

Dame adoptieren und sie zur Prinzessin von Asturien machen. Sie nannten im besonderen Mademoiselle de Tascher, die spätere Herzogin von Arenberg. Erwägungen persönlicher Art hielten den Kaiser davon ab. Einen Augenblick dachte er an Fräulein von Rochefoucault, die spätere Fürstin Aldobrandini, doch auch davon kam er zurück, und er fand niemand, die, ihm ergeben, wirklich patriotische Französin und mit genügenden Eigenschaften des Kopfes und Herzens versehen erschien, um eine so hohe Bestimmung auszufüllen.

Die Ereignisse bewiesen dem Kaiser, daß er sich in der Wahl seiner Mittel geirrt hatte. Es war klar, daß man in der Krise, in der Frankreich sich befand, in dem Kampf einer neuen gegen die alte Welt, im Streite Frankreichs gegen das übrige Europa, Spanien nicht beiseite lassen konnte. Es mußte mit Güte oder Gewalt der Kontinentalsperre beitreten. Die Bestimmung Frankreichs verlangte es so: übrigens kamen hier Politik und Recht zusammen. Spanien hatte sich, als es den Kaiser verloren glaubte, als feindselig erwiesen. Solche Gefühle konnte Napoleon nicht ohne Antwort hingehen lassen.

Auf leichten Erfolg rechnete er um so mehr, als die Nation ihre Regenten verachtete und laut nach einer Wiedergeburt rief. Auf der Höhe, auf die das Schicksal den Kaiser erhoben hatte, glaubte er sich dazu berufen und würdig, eine so große Tat auf friedliche Weise zu vollbringen. Er wollte alles Blutvergießen vermeiden, kein Tropfen Blut sollte die Befreiung Kastiliens beflecken! Er stieß also die widerwärtigen Einrichtungen der Spanier um, gab ihnen eine Verfassung und hielt es, vielleicht zu optimistisch, für allzu leicht, ihre Dynastie ersetzen zu können. Er stellte einen seiner Brüder an die Spitze des Reiches, der leider als Fremder unter allen Spaniern allein stand. Er achtete die Unantastbarkeit und Unabhängigkeit des Landes, seiner Sitten und Gesetze und glaubte, damit der Nation eine ungeheure Wohltat erwiesen zu haben. Sicherlich waren auch manche Spanier damit einverstanden, aber die große Masse stieß sich an der Form. Während der Kaiser die Anerkennung der Nation erwartete, geschah das Gegenteil: das Volk verkannte sein Interesse und sah nur die Beleidigung, es fühlte nur diese und schrie über die Gewalt; alles lief zu den Waffen.

Leider fand Napoleon in Spanien auch nicht die richtigen Gehilfen. Von den Generalen, die in Spanien waren, kann man eine gute Zahl nennen, die den Galgen verdient hätten. Dupont hat den Verlust der Halbinsel verschuldet, um seine Gepäckwagen zu retten.

Während des spanischen Krieges drang König Joseph fortwährend in seinen kaiserlichen Bruder, dieser solle durch die Zollbehörden das Herausschleppen von Geld aus dem Königreiche Spanien verhindern; oder alles Geld, für dessen rechtmäßigen Erwerb nicht der Nachweis erbracht wäre, sollte an den Staatsschatz geschickt werden. Napoleon machte ihn darauf aufmerksam, daß alsdann die Generale ihre Beute in elende Diamanten umsetzen oder daß sie ihre Reichtümer in England anlegen würden; und dies würde sie zum Verrat verleiten. Spanien würde dabei verlieren und die napoleonische Dynastie nichts gewinnen.

König Joseph war ein kluger und bedeutender Mensch. Wäre er auf einem Thron geboren, so würde die Weltgeschichte ihn den besten Königen zugezählt haben; aber er war ein schlechter Regent der Völker, die Napoleon ihm anvertraute. In Neapel beschäftigte er sich nur mit Gartenbau; auch in Madrid war seine erste Sorge, das unangebaute Land, das sich von seinem Palast bis zum Manzanares herabzieht, in Parkanlagen zu verwandeln. Der Park seines Schlosses Morfontaine war schöner als der Park von Saint-Cloud. In Spanien wollte er den Feldherrn spielen; er vergaß, daß er König war und nicht kommandierender General der napoleonischen Armeen; erst als die Gefahr an die Tore seines Palastes pochte, dachte er daran. Das Bedürfnis geselligen Umgangs, häuslichen Glücks war bei ihm bereits zu tief eingewurzelt, als die Verhältnisse ihm eine Krone aufs Haupt setzten. Zwanzigmal am Tage vergaß er, daß er König war.

II.

Spanien war seit langem der Gegenstand der Gedanken des Kaisers. Seine Sitten, seine Landeinteilungen, seine alten Gewohnheiten, der Aberglaube seiner unwissenden Bevölkerung waren Hindernisse, die erst beseitigt werden mußten, wenn man die spanische Nation ihrer Wiedergeburt entgegenführen wollte. Groß und stark konnte sie nur durch verfassungsgemäße Einrichtungen gemacht werden.

Der Kaiser konnte in dem kritischen Augenblicke, den Frankreich durchmachte, in dem Kampfe der neuen Ideen des Jahrhunderts gegenüber dem alten Europa Spanien nicht in seiner sozialen Reorganisation hintenan lassen. Es war ein Gebot dringendster Notwendigkeit, Spanien mit Güte oder Gewalt in die französische Bewegung hineinzuziehen; die Zukunft Frankreichs erforderte es.

Im übrigen wurde diese Notwendigkeit durch die Haltung Spaniens während des Krieges in Preußen und Polen gerechtfertigt. Als es damals den Kaiser in Gefahr sah, hatte es das Bündnis gekündigt, das sein alter König mit Napoleon geschlossen hatte. Dieser konnte die unverschämte Proklamation des Friedensfürsten und die plötzliche Einschiffung von 25 000 Mann nicht vergessen. Dieser Schimpf konnte nicht ungestraft bleiben, er verdiente eine Kriegserklärung als Antwort, und der Kaiser betrachtete es stets als ein großes Unglück, daß er diesen freimütigen Schritt nicht gleich bei seiner Rückkehr von Tilsit getan hatte. Damals wäre der Ausgang nicht zweifelhaft gewesen. Doch hatte auch Frankreich Ruhe nötig, denn der Krieg gegen Preußen hatte dem Lande große Opfer auferlegt.

Das spanische Volk verachtete seine Regierung, laut rief es nach den Wohltaten einer Reform. Man konnte hoffen, eine solche ohne Blutvergießen durchzusetzen; denn die Zwistigkeiten in der königlichen Familie hatten diese der allgemeinen Verachtung preisgegeben, und die Ereignisse von Bayonne sprachen für eine solche Annahme.

Die Verfassung war von den Vertretern aller Stände der Nation freiwillig angenommen und beschworen worden. Der neue König Joseph hatte auf seiner Reise von Bayonne nach Madrid nur Huldigungen empfangen und Ausdrücke der allgemeinen Befriedigung gehört. Die Bevölkerung war dankbar für ihre Befreiung aus der Knechtschaft veralteter Einrichtungen und stolz auf die Achtung, die der Kaiser der Franzosen der spanischen Nation bezeigte. In der Tat war König Joseph der einzige Franzose inmitten dieses Volkes, seine Umgebung setzte sich ebenfalls nur aus Spaniern zusammen, seine Minister, Hofmänner und Leibwache, alles war spanisch.

Die Verfassung von Bayonne war nur ein Werk der damaligen Umstände; alles, was in ihr den Interessen der Massen entgegenstand, wäre mit der Zeit daraus verschwunden. Spanien hätte, wie Polen, Deutschland und Italien, die Prinzipien der französischen bürgerlichen Gesetzgebung angenommen, und nur Männer von Wert wären auf die ersten Stellen des Reiches und der öffentlichen Verwaltung berufen worden; Geburtsunterschiede würden aufgehört haben.

Die Wahl einer Dynastie ist und darf nur eine sekundäre Frage sein. Familienbande haben ja gewiß einigen Wert, aber dieser ist so vergänglich und wird so häufig von der Geschichte Lügen gestraft, daß der Kaiser sich davon in seiner Wahl nie beeinflussen ließ, auch nicht, als er seine Brüder zu Königen von Holland, Westfalen, Neapel und Spanien machte. Als er ihnen die Krone aufsetzte, betrachtete er sie in seinen Gedanken nur als seine Stellvertreter und Agenten, die er jederzeit wieder, je nach den Erfordernissen definitiver Vereinbarungen, so wie sie aus einem allgemeinen Frieden oder aus der Wiedergeburt des europäischen Festlandes sich ergäben, in die französischen Reihen zurückberufen könnte. Es war also nicht etwa der Ehrgeiz des Kaisers, die spanische Krone auf dem Haupte eines seiner Brüder zu sehen, der die Ereignisse von Bayonne herbeiführte, sondern dies bewirkten nur die schmutzigen Ränke der spanischen Prinzen, ihre Familienstreitigkeiten und ihr Verrat an den Interessen Spaniens.

Nach dem Frieden von Tilsit wurde dem Kaiser in Fontainebleau der erste Gedanke an eine Einmischung in die spanischen Angelegenheiten eingegeben.

Während zwischen dem König Karl dem Vierten und seinem Sohn, dem Prinzen von Asturien, schwere Meinungsverschiedenheiten ausbrachen, verhandelte Talleyrand gerade mit einem Agenten des Friedensfürsten (Izquierdo) wegen einer Teilung Portugals, womit das Haus Braganza für seine Unterwerfung unter die Befehle des Kabinetts von St. James bestraft werden sollte. Der Friedensfürst Godoy gedachte daraus Nutzen zu ziehen. Schon lange träumte auch er den ehrgeizigen Traum des Herzogs Alba, ein kleines souveränes Fürstentum zu besitzen, und so verlangte er, daß ihm als Belohnung für seine Frankreich bewiesene Ergebenheit das Fürstentum Algarve übertragen werde. Das war der Angelpunkt, um den die Verhandlungen sich drehten. Izquierdo, der weit mehr der Vertreter des Günstlings als der des alten Königs war, opferte alles diesem einen Punkt zuliebe.

Von da ab gingen die Verhandlungen glatt, und die Konvention wurde am 27. Oktober 1807 unterzeichnet. Talleyrand gab dem Grafen Lima, dem Gesandten Portugals in Paris, davon offizielle Kenntnis und überreichte ihm die Kriegserklärung. Eine zweite Konvention, die Folge der ersten, wurde am gleichen Tage in Fontainebleau unterzeichnet; sie bestimmte die Streitkräfte, die von jedem Lande gegen Portugal in Bewegung gesetzt werden sollten. Ein französisches Korps von 30000 Mann sollte zusammen mit einer spanischen Division von 10000 Mann auf Lissabon marschieren, während eine Reserve von 40000 Franzosen bei Bayonne zusammenzuziehen und in Bereitschaft zu stellen war, um den Bewegungen zu folgen, falls England sich einmischen würde.

Während Talleyrand die Verhandlungen führte, versäumte er keine

Gelegenheit, um dem Kaiser die mehr als zweideutige Haltung des Madrider Kabinetts im Jahre 1806 und die merkwürdige Proklamation des Friedensfürsten vom 3. Oktober 1806 ins Gedächtnis zurückzurufen. Er übergab ihm ein Memorandum über die Beschwerden Frankreichs gegen Karl den Vierten und dessen Günstling und schlug ihm vor, in Hinsicht auf Spanien einen entscheidenden Entschluß zu treffen. Er sagte: »Es gibt jetzt nur noch einen einzigen Zweig des Hauses Bourbon auf einem Throne, nämlich den spanischen. Das bedeutet für Frankreich eine Bedrohung seines Rückens, wenn es mit Deutschland in Streit käme. In allen Kriegen, die Frankreich im Norden oder in Italien zu führen hätte, würde dieser letzte bourbonische Zweig seine Kräfte lähmen, einen Teil davon ablenken und fortwährend einen Gegenstand der Unruhe bilden. Den englischen Ränken zugänglich und immer bereit, seine Häfen englischen Waren und Truppen zu öffnen, würde Spanien stets störend auf alle Friedens- und Kriegspläne Frankreichs einwirken können. Der Augenblick ist daher gekommen, diesen letzten Zweig der Bourbonen für des Thrones verlustig zu erklären.

Sobald aber ein Prinz des kaiserlichen Hauses den Thron von Spanien besteigt, ist der systematische Aufbau des Kaiserreiches vollendet. Nachdem jetzt Preußen niedergeschlagen, Rußland an Menschen und Geld durch einen unglücklichen Krieg geschwächt, der Rheinbund befestigt, die Existenz des Königreichs Italien gesichert und das Freundschaftsband mit dem Orient enger geknüpft ist, hat Frankreich nichts mehr von dem Übelwollen Österreichs zu fürchten. Eure Majestät hat also die nötige Zeit vor sich, um ein Unternehmen zu versuchen und zu gutem Ende zu führen, das nur einen Feldzug erfordern wird und für welches das Heer von 30 000 Mann, das die Konvention vom 27. Oktober bestimmt, genügen wird. Dieses Heer kann formiert und über die Grenze geschickt werden, ohne den geringsten Verdacht zu erwecken. Spanien wird in seiner Überraschung, in seinem Haß gegen die Regierung und in seiner Hoffnung auf die kommenden Neueinrichtungen keinen Widerstand leisten, sondern die Soldaten Eurer Majestät als seine Befreier begrüßen ...«

Dieses Thema wurde zum täglichen Unterhaltungsgegenstand zwischen dem Kaiser und Talleyrand, obgleich Napoleon den Plan einer Eroberung Spaniens mit 30 000 Mann nicht ernst nahm. Immerhin konnte aber ein glückliches Ereignis eintreten, das einen solchen Erfolg möglich machte. Der Kaiser berief daher den Marschall Moncey, der im Jahre 1794 in den Pyrenäen gefochten hatte, nach Fontainebleau, um ihn wegen der strategischen Punkte von der Grenze bis zum Ebro zu befragen.

III.

Talleyrand ließ keine Gelegenheit vorübergehen, den Kaiser seiner höchsten Ergebenheit und grenzenlosen Anhänglichkeit an sein Haus zu versichern. Unaufhörlich riet er ihm an, einen seiner Brüder auf den spanischen Thron zu erheben, nachdem die bourbonische Dynastie verjagt und damit jede Souveränität des Hauses Bourbon erloschen wäre. Er drang freilich vergebens auf sofortige Ausführung seines Planes. Denn anstatt an der Spitze von 30 000 Mann in Spanien einzurükken, ging der Kaiser nach Venedig, ohne auf die Briefe der spanischen Bourbonen, in denen sie ihn um seine Einmischung anflehten, auch nur zu antworten. Diese Briefe sind interessant, sie lauteten:

Saint-Laurent, den 29. Oktober 1807.

Mein Herr Bruder!

In dem Augenblick, wo ich nur auf die Mittel bedacht war, zur Vernichtung unseres gemeinsamen Feindes beizutragen, und wo ich annehmen konnte, daß alle Komplotte der vormaligen Königin von Neapel mit ihrer Tochter in das Grab gesunken seien, bemerke ich mit einem Abscheu, der mich erzittern macht, daß der böse Geist der Intrige bis in die Mauern meines Palastes eingedrungen ist. Ach! Mein Herz blutet mir bei der Erzählung eines so schauderhaften Attentates! Mein eigner Sohn und mutmaßlicher Thronerbe hat das verabscheuungswürdige Komplott gestiftet, mich zu entthronen, er hat das Unnatürliche, alles Maß Überschreitende beabsichtigt, er hat nach dem Leben seiner Mutter getrachtet! Ein solches Attentat muß nach aller Strenge der Gesetze gesühnt werden. Das Gesetz, das ihn zur Thronfolge berechtigt, muß annulliert werden. Einer seiner Brüder wird ihn in meinem Herzen und auf dem Throne ersetzen. Ich fahnde nach seinen Mitschuldigen, ich muß diesem schweren Verbrechen auf den Grund kommen. Ich beeile mich, Eure Kaiserliche und Königliche Majestät davon zu benachrichtigen, und füge die Bitte an, mich mit Ihren Ratschlägen zu erleuchten.

Ich schließe, mein großer Bruder, indem ich Gott bitte, er möge

Eure Kaiserliche und Königliche Majestät in seinen heiligen und gnädigen Schutz nehmen.

Ich, der König.

Im Escurial, den 11. Oktober 1807.

Die Furcht, Eure Kaiserliche und Königliche Majestät in ihren wichtigen Beschäftigungen zu belästigen, hat mich bisher verhindert, meinem dringendsten Gefühle nachzugeben und wenigstens schriftlich den Helden, der alle, die vor ihm waren, in Schatten stellt, den Mann, den die Vorsehung sandte, um Europa vor dem drohenden Untergange zu retten, ihn, der die unterwühlten Throne stützt und den Völkern Frieden und Glück wiederbringt, meiner hohen Achtung, Wertschätzung und Ergebenheit zu versichern.

Die hohen Eigenschaften Eurer Kaiserlichen und Königlichen Majestät, Ihre Mäßigung, Ihre Güte gegen Ihre unversöhnlichsten Feinde lassen mich hoffen, daß die ausgedrückten Gefühle als der Erguß eines Herzens aufgenommen werden, das voll ist von aufrichtiger Bewunderung und Freundschaft für Eure Majestät.

Die Zwangslage, in der ich mich befinde, und die dem scharfblikkenden Auge Eurer Majestät sicher nicht entgangen ist, war ebenfalls bisher ein Grund, meiner Feder Stillschweigen zu gebieten. Indessen habe ich mich nunmehr entschlossen, im Vertrauen auf die Großherzigkeit Eurer Kaiserlichen und Königlichen Majestät, Derselben nicht nur meine Herzensgefühle für ihre erhabene Person auszudrücken, sondern auch mich in ihren väterlichen Schutz zu begeben.

Ich bin tief unglücklich, durch die Umstände gezwungen zu sein, eine gerechte und lobenswerte Tat wie ein Verbrechen verheimlichen zu müssen; das sind die Folgen der Güte des besten der Könige!

Voller Achtung und Kindesliebe für den, dem ich mein Dasein verdanke, und der das beste und edelste Herz besitzt, wage ich es kaum, Eure Kaiserliche und Königliche Majestät darauf hinzuweisen, daß gerade diese Eigenschaften, die sonst so schätzenswert sind, nur zu oft ränkevollen und listigen Personen zum Werkzeug dienen, die Wahrheit den Augen des Herrschers zu verhüllen.

Wenn diese Menschen, die uns leider hier umgeben, dem Monarchen die Eigenschaften des Herzens Eurer Majestät so schildern würden, wie ich sie kenne, mit welchem Eifer würde er dann nicht bestrebt sein, die

Bande, die unsere beiden Häuser verbinden, inniger und enger zu knüpfen! Und welch geeigneteres Mittel gäbe es dafür, als wenn Eure Kaiserliche und Königliche Majestät darin einwilligten, mich mit einer Prinzessin Ihres erhabenen Hauses zu verbinden? Das ist der einstimmige Wunsch aller Untertanen meines Vaters; es wird auch der seinige werden, trotz der Gegenarbeit einer kleinen Zahl Böswilliger, sobald er Eurer Majestät Absichten erkannt haben wird. Leider aber besteht die Furcht, daß hinterlistige Zwischenträger sich seiner guten Gesinnungen bemächtigen und ihn in seinen Entschlüssen überraschen.

Nur eine gütige Antwort Eurer Majestät kann diese Angriffe vereiteln, meinen vielgeliebten Eltern die Augen öffnen, uns glücklich machen und zugleich das Wohlergehen meiner Nation begründen.

Die ganze Welt wird Eurer Kaiserlichen und Königlichen Majestät Bewunderung zollen, wenn sie geruhen wird, mich Ihrer Familie zu verbinden und alle bestehenden Schwierigkeiten beiseite zu räumen.

Ein solcher Ausdruck der Güte Eurer Majestät wäre mir um so notwendiger, als ich meinerseits mich nicht rühren kann, ohne meinen Schritt als eine Beleidigung der väterlichen Autorität dargestellt zu sehen. Mir bleibt nur eines zu tun übrig, nämlich wie bisher alle vorgeschlagenen Verbindungen, mit wem es auch sei, abzulehnen, wenn diese nicht das Einverständnis und die Zustimmung Eurer Majestät haben, aus deren Hand ich allein meine Gattin entgegennehmen werde.

Dieses Glück erwarte ich von der Gnade Eurer Kaiserlichen und Königlichen Majestät und bitte zu Gott, er möge Ihr kostbares Leben noch lange Jahre bewahren.

Eigenhändig geschrieben, unterzeichnet und mit meinem Wappen gesiegelt im Escurial am 11. Oktober 1807. Eurer Kaiserlichen und Königlichen Majestät sehr ergebener Diener und Bruder

Ferdinand.

IV.

Die französischen Truppen unter dem Oberbefehl des Prinzen Murat überschritten die Pyrenäen und drangen in Spanien ein, gemäß dem Übereinkommen von Fontainebleau. Unvorgesehene Umstände beherrschten aber die Lage. Der französische Gesandte Beauharnais meldete dem Kaiser, daß der Friedensfürst dem König Karl dem Vierten anrate, sich vorerst nach Sevilla zurückzuziehen, später aber nach Mexiko zu flüchten und die Halbinsel den Engländern auszuliefern. Dieser Rat findet seine Erklärung nur darin, daß der Prinz infolge einer wahrhaft höllischen Verräterei Kenntnis von dem durch Talleyrand dem Kaiser in Fontainebleau überreichten Memorandum erhalten hatte. Kurz darauf kam eine neue Depesche von Beauharnais, wodurch der Kaiser die Palastrevolte, infolge welcher die Krone an Ferdinand übertragen wurde, erfuhr. Zugleich empfing er den Protest des alten Königs und einen Brief von ihm, in dem er den Kaiser um Schutz bat und alle Strafen des Himmels auf das Haupt des Vatermörders, des Prinzen von Asturien, seines Sohnes, herabflehte.

Karl der Vierte schrieb am 21. März 1808 von Aranjuez an den Kaiser: »Mein Herr Bruder, Sie werden zweifellos von den Ereignissen in Aranjuez und deren Folgen gehört haben. Eure Majestät sehen gewiß nicht ohne Interesse in mir einen König, der zur Abdankung gezwungen sich in die Arme eines Herrschers, seines Verbündeten, wirft und sich gänzlich zu dessen Verfügung stellt; er allein kann ihm sein Glück zurückgeben und die Ruhe seiner Familie und seiner treuen Untertanen wiederherstellen. Ich gab nur durch die Umstände gezwungen die Erklärung ab, durch welche ich zugunsten meines Sohnes meine Krone niederlegte, erschreckt durch den Lärm der Waffen und die Schreie meiner aufgewiegelten Leibwache, die mich nur zu gut erkennen ließen, daß ich zwischen Leben und Tod zu wählen hatte. Mein Tod hätte sicherlich den der Königin nach sich gezogen! So war ich gezwungen, abzudanken. Heute nun, wieder beruhigt, wende ich mich in vollem Vertrauen an die Hochherzigkeit und das Genie des großen Mannes, der mir immer ein Freund gewesen ist, und unterwerfe mich seiner Entscheidung, welche auch immer er treffen werde, über mein Schicksal, das der Königin und das des Friedensfürsten. Ich richte an Eure Kaiserliche Majestät einen Protest gegen die Ereignisse von Aranjuez und meine Abdankung. Ich vertraue gänzlich der Herzensgüte Eurer Majestät und flehe zu Gott, daß er Sie in seinen heiligen und gnädigen Schutz nehme. Eurer Kaiserlichen und Königlichen Majestät wohlgeneigter Bruder und Freund

Ich, der König.«

Protest.

»Ich protestiere und erkläre, daß mein Dekret vom 19. März, durch welches ich zugunsten meines Sohnes abdanke, einen Akt darstellt, der mir abgerungen worden ist und dem ich nur zugestimmt habe, um größeres Unheil zu verhüten und zu verhindern, daß das Blut meiner vielgeliebten Untertanen vergossen würde. Es ist aber infolgedessen als ungültig anzusehen.

Ich, der König.«

Am 29. März 1808 schrieb der Kaiser an Murat:

»Herr Großherzog von Berg, ich fürchte, daß Sie mich und sich selbst über die Lage in Spanien täuschen. Das Ereignis des 20. März hat diese in unangenehmer Weise verwickelt. Ich bin in großer Verlegenheit.

Geben Sie sich nicht dem Glauben hin, daß Sie eine entwaffnete Nation angreifen und daß Sie nur Ihre Truppen zu zeigen brauchen, um Spanien zu unterwerfen. Die Revolution vom 20. März beweist, daß die Spanier Energie besitzen. Sie haben es mit einem neuen Volk zu tun, es ist mutig und wird von der ganzen Begeisterung ergriffen werden, deren die Männer fähig sind, die von politischen Leidenschaften noch nicht abgestumpft sind.

Aristokratie und Geistlichkeit sind die Herren Spaniens. Wenn diese anfangen, für ihre Vorrechte und ihr Bestehen zu fürchten, dann werden sie gegen uns Massenerhebungen in Szene setzen, die den Krieg in Ewigkeit werden fortdauern lassen. Ich habe meine Anhänger; komme ich aber als Eroberer, dann habe ich keine mehr.

Der Friedensfürst wird verachtet, weil man ihn beschuldigt, er habe Spanien an Frankreich ausgeliefert; das ist der Grund, der der widerrechtlichen Besitznahme des Thrones durch Ferdinand dienlich war. Die Volkspartei ist nur schwach.

Der Prinz von Asturien besitzt keine der Eigenschaften, die dem Führer einer Nation notwendig sind, was aber nicht hindern dürfte, daß man ihn, um ihn uns entgegenzustellen, zu einem Helden stempelt. Ich will nicht, daß man gegen die Glieder dieser Familie Gewalt anwende, es ist niemals gut, sich verhaßt zu machen und Haß zu entfachen. Spanien hat mehr als 100 000 Mann unter den Waffen, mehr als nötig, um einen inneren Krieg mit Erfolg zu führen: auf mehrere Punkte verteilt, können sie als Kern zum vollständigen Aufstand des ganzen Reiches gegen Frankreich dienen.

Ich schildere Ihnen alle Hindernisse in ihrer Gesamtheit, es gibt aber noch andere, wie Sie begreifen werden: England wird diese Gelegenheit nicht vorüberlassen, ohne unsere Verlegenheiten zu vermehren; täglich verkehren seine Avisos mit den Streitkräften, die es an der portugiesischen Küste und im Mittelmeer unterhält; es macht Aushebungen unter Portugiesen und Sizilianern.

Da die königliche Familie sich nicht nach Amerika begeben hat, sondern in Spanien geblieben ist, so kann nur eine Revolution die Zustände des Landes ändern, das aber am wenigsten von allen Ländern Europas darauf vorbereitet ist. Die Leute, die die ungeheuren Laster dieser Regierung und die Anarchie, die an Stelle der gesetzlichen Autorität getreten ist, erkannt haben, sind in der Minderzahl; die Majorität sucht aus diesen Lastern und der Anarchie Nutzen zu ziehen.

Ich kann, auch im Interesse meines Reiches, Spanien viel Gutes erweisen. Welches sind aber die besten Wege dazu?

Soll ich nach Madrid gehen? Soll ich mich zum Großprotektor machen und zwischen Vater und Sohn entscheiden? Es erscheint mir sehr schwer, Karl den Vierten auf dem Thron zu lassen: seine Regierung und sein Günstling haben sich so unpopulär gemacht, daß sie sich nicht drei Monate halten könnten.

Ferdinand ist der Feind Frankreichs, deshalb hat man ihn zum König gemacht. Ihn auf den Thron zu setzen hieße den Parteien dienen, die seit 25 Jahren das Verderben Frankreichs wollen. Ein Familienbündnis wäre ein schwaches Band: die Königin Elisabeth[1] und andere französische Prinzessinnen sind elend umgekommen, als man sie straflos einer fürchterlichen Rache opfern konnte. Ich denke, man muß nichts übereilen und Rat von den Ereignissen einholen. Man muß die Armeekorps an der portugiesischen Grenze verstärken und abwarten.

Ich billige durchaus nicht die Überstürzung, mit der Eure Kaiserliche Hoheit sich Madrids zu bemächtigen für gut befunden hat. Die Armee mußte 45 Kilometer von der Hauptstadt stehen bleiben. Sie hatten nicht die Gewißheit, daß Volk und Behörden Ferdinand ohne weiteres anerkennen würden. Der Friedensfürst zählt sicher unter den Beamten Anhänger; er selbst ist übrigens in alter Gewohnheit dem König Karl ergeben, und das konnte seine Folgen haben. Ihr Einzug in Madrid hat die Spanier beunruhigt und Ferdinand mächtig genützt. Ich habe an Savary Befehl erteilt, sich zum neuen König[2] zu begeben und

---

1 So heißt es in allen gedruckten Texten dieses Briefes! C.

2 In den anderen gedruckten Texten heißt es: zum alten König. In der Tat wurde Savary zu Karl dem Vierten und nicht zu Ferdinand dem Siebenten gesandt.

zu erfahren, was vorgeht; er wird sich mit Eurer Kaiserlichen Hoheit besprechen. Ich werde später bestimmen, was zu geschehen hat, unterdessen glaube ich Ihnen folgendes vorschreiben zu müssen:

Sie werden mich zu einer Zusammenkunft mit Ferdinand in Spanien nur dann verbindlich machen, wenn wir nach der Sachlage zu dem Schluß gelangen, daß ich ihn als König von Spanien anerkennen muß. Seien Sie gütig gegen den König, die Königin und den Prinzen Godoy, fordern Sie für sie die Erweisung aller Ehren, und erweisen Sie selbst ihnen diese wie vorher. Handeln Sie so, daß die Spanier sich nicht darüber schlüssig werden können, auf wessen Seite ich mich schlagen werde; das wird Ihnen nicht schwer werden, da ich es selbst nicht weiß.

Geben Sie dem Adel und der Geistlichkeit zu verstehen: wenn Frankreich in die Angelegenheiten Spaniens eingreifen müßte, würden ihre Privilegien und ihre Befreiung von Abgaben aufrechterhalten werden. Sagen Sie ihnen, daß der Kaiser die Vervollkommnung der politischen Einrichtungen Spaniens wüßte, damit es den Vergleich mit den anderen zivilisierten Ländern Europas nicht zu scheuen brauche, und um es der Günstlingswirtschaft zu entziehen. Den Behörden, den Bürgern der Städte und den aufgeklärten Männern werden Sie erklären, daß Spanien nötig hätte, seinen Regierungsapparat neu zu schaffen und Gesetze aufzustellen, die den Bürgern eine Garantie gegen Willkür und widerrechtliche Anmaßungen des Feudaladels böten, ferner Einrichtungen zu treffen, die seine Industrie, den Ackerbau und die Künste neu belebten. Weisen Sie auf den Zustand der Ruhe und des Wohlergehens hin, dessen Frankreich genießt trotz allen Kriegen, in die es noch verwickelt ist. Schildern Sie ihnen den Glanz der Kirche, die ihre Wiederherstellung dem Konkordat verdankt, das ich mit dem Papst unterzeichnet habe. Zeigen Sie ihnen die Vorteile, die eine politische Wiedergeburt ihres Landes im Gefolge haben würde. Ordnung und Frieden im Innern, Achtung und Macht nach außen. Von solchem Geiste müssen Ihre Worte und Schriften beseelt sein. Übereilen Sie nichts. Ich kann in Bayonne abwarten. Ich kann auch die Pyrenäen überschreiten und, nach Portugal zu, mich festsetzen, um diesen Teil mit Krieg zu überziehen.

Ihre Privatinteressen werde ich im Auge behalten, machen Sie selbst sich darüber keine Sorge. Portugal bleibt zu meiner Verfügung. Lassen Sie sich durch keine persönlichen Pläne beeinflussen und Ihre Haltung danach bestimmen; das würde mir schaden, noch mehr aber Ihnen.

Sie sind zu rasch in Ihren Instruktionen vom 14.; der Marsch, den Sie dem General Dupont vorschreiben, ist zu eilig wegen des Ereignisses vom 19. März. Da müssen Sie Änderungen vornehmen und neue Anordnungen treffen. Sie werden darüber von meinem Minister des Äußeren Anweisungen erhalten.

Ich befehle, daß die strengste Disziplin eingehalten werde; keine Gnade selbst für die kleinsten Verfehlungen. Auf die Einwohner soll man die größten Rücksichten nehmen; zumal Kirchen und Klöster sollen geachtet werden.

Die Armee soll jeden Zusammenstoß mit den spanischen Armeekorps oder einzelnen Abteilungen vermeiden, keine Patrone darf weder auf der einen noch auf der anderen Seite losgebrannt werden.

Lassen Sie Solano über Badajoz hinausgehen; beobachten Sie ihn, setzen Sie selbst die Marschroute meiner Armee fest in der Weise, daß sie sich stets in einer Entfernung von mehreren Kilometern von den spanischen Korps hält. Wenn der Krieg ausbräche, wäre alles verloren.

Der Politik und den Verhandlungen muß es überlassen bleiben, die Geschicke Spaniens zu bestimmen. Ich empfehle Ihnen, jeder Auseinandersetzung mit Solano oder anderen spanischen Generalen und Gouverneuren aus dem Wege zu gehen.

Sie werden mir täglich zwei Meldereiter schicken und im Falle wichtiger Ereignisse Ordonnanzoffiziere beordern. Senden Sie mir sofort den Kammerherrn von Tournon, der Ihnen diese Depesche überbringt, mit einem detaillierten Bericht zurück.

Napoleon.«

V.

Die Ereignisse von Bayonne waren eine Folge der durch die gewaltsame Entthronung des alten Königs geschaffenen Lage. Karl der Vierte übertrug dem Kaiser alle seine Rechte, Ferdinand verzichtete auf die seinen; eine Junta wurde gebildet, die eine Verfassung aufzustellen und durchzuberaten hatte, nach welcher des Kaisers Bruder Joseph auf den Thron von Madrid erhoben würde. Die spanischen Granden nahmen nicht nur mit Freude die obersten Hofchargen an, sondern bewarben sich eifrigst um solche.

Nach den Besprechungen in Erfurt überließ Kaiser Alexander Napoleon den Süden Europas zu seiner freien Verfügung. Daher entschloß sich der Kaiser, sich selbst an die Spitze seiner spanischen Armee zu setzen, um die englischen Machenschaften niederzuschlagen und den dadurch genährten Widerstand der Spanier dadurch zu brechen.

Er überschritt die Pyrenäen mit 60 000 Mann alter Truppen. Es waren die Korps der Marschälle Lannes, Soult und Ney und das Gardekorps. Aber zu seinem größten Erstaunen mußte der Kaiser erst kämpfen, um Madrid zu erreichen, und trotz seinen Siegen von Tudela, Espinosa, Burgos und Somo-Sierra verweigerte ihm die Hauptstadt zwei Tage lang den Einlaß.

Je leichter die Besitzergreifung Spaniens Talleyrand in seinem Memorandum von Fontainebleau erschienen war, desto reicher an Drohungen für die Zukunft des Kaiserreiches erschien ihm jetzt der hartnäckige Widerstand der Spanier. Er konnte seinen alten Haß nicht verleugnen und freute sich darüber, sein Ehrgeiz berechnete schon, welchen Vorteil er aus kommenden Schicksalsschlägen und den Enttäuschungen der öffentlichen Meinung ziehen konnte. Seine Salons hallten in allen Tönen wider von Vorwürfen gegen die unersättliche Kampfeslust des Kaisers und seine Gier nach Kronen. Man grollte dem Kaiser, weil er alle guten Ratschläge in den Wind schlüge; Talleyrand hätte längst vorausgesagt, was geschehen würde, und als Belohnung für seine weise Haltung und Voraussicht hätte er das Ministerium des Äußeren niederlegen müssen, was er allerdings um so lieber getan hätte, als er die Unmöglichkeit eingesehen hätte, den Kaiser zu verhindern, in sein Verderben zu rennen. Die Salonintrigen schufen die Meinungen der Parteien, und die Parteien vergifteten die öffentliche Meinung. Die Polizei benachrichtete von diesen Geschehnissen den Kaiser, der darüber großen Ärger empfand. Es hätte der Veröffentlichung des Memorandums von Fontainebleau im *Moniteur* bedurft, um die Verleumder niederzuschlagen, aber das hielt der Kaiser für unter seiner Würde.

Nachdem der Kaiser die Regierung von Madrid reorganisiert und die Provinzen des Nordens unterworfen hatte, machte er sich daran, auf Cadiz zu marschieren. Da erhielt er Nachrichten von der englischen Armee unter General Moore. Diese sei im Anmarsch auf Valladolid, um dem Kaiser seine Operationslinie und die Verbindungen mit Frankreich abzuschneiden.

Der Kaiser mußte sich daher gegen diese wenden. Sobald aber General Moore den Anmarsch des Kaisers erfuhr, trat er den Rückzug an. Die Truppen des Kaisers wurden 24 Stunden lang durch einen äußerst heftigen Sturm beim Überschreiten des Guadarramas aufgehalten und kampierten jeden Abend in dem Lager, das die Engländer am Morgen verlassen hatten.

Bei Astorga angekommen, empfing der Kaiser einen Kurier aus Paris, der ihm die verhängnisvolle Nachricht überbrachte, daß die Österreicher am Inn eine Armee sammelten und Magazine vorbereiteten. In ihrem alten Haß hielten sie, infolge der spanischen Vorgänge, die Stunde der Rache für gekommen und hatten beschlossen, zum Angriff überzugehen. Außerdem wurde der Kaiser durch den Erzkanzler von einer Verschwörung verständigt, die im Begriff sei, zu Taten überzugehen. Laut Vereinbarungen zwischen einer Anzahl einflußreicher Senatoren habe man sich bereits über ein neues Ministerium geeinigt, an dessen Spitze sich die Namen von Laplace, Tracy und Garat befänden. Ein Bericht von Clément de Ris brachte alle Einzelheiten über die Zusammenstellung des Ministeriums: alles war vorbereitet zu einem Versuch, wie man ihn übrigens später im Jahre 1814 zur Ausführung brachte.

Diese Nachrichten waren äußerst schwerwiegend, sie erforderten die sofortige Abreise des Kaisers nach Paris. Er zögerte nicht eine Sekunde und übertrug den Oberbefehl des Heeres an Marschall Soult. Schon im Jahre 1805 hatte England Österreich gegen den Kaiser aufgestachelt, um ihn von dem Plane der Landung in England, womit er es bedrohte, abzulenken. Im Jahre 1809 wurden dieselben Mittel gebraucht, um eine Ablenkung zugunsten Spaniens herbeizuführen.

Den Plan der völligen Unterwerfung Spaniens mußte der Kaiser fahrenlassen. Er hatte in dieser Absicht einen Marsch von Coruña aus auf Portugal, von dort auf Cadix und dann nach Madrid zurück im Auge gehabt! Alles das mußte nun unterbleiben.

Der Kaiser kam in Paris mehrere Stunden vor dem Meldereiter an, der seine Abreise von Valladolid ankündigen sollte.

Sonntag, den 23. Januar 1809, den ersten Sonntag nach seiner Rückkehr, empfing der Kaiser bei seinem Lever die Großwürdenträger, die Großoffiziere der Krone, die Minister, den Großkanzler der Ehrenlegion, das Präsidium des Senats usw. Vor dieser zahlreichen Versammlung verlangte der Kaiser Rechenschaft von Talleyrand. Er erinnerte ihn an sein Memorandum von Fontainebleau und an sein Drängen, ihn in den Krieg mit Spanien zu verwickeln. »Ich mache Ihnen«, sagte der Kaiser, »keine Vorwürfe darüber, da ich ja später selber diese Ratschläge zu noch ungelegenerer Zeit befolgte. Was ich Ihnen vorwerfe, ist, Ihre Meinung geändert zu haben zu einer Zeit, wo das Glück sich änderte. Sie rechnen sich als Verdienst an, mir Ratschläge erteilt zu haben, die denen entgegengesetzt sind, mit welchen Sie mich sechs Wochen lang behelligt haben und deren Befolgung Sie mir nun zur Last legen. Ich weiß alles, aber kann auch alles vergessen. Wenn man aber Interessen vertreten will, die den meinigen entgegenarbeiten, wenn man gegen mich Ränke schmiedet, dann muß man auch den Mut haben, ein Amt niederzulegen, das so nahe mit meiner Person verbunden ist.«

Talleyrand schwieg. Er begriff, daß sein Nachfolger schon ernannt sei. So war es in der Tat, seit zwei Stunden hatte Herr von Montesquiou seine Erhebung zu diesem hohen Kronamt in der Tasche!

VI.

Als die Nackenschläge des russischen Feldzuges dem Kaiser die Notwendigkeit auferlegten, die französischen Heere aus Spanien nach dem Rhein heranzuziehen, riet der Herzog von Bassano, der damals Minister des Äußeren war, dem Kaiser, zwei schwierigen Verhältnissen, die gefährlich werden konnten, ein Ende zu setzen. Er solle den Papst den Römern wiedergeben, was sehr viele Glaubensfanatiker beruhigen würde, und Ferdinand nach Spanien zurückschicken, wodurch der allmächtige Einfluß der Cortes gebrochen und 100 000 Mann alter Truppen für Frankreich frei würden. Jede Beunruhigung seitens des Südens Europas wäre dadurch bis zur Beendigung des furchtbaren Kampfes mit dem Norden beseitigt.

Leider befolgte der Kaiser nur den ersten Teil dieses Rates, indem er das Konkordat von Fontainebleau unterzeichnete. Was Spanien betrifft, so konnte er es nicht über das Herz bringen, auf die großen Erfolge, die er mit Recht von den großen, dort seit dem Jahre 1808 gebrachten Opfern erwarten konnte, zu verzichten. Im Jahre 1809 war Spanien unterworfen, als die feindlichen Demonstrationen Österreichs den Kaiser zwangen, die Leitung der Geschäfte dem König Joseph und seinen Marschällen zu überlassen: in weniger als drei Monaten wurden vier spanische Armeen, in der Stärke von 160 000 Mann, aufs Haupt geschlagen und auseinandergesprengt; Madrid und Saragossa waren in den Händen der Franzosen, und die englische Armee sah sich genötigt, nachdem sie ungeheure Verluste erlitten hatte, sich wieder einzuschiffen.

Aber der Kaiser hätte an die Veränderungen denken müssen, die seit diesem Zeitpunkt auf der Halbinsel eingetreten waren. England hatte die größten Anstrengungen gemacht und setzte diese in unerhörter Weise fort, es verschwendete seine Soldaten und Gelder. Spanien war von drei Seiten vom Meere umgeben, und die Engländer konnten daher mit Leichtigkeit und unvermutet neue Truppen in Catalonien, im Biskaischen Meerbusen, bei Valencia und Cadix ans Land werfen.

In Spanien war der Kaiser nicht etwa zu schnell vorgegangen, aber nach seiner Abreise beging man den Fehler, zu langsam zu handeln. Hätte er nur noch einige Monate bleiben können, so würde er Lissabon und Cadix besetzt, die Parteien versöhnt und das ganze Land beruhigt haben. Der Guerillakrieg fing erst ein Jahr nach seiner Abreise an, er würde veranlaßt durch die Unordnung, Mißbräuche und Plündereien, deren sich die Marschälle trotz strengsten Befehlen des Kaisers schuldig machten. Der Kaiser hätte ein Exempel statuieren und den größten Räuber unter ihnen, Soult, erschießen lassen sollen. Das Korps des Marschalls Suchet, welches das Königreich Valencia besetzt hielt, hatte nie Mangel gelitten, weil der Marschall mit reiner Hand die Verwaltung führte, regelmäßig wurden die Abgaben entrichtet, und der Krieg wurde dort so geführt wie ungefähr in Deutschland, alles dies, weil Suchet mit gutem Beispiel voranging, streng rechtlich handelte und die Manneszucht bei den Truppen aufrechtzuhalten wußte. Hätten die anderen Marschälle genauso gehandelt, so wäre der Krieg auf die ehrlichen Chancen des Schlachtfeldes beschränkt geblieben.

Spanien wurde nach fünf Jahren heißen Ringens verloren. Der Kampf wurde nicht nur gegen die tapfere Bevölkerung eines großen Reiches, sondern auch gegen das englisch-portugiesische Heer geführt, das ebenso kriegsgewohnt geworden war wie das französische. Man hat Mühe, die falschen Manöver und strategischen Fehler zu verstehen, die zu den Niederlagen von Talavera, Salamanca und Vittoria sowie zu der Kapitulation von Baylén geführt haben! Der Mangel an Festungen kann nicht als Grund angeführt werden, denn die französische Armee war im Besitze aller. Richtig ist, daß die Spanier den Franzosen denselben energischen und verzweifelten Widerstand entgegensetzten wie seinerzeit den Römern. Eroberte Völker werden sich nur dann ihrem Bezwinger unterwerfen, wenn dieser es versteht, sie nach einem System politischer Milde gepaart mit Strenge und durch eine Verschmelzung mit dem Heere zu zähmen. Nichts von allem geschah in Spanien.

Wenn der Kaiser sich damit begnügt hätte, an dem Ebro militärische Stationen zu errichten, anstatt auf Somo-Sierra, Madrid und Benavent zu marschieren, um die Engländer zu verjagen, so hätte er trotz den Siegen bei Vittoria, Espinosa, Tudela und Burgos zwei Monate später 200 000 Engländer, Portugiesen und Spanier gegen sich aufgestellt gesehen, und die französische Armee würde über die Pyrenäen zurückgeworfen worden sein.

Nach der Abreise des Kaisers wurde die Verfolgung der Engländer sehr matt und lau betrieben. Nach der Einschiffung der englischen Truppen mußte Marschall Soult auf Lissabon, Cadix und Valencia marschieren, der Politik blieb der Schlußakt übrig. Es liegt auf der Hand, daß wenn die österreichische Kriegserklärung nicht erfolgt und der Kaiser noch vier Monate in Spanien geblieben wäre, alles zu gutem Ende gebracht worden wäre. Des Kaisers Gegenwart war überall da notwendig, wo es unerläßlich war, den Sieg davonzutragen. Das war eben der schwache Punkt in seinem Panzer. Nicht einer seiner Generale war ihm gewachsen in der Kunst, große Truppenmengen selbständig zu kommandieren.

Nach den unglücklichen Tagen von Leipzig gebot es das Interesse Frankreichs, ohne Verzug den Gefahren, die die Angelegenheiten Spaniens schufen, ein Ende zu setzen. Deshalb entsandte der Kaiser den Herzog von San-Carlos nach Valençay, um Ferdinand seinen Wunsch, sich mit ihm wegen seiner Rückkehr nach Spanien zu verständigen, auszudrücken. Außerdem beauftragte er den Grafen Laforest, sich heimlich unter dem angenommenen Namen Don del Bosco nach Valençay zu begeben, um mit Ferdinand einen Vertrag zu schließen, der ihm Krone und Freiheit wiedergäbe.

Ferdinand der Siebente befand sich in Valençay im Schloß des Fürsten Talleyrand, das inmitten eines großen Waldes wundervoll gelegen ist wie kaum ein zweites in Frankreich. Bei ihm befanden sich sein Bruder und sein Oheim. Er wurde nicht militärisch bewacht, hatte seine eigenen Hausbeamten und Diener, erhielt alles, was er wollte. Er konnte auf einem Raum von mehreren Quadratmeilen sich bewegen, auf die Jagd gehen oder spazierenfahren. Abgesehen von den 72 000 Franken, die der französische Staatsschatz jährlich als Miete für Schloß Valençay bezahlte, erhielt König Ferdinand für seinen Unterhalt jedes Jahr anderthalb Millionen Franken. Er schrieb regelmäßig jeden Monat an Napoleon und erhielt von diesem ebenso regelmäßige Antwort. Am 15.

August und am Namenstag der Kaiserin versäumte er niemals, Schloß und Park von Valençay zu illuminieren und Almosen auszuteilen. Mehreremal bat er den Kaiser um Erlaubnis, nach Paris reisen zu dürfen; diese Reise wurde jedoch von Jahr zu Jahr aufgeschoben. Er ersuchte den Kaiser um die Gunst, ihn an Sohnes Statt anzunehmen und mit einer französischen Prinzessin zu vermählen. Er erfreute sich der Verfügung über eine sehr schöne Bibliothek und empfing sehr oft Besuche von Edelleuten der Umgegend und von Pariser Geschäftsleuten, die ihn stets mit dem Neuesten versahen. Lange Zeit unterhielt er ein Theater, auf dem er Gastspiele von Pariser Künstlern veranstaltete; da ihm jedoch seine Beichtväter Gewissensbisse erweckten, entließ er schließlich die Truppe.

Sein Vater, König Karl der Vierte, und seine Mutter, die Königin, wohnten lange Zeit im Schloß Compiègne; von dort gingen sie nach Marseille, später nach Rom, wo sie im Palast des Fürsten Borghese Aufnahme fanden. Sie bezogen ein Jahrgeld von drei Millionen Franken. Ferdinands Schwester, Marie Louise, die Königin von Etrurien, hatte an der spanischen Umwälzung den tätigsten Anteil genommen; ihr Briefwechsel mit Murat, der damals den Oberbefehl in Spanien führte, ist sehr merkwürdig. Sie stand auf seiten ihrer Mutter und spielte eine große Rolle bei den Madrider Ereignissen. Sie wohnte lange Zeit in Nizza, von wo aus sie geheimen Briefverkehr mit den Befehlshabern der englischen Mittelmeerflotte unterhielt. Als Napoleon erfuhr, daß sie Frankreich zu verlassen wünschte, ließ er ihr sagen, es werde ihm sehr angenehm sein, wenn sie nach England oder Sizilien oder irgendeinem anderen Lande Europas gehen wolle. Die Prinzessin war nämlich völlig bedeutungslos, und ihre Abreise hätte dem Staatsschatze jährlich eine halbe Million erspart.

Ferdinand hatte oft gesagt, er wolle lieber in Valençay leben als in Spanien mit den Cortes. Als jedoch Napoleon ihm den Vorschlag machen ließ, wieder seinen Thron zu besteigen, da griff er ohne Zögern zu. Der Vertrag war bald gemacht: dem König wurde keine einzige Bedingung auferlegt; denn man wird es nicht eine Bedingung nennen können, daß er sich verpflichten mußte, die während seiner Abwesenheit getätigten Verkäufe von Nationalgütern als gültig bestehen zu lassen und niemanden zu verfolgen, der während dieser Zeit ein Amt bekleidet hatte. Ferdinand erklärte mit aller Bestimmtheit, er wolle die Verhältnisse so hinnehmen, wie er sie in Spanien vorfinden werde, und wolle als konstitutioneller König herrschen. Sofort nach Abschluß des Vertrages machte er von neuem den Vorschlag, durch eine Heirat in noch nähere Beziehungen zu Napoleon zu treten. Dieser Wunsch wurde nicht erfüllt, aber auch nicht zurückgewiesen. Er erhielt die Antwort, der Augenblick, darauf einzugehen, sei noch nicht gekommen. Wenn Ferdinand wieder auf seinem Throne sitze und dann seinen Antrag erneuere, werde dieser die gebührende Aufnahme finden.

Über den Vertrag von Valençay war im tiefsten Geheimnis verhandelt worden. Es war wichtig, daß die Engländer keine Kenntnis davon erhielten; sie hätten in Spanien einen Plan durchkreuzt, der darauf abzielte, die Armee wieder verfügbar zu machen, so daß sie zum Feldzug von 1814 rechtzeitig auf dem Kriegsschauplatz in der Champagne eintreffen könnte.

Die Ereignisse, die sich damals in Paris anspannen, führten eine andere Wendung herbei. Es gelang der Partei, die auf Napoleons Sturz hinarbeitete, die Verhandlungen auszuspionieren. Man versuchte dem Kaiser einzureden, die Rücksicht auf seinen Ruhm erlaube ihm nicht, auf Spanien zu verzichten, und bemühte sich, ihn von der Unterzeichnung des Vertrages abzuhalten. Als dies mißlang, machte diese Partei den Inhalt des Vertrages bekannt und bot alle nur möglichen Ränke auf, um Ferdinands Abreise zu hintertreiben und auf diese Weise die Rückkehr der spanischen Armee nach Frankreich zu verzögern. Ferdinand hätte Valençay im November 1813 verlassen sollen; in Wirklichkeit ging er erst im März 1814 wieder über die Pyrenäen!

VII.

Marschall Suchet hatte dem Kaiser geschrieben, daß die Mitglieder der Junta bei der ersten Nachricht vom Abschluß des Vertrages von Valençay und der Befreiung des Königs, die sie für ihr Werk hielten, die Absicht geäußert hätten, ihm bis zur Grenze entgegenzugehen, um die ersten zu sein, die dem konstitutionellen Herrscher auf dem Boden des Vaterlandes zujubeln würden. Aber infolge der Verzögerungen gewann das Mißtrauen die Oberhand, und die Ansichten änderten sich.

Der Herzog von San-Carlos, Oberkommissar des Königs Ferdinand, wurde in Madrid von der Junta mit Kälte empfangen und angehört. Nachdem man Kenntnis von seinem Auftrage genommen hatte, fragte man ihn, was er getan habe, während die Spanier sich aufs Blut für ihren König schlugen und der größten Strapazen, Entbehrungen und Gefahren unterzogen. Man warf ihm seine Vergnügungen, den in Paris getriebenen Luxus und seine Verschwendungen vor, selbst seine Liebesverhältnisse! Man antwortete dem Abgesandten, man werde den König als solchen empfangen, nachdem er den Eid vor den Cortes geleistet habe; bis dahin würden ihm in Spanien nur die Ehren, die dem Prinzen von Asturien zukämen, erwiesen werden; endlich würden die nötigen Befehle erteilt werden, um für den König auf der Straße von Burgos auf jeder Poststation eine Eskorte von 60 Mann in Bereitschaft zu stellen, und den Behörden würden Verhaltungsmaßregeln erteilt werden.

General Elliot und Herr von Zagas, Neffe des Generals O'Farrils, ehemaligen Kriegsministers unter Joseph, wurden nacheinander ebenfalls von Valençay nach Madrid mit ähnlichem Auftrage wie der Herzog von San-Carlos gesandt. Sie wurden mit gleichem Hochmut und mit derselben Geringschätzung seitens der Junta aufgenommen und beurteilt. Dem General Elliot warf man seine Niederlage bei Valencia vor. Man sah voraus, daß, falls der König den Thron besteigen würde, der Herzog von San-Carlos, der General von Elliot und Herr von Zagas beim König nicht lange in Gunst stehen würden, wenn der Geist der Junta auf den König abfärben würde.

Ferdinand kam am 19. März in Perpignan und am 22. im französischen Hauptquartier von Figuera an, wo er die Rückkehr Elliots und von Zagas' abwarten wollte. Alle seine Reden deuteten an, wie sehr er von dem Gefühle der Dankbarkeit gegen die Junta, die Cortes und die Nation durchdrungen sei. Er wolle nur nach den Gesetzen regieren, die ein siegreiches Volk sich selbst gegeben habe. Auch bat er den Marschall Suchet um seine Ansicht über den Wortlaut einer königlichen Proklamation, die seine treuen Untertanen über seine ehrlichen Absichten aufklären und beruhigen sollte. Der Marschall billigte voll den Inhalt dieses Aufrufs, der die genauesten und freimütigsten Erklärungen enthielt, nur riet er dem König, aus einem Gefühl übertriebener Feinfühligkeit, die lobenswerten Verdienste der spanischen Armee mehr zu betonen.

Marschall Suchet erstattete täglichen Bericht an den Kaiser über alles, was Ferdinand tat, und Napoleon war in höchstem Grade erstaunt über den Adel seines Betragens und seiner Gesinnung. Er bedauerte sehr, ihn in Bayonne nicht als König anerkannt zu haben, als er erfuhr, daß Ferdinand entschlossen sei, das Joch der Cortes abzuschütteln. Auf dem Wege nach Madrid wollte er Saragossa berühren, um durch seine Anwesenheit auf den Ruinen dieser großen und berühmten Stadt ein ehrenvolles Zeugnis für den hervorragend bewiesenen Heldenmut seiner treuen Untertanen abzulegen. Aufs Land wurden Sendboten geschickt, um die Bauern aufzureizen, in Masse bei der Durchfahrt des Königs diesem zu huldigen. Ferdinand berauschte sich an dieser Begeisterung, die besonders in Saragossa ausbrach. Von da ab war es aus mit der Weisheit seiner Haltung. Die Junta bemerkte es und machte drohende Vorstellungen. Unterdessen hatte aber General Elliot auf Befehl des Königs reichlich 10 000 Mann sammeln können, die der Sache des Königs ergeben waren. Er jagte die wenigen Bataillone der Junta in die Flucht, und Ferdinand zog als Sieger in Madrid ein. Die Gegenrevolution war gelungen, und ein absoluter König saß wieder auf dem Throne Philipps des Fünften.

Ferdinand bekundete jederzeit die heftigste Abneigung gegen die Cortes. Die Spanier bedauerten noch lange Zeit den Verlust der in Bayonne gegebenen Verfassung. Wäre diese ihnen erhalten geblieben, so hätten sie keine geistliche Gerichtsbarkeit mehr in weltlichen Dingen gehabt, alle Hemmnisse und Schranken im Innern wären gefallen. Ihre Nationalgüter würden nicht unangebaut und ohne Nutzen für Staat und Volk brachliegen. Sie würden eine Weltgeistlichkeit, einen Adel ohne feudale Vorrechte haben; es würde keine Befreiung von Steuern und gemeinsamen Lasten geben; sie wären heute ein anderes Volk!

Spanien wäre gerettet gewesen und das Kaiserreich aus seinem Kampfe gegen die Könige von Gottes Gnaden als Sieger hervorgegangen, wenn der Kaiser den Vertrag von Valençay am Tage nach seiner Unterzeichnung durch Ferdinand ratifiziert hätte!

VIII.

Masséna hat eine große Dummheit begangen, daß er die Stellung von Busago nicht umging, zumal da gerade er den Gebirgskrieg so ausgezeichnet kannte; aber er war persönlich gegen Wellington gereizt. Er schrieb dem Kaiser, er würde *diesen Hanswurst* gefangennehmen; so sehr täuschte ihn seine Leidenschaft über den Wert des Feindes, der ihm gegenüberstand. Als Napoleon seinen Brief erhielt, erkannte er sofort das Törichte einer solchen Auffassung und sagte ihm eine

Schlappe voraus. In aller Eile sandte er ihm genaue Befehle, machte ihn auf seine falsche Auffassung aufmerksam und bezeichnete ihm das Manöver, das er machen müßte, um des Sieges sicher zu sein. Aber als diese Befehle eintrafen, war es schon zu spät; die Entfernung war so groß! In derselben Weise haben des Kaisers Stellvertreter überall Dummheiten gemacht; wo Napoleon nicht persönlich anwesend war, wurden seine Heere geschlagen.

Masséna wäre entschuldbar gewesen, wenn er am Tage seiner Ankunft vor Torres Vedras die englischen Linien gestürmt hätte. Allerdings wäre das ein sehr schnelles Verfahren gewesen; denn man braucht immerhin so viel Zeit, wie nötig ist, um eine Stellung, die man mit Sturm nehmen will, zu rekognoszieren; unbegreiflich aber ist es, daß Masséna in den Linien, die er rekognosziert hatte, bei einer Ausdehnung von 36 Kilometern nicht einen einzigen schwachen Punkt fand! Und wie konnte er darauf einen vollen Monat in völliger Untätigkeit verlieren? Er setzte sich in Santarem fest und machte nicht die geringste Anstrengung, sich mit Soult zu vereinigen. Die Stellung von Santarem konnte von Wellington leicht umgangen werden. Wäre Napoleon an Wellingtons Stelle gewesen, so hätte er sich die Lage zunutze gemacht; Masséna blieb nur aus Eitelkeit in seiner schlechten Stellung. Als er sich endlich im März entschloß, Portugal zu räumen, hätte er sich auf Coimbra zurückziehen müssen, um sich dort stark zu verschanzen und auszuharren!

Nachdem der Kaiser wiederholt Talleyrand seine Unzufriedenheit mit seinem Benehmen ausgedrückt und eingesehen hatte, daß er unverbesserlich sei, durch solche Machenschaften ein schlechtes Licht auf seine Regierung werfen würde, nahm er ihm endlich sein Portefeuille ab. Aber Talleyrand war ein schlauer Fuchs und wußte den Schlag zu mildern. Es gelang ihm, obgleich er nicht mehr die Leitung der auswärtigen Geschäfte in der Hand hatte, sich in seiner Eigenschaft als Großkämmerer der Abordnung nach Erfurt im Jahre 1808 beigeben zu lassen. Während des Aufenthalts in Erfurt setzte er die Heirat eines seiner Neffen mit der jungen Herzogin von Kurland durch.

Kurze Zeit darauf befiel ihn die Krankheit aller in Ungnade gefallener Minister: die Ränkespinnerei, und er versuchte es auf alle mögliche Art, ein neues Ministerium in seinem Interesse zu bilden. Die Ernennung des Grafen Montesquiou zum ersten Minister machte dem Treiben ein Ende, verletzte ihn aber tödlich in seinem Ehrgeize.

Talleyrand wußte aus allem Geld zu machen und hatte wirklich ein großes Talent für Börsenspekulationen. Es ist erwiesen, daß er gewisse Schriftstücke an die Engländer verkaufte – keine wichtigen Sachen, sondern nur Briefe von untergeordneter Bedeutung. Man hatte ihm mitgeteilt, er würde für jedes solche Dokument 1000 Louis ausbezahlt erhalten. Der Fürst von Benevent war kein Mann von überragender Bedeutung, er hatte Abscheu vor der Arbeit, aber er besaß das Talent, selber nicht zu sprechen und keine Ratschläge zu geben, dafür aber andere Leute zum Reden zu bringen. Um einem Mitmenschen mit gutem Rat beizuspringen, muß man Neigung zu demselben empfinden; Talleyrand aber dachte nur an seinen persönlichen Vorteil. Mochte eine Sache für den Staat noch so vorteilhaft sein – sobald sie ihm selber nichts einbrachte, wurde sie beiseite geschoben. Man kann sagen: Talleyrand war die verkörperte Unmoral. Man konnte schwerlich einen Menschen finden, der im tiefsten Grunde seines Herzens verworfener gewesen wäre. Talleyrand besaß die Gabe, nichts auf seinen Gesichtszügen sehen zu lassen und schweigen zu können, und er hatte noch einen anderen wichtigen Vorzug: er konnte nämlich bis drei Uhr morgens wach bleiben, und das ist für einen Staatsmann eine sehr nützliche Eigenschaft; er kann zu dieser späten Stunde viele Leute zu sich kommen lassen und sich mit ihnen besprechen, ohne daß man etwas davon erfährt.

Während Napoleons Aufenthalt in Bayonne spielte sich eine kleine Palastintrige ab, die den Zweck verfolgte, ihm eine junge Vorleserin als Geliebte zuzuführen. Der Kaiser ließ sie aber auf der Stelle nach Paris zurückreisen, als er durch den Generalpostmeister Lavalette erfuhr, daß sie von ihrer Mutter täglich Unterweisungen erhalte, wie sie sich zu benehmen habe, um das Gefallen des Gebieters zu erregen; diese Instruktionen waren von einem ekelhaften Raffinement, das sich auf die kleinsten Einzelheiten erstreckte. Es war eine schmutzige, sehr schmutzige Intrige, die von Talleyrand ausging.

Talleyrand hatte immer ein Dutzend Mätressen für den Kaiser in seinen Taschen!

*

Sechstes Kapitel.

Der Krieg von 1809.

Erster Abschnitt:

Der Feldzug in Bayern. Eßling.

I. Eröffnung des Feldzuges. Schlacht bei Abensberg (20. April). – II. Schlacht bei Eggmühl (22. April). Einnahme von Regensburg. – III. Übergang über die Donau bei Wien. – IV. Schlacht bei Aspern und Eßling (21. und 22. Mai). – V. Rückzug auf die Insel Lobau.

I.

Die Schwierigkeiten, die Napoleon in Spanien fand, veranlaßten das Wiener Kabinett, auch einmal an das Volk zu denken. Man glaubte, die französische Macht brechen zu können, wenn man überall die Massen zum Kampf aufriefe. Zugleich bot Englands Gold die Mittel, zahlreiche Armeen in Deutschland wie in Italien ins Feld zu stellen. Napoleon mußte seinen Siegeslauf in Spanien unterbrechen, um nach Deutschland zu eilen und sich mit allen verfügbaren Kräften der österreichischen Kriegsmacht entgegenzuwerfen. Er zweifelte nicht einen Augenblick am Siege, aber der neue Krieg kam ihm allerdings sehr ungelegen; denn die Niederwerfung Österreichs konnte in dem Entscheidungskampf, der überall auf dem Kontinent im Grunde doch nur vom Kabinett von St. James ausging, nur von nebensächlicher Bedeutung sein.

Nachdem eine auf die österreichischen Rüstungen bezügliche Beschwerde Frankreichs im *Wiener Stil* ausweichend beantwortet worden war, bot Napoleon die Kontingente des Rheinbundes auf und forderte vom Wiener Kabinett Einstellung der Kriegsvorbereitungen. Von den französischen Streitkräften stand eine viertel Million in Spanien;

in Dalmatien und bei Mainz befanden sich zusammen etwa 30 000 Mann; die bayrischen, württembergischen und sächsischen Truppen waren in Übungslagern versammelt. In Norddeutschland standen unter Davoust 60 000 Mann, in Süddeutschland unter Oudinot 30 000. Doch brachte die Einziehung der Konskription für das Jahr 1810, die der Kaiser sich vom Senat bereits für 1809 bewilligen ließ, die Gesamtstärke der französischen Armee in Süddeutschland auf mehr als 200 000 Mann, die im April schlagfertig bereitstanden.

Die österreichische Heeresmacht zählte gegen 400 000 Streiter, die aber gleichzeitig gegen Bayern, Italien und Polen ins Feld rücken sollten. Auf dem bayrischen Kriegsschauplatz, der zunächst die Entscheidung bringen mußte, war der Kaiser den Österreichern von vornherein mindestens um die Hälfte an Truppenzahl überlegen.

Die österreichische Armee überschritt am 9. April den Inn; damit waren die Feindseligkeiten begonnen, und damit hatte Österreich Frankreich, dessen Verbündeten und dem Rheinbund den Krieg erklärt.

Das französische Heer und seine Verbündeten befanden sich in folgenden Stellungen:

das Korps Davoust bei Regensburg;

das Korps Masséna bei Ulm;

das Korps Oudinot bei Augsburg;

das Hauptquartier befand sich in Straßburg;

von den drei bayrischen Divisionen stand die

erste, unter dem Kronprinzen von Bayern, bei München, die zweite, unter General Deroy, bei Landshut, die dritte, unter General von Wrede, bei Straubing; alle drei standen unter dem Oberkommando des Marschalls Lefèbvre;

die württembergische Division bei Heidenheim;

die sächsischen Truppen unter den Mauern von Dresden;

das Korps des Herzogtums Warschau, unter dem Fürsten Porliatowski, bei Warschau.

Am 10. April schlossen die Österreicher Passau ein, das von einem bayrischen Bataillon verteidigt wurde; desgleichen Kufstein. Beide Manöver wurden vollzogen, ohne daß ein Schuß fiel.

Der bayrische Hof verließ München und begab sich nach Dillingen, die bayrische Division, die bei Landshut stand, ging nach Achdorf, auf dem linken Ufer der Isar.

Die Division des Generals von Wrede marschierte nach Neustadt. Marschall Masséna verließ Ulm und ging nach Augsburg.

Vom 10. bis zum 16. April rückte die feindliche Armee vom Inn bis zur Isar vor. Es fanden kleine Reitergefechte statt, die für die Bayern glücklich ausfielen. Am 16. April stießen bei Pfaffenhofen das 2. und 3. bayrische Chevau-leger-Regiment auf die Stipsiczschen Husaren und die Rosenbergschen Dragoner und zersprengten sie. Im gleichen Augenblick brach der Feind bei Landshut hervor. Obgleich die Brücke abgebrochen war, setzte die bayrische Division unter General Deroy den lebhaftesten Widerstand entgegen. Da sie aber von anderen feindlichen Kolonnen, die bei Moosburg und Freising die Isar überschritten hatten, bedroht wurde, mußte sie sich auf die Division Wrede zurückziehen, was in aller Ordnung geschah. Darauf konzentrierte sich die bayrische Armee bei Neustadt.

Der Kaiser erhielt am Abend des 12. April durch den optischen Telegraphen die Nachricht von der Überschreitung des Inn durch die österreichische Armee. Er verließ sofort Paris und kam am 16. April, 3 Uhr morgens in Ludwigsburg an. Am Abend desselben Tages war er in Dillingen, wo er den König von Bayern sah, dem er versprach, ihn in vierzehn Tagen in seine Hauptstadt wieder einzusetzen und den seinem Hause angetanen Schimpf dadurch zu rächen, daß er ihn mächtiger mache, als je einer seiner Ahnen es gewesen wäre.

Am 17. April, morgens zwei Uhr traf der Kaiser in Donauwörth ein, wohin das Hauptquartier gegangen war, und traf sofort die erforderlichen Anordnungen.

Am 18. April wurde das Hauptquartier nach Ingolstadt verlegt. Am 19. stieß General Oudinot, der von Augsburg aufgebrochen war, bei Tagesanbruch in der Nähe von Pfaffenhofen auf 3–4000 Österreicher, die er zurückwarf.

Masséna traf mit seinem Korps am 17. April in Pfaffenhofen ein, Marschall Davoust war im Anmarsch auf Ingolstadt. Der Kaiser wollte gegen den Feind, der von Landshut aufgebrochen war, manövrieren und ihn in dem Augenblicke angreifen, wo dieser glaubte, selbst der Angreifer zu sein. Er marschierte daher auf Regensburg.

Am 19. setzte sich Davoust in zwei Kolonnen in Bewegung. Die Divisionen Morand und Gudin bildeten seinen rechten Flügel, die Divisionen St.-Hilaire und Friant den linken. Beim Dorfe Peising stieß man auf den Feind, der stärker an Zahl, aber geringer an Tapferkeit war, und der Feldzug wurde gleich mit einem ruhmreichen Erfolg eröffnet. General St.-Hilaire, unterstützt von General Friant, warf alles, was sich ihm entgegenstellte, nahm alle Stellungen des Feindes, brachte ihm große Verluste an Toten und Verwundeten bei und nahm ihm 6–700 Gefangene ab. Das 57. Regiment hielt seinen alten Ruf aufrecht. Vor sechzehn Jahren hatte es in Italien den Beinamen *das Schreckliche* erhalten, und hier machte es wieder ihm Ehre, indem es allein der Reihe nach sechs österreichische Regimenter in die Flucht schlug.

Auf dem linken Flügel war um zwei Uhr nachmittags der General Morand mit einer österreichischen Division zusammengestoßen, die er in der Front angriff, während Lefèbvre sie mit einem Korps Bayern, das von Abensberg herkam, im Rücken anpackte. Diese Division sah sich sehr bald aus allen ihren Stellungen geworfen und verlor mehrere hundert Mann an Toten und Gefangenen. Bei Hereinbrechen des Abends vollführte das Korps des Marschalls Lefèbvre seine Vereinigung mit dem des Marschalls Davoust.

Die armen österreichischen Soldaten, die man von Wien mit Trommeln und Trompeten herbeigeführt und die man glauben gemacht hatte, daß keine französische Armee sich mehr auf deutschem Boden befände, daß sie nur mit Bayern und Württembergern zu tun haben würden, waren entsetzt beim Anblick der alten Soldaten, die sie als ihre Meister anzusehen gewohnt waren, und wütend auf ihre Offiziere, die sie in ihrem Irrtum gelassen hatten.

Die französischen Verluste waren geringfügig im Vergleich zu denen des Feindes, der besonders viele Offiziere verlor, da diese vorangehen mußten, um ihre Mannschaften mit sich zu reißen.

Der Kaiser beschloß nunmehr, gegen die Korps des Erzherzogs Ludwig und des Generals Hiller vorzugehen, die zusammen 60 000 Mann stark waren.

Am 20. April marschierte er auf Abensberg und befahl dem Marschall Davoust, die Korps Hohenzollern, Rosenberg und Liechtenstein in Schach zu halten, während er mit den zwei Divisionen Morand und Gudin, den Bayern und Württembergern, das Heer des Erzherzogs Ludwig und des Generals Hiller in der Front angreifen würde. Zugleich befahl er Masséna, über Freising zu marschieren, im Rücken des Feindes zu manövrieren und ihm seine Verbindungslinie abzuschneiden. Die Divisionen Morand und Gudin bildeten den linken Flügel und unterstanden dem Oberbefehl des Marschalls Lannes. Der Kaiser entschied sich dafür, an diesem Tage an der Spitze der Bayern und Württemberger zu fechten. Er ließ die Offiziere dieser beiden Korps einen Kreis bilden und hielt an sie folgende Ansprache:

»Ich komme zu Euch nicht als Kaiser der Franzosen, sondern als

Protektor Eures Vaterlandes und des deutschen Bundes. Bayern! Ihr kämpft heute allein gegen die Österreicher. Nicht ein einziger Franzose befindet sich in den ersten Reihen, die Franzosen stehen in der Reserve, und der Feind weiß nichts von ihrer Gegenwart. Ich setze mein ganzes Vertrauen in Eure Tapferkeit. Ich habe die Grenzen Eures Landes erweitert und sehe ein, daß ich noch nicht genug getan habe. In Zukunft werde ich Euch so groß machen, daß Ihr, um Krieg gegen Österreich zu führen, meine Hilfe entbehren könnt. Seit zweihundert Jahren widerstehen die bayrischen Fahnen, im Schutze Frankreichs, den Farben Österreichs. Wir sind auf dem Wege nach Wien, wo wir dieses Land für alles Übel, das es Eurem Vaterlande angetan hat, werden zu bestrafen wissen. Österreich wollte Euer Land in Miniaturfürstentümer teilen, Zwistigkeiten unter Euch schaffen und Euch in seine Regimenter einreihen. Bayern! Dies ist der letzte Krieg, den Ihr gegen Eure Feinde werdet auszufechten haben; greift sie mit dem Bajonett an und vernichtet sie!«

Der bayrische Kronprinz übersetzte ihnen auf deutsch, was der Kaiser auf französisch gesagt hatte. Zu den Württembergern sprach Napoleon von den Siegen, die sie über das Haus Österreich erfochten hatten, als sie im preußischen Heere dienten, und von den letzten Erfolgen, die sie im schlesischen Feldzuge davongetragen hatten. Diese Ansprachen machten den erwarteten Eindruck.

Alsdann gab der Kaiser das Zeichen zum Angriff; er paßte die Manöver dem eigenartigen Charakter dieser Truppen an. General von Wrede, damals ein tüchtiger bayrischer Offizier, der vorwärts von der Brücke von Siegenburg stand, griff die ihm gegenüberstehende österreichische Division an, und General Vandamme, der die Württemberger befehligte, rollte ihren rechten Flügel auf. Marschall Lefèbvre marschierte mit der Division des bayrischen Kronprinzen und der des Generals Deroy auf das Dorf Neuhausen, um auf der Landstraße von Abensberg nach Landshut vorzustoßen. Lannes überrannte mit seinen zwei französischen Divisionen den äußersten linken Flügel des Feindes, trieb alles vor sich her und marschierte auf Rohr und Rottenburg. Auf allen Punkten entwickelte sich ein lebhafter Artilleriekampf. Der Feind, durch diese Dispositionen in Verwirrung gebracht, leistete kaum eine Stunde lang Widerstand und trat dann den Rückzug an. Acht Fahnen, zwölf Geschütze und 18 000 Gefangene bezeichneten den Erfolg des Tages, der dem französisch-bayrisch-württembergischen Heere nur geringe Opfer gekostet hatte.

Da die Schlacht von Abensberg die Flanke der österreichischen Armee bloßgelegt hatte, marschierte der Kaiser am 21. bei Tagesanbruch auf Landshut. Bessières griff die feindliche Kavallerie in der Ebene vor Landshut an und zwang sie zum Rückzug.

Divisionsgeneral Mouton befahl den Grenadieren des 17. Regiments, das an der Spitze der Kolonne marschierte, die Brücke, die in die Stadt führte und in hellen Flammen stand, im Laufschritt zu passieren. Der Brand bildete für solche Soldaten kein Hindernis, sie wurde genommen, und das 17. Regiment drang in die Stadt ein. Der zurückgeworfene Feind wurde darauf von den Truppen Massénas angegriffen, der auf dem rechten Ufer des Flusses hermarschierte. Damit war Landshut für den Feind verloren, der den Verlust von 30 Geschützen, 9000 Gefangenen, 60 bespannten Protzen, drei prächtigen Brükkenzügen und großen Depots zu beklagen hatte. Kuriere, Adjutanten des kommmandierenden Generals Erzherzogs Karl, Krankentransporte, die in Landshut zu ihrem größten Erstaunen den Feind fanden, erlitten dasselbe Schicksal: alles wurde gefangengenommen.

Als der Kaiser auf Landshut marschierte, begegnete er Bessières, der auf dem Rückzug war. Napoleon befahl ihm vorzugehen; der Marschall machte die Einwendung, daß der Feind zu stark wäre. Der Kaiser rief: »Nur immer vorwärts!«, und Bessières rückte vor. Als der Feind ihn eine Angriffsbewegung machen sah, hielt er ihn für stärker, als er wirklich war, und ging selbst zurück. So geht es im Krieg fortwährend. Die Soldaten dürfen ihre Feinde nicht zählen, aber der Feldherr muß es! Doch entscheidet die moralische Kraft mehr als die Zahl den Sieg. Damit muß ein General rechnen.

II.

Während die Schlacht bei Abensberg und das Gefecht bei Landshut so wichtige Ergebnisse zeitigten, vereinigte Erzherzog Karl sich mit dem vom General von Kollowrat befehligten böhmischen Korps und erlangte bei Regensburg einen kleinen Erfolg. Tausend Mann vom 65. Regiment, die zur Bewachung der Regensburger Brücke zurückgelassen worden waren, hatten keinen Rückzugsbefehl erhalten. Von der österreichischen Armee umzingelt, mußten die Tapferen sich ergeben, nachdem sie alle ihre Patronen verschossen hatten. Dieser Vorfall berührte den Kaiser schmerzlich. Er schwor, daß binnen 24 Stunden in Regensburgs Gassen österreichisches Blut fließen solle, um die seiner Waffenehre zugefügte Schmach zu rächen!

Unterdessen hatten die Marschälle Davoust und Lefèbvre die Korps Rosenberg, Hohenzollern und Liechtenstein in Schach gehalten. Es war keine Zeit mehr zu verlieren. Am Morgen des 22. April trat der Kaiser von Landshut aus mit den beiden Divisionen des Marschalls Lannes, dem Korps Masséna, den Kürassierdivisionen Nansouty und Saint-Sulpice und der württembergischen Division den Marsch an. Um 2 Uhr nachmittags befand er sich Eggmühl gegenüber, wo die vier Korps des österreichischen Heeres in Stärke von 110000 Mann unter dem Oberbefehl des Erzherzogs Karl eine Stellung bezogen hatten. Marschall Lannes umging den Feind in der linken Flanke mit der Division Gudin. Sobald das Signal zum Angriff ertönte, brachen die Korps Davoust und Lefèbvre und die leichte Reiterdivision des Generals Lebrun hervor. Und nun bot sich eines der schönsten Schauspiele, die man im Kriege sehen kann: 110000 Feinde, gleichzeitig auf allen Punkten angegriffen, in ihrer linken Flanke umgangen und aus einer Stellung nach der anderen verdrängt. Alle Ereignisse der Schlacht im einzelnen zu schildern würde zu weit führen; es genügt zu sagen, daß die Österreicher in völliger Auflösung flüchteten, viele Geschütze und Tausende von Gefangenen verloren. Das 10. leichte Infanterieregiment der Division Saint-Hilaire bedeckte sich durch einen stürmischen Angriff mit Ruhm: die Österreicher wurden aus dem Walde vor Regensburg herausgeworfen, in die Ebene gejagt und dort von der französischen Kavallerie abgeschnitten. Die starke und zahlreiche österreichische Reiterei griff ein, um den Rückzug ihrer Infanterie zu decken. Ihr rechter Flügel wurde von der Division Saint-Sulpice, der linke von der Division Nansouty angegriffen, die österreichischen Husaren und Kürassiere wurden geworfen; mehr als 300 Kürassiere gerieten in Gefangenschaft. Hierüber brach die Nacht herein.

Die französischen Kürassiere setzten ihren Marsch auf Regensburg fort. Die Division Nausouty stieß auf eine feindliche Kolonne, die auf der Flucht begriffen war; sie ritt eine Attacke und nahm die ganze Kolonne gefangen, die aus drei ungarischen Bataillonen in Stärke von 1500 Mann bestand.

Die Division Saint-Sulpice attackierte ein anderes Karree, in welchem beinahe Erzherzog Karl gefangengenommen wäre; er verdankte die Rettung nur der Schnelligkeit seines Pferdes. Das Karree wurde niedergeritten, der Rest gefangengenommen. Endlich gebot die Dunkelheit weiterem Vordringen Einhalt. In dieser Schlacht bei Eggmühl kam nur ungefähr die Hälfte der französischen Truppen ins Feuer. Hart verfolgt, floh die österreichische Armee die ganze Nacht hindurch. Die Regimenter waren in kleine Trupps aufgelöst; überall herrschte die entsetzlichste Unordnung. Alle Verwundeten, der größte Teil der Artillerie, 15 Fahnen und 20 000 Gefangene fielen in unsere Hände. Den größten Anteil am Ruhm hatten wie gewöhnlich die Kürassiere.

Bei Eggmühl wurde Napoleon leicht verwundet; er war schon vorher zweimal verwundet worden. Die eine Wunde hatte eine sehr tiefe Narbe oberhalb des linken Knies zurückgelassen. Sie stammte aus dem ersten Feldzug in Italien und war so ernst gewesen, daß die Ärzte lange Zeit im Zweifel waren, ob sie nicht zur Amputation des Gliedes schreiten sollten. Wenn Napoleon getroffen war, so verheimlichte er es immer den Truppen, um sie nicht zu entmutigen. Die Verwundung, die er bei Eggmühl erhielt, verursachte ein Schuß in die große Zehe. Bei der Belagerung von Akkon fiel eine englische Bombe zu seinen Füßen nieder. Da ergriffen ihn zwei Soldaten und hielten ihn in enger Umarmung, um seinem Körper als Wall gegen die Explosion der Bombe zu dienen. Die Explosion erfolgte. Alle drei wurden mit Erde bedeckt und fielen in das durch die Explosion entstandene Loch, nur einer der Soldaten wurde verwundet. Napoleon ernannte beide zu Offizieren. Der eine – General Daumesnil – verlor später bei Moskau ein Bein und war Befehlshaber von Vincennes, als der Kaiser Paris verließ. Als die Russen ihn aufforderten, sich zu ergeben, antwortete er, sobald sie ihm sein bei Moskau verlorenes Bein zurückgegeben hätten, würde er ihnen die Festung ausliefern.

Der Kaiser war übrigens öfter durch Offiziere und Soldaten gerettet worden, die sich im Augenblick der höchsten Gefahr vor ihn warfen. So bei Arcole, als Oberst Muiron, sein Adjutant, ihn beim Angriff mit seinem Körper deckte und die Wunde empfing, die für Napoleon bestimmt war. Er stürzte tot zu den Füßen Napoleons, ihn mit seinem Blut bespritzend, und opferte sein Leben, um das des Oberbefehlshabers zu retten. Überhaupt war die Hingabe der Soldaten für Napoleon unvergleichlich. Selbst in den unglücklichsten Augenblicken, selbst sterbend hatte der Soldat kein Wort der Klage oder des Vorwurfs auf den Lippen, nie hat ein Führer treuere Männer unter sich gehabt. Den letzten Tropfen Blutes verloren sie mit dem Rufe: *Es lebe der Kaiser!*

Bei Tagesanbruch des 23. wurde der Vormarsch auf Regensburg angetreten; die Vorhut bildeten die Division Gudin und die Kürassierdivisionen Nansonty und Saint-Sulpice. Bald bemerkte man die feindliche Reiterei, welche Miene machte, die Zugänge zur Stadt zu verteidigen. Die französischen Kürassiere ritten nacheinander drei Attacken, in denen sie Sieger blieben. Die österreichischen Reiter wurden niedergesäbelt; 8000 flohen in aller Hast über die Donau hinüber. Unterdessen hatten französische Schützen sich der Stadt zu bemächtigen versucht, in welcher der österreichische Feldherr unbegreiflicherweise sechs Regimenter zurückgelassen hatte, die zwecklos geopfert wurden. Die Stadt Regensburg ist von einer schlechten Ringmauer mit ebenso wertlosen Gräben und Kontereskarpen umgeben. Sobald die Artillerie eintraf, wurden die Zwölfpfünder zu einer Batterie vereinigt. Marschall Lannes machte eine schadhafte Stelle des Festungsgrabens ausfindig und ließ durch seine eigenen Adjutanten Leitern anlegen, mit deren Hilfe man in den Graben hinunter und auf der anderen Seite zu einer Mauerbresche hinaufgelangte. Lannes ließ auf diesem Wege ein Bataillon eindringen, das an ein Ausfallstor gelangte und dieses öffnete. Wer Widerstand leistete, wurde niedergehauen; mehr als 8000 Mann wurden gefangengenommen. Infolge seiner schlechten Anordnungen hatte der Feind keine Zeit mehr, die Brücke zu zerstören, und die Franzosen gelangten im Getümmel mit den Österreichern gleichzeitig auf das linke Ufer hinüber.

Die unglückliche Stadt, die verteidigen zu wollen eine Barbarei war, mußte viel leiden; der Brand wütete einen Teil der Nacht hindurch, doch gelang es den Anstrengungen des Generals Morand und seiner Soldaten, die Feuersbrunst zu bändigen und schließlich zu löschen.

Die französischen Verluste in allen Gefechten von Abensberg bis Regensburg betrugen nur etwa 1200 Tote und 4000 Verwundete. Der Verlust an Offizieren war nicht beträchtlich, doch war der Tod des Divisionsgenerals Cervoni, Generalstabschefs des Marschall Lannes, und des Generals Hervo, Generalstabschef des Marschalls Davoust, sehr zu beklagen. Beide waren tapfere, kluge und tatkräftige Offiziere. Die gefangengenommenen 1000 Mann vom 65. Regiment wurden zum größten Teil wieder befreit.

Die 200 000 Mann der österreichischen Armee kamen sämtlich ins Gefecht mit Ausnahme der 20 000 Mann des Generals Bellegarde, der am Morgen nach der Schlacht bei Eggmühl eintraf, um Zeuge der Einnahme von Regensburg zu werden, worauf er schleunigst nach Böhmen entwich. Von der französischen Armee dagegen hatte fast die Hälfte nicht einen Schuß getan. Die Österreicher wurden durch die schnellen und unerwarteten Bewegungen völlig überrascht und sanken von der Höhe ihrer wahnsinnigen Siegeshoffnungen zu einer Niedergeschlagenheit herab, die der Verzweiflung nahekam.

III.

Nach der Schlacht bei Eggmühl marschierte die französische Armee vor Wien. Erzherzog Maximilian befehligte in der Stadt, die in Verteidigungszustand gesetzt worden war. Der Artilleriegeneral La Riboisière errichtete nachts eine Batterie von 30 Mörsern hinter einem Hause in der Vorstadt und schoß die Stadt in Brand, die daraufhin ihre Tore öffnete. Hätte Wien standgehalten, so würden die Operationen einen anderen Lauf genommen haben; aber die Einwohner einer Hauptstadt, die bombardiert werden kann, haben großen Einfluß auf die Verteidigung. Sobald Napoleon einmal Herr von Wien war, genügten ihm 8–10 000 Mann, um es zu besetzen. Der Kaiser war ganz sicher, daß die Österreicher nicht ihre Hauptstadt zerstören würden, und die bloße Drohung, daß die Garnison die Stadt anzünden würde, hielt die Einwohner im Zaum.

Unterdessen rückte Erzherzog Karl auf dem linken Donauufer heran; der Kaiser beschloß, ihm zuvorzukommen und über den Strom zu gehen. Die Stellung auf dem rechten Donauufer war nur dann gut, wenn die Armee einen Brückenkopf auf dem linken Ufer besaß; denn sonst blieb der Feind Herr aller seiner Bewegungen. Dieser Umstand war von so großer Bedeutung, daß Napoleon sich nach der Enz zurückgezogen haben würde, wenn es sich als unmöglich herausgestellt hätte, auf dem linken Donauufer festen Fuß zu fassen. Dies war aber nicht leicht, denn die Donau ist 1000 Meter breit, 15, 20, 30 Fuß tief und hat einen reißenden Lauf. Einen solchen Strom in der Nähe einer starken feindlichen Armee zu überschreiten erforderte große Geschicklichkeit, zumal da man sich nicht weit von seiner Stellung entfernen durfte, weil man befürchten mußte, der Feind, der zwei Brückentrains besaß, würde selber über die Donau gehen und gegen Wien marschieren. Der Kaiser beschloß, 9 Kilometer oberhalb der Hauptstadt über den Fluß zu gehen; er hatte dort im Jahre 1805 eine ziemlich große Insel bemerkt, die vom rechten Ufer durch den Hauptarm der Donau, vom linken Ufer durch einen Nebenarm von etwa 90 Meter Breite getrennt war. Wenn er sich dieser Insel bemächtigte, konnte er sich dort festsetzen, und dann hatte er statt eines Stromes von 1000 Metern Breite nur einen mäßigen Arm von 90 Metern Breite zu überbrücken. Der Herzog von Montebello (Lannes) warf am 16. Mai 500 Mann nach der Insel hinüber; General Bubner stand mit 6000 Mann in der Nähe; er warf sich auf die 500 Mann, die ihm natürlich nicht standhalten konnten; ein Teil von ihnen wurde gefangengenommen, die übrigen erreichten unter dem Schutz einer Batterie von 30 Zwölfpfündern und mehreren Haubitzen die Boote. Nachdem dieses Manöver mißlungen war, wählte der Kaiser zum Übergang die Insel Lobau, die 9 Kilometer unterhalb der Stadt liegt. Sie ist vom rechten Ufer durch den 900 Meter breiten Hauptarm der Donau, vom linken durch einen schmalen Nebenarm von 100 Metern Breite getrennt. Er beschloß, sich auf dieser Insel festzusetzen. Er gewann dadurch ein verschanztes Lager auf dem linken Donauufer und konnte, wenn der Erzherzog nach Krem oder einem anderen Ort marschierte, um über die Donau zu gehen und ihm seine Operationslinie abzuschneiden, von der Insel Lobau aus ihm in den Rücken fallen. Generalleutnant Bertrand erhielt Befehl, eine Brücke aus Pontons und Kähnen herzustellen; am 19. Mai ging eine Vorhut nach der Insel hinüber und besetzte sie; am Vormittag des 20. war die Brücke fertig, und die Armee begann hinüberzumarschieren. Am Nachmittag schwoll die Donau um drei Fuß an, die Ankertaue der Boote rissen, und die Brücke wurde durchbrochen; sie wurde jedoch in wenigen Stunden wieder hergestellt, und die Armee setzte ihren Übergang fort. Gegen 6 Uhr ließ der Kaiser auch über den schmalen Arm eine Brücke schlagen. General Lasalle ging mit 3000 Reitern nach Eßling hinüber, rekognoszierte die Ebene nach allen Richtungen und traf auf eine österreichische Kavalleriedivision, mit der er scharmützelte. Während der Nacht setzte er sich zwischen Eßling und Großaspern fest. Der Kaiser biwakierte auf dem linken Ufer beim Brückenkopf.

Bei Tagesanbruch ritt Napoleon nach Eßling und Großaspern und stellte dort die Korps der Marschälle Lannes und Masséna auf. Um 12 Uhr mittags war die Donau noch vier Fuß gestiegen. Die große Brücke wurde weggerissen; nur die spanischen Kürassiere und Nansoutys Gardekavallerie waren noch über die Brücke gekommen; die übrige Reiterei und die Reserveartillerie mußten auf dem rechten Ufer bleiben. Zweimal im Laufe dieses Tages stellte Graf Bertrand die Brücken wieder her, zweimal wurden sie wieder weggerissen. Als die französische Armee Wien räumte, hatten die Österreicher viele Schiffe in Brand gesteckt, um sie gegen die Pontonbrücke treiben zu lassen.

Um 4 Uhr nachmittags meldete General Lasalle dem Kaiser, daß die Armee des Erzherzogs im Anmarsch sei. Der Fürst von Neuchâtel, Marschall Berthier, stieg auf den Kirchturm von Eßling und zeichnete eine Skizze von den Bewegungen der österreichischen Kolonnen: der Erzherzog marschierte mit dem rechten Flügel zum Angriff gegen Großaspern, mit dem Zentrum gegen Eßling, mit dem linken Flügel gegen Enzersdorf, so daß seine Schlachtlinie einen Halbkreis um Eßling bildete. Der Kaiser gab Befehl, nach der Insel Lobau zurückzumarschieren, und ließ nur 10 000 Mann in dem Walde vor der kleinen Brücke zurück. In diesem Augenblick meldete jedoch General Bertrand, daß die Donau abschwelle, daß er die Brücke wieder hergestellt habe und daß die Artillerie hinübergehe. Da es bereits spät war, beschloß der Kaiser, in seiner Stellung zu bleiben; denn wenn der Feind Eßling besetzt hätte, wäre es sehr schwer gewesen und hätte viel Blut gekostet, es wieder zu nehmen. Um 5 Uhr fielen die ersten Schüsse, bald wurden Gewehr- und Geschützfeuer sehr lebhaft; die Kürassiere ritten mehrere glänzende Attacken; alle Angriffe des Feindes auf Großaspern und Eßling wurden abgeschlagen, und 25 000 Franzosen behaupteten drei Stunden lang das Schlachtfeld gegen 100 000 Österreicher. Aus den Biwakfeuern beider Heere während der Nacht erkannte man, daß am nächsten Tage eine Entscheidungsschlacht bevorstünde.

IV.

Die französische Armee war der des Erzherzogs um 20 000 Mann überlegen. Der Sieg konnte nicht zweifelhaft sein. Aber um Mitternacht schwoll die Donau auf eine erschreckende Weise an. Wieder wurde die Brücke zerstört; sie konnte erst bei Tagesanbruch wieder hergestellt werden. Nun begannen die Garde und das Korps des Herzogs von Reggio ihren Übergang, den sie im Laufschritt vollzogen. Voller Hoffnungen stieg der Kaiser zu Pferde: das Geschick des Hauses Österreich sollte sich vollziehen. In Eßling angekommen, befahl er dem Marschall Lannes, das Zentrum der österreichischen Armee zu durchbrechen; die Junge Garde erhielt den Befehl, aus Eßling hervorzubrechen, um sich im entscheidenden Augenblick auf den linken feindlichen Flügel zu stürzen, der sich an das am Donauarm gelegene Städtchen Enzersdorf lehnte. Lannes entfaltete seine Division mit jener Geschicklichkeit und Kaltblütigkeit, die er sich in hundert Gefechten erworben hatte. Der

Feind begriff, daß er seine Schlachtlinie nicht durchbrechen lassen durfte; aber diese war zu ausgedehnt, denn sie erstreckte sich über mehr als 13 Kilometer. Alle Anstrengungen der Österreicher waren daher vergeblich, und die Junge Garde marschierte schon gegen ihre linke Flanke. Da mußte plötzlich den siegreichen Truppen Halt geboten werden: wieder waren die Brücken vernichtet, alle Schiffe wurden durch die Gewalt des Stromes eine bis zwei Meilen weit fortgeschwemmt; um die Brücken wieder herzustellen, bedurfte es mehrerer Tage. Die Hälfte der Kürassiere, das Korps des Marschalls Davoust und die ganze Reserveartillerie befanden sich noch auf dem rechten Ufer. Dieses Mißgeschick war hart; aber der Schlachtplan war so tief erwogen, daß die Armee trotzdem keine Gefahr lief: sie konnte im schlimmsten Falle stets ihre Stellung auf der Insel Lobau wieder einnehmen, wo sie unangreifbar war. Das verschanzte Lager war ungeheuer stark, denn es wurde durch einen 100 Meter breiten Graben, nämlich den reißenden Donauarm gedeckt.

Der Kaiser sandte den Marschällen Masséna und Lannes Befehl, ihre Truppen anzuhalten und unauffällig ihre Stellungen wieder einzunehmen. Massénas linker Flügel stützte sich auf die Mitte des Dorfes Großaspern, das etwa 5 Kilometer lang ist; Lannes stand zwischen Großaspern und Eßling und stützte seinen rechten Flügel auf das letztgenannte Dorf. Diese Bewegung vollzog sich wie auf dem Marsfeld. Der Feind, der schon voller Verzweiflung den Rückzug angetreten hatte, machte erstaunt halt. Bald erfuhren jedoch die Österreicher, daß die Brücken weggerissen waren, und ihr Zentrum nahm seine früheren Stellungen wieder ein. Es war 10 Uhr morgens. Von diesem Augenblick an bis 4 Uhr nachmittags, also 6 Stunden lang, griffen 100 000 Österreicher mit 400 Geschützen vergeblich 50 000 Franzosen an, die nur 100 Geschütze hatten und mit ihrem Feuer sparsam umgehen mußten, weil es ihnen an Munition fehlte.

Der Ausgang der Schlacht hing vom Besitz des Dorfes Eßling ab. Der Erzherzog tat alles, was die Lage erforderte: er griff fünfmal das Dorf mit frischen Truppen an; fünfmal wurde er zurückgeschlagen. Um 3 Uhr nachmittags befahl endlich der Kaiser seinem Adjutanten, dem General Rapp, und dem tapferen General Mouton, sich an die Spitze der Jungen Garde zu stellen, mit drei Kolonnen vorzubrechen und im Sturmschritt über die Reserven des Feindes herzufallen, der sich eben zu einem sechsten Angriff vorbereitete. Diese Reserven wurden in die Flucht geschlagen, und der Sieg war entschieden; der Erzherzog hatte keine frischen Truppen mehr und bezog eine Stellung. Punkt 4 Uhr hörte das Feuer auf, während man sich in dieser Jahreszeit bis 10 Uhr schlagen kann.

Die Alte Garde, bei der der Kaiser sich befand, stand während der ganzen Zeit in Schlachtordnung, einen Büchsenschuß von Eßling entfernt, mit dem rechten Flügel an der Donau, mit dem linken nach Großaspern zu. Am Nachmittag ließ General Dorsenne, Befehlshaber der Grenadiere der Alten Garde, durch den Obersten Montholon, der sich zufällig bei ihm befand, den Kaiser bitten, einen Angriff machen zu dürfen, um die Schlacht zu entscheiden und die Österreicher zum Rückzug zu zwingen. Der Kaiser antwortete ihm: »Nein! Das Ende gefällt mir so. Ohne Brücken und ohne Kanonen haben wir gewiß mehr geleistet, als ich gehofft hatte. Seien Sie unbesorgt.« Darauf inspizierte der Kaiser die Insel Lobau. Er befürchtete, daß der Feind eine Brücke nach der äußersten Spitze der Insel schlagen und einige Bataillone hinüberwerfen könnte. Von der großen Brücke war nichts geblieben, nicht ein einziges Ponton war auf der Stelle; die Donau war seit drei Tagen bis auf 28 Fuß gestiegen. Die niedrig gelegenen Teile der Insel waren überschwemmt. Der Kaiser befahl seiner Armee, bei Tagesanbruch den schmalen Arm des Stromes zu überschreiten und auf der Insel ein Lager zu beziehen. Das Korps Massénas passierte den Fluß erst um 12 Uhr mittags, ohne von der österreichischen Armee belästigt zu werden.

Dieses war die Schlacht von Eßling. Sie war freilich kein Sieg der französischen Waffen, aber auch keine Niederlage, wie man behauptet hat: denn die Besetzung der Insel Lobau genügte, um den Franzosen den Besitz von Wien zu sichern. Diese Stadt wäre nicht zu halten gewesen, wenn die Franzosen die Insel Lobau verloren hätten. Von dem verschanzten Lager aus waren sie Herren über das linke Ufer der Donau. General Bertrand erbaute innerhalb 20 Tagen drei Brücken auf Pfählen, ein Werk, das zehnmal schwieriger und kostspieliger war als Cäsars Brückenbau über den Rhein.

Der Erzherzog hat während der Schlacht von Eßling alles getan, was er konnte und mußte.

V.

Napoleon hatte sich während des ganzen Schlachttages zwischen Eßling und der Donau aufgehalten. Man hatte ihn mehrmals dringend ersucht, sein Leben zu schonen, aber er wollte nichts davon hören, solange noch ein neuer Angriff zu befürchten war. Nunmehr, da sich der ermattete Feind auf eine Kanonade beschränkte, beschloß er, mit eignen Augen die Lobauinsel zu rekognoszieren, hier den besten Platz für sein Heer auszuwählen, kurz, seine Rückzugsdispositionen zu treffen. Des Besitzes von Eßling, das die Trümmer der Division Boudet und die Gardefüsiliere besetzt hielten, versichert, ließ er Masséna fragen, ob er auf den Besitz von Aspern zählen könne, denn solange diese beiden Stützpunkte der französischen Armee verblieben, war der Rückzug derselben gesichert. Masséna antwortete: »Sagen Sie dem Kaiser, daß ich mich noch zwei, sechs, vierundzwanzig Stunden halten werde, wenn es sein muß; so lange, als es für die Rettung der Armee nötig ist.«

Der Kaiser eilte hierauf nach dem kleinen Arm des Flusses, der zwischen dem linken Ufer und der Insel Lobau strömte. Dieser Arm war selbst zum großen Fluß geworden, und die vom Feinde ins Wasser geworfenen Mühlen hatten mehrmals die Brücke in sehr ernstliche Gefahr gebracht. Der Anblick beider Ufer hatte etwas Herzzerreißendes. Lange Reihen Verwundeter, die sich teils fortschleppten, so gut sie konnten, teils auf die Arme ihrer Kameraden stützten oder am Boden hingestreckt lagen, warteten auf ihre Hinüberschaffung auf die Insel; Reiter ohne Pferde, die ihre Kürasse wegwarfen, um leichter marschieren zu können; eine Menge verwundeter Pferde, die sich instinktmäßig nach dem Flusse schleppten, um ihren Durst zu löschen; Hunderte von halbzerbrochenen Karren; eine unbeschreibliche Verwirrung und schmerzliches Gestöhn – das war die Szene, die sich hier darbot und den Kaiser tief ergriff.

Er stieg ab, schöpfte mit den Händen Wasser, um sich das Gesicht zu erfrischen, und bemerkte dabei ein aus Baumzweigen hergestelltes Lager, auf welchem Lannes lag, den man amputiert hatte. Sogleich eilte er auf ihn zu, schloß ihn in seine Arme und drückte ihm die Hoffnung aus, daß er ihm erhalten bleiben werde.

Lannes, immer noch heldenmütig auf seinem Schmerzenslager, war tief von dem Gedanken ergriffen, sich so früh schon auf der Bahn des Ruhmes aufgehalten zu sehen. Seine letzten Worte an den Kaiser waren:

»Sie verlieren Ihren besten Freund und treusten Waffengefährten. Leben Sie wohl und retten Sie die Armee!« Tief bewegt stieg Napoleon wieder zu Pferde.

Lannes stammte aus dem Languedoc. Als Bataillonschef zeichnete er sich in den italienischen Feldzügen 1796 aus, als General bedeckte er sich mit Ruhm in Ägypten, bei Montebello, Marengo, Austerlitz, Jena, Pultusk, Friedland, Tudela, Saragossa, Eggmühl und Eßling, wo er den Heldentod starb. Er war klug, vorsichtig und kühn und zeigte eine unerschütterliche Kaltblütigkeit vor dem Feinde. Er hatte wenig Erziehung genossen, alles hatte sich bei ihm natürlich, von selbst gebildet. In der Kunst, mit Truppenmengen von 15 000 Mann zu manövrieren, kam ihm keiner der anderen Generale gleich. Er war noch jung und hätte sich weiter vervollkommnet, vielleicht wäre er noch ein Feldherr im großen Stil geworden.

Saint-Hilaire wurde General im Jahre 1796 bei Castiglione. Er bezeigte stets einen ritterlichen Charakter, war ein liebenswürdiger und guter Kamerad und liebte die Seinigen; er war mit Wunden bedeckt und von treuer Anhänglichkeit an Napoleon seit der Belagerung von Toulon.

Napoleon durchforschte die Insel genau und kam zu der Überzeugung, daß das Heer in einem verschanzten Lager auf der Insel unbezwinglich sein würde und dort so lange Schutz finden könnte, bis die Brücke wiederhergestellt wäre. Die Breite der Insel verhinderte, daß man sie mit Kugeln überschütten könnte. Wenn man alle Boote vom rechten Ufer dazu heranzog, so konnte man leicht Lebensmittel und Munition herbeischaffen, so daß die Armee die Mittel zum Unterhalt und zur Verteidigung bekam.

Nun hielt Napoleon mit seinen Marschällen Masséna, Davoust und Bessières, dem Generalstabschef Berthier und einigen Korpsgeneralen Kriegsrat ab. Es war sonst nicht seine Gewohnheit, einen solchen um sich zu versammeln. Diesmal aber brauchte er ihn, nicht um sich Rat zu holen, sondern solchen zu erteilen, seine Generale mit seinem Geiste zu erfüllen und diejenigen von ihnen wiederaufzurichten, die beunruhigt waren.

Ruhig, zuversichtlich, denn das Geschehene war nur ein reiner Zufall, nichts Unersetzliches, forderte der Kaiser die anwesenden Offiziere auf, ihre Meinung zu sagen. Da überzeugten ihn denn die in seiner Gegenwart geführten Reden, daß diese beiden Tage einen tiefen Eindruck hervorgebracht hatten und daß einige seiner Generale der Ansicht zuneigten, auf der Stelle zurückzugehen, gleich über den ganzen Fluß, um sich mit dem Rest der großen Armee zu vereinigen, selbst auf die Gefahr hin, alle Kanonen, sämtliche Artillerie- und Kavalleriepferde, 12–15 000 Verwundete und endlich die Ehre der Waffen zu verlieren.

Kaum hatte sich ein solcher Gedanke bemerkbar gemacht, als Napoleon das Wort ergriff und mit der aufrichtigen Zuversicht, die ihm seine Siegesgewißheit einflößte, die augenblickliche Lage folgendermaßen klarlegte:

Man habe allerdings einen schweren Tag gehabt, aber keine Niederlage erlitten; es sei sogar ein Wunder, daß man sich ungeschlagen aus einem Kampfe zurückziehe, den man mit einem großen Strom im Rükken und nach Zerstörung aller Brücken habe bestehen müssen. Man habe einen großen, schmerzlichen Verlust an Toten und Verwundeten zu beklagen, allein der des Feindes sei sicher um ein Drittel größer; man dürfe daher sicher annehmen, daß sich die Österreicher auf lange Zeit ruhig verhalten würden, und man habe Muße, die siegreiche, durch Steiermark dringende Armee von Italien und die zahlreichen, aus Frankreich herbeieilenden Verstärkungen an sich zu ziehen. Auch könne man inzwischen Brücken zimmern, die so fest wären wie steinerne und die spätere Überschreitung des Stromes zu einer einfachen Operation gestalteten. Seiner Meinung nach sei daher kein Grund zur Entmutigung oder Beunruhigung. Eine rückgängige Bewegung sei natürlich nötig, aber nur über den kleinen Arm der Donau bis auf die Insel Lobau. Dort könne man alles abwarten und die Zukunft vorbereiten. Diese Bewegung ließe sich leicht ausführen, noch in dieser Nacht, ohne Gefahr und ohne Verlust eines Verwundeten, eines Pferdes oder einer Kanone, also ohne Verlust der Waffenehre. Dagegen gäbe es allerdings auch eine andere rückgängige Bewegung, nämlich die, gleich über den ganzen Fluß zurückzugehen, wobei man alles verlöre, selbst die Waffenehre und dazu noch die Insel Lobau, die eine kostbare Eroberung und das gegebene Terrain für einen anderweitigen Übergang wäre. Aber dann würde man wohl daran tun, sich bei der Rückkehr nicht vor den Wienern sehen zu lassen, die ihre Besieger mit Verachtung überhäufen und den Erzherzog Karl herbeirufen würden, um die Franzosen vollends aus der Hauptstadt zu verjagen. In diesem Falle könnte man sich gleich bis nach Straßburg zurückziehen. Dann würde Prinz Eugène auf seinem Marsch nach Wien statt der französischen Armee daselbst den Feind finden und in eine Mördergrube fallen; die in Schrecken gesetzten Alliierten würden aus Schwachheit zu Verrätern werden und sich gegen die Franzosen wenden; das Kaiserreich würde vernichtet und die Größe Frankreichs in wenigen Wochen zerstört werden. Um das auszuführen, was er beabsichtige, bedürfe es nur noch einer geringen Kraftanstrengung.

Masséna würde sich in Aspern bis Mitternacht halten, dann nach der kleinen Brücke abmarschieren, am nächsten Tage die Lobauinsel verteidigen und hinter dem kleinen Donauarm die Lebensmittel und die Munition erwarten, die man ihm zuführen würde. Sollte der Erzherzog Karl wider alle Wahrscheinlichkeit doch wieder sich erholt haben und nach Preßburg donauabwärts oder bis Krems donauaufwärts hinaufgehen und den Versuch machen, sich aufs rechte Ufer zu versetzen und den Franzosen Wien streitig zu machen, so würde ihm Marschall Davoust mit seinen 30 000 Franzosen entgegentreten, die wohl 60 000 Österreicher aufwiegen würden. »Masséna, Davoust«, schloß der Kaiser, »Sie leben und werden die Armee retten, indem Sie sich dessen würdig zeigen, was Sie bereits getan haben!« –

Masséna, der oft unzufrieden war und selbst bitter die Übereilung getadelt hatte, mit welcher der Donauübergang bewerkstelligt worden war, ergriff, entzückt über so viel Klarheit und Energie, die Hand Napoleons und sagte zu ihm: »Sire, Sie sind ein großer Mann und wert, uns zu kommandieren! Nein, wir dürfen nicht fliehen wie Feiglinge, die besiegt worden sind. Wir wollen nicht unsere Haltung als Sieger verlieren; beschränken wir uns darauf, über den kleinen Arm der Donau zurückzugehen, und ich schwöre Ihnen, daß ich jeden Österreicher darin ertränken werde, der es wagen sollte, ihn nach uns zu überschreiten!«

Davoust versprach, Wien zu überwachen und jeden Angriff zurückzuschlagen, der von Preßburg oder Krems aus während der Wiederherstellung der Brücken erfolgen sollte.

Infolge dieses Kriegsrats fühlten sich aller Herzen neu gestärkt. Es wurde beschlossen, daß Masséna das Oberkommando über die Armee übernehmen und die Nacht zur Überschreitung des kleinen Armes verwenden sollte, während Napoleon in Person mit Berthier und Davoust über den großen Arm zurückgehen und die beiden dringendsten Operationen, die Sendung von Kriegs- und Mundvorräten nach der Insel Lobau und die Herstellung der großen Brücke, selbst leiten würde. Man schied beruhigt, entschlossen und voll gegenseitigen Vertrauens.

Zwischen 11 und 12 Uhr passierte der Kaiser in tiefster Dunkelheit und durch viele schwimmende Leichen hindurch, die der Strom mit sich führte, in einem schwanken Nachen, der von Pionieren geleitet wurde, den Fluß. Kaum war er bei Ebersdorf an Land gestiegen, als er schon seine ersten Befehle erteilte, um alle verfügbaren Boote nach diesem Punkte zu ziehen, sie mit Zwieback, Wein, Branntwein, Kartätschen, Patronen und Verbandzeug zu beladen und nach der Lobauinsel zu dirigieren.

Inzwischen war Masséna nach Eßling und Aspern geeilt, um den Rückzug einzuleiten. Der erschöpfte Feind war vor Mattigkeit auf der blutigen Walstatt niedergesunken, während die Franzosen in ihrer kritischen Lage trotz gleicher Müdigkeit zum Wachbleiben und Handeln gezwungen waren. Gegen Mitternacht ließ Masséna die Kaisergarde, die zunächst am Flusse stand, den Rückzug antreten. Jedes Korps sollte über die kleine Brücke abziehen, seine Verwundeten mitnehmen, seine Kanonen wegführen und nur seine Toten zurücklassen, deren Anzahl leider nur zu bedeutend war. Nach der Garde kam die schwere Reiterei. Da viele Soldaten ihre Kürasse weggeworfen hatten, so ließ Masséna diese durch Reiter, die ihre Pferde verloren hatten, einsammeln, um dem Feinde so wenig Trophäen als möglich zurückzulassen. Ein Teil der leichten Kavallerie blieb mit Plänklern in Linie stehen, um vor Aspern und Eßling einen Widerstand zu markieren. Und dann marschierte Korps auf Korps über die Brücke, bis bei Anbruch des 23. Mai alles in Sicherheit war. Der ermattete Feind bemerkte nichts von allem, und erst als er am Morgen die französischen Vorposten nach und nach verschwinden sah, dachte er daran, die Verfolgung aufzunehmen. Aber er tat es zögernd und ohne Nachdruck.

Masséna war mit einigen Offizieren seines Stabes auf dem linken Ufer geblieben und wollte als letzter seinen Posten verlassen. Man riet ihm zur Vorsicht, da er plötzlich angegriffen werden könnte, und bat ihn, endlich die Brücke abzubrechen. Er wollte aber nichts davon hören, solange es noch irgend etwas zu retten gäbe. Nach allen Richtungen eilte er umher und überzeugte sich persönlich, daß man keinen Verwundeten, keine Kanone, nichts zurückgelassen habe, womit der Feind sich brüsten könne. Erst als die Kugeln um ihn herumpfiffen, bestieg er als letzter ein Boot und gab den Befehl, die Brücke abzubrechen, während die Österreicher sich begnügten, dem freiwilligen Rückzug ihrer Gegner zuzusehen.

So endigte die zweitägige Schlacht, eine der blutigsten des Jahrhunderts. Die Österreicher gaben ihren Verlust an Toten und Verwundeten selbst auf 20 000 an, man kann ihn aber wohl auf 26–27 000 veranschlagen. Die Franzosen verloren 15–16 000 Mann.

Während der folgenden Tage hätte Erzherzog Karl Dinge ausführen können, die er nicht einmal versuchte.

In der Tat befand sich die französische Armee in einer kritischen Lage, denn sie war, teils auf der Lobauinsel, teils auf dem rechten Donauufer, durch die Hauptwassermasse des Flusses in zwei Teile getrennt. Diese Gelegenheit hätte sich der Erzherzog nicht entgehen lassen dürfen. Wenn es für ihn allerdings unmöglich war, den kleinen Arm, der ihn von Lobau trennte, zu forcieren, so hätte er doch oberhalb oder unterhalb Wien einen Übergang versuchen können, was Napoleon so sehr fürchtete, daß er dagegen eilends alle Vorkehrungen traf.

Wäre Erzherzog Karl auf Preßburg marschiert, hätte er dort die Donau überschritten und auf dem rechten Ufer Marschall Davoust angegriffen, der ihm keine 40 000 Mann entgegenstellen konnte, so hätte er ohne Zweifel die größte Chance gehabt, den Franzosen eine Niederlage beizubringen. Er hätte auch die Donau aufwärts marschieren, die 25 000 Mann Kolowraths an sich ziehen, sein Heer auf 95 000 Streiter bringen, den Fluß zwischen Krems und Linz überschreiten, die dort stehenden Sachsen unter Bernadotte oder die Württemberger unter Vandamme überrumpeln und im Rücken Napoleons erscheinen können, was für die französische Armee noch verhängnisvoller gewesen wäre. Aber er tat nichts von dem. Erst am 23. Mai fühlte er sich als Sieger der zweitägigen Schlacht, spürte aber doch schmerzlich genug die Folgen dieses erbitterten Kampfes, so daß er persönlich wenig dazu geneigt war, mit seiner um ein Drittel verminderten, ermatteten Armee sofort weiterzuoperieren. Zudem hatte er sich zum ersten Male Napoleon gegenüber befunden, ohne unterlegen zu sein, und dieses ungewohnten Triumphes wollte er sich erfreuen, bevor er sich neuen Chancen aussetzte.

Napoleon hatte infolgedessen weit weniger die materiellen Folgen der Schlacht bei Eßling zu fürchten als deren moralische Konsequenzen. Indessen beunruhigte er sich nicht allzusehr darüber, nur schrieb er überallhin, um die öffentliche Meinung aufzuklären und die beiden Tage von Eßling in das gehörige Licht zu setzen; vor allem aber ergriff er kräftige Maßregeln, um diese scheinbare Schlappe wiedergutzumachen und daraus für die nächste Zukunft entscheidende Resultate zu ziehen.

*

Siebentes Kapitel.

Zwischen den Schlachten.

I. Sicherungsmaßregeln. – II. Anmarsch des Vizekönigs Eugène. – III. Schlacht an der Raab. – IV. Erhebungen in Tirol und Norddeutschland. – V. Aufstellung der französischen Streitkräfte zur Entscheidungsschlacht. – VI. Vorbereitungen zum Übergang auf das rechte Donauufer.

I.

Die erste Gefahr, eines Angriffs nämlich auf die Lobauinsel, war vorüber. Innerhalb 36 Stunden hatte Masséna genug Munition erhalten, um jedem Versuch erfolgreich die Stirn bieten zu können. Auch waren genug Lebensmittel herbeigeschafft worden, um die Soldaten vor Hunger zu schützen; zudem waren Hirsche und Rehe auf der Insel in genügender Zahl vorhanden, um die Truppen mit Fleisch zu versorgen.

Die zweite Gefahr war die Möglichkeit eines Überganges der österreichischen Armee bei Preßburg. Daher war es die Sorge des Kaisers, vor allem das Heer des Marschalls Davoust in Stand zu versetzen, einem Angriff von dieser Seite erfolgreich widerstehen zu können.

Er ließ daher durch die inzwischen von Boulogne eingetroffenen Gardematrosen die Wiederherstellung der Verbindung mit dem rechten Ufer bewerkstelligen. Am 25. gelang es, mit den Pontons, die zur Überschreitung des kleinen Armes verwendet worden waren, und mit Fahrzeugen, die man auf dem Strome aufgelesen hatte, eine Brücke herzustellen, auf der man nach und nach Abteilungen überführen konnte, die das Heer Davousts verstärkten. Nach dem 27. hatte man auch von dieser Seite nichts mehr zu befürchten, denn nunmehr hatte Marschall Davoust mindestens 60 000 Mann, die jedem Unternehmen des Erzherzogs auf dem rechten Ufer erfolgreich hätten widerstehen können.

Sodann schickte Napoleon Lasalle und Marulaz nach Heimburg, um mit neun Regimentern Kavallerie alles in Schach zu halten, was etwa von Preßburg käme. Montbrun sandte er nach Ödenburg, um die Straßen von Ungarn und Italien zu beobachten, auf denen Erzherzog Johann sich bei seinem Rückzuge vor dem Prinzen Eugène zeigen konnte.

General Lauriston mußte sich mit den Badensern und der Kavallerie des Generals Bruyère unausgesetzt bei Bruck halten, um dem auf den Straßen Steiermarks vorrückenden Prinzen Eugène die Hand zu bieten. General Vandamme sollte mit den Württembergern bei Krems stehen bleiben; Marschall Bernadotte aber erhielt Befehl, mit seinen 18 000 Mann von Linz gegen Wien vorzurücken, um die dortigen Streitkräfte zu vermehren.

Massénas Korps wurde vollständig auf der Insel Lobau gelassen, um diese zu bewachen, da sie noch immer der geeignetste Punkt zu einem Donauübergange war.

So war alles geschehen, was für den Augenblick zur Sicherung des Heeres nötig war. An einen entscheidenden Schlag, um dem Kriege ein Ende zu machen, war noch nicht zu denken. Napoleon hatte berechnet, daß teils zur Heranziehung von Verstärkungen, teils zur Herbeischaffung und Verwendung des Materials und zur Abwartung eines niedrigen Wasserstandes des Flusses ein ganzer Monat erforderlich wäre und daß er erst Ende Juni oder Anfang Juli wieder die Offensive ergreifen könnte. Diese Zeit brauchte er auch, um seine Operationslinie vollständiger zu organisieren und die Armee des Prinzen Eugène unter die Mauern Wiens zu führen.

Zunächst beschäftigte er sich nunmehr damit, von überall her Materialien heranführen zu lassen. Wien war reich an Holz, er ordnete den Transport desselben nach Ebersdorf an. Die Arbeiter Wiens hatten Mangel an Arbeit; er beschäftigte sie und zahlte ihren Lohn in österreichischem Papiergeld aus, das in den weggenommenen Staatskassen im Überfluß vorhanden war. Er zog Bauleute nach der Insel Lobau und ließ solche sogar aus Frankreich kommen, die mit der Post befördert wurden. Ferner bestellte er Boote in allen Formen und Größen nach einem eigens für seine Zwecke entworfenen Plane.

Sodann arbeitete er daran, seine Kavallerie wieder beritten zu machen, denn diese hatte noch mehr Pferde als Menschen verloren. Er befahl die Bildung von zwei Depots, eines in Bayern, um deutsche Pferde für mittlere und schwere Kavallerie aufzukaufen, ein zweites in Ungarn, um dort Pferde für die leichte Kavallerie zu erwerben. Die verschiedenen Neueinberufungen, die er weiter anordnete, konnten ihm innerhalb weniger Wochen ungefähr 40 000 Mann aus Frankreich und Italien zuführen. Dadurch wurden alle Verluste des Feldzuges überreichlich ersetzt.

Was aber vollständig den ungünstigen Eindruck der Tage von Eßling verwischen und eine beträchtliche moralische Wirkung ausüben sollte, das war die Vereinigung des Prinzen Eugène mit Napoleon.

II.

Der Vizekönig hatte die Straße von Kärnten hinter dem Erzherzog Johann, und General Macdonald die von Krain hinter Ignaz Giulay, dem Ban von Kroatien, eingeschlagen. Diese Verfolgung hatte sich vor, während und nach den Tagen von Eßling fortgesetzt und war stets zum Vorteil der Franzosen ausgeschlagen. Am 16. Mai kam Prinz Eugène am Eingang der Engpässe der Carnischen Alpen an, die durch das Fort Malborghetto gesperrt waren, während Erzherzog Johann bei Tarvis, hinter denselben eine Stellung bezogen hatte.

Mit gefälltem Bajonett rückte man in das Dorf Malborghetto ein und blockierte das Fort, das die Landstraße sperrte. Infanterie und Kavallerie rückten über Malborghetto hinaus und auf Tarvis zu, wo sie ohne Artillerie ankamen. Es war eine kritische Lage, aus der Eugène sich aber durch seine Energie zog. Er ließ zunächst das Fort beschießen und entschied sich dann dafür, es trotz der Höhe der Werke mit Sturm zu nehmen. Dies gelang der Kühnheit seiner Soldaten, die regelrechte Festungswerke unter Kartätschenfeuer erstiegen und dabei nur einige zweihundert Mann verloren. Diese kühne Tat fand am 17. Mai statt. Am gleichen Tage marschierte man mit der Artillerie, der jetzt kein Hindernis mehr im Wege war, auf Tarvis. Die Österreicher glaubten die Franzosen ohne Kanonen und wollten deshalb die steilen Ufer der Schlitza verteidigen. Allein sie wurden bald durch die Kartätschen enttäuscht, die auf sie herabhagelten, und durch die von dem errungenen Erfolge angefeuerten Franzosen geworfen; sie verloren 3000 Mann und 15 Kanonen.

Zu gleicher Zeit griff der auf der Straße von Cividale marschierende General Seras das Fort Predel mit demselben Nachdruck und gleichem Erfolge an.

Der auf diese Weise verfolgte Erzherzog konnte sich nicht mehr auf Oberösterreich werfen, wie ihm befohlen worden war. Ihm blieb nichts anderes übrig, als sich nach Ungarn zu wenden, wo er wenigstens die Aussicht hatte, noch nützlich zu sein, mochte er nun Erzherzog Karl verstärken oder die Vereinigung der französischen Armee von Deutschland mit dem Prinzen Eugène und den Generalen Macdonald und Marmont verhindern. Er zog sich daher auf Graz zurück, um hier neue Befehle seines Bruders Johann zu erwarten. Er hatte aber nur noch 15 000 Mann zu seiner Verfügung. 10–12 000 Mann hatte er an den Ban Giulay abgetreten, und 15 000 Mann hatte er in diesem Feldzuge verloren. Allein er hoffte auf verschiedene Verstärkungen, um wieder eine Armee zusammenzubringen. Er gab dem General Chasteler, der mit 10 000 Mann in Tirol stand, und General Jellachich, der sich mit 8–9000 Mann ebendahin geflüchtet hatte, Befehl, Tirol zu verlassen und sich mitten durch die Armee des Prinzen Eugène Bahn zu brechen, so daß sie über Leoben auf Graz abschwenken könnten. Mit diesen Truppen, den 10–12 000 Mann Giulays und mit der ungarischen und kroatischen »Insurrektion« hoffte er gegen 50–60 000 Mann zusammenzubringen und damit das Feld zu behaupten.

Prinz Eugène war inzwischen voll Ungeduld, sich unter den Mauern Wiens mit Napoleon zu vereinigen, auf Leoben marschiert. Den erhaltenen Befehlen gemäß hatte General Jellachich Tirol in größter Eile verlassen. So kam er am 25. Mai vor St. Michael bei Leoben an, während sich Prinz Eugène ein wenig rechts davon in der Richtung nach Graz zu befand. Jellachich, der vom Erzherzog Johann durch den Prinzen Eugène getrennt war, war außerstande, den Kampf zu vermeiden. Er nahm eine günstige Stellung auf den Höhen von St. Michael ein und hoffte, mit Hilfe der Örtlichkeit selbst weit überlegenen Truppen widerstehen zu können. Allein die Armee des Prinzen Eugène, die 32–33 000 Mann zählte und sich zudem in aufgeregter Siegesstimmung befand, wollte sich nicht durch ein dreimal schwächeres Korps in seinem Vorwärtsmarsche stören lassen.

Man mußte ein Flüßchen überschreiten und dann die Höhen ersteigen, um die 9000 Mann Jellachichs anzugreifen. Alles dies wurde trotz dem Gewehr- und Kartätschenfeuer mit außerordentlicher Kühnheit ausgeführt, und der geschlagene Jellachich verlor binnen weniger Stunden ungefähr 2000 Tote und Verwundete und 4000 Gefangene. Es gelang ihm nur mühselig, 3000 Mann zu retten und dem Erzherzog Johann zuzuführen.

Noch schlechter waren die Aussichten für den Anschluß Chastelers, der sicher alle Straßen von den Franzosen besetzt finden würde. Man wußte im österreichischen Lager auch nicht, was aus Giulay werden würde, der mit seiner Abteilung und der kroatischen Insurrektion gegen Macdonald und Marmont zu kämpfen haben würde. Erzherzog Johann hielt es daher für angebracht, sich Ungarn zu nähern. Er legte eine Besatzung in die Festung Graz und marschierte auf die Raab zu, während er den siegreichen Vizekönig auf Wien losgehen ließ, wo sich seinem Eintreffen nichts hindernd entgegenstellen konnte, da die Abteilung des Generals Lauriston in Bruck stand, um ihm die Hand zu reichen. Die französischen Avantgarden trafen dort in der Tat aufeinander, und damit war die so wichtige Vereinigung beider französischer Heere eine vollendete Tatsache.

General Macdonald war mit den ihm anvertrauten 16–17 000 Mann auf der Straße von Udine nach Laibach nicht weniger glücklich marschiert und hatte unterwegs viele Gefangene gemacht. Vor Laibach stieß er auf ein umfangreiches verschanztes Lager, das stark besetzt war. Seine Einnahme schien unmöglich. In der Tat zögerte auch Macdonald, es mit den ihm zu Gebote stehenden Streitkräften anzugreifen. Deshalb und weil er Eile hatte, sich mit dem Prinzen Eugène zu vereinigen, war er schon im Begriff vorbeizumarschieren, als er von dem bestürzten Kommandanten den Antrag zu unterhandeln erhielt. General Macdonald ließ sich hocherfreut darauf ein, machte im Handumdrehen 4–5000 Gefangene, besetzte die schönen Werke von Laibach und gewann die Straße von Graz wieder, wo er die Hauptmasse der Armee von Italien zu finden hoffte.

In Graz machte er halt, um weitere Befehle des Vizekönigs zu erwarten.

Napoleon fand in dieser Vereinigung, die ihm eine Verstärkung von 45–50 000 Mann, dem Feinde aber höchstens 15–18 000 Mann zuführte, das beste Mittel, für die Tage von Eßling Vergeltung zu üben. Um Eugène für seine Erfolge zu belohnen, besonders aber um aller Welt die kostbaren Vorteile, die ihm aus dieser Vereinigung erwuchsen, vor Augen zu führen, zollte er seinem Adoptivsohn glänzendes Lob in einem Tagesbefehl.

Der Kaiser verfügte jetzt, uneingerechnet die unterwegs befindlichen Verstärkungen, über die gewaltige Masse von 140 000 Mann und konnte daran denken, jenseits der Donau eine Entscheidungsschlacht zu liefern. Er war jedoch entschlossen, diesmal ganz sicherzugehen und erst dann loszuschlagen, wenn einerseits die Donau durch Brükken von unfehlbarer Festigkeit bewältigt werden konnte und andererseits Prinz Eugène mit Macdonald und Marmont bereit sein würden, mittelbar oder unmittelbar bei den Operationen vor Wien mitzuwirken.

»Sie haben nun« – schrieb er Eugène in einer Reihe von Briefen – »verschiedene Zwecke zu verfolgen; erstens die Verfolgung des Erzherzogs Johann zu vollenden, damit auf dem rechten Donauufer und an der Grenze Ungarns keine Truppenmasse übrigbleibt, die uns beunruhigen könnte, während wir um Wien herum manövrieren; zweitens diesen Prinzen an die Donau zu drängen und ihn zu nötigen, den Fluß, anstatt bei Preßburg, bei Komorn zu überschreiten, so daß ihm jede Aussicht genommen wird, an der bevorstehenden Schlacht teilzunehmen; drittens ihn von Chasteler, Giulay und allen denen zu trennen, die ihm Verstärkung zuführen könnten; und viertens das Raabufer und die Festung Raab sowie die Zitadelle von Graz zu besetzen, damit wir gegen Ungarn gedeckt sind und die Armee von Italien in die Möglichkeit versetzt wird, unbemerkt auf Wien zu marschieren und dort einen der Flügel der großen Armee zu bilden.«

Das waren die Hauptzwecke, deren Verfolgung Napoleon dem Prinzen Eugène einschärfte. Außerdem wies er ihn darauf hin, für sich und die große Armee aus den Hilfsquellen Ungarns Getreide, Furage, Schlachtvieh, Pferde und Schiffsgerät zu beschaffen.

III.

In Neustadt und dann in den ersten Tagen des Juni zu Ödenburg ließ Prinz Eugène seine Armee ausruhen und zog die verschiedenen Korps, aus denen sie bestand, zu sich heran, nämlich die Abteilungen der Generale Lauriston, Colbert und Montbrun. Dann ging er daran, den Erzherzog Johann aufzusuchen und ihn zwischen den Marschall Davoust und die Armee von Italien zu bringen, um ihn zu verhindern, sich auf die Generale Macdonald und Marmont zu werfen. Auf die Nachricht, daß sich Erzherzog Johann zu Körmend an der oberen Raab befände, marschierte er auf Güns und Stein-am-Anger, um ihn dort zu bekämpfen. Gleichzeitig setzte er Macdonald von seinen Absichten in Kenntnis und befahl ihm, sich sofort mit ihm zu vereinigen.

General Macdonald war vor Graz stehen geblieben, wo er auf Marmont wartete, und suchte sich der Zitadelle zu bemächtigen. Da er aber kein grobes Geschütz mit sich führte, so mußte er sich darauf beschränken, die Stadt zu besetzen und die Zitadelle zu blockieren. Als er den Befehl des Vizekönigs empfing, beeilte er sich, sich mit der Division Lamarque, den Dragonern Pullys, zwei Bataillonen der Division Broussier und dem größten Teil der Artillerie in Marsch zu setzen. General Broussier ließ er mit nur acht Bataillonen, zwei Regimentern leichter Kavallerie und zehn Feldstücken in Graz zurück, um hier die Operationen weiterzuführen, die Armee von Dalmatien an sich zu ziehen und die Österreicher unter Chasteler zu verhindern, aus Tirol nach Ungarn zu entkommen.

General Macdonald war am 9. Juni nach Körmend marschiert und stieß daselbst zum Prinzen Eugène; beide waren erfreut, einander wohlbehalten wiederzusehen, nachdem sie einen Monat hindurch in Feindesland gefahrvolle Märsche angeführt hatten. Da die Lage in Graz ihm gefahrvoll für Broussier erschien, so ließ der Vizekönig General Macdonald in Papa zurück, damit er imstande sei, Broussier und Marmont die Hand zu bieten. Er selbst marschierte mit seinen 30 000 Mann und den 7000 Mann der Abteilung Lauristons hinter Erzherzog Johann her raababwärts.

Dieser wäre gern seinem Plane gefolgt, isoliert an der ungarischen Grenze zu manövrieren, die Generale Chasteler und Giulay an sich zu ziehen und seine Truppen mit Einschluß der ungarischen »Insurrektion« auf 50–60 000 Mann zu bringen, um dann der Reihe nach die Korps Eugènes, Macdonalds und Marmonts zu schlagen und danach sich gegen Napoleons entblößten rechten Flügel zu wenden.

Er bekam aber ganz bestimmte Befehle des Generalissimus Erzherzogs Karl, sich hinter der Donau aufzustellen, um an dem großen Kampfe mitwirken zu können, der früher oder später ausbrechen würde. Er war also gezwungen worden, sich der Donau zu nähern, indem er raababwärts auf die Stadt Raab zu marschierte. Diese befestigte, aber seit längerer Zeit vernachlässigte und nur mittelmäßig ausgerüstete Stadt lag an dem gleichnamigen Flusse, unweit seiner Einmündung in die Donau, zwischen Preßburg und Komorn. Ein verschanztes Lager stand in Verbindung mit der Festung und bot eine gute Position an der Raab dar. Zum Erzherzog Johann war hier sein Bruder Erzherzog Palatin mit den Truppen der ungarischen Insurrektion gestoßen. Beide Prinzen konnten den Franzosen jetzt ungefähr 40 000 Mann entgegenstellen, von denen die Hälfte kaum erst formierte Truppen der ungarischen Insurrektion waren. Es waren 12 000 Mann Infanterie, ein Gemisch aus der ungarischen und deutschen Bevölkerung des Landes, und 8000 Mann adeliger Kavallerie, die nicht sehr an die rauhen Kriege jener Zeit gewöhnt waren. Mit diesen Truppen wollten die beiden Erzherzöge dem Prinzen Eugène noch einmal die Spitze bieten, bevor sie ihm das rechte Donauufer überließen und sich auf das linke Ufer zurückzögen.

Am 13. Juni nahmen sie eine Stellung ein, die ihnen vorteilhaft erschien. Sie besetzten ein Plateau, ihre Rechte auf die Raab gestützt, ihren Rücken der Donau zugekehrt und ihre Linke durch weit ausgedehnte Moräste gedeckt.

Prinz Eugène hatte sie inzwischen hart verfolgt. Er rückte vorwärts, seine Linke am Flusse, an welchem die Österreicher ihre Rechte hatten, seine Rechte in der sumpfigen Ebene, in welcher die österreichische Linke marschierte. Am 14. Juni gegen Mittag war der Vizekönig zum Angriff bereit. Er bemerkte seinem rechten Flügel gegenüber in der sumpfigen Ebene die 8000 Mann starke ungarische Kavallerie, die einen glänzenden Anblick gewährte. Sie wurde durch reguläre Husaren unterstützt, die weniger glänzend aussahen, aber im italienischen Feldzuge erprobt waren; das Ganze stand unter dem Befehle Generals Meczery.

Gegen das Zentrum hin erblickte man hinter einem schlammigen Bache die Infanterie von Jellachich und Colloredo, die die sehr soliden Gebäude des großen Meierhofes Kismegyer und das Dorf Szabadhegy besetzt hielt. Von diesem Dorfe bis zur Raab, also gegen die französische Linke, war die Infanterie Frimonts in Stellung, die gegen den Fluß und das verschanzte Lager hin die Rechte der Österreicher bildete.

Gegen Mittag setzten sich die Franzosen in Bewegung, um die feindliche Position anzugreifen. Da die Division Seras, die die am weitesten vorgeschobene Staffel zur Rechten bilden sollte, noch nicht in Linie stand, stellte Montbrun seine vier Regimenter leichter Kavallerie auf und führte unter heftigem Artilleriefeuer und mit bewundernswerter Kaltblütigkeit Manöver aus, die man auf dem Exerzierplatz nicht besser hätte darstellen können. Sobald die Serassche Infanterie in Linie stand, setzte er seine Regimenter in Galopp und stürzte sich auf den glänzenden Adel, der dem Hause Österreich zu Hilfe gekommen war. Wie tapfer er auch sein mochte, Kriegsgewohnheit und Erfahrung gingen ihm gänzlich ab. Im Nu zerstreute sich die Truppe vor den leichten

Reitern Montbruns, die gewohnt waren, selbst mit Kürassieren zu fechten, und ließ die Linke der Österreicher entblößt.

Die regulären Husaren versuchten darauf eine Gegenattacke, aber ohne Erfolg, so daß sie gezwungen waren, sich auf ihr Mitteltreffen zurückzuziehen.

Unterdessen hatte die in zwei Linien aufgestellte Division Seras das von den Österreichern besetzte Plateau angegriffen und sich gegen den Meierhof Kismegyer gewendet. Bevor sie denselben erreichte, gelangte sie an einen Bach, der tief, schwer zugänglich war und durch tapfere und geschickte Plänkler verteidigt wurde. Es gelang ihr aber doch, ihn zu überschreiten, und nun rückte sie gegen das umfangreiche, viereckige Gebäude vor, dessen Mauern mit Schießscharten versehen waren und das durch 1200 Mann der besten Infanterie verteidigt wurde. Während Seras auf dieses furchtbare Hindernis stieß, langte Durutte mit der zweiten Staffel ebenfalls vor dem Bache an, passierte ihn, erstieg unter einem Hagel von Geschossen das Plateau und griff mit seinem rechten Flügel das Dorf Szabadhegy an, das gleichzeitig von der italienischen Division Severoli bestürmt wurde. In diesem Augenblikke war das Gefecht auf der ganzen Linie entwickelt, und die österreichische Artillerie unterhielt eine mörderische Kanonade. Prinz Eugène, der von einem Ende des Schlachtfeldes zum anderen eilte, schlug tapfer sein Leben in die Schanze und war eifrigst bestrebt, durch Tapferkeit zu ersetzen, was ihm noch hinsichtlich der Erfahrung im Kommando abging.

Nachdem sich General Seras der Meierei Kismegyer stark genähert hatte, traf ihn aus allen Schießscharten ein so verheerendes Gewehrfeuer, daß in wenigen Minuten 7–800 Mann, darunter etwa 60 Offiziere zu Boden gestreckt wurden. Er sah sich gezwungen, die erste auf die zweite Linie zurückzunehmen. Dann, als seine braven Soldaten wieder zu Atem gekommen waren, führte er sie, den Degen in der Hand, von neuem gegen das furchtbare Hindernis, aus welchem abermals ein vernichtendes Feuer hervorbrach. Trotzdem ließ er Pioniere mit ihren Äxten gegen die Tore des Gebäudes vorrücken, diese einschlagen, und mit gefälltem Bajonett eindringend, rächte er an den unglücklichen Verteidigern des Gutes den Tod seiner 7–800 Mann.

Nachdem er einige hundert Feinde hatte über die Klinge springen und die anderen gefangennehmen lassen, marschierte er gegen den linken Flügel der österreichischen Linie, die noch eine gute Haltung behauptete.

Im Dorfe Szabadhegy war das Gefecht nicht weniger hartnäckig gewesen; Haus für Haus mußte genommen werden, und, zurückgeworfen, wurden die Truppen immer und immer wieder vom Erzherzog Johann ins Treffen geführt. Schließlich gingen die Divisionen Durutte und Severoli und die erste Brigade der Division Puthod gemeinsam gegen das Dorf vor, das sie endlich gewannen und behaupteten.

Nachdem nunmehr die beiden Stützpunkte des Feindes in Händen der Franzosen waren, war der Augenblick zum Eingreifen der Kavallerie gekommen. Montbrun, Grouchy und Colbert sprengten vorwärts, um den Österreichern, die sich nach der Donau hin zurückzuziehen begannen, den Rückzug abzuschneiden. Sie durchbrachen mehrere Karrees und machten viele Gefangene. Indessen wurden sie doch durch die Haltung der österreichischen Armee aufgehalten, die sich in Masse und in guter Ordnung zurückzog; der Rückzug wurde infolgedessen und dank der hereinbrechenden Nacht nicht zur Katastrophe.

Dieser Tag kostete den Franzosen 2000 Tote und Verwundete, den Österreichern aber 3000, 2500 Gefangene und 2000 Versprengte. Er setzte den Erzherzog Johann und den Palatin Ferdinand außer Tätigkeit und sicherte die Vereinigung mit den Generalen Broussier und Marmont.

Inzwischen wurde auch der Anschluß dieser beiden Generale bewerkstelligt.

General Broussier, den man in Graz gelassen hatte, würde in große Gefahr geraten sein, wenn seine Truppen weniger tüchtig gewesen wären. Er hatte Nachricht erhalten, daß General Marmont im Anmarsch sei. Um ihm die Hand reichen zu können, war er ihm entgegengezogen und hatte in Graz nur zwei Bataillone vom 84. Regiment zurückgelassen. Während er nun am rechten Ufer der Mur hinabzog, ging der Ban Giulay am linken an der Spitze von 15000 Mann teils regulärer Truppen, teils Abteilungen der kroatischen Insurrektion vor und griff unvermutet die beiden Bataillone in Graz an. Diese widerstanden 19 Stunden lang unter dem Befehle des Obersten Gambin dem Feinde mit heroischem Mute. Sie töteten ihm 1200 Mann, machten 4–5000 Gefangene und gewährten so General Broussier Zeit, ihnen zu Hilfe zu kommen. Dieser kam noch zur rechten Zeit an, um sie zu befreien. Er zersprengte die Truppen Giulays und brachte ihnen eine vernichtende Niederlage bei.

Die Truppen Marmonts, 10 000 Mann stark, nach den Davoustschen die besten der Armee, stießen am darauffolgenden Tage zu ihm, und so war dem Kaiser die Mitwirkung aller Streitkräfte Italiens und Dalmatiens gesichert.

Hierin lag für ihn wohl eine Entschädigung für die Tage von Eßling, und diese hatte er nötig, denn seine Feinde regten sich mehr als je und suchten abermals Tirol, Schwaben, Sachsen, Westfalen und Preußen zum Aufstand zu bringen.

IV.

Auf das Gerücht von der angeblichen Niederlage bei Eßling waren die Tiroler Andreas Hofer und Major Teimer von den Höhen des Brenners herabgestiegen, obwohl sie gegen die österreichische Regierung wegen der Zurücknahme der beiden Korps Jellachich und Chasteler sehr aufgebracht waren, und predigten den Aufruhr. Ihr Haß gegen das Haus Bayern ersetzte die erkaltete Liebe gegen das Haus Österreich. Der bayrische General Deroy, der allein zur Verteidigung Innsbrucks zurückgelassen worden war, war von den Bergbewohnern, die in ihren Bergen furchtbare Gegner waren, so hart bedrängt worden, daß er sich, noch dazu an Munition und Lebensmitteln Mangel leidend, gezwungen sah, sich mit seiner Division nach der Festung Kufstein zurückzuziehen. Dieses an sich nicht eben sehr wichtige Ereignis hatte gleichwohl in ganz Bayern einen tiefen Eindruck hervorgebracht, besonders fürchtete der Hof, noch einmal München räumen zu müssen.

Die Bewohner Vorarlbergs zeigten sich ebenfalls sehr erregt. An den Ufern des Bodensees, an der oberen Donau, in ganz Schwaben endlich war eine heftige Bewegung bemerkbar, und es war klar, daß, wenn die Franzosen eine größere Niederlage erlitten, ihr Rücken ernstlich bedroht sein würde.

Die Österreicher, welche die Sachlage als Urheber derselben genau kannten, suchten sie noch zu verschlimmern. Sie hatten dem Herzog von Braunschweig-Oels die Mittel zur Errichtung eines Korps gegeben, das aus Flüchtlingen aller deutschen Provinzen, hauptsächlich aus Preußen, bestand. Diesem hatten sie noch einige reguläre Truppen und Landwehr zugesellt, so daß das Ganze ungefähr 8000 Mann ausmachte. Diese zogen aus Böhmen nach Sachsen und verbreiteten lügenhafte Berichte über einen angeblichen großen Sieg der Österreicher über Napoleon bei Eßling. Gleichzeitig hatten sie ein anderes, 4000 Mann starkes Korps nach Franken gesendet, um dort ebenfalls solche Gerüchte zu verbreiten.

Das erstgenannte Korps war ohne Schwertstreich in Dresden einzogen, nachdem es durch seine bloße Annäherung den Dresdener Hof zur Flucht nach Leipzig getrieben hatte. Das zweite war auf Bayreuth marschiert und wollte in Thüringen eindringen, um sich mit dem ersteren zu vereinigen und dann gemeinsam unter General Kienmayer den König Jérôme aus Westfalen zu verjagen. Dieser hatte sich im ersten Schrecken darüber beeilt, Hilfsmittel aus Paris zu verlangen, die gar nicht vorhanden waren, und sein Notschrei hatte dort am Ende eine gewisse Unruhe hervorgerufen.

Das Erscheinen der beiden Kolonnen verursachte in Deutschland eine lebhafte Erregung, aber noch wagte man nicht, sich zu erheben, der Name Napoleon war noch zu gefürchtet. Das Beispiel des Majors Schill hatte für niemand etwas Verlockendes. Dieser kühne Parteigänger hatte geglaubt, den geheimen Absichten seiner Regierung entgegenzukommen, indem er den offenen Befehlen derselben den Gehorsam verweigerte, war mit einem Korps preußischer Kavallerie von Berlin ausgezogen und hatte, in der Hoffnung, Armee und Bevölkerung mit sich fortzureißen, einen Streifzug durch das Land begonnen. Allerwärts gut empfangen, ohne jedoch irgendwelchen Zuzug zu finden, ja durch die von Königsberg ausgegangenen strengen Erklärungen sogar aus der Fassung gebracht, war er nach Mecklenburg geflüchtet und hatte die schlecht bewachte Festung Stralsund überrumpelt. Bald wurde er dort durch die Holländer und Dänen, die Napoleon einen Beweis von Anhänglichkeit geben wollten, angegriffen und war außerstande, den festen Platz mit seiner Kavallerie zu verteidigen. Bei dem Versuche, sich durch ein Tor zu retten, war er unter dem Säbel eines holländischen Reiters gefallen. Der Unglückliche, das Opfer eines unmäßigen Patriotismus, sah sterbend seine Truppe vernichtet, gefangen oder zerstreut. Das war bis jetzt das einzige Resultat der deutschen Erhebung. Aber die Herzen schlugen deshalb nicht weniger erbittert gegen die Franzosen, und es bedurfte nur einer wirklichen Niederlage, um die noch eingeschüchterten Völker von einem Ende des Kontinents bis zum anderen zum Aufstand zu bringen.

Es mußte daher dem Kaiser am Herzen liegen, einen sicheren, entscheidenden Schlag gegen Erzherzog Karl zu führen. Die Donau überschreiten, ihn aufs Haupt schlagen: das machte alle feindlichen Dispositionen zuschanden.

V.

Nachdem Prinz Eugène bei Raab gesiegt hatte, die Erzherzöge Johann und Ferdinand über die Donau zurückgeworfen waren und die Armeen von Italien und Dalmatien sich vereinigt hatten, hatte Napoleon sich nur noch mit einem Zweck zu beschäftigen, nämlich zu verhindern, daß die beiden Erzherzöge bei Preßburg oder Komorn wieder über die Donau gingen und den französischen Armeen von Italien und Dalmatien nachfolgten, wenn diese sich zum Kampfe unter den Mauern Wiens in Bewegung setzten. Deshalb beauftragte er den Marschall Davoust, die Brücken von Preßburg und Komorn zu zerstören, und stellte den Vizekönig vor die Aufgabe, die Festung Raab zu nehmen.

Vor Preßburg begegnete Davoust ernstlichen Schwierigkeiten, da General Bianchi Stadt und Brücke tapfer verteidigte. Auf die Drohung des Marschalls, die Stadt zusammenzuschießen, wenn er die Brücke nicht zerstören würde, erwiderte Bianchi, die Erhaltung der Brücke sei zur Verteidigung der österreichischen Monarchie notwendig, und dafür würde er das Äußerste wagen. Der Marschall ließ darauf das Feuer auf die unglückliche Stadt eröffnen; da er jedoch sah, daß seine Anstrengungen ohne Erfolg blieben, so gab er endlich einer Regung von Menschlichkeit nach und begnügte sich damit, Maßregeln zu treffen, die imstande wären, ein dort auftretendes österreichisches Korps drei bis vier Tage lang aufzuhalten, denn diese Zeit genügte zur Konzentrierung der französischen Truppen unter den Mauern Wiens. Er ließ eine Reihe von Verschanzungen aufführen, die mit dem befestigten Schlosse Kittsee, mit der großen Schüttinsel, mit dem Flusse und der Festung Raab in Verbindung standen, und belegte sie mit einigen tausend Mann.

Die Festung Raab, die schlecht armiert und von nur 2000 Mann verteidigt war, konnte sich nicht lange halten. Unmittelbar nach der Schlacht waren die Belagerungsarbeiten begonnen worden. Nachdem der von den Generalen Lauriston und Lasalle gut geleitete Angriff einige Tage gedauert hatte, erbot sich die Festung zu kapitulieren, was am 22. Juni geschah. Der Kaiser erteilte sofort Befehl, die Festung neu zu armieren und in guten Verteidigungszustand zu setzen. Er ernannte zu ihrem Kommandanten den Grafen von Narbonne, ehemaligen Kriegsminister unter Ludwig dem Sechzehnten, einen der letzten Überlebenden des französischen Adels, der sich dem Kaiser angeschlossen hatte.

Nun befahl der Kaiser dem Prinzen Eugène und den Generalen

Macdonald, Broussier und Marmont, sich auf das erste Signal marschfertig zu halten, keinen Lahmen oder Kranken in Reih und Glied zu dulden, für gute Bespannung und nötige Munition für ihre Artillerie zu sorgen, Zwieback anfertigen zu lassen, um die Truppen eine Woche hindurch ernähren zu können, sich Schlachtvieh zu beschaffen, das nachgetrieben werden könnte, und überhaupt alles zu veranstalten, um innerhalb höchstens drei Tagen nach Wien zu gelangen. Der Abmarsch sollte schnell und heimlich erfolgen und der Feind durch eine einfache Nachhut, die man zurückließ, darüber getäuscht werden.

Nachdem so alles auf dieser Linie geregelt war, traf Napoleon seine Maßregeln an der oberen Donau, damit man von dieser Seite mit gleicher Schnelligkeit auf Wien herabmarschieren und im Notfall Verstärkungen zuführen könne. Er hatte bereits das sächsische Korps des Prinzen Bernadotte und die Division Dupas an sich gezogen. Die Württemberger und Bayern standen an der oberen Donau und hatten St. Pölten, Mentern, Enns und Linz besetzt. Die Württemberger wurden von Vandamme befehligt. Von den Bayern standen die Division des Generals Deroy in München, Rosenheim und Kufstein, und die beiden andern des Generals Wrede und des Kronprinzen zu Linz. Napoleon befahl dem Marschall Lefèbvre, die ausgezeichnete Division Wrede mit 24 Geschützen marschfertig zu halten; die anderen sollten die Sicherheit im Rücken der Franzosen bewachen.

VI.

Auf diese Weise hatte Napoleon den Monat Juni zu Vorbereitungen für die Konzentrierung der französischen Truppen vor Wien verwendet und ihn zugleich dazu benutzt, den Donauübergang vorzubereiten und ihn diesmal so sicher zu gestalten, daß ein Unglücksfall, wie er die Brücken während der Tage von Eßling betroffen hatte, zu den Unmöglichkeiten gehörte. Denn überschritten mußte der Fluß werden. Wären die Franzosen auf dem rechten Ufer geblieben, während man die Österreicher ruhig auf dem linken ließ, so hätte dies geheißen, den Krieg aufs Unbestimmte verlängern, den Glanz des Ruhmes einbüßen, die Chancen für einen Mißerfolg vergrößern und endlich die allgemeine Erregung in Europa, ja selbst in Frankreich steigern.

Für diesen Übergang war die Lobauinsel, die von Napoleon so glücklich ausgewählt war, wie geschaffen. Das Unternehmen war zwar äußerst schwierig, aber ausführbar. Zu seinem Gelingen war es jedoch erforderlich, daß man den Übergang über den Hauptarm auf die Insel ganz sicher machte, daß man die Insel selbst in ein großes verschanztes Lager umwandelte und daß man dort alle Vorkehrungen traf, um den Übergang über den kleinen Arm angesichts des Feindes zu ermöglichen. Zu alledem benutzte Napoleon die vierzig Tage vom 23. Mai bis zum 2. Juli. Die Schiffbrücke über den Hauptarm war einige Tage nach der Schlacht bei Eßling wieder hergestellt worden. Neue Boote, die mit besseren Tauen befestigt waren, gaben ihr eine Vertrauen einflößende Sicherheit. Da sie aber bei Hochwasser immer noch gefährdet werden konnte, so entschloß sich der Kaiser, wie mühsam auch die Operation war, eine auf Pfahlwerk ruhende Brücke zu schlagen. Holzvorräte waren in Wien genugsam vorhanden, zu deren Transport die Artilleriepferde verwendet wurden. Einmal an einen kleinen Arm der Donau angelangt, wurde das Holz bis Ebersdorf herabgeflößt und hier aufgehalten, um zu dem großen Werke benutzt zu werden. Zahlreiche Rammen, welche sich in Wien ebenfalls vorfanden, wurden nach Ebersdorf geschafft. Nach ungefähr drei Wochen sah man sechzig Holzpfeiler über den höchsten Wasserstand hervorragen, und auf diesen Pfeilern ruhte eine breite Pfostendecke, auf welcher jede beliebige Anzahl Artillerie und Kavallerie übergehen konnte. Einige hundert Meter unterhalb dieser festen Brücke hatte man die alte Schiffbrücke neu befestigt, und diese sollte nun zum Übergang der Infanterie dienen, so daß alle Waffengattungen sich zugleich in Bewegung setzen konnten.

Noch ein anderer Bau war ausgeführt worden, nämlich oberhalb der Brücken, eine große Verpfählung, die aus einer Reihe starker, tief eingerammter Stämme bestand und den Fluß schräg durchschnitt, um einmal dadurch die Gewalt der Strömung einigermaßen zu brechen und außerdem zur Zerstörung der Brücken in den Fluß geworfene Gegenstände aufzuhalten. Zu letzterem Behufe griff Napoleon noch zu einem anderen Mittel: er führte eine unausgesetzte Überwachung durch die Gardematrosen ein, die immerfort oberhalb der Verpfählung zu kreuzen, solche Gegenstände aufzuhalten und ans Ufer zu führen hatten. Auf diese Weise gelang es dem Kaiser, zwischen dem rechten Ufer und der Lobauinsel eine durchaus sichere Verbindung herzustellen.

Dann ging er daran, ein verschanztes Lager zu errichten, um im Falle eines Angriffs auf die Insel Lobau keine Gefahr laufen zu müssen. Er ließ Chausseen auf der Insel anlegen, die kleinen Kanäle überbrücken, errichtete ein Pulvermagazin, führte Backöfen auf und ließ Tausende

Stück Vieh auf die Insel treiben. Endlich ließ er in großen Mengen vorzüglichen Wein, der den Kellern der österreichischen Aristokratie und den Klöstern Wiens entnommen war, nach der Insel schaffen. Alle Wege wurden mit Laternen versehen, die an Pfählen befestigt waren, so daß man die Insel ebenso leicht bei Nacht wie am Tage durchziehen konnte.

Nun blieb noch übrig, die letzte und schwerste Operation vorzubereiten: die Überschreitung des kleinen Armes, die mit Sturm im Angesicht eines zahlreichen, bereits unterrichteten und durch die Anwesenheit der Franzosen auf der Lobauinsel stets wachsam erhaltenen Feindes bewerkstelligt werden mußte. Es war nicht daran zu denken, dazu den zum früheren Übergang benutzten Punkt wieder zu wählen, denn erstens hatten die Österreicher diesen Ort fest versichert und ihm gegenüber Verschanzungen, die von Geschütz strotzten, aufgeführt, und zweitens war dort Mangel an Raum zum Aufmarsch einer großen Armee.

Napoleon sann daher darauf, einen anderen Ort dafür zu suchen, während er sich immer stellte, als ob der alte wieder dazu erkoren sei, um den Feind über seine Absichten zu täuschen. Der kleine Arm, der noch zu überschreiten war, wandte sich am äußersten Ende der Insel jählings zur Seite und lief senkrecht nach dem großen Arm zu. Wählte man zur Überschreitung einen der Punkte dieser Linie, so gelangte man nach einer Ebene, die zur Entfaltung eines großen Heeres ganz geeignet war. Hier beschloß der Kaiser aufzumarschieren, an einem Ort, der zwischen dem Dorfe Enzersdorf und einem Gehölz lag.

Da, wo der kleine Arm sich in den großen ergießt, ließ er einige kleine Inseln, die sich dort befinden, untereinander und mit der Insel Lobau durch feste Brücken verbinden und mit Kanonen schweren Kalibers spicken. Diese, 109 an Zahl, hatten die Aufgabe, weithin alle Punkte, auf denen man sich zeigen würde, zu decken. Diese Geschütze waren dem Wiener Zeughause entnommen.

Abgesehen von diesen zum Schutz des Überganges geschaffenen Hilfsmitteln der Artillerie nahm Napoleon noch, um ihn rasch, gleichzeitig und unwiderstehlich zu machen, zu ganz neuen Kombinationen seine Zuflucht. Er wollte, daß in wenigen Minuten mehrere tausend Mann jenseits des kleinen Armes versetzt und auf die österreichischen Vorposten geworfen werden könnten, um diese zu überrumpeln und aufzuheben; daß ferner in zwei Stunden 50 000 Mann am feindlichen Ufer aufmarschieren könnten, um eine Schlacht zu liefern, und daß endlich in vier bis fünf Stunden 150 000 Soldaten, 40 000 Pferde und 600 Geschütze hinübergeschafft sein könnten, um das Los der österreichischen Monarchie zu entscheiden. In einem solchen Maßstabe waren noch niemals Manöver entworfen und ausgeführt worden.

Zu diesem Zwecke ließ er große Fähren bauen, von denen jede 300 Mann faßte und, um die Mannschalt gegen das Gewehrfeuer zu sichern, mit einem beweglichen Schirm versehen war, dessen man sich zugleich, indem man ihn senkte, bediente, um ans Land zu steigen. Jedes Armeekorps wurde mit fünf solcher Fähren versehen, was eine Vorhut von 1500 Mann ergab, die auf einmal und unerwartet auf jeden Übergangspunkt transportiert werden konnten.

Dazu wollte der Kaiser, daß eine Infanteriekolonne in demselben Augenblicke und ebenso schnell wie die auf den Fähren hinübergehende Vorhut hervorbrechen könnte. Dazu erfand er eine Brücke ganz neuer Art. Sie bestand aus Fahrzeugen, die schon im voraus durch starke Pontonbalken miteinander verbunden waren. Diese Brücke, die man dann dem Ufer entlang hinabgehen ließ bis dahin, wo man sie gebrauchen wollte, wurde schließlich mit dem einen Ende an diesem Ufer befestigt und der Strömung überlassen, die sie an das entgegengesetzte Ufer hinübertrieb, wo sie durch Mannschaften, die im Laufmarsch darübereilten, festgemacht wurde. Dazu mußten nur wenige Minuten genügen.

Um dann die drei Armeekorps Masséna, Oudinot und Davoust auf einmal vorbrechen zu lassen, hatte Napoleon den Bau von vier Brükken vorbereitet, zwei Schiffbrücken, einer Pontonbrücke und einer aus starken Fähren, letztere für Artillerie und Kavallerie.

Napoleon ritt fast täglich von Schönbrunn nach Ebersdorf, überwachte, dirigierte, vervollkommnete die von ihm befohlenen Werke und faßte bei jedem Besuche neue Ideen. Die Wiener, unter deren Augen dieses wunderbare Unternehmen ausgerüstet wurde, zitterten insgeheim und würden ohne die gewaltige Armee, die sie im Zaume hielt, sich endlich doch erhoben haben. Denn wenn sie auch fügsam und freundlich waren, so waren sie doch auch Patrioten und von Gefühlen beseelt, die einem großen Volke geziemen. Napoleon hatte es sich aber angelegen sein lassen, sie zu beruhigen. Die Disziplin wurde mit äußerster Strenge gehandhabt. Kein verletzendes Wort war erlaubt; jeder Übertretung ward auf der Stelle Einhalt getan. Da Mangel an Lebensmitteln eintrat, so hatte der Kaiser aus Ungarn beträchtliche Mengen Getreide und Schlachtvieh anfahren lassen, so daß man in Wien in diesen Kriegszeiten nicht teurer lebte als sonst. Die Aufrechterhaltung der Ordnung hatte er den Bürgern selbst überlassen, die eine Wehr von 6000 Mann bildeten. Den Armen, die ohne Arbeit waren, verschaffte er solche zu annehmbaren Preisen, indem er sie nicht nur für den Armeedienst, sondern auch zum Nutzen und zur Verschönerung Wiens verwandte.

*

Achtes Kapitel.

Wagram.

I. Vorbereitungen zum Entscheidungskampf. – II. Die Schlacht. – III. Die Verfolgung. Gefecht bei Znaim. – IV. Die Friedensverhandlungen. – V. Der Wiener Frieden. – VI. Kritischer Rückblick auf den Krieg von 1809. – VII. Pläne europäischer Neubildungen.

I.

Am 1. Juli war alles fertig, und der Kaiser verlegte sein Hauptquartier von Schönbrunn nach der Lobauinsel. Er befahl, daß die Truppen vom 3. an sich dorthin zusammenziehen, in der Nacht vom 4. zum 5. den kleinen Arm überschreiten und den Feind am 5. oder 6. schlagen sollten. Die Armee von Italien erwartete er am 4. morgens, die von Dalmatien und die Bayern nach den ausgefertigten Befehlen am 5. Juli. Die seit einigen Tagen in Wien angekommenen Sachsen und die Division Dupas gelangten mit den ersten Truppen nach der Lobauinsel. Die Korps hatten ausgeruht, waren gut verpflegt und vom besten Geiste beseelt. Die Artillerie war vollständig. Wenn alle Truppen beisammen waren, so verfügte der Kaiser über 150 000 Mann, worunter 26 000 Reiter und 12 000 Artilleristen mit 550 Geschützen: eine ungeheure Streitmacht, wie sie Napoleon noch nie auf einem und demselben Schlachtfelde vereinigt hatte. Zudem hatte er den unüberwindlichen Masséna bei sich, den hartnäckigen Davoust, den heißblütigen Oudinot, den unerschrokkenen Macdonald und viele andere, die darauf brannten, den Triumph der französischen Waffen mit ihrem Blute zu bezahlen.

Nachdem Napoleon auf der Lobauinsel angekommen war, fühlte er sich plötzlich von einer großen Besorgnis ergriffen: er glaubte aus einigen Anzeichen fürchten zu müssen, daß Erzherzog Karl ihm vielleicht nach Preßburg hin entschlüpfen wolle. Um seine Zweifel darüber zu zerstreuen, machte Napoleon einen kühnen Versuch, der ihn über die

Pläne des österreichischen Oberbefehlshabers aufklärte und der nebenbei dazu bestimmt war, letzteren über den eigentlichen Übergangspunkt zu täuschen. Er erteilte der Division Legrand den Befehl, bei Einbruch der Nacht an der alten Stelle eine Brücke über den kleinen Arm zu schlagen und sich des gegenüberliegenden Ufers zu bemächtigen. Die Brücke war in zwei Stunden fertiggestellt worden. Die Division ging eilends hinüber, durchschritt das kleine, jenseits sich ausdehnende Gehölz und marschierte zwischen Eßling und Aspern auf. Nachdem sie einige Gefangene gemacht und einige Mann getötet hatte, zog sie eine lebhafte Kanonade der feindlichen Redouten auf sich und gewahrte bei Tagesanbruch eine solche Entfaltung von feindlichen Streitkräften, daß kein Zweifel mehr über die Anwesenheit der österreichischen Hauptarmee an diesem Punkte aufkommen konnte. Jetzt war Napoleon überzeugt, daß die Entscheidung in der weiten Ebene des Marchfeldes in Bälde fallen würde.

In der Tat stand ihm der Erzherzog auf den Höhen von Wagram gegenüber, schwankend zwischen tausend Entschlüssen, ohne aber einen einzigen fassen zu können. Und doch lagen zwei sehr einfache Maßregeln nahe, die er unbedingt hätte treffen müssen: er hätte seine Stellung durch starke Befestigungen uneinnehmbar machen können und außerdem sämtliche Heere der Monarchie dort konzentrieren müssen. Glücklicherweise unterließ der Erzherzog beide. Er hatte zwar Aspern, Eßling und Enzersdorf verschanzt, aber darüber hinaus hatte er sich darauf beschränkt, in der Nähe eines »zum weißen Hause« benannten Ortes eine mit sechs Kanonen bewaffnete Feldschanze zu errichten und einige Truppen in das mitten im Gehölz gelegene Schlößchen Sachsengang zu legen. Die Möglichkeit, daß die französischen Truppen von der Rechten her aufmarschieren könnten, auf welcher der Plan beruhte, über den der Kaiser vierzig Tage lang nachgedacht hatte, war dem Erzherzog auch nicht einen Augenblick in den Sinn gekommen.

Die Ebene des Marchfeldes erstreckte sich, sanft ansteigend, zwei Meilen weit; dann erhob sich eine kleine Kette von Anhöhen, von Neusiedel bis Wagram, deren Fuß von einem großen, tiefen und sumpfigen Bach, dem Rußbach, bespült wurde. Hinter diesem Bache ließ der Erzherzog seine Hauptmacht lagern, ungefähr 75 000 Mann. Auf diesem Terrain hätte er leicht furchtbare Werke aufführen lassen können, die kein Ungestüm, selbst der französische nicht, zu bewältigen vermocht haben würde.

Ebensowenig zog der Erzherzog an Truppen heran, was er nur

konnte, um seinem Gegner an Zahl am Tage der Entscheidung überlegen zu sein. Die Konzentrierung der französischen Truppen war ihm nicht entgangen, er hatte aber keine Lehre daraus gezogen. Allerdings hatte er das Korps Kolowrat von Linz nach Wagram gerufen und sich dadurch um 20 000 Mann verstärkt. An der oberen Donau aber ließ er etwa 12 000 Mann, den Erzherzog Johann ließ er bei Preßburg, General Chasteler mit 7–8000 Mann in Ungarn und Erzherzog Ferdinand mit 30–35 000 Mann in Polen, wo ein Feldzug vollkommen nutzlos war. Hätte er alle diese Truppen zu sich herangezogen, so hätte er den 140–150 000 aufmarschierenden Franzosen eine Masse von 200 000 Mann entgegenstellen können, wovon 80 000 in einer unbezwinglichen Stellung standen.

Da von alledem nichts geschehen war, so verfügte Erzherzog Karl nur über sechs Korps in Stärke von 140 000 Mann und 400 Kanonen, die auf den Höhen von Neusiedel bis Wagram in Baracken untergebracht waren. Als Erzherzog Karl die Kanonade gegen die Division Legrand vernahm, setzte er seine Truppen in Bewegung, nunmehr fest davon überzeugt, daß der Übergang auf dem nämlichen Punkte beginnen würde. Er befahl dem General Klenau die Werke zwischen Aspern und Eßling mit dem ganzen siebenten Korps zu besetzen, während der am meisten bedrohte Punkt, die Ebene rechts von der Insel, die kleine Redoute des weißen Hauses und die beim Zusammenfluß der beiden Donauarme gelegenen kleinen Wälder nur durch eine einfache Vorhut bewacht wurde. Das I., II. und IV. Korps besetzte die Linie hinter Aspern und Eßling. Am 1. und 2. Juli blieb der Erzherzog in Stellung. Da er aber die Franzosen nicht erscheinen sah, auch sein Heer bei der erstickenden Hitze nicht in der Ebene lassen wollte, so führte er die Truppen wieder auf die Höhe zurück, nur die Vorhut ließ er unter Nordmann zwischen Enzersdorf und dem weißen Hause und das Korps Klenau in den Werken von Eßling und Aspern.

Am 3. Juli zogen die französischen Truppen ununterbrochen über die großen Brücken auf die Insel. Der davon benachrichtigte Erzherzog befahl am 4. Juli der Artillerie von Aspern und Eßling, die Insel zu beschießen. Da aber keine schweren Geschütze zur Hand waren, so war die Kanonade unwirksam.

Am 4. Juli mit Tagesanbruch stellten sich unter dem Schutze der Wälder Masséna Enzersdorf gegenüber, Davoust ein wenig weiter hinab, dem weißen Hause gegenüber, und Oudinot unterhalb desselben, vor dem dichten Gehölz am Zusammenfluß auf.

Um 9 Uhr abends begann das Korps Oudinot seinen Übergang, gedeckt von der Flottille der Gardematrosen unter dem Obersten Baste. Die Nacht war finster und der Himmel mit dichten Gewitterwolken bedeckt. Man landete, hob die feindlichen Schildwachen der Vorhut des Generals Nordmann auf und bemächtigte sich der Redoute des weißen Hauses. Dies alles war in einer Viertelstunde geschehen und kostete den Franzosen nur einige Mann. Nun setzten die inzwischen befestigten Fähren schleunigst den Rest der Division Tharreau über. Darauf wurde das vorbereitete Brückenmaterial an Ort und Stelle gebracht, und nach zwei Stunden konnte der ganze Rest des Korps Oudinot übergeführt werden.

Um 11 Uhr setzte Masséna sich mit seinem Korps in Bewegung, während die Division Legrand den Fluß zwischen Eßling und Aspern bereits überschritten hatte. Die österreichischen Vorposten wurden trotz heftigem Feuern zurückgeworfen. Inzwischen wurde die fertige Brücke aus einem Stück der Strömung überlassen und legte sich quer über den Flußarm. In 15 bis 20 Minuten war sie festgelegt und passierbar. Sofort zog der Rest der Truppen Massénas hinüber, bevor die Österreicher Zeit hatten, dem Aufmarsch der Franzosen Truppenmassen entgegenzuwerfen.

Die Pioniere arbeiteten unter unausgesetztem Feuer, ohne sich stören oder zurückschrecken zu lassen. Eine Pontonbrücke und eine aus Flößen zusammengesetzte Brücke liefen nacheinander, jedoch in einzelnen Stücken aus einem Kanal der Insel aus, den die Soldaten Alexander-Kanal getauft hatten und in dem alle die Arbeiten ausgeführt worden waren. Die Pontonbrücke war für die Infanterie des Marschalls Davoust, die Floßbrücke für die Artillerie und Kavallerie der Marschälle Davoust und Masséna bestimmt. Beide sollten innerhalb vier bis fünf Stunden gebrauchsfertig sein.

Nun gab der Kaiser seiner schweren Artillerie Befehl, das Feuer zu eröffnen und zunächst Enzersdorf zusammenzuschießen, damit sich der Feind des Städtchens nicht als Stützpunkt bedienen könne. Dann ließ er die Ebene mit Kartätschen überschütten und zugleich den alten Übergangspunkt beschießen, um den Feind durch die Gleichzeitigkeit dieser Angriffe in Bestürzung zu versetzen. Auf einmal erfüllten 109 Geschütze schwersten Kalibers die Luft mit ihren Donnern. Jetzt standen bereits 70 000 Mann am anderen Ufer in Schlachtordnung; sie allein waren schon imstande, dem Erzherzog die Spitze zu bieten. Bernadotte schickte sich an, mit den Sachsen nach der Kaisergarde überzugehen. Die Armeen von Italien und Dalmatien und die bayrische Division, die alle während der Nacht auf der Insel eingetroffen waren, rückten ihrerseits vor. Alles griff in wunderbarster Weise ineinander ein.

Bald gesellte der Himmel selbst seine Donner zu denen Napoleons, und das Ungewitter, das die Atmosphäre seit dem Abend belastete, entlud sich in Strömen von Hagel und Regen über beide Heere. Der Blitz durchzuckte die Lüfte und, wenn er nicht leuchtete, so durchschnitten sie Bomben und Granaten, die sich auf das in Flammen stehende Enzersdorf stürzten.

Napoleon ritt von einem Ende des Ufers zum anderen und leitete alles mit Ruhe und Sicherheit. Und fortwährend eilten die Truppen im Laufschritt über die Brücken, und wenn sie den Kaiser gewahrten, so steckten sie die Tschakos auf die Spitze ihrer Bajonette und riefen: »Es lebe der Kaiser!«

II.

Als der Tag gegen 4 Uhr morgens die Ufer des Flusses zu erleuchten begann, bot sich den überraschten Augen beider Armeen das imposanteste Schauspiel dar. Das Gewitter hatte sich zerstreut. In der strahlend aufsteigenden Sonne blitzten Tausende von Bajonetten und Helmen. Auf der Rechten drang Oudinot in der Ebene vor, während seine Nachhut das Schloß Sachsengang heftig beschoß. Zur Linken stützte sich Masséna auf das Städtchen Enzersdorf, das noch brannte. Zwischen den beiden Korps füllte das vollständig übergesetzte Korps Davoust den Zwischenraum aus. Auf den Brücken drang Artillerie, Kavallerie und die Kaisergarde vorwärts.

Nun gingen Masséna und Oudinot zum Angriff über. Ersterer stürmte das brennende Enzersdorf und nahm von den feindlichen Bataillonen gefangen, was nicht getötet war; letzterer nahm das Schloß Sachsengang; damit hatte die Armee auf ihren Flügeln nichts mehr, was sie belästigen konnte. Sie konnte sich in der Ebene, dem Erzherzog gegenüber, entfalten und ihm am Fuße der Höhen von Wagram die Schlacht anbieten.

Der Prinz sah sich in allen seinen Erwartungen grausam enttäuscht. Er hatte disponiert, als ob die Franzosen den alten Übergang benutzen würden, und war auf eine solche Überraschung nicht gefaßt gewesen. Es blieb ihm daher nichts weiter übrig, als seine Vorhut und das Korps

Klenau zurückzunehmen, da diese sonst bei Aspern und Eßling im Rükken gefaßt worden wären. Er stand auf einer Anhöhe neben seinem Bruder, dem Kaiser, und meldete diesem, daß die Franzosen in der Tat den Übergang erzwungen hätten, daß er sie jedoch nur herüberkommen ließe, um sie in den Fluß zu werfen. Darauf antwortete der Kaiser:

»Gut, laß aber nur keine zu große Anzahl herüber.«

Um ganz sicherzugehen, ließ Napoleon an den Brücken – es lagen jetzt im ganzen sieben – mit Faschinen und Sandsäcken eine gleiche Anzahl von Brückenköpfen errichten und vertraute die Bewachung der Insel einem vortrefflichen, im Verteidigungskriege sehr geschickten Offizier, General Reynier, an.

Jetzt begann der Kaiser seine Truppen in der Ebene zu entfalten, mit der Linken unbeweglich bei Enzersdorf und an der Donau stehend, mit der Rechten im Marsch begriffen, um sich Wagram zu nähern, so daß die Armee demnach eine Schwenkung ausführte. In der ersten Linie stand Masséna auf dem linken Flügel, Oudinot im Zentrum, Davoust auf dem rechten Flügel; in der zweiten Linie Bernadotte zur Linken, Marmont und Wrede im Zentrum, die Armee von Italien zur Rechten. Die Garde und die Kürassiere bildeten rückwärts eine vortreffliche Reserve. Die Artillerie rückte, mit Kavallerieabteilungen vermischt, in der Front der Korps vor. Die Masse der Kavallerie, Husaren, Jäger und Dragoner waren auf den Flügeln ausgebreitet. Napoleon befand sich im Zentrum, ruhig und auf sicheren Sieg rechnend.

Vor dieser fächerartig aufmarschierenden Armee zog sich der Feind auf die Höhen von Wagram zurück. Klenau zog sich über Leopoldau auf Stammersdorf und Gerasdorf zurück.

Die französische Artillerie feuerte während des Marsches; die Kavallerie chargierte die österreichische, sowie sie an sie herankommen konnte, oder belästigte die Nachhut der Infanterie. Auf seinem Wege nahm das Korps Davoust das Dorf Rutzendorf mit Sturm und machte einige hundert Gefangene, die Division Dupas nahm ebenfalls das Dorf Raschdorf. Hier suchte die österreichische Kavallerie ihre Infanterie zu stützen, wurde aber kräftig durch die sächsischen Kürassiere unter Gerard zurückgeworfen. Masséna griff Aspern und Eßling von der Rückseite an und nahm sie.

Sonach waren alle Verteidigungsmittel des Feindes zum Fall gebracht, und es blieb ihm nichts weiter übrig, als den Franzosen die Ebene des Marchfeldes streitig zu machen und ihnen am nächsten Tage eine blutige Schlacht zu liefern.

Am 5. Juli 6 Uhr abends standen die Franzosen den Höhen von Wagram in ihrer ganzen Ausdehnung gegenüber. Sie hatten bis jetzt nur einige hundert Mann verloren, den Österreichern aber ungefähr 2000 Mann kampfunfähig und 3000 Gefangene gemacht.

Der linke Flügel der Österreicher, etwa 75000 Mann stark, stand zwischen Neusiedel und Wagram und stützte sich auf den Rußbach. Auf der äußersten Linken befand sich Fürst von Rosenberg mit General Nordmanns Vorhut und einer zahlreichen Kavallerie; ihm folgte nach Baumersdorf zu das Korps Hohenzollern, und dem Zentrum näher, bei Wagram, war das Korps Bellegarde mit dem Hauptquartier des Erzherzogs. An diesem Punkte hörte der Schutz des Rußbaches auf. Im Zentrum hatten die Österreicher die Grenadier- und Kürassierreserven; auf dem rechten Flügel stand ihr III. Korps unter General Kolowrat, das IV. unter General Klenau und das V. unter dem Fürsten Reuß zwischen Gerasdorf, Stammersdorf und der Donau.

Napoleon bemerkte natürlich sofort, daß das feindliche Zentrum in dieser Aufstellung der schwächste Punkt war, und er beschloß, sein Ziel noch am nämlichen Abend durch eine entscheidende Tat zu erreichen, die ihn der Notwendigkeit überhoben hätte, am nächsten Tage Ströme von Blut zu vergießen. Er hoffte, das Zentrum des Feindes durch einen ungestümen Angriff auf das Plateau von Wagram sprengen zu können und dadurch die getrennte österreichische Armee zum Rückzuge zu zwingen.

Demgemäß rückten Bernadotte mit den Sachsen und der Division Dupas, Macdonald und Grenier mit zwei Divisionen der Armee von Italien und Oudinot mit seinem ganzen Korps bei Einbruch der Nacht gegen diese Position vor. Oudinot beschoß Baumersdorf und suchte es den Vortruppen Hohenzollerns zu entreißen, die in dem Rußbach ein gewaltiges Widerstandsmittel besaßen. Bernadotte stürzte sich mit den Sachsen auf Wagram und bemächtigte sich desselben, aber nicht vollständig genug, um darüber hinausrücken zu können. In der Mitte waren Dupas und Macdonald bis zum Rußbach vorgerückt. Mit dem Rufe: »Es lebe der Kaiser!« warfen sich die Soldaten in den Bach, wobei viele ertranken. Die anderen besiegten das Hindernis und erklommen unter einem Hagel von Gewehrkugeln und Kartätschen die Abhänge des Plateaus.

Die beiden tapferen Regimenter des Generals Dupas hatten die Barackenlinie überschritten und stürzten sich auf die Österreicher, die Karrees formiert hatten. Das 5. Regiment durchbrach ein Karree, entriß ihm die Fahne und nahm es gefangen. Das 19. Regiment sowie auch zwei Dupas zugeteilte sächsische Bataillone, die Grenadiere von Rudloff und Metzsch, unterstützten diesen kräftigen Angriff.

Schon war die österreichische Linie nahe daran, durchbrochen zu werden, als man im Rücken ein Feuer erhielt, das außerordentliche Bestürzung und Unruhe hervorrief. Es kam von den Kolonnen der Armee von Italien, die das Plateau erstürmt hatten, die Sachsen für Feinde hielten und Feuer auf sie gaben. Dieser unerwartete Angriff in ihrem Rücken brachte die Sachsen zum Wanken. Sie zogen sich unter fortwährendem Feuer auf Macdonalds und Greniers Kolonnen der Armee von Italien zurück. Diese glaubten sich in der Front angegriffen, erlitten gleichzeitig von Baumersdorf her, das Hohenzollern noch immer besetzt hielt, einen Flankenangriff und gerieten in Unordnung, die die Nacht bald in panischen Schrecken umwandelte. Sie stürzten das Plateau herunter, die erschrockenen Sachsen hinterdrein, und ergriffen die Flucht. Dupas, der mit seinen beiden französischen Regimentern allein an der Spitze geblieben war, war endlich, von allen Seiten bedrängt, genötigt, das Terrain zu räumen. Oudinot stellte den Angriff auf Baumersdorf ein, und Bernadotte verließ Wagram wieder, um sich Aderklaa zu nähern. Der Angriff war abgeschlagen und kostete der Division Dupas gegen 1000 Mann und der Armee von Italien einige tausend Versprengte, die aber von der ausgesandten Kavallerie bald wieder zu ihrem Korps zurückgeführt wurden.

Napoleon befahl seinen sämtlichen Korps, in ihren letzten Stellungen zu biwakieren. Jeder legte sich in seinen Mantel gehüllt nieder. Die Soldaten beköstigten sich mit Zwieback und Branntwein. Der Kaiser selbst verbrachte die Nacht – die dritte, die er aufrecht oder zu Pferde zubrachte – an einem Wachtfeuer in Beratung mit seinen Generalen, denen er seine Pläne klar auseinandersetzte. Er befahl ihnen, mit Tagesanbruch unter den Waffen zu sein, bevor sie jedoch handelten, die Österreicher mit ihren Plänen hervortreten zu lassen, um mit Sicherheit den Punkt anpacken zu können, wo man sie tödlich treffen würde.

Während im französischen Lager alles in tiefer Ruhe schlief, war im österreichischen alles in Bewegung, und die Truppen ermüdeten sich mit der Berichtigung ihrer falsch eingenommenen Stellungen und der Ausführung der vom Erzherzog befohlenen Märsche.

Um 4 Uhr morgens am 6. Juli 1809, einem ewig denkwürdigen Tage, begann das Feuer zuerst auf dem linken Flügel der Österreicher und dem rechten der Franzosen. Fürst von Rosenberg ging von den Höhen von Neusiedel herab, überschritt den Rußbach und rückte auf Großhofen und Glinzendorf vor, die er mit Nachdruck angriff. Die umsichtig hinter natürlichen Verschanzungen aufgestellten Franzosen gaben ein gut unterhaltenes Gewehrfeuer ab, das den Österreichern großen Schaden zufügte. Napoleon, der das Feuern gehört und die angreifenden Kolonnen bemerkt hatte, schickte sofort einige Batterien zur Unterstützung hin, die zur rechten Zeit kamen; denn die Österreicher hatten bereits Großhofen genommen. Auch General Puthod war herbeigeeilt, und es gelang ihm, die Österreicher mit Hilfe der Artillerie wieder aus dem Dorfe herauszuwerfen; sie mußten bis zum Rußbach zurückgehen. Auch die andere Kolonne war nicht glücklicher gewesen, auch sie mußte sich wieder auf den Rußbach zurückziehen.

In diesem Augenblicke war das Feuern auf der ganzen Linie der ungeheuren Front von drei Meilen, wo sich 300 000 Mann mit 1100 Geschützen gegenüberstanden, allgemein geworden.

Napoleon, der von seiten des Feindes überall eine Art von gleichzeitigem Angriff ohne vorgezeichneten Plan bemerkte, war der Ansicht, daß man jedenfalls die Höhen von Neusiedel nehmen müsse, um einen Punkt zu besetzen, wo Erzherzog Karl sich vielleicht mit Erzherzog Johann vereinigen konnte, falls dieser zur Hilfe herbeieilte. Er betraute mit dieser Aufgabe den Marschall Davoust, der den Auftrag erhielt, mit seinen Divisionen Gudin und Puthod in Front anzugreifen und mit den Divisionen Morand und Friant von der Seite und im Rücken des Plateaus vorzugehen.

Kaum waren diese Anordnungen dem Marschall Davoust mitgeteilt, als Adjutant auf Adjutant, von Masséna und Bernadotte entsendet, erschienen, um dem Kaiser den schlechten Anfang des Tages auf der Linken und im Zentrum zu melden und ihn um seine Anwesenheit wie um Unterstützung zu bitten.

Dort war es inzwischen heiß hergegangen. Bernadotte war von den Kolonnen Bellegardes erbittert angegriffen worden, und die Sachsen waren nicht imstande gewesen, einem solchen Angriff standzuhalten. Er hatte daher weit zurückgehen müssen.

Zugleich waren die vier schwachen Divisionen Massénas, die aus höchstens 18 000 Mann bestanden, von den 60 000 Mann Klenaus und Kolowrats zum Rückzuge gezwungen worden, um auf dem linken Flügel eine weniger ausgedehnte Stellung einzunehmen. Masséna war einige Tage vorher mit dem Pferde gestürzt, noch leidend und mußte, mit Kompressen bedeckt, vom Wagen aus kommandieren. General Molitor war zur Hilfe herbeigeeilt und schloß sich an den General Carra Saint-Cyr an, um ihn zu unterstützen, aber 10000 Mann konnten gegen 45000 nicht standhalten und mußten sich ebenfalls zurückziehen.

So standen die Sachen um 9 Uhr morgens, als Napoleon davon Meldung erhielt. Über seinen rechten Flügel beruhigt, wo Davoust bereits die erteilten Befehle ausführte, sprengte er sofort mit seinem Generalstab an die gefährdeten Stellen. Er beruhigte Bernadotte, der sehr besorgt war, und eilte darauf zu der Kalesche Massénas, um die die Kugeln sausten – gerade als die österreichischen Grenadiere, durch die Anwesenheit des Erzherzogs Karl begeistert, der sich an ihre Spitze gestellt hatte, der Division Carra Saint-Cyr Aderklaa wieder abnahmen und siegreich vorwärts drangen. Schon konnte man aus der Richtung des Feuers schließen, daß Boudet sehr weit zurückgedrängt war und daß der Erzherzog mit seiner Rechten die Donau berührte. Offiziere meldeten sogar, daß Boudet seine sämtliche Artillerie verloren habe und bis nach Aspern zurückgeworfen sei. Nun befahl der Kaiser, daß die ganze Gardeartillerie im Galopp auffahre. General von Wrede traf gerade mit 26 bayrischen Geschützen auf dem Platze ein und erbat sich die Ehre, an diesem Manöver teilnehmen zu dürfen, was Napoleon gewährte. Zugleich ließ er Macdonald mit drei Divisionen der Armee von Italien, die Füsiliere und die reitenden Gardegrenadiere und die sechs Kürassierregimenter des Generals Nansouty herbeirufen. Diese sollten, wenn das feindliche Zentrum durch die hundert Feuerschlünde zum Wanken gebracht wäre, es mit ihren Bajonetten und Säbeln durchbrechen. Zugleich bestimmte er, daß Masséna mit den Divisionen Carra Saint-Cyr, Molitor und Legrand in geschlossenen Kolonnen einen Flankenmarsch unter dem Feuer Klenaus und Kolowrats ausführen sollte, um Boudet Hilfe zu bringen. Er selbst sprengte auf seinem persischen Schimmel auf das Terrain, das Masséna soeben aufgegeben hatte.

Alle Befehle des Kaisers wurden genau ausgeführt. Die 100 Geschütze Lauristons donnern unablässig gegen die doppelte Linie der Österreicher und überschütten sie mit einem Hagel von Kugeln; bald ist die feindliche Artillerie demontiert. In diesem Augenblick ist der unerschütterliche Macdonald eingetroffen. Er rückt unter einem Feuerregen vorwärts, schließt, ohne zu wanken, die gelichteten Glieder und teilt seinen Soldaten die stolze Haltung mit, die er selbst bewahrt. »Was für ein tapferer Mann!« ruft Napoleon mehrmals aus, als er ihn so vorrücken sieht.

Plötzlich setzt sich Fürst Johann von Liechtenstein mit seiner schweren Kavallerie in Bewegung und stürzt sich auf diese Infanterie, die so entschlossen gegen das österreichische Zentrum vorrückt. Nun läßt Macdonald sein formiertes Karree haltmachen, befiehlt den beiden Seitenkolonnen Front zu machen und stellt so dem Feinde drei Feuerlinien entgegen. Der Boden erdröhnt unter dem Galopp der österreichischen Kürassiere, doch sie werden von solchem Salvenfeuer empfangen, daß sie genötigt sind, auf ihre Infanterie zurückzugehen, die durch ihre Flucht in große Unordnung gerät. Damit ist der feindliche Vorstoß gegen die Linke der Franzosen und deren Zentrum vereitelt, der Erzherzog verzweifelt daran, die Franzosen in die Donau zu werfen, und muß das eroberte Gelände wieder räumen. Die Gefahr für die Franzosen ist beschworen. Masséna ergreift wieder die Offensive gegen Klenau und Kolowrath, Boudet ist wieder in Linie eingerückt, und alles drängt vorwärts. An der Spitze ihrer Reiterei führen Lasalle und Marulaz glänzende Attacken aus, aber Lasalle wird von einer Flintenkugel niedergestreckt und beschließt seine ruhmvolle Laufbahn angesichts des fliehenden Feindes.

Der rechte Flügel der Österreicher ist gezwungen, sich der Rückwärtsbewegung des Zentrums anzuschließen. Wenn jetzt Marschall Davoust imstande ist, seinen erhaltenen Befehl auszuführen und auf dem linken Flügel dem Feinde Neusiedel abzunehmen, dann ist es um diesen geschehen. Ungeduldig wendet der Kaiser seine Blicke nach dem viereckigen Turm, der das Dorf Neusiedel beherrscht. Er wartet nur auf das Fortschreiten des Feuers in dieser Richtung, um Oudinot nach Wagram zu werfen. Falls Erzherzog Johann doch noch erscheinen sollte, bleiben dem Kaiser noch eine Hälfte der Armee von Italien, das Korps Marmont, die Alte Garde und die Bayern gegen diesen zur Verfügung.

Das Vertrauen Napoleons in Davoust wurde, wie stets, auch hier wieder gerechtfertigt. Er ließ durch die Generale Montbrun und Grouchy den Übergang über den Rußbach vorbereiten und sandte dann die Divisionen Morand und Friant zur Erstürmung des Plateaus vor. Fürst Rosenberg will gegen diesen Flankenangriff Front machen, doch wird General Morand durch sein Musketenfeuer nicht aufgehalten. Da jetzt die Brigade Gilly von der Division Friant die Höhe erstiegen hat und die Österreicher mit dem Bajonett angreift, so werden die Truppen Rosenbergs zurückgedrängt. Nun führt Davoust seine vor dem Rußbach gebliebenen Divisionen Puthod und Gudin in den Kampf. Puthod wirft sich nach Neusiedel, dringt in das Dorf ein und zwingt nach großer

Anstrengung den Feind zum Rückzuge. Im gleichen Augenblicke ersteigt Gudin unter mörderischem Feuer das Plateau von Neusiedel, während Friant bereits im Rücken des Fürsten Rosenberg Terrain gewonnen hat.

Als Napoleon sein Feuer den viereckigen Turm überholen sieht, zweifelt er nicht mehr am Erfolg und läßt Masséna, dem Prinzen Eugène und General Macdonald die gute Botschaft melden. Nun läßt er Oudinot auf Baumersdorf und Wagram marschieren. Oudinot erfüllt diese Aufgabe, schließt sich auf dem Plateau an die Division Gudin an und beteiligt sich daran, mit dem Korps Davoust das Plateau zu säubern.

Es ist 3 Uhr. Da Erzherzog Karl nunmehr befürchtete, von der Straße nach Mähren abgedrängt zu werden, gab er den Befehl zum Rückzuge. So endete die Schlacht, die von morgens 4 Uhr bis nachmittags 4 Uhr gedauert hatte.

Nach der Schlacht zeigten sich plötzlich die Spitzen des Heeres des Prinzen Johann, das endlich eingetroffen war und sich im Rücken der Franzosen bei Siebenbrunn der Ebene des Marchfeldes näherte.

Napoleon, der im Schatten einer Pyramide von Trommeln ausruhte, mußte nochmals zu Pferd steigen. Schon schickte er sich an, seine unbenutzt gebliebenen Truppen gegen Erzherzog Johann vorzuwerfen, als er die Gefahr sich entfernen und die Spitzen der feindlichen Kolonnen wieder am Horizont verschwinden sah. Der Erzherzog hatte eingesehen, daß er zu spät gekommen war.

Die Resultate der Schlacht bei Wagram waren sehr große. Man hatte den Österreichern ungefähr 24 000 Mann getötet oder verwundet, unter denen sich die Generale Nordmann, d'Aspre, Wukassowich, Vecsay, Rouvroy, Nostiz, Hessen-Homburg und Merville befanden, und 12 000 Gefangene waren gemacht worden. Die Franzosen hatten an Toten und Verwundeten 15 bis 18 000 Mann verloren. Die Armee, welche die österreichische Monarchie verteidigte, war besiegt und außerstand gesetzt, sich weiter im Felde zu behaupten! Dieser Erfolg war unermeßlich, denn er mußte dem Krieg ein Ende setzen. Mit den 12 000 Mann des Erzherzogs Johann und den 80 000, die dem Erzherzog Karl noch verblieben, war es nicht möglich, den Krieg bis ins Unendliche auszudehnen. Sich in eine möglichst gut gewählte Provinz zurückziehen, sich dort erholen und möglichst günstige Friedensbedingungen zu erhalten suchen, das war die einzige Hoffnung, die man noch hegen konnte.

So beurteilte der Kaiser das Ergebnis der Schlacht bei Wagram und war vor allem darauf bedacht, daß das Ende der Feindseligkeiten derart wäre, daß der Friede unbedingt von ihm abhinge.

An die Entthronung des Hauses Habsburg, die er im ersten Zorn und nach den großartigen Siegen in Bayern geplant hatte, dachte er nicht mehr. Seine Absicht war aber, es durch noch größere Schwächung zu bestrafen und zugleich den Widerstand niederzuschlagen, der in Europa sich zu verschärfen drohte.

III.

Eine Verfolgung des Feindes am gleichen Tage war nicht mehr möglich. Die Armee hatte zu viele Punkte zu überwachen und besaß zudem viel neue Regimenter und in den alten viele junge Soldaten, von denen man nicht Übermenschliches fordern konnte.

Am 7. Juli schlug der Kaiser sein Hauptquartier bei Wolkersdorf auf. Dieser Tag wurde den Verwundeten und der Erneuerung und Anschaffung von Munition und Lebensmitteln gewidmet. Die nicht ins Gefecht gekommenen Korps wurden zur Verfolgung des Feindes verwandt, vor allem das schöne Korps Marmont und die Bayern des Marschalls Wrede, die die Straße nach Mähren einschlugen. Masséna erhielt den Befehl, mit seinen Divisionen Legrand und Molitor, die am wenigsten gelitten hatten, die Straße von Böhmen über Stockerau und Znaim zu beobachten.

Am 8. war man vollkommen im unklaren, welche Straße die Österreicher eingeschlagen hatten. Da der Kaiser ihren Rückzug auf der Straße nach Mähren für wahrscheinlich hielt, so schickte er Davoust hinter Marmont her. Somit waren auf dieser ungefähr 45 000 Mann imstande, der ganzen Armee des Erzherzogs Karl die Spitze zu bieten. Hinter Masséna setzte Napoleon den General Macdonald in Bewegung, während er selbst mit der Garde, den Kürassieren Nansoutys und den jungen Truppen Oudinots noch 24 Stunden in Wolkersdorf blieb, um dort Gewißheit darüber zu haben, welche Straße, ob nach Mähren oder Böhmen, der Erzherzog eingeschlagen habe.

Der Erzherzog hatte, warum weiß man nicht, Böhmen zu seiner Zuflucht gewählt und retirierte auf der Straße nach Znaim, die von dort über Iglau nach Prag führt.

Am 9. Juli wurde Marmont, der dem auf der Straße nach Mähren marschierenden Fürsten Rosenberg dicht gefolgt war, gemeldet, daß derselbe eine Schwenkung nach links gemacht und die Straße von Mähren mit der von Böhmen vertauscht habe. Marmont faßte sofort den richtigen Entschluß, das gleiche zu tun, und ging über Laa gegen Znaim so rasch vorwärts, daß er dort auf die 60 000 Österreicher stieß, die im Begriff waren, sich über die Tayabrücke und durch die Stadt Znaim zu drängen. Er war durchaus außerstande, mit seinen 10 000 Mann den 60 000 Mann die Straße zu sperren, und lief im Gegenteil selbst Gefahr, wenn diese ihn angriffen.

Er bemächtigte sich jedoch eines Hohlweges, der ihn vom Talbekken von Znaim trennte, und des unterhalb gelegenen Dorfes Teswitz, von wo aus er die Tayabrücke beschießen konnte. Seine Front war durch den Hohlweg, seine Linke durch die Taya und seine Rechte durch stark besetzte Bauernhöfe und ein Gehölz gedeckt, und er war imstande, ohne daß der Feind ihm viel anhaben konnte, den Übergang der Österreicher über die Brücke mit seinem Feuer zu stören. Er schickte sich also an, diese zu beschießen, und machte dem Kaiser Meldung von seiner eigentümlichen Lage.

Gegen Abend verkündete eine Kanonade zur Linken in der Ferne den Anmarsch Massénas. Napoleon war also unterrichtet und würde nicht verfehlen, herbeizueilen. General Marmont war nun beruhigt, und das um so mehr, als Graf Bellegarde ihn bereits um Waffenstillstand bitten ließ. Er sandte den Unterhändler zum Kaiser.

Am 11. fuhren die Österreicher fort, unter den Augen Marmonts vorbeizumarschieren, der sie von Teswitz aus mit Kartätschen beschoß, während Masséna, der dem Fürsten von Reuß auf dem Fuße folgte, sie gegen Mittag nach hitzigem Treffen auf die Taya warf. Gegen Mittag traf der Kaiser im Hauptquartier Marmonts ein.

Auf allen Seiten wurde erbittert gekämpft, von überall her drangen die Franzosen jetzt gegen die Brücke und Znaim vor, um die Österreicher zu umzingeln, die sich von dieser Umarmung ihrerseits frei zu machen suchten.

Da erschien Fürst Johann von Liechtenstein beim Kaiser und bat um Waffenstillstand, indem er ihm bei seiner militärischen Ehre zusagte, daß sofortige Friedensunterhandlungen beginnen sollten. Der Kaiser hatte es in der Hand, der österreichischen Armee ein furchtbares Schicksal zu bereiten, doch war sein Stolz befriedigt, und er bewilligte den Waffenstillstand, dessen Bedingungen sofort auf dem Kampfplatz zwischen Berthier für Frankreich und Wimpffen für Österreich festgelegt wurden.

Der Tag kostete den Franzosen 2000 Tote und Verwundete; die Österreicher verloren deren 3000 und 5- bis 6000 Gefangene. Es war dies ein letzter Sieg, der diesen großen und schönen Feldzug würdig krönte.

Der Waffenstillstand wurde in Znaim um Mitternacht unterzeichnet und trug das Datum des 12. Juli. Danach hielt der Kaiser, bis man sich über die Friedensbedingungen geeinigt hätte, alle Teile Österreichs besetzt, durch die seine Truppen gezogen waren, d.h. mehr als ein Drittel des Kaiserreiches. Er bewilligte einen Monat als Dauer desselben mit vorhergehender vierzehntägiger Kündigung im Falle eines Bruches. Die Bedingungen waren hart, aber man mußte nachgeben und – gab nach.

IV.

Nachdem Napoleon die Komplimente des Erzherzogs Karl entgegengenommen hatte, reiste er nach Schönbrunn ab, um alles daranzusetzen, entweder den Frieden zu erhalten oder durch eine letzte kurze entscheidende Anstrengung den Krieg zu beendigen. Man konnte im Laufe des August die Unterhandlung beendet oder alle Mittel vorbereitet haben, um im September einen letzten Feldzug zu unternehmen, der der Existenz des Hauses Österreich ein Ende machen würde. Napoleon ordnete daher neue Rüstungen an, wie wenn er noch nichts erreicht und nicht Siege diplomatisch auszubeuten, sondern Niederlagen gutzumachen hätte.

Über den vielen Arbeiten, die ihn in Anspruch nahmen, vergaß er nicht, Belohnungen auszuteilen. General Oudinot, der den Marschall Lannes als Führer des II. Korps vortrefflich ersetzt hatte, General Marmont, der den kühnen Marsch von der Grenze Dalmatiens her ausgeführt hatte, General Macdonald, der in Italien und bei Wagram die seltenste Unerschrockenheit und wahre Kriegserfahrung gezeigt hatte, wurden zu Marschällen ernannt. Den Korps und namentlich den Verwundeten wurden Gratifikationen ausgesetzt. Unter diese Beweise von Dankbarkeit und Freigebigkeit mischte sich aber auch ein Akt der Strenge, der Bernadotte traf.

Die Sachsen wichen am Tage vor und am Morgen der Schlacht von Wagram zurück; sie waren die schlechtesten Soldaten der Armee. Der Vizekönig Eugène befand sich im Zentrum auf einer Erhöhung, von wo aus er alle Bewegungen auf dem linken Flügel beobachten konnte. Da bemerkte er, daß die Sachsen in Unordnung zurückwichen. Zwanzig Minuten später eilte ein Generalstabsoffizier mit verhängten Zügeln herbei und rief dem Vizekönig zu: »Der Fürst von Pontecorvo schickt mich, um Ihnen zu sagen, daß er verloren ist, wenn er keine Hilfe erhält; seine Kavallerie hält noch stand, aber die Infanterie ist Hundepack.« Man kann sich das Erstaunen aller ausmalen, als am Tage nach der Schlacht der Fürst von Pontecorvo (Bernadotte) gegen allen Brauch einen Tagesbefehl an die Sachsen erließ, in dem er sie *die Granitkolonne* nannte. Der Kaiser nahm ihm daher den Oberbefehl des Korps und schickte ihn nach Paris zurück[1].

Als Bernadotte in Paris eintraf, wurde er vom Kriegsminister, der glaubte, er sei aus Gesundheitsrücksichten zurückgekehrt, nach Antwerpen geschickt, wo er viel sprach und schrieb, aber nicht handelte.

Endlich besuchte Napoleon auch seine Lager in Oberösterreich, Mähren und Ungarn, denn er wußte, daß er durch diese drohende Wachsamkeit den Abschluß des Friedens besser fördern würde als durch alle Anstrengungen seiner Unterhändler. Die Stadt Altenburg war zum Ort der Zusammenkunft derselben bestimmt worden.

Infolge davon reiste Herr von Champagny nach Altenburg, einer kleinen Stadt zwischen Raab und Komorn, einige Meilen vom Schlosse Dotis gelegen, wohin sich Kaiser Franz nach der Schlacht von Wagram begeben hatte. Er hatte den Auftrag, als Basis der Verhandlungen das *Uti possidetis* aufzustellen, d. h. die Überlassung des Gebietes an Frankreich, das dieses besetzt hielt, indem man Österreich die Wahl ließ, von dem, was die Franzosen okkupierten, das zurückzufordern, was ihm beliebte, um es durch gleichwertige Abtretungen zu ersetzen.

---

1 Gegen diese Darstellung des Anteils der Sachsen an der Schlacht bei Wagram wandte nach Erscheinen der Napoleonschen Memoiren der sächsische Kriegsminister v. Gersdorf sich in einem Brief an den Herausgeber, Baron Gourgaud. Der Briefwechsel ist in einem der nächsten Bände der *Mémoires* abgedruckt. – Gourgaud erhielt die Anschuldigungen aufrecht und verwies, um Napoleons Stimmung gegen die Sachsen zu erklären, auf deren Benehmen in der Schlacht bei Leipzig. – Man kann Napoleons Groll wohl verstehen. Daß die Sachsen von ihm abfielen – wie es vorher schon die Bayern getan hatten –, würde er ihnen wohl nicht nachgetragen haben. Aber daß sie im kritischen Augenblick des Gefechtes nicht nur ihre Stellung verließen, wodurch sie eine sehr weite Lücke in der französischen Linie verursachten, sondern sofort ihre Waffen gegen ihre bisherigen Kampfgenossen richteten, das widerspricht allerdings dem allgemein menschlichen Gefühl. C.

Damit würde es ungefähr 9 Millionen Untertanen verloren haben, also mehr als ein Drittel seiner Staaten, was soviel als es vernichten hieß. Dies war jedoch nur ein erstes Wort, um die Verhandlungen einzuleiten.

Die Unterhandlungen wurden in dem Augenblicke eröffnet, wo man in Österreich zu erfahren begann, daß die Dinge in Spanien sich für Frankreich günstiger gestalteten und daß die englische Expedition nach Walcheren nur wenig Erfolg haben würde. Und natürlich zog man sie bis zu dem Tage hin, wo man mit Bestimmtheit wußte, daß diese Expedition keinen anderen Erfolg hatte, als England einige tausend Mann und viele Millionen verlieren, Napoleon aber eine Armee mehr gewinnen zu lassen.

Kaiser Franz hatte seinen Pariser Gesandten Metternich beauftragt, mit Champagny zu verhandeln, und ihm Herrn von Nugent, den Generalstabschef der österreichischen Armee, für alle militärischen Einzelheiten und für die Erörterung der auf die Grenzregulierung bezüglichen Fragen beigegeben.

Die ersten Besprechungen fanden gegen Ende des August statt, länger als einen Monat nach dem Gefecht von Znaim und der Unterzeichnung des Waffenstillstandes; so viel Zeit hatte es gekostet, um die Bevollmächtigten zusammenzuberufen und ihre Instruktionen zu entwerfen. Man hatte gern in die Verlängerung des Waffenstillstandes gewilligt, denn niemandem war es darum zu tun gewesen, die Sache schnell zu Ende zu bringen. Napoleon nicht, weil er auf Kosten Österreichs lebte und seine Verstärkungen zu erwarten hatte; und Österreich ebenfalls nicht, weil es, obschon es die Kosten des französischen Aufenthaltes zu zahlen hatte, doch zunächst neue Kräfte sammeln und das Ergebnis des englischen Angriffs auf Walcheren abwarten wollte.

Metternich antwortete auf die ersten Forderungen Champagnys, daß man, wenn dieser Vorschlag im Ernst gemacht sei, sich nur zum Kampfe zu rüsten brauche, zum erbitterten Kampfe. Frieden sei damit unmöglich gemacht. Während er sich traurig und entmutigt zeigte, gestand er zugleich ein, daß er diese Unterhandlung nur für Spiegelfechterei halte und im Grunde davon überzeugt sei, der Kaiser wolle die Fortsetzung des Krieges.

Herr von Champagny erklärte, daß dem nicht so sei, daß Napoleon den Frieden wünsche, jedoch mit den Vorteilen, die er von seinen Erfolgen zu erwarten ein Recht habe. »Warum aber dann«, fragte Metternich, »eine unannehmbare Grundlage zur Unterhandlung?«

Man mußte dieses Hindernis umgehen, und Napoleon, der mit dem für ihn bereits sichtbaren Resultate der Expedition von Walcheren zufrieden war und daraus ein Mittel eines vorteilhaften Friedens herleiten wollte, ermächtigte Champagny, Entgegenkommen zu zeigen und in Aussicht zu stellen, daß Frankreich sich auch mit 4 bis 5 Millionen Untertanen vielleicht begnügen würde. Metternich erwiderte darauf, daß das von Napoleon befolgte System zur Erlangung des Friedens zu beklagen sei; er wolle einen engherzigen, grausamen, gefeilschten Frieden statt eines hochherzigen, der eine lange Ruhe und eine endgültige allgemeine Friedensstiftung herbeigeführt haben würde.

Nachdem sich indessen die Franzosen ausgesprochen hatten, mußten nun auch die Österreicher sich ihrerseits erklären oder brechen. Es war nicht möglich, sich über ihre Lage Täuschungen hinzugeben. Die Streitkräfte Napoleons mehrten sich von Tage zu Tage; die Expedition von Walcheren hatte keine anderen Erfolge gehabt, als ihn zur Aushebung neuer Truppen zu ermächtigen; Rußland endlich hatte sich ausgesprochen und Herrn von Tschernischeff abgeschickt, der einen Brief für den Kaiser Napoleon und einen zweiten für Kaiser Franz überbracht hatte. Der Zar erklärte darin, daß er keinen Bevollmächtigten in Altenburg haben und die Leitung der Unterhandlung Frankreich allein überlassen wolle; er wahre sich die Freiheit, das Resultat zu genehmigen oder zu verwerfen. Dem Kaiser Franz riet er, sich zu Opfern zu verstehen, dem Kaiser Napoleon, eine Ermäßigung zu bewilligen. Auch bat er diesen noch förmlich, nur kein Polen unter dem Namen eines Großherzogtums Warschau wieder ins Leben zu rufen.

Vorausgesetzt, daß er diesen Bruch des Bündnisses nicht beginge, konnte also Napoleon offenbar alles tun, was er wollte, und Österreich sah sich ohne Stütze seitens Rußlands.

Da die Unterhandlungen ins Stocken gerieten und man die Schuld daran dem schwerfälligen und winkelzügigen Verfahren der Diplomaten beimaß, entschloß sich Kaiser Franz, Herrn von Bubna, seinen Adjutanten, einen Militär von großer Klugheit, nach Schönbrunn zu senden, um mit dem Kaiser selbst Fühlung zu nehmen. Er gesellte ihm später noch den Fürsten von Liechtenstein hinzu.

Am 7. September reiste Bubna zum Hauptquartier Napoleons ab. Dieser empfing ihn freundlich und gnädig und sprach zu ihm mit voller Offenheit, die man selbst für Unvorsichtigkeit hätte auslegen können, wenn er sich nicht in einer Lage befunden hätte, die diplomatische Künste nicht nötig hatte.

Nach der langen vertraulichen Unterredung machte er dem General ein kostbares Geschenk und entließ ihn verführt, dankerfüllt und geneigt, in Dotis für die Sache eines sofortigen Friedens einzutreten und zu diesem Behufe größere Opfer anzuraten als diejenigen waren, zu denen man anfangs entschlossen war.

V.

Am 27. September trafen Liechtenstein und Bubna wieder zu Schönbrunn ein und wurden von Napoleon mit Artigkeiten überhäuft. Sie ließen ihn merken, daß sie Vollmachten hätten, seine Hauptbedingungen anzunehmen. Nachdem er die Unterhändler am 30. September ins Theater geführt und mit Zuvorkommenheiten überschüttet hatte, bat er sie, sich mit ihm in sein Kabinett zu begeben, und stellte mit ihnen die Grundzüge des Vertrages fest.

Über diese einigte man sich endlich. Allein zwei Punkte blieben noch zu erledigen, die von großer Wichtigkeit waren – die Verringerung der österreichischen Armee und die Kriegsentschädigung. Napoleon verlangte, daß Österreich sich in Zukunft auf 150000 Mann beschränken und sofort weitere 100 Millionen Franken Kriegskontribution von den 200 Millionen zahlen solle, die nach der Schlacht von Wagram verlangt worden waren und von der erst 50 Millionen bezahlt waren. Die Unterhändler waren nicht ermächtigt, diese Fragen zu behandeln, und baten um Frist. Um dieser Bedingung aber eine minder demütigende Deutung zu geben, kam man überein, daß Österreich nur während der Dauer des Seekrieges gehalten sein sollte, sich auf diesen Effektivbestand zu beschränken, um England jeden Bundesgenossen auf dem Kontinent zu entziehen. Napoleon wollte dann das eroberte Land auf der Stelle räumen, wenn 100 Millionen in kurzer Frist bezahlt werden würden. Bubna solle in den nächsten Tagen diese letzten Schwierigkeiten in Dotis aus dem Wege zu räumen suchen.

Man hoffte, in einigen Tagen zum Ziele zu gelangen, aber bis zum 6. Oktober war darüber noch keine Einigung erzielt. Nun verlor der Kaiser die Geduld und ließ durch Champagny ein förmliches Ultimatum stellen, das keine Ausflüchte mehr zuließ.

Daraufhin unterzeichnete endlich am 14. Oktober Liechtenstein mit Champagny den Friedensvertrag, den sogenannten Vertrag von Wien, den vierten seit 1792.

Der Friede galt zugleich für alle Bundesgenossen Österreichs. Österreich trat darin ab: auf italienischer den Kreis Villach, Krain und das rechte Ufer der Sau bis zur türkischen Grenze; nach Bayern zu das Innviertel mit einer Linie von Efferding bis zum Salzburgischen; in Polen Neugalizien mit dem Kreise Zamosc für das Großherzogtum und die beiden Kreise Solkiew und Zloczow für Rußland. Ein Geheimartikel enthielt die Verpflichtung Österreichs, seine Armee bis zum Seefrieden nicht über 150000 Mann zu verstärken, und die Verbindlichkeit, 85 Millionen Franken Kriegsentschädigung zur Tilgung dessen, was die österreichischen Provinzen schuldeten, beizutragen, und zwar 30 Millionen bar am Tage der Räumung Wiens. Nur sechs Tage wurden für die Ratifizierung zugestanden.

Nachdem dieser doppelte Vertrag unterzeichnet war, empfand Napoleon eine wahre Freude darüber, entließ Bubna und Liechtenstein mit Achtungsbeweisen überhäuft und befahl die Unterzeichnung des Friedens sofort durch Kanonenschüsse zu verkünden. Dies war eine geschickte List, denn die österreichische Regierung konnte nachträglich nicht gut das Wiener Volk, das das Ende des Krieges sehnlichst herbeiwünschte, durch Verweigerung der Ratifizierung enttäuschen. Napoleon entschloß sich, dieser List noch eine andere hinzuzufügen, indem er selbst sofort abreiste und die Sorge für die Räumung des Landes Berthier überließ. Er fertigte auf der Stelle die Befehle aus, die der unterzeichnete Friede nötig machte. Dann schickte er sich zur Abreise an, ohne die Antwort von Dotis abzuwarten, um die Verweigerung der Ratifikation unmöglich zu machen, denn es war nicht wahrscheinlich, daß man ihm nacheilen würde, um zu melden, daß man den Frieden verweigere. Würde jedoch der Friede ratifiziert, dann sollte die Räumung sofort beginnen. Beim Abzuge sollten die Befestigungswerke von Wien, Brünn, Raab, Graz und Klagenfurt in die Luft gesprengt werden, ein trauriger Abschiedsgruß für die Österreicher, aber eine Maßregel, die dem Kriegsrechte entsprach.

Während Napoleon schon mitten unter seiner jubelnden Garde das Donautal hinaufzog, hatte der Hof zu Dotis mit einer Art von Verzweiflung den zu Wien abgeschlossenen Vertrag entgegengenommen. Die so oft wegen ihrer Langsamkeit verspotteten Diplomaten rächten sich jetzt an den Militärs und warfen ihnen vor, sie hätten sich prellen lassen. Trotz dem Ruhme, womit sich Liechtenstein im letzten Feldzuge bedeckt hatte, und trotz der Gunst, in welcher Bubna stand, fielen beide gewissermaßen in Ungnade und wurden zur Armee zurückgeschickt. Gleichwohl nahm man den Vertrag, dem man so viel Übles nachsagte, an, um nicht wieder mit Napoleon in Krieg verwickelt zu werden, und hauptsächlich, um dem guten österreichischen Volke einen Frieden nicht wieder zu entreißen, den Napoleon ihm schon durch eine vorgreifende Bekanntmachung verkündet hatte. Die Auswechselung der Ratifikationen fand am 20. Oktober statt.

Auf der Stelle befahl Fürst Berthier, der nur auf das Signal wartete, um die Räumung zu beginnen, dem Marschall Oudinot, der Wien besetzt hatte, sich in Bewegung zu setzen, um der Kaisergarde auf der Straße nach Straßburg zu folgen; dem Marschall Davoust, sich von Brünn nach Wien zu begeben; dem Marschall Masséna, von Znaim nach Krems zu rücken; dem Marschall Marmont von Krems über St. Pölten nach Laibach zu ziehen; und endlich dem Prinzen Eugène, über Ödenburg und Leoben den Rückmarsch nach Italien anzutreten.

Gleichzeitig ließ er die unter den Wällen der Hauptstadt angelegten Minen entzünden, und während die Wiener den abziehenden Truppen nachblickten, vernahmen sie schmerzbewegt den wiederholten Donner der Explosionen, der ihnen die Zerstörung ihrer Mauern verkündigte.

VI.

Nach den Siegen in Bayern hätte der Kaiser den Österreichern nach Böhmen folgen können; aber sie würden sich auf Prag zurückgezogen haben, und einen langen Krieg zu führen hatte für Napoleon keinen Zweck. Er dachte wohl daran, die drei Kronen zu trennen; andererseits aber war es auch gut, eine ansehnliche Macht bestehen zu lassen, um sie gegen Rußland auszuspielen. Ohne die Niederlage bei Aspern hätte Napoleon allerdings die österreichische Monarchie zertrümmert; aber Aspern war eine teure Schlacht für ihn, und er verzichtete auf diesen Plan. Nach seinem Einzug in Wien befürchtete er sehr, Erzherzog Karl, der auf dem linken Donauufer stand, möchte nach Linz rükken; dies würde Napoleon gezwungen haben, die Hauptstadt zu verlassen. Er wollte eine Brücke über die Donau haben, um dem Erzherzog folgen zu können, sobald er eine Bewegung machte. Dies ist der Grund, warum der Kaiser sofort nach der Ankunft in Wien sich der Insel Lobau bemächtigte; damit setzte er sich auf der Donau selbst fest. Man brauchte später nur einen Arm zu überschreiten, der nicht so breit wie die Seine ist. Der Kaiser beging den Fehler, nicht schnell genug seine ganze Armee auf die Insel hinüberzuwerfen. Plötzlich trat eine große Donauüberschwemmung ein, und durch das Anschwellen des Stromes wurde die Brücke fortgerissen.

Napoleon hatte unzureichende Meldungen erhalten und wußte nicht, daß die ganze österreichische Armee dort versammelt war. Nachdem er das Schlachtfeld besichtigt hatte, wäre es ihm das liebste gewesen, sich nur hinter Eßling auf die Donau zu stützen, denn er hatte nicht Truppen genug, um Enzersdorf, Aspern und Eßling gleichzeitig behaupten zu können; aber er sah, daß die Stellung in Eßling zu wichtig war, um sie aufzugeben. Er hoffte, daß Davoust am 22. eintreffen würde, um das Donauufer bis Enzersdorf besetzen zu können. In der Nacht vom 21. zum 22. erwog Napoleon ernstlich den Gedanken, wieder auf die Lobau zurückzugehen; aber auf der Brücke herrschte eine solche Unordnung, daß er die Unmöglichkeit dieses Manövers einsah. Er hatte A gesagt und mußte nun auch B sagen. Es war ein Fehler, nur eine einzige Brücke über den kleinen Donauarm zu schlagen. Man kann nicht behaupten, daß der Kaiser bei Aspern eine Niederlage erlitten habe. Der Feind hatte so viele Verluste, daß er keinen weiteren Angriff wagte. Beide Gegner leckten ihre schweren Wunden. Napoleon hätte die Schiffbrücke, die die Lobau mit dem rechten Donauufer verband, nicht abfahren lassen und nur 8- bis 10 000 Mann in dem Gehölz auf der Insel behalten sollen; denn zweifellos war die Lage anfangs recht kritisch, als die ganze französische Armee auf der Donauinsel zusammengedrängt stand.

Vor der Schlacht bei Wagram hatte Napoleon immer Furcht, daß Erzherzog Karl sich auf Linz werfen würde; dies beunruhigte ihn sehr, weil seine Brücken erst halb fertig waren. Er ließ eine neue schlagen, und zwar auf derselben Stelle, wo sie während der Schlacht von Aspern gewesen war; dies tat er, um den Feind auf diese Stelle zu ziehen. Die Österreicher glaubten, die Maus würde zum selben Loche wieder herauskommen, in das sie hineingeschlüpft war; sie bauten Schanzen über Schanzen. Als Napoleon über die Donau ging, wollte er ein großes Getümmel anrichten, um die Österreicher zu verhindern, sich in Schlachtordnung zu stellen, und um sie während der Nacht zu fassen. Die Österreicher sind gute Soldaten in der Schlachtlinie, aber sie manövrieren weder gut noch schnell, wenn man sie auf dem Marsch angreift.

Davoust machte einen zu großen Umweg, Bernadotte mit den Sachsen marschierte zu langsam; es gelang daher den Österreichern, ihre Stellungen einzunehmen. Ihre Linie war ausgedehnter als die französische, obgleich sie an Zahl bedeutend schwächer waren. Napoleon hatte zwischen seinem linken Flügel und der Donau einen freien Raum gelassen, aber er hatte große Massen in Reserve. Er wollte den linken österreichischen Flügel aufrollen. Die Österreicher ihrerseits überflügelten das französische Heer von links, indem sie in die Lücke eindrangen; in diesem Augenblick ließ Napoleon seine Reserven eingreifen, und der feindliche rechte Flügel sah sich in Gefahr, in die Donau geworfen zu werden. Wie Fürst Schwarzenberg später erklärte, hat diese Bewegung sie zum Rückzug gezwungen, mehr als die Wirkung der berühmten großen Batterie der französischen Garde. In der Tat stellten sie dieser eine zahlreiche Artillerie gegenüber.

VII.

Eine der größten Ideen des Kaisers war die Konzentrierung und geographische Gruppierung derjenigen Völker Europas, die durch die Revolutionen und die Politik getrennt oder zerstückelt worden waren. So wollte er die dreißig Millionen Franzosen, die fünfzehn Millionen Spanier, die fünfzehn Millionen Italiener und die dreißig Millionen Deutschen je in einem und demselben Volkskörper vereinigen. Für diese große Tat würde ihn die Nachwelt gepriesen, würden Jahrhunderte ihn gesegnet haben! Erst wenn die Völker Europas auf diese einfachste Form zurückgeführt wären, könnte man sich mit dem Phantasiegebilde einer idealen Zivilisation befassen: erst bei einer solchen neuen Sachlage würde man die Möglichkeit finden, überall ein und dieselbe Gesetzgebung, dieselben Prinzipien, die Gleichheit der Meinungen, Gefühle, Ansichten und Interessen herbeizuführen. Dann vielleicht könnte für die große europäische Völkerfamilie, mit Hilfe der allgemein sich verbreitenden Aufklärung, der Traum von einem amerikanischen Kongreß oder dem Amphiktyonenrat Griechenlands erfüllt und damit die Aussicht auf Machtentwickelung, Größe und Gedeihen eröffnet werden. Welch großes und erhabenes Zukunftsbild!

Die Gruppierung der Franzosen war bereits vollzogen; die der Spanier fast beendet. Der Kaiser hatte allerdings die Spanier nicht unterworfen, und man könnte daher vielleicht sagen, er hätte sie nicht unterwerfen können. Tatsächlich waren sie aber doch so gut wie unterworfen; denn in dem Augenblick, wo sie der französischen Herrschaft entrannen, hatten die Cortes von Cadix bereits geheime Verhandlungen mit Napoleon angeknüpft. Nicht ihr Widerstand, nicht die Siege der Engländer haben ihnen die Freiheit verschafft, sondern Napoleons Fehler und die Niederlagen, die er in der Ferne erlitt. Kein Mensch wird leugnen können, daß der Kaiser bei seiner persönlichen Anwesenheit in Spanien allen Wirren ein Ende gemacht haben würde, wenn Österreich ihm vier Monate länger Zeit gelassen hätte, bevor es den Krieg erklärte: die spanische Regierung würde sich befestigt haben, die Gemüter hätten sich beruhigt, die verschiedenen Parteien sich miteinander versöhnt. In drei oder vier Jahren hätte im Lande tiefer Frieden geherrscht, einer fest in sich geschlossenen Nation wäre blühendes Wohlergehen beschieden gewesen.

Was die fünfzehn Millionen Italiener anbetrifft, so war ihre Verschmelzung schon weit vorgeschritten: sie hatten nur abzuwarten; jeder Tag brachte bei ihnen die Einheit der Prinzipien und der Gesetzgebung und die Übereinstimmung der Gedanken und Gefühle mehr zur Reife, diesen festen, unlösbaren Kitt menschlicher Gruppierungen. Die Vereinigung Piemonts, Parmas, Toskanas und Roms mit Frankreich war vom Kaiser nur als eine zeitliche angenommen worden. Ihr einziger Zweck sollte in der Überwachung und Befestigung der nationalen Erziehung Italiens bestehen.

Wenn so der ganze Süden Europas in feste Verbände mit gleichen Ansichten, Gefühlen und Interessen geschlossen war, was hätten dagegen alle Völker des Nordens ausrichten können? Sie hätten sich an einem solchen Hemmnis die Köpfe eingerannt! ...

Die Einigung der Deutschen erforderte mehr Zeit. Deshalb hatte der Kaiser zuerst einmal versucht, ihre ungeheuerliche Vielstaatlichkeit zu vereinfachen, trotzdem er sie für eine gemeinsame feste Gruppierung für durchaus reif hielt. Der Kaiser verstand den Charakter der Deutschen und war erstaunt, daß die deutschen Fürsten sich so sehr darüber täuschten. Er war immer der Meinung, daß er mit Leichtigkeit über die geeinten dreißig Millionen Deutsche regiert haben würde, wenn er als deutscher Fürst das Licht der Welt erblickt hätte; er war, so wie er die Deutschen kannte, davon überzeugt, daß diese ihn, nachdem er einmal als ihr Herrscher gewählt und eingesetzt worden wäre, nie im Stich gelassen hätten! Wie dem auch sei, der Kaiser sah diese Einigung der Deutschen kommen; früh oder spät mußte die Macht der Umstände sie herbeiführen: der Anstoß war gegeben. Für das Gleichgewicht Europas und sein Heil sah der Kaiser nur die eine Möglichkeit: Einigung der großen Völker in sich und Bündnis aller miteinander. Und der Herrscher, der zuerst aufrichtig für die Sache der Völker eintritt, wird an der Spitze von Europa stehen und kann unternehmen, was er will.

*

Neuntes Kapitel.

Familienangelegenheiten.

I. Vorgeschichten zur Scheidung von Josephinen. – II. Beschluß der Wiedervermählung und Vorgänge bei der Scheidung. – III. Vermählung mit Marie Louise von Österreich. Das Fest des Fürsten Schwarzenberg. – IV. Marie Louise und Josephine. Die Umgebung der jungen Kaiserin. – V. Louis von Holland und Hortense. – VI. Das »Haus Bernadotte«.

I.

Während der spanischen Wirren beunruhigten den Polizeiminister die Häufigkeit und lange Dauer der Unterredungen, die der Kaiser mit Talleyrand hatte; er bildete sich ein, Napoleon wolle sich scheiden lassen, um eine von den Schwestern des Zaren Alexander zu heiraten. Er nahm sich vor, die Frage, bei deren Behandlung der Kaiser, nach seinem langen Überlegen zu schließen, anscheinend zauderte, zur Entscheidung zu bringen; denn er war überzeugt, daß dieser Dienst seinen Einfluß auf Kosten seiner Nebenbuhler erhöhen werde.

Er wandte sich unmittelbar an die Kaiserin Josephine und machte bei ihr das Interesse Frankreichs geltend, das einen Nachfolger in der Herrschaft gebieterisch erheische; er wies darauf hin, daß die Kaiserin an Ruhm alle Frauen überstrahlen würde, wenn sie dies hochherzige Opfer brächte. Es kam Fouché zustatten, daß die Kaiserin Josephine natürlich glaubte, ein Minister werde solche Eröffnungen nicht machen, ohne dazu ermächtigt zu sein, und es gelang ihm, eine solche Herrschaft über sie zu gewinnen, daß er es sogar wagen konnte, ihr den Entwurf eines Briefes an den Senatspräsidenten vorzulegen, worin sie sich erbot, fürs Vaterland auf ihre Stellung als Kaiserin und Gattin zu verzichten. Die Kaiserin leistete nur noch schwachen Widerstand, verschob aber doch die Unterzeichnung des Briefes auf den nächsten Morgen.

Eine ihrer Palastdamen, Frau von Rémusat, faßte einen kühnen Entschluß. Sie war eine kluge Frau, die mit Recht durchaus keine Lust hatte, ihre Stellung als Begünstigte der Kaiserin mit der einer Hofdame bei einer gestürzten Fürstin zu vertauschen. Sie wartete, bis der Kaiser sein Arbeitskabinett verließ, und trat in demselben Augenblick in sein Schlafzimmer ein, als er sich zu Bett legen wollte. Es war ein Uhr morgens. Das Alter der Dame hob ihren Schritt über jeden Zweifel hinweg. Napoleons Neugier wurde rege; er empfing sie und erfuhr zu seinem großen Erstaunen, daß er seine Frau zu verstoßen gedenke! Er begab sich sofort zu Josephinen und beruhigte sie, indem er ihr versicherte, daß sie, wenn jemals die Staatsraison ihn zwingen sollte, das Band ihrer Ehe aufzulösen, ganz gewiß nur von ihm selber die erste Mitteilung erhalten werde. Napoleon hat ihr sein Wort gehalten.

Der Kaiser verließ Paris, ohne Fouché gesehen zu haben, aber er ließ ihn warnen, sich nicht in andere Dinge als in seine Polizeiangelegenheiten zu mischen, und befahl ihm, für das Aufhören der Scheidungsgerüchte zu sorgen, die von der Polizei selber in Paris verbreitet wurden.

Josephine war für den Kaiser immer von der größten Hingebung. Wenn Napoleon verreiste, wollte sie ihm folgen. Ihren Zweck zu erreichen, gebrauchte sie alle Listen. Weder Ermüdung noch Entbehrungen oder Unbequemlichkeiten konnten sie zurückschrecken, keine Reise war ihr zu weit, bei Tag oder Nacht war sie stets bereit, mit ihm zu gehen, und meistens gab Napoleon ihren Bitten nach. Alles in allem lebte sie nur für das Glück des Kaisers und war ihm die beste Freundin, der er seinerseits stets die größte Dankbarkeit bewies und auch später ein liebevolles Andenken bewahrte.

Allerdings war Josephinens Verschwendung für den Kaiser eine Qual. Er war ein guter Rechner, und es lag in seiner Natur, lieber eine Million zu verschenken, als die Verschwendung von 100 000 Franken mit ansehen zu müssen. Wenn die Kaiserin nur ein wenig Ordnungssinn gehabt hätte, konnte sie leicht fünfzig bis sechzig Millionen hinterlassen – so groß waren die Summen, die Napoleon ihr schenkte.

Ein beständiger Gegenstand des Kummers war ferner für den Kaiser der Umstand, daß die Kaiserin Josephine ihm kein Kind bescheren konnte. Ein Sohn wäre ihm nötig gewesen in politischer Hinsicht, er hätte ihn aber auch unendlich glücklich gemacht und Freude in sein Haus gebracht. Hätte er einen Sohn von ihr gehabt, so hätte er nie seinen Fuß auf den Blumenteppich gesetzt, der den Abgrund verdeckte; nie hätte er seinen Thron verloren. Ein Pfand von ihr hätte ihr häusliches Glück befestigt und der Eifersucht der Kaiserin ein Ende gemacht, mit der sie den Gatten beständig quälte. Josephine sah die Zukunft voraus und war untröstlich über ihre Unfruchtbarkeit. Sie fühlte selbst, daß eine Ehe ohne Kinder etwas Unvollständiges sei; da sie solche nicht mehr erzeugen konnte, hätte sie sich auch nicht verheiraten dürfen. Je höher sie emporstieg, desto unruhiger wurde sie. Sie wandte sich an alle Ärzte und wiegte sich bisweilen in trügerischer Hoffnung. Als sie sah, daß alles vergebens war, wagte sie sogar, den Kaiser zu einem politischen Betrug verleiten zu wollen!

Es gab übrigens zwei Möglichkeiten, die Scheidung zu umgehen: Napoleons Bruder Louis hatte Söhne. Die Kaiserin hatte einen Sohn aus ihrer ersten Ehe; Napoleon liebte diesen wie ein eigenes Kind. Die Söhne des Königs Louis waren Kinder, deren Erziehung der Kaiser leiten konnte. Nach dem Senatsbeschluß waren sie zum Thron berufen, und das Alter des Kaisers rechtfertigte die Hoffnung, daß sie bei seinem Tode in der öffentlichen Meinung Frankreichs bereits bekannt sein und für würdig gehalten würden, Napoleons Nachfolger zu sein, falls Joseph und Louis bereits gestorben sein sollten. Der Vizekönig Eugène hatte als General und Verwalter bereits seine Proben abgelegt. Die Bevölkerung Italiens ließ ihm volle Gerechtigkeit widerfahren. Die Franzosen liebten ihn und sahen ihn mit Bedauern von der Erbfolge ausgeschlossen. Seine Mutter hatte den Kaiser oft gedrängt, ihn als Nachfolger in der Herrschaft über das Reich zu adoptieren; dieser Plan war bei ihr geradezu zur fixen Idee geworden. Nach dem bürgerlichen Recht war Eugène des Kaisers unmittelbarer Erbe, ohne daß an dem organischen Senatsbeschluß etwas geändert zu werden brauchte. Aber wenn Eugène Napoleons Nachfolger wurde, so gründete er eine neue Dynastie, denn die Herstellung von Vaterschaft durch Adoption ist nur eine gesetzliche Fiktion, und der gesunde Menschenverstand des Volkes würde sie niemals anerkannt haben. In der vierten Dynastie wäre das Blut eines Beauharnais, nicht das eines Napoleon zur Herrschaft gelangt.

Als der Kaiser seinen Entschluß gefaßt hatte und Josephinen ankündigte, daß er die Scheidung wolle, versuchte sie alle möglichen Tränenmanöver. Aber Napoleon mußte auf dem Grundsatz beharren, daß die Staatsraison allem anderen vorgehe. Wenn er um das Wohl des Staates willen fünfzigtausend Menschen dem Tode weihen müßte, so würde er sie selbstverständlich beklagen, aber er würde stets handeln, wie seine

Pflicht es ihm vorschriebe. Ohne sich um Josephinens Tränen zu bekümmern, sagte Napoleon daher zu ihr: »Willst du gutwillig oder nicht? Ich bin entschlossen!« Am nächsten Tage ließ sie dem Kaiser sagen, daß sie einwillige. Aber als Napoleon sie zu Tisch führte, stieß sie einen Schrei aus und wurde ohnmächtig.

II.

Nachdem Napoleons Ehe vom Senat für aufgehoben erklärt war, stellte die geistliche Oberbehörde von Paris die von der katholischen Kirche vorgeschriebenen Nachforschungen an und verkündigte ebenfalls die Ungültigkeit der Ehe. Der römische Stuhl erhob den Anspruch, in dieser Angelegenheit befragt zu werden, aber der französische Klerus erklärte einmütig, dies widerspreche den Vorrechten der gallikanischen Kirche; auch ein Herrscher sei vor Gott nur ein Mensch und unterstehe der Rechtsprechung seines Pfarrherrn und seines Bischofs. Der Erzbischof von Wien mußte sich mit dieser Frage ebenfalls beschäftigen, bevor die Vermählung Napoleons mit der österreichischen Erzherzogin vollzogen werden konnte. Die Entscheidung der Pariser Kirchenbehörde wurde also dem Wiener Erzbischof mitgeteilt und von diesem durch eine amtliche Erklärung bestätigt und bekräftigt.

Napoleons Scheidung machte großes Aufsehen. Sein Thron, der mächtigste Europas, wurde von allen regierenden Häusern umworben. Aus politischen Gründen kamen drei Prinzessinnen in Betracht: eine russische, eine österreichische und eine sächsische.

Mit Rußland wurden offizielle Verhandlungen angeknüpft. Kaiser Alexander hatte bereits in Erfurt einige Worte über einen solchen Plan fallenlassen.

Graf Narbonne schrieb dem Polizeiminister Fouché, daß ihm in Wien bei seiner Durchreise gewisse Anspielungen auf Napoleons Wahl gemacht worden seien; er habe daraus entnehmen können, daß die Vermählung mit einer österreichischen Erzherzogin dem Wiener Hof erwünscht sein möchte. Napoleon konnte aber keine offiziellen Schritte tun, bevor er die Absichten des Zaren Alexander kannte. Er ließ den österreichischen Botschafter in Paris, Fürsten Schwarzenberg, sondieren, und die privaten Unterhandlungen wurden so geschickt geführt, daß der Botschafter gebunden war, Napoleon aber nicht. Der Kaiser dachte dabei an den Fall, daß die Heirat mit der Schwester des Zaren auf Schwierigkeiten stoßen würde. Diese Schwierigkeiten erhoben sich wirklich; in der kaiserlichen Familie in St. Petersburg gab es Meinungsverschiedenheiten. Kaiser Alexander scheint allerdings keine Bedenken gehabt zu haben; man verlangte jedoch, daß die Großfürstin, wenn sie Napoleons Gemahlin würde, im Innern des Tuilerienpalastes eine russische Kapelle mit eigenen Popen erhalte und daß ihr die freie Ausübung ihrer Religion gewährleistet werde. Hierüber fanden Unterhandlungen statt, und der Kaiser wartete nur auf die Antwort aus St. Petersburg, um einen bestimmten Entschluß zu fassen. Die Antwort traf ein. Napoleon hatte sich vergewissert, daß der Botschafter, ohne Rücksicht auf Vorhandensein oder Nichtvorhandensein von Instruktion der geplanten Heirat uneingeschränkte Zustimmung geben würde, sobald der Zeitpunkt gekommen wäre. Fürst Schwarzenberg war auf einem Jagdausflug abwesend; ein Kurier wurde ihm nachgesandt, und er eilte nach Paris zurück, um die Entscheidung abzuwarten.

Ein Geheimer Rat wurde auf vier Uhr nachmittags anberaumt, und nach Verlesung der St. Petersburger Depeschen wurde die Frage der zu treffenden Wahl zur Besprechung gestellt. Die Meinungen waren geteilt; die sächsische, österreichische und russische Prinzessin fanden eine jede ihre Stimmen. Die Mehrheit entschied aber für die österreichische; für diese Meinung war maßgebend der sehnliche Wunsch nach Aufrechterhaltung des Weltfriedens. Man wies darauf hin, daß von allen europäischen Mächten Österreich am meisten von Befürchtungen hinsichtlich der französischen Absichten beunruhigt werde; die geplante Verbindung mit dem Hause Habsburg werde alle Wolken zerstreuen; sie werde das Vertrauen wiederherstellen und ein Unterpfand für einen dauernden Frieden sein. Diese Gründe drangen durch, und der österreichischen Erzherzogin wurde der Vorzug gegeben.

Um 6 Uhr abends beauftragte Napoleon den Prinzen Eugène, sich zum Fürsten Schwarzenberg zu begeben und in aller Form einen Antrag zu machen. Zugleich gab er seinem Minister des Auswärtigen Vollmacht, seinen Ehevertrag mit der Erzherzogin Marie Louise zu unterzeichnen. Als Muster sollte der Vertrag Ludwigs des Sechzehnten mit der Erzherzogin Marie Antoinette dienen.

Um 7 Uhr erstattete Prinz Eugène Bericht über die Ausführung seines Auftrags, und im Laufe des Abends wurde der Ehevertrag unterzeichnet. Der Fürst von Neuchâtel, Marschall Berthier, wurde nach Wien gesandt, um den Antrag in der üblichen feierlichen Form vorzubringen. Bei der Vermählungsfeierlichkeit in Wien vertrat Erzherzog

Karl den Kaiser Napoleon als dessen Bevollmächtigter. Bei der Hochzeitsfeierlichkeit in Paris vertrat der Großherzog von Würzburg, später von Toskana, ein österreichischer Erzherzog, den Kaiser Franz.

Während die Scheidung von Josephinen betrieben wurde, kam eine Tochter von Napoleons Bruder Lucien nach Paris, wo sie bei der Kaiserinmutter wohnte. Sie hatte einen scharfen Geist und kritisierte alles. Dem Kaiser kam ihr Benehmen auffällig vor. Er erkundigte sich und erfuhr endlich auf vieles Drängen von seiner Schwester Karoline, der Königin von Neapel, daß die ganze Familie darauf hinarbeitete, das Mädchen dem Kaiser zu vermählen. Napoleon wies diesen Gedanken weit von sich: sie war seine Nichte, und es wäre ihm vorgekommen, als triebe er Blutschande mit ihr.

Die Scheidung der Kaiserin Josephine steht in der Weltgeschichte als einzig in ihrer Art da. Sie war für beide Gatten ein peinliches Opfer, das aber aus politischen Gründen stattfinden mußte. Die Ehe gilt in Frankreich als ein bürgerlicher Akt und als ein religiöses Sakrament; um ihre Auflösung herbeizuführen, bedarf es eines Zusammengehens der staatlichen und kirchlichen Behörden. Die zuständige bürgerliche Behörde, um die Auflösung der Ehe des Kaisers auszusprechen, war der Senat. Die beiden Gatten erklärten in einer Versammlung ihrer Familienmitglieder ihre Zustimmung zu der Scheidung. Diese Zeremonie ging in den Staatsgemächern der Tuilerien vor sich; sie war im höchsten Grade rührend, allen Zuschauern stürzten die Tränen aus den Augen. Nachdem vom Erzkanzler das beiderseitige Einverständnis festgestellt worden war, wurde vom Senat die Scheidung ausgesprochen. Die Kaiserin verließ die Tuilerien und begab sich nach Malmaison. Alle Möbel der Privatgemächer des Kaisers in diesem kleinen, aber entzückend schönen Landhause blieben an ihrem Platz. Sie erhielt außerdem das Landgut Navarre und ein Jahrgeld von zwei Millionen, das sie zum großen Teil darauf verwandte, Künstler zu ermutigen und Hilfsbedürftige zu unterstützen. Malmaison liegt drei Stunden von Paris, eine Stunde von Saint-Cloud entfernt. Die Kaiserin hat beständig dort gewohnt. In einem Zeitraum von fünf Jahren empfing sie drei- oder viermal den Besuch Napoleons. Der ganze Hof machte ihr regelmäßige Besuche. Als die Alliierten in Paris eingezogen waren, waren Kaiser Franz, der König von Preußen und besonders Zar Alexander häufig bei ihr zu Besuch.

Ihr Sohn, Vizekönig Eugène, war von Napoleon adoptiert worden; der Kaiser hatte ihn für den Fall, daß er ohne weitere legitime Leibeserben bleiben sollte, zu seinem Nachfolger als König von Italien ausersehen. Eugène wurde als italienischer Prinz von Geblüt betrachtet. Er erfreute sich aus den Krongütern eines jährlichen Einkommens, das auf 25 Millionen geschätzt wurde.

Im Jahre 1806 heiratete er die älteste Tochter des Königs von Bayern, eine schöne und liebenswürdige Prinzessin.

Eine Base der Kaiserin Josephine, Stephanie Beauharnais, wurde im Jahre 1806 mit dem Großherzog von Baden vermählt. Eine andere Base heiratete den Fürsten Arenberg, der einem der ersten Häuser Belgiens angehörte und souveräner deutscher Reichsfürst war. Wenn diese Ehe nicht so glücklich war wie die oben erwähnte, so war daran die Fürstin schuld. Der Fürst befehligte ein Jägerregiment; er zeichnete sich in Spanien aus, wo er von den Engländern gefangengenommen wurde. Napoleon legte dieser Heirat eine gewisse Bedeutung bei. Er hatte die Absicht, den Fürsten Arenberg zum Gouverneur von Belgien zu machen und ihm in Brüssel einen Hofstaat einzurichten, um den Belgiern einen neuen Beweis seiner Fürsorge zu geben. In dieser Absicht kaufte er vom Herzog von Sachsen-Teschen aus seinen Privatmitteln das Schloß Laeken und ließ es prachtvoll einrichten.

Eine dritte Base der Kaiserin wurde von Ferdinand dem Siebenten als Gemahlin und Königin von Spanien begehrt.

III.

Als Napoleon seiner Verlobten, der Erzherzogin Marie Louise, mit der er bereits in Wien durch Prokuration getraut worden war, zum erstenmal bei Compiègne begegnete, ließ er den Wagen anhalten, denn sie sollte nicht wissen, daß er es wäre. Aber die Königin von Neapel, die neben ihr saß, rief: »Da ist der Kaiser.« Napoleon sprang in die Berline und küßte seine Braut. Das arme Kind hatte eine lange Rede auswendig gelernt, die sie vor dem Kaiser auf den Knien liegend hersagen sollte. So hatte man ihr in Wien befohlen. Kaiser Franz hatte ihr gesagt: Sobald du mit dem Kaiser Napoleon allein bist, wirst du unbedingt tun, was er dir sagt. Du wirst ihm in allem gehorchen, was er etwa von dir verlangt.

Der Kaiser hatte Metternich und den Bischof von Nantes gefragt, ob er die Nacht unter einem Dach mit ihr verbringen könnte; sie beseitigten seine Bedenken, indem sie ihm versicherten, Marie Louise wäre Kaiserin und nicht mehr Erzherzogin.

Die bürgerliche Trauung wurde in Saint-Cloud vollzogen, die kirchliche im großen Saal des Musée Napoleon. Fünf oder sechs Kardinäle, die der Ziviltrauung in Saint-Cloud beigewohnt hatten, erklärten plötzlich, sie könnten aus Rücksicht auf den Heiligen Stuhl, ohne dessen Mitwirkung eine Vermählung gekrönter Häupter nicht stattfinden dürfe, an der religiösen Zeremonie nicht teilnehmen. Die französischen Bischöfe und die Mehrzahl der Kardinäle wiesen eine solche Anmaßung voller Entrüstung zurück; auch der Papst mißbilligte das Verhalten dieser Kardinäle, die aus Paris verbannt wurden. Man nannte sie *die schwarzen Kardinäle,* weil ihnen vom römischen Hof das Tragen des roten Talars für eine gewisse Zeit verboten wurde.

Von bester Gesinnung zeigte sich stets der Bischof von Nantes (de Voisins). Dieser hatte den Kaiser durch die Weisheit seiner Vernunftsgründe, seine tiefe Moral und seine weitgehende Duldsamkeit zu einem guten Katholiken gemacht. Marie Louise, deren Beichtvater er war, befragte ihn einst über die Pflicht, am Freitag zu fasten. »An welcher Tafel speisen Sie?« fragte der Bischof. – »Am Tische des Kaisers« war die Antwort. – »Präsidieren Sie demselben?« – »Nein.« – »Sie haben also dabei keinen Einfluß?« – »Nein.« – »Ißt der Kaiser Fastenspeisen?« – »Nein.« – »Dann unterwerfen Sie sich und verursachen Sie keine Störung. Ihre erste Pflicht ist, ihm zu gehorchen und ihm Achtung zu bezeugen. Machen Sie sich durch andere Mittel Gott wohlgefällig!«

Im gleichen Sinne handelte er, als er sie von einer öffentlichen Beichte am Osterfeste, zu welcher man Marie Louise veranlassen wollte, abhielt. Was wäre geschehen, wenn sie sich nicht an ihn gehalten, sondern einen Fanatiker befragt hätte? Welcher Streit, welche Uneinigkeit wäre im kaiserlichen Haushalte ausgebrochen! Welches Unheil wäre nicht unter den Umständen, in welchen der Kaiser sich befand, entstanden!

Gelegentlich der Hochzeit fanden glänzende Festlichkeiten statt. Der österreichische Botschafter Fürst Schwarzenberg gab als Vertreter seines Herrn ein Fest. Er ließ zu diesem Zweck im Park des Gesandtschaftspalastes einen Ballsaal aus Holz herstellen. Als der Ball in vollem Gang war, gerieten einige Gazebehänge in Brand: im Nu stand der ganze Saal in Flammen. Napoleon reichte der Kaiserin Marie Louise den Arm und ging langsam hinaus. Fürst Schwarzenberg wich der Kaiserin nicht von der Seite, bis sie nach Saint-Cloud abfuhr. Der Kaiser blieb bis zum Morgen im Garten. Die Feuersbrunst war nicht zu hemmen, bis alles verzehrt war. Mehrere Personen fanden den Tod. Ein tragisches Ende fand die Schwägerin des Fürsten Schwarzenberg, eine geborene Prinzessin Arenberg. Es war ihr bereits gelungen, den Saal zu verlassen; unruhig um das Schicksal eines ihrer Kinder ging sie noch einmal hinein und erstickte in dem Qualm, als sie durch eine ins Innere des Palastes führende Tür zu entkommen suchte. Am nächsten Tage fand man ihre verbrannten Überreste. Der russische Botschafter, Fürst Kurakin, wurde schwer verletzt.

Das Schwarzenbergsche Fest zur Feier der Vermählung Napoleons mit der Erzherzogin Marie Louise war verhängnisvoll für die Diplomaten, von denen mehrere durch den Brand umkamen, und nicht lange nachher wurde der Kaiser durch die Diplomaten gestürzt. Als der Brand ausbrach, durchzuckte ihn der Gedanke, dies wäre ein böses Vorzeichen für ihn. Daher freute er sich, als man ihm am Tage nach der Schlacht bei Dresden meldete, Fürst Schwarzenberg sei gefallen. Nicht, daß er dem armen Mann den Tod gewünscht hätte! Aber dem Kaiser fiel ein Stein vom Herzen, denn er dachte, der Unglücksbrand hätte für Schwarzenberg Böses bedeutet und nicht für ihn.

Als im Jahre 1770 die Stadt Paris das große Fest zur Feier der Vermählung Ludwigs des Sechzehnten mit Marie Antoinette gab, wurden 2000 Menschen infolge des Gedränges in die Gräben der Champs-Elysées gestoßen und fanden dort den Tod. Als später der König und Marie Antoinette auf dem Schafott umkamen, erinnerte man sich des furchtbaren Ereignisses und wollte darin ein Vorzeichen erblicken: denn zweifellos wurde die Revolution hauptsächlich durch die Empörung der Hauptstadt herbeigeführt. Man kann es begreifen, daß das Unglück bei einem unter ganz ähnlichen Umständen veranstalteten Fest, das ebenfalls der Verschwägerung der Häuser Österreich und Frankreich galt, als böses Omen aufgefaßt wurde. Und in der Tat ist Frankreichs Unglück einzig und allein der Treulosigkeit Österreichs zuzuschreiben.

Napoleon hatte übrigens in bezug auf die Heiratsfrage seine eignen Ideen. Wenn Österreich und Rußland ihn abwiesen, dann wollte er eine Französin heiraten, eine Trägerin eines hohen Namens der Monarchie. Das war eigentlich seine erste Absicht gewesen, seine Minister konnten ihn davon nur schwer abbringen, indem sie politische Gründe anführten. Des Kaisers Freude und Stolz wäre gewesen, die Stämme der alten stolzen französischen Familien weiter auszudehnen und ihre Töchter den fremden Souveränen anzutrauen, falls sie sich ganz ihm zugewandt hätten. Man hat den Kaiser nicht verstanden.

Der Kaiser hätte gewiß richtiger getan, bei seiner Wiedervermählung die Wahl auf eine Französin zu lenken! Das wäre in eminentem Maße national gewesen; Frankreich war groß genug, sein Herrscher mächtig genug, um jede Rücksicht auf das Ausland beiseite setzen zu können. Übrigens hält selbst die engste Verwandtschaft Staatsinteressen gegenüber nicht stand; es ist also immer fraglich, ob die Verschwägerung selbst mit dem mächtigsten Herrscherhause Nutzen bringen kann; dem Kaiser hat sie sicherlich nur Unglück und Verderben gebracht.

Über die Nachricht, daß Napoleon sich wieder vermählen wolle, waren alle guten Bürger aufrichtig erfreut. Einige Tage, nachdem der Kaiser den Entschluß gefaßt hatte, fragte er einen seiner Minister, den Herzog Decrès: »Man ist also sehr froh ob meiner Heirat?«

»Jawohl, Sire, sehr!«

»Ich verstehe; man denkt, nun werde der Löwe einschlafen.«

»Die Wahrheit zu gestehen, Sire: wir rechnen ein bißchen darauf.«

»Hm«, sagte Napoleon nach kurzem Nachdenken, »man täuscht sich! Dem bösen Löwen muß man keinen Vorwurf machen! Vielleicht wäre ihm der Schlaf ebenso willkommen wie jedem anderen. Aber sehen Sie denn nicht, daß ich, der scheinbar unaufhörlich angreift, in Wirklichkeit gar nichts anderes zu tun habe, als mich zu verteidigen?!«

IV.

Marie Louise war ein reizendes Kind. Sie log niemals, war sehr zurückhaltend, zeigte selbst Leuten, die sie verabscheute, ein freundliches Gesicht. In Wien hatte man sie abgerichtet, den Ministern, die sie nicht ausstehen konnte, eine liebenswürdige Miene zu machen. Wenn sie Geld wollte, bat sie den Kaiser darum und war hoch entzückt, wenn er ihr hunderttausend Franken gab. Die Kaiserin Josephine verlangte niemals Geld, aber machte Schulden nach Millionen.

Marie Louise glaubte allen Ernstes, daß Josephine eine alte Frau sei; Napoleon sagte daher eines Tages zu dieser letzteren: »Sie hält dich für alt. Wenn sie dich sicht, wird sie weinen, und ich werde genötigt sein, dich fortzuschicken. Es ist nicht mehr wie zur Zeit Heinrichs des Vierten, wo du ihr die Schleppe hättest tragen müssen.«

Als die Verhandlungen wegen der Heirat zu einem Einverständnis geführt hatten, schickte Kaiser Franz an Napoleon eine Kiste mit Papieren, die diesen zu einem Abkömmling der Herzöge von Florenz machten. Napoleon mußte darüber lachen und sagte zum Fürsten Metternich: »Glauben Sie, ich werde mich mit solchem Firlefanz abgeben? Angenommen selbst, die Tatsache wäre richtig, was würde dies mir ausmachen? Die Herzöge von Florenz waren nicht soviel wie die deutschen Kaiser. Ich will mich nicht unter meinen Schwiegervater stellen; ich glaube, zum mindesten ebenso viel wert zu sein wie er. Übrigens datiert mein Adel von Montenotte. Nehmen Sie die Papiere wieder mit!« Metternich hatte viel Spaß daran.

Marie Louise liebte den Kaiser, sie wollte immer bei ihm sein. Wäre sie gut beraten worden, so wäre sie mit ihm nach Elba gegangen. Aber man hätte ihr fortwährend vorgeredet, daß ihre Tante Marie Antoinette guillotiniert worden sei.

Gern hätte Josephine die Kaiserin Marie Louise und später den König von Rom gesehen, und oft sprach sie von ihnen mit großem Interesse. Marie Louise ihrerseits hatte Eugène und Hortense sehr gern, gegen Josephine aber bezeigte sie große Abneigung und Eifersucht. Der Kaiser wollte sie einst nach Malmaison mitnehmen, da zerfloß sie aber in Tränen. Sie hinderte zwar den Kaiser nicht daran, dort seine Besuche zu machen, wollte es aber nicht wissen, suchte, falls die Beabsichtigung eines solchen ihr bekannt wurde, den Kaiser davon mit aller List abzubringen und ließ ihn nicht mehr allein. Da der Kaiser sah, daß die Besuche ihr wirklich Kummer verursachten, so unterließ er sie mit der Zeit fast gänzlich. Kam er aber einmal dazu, so wurde er mit Tränen und Scherereien aller Art empfangen. Josephine predigte ihm fortwährend das Beispiel der Gattin Heinrichs des Vierten, die, obzwar geschieden, bei Hofe verkehren durfte und der Krönung beigewohnt hatte.

Die Umgebung der Kaiserin Marie Louise war nicht gut gewählt. Namentlich war es geradezu ein Unglück, die intrigante Herzogin von Montebello, Madame Lannes, zu ihrer ersten Palastdame zu machen.

Der Kaiser hätte besser getan, seiner jungen Gemahlin Frau von Beauveau oder Frau von Mortemart als Ehrendame zu geben. Diese würden nicht versucht haben, die Herrschaft über sie zu erlangen, und dadurch wäre Napoleon viel Verdruß erspart geblieben.

Bei der Wahl der Herzogin von Montebello ließ Napoleon sich von

Rücksichten auf die Armee leiten; aber er hätte dies nicht nötig gehabt. Übrigens wollte er in ihr auch die Witwe seines alten Freundes Lannes ehren, der für ihn den Tod auf dem Schlachtfeld gefunden hatte.

Marie Louise hatte den neuen Adel lieber als den alten. Die Habsburger haben von ihrem Hause eine so hohe Meinung, daß in ihren Augen alles andere auf dem gleichen niedrigen Niveau steht.

Es war eine Zeitlang davon die Rede, Duroc als Palastmarschall durch den General Flahaut zu ersetzen. Der Kaiser tat es aber nicht. Nicht weil er zu jung für die Stellung, sondern weil er ein Weiberheld war, und besonders weil seine Mutter, Frau von Souza, sich in alle Pariser Ränke einließ. Ihren bösen Einfluß fürchtete der Kaiser, und überdies zürnte er ihr wegen des Streiches, den sie ihm gespielt hatte, als ihr Mann, man weiß nicht, wie, den Titel eines Gesandten von Portugal in Rußland erhielt. Sie war sehr intim mit der Kaiserin und eine Freundin Talleyrands. Eines Tages suchte sie den Kaiser in Malmaison auf und sagte zu ihm: »Ich gehe nach Petersburg als Gemahlin des portugiesischen Gesandten. Der Hof von Lissabon hat keine großen Geschäfte mit Rußland zu regeln, ich glaube also nicht gegen meine Pflicht als Frau des Gesandten Seiner Allergetreusten Majestät zu handeln, wenn ich mich erbiete, Ihnen zu dienen, falls Sie es wünschen. Ich bin eine gute Französin und wäre glücklich, wenn Sie mich als Agentin am Hofe des russischen Kaisers gebrauchen würden, dem Sammelpunkt so vieler Diplomaten von höchstem Werte. Ich kann, glaube ich, in St. Petersburg die größten Dienste leisten. Dazu wäre aber nötig, daß ich dort ein Haus führen würde, das außer Verhältnis zu meinem persönlichen Vermögen und dem Gehalt meines Mannes steht.« Kurz, sie langweilte den Kaiser dermaßen mit ihrem Gezwitscher aus ihrer *Adèle de Sénanges,* daß er ihr 150 000 Franken Zuschuß bewilligte und ihr sofort eine Anweisung in dieser Höhe für das erste Jahr ausstellte. Zwei Tage später arbeitete er mit Estèves. Er hatte inzwischen überlegt und anders beschlossen. Daher befahl er ihm, die Anweisung bei Vorzeigung nicht auszubezahlen und vorzuschützen, er hätte keine Anzeige erhalten und müsse erst die Befehle des Kaisers einholen. Da unterbrach ihn Estèves mit den Worten: »Aber ich habe bereits vorgestern bezahlt.« – »Wie das?« fragte der Kaiser erstaunt und erfuhr, daß Madame de Souza, nachdem sie Malmaison verlassen hatte, sich erst die 150 000 Franken hatte auszahlen lassen, bevor sie nach Hause zurückkehrte. Der Kaiser hat nie geglaubt, daß sie sich überhaupt nach Rußland begeben hat. Wenn Flahaut nicht diese Mutter gehabt hätte, wäre er wahrscheinlich zum Großmarschall ernannt worden, denn der Kaiser hatte ihn sehr gern. Er besaß große natürliche Begabung, hervorragende Tapferkeit und wußte die Menschen zu nehmen. Der Kaiser ist seitdem wiederholt mit Madame de Souza zusammengetroffen, sie zeigte immer eine gewisse Verlegenheit in seiner Gegenwart, hielt sich aber tapfer. Oft hat der Kaiser versucht, sich an ihr mit einem Scherz zu rächen, aber nie hat er sie mit einem Wort an ihren Besuch in Malmaison erinnert.

V.

Louis, des Kaisers Bruder, liebte es seit seiner Erhebung zum König von Holland zu betonen, daß er weiter nichts sei als ein guter Holländer. Er warf sich gänzlich der englischen Partei in die Arme, begünstigte den Schmuggel und verhandelte mit den Feinden Frankreichs. Man mußte ihn beständig überwachen und ihm drohen. Da suchte er seinen Mangel an Charakter hinter eigensinniger Starrköpfigkeit zu verstekken; er hielt einen kindischen Streich für eine Heldentat und ließ seinen Thron im Stich. Gegen den Kaiser hielt er lächerliche Reden, sprach von seinem unersättlichen Ehrgeiz, seiner unerträglichen Herrschsucht usw. Was blieb dem Kaiser zu tun übrig? Sollte er Holland den Feinden Frankreichs überlassen? Sollte er einen neuen König einsetzen? Konnte er von einem solchen Besseres als von seinem Bruder erwarten? Er vereinigte also Holland mit Frankreich und vollführte damit eine Tat, die den schlechtesten Eindruck auf Europa ausübte und nicht wenig zum späteren Unglück Frankreichs beitrug.

Nach der Rückkehr des Kaisers von Elba schrieb ihm Louis von Rom aus einen langen Brief, in dem er seine Bedingungen stellte, unter welchen er wieder zum Kaiser zurückkehren wollte. Er nannte diesen Brief seinen Vertrag. Der Kaiser antwortete ihm, daß er nicht in der Lage sei, mit ihm einen Vertrag zu schließen. Er sei sein Bruder, und wenn er käme, würde er gut aufgenommen werden. Eine seiner Bedingungen war, daß er die Erlaubnis erhielte, sich von Hortense scheiden zu lassen. Der Kaiser ließ ihm antworten, daß sowohl die kaiserlichen Familienstatuten als auch Politik, Moral und die öffentliche Meinung dem entgegenständen.

Vielleicht liegt eine Erklärung für die Wunderlichkeiten des Königs Louis in dem traurigen Stand seiner Gesundheit. Schon in frühem Alter war er unter schweren Umständen erkrankt, die sicherlich nicht ohne Einfluß auf seinen geistigen Zustand geblieben sind. Fast wäre er der Krankheit erlegen, er genas zum Teil, behielt aber mehrere Gebrechen zurück, darunter eine halbseitige Lähmung.

Louis war ein Kind, das durch die Lektüre von Jean-Jacques verdorben war. Mit seiner Gattin hat er nur wenige Monate im Einverständnis gelebt. Das Unrecht war auf beiden Seiten: viel Begehrlichkeit auf seiner Seite, großer Leichtsinn seitens Hortense. Und doch schlossen sie eine Liebesheirat, die besonders von Josephine betrieben wurde. Der Kaiser im Gegenteil wäre lieber durch Louis in Verbindung mit anderen Familien getreten, eine Zeitlang hatte er an eine Nichte Talleyrands gedacht, die später Madame de Noailles wurde.

Die lächerlichsten Gerüchte waren verbreitet gewesen über die Beziehungen Napoleons zu Hortense, es wurde sogar behauptet, daß er der Vater ihres Ältesten sei. Eine solche schamlose Verbindung lag nicht in den Sitten des Kaisers, dem in den Tuilerien alle Schönheiten zu Füßen lagen, so daß er nicht nötig hatte, so widersinnigen und unnatürlichen Gelüsten zu frönen. Louis wußte wohl, daß nichts an diesen Gerüchten war, aber seine Eigenliebe wurde dadurch doch verletzt, und bei Gelegenheit konnte sein bizarrer Charakter es sich nicht versagen, darauf zurückzukommen.

Jedenfalls hat aber Hortense, die so gut, so edel, so ergeben war, ihrem Manne gegenüber einiges Unrecht gehabt, das muß der Kaiser, so sehr er ihr auch in Freundschaft zugetan war, zugeben: Louis war gewiß ein seltsamer Charakter und unerträglicher Mensch. Aber er liebte sein Weib, und diesem Gefühle hätte sie alles andere unterordnen müssen. Sie mußte an die großen Interessen denken, die auf dem Spiele standen, und hätte an sich halten müssen. Dann wäre sie ihrem Manne nach Holland gefolgt, hätte ein glückliches Leben geführt und sich den Kummer ihrer letzten Prozesse erspart. Louis aber wäre nicht von Amsterdam geflüchtet, und der Kaiser hätte sich nicht gezwungen gesehen, Holland einzuverleiben, ein Akt, der viel zum Sturz des Kaisers beigetragen hat. Vieles wäre anders gekommen!

VI.

Bei seinem Regierungsantritt hatte Napoleon keinen schlimmeren Feind als Gustav den Vierten von Schweden. Dieser wollte den großen

Gustav Adolf spielen. Er durcheilte ganz Deutschland, um dieses gegen den Kaiser aufzuwiegeln. Bei Gelegenheit der Katastrophe des Herzogs von Enghien schwor er, diesen persönlich zu rächen. Später schickte er dem König von Preußen den Schwarzen Adlerorden zurück, weil dieser die Ehrenlegion angenommen hatte, und unterließ nichts, um seine feindliche Gesinnung gegen Napoleon zu bezeigen. Aber sein Schicksal ereilte ihn, eine Verschwörung entriß ihm die Krone; er selbst wurde aus seinen Staaten ausgewiesen. Einmütigen Sinnes waren alle gegen ihn, also wird das Unrecht auf seiner Seite gewesen sein. Er mag unentschuldbar, er mag geistesgestört gewesen sein; eines ist doch unbegreiflich und beispiellos: daß im kritischen Augenblick nicht ein einziger Degen zu seiner Verteidigung gezogen wurde.

Ein Spielball der Engländer, die ihn täuschten und nur zu ihren Zwecken bedienten, zurückgestoßen von den Seinen, von den Menschen verachtet, faßte der König, angeekelt durch alle diese Dinge, den Entschluß, sich zurückzuziehen und in der Menge zu verschwinden.

Nach der Schlacht bei Leipzig schrieb Gustav dem Kaiser, er sei ihm zwar sehr feindlich gesinnt gewesen, aber schon lange hege er nur Bewunderung und Sympathie für ihn; er sei der Herrscher, über den er sich am wenigsten zu beklagen habe; sein Unglück erlaube ihm, dem Kaiser alles dieses auszudrücken; er bitte ihn um ein Asyl in Frankreich und biete sich zu seinem Adjutanten an. Der Kaiser war darüber gerührt, glaubte aber seinem Wunsche nicht willfahren zu können. Wenn er den König empfangen hätte, so hätte seine Würde erfordert, für ihn einzutreten. Da er aber nicht mehr Herr der Welt war, so hätte eine niedrige Gesinnung in dem Interesse des Kaisers für Gustav nur einen Ausdruck ohnmächtiger Rache gegen Bernadotte erblickt; außerdem wäre es von seiner Seite inkonsequent und nicht in Übereinstimmung mit seinen Prinzipien gewesen, wenn er die Sache eines Königs zu seiner eignen gemacht hätte, der vom Volke abgesetzt wurde, während ja er gerade vom Volke auf den Thron gehoben wurde. Kurz, er fürchtete weitere Verwickelungen und gebot seinem Edelsinn Schweigen. Er ließ Gustav antworten, daß er sein Anerbieten hochschätze und darüber gerührt sei, daß aber die Politik Frankreichs ihm verbiete, seinen persönlichen Gefühlen nachzugeben, ja daß ihm diese die schmerzliche Entschließung auferlege, ihm für den Augenblick selbst das verlangte Asyl zu verweigern. Übrigens täusche er sich, wenn er dem Kaiser andere Gefühle für ihn zuschreibe als äußerstes Wohlwollen und die aufrichtigsten Wünsche für sein Glück.

Nach der Beseitigung Gustavs baten die Schweden, um sich bei dem Kaiser angenehm zu machen und sich Frankreichs zu versichern, Napoleon, ihnen einen neuen König vorzuschlagen. Einen Augenblick war vom Vizekönig Eugène die Rede, er hätte aber seine Religion wechseln müssen, was nach des Kaisers Meinung seiner und seiner Familienmitglieder Würde nicht entsprach. Auch schätzte er den politischen Erfolg eines solchen Schrittes nicht hoch genug ein, um eine die Sittlichkeit verletzende Handlung zu entschuldigen. Immerhin hätte er gern einen Franzosen auf dem Throne Schwedens gesehen, obgleich es für seine Politik und die Interessen Frankreichs am günstigsten gewesen wäre, wenn der König von Dänemark gewählt worden wäre, durch den er Schweden beherrscht hätte.

Die Wahl der Schweden fiel nun auf den Fürsten von Pontecorvo, Marschall Bernadotte, der nach langen Unterhandlungen in Paris, die von seiten Schwedens durch den Grafen Wrede geführt wurden, zum Kronprinzen von Schweden ernannt wurde. Napoleon gab seine Zustimmung dazu, weil er es für angemessen hielt, die Frau Bernadottes, die eine Schwägerin Josephs war, zur Prinzessin und Königin zu erheben. Sie war die Tochter eines der ersten Kaufleute von Marseille und zuerst dem General Dupont bestimmt gewesen, der im Jahre 1797 in Rom getötet wurde. Wegen dieser Heirat waren dem Marschall Bernadotte auch alle seine Verfehlungen immer verziehen worden, und wenn der Kaiser ihn zum Prinzen von Pontecorvo gemacht hat, so geschah dies, um seiner Frau einen Rang zu geben, der der Stellung ihres Schwagers Joseph entsprach.

Es schmeichelte wohl auch dem Stolz des Kaisers, einen Marschall von Frankreich auf einen Königsthron erhoben zu sehen. Er lieh sogar Bernadotten bei seiner Abreise von Paris mehrere Millionen aus seiner Privatschatulle, damit er imstande sei, in Schweden mit dem nötigen Pomp aufzutreten.

Bernadotte war in der römisch-katholischen Religion geboren worden. Er hat dieselbe abgeschworen und ist Protestant geworden. Viele Leute hätten ebenso gehandelt, aber gerade die Religionsverschiedenheit hatte es verhindert, daß der Vizekönig Eugène zum König von Schweden eingesetzt wurde. Seine Frau, eine bayrische Prinzessin, hätte sich nie über einen Glaubenswechsel trösten können. Desirée, die Königin von Schweden, hat ihren römisch-katholischen Glauben bewahrt, in dem sie geboren war.

Bernadotte trug große Unterwürfigkeit zur Schau, bat um die Genehmigung des Kaisers und versicherte, ohne seine Unruhe verbergen zu können, daß er die Würde nur dann annehmen könnte, wenn es Napoleon angenehm wäre.

Der Kaiser, selbst vom Volke erwählt, konnte sich dem Willen anderer Völker nicht widersetzen. In diesem Sinne antwortete er Bernadotte, dessen Haltung die Angst ausdrückte, mit welcher er dem Ausspruche Napoleons entgegensah, indem er hinzufügte, er möge nur von dem glücklichen Zufalle Nutzen ziehen; er stehe seiner Wahl fern, diese habe aber seine Zustimmung und er begleite sie mit den besten Wünschen. Indessen hatte der Kaiser dabei ein instinktives, unangenehmes und peinliches Gefühl; er erkannte in Bernadotte eine Schlange, die er an seinem Busen genährt hatte; er hatte immer zu des Kaisers Feinden gehalten, er mußte immer beobachtet und gefürchtet werden. Und in der Tat wurde Bernadotte später einer der Haupturheber von Napoleons Unglück; er überlieferte den Feinden das Geheimnis der kaiserlichen Politik und den Schlüssel der französischen Taktik; er war es, der ihnen den Weg zum geheiligten Boden des Vaterlandes zeigte! Vergebens führte er als Entschuldigung an, daß er, auf dem Throne Schwedens sitzend, nur Schwede sein könne, eine banale Phrase, die nur der Menge und dem niedrigsten Ehrgeiz verständlich ist. Wenn man eine Frau nimmt, verläßt man nicht seine Mutter, noch weniger ist man gehalten, dieser die Brust zu durchbohren und ihr die Eingeweide zu zerfleischen. In seinem Taumel opferte Bernadotte sein neues und sein altes Vaterland, seinen eigenen Ruhm, seine wirkliche Macht, die Sache der Völker, das Schicksal der Welt! Er wird diesen Fehler noch teuer bezahlen. Kaum war ihm gelungen, was er erstrebte, so begann er schon die bösen Wirkungen zu verspüren; man sagt sogar, er bereue bereits. Aber er hat noch nicht gebüßt. Er ist jetzt der einzige aus dem Volk Heraufgekommene, der einen Thron einnimmt; ein solches Ärgernis wird man nicht ungestraft lassen; es wäre ein zu gefährliches Beispiel.

O Bernadotte! Er, ein Franzose, hatte das Schicksal der Welt in seiner Hand! Wenn seine Urteilsfähigkeit und seine Seelengröße auf der Höhe der Situation gewesen wären, wenn er, wie er behauptete, ein guter Schwede gewesen wäre, so hätte er den Glanz und die Macht seines neuen Vaterlandes wiederherstellen können. Er konnte Finnland zurückerobern und vor Petersburg erscheinen, bevor der Kaiser in Moskau einzog. Aber weit davon entfernt, folgte er nur seinen persönlichen Eingebungen, hörte nur auf die Stimme seiner einfältigen Eitelkeit, gab nur seinen kleinlichen Leidenschaften nach. Die Tatsache, in politischer Beziehung mit einem Kaiser aller Reußen verbunden zu sein, verdrehte ihm den Kopf; dem ehemaligen Jakobiner schmeichelte es, daß die Legitimen ihm Weihrauch streuten. Man suchte ihm sogar den Gedanken beizubringen, daß er eine der Schwestern des Zaren heimführen könne, wenn er sich scheiden ließe! Ein französischer Prinz drückte ihm seine Befriedigung darüber aus, daß Béarn die gemeinsame Wiege ihrer beiden Häuser sei. Das *Haus Bernadotte!*

Man behauptet, daß Bernadotte später Reue empfunden habe; da war es zu spät, das Übel war geschehen. Tatsache ist, daß er später im Kreise der napoleonischen Familie sich von der allgemeinen Stimmung tödlich getroffen fühlte. Da fielen ihm die Schuppen von den Augen; in seiner Verblendung war er nur den Träumen seines Ehrgeizes und seiner Eitelkeit gefolgt. Ein eigentümliches Spiel des Zufalls war es, daß sein Sohn, einst berufen, über die Skandinavier zu herrschen, den nordischen Namen *Oscar* führte! Doch war daran nichts Erstaunliches, der Zufall überrascht die Menschen oft durch seine außergewöhnlichen Streiche, weil sie die geheimen und ganz natürlichen Ursachen, die ihn herbeigeführt haben, nicht kennen: Den Namen *Oscar* hatte Napoleon selbst als Pate des Sohnes vorgeschlagen, zu einer Zeit, wo er für Ossian schwärmte.

*

Zehntes Kapitel.

1812.

I. Ursachen zum Kriege mit Rußland. – II. Rüstungen und Bündnisverträge. III. Einrücken in Rußland. Hätte der Krieg noch vermieden werden können? Die polnische Frage. – IV. Schlacht bei Smolensk. – V. Von Smolensk bis Moskau. Borodino. – VI. Der Brand von Moskau. – VII. Der Rückzug. Schlacht an der Beresina. – VIII. Kritische Bemerkungen über den Rückzug. – IX. Die Verluste im Russischen Kriege.

I.

Der Krieg zwischen Frankreich und Rußland bereitete sich langsam schon seit Jahren vor. Rußland hatte 1809 sein Hilfskorps gegen Österreich nicht rechtzeitig erscheinen lassen und Napoleon die Konvention nicht ratifiziert, durch die er sich verpflichtete, Polen niemals wiederherzustellen; die Einverleibung von Holland und zahlreichen deutschen Gebieten, vor allem die Vertreibung des Herzogs Peter von Oldenburg, die den Kaiser Alexander als Haupt der Oldenburgfamilie verletzte, bildeten die Hauptpunkte, die nach vergeblichen Unterhandlungen 1812 zum Kriege führten.

Die Besetzung des Herzogtums Oldenburg fand allerdings nicht auf Befehl des Kaisers statt; das geschah auf Veranlassung des Fürsten von Eckmühl (Davoust), der von Natur etwas gewalttätig war und einen polizeilichen Spürsinn besaß. Er argwöhnte, daß das Herzogtum das Aufspeicherungsdepot der englischen Waren wäre und daß von dort aus, trotz seinen 80 000 Soldaten und Zollbeamten, ein schwunghafter Handel mit Deutschland betrieben würde. Das ärgerte ihn; und da er zudem annahm, dem Kaiser damit einen Dienst zu erweisen, so ließ er die Küste Oldenburgs durch seine leichten Truppen besetzen. Er vermutete wohl, daß der Kaiser ihm die Genehmigung zu solchem Mangel an Achtung einer Fürstin von kaiserlich-russischem Geblüt gegenüber verweigern würde, aber er hoffte, daß Napoleon die vollendete Tatsache stillschweigend hinnehmen würde, zumal da die Nützlichkeit dieses Schrittes auf der Hand lag. Der Fürst von Eckmühl war überzeugt, daß ihm eines Tages die Krone von Polen zufallen würde. Er hatte bereits vom Kaiser eine Rente von 200 000 Franken auf Polen erhalten, was ihn in seinen Hoffnungen bestärkte. Es war daher natürlich, daß ihn sein Ehrgeiz zu Handlungen trieb, die den Kaiser in Streitigkeiten mit dem St. Petersburger Kabinett verwickeln konnten.

Der Kaiser tadelte auf das strengste die Verletzung des oldenburgischen Gebietes. Er war entschlossen, trotz den großen Vorteilen der Besetzung für die französische Industrie, die Zurückziehung der Truppen anzuordnen, als er davon durch die drohende Sprache einer russischen Note abgehalten wurde. In dieser wurde als Entschädigung für die Besetzung der oldenburgischen Küste die sofortige Räumung Danzigs und dessen Abtretung an Rußland verlangt. Das hieß jede freundschaftliche Auseinandersetzung unmöglich machen. Sobald die französische Ehre in Frage kam, konnte der Kaiser die Handlungsweise Davousts nicht mehr verleugnen, so schwer es ihm auch wurde. Hätte Rußland nicht so unfreundlich gehandelt, so hätte es volle Genugtuung erhalten, denn im Grunde lag dem Kaiser wenig daran, ob englische Waren durch Oldenburg eingeführt wurden; man hätte sie immer bei ihrer Ausführung mit Beschlag belegen können.

Gegen Ende 1810 hatte aber Rußland vollends seine politische Richtung geändert: der englische Einfluß gewann die Oberhand und veranlaßte einen Ukas über die Handelsbeziehungen beider Länder, den Napoleon als eine Lossagung vom Kontinentalsystem ansah. Im Februar 1811 verließen fünf Divisionen der russischen Armee das Donaugebiet und setzten sich in Eilmärschen nach Polen in Bewegung.

Als die russischen Heere vereinigt waren, hielt Rußland Verstellung für unnötig und erließ einen Protest gegen das Vorgehen Frankreichs, der sofort sämtlichen Kabinetten mitgeteilt wurde.

Die Franzosen ließen kein Mittel unversucht, um eine Versöhnung herbeizuführen. Als sie aber sahen, daß alles vergeblich und der Krieg unvermeidlich war, bereiteten sie sich aufs sorgfältigste darauf vor.

II.

Die Garnison von Danzig wurde auf eine Stärke von 20000 Mann gebracht. Vorräte aller Art, Geschütze, Gewehre, Munition, Brückentrains usw. wurden dorthin gesandt, und beträchtliche Summen wurden dem Ingenieurkorps zur Verfügung gestellt, um die Befestigungen der Stadt zu verstärken. Das Heer wurde auf Kriegsfuß gesetzt. Die Reiterei und der Artillerie- und Wagenpark wurden ergänzt.

Im April ging das I. Korps der Großen Armee gegen die Oder vor, das II. gegen die Elbe, das III. gegen die Unterelbe, und das IV. verließ Verona und marschierte über Tirol nach Schlesien. Die Garde verließ Paris.

Am 22. April übernahm der Kaiser von Rußland den Oberbefehl über die Armee, verließ Petersburg und verlegte sein Hauptquartier nach Wilna.

Anfangs Mai erreichte das I. Korps die Weichsel bei Elbing und Marienburg, das II. den Fluß bei Marienwerder, das III. bei Thorn, das IV. und VI. bei Plock; das V. Korps zog sich bei Warschau zusammen, das VIII. rechts von Warschau und das VII. bei Pulawi.

Am 9. Mai verließ der Kaiser Saint-Cloud, überschritt am 13. Mai den Rhein, am 29. die Elbe und am 6. Juni die Weichsel. Unterwegs hatte er einen längeren Aufenthalt in Dresden gemacht, wo er noch einmal eine große Anzahl deutscher Könige und Fürsten um sich versammelte. Am 7. Juni traf er in Danzig ein, wo er bis zum 11. Juni verweilte und seine Anordnungen für die weiteren Bewegungen der Armee und den Schutz der Verbindungen und der Küste traf. Vom 13. bis 16. Juni nahm er Aufenthalt in Königsberg, am 17. und 18. in Insterburg und traf am 19. in Gumbinnen ein, wo er bis zum 21. verblieb und sich mit der Verproviantierung seiner Heere beschäftigte.

Der österreichische Hof störte Napoleons Pläne nicht, sondern vertrat die Sache Frankreichs. Durch einen Geheimparagraphen des Vertrages von Paris war es verpflichtet, ein Kontingent von 30000 Mann für die gegen Rußland operierende französische Armee zu stellen. Außerdem bestanden neben den bekanntgegebenen Vereinbarungen des Vertrages noch folgende geheimen Abmachungen, welche die Beziehungen der beiden Reiche in dem bevorstehenden Kampfe regelten.

Artikel I. Österreich ist nicht verpflichtet, die im Artikel IV des Vertrages vereinbarten Hilfstruppen zu liefern, falls Frankreich Krieg gegen England oder jenseits der Pyrenäen führen würde.

Artikel II. Wenn Krieg zwischen Frankreich und Rußland ausbricht, hat Österreich die im Artikel IV und V des Vertrages festgelegten Hilfstruppen zu stellen. Diese sollen sofort in Marsch gesetzt werden und vom 1. Mai ab Garnisonen innehaben, deren Lage ihnen ermöglicht, innerhalb 14 Tagen in Lemberg vereinigt zu stehen. Besagtes Korps muß mit doppelter Artilleriemunition und mit den nötigen Fahrzeugen versehen sein, um für 20 Tage Lebensmittel mit sich zu führen.

Artikel III. Seinerseits wird S. M. der Kaiser Napoleon alle Anordnungen treffen, um mit allen verfügbaren Streitkräften zu gleicher Zeit gegen Rußland operieren zu können.

Artikel IV. Das Korps der österreichischen Hilfstruppen soll bestehen aus drei Divisionen Infanterie und einer Division Kavallerie. Es wird befehligt von einem österreichischen General nach der Wahl des Kaisers von Österreich.

Es wird seine Aufstellung nehmen auf einer Linie, die ihm durch den Kaiser der Franzosen vorgeschrieben werden wird, und untersteht dessen unmittelbaren Befehlen. Jedoch kann es nicht geteilt werden und hat immer ein geschlossenes Korps für sich zu bilden. Es wird für seinen Unterhalt in Feindesland gesorgt werden nach denselben Bestimmungen, wie solche für die französische Armee bestehen, ohne daß dadurch die Einzelvorschriften des österreichischen Reglements für Ernährung der Truppen geändert würden. Die von ihm eroberten Siegeszeichen und Beutestücke sind sein Eigentum.

Artikel V. Im Falle, daß infolge des Krieges zwischen Frankreich und Rußland das Königreich Polen wieder hergestellt werden würde, garantiert der Kaiser der Franzosen Österreich den Weiterbesitz Galiziens.

Artikel VI. Im Falle, es dem Kaiser von Österreich passen würde, einen Teil Galiziens behufs Vereinigung mit Polen gegen die illyrischen Provinzen auszutauschen, verpflichtet sich der Kaiser der Franzosen, diesem Austausch zuzustimmen. Der abzutretende Teil Galiziens wird bezeichnet werden auf Grund seiner Bevölkerungszahl, seiner Ausdehnung und seines Ertrages, so daß die Schätzung der Austauschobjekte nicht nach der Gebietsgröße allein, sondern nach dem wirklichen Wert derselben festgesetzt werden wird.

Artikel VII. Im Falle eines glücklichen Ausgangs des Krieges verpflichtet sich der Kaiser der Franzosen, dem Kaiser von Österreich eine

Kriegsentschädigung und Gebietsvergrößerungen zu verschaffen, die nicht nur als Entschädigung für die gebrachten Opfer zu gelten haben, sondern die auch zugleich einen Denkstein darstellen sollen für die enge und dauerhafte Vereinigung, die zwischen beiden Herrschern besteht.

Artikel VIII. Wenn infolge dieser Verpflichtungen Österreichs gegenüber Frankreich Österreich von Rußland bedroht werden sollte, würde der Kaiser der Franzosen diesen Angriff als gegen sich selbst gerichtet betrachten und sofort zu Feindseligkeiten übergehen.

Artikel IX. Die Hohe Pforte wird eingeladen werden, dem heutigen Bündnisvertrage beizutreten.

Artikel X. Diese Artikel werden von beiden Mächten geheimgehalten.

Artikel XI. Sie sollen dieselbe Kraft haben, als wenn sie dem Bündnisvertrage eingereiht wären, sie sollen ratifiziert werden, und die Urkunden darüber sollen zu gleichem Zeitpunkt und am gleichen Orte wie die des genannten Vertrages ausgetauscht werden. Geschehen und gezeichnet zu Paris, den 14. März 1812.

Ein Vertrag gleicher Beschaffenheit war am 24. Februar 1812 zwischen Frankreich und Preußen unterzeichnet worden.

Im gleichen Monat beschloß Napoleon, Talleyrand nach Dresden und von da als außerordentlichen Gesandten nach Warschau zu schikken. Es lag in der Absicht des Kaisers, die Organisation eines Aufstandes der Polen vorzubereiten. Diese Mission, die von äußerster Wichtigkeit war, brachte dem ehemaligen Minister des Äußeren verschiedene Gunstbezeugungen ein, und oft hielt ihn der Kaiser während der Monate März und April bis spät am Abend bei sich zurück. Da erfuhr aber der Kaiser durch seinen Gesandten in Wien, daß dort ein Gerücht umlaufe und das Publikum und die Börse der Hauptstadt sehr beunruhige, laut welchem dem Fürsten von Benevent (Talleyrand) ein Kredit von 100 000 Kronen (600 000 Franken) auf Warschau eröffnet sei. Der Kaiser war über diese unerhörte Unvorsichtigkeit Talleyrands, durch die der Verdacht Rußlands erweckt wurde, so aufgebracht, daß er ihn nicht nach Dresden schickte und ihm die Mission für Polen nicht anvertraute. Talleyrand war darüber schwer gekränkt und um so mehr enttäuscht, als er die Wiederherstellung des Herzogtums Kurland geträumt hatte, das er auf seinen Neffen, der mit der Herzogin von Kurland, Palastdame der Kaiserin, verheiratet war, übertragen wollte.

Die russischen Streitkräfte waren folgendermaßen aufgestellt: die erste Westarmee, 127000 Mann unter Barclay de Tolly, mit dem Hauptquartier in Wilna, stand längs des Njemen bis Grodno, die zweite Westarmee, 37000 Mann unter Bagration, stand bei Slonim und eine Reservearmee, 30000 Mann stark unter Tormanow bei Luzk. Von der ersten Armee war das Korps Wittgenstein auf dem rechten Flügel und das von Essen zur Deckung von Riga abgesondert. Unter Platow standen 16 Kosakenregimenter als fliegendes Korps in Grodno. Ende September stieß die Donauarmee, 53000 Mann stark, unter Kutusow, der darauf das Oberkommando der Hauptarmee übernahm, zu Tormasow.

Die Truppen Napoleons bestanden aus dem Garde-, 10 Armee- und 4 Kavalleriekorps, zusammen 460000 Mann, von denen die Große Armee in Stärke von 232000 Mann unter Napoleon am Njemen bei Kowno aufgestellt war, während die Armee des Vizekönigs Eugène, 72000 Mann stark, weiter rückwärts bei Kalwarija stand und die Armee des Königs von Westfalen, 89000 Mann stark, sich im Anmarsch auf Grodno befand; den linken Flügel bildete das X. Armeekorps in Stärke von 32000 Mann, worunter 20000 Preußen, unter Macdonald bei Tilsit; den rechten das österreichische Hilfskorps unter Schwarzenberg bei Sjedlez.

Napoleons Kriegsplan war, sich mit seiner Hauptmasse zwischen die zwei Hauptarmeen der Russen zu schieben und jede getrennt zur Schlacht zu zwingen, dann rasch nach Moskau vorzudringen und hier den Frieden zu diktieren. Dagegen hatte ein Operationsplan des Generals von Phull die Billigung des Kaisers Alexander gefunden, dessen Grundidee darin bestand, entscheidenden Schlachten auszuweichen und sich in das Land hinein auf verschanzte Lager zurückzuziehen.

III.

Am 22. Juni erließ der Kaiser von Wilkowyski eine Proklamation an die Große Armee:

»Soldaten! Der zweite polnische Feldzug ist angefangen. Der erste hat bei Friedland und Tilsit geendet. Bei Tilsit schwor Rußland Frankreich ewige Freundschaft und England Krieg. Heute bricht es seinen Eid! Es weigert sich, für seine seltsame Haltung eine Erklärung zu geben, bevor die französischen Adler nicht über den Rhein zurückgegangen wären, wodurch wir unsere Verbündeten den Feinden preisgeben würden. Rußland wird durch das Geschick in den Abgrund gezogen, sein Schicksal wird sich erfüllen. Ja, meint es denn, wir seien entartet? Sind wir denn nicht mehr die Soldaten von Austerlitz? Es stellt uns zwischen Unehre und Krieg: die Wahl kann nicht zweifelhaft sein. Vorwärts also! Wir werden den Njemen überschreiten und den Krieg in Feindesland tragen. Der zweite polnische Feldzug wird so ruhmreich für die französischen Waffen sein wie der erste. Aber der Friede, den wir schließen werden, wird in sich die Garantie tragen, daß es ein für allemal mit dem unseligen Einfluß zu Ende ist, den Rußland seit fünfzig Jahren auf die Geschicke Europas ausgeübt hat.

Napoleon.«

Am 24. Juni begann der Übergang der Franzosen über den Njemen, und ohne erheblichem Widerstand zu begegnen, rückten sie am 28. in Wilna ein. Murat verfolgte mit einem Teile der Kavallerie und drei Divisionen die erste russische Westarmee auf ihrem Rückzuge nach der Düna; Davoust brach gegen Minsk auf, um Bagration, den der König von Westfalen in der Front beschäftigen sollte, von der ersten russischen Westarmee abzuschneiden.

Napoleon hatte den Krieg mit Rußland nicht gewollt, aber der russische Gesandte Kurakin übergab eine drohende Note wegen der Davoustschen Truppen in Hamburg. Bassano und Champagny waren mittelmäßige Minister, sie begriffen nicht die Absicht, die diese Note diktiert hatte; Napoleon selber konnte sich nicht mit Kurakin auseinandersetzen. Die Minister redeten dem Kaiser ein, in der Note läge eine Kriegserklärung; Rußland hätte mehrere Divisionen aus der Moldau zurückgerufen und würde mit einem Angriff auf Warschau die Initiative ergreifen. Kurakin drohte und verlangte seine Pässe; Napoleon glaubte endlich auch, man wollte den Krieg. So war er denn aufgebrochen. Er sandte, um einen letzten Versuch zu machen, Lauriston zu Alexander nach Wilna; der General wurde gar nicht angenommen.

Die wahre Ursache des Zuges nach Rußland war des Kaisers Heirat mit Marie Louise. Freilich hätte Napoleon sich nicht auf diesen einlassen sollen, als er in Dresden erfuhr, daß Schweden und die Türkei sich nicht für ihn erklärten. Er hatte von Dresden aus Narbonne nach Rußland reisen lassen, aber auch dessen Mission war erfolglos geblieben.

Dies alles bestärkte den Kaiser in der Überzeugung, daß Rußland den Krieg wollte; er überschritt daher den Njemen.

Napoleon setzte den Vormarsch fort; denn er glaubte Österreichs und Preußens ganz sicher zu sein, denn Österreich hatte nach der Heirat mit der Erzherzogin zum Kriege gedrängt, und Preußen hatte Vergrößerungsabsichten. Indessen war Napoleons Vormarsch eine Übereilung; er hätte ein ganzes Jahr am Njemen und in Preußen stehen bleiben sollen, um seine Truppen auszuruhen und neue zu organisieren. Ferner auch, um Preußens Hilfsmittel gänzlich aufzuzehren. Napoleons Truppen waren sehr ermüdet von den großen Märschen, die sie hatten machen müssen, um bis dorthin zu gelangen.

Im Grunde waren beide, Napoleon und Alexander, eigentlich nur zwei Gegner, die sich gegenseitig einzuschüchtern suchten, ohne die Absicht zu haben, sich zu schlagen. Wie gern hätte der Kaiser den Krieg vermieden! Wie wenig hatte Alexander Lust dazu!

Herr von Romanzoff, der in Paris Beziehungen unterhielt, hatte dem Zaren Alexander die Versicherung gegeben, daß der günstige Augenblick gekommen sei und daß Napoleon jedes Opfer dem Kriege vorziehen würde. Er hatte den Zaren glauben gemacht, daß er sich nur entschlossen zu zeigen und eine feste Sprache zu führen brauche, damit Napoleon zurückweiche. Man würde als Entschädigung für die Verletzung Oldenburgs Danzig erhalten, und Rußland würde dadurch in Europa der größten Hochachtung teilhaftig werden.

Das war der Schlüssel für die Bewegungen der russischen Heere und das unverschämte Ultimatum des Fürsten Kurakin, der offenbar nicht mit in dem Geheimnis war, und der, aus Mangel an Geist, das Unrecht beging, seinen Instruktionen zu sehr nach dem Buchstaben zu folgen. Derselbe Dünkel, dieselbe Methode führte auch die Abweisung Lauristons in Wilna herbei. Dazu kam, daß auch die neue französische Diplomatie ihrer Aufgabe nicht gewachsen war; sie war ohne Berührungspunkte oder Verwandtschaft mit den Diplomaten der anderen Länder und blieb inmitten von Persönlichkeiten, die man hätte müssen zu lenken wissen, isoliert. Wenn der Kaiser einen alten Aristokraten als Minister der Auswärtigen Angelegenheiten gehabt hätte, einen bedeutenden, überlegenen Kopf, so hätte ein solcher die Nuancen in der Unterredung erraten, und der Krieg wäre nicht ausgebrochen. Talleyrand wäre vielleicht dazu fähig gewesen, aber die Kräfte der neuen Schule waren solcher Aufgabe nicht gewachsen. Napoleon konnte nicht alles allein erraten, seine Würde verbot ihm persönliches Eingreifen, und außerdem konnte er ja nur nach schriftlichen Berichten urteilen, die nur bis zu einem gewissen Grade Auskunft gaben, darüber hinaus aber die Antwort schuldig blieben.

Kaum war der Feldzug eröffnet, als Klarheit zu herrschen begann und die wahren Gefühle des Feindes sich äußerten. Nach drei oder vier Tagen entsandte Alexander, bestürzt über die Erfolge des Kaisers, einen Offizier, um Napoleon zu melden, daß er bereit sei, zu verhandeln, falls die französische Armee das besetzte Gebiet verlasse und hinter den Njemen zurückginge. Napoleon hielt das für eine Kriegslist, überdies war er von seinem Erfolg geblendet: er hatte die russische Armee überrascht und in Unordnung zurückgeworfen; Bagration war abgeschnitten und konnte kaum der Vernichtung entgehen, nichts lag daher näher als die Annahme, man wolle nur Zeit gewinnen, ihn zu retten und die Vereinigung zu bewerkstelligen. Wäre der Kaiser von dem guten Glauben Alexanders überzeugt gewesen, so hätte er sicherlich seinem Wunsche nachgegeben, er wäre hinter den Njemen zurückgegangen, und Alexander hätte die Dwina nicht überschritten.

Aber die Würfel waren gefallen, und Napoleon marschierte an der Spitze von 400 000 Soldaten nach dem Inneren Rußlands, während ihm 200 000 andere folgten. Es kann nicht genug betont werden:

Napoleon hatte den russischen Feldzug sehr gegen seinen Willen unternommen. Er begriff sehr wohl, daß erst der um sich fressende Krebs in Spanien geheilt werden mußte, bevor er sich in einen so schrecklichen Kampf, 2000 Kilometer von der französischen Grenze, einlassen konnte. Er bewies dem Kaiser Alexander seinen Widerwillen, gegen ihn Krieg zu führen, und betonte sein aufrichtiges Bestreben, dem brüderlichen Bund, den sie in Erfurt geschlossen hatten, treu zu bleiben, als er ihm seinen Flügeladjutanten, den Grafen von Narbonne, sandte, um ihm im letzten Augenblick die Freundeshand zu bieten und ihm eine Zusammenkunft vorzuschlagen, die das gute Verhältnis zwischen ihnen wiederhergestellt hätte. Aber Alexander weigerte sich, diesen und den später abgesandten Lauriston zu empfangen.

Es war nicht des Kaisers Schuld, wenn die Mission von Alexanders Flügeladjutanten nicht den Frieden herbeiführte. Im Gegenteil, der Kaiser hatte vorgeschlagen, Wilna für neutral zu erklären und daselbst persönlich mit Kaiser Alexander Friedensverhandlungen zu führen; die französische Armee sollte hinter den Njemen und die russische hinter die Dwina zurückgezogen werden; wenn Alexander die Versicherung gäbe, daß er der Kontinentalsperre beiträte, so wären damit eigentlich alle Fragen gelöst gewesen. Wenn Alexander also gewollt hätte, dann hätte der Friede geschlossen werden können, aber ihm waren die Hände gebunden, er mußte sich dem Willen der Bojaren beugen. Diese wollten Krieg um jeden Preis; sie waren durch die Kontinentalsperre ruiniert, da sie ihren Talg, Hanf und Kupfer nicht mehr nach England liefern konnten.

Der Kaiser war sich der großen Schwierigkeiten einer russischen Expedition bewußt. Auf Unterstützung durch eine polnische Armee konnte er anfangs 1812 nicht rechnen; zu diesem Zeitpunkt bestanden Polen und seine Hilfsquellen nur in der Phantasie! Er rechnete allerdings auf die Treue des Kaisers Franz. Familienbande waren dem Kaiser immer heilig erschienen, für ihn hieß, solche brechen, seine Ehre beflecken und die heiligsten Gefühle des Menschen verletzen. Auf Preußen konnte er nur rechnen, insoweit er Sieger blieb. Und daß der Sieg nur nach furchtbaren Anstrengungen erkämpft werden könnte, das war ihm klar. Er hatte den Wert der russischen Armee im Kriege des Jahres 1807 erkannt und auch begriffen, daß von dem Einfluß der französischen Ideen auf diese halbwilden Völkerschaften nichts zu erhoffen sei. Er hatte noch nicht die Antwort vergessen, die ihm polnische Leibeigne gegeben hatten, als er ihnen von Freiheit sprach: »Ja, die möchten wir schon, aber wer wird uns dann nähren, kleiden und beherbergen?« Napoleon liebte den polnischen Soldaten, aber vor allem liebte er Frankreich, und nie hätte er Rußland mit Krieg überzogen, einzig und allein in der Absicht, den Interessen des polnischen Adels zu dienen und einen Poniatowski zum König von Polen zu machen. Sicherlich war ja Polen der natürliche Pufferstaat zwischen Rußland und dem westlichen Europa, aber die Wiederherstellung Polens mit Galizien und der Ostseeküste mußte durch diplomatische, nicht durch kriegerische Mittel erlangt werden. Der Kaiser von Rußland hatte sich in Erfurt mit diesem Gedanken befreundet und versprochen, seine polnischen Provinzen gegen Konstantinopel auszutauschen.

Polen wollte der Kaiser wiederherstellen als ein notwendiges und mächtiges Bollwerk gegen den unstillbaren Ehrgeiz des Zaren. Nach der Schlacht bei Jena und dem darauf folgenden Zusammenbruch der preußischen Monarchie, die durch die Siege des großen Friedrich zu so großer Macht gelangt war, drängten sich dem Kaiser zwei Gedanken auf: sollte er Preußen vollends vernichten? Oder sollte er aus der momentanen reumütigen Stimmung seines Königs, eines ehrenwerten, hochschätzbaren Mannes, Nutzen ziehen, um ihn durch aufrichtige

Dankbarkeitsgefühle an sich zu fesseln? Der Kaiser hatte für seine Zwecke Hannover, die preußischen Provinzen Sachsen, Westfalen, Franken und Magdeburg nötig. Wenn er dem König von Preußen als Entschädigung für die Abtretung dieser Provinzen die Krone Polens übertrug, war dann sein Zweck erreicht? Der König hätte sich über den Verlust der Länder getröstet, denn als König von Preußen und Polen wäre er mächtiger gewesen als vor der Schlacht bei Jena. Österreich konnte den Austausch Galiziens gegen die illyrischen Provinzen nicht verweigern. So würde also auf diesem Wege die Wiederherstellung Polens ermöglicht. Der Kaiser ließ in diesem Sinne durch den Marquis Lucchesini und General Zastrow Verhandlungen eröffnen, zugleich ließ er Kosciuzsko ausforschen über den Wert der Hilfe, den er bei den Polen selbst finden könnte, falls er sie zur Erkämpfung ihrer Nationalität zu den Waffen riefe. Zu gleichem Zwecke betraute er Dombrowski und Zajontschek mit wichtigen Aufträgen.

Zu seiner schmerzlichen Enttäuschung – niemand schätzte den persönlichen Wert und die ganze Ritterlichkeit der Polen höher als der Kaiser – versagten diese vollständig und hörten nicht auf seinen Ruf.

IV.

Der Marsch des Marschalls Davoust auf Minsk, Borisow und Mohilef trennte die Armee Barclay de Tollys von der Bagrations und zwang den ersteren, über Witebsk auf Smolensk zurückzugehen, wo erst die Vereinigung mit Bagration stattfand. Nach dieser kehrte letzterer mit 180 000 Mann wieder gegen Witebsk um, bereit, der französischen Armee die Schlacht anzubieten; aber da führte Napoleon das schöne Manöver aus, das ein Gegenstück bildet zu dem von Landshut 1809: er deckte sich durch den Wald von Bieski, umging den linken Flügel der Russen, überschritt die Wolga und marschierte auf Smolensk, wo er 24 Stunden vor der sich in aller Eile zurückziehenden russischen Armee eintraf. Eine Division von 15 000 Mann verteidigte mit Glück die Stadt während eines Tages, was Barclay de Tolly Zeit, gab, heranzukommen. Wenn die Franzosen Smolensk hätten überrumpeln können, hätten sie die Wolga überschritten und die Russen, die sich in Unordnung befanden, im Rücken angegriffen. Der Streich war zwar verfehlt, aber das Manöver war von großem Nutzen gewesen, denn es führte die Schlacht von Smolensk herbei.

Im französischen Heere war inzwischen Mangel ausgebrochen; Napoleon ließ daher, um den Truppen Erholung zu gönnen, Kantonnements beziehen und Lebensmittel von rückwärts heranführen, wo ihm dazu die Festungen an der Weichsel, Danzig, Thorn, Modlin, Praga, am Dniepr Kowno, Grodno, Wilna und Minsk zur Verfügung standen. Der Hauptdepotplatz für den Marsch nach Moskau war Smolensk. Auf dem Marsch dahin wurde nach je acht Marschtagen ein befestigter Stützpunkt errichtet; außerdem wurden alle Posthäuser mit Schießscharten versehen und mit leichten Schanzwerken umgeben. Diese Posthäuser wurden nur von einer Kompagnie mit einem Geschütz besetzt, aber der Verbindungsdienst wurde dadurch in einer Weise gesichert, daß während des ganzen Feldzuges nicht ein einziger Kurier und keine einzige Trainkolonne abgefangen wurde. Schon Anfang August begann Napoleon die Operationen wieder und hatte bis zum 14. August die Hauptarmee westlich von Smolensk versammelt.

Von Krasnyi marschierte der Kaiser auf Smolensk, für die nächsten zwei Tage die Möglichkeit einer großen Schlacht ins Auge fassend. Ein Vorhutkampf hatte bereits tags zuvor am 14. August stattgefunden, bei dem die 27. russische Division vernichtet worden war und wobei acht Geschütze und 1200 bis 1500 Gefangene in die Hände der Franzosen fielen. Aber die russische Armee, die den Befehl hatte, vor Smolensk die Schlacht anzunehmen, wagte doch nicht standzuhalten, als Napoleon die Stadt am 17. August hatte erstürmen lassen. Der Feind verlor dabei 3- bis 4000 Tote und an 10 000 Verwundete, während die französischen Truppen nur geringe Verluste erlitten, aber von der großen Hitze sehr zu leiden hatten. Die russische Armee setzte erbittert über die Führung und sehr entmutigt ihren Rückzug auf Moskau fort.

V.

Nach der Einnahme von Smolensk konnte sich Napoleon der trübsten Betrachtungen nicht erwehren. In diesem Feldzuge, den er als den entscheidendsten und letzten ansah, wofern er glücklich ausfiel, war es ihm noch nicht gelungen, einen großen Schlag auszuführen, und seine schönsten Manöver hatten nicht verhindern können, daß sich die vereinigten russischen Heere auf der Straße nach Moskau zurückzogen. Allerdings war der Feind überall nachdrücklich geschlagen worden, nach Smolensk auch bei Walutina. Man hatte ihm dreimal mehr Leute getötet und verwundet, als man selbst verloren hatte, und ihn ohne eine Hauptschlacht vom Njemen bis zum Dniepr und zur Düna gedrängt. Aber jener blitzartige Glanz, der die Waffen Napoleons sonst stets umgeben und unwiderstehlich gemacht hatte, mangelte ihnen bis jetzt, und zwar gerade in einem Augenblicke, wo man seiner bedurft hätte, um so viele feindliche Völker, deren Boden man betreten mußte, und so viele Alliierte, deren Treue unerläßlich nötig war, im Zaume zu halten. Das Resultat war zwar an sich beträchtlich, aber es fehlte etwas Glänzendes, das den Nimbus der Macht des Kaisers vollständig erhalten konnte. Das fühlte Napoleon, und es berührte ihn empfindlich, daß er sich nunmehr gezwungen sah, den Krieg in das Innere Rußlands zu versetzen.

Vor allem gönnte der Kaiser seinen Truppen einige Rasttage. Es lag ihm auch daran, die Lage erst klarzustellen, bevor er den Marsch auf Moskau unternahm. Er befahl daher Murat und Davoust, dem Feinde zu folgen und sich über seine Absichten zu unterrichten. Ihnen schickte er einige Tage später den Marschall Ney nach. Von allen Seiten trafen inzwischen gute Nachrichten ein. Am 3. August hatten sich die Sachsen und Österreicher vereinigt, gemeinschaftlich die Russen aus den zahlreichen Engpässen vertrieben und sie gegen Kobrin und Pinsk zurückgeworfen. Sodann hatte sie Fürst Schwarzenberg am 12. August bei Gorodetschna, wo General Tormasow mit 36 000 Mann und 60 Kanonen postiert war, angegriffen und zum Rückzuge gezwungen, wobei sich Österreicher und Deutsche tapfer schlugen.

Auch auf dem linken Flügel erfocht General Saint-Cyr bei Polozk einen schönen Sieg, der ihm den Marschallstab einbrachte.

Durch diese beiden Siege war die Sicherheit der französischen Flügel verbürgt und der Armee ein weiteres Vorrücken ermöglicht.

Murat und Davoust waren inzwischen den abziehenden Russen auf dem Fuße gefolgt. Diese zogen sich in guter Ordnung zurück, und alles deutete darauf hin, daß sie, sobald sie den geeigneten Augenblick für gekommen hielten, eine Schlacht annehmen würden.

Mit großem Geschrei verlangten nämlich der russische Hof und Adel, untröstlich über die Verwüstungen der russischen Provinzen, nach einer Schlacht. Barclay de Tolly hatte sie schon an der Dwina liefern wollen, aber er konnte nicht zur rechten Zeit seine Vereinigung mit Bagration bewerkstelligen. Nach dieser marschierte er auf Smolensk; doch die Gegenmanöver Napoleons vereitelten seine Pläne, und er mußte sich auf Dorogobush zurückziehen, um hier die Schlacht anzunehmen. Aber hier fehlte es ihm an Entschluß, und er wich bis Wiasma zurück. Als er auch hier den Kampf nicht aufnahm, ersetzte ihn der ungeduldige Hof durch Kutusow, der am 29. August an Barclays Stelle trat. Kutusow glaubte, daß er nichts besseres tun könnte, als die Schlacht in der ausgezeichneten Stellung an der Moskwa anzunehmen. Daran tat er recht, denn hätte er sie gewonnen, und das konnte er, so wäre er als Retter der Monarchie gefeiert worden. Er verlor sie; damit war Moskau gefallen.

Nach dem Siege von Smolensk hätte Junot bei Walutina Goro am 19. August die russische Nachhut abschneiden können, vermochte sich aber nicht zum Vorrücken zu entschließen. Nachher versuchte er sich damit auszureden, daß es bereits Nacht gewesen wäre und daß er deshalb eine Stellung bezogen hätte. Der Kaiser enthob ihn noch in derselben Nacht seines Kommandos.

Der Herzog von Abrantes, Marschall Junot, erhielt vom Kaiser ein sehr großes Vermögen angewiesen. Aber welche Summen er außerdem noch geschenkt erhielt, das geht über alle Begriffe. Dabei steckte er fortwährend in Schulden, da er sein Geld ohne Sinn und Verstand und nur zu oft in grobsinnlichen Ausschweifungen vergeudete. Wenn er nach seiner Gewohnheit zu stark gefrühstückt hatte, kam es oft vor, daß er mit dem Säbel über irgendeinen unglücklichen, sein Geld verlangenden Gläubiger herfiel und ihn aus seinem prachtvollen Pariser Palais hinauswarf. Sobald er sich beim Kaiser sehen ließ, war er in irgendeiner Bedrängnis. Er bekam dann tüchtig Schelte, aber auch Geld. Er setzte seinen besonderen Ehrgeiz darein, ebenso schnell zu reisen wie Napoleon; er hatte seine eigenen Relais, hielt sich Hunderte von Pferden und beging ähnliche Torheiten.

Seine Frau hielt sich für eine griechische Prinzessin aus dem Hause der Komnenen; dies hatte man auch Junot eingeredet und ihn dadurch veranlaßt, sie zu heiraten. Ihre Familie wohnte auf Korsika ganz in der Nachbarschaft der Familie Buonaparte; der Kaiserinmutter war sie für manchen Beweis von Wohlwollen zu Dankbarkeit verpflichtet.

Nach der Rückkehr aus Rußland nahm der Kaiser dem Herzog seine Stellung als Gouverneur von Paris und schickte ihn nach Venedig. Er milderte allerdings diese Strafe, indem er den Marschall sehr bald darauf zum Generalgouverneur von Illyrien machte. Aber Junot hatte sich die Ungnade Napoleons so zu Herzen genommen, daß die an ihm schon seit einiger Zeit beobachteten Geistesstörungen zu offenbarem Wahnsinn ausbrachen. Man mußte sich seiner Person versichern und ihn in seine Heimat schaffen, wo er in seinem Elternhause kurz darauf, von eigener Hand verstümmelt, einen gräßlichen Tod fand.

VI.

Napoleon hatte sich inzwischen von Smolensk aus in Bewegung gesetzt und war seiner Vorhut mit der gesamten Artillerie und Tausenden von Gepäckwagen, die mit Lebensmitteln beladen waren, gefolgt. Das Wetter war heiter. Die Truppen marschierten auf einer breiten, schönen, mit Birken eingefaßten Straße durch grünende Ebenen. »Nach Moskau!« riefen die Soldaten, »nach Moskau!« ... Und sie folgten dem Kaiser, wie einst die mazedonischen Soldaten Alexander dem Großen nach Babylon.

Den 31. August brach man von Wiasma nach Gshatsk auf. Man hoffte, die Russen bei Sajlischtsche in Stellung zu finden, aber auch dort hatten sie ebenso wenig wie in Dorogobush und Wiasma standgehalten. Doch waren dem Kaiser Meldungen zugegangen, die es als sicher erscheinen ließen, daß jenseits von Gshatsk der Feind die Schlacht annehmen würde. Das Wetter hatte sich inzwischen geändert, der Regen strömte unaufhörlich herab und hatte die Straßen bald in Moräste verwandelt; die Truppen konnten nur noch mit unsagbarer Mühe vorwärts marschieren.

Am 4. September ging die Sonne strahlend auf, und eine scharfe Luft hatte die Straßen bald wieder getrocknet. Es wurde bis Gridnewa marschiert, und den fünften September folgte man der Richtung nach der Ebene von Borodino. Alle Dörfer waren in Brand gesteckt und verlassen. Nur im Kloster Kolotskoi befanden sich noch einige Mönche.

Napoleon hielt an, um diese Ebene zu betrachten. Ein Bach, die Kolotscha, floß in grader Richtung bis zum Dorfe Borodino, wandte sich dann zur Rechten, bespülte ziemlich steile Abhänge und ergoß sich dann in die Moskwa. Die Abhänge waren mit Truppen und Geschützen bedeckt. Auf der Rechten des Flüßchens setzten sich die Höhen fort, waren aber weniger steil, und ihren Fuß markierten kleine Taleinschnitte.

Die Linie der russischen Armee folgte diesen Höhen, und wo die Stellung weniger geschützt war, hatte der Feind armierte Schanzen errichtet. Das waren ernste Hindernisse, die bewiesen, daß die Russen hier die Schlacht annehmen würden.

Eine Redoute war weiter vorgeschoben als die übrigen. Napoleon hielt es für nötig, sie auf der Stelle wegzunehmen, um sich dann ungehindert in der Ebene in Schlachtreihe aufstellen zu können. Der Tag ging bereits zu Ende. Murat und General Compans wurden mit dieser Aufgabe betraut. Unter äußerst heftigem Feuer rückten die Franzosen rasch und mit fester Haltung vor. Durch eine doppelte Überflügelung fiel die Schanze in ihre Hände.

Napoleon beschloß, seinen Truppen einen Tag Ruhe zu gönnen, und als ob man sich verabredet hätte, ließen auch die Russen den 6. verstreichen, ohne einen Flintenschuß zu tun.

Die seit Smolensk auf dem Marsche verlorene Mannschaft abgerechnet, zählte man noch 127 000 Streiter, die alle von größter Zuversicht und Kampfeslust beseelt waren. Die Artillerie besaß 580 Geschütze.

Die russische Armee war ihrerseits zu einem hartnäckigen Widerstand bereit und entschlossen, nicht anders als beinahe vernichtet vom Platze zu weichen. Ihre Stärke belief sich auf 120 000 Mann regulärer Truppen und 20 000 Kosaken und Moskauer Milizen.

Am 7. um 6 Uhr morgens donnerte auf dem rechten Flügel der erste Kanonenschuß. Sofort folgte auf die tiefe Stille der Nacht ein fürchterliches Krachen, und ein langer Streifen von Feuer und Dampf bezeichnete die Linien der beiden Armeen.

Während 120 Kanonen die Werke der Russen beschossen und sich auf dem rechten Flügel Davoust und Ney denselben näherten, hatte auf dem linken Flügel Prinz Eugène sich gegen Borodino gewendet, aus dem er die Russen nach heißem Gefecht herauswarf. Das war der Anfang der furchtbaren Schlacht, die den ganzen Tag über tobte und an schrecklichen Episoden kaum ihresgleichen aufzuweisen hat. Auf beiden Seiten wurde mit furchtbarer Erbitterung gekämpft; die Franzosen wollten ihren alten Ruf bewahren, und die Russen hatten geschworen, die Schmach ihres ewigen Rückzuges zu rächen, zu siegen oder zu sterben. Es wurde mit abwechselndem Glück gekämpft, Dörfer und Schanzen wurden genommen und zurückerobert, Karrees wurden gesprengt, und heftige, blutige Kavallerieattacken fanden statt. Auf einigen Punkten wurde das Gefecht grauenvoll. Die Erde zitterte unter dem Donner der Kanonen und den Bewegungen gewaltiger Reitermassen. Nie hatten französische Truppen ähnliches erlebt.

Gegen 3 Uhr nachmittags befahl Napoleon, die große Schanze in der Mitte wegzunehmen. Gelang dieses, so war der Tag entschieden.

Murat und Ney ließen 200 Kanonen ihr Feuer auf das Zentrum der Russen speien. Als die feindliche Linie hinreichend erschüttert erscheint, geht Murat zum Reiterangriff über. Prinz Eugène stellt sich seinerseits an die Spitze der Infanterie, nützt den Tumult des Gefechts und den gewaltigen Pulverdampf aus und ersteigt die Brustwehren der Redoute im nämlichen Augenblick, wo sich die französischen Kürrassiere auf die russische Garde zu Pferd stürzen.

Die ganze französische Armee dringt jetzt, eine gebrochene Linie bildend, vor und umfaßt die fürchterlich dezimierte russische Armee in einem feuerspeienden Winkel. Die letztere zieht sich langsam unter einem entsetzlichen Kartätschenfeuer zurück und stützt sich mit dem Rücken auf den Saum des Waldes von Psarewo. Dort bleibt sie unter der Masse von Kugeln, womit man sie überschüttet, unbeweglich und fest geschlossen stehen.

In diesem Augenblick war die Schlacht zweifellos gewonnen, denn überall war das Schlachtfeld in französischen Händen. Indessen war der Tag noch nicht zu Ende, und wenn man mit frischen Truppen noch eine letzte Anstrengung machte, so konnte man der russischen Armee eine entscheidende Niederlage beibringen. Dazu wäre die Garde, 18 000 Mann stark, die noch nicht gekämpft hatte, zur Verfügung gewesen. Napoleon, dem die Generale dies dringend vorstellten, wollte davon nichts wissen. Er war leidend, ein heftiger Schnupfen hatte ihn den ganzen Tag belästigt, und dann hatten die Greuel dieser Schlacht, die selbst für ihn ohne Beispiel waren, ihn übernommen. Er erwiderte auf das Drängen seiner Offiziere: »Ich will meine Garde nicht zugrunde richten lassen. Vierhundert Meilen von Frankreich setzt man nicht seine letzte Reserve aufs Spiel.« Dann befahl er, alles, was von Artillerie zur Verfügung stand, auffahren zu lassen und auf die in Masse dastehenden Russen zu schießen. So feuerten fast 400 Geschütze mehrere Stunden lang noch auf die russischen Reihen, die sich unter dieser schauderhaften Kanonade beharrlich in Linie hielten und Tausende ihrer Leute verloren, ohne sich erschüttern zu lassen.

Die Sonne schied endlich von dieser Schreckensszene, und es konnte den Truppen Ruhe gegönnt werden; sie biwakierten auf dem Schlachtfelde.

Die aufgehende Sonne beleuchtete ein grauenvolles Schauspiel. Das Schlachtfeld war mit Toten und Verwundeten bedeckt, wie man es noch nie gesehen hatte. Ungefähr 90 000 Mann lagen zu Boden gestreckt.

Die Franzosen hatten den Verlust von 9- bis 10000 Toten und 20- bis 21000 Verwundeten zu beklagen, also ungefähr 30000 Mann außer Gefecht; die Russen gestanden selbst einen Verlust von 60000 Mann ein. Die Franzosen hatten unter den Getöteten 47 Generale und 37 Obersten. Aber der Weg nach Moskau war frei, denn dorthin hatten die Russen den Rückzug angetreten, hart bedrängt von den nachfolgenden Franzosen.

Die Schlacht an der Moskwa ist die schwierigste, ehrenvollste und ruhmreichste Kriegstat der Gallier in ihrer alten und neuen Geschichte. Die Russen sind äußerst tapfere Soldaten. Ihre ganze Armee war vereinigt, im ganzen 170000 Mann. Kutusow hatte mit großem Verständnis eine sehr starke Stellung bezogen, er hatte alle Vorteile für sich, war überlegen an Infanterie, Kavallerie, Artillerie und Reiterei, eine große Zahl von Schanzen und Redouten deckte ihn: und doch wurde er besiegt! Es hängt eben alles vom Feldherrn ab, er ist das Haupt, er ist alles im Heer: es war nicht die römische Armee, die Gallien unterwarf, sondern Cäsar; nicht das karthagische Heer hat die römische Republik in Schrecken versetzt, sondern Hannibal; nicht die Mazedonier eroberten die Länder bis zum Indus, sondern Alexander; nicht die französische Armee entfaltete ihre siegreichen Fahnen bis zur Weser und zum Inn, sondern Turenne; es war nicht das preußische Heer, das sieben Jahre lang sein Land gegen die drei größten Mächte Europas verteidigt hat, sondern Friedrich der Große!

Den unerschrockenen Helden Murat, Ney, Poniatowski wurde der herrlichste Ruhm zuteil! Welch große und schöne Kriegstaten hat die Geschichte dieses Tages zu verzeichnen: die entschlossene Attacke der Kürassiere, die die feindliche Artillerie durchbrachen und die Kanoniere auf ihren Geschützen niedersäbelten, den Heldentod Montbruns und Caulaincourts, die Tapferkeit der französischen Kanoniere, die im freien Felde der in geschützter Stellung befindlichen übermächtigen feindlichen Artillerie Trotz boten, und die heldenhafte Haltung der Infanterie, die im kritischsten Augenblick, wo sie selbst nötig hatte, aufgemuntert zu werden, ihrem Kriegsherrn zurief: »Sei ruhig; deine Soldaten haben geschworen, heute zu siegen, und sie werden siegen.«

Unter den Mauern Moskaus hielt Kutusow einen Kriegsrat ab, in dem beschlossen wurde, die Stadt preiszugeben und den Rückzug auf der Straße nach Wladimir fortzusetzen. Es wurde beschlossen, in der Nacht vom 13. zum 14. September in aller Stille durch Moskau zu ziehen.

Man setzte den Gouverneur Rostopschin, einen Russen voll wilder

Leidenschaften, davon in Kenntnis, der die Franzosen auf das glühendste haßte. Im Übermaße seines Hasses wollte er nicht dulden, daß ein Russe in Moskau verbleibe, und befahl daher allen Einwohnern, sofort die Stadt zu verlassen. Aber er wollte mehr: er wollte den Franzosen nur einen Aschenhaufen überlassen. Er sprach zu niemand von seinem Vorhaben, aber er ließ in einem seiner Gärten eine Menge brennbarer Stoffe anhäufen. Eine Stunde vor der Räumung der Stadt wählte er zu seinen Mitschuldigen und Vollstreckern seines Planes die in den Gefängnissen sitzenden Verbrecher. Er setzte sie in Freiheit und gab ihnen den Auftrag, die Stadt heimlich in Brand zu stecken. Bei seiner Abreise ließ er alle Löschgeräte davonführen.

VII.

Während die letzten Russen noch in der Stadt waren, erschienen auf den umgebenden Anhöhen bereits die ersten Franzosen. Diese waren zwar abgemattet, ausgehungert, viele von ihnen verwundet, aber da begannen sie alle ihre Leiden zu vergessen, als sie die glänzende Hauptstadt der Moskowiter vor sich liegen sahen. Viele von ihnen waren bei den Pyramiden, an den Ufern des Jordans, in Rom, Mailand, Madrid, Wien und Berlin gewesen und erzitterten jetzt vor Freude, daß nun auch Moskau zu ihren Füßen lag. Freudige Hoffnung, dort endlich Erholung, Überfluß und wahrscheinlich Frieden zu finden, erfüllte sie. Sie konnten sich nicht sättigen an dem magischen Anblick dieser in tausend Farben schimmernden, von einer Menge vergoldeter und in blendendem Glanze strahlender Kuppeln überragten ungeheuren Stadt, die alles verwirklicht zeigte, was die morgenländischen Märchen von den Wundern Asiens erzählten.

Auch Napoleon fühlte sich ergriffen von dem, was sich seinen Blikken darbot, und er vermochte sich einer tiefen Bewegung nicht zu erwehren.

Murat erhielt Befehl, schleunigst in die Stadt einzudringen, um jeder Unordnung vorzubeugen. Von seinem Generalstabe und einer Kavallerieabteilung begleitet, betrat er die Straßen der Stadt: überall aber bemerkte er nur die tiefste Einsamkeit, es war, als ob man in die Stadt des Todes eindränge.

Die Armee biwakierte die Nacht und genoß keineswegs die Freuden und den Überfluß, die sie sich versprochen hatte.

Um neun Uhr morgens war Kutusow mit seinem Hauptquartier durch die Stadt gezogen, und um ein Uhr nachmittags zog die französische Vorhut in dieselbe ein.

Der Befehlshaber der russischen Nachhut bat, die Stadt ohne Kampf durchziehen zu dürfen, was ihm gewährt wurde, aber am Kreml angelangt, leistete dies Gesindel hinterlistigerweise, durch den Gouverneur aufgehetzt, Widerstand, der aber sofort gebrochen wurde. 10 000 russische Soldaten wurden in den nächsten Tagen an allen Ecken der Stadt, die sie sich zu plündern anschickten, aufgehoben und in die Gefangenschaft abgeführt; sie gehörten zu den ältesten, besten Truppen.

Am 15. September morgens hielt Napoleon seinen Einzug in Moskau an der Spitze seiner siegreichen Legionen, aber er zog durch eine verlassene Stadt, und zum ersten Male hatten seine Soldaten beim Einrücken in eine Hauptstadt nur sich selbst zu Zeugen ihres Ruhmes. Das machte einen traurigen, peinlichen Eindruck. Im Kreml angekommen, stieg Napoleon auf den hohen Turm des großen Iwan, um von dieser Höhe seine prachtvolle Eroberung zu betrachten, durch welche die Moskwa langsam in Mäandern dahinfloß. Aber mit dem Glanze der Stadt kontrastierte seltsam das düstere Schweigen, das an die Stelle des Lebens getreten war, das noch tags zuvor eine der größten Städte der Welt beherrscht hatte.

Die Armee wurde in die verschiedenen Quartiere Moskaus verteilt, die Garde in den Kreml und Umgebung gelegt. Die Häuser waren voll von Lebensmitteln, so daß für die ersten Bedürfnisse der Truppen gesorgt werden konnte, ja die Offiziere trafen in den Palästen, wo sie einquartiert wurden, selbst den raffiniertesten Luxus an.

Die Franzosen kamen so schnell, daß nichts gestohlen werden konnte. Auf den Toilettentischen der Damen fand man Diamanten und Schmuck, so eilig waren die Besitzer geflohen. Viele schrieben später, daß sie im ersten Augenblicke des Schreckens geflohen seien, um sich einer gefährlichen Soldateska zu entziehen, daß sie ihr Gut der Loyalität der Sieger anvertrauten und daß sie bei ihrer Rückkehr ihrer Dankbarkeit Ausdruck geben würden.

Man hoffte also, Moskau zu genießen, daselbst den Frieden und, falls sich der Krieg verlängerte, jedenfalls gute Winterquartiere zu finden.

Plötzlich stieg am Tage nach dem Einzuge eine Feuersäule über einem großen Gebäude auf, das Spirituosen enthielt. Fast im gleichen Augenblicke brach Feuer mit außerordentlicher Heftigkeit in einem Häuserkomplex aus, den man den Bazar nannte. Hier befanden sich die Magazine mit den reichsten Waren des Orients, persischen Teppichen, Zucker, Kaffee, Tee und feinen Weinen. Man suchte zu retten, was zu retten war, wurde aber der Brände nicht Herr. Wie wenn alles Unglück auf einmal über die alte moskowitische Hauptstadt hereinstürzen sollte, erhob sich in der Nacht vom 15. zum 16. September ein furchtbarer Äquinoktialsturm und verbreitete das Feuer in den Holzhäusern mit einer Schnelligkeit, die jeder Beschreibung spottet. Bald flammte die ganze Stadt in furchtbarem Brande auf.

Auch der erhabenste Dichter könnte keine rechte Vorstellung von dem großartigen Anblick des Brandes von Moskau geben; die Schilderungen des Brandes von Troja können nicht die Wirklichkeit des Brandes von Moskau erreichen. Die Stadt war aus Holz gebaut, der Wind von äußerster Heftigkeit, alle Spritzen waren entfernt, es war buchstäblich ein Meer von Feuer.

Die bürgerliche Bevölkerung Moskaus war weit davon entfernt, dieses Attentat geplant zu haben. Gerade sie war es, welche die 3- bis 400 Sträflinge, die den Gefängnissen entwischt waren und das Werk in Szene gesetzt hatten, den Franzosen auslieferte. Man kennt überhaupt Rußland schlecht, wenn man glaubt, daß die Einwohner am Kampfe teilnahmen! Die Bauern sind Leibeigene; ihre Herren fürchteten, daß sie sich empörten, und ließen sie wie eine Rinder- oder Hammelherde ins Innere führen. Die Leibeigenen waren den Franzosen, von denen sie die Freiheit erwarteten, sehr günstig gesinnt. Die Bürger und freigelassenen Leibeigenen, die in den kleinen Städten wohnten, waren sehr geneigt, sich an die Spitze eines Aufruhrs gegen den Adel zu stellen. Infolgedessen faßten die Russen den Entschluß, alle Städte, die auf dem Marsch der kämpfenden Heere lagen, niederzubrennen. Trotz dem Widerstand der Einwohner zündeten die Kosaken, die als große Feinde der Moskowiter ihre Freude daran hatten, sogar viele Dörfer an.

Man hat viel Aufhebens von den Kosaken gemacht; man hat sie auch mit der ungarischen Landsturmreiterei verglichen. Nun, die ungarischen Reiter, die wir in den Jahren 1797, 1805 und 1809 gesehen haben, waren kläglich. Wenn diese leichten Truppen zur Zeit der Kaiserin Maria Theresia sich gefürchtet gemacht haben, so lag der Grund in ihrer guten Organisation, besonders in ihrer großen Anzahl. Wollte man annehmen, daß derartige Truppen den Husaren des Feldmarschalls Wurmser, den Dragonern des Generals Latour oder des Erzherzogs Johann überlegen wären, so würde man sich eine seltsame Vorstellung machen. Weder der ungarische Landsturm noch die Kosaken haben jemals die Vorhut einer österreichischen oder russischen Armee gebildet, denn wenn man von Vorhut oder Nachhut spricht, versteht man darunter immer nur Truppen, die regelrechte Manöver machen. Die Russen schätzten ein Regiment ausgebildeter Kosaken gleich drei Regimentern unausgebildeter Kosaken. Diese ungeordneten Truppen haben nicht den geringsten Wert, doch ist der Kosak selber ein schöner Mensch, ein guter Reiter, sehr geschickt, schlau, unermüdlich. Niemals betritt er ein Haus, niemals schläft er in einem Bett; bei Sonnenuntergang wechselt er stets sein Biwak, um nicht die Nacht an einem Ort zu verbringen, wo die Feinde ihn hätten beobachten können.

Moskau ist übrigens vom gemeinsten russischen Pöbel geplündert worden, aber nicht von französischen Soldaten, geschweige denn auf Befehl oder auch nur mit Zustimmung des Kaisers. Die einzige Stadt, die Napoleon jemals hat plündern lassen, ist Pavia. Er hatte seinen Soldaten versprochen, sie 24 Stunden lang plündern zu lassen. Aber schon nach 3 Stunden konnte er selber die Plünderung nicht mehr ertragen und gab Befehl, sie einzustellen. Er hatte nur 1200 Mann bei sich; das Geschrei der Einwohner übertäubte alles und drang dem General zu Ohren. Wären 20 000 Soldaten dagewesen, so hätte ihr Lärm die Klagen der Bevölkerung erstickt. Zum Glück stimmt in diesem Fall die Politik einmal mit der Moral überein und sieht Plünderungen als verwerflich an. An Napoleon ist oft das Ansinnen herangetreten, seinen Soldaten als Belohnung das Plündern zu erlauben; er hätte es getan, wenn er dabei einen Vorteil gesehen hätte. Aber nichts ist mehr geeignet, ein Heer zu zerrütten und zu verderben. Sobald ein Soldat plündern kann, hält er keine Mannszucht mehr; hat er sich beim Plündern bereichert, so wird er sofort ein schlechter Soldat: er will sich nicht mehr schlagen. Übrigens entspricht das Plündern nicht dem französischen Charakter: unser Soldat hat kein schlechtes Herz, sobald die erste Wut verraucht ist, kommt er wieder zu sich. Es wäre französischen Soldaten unmöglich, 24 Stunden lang zu plündern. Viele würden die letzten Stunden darauf verwenden, die Leiden zu mildern, die sie selber in den ersten Stunden zugefügt haben. In ihren Quartieren werfen sie sich gegenseitig die begangenen Ausschreitungen vor, und harter Tadel trifft diejenigen, die zu weit gegangen sind und schändliche Taten begangen haben.

Am zweiten Tage geriet auch der bis dahin verschonte Kreml in Gefahr. Zündfunken, die unter die am Boden umherliegenden Wergvorräte der Artillerie fielen, drohten diese in Brand zu stecken. Zudem standen mehr als hundert Munitionswagen im Hofe des Kreml, und das Zeughaus enthielt einige hunderttausend Pfund Pulver. Es stand eine Katastrophe zu erwarten, und Napoleon konnte samt seiner Garde mit dem Palaste der Zaren in die Luft gesprengt werden. Ein längeres Bleiben war unmöglich, und der Kaiser entschloß sich endlich schweren Herzens dem Drängen seiner Offiziere nachzugeben und mit dem erschreckten Heere die Stadt zu verlassen, in der man kaum atmen konnte. Er nahm seinen Aufenthalt im Schlosse Petrowskoie, eine Meile von Moskau an der Straße nach St. Petersburg gelegen. Bis zum 18. September brannte die Stadt. Dann trat plötzlich heftiger Regen ein, der nach und nach dem Elemente Einhalt tat. Der Kreml stand noch aufrecht und mit ihm ein Fünftel der Stadt.

Am 19. kehrte Napoleon, durch dieses grauenvolle Ereignis trübe gestimmt, nach Moskau zurück. Er vermeinte an den geschwärzten Mauern dieser eingeäscherten Paläste die in Blut- und Flammenzügen geschriebenen Worte zu lesen: Kein Friede ... Krieg bis auf den letzten Blutstropfen!

Am 15., 16. und 17. September wurde seitens des Generals der russischen Nachhut viel von Frieden gesprochen, man solle nicht mehr aufeinander schießen, da doch nicht mehr gekämpft werden würde. Er marschierte auf der Straße nach Kolomna davon, und die französischen Vorposten besetzten die Moskwabrücke, zwanzig Kilometer hinter Moskau. Von der Kolomnastraße aus erreichte die russische Armee auf Feldwegen die Kalugastraße, indem sie in dreißig Kilometer Entfernung einen Halbbogen um Moskau beschrieb. Der Wind trieb dicke Rauchwolken aus der brennenden Stadt herüber. Nach Aussagen russischer Offiziere war düstere Niedergeschlagenheit in den Zügen aller Soldaten zu lesen, sie bewegten sich schweigsam vorwärts, überall herrschte die Stille des Gebets.

Als der Marsch des Feindes bemerkt wurde, ging Marschall Bessières mit einem Beobachtungskorps gegen Desna vor, während der König von Neapel ihn zuerst bis Podolsk verfolgte und sich dann in seinen Rücken warf, um ihn von der Kalugastraße abzuschneiden. Obgleich der König nur die Vorhut bei sich hatte, hielt der Feind doch nicht stand, sondern räumte nach kurzem, für die französische Vorhut ruhmreichen Kampf die errichteten Schanzen und zog sich fünfundzwanzig Kilometer weit zurück.

Da des Kaisers Absicht war, den Feind zur Räumung seines verschanzten Lagers zu zwingen und ihn um mehrere Tagemärsche zurückzuwerfen, um sich in Ruhe seine Winterquartiere auswählen zu können, so befahl er seiner Vorhut, hinter dem Engpaß von Winkowo Stellung zu nehmen und seine Bewegungen dem Feinde zu verbergen. Seitdem Moskau aufgehört hatte zu existieren, war es des Kaisers Plan, entweder diesen Trümmerhaufen ganz aufzugeben oder nur den Kreml mit 3000 Mann zu besetzen. Indessen erschien die Burg selbst nach den Wiederherstellungsarbeiten nicht stark genug, zwanzig oder dreißig Tage lang sich mit diesen Streitkräften verteidigen zu können. Die Rücksicht auf den Kreml würde das Heer behindert haben, ohne großen Vorteil zu gewähren. Wenn man Moskau hätte gegen Marodeure und Plünderer beschützen wollen, so wären dazu wenigstens 20 000 Mann nötig gewesen. Überdies war die Stadt nur eine schmutzige und ungesunde Kloake, in die sich nur die elendsten der 200 000 in den umgebenden Wäldern umherirrenden, halb erfrorenen und verhungerten Menschen hineinwagten, um in den Trümmern einige brauchbare Gegenstände oder in den Gärten einiges Gemüse aufzutreiben, und es schien wenig vorteilhaft, für einen Ort, der weder militärisch noch politisch von Bedeutung war, irgendwelche Opfer zu bringen.

Daher ließ der Kaiser, nachdem die brauchbaren Depots der Stadt geschützt und die anderen geräumt worden waren, den Kreml unterminieren und denselben durch den Marschall Mortier am 23. September, nachts zwei Uhr, in die Luft sprengen. Das Zeughaus, die Kasernen und Magazine wurden zerstört, die alte Burg, das Wahrzeichen der Gründung der russischen Monarchie, das erste Zarenschloß, sie waren dahin.

Den 24. September hatte der Kaiser zum Tag des Abmarsches nach der Dwina, um sich Petersburg und Wilna zu nähern, bestimmt. Von den 4000 Steinhäusern Moskaus blieben nur 200 aufrecht, und von 8000 Holzhäusern nur ungefähr 500. Dem Kaiser wurde vorgeschlagen, den Rest der Stadt, um die Russen mit ihrer eignen Münze zu bezahlen, niederbrennen und diese Maßregel auf die Umgegend Moskaus mit ihren vielen Dörfern und Herrensitzen ausdehnen zu lassen. Man riet ihm, vier Kolonnen von je 2000 Mann aufzustellen, die alles auf hundert Kilometer in Brand stecken sollten. Das würde die Russen lehren, in regelrechter Weise und nicht auf Tartarenart Krieg zu führen; wenn sie wieder ein Dorf oder ein Haus verbrennen würden, dann sollte man dafür hundert von den ihren anstecken. Der Kaiser weigerte sich, solche Maßregeln gutzuheißen, die das Elend der Bevölkerung nur vergrößern würden. Auf 9000 Eigentümer, denen man ihre Habe verbrannt hätte, kämen vielleicht hundert Anhänger eines Rostopschin, während 8900 Unschuldige dadurch mitruiniert und 200 000 arme unschuldige Leibeigne von allen Mitteln entblößt werden würden. Der Kaiser begnügte sich daher mit der Zerstörung der militärischen Gebäude, wie es Kriegsbrauch war, ohne Privateigentum anzutasten, das ohnehin schon unter der Kriegswut genug zu leiden hatte.

Wenn Moskau nicht den Flammen zum Opfer gefallen wäre, hätte der Kaiser daselbst Winterquartiere bezogen und wäre mit seiner Armee ruhig inmitten der feindlichen Bevölkerung geblieben, wie die Besatzung eines Schiffes, das von Eis blockiert ist. In Frankreich wäre man während dieser Zeit ohne Nachricht gewesen, aber Cambacérès hätte die Geschäfte, wie schon oft, im Namen des Kaisers erledigt, und alles wäre seinen ruhigen Gang weitergegangen. Der Winter hätte alle Welt eingeschläfert, Freund wie Feind, aber der Frühling hätte alle zu neuem Leben erweckt, und dann hätte sich der Kaiser auf den Feind gestürzt, ihn geschlagen und das Reich erobert. Aber der Kaiser Alexander hätte es nicht so weit kommen lassen, er hätte alle Bedingungen des Kaisers unterschrieben, der Friede wäre geschlossen worden, und endlich hätte Frankreich die Früchte seiner Siege genießen können! Und woran hing dies alles? An einem Nichts. Wäre die Natur nicht gegen den Kaiser gewesen, so wäre alles glücklich verlaufen. Er war ausgezogen, um Männer in Waffen zu bekämpfen, aber gegen Feuer und Eis war er ohnmächtig! Das Schicksal war stärker als er, welch ein Unglück für Frankreich, für Europa! Hätte der Kaiser in Moskau Frieden schließen können, so wären damit seine militärischen Unternehmungen beendet und die allgemeine Sicherheit und Ruhe die Folgen gewesen. Ein neuer Horizont wäre erschienen, neue Arbeiten wären unternommen worden zum Wohle und Gedeihen aller. Das europäische System wäre gegründet worden, seine Organisation war nur eine Frage der Zeit! Die europäische Vereinigung sollte dieselbe Grundlage erhalten, gleiche Prinzipien, gleiche Gesetzgebung, einen europäischen Kassationshof, der alle Irrtümer wiedergutgemacht hätte, eine gleiche Münze mit verschiedenen Prägungen, die gleichen Gewichte, Maße, usw. usw. Europa wäre bald nur ein Volk geworden, und jeder einzelne hätte, wohin er auch nur immer reiste, sich immer in dem gemeinsamen Vaterlande befunden.

Der Kaiser würde freie Schiffahrt nicht nur auf allen Meeren, sondern auch auf allen Flüssen für alle Nationen verlangt haben; die großen stehenden Heere würden auf eine Garde für die Herrscher beschränkt worden sein.

Nach Frankreich, in den Schoß des großen, herrlichen, ruhigen, ruhmvollen Vaterlandes zurückgekehrt, würde Napoleon die Unverletzbarkeit der Grenzen erklärt haben; in Zukunft wäre ein Krieg nur zur Verteidigung geführt worden; jede neue Vergrößerung hätte als *antinational* gelten müssen. Die *Diktatur* Napoleons wäre zu Ende gewesen, seine konstitutionelle Regierung würde begonnen haben. Seinen Sohn würde er als Mitherrscher angenommen haben, sobald dieser volljährig gewesen wäre.

Paris wäre die Hauptstadt der Welt gewesen! Alle Nationen würden die Franzosen beneidet haben.

Die Tage seines Alters würde der Kaiser damit hingebracht haben, in Begleitung seiner Gemahlin und seines Sohnes, der sich auf den Herrscherberuf vorbereitete, langsam reisend zu Wagen alle Gegenden und Winkel des Vaterlandes zu besuchen, Klagen entgegenzunehmen, Unrecht wiedergutzumachen, überall Denkmäler seines Wohltätigkeitssinnes zurückzulassen.

Das waren Napoleons Träume!

VIII.

Napoleon war angesichts der gewaltigen Erfolge, die die französischen Waffen errungen hatten, der festen Überzeugung, daß die von ihm sofort nach der Einnahme Moskaus gemachten Friedensanerbietungen mit Freuden würden angenommen werden.

Er sah sich schmerzlich enttäuscht, und während seines Wartens verrann eine kostbare Zeit, die vollauf genügt haben würde, einen gefahrlosen Rückzug zu vollführen.

Ein unerwarteter Angriff klärte Napoleon plötzlich über die wahren Absichten der russischen Heerführer auf.

Als General Lauriston sich am 5. Oktober in das russische Hauptquartier begeben hatte, waren dadurch die Verbindungen zwischen den Vorposten beider Heere wiederhergestellt, die unter sich übereinkamen, sich nicht anzugreifen, ohne sich drei Stunden vorher davon zu verständigen. Aber am 18. Oktober, sieben Uhr morgens, brachen

4000 Kosaken, aus einem eine halbe Kanonenschußweite entfernten Walde hervor und stürzten sich auf den linken Flügel der französischen Vorhut unter General Sebastiani, die nicht einmal Vorposten aufgestellt hatte und deren leichte Kavallerie abgesessen bei der Verteilung der Mehlrationen durch das Hurrageschrei der Russen überrascht wurde. Sie konnte sich erst einen Kilometer rückwärts wieder sammeln. Inzwischen drang der Feind durch die entstandene Öffnung ein und nahm General Sebastiani zwölf Geschütze und fünfundsechzig Wagen ab.

Den Kosaken folgten die reguläre Kavallerie des Feindes und zwei Kolonnen Infanterie nach, die den Wald und den Hohlweg von Weronowo vor den französischen Truppen zu erreichen hofften. Aber der König von Neapel wachte. Er warf sich aufs Pferd, setzte sich an die Spitze seiner Truppen und rannte in zehn oder zwölf verschiedenen Attacken die feindliche Reiterei nieder. Danach stürzte er sich auf die Division der sechs russischen Bataillone, die Generalleutnant Müller befehligte, und durchbrach sie. Sie wurde fast aufgerieben, und ihr Führer getötet.

Gleichzeitig mit diesem Gefecht schlug Poniatowski eine russische Division erfolgreich zurück, wobei der polnische General Fischer von einer Kanonenkugel getötet wurde.

Der Feind erlitt nicht nur größere Verluste als die französische Vorhut, sondern mußte auch noch die Schande auf sich laden, einen Vorhutswaffenstillstand gebrochen zu haben. Die Franzosen verloren 800 Mann an Toten, Verwundeten und Gefangenen, der Feind die doppelte Zahl. Mehrere russische Offiziere wurden gefangengenommen und zwei Generale getötet. Der König von Neapel hat an diesem Tage bewiesen, was Geistesgegenwart, Tapferkeit und Kriegsgewohnheit vermögen.

Infolge dieser Vorfälle zögerte Napoleon nun nicht länger und trat am nächsten Tage, den 19. Oktober, den Rückzug in südwestlicher Richtung an. Das Gefecht bei Malojaroslawecz veranlaßte allerdings am 24. Oktober eine Veränderung der Marschrichtung, die sich wieder der auf dem Hinmarsch benutzten Straße von Smolensk näherte. Trotzdem war bei der Armee, die eine ungeheure Beute von Moskau mitgenommen hatte, alles guten Mutes. An Unbilden des Winters dachte kein Mensch.

Sogar die Russen waren erstaunt über das Wetter, das drei Wochen lang herrschte; es war, als ob die Sonne und schönen Tage von Fontainebleau hierher versetzt worden seien. Die Armee befand sich zudem in einem reichen Lande, das man den besten Gegenden Frankreichs und Deutschlands zur Seite stellen kann.

Bis zum 6. November dauerte das schöne Wetter an, und die Manöver der Armee wurden in allem erfolgreich durchgeführt. Aber am 7. setzte plötzlich schwere Kälte ein. Von da ab verlor das Heer jede Nacht Hunderte von Pferden, die in den Biwaks erfroren. Auf ihrer rechten Flanke hatte die französische Armee die russische Armee von Wolhynien als Gegner und war dadurch gezwungen, die Operationslinie von Minsk aufzugeben und als Zentrum seiner Bewegungen die Linie von Warschau zu nehmen. Der Kaiser erfuhr am 9. November in Smolensk diese Änderung und ahnte sofort, was der Feind beabsichtigte. Obgleich es ihm hart erschien, sich in einer so grausamen Jahreszeit in Bewegung zu setzen, so war doch bei dem neuen Stande der Dinge keine Zeit zu Bedenken. Er hoffte, nach Minsk oder wenigstens an die Beresina vor dem Feinde zu gelangen, und brach von Smolensk am 13. November auf. Am 16. wurde Krasnyi erreicht. Die Kälte wurde von Tag zu Tag heftiger. Am 14., 15. und 16. November fiel das Thermometer bis auf 28 Grad unter Null; die Wege waren mit Glatteis bedeckt, und die Pferde der Kavallerie, Artillerie und des Trains kamen nächtlich nicht mehr zu Hunderten, sondern zu Tausenden um, besonders die französischen und deutschen. In wenigen Tagen verlor das französische Heer mehr als 30000 Pferde, so daß Reiterei, Artillerie und Wagen unbrauchbar wurden und viele Geschütze, Munitions- und Wagenvorräte zerstört werden mußten.

Das Heer, das am 6. November noch so stolz dastand, war am 14., seiner Reiterei, Artillerie und Vorräte beraubt, nicht wiederzuerkennen. Ohne Reiterei waren Rekognoszierungen zur Unmöglichkeit geworden, ohne Artillerie und Munition konnte man keine Schlacht wagen oder festen Fußes den Feind erwarten. Es mußte weitermarschiert und ein gewisser Raum gewonnen werden, um eine Umgehung seitens des Feindes zu verhindern, alles ohne Reiterei, die hätte aufklären und die Verbindungen der Kolonnen aufrechterhalten können. Diese Schwierigkeiten und der Frost brachten das Heer in eine mißliche Lage. Die Leute, die die Natur nicht genug gestählt hatte, um allen Lagen des Geschickes Trotz bieten zu können, wurden in ihrer Standhaftigkeit erschüttert, verloren Humor und Heiterkeit und träumten nur Unglück und Katastrophen; diejenigen aber, die sie über alles erhaben geschaffen hatte, bewahrten ihren Gleichmut und sahen in den verschiedenen zu überwindenden Schwierigkeiten nur neue Gelegenheiten, sich ruhmvoll auszuzeichnen.

Der Feind nahm auf den Wegen die Spuren der schauderhaften Bedrängnis wahr, in der sich das Heer befand, und suchte daraus Nutzen zu ziehen. Er griff beständig die einzelnen Kolonnen mit seinen Kosaken an, die ihnen, nach Art der Araber in der Wüste, die Munitions- und Vorrätekarren, welche sich verirrten oder zurückblieben, abnahmen. Die elende russische Reiterei, die nur schreien konnte und sich nicht imstande gezeigt hatte, eine Kompagnie zu durchbrechen, wurde unter diesen traurigen Umständen zu einem furchtbaren Gegner. Wenn sie aber ernste Unternehmungen ins Werk setzen wollte, so hatte sie es zu bereuen. So hatte sie es versucht, dem Vizekönig Eugène den Weg zu verlegen, wurde aber von ihm über den Haufen gerannt und mit großen Verlusten zurückgeschlagen.

Der Marschall Ney, der mit 3000 Mann die Nachhut bildete, hatte die Wälle von Smolensk in die Luft sprengen lassen, wurde dabei umzingelt, konnte sich aber mit der Unerschrockenheit, die ihn kennzeichnet, aus der kritischen Lage ziehen. Nachdem er sich den Feind während des ganzen 18. November vom Leibe gehalten hatte, führte er ein Manöver nach der rechten Flanke aus, überschritt den Dniepr und machte alle Pläne des Feindes zuschanden. Am 19. November überschritt das französische Heer bei Orscha den Dniepr, und die russische Armee ließ, ermüdet und durch die großen Verluste entmutigt, von weiteren Versuchen ab.

Die Wolhynische Abteilung der russischen Armee war nach dem 16. November auf Minsk und weiter auf Borisow marschiert, wo General Dombrowski den Brückenkopf an der Spitze von 3000 Mann verteidigte. Am 23. wurde er zur Räumung dieser Stellung gezwungen, worauf der Feind die Beresina überschritt und auf Bobr marschierte, mit der Division Lambert als Vorhut. Währenddessen war Marschall Oudinot an der Spitze des II. Korps von Tschereja zum Schutze des Überganges über die Beresina in Eilmärschen unterwegs. Er stieß am 24. auf die Division Lambert, zwanzig Kilometer hinter Borisow, griff sie an, schlug sie zurück, nahm ihr 2000 Gefangene, sechs Geschütze und 600 Wagen ab und warf sie über die Beresina. Der Feind konnte sich nur durch Anzünden der Brücke, die eine Länge von 600 Metern hat, vor Vernichtung retten.

Aber der Feind hatte inzwischen alle anderen Übergänge der Beresina, eines Flusses von 80 Metern Breite, besetzt. Seine Ufer werden durch Sümpfe von 600 Metern Breite gebildet, die ein natürliches, schwer zu überwindendes Hindernis für die Überschreitung bilden. Zudem führte der Fluß eine große Menge von Eisschollen. Der feindliche General hatte seine vier Divisionen auf den verschiedenen Annäherungspunkten aufgestellt, wo er vermutete, daß die französische Armee den Übergang versuchen könnte.

In der Frühe des 26. November marschierte der Kaiser, nachdem er am 25. den Feind durch verschiedene Scheinmanöver getäuscht hatte, auf das Dorf Studienka los, wo er trotz der Anwesenheit und vor den Augen einer russischen Division zwei Brücken über den Fluß schlagen ließ. Marschall Oudinot griff den Feind an, trieb ihn zwei Stunden lang vor sich her und warf ihn bis an den Brückenkopf von Borisow zurück. Am 26. und 27. November überschritt das französische Heer den Fluß, mit Ausnahme einer Brigade der Division Partonneaux, die die Nachhut bildete und beauftragt war, die Brücken zu verbrennen. Sie hatte unterwegs ihre andere Brigade und den Divisionsgeneral aus dem Gesicht verloren. Alles Suchen nach ihr war vergebens. Man erfuhr später, daß sie anstatt nach links, nach rechts abmarschiert und in der Nacht auf ein russisches Biwak gestoßen war, das sie für ein französisches hielt. Sie war umzingelt und gefangengenommen worden.

Dieser fatale Irrtum kostete dem französischen Heere 2000 Gefangene, 300 Pferde und drei Geschütze. Nachdem am 28. November die ganze Armee den Fluß überschritten hatte, besetzte Marschall Victor den Brückenkopf des linken Ufers, während sich Marschall Oudinot mit der ganzen Armee noch auf dem rechten Ufer des Flusses befand.

Da Borisow geräumt war, konnten die Dwina- und die Wolhynia-Abteilungen des russischen Heeres ihre Vereinigung bewirken und einen Angriff planen. Am 28. bei Tagesanbruch sandte Oudinot dem Kaiser die Meldung, daß er angegriffen sei, und eine halbe Stunde später kam dieselbe Meldung seitens des Marschalls Victor. Die ganze Armee eilte zu den Waffen. Marschall Ney stellte sich hinter Oudinot und Victor hinter Ney auf. Der Kampf war lebhaft. Der Feind wollte den französischen rechten Flügel aufrollen, was aber durch den Reiterangriff des 4. und 5. Kürassierregiments vereitelt wurde. Zugleich drang die Weichsellegion in den Wäldern gegen das feindliche Zentrum vor, das durchbrochen und überrannt wurde. Die braven Kürassiere sprengten sechs Infanteriekarrees eines nach dem anderen und verjagten die feindliche Reiterei, die ihrer Infanterie zu Hilfe kam.

6000 Gefangene, zwei Fahnen und sechs Geschütze fielen in französische Hände.

Den 29. November brachte das französische Heer auf dem Schlachtfelde zu. Der Kaiser hatte zwischen zwei Straßen die Wahl zu treffen, der nach Minsk und der nach Wilna. Die erstere geht durch Wälder und öde Sümpfe, und es wäre ausgeschlossen gewesen, dort Nahrung für das Heer aufzutreiben. Die Straße nach Wilna geht im Gegenteil durch eine sehr gute Gegend. Das Heer, von Kavallerie und Munition entblößt, entsetzlich durch die fünfzig Marschtage ermüdet, Kranke und Verwundete mit sich schleppend, mußte vor allen Dingen seine Depots erreichen. Am 30. November war das Hauptquartier in Pleschtschennitsy, am 1. Dezember in Staïki und am 3. Dezember in Molodetschno, wo die Armee ihre ersten Sendungen aus Wilna empfing. Die verwundeten Offiziere und Soldaten und alles den Bewegungen des Heeres Hinderliche wurden nach Wilna transportiert.

Das Heer hatte vor allem nötig, seine Disziplin wiederherzustellen, sich neu zu formieren und seine Kavallerie, Artillerie und sein Kriegsmaterial neu auszurüsten. In Wilna war alles im reichsten Maße vorhanden, und Kriegsmaterial sowie 20 000 Pferde standen schon bereit.

Die Kavallerie war so heruntergekommen, daß man alle Offiziere, die noch ein Pferd besaßen, vereinigte und aus ihnen vier Schwadronen von je 150 Mann bildete. Die Generale taten darin Rittmeisters- und die Obersten Unteroffiziersdienste[1].

Man wird niemals genau die Geschichte des russischen Feldzuges kennenlernen, weil einerseits von russischer Seite darüber entweder gar nichts oder zuviel Unwahres geschrieben wurde, und weil andrerseits die Franzosen selbst mit einer wirklichen Leidenschaft ihren eigenen Ruhm herabsetzen und anschwärzen. Vielleicht wird eines Tages ein Deutscher oder Engländer, der den Feldzug bei den Russen mitmachte, darüber berichten: dann wird man erkennen, daß dieser der schönste, der geschickteste, der am besten und am methodischsten geführte Feldzug gewesen ist von allen, die Napoleon als oberster Kriegsherr geleitet hat.

Während dieses ganzen Feldzuges wurde nicht eine einzige Train-

1 Das 29. Bulletin vom 3. Dezember, dem diese Schilderung entnommen ist, schloß mit den berühmt gewordenen Worten: »Die Gesundheit seiner Majestät war niemals besser.« Der kalte Egoismus, der darin liegt, erregte, wie man sich denken kann, überall die größte Erbitterung. C.

abteilung genommen, nicht ein einziger Depeschenreiter von Mainz bis Moskau gefangen; es verging kein Tag, ohne daß man Nachrichten aus Frankreich erhielt; Paris war nicht vierundzwanzig Stunden ohne Nachrichten vom Heere. In der Schlacht von Smolensk wurden mehr als 60 000 Kanonenschüsse abgegeben, an der Moskwa doppelt so viele; der Munitionsverbrauch war beträchtlich in den kleinen Kämpfen, und doch hatte jedes Geschütz, als das Heer Moskau verließ, 350 Schuß abzugeben; man hatte solchen Überfluß an Munition und Protzen, daß man im Kreml von diesen 500 verbrannte und 60 000 Gewehre mit mehreren hunderttausend Pfund Pulver unbrauchbar machte. Dank den Generalen La Riboisière und Eblé, die die Artillerie befehligten, hat es nie an Munition gefehlt.

Eblé, der die Brücken über die Beresina schlagen ließ, war ein Mann von allerhöchstem Verdienst, ein wirklich außerordentlicher Mensch.

Es hat nur an einem Faden gehangen, daß der Kaiser den russischen Feldzug mit Glück durchgeführt hätte. Alle verständigen Russen, selbst Alexander, konnten darüber nur eine Meinung haben. Nicht die Macht und die Anstrengungen der Russen haben den Kaiser besiegt, sondern reine Schicksalstücken, wahrhaft unselige Umstände: der Brand der Hauptstadt, der durch fremde Intrigen verursacht wurde; der strenge Winter, mit seinem vorzeitig einsetzenden Frost; falsche Meldungen, einfältige Ränke, Verrat, Dummheit und vieles andere, worüber man vielleicht eines Tages klarsehen wird, vereinigten sich, um die Katastrophe herbeizuführen. Dem Kaiser kann man nur zweierlei vorwerfen: in diplomatischer Beziehung, daß er die große Tat unternommen habe, trotzdem er zwei Kabinette in seinem Rücken hatte, über die er nicht Herr war; und in militärischer, daß er zwei verbündete Heere hinter sich ließ, die beim geringsten Mißerfolg ins feindliche Lager übergingen. Alles vereinte sich gegen den Kaiser in diesem denkwürdigen Kriege, den er überhaupt gar nicht gewollt, nicht im geringsten beabsichtigt hatte; unselige Umstände zogen ihn zu demselben, das Schicksal tat das übrige!

Auf dem Rückzug erfuhr Napoleon nach dem Passieren von Wiasma, daß die russische Südarmee heranmarschierte. Er hatte über Kaluga nach Smolensk zurückgehen wollen; auf diesem Wege hätte man den nötigen Lebensunterhalt finden können. Die Türken hatten schon, als sie von dem Einzug der Franzosen in Moskau hörten, vorausgesagt, daß die Armee durch den Frost zugrunde gehen würde. Napoleons Plan war, in Smolensk Winterquartiere zu beziehen; er hätte die Soldaten in Baracken gelegt, um sie nicht auf die Dörfer zu verstreuen. In Witebsk waren große Magazine; der Kaiser zögerte in Smolensk den Dniepr zu überschreiten, um dorthin zu marschieren. Aber bald erfuhr er, daß Witebsk bereits von den Russen besetzt war. Vor seiner Ankunft in Borisow an der Beresina schwankte der Kaiser einen Augenblick, ob er nicht mit dem Victorschen und dem Oudinatschen Korps über die russische Nordarmee unter Wittgenstein herfallen sollte, um deren Vereinigung mit der Südarmee unter Tschitschakow zu verhindern. Er hätte Zeit genug dazu gehabt; Kutusow folgte nur von ferne und war noch 10 Tagemärsche entfernt.

Wenn man in diesem Augenblick im August anstatt im November gewesen wäre, so hätte die Armee auf St. Petersburg marschieren können; sie zog sich auf Smolensk zurück, nicht etwa weil sie geschlagen war – sie war immer siegreich gewesen –, sondern um in Polen zu überwintern. Wäre man im Sommer gewesen, so wäre weder Kutusow noch Tschitschakow der französischen Armee zu nahe gekommen, denn das wäre ihr sicherer Untergang gewesen.

Der Rückzug nach Polen war ganz geboten, nichts war natürlicher, als ihn dorthin zu richten. Bis Smolensk hin war man in einem Lande, das dem Kaiser ebenso gut gesinnt war wie Frankreich selbst, Volk und Behörden waren ihm untertan, er konnte dort Mannschaften ausheben und Pferde und Lebensmittel sich verschaffen. Wenn in diesem Jahre die Kälte nicht vierzehn Tage früher als gewöhnlich eingesetzt hätte, so hätte das Heer Smolensk ohne Verluste erreicht. Es war wohl bekannt, daß es in diesen Gegenden im Dezember und Januar sehr kalt wäre, aus den Temperaturverzeichnungen der letzten 20 Jahre konnte man aber annehmen, daß das Thermometer im November nicht weiter als bis zu 6° Kälte fallen würde. Hätte die furchtbare Kälte nur drei Tage später eingesetzt, so wäre der Rückzug in guter Ordnung vollzogen worden, aber der Untergang der 30 000 Pferde durch den Frost war von vernichtender Wirkung, da die Fahrzeuge, die die Lebensmittel und alles dem Heere Nötige enthielten, im Stich gelassen werden mußten. Auch die Mehrzahl der Artillerie- und Kavalleriepferde war umgekommen, der ganze Heeresdienst war desorganisiert, das war keine Armee mehr, die gegen Wilna zog.

Zwei Tagereisen von Wilna entfernt, hatte der Rest des Heeres nichts mehr zu befürchten. Da hielt es der Kaiser den Umständen gemäß für angebracht, nach Paris abzureisen. Dort allein konnte er den Preußen und Österreichern imponieren. Wenn er zögerte, konnte ihm der Durchgang durch diese Länder verlegt werden. Er reiste also ab und übertrug den Oberbefehl dem König von Neapel (Murat) und dem Marschall Berthier. Die Garde war damals noch vollzählig, und das Heer zählte mehr als 80 000 Mann, ohne das Korps des Herzogs von Tarent zu rechnen, das an der Dwina stand. Lebensmittel waren in Wilna im Überfluß. Nach dem Rapport darüber, der dem Kaiser bei seiner Durchfahrt gemacht worden war, waren vorhanden 4 000 000 Rationen Mehl, 4 600 000 Rationen Fleisch, 9 000 000 Rationen Wein oder Schnaps; beträchtliche Lager von Munition, Militäreffekten und Bekleidungsstücken. Wäre der Kaiser bei der Armee geblieben oder hätte er sie dem Oberbefehl des stets gehorchenden Prinzen Eugène übertragen, so hätte dieselbe Wilna niemals verlassen. Aber man ließ sich durch einige Kosaken einschüchtern und räumte die Stadt in der Nacht. Erst von diesem Zeitpunkt an datieren die großen Verluste dieses Feldzuges; es war eine unglückliche Fügung des Schicksals, daß gerade in einem so kritischen Augenblick Napoleons Anwesenheit zugleich bei der Armee und in Paris nötig war. Er konnte aber nicht voraussehen, daß man in Wilna seinen Plänen so entgegenarbeiten würde.

Die unglücklichen Ereignisse des russischen Feldzuges waren Folgen des Brandes von Moskau und des vorzeitig eingetretenen Frostes.

Wenn der Kaiser nicht persönlich das französische Heer nach Wilna und Deutschland zurückführte, so geschah dieses aus Besorgnis, daß er eventuell in die Unmöglichkeit versetzt werden würde, nach Frankreich zurückzukehren. Dem wollte er sich nicht aussetzen, und so handelte er rasch und verwegen, indem er allein ganz Deutschland durchquerte. Beinahe war er in Schlesien abgefangen worden, als eines Tages auf der Fahrt sein Schlitten zerbrach, aber glücklicherweise berieten die Preußen, die ihn erkannt hatten, anstatt zu handeln. Sie machten es so wie die Sachsen mit Karl dem Zwölften bei ähnlicher Gelegenheit, was diesem bei seiner Flucht aus Dresden zu den Scherzworten Anlaß gab: »Ihr werdet sehen, morgen werden sie darüber beraten, ob sie nicht gut getan hätten, mich heute festzunehmen.«

Wenn der Kaiser nach den Katastrophen auf dem Rückzug von Moskau bei der Armee geblieben wäre, so wäre das Wahnsinn gewesen. Preußen würde sich zwei Monate früher gegen ihn erklärt haben, und es ist mehr als wahrscheinlich, daß Österreich diesem Beispiel sofort gefolgt wäre; alle Verbindungen mit Frankreich wären dem Kaiser abgeschnitten gewesen; an allen Ecken und Enden hätten sich Verschwörungen gebildet, wären die Verbündeten abgefallen. Heer und

Reich wären verloren gewesen. Napoleons Anwesenheit in Paris, sein persönlicher Appell an Frankreich verschafften ihm die Mittel, an der Spitze von 300 000 Mann wieder an der Elbe zu erscheinen!

Der Kaiser beging einen großen Fehler, indem er bei seiner Abreise von der Armee den Oberbefehl auf Murat übertrug, der gerade der allerunfähigste war, um unter solchen Umständen mit Erfolg zu handeln. Berthier war nicht besser. Der Kaiser hätte die Armee dem Vizekönig Eugène überlassen sollen, der zwar eigensinnig war, aber wenigstens die Befehle ausgeführt haben würde. Napoleon hatte anempfohlen, nur kleine Tagemärsche zu machen; man hat aber zuweilen an einem Tage mehr als 45 Kilometer zurückgelegt. Wenn Murat nach der Ankunft bei Wilna ein Biwak vor der Stadt aufgeschlagen, allen Korpskommandanten das gleiche befohlen und etwa 30 gute Offiziere auf die Verteidigungslinie verteilt hätte, so würde man 100 000 Mann gesammelt haben. Man hätte sich den ganzen Winter bei Wilna behaupten können. Murat war der feigste Mensch, sowie er geschlagen war; er war nur im Feuer gut. Er hat sich nach Wilna hineingeworfen, und alles ist drunter und drüber gegangen. Er durfte nicht hinein, sondern mußte vor der Stadt biwakieren. Es waren ungeheure Magazine dort. Der Kaiser hat einen großen Fehler gemacht, daß er nicht Wilna mit Palisaden umgab und etwa 15 Schanzen aufwerfen ließ wie bei Dresden. Allerdings hatte er befohlen, ein befestigtes Lager herzustellen; daß aber dieses nicht geschah, ist des Kaisers Schuld: Sache des Höchstkommandierenden ist es, sich Gehorsam zu verschaffen!

Murat hat so manchen schweren Fehler begangen, weil er in einem Schloß übernachten wollte; er brauchte Luxus, Weiber, eine lukullische Tafel. Er nahm den Koch Robert zur Armee mit und ließ sich im Biwak auftischen, wie wenn er im Elysee gewohnt hätte. Als die Russen Robert gefangennahmen, war er in seidenen Kniestrümpfen, gesticktem Haushofmeisterfrack, den Degen an der Seite; sie hielten ihn für einen kommandierenden General. Es ist an einem Armeeführer ein großer Fehler, wenn er seine Leidenschaften oder seinen Geschmack nicht zu zügeln weiß; dadurch können Tausende von Menschen ihr Leben verlieren. In dieser Hinsicht wären sämtliche kommandierende Generale Napoleons wert gewesen, erschossen zu werden; kein einziger war unter ihnen, der es nicht verdient gehabt hätte; durch ihre Räubereien ist Spanien verlorengegangen. Doch ist Suchet hiervon auszunehmen; dieser betrug sich musterhaft.

Selbst auf den Eisfeldern Rußlands verleugnete Murat seine Eitelkeit nicht und verwandte die größte Sorgfalt auf seinen Anzug; die Soldaten nannten ihn darum den *Roi Franconi*[1].

Zur eiligen Rückkehr nach Paris wurde Napoleon außerdem noch durch eine wichtige Nachricht veranlaßt, die er in Wilna erhielt:

Während der Kaiser in Moskau war, ereignete sich in Paris die berühmte, sogenannte Maletsche Verschwörung. Sie war im kleinen eine Karikatur von der späteren Rückkehr Napoleons von Elba. Ein Staatsgefangener, ein ganz obskurer Mensch, entweicht und bringt seinerseits den Präfekten und sogar den Polizeiminister hinter Schloß und Riegel. Sie, die sonst gewohnheitsmäßig Verschwörungen wittern, lassen mit Lammsgeduld sich knebeln! Der Präfekt von Paris, sonst sehr diensteifrig und dem Kaiser ergeben, fügt sich ohne Widerspruch den Anordnungen eines neuen Ministeriums, das gar nicht vorhanden ist. Die Verschworenen ernennen Minister, die in gutem Glauben sich sofort Ministerröcke anziehen und darin Besuche machen, während die Leute, die sie ernannt haben, schon wieder im Gefängnis sitzen! Die Hauptstadt erfährt am andern Morgen den nächtlichen Mummenscherz, ohne die geringste Unbequemlichkeit verspürt zu haben.

Ein derartiger toller Streich konnte unter keinen Umständen dauernden Erfolg haben. Selbst wenn er gelungen wäre, mußte nach wenigen Stunden alles wieder von selber zusammenbrechen. Die siegreichen Verschwörer wären mitten im Erfolg gezwungen gewesen, sich zu verstecken. Den Kaiser berührte denn auch bei der ganzen Geschichte auf das peinlichste nicht die verbrecherische Tat, sondern die Leichtigkeit, womit seine treuesten Anhänger und Diener sich zu Mitschuldigen derselben gemacht hatten. Als der Kaiser in Paris eintraf, erzählte man ihm in aller Unschuld alle Einzelheiten der Vorgänge. Die Beteiligten gestanden ganz naiv, daß sie sich hätten auf den Leim lokken lassen, und schienen zu erwarten, daß der Kaiser sich mit ihnen ihrer glücklichen Errettung aus der Gefahr freuen werde. Kein einziger hatte von dem geringsten Widerstand zu berichten. Man schien gar nicht daran gedacht zu haben; man war oben zu sehr an Veränderungen und Revolutionen gewöhnt; darum war jeder bereit und geneigt, sich in neue Umstände ganz einfach zu fügen. Es gab daher sehr lange Gesichter, als plötzlich der Kaiser in strengstem Ton sie anfuhr: »Das ist ja wunderschön, meine Herren! Sie denken, die Geschichte sei ja abgetan und damit gut! Sie sagen: Sie hätten geglaubt, ich sei tot. Da-

---

1 Nach dem damals weltberühmten Zirkus Franconi in Paris. C.

gegen habe ich nichts einzuwenden; Sie konnten das glauben. Aber der König von Rom, mein Sohn? Ihre Eide, die Sie nicht mir, sondern auch ihm geschworen hatten? Sie machen mich vor der Zukunft zittern!«

Napoleon beschloß, ein Exempel zu statuieren, damit seine Leute doch wenigstens künftighin etwas auf der Hut wären. Der Blitzstrahl traf den armen Frochot, Präfekten von Paris, der ohne allen Zweifel dem Kaiser treu ergeben war. Aber auf die einfache Aufforderung eines der Hanswurste hatte er in aller Einfalt einen Sitzungssaal für die neue Regierung zurechtmachen lassen, statt, wie sein Amt es ihm gebot, den verzweifeltsten Widerstand zu leisten und im Notfall auf seinem Posten zu sterben!

Der Kaiser wollte die Armee in Wilna lassen, damit sie sich dort vollständig erholen und neu bilden konnte. Der Mangel an Dörfern vorwärts von dieser Stadt und die furchtbare Kälte von 26 Grad unter Null bestimmten den König von Neapel, diesseits des Njemen Kantonnements zu beziehen. Der Njemen war vom Marschall Macdonald besetzt. Die Division Heudelet und die Division Loison standen zwischen dem Njemen und Königsberg, wo sich das Hauptquartier der Armee und die kaiserliche Garde befand.

Siebenzehn Divisionen, die das I., II., III., IV. und IX. Korps bildeten, standen unter den Befehlen des Vizekönigs Eugène, der Marschälle Davoust, Mortier, Ney und Victor in Elbing, Marienburg, Thorn und der sehr reichen und fruchtbaren Umgegend dieser Städte. Das Korps des Fürsten von Schwarzenberg hatte zur Aufgabe, Warschau zu dekken, während die Bayern sich bei Plock und die Westfalen und Württemberger sich bei Posen sammeln. Danzig, Elbing, Königsberg, Thorn und Modlin besitzen wohlausgerüstete Depots. Danzig allein konnte den einzelnen Korps dreihundert Feldgeschütze liefern.

Es war also alle Aussicht vorhanden, daß dank diesen Hilfsmitteln die Große Armee, die immerhin noch nach den Schicksalsschlägen 200 000 Mann zählte, bald ihre Verluste repariert haben und, wie es des Kaisers Wunsch war, größer dastehen würde als vorher. Zu diesem Zwecke hatte er bereits vierzig Bataillone an der Oder versammelt, wo diese Winterquartiere bezogen. Zu ihnen sollten die Truppen des Generals Grenier stoßen, die von Italien her im Anmarsch waren und bereits Bayern erreicht hatten. Alle diese waren alte Soldaten. Vierundachtzig Bataillone, die aus Männern von zweiundzwanzig bis achtundzwanzig Jahren bestanden, die schon seit einem Jahre unter den Waffen waren, zogen sich bei Hamburg zusammen, um ein Elb-Beobachtungskorps zu bilden. Weitere vierzig Bataillone, die sich bei Verona sammelten, konnten im Monat März an der Oder sein. Endlich bildeten sich ein erstes und zweites Beobachtungskorps am Rhein aus den siebenzig bis achtzig Bataillonen, die in Erfurt, Wesel und Mainz standen.

Der Kaiser konnte also, ohne die Armee in Spanien zu schwächen, die aus 260 000 Mann bestand, und unabhängig von der Großen Armee auf über dreihundert weitere Bataillone rechnen, die aus Franzosen und zum großen Teil alten Truppen zusammengesetzt waren und im Monat März an der Elbe und Oder kriegsbereit stehen konnten.

Bei solchen Streitkräften, dem gewöhnlichen Staatseinkommen von 1 Milliarde 100 Millionen Franken für das laufende Jahr und der Aussicht auf die Treue seiner Verbündeten konnte der Kaiser darauf verzichten, seinem Volke neue Opfer an Geld und Menschen aufzuerlegen.

Diese günstige Lage änderte sich aber mit einem Schlage durch den Abfall des Generals Yorck, der mit dem preußischen Korps zum Feinde überging. Preußen gab zwar dem Kaiser die beruhigendsten Versicherungen, das hinderte aber nicht, daß sein Heer die Partei des Feindes ergriffen hatte. Die unmittelbaren Folgen dieses Ereignisses waren, daß der König von Neapel über die Weichsel zurückgehen mußte, daß der Kriegsschauplatz nach Deutschland verlegt und damit der Revolte und Anarchie Tür und Tor geöffnet wurden.

Der Kaiser sah sich daher gezwungen, seinem Volke eine außergewöhnliche Aushebung von 100 000 Mann der Reserven aufzuerlegen und für 1814 weitere 150 000 Mann im Laufe des Februar einzuziehen.

Das Maximum an Truppen, die Napoleon auf Kriegsfuß gebracht hat, war 600 000 Mann. Die Bevölkerung seines Reiches bestand aus 40 Millionen Seelen, das doppelte der Einwohnerzahl Frankreichs unter Ludwig dem Vierzehnten, dessen Heer aus 500 000 Mann – die Marine einbegriffen – bestand. Man muß nicht glauben, daß alle Aushebungen, die beschlossen wurden, wirklich ausgeführt wurden, sondern nur ein Teil. Das geschah aus Kriegslist, um den Feind über die wahre Macht zu täuschen.

Aus diesem Grunde hatte Napoleon in Ägypten mit allen Korpskommandierenden vereinbart, daß alle Lieferungen an Kleidern, Waffen etc. in den Tagesbefehlen um ein Drittel erhöht würden. Ebenso hatte man es bei den italienischen Feldzügen der Jahre 1796 und 1797 gemacht, um übertriebene Meinungen über die französischen Streitkräfte aufkommen zu lassen. Keine Aushebung wurde unter dem Kaiserreich ausgeführt ohne ein Gesetz, das dem Senat unterbreitet, an eine Kommission zur Prüfung überwiesen und dann erst auf Bericht der Kommission durchberaten wurde. Die Abstimmung darüber war durchaus frei und geschah durch weiße und schwarze Kugeln. Die Annahme des Gesetzes war also ein Beweis, daß die Majorität der Senatoren an die Notwendigkeit der Aushebung glaubte, und die ganze Nation teilte diese Meinung, denn solange England sich weigerte, Frankreichs Rechte und die Freiheit der Meere anzuerkennen, ihm die Rückgabe seiner Kolonien vorenthielt und den Krieg weiterführte, so lange mußte das Volk auch zu jedem Opfer bereit sein.

Es wäre leicht nachzuweisen, daß von allen europäischen Mächten Frankreich am wenigsten verloren hat. Spanien, über das so viele Katastrophen hereinbrachen, hat im Verhältnis zu seiner Bevölkerung größere Verluste erlitten als Frankreich. Man ziehe nur in Betracht, wie viele Menschen Aragonien allein in Sarragossa verloren hat; die österreichischen Aufgebote, die im Jahre 1800 bei Marengo und Hohenlinden, 1805 bei Ulm und Austerlitz, 1809 bei Eggmühl, Wagram und Aspern vernichtet wurden, standen in einem schreienden Mißverhältnis zur Bevölkerungszahl. In diesen Feldzügen, mit Ausnahme des von 1800, befanden sich bei der französischen Armee bayrische, württembergische, sächsische, polnische und italienische Heeresteile, die nicht weniger als die Hälfte der Streitkräfte ausmachten; die andere Hälfte, die unter dem kaiserlichen Adler marschierte, bestand zum dritten Teil aus Holländern, Belgiern, Einwohnern der vier rheinischen Departements, Piemontesen, Genuesen, Toskanern und Römern. Preußen verlor gleich zu Anfang des Feldzuges von 1806 seine ganze Armee, 250– bis 300 000 Mann; hierbei sind natürlich die sehr zahlreichen Gefangenen eingerechnet.

In Rußland waren die französischen Verluste beträchtlich, aber doch nicht so stark, wie man sie sich gewöhnlich vorstellt. 400 000 Mann gingen über die Weichsel; von diesen marschierten nur 160 000 über Smolensk hinaus gegen Moskau; 240 000 Mann blieben als Reserve zwischen Weichsel, Wolga und Dwina stehen, nämlich die Korps des Herzogs von Tarent (Macdonald), des Herzogs von Reggio (Oudinot), des Herzogs von Belluno (Victor), des Grafen St.-Cyr, des Grafen Reynier, des Fürsten Schwarzenberg, die Division Loison bei Wilna, die Division Dombrowski bei Borisoff, die Division Durutte bei Warschau. Die Hälfte dieser 400000 Mann waren Österreicher, Preußen, Sachsen, Polen, Bayern, Württemberger, Bergische, Badenser, Hessen, Westfalen, Mecklenburger, Spanier, Italiener, Neapolitaner. Die eigentliche kaiserliche Armee bestand zum dritten Teil aus Holländern, Belgiern, Rheinländern, Piemontesen, Schweizern, Genuesen, Römern, Einwohnern des 32. Militärbezirks: Bremen, Hamburg usw. Sie zählte kaum 140000 Mann, die Französisch sprachen. Der russische Feldzug von 1812 kostete dem eigentlichen Frankreich 50000 Mann. Die russische Armee verlor in den verschiedenen Schlachten auf ihrem Rückzug von Wilna nach Moskau viermal soviel als die französische Armee. Der Brand von Moskau kostete 100000 Russen das Leben, die in den Wäldern an Frost und Hunger zugrunde gingen. Auf seinem Marsch von Moskau bis an die Oder hatte das russische Heer durch das Klima gleiche Verluste wie das französische. Es zählte bei seinem Eintreffen in Wilna 50000 Mann und in Kalisch weniger als 18000; man kann wohl sagen, daß der Verlust Rußlands in diesem Feldzuge sechsmal größer war als der Frankreichs.

Was England in Vorder- und Hinterindien, in Holland, Buenos Aires, St. Domingo, Ägypten und Amerika verloren hat, das spottet jeder Beschreibung. Man hat immer geglaubt, daß die Engländer ihre Soldaten schonen; gerade das Gegenteil ist der Fall, sie exponieren sie überall auf ihren gewagten Expeditionen, bei widersinnigen Angriffen und in ungesunden Kolonien.

Alles in allem hat also Frankreich in den fünfzehn Jahren weniger Mannschaften verloren als die anderen Mächte Europas; das allein macht erklärlich, warum seit 1800 seine Bevölkerung so beträchtlich zugenommen hat. Nur Dummheit und Haß versuchten Europa glauben zu machen, daß Frankreich im Jahre 1814 weder über Männer noch Pferde mehr verfüge, daß sein Ackerbau und seine Finanzen ruiniert seien, daß das Volk sich im höchsten Elende befinde und daß man auf den Feldern nur Greise, Weiber und Kinder erblicke. Frankreich war damals das reichste Land der Erde, es verfügte über mehr Bargeld als das übrige Europa zusammen!

*

Personen- und Ortsregister

Napoleon I.

Ich, der Kaiser

2. Teil

Napoleon I.

Ich, der Kaiser
2. Teil

Herausgegeben von
Sigmund von Löhnen
In der Übersetzung von
H. Conrad und Th. Sauvageot

Niederlage
und Verbannung

Vollständige Ausgabe
mit 9 Karten

Der vorliegende Teil II entspricht ungekürzt den Bänden 9 und 10 der Gesamtausgabe in 10 Bänden und 3 Ergänzungsbänden des Verlages von Robert Lutz, Stuttgart bis 1913/1.–3. und letzte Fassung. Die Übertragung wurde von Heinrich Conrad aus dem Französischen vorgenommen und anhand des Originalmanuskriptes sprachlich und inhaltlich in den Jahren 1996–1999 im Auftrag des Instituts für Geschichtsdokumentation, Amsterdam, von Theophile Sauvageot überarbeitet und dem Urtext angepaßt.

Aus den Originalausgaben wurden 9 Karten hinzugefügt.

Vorwort.

Die Vernichtung der Großen Armee in Rußland hätte vielleicht nicht die Bedeutung einer Katastrophe für Napoleon gehabt, wenn nicht die Völker – auf die in all den Jahren der Kriegsnot keine Rücksicht genommen worden war – in ihr ein *Gottesgericht* gesehen hätten. Da kam es: Das Volk stand auf, der Sturm brach los – ein Sturm der Begeisterung und Aufopferung, wie er selten über die Welt dahingebraust ist; ein Sturm, der alles mitriß gegen den Kaiser, in dem man den Feind der Menschheit sah, als das Blutvergießen nie und nimmer enden wollte; ein Sturm, der alle Stützen niederriß, mit denen Napoleon seinen Riesenbau für alle Zeiten hatte zu festigen geglaubt. Diesen Sturm, der Europa durchbrauste, hat Napoleon nie begriffen; auch auf St. Helena hat er immer nur von der *mauvaise infanterie prussienne* gesprochen.

Napoleon hatte allerdings, als er die Große Armee verließ, um nach Paris zu eilen und neue Hunderttausende unters Gewehr zu rufen, von dem Umfang der russischen Katastrophe keine Ahnung; er glaubte noch mit einigen hunderttausend Mann rechnen zu dürfen, und man kann ihm wohl zugeben, daß ohne Murats völliges Versagen und ohne Yorcks Abfall sein Genie aller Schwierigkeiten hätte Herr werden können. Und daß er bei einem Krieg mit Kabinetten und Regierungen immer noch die großen Triumphe in der Hand hatte, ist zweifellos. Es ist dadurch bewiesen, daß er selbst nach der Leipziger Niederlage in Frankfurt noch einen sehr annehmbaren Frieden hätte haben können, ja sogar in Châtillon noch.

War es nun wirklich *nur* Verblendung, Cäsarenwahnsinn, was Napoleon in seinem Starrsinn beharren ließ? Oder war es nicht doch ein *Pflichtgefühl* im höchsten Sinn des Wortes, das ihn denken und erklären ließ: Was ich selber für Frankreich neu erworben habe, das kann ich wieder hergeben; aber was Frankreich schon besaß, bevor ich an die Herrschaft kam, das herauszugeben habe ich nicht das Recht. Darum muß ich kämpfen, muß Frankreich kämpfen – und wäre es bis zum Untergang.

Er hat auf den Schlachtfeldern der Champagne diesen Kampf gekämpft wie einst als Held der ersten Italienischen Feldzüge; er hat ihn gekämpft – bis zum Untergang. Aber wo war Frankreich? Wo waren die Gefährten seiner Siege, die er mit Ehren, Titeln und Reichtümern überhäuft hatte? Fürwahr, man begreift den Ekel, womit der Kaiser auf die erbärmliche Art zurückblickt, wie seine vermeintlichen *Getreuen* ihn in einem Augenblick, als ganz gewiß noch lange nicht alles verloren war, nicht nur verließen, sondern auch verrieten! Auf St. Helena hat Napoleon gesagt: Mir wäre dies nicht begegnet, wenn ich statt über Franzosen, über Deutsche geherrscht hätte!

Aber die Abdankung von Fontainebleau war ja noch nicht das Ende. Es kommen noch die drei höchst denkwürdigen Stationen auf des großen Kaisers Lebenswege: Elba, Waterloo, Sankt Helena.

Saint Jean sur Mer — Heinrich Conrad

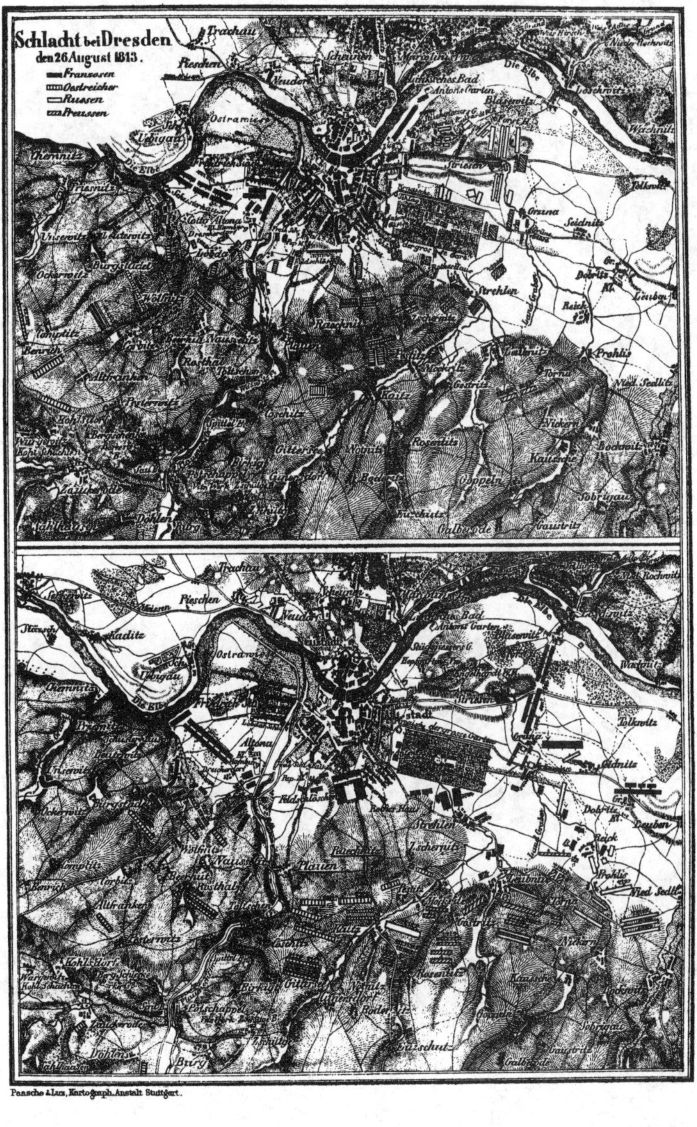

Paasche & Lux, Kartograph. Anstalt Stuttgart.

Inhaltsverzeichnis

Achtes Kapitel.

Der Feldzug 1814.

Neuntes Kapitel.

Der Fall von Paris. Die Abdankung.

Karten:

Schlacht bei Culm
am 29. und 30. Aug. 1813.

Die kleinen Buchstaben a, b, c usw. geben die Stellungen und Aufeinanderfolge der Bewegungen der Franzosen an; die grossen Buchstaben A, B, C usw., dann A', B', C' usw. dasselbe bei den Verbündeten.

Erstes Kapitel.

Vorbereitungen zum Entscheidungskampfe.

I. Bildung eines neuen französischen Heeres. – II. Traurige Ereignisse auf dem russischen Kriegsschauplatz. – III. Abfall des preußischen Generals Yorck. Fahnenflucht Murats. – IV. Kriegserklärung Preußens. – V. Vollendung der französischen Rüstungen. – VI. Finanzielle Maßnahmen.

I.

Es galt für den Kaiser, seine so schwer geprüfte Armee aufs neue zu bilden und seine erschütterte Macht wieder zu befestigen. Er hatte viele Offiziere und Mannschaften und viel Kriegsgerät verloren, doch sah er schon die Mittel zum Ersatz für alle diese Verluste. Er nahm an, es werde, nachdem die Armee wieder gesammelt sei, von den fünf kriegsstarken Bataillonen, die jedes Regiment zählte, genug übrig bleiben, um deren drei zu bilden, von fünf Cadres zwei nach Frankreich zu schicken, um sie mit bereits völlig einexerzierten Rekruten zu füllen. Wenn er auch beinahe seine ganze Kavallerie verloren hatte, so blieben doch noch 25 bis 30000 erprobte Reiter übrig, denen man in Polen, Deutschland und Frankreich die Pferde verschaffen konnte, wozu er sofort die nötigen Befehle erteilte. Seine Artillerie hatte viel Mannschaft und namentlich fast ihr ganzes Gerät verloren; aber die reichlich versehenen Zeughäuser Frankreichs waren imstande, auf allen Straßen vom Rhein bis zur Weichsel an tausend Geschütze auf neuen Lafetten zu entsenden. Frankreich konnte dank seinem Überfluß an trefflichen Zugpferden die Bespannung dazu liefern. Auf diese Weise erntete der Kaiser die Früchte seiner schon früher getroffenen Vorsorge. Bevor er nach Moskau marschiert war, hatte er die Aushebung der Konskription von 1813 befohlen; diese war im Oktober pünktlich bei den Cadres eingetroffen und stellte 140000 Mann, die bereits seit drei Monaten in den Waffen geübt waren. Seit fast einem Jahre hatte Napoleon hundert Kohorten aus Nationalgardisten gebildet, die nach dem Gesetze, das alle dienstfähigen Bürger umfaßte, den kräftigsten Klassen der Bevölkerung entnommen waren und hundert tüchtige Bataillone ergaben, die aus lauter gereiften und gut disziplinierten Männern bestanden. Somit hatte also der Kaiser schon 240 000 Mann völlig in Bereitschaft, die in einem Monat am Rhein, in zwei Monaten an der Oder und in dreien an der Weichsel eintreffen konnten. Wenn er den schlimmsten Fall annahm, daß nur noch 150 000 Franzosen und 50 000 Alliierte von den 600 000 Mann der Großen Armee übrig geblieben wären, so konnte er 450 000, selbst 500 000 Mann in Linie haben, eine Truppenmasse, die zur Bewältigung der Russen völlig hinreichte; denn auch diese hatten ebensosehr durch den Winter gelitten und waren weniger imstande, ihre Verluste auszugleichen.

Während der für diese Rüstungen erforderlichen drei Monate gab es dank der Fürsorge Napoleons auf dem Kriegeschauplatze selbst viele seit langer Zeit vorbereitete Hilfsmittel, die für den Augenblick genügten, den Feind am Niemen aufzuhalten. Während des Marsches von Smolensk auf Moskau hatte er angeordnet, daß ein Korps von 15 bis 18 000 Mann von Verona herangezogen würde; diese waren den alten Regimentern von Italien entnommen und hatten die Alpen noch vor der schlechten Jahreszeit überschritten. Das aus allen Waffengattungen vollständig zusammengesetzte Korps stand bereits unter General Grenier in Berlin. Außerdem hatte Napoleon ein Korps, das XI., formiert, das bestimmt war, die Elblinie zu besetzen. Von diesem war allerdings eine Division unter General Durutte zum General Reynier nach dem Bug geschickt worden und zur Hälfte zugrunde gegangen; eine andere unter General Loison hatte Befehl erhalten, von Wilna aus der Großen Armee entgegenzurücken, und war noch vollständig vorhanden. Zwei weitere, die Division Heudelet und die Division Lagrange, waren ungeschwächt in Danzig eingetroffen. Diese Truppen bildeten eine Masse von wenigstens 45 000 Mann, die ganz frisch waren, und auf die sich die Armee während des Rückzuges stützen konnte. Als Napoleon die Armee verlassen hatte, zählte die Garde noch 7 bis 8000 Mann; das Korps Victors war noch unversehrt, die Division Loison noch gar nicht ins Feld gerückt, und von Moskau kehrten ungefähr 40 000 Mann zurück, deren Zahl sich täglich durch den Anschluß Versprengter verstärkte. Überdies befanden sich zur Linken das Korps Macdonalds, das aus 7 bis 8000 Polen und 15 000 Preußen bestand und wenig gelitten hatte, 15 000 Sachsen und Franzosen unter Reynier, zur Rechten 25 000 Österreicher unter Schwarzenberg. Endlich war noch das Korps Poniatowskis vorhanden, und eine Massenerhebung der Polen stand zu erwarten. Wenn man alle diese Truppen zählte, so standen ungefähr 200 000 Mann zur Verfügung, die sich einem weiteren Vormarsche der Russen erfolgreich entgegenstellen konnten, da diese nicht mehr als 150 000 Mann zu vereinigen imstande waren.

II.

So war also der Kaiser zu dem Glauben berechtigt, daß es ihm gelingen werde, die Russen über den Niemen zurückzudrängen und vielleicht ohne allzu große Opfer einen günstigen Frieden schließen zu können.

Aber vom 5. Dezember bis Anfang Januar 1813 änderte sich im Norden in militärischer wie in politischer Beziehung gar vieles.

Seit der Abreise des Kaisers war die Große Armee in die entsetzlichste Auflösung geraten. Infolge der furchtbaren Kälte und in Ermangelung einer anerkannten Autorität war alle Disziplin verschwunden; ein jeder war seiner persönlichen Verzweiflung preisgegeben, geflüchtet, wie er es vermochte, und die bereits so gelichteten Reihen, die den Übergang über die Beresina noch ruhmvoll zu erzwingen vermochten, hatten sich weiter aufgelöst. Das Korps Victors, das die Nachhut bildete, war dahingeschmolzen, die Division Loison war durch die Kälte aufgerieben worden und hatte sich dermaßen zersplittert, daß vielleicht nur noch 2000 Mann in Reih und Glied standen. Das nämliche war den Abteilungen begegnet, die die Besatzung von Wilna bildeten, und das gleiche Los hatte die 5000 Bayern des Generals von Wrede ereilt. Da die Sachsen Reyniers und die Österreicher Schwarzenbergs mangels bestimmter Befehle bei Minsk geblieben waren, so war Wilna entblößt, und man hatte es in Unordnung räumen müssen, ohne auch nur die Kleidungs- und Proviantvorräte mitnehmen zu können, womit die Magazine reichlich versehen waren. Murat, der keinen Gehorsam mehr fand und auch unfähig war, eine Armee zu befehligen, hatte sich mitten in der Nacht aus Wilna geflüchtet und die ganze Kriegskasse im Stich gelassen. Er befahl Ney und Gérard, den Niemen zu verteidigen, doch waren diese bald genötigt, nach Königsberg zu flüchten.

Neues Unglück harrte der Franzosen in Königsberg. Die Einwohner hegten, wie alle Preußen, einen tiefeingewurzelten Haß gegen die Franzosen, den sie bis dahin noch nicht offen kundzugeben wagten, weil sie sich noch fürchteten. Beim Anblick der Heerestrümmer aber konnten sie ihre Freude nicht mehr verbergen, und als vollends Murat fast ganz allein mit den letzten Resten der Garde, die von den Kosaken gehetzt wurden, dort eintraf, da wurden sie übermütig. Die Bauern plünderten die französischen Soldaten aus, ja ermordeten sie bisweilen ohne Erbarmen. Die ganze Stadt würde sich sofort empört haben, wenn nicht die vier Divisionen Augereaus eingetroffen wären. Diese Truppen wußten sich noch Respekt zu verschaffen und schützten die 12 000 Kranken und Verwundeten, die die Spitäler füllten.

III.

Bald aber gesellte sich zu allem Unglück ein Ereignis von größter Tragweite. Marschall Macdonald, der die 7 bis 8000 Mann starke polnische Division, gute und treue Soldaten, kommandierte, und dem das preußische Hilfskorps in einiger Entfernung folgte, näherte sich Tilsit. Die Preußen, die der ehrgeizige und von Haß gegen Frankreich erfüllte General Yorck befehligte, folgten ihm nur zögernd und versagten schließlich unter allerlei Vorwänden den Gehorsam. Inzwischen beschleunigten die Russen unter Wittgenstein ihren Vormarsch auf Königsberg, um womöglich das Korps Macdonalds abzuschneiden, während Tschitschakoff mit der Moldauarmee die französischen Trümmer auf Kowno verfolgte und Kutusoff die Hauptarmee in Wilna sich ausruhen ließ. Ihre Gesamtmasse belief sich auf 100 000 Mann. Kaiser Alexander war ebenfalls nach Wilna geeilt und hatte die Leitung der politischen und militärischen Ereignisse in die Hand genommen. Sein Hauptziel war, Österreich und Preußen von der nur wider Willen eingegangenen Allianz abwendig zu machen. Er erklärte, er komme nicht, um fremdes Gebiet zu erobern, sondern um den unterdrückten Völkern die Freiheit wiederzugeben. Der preußische Minister Stein, der sich als Flüchtling an seinem Hofe aufhielt, der berühmte Schriftsteller Kotzebue und andere deutsche Gelehrte und Militärs bestürmten ihn, vorwärts zu marschieren; ganz Deutschland würde ihm zujubeln. Der alte Kutusoff warnte zwar vor Übereilung und riet dem Kaiser, mit Frankreich zu unterhandeln, aber Alexander war stolz auf seine Rolle: Er wollte der Vernichter Napoleons und der Befreier des unterdrückten Europas werden. Er ermächtigte Stein und dessen Landsleute, sich in die preußischen Provinzen zu begeben und dort die baldige Befreiung Deutschlands zu verheißen.

General Diebitsch, Wittgensteins Generalstabschef, war von deutschen Offizieren umgeben, unter denen sich General Clausewitz befand; er folgte dem Marschall Macdonald auf Schritt und Tritt in der Hoffnung, ihm das preußische Korps abspenstig zu machen. General Yorck haßte in Marschall Macdonald erstens seinen Chef, denn er war eifersüchtig, und zweitens den Franzosen. General Diebitsch ließ durch geheime Agenten diese Gesinnung schüren und schlug dem General Yorck endlich vor, unter der Form einer durch die Umstände gebotenen Kapitulation zu den Russen überzugehen. Sein Korps sollte nicht entwaffnet, sondern für neutral erklärt werden und den Kern der künftigen preußischen Armee bilden, die mit den Russen zur Befreiung Deutschlands zusammenwirken würde. General Yorck fragte seine Regierung um Rat, erhielt aber von dieser keine Antwort. Da ließ er sich endlich von dem zu ihm entsandten General Clausewitz mit fortreißen und unterzeichnete am 5. Dezember einen Neutralitätsvertrag für sein Korps, unter Vorbehalt der Ratifikation des Königs. Eine Abteilung des preußischen Korps unter General Massenbach war dem Marschall Macdonald näher gefolgt und bis nach Tilsit gelangt. Als Massenbach von dem Vertrage Kunde erhielt, versammelte er seine Offiziere, fand sie begeistert von dem Vorgehen Yorcks und bereit, ihn nachzuahmen; er zog infolgedessen in der Stille der Nacht von Tilsit ab, um sich diesem anzuschließen. Man umarmte einander im preußischen Korps und ließ begeisterte Zurufe erschallen.

Der Abfall Yorcks wirkte in ganz Deutschland wie der Blitz, der in ein Pulverfaß fährt. Im Nu ging die Kunde von Mund zu Mund, und der General wurde als Retter Deutschlands gepriesen. Von den Russen geleitet und umgeben, setzte er sich auf Königsberg in Marsch, um dort die Befehle des Königs zu erwarten. Zwar fand er keine solchen, wohl aber den Ruf seines Vaterlandes, das sich wie ein Mann erhoben hatte und sein Gebot aussprach. Er rückte im Verein mit den Russen vor.

Als Murat, Ney und Berthier in Königsberg von dem Abfall des ganzen preußischen Korps hörten und dessen Wirkung auf die Bevölkerung bemerkten, zögerten sie nicht länger, die Stadt zu verlassen. Sie fürchteten, eine Verteidigung würde die Ermordung der 12 000 französischen Kranken zur Folge haben. Sie vertrauten diese der Ehre der preußischen Nation an, ließen aber zu ihrer Pflege Ärzte, Wärter und Geld zurück.

Russen und Preußen verfolgten die Flüchtenden nicht schnell genug, um ihnen den Rückzug abzuschneiden, so daß diese sich in die von Napoleon reichlich verproviantierten Weichselfestungen werfen konnten. General Rapp schloß sich mit ungefähr 25 000 Mann in Danzig ein, um sich darin bis aufs äußerste zu verteidigen.

Das Hauptquartier befand sich jetzt in Thorn. Aber nach dreitägigem Aufenthalt glaubte Murat sich auch hier nicht halten zu können, zumal da er nur über 10 000 Mann zusammenhangsloser Truppen, teils Rekruten, teils Italiener und Bayern verfügte. Er begab sich daher nach Posen, so daß nunmehr ganz Altpreußen und Polen geräumt war, während zur Zügelung des gärenden Deutschlands nur die 18 000 Mann des Generals Grenier und die Division Lagrange in Berlin, die einzige von den vier Divisionen des Marschalls Augereau, verfügbar waren.

Ein weiteres Ereignis trug noch dazu bei, die Gärung unter den Deutschen zu steigern: die Übergabe von Pillau an die Engländer, die sich beeilten, mit ihren Kriegsschiffen ins Frische Haff einzusegeln und sofort wieder den Handel mit Kolonialwaren aufzunehmen, dessen sie sich so lange beraubt gesehen hatten.

Die Nachrichten von der oberen Weichsel lauteten nicht besser. General Reynier und Fürst Schwarzenberg hatten sich von Minsk nach Warschau zu in Bewegung gesetzt, wo man auf Drängen des letzteren Winterquartiere beziehen wollte. Fürst Schwarzenberg ging zwar nicht so weit, Napoleon zu verachten, aber auch er empfing russische Offiziere und ließ sich vor allem die Schonung seiner Armee angelegen sein, um sie je nach der politischen Lage in die Wagschale werfen zu können.

Wie tapfer auch Murats Herz war, so konnte doch sein schwacher Kopf einer solchen Lage nicht lange Trotz bieten. Die Kanonen, die ihn nie eingeschüchtert hatten, fürchtete er auch jetzt nicht, aber die Sucht, König zu bleiben, verzehrte ihn; er wollte vor allem seinen Thron retten. So teilte er denn seinen Generalen seine Absicht mit, die Armee zu verlassen, indem er seinen Gesundheitszustand zum Vorwand nahm. Er widerstand allen Vorstellungen Berthiers und Darus, die das Interesse der Armee, seinen Ruhm, den Zorn Napoleons und die Schwierigkeit, einen Nachfolger zu finden, ins Treffen führten. Er blieb bei seinem Vorsatz und übertrug das Kommando dem Prinzen Eugène.

Das waren also die Überreste der Großen Armee: 25 000 Mann in Danzig, 10 000 Mann aller Nationen in Posen, das Heer Schwarzenbergs mit wenigen Franzosen und Sachsen in Warschau und die 28 000 Mann Greniers und Augereaus in Berlin! Die Notwendigkeit, in eigener Person ein neues Heer zu organisieren, hatte Napoleon nach Paris gerufen, und seine Entfernung hatte den Verlust der am Niemen gebliebenen 200 000 Mann nach sich gezogen!

IV.

Als König Friedrich Wilhelm den Abfall des Generals Yorck erfahren hatte, war seine erste Regung eine Äußerung des Unwillens über solche Haltung gewesen. Er fürchtete, für treulos gehalten zu werden, was ihn am meisten schmerzte, denn er war ein Ehrenmann und hielt darauf, für einen solchen zu gelten. Er beeilte sich, dem französischen Gesandten Saint-Marsan gegenüber das Benehmen Yorcks zu mißbilligen, und versprach in seiner ersten Aufwallung, diesen vor ein Kriegsgericht stellen zu lassen. Als diese Erklärung bekannt wurde, waren die deutschen Patrioten äußerst aufgebracht und äußerten sich unwillig über den König und dessen Kanzler Hardenberg. Das Volk geriet darüber in eine tiefe Erregung und die Antwort der zahlreichen geheimen Verbindungen, die sich in Deutschland unter dem Namen des Tugendbundes gebildet hatten, und deren Ziel die Befreiung Deutschlands und ein einiges deutsches Reich war, lautete: »Es lebe Alexander! Hoch die Kosaken!« Ein Sturm der Begeisterung brach in Berlin, Dresden, München, Wien, Hamburg, Bremen und Kassel zugleich aus, und alles rief nach der Befreiung des Vaterlandes. Der König mußte sich schließlich vor dem Willen des Volkes beugen. Er verließ Berlin und begab sich am 22. Januar nach Breslau.

Am 3. Februar forderte er zur Bildung freiwilliger Jägerabteilungen auf. Aus allen Ständen eilten Tausende in höchster Begeisterung zu den Waffen, und die größten Opfer wurden bereitwillig gebracht. Die Bildung einer großen Armee in Schlesien wurde beschlossen; zu deren Oberbefehlshaber wurde General Blücher ernannt. General Scharnhorst, der am meisten dazu beigetragen hatte, den König fortzureißen, wurde zum Generalstabschef dieser Armee bestimmt. General Yorck wurde für unschuldig erklärt und behielt das Kommando der Truppen, deren Abfall er bewirkt hatte.

In Österreich erkannte Fürst Metternich mit seinem staatsmännischen Scharfblick den Vorteil, den er aus der ganzen Sachlage ziehen konnte. Er wollte keinen Mißgriff begehen und das Glück Österreichs und Deutschlands wiederherstellen, ohne deshalb gegen das verbündete Frankreich wortbrüchig zu werden. Er ließ sofort die Rüstungen Österreichs beginnen und setzte sich sodann mit Preußen, Bayern und Sachsen insgeheim in Verbindung, denen er von einem Frieden im Interesse Deutschlands sprach. Das gleiche tat er mit Frankreich, indem er hoffte, daß Österreich auf diese Weise die Rolle des Vermittlers spielen würde, der je nach den Ereignissen sein Schwert in die Wagschale werfen konnte.

Alexander hatte den Januar benutzt, sich über Suwalky, Willenberg, Mlawa und Plock der Weichsel zu nähern und zwischen Polen und Altpreußen vorzurücken. Bis zum 9. Februar blieb er in Plock, ging dann nach Kalisch und war nun bloß noch eine kurze Strecke von Friedrich Wilhelm in Breslau entfernt. Die russischen Garden und die Reserve, zusammen 18 000 Mann, waren ihm gefolgt. Auf dem rechten Flügel rückte inzwischen Wittgenstein mit der ehemaligen Dünaarmee, der einige tausend Kosaken vorausmarschierten, an der Spitze von 34 000 Mann auf Küstrin und Berlin vor, nachdem er die Moldauarmee in Stärke von 16 000 Mann zur Beobachtung der Festungen Danzig und Thorn zurückgelassen hatte. Auf dem linken Flügel folgten 40 000 Russen unter Miloradowitsch, Doktoroff und Sakken langsam dem österreichischen Korps, von dem sie wußten, daß es wenig geneigt war, sich zu schlagen. So drangen die beiden Flügel vor, während Kaiser Alexander, der das Zentrum führte, sich zum Einzug in Breslau vorbereitete, um sich dem König von Preußen in die Arme zu werfen.

Prinz Eugène wurde durch diese verschiedenen Bewegungen überflügelt, konnte sich in Posen nicht länger halten und zog sich in der Richtung auf Frankfurt an der Oder zurück, um von da weiter auf Berlin zurückzuweichen, wo er sich mit Grenier vereinigen konnte. Während er dorthin marschierte, waren russische Schwadronen unter Oberst Tettenborn bei Wriezen über die Oder gegangen, waren auf ein Regiment italienischer Reiterei gestoßen und hatten dieses fast gänzlich aufgerieben, was in Berlin großen Jubel hervorrief. General Grenier war darauf mit seinen beiden Divisionen von Berlin ausgerückt, hatte die Vorhut der Armee Wittgensteins zurückgetrieben und war in die Hauptstadt wieder zurückgekehrt, wo Prinz Eugène zu ihm stieß. Doch konnten die Franzosen sich hier nicht länger halten, da bereits ihre Verbindungen mit Magdeburg unterbrochen wurden, und am 4.

März verließ Prinz Eugène an der Spitze von 40 000 Mann Berlin, nachdem er seine Verwundeten und Kranken sowie sein Armeegerät nach Magdeburg vorausgeschickt hatte.

In ganz Deutschland brach bei der Nachricht von der Räumung Berlins stürmischer Jubel aus: Man brauchte sich keinen Zwang mehr anzutun. Der König zögerte nicht länger, schloß mit Rußland einen Vertrag ab und empfing seinen Neuverbündeten am 15. März in Breslau unter begeistertem Beifall von Volk und Heer. Am 17. März stellte Minister von Hardenberg dem französischen Gesandten Saint-Marsan die preußische Kriegserklärung an Frankreich zu.

V.

Die schlimmen Nachrichten, die in den ersten Tagen des Jahres 1813 auf einmal auf Napoleon einstürmten, erschütterten ihn tief. Anstatt daß die am Niemen vereinigten Überreste der Großen Armee den Russen die Spitze boten und dort das Eintreffen der 300 000 jungen Soldaten erwarteten, sah er diese Überreste beinahe vernichtet und auf fluchtartigem Rückzug. Er hörte das begeisterte Geschrei Deutschlands, erfuhr den Abfall Preußens und hatte mit der zweifelhaften Haltung Österreichs zu rechnen. Aber er beschloß, sich durch nichts beugen zu lassen.

Nachdem er in der ersten Aufwallung des Zornes Murat, dem er alles Unglück zuschrieb, hatte verhaften lassen wollen, beruhigte er sich wieder, bestätigte die Ernennung des Prinzen Eugène und ließ den Kommandowechsel im Moniteur anzeigen, allerdings mit Worten, die für Murat nicht schmeichelhaft waren: »Der König von Neapel ist durch Unwohlsein genötigt worden, dem Kommando der Armee zu entsagen, das er in die Hände des Vizekönigs gelegt hat. Dieser hat mehr Übung in der Verwaltung im Großen und besitzt das ganze Vertrauen des Kaisers.«

Sodann verlor er keine Minute seines Aufenthaltes in Paris, um sofort die großartigsten Rüstungen anzuordnen. Er riet dem Prinzen Eugène, seine Stellung fest und entschlossen zu behaupten, da er bereits in wenigen Wochen 60 000 Mann Verstärkungen erhielte und dann an der Spitze von 100 000 Mann unangreifbar wäre, bis ein größeres Heer aus Frankreich heranrücken würde.

Am dringendsten notwendig war die Reorganisation der Kavallerie, denn die Russen besaßen eine solche in ungeheurer Zahl, und Prinz Eugène hatte kaum 3000 Reiter zu seiner Verfügung.

Napoleon befahl daher dem General Bourcier, der in Deutschland und Polen das Remontewesen unter sich hatte, alle tauglichen Pferde gegen bar und zu jedem Preise zu kaufen oder sie gewaltsam wegzunehmen, wenn er sie nicht käuflich erwerben könnte. Damit sollten die aus Rußland gekommenen Kavalleristen wieder beritten gemacht und dem Prinzen Eugène sofort zugeschickt werden. Die Fürsten des Rheinbundes forderte Napoleon auf, ihm im Interesse ihrer eigenen, den Streifzügen der Kosaken bloßgestellten Staaten alles, was sie an Reiterei hätten, zuzuschicken. Den König von Sachsen bat er, seine zwei Regimenter Kürassiere und zwei Regimenter Husaren und Jäger, zusammen ungefähr 2400 Mann trefflicher Reiterei, dem Vizekönig zuzusenden, so daß dieser in wenigen Tagen imstande sein konnte, mit 6 bis 7000 Reitern die feindlichen Streifreiter in Schranken zu halten.

Sobald er so den Bedürfnissen des Augenblicks Rechnung getragen hatte, beschäftigte er sich mit den eigentlichen Rüstungen. Napoleon hatte ungefähr 140 000 Rekruten von 1813 zur Verfügung, die im September einberufen waren und bereits die Depots füllten. Außerdem hatte er die 100 Bataillone oder Kohorten Nationalgarde, die, vollkommen einexerziert, aus gereiften Männern bestanden, hinsichtlich der Offiziere allerdings nur eine provisorische Einrichtung besaßen. Dies war zunächst ein sehr bedeutendes und beinahe völlig bereites Heer von 240 bis 250 000 Mann. Der Kaiser beschloß, es auf 500 000 Mann zu bringen, indem er die Klassen von 1809, 1810, 1811 und 1812 einer neuen Aushebung unterwarf, wodurch er weitere 100 000 Mann erhielt, und sofort die Rekruten des Jahrgangs 1814 einberief. Von diesen 500 000 Mann sollten 350 000 sofort aufbrechen, um mit dem, was an der Weichsel und Oder noch übrig war, eine Masse von 450 000 Streitern zu bilden; 150 000 Mann sollten in den Depots bleiben, um das Innere und die Grenzen zu decken. Die in Spanien stehenden Armeen sollten nichts von ihrem Effektivbestande verlieren.

Sodann war der Kaiser darauf bedacht, sich freiwillige Geschenke anbieten zu lassen, die abgesehen von ihrem materiellen Werte die Nationalgesinnung in großartiger Weise zum Ausdruck bringen sollten.

In politischer Beziehung wies der Kaiser die vermittelnden Vorschläge Österreichs nicht ab. Er schenkte ihnen Gehör, beschleunigte aber trotzdem mit aller Macht seine Rüstungen. Nachdem er den österreichischen Abgesandten Bubna angehört, ihm auf alle mögliche Art geschmeichelt und ihn ganz für sich gewonnen hatte, schrieb er seinem Schwiegervater einen herzlichen und freundschaftlichen Brief, worin er ihm den Feldzug von 1812 schilderte und sich darüber beklagte, daß man in Wien sehr entstellte und boshafte Berichte darüber veröffentlicht habe. Sodann entwarf er von seinen Rüstungen ein Bild, das nicht nur für seine offenen Feinde drohend war, sondern auch für diejenigen seiner Alliierten, die zum Abfall von ihm geneigt sein mochten, eine Drohung, die sich unmittelbar auf Preußen, mittelbar aber auf Österreich bezog. Indessen schloß er mit der Erklärung, daß er trotz der Gewißheit, die Russen im Frühling über den Niemen zurückzujagen, dennoch den Frieden wünsche und gern die Vermittlung Österreichs annehme. Er könne zwar im Augenblick die Bedingungen dieses Friedens nicht fest bestimmen, doch gebe es Grundlagen, die er sofort bezeichnen könne, und über die er nicht hinausgehen werde. Nie werde er darin einwilligen, vom Kaiserreiche loszutrennen, was Senatsbeschlüsse als französisches Gebiet erklärt hätten. Daher seien Rom, Piemont, Toskana, Holland und die hanseatischen Departements unverletzliche und untrennbare Teile des Kaiserreichs. Rußland werde er unter keinen Umständen Gebietsvergrößerungen bewilligen, demselben vielmehr nur die Befreiung von den Verpflichtungen des Tilsiter Vertrages, d.h. von den Fesseln der Kontinentalsperre gewähren. Was England anlange, mit dem zu unterhandeln nicht nur wünschenswert, sondern auch notwendig sei, so beharre er auf dem Inhalt seines Schreibens an Lord Castlereagh vor seiner Abreise nach Rußland, worin er das uti possidetis als Ausgangspunkt jeder Unterhandlung bezeichnet habe.

Der Kaiser hatte einen glücklichen Gedanken gehabt, als er sich an das Volk wandte, um von diesem eine nationale Kundgebung zu erhalten, die als Gegenstück zu dem patriotischen Aufschwunge der Deutschen dienen sollte und die Behauptung entkräften konnte, daß Frankreich seines Despotismus ebenso müde sei, wie die fremden Nationen seiner Herrschaft. Er hatte von den Städten und Landgemeinden verlangt, daß sie ihm berittene und ausgerüstete Kavalleristen darböten, um die Verluste der Reiterei zu ersetzen. Paris machte den Anfang mit einem glänzenden Geschenk, indem sein Munizipal durch Zuruf den Antrag annahm, dem Kaiser ein Regiment von 500 berittenen und völlig ausgerüsteten Reitern zu schenken. Nachdem dies durch den »Moniteur« bekanntgegeben war, stießen solche Gaben in den anderen

Departements auf keine Schwierigkeiten mehr. Der Hauptstadt folgten die anderen Städte und dann die kleineren Bezirke je nach ihren Mitteln. Es ist bemerkenswert, daß auch die fremden Städte, die dem Kaiserreiche gewaltsam einverleibt worden waren, fast sämtliche Geschenke bewilligten. So stellte Rom 240, Genua 80, Hamburg 100, Amsterdam 100, Rotterdam 50, den Haag 40, Leyden 24, Utrecht 20 und Düsseldorf 12 Reiter. Binnen wenigen Tagen beliefen sich die Geschenke auf 22 000 Pferde und 16 000 Kavalleristen, ein Erfolg, der von bedeutender moralischer Wirkung auf das ganze Land war.

Die Zahl der französischen Regimenter, die von der Großen Armee noch übrig waren, belief sich auf 36, wovon 16 zum Korps Davouts (dem I.), 6 zum Korps Oudinots (dem II.), 6 zum Korps Neys (dem III.) und 8 zum Korps des Prinzen Eugène (dem IV.) gehörten. Napoleon beschloß, die 16 Regimenter des I. Korps wieder auf vollen Bestand zu bringen und unter dem Befehl des Marschalls Davout zu belassen, das II. und III. Korps in ein einziges von 12 Regimentern zu verschmelzen und dem Marschall Victor anzuvertrauen, das IV. endlich in Bayern zu reorganisieren. Die Korps der Marschälle Davout und Victor sollten demnach 28 Regimenter umfassen. Napoleon befahl, die Cadres der zweiten Bataillone dieser 28 Regimenter in Erfurt zurückzubehalten, schickte sofort den General Donat ab, um sie zu kommandieren, und ließ aus den Depots die erforderliche Mannschaft von bereits ausgebildeten Rekruten von 1813 abgehen, um jedes dieser 28 Bataillone auf 800 Mann zu bringen. Sobald diese gebildet waren, sollten sie an der Elbe zu Davout und Victor stoßen. Die Cadres der dritten, vierten und fünften Bataillone sollten sich am Rhein aus der kräftigeren, aber noch ungeübten Mannschaft der vier vorhergehenden Jahrgänge rekrutieren. Diese letzteren Bataillone konnten daher vor Ablauf von drei bis vier Monaten nicht reorganisiert sein. Napoleons Absicht war, den Marschällen Davout und Victor schnellstens wenigstens ihre dritten und vierten Bataillone zu schicken. Er hoffte, sie dann im Juni aufs neue wieder nach der Weichsel vorrücken lassen zu können. Beim Übergang über die Oder sollten sie dann ihre ersten Bataillone, die sich in den Festungen befanden, aufnehmen, so daß Marschall Davout über 16 Regimenter zu je vier Bataillonen und Marschall Victor über 12 Regimenter ebenfalls zu je vier Bataillonen verfügen konnten, zusammen also über 90 000 Mann Infanterie. Vorläufig sollten Marschall Davout mit den zu Erfurt reorganisierten 16 zweiten Bataillonen Hamburg, wo man schon gewohnt war, ihm zu gehorchen, und Marschall Victor

Magdeburg besetzen, so daß beide an der Elbe imstande waren, dem Prinzen Eugène den Rücken zu decken.

Die Cadres des IV. Korps (Prinz Eugène) wurden, da sie aus Italien stammten, nach Augsburg gewiesen, um dort die Rekruten zu empfangen, die von den Ufern des Po über Tirol und Bayern eintreffen würden.

Auf diese Weise wurden die alten Korps wiederhergestellt, während weitere Hilfsmittel in den 100 Bataillonen der Nationalgarden-Kohorten zur Verfügung standen, die seit neun Monaten organisiert und imstande waren, schon im Monat März nach der Elbe gesandt zu werden, um sich der weiteren Offensive der Russen entgegenzusetzen. Es waren dies Soldaten von 22 bis 27 Jahren, die man in dem ersten Aufgebot der Nationalgarde unter den unverheirateten Männern für diesen Dienst in Anspruch genommen hatte, kräftige Leute, die wohlgeeignet waren, eine tüchtige und unerschrockene Infanterie zu bilden. Die hierzu nötigen Offiziere suchte man in der kaiserlichen Garde, in den zurückkehrenden Cadres und namentlich in der Armee von Spanien, wo Überfluß an Offizieren herrschte, die in diesem furchtbaren Kriege eine gute Schule durchgemacht hatten. Sie wurden schleunigst auf der Post herbeigeschafft.

Napoleon teilte sodann die Kohorten in 22 Regimenter zu je vier Bataillonen, die sofort nach dem Rhein auf Wesel und Mainz abmarschierten. Die 12 ersten, in vier Divisionen von je drei Regimentern formiert, bildeten das Elbekorps und sollten unverzüglich dem Prinzen Eugène eine Verstärkung von 40 000 Mann guter Infanterie bringen. Mit 80 000 Mann hatte dieser dann von den Russen nichts mehr zu befürchten und konnte die in Erregung befindlichen Provinzen im Zaume halten. Zum Oberkommandanten dieses Korps ernannte der Kaiser den General Lauriston, der sich in Rußland sehr gut bewährt hatte.

Aus acht von den zehn noch übrigen Kohorten setzte Napoleon sodann das erste Rheinkorps zusammen, das er dem Marschall Ney übergab, der begierig war, die Russen für ihre Erfolge vom letzten Feldzug büßen zu lassen. Die Kontingente der deutschen Rheinbundfürsten sollten dieses Korps auf 50 000, mit Einschluß der Artillerie und Kavallerie auf 60 000 Mann bringen. Es war dazu bestimmt, die ersten Schläge zu führen und sich Mitte März nach der Elbe in Marsch zu setzen.

Ein zweites Rheinkorps wurde aus einigen provisorischen Regimentern und aus der Marineinfanterie gebildet. Diese Truppe zählte 20 000 Mann und bestand aus lauter ausgebildeten, kräftigen und vom kühnen Geiste der Marine beseelten Soldaten. Napoleon befahl ihren sofortigen Aufbruch nach dem Rhein. Dieses zweite Rheinkorps bestand aus vier Divisionen in Stärke von ungefähr 40 000 Mann und wurde dem Marschall Marmont anvertraut, der von seiner bei Salamanca empfangenen Wunde wieder genesen war.

Aus der Masse von Truppen und Kriegsgerät, die seit langem in Italien zusammengezogen waren, beschloß der Kaiser, noch ein Korps von 40 bis 50 000 Mann zu bilden, das, während er selbst in Sachsen vorzurücken gedachte, nach Bayern marschieren und die Masse der Streitkräfte vervollständigen sollte, die er an der Elbe vereinigen wollte. Er übertrug diesen Auftrag dem General Bertrand.

Zur Wiederherstellung der Artillerie benutzte Napoleon die aus Rußland zurückgekehrten Artilleristen, 48 den Häfen und Zeughäusern entnommene Kompanien und 80 in den Kohorten formierte Kompanien, die zur Bedienung von mehr als 1000 Geschützen ausreichten. Das alte Material lag im Schnee Rußlands begraben, aber die Land- und Seearsenale Frankreichs waren reichlich mit neuem ausgerüstet. Es fehlte nur an Feldlafetten. Diese ließ der Kaiser überall in Eile anfertigen, so daß er sich bald in der Lage sah, 600 Geschütze zu montieren, was für den Anfang des Feldzuges genügte.

Die nötigen Reit- und Zugpferde, 15 000 an der Zahl, ließ er in Frankreich gegen Barzahlung requirieren und beauftragte General Bourcier, in Niederdeutschland weitere 10 000 zu beschaffen. Somit konnten 600 Geschütze im April oder Mai und 1000 zwei Monate später ins Gefecht geführt werden.

Die Kavallerie war gewissermaßen noch wichtiger als die Artillerie, weil der Feind über eine erstaunliche Menge berittener Truppen verfügte. Aus Rußland waren nur 3000 Pferde zurückgebracht worden, die teils in Danzig, teils beim Prinzen Eugène vereinigt waren. Von Kavalleristen waren nur 11 bis 12 000 gerettet worden. Die Aussicht, sie wieder beritten zu machen, hatte sich sehr vermindert, seitdem man Polen, Altpreußen, Schlesien und Mecklenburg verloren hatte. So standen nur noch Hannover und Westfalen zu Gebote. Man hatte 2 bis 3000 Pferde aus den geräumten Ländern gezogen und hoffte dazu noch 9 bis 10 000 aus den Gegenden zwischen Elbe und Rhein ziehen zu können. Es galt also außer den 10 000 Zugpferden für die Artillerie weitere 10 000 Reitpferde in diesen Gegenden zu finden. Damit war

General Bourcier eifrigst beschäftigt, und es gelang ihm auch, das Erforderliche unter großen Schwierigkeiten, selbst unter Anwendung von Gewalt zu beschaffen. Die Generale Latour-Maubourg und Sebastiani verließen unverzüglich Paris, um sich in Hannover an die Spitze der neu beritten gemachten Kavallerie zu stellen. Der Kaiser befahl ihnen, daraus zwei Korps, teils Kürassiere, teils Jäger und Husaren zu bilden, und, sobald nur 6000 marschfähige Reiter vorhanden wären, sie sofort dem Prinzen Eugène zuzuführen.

Die Konskriptionen von 1812 und 1813 konnten noch weitere 10 000 eingeübte Reiter liefern. Der Herzog von Piacenza wurde damit beauftragt, sie in Schwadronen, die den ehemaligen Regimentern der Großen Armee entsprachen, zu formieren und den Korps unter Latour-Maubourg und Sebastiani zuzuführen. So konnte man in Deutschland bald 23 bis 24 000 Reiter beisammen haben.

Zu den 22 000 Kavalleristen der freiwilligen Geschenke konnte man in Frankreich noch weitere 20 000 Reiter ausrüsten, so daß für den Feldzug annähernd 70 000 Reiter zur Verfügung stehen konnten.

Die Cadres dazu wurden aus Spanien herangezogen, und zwar wurden nur die besten Unteroffiziere und Offiziere ausgewählt, die mit Postgelegenheit nach dem Rhein befördert wurden.

Zu allen diesen Truppen beschloß Napoleon noch die kaiserliche Garde, aber in einer neuen Einteilung, zu gesellen. Sie hatte in Rußland fürchterlich gelitten, besaß jedoch in Deutschland, Frankreich und Spanien noch ziemlich zahlreiche Cadres. Napoleon beschloß, sich dieser verschiedenen Bestandteile zur Wiederherstellung seiner Kerntruppe zu bedienen. Er hielt auf die Alte Garde ihrer Treue wegen große Stücke und hoffte, daß die Junge Garde, wenn man nur ausgezeichnete Leute darin aufnähme, durch ihren Korpsgeist bald den Wert der besten Truppen erlangen würde. Er ließ deshalb von allen Korps, die durch die Katastrophen in Rußland und in Spanien nicht gelitten hatten, eine gewisse Anzahl alter Soldaten kommen, um die Alte Garde zu ergänzen. Sodann entnahm er der Aushebung der vier letzten Jahrgänge geeignete junge kräftige Leute, die er, um die Junge Garde wiederherzustellen, in die vorhandenen Cadres der Füsiliere, Tirailleure und Jäger eintreten ließ. Die Zahl der Bataillone der Alten und Jungen Garde erhöhte er auf 53, die der Schwadronen auf 33. Desgleichen verstärkte er die Reserveartillerie, deren er sich in den großen Schlachten stets so erfolgreich bedient hatte, und versah sie mit 300 Geschützen. Für diese letztere Organisation verschaffte ihm die Marineartillerie vortreffliche Leute. Die kaiserliche Garde sollte auf diese Weise auf 40 000 Streiter gebracht werden.

VI.

Mit Hilfe dieser gewaltigen Rüstungen glaubte Napoleon imstande zu sein, die Verbündeten an der Elbe aufzuhalten und ihre Hoffnungen zu vernichten.

Aber es war nicht genug, diese bedeutenden Streitkräfte rasch zu vereinigen, man mußte sie auch bezahlen und zu diesem Zweck die Finanzen des Kaiserreichs ordnen.

Um keinen Preis wollte Napoleon die Abgaben steigern, obwohl eine leicht zu ertragende Erhöhung der direkten Steuern genügt haben würde, um die für 1813 erforderlichen 150 Millionen aufzubringen. Auch den Grundbesitz, den er unter seiner Regierung entlastet hatte, wünschte er nicht aufs neue zu beschweren. Er scheute sich, etwas zu verordnen, was auf die Stimmung des Volkes einen mißlichen Eindruck gemacht haben würde.

Eine Ausgabe von Staatsrenten, die vielleicht früher guten Erfolg gehabt hätte, war unter den jetzigen Umständen unmöglich. Auch die Zölle konnten unmöglich erhöht werden. Die Warenkonfiskationen trugen auch nichts mehr ein, und auch das alte gehässige Mittel des Verkaufs der Nationalgüter war nur noch eine sehr beschränkte Hilfsquelle, da Napoleon den emigrierten Familien einen namhaften Teil ihrer Güter zurückgegeben hatte.

Aber es gab andere Güter, die Gegenstand einer Finanzmaßregel werden konnten, nämlich die Grundstücke, die von den Gemeinden verpachtet waren und diesen ein Einkommen an barem Gelde gewährten, das in die Gemeindekasse floß. Den Gemeinden konnte es gleich sein, ob sie dieses Geld von einem Pächter oder vom Staate empfingen, der ebenso pünktlich Zahlung leisten würde. Man nahm an, daß man diese Güter für ungefähr 370 Millionen verkaufen könnte, während sie den Gemeinden nicht mehr als 8 bis 9 Millionen jährlich eintrugen. Diese Schätzung schien nicht übertrieben zu sein. Erzielte man also 370 Millionen, so blieben nach Abzug der dem Staate notwendigen 232 Millionen 138 Millionen übrig, die die zur Entschädigung der Gemeinden erforderlichen 9 Millionen Renten deckten. Auf diese Weise fand der Staat die ihm nötigen Mittel sogar umsonst.

Man beschloß demzufolge, sich die Pachtgüter der Gemeinden anzueignen, sie zu schätzen, durch eine Rente zu ersetzen, die der Staat sofort ausgeben konnte, und sie alsdann der Tilgungskasse zu überweisen. Letztere hatte die Güter an den Meistbietenden zu verkaufen, und zwar unter der Bedingung für den Käufer, ein Drittel des Wertes bar zu erlegen, ein zweites 1814, ein drittes 1815 zu entrichten und überdies die später zu zahlenden Summen mit 5 Prozent zu verzinsen. Inzwischen sollte die Tilgungskasse sofort, um sie dem Schatze zu übergeben, für 232 Millionen Geldscheine anfertigen, welche Zinsen trugen und allmählich, nach Maßgabe des Eingehens der Grundstückskaufgelder, eingelöst werden sollten.

Den Einwand des Finanzministers Mollien, daß diese Papiere nicht in Zahlung genommen werden würden, widerlegte der Kaiser: »Alle werden sie nehmen, denen Sie Geld schuldig sind. Sie sind den Lieferanten für Armee und Marine und anderen Gläubigern aller Art 46 Millionen für 1811 und 37 Millionen für 1812 schuldig. Bezahlen Sie diese Summen mit den Geldscheinen, die Sie dadurch zugleich in der Provinz einführen. Man wird sie dort anfangs ungern nehmen. Wenn man aber sieht, daß sie pünktlich bezahlte Zinsen tragen, daß man damit sehr schöne Güter kaufen kann, denen nichts Gehässiges anhaftet wie den ehemaligen Emigrantengütern, so wird man sie begierig suchen. Man wird sie an der Börse verkaufen, man wird ihren Kurs sichern, und das Papier wird schließlich so gut wie Bargeld sein.« Durch solche Erwägungen machte der Kaiser dem Minister Mollien wieder Mut.

Dieses waren die finanziellen Maßnahmen, durch die Napoleon den großen Krieg zu unterhalten gedachte.

Schließlich wollte Napoleon dem Lande den kirchlichen Frieden wiedergeben und seinen Zwist mit dem Papste beendigen, indem er zwar so wenig wie möglich, jedenfalls aber doch so viel zu bewilligen gedachte, daß es einen Vergleich zustande bringen könnte. Der Papst befand sich in diesem Augenblicke in Fontainebleau, wo er, scheinbar frei, mit den höchsten Ehren und der größten Aufmerksamkeit behandelt wurde.

*

Zweites Kapitel.

Der Streit mit der Kirche.

I. Religiöse Bedürfnisse. – II. Das Konkordat von 1801. – III. Die Einverleibung der päpstlichen Staaten in das Kaiserreich (1810). – IV. Das Pariser Konzil (1811). – V. Überführung des Papstes Pius des Siebenten von Savona nach Fontainebleau. – VI. Das Konkordat von Fontainebleau (1813). – VII. Widerlegung der in bezug auf die Staatsgefängnisse erhobenen Anschuldigungen.

Vorbemerkung: Napoleons Darstellung der Hauptmomente in den Streitigkeiten mit der Kirche ist enthalten in seinen Noten über das Werk des Erzbischofs von Mecheln, de Pradt: *Die vier Konkordate.* Sie erscheinen hier in wörtlicher Übersetzung, aber in etwas anderer Anordnung und mit Weglassung einer besonderen Bemerkung über die Bullen, die nur eine Wiederholung von bereits früher Gesagtem ist. Der letzte Paragraph »Über die Staatsgefängnisse« hängt mit dem Thema der kirchlichen Streitigkeiten nur lose zusammen. Ich belasse ihn aber an der von Napoleon selber ihm angewiesenen Stelle, da er inhaltlich wichtig ist.* C.

I.

Der Mensch, der plötzlich zum Bewußtsein kommt, daß er ins Weltall geschleudert ist, fragt sich unwillkürlich: Woher komme ich? Wer bin ich? Wohin gehe ich? Diese geheimnisvollen und so schwer zu beantwortenden Fragen ziehen den Menschen zur Religion; seine Kenntnisse halten ihn von ihr zurück. Die Weltgeschichte ist die Feindin der Religion, denn sie erweckt den Zweifel in unserer Seele. Warum, so fragt unsere Vernunft, herrscht in London eine andere Religion als in Paris? Warum in Paris eine andere als in Berlin? Warum betet man in St. Petersburg, in Konstantinopel, in Persien, in China auf andere Weise zu Gott als in Rom?

Alle Menschen glauben an einen Gott, weil in der Natur alles ihnen sein Dasein bezeugt. Napoleon hatte stets das Bedürfnis, zu glauben! Er ist gläubig gewesen, trotz der Dummheit unseres Schulwesens, das uns unter Griechen und Römern, unter Heidentum und Götzendienst aufwachsen läßt.

Als Erster Konsul hat Napoleon die Altäre Christi wieder aufgerichtet. Er hatte dabei harte Widerstände zu besiegen. Die höchsten Beamten waren die erbittertsten Gegner des Konkordats. Sie sagten zum Ersten Konsul: »Wenn Sie durchaus eine Religion in Frankreich wiederherstellen wollen, warum folgen Sie dann nicht dem Rat, den die Vernunft Ihnen geben muß? Warum wollen Sie uns wieder unter das päpstliche Joch beugen? Es steht nur bei Ihnen, den Fehler zu vermeiden, den die Nachwelt dem König Franz I. vorwirft. Nehmen Sie Luthers Lehre an! Deren Grundsätze werden den Republikanern gefallen und begünstigen doch die Herrschergewalt!« Aber Napoleon hing an der Religion seiner Kinderjahre. Maßgebend war jedoch für ihn vor allem der Gedanke, daß er durch Einführung der protestantischen Lehre in Frankreich Religionsstreitigkeiten erregen würde, durch die der Boden des Vaterlandes mit Blut überströmt werden konnte. Der Erste Konsul hatte ja gerade das Feuer der Zwietracht erstickt; er hätte es von neuem wieder angefacht und ohne jeden Zweck, da ganz Frankreich der fast unbekannten protestantischen Lehre völlig gleichgültig gegenüberstand.

Was hätte er erreicht, wenn er den Protestantismus eingeführt hätte? Es wären dann in Frankreich zwei Parteien entstanden, die, gleich stark, sich wütend bekämpft hätten. Diese hätten sich gegenseitig vernichtet, Frankreichs Kraft gebrochen und das Land zum Sklaven von Europa erniedrigt, während Napoleons steter Gedanke war, es mächtig und zum Herrn von Europa zu machen. Mit dem Katholizismus konnte er zum Ziele gelangen: Im Inneren verschwand in der großen Zahl von Gläubigen die kleine der Andersdenkenden, die Napoleon aber mit voller Gleichberechtigung zu behandeln sich vornahm, um alle Unterschiede zum Schwinden zu bringen; nach außen hin brachte der Katholizismus den Papst auf die Seite Napoleons, der ihn durch seinen Einfluß und mit Hilfe der französischen Streitkräfte in Italien bald gänzlich zu beherrschen hoffte. Und welche Macht besaß dann der Gebieter Frankreichs! Welchen Druck konnte er dadurch auf die öffentliche Meinung des Weltalls ausüben! Franz I. hätte zum Protestantismus übergehen und sich zu dessen Haupt in Europa erklären lassen müssen. Karl V., sein Nebenbuhler, stand ganz auf der Seite Roms, weil er durch Rom Europa unterjochen zu können hoffte. Dieser Umstand allein hätte Franz die Notwendigkeit vor Augen führen müssen, die Verteidigung Europas zu übernehmen. Aber er ließ das Große unbeachtet und lief dem Kleinen nach: Er führte seine unheilvollen Kriege in Italien weiter und ließ, um dem Papst eine Freude zu bereiten, in Paris Protestanten verbrennen.

Wenn Franz I. den Protestantismus angenommen hätte, der dem Königtum das Übergewicht sichert, so hätte er Frankreich vor den furchtbaren religiösen Katastrophen bewahrt, die von den Calvinisten herbeigeführt wurden und beinahe den Umsturz der Monarchie verursachten. Leider war Franz I. blind gegen alles; er hat nicht einmal Gewissensbedenken zur Entschuldigung, denn er verbündete sich mit den Türken und hetzte sie gegen die Christen. Er sah einfach nicht so weit; mittelalterliche Beschränktheit und Dummheit beherrschten ihn! Er war alles in allem nur ein Held der Turniere, ein Salonlöwe, ein großer Mann nur unter Zwergen!

II.

Schon in den Jahren 1796 und 1797 hatte Napoleon in Italien seine ganze Aufmerksamkeit den religiösen Angelegenheiten zugewandt. Eine genaue Kenntnis derselben war dem Eroberer und Gesetzgeber der Trans- und Cispadanischen Republiken notwendig. 1798 und 1799 mußte er auch den Koran studieren, die Grundlagen des Islamismus, dessen Regierungsform, die Ansichten der vier Sekten und ihre Beziehungen zu Konstantinopel und Mekka. Die genaue Kenntnis beider Religionen trug viel dazu bei, ihm die Zuneigung der Geistlichkeit in Italien und die Liebe der Ulemas in Ägypten zu gewinnen.

Man hat dem Kaiser die Worte in den Mund gelegt: »Das Konkordat von 1801 war mein größter Fehler.« Das ist durchaus falsch, niemals hat der Kaiser es bereut, dieses Konkordat geschlossen zu haben. Die Streitigkeiten, die er später mit dem römischen Hof durchzukämpfen hatte, kamen nicht vom Konkordat, sondern waren Folgen des Mißbrauchs, den Rom mit der Vermischung der geistlichen und weltlichen Macht trieb. Er wurde von ihnen wohl belästigt wie der Löwe von Fliegenstichen, aber seine Entschlüsse und religiösen Grundanschauungen haben sie nicht beeinflussen können.

Das Konkordat von 1801 war für den Glauben, die Republik und die Regierung durchaus notwendig. Man denke: die Kirchen waren geschlossen, die Priester wurden verfolgt und bildeten drei Sekten: die verfassungsmäßigen Geistlichen, die apostolischen Vikare und die emigrierten Bischöfe, die im Solde Englands standen.

Das Konkordat machte diesen Spaltungen ein Ende und ließ die katholische, apostolische und römische Kirche aus ihren Trümmern wieder neu erstehen. Napoleon richtete die Altäre wieder auf, setzte der Unordnung ein Ziel, schrieb den Gläubigen die Fürbitte für die Republik vor, benahm den Erwerbern der Nationalgüter alle Gewissenszweifel und schnitt den letzten Faden durch, der das Land noch mit der alten Dynastie verband, indem er die ihr treu gebliebenen Bischöfe absetzte und sie zu Rebellen stempelte, welche weltliche Angelegenheiten und irdische Interessen der Sache des Himmels und Gottes vorangesetzt hätten.

Während der Konkordatsverhandlungen war die Rede davon gewesen, dem Papst einen Termin zu stellen, bis zu welchem er sein Recht, Bischöfe zu ernennen, ausüben könne. Doch kam man davon zurück; der Papst hatte schon große Zugeständnisse gemacht: Er hatte seine Zustimmung zur Unterdrückung von 60 Kirchensprengeln gegeben, die als Bistümer schon seit der Einführung des Christentums in Gallien bestanden; aus eigner Macht hatte Napoleon eine große Zahl ehemaliger Bischöfe abgesetzt und den Verkauf von Kirchengütern im Werte von 400 Millionen Franken vollzogen. Daher glaubte er, es sei im Interesse der Republik selbst gelegen, nicht noch weitere Forderungen aufzustellen, die nur den Ultramontanen zugute gekommen wären. In einer dieser Verhandlungen ergriff Napoleon das Wort und sagte: »Wenn der Papst nicht existieren würde, so müßte man ihn bei dieser Gelegenheit schaffen, gerade wie die römischen Konsuln in schwierigen Zeiten einen Diktator ernannten.«

Zwar erkannte das Konkordat eine fremde Macht im Staate an, die immerhin eines Tages hätte Störungen verursachen können; diese wurde aber nicht neu eingeführt, sondern hatte von jeher bestanden. Zudem beunruhigte das nicht den Herrn von Italien. Als solcher war Napoleon Herrscher von Rom und konnte allen schädlichen Einflüssen entgegenarbeiten.

Napoleon hat niemals eine die Verheiratung der Geistlichen betreffende Forderung gestellt. Das hätte ihm ungeheure Feindschaften zugezogen, und was ging ihn im Grunde das Zölibat an? Warum sollte er seine Zeit mit theologischen Erörterungen verlieren? Als nach dem Frieden von Amiens Fox im Gespräch mit Napoleon diesem vorwarf, nicht die Priesterehe durchgesetzt zu haben, erhielt er die Antwort: »Ich hatte nötig, den Frieden herzustellen; mit Wasser, nicht mit Öl muß man die geistlichen Vulkane zum Erlöschen bringen: Ich hätte weniger Mühe gehabt, die Augsburger Konfession in mein Reich einzuführen.«

Es entstanden noch viele Streitfragen im Lauf der Jahre; diese wurden aber nicht unmittelbar zwischen Kaiser und Papst verhandelt, sondern zur Erledigung den Kanzleien überlassen, die stets mit Mäßigung und Klugheit zu deren Beilegung beitrugen.

III.

Der Ursprung des Streites zwischen Kaiser und Papst, der fünf Jahre lang dauerte, stammt aus dem Jahre 1805. Er fand sein Ende im Jahre 1810 durch die Einverleibung der Kirchenstaaten in das Kaiserreich. Folgende Umstände führten zu dieser Maßregel.

Der Wiener Hof, Rußland und England hatten die dritte Koalition gegen Frankreich geschlossen. Eine österreichische Armee besetzte München, verjagte den König von Bayern und nahm eine Stellung an der Iller ein, wo sie ihre Vereinigung mit zwei russischen Heeren bewerkstelligen sollte; Erzherzog Johann ging mit der Hauptarmee an die Etsch und drohte mit einem Einbruch in Italien; ein Beobachtungskorps von 15 bis 20000 Franzosen unter dem Befehl des Generals Saint-Cyr hatte die Halbinsel Apulien besetzt; es war von der Etscharmee durch die Kirchenstaaten des Papstes getrennt. Ein englisches Geschwader zeigte sich im Mittelmeer, ein anderes kreuzte im Adriatischen Meere; eine englisch-russische Armee wurde vor Neapel erwartet.

Das Beobachtungskorps bei Otranto in Apulien war in schwieriger Lage; da die Zitadelle von Ancona, das dem Papst gehörte, nicht armiert war, konnten leicht 1200 Mann gelandeter Truppen sich dieser wichtigen Stellung bemächtigen. Napoleon ersuchte in einem Schreiben den Papst, Ancona auszurüsten, eine Garnison von 3000 Mann hineinzuwerfen und deren Oberbefehl einem sicheren Offizier anzuvertrauen; oder aber ihm selber zu erlauben, eine französische Garnison hineinzulegen. Beides wurde verweigert. Napoleon drängte und verlangte weitere Sicherheitsmaßregeln. Er forderte kategorisch:

1.) daß der Papst ein Offensiv- und Defensivbündnis mit den Königen von Italien und Neapel zur Verteidigung Italiens abschließe;

2.) daß die Häfen der Kirchenstaaten den Engländern verschlossen blieben;

3.) daß Ancona eine französische Garnison von 3000 Mann aufnähme, die die Zitadelle besetzen würde.

Die Antwort des Papstes lautete, daß er, als Vater der Gläubigen, keiner Liga gegen seine Kinder beitreten könne, daß er sich über keine der Mächte zu beklagen habe und daß er mit niemandem Krieg führen könne noch wolle. Der Kaiser erwiderte ihm: Als Karl der Große den Papst mit der weltlichen Macht inmitten Italiens bekleidet habe, sei dies zum Wohle Italiens und Europas geschehen. Die Geschichte der Päpste berichte von vielen Bündnissen und Gegenbündnissen, die die Päpste mit deutschen Kaisern und mit Königen von Spanien geschlossen haben. Julius II. habe Heere befehligt. Im Jahre 1797 habe General Bonaparte sein Hauptquartier im Palast des Bischofs Chiaramonti aufgeschlagen, als er gegen das Heer des Kardinals Busca operierte, das Pius VI. ausgehoben hatte, um eine Ablenkung der französischen Truppen zugunsten Österreichs zu bewerkstelligen. Da also in diesem Falle das Banner Sankt Peters an der Seite des österreichischen Adlers gegen Frankreich geweht habe, so könne es wohl heute sich mit dem französischen Adler vereinen. In der Absicht aber, dem Heiligen Vater seine ganze Ergebenheit zu bezeigen, wolle er diesen Vertrag nicht auf Österreich und Spanien ausgedehnt wissen, sondern er solle nur auf Ungläubige und Ketzer Anwendung finden. Um diesen Preis verpflichte er sich also, die Küsten und das Banner der Kirchenstaaten gegen die Barbaresken zu verteidigen.

Während der Jahre 1805 und 1806 wurde der Schriftenaustausch über diese Fragen fortgesetzt. Die Briefe des Papstes waren mit der Feder Gregors VII. geschrieben: Sie standen in vollem Gegensatz zu der Milde und Liebenswürdigkeit seines Charakters. Nur die Unterschriften waren von ihm. Er betonte fortwährend seine Gerichtsbarkeit und Oberhoheit über alle Mächte der Erde. »Wie die Seele über dem Stoff«, sagte er, »so schwebt der Himmel über der Erde.«

Unterdessen hatte nach dem Frieden von Preßburg eine französische Armee Neapel besetzt, den König Ferdinand verjagt und das ganze Königreich erobert. Ein französischer Prinz hatte den Thron von Neapel bestiegen; er war aber von der französischen Armee in Oberitalien durch die Staaten des Papstes getrennt. Die Agenten der Höfe von

Palermo und Cagliari und die Abgesandten Englands waren frisch an der Arbeit und erwählten zum Mittelpunkt ihrer ränkespinnenden Tätigkeit Rom. Oft wurden Soldaten, die vereinzelt zwischen Mailand und Neapel reisten, auf dem Wege durch den Kirchenstaat ermordet. Der Zustand wurde unerträglich. Der Kaiser schrieb dies dem Papst und drang auf ein Offensiv- und Defensivbündnis zwischen Rom und Frankreich; die päpstlichen Häfen sollten den Engländern verschlossen und alle fremden Intriganten aus Rom ausgewiesen werden. Andernfalls würde der Papst sein Gebiet zwischen dem Apennin und dem Adriatischen Meere verlieren, also die Marken mit Ancona; diese würden dem Königreich Italien einverleibt werden und damit die Verbindungen zwischen Neapel und Mailand sichern. Der Heilige Stuhl antwortete mit ohnmächtigen Drohungen: Offenbar hatte die Langmütigkeit des Kaisers, die seinem Charakter sonst so wenig entsprach, in Rom den Gedanken aufkommen lassen, daß er die Bannstrahlen der Kirche fürchte. Um diesen unsinnigen Glauben zu zerstören, gab Napoleon einer Abteilung von 6000 Mann den Befehl, in Rom einzuziehen unter dem Vorwande, sie sei auf dem Wege nach Neapel begriffen. Dem Befehlshaber gab er den besonderen Auftrag, dem Vatikan gegenüber sich der größten Ehrerbietung zu befleißigen und sich in nichts einzumengen. Zu gleicher Zeit aber gab er dem Papst zu verstehen: wenn Napoleon es wage, Rom zu besetzen, so könne Seine Heiligkeit daraus entnehmen, daß er zu allem entschlossen sei und vor nichts zurückschrecken werde; in seinen weltlichen Angelegenheiten fürchte er die geistlichen Drohungen nicht; der Schwache habe vielmehr den Schutz des Starken aufzusuchen.

Der Hof von Rom geriet in Wut und Verzweiflung. Monitorien, Fürbitten, Reden, Zirkularnoten an das diplomatische Korps, alles wurde aufgeboten, diente aber nur dazu, die Lage zu verschlimmern; der Vatikan gebrauchte alle seine geistlichen Waffen, um seine weltliche Macht zu verteidigen. Inspiriert wurden diese Angriffe vom englischen Kabinett. Endlich schrieb, zu Anfang des Jahres 1808, der Kaiser an den Papst, diese Geschichte müsse ein Ende nehmen, er gebe ihm zwei Monate Zeit, um dem Bündnisvertrage mit den Staaten Italiens beizutreten. Im Weigerungsfalle werde der Kaiser die Schenkung Karls des Großen als nicht geschehen betrachten und das Patrimonium des Heiligen Petrus einziehen, ohne dadurch dem Ansehen und der Freiheit seiner heiligen Person, als obersten Priesters des katholischen Glaubens, Eintrag zu tun. Das war eine klare Sprache, aber man verstand sie nicht; der Papst trotzte dem Kaiser, der endlich die Geduld verlor und im Jahre 1808 die Vereinigung der päpstlichen Marken mit dem Königreich Italien verfügte, dem Papste nur Rom und den zwischen den Apenninen und dem Mittelmeer gelegenen Teil seiner Staaten belassend. Zugleich ließ er bekanntmachen, daß die französischen Truppen Rom und die Kirchenstaaten verlassen würden, sobald der Vatikan die Einverleibung der Marken anerkannt hätte. Der päpstliche Hof antwortete mit der Abberufung seines Nuntius aus Paris. Diesem wurden die Pässe ausgefertigt; er reiste, ohne sich zu verabschieden, ab, und damit war der Krieg erklärt. In diesem Falle handelte der Schwache, der nicht imstande war, den geringsten Widerstand zu leisten, ohne Maß und Ziel gegen eine gewaltige Macht, die die Welt besiegt hatte. Es lag aber im System des Vatikans, alles auf die Spitze zu treiben. Er hoffte noch immer auf die Wirkung der geistlichen Waffen und schmeichelte sich mit dem Gedanken, die Zeit sei zurückgekehrt, wo angesichts der heiligen Bannstrahlen alles sich in den Staub werfen werde. Napoleon kehrte sich zwar nicht daran, er hegte aber gegenüber dem Papst selber so freundliche Gefühle, daß er damals noch die Dinge im *status quo* erhielt.

Aber zu Anfang des Jahres 1809 wurde die vierte Koalition gebildet: Der Wiener Hof eröffnete die Feindseligkeiten. Der in Rom befehligende General bat um Verstärkungen, da er sonst die Bevölkerung der großen Stadt und des platten Landes nicht im Zaume halten könne. Sei die Entsendung von Truppen unmöglich, dann solle man wenigstens der Anarchie der vatikanischen Regierung ein Ende setzen. Darauf erhielt er Befehl, sich der Regierung zu bemächtigen, die päpstlichen Truppen der französischen Armee einzuverleiben, ein gutes Polizeiregiment zu führen und dafür zu sorgen, daß der Papst die Gelder weiterbeziehe, die er gewohnt sei, für seinen Haushalt der Staatskasse zu entnehmen.

Der Kriegszustand, der zwischen Frankreich und Österreich und in Spanien herrschte, erschien dem Heiligen Vater als eine günstige Gelegenheit zum Vorgehen: Er schleuderte den Bannstrahl gegen den Kaiser! Dies hätte in früheren Zeiten seine Wirkung nicht verfehlt, da es genügt hätte, um Throne zu stürzen, Völker von ihren Herrschern abwendig zu machen und die ganze Welt erbeben zu lassen. Man schrieb aber 1809, andere Zeiten hatten andere Sitten herbeigeführt, und so wurde die Bannbulle in Frankreich nur als eine bizarre und harmlose Sonderbarkeit aufgenommen. »Die Bannbulle«, schrieb der Kaiser an den Kultusminister, »ist eine so lächerliche Sache, daß sie nicht verdient, irgendwie Beachtung zu finden.«

Die Besetzung des Kirchenstaates war die Folge der Kriegserklärung des Papstes an Frankreich. Dadurch wurde dieser aber in keiner Weise in der Ausübung seines geistlichen Amtes gestört; er hatte außerdem die Zusicherung erhalten, daß seine Person heilig gehalten werden würde, vorausgesetzt, daß er nichts täte, um die Ausübung der Regierungsgewalt der in Rom eingesetzten Behörden unmöglich zu machen. Auch davon wollte der Papst nichts wissen; nach seiner Auffassung war seine Eigenschaft als Souverän von Rom mit seinem geistlichen Charakter untrennbar verschmolzen und in eins verbunden. Diese Anschauung war natürlich nicht aufrechtzuhalten.

Die französischen Truppen in den Kirchenstaaten waren nur gering an Zahl. Dazu kam, daß der unentschiedene Charakter der Schlacht bei Eßling Zweifel an einem für Napoleon glücklichen Ausgang des Krieges hatte aufkommen lassen; kurz, die Bevölkerung von Rom begann unruhig zu werden. Der Heilige Vater hatte sich in seinem Palast verbarrikadiert, der von einigen hundert Bewaffneten, die die peinlichste Wachsamkeit ausübten, verteidigt wurde. Es war unvermeidlich, daß zwischen diesen und den französischen Vorposten Streit ausbrach, und es war zu befürchten, daß man handgemein würde, daß die Gewehre von selbst losgingen. Die Lage des Papstes wurde dadurch gefährlich. Der kommandierende General erhob Vorstellungen beim Papste und suchte ihm begreiflich zu machen, daß die Heiligkeit seines Amtes ihm eine sicherere Gewähr biete, als wenn er Gewalt gegen Gewalt anwende, was nur die traurigsten Folgen haben könne. Als er sah, daß er tauben Ohren predigte, faßte er einen gewagten Entschluß, den aber die Umstände ihm eingaben: Er bemächtigte sich der Person Seiner Heiligkeit und ließ den Papst nach Florenz überführen. Er tat dies im Interesse des Heiligen Vaters, des französischen Volkes, ja von ganz Europa: Denn was wäre erfolgt, wenn ein so kostbares Blut in einem zufällig entbrannten Streite vergossen worden wäre! War es nicht Pflicht des Generals, für die Aufrechterhaltung der öffentlichen Ruhe zu sorgen? Napoleon dachte allerdings anfangs anders darüber.

Der Papst wurde am 6. Juli 1809 vor Tagesanbruch durch den General Radet, den Oberbefehlshaber der Gendarmerie, aus seinem Palast entführt und mit der Post nach Florenz gebracht, wo er am 8. eintraf. Kardinal Pacca begleitete ihn. Nach einigen Stunden Ruhe ging es weiter über Pisa, Susa, Turin, den Mont Cenis, Montmeillon und

Grenoble, wo man am 21. eintraf. Am 1. August fuhr der Heilige Vater nach Avignon, und am 4. traf er in Aix ein. Von dort ging die Reise über Nizza nach Savona.

Von Schönbrunn aus schrieb der Kaiser am 18. Juli 1809 an den Polizeiminister Fouché: »... Ich bin sehr aufgebracht darüber, daß man den Papst aufgehoben hat; das war eine Verrücktheit. Man hätte den Kardinal Pacca festnehmen und den Papst ruhig in Rom lassen sollen. Jetzt ist aber nicht mehr zu helfen, und was geschehen ist, ist geschehen.«

An Cambacérès schrieb er am 23. Juli: »Man hat ohne meinen Befehl und gegen meinen Willen den Papst aus Rom entführt. Ebenso hat man ihn gegen meinen Befehl und gegen meinen Willen nach Frankreich gebracht, aber leider erfuhr ich alles erst 10 oder 12 Tage später ...«

Ferner schrieb er am 10. August an den Gouverneur von Rom, General Miollis: »Ich erhielt Ihren Brief vom 30. Juli ... Ich bin ungehalten, daß man den Papst gezwungen hat, Rom zu verlassen. Ich hatte befohlen, daß Kardinal Pacca festgesetzt würde, aber nicht der Papst. Eine solche Tat durfte nicht ohne meinen ausdrücklichen Befehl ausgeführt werden und ohne daß ich den neuen Aufenthaltsort Seiner Heiligkeit bestimmt hätte. Ich hatte befohlen, nur dann die Heiligkeit der päpstlichen Wohnung zu verletzen, wenn er daraus einen Herd der Empörung machen würde. Aber was geschehen ist, ist nicht mehr gutzumachen. Jedenfalls bin ich darum nicht weniger mit Ihrem Eifer zufrieden. Der Papst wird nie mehr nach Rom zurückkehren.«

Von Schönbrunn schrieb der Kaiser ferner am 5. September 1809 an den Fürsten Camille Borghese in Turin, den Generalgouverneur der Departements jenseits der Alpen: »Mein Vetter, tragen Sie Sorge, daß es dem Papste an nichts gebricht. Machen Sie Gelder flüssig und entsenden Sie Salmatoris zu ihm, bis ich seine Angelegenheiten geregelt habe. Er soll alle Ausgaben bestreiten, aber darauf achten, daß sie 100000 Franken monatlich nicht überschreiten. Schicken Sie ihm auch 3 Equipagen mit meiner Livree. Salmatoris soll mit allem beauftragt werden, beim Papste bleiben und darüber wachen, daß er nach seinem Wunsch und mit der größten Freigebigkeit behandelt werde.«

Ein anderes Schreiben vom 14. September an den Fürsten Borghese lautet: »Mein Vetter, ich höre zu meiner Freude, daß der Papst den Segen erteilt und sich in Savona wohlbefindet. Ich schrieb Ihnen, Salmatoris zu ihm zu senden und dafür zu sorgen, daß nichts unterlassen werde, was zu den Lebensannehmlichkeiten des Greises beitragen könne. Ich will nicht, daß er sich für einen Gefangenen halte. Die Wache, die dem Papste beigegeben ist, soll als eine Ehrengarde erscheinen. Sie könnten General Cäsar Berthier zu ihm beordern, der das Amt eines Gouverneurs des päpstlichen Hofstaates zu erfüllen hätte. Ihm würde der Kommandant der Gendarmerie, der außerhalb des päpstlichen Hauses Wohnung zu nehmen hat, unterstehen. Senden Sie auch einen Kämmerer oder einen Ihrer Adjutanten ab, um den Papst zu begrüßen und ihn zu fragen, ob ihm nichts fehle.«

Wiederholt wurde dem Papst in Savona die Rückkehr nach Rom angeboten, falls er sich verpflichten wollte, nicht mehr die öffentliche Ruhe zu stören, die eingesetzte Regierung anzuerkennen und nur seines geistlichen Amtes zu walten. Als der Papst sah, daß man ihn mürbe machen wollte und daß die Welt auch ohne ihn weiterbestand, richtete er, um in der Verwaltung der nichtbesetzten Bischofssitze Störungen hervorzurufen, an die erzbischöflichen Kapitel von Florenz und Paris je ein Breve, während zugleich Kardinal Pietro apostolische Vikare in die unbesetzten Sprengel abordnete. Nun wurden die Verhandlungen zum ersten Male während der fünf Jahre des Streites vom weltlichen auf das geistliche Gebiet hinübergespielt. Die Folgen davon waren die Erste und Zweite Versammlung der Bischöfe, das Konzil von Paris, die Bulle von 1811 und endlich 1813 das Konkordat von Fontainebleau.

Über die weltliche Herrschaft in Rom war bis zum Jahre 1810 keine endgültige Entscheidung getroffen worden. Diese Unsicherheit der Lage ermutigte den Papst zum Widerstand. Da entschloß der Kaiser, der von den Scherereien der letzten fünf Jahre, den ewigen Verquikkungen der geistlichen und weltlichen Macht übergenug hatte, sich endlich, die Trennung derselben zu verfügen und der weltlichen Herrschaft des Papstes ein Ende zu bereiten. Jesus Christus hatte gesagt: *»Mein Reich ist nicht von dieser Welt.«* Als Erbe des Thrones Davids sollte er Oberpriester, nicht König sein. Der Senatsbeschluß vom 17. Februar 1810 vereinigte den Kirchenstaat mit dem Kaiserreiche und stellte die Befugnisse des Papstes fest.

IV.

Napoleon wollte das italienische Vaterland neu erstehen lassen. Venezianer, Mailänder, Piemontesen, Genuesen, Toskaner, Römer, Neapolitaner, Sizilianer und Sardinier sollten Mitglieder einer einzigen, unabhängigen Nation werden, deren Gebiet von den Alpen, dem Adriatischen, Ionischen und dem Mittelmeere begrenzt würde. Ein so mächtiges Reich sollte das Haus Österreich zu Lande in Schranken halten, und zur See hätten seine Flotten, vereint mit den Geschwadern von Toulon, das Mittelmeer und die alte Handelsstraße nach Indien über das Rote Meer und Suez beherrscht. Und Hauptstadt dieses Reiches sollte Rom, die ewige Stadt, sein! Aber welche Schwierigkeiten hatte der Kaiser dabei zu überwinden. Schon der Consulta von Lyon hatte er gesagt: »Ich brauche 20 Jahre, um die italienische Nation wiederherzustellen.«

Die geographische Lage Italiens hat dessen Geschicke beeinflußt. Wenn die Ionische See den Monte Velino bespült hätte, wenn alle Länder, die das Königreich Neapel bilden, Sizilien und Sardinien, den Raum zwischen Korsika, Livorno und Genua ausgefüllt hätten, wie würde sich dann Italiens Zukunft gestaltet haben! Vor den Römern bemächtigten sich die Gallier des ganzen Norditaliens von den Alpen bis zur Magra im Westen und bis zum Rubikon im Osten, während die Völker Griechenlands Tarent, Reggio und den Süden der Halbinsel besetzten und die Italiener nach Toskana und Latium zurückdrängten.

Immerhin wären wohl die Italiener, ein erleuchtetes und leidenschaftliches Volk, der örtlichen Schwierigkeiten Herr geworden, ohne die Politik der Päpste. Aber der Vatikan, selbst zu schwach, um ganz Italien unter seiner Herrschaft zu vereinigen, besaß immer Macht genug, um jede Republik und jeden Fürsten in ihren Bestrebungen, ein geeintes Reich zu bilden, zu stören.

Dem Plane des Kaisers standen drei Hindernisse entgegen: 1. die Besitzungen fremder Mächte in Italien; 2. der Lokalpatriotismus; 3. Rom als Aufenthalt der Päpste.

Seit der Consulta von Lyon waren kaum 10 Jahre verflossen, und das erste Hindernis war beseitigt: Keine fremde Macht besaß mehr einen Fuß breit italienischen Bodens, Italien war ganz dem unmittelbaren Einfluß des Kaisers unterstellt.

Das zweite Hindernis war verschwunden durch die Vernichtung der Republik Venedig, des Königreichs Sardinien, des Großherzogtums Toskana und durch die Einverleibung des Patrimoniums Petri in das Kaiserreich. Wie die Metallarbeiter, um aus mehreren Geschützen kleinen Kalibers einen einzigen 48-Pfünder zu verfertigen, die kleinen erst in den Hochofen werfen, um sie zu schmelzen, ebenso waren die kleinen Staaten Italiens mit Österreich oder Frankreich vereinigt und in kleine Teile gespalten worden, um ihre Erinnerungen und Ansprüche zu vergessen und dadurch für den Augenblick der Verschmelzung vorbereitet zu werden. Die Venezianer hatten während ihrer Zugehörigkeit zur österreichischen Monarchie die ganze Bitternis des deutschen Joches durchgekostet. Als sie nun wieder unter italienische Herrschaft kamen, hatten sie in ihrer Freude darüber für nichts anderes Sinn; es war ihnen einerlei, ob ihre Stadt die Hauptstadt werde und ob ihre Regierung mehr oder weniger aristokratisch sei. Dieselbe Erscheinung zeigte sich bei den Piemontesen, Genuesen, Römern, die alle durch die große Bewegung in Frankreich befreit worden waren. Es gab keine Venezianer, Piemontesen, Toskaner mehr, es gab auf der Halbinsel nur noch Italiener: Alles war zur Schaffung des großen italienischen Vaterlandes bereit. Für die Dynastie, die zur Zeit noch den Thron Neapels innehatte, war das Großherzogtum Berg verfügbar; und der Kaiser erwartete mit Ungeduld nur noch die Geburt eines zweiten Sohnes, um ihn nach Rom zu bringen, als König von Italien krönen und die Unabhängigkeit der schönen Halbinsel unter der Regentschaft des Prinzen Eugène erklären zu lassen … Italiam! Italiam! …[1]

Nun war auch das dritte Hindernis – der Papst in Rom – beseitigt. Der Heilige Vater war in Fontainebleau; das heilige Kollegium, die Kanzlei, die Archive, die Propaganda und alle Missionen befanden sich in Paris. Mehrere Millionen waren ausgegeben worden, um die nötigen Bauten zu erstellen und dem päpstlichen Hof eine würdige Stätte zu schaffen: Das Viertel Notre Dame und die Insel Saint Louis waren zum Mittelpunkt der Christenheit ausersehen. Das große Kaiserreich umfaßte fünf Sechstel des katholischen Europas: Frankreich, Italien, den Rheinbund, Spanien und Polen; es war daher geziemend, daß der Papst im Interesse des Glaubens seinen Sitz in Paris aufschlug und die beiden Sitze: Sankt Johann im Lateran und Notre-Dame zu einem vereinigte.

Als natürlichstes Mittel, eine Entwicklung in diesem Sinne zu beschleunigen und durch die Päpste selbst herbeiwünschen zu lassen, erschien es dem Kaiser, wenn die Autorität der Konzile vermehrt und dieselben, aus den Bischöfen von Frankreich, Italien, Spanien, Deutschland und Polen bestehend, zu Generalkonzilen erweitert wür-

1 Ein von Napoleon auch sonst gebrauchtes Zitat; Anfang des Vergilschen Verses: *Italiam! Italiam! primus conclamat Achates.* (Aeneis III. 522). C.

den. Der Papst konnte den Wert, an der Spitze von solchen zu stehen, nicht verkennen, und mußte gern in der Hauptstadt dieses großen Reiches weilen wollen. Dies zu erreichen war der Geheimzweck des Pariser Konzils von 1811, dessen offenkundiges Ziel aber die Beratung über die kanonische Bestallung der Bischöfe war. Der Kaiser wurde von der energischen Arbeit und dem kräftigen Widerstand des Konzils gegen die Anmaßungen des päpstlichen Stuhles auf das angenehmste berührt; ein solcher Widerstand konnte allein diesen Versammlungen, die so sehr dem Empfinden des Jahrhunderts entgegen waren, Achtung verschaffen. Napoleon erließ daher im geheimen die Vorschrift, daß die Formen des Konzils von Embrun, das sich gegen die Jansenisten gerichtet hatte, beibehalten würden. Das Konzil diktierte das Breve von Savona, das dem offenkundigen Zweck der Versammlung Genüge tat und zum Konkordat von 1801 einige Zusätze brachte, die man damals in dasselbe aufzunehmen nicht für rätlich gehalten hatte.

Da der Kaiser seine geheimen Absichten bei der Befolgung eines solchen Systems nicht zu erkennen geben wollte, verbot er, daß irgend etwas über die Erörterungen mit Rom veröffentlicht würde. Er zog vor, daß alles unklar bliebe, daß die öffentliche Meinung irregeführt würde und ihm antireligiöse Pläne zuschriebe. Wenn sie so über das Ziel hinausschösse, würde sie von selber wieder zum richtigen Standpunkt kommen. Die Bischöfe, vor allem der Bischof von Nantes, hatten dem Kaiser die dringendsten Vorstellungen aller Art gemacht, er möchte doch die Veröffentlichung der offiziellen Schriftstücke gestatten; sie könnten nicht begreifen, aus welchen Gründen er einem so berechtigten Wunsche nicht nachkäme und warum er nicht mit einem Schlage den Aufbau der *Kleinen Kirche* umstoßen wolle.

Der Bischof von Nantes hatte mit Diderot und anderen Zweiflern verkehrt und wußte sich immer gut aus der Sache zu ziehen, er hatte eine Antwort auf alles: Er besaß so viel gesunden Menschenverstand, Behauptungen, die sich nicht aufrechterhalten ließen, fallenzulassen, und religiöse Grundsätze, die sich nicht verteidigen ließen, aufzugeben. »Hat ein Tier, das sich bewegt, überlegt und denkt, eine Seele?« fragte man ihn eines Tages. – »Warum nicht?« antwortete er. – »Aber wohin kommt diese? Es ist doch nicht anzunehmen, daß sie der menschlichen gleich sei.« – »Was liegt daran, sie bleibt vielleicht im Vorhimmel.« So zog er sich immer in seine letzten Verschanzungen zurück und behauptete das Gefechtsfeld. Er führte bessere Gründe ins Feld als der Papst, und oft brachte er diesen zur Verzweiflung. Er war von allen französischen Bischöfen die festeste Stütze der gallikanischen Freiheiten. Er war das Orakel und die Leuchte des Kaisers, der ihm in allen religiösen Dingen blindes Vertrauen schenkte. In seinem Streit mit dem Papst war es stets des Kaisers erste Sorge, was auch immer Intriganten und Unruhestifter in der Kutte sagen möchten, das Dogma nicht anzutasten. Der gute und ehrwürdige Bischof brauchte ihm nur zuzurufen: Achtung, Sie stoßen sich am Dogma! und sofort schlug der Kaiser, ohne sich mit ihm in gelehrte Abhandlungen einzulassen, einen anderen Weg ein, um dann, freilich auf Umwegen, auf sein erstes Ziel loszugehen. Manchmal mag der Bischof, der die letzten Ziele des Kaisers nicht kannte, recht erstaunt gewesen sein über dessen Schleich- und Umwege!

Nie hätte der Kaiser seine Erlaubnis zur Rückkehr der Jesuiten gegeben. Die Gesellschaft Jesu hielt er für gefährlicher, als alle anderen; sie hat mehr Unheil gestiftet als alle übrigen Mönchsorden zusammen. Nach ihrer Lehre ist ihr General Herr über alle Herrscher, ist der Meister der Welt; alle Befehle, die von ihm ausgehen, müssen vollzogen werden, wenn sie auch gegen die Gesetze sind oder Verbrechen bezwecken. Jede Tat, so schauderhaft sie auch sei, verdient Lob, sobald sie auf Befehl des in Rom residierenden Jesuitengenerals ausgeführt ist. Niemals hätte Napoleon in seinen Staaten eine Gesellschaft geduldet, die den Befehlen eines auswärtigen Führers unterstand! Er wollte auch keine Mönche in seinen Ländern. Es gab für diejenigen, die religiösen Zuspruchs bedurften, genug Priester im Lande; man hatte keine Klöster nötig, deren Insassen ein Gesindel waren, das nur essen, beten und Verbrechen begehen konnte.

Als der Kaiser hörte, daß ein Teil der Bischöfe die Unzuständigkeit des Konzils befürworten wolle, ließ er sofort dessen Auflösung befehlen. Damit verfolgte er mehrere Ziele: erstens zu verhindern, daß ihm die Bischöfe ihre Unzuständigkeit in amtlicher Form anzeigten, was ihn in den Augen der Welt herabgewürdigt und lächerlich gemacht und ihm den Rückzug verlegt hätte; zweitens, ihm durch Behauptung seiner Autorität das Ansehen zu verschaffen, das ihm die Dummheit und Frömmelei einer Anzahl französischer Bischöfe absprach.

Aber in demselben Augenblick, als das Pariser Konzil aufgelöst wurde, sammelten sich die italienischen Bischöfe um den Prinzen Eugène, den Minister Mareschalchi und den Kultusminister in Mailand. Sie waren empört über die Unwissenheit eines Teils des französischen

Klerus und erklärten sich für zuständig, ein italienisches Konzil zu bilden, um über die bischöfliche Frage zu entscheiden. Zugleich ließen die Prälaten, welche dieser geistlichen Versammlung beigewohnt hatten, dem Kaiser eine Adresse überreichen, in welcher sie ihre Zuständigkeit erklärten. Der Erzbischof von Mecheln eilte nach Trianon, um seinem Unwillen über die lächerliche Aufführung seiner Kollegen Ausdruck zu geben, wurde aber vom Kaiser nicht empfangen. Darauf wendete er die ganze Energie, deren er fähig war, an, um eine große Anzahl von Bischöfen umzustimmen, und so geschah es, daß alle Bischöfe, ein Teil derselben, der gemeinsam zu einer erzbischöflichen Synode sich vereinigt hatte, und die übrigen in Einzelerklärungen, in weniger als acht Tagen für die Zuständigkeit des Konzils zur Beratung des Gegenstandes der Einberufung eintraten. Das Konzil wurde von neuem einberufen und erließ folgende Beschlüsse:

Erstes Dekret.

4. August 1811.

»Das Nationale Konzil erklärt sich für zuständig, über die Einsetzung der Bischöfe, im Falle der Notwendigkeit, Beschlüsse zu fassen.«

Zweites Dekret.

5. August 1811.

»1. Die Bischofssitze können, nach den kanonischen Vorschriften, nicht länger als ein Jahr vakant bleiben. Während dieses Jahres haben Ernennung, Einsetzung und Weihe des neuen Bischofs stattzufinden.

2. Das Konzil hat den Kaiser um die Ernennung der Bischöfe zu ersuchen. Die von ihm Ernannten haben sich dann wegen ihrer kanonischen Einsetzung an den Papst zu wenden.

3. Innerhalb sechs Monaten nach der Anzeige der Ernennung, die in der gewohnten Weise zu geschehen hat, muß Seine Heiligkeit die Einsetzung nach den Bestimmungen der Konkordate vollziehen.

4. Wenn nach Verlauf von sechs Monaten der Papst die Einsetzung nicht vollzogen hat, so wird der Erzbischof diese vornehmen oder, mangels eines solchen, der älteste Bischof der Provinz, dem dieses Amt auch zukommt, wenn es sich um die Einsetzung eines Erzbischofs handelt.

5. Dieses Dekret soll dem Papst zur Billigung unterbreitet werden:

zu diesem Zweck wird der Kaiser ersucht, einer Deputation von sechs Bischöfen zu gestatten, sich zu dem Papste zu begeben, um von ihm die Bestätigung eines Dekretes zu erlangen, das allein imstande ist, den Leiden der Kirche in Frankreich und Italien ein Ende zu setzen.«

Die Deputation überreichte dem Papste in Savona das Dekret und brachte folgendes Breve von dort zurück.

»Pius VII., Pontifex Maximus, entbietet seinen teuren Söhnen, den Kardinälen der Heiligen Römischen Kirche, und seinen ehrwürdigen Brüdern, den Erzbischöfen und Bischöfen, die in Paris versammelt sind, Heil und Segen in unserem Herrn Jesus Christus.

Seit dem Augenblicke, wo, trotz feindlicher Gegenarbeit, die Vorsehung uns zum Pontifex Maximus einsetzte, war es unserer väterlichen Sorgfalt stets angelegen, den Kirchen, die das Unglück hatten, ihren Bischof zu verlieren, würdige und gute Hirten als Nachfolger zu geben. Mit wahrer Herzensangst empfanden wir es, daß wir in den letzten Zeiten aus Gründen, die wir übergehen, in die Unmöglichkeit versetzt wurden, unsere Pflichten so zu erfüllen, wie wir es gewünscht hätten. Gott hat nun in seiner Güte erlaubt, daß mit Zustimmung unseres teuren Sohnes, Napoleons I., Kaisers der Franzosen und Königs von Italien, vier Bischöfe uns aufsuchten, um uns ehrerbietigst zu ersuchen, im Interesse der französischen und italienischen Diözesen, die ohne Bischöfe sind, einen Modus zu finden und geeignete Bedingungen festzusetzen, durch die eine so wichtige Angelegenheit ihre Erledigung finden könne. Wir haben diese ehrwürdigen Brüder mit dem Wohlwollen und der väterlichen Zuneigung empfangen, die sie von uns erwarten durften. Wir haben sie von unseren Absichten in Kenntnis gesetzt und sie wieder nach Paris zurückgesandt in der Hoffnung, daß sie, nach unseren Anweisungen verfahrend, einen Vergleich herbeiführen werden. Demütig beugen wir uns vor Gott dem Allmächtigen und danken ihm, daß er unsere Bitten erhört und in seiner großen Barmherzigkeit unsere Wünsche erfüllt hat. Mit der Erlaubnis unseres teuren Sohnes, Napoleons I., haben sich fünf Kardinäle der Heiligen Römischen Kirche und unser ehrwürdiger Bruder der Erzbischof von Edessa, unser Almosenier, zu uns begeben, außerdem haben uns drei Erzbischöfe und fünf Bischöfe, Eure Deputierten, den Brief überbracht, den Ihr uns am 15. August geschrieben habt und der von einer Anzahl von Kardinälen, Erzbischöfen und Bischöfen unterschrieben ist: Sie haben uns über alle Vorgänge im Generalkonzil vom 5. August 1811 Bericht erstattet und uns ehrerbietigst ersucht, unsere Zustimmung zu den Beschlüssen zu erteilen. Nach reiflicher Prüfung derselben sahen wir zu unserer wahrhaften Freude, daß Ihr im Einverständnis mit unseren Anschauungen und Absichten in fünf Artikeln niedergelegt habt, was wir vorher gebilligt und bestimmt hatten. Nach dem Beispiel so vieler erhabener Bischöfe, Eurer Vorgänger, die auch würdig waren, Euch als Vorbilder zu dienen, habt Ihr Euch wieder mit Bitten an uns gewandt, um unsere Zustimmung zum Ganzen zu erhalten und uns zu ersuchen, dieser Zustimmung einen feierlichen Ausdruck zu geben. Man kann keinen Zweifel in Eure Gefühle setzen, wenn man Euren Brief liest. Ihr seid in alle Einzelheiten eingetreten und betont dabei stets Eure kindliche Liebe zu uns, Eure unverbrüchliche Anhänglichkeit an den Stuhl des Heiligen Petrus und die ehrerbietige Ergebenheit für den Heiligen Vater, die Ihr von Euren Vorgängern ererbt habt.[1]

Da wir nun auch unsererseits der Kirche helfen und, so viel es in unserer Macht steht, mit Gottes Hilfe sie von ihren großen Leiden befreien wollen, so billigen wir, kraft unserer apostolischen Autorität und nach reiflicher Überlegung und Beratung mit unseren Kardinälen, und bestätigen die betreffenden fünf Artikel, die – wir wiederholen es – genau mit unseren Ansichten und unserem Willen übereinstimmen. Falls nach sechs Monaten der Erzbischof oder der älteste Bischof der kirchlichen Provinz die Einsetzung vorzunehmen hätte, so soll dieser die gebräuchlichen Untersuchungen anstellen. Er soll von dem einzusetzenden und zu weihenden Bischof die Ablegung seines Glaubensbekenntnisses verlangen und ihm nach den Vorschriften und Bestimmungen des Kanons die gewohnten Fragen stellen; endlich soll er ihn in unserem Namen oder im Namen des derzeitigen Papstes belehren und, wenn alles treu ausgeführt ist, darüber so schnell als möglich dem Heiligen Stuhle die authentischen Akten übermitteln.

Unseren teuren Söhnen und ehrwürdigen Brüdern haben wir schon Lob für ihre Haltung und Gefühle gespendet. Wir wollen aber nochmals betonen, daß Ihr die größte Anerkennung verdient, weil Ihr in dieser wichtigen Angelegenheit, bei der es sich unter anderem auch um die allgemein gültige Lehre unserer Kirche handelt, treuen Gehorsam bewiesen habt, wie es sich gegenüber uns und der Römischen Kirche, der Mutter und Herrin aller übrigen Kirchen, geziemt.

Es bleibt uns noch übrig, teure Söhne und ehrwürdige Brüder, Euch

---

1 Es folgen dann die fünf Artikel des Zweiten Dekrets.

im Namen des barmherzigen Gottes zu ermahnen und beschwören, daß Ihr alle Eure Sorgfalt und alle Eure Anstrengungen darauf richtet, die Kirche unseres Herrn Jesu Christi weiter auszubauen, indem Ihr mit gutem Beispiel vorangeht und zur Vervollkommnung und Besserung des treuen Volkes durch gute Sitten, Ausübung aller Tugenden und Liebe zum Nächsten beitragt. Gott der Herr wird Euch in seiner Gnade helfen, ein so würdiges Ziel zu erreichen, denn derselbe Gott, der in Euch den Grund zu einem so guten Werk gelegt hat, wird Euch nicht verlassen; er wird die treuen Hirten belohnen. Fahret auch fort, teure Söhne und ehrwürdige Brüder, der Heiligen Römischen Kirche und dem Heiligen Stuhle neue Beweise Eurer Liebe und Ergebenheit zu geben und ihnen gehorsam und unterwürfig zu sein. Zum Heiligen Stuhl müssen – um mit einem Wort des Heiligen Irenäus, dieser Leuchte des Sitzes von Lyon und aller Sitze Galliens, zu schließen – müssen alle Kirchen, das heißt, die Gläubigen aller Länder, ihre Zuflucht nehmen, denn er hat die Traditionen der Apostel bewahrt. Wenn Ihr so handelt und an dem unbeweglichen Stein festhaltet, dann werdet Ihr der Versammlung der Gläubigen, der bürgerlichen Gesellschaft und Seiner Majestät dem Kaiser und König nützlich sein, dem wir in unserem Herren Jesus Christus alles Glück wünschen. Der Himmel wird Euch für die treue Erfüllung Eures Dienstes die Krone der ewigen Seligkeit verleihen!

In treuer Liebe zu Euch, teure Brüder, senden wir Euch, Eurer Geistlichkeit und den Euch anvertrauten Gläubigen unseren apostolischen Segen.

Gegeben in Savona, den 20. September 1811, im zwölften Jahre unseres Pontifikats.

Pius VII., P. M.«

Der Abbé von Boulogne, der Abbé von Broglie und der Bischof von Tournay wurden inzwischen festgenommen, weil sie Ränke geschmiedet und mit den Agenten des Kardinals Pietro korrespondiert hatten, in der Absicht, apostolische Vikare einzusetzen. Sie hatten damit einen Angriff auf die Freiheit der gallikanischen Kirche und auf den Staat versucht.

Durch die Rückkehr der Deputation aus Savona mit dem Breve wurde allem ein Ende gesetzt. Aber der Geheimzweck des Kaisers war damit noch nicht erreicht. Er beabsichtigte nicht nur die kanonische Einsetzung der Bischöfe, sondern auch die Festlegung der Autorität der

Konzile. Von diesen Versammlungen sagte der Papst in seiner Bulle kein Wort, obgleich der Kaiser in den Befehlen an seine Bevollmächtigten dieses als *conditio sine qua non* bezeichnet hatte. Diese Weisungen hatten folgenden Wortlaut:

»Herr Erzbischof von ..., wir haben Sie ernannt, um dem Papst das Dekret des Konzils zu unterbreiten und seine Billigung einzuholen. Diese soll kurz und bündig sein. Das Dekret bezieht sich auf alle Bistümer des Kaiserreiches, zu dem auch Rom gehört, und auf alle Bistümer des Königreichs Italien, zu dem Ancona, Urbino und Fermo ebenfalls gehören. Ferner erstreckt es sich auf Holland, Hamburg, Münster, das Großherzogtum Berg, Illyrien, auf alle in Frankreich einverleibten Länder und auch auf die, die mit ihm etwa in Zukunft noch vereinigt werden sollten. Sie haben eine vorbehaltliche Billigung des Papstes zurückzuweisen, es sei denn, daß der Vorbehalt sich nur auf das Bistum Rom bezöge. Auch würden wir keine Bulle annehmen, worin es hieße, daß der Papst in seinem Namen *wiederhole,* was das Konzil beschlossen habe. Wir haben erklärt, daß das Konkordat aufgehört hat, Gesetz für das Kaiser- und Königreich zu sein, wozu wir durch die wiederholte Verletzung des Konkordats seitens des Papstes berechtigt waren. Damit sind wir auf das gemeine Recht des Kanons zurückgekommen, das den Erzbischöfen das Recht verleiht, Bischöfe einzusetzen. Wir billigen das Dekret des Konzils unter der Bedingung, daß es keine Veränderung, Beschränkung oder irgend welchen Vorbehalt erleidet und daß es kurz und bündig durch Seine Heiligkeit angenommen wird. Sollte dies nicht geschehen, so haben Sie die Erklärung abzugeben, daß wir dann zur gewöhnlichen Ordnung der Kirche zurückkehren, wodurch die Weihe der Bischöfe ohne Einmengung des Papstes dem Erzbischof zusteht, wie es vor dem zwischen Franz I. und Leo X. abgeschlossenen Konkordat Brauch war. Sobald der Heilige Vater seine Bestätigung ohne Vorbehalt erteilt haben wird, werden wir uns über Begrenzung der Diözesen in den Departements Rom und Trasimeno, in Toskana, Hamburg, Holland, dem Großherzogtum Berg und Illyrien auseinanderzusetzen haben. Wir rechnen in den Bezirken Rom und Trasimeno ein Bistum auf 100 000 Seelen, im übrigen Frankreich ein Bistum auf 500 000 Seelen. Sie können im übrigen, falls der Papst den guten Willen zeigt, dem Streite ein Ende zu machen, ihm versichern, daß wir von denselben Grundsätzen beseelt sind, die uns bei Abfassung unserer Instruktionen an die Bischöfe bei Gelegenheit ihrer letzten Mission geleitet haben. Sobald Sie die Billigung des Papstes erhalten haben, werden

Sie sofort durch einen besonderen Boten unseren Kultusminister davon in Kenntnis setzen, bis auf weiteres aber in Savona verbleiben, um dem Papste bei späteren Gelegenheiten als Berater zu dienen.

Wir verlassen uns auf Ihren Eifer für den katholischen Glauben, für unseren Dienst und für das Wohl des Landes. Wir rechnen darauf, daß Sie keine Schwäche zeigen und nichts annehmen werden, was wir selber nicht annehmen würden und was unseren Befehlen zuwiderläuft. Das würde die Sachlage nur verschlimmern, anstatt die Dinge zu ordnen und zu vereinfachen.«

Wie aus diesen Weisungen hervorgeht, hielt Napoleon es also für gut, alles in der Schwebe zu lassen; er gedachte ein neues Konzil für 1813 einzuberufen. Das von 1811 war nur vorbereitend gewesen, hatte aber zunächst seinen Zweck erfüllt; die öffentliche Meinung war mit der Tatsache solcher Versammlungen ausgesöhnt. Auf dem neuen Konzil hätte man die Dinge so geführt, daß der Papst selbst verlangt haben würde, an seine Spitze zu treten. Da er inzwischen schon nach Fontainebleau gekommen war, so konnte er leicht von seinem neuen erzbischöflichen Palast in Paris Besitze ergreifen. Alles war zu seinem Empfang fertig; der Palast war prunkvoller eingerichtet als die Tuilerien selbst. Alles strotzte von Gold; die Wände schmückten Gobelins, welche Ereignisse der Kirchengeschichte darstellten. Aber der unerwartete Ausgang des russischen Feldzuges bestimmte den Kaiser dazu, im Januar 1813 das Konkordat von Fontainebleau zu unterzeichnen.

Eine Tat, mit der das Konzil sich selbst geehrt und die es in der öffentlichen Meinung gehoben hätte, wäre es gewesen, wenn diese Versammlung in feierlicher Weise für den Papst eingetreten wäre. Dem Kaiser wäre dadurch die Gelegenheit geboten worden, auf seinem Throne, umgeben vom ganzen Hof, dem Senat und dem Staatsrat, eine Adresse des Konzils entgegenzunehmen. Er hätte erklären können, daß der Papst im Bistum Savona frei schalten und walten könne, daß er Herr sei, nach Rom zurückzukehren, um dort seinem geistlichen Amte obzuliegen, wenn er die bestehende weltliche Regierung anerkenne. Ob er nun in Savona bliebe oder irgendeine andere Stadt des Reiches als Wohnsitz wähle, so bestehe kein Hindernis, das ihn von seinem Verkehr mit den Gläubigen abhalte, wofern er und seine Kardinäle versprächen, nichts zu tun, was in Frankreich den vier Vorschlägen Bossuets widerspreche oder was in Italien gegen die Gebräuche und Vorrechte der Kirche von Venedig verstoße.

Napoleon hatte also die geistliche Macht des Papstes in Frankreich bestehen lassen. Er wollte den Glauben seines Volkes aufrechterhalten und die geistlichen Dinge achten, dabei aber diese beherrschen, ohne sich darein zu mischen oder ihre Fundamente anzutasten. Er wollte sie seinen Anschauungen und seiner Politik einrahmen, aber auch dem weltlichen Einfluß seinen Platz darin anweisen. In Rom gab es verständige Leute, die das einsahen und sagten: »Das ist so seine Art, Krieg zu führen; da er es nicht wagte, die Kirche in der Front anzugreifen, so macht er einen Umgehungsversuch, wie er im Jahre 1796 die Alpen und 1800 Melas umging.«

Mit der Zeit und bei den großen Mitteln, die dem Kaiser zu Gebote standen, wäre der Erfolg nicht ausgeblieben. Im Jahre 1813 wäre der Papst – ohne die schrecklichen Ereignisse des russischen Feldzuges – Bischof von Rom und Paris gewesen, und Rom wäre in die alte Lutetia auf die Insel Saint-Louis und nach Notre Dame eingezogen.

Unermeßlich wären die Folgen eines solchen Ereignisses gewesen!

Der Einfluß des Kaisers auf Spanien, Italien, den Rheinbund und Polen wäre verdoppelt worden; die Macht des Hauptes der Christenheit über die Gläubigen Englands, Irlands, Rußlands, Preußens, Österreichs, Ungarns und Böhmens wäre das Erbe Frankreichs geworden. Darauf zielte der Kaiser in einer Aussprache an den Bischof von Nantes, als er in Trianon einst zu ihm sagte: »Herr Bischof, seien Sie ohne Sorge über das Schicksal des Papstes. Meine Politik ist eng verknüpft mit der Aufrechterhaltung des Papstes und seiner Macht. Ich muß ihn größer und mächtiger machen denn je. Nie wird er so mächtig sein, wie meine Politik es sich wünscht.«

Es ist eine Tatsache, daß der Kaiser seiner Religion treu ergeben war und daß er sie zu hohen Ehren, zu hoher Blüte führen wollte. Zugleich sollte sie ihm aber auch als Mittel dienen, um die Anarchie einzudämmen, seine Herrschaft in Europa zu festigen, Frankreichs Ansehen zu vergrößern und den Einfluß von Paris zu vermehren. Um diesen Preis hätte er alles getan für die Propaganda, die fremden Missionen und die Geistlichkeit. Schon hatte er den Kardinälen den ersten Rang im Staate angewiesen; bei Hofe hatten sie den Vortritt vor allen. Seine Absicht war ferner, alle Persönlichkeiten des päpstlichen Hofes mit dem größten Prunk zu umgeben, der sie bald Rom vergessen lassen würde. In diesem Sinne machte er viele Verbesserungen und Verschönerungen in Paris, nicht nur aus Liebe zur Kunst, sondern im Zusammenhang mit seinen Absichten für die Geistlichkeit. Paris sollte die unvergleichliche Stadt werden, die einzige, herrlich vor allen anderen Hauptstädten: Die Meisterwerke von Kunst und Wissenschaft, alles, was in früheren Jahrhunderten an Herrlichem geschaffen worden war, sollten seine Museen füllen; die Kirchen, Paläste und Theater sollten über alle ihresgleichen in der Welt erhaben sein. Napoleon bedauerte nur, daß er nicht den Petersdom von Rom nach Paris an die Stelle der armseligen Notre Dame versetzen konnte!

V.

Als der Kaiser vor dem Beginne des russischen Feldzugs im Jahre 1812 sich in Dresden aufhielt, wurde ihm gemeldet, daß ein englischer Kreuzer vor Genua liege. Da zu fürchten war, daß man einen Versuch plante, den Papst zur See zu entführen, beschloß der Kaiser, ihn nach Fontainebleau überzuführen. In diesem Sinne schrieb er am 21. Mai 1812 an den Fürsten Borghese: »Da es unerläßlich ist, daß der Papst sich in Sicherheit befinde, werden Sie dem zuständigen Präfekten und Kommandanten der Gendarmerie den Befehl erteilen, den Papst und sein Gefolge in zwei guten Wagen zu befördern. Der Arzt wird im Wagen des Papstes mitfahren. Treffen Sie alle Anordnungen, daß der Papst Turin bei Nacht passiert und erst am Mont Cenis halt macht. Chambéry und Lyon sollen ebenfalls nachts passiert werden. Der Papst wird nach Fontainebleau gebracht, wohin alle Befehle für seinen Empfang bereits ergangen sind. Ich verlasse mich auf Ihre und des Gendarmeriekommandanten Geschicklichkeit. Achten Sie besonders auf den guten Zustand des päpstlichen Wagens und darauf, daß alle Vorsichtsmaßregeln getroffen werden. Der Papst darf natürlich nicht in seinem Ornat reisen, sondern nur in solchen geistlichen Kleidern, daß er bis zur Ankunft am Mont Cenis nirgends unterwegs erkannt wird. Wenn nicht unvorgesehene Umstände eintreten, haben Sie Zeit genug, den Präfekten von Montenotte zu sich zu berufen, um sich mit ihm wegen der Reise des Papstes zu beraten.

Übermitteln Sie beiliegendes Schreiben an den Herzog von Lodi[1], dem ich befehle, Ihnen den Erzbischof von Edessa zuzusenden. Sobald dieser in Turin angekommen ist, wollen Sie ihm in meinem Namen eröffnen, daß Sie ihm eine Mission anzuvertrauen haben, und wenn Ih-

1 Melzi, Großkanzler und Justizminister des Königreichs Italien. C.

nen gemeldet worden ist, daß der Papst auf der nächsten Poststation hinter Turin eingetroffen ist, beauftragen Sie ihn, sich zu ihm zu begeben. Er wird in den Wagen des Papstes steigen und ihn auf der ganzen Reise begleiten. Eröffnen Sie den Prälaten, daß die Lage Europas und die Anwesenheit englischer Schiffe vor Savona den Aufenthalt Seiner Heiligkeit daselbst gefährde und daß es besser für ihn sei, im Mittelpunkt des Kaiserreiches seinen Wohnsitz zu nehmen; er werde in Fontainebleau durch eine Abordnung französischer Bischöfe empfangen werden und dieselben Räume bewohnen, die er schon früher innegehabt habe. Dort werde er dann den Besuch der französischen Kardinäle erhalten.

Setzen Sie sich behufs Ausführung meiner Anordnungen mit dem Polizeiminister in Verbindung. Ich wünsche strengste Geheimhaltung.«

Der Befehl des Kaisers wurde ohne Schwierigkeit ausgeführt; am 20. Juni traf der Papst in Begleitung des Erzbischofs von Edessa in Fontainebleau ein, wo er mit allen seiner Würde gebührenden Ehren empfangen wurde.

In Fontainebleau verrichteten den Ehrendienst bei Seiner Heiligkeit stets sechs oder sieben französische Bischöfe und mehrere Kardinäle, unter ihnen Doria und Ruffo; er verfügte über einen geistlichen Hofstaat und hatte seinen eigenen Arzt, Almonesier, Kapellmeister usw. Seine Ausgaben regelte er nach eignem Belieben. Eine große Anzahl Hofequipagen stand zu seiner Benutzung bereit; täglich wurde nach seinen Befehlen gefragt, und der Großmarschall Duroc überwachte mit größter Sorgfalt alle seine Bedürfnisse und die des Hofstaats. Pius VII. war mit wenig zufrieden, die Mahlzeiten eines Klosterrefektoriums hätten ihm genügt. Der Großmarschall hatte daher nur ein Bestreben, nämlich die Kosten nicht zu verringern, sondern zu vermehren, um die Hofhaltung des Heiligen Vaters auf denselben großen Fuß zu stellen wie die in den Tuilerien; kurz, die päpstliche Hofhaltung gab der des Vatikans in nichts nach.

VI.

Erst im Januar 1813 besuchte der Kaiser den Papst in Begleitung der Kaiserin. Beide machten ihm zuerst ihren Besuch, der, dem Gebrauch entsprechend, vom Papst sofort erwidert wurde.

Die drei Tage, während welcher der Kaiser in Fontainebleau weilte, wurden zu Verhandlungen benutzt. Diese wurden in freundschaftlichster und liebenswürdigster Weise geführt, bis endlich das Konkordat von Fontainebleau in Gegenwart mehrerer Kardinäle, einer großen Anzahl französischer und italienischer Bischöfe und eines großen Teiles des kaiserlichen Hofes unterzeichnet wurde.

Napoleon hatte in Anbetracht der Umstände eine größere Geduld an den Tag gelegt, als es sonst in seinem Charakter lag und sich mit seiner Stellung vertrug. Wenn er bisweilen in seiner Korrespondenz mit dem Papst etwas sarkastisch wurde, so wurde er dazu stets durch den bitteren Ton der päpstlichen Kanzlei herausgefordert, die sich wie zu den Zeiten Ludwigs des Frommen oder der hohenstaufischen Kaiser ausdrückte und sich eines Stils bediente, der um so weniger angebracht war, als die Mitteilungen einem, in den italienischen Angelegenheiten sehr gut unterrichteten Mann gemacht wurden, der alle geistlichen Ränke und Schachzüge auswendig kannte. Der Vatikan hätte sich alles Geschehene ersparen können, wenn er gleich anfangs sich aufrichtig an Frankreich angeschlossen, seine Häfen den Engländern geschlossen und zur Verteidigung Anconas einige französische Bataillone herbeigerufen hätte.

Was die geistlichen Fragen betrifft, so hatte Napoleon mit dem Papst keine anderen zu erwägen als die, welche in den Protokollen der beiden geistlichen Kommissionen und des Konzils von Paris festgelegt sind. Die einzige wichtige Frage war die der Bischöfe.

In dem denkwürdigen Konkordat von Fontainebleau gab der Papst seine Einwilligung zur endlich erlangten, so heiß gewünschten Trennung der geistlichen von der weltlichen Macht, deren Verquickung für die Heiligkeit der Kirche so nachteilig ist und in die menschliche Gesellschaft im Namen und durch die Hände gerade dessen, der ihr harmonischer Mittelpunkt sein sollte, nur Unruhe trägt. Nun aber konnte der Kaiser den Papst über alles großmachen, ihm mit Glanz und Ehren huldigen. Sein geheimer Wunsch war, daß er in Paris bliebe, er hätte einen Abgott aus ihm gemacht. Paris wäre die Hauptstadt der christlichen Welt geworden, die geistliche und politische Herrschaft der Erde wären in des Kaisers Händen vereinigt gewesen. Weiter dachte der Kaiser an allgemeine Konzile, die die ganze Christenheit vertreten sollten und deren Vorsitzende die Päpste gewesen wären. Der Kaiser hätte die Sitzungen eröffnet und geschlossen, hätte ihre Entscheidungen gebilligt und veröffentlicht, wie es Konstantin und Karl der Große getan haben.

Leider bereute der Papst sofort seine Nachgiebigkeit; das Konkordat von Fontainebleau kam nicht zur Ausführung, da die Ereignisse den Kaiser verhinderten, diese zu erzwingen.

VII.

Man hat dem Kaiser zum Vorwurf gemacht, daß er während seines Streites mit dem Papst mehr als 500 Geistliche hat ins Gefängnis werfen lassen. Das sind Lügen, denn nicht mehr als 53 Priester wurden im Laufe der Unterhandlungen mit Rom festgenommen, und zwar diese von Rechts wegen! Kardinal Pietro wurde verhaftet, weil er das Haupt der *Kleinen Kirche* war und apostolische Vikare einsetzen wollte, was den Prinzipien der gallikanischen Kirche und dem Staatsinteresse zuwiderlief; Kardinal Pacca, weil er die Bannbulle unterzeichnet, also dafür die Verantwortlichkeit übernommen hatte; der Vikar von Paris, Abbé d'Astros, weil er mit dem Kardinal Pietro in Verbindung stand und heimlich die Bullen weiterverbreitet hatte.

Wie konnten 500 Priester im Gefängnis sitzen, da doch in den acht Staatsgefängnissen zu diesem Zeitpunkt überhaupt nur 243 Personen hinter Schloß und Riegel saßen! Es waren dies 1. die obengenannten Priester; 2. Emigrierte, deren Namen auf der Liste blieben, weil sie gegen die Nation gefochten hatten oder als Agenten Englands oder anderer fremder Mächte bekannt waren und den Bann gebrochen hatten. Napoleon wollte sie nicht aburteilen lassen; er ließ sie lieber im Gefängnis, um sie dem sicheren Todesurteil zu entziehen; 3. Häuptlinge der Chouans oder Führer des Bürgerkrieges, die zum Tode verurteilt, aber begnadigt waren, weil sie Enthüllungen gemacht hatten und die man noch zu Konfrontationen oder weiteren Erkundigungen nötig hatte; 4. amnestierte, aber unter polizeilicher Aufsicht stehende Emigrierte und Verschwörer gegen den Staat, die zum Tode verurteilt worden wären, denen man aber den Prozeß zu machen sich nicht getraute, um die öffentliche Unruhe nicht zu vermehren. Einige von diesen Verschwörungen waren allerdings verbrecherisch, aber so dumm angelegt, wie z. B. die des Barons La Rochefoucauld und des Kriegsintendanten der Condéschen Armee, Vaudricourt, daß es genügte, diese Leute bis zum allgemeinen Frieden in den Staatsgefängnissen zu behalten; 5. gewöhnliche Sträflinge der niederen Klasse, die zwar überführt, aber von den Geschworenen aus Angst vor Drohungen nicht verurteilt worden waren. Da diese Tatsachen protokollarisch festgestellt und die Betreffenden gemeingefährliche Subjekte waren, so behielt man sie im Gefängnis zurück.

Das waren die Insassen der Gefängnisse: 243 Gefangene auf 40 Millionen Seelen, die die Bevölkerung Frankreichs zählte, eines Landes, das eben erst eine furchtbare Revolution durchgemacht hatte, durch die alle Grundlagen der Gesellschaft ins Wanken gebracht worden waren, eines Landes, das jahrelange Kriege geführt hatte – eine Tatsache, die gewiß einzig in der Geschichte dasteht. Es gab zu dieser Epoche sicherlich keinen Staat in Europa, dessen Gefängnisse nicht mit einer weit größeren Zahl von Gefangenen oder Sträflingen besetzt waren. Diese 243 Individuen waren auf acht Gefängnisse verteilt; ihre Zahl hat sich übrigens seit 1811 sehr vermindert. Kein Volk hat je eine größere bürgerliche Freiheit besessen als das französische unter Napoleon. In Europa gab es keinen Staat, der nicht auf alle möglichen Anschuldigungen hin eine größere Anzahl von Gefangenen in Haft hielt. Wenn man die englische Gesetzgebung mit der französischen vergleicht, so wird man leicht die Mißbräuche der ersteren und ihre Unvollkommenheit erkennen: In England existiert eine wahre bürgerliche Freiheit tatsächlich nur für den *gentleman,* nicht aber für das niedere Volk. In Österreich, Rußland, Preußen und den anderen Staaten Europas bestand keine Öffentlichkeit des Gerichtsverfahrens, weder der Untersuchung noch der Verhandlung und Gegenüberstellung. In Italien und den anderen Ländern, wo sie eingeführt waren, wußte man daher auch die Gesetze Napoleons sehr zu schätzen, und ihre Bewohner baten sich als Gnade aus, daß sie als Landesgesetze fortbestünden.

Für die Staatsgefängnisse galt ein Dekret des Staatsrates vom 3. März 1810. Mit Unrecht hat Sir Francis Burdett im englischen Parlament dem Kaiser vorgeworfen, er habe sechs Bastillen geschaffen. Denn das Reglement und die Verwaltung dieser Gefängnisse waren durchaus liberal. Das Dekret hatte folgenden Wortlaut:

Im Schloß der Tuilerien, am 3. März 1810.

Napoleon, Kaiser der Franzosen, König von Italien, Beschützer des Rheinbunds, Vermittler des Schweizerbundes usw., usw.

Auf den Bericht unseres Polizeiministers und

in Anbetracht, daß sich in den Staatsgefängnissen eine Anzahl unserer Untertanen befindet, die weder abgeurteilt, noch in Freiheit gesetzt werden können;

daß mehrere von diesen zu verschiedenen Zeitpunkten die Sicherheit des Staates angetastet haben; daß sie zu Todesstrafen verurteilt werden würden, daß aber Erwägungen höherer Art dem entgegenstehen;

daß andere, die als Bandenführer in den Bürgerkriegen eine Rolle gespielt haben und mit den Waffen in der Hand auf frischer Tat ergriffen wurden, ebenfalls aus Gründen des allgemeinen Nutzens nicht vor ein Tribunal gebracht werden können;

daß mehrere Verbrecher, Posträuber oder Diebe, die unsere Gerichtshöfe nicht verurteilen konnten, obgleich sie von ihrer Strafbarkeit überzeugt waren, als gemeingefährlich zurückbehalten werden müssen;

daß eine Anzahl Gefangener, deren sich die Polizei in fremden Ländern bedient hat und die sich als treulos erwiesen haben, weder in Freiheit gesetzt noch abgeurteilt werden können, ohne das Ansehen des Staates bloßzustellen;

daß endlich einige Angehörige der einverleibten Länder, sehr gefährliche Menschen, nicht abgeurteilt werden können, weil ihre Vergehen politischer Natur sind oder vor der Einverleibung begangen worden sind, daß diese aber auch im Interesse des Staates nicht in Freiheit gesetzt werden dürfen;

in der Erwägung andererseits, daß unser Rechtsgefühl gebietet, uns zu versichern, daß diejenigen unserer Untertanen, die in den Staatsgefängnissen sitzen, aus rechtmäßigen Gründen, im Interesse des Staates und nicht infolge von Privatrache sich daselbst befinden;

daß es geziemend erscheint, jeden einzelnen Fall in gesetzmäßiger feierlicher Weise zu prüfen

und daß wir ebenfalls für die Sicherheit des Staates und der Bürger Sorge tragen, wenn wir zu dieser Prüfung schreiten lassen und einen Geheimen Rat einsetzen, der die ersten Entscheidungen zu treffen und sich jedes Jahr von neuem zu überzeugen hat, ob die Ursachen der Zurückbehaltung im Gefängnis weiterbestehen und ob diese aufrechtzuerhalten sei – haben wir nach Anhörung unseres Staatsrats beschlossen und verfügen wie folgt:

Erster Abschnitt.

Über die Förmlichkeiten, die bei der Haftvollstreckung in den Staatsgefängnissen zu beobachten sind.

§ 1. Niemand darf in einem Staatsgefängnis in Haft gehalten werden ohne eine Entscheidung, die aufgrund eines Berichtes unseres Großrichters, des Justizministers oder unseres Polizeiministers in einem Geheimen Rate erlassen worden ist, der nach den Verfügungen des Verfassungsaktes vom 16. Thermidor des Jahres X, Abschnitt 10, § 86 zu bilden ist.

§ 2. Die Haft, die der Geheime Rat beschlossen hat, darf nicht über ein Jahr hinausgehen, falls ihre Verlängerung nicht von einem neuen Geheimen Rat ausgesprochen wird, wie später erläutert werden wird.

§ 3. Zu diesem Zweck soll uns im Laufe des Dezembers jeden Jahres eine Liste sämtlicher Staatsgefangener in einem besonderen Geheimen Rate vorgelegt werden.

§ 4. Diese Liste hat zu enthalten die Namen der Gefangenen, Vornamen, Alter, Wohnsitz, Beruf, Ort des Gefängnisses, Zeitpunkt der Haftvollstreckung, Ursachen der Haft, Datum der Entscheidung des oder der Geheimen Räte, die sie beschlossen haben.

§ 5. Eine Spalte der Liste hat die Gründe zu enthalten, weshalb die Haft des Gefangenen beendet oder verlängert wird.

§ 6. Vor dem 1. Januar soll in jedem Jahre die Entscheidung des Geheimen Rates über jeden Gefangenen durch den Justizminister beglaubigt und durch den Staatssekretär an den Polizeiminister und den Staatsanwalt des Appellhofes weitergesandt werden.

§ 7. Der Polizeiminister hat dem Kommandanten eines jeden Staatsgefängnisses ein Ausfertigungsformular einzusenden, das von ihm zu beglaubigen ist und die Entscheidungen über die Gefangenen enthalten soll.

§ 8. Jede solche Entscheidung wird in ein Register eingetragen, das nach den Vorschriften des Gesetzes anzulegen und jedem Gefangenen bekanntzugeben ist.

Zweiter Abschnitt.

Über die Aufsicht in den Staatsgefängnissen.

§ 9. Jedes Gefängnis wird wenigstens einmal im Jahr inspiziert werden, und zwar bevor der Geheime Rat den Bericht erläßt, von dem im § 5 die Rede ist; ein oder mehrere Staatsräte werden dazu auf Bericht unseres Justizministers vor dem 1. September jeden Jahres bezeichnet werden.

§ 10. Unsere Kommissäre werden alle Teile des Gefängnisses untersuchen, um sich zu vergewissern, daß kein Gefangener ohne die vorgeschriebenen Formalitäten sich in Haft befindet und daß überall Sicherheit, Ordnung, Reinlichkeit und ein guter Gesundheitszustand herrscht.

§ 11. Sie haben einzeln die Beschwerden eines jeden Gefangenen und seine Bemerkungen über etwa eingetretene Umstände, die solche rechtfertigen, anzuhören sowie Anträge auf Haftentlassung oder Aburteilung entgegenzunehmen.

§ 12. Sie werden jede Person, die ohne die im ersten Abschnitt vorgeschriebenen Formalitäten in Haft gehalten wird, sofort in Freiheit setzen.

§ 13. Sie haben einen Bericht über die Erfüllung ihres Auftrages zu erstatten und ihre Meinung über jeden einzelnen Gefangenen abzugeben.

§ 14. Diese Meinungsäußerung ist immer dem im ersten Abschnitt, § 3, erwähnten Geheimen Rat vorzulegen.

§ 15. Vor dem 15. Februar jedes Jahres hat sich der Generalstaatsanwalt des kaiserlichen Gerichtshofes durch einen seiner Substitute oder unter seinen Befehlen stehenden Staatsanwälte zu vergewissern, daß niemand in den Gefängnissen seines Bezirkes ohne die obigen Formalitäten sich in Haft befindet und daß die Register in Ordnung sind. Darüber ist ein Bericht an den Justizminister zu erstatten, und im Falle von Zuwiderhandlungen oder ungesetzlicher Gefangenschaft oder Haftverlängerung hat der untersuchende Kommissar die sofortige Freilassung des Gefangenen zu verfügen.

Dritter Abschnitt.

Über die unter Polizeiaufsicht Stehenden.

§ 16. Die Liste aller unter Polizeiaufsicht Stehenden soll uns durch den Polizeiminister in dem jährlich einmal stattfindenden besonderen Geheimen Rate vorgelegt werden.

§ 17. Diese Liste ist nach § 4 der Verordnungen für Staatsgefangene aufzustellen und darin anstatt der Entscheidung des Geheimen Rates über Freilassung oder Fortbestehen der Haft der Beschluß einzutragen, der die Polizeiaufsicht ausspricht.

§ 18. In dem Geheimen Rat ist Beschluß über die Fortdauer oder das Aufhören der Polizeiaufsicht zu erlassen.

Vierter Abschnitt.

Über die Verwaltung und den inneren Dienst der Gefängnisse.

Erster Teil.

Über die Aufsicht.

§ 19. Die Aufsicht und Verwaltung jedes Staatsgefängnisses ist einem Offizier der Gendarmerie anzuvertrauen, dessen Befehlen die Gefängnistruppen unterstehen, und der Sicherheits- und Vorsichtsmaßregeln zu treffen hat, um ein Entspringen der Inhaftierten zu verhindern.

§ 20. Ein Schließer hat die Aufsicht im Inneren und die Führung der Register unter sich. Ihm unterstehen eine genügende Zahl von Gefängniswärtern.

§ 21. Der militärische Gefängniskommandant wird auf Vorschlag des Polizeiministers von uns ernannt. Die Verwaltung und die bauliche Unterhaltung des Gefängnisses untersteht ausschließlich nur ihm, er hat außerdem für die Ernährung, Kleidung und Überwachung der Gefangenen zu sorgen.

§ 22. Jeder Schließer wird vom Polizeiminister ernannt und abgesetzt.

§ 23. Kommandant, Schließer und Wärter sind jeder für seinen Teil für die Aufsicht über die Gefangenen verantwortlich.

§ 24. Wenn sie aus Nachlässigkeit oder aus irgendeinem anderen Grunde das Entspringen eines Gefangenen erleichtern, so sind sie abzusetzen und nach den Gesetzen zu bestrafen.

Zweiter Teil.

Beziehungen der Beamten zu den Behörden.

§ 25. Der Schließer untersteht dem Kommandanten, von dem er seine Befehle empfängt.

§ 26. Der Kommandant hat dem Polizeiminister und Staatsrat des Kreises Bericht zu erstatten. Er untersteht dem Präfekten.

§ 27. Der Schließer kann vorübergehend seines Dienstes enthoben werden, in welchem Falle der Präfekt für einen Vertreter Sorge zu tragen hat.

Dritter Teil.

Der innere Dienst.

§ 28. Der Schließer führt ein genaues Register über Eintritt und Austritt der Gefangenen und besorgt die Eintragung der Gründe, aus welchen die Haftvollstreckung erfolgt ist.

§ 29. Wenn der Geheime Rat eine Entlassung beschlossen hat, so ist seine Entscheidung darüber dem Kommandanten bekanntzugeben. Ohne solche Benachrichtigung darf kein Entlassungsbefehl vollstreckt werden.

§ 30. Ein Schließer oder Wärter, der die Korrespondenz eines in Einzelhaft befindlichen Gefangenen begünstigen würde, soll abgesetzt und mit sechs Monaten Gefängnis bestraft werden.

§ 31. Dem Kommandanten ist bei Strafe der Absetzung verboten, unter welchem Vorwande es auch sei, einem seiner Aufsicht anvertrauten Gefangenen einen Ausgang zu gestatten, selbst wenn er selber oder der Schließer oder einer der Wärter ihn begleiten würde.

§ 32. Im Falle der Erkrankung eines Gefangenen wird der Kommandant einen Arzt zur Untersuchung und Behandlung des Kranken bestimmen.

§ 33. Auf sein Ersuchen werden jedem Gefangenen zwei Franken täglich oder die gewöhnliche Gefangenenkost bewilligt.

§ 34. Den Gefangenen verbleibt die Verfügung über ihr Vermögen, falls darüber nicht anders beschlossen wird.

§ 35. Zu diesem Zwecke haben sie, unter Beaufsichtigung des Kommandanten, die nötigen Vollmachten und Quittungen auszustellen. Die eingehenden Gelder sollen ihnen nur in Gegenwart und mit Zustimmung des Kommandanten eingehändigt werden.

Fünfter Abschnitt.

Anzahl der Staatsgefängnisse.

§ 36. Staatsgefängnisse sollen sich nur an den unten bezeichneten Orten befinden.

§ 37. Staatsgefangene dürfen dauernd nur in den von uns bezeichneten Staatsgefängnissen, an einem anderen Orte nur vorübergehend, untergebracht werden.

§ 38. Staatsgefängnisse befinden sich in den Schlössern Saumur, Ham, If, Landskroon, Pierre Châtel, Fenestrelle, Compiano und Vincennes.

§ 39. Unsere Großrichter, der Justizminister, sowie die Minister des Krieges, der Polizei und des Staatsschatzes sind, jeder so weit es ihn betrifft, mit der Vollstreckung dieses Dekretes beauftragt. Das Dekret ist im *Bulletin des lois* zu veröffentlichen.

Die geheimen willkürlichen *lettres de cachet* waren durch dieses Dekret für alle Zeiten unmöglich geworden. Ganz Frankreich hätte sich empört, wenn man darauf zurückgekommen wäre, und der Kaiser wäre wahnsinnig gewesen, wenn er die bürgerliche Freiheit angetastet hätte!

Unter der Herrschaft des Konvents waren infolge der Gesetze über die Verdächtigen und die Emigranten viele neue Gefängnisse entstanden: Es gab deren mehr als 2000, in denen bisweilen bis zu 60 000 Menschen saßen. Während des Direktoriums verminderte sich diese Zahl beständig bis auf 3000. Diese 3000 Gefangenen wurden in den gewöhnlichen Gefängnissen untergebracht, deren Aufsicht und Verwaltung der Polizei unterstand. Der Polizeiminister und die Polizeikommissäre waren Sicherheitsbeamte, die das Recht hatten, Verhaftungen vorzunehmen. Ein besonderer Paragraph der damaligen Verfassung dehnte ihr Recht auch auf die Verschwörer gegen den Staat aus. Die Zahl der Gefangenen stieg dann wieder nach der Revolution im Prairial 1799 infolge der Vollstreckung des Gesetzes über die Geiseln auf 9000 Gefangene am 18. Brumaire. Die meisten wurden aber wieder in Freiheit gesetzt, nur 1200 blieben bei Beginn des Kaiserreichs in Haft.

Die Polizei verfuhr mit beklagenswerter Willkür, so daß es geboten erschien, die Aufsicht über die Gefängnisse den Gerichtshöfen und kaiserlichen Staatsanwälten zurückzugeben. Von nun an konnte die Polizei nicht mehr willkürlich Gefangene in den Gefängnissen zurückbehalten, da die Staatsgefängnisse von den Staatsräten kontrolliert wurden. Ein Verhaftbefehl eines einfachen Polizeikommissärs genügte nicht mehr, und um einen Gefangenen in Haft zu behalten, war ein Beschluß des Geheimen Rates erforderlich.

Dieser Geheime Rat bestand aus dem Kaiser, fünf Großwürdenträgern, zwei Ministern, dem Polizeiminister, dem Großrichter, zwei Senatoren, zwei Staatsräten sowie dem Vorsitzenden und dem Staatsanwalt des Kassationshofes. Konnten den Bürgern größere Sicherheitsgarantien geboten werden, als daß dieser Rat von sechzehn Personen, worunter das Haupt des Staates, über das Schicksal der Gefangenen zu beschließen hatte?

Das Dekret bestimmte, daß ein Staatsgefangener nur für ein Jahr in Haft bleibe und daß er am Schlusse dieses Jahres in Freiheit zu setzen sei, wenn der Geheime Rat nicht durch eine neue Entscheidung seine Gefangenschaft verlängern würde. Zu diesem Zwecke hatten zwei Staatsräte jedes Jahr die Gefängnisse zu besuchen, jeden Verhafteten zu befragen, die Belastungs- und Entlastungsberichte zu untersuchen und dem Großrichter Bericht zu erstatten, der dann im Geheimen Rate, in Gegenwart der beiden Staatsräte als Beisitzer, die Haftentlassung oder Verlängerung der Gefangenschaft auf ein Jahr vorzuschlagen hatte. Der Geheime Rat schritt dann zur Abstimmung, als erster hatte der Erste Vorsitzende des Kassationshofes seine Stimme abzugeben.

Dieses Dekret war also eine Wohltat, ein liberales Gesetz, das mit gleichem Maße alle Gesellschaftsklassen behandelte, jeder Willkür der Behörden oder der Verwaltungen und der Polizei Tür und Tor schloß und dem Sicherheitsgefühle der Bürger vollste Bürgschaft bot. Es gab keinen Staatsrat, der, mit der Untersuchung betraut, nicht seinen Ruhm dareingesetzt hätte, eine möglichst große Anzahl von Gefangenen zu befreien. Alle Personen, die den Geheimen Ratssitzungen angewohnt haben, können bezeugen, daß diese Staatsräte gehandelt haben, als ob sie die Anwälte der Gefangenen gewesen wären. Die Gefängnisse hätten mit den Ursachen, denen sie ihre Entstehung verdankten, aufgehört zu existieren, wenn nämlich die Räuber und Banditen, die der Bürgerkrieg hervorgebracht hatte, die Ränkespinner unter der niedrigen Geistlichkeit der *Kleinen Kirche* und all die Männer, die, durch ihre in der Revolutionszeit erlittenen Verluste erbittert, Meuchelmord oder Verschwörungen gegen den Staat planten, in ihr Nichts zurückgesunken wären. Es gab in Frankreich 200 000 Personen, die emigriert, deportiert oder in den Bürgerkrieg verwickelt waren und denen Napoleon ihr Vaterland und Eigentum zurückgegeben hatte mit der Bedingung, sich einer besonderen Überwachung zu unterwerfen. Aus dieser Klasse gingen die Staatsgefangenen hervor, und in ihrem Interesse entzog das Dekret das Recht der Überwachung jeder Willkür, indem es dasselbe in eine Gesetzesform brachte, wie sie dem liberalen Geiste und der Gerechtigkeit entsprach, die alle Akte des Geheimen Rates kennzeichnete.

Wenn in dem Geheimen Rate der vierte Teil der Mitglieder der Ansicht waren, daß ein Gefangener zu entlassen sei, so wurde die sofortige Freilassung verfügt. Die Gefangenen besaßen aber außer der Zuflucht zum Staats- und Geheimen Rat noch eine verfassungsgemäße Garantie in der Senatskommission für die individuelle Freiheit; sie verfehlten auch nie, sich an diese zu wenden: Die Kommission beratschlagte und forderte von dem Polizeiminister nähere Erklärungen ein. Durch sie wurden ebenfalls eine große Anzahl Gefangener in Freiheit gesetzt. Man war gezwungen, ihren Beschlüssen Folge zu geben, weil sie das Recht hatte, an den Senat weiterzuberichten, wenn die Verwaltung ihre Meinung nicht beachtete. Wenn nun diese Kommission stets ohne Geräusch ihre Arbeit im stillen verrichtete und niemals das große Wort führte, so denke man darum nicht, daß sie ohne großen Nutzen gewesen sei. Wenn die Staatsgefängnisse Opfer von Intrigen oder der Unzufriedenheit ihres Herrschers beherbergt hätten wie einst die Bastille, so hätte das Dazwischentreten dieser Kommission vollkommen genügt, um den Mißbrauch abzustellen. Man glaube auch nicht, daß der Gesetzgebende Körper mit der Aufstellung der Gesetze nichts zu tun hatte: Die gesetzgebenden Kommissionen hatten mit den Staatsräten zur Erörterung der Gesetzesvorschläge zusammenzutreten und übten so ihren, wenn auch geräuschlosen, doch tatsächlichen Einfluß aus.

Was den Kaiser zu dem Dekret über die Staatsgefängnisse angeregt hatte, war ein Vorfall, der sich in Danzig ereignete. Dort wurde ihm ein Greis vorgestellt, der seit länger als fünfzig Jahren in Weichselmünde als Gefangener zurückbehalten worden war. Er hatte infolgedessen sein Gedächtnis vollständig verloren und konnte über nichts Auskunft geben; er wußte nicht einmal, wer er war, noch warum er eingesperrt worden war.

Napoleon verlangte die strengste Ausführung des Gesetzes, welches bestimmte, daß selbst in den einfachsten Fällen die Verhafteten binnen 24 Stunden einem Beamten zur Untersuchung vorgeführt würden und daß unter besonderen Umständen eine Gefangensetzung durch einen Geheimen Rat von 16 Personen auf einen Bericht des höchsten Justizbeamten hin, aber nur auf ein Jahr, beschlossen werden könne. Trotzdem gab dieses Reglement Stoff zu allen Kommentaren, man urteilte darüber auf die oberflächlichste Weise in allen Kreisen der Gesellschaft, ohne in den Gegenstand selbst tiefer einzudringen. Vielleicht war der Name nicht richtig: anstatt *Staatsgefängnisse* hätte man sie nennen können: *Vollstreckungsgefängnisse für Personen, die unter allgemeiner Polizeiaufsicht stehen.*

*

Drittes Kapitel.

Lützen und Bautzen.

I. Erste Scharmützel. Sendung des Grafen Narbonne nach Wien. – II. Schlacht bei Lützen (2. Mai). – III. Schlacht bei Bautzen und Wurschen (19. und 20. Mai).

I.

Am 17. März war die Kriegserklärung Preußens an Frankreich ergangen. Das preußische Heer zählte allerdings nur noch ungefähr 33 000 Mann. Durch Scharnhorsts System, das man seit 1810 befolgt hatte, war es aber möglich geworden, schnell eine Reihe neuer Reservebataillone aufzustellen. Dazu kamen die freiwilligen Jäger, gegen 10 000 Mann, und die Landwehr, letztere nach ihrer Vollendung 149 Bataillone und 113 Schwadronen, zusammen 120 000 Mann. Doch waren die Rüstungen bei Ausbruch des Krieges bei weitem noch nicht beendigt. Nur etwa 50 000 Mann waren schlagfertig, davon 25 000 unter Blücher in Schlesien, 15 000 unter Yorck in der Mark und 10 000 Mann unter Bülow in der Mark und in Pommern.

Am 18. März besetzte ein russisches Streifkorps unter Tettenborn Hamburg. Am 2. April wurde ein französisches Korps von 3000 Mann unter Morand genötigt, bei Lüneburg vor Dörnberg und Tschernitscheff die Waffen zu strecken. Die Blüchersche Armee, durch 15 000 Russen unter Wintzingerode verstärkt, war Ende März in Sachsen eingerückt und hatte bei Dresden die Elbe überschritten, während Wittgenstein und Yorck mit 27 000 Mann gegen Magdeburg operierten. Um das Vordringen in Sachsen zu hemmen, unternahm der Vizekönig aus Magdeburg einen Vorstoß in der Richtung gegen Berlin, wurde jedoch durch das Treffen bei Möckern am 5. April zur Umkehr gezwungen.

Inzwischen hatte der Kaiser seine großartigen Rüstungen beendet.

Um endlich die Absichten Österreichs kennenzulernen, das sich ihm als Vermittler angeboten hatte, sandte er den Grafen Narbonne, der unter Ludwig XVI. Minister gewesen war, nach Wien. Daß Napoleons Wahl gerade auf diesen fiel, hatte eine eigentümliche Bewandtnis:

Eines Tages brachte der Zufall den Kaiser darauf, mit Narbonne, der gerade diensttuender Adjutant war, über Wien zu sprechen. Narbonne erzählte von seinen alten Beziehungen zu der Blüte der Wiener Aristokratie. Das führte den Kaiser zu dem Entschluß, ihn nach Wien zu senden, zumal da er sich der Dienste erinnerte, die Narbonne ihm bei einer früheren Gelegenheit am Münchener Hofe geleistet hatte. Wirklich gelang es ihm, gleich nach seiner Ankunft durch seine intime Verbindung mit einer vornehmen Hofdame den Schleier zu lüften, der seinem Vorgänger die Wahrheit verhüllt hatte. Seine Mutter, Ehrendame der Schwestern Ludwigs XVI., war während der Verbannungszeit die innigste Freundin dieser Dame gewesen, und diese war gewohnt, in ihm nur den Sohn ihrer alten Freundin zu sehen; der Gesandte verschwand vor der Erinnerung ihres Herzens, und ihr Gefühl übertrug sich auf den eifrigen Besucher ihres Salons, so daß man in Narbonnes Gegenwart sich keinen Zwang aufzuerlegen für nötig hielt und so sprach wie vor 15 Jahren. So erfuhr er alles. Vielleicht wäre es aber besser gewesen, wenn der Kaiser Otto in Wien gelassen und nichts erfahren hätte; denn nun warf Metternich, der jetzt wußte, daß Napoleon nicht mehr von ihm genarrt werden konnte, die Maske ab und beschleunigte sein Vorgehen. Wäre Otto auf seinem Posten geblieben, so hätte nichts den natürlichen Gang der Wiener Geschäfte gestört, und vielleicht hätte die Zeit eine für Frankreich günstigere Sachlage herbeigeführt. Aber ein Otto oder ein Andréossi werden niemals Zugang zu den Wiener Boudoirs finden. Ihnen gegenüber läßt man sich nicht gehen, schüttet man nicht sein Herz aus. Mögen sie geistig noch so bedeutend sein, ihnen gegenüber findet stets feierliche Zurückhaltung statt. Sie sind und bleiben *Profane,* die niemals zu den Mysterien zugelassen werden. Otto war sicherlich ein sehr tüchtiger Diplomat; niemand wäre besser als er imstande gewesen, die Unterhandlungen über einen Friedens- oder Handelsvertrag zu führen. Aber von den Zettelungen, die Österreich schon zu Ende des Jahres 1812 und zu Anfang des Jahres 1813 mit Rußland und England betrieb, hat er nichts gewußt; er hatte sich durch Metternichs Beteuerungen täuschen lassen und erhielt daher auch Napoleon in Unkenntnis über das wirkliche Vorhaben Österreichs.

Napoleon hatte allerdings Narbonne nur in den ersten Teil seines Geheimnisses eingeweiht; er sagte ihm, er müsse Österreich dahin bringen, seine 100 000 Mann auf den jenseitigen Abhang des schlesischen Gebirges zu führen, die Verbündeten dann aufzufordern, haltzumachen und sie, wenn sie sich weigerten, in der Flanke zu fassen, während Napoleon sie in der Front angreifen würde. Österreich solle als Preis des gemeinschaftlichen Sieges Schlesien und einen Teil Polens samt Illyrien erhalten.

II.

Am 15. April reiste der Kaiser zur Armee ab und setzte sich nun an die Spitze eines Heeres, das dem der Verbündeten an Zahl überlegen war. Ende April vereinigte er sich an der Saale mit dem Vizekönig und konnte so 120 000 Mann gegen die 90 000 der Verbündeten ins Treffen führen, die nach dem vor kurzem erfolgten Tode Kutusows von Wittgenstein befehligt wurden.

Kaiser Alexander und der König von Preußen, die mit allen ihren Streitkräften vor Dresden eingetroffen waren, hatten sich entschlossen, als sie den Anmarsch der Franzosen von Thüringen her erfuhren, ihnen in den Ebenen von Lützen die Schlacht anzubieten.

Während sie auf ihrem Marsch bis Weißenfels vorgedrungen waren, überschritt Marschall Ney am 29. April die Saale oberhalb Weißenfels. Er vertrieb den Feind aus Weißenfels und beeilte sich, Napoleon seine Freude über die Haltung der jungen Truppen auszudrücken, die zum ersten Male im Feuer gestanden hatten. Die Kämpfe um Weißenfels waren aber nur das Vorspiel zu bedeutenderen Ereignissen. Kaiser Alexander und der König von Preußen waren zwar durch die schnellen Manöver der französischen Armee überrascht worden, verharrten indessen bei ihrem Plan, eine große Schlacht zu wagen.

Die Stellung der französischen Armee am 2. Mai war folgende:

Ihr linker Flügel stützte sich auf die Elster; er bestand aus dem V. und XI. Korps unter dem Vizekönig Eugène. Das Zentrum unter Marschall Ney stand beim Dorfe Kaja, der Kaiser mit der Alten und Jungen Garde bei Lützen. Den rechten Flügel bildete Marschall Marmont mit seinen drei Divisionen beim Engpaß von Posern, wohin General Bertrand mit dem IV. Korps im Anmarsch war.

Der Feind ging auf den Brücken von Zwenkau, Pegau und Zeitz

über die Elster. Der Kaiser hoffte, ihm in seiner Bewegung zuvorkommen zu können, und nahm an, daß er erst am 3. Mai zum Angriff übergehen könne. Er befahl dem General Lauriston, auf Leipzig zu marschieren, um die Pläne des Feindes zu durchkreuzen und die französische Armee für den 3. Mai in ganz andere Stellungen zu bringen, als der Feind annehme und wie sie sie am 2. Mai wirklich besetzt hielt, um dadurch Verwirrung und Unordnung in seine Reihen zu tragen.

Als der Kaiser um 9 Uhr morgens von Leipzig her Kanonendonner vernahm, brach er im Galopp dorthin auf. Der Feind kämpfte um das kleine Dorf Lindenau und die Brücken vorwärts von Leipzig. Der Kaiser wartete auf den Augenblick, wo diese Stellungen dem Feinde entrissen wären, um seine ganze Armee auf diesen Punkt zu ziehen, sie um Leipzig herumschwenken, auf das rechte Ufer der Elster hinüberrücken und in den Rücken des Feindes fallen zu lassen. Aber um 10 Uhr erschien das feindliche Heer in dichtgedrängten Massen beim Dorfe Kaja. Der Kaiser traf sofort seine Anordnungen: Der Vizekönig erhielt den Befehl, den linken Flügel des Marschalls Ney zu verstärken, wozu er allerdings wenigstens drei Stunden brauchte. Marschall Ney nahm den Kampf auf, der sich nach einer halben Stunde schrecklich gestaltete. Der Kaiser verstärkte an der Spitze der Garde das Zentrum der Armee, zugleich den rechten Flügel des Marschalls Ney unterstützend. General Bertrand erhielt den Befehl, sich im Rücken des Feindes zu entwickeln und ihn anzugreifen, wenn er am stärksten bedrängt sei. Das Schlachtenglück wollte, daß alle diese Anordnungen von glänzendem Erfolge gekrönt wurden. Der Feind schien des Erfolges sicher zu sein und ging entschlossen vor, um den rechten französischen Flügel aufzurollen und die Straße nach Weißenfels zu gewinnen. Er wurde aber durch General Compans, der die erste Division des Marschalls Marmont befehligte, gestellt und aufgehalten. Die Marinesoldaten schlugen kaltblütig wiederholte Reiterangriffe ab und vernichteten ganze Geschwader der feindlichen Gardereiterei. Aber die Hauptangriffe des Feindes waren gegen das Zentrum gerichtet. Marschall Ney hatte bereits vier von seinen fünf Divisionen im Feuer, das Dorf Kaja wurde mehrmals erstürmt und wieder verloren, bis Graf Lobau es durch General Ricard nehmen ließ und behauptete.

Das Schlachtfeld umfaßte eine Linie von 10 Kilometern, die von Flammen, Rauch und Staubwolken eingehüllt war. Marschall Ney, General Souham und General Girard waren an allen Stellen zu finden und trotzten allen Gefahren. Von mehreren Kugeln getroffen, wollte

General Girard dennoch seinen Posten nicht verlassen. Er erklärte, im Kommando sterben zu wollen, da für alle Franzosen, die ein Herz hätten, der Augenblick gekommen sei, zu siegen oder zu sterben.

Endlich sah man in der Ferne Staubwolken, die das Herannahen des Korps Bertrand verkündeten. Da trat auch der Vizekönig auf dem linken Flügel ins Gefecht, und der Herzog von Tarent (Macdonald) griff die Reserve des Feindes bei dem Dorfe an, das dem feindlichen rechten Flügel zum Stützpunkt diente. Der Feind verdoppelte nunmehr seine Anstrengungen gegen das Zentrum, das auch ins Wanken geriet; das Dorf Kaja ging wieder verloren, und schon fingen einige Bataillone an, sich aufzulösen, als die tapferen jungen Soldaten sich beim Anblick des Kaisers wieder zusammenschlossen und in begeisterte Rufe: *Hoch der Kaiser!* ausbrachen. Da hielt Napoleon den Augenblick der Entscheidung für gekommen, von dem Sieg oder Niederlage abhängt; es war keine Sekunde mehr zu verlieren. Der Kaiser befahl dem Marschall Mortier, mit 16 Bataillonen der Jungen Garde sich blindlings auf das Dorf Kaja zu stürzen, es zu nehmen, den Feind über den Haufen zu rennen und alles niederzumetzeln, was Widerstand leisten würde. Zugleich befahl er seinem Adjutanten, dem General Drouot, einem Artillerieoffizier von höchstem Verdienst, eine Batterie von 80 Geschützen zusammenzunehmen und sie vorwärts vor der Alten Garde auffahren zu lassen, die in vier Staffeln hintereinander Stellung genommen hatte. Die ganze Kavallerie hielt in Schlachtordnung hinter dem Zentrum. Das Feuer wurde entsetzlich und brach den Ansturm des Feindes. Das Dorf Kaja wurde endgültig erstürmt, der Feind zurückgeworfen, seine Reiterei, Infanterie und Artillerie traten zugleich den Rückzug an. In diesem Augenblicke griff auch General Bertrand ins Gefecht ein. Vergebens suchte die feindliche Kavallerie seine Karrees zu sprengen und seinen Vormarsch aufzuhalten. Um rasch die Verbindung mit ihm herzustellen, nahm der Kaiser eine Schwenkung um Kaja herum vor und befahl dem rechten Flügel eine Frontveränderung nach rechts vorwärts. Nun blieb dem Feinde nur die Flucht übrig. Er wurde ungefähr fünf Kilometer weit verfolgt, wobei der Kaiser auf den Hügel gelangte, von dem aus kurz vorher der Zar, der König von Preußen und die preußischen Prinzen die Schlacht beobachtet hatten. Ein gefangener Offizier berichtete diese Einzelheiten.

Es wurden nur wenige tausend Gefangene gemacht, da die französische Kavallerie wegen ihrer geringen Zahl die Verfolgung nicht aufnahm und der Kaiser sie außerdem schonen wollte. Im Anfang der

Schlacht hatte der Kaiser zu den Truppen gesagt: »Das ist eine Schlacht, wie die in Ägypten: Eine gute Infanterie, von der Artillerie unterstützt, muß sich durchfechten.«

Der Verlust auf französischer Seite betrug 10000 Tote und Verwundete, der des Feindes wurde auf 25 bis 30000 geschätzt. Die preußische Garde wurde fast vernichtet, die russische Garde litt beträchtlich, und zwei Divisionen von zehn russischen Kürassierregimentern wurden aufgerieben.

Der Kaiser konnte nicht genug das Verhalten seiner Truppen loben. Besonders die jungen Soldaten spotteten der Gefahr und bezeugten bei dieser Gelegenheit den ganzen Adel des französischen Blutes. Die Verwundeten verbissen beim Nahen des Kaisers ihren Schmerz und riefen: *Hoch der Kaiser!* »Ich befehlige«, sagte der Kaiser, »seit zwanzig Jahren die französischen Heere, aber nie vorher sah ich so viel Tapferkeit und Hingabe.« Europa würde bald zur Ruhe gekommen sein, wenn alle Herrscher und ihre Minister auf diesem Schlachtfelde anwesend gewesen wären. Dann würden sie auf alle Hoffnung verzichtet haben, jemals den Stern Frankreichs zum Erlöschen zu bringen.

Von seinem Feldlager von Lützen aus erließ der Kaiser folgenden

Aufruf an das Heer!

Soldaten! Ich bin mit euch zufrieden! Ihr habt meine Erwartungen erfüllt! Ihr habt, was euch an Übung fehlte, durch euren guten Willen und durch eure Tapferkeit ersetzt. Ihr habt an diesem denkwürdigen 2. Mai die russisch-preußische Armee, die vom Zaren und vom König von Preußen befehligt wurde, geschlagen. Ihr habt meine Adler mit neuem Ruhmesglanze bedeckt und gezeigt, wessen das französische Blut fähig ist. Die Schlacht bei Lützen wird höherstehen, als die Schlachten von Austerlitz, Jena, Friedland und an der Moskwa. Im letzten Feldzuge wußte sich der Feind nicht anders vor uns zu retten als durch Anwendung der wilden Kampfesweise seiner barbarischen Vorfahren: Horden von Tartaren steckten die Dörfer und Städte, selbst das heilige Moskau in Brand. Heute kommen sie zu uns, begleitet von allen Verbrechern und Deserteuren Deutschlands, Frankreichs und Italiens, um Aufstand, Anarchie, Bürgerkrieg und Mord zu predigen, sie sind zu Aposteln aller Verbrechen geworden. Einen moralischen Brand wollten sie zwischen Weichsel und Rhein entfachen, um nach dem Brauch despotischer Regierungen eine Wüste zwischen sich und uns zu legen.

Die Wahnsinnigen! Sie verkennen die Klugheit, den Ordnungssinn, den gesunden Menschenverstand und die Hingabe der Deutschen an ihre Fürsten. Sie verkennen die Macht und Tapferkeit der Franzosen.

An einem einzigen Tage habt ihr alle ihre Ränke vereitelt. Wir werden diese Tartaren in ihr eisiges Klima zurückjagen, das sie nicht mehr verlassen sollen. Mögen sie ihre vereisten Steppen bewohnen und, den Tieren gleich, in Sklaverei, Barbarei und Verderbnis verharren!

Ihr habt euch um die Zivilisation Europas verdient gemacht! Soldaten! Frankreich, Italien und Deutschland legen euch ihren Dank zu Füßen!

Napoleon.

Kaiser Alexander und der König von Preußen schoben die Schuld an der Niederlage bei Lützen auf den Mangel an Zusammenhang in den Manövern ihrer Generale und die Schwierigkeiten, die mit einer Offensivbewegung von 150 bis 160000 Mann verbunden sind. Sie beschlossen, bei Bautzen und Hochkirch, das schon durch den Siebenjährigen Krieg bekannt geworden war, neue Stellungen zu nehmen, die Verstärkungen, die von der Weichsel her im Anmarsch waren, dorthin zu ziehen, sich zu verschanzen und eine neue Schlacht anzunehmen, deren Aussichten ihnen nicht ungünstig zu liegen schienen.

III.

Der Marschall Macdonald war am 15. Mai abends auf Kanonenschußweite auf Bautzen herangekommen. Alle übrigen französischen Korps setzten sich ebenfalls dorthin in Marsch.

Am 18. Mai verließ der Kaiser Dresden und traf am 19. zehn Uhr vormittags vor Bautzen ein. Er verwandte den ganzen Tag darauf, die feindlichen Stellungen zu rekognoszieren. Man erfuhr, daß die russischen Korps Barclay de Tolly, Langeron und Sacken sowie das preußische Korps Kleist zum verbündeten Heere gestoßen seien, das nunmehr über seine ganze Macht von 150 bis 160000 Mann verfügen konnte.

Am 19. abends war die feindliche Stellung folgende: Ihr linker Flügel lehnte sich an waldige Hügel an, die sich lotrecht zum Laufe der Spree erstreckten. Die Stadt Bautzen stützte ihr Zentrum; sie war verschanzt und mit Redouten umgeben worden. Der rechte Flügel stützte sich auf verschanzte Hügel, die nach dem Dorfe Nimmschütz zu die Spreeübergänge verteidigten: Die ganze Front der feindlichen Stellung war nach der Spree zu gedeckt. Diese sehr starke Stellung bildete nur eine erste Verteidigungslinie, denn dahinter bemerkte man deutlich ungefähr sechs Kilometer zurück frische Erdwälle und Feldschanzen, die die zweite Linie markierten. Deren linker Flügel lehnte sich an dieselben Anhöhen an und befand sich weit vorwärts vor dem Dorfe Hochkirch. Ihr Zentrum stützte sich auf drei Dörfer, die man so stark befestigt hatte, daß sie Festungen glichen. Schwer zu passierende sumpfige Wiesen waren fast dem ganzen Zentrum vorgelagert. Auch der rechte Flügel lehnte sich hinter der ersten Stellung an befestigte Dörfer und Hügel.

Die Fronten beider Linien hatten eine Ausdehnung von ungefähr sechs Kilometern.

Wenn man diese befestigte Stellung sah, so erschien es verständlich, wie der Feind schon wieder, vierzehn Tage nach der verlorenen Schlacht bei Lützen, neue Hoffnung schöpfen konnte. Auf die Frage, was sie zu tun beabsichtigten, antwortete ein russischer Offizier: »Weder vor- noch zurückzugehen«, worauf ein französischer Offizier entgegnete: »Des ersteren sind Sie Herr, in wenigen Tagen werden wir sehen, ob auch des letzteren.« Das Hauptquartier der beiden Souveräne war im Dorfe Nechern.

Die französische Stellung war am 19. Mai folgende:

Auf dem rechten Flügel stand Marschall Oudinot, sich an die Anhöhen des linken Ufers der Spree anlehnend und vom linken Flügel des Feindes durch den Fluß getrennt. Marschall Macdonald hielt vor Bautzen, auf beiden Seiten der Dresdener Straße. Marschall Marmont stand links von Bautzen, dem Dorfe Nimmschütz gegenüber. Ihm schloß sich General Bertrand an, der sich auf einen Wald und eine Windmühle stützte und von Jeschütz her den rechten Flügel des Feindes bedrohte.

Marschall Ney, General Lauriston und General Reynier standen bei Hoyerswerda, auf der Berliner Straße, außerhalb der Gefechtslinie und rückwärts vom linken französischen Flügel.

Als der Feind bemerkte, daß eine größere Truppenabteilung in Hoyerswerda eingetroffen sei, mußte er daraus schließen, daß der Kaiser die Absicht habe, seine Stellung in der rechten Flanke zu umgehen, um alle die mit so viel Mühe und Arbeit errichteten Schanzwerke, den Gegenstand so vieler Hoffnungen, wertlos zu machen. Da ihm aber nur das Eintreffen des Generals Lauriston gemeldet war, so konnte er nicht vermuten, daß diese Abteilung 18 bis 20 000 Mann stark war. Er stellte ihr also am 19. Mai, um 4 Uhr morgens, 12 000 Preußen unter General Yorck und 18 000 Russen unter General Barclay de Tolly entgegen. Die Russen besetzten das Dorf Klix, die Preußen das Dorf Weißig.

Inzwischen hatte General Bertrand den General Peyri mit der italienischen Division nach Königswartha vorgeschoben, um die Verbindungen mit den detachierten Korps aufrechtzuerhalten. General Peyri kam dort um Mittag an, traf aber seine Anordnungen so schlecht, daß er um vier Uhr durch das Hurra des angreifenden Feindes überrascht wurde und 600 Mann, zwei Geschütze und drei Protzen verlor. Die Division wurde bis an den Wald gedrängt, wo sie dem Feinde standhielt.

Graf Valmy eilte mit Kavallerie herbei, setzte sich an die Spitze der italienischen Division und eroberte das Dorf Königswartha zurück.

Zu gleicher Zeit traf das Korps Lauriston bei Weißig ein, wo es auf das Yorcksche Korps stieß. Letzteres wäre vernichtet worden, wenn nicht ein Hohlweg den Vormarsch der Franzosen aufgehalten hätte, so daß sie nur nach und nach ins Gefecht eingreifen konnten. Nach dreistündigem Kampf wurde das Dorf Weißig erstürmt, das Korps Yorck geschlagen und auf das andere Ufer der Spree geworfen. Da Graf Lauriston seine Stellung bei Weißig behauptete, so war damit schon der rechte Flügel der feindlichen Stellung umgangen.

Am 20. Mai morgens 8 Uhr begab der Kaiser sich auf die Anhöhe hinter Bautzen. Er befahl dem Marschall Oudinot, die Spree zu überschreiten und die Hügel, die den linken Flügel des Feindes deckten, anzugreifen; dem Marschall Macdonald, zwischen Bautzen und den Hügeln einen Brückensteg über die Spree zu werfen; dem Marschall Marmont, einen anderen Brückensteg über die Spree zu werfen, zwei Kilometer von Bautzen entfernt bei einer Einbuchtung auf dem linken Ufer; dem Herzog von Dalmatien (Soult), der das Zentrum kommandierte, die Spree zu überschreiten, um den rechten Flügel des Feindes zu beunruhigen, und endlich dem Marschall Ney, unter dessen Befehl das III. Korps, Graf Lauriston und General Reynier standen, sich Klix zu nähern, die Spree zu überschreiten, den rechten Flügel des Feindes zu umgehen und sich auf dessen Hauptquartier bei Wurschen und auf Weißenberg zu werfen.

Um Mittag begann der Artilleriekampf. Marschall Macdonald hatte nicht nötig, eine Brücke zu schlagen; er traf eine steinerne Brücke an, die er mit Sturm nahm. Marschall Marmont schlug seine Brücke und warf über diese sein Korps auf das andere Ufer. Nach sechsstündigem, sehr erbittertem Artilleriekampf und mehreren Angriffen des Feindes, die alle abgeschlagen wurden, besetzte General Compans Bautzen. General Bonet besetzte das Dorf Nieder-Kayna und nahm eine Anhöhe, die ihn zum Herrn über das feindliche Zentrum machte. Marschall Oudinot erstürmte die Hügel, und um 7 Uhr abends sah der Feind sich auf seine zweite Stellung zurückgeworfen. General Bertrand überschritt den einen Spreearm, aber der Feind blieb im Besitze der Anhöhen, die seine Rechte stützten, und konnte sich so zwischen dem Korps des Marschalls Ney und der übrigen französischen Armee behaupten.

Der Kaiser zog abends 8 Uhr in Bautzen ein, wo er von den Bewohnern und Behörden mit den Gefühlen von Leuten empfangen wurde, die als Sachsen glücklich waren, von den Steins, Kotzebues und den Kosaken befreit zu sein. Dieser Tag, den man, wenn er vereinzelt dastünde, als Schlacht von Bautzen bezeichnen könnte, war nur das Vorspiel der Schlacht bei Wurschen.

Inzwischen sah der Feind wohl ein, daß die Entscheidung nicht bei seinen Verschanzungen fallen würde und daß seine ungeheuren Befestigungen zwecklos gewesen waren. Infolgedessen änderte er seine Dispositionen. Sein rechter Flügel, der dem IV. Korps gegenüberstand, wurde zu seinem Zentrum; er war außerdem gezwungen, seine rechte Flanke, um sie dem Marschall Ney gegenüberstellen zu können, in eine Stellung zu bringen, die er vorher nicht rekognosziert hatte, weil er sie als außerhalb der Gefechtslinie liegend ansah.

Am 21. Mai 5 Uhr morgens begab der Kaiser sich auf die Anhöhen zwei Kilometer vor Bautzen.

Marschall Oudinot war schon ins Gefecht verwickelt und hatte auf den Höhen, die die Linke des Feindes schützten, lebhaftes Gewehrfeuer auszuhalten. Die Russen hatten daselbst in der richtigen Erkenntnis der Bedeutung der Stellung einen großen Teil ihres Heeres aufgestellt, um zu verhindern, daß ihr linker Flügel umgangen werde. Der Kaiser befahl den Marschällen Oudinot und Macdonald, diesen Kampf fortzuführen, um die Linke des Feindes festzuhalten und ihr den wirklichen Angriff zu maskieren, dessen Erfolg sich erst gegen Mittag oder 1 Uhr fühlbar machen konnte.

Um 11 Uhr verlegte Marschall Marmont seine Stellung zwei Kilometer weiter vorwärts, und es entwickelte sich vor den Befestigungen und Schanzen des Feindes ein scharfes und blutiges Feuergefecht.

Die Garde und die Infanterie- und Kavalleriereserve der Franzosen hielten sich hinter Geländefalten versteckt, von wo aus sie je nach den Umständen leicht nach rechts oder links hervorbrechen konnten. Auf diese Weise blieb der Feind in Unkenntnis über das wahre Ziel des Angriffs.

Inzwischen hatte Marschall Ney den Feind aus dem Dorfe Klix herausgeworfen, war über die Spree gegangen und trieb den Feind vor sich her, bis zum Dorfe Preititz, das er um 10 Uhr erstürmte. Da aber der Feind seine Reserve vorschickte, um das bedrohte Hauptquartier zu schützen, so konnte Marschall Ney sich nicht behaupten und mußte das Dorf wieder räumen.

Um 1 Uhr nachmittags griff der Herzog von Dalmatien (Soult) ins Gefecht ein. Sofort begriff der Feind, daß das einzige Mittel, gegen Marschall Ney den Kampf mit Erfolg durchzuführen, darin bestände, dem Herzog von Dalmatien die Entfaltung seiner Streitkräfte unmöglich zu machen; er setzte sich daher diesem mit aller Macht entgegen. Jetzt war offenbar der Augenblick gekommen, die Schlacht zu entscheiden. Der Kaiser führte sofort eine Bewegung nach links aus und stieß mit der Garde, den vier Divisionen des Generals Latour-Maubourg und bedeutenden Artilleriekräften gegen die Flanke des rechten feindlichen Flügels vor, der zum Zentrum der russischen Armee geworden war. Die Division Morand und die württembergische Division nahmen den Hügel weg, den der Feind zu seinem Stützpunkt gewählt hatte. General Desvaux ließ eine Batterie auffahren, deren Feuer er auf die Massen richtete, die sich wieder sammeln wollten. Die Generale Dulanlay und Drouot ließen außerdem 60 Reservegeschütze auffahren, und Marschall Mortier ging mit den Divisionen Dumoustier und Barrois von der Jungen Garde auf den Krug von Klein-Baschütz vor, um die Straße von Wurschen nach Bautzen abzuschneiden.

Um diesem neuen Angriff die Stirn zu bieten, mußte der Feind seinen rechten Flügel preisgeben. Marschall Ney zog daraus Nutzen und ging seinerseits vor. Er nahm das Dorf Preititz, überholte den Feind und rückte auf Wurschen. Es war 3 Uhr nachmittags, als der Kaiser beim schrecklichsten Gewehr- und Geschützfeuer seinem Heere, das noch in größter Ungewißheit über den Erfolg war, mitteilen konnte, daß die Schlacht gewonnen sei.

Als der Feind seinen rechten Flügel aufgerollt sah, trat er den Rückzug an, der bald in Flucht ausartete.

Marschall Marmont erhielt nun den Befehl, das umgekehrte Manöver auszuführen, das die Garde soeben gemacht hatte; er besetzte alle verschanzten Dörfer und alle vom Feinde geräumten Schanzen und ging gegen Hochkirch vor, den Feind dadurch in seiner linken Flanke fassend, so daß er nunmehr in wilder Flucht seine Rettung suchen mußte. Marschall Macdonald seinerseits drückte ebenfalls auf diese linke Flanke des Feindes und brachte ihr ungeheure Verluste bei.

Der Kaiser verbrachte die Nacht inmitten seiner Garde im Krug von Klein-Baschütz. So hatte also der Feind, aus allen seinen Stellungen verjagt, das mit seinen Toten und Verwundeten bedeckte Schlachtfeld den Franzosen gelassen, die auf demselben biwakierten.

Am 22. Mai um 4 Uhr morgens trat die französische Armee den Vormarsch an. Der Feind hatte während der ganzen Nacht auf allen Wegen und nach allen Richtungen hin seine Flucht fortgesetzt. Man stieß jenseits Weißenberg wieder auf seine Vorposten, die aber erst auf den Anhöhen hinter Reichenbach Widerstand leisteten. Die französische Reiterei war noch nicht ins Feuer gekommen, und deshalb war der Feind, der die französische Armee für schwach an Kavallerie gehalten hatte, sehr bestürzt, als er plötzlich 14 000 Reiter unter General Latour-Maubourg in der Ebene von Reichenberg einbauen und seine vorgesandte Kavalleriedivision über den Haufen geworfen sah. Die französische Reiterei und General Reynier mit dem sächsischen Korps nahmen die Verfolgung auf und drangen jenseits Reichenbach bis zum Dorfe Holtendorf vor. Die Nacht gebot den Franzosen vier Kilometer vor Görlitz Einhalt, wo der Kaiser Stellungen nehmen ließ.

Der französische Verlust belief sich während dieser Tage auf 11 bis 12 000 Tote und Verwundete.

Am Abend des 22. Mai, um 7 Uhr, stand der Großmarschall Duroc auf einem kleinen Hügel mit General Kirgener und dem Marschall Mortier im Gespräch, alle drei abgesessen und weit vom Feuer entfernt, als eine der letzten Kanonenkugeln ihn streifte, ihm den Unterleib aufriß und den General Kirgener tot zu Boden streckte. Nachdem die Posten aufgestellt waren und das Heer Biwaks bezogen hatte, besuchte der Kaiser den tödlich verwundeten Großmarschall. Er war bei vollem Bewußtsein und küßte dem Kaiser die dargebotene Hand. »Mein ganzes Leben«, sagte er zum Kaiser, »habe ich Ihrem Dienste geweiht. Ich bedaure meinen Tod nur, weil ich Ihnen nicht mehr nützlich sein kann.«

– »Duroc«, entgegnete darauf der Kaiser, »es gibt ein anderes Leben! Dort erwartet mich! Dort werden wir uns wiedersehen!« – »Ja, Sire, aber erst in dreißig Jahren, wenn Sie über Ihre Feinde triumphiert und alle Hoffnungen des Vaterlandes verwirklicht haben ... Ich habe als Ehrenmann gelebt und mir nichts vorzuwerfen. Ich hinterlasse eine Tochter, Eure Majestät werden ihr Vater sein.«

Der Kaiser behielt die rechte Hand des Großmarschalls in der seinen und stützte sein Haupt eine Viertelstunde lang in tiefstem Stillschweigen auf die linke. Der Großmarschall brach zuerst das Schweigen und sagte: »Oh Sire, verlassen Sie mich! Dieser Anblick tut Ihnen zu weh!« Der Kaiser war nicht imstande zu sprechen und bemerkte nur noch beim Fortgehen, sich auf den Marschall Soult stützend: »Lebt also wohl, mein Freund.« Er suchte sein Zelt auf und empfing während des ganzen Abends niemand mehr.

Am 23. Mai, um 9 Uhr morgens, besetzte General Reynier Görlitz. Brücken wurden über die Neiße geschlagen, und die ganze Armee ging über den Fluß.

Die feindliche Armee zog sich über Bunzlau und Lauban nach Schlesien zurück; ganz Sachsen war vom Feinde befreit. Ein feindlicher Parlamentär kam mit Briefen, in welchen der Abschluß eines Waffenstillstandes vorgeschlagen wurde.

Der Feind hatte den größten Teil seines Gepäcks verloren; seine Artillerie- und Wagenparks waren in die Luft gesprengt worden. In allen Dörfern fanden sich Tausende von Verwundeten vor; die Einwohner gaben ihre Zahl auf 18000 an.

Die Stadt Görlitz, die 8 bis 10000 Einwohner zählte, empfing die Franzosen als Befreier.

Die Stadt Dresden und das sächsische Ministerium wetteiferten miteinander, um die französische Armee mit allem Nötigen zu versehen, so daß Überfluß an allem herrschte.

Obgleich riesige Mengen von Munition verbraucht worden waren, ergänzten die Depots von Torgau und Dresden schnell ihren Bestand. Von Glogau, Küstrin und Stettin trafen gute Nachrichten ein, alles sei in bester Ordnung.

Das Reitergefecht bei Reichenbach gab dem Kaiser die Gewißheit, daß die junge französische Reiterei, bei gleicher Zahl, der feindlichen überlegen sei. Es war aber des Kaisers Absicht, seine Kavallerie in Reserve zu halten und zu schonen, bis sie zahlreich genug sein würde.

Auf dem Schlachtfeld von Wurschen erließ der Kaiser am 21. Mai, morgens 4 Uhr, folgendes

Dekret

Artikel I. Ein Denkstein soll auf dem Mont Cenis errichtet werden. Auf der Seite des Steines, die nach Paris blickt, sollen die Namen aller Departementskantone diesseits der Alpen eingetragen werden, und auf der, die nach Mailand sieht, alle Departementskantone unseres Königreichs Italien jenseits der Alpen.

An der sichtbarsten Stelle des Denksteins soll folgende Inschrift eingemeißelt werden:

»Kaiser Napoleon hat auf dem Schlachtfelde bei Wurschen die Aufstellung dieses Denksteins befohlen als ein Zeichen seiner Dankbarkeit gegen die Völker Frankreichs und Italiens und um der spätesten Nachwelt die Erinnerung an diese denkwürdige Epoche zu überliefern, wo in drei Monaten eine Million und zweihunderttausend Männer zu den Waffen eilten, um die Grenzen des Kaiserreichs und seiner Verbündeten zu verteidigen.«

Artikel II. Unsere Minister des Inneren von Frankreich und Italien werden mit der Ausführung dieses Dekrets beauftragt.

In Unserem Feldlager auf dem Schlachtfelde von Wurschen, am 21. Mai 1813, um 4 Uhr morgens

Napoleon.

Während der Kaiser der feindlichen Hauptmacht gefolgt war, hatte er Davout zur Wiedereinnahme von Hamburg entsandt, die am 31. Mai erfolgte, und Ney gegen Berlin vorgeschickt.

*

Viertes Kapitel.

Waffenstillstand.

I. Zweideutige Haltung Österreichs. – II. Unterredung mit Metternich in Dresden. – III. Aufstellung der streitenden Heere.

I.

Nach seinen ersten Erfolgen durfte der Kaiser hoffen, daß ein ehrenvoller Friede geschlossen werden könne. Er wünschte diesen herbei, denn er wollte die günstige Lage nicht durch eine zufällige Niederlage bloßstellen, die alles zunichte gemacht hätte und die er befürchten mußte, da sein Heer sich in Unordnung befand und sein Rücken ungedeckt, ja schon vom Feinde bedroht war. Er schloß also zu Pleißwitz einen Waffenstillstand ab. Er sagte sich, daß ein solcher ihm jedenfalls die Möglichkeit gewähren würde, seine Truppen wieder zu organisieren, Verstärkungen heranzuziehen und eine Kavallerie neu zu schaffen.

Leider aber war dieser verhängnisvolle Waffenstillstand, im Gegensatz zu den Erwägungen des Kaisers, nur den Feinden nützlich. Er wurde bis auf drei Monate verlängert und diente dazu, den Triumph des Feindes und die Vernichtung Frankreichs zu organisieren. Österreich, das noch der Verbündete Frankreichs war, bediente sich dieses Umstandes, um die Verlängerung des Waffenstillstandes zu erhalten, die es zur Vorbereitung nötig hatte; es machte sich einer gemeinen Täuschung schuldig, worüber die Geschichte ihr Urteil sprechen wird. Die Russen konnten unterdessen ihr Heer heranziehen; die Preußen verdoppelten das ihrige, die schwedische Armee vereinigte sich mit der Hauptmacht, und die englischen Hilfsgelder trafen ein.

Die Siege von Lützen und Wurschen, am 2. und 20. Mai 1813, hatten den Ruf des französischen Heeres wiederhergestellt; der König von Sachsen wurde im Triumphzuge in seine Hauptstadt zurückgeführt;

der Feind wurde aus Hamburg vertrieben; ein Korps der Großen Armee stand vor den Toren Berlins, und das Hauptquartier der Alliierten befand sich in Breslau. Die russischen und preußischen Heere waren entmutigt, es blieb ihnen nichts weiter übrig, als über die Weichsel zurückzugehen. So war die Sachlage, als Österreich sich einmengte und Frankreich den Rat gab, einen Waffenstillstand zu unterzeichnen. Napoleon kehrte nach Dresden zurück, der Kaiser von Österreich ging nach Böhmen, der russische Kaiser und der König von Preußen nahmen Aufenthalt in Schweidnitz.

Die Unterredungen begannen. Graf von Metternich schlug einen Kongreß in Prag vor; derselbe wurde angenommen. Dies war aber nur ein Scheinmanöver: Der Wiener Hof hatte schon Vereinbarungen mit Rußland und Preußen getroffen; er hätte schon im Monat Mai die Maske abwerfen sollen, aber die unerwarteten Erfolge der französischen Armee zwangen ihn zur Vorsicht. Trotz aller Anstrengungen war das österreichische Heer noch gering an Zahl, schlecht organisiert und kaum imstande, den Feldzug zu eröffnen.

Graf Metternich stellte seine Forderungen: Er verlangte die illyrischen Provinzen, die Hälfte des Königreichs Italien bis zum Mincio, Venedig eingeschlossen, außerdem Polen und den Verzicht des Kaisers auf das Protektorat des Rheinbundes und auf das Gebiet des 32. Militärbezirks. Diese unerhörten Bedingungen wurden nur gestellt, weil man ihrer Ablehnung sicher war.

Der Herzog von Vicenza (Caulaincourt) war französischer Bevollmächtigter in Prag. Die Wahl des russischen Vertreters, des Barons von Anstetten, bewies klar, daß Rußland nicht an Frieden dachte, sondern Österreich nur Zeit verschaffen wollte, seine Kriegsbereitschaft zu vollenden: Diese Voraussetzung erwies sich als richtig: Der russische Vertreter kam in keine Sitzung, und Österreich, das zuerst als Vermittler aufgetreten war, verlangte nicht ein einzigesmal die Tagung einer solchen oder Aufnahme eines Protokolls. Dieses unehrliche System von ewigen Widersprüchen zwischen Worten und Handlungen wurde von Österreich beständig befolgt, bis seine Armee bereit war. Dann erklärte es seinen Beitritt zur Koalition.

Der Kaiser hatte sich aus zwei Gründen entschlossen, auf Verhandlungen einzugehen: Erstens war er schwach an Kavallerie, was ihn verhinderte, große, entscheidende Schläge zu tun, und zweitens konnte er während des Waffenstillstandes, der über die Monate Juni und Juli dauern sollte, die 60000 Mann des Vizekönigs Eugène mit seinen 100

Geschützen, die fünf Divisionen des Beobachtungskorps vor Mainz und zwei Divisionen der Jungen Garde an der Regnitz und im Lager von Pirna zusammenziehen, so daß er imstande war, den Österreichern 150 000 Mann gegenüberzustellen.

Sollten die Feindseligkeiten wieder ausbrechen, was der Kaiser in Dresden abwarten wollte, so beabsichtigte er, den Wiederbeginn des Krieges möglichst bis zum Monat September hinauszuziehen und dann den entscheidenden Schlag zu führen.

Es konnte über den Waffenstillstand nicht gleich eine Einigung erzielt werden. Die Russen wollten Breslau besetzen, während der Kaiser die Neutralisierung dieser Festung verlangte. Der Feind wünschte Waffenstillstand nur bis zum 5. Juli, während der Kaiser den 20. Juli als Endtermin vorschlug mit einer Kündigungsfrist von 6 Tagen, so daß die Feindseligkeiten erst am 26. Juli wieder aufgenommen werden könnten. Da sich die Verhandlungen hinzogen und der Kaiser befürchtete, daß es sich seitens des Feindes nur um eine Kriegslist handelte, so stellte er ein Ultimatum, worauf der Waffenstillstand von Pleischwitz am 4. Juni um 2 Uhr nachmittags abgeschlossen wurde, mit der Absicht, während der Dauer desselben in Friedensverhandlungen einzutreten.

Der Kaiser hätte den Waffenstillstand vom 4. Juni nicht abschließen sollen. Die Feinde hatten nur 65 000 Mann; er hätte fordern müssen, daß sie bis hinter die Weichsel zurückgingen. Aber Napoleon hoffte, sich mit Österreich zu einigen. Seine Armee war ermüdet. Marschall Soult bestärkte ihn allerdings in seinem ersten Gedanken, den Waffenstillstand nicht zu unterzeichnen, aber Berthier und Caulaincourt drängten ihn dazu.

Napoleon wünschte wirklich aufrichtig einen allgemeinen Frieden, der ehrenhaft für alle wäre und Europas Ruhe sicherte. Übrigens hat er stets den Frieden gewollt: Nach jedem Sieg hat er ihn angeboten. Nach einer Niederlage dagegen hat er ihn niemals erbeten; denn eine Nation ergänzt leichter die in einem Kriege gefallenen Menschen, als sie verlorene Ehre wiedererlangt. Österreich verlangte, daß Napoleon mit einem Federstrich die Schleifung der Festungen Danzig, Magdeburg, Wesel, Mainz, Antwerpen, Alessandria und Mantua anordnen solle, mit einem Wort: der stärksten Festungen Europas, die seine Truppen noch besetzt hielten und deren Schlüssel ihm dreißig siegreiche Schlachten gekostet hatten.

Österreich wagte von Napoleon zu verlangen, daß er, Gewehr im

Arm, die Hälfte von Deutschland räumen und wie ein Idiot hinter dem Rhein so lange warten sollte, bis die Alliierten sich von den erlittenen Verlusten so weit erholt hätten, um neue Ansprüche erheben zu können. Man gab sich der törichten Hoffnung hin, der Name seines Schwiegervaters werde genügen, um Napoleon zu bewegen, diese schimpflichen Bedingungen anzunehmen, ohne daß Österreich auch nur das Schwert zu ziehen brauche.

Metternich hatte zum französischen Botschafter gesagt: »Sagen Sie uns offen, was Sie zu tun gedenken, und bringen Sie uns in die Lage, gegen Sie als guter Bundesgenosse und gegen die anderen als unabhängige Macht handeln zu können. Glauben Sie mir, wir sind von dem Gefühl unserer Bundesgenossenpflicht durchdrungen und können Ihnen wesentliche Dienste leisten!«

Diese Unterhandlungen führten also schließlich dahin, daß Kaiser Napoleon seine Zustimmung zu einem Waffenstillstand gab, der ihm sehr verhängnisvoll wurde; denn wenn er die Verfolgung des Feindes fortgesetzt hätte, würde er am Ufer des Njemen den Frieden diktiert haben; das russisch-preußische Heer befand sich in einer derartigen Unordnung, daß es alle Stellungen aufgab, in denen es sich hätte wieder sammeln können, und es war anzunehmen, daß sogar die Weichsel dem Feinde nicht als eine genügend starke Schranke erscheinen werde, um der siegreichen Armee Napoleons Einhalt gebieten zu können.

Österreich bemühte sich, seine gegen Frankreich gerichteten ehrgeizigen Ränke verborgen zu halten, aber unerwartete Ereignisse klärten den Kaiser über den Verrat auf. Ein Kurier des russischen Gesandten in Wien, Grafen Stackelberg, wurde von französischen Husaren abgefangen. Seine Depeschen besagten, daß Österreich nur noch um den Lohn für seinen Abfall feilschte. Fürst Schwarzenberg sagte in Paris in einem Augenblick des Selbstvergessens: »Die Heirat war eine politische Angelegenheit; sie bindet nicht für die Zukunft.« Trotzdem wollte Napoleon nicht glauben, daß Kaiser Franz persönlich unredlich sei. Und wie hätte er an seiner aufrichtigen Gesinnung zweifeln können, da er ihm schrieb: »Der Vermittler ist der Freund Eurer Majestät; es handelt sich darum, Ihre Dynastie, deren Bestehen mit dem der meinigen eng verbunden ist, auf unerschütterliche Grundlagen zu stellen.« Und Napoleon beklagte ihn, daß er von seinem Vertrauensmann schnöde bedient werde!

II.

Als Metternich Ende Juni 1813 einen neuen Brief des österreichischen Kaisers nach Dresden brachte, sagte Napoleon zu ihm: »Da sind Sie ja endlich, Metternich! Seien Sie mir willkommen! Aber warum kommen Sie so spät, wenn Sie ehrlich den Frieden wünschen? Warum haben Sie mich nicht von Anfang an über die Änderung Ihrer Politik unterrichtet? Sie wollen nicht mehr den unversehrten Bestand des französischen Kaiserreichs garantieren; nun gut, sei's drum! Dann mußten Sie aber den Mut haben, mir nach meiner Rückkehr aus Rußland dies ganz offen zu sagen. Vielleicht hätte ich meine Pläne geändert; vielleicht wäre ich nicht wieder ins Feld gezogen. Wir hätten uns verständigen können. Ich habe stets der Macht der Verhältnisse mich gebeugt. Sie rechneten ohne Zweifel damit, daß die Ereignisse sich weniger schnell entwickeln oder daß meine Waffen weniger glücklich sein würden. Aber warum sprechen Sie mir von Vermittlung und laden mich zum Abschluß eines Waffenstillstandes ein, während Sie gleichzeitig mit meinen Feinden über ein Bündnis unterhandeln? Ohne Ihr Dazwischentreten würde ich sie über die Weichsel zurückgeworfen haben, und der Frieden wäre bereits unterzeichnet. So aber kenne ich heute noch kein anderes Ergebnis Ihrer Vermittlung und des Waffenstillstandes als die Konvention von Reichenbach, durch die England sich verpflichtet hat, Preußen und Rußland fünfzig Millionen zum Kriege gegen mich zu liefern. Man berichtet mir auch von einem ähnlichen Vertrage mit einer dritten Macht; Sie müssen hierüber besser Bescheid wissen als ich, denn Graf Stadion nahm ja an den Verhandlungen teil. Gestehen Sie's, Metternich: Österreich hat die Vermittlerrolle nur übernommen, um seinem Ehrgeiz und seiner Rachsucht gegen mich frönen zu können! Die Vermittlung Österreichs ist nicht unparteiisch, sondern feindselig gegen mich. Der Sieg bei Lützen hat Ihnen klargemacht, daß Sie erst Ihre Armee verstärken müssen, bevor Sie sich gegen mich erklären können. Sie wollten Zeit gewinnen; Sie haben mir in verräterischer Weise Ihre Vermittlung angeboten und mich zum Waffenstillstand gedrängt. Und heute, da es Ihnen gelungen ist, hinter den böhmischen Bergen 200 000 Mann zu sammeln, die bereit sind, den Kampfplatz zu betreten – heute kommen Sie zu mir, um mir Ihre Gesetze zu diktieren!

»Wenn Ihr Gebieter Vermittler ist, warum hält er dann nicht mit gerechter Hand die Wage im Gleichgewicht? Wenn er nicht Vermittler ist, warum stellt er sich nicht offen in die Reihen meiner Feinde? Solche Rolle wäre eines großen Königs würdig. Aber ich habe Ihr Spiel durchschaut. Sie wollen hier rekognoszieren. Sie wollen feststellen, ob es vorteilhafter für Sie wäre, ohne Kampf von mir ein Lösegeld zu erpressen, oder mich offen zu bekämpfen, um Ihre verlorenen Länder ganz oder zum Teil wieder zu erlangen.

»Seien Sie offen, Metternich, was wollen Sie? Ich kenne meine Lage; ich weiß, daß ich vom Siege alles erhoffen kann, aber ich bin des Krieges müde, ich will den Frieden, und ich verhehle nicht, daß ich Ihrer Neutralität bedarf, um diesen ohne neue Kämpfe zu erlangen. Ich habe Ihnen als Preis Ihrer Neutralität Illyrien angeboten: Wollen Sie noch mehr? Sprechen Sie!«

Fürst Metternich gab zu, daß unter den obwaltenden Umständen Österreich nicht neutral bleiben könne und sich entweder für oder gegen Napoleon erklären müsse. Der Kaiser begann von neuem: »Nun, ich bin bereit, sagen Sie mir, was Österreich verlangt, um sich mir aufrichtig zu ergeben?« Zugleich führte er Metternich an einen Tisch, auf welchem Landkarten ausgebreitet lagen. Seine Eitelkeit verblendete diesen; er hielt den Kaiser für besiegt, für ohnmächtig, ohne Österreichs Beihilfe den Frieden zu diktieren. Er zeigte auf der Karte an, was nach seiner Meinung der Friedenspreis sein müßte.

»Wie?« rief Napoleon, »Sie verlangen ja für sich nicht nur Illyrien, sondern auch noch halb Italien und den Rheinbund! Das ist also Ihr Geist der Mäßigung und Ihre Achtung vor den Rechten der unabhängigen Staaten? Italien, das Protektorat über den Rheinbund und die Schweiz für Sie, Polen für Rußland, Norwegen für Schweden, Sachsen für Preußen, Holland und Belgien für England verlangen – das bedeutet ja mit einem Wort die Zerstückelung des französischen Reiches! Und Sie glauben, daß zur Erreichung eines solchen Ziels eine bloße Drohung Österreichs genüge? Auf Ihren Befehl sollen die Wälle von Danzig, Hamburg, Magdeburg, Wesel, Mainz, Antwerpen, Alessandria fallen! Ich soll also die stärksten Festungen Europas aufgeben, deren Schlüssel ich nur kraft meiner Siege besitze! Sie verlangen, daß ich, dem Machtgebot Ihrer Politik mich fügend, Deutschland räume, von dessen Boden ich noch die Hälfte besetzt halte, daß ich meine siegreichen Legionen die Waffen strecken lasse und sie hinter Rhein, Alpen, Pyrenäen zurückführe, daß ich mit einem Wort wie ein Tropf mich meinen Feinden ausliefere! Und das verlangen Sie, während meine siegreiche Armee vor den Toren von Berlin und Breslau steht, während ich persönlich an der Spitze von zweimal hunderttausend Mann stehe? Und da bildet Österreich sich ein, mich zur Annahme solcher Bedingungen führen zu können, ohne auch nur das Schwert zu ziehen? Und ein solcher Schimpf wird mir von meinem Schwiegervater angetan? Er schickt Sie zu mir! Wie, glaubt er denn, soll ich dem französischen Volk gegenübertreten? Er ist in einer seltsamen Täuschung befangen, wenn er glaubt, mein Thron könne nach solcher Verstümmelung meines Reiches seiner Tochter und seinem Enkel noch eine Zuflucht gegen die Franzosen bieten! Wenn ich der Unterzeichnung eines solchen Friedens zustimmen wollte, würde mein Reich schneller noch zusammenbrechen, als es sich erhoben hat. Man kann innehalten, wenn man im Aufstieg, aber nicht, wenn man im Abstieg ist. Um es kurz zusammenzufassen: Die Bedingungen, unter welchen Österreich seine Allianz anbietet, könnten vielleicht von einem anderen angenommen werden, aber nicht von mir. Ludwig XIV. hat allerdings ebenso drückende angenommen. Ihr Kabinett möge also seine Ansprüche auf die Befriedigung Ihrer eigenen Interessen beschränken, es möge begreifen, daß mein Dasein für das monarchische Prinzip notwendig ist, daß *ich* diesem den alten Glanz wiedergegeben, den Todesstreich des Republikanertums von ihm abgewehrt habe und daß es Europa dem Joch Rußlands ausliefern hieße, wollte man meine Macht gänzlich vernichten.«

Metternich begriff, daß er zu weit gegangen war. Er beteuerte seine glühende Sehnsucht nach Frieden und gab die Notwendigkeit zu, das französische Reich stark genug zu lassen, um der russischen Macht ein Gleichgewicht entgegenzusetzen.

Alle Schwierigkeiten schienen geebnet zu sein; Metternich gab in allen Punkten nach, seitdem Napoleon erklärt hatte, daß in bezug auf Österreich die Wiederabtretung von Illyrien noch nicht sein letztes Wort sei. Der Kaiser glaubte, ihn für seine Sache gewonnen zu haben; da ließ er sich in der Erregung zu den Worten hinreißen: »Ich habe Ihnen zwanzig Millionen gegeben; wollen Sie noch zwanzig? Ich werde Sie Ihnen geben. Wie viel hat England Ihnen denn angeboten?«

Diese Worte schlugen ein wie ein Blitz. Fürst Metternich wurde totenbleich; daran erkannte Napoleon sofort, welch einen ungeheuren Fehler er begangen hatte. Er hatte sich einen unversöhnlichen Feind geschaffen. Tiefes Stillschweigen trat ein, beide gingen mit großen Schritten auf und ab. Der Hut des Kaisers war zu Boden gefallen, sie schreiten mehrmals daran vorbei. Bei jeder anderen Gelegenheit würde Herr von Metternich sich beeilt haben, ihn aufzuheben, was endlich der Kaiser tat. Auf beiden Seiten braucht man Zeit zur Sammlung.

Endlich nimmt der Kaiser die Unterhaltung mit mehr Kaltblütigkeit wieder auf. Er erklärt, daß er noch nicht an der Aufrechterhaltung des Friedens verzweifle, wenn Österreich sein wahres Interesse im Auge behalte. Er dringt auf die Einberufung des Kongresses und verlangt in aller Form, daß im Falle der Wiederaufnahme der Feindseligkeiten, die Unterhandlungen nicht unterbrochen werden sollten, damit wenigstens das letzte Tor der Völkerversöhnung offen bleibe.

Im Lebensinteresse Österreichs und aller wahren Deutschen hätte es gelegen, den Kaiser mit Waffengewalt und durch die Macht der Diplomatie aufrechtzuhalten; der Kaiser glaubte die Österreicher und Deutschen von dem Gedanken durchdrungen, daß seine politische Existenz für die Ruhe, Sicherheit und das Gleichgewicht Europas durchaus unerläßlich sei. Welch Spiel des Schicksals: Woran der Kaiser verzweifelte, das gelang ihm, der Sieg blieb ihm treu, seine ersten Erfolge waren überraschend, wunderbar; aber was ihm unfehlbar erschien, das gerade traf nicht ein: Seine natürlichen Verbündeten ließen ihn im Stich, verrieten ihn und stürzten ihn in den Abgrund!

III.

Der Waffenstillstand war bis zum 16. August verlängert worden. Die Freikorps, die im Rücken der Franzosen schwärmten, sollten bis zum 12. Juni über die Elbe zurückkehren. Lützow, der dieser Vereinbarung zu spät Folge leistete, wurde am 17. Juni bei Kitzen überrascht, wo seine Reiterei großenteils niedergemacht wurde.

Der Kongreß, der in Prag zusammengetreten war, hatte nicht den geringsten Erfolg, und die Zeit wurde von beiden Seiten nur benutzt, um die umfassendsten Rüstungen zu beenden. Die französische Armee nahm verschiedene Truppenverschiebungen vor.

Am 5. August erteilte der Kaiser dem Marschall Davout in Hamburg den Befehl, die Bewegung der Nordarmee auf Berlin zu unterstützen, und dem Marschall Vandamme, das I. Korps näher an Dresden heranzuziehen. Das IV., VII., XII. Korps und das III. Kavalleriekorps zogen sich bei Baruth zusammen, um auf Berlin zu marschieren. Das XIV. Korps hatte Dresden und die Festung Königstein zu decken. Am

15. August vereinigten sich das III., V., VI., XI. Korps und das II. Kavalleriekorps unter dem Befehl des Marschalls Ney im Lager bei Bunzlau. Marschall Victor und Fürst Poniatowski erhielten Befehl, die starken Stellungen von Eckartsberg und Zittau zu beziehen, Marschall Gouvion Saint-Cyr besetzte Königstein auf dem linken Elbufer, um die böhmische Armee zu verhindern, in Sachsen ein- und der französischen Armee in den Rücken zu fallen, das III., V., und XI. Korps nahmen Stellung am Bober und der Katzbach, die Garde und das I., II. und IV. Kavalleriekorps standen in Görlitz, General Lefèbvre-Desnoëttes marschierte auf Rumberg in Böhmen, und das I. Korps nahm auf dem rechten Ufer der Elbe in Höhe des XIV. Korps Stellung, um die nach der Lausitz führenden Pässe Böhmens zu verteidigen.

Inzwischen schloß Schweden sich der Allianz an, und England verpflichtete sich in den zu Reichenbach abgeschlossenen Verträgen zur Zahlung größerer Hilfsgelder. Endlich erklärte Österreich am 12. August Frankreich den Krieg. Dänemark stellte sich auf die Seite Frankreichs, um gegen Schweden Schutz zu finden.

Die Verbündeten stellten drei Armeen auf: die Hauptarmee, 220000 Mann Österreicher, Russen und Preußen unter Schwarzenberg in Böhmen; die Russen wurden von Wittgenstein, die Preußen, Garde und II. Korps, von Kleist befehligt; zweitens die schlesische Armee, 99000 Mann stark, bestehend aus zwei russischen Korps unter Langeron und Sacken und dem I. preußischen Korps Yorcks; diese Armee stand unter dem Oberbefehl Blüchers; endlich die Nordarmee, 150000 Mann stark, bestehend aus Schweden, Russen (unter Winzingerode), und Preußen (dem III. und IV. Korps unter Bülow und Tauentzien); diese Armee stand unter dem Oberbefehl des Kronprinzen von Schweden, Bernadotte, bei Berlin; zu ihr gehörte noch das gegen Hamburg aufgestellte Korps von Wallmoden, 24000 Mann stark. Außerdem standen 24000 Österreicher den Bayern am Inn und 50000 Mann dem Vizekönig in Italien gegenüber. Im ganzen war die Stärke der Verbündeten auf 493000 Mann mit 1450 Geschützen anzuschlagen. Napoleons Streitkräfte betrugen etwa 440000 Mann mit 1200 Geschützen: in Sachsen und Schlesien 336000 Mann, an der Niederelbe Davout mit 30000, an der Donau 25000 Mann, in Italien 45000 Mann.

*

Fünftes Kapitel.

Dresden.

I. Vorstöße nach Schlesien und gegen Berlin. – II. Rückmarsch nach Dresden. – III. Schlacht bei Dresden (26. und 27. August). – IV. Vandammes Niederlage bei Kulm (29. und 30. August).

I.

Am 20. August drang der Kaiser mit der Vorhut in Schlesien ein, um sichere Erkundigungen über die feindlichen Stellungen einzuziehen, die sich bei Bunzlau, Goldberg und Löwenberg befanden. Es kam zu einem Zusammenstoß bei Goldberg, der mit dem Rückzug des Feindes endigte.

Nach den Meldungen, die der Kaiser im Laufe des Tages erhielt, hatte er die feindliche Armee vor sich. General Langeron befehligte fünf, General Sacken drei und die Generale Blücher und Yorck vier Divisionen, deren Gesamtstärke sich auf 80 bis 90 000 Mann belaufen konnte. Beruhigend war, daß die feindliche Armee aus äußerst schlechter Infanterie bestand. Es schien, daß die feindliche Armee von Schlesien her nur deshalb in Eilmärschen herangezogen war, weil sie der Meinung war, daß die Franzosen über die Elbe zurückgingen. Sie glaubte, daß sie nur eine Verfolgung aufzunehmen brauchte, und groß war ihre Überraschung, als sie das französische Heer die Offensive ergreifen sah, der sie nicht standzuhalten vermochte. Der Feind wurde am 21. August bei Bunzlau und Löwenberg zurückgeschlagen und bis an die Jauer verfolgt. Dadurch wurden die Franzosen Herren der Pässe und konnten bis auf fünfzig Kilometer von Prag vordringen. Das Korps des Marschalls Blücher wurde auf die Katzbach zurückgeschlagen.

Am 23. August übertrug der Kaiser die weiteren Operationen nach Böhmen zu an Marschall Ney, der in dem Oberbefehl der Armee am Bober durch Marschall Macdonald ersetzt wurde. Dieser erhielt den

Auftrag, das Heer Blüchers in Schach zu halten, um ihn zu verhindern, auf Böhmen und den Marschall Oudinot loszugehen.

Als dem Kaiser gemeldet wurde, daß das Heer des Fürsten von Schwarzenberg auf dem linken Elbufer erschienen wäre, befahl er dem I., II. und VI. Korps, sich auf Dresden zurückzuziehen, in der Absicht, die feindliche Armee zwischen Dresden und Königstein zu stellen, wohin er selbst eilte. Um diesen Plan durchzuführen, konzentrierte er sein Heer bei Stolpen und traf alle Vorsorge für die Verteidigung Dresdens. General Vandamme erhielt Befehl, die festen Plätze Lilienstein und Königstein zu besetzen, sich des Lagers von Pirna zu bemächtigen und alle Übergänge der Elbe von Königstein bis Meißen zu befestigen.

Aber die Befürchtungen des Marschalls Gouvion Saint-Cyr wegen des Verteidigungszustandes Dresdens und die Schlappe, die sich Marschall Oudinot bei Großbeeren am 23. August holte, zwangen den Kaiser, seine Dispositionen zu ändern und nach dieser Hauptstadt zurückzumarschieren, während General Vandamme Befehl erhielt, die feindlichen Stellungen zu umgeben.

Oudinot hatte den Auftrag erhalten, mit drei Armeekorps gegen Berlin zu operieren, während Davout von Hamburg aus und Girard von Magdeburg her ihn unterstützen sollten. Er war in die Mark eingedrungen, ließ sich aber am 23. August bei Großbeeren durch Bülow schlagen, was weitere schlimme Folgen für die französische Armee zur Folge hatte.

II.

Inzwischen hatten die Verbündeten ihren Vormarsch auf Dresden begonnen. Sie eröffneten, den Abmachungen des Waffenstillstandes entgegen, die Feindseligkeiten. Am 23. August hatte man ihre ersten Kolonnen auf der Straße von Peterswalde wahrgenommen, und in den folgenden Tagen besetzten sie die Höhen um Dresden. Um ihre Vereinigung vollständig zu machen, fehlte nur noch die österreichische Kolonne Klenaus, die über Karlsbad und Zwickau auf Dresden marschierte. Die allmähliche Anhäufung der verbündeten Truppen um Dresden, die man von der Stadt aus wahrnahm, verursachte hier gewaltigen Schrecken. Man sandte Boten über Boten an Napoleon und bestürmte ihn, mit allen Truppen herbeizueilen, um den furchtbaren Angriff abzuschlagen, von dem man sich bedroht sah. Napoleon weigerte sich zuerst, da er seinen Plan nicht aufgeben wollte, über Königstein in den Rücken des Feindes zu fallen. Dazu brauchte er nur zwei Tage, und so lange konnte Dresden sich doch jedenfalls halten, denn man hatte dem Feinde ein verschanztes Lager, die Umwallung der Stadt und endlich noch die stark verbarrikadierten Straßeneingänge entgegenzustellen. Doch veranlaßten ihn schließlich die Befürchtungen Saint-Cyrs wegen des Verteidigungszustandes der Hauptstadt und die Schlappe Oudinots, seinen Plan zu ändern. Er diktierte sofort seine Befehle. Er ließ seine bereits in der Gegend von Stolpen eingetroffene Alte Garde, die Kavallerie Latour-Maubourgs und die Hälfte der Division Teste auf Dresden rücken und befahl, die ganze Nacht zu marschieren, um bei Tagesanbruch vor Dresden sein, die Brücken überschreiten und sich hinter dem Korps des Marschalls Saint-Cyr aufstellen zu können. Die Junge Garde und Marschall Marmont, die noch auf der Straße von Löwenberg waren, sowie Marschall Victor, der Zittau verlassen hatte, um sich nach Königstein zu begeben, erhielten die gleichen Instruktionen. General Vandamme erhielt den Befehl, im Laufe des folgenden Tages, am 26. August, die schon früher zwischen Lilienstein und Königstein geschlagene Brücke mit seinen 40 000 Mann zu überschreiten, auf dem linken Elbufer vorzubrechen, das Lager von Pirna wegzunehmen und zu beiden Seiten der Heerstraße von Peterswalde Aufstellung zu nehmen. Bei Tagesanbruch ritt der Kaiser im Galopp nach Dresden, wo er morgens 9 Uhr eintraf, und wo sein Eintreffen unter den Truppen und Einwohnern die größte Begeisterung hervorrief. Überall tönten ihm die Rufe: Es lebe der Kaiser! entgegen.

III.

Eine Reihe Höhen, Ausläufer der Böhmischen Berge, umschließen Dresden und bilden eine Art Amphitheater um die Stadt. Auf diesem hatten die Verbündeten Stellung genommen, um die Franzosen im Rücken zu fassen. Sie kehrten folglich den Rücken gegen Frankreich, während die Franzosen ihn Deutschland zuwendeten. Die rückwärts durch die Altstadt gedeckte Verteidigungslinie der Franzosen bildete einen Halbkreis, dessen Enden sich auf die Elbe stützten, das linke bei der Pirnaer Vorstadt, das rechte bei der Friedrichstadt. Diese Linie bestand erstens aus einem verschanzten Lager, d. h. aus fünf vor den Vorstädten errichteten und untereinander durch Gartenmauern und Verhaue verbundenen Redouten, sodann aus der alten Umwallung, bestehend aus einem Graben und Palisaden, und endlich aus den Straßeneingängen, die stark verbarrikadiert waren. Vor der äußeren Linie der Redouten hatte Marschall Saint-Cyr seine Truppen Stellung nehmen lassen. Da seine erste Division bei Vandamme geblieben war, hatte er die zweite auf die erste Hälfte des Umkreises der Stadt, nämlich vom Pirnaer bis zum Dippoldiswalder Schlagbaum verteilt. Seine vierte Division besetzte die andere Hälfte des Umkreises, der bei der Friedrichstadt endete. Vor der Pirnaer Vorstadt befand sich ein umfangreicher öffentlicher Garten, der sogenannte Große Garten, der einen starken Vorsprung vor dem französischen linken Flügel bildete. Dort hatte der Marschall seine dritte Division untergebracht und zwischen den Redouten die Feldartillerie aufgestellt, um durch schnelles Feuern die schweren Geschütze der Schanzen zu unterstützen und die Lücken auszufüllen.

Aus den Aufstellungen der feindlichen Truppen auf den Höhen ließ sich schließen, daß die Russen der Generale Wittgenstein und Miloradowitsch unter Barclay de Tolly ihren Angriff gegen den französischen linken Flügel zwischen Elbe und dem Großen Garten, die Preußen unter General Kleist den ihrigen gegen den Großen Garten richten und die auf der Freiberger Straße stehenden Österreicher den rechten französischen Flügel angreifen würden.

Nachdem der Kaiser unter lebhaftem Schützenfeuer die Linie in ihrer ganzen Ausdehnung besichtigt hatte, billigte er die Anordnungen Saint-Cyrs.

Die Kürassiere und die Alte Garde waren inzwischen eingetroffen; die vier Divisionen Junger Garde konnten erst im Laufe des Tages und die Marschälle Marmont und Victor noch später erwartet werden.

Murat mit der gesamten Kavallerie Latour-Maubourgs stellte Napoleon in der Ebene der Friedrichstadt auf, die die äußerste Rechte der französischen Verteidigungslinie bildete. Dem General Teste befahl er, mit seiner an der Elbe gelassenen Brigade in die Stadt zurückzukehren, um die Kavallerie Latour-Maubourgs in der Friedrichstädter Ebene unterstützen zu können.

So erwartete Napoleon entschlossen den Angriff der 200 000 Mann feindlicher Streitkräfte, von denen er sich einer gewaltigen Kraftanstrengung versehen mußte.

Inzwischen war es beinahe Mittag geworden, als man das Korps Wittgensteins gegen die Pirnaer Vorstadt vorrücken sah. Es mußte einen breiten Kanal, den sogenannten Landgraben überschreiten. Die zweite Division Saint-Cyrs verteidigte das Gelände sehr kräftig; trotzdem überschritt der Feind den Landgraben und drang·zwischen der Elbe und dem Großen Garten vor, während er dabei durch den Angriff der Preußen auf den Großen Garten unterstützt wurde, dessen sie sich nach heftiger Anstrengung bemächtigen konnten. So stand das Gefecht um 5 Uhr nachmittags. Der Feind hatte sich auf diesem Punkte den Schanzen sehr genähert, aber keine genommen.

Im Zentrum hatte der feindliche Angriff größere Fortschritte gemacht. Dort hatten die Österreicher zwei von den Feldschanzen angegriffen, jede von diesen mit 50 Geschützen beschossen und deren Feuer zum Schweigen gebracht. Nachdem sie die Franzosen durch ein mörderisches Gewehrfeuer aus dem Moczynskischen Garten vertrieben und diesen besetzt hatten, nahmen sie eine der Redouten. Es drohte Gefahr, daß der Feind noch andere erobern würde, zumal da die Russen sich ebenfalls zum Sturme anschickten.

Obwohl es schon spät war und dem Feinde nur noch wenig Zeit zu weiterer Kraftentfaltung übrig blieb, war die Gefahr doch groß. Trotz dem Befehle des Kaisers, die Alte Garde zu schonen, trug Friant, der die Grenadiere dieses Korps kommandierte und in der Pirnaer Vorstadt in Reserve stand, nun doch kein Bedenken, einige Kompanien vorzuwerfen. Sie stürzten sich auf die russischen Kolonnen und warfen deren Spitzen mit dem Bajonett zurück. Am entgegengesetzten Ende, am Freiberger Tore, hatten die Füsiliere ein gleiches getan und die Österreicher zurückgeschlagen. Doch in diesem Augenblick trafen die Reihen der Jungen Garde ein, begierig, sich mit dem Feinde zu messen, und die Luft mit dem Rufe: Es lebe der Kaiser! erfüllend. Sie bildeten vier schöne Divisionen von je 8 bis 9000 Mann, von denen zwei unter Marschall Mortier und zwei unter Marschall Ney standen. Bei ihrem Eintreffen eilte der Kaiser herbei und stellte sie selbst auf. Er entsandte die Divisionen Decouz und Roguet an das Pillnitzer Tor, um die Russen, die beständig Boden gewannen, zurückzuwerfen; und die Divisionen Barrois und Parmentier an das Pirnaer Tor, um die Preußen aufzuhalten, die sich bereits bei der Redoute des Moczynskischen Gartens den Österreichern anzuschließen begannen. Zugleich befahl der Kaiser Murat, mit seiner ganzen Kavallerie in der Friedrichstädter Ebene auf den Feind einzuhauen.

Im Augenblick verwandelt sich die Szene. Die Tore öffnen sich, und zwei Divisionen der Jungen Garde dringen wie Bergströme daraus hervor, um sich auf die Preußen und Russen zu werfen. Die Russen werden auf den Landgraben zurückgedrängt, über den sie in Unordnung zurückweichen, die Preußen aus den Gärten geworfen und die 600 Österreicher in der von ihnen besetzten Redoute gefangengenommen. Im gleichen Augenblick rückt General Teste aus dem Freiberger Tor und bemächtigt sich des Dorfes Klein-Hamburg, während Murat mit seinen 12 000 Reitern die Österreicher von der Friedrichstädter Ebene vertreibt und sie zum Rückzug auf die Höhen zwingt. Die überall geworfenen Alliierten entschließen sich jetzt zum Rückzug, indem sie 3000 bis 4000 Tote und Verwundete und 2000 Gefangene auf dem Kampfplatze lassen. Die Franzosen hatten nur 2000 Mann verloren.

Der Kaiser war hocherfreut über den Erfolg dieses Tages und sah mit Zuversicht den Ereignissen des kommenden Tages entgegen, zumal da er auf mindestens noch 40 000 Mann rechnete, die im Laufe des Abends eintreffen konnten. Während er mehrmals an diesem Tage einen Turm der Stadt bestiegen hatte, von wo man einen Überblick über die ganze Umgegend hatte, war ihm plötzlich ein Gedanke gekommen, wie er am besten die Lage des Augenblicks ausnützen konnte. Er hatte zwischen dem Zentrum des Feindes, wo sich ein Teil der Österreicher befand, und dem rechten französischen Flügel eine enge und tiefe Schlucht gesehen, die dem Weiseritzflüßchen zum Bett diente. Jenseits dieser Schlucht, des sogenannten Plauenschen Grundes, auf dem äußersten linken Flügel der Verbündeten, stand die Hauptmacht der Österreicher, die also vom Rest der verbündeten Armee durch eine Art Abgrund getrennt war, über den hinweg man ihnen unmöglich zu Hilfe kommen konnte. In diesen Grund mußte der Kaiser am folgenden Tage die Österreicher werfen, und der Tag gehörte ihm. Ohne sich Ruhe zu gönnen, erteilte er sofort die nötigen Befehle und speiste dann beim Könige von Sachsen im Schloß, wo er die Glückwünsche des ganzen Hofes entgegennahm.

Die Verbündeten hatten sich entschlossen, auf den Höhen um Dresden stehen zu bleiben, wo sie eine treffliche Stellung einnahmen. Nur zog Fürst Schwarzenberg, um das Zentrum zu verstärken, einen Teil der jenseits des Plauenschen Grundes befindlichen Truppen zurück und schwächte somit seinen linken Flügel, den er hätte verstärken sollen. Er rechnete allerdings auf das Eintreffen der zweiten Hälfte des Klenauschen Korps, das diesem Flügel die ihm entzogene Stärke wiedergeben sollte. So erwartete man den kommenden Tag.

An diesem, am 27. August, regnete es stark, und ein dicker Nebel hüllte das Schlachtfeld ein. Das kam den Plänen des Kaisers zustatten. Die ersten Stunden des Vormittags verstrichen mit Manövern. General Teste, der unter dem Befehl des Marschalls Victor stand, stellte sich mit seinen acht Bataillonen dem Dorfe Löbda und dem Plauenschen Grunde gegenüber auf, um die österreichischen Grenadiere Bianchis zu verhindern, daraus hervorzubrechen. Marschall Victor stellte sich mit seinen drei Divisionen in Kolonnen am Fuße der Höhen auf, wo er wartete, bis Murat seine Umgehung des linken Flügels der Österreicher ausgeführt haben würde. Murat selbst, der seit dem Morgen zu Pferde war, beeilte sich mit der schweren Reiterei Latour-Maubourgs über Priesnitz unbemerkt die Hochebene zu gewinnen, um von dort aus einzugreifen.

Marmont, der hinter sich die Alte Garde und vor seiner Front eine furchtbare Artillerielinie hatte, stellte sich am Fuße der Höhen von Räcknitz auf und erwartete dort die Befehle des Kaisers. Links vor ihm stand Saint-Cyr mit seinen Divisionen, die er dorthin zusammengezogen hatte, vor dem Großen Garten, bereit, die Höhen von Strehlen anzugreifen. Auf der äußersten Linken endlich zog Ney mit der Jungen Garde und Nansoutys Kavallerie in Kolonnen hinter dem Großen Garten vorbei, um diesen zu umgehen und sich dann zwischen Gruna und Döbritz mit den Russen zu messen.

Die Alliierten hatten ungefähr dieselben Stellungen inne, wie am Tage zuvor, und erwarteten fast unbeweglich den Angriff der Franzosen. Kaiser Alexander befand sich in Räcknitz in steter Begleitung des Generals Moreau, der auf die Kunde von dem Unglück seines alten Widersachers von Amerika herbeigeeilt war, um sich den Feinden des Kaisers zur Verfügung zu stellen. –

Als der Nebel sich etwas zu zerteilen begann, setzte sofort die Kanonade ein, die bald äußerst heftig wurde, denn bei den beiden Armeen befanden sich nicht weniger als 1200 Geschütze in Batterien. Napoleon ließ das Artilleriefeuer namentlich im Zentrum unterhalten, wo er sich nur durch dieses Mittel am Kampf beteiligen konnte.

Zur Rechten bemächtigte sich General Teste Löbdas und drang dann bis zum Eingange des Plauenschen Grundes vor. Victor, der einen Teil der Nacht hindurch marschiert war, bildete, nachdem er seinen Soldaten ein wenig Ruhe gegönnt hatte, mehrere Kolonnen und begann die Höhen zu ersteigen, um sich den Dörfern Töltschen, Rosthal und Korbitz zu nähern, die er wegnehmen sollte. Währenddessen entwickelte Murat, nachdem er auf der Straße nach Priesnitz den Abhang der Höhen überschritten hatte, seine sechzig Schwadronen zur Rechten der Freiberger Straße, von wo er die Linke der Österreicher bedrohte. Um halb elf Uhr waren diese Bewegungen beinahe vollendet.

Im Zentrum verließ Saint-Cyr, der links von Marmont und der Alten Garde aufgestellt war, die Mauern des Großen Gartens, auf die er sich gestützt hatte, entriß den Preußen Strehlen und versuchte, ihnen auf die Höhen von Leubnitz zu folgen. Die Preußen warfen sich auf ihn, und es kam zwischen Strehlen und Leubnitz zu einem erbitterten Gefecht.

Jenseits des Großen Gartens entwickelte sich Marschall Ney zwischen Gruna und Döbritz, rückte gegen Reick vor und trieb die Vorhut Wittgensteins vor sich her. An der Spitze von 36 000 Mann vortrefflicher Infanterie und 5 bis 6000 Reitern zeigte er seine ihm eigentümliche entschlossene Haltung. Im übrigen begnügte man sich bis 11 Uhr mit einer heftigen Kanonade, und auf den Flügeln wurde hauptsächlich nur manövriert.

Um halb zwölf Uhr begannen Victor und Murat, nachdem sie jenseits des Plauenschen Grundes in Linie eingerückt waren und sich über ihren Angriff gehörig verständigt hatten, diesen ebenso rasch wie nachdrücklich auszuführen und stürzten sich auf die von den Österreichern besetzten Dörfer. Die Feinde unterhielten anfangs ein mörderisches Feuer aus fünfzig Geschützen und überschütteten hierauf die französischen Sturmkolonnen mit Musketensalven. Doch ließen sich die von tatkräftigen Offizieren angefeuerten jungen französischen Soldaten nicht außer Fassung bringen, rückten ungestüm vor und warfen sich auf die Dörfer, die bald alle drei erobert waren. Die Österreicher zogen sich auf das rückwärts gelegene glacisförmige Gelände zurück. Plötzlich versuchte die Division Aloys Liechtenstein, die einen leeren Raum zwischen der etwas links gegen Töltschen gerückten Division Dubreton und der in Korbitz gebliebenen Division Dufour bemerkte, in diesen Raum einzudringen. Doch Murat war wachsam und warf die Kürassiere Bordessoulles dem andringenden Feind entgegen. Sie stürzten sich im Galopp auf die Karrees der Österreicher, die wegen des Regens nicht feuern konnten. Im Nu waren zwei Karrees gesprengt und zusammengehauen. Auf der Linken bemühten sich die beiden Brigaden Dubreton, die Österreicher gegen den Plauenschen Grund zu drängen. Vergebens suchten Weißenwolfs Grenadiere standzuhalten; sie wurden in die Weisritz geworfen und mehr als 2000 von ihnen wurden gefangengenommen. Gleichzeitig erneuerte die Kavallerie Bordessoulles ihre Angriffsritte gegen die Division Liechtenstein, trieb sie bis zum Gipfel der Höhen zwischen Altfranken und Pesterwitz und warf sie dann auf Potschappel in den tiefsten Teil des Plauenschen Grundes. Rechts drängte Murat die Division Meszko auf Komtitz, um sie von da über die Höhen hinabzuwerfen. In diesem Augenblick stürzten sich auf ihn 3000 österreichische Reiter, die auf den Flanken dieser Division standen. Er stellte ihnen die Dragoner der Division Doumer entgegen und warf sie zurück. Sodann griff er die Infanterie Meszkos mit seinen Kürassieren an und trieb sie über eine Meile weit auf der Freiberger Straße vor sich her. Diese unglückliche Division machte wiederholt halt, um die Sturmritte der französischen Reiter mit dem Bajonett abzuschlagen, denn der unaufhörlich niederströmende Regen machte das Feuern unmöglich. Aber bald wurde sie überflügelt, umringt und gezwungen, die Waffen zu strecken; 6 bis 8000 Mann wurden gefangengenommen. Damit war die Niederlage des feindlichen linken Flügels vollständig; an sein Eingreifen war nicht mehr zu denken.

Während sich solches auf dem linken Flügel der Alliierten ereignete, spielte im Zentrum eine ergreifende Szene sich ab. Dort hatte Napoleon gegen den Feind, der über zahlreiche Artillerie verfügte und eine beherrschende Stellung innehatte, ein heftiges Artilleriefeuer eröffnen lassen. Er selbst gab, dem feindlichen Feuer ausgesetzt, den Batterien die Richtung an. Als er sich gegenüber, bei Räcknitz, eine Schar glänzender Offiziere bemerkte, richtete er das Feuer auf diese. Dort befand sich Kaiser Alexander mit seinem Gefolge und General Moreau an seiner Seite. Dieser machte Kaiser Alexander auf die Gefahr aufmerksam und riet ihm, sich etwas weiter entfernt aufzustellen. Kaum hatte er diesen Rat erteilt, als eine Kanonenkugel ihm beide Beine zerschmetterte und ihn samt seinem Pferde zu Boden warf. Seltsame Fügung des Schicksals! Er wurde von einer französischen Kugel getroffen, die gewissermaßen Napoleon selbst entsendet hatte! Welch eine Strafe für den Unglücklichen, der vielleicht einen besseren Tod verdient hatte!

Kaiser Alexander war tief erschüttert durch dieses Ereignis. Zu allem Unglück gesellte sich die Nachricht von der Vernichtung des linken Flügels der Verbündeten im Plauenschen Grund und die begründete Furcht, auf dem rechten Flügel durch die Bewegung des ohne Hindernis von Reick auf Prohlis vorrückenden Marschalls Ney umgangen zu werden, während Vandamme im Begriffe war, die Straße nach Peterswalde abzuschneiden. Es blieb dem Feinde somit nichts anderes übrig, als den Rückzug nach den böhmischen Bergen anzutreten. Er räumte nach und nach das Schlachtfeld und ging über die Dresden umgebenden Anhöhen zurück, 10 bis 11 000 Tote und Verwundete, 15 bis 16 000 Gefangene und vieles Material zurücklassend. Die Franzosen verloren 8 bis 9000 Mann, die fast alle nur durch das Geschützfeuer gefallen waren.

Die Franzosen verdankten den schönen Sieg dem Scharfblick des Kaisers, der im Plauenschen Grunde den wunden Punkt des Gegners entdeckt hatte, und der schnellen und genauen Ausführung seiner Befehle durch Murat, der an diesem Tage unermüdlich war.

Napoleon kehrte gegen Abend nach Dresden zurück, wo er von der Bevölkerung mit begeisterten Zurufen empfangen wurde. Er begab sich sofort zum König von Sachsen, der ihm, wie auch sein ganzer Hof, seine lebhafte Freude bezeigte. Napoleon aber dachte nur an eins und richtete an jedermann unablässig dieselbe Frage: »Wen haben wir unter jener glänzenden Reiterschar bei Räcknitz getötet?« Er sollte darüber bald durch einen eigentümlichen Umstand aufgeklärt werden. Man brachte ihm einen Hund, der in einem Bauernhause geblieben war, wo dem Verletzten ärztliche Hilfe zuteil geworden war. Dieser Hund trug ein Halsband, auf dem zu lesen war: »Ich gehöre dem General Moreau.« Auf diese Weise erfuhr der Kaiser die Anwesenheit Moreaus in den Reihen der Verbündeten und seinen Tod.

Der Kaiser erteilte sofort die nötigen Befehle, um den Feind aufs nachdrücklichste zu verfolgen und alle Früchte des schönen Sieges einzuheimsen.

Nach der Schlacht bei Dresden beeilte der Kaiser von Österreich sich, an Napoleon zu schreiben. Er sprach von seiner Tochter und hielt sich schon für besiegt. Doch bald folgten dem Siege die Nackenschläge, die die falschen Manöver Macdonalds in Schlesien dem französischen Heere zuzogen, und die Vernichtung des Vandammeschen Korps in Böhmen. Das verdarb alles.

IV.

General Vandamme hatte, den Befehlen des Kaisers gemäß, am 26. August die Elbe bei Königstein überschritten, die schwach besetzte Hochebene von Pirna erstürmt und in diesem Lager eine Stellung bezogen, von wo er die Straße nach Peterswalde beherrschte, ohne sie gänzlich zu sperren. Die Verbündeten beschlossen, daß die Russen sich auf dieser Straße zurückziehen und sie mit Waffengewalt wieder öffnen sollten, falls sie besetzt wäre, während die Preußen und ein Teil der Österreicher die seitwärts führende Straße über Altenberg, Zinnwald und Teplitz einschlagen sollten. Der Rest der österreichischen Armee sollte auf der Freiberger Chaussee die große Landstraße wieder erreichen, die von Leipzig über Kommotau nach Prag führt.

Demzufolge versuchten am 28. morgens Prinz Eugen von Württemberg und Graf Ostermann auf dem Plateau von Gießhübel vorzurükken, das unterhalb der Pirnaer Hochebene gelegen ist. Am Eingange derselben hatte ein französisches Bataillon den Kohlberg besetzt. Prinz Eugen ließ ihn erstürmen und benützte seinen Vorteil, um mit seinem ganzen Korps durch den Engpaß zu brechen und ohne weitere Unfälle die Straße von Peterswalde zu erreichen.

Inzwischen hatte Napoleon dem Marschall Mortier mit der Jungen Garde und dem Marschall Saint-Cyr mit dem XIV. Korps befohlen, sich mit Vandamme zu vereinigen. Marschall Marmont wurde angewiesen, die Verbündeten auf der Altenburger Straße, Murat dagegen, der auch das Korps Victors zur Verfügung hatte, sie aufs nachdrücklichste auf der Freiberger Straße zu verfolgen. Der Kaiser selbst begab sich zum Marschall Marmont, um mit eigenen Augen den Rückzug des Feindes zu beobachten. Er erteilte dem Marschall Saint-Cyr den Befehl, sich über Maxen Marmont zu nähern und mit ihm gemeinschaftlich die Verfolgung aufzunehmen. Darauf begab er sich nach Pirna.

Hier um die Mittagszeit eingetroffen, nahm er eine leichte Mahlzeit ein, fühlte sich danach aber plötzlich von heftigen Leibschmerzen befallen, durch die er sich indessen nicht abhalten ließ, die Befehle, die die Umstände erheischten, zu erteilen. Er empfing in diesem Augenblick Depeschen, die er mit Ungeduld aus der Gegend von Berlin und vom Bober erwartet hatte. Marschall Oudinot, der seit mehreren Tagen schon hätte in Berlin sein müssen, war durch Überschwemmungen aufgehalten worden und hatte zudem ziemlich empfindliche Verluste erlitten. Marschall Macdonald war von Blücher an der Katzbach überfallen worden und hatte gleichfalls schwer zu leiden gehabt. So konnte der Kaiser sich nicht lange seines schönen Sieges bei Dresden erfreuen. Die Schlappe Macdonalds konnte, indem sie sich zu der Oudinots gesellte, den Marsch nach Berlin aufhalten, an dem dem Kaiser sehr viel gelegen war. Denn dadurch wollte er die Preußen ins Herz treffen, Bernadotte strafen und sich mit den Festungen an der Oder, vielleicht auch mit denen an der Weichsel in Verbindung setzen, die alle einer neuen Verproviantierung bedurften. Der Kaiser kehrte sofort nach Dresden zurück, um das Nötige anzuordnen, und glaubte, es würde genügen, wenn er Vandamme nach Teplitz entsendete, um dort, oder zu Kulm, im Hinterhalt stehend, über die Verbündeten herzufallen, wenn sie, von Saint-Cyr, Marmont, Victor und Murat hart verfolgt, aus den Engpässen des Gebirges hervorkämen.

Nachdem der Kaiser diese Weisungen erteilt hatte, begab er sich nach Dresden und befahl der Alten Garde, zu ihm zu stoßen.

Die Verfolgung des Feindes wurde energisch fortgeführt. Zu Passendorf machte Murat 2000 Gefangene und nahm 3 bis 400 Wagen weg. Bei Dippoldiswalde lieferte er ein glückliches Gefecht und machte weitere Gefangene. Die Gesamtverluste der Verbündeten beliefen sich am 28. auf mindestens 32 bis 33 000 Mann.

Am 29. entschloß Vandamme sich, die Russen für ihr Glück, ungestraft vor ihm unterm Lager von Pirna vorbeigezogen zu sein, büßen zu lassen. Er rückte gegen die Nachhut der Russen vor und nahm ihnen, zusammen mit dem tüchtigen jungen deutschen Prinzen Reuß, bei Peterswalde 2000 Gefangene weg. Unglücklicherweise fand Prinz Reuß dabei seinen Tod. Darauf überschritt Vandamme das Gebirge und setzte sich bei Kulm fest, von wo er das weite Talbecken beherrschte, in welchem die lebhaft bedrängten feindlichen Kolonnen zu erscheinen begannen. Leider konnte Vandamme vorerst nur über seine Vorhut verfügen, während der Rest seines 40 000 Mann starken Korps noch weit auseinandergezogen in den Bergschluchten marschierte. Der Feind erkannte sofort Vandammes gefährliche Lage und beschloß, sie sich zunutze zu machen. Die Österreicher vollzogen ihre Vereinigung mit den Russen. Es entspann sich bald ein mörderischer Kampf, der trotz dem heldenmütigen Widerstand der Franzosen zu ihren Ungunsten endete. General Vandamme beschloß, sich in Kulm zu halten, bis Verstärkungen herangezogen werden könnten. Am nächsten Morgen aber, den 30. August, begann der Feind wieder seinen Angriff. Plötzlich entstand gegen 10 Uhr ein Lärm im Rücken der Franzosen. Man vernahm Schützenfeuer und das Geräusch zahlreicher Wagen und gewahrte dichte Kolonnen. Vandamme glaubte voller Freude, es sei der von Pirna eintreffende Mortier. Er eilt hinzu und erkennt die Uniformen der Preußen! Es war General Kleist, der auf der Peterswalder Straße heranrückte. Von allen Seiten bedrängt, sind die Franzosen verloren. Vandamme und Haxo werden verwundet gefangengenommen, und bald sieht man, mit Ausnahme weniger Kolonnen, die sich in Ordnung zurückziehen, allenthalben nur Schwärme von Flüchtlingen, die sich in das Waldgebirge retten. So endete der unglückliche Tag bei Kulm, der den Franzosen 5 bis 6000 Tote und Verwundete, 7000 Gefangene, 48 Kanonen, zwei sonst tüchtige Generale kostete und die Verbündeten wieder mit neuer Siegeshoffnung erfüllte.

*

Sechstes Kapitel.

Leipzig.

I. Abfall Bayerns. – II. Der erste Schlachttag (16. Oktober). – III. Der zweite Schlachttag (18. Oktober). – IV. Die Katastrophe. – V. Die Rheinbundfürsten und die französischen Generale.

I.

Anfang September fand unter Marschall Ney ein neuer Vorstoß gegen Berlin statt. Dieser wurde aber durch Bülow am 6. September bei Dennewitz vereitelt, wo er dem Marschall eine schwere Niederlage beibrachte.

Nun trat eine längere Pause in den Operationen ein. Die Verbündeten erwarteten das Eintreffen der russischen Reservearmee und entzogen sich geschickt allen Versuchen der Franzosen, sie zu einer Schlacht zu bewegen.

Im Oktober brach endlich der Kaiser von Dresden auf und marschierte, um den Feind zu täuschen, auf dem linken Ufer der Elbe, in der Richtung auf Magdeburg. Sein Plan war, bei Wittenberg wieder über die Elbe zu gehen und auf Berlin zu marschieren. Mehrere Armeekorps waren schon in Wittenberg angekommen, und die Brücken des Feindes bei Dessau waren zerstört worden. Da erhielt der Kaiser einen Brief des Königs von Württemberg, worin dieser ihm mitteilte, daß der König von Bayern, ohne Kriegserklärung oder vorherige Verwarnung, sich auf die andere Seite geschlagen hätte; daß die am Inn stehenden österreichischen und bayrischen Truppen sich vereinigt und ein gemeinsames Lager bezogen hätten; daß diese 80 000 Mann österreichisch-bayrischer Truppen, unter dem Oberbefehl des Generals von Wrede, an den Rhein zögen und daß er selbst der Gewalt weichend, gezwungen wäre, sein Kontingent mit dieser Armee zu vereinigen; der Kaiser müßte sich darauf gefaßt machen, bald die Festung Mainz durch ein Heer von 100 000 Mann belagert zu sehen. Auf diese unerwartete Nachricht hin glaubte der Kaiser seinen Feldzugsplan ändern zu müssen, den er seit zwei Monaten festgelegt und zu dessen Ausführung er alle Anordnungen getroffen hatte. Dieser Plan bestand darin, die Alliierten zwischen Elbe und Saale zu werfen und den Kriegsschauplatz zwischen Elbe und Oder zu verlegen, wo die französische Armee sich einerseits auf die Elbfestungen und Magazine von Torgau, Wittenberg, Magdeburg und Hamburg und andrerseits auf die Oderfestungen Glogau, Küstrin und Stettin stützen konnte. Je nach den Umständen hätte man dann die Plätze an der Weichsel: Danzig, Thorn und Modlin entsetzen können. Napoleon konnte von diesem großen Plan einen solchen Erfolg erhoffen, daß die Koalition dadurch zerrüttet und die Fürsten Deutschlands in ihrer Treue und im Bündnis mit Frankreich befestigt worden wären. Hätte Bayern nur noch 14 Tage mit seinem Abfall gewartet, dann wären Umstände eingetreten, die auch diese Macht in der Treue zum Kaiser festgehalten hätte. Bei der veränderten Sachlage aber war Napoleon gezwungen loszuschlagen.

II.

Inzwischen war Bennigsen hinter der schlesischen Armee unbemerkt nach Böhmen gelangt, während Blücher sich durch einen geschickt verdeckten Marsch nach rechts gewandt und am 3. Oktober durch das Treffen bei Wartenburg den Elbübergang erzwungen hatte. Auch die Nordarmee überschritt am 4. und 5. Oktober diesen Fluß, während die Hauptarmee aus Böhmen westwärts über das Erzgebirge nach Sachsen vorrückte. Im Rücken der Franzosen streiften schon einzelne Korps, so namentlich der Heeresteil Tschernitscheffs, der am 1. Oktober dem Königreich Westfalen ein Ende machte.

Napoleon entsandte Murat mit einem Teil des Heeres, um den Marsch der Hauptarmee der Verbündeten aufzuhalten. Er selber, der am 7. Oktober mit den übrigen Streitkräften Dresden verlassen hatte, unternahm einen Vorstoß bis Düben, um die schlesische Armee anzugreifen. Als diese jedoch auswich, kehrte er schnell um und wandte sich nach Leipzig, entschlossen, hier dem Feinde die Schlacht zu bieten.

Als nach den am 12. Oktober eingetroffenen Nachrichten kein Zweifel mehr bestehen konnte, daß die Verbündeten die Franzosen mit ihrer Gesamtmacht angreifen würden, traf der Kaiser sofort alle Anordnungen, um alle seine Korps an sich heranzuziehen, so daß ihm am Tage der Entscheidung 200 000 Mann zur Verfügung stehen konnten, mit denen er die 300 000 Mann der Verbündeten erfolgreich zu bekämpfen hoffen durfte.

Am 15. Oktober erließ Fürst Schwarzenberg, der Oberbefehlshaber der feindlichen Streitkräfte, einen Tagesbefehl, worin er erklärte, daß am nächsten Tage, dem 16., eine große Entscheidungsschlacht geschlagen werden würde. In der Tat sah man am 16. morgens 9 Uhr die große verbündete Armee sich gegen die französische in Bewegung setzen. Sie manövrierte beständig, um sich auf ihren Flügeln auszubreiten. Man sah zuerst drei starke Kolonnen, die erste längs des Elsterflusses auf das Dorf Doelitz, die zweite auf das Dorf Wachau und die dritte auf Liebertwolkwitz vormarschieren. Diese drei Kolonnen wurden von 200 Geschützen unterstützt.

Napoleon traf sofort seine Anordnungen.

Um 10 Uhr war das Artilleriegefecht in heftigster Entwicklung begriffen, und um 11 Uhr kämpften die beiden Heere um den Besitz der Dörfer Doelitz, Wachau und Liebertwolkwitz. Sie wurden sechs bis sieben Mal angegriffen, aber jedesmal wurde der Feind zurückgeschlagen, den Boden mit Gefallenen bedeckend. Auf dem linken Flügel wurde Liebertwolkwitz durch den Grafen Lauriston mit dem V. Korps, auf dem rechten Doelitz durch die tapferen Polen unter dem Fürsten Poniatowski und Wachau durch Marschall Victor verteidigt.

Um 12 Uhr wurde der sechste Angriff abgeschlagen, wobei die Franzosen 2000 Gefangene machten. In diesem Augenblick brach Marschall Macdonald über Holzhausen hervor und griff eine Schanze des Feindes an, die General Charpentier erstürmte, wobei er sich der Artillerie bemächtigte und ziemlich viele Gefangene machte.

Das war der Augenblick der Entscheidung!

Der Kaiser befahl dem Marschall Oudinot, mit zwei Divisionen der Jungen Garde auf Wachau zu marschieren. Dem Marschall Mortier gab er Befehl, mit zwei anderen Divisionen der Jungen Garde sich des großen Waldes von Liebertwolkwitz zu bemächtigen. Zugleich ließ er im Zentrum eine Batterie von 150 Geschützen auffahren, deren Feuer General Drouot leitete.

Das Zusammengreifen dieser verschiedenen Bewegungen hatte den erwarteten Erfolg. Er brachte die feindliche Artillerie zum Schweigen, der Feind wurde zum Rückzug gezwungen, und das Schlachtfeld blieb der französischen Armee. Es war 3 Uhr nachmittags. Der Feind mußte bereits seine Reserven heranziehen. Graf Merveldt, der Oberbefehlshaber der österreichischen Reserve, und die kaiserlich russische Garde, die die Reserve der russischen Armee bildete, traten ins Gefecht ein. Die russische Gardekavallerie und die österreichischen Kürassiere stürzten sich auf den rechten französischen Flügel, entrissen ihm das Dort Doelitz und machten erst vor den Vierecken des Marschalls Victor halt.

Da kamen links von Wachau her der König von Neapel mit den Kürassieren Latour-Maubourgs und von rechts her General Letort mit den polnischen Reitern und den Gardedragonern herangesprengt, nahmen die feindliche Reiterei in die Mitte und rieben sie auf; zwei ganze Regimenter bedeckten das Schlachtfeld, viele Gefangene wurden gemacht, der Rest zersprengt.

Nun ließ der Kaiser die Division Curial von der Garde vorrücken, um den Fürsten Poniatowski zu verstärken. General Curial stürzte sich auf Doelitz, ließ mit dem Bajonett angreifen und erstürmte das Dorf, wobei er 1200 Gefangene machte, unter denen sich der kommandierende General Merveldt befand.

Nachdem auf dem rechten Flügel das Gefecht sich so gestaltet hatte, trat der Feind definitiv den Rückzug an. Der Verlust auf französischer Seite betrug 2500 Mann an Toten und Verwundeten, während der Feind ohne Übertreibung die zehnfache Anzahl verlor. Der Kaiser ernannte auf dem Schlachtfelde den Fürsten Poniatowski zum Marschall von Frankreich.

General Bertrand war zur selben Zeit im Dorfe Lindenau durch die Generale Giulay, Thielmann und Liechtenstein angegriffen worden. Von beiden Seiten wurden einige fünfzig Geschütze ins Treffen geführt. Der Kampf dauerte sechs Stunden, ohne daß es dem Feinde gelang, auch nur einen Zoll Bodens zu erobern. Um 5 Uhr abends zog General Bertrand den Sieg auf seine Seite, indem er mit seiner Reserve zum Angriff vorging. Er vereitelte nicht nur die Absicht des Feindes, sich in den Besitz der Brücken von Lindenau und der Vorstädte von Leipzig zu setzen, sondern zwang ihn auch, das Schlachtfeld zu räumen.

Rechts von der Partha, zwei Kilometer von Leipzig und ungefähr zehn Kilometer vom Schlachtfelde entfernt, wo sich der Kaiser befand, wurde Marschall Marmont in ein Gefecht verwickelt. Durch einen fatalen Umstand, wie solche oft gerade in entscheidenden Momenten auftreten, ließ das III. Korps, das den Marschall Marmont unterstützen sollte, sich veranlassen, nach der Seite des Kaisers hin, wo man heftigen Kanonendonner vernahm, vorzugehen, anstatt dem Marschall Marmont zu Hilfe zu eilen. Dieser war nun auf seine eigenen Kräfte angewiesen. Er behauptete zwar seine Stellung während des ganzen Tages, erlitt aber schwere Verluste, denen die des Feindes nicht annähernd gleichkamen. Gegen Abend mußte er, selbst leicht verwundet, seine Stellung von der Partha etwas weiter zurückverlegen und verlor dabei mehrere Geschütze und Wagen.

Die Schlacht von Wachau hatte alle Pläne des Feindes vereitelt, aber sein Heer war so zahlreich, daß er noch über genügend große Streitkräfte verfügte. Er rief während der Nacht die Korps, die er auf der Operationslinie zurückgelassen hatte, und die an der Saale zurückgebliebenen Divisionen herbei und befahl dem General Bennigsen, der mit 40 000 Mann im Anmarsch war, seinen Marsch zu beschleunigen.

Nach dem Rückzug am Abend des 16. Oktober hatte der Feind eine feste Stellung zehn Kilometer weiter rückwärts bezogen. Man mußte also den 17. darauf verwenden, diese aufzuklären und den Angriffspunkt zu wählen. Zudem erschien es geboten, die Reserve-Artillerieparks heranzuziehen und die 80 000 Kanonenkugeln zu ersetzen, die die Schlacht gekostet hatte. Der Feind gewann dadurch Zeit, seine Truppen, die er planlos überallhin zerstreut hatte, zu sammeln und die erwarteten Verstärkungen heranzuziehen.

III.

Von dem Eintreffen der Verstärkungen benachrichtigt und die Stellung des Feindes als eine überstarke erkennend, beschloß der Kaiser, ihn auf ein anderes Gelände zu locken. Er näherte sich daher am 18. Oktober morgens 2 Uhr der Stadt Leipzig bis auf sechs Kilometer und nahm bei der Tabaksmühle Aufstellung, während er seinen rechten Flügel auf Konnewitz, das Zentrum auf Probstheida und den linken Flügel auf Stoetteritz vorschob.

Marschall Ney stellte seine Truppen an der Parthe der Schlesischen Armee gegenüber auf, das VI. Korps bei Schönefeld, das III. und VII. längs der Parthe bei Neutzsch und Sankt Thekla. Der Herzog von Padua (Arrighi) und General Dombrowski verteidigten die Vorstadt von Leipzig auf der Halleschen Landstraße.

Um 3 Uhr morgens traf der Kaiser im Dorfe Lindenau ein und befahl dem General Bertrand, auf Lützen und Weißenfels vorzudringen, die Ebene zu säubern und die Zugänge zur Saale sowie die Verbindung mit Erfurt zu sichern. Die leichten feindlichen Truppen hielten ihm nicht stand, und um 12 Uhr war General Bertrand Herr von Weißenfels und der Saalebrücke.

Nachdem er so seine Verbindungslinie gesichert hatte, erwartete der Kaiser festen Fußes den Angriff des Feindes. Um 9 Uhr meldeten Reiter, daß er auf der ganzen Linie im Anmarsch sei, und um 10 Uhr setzte der Artilleriekampf ein.

Fürst Poniatowski und General Lefol verteidigten die Konnewitzer Brücke. Der König von Neapel stand mit dem II. Korps bei Probstheida, Marschall Macdonald bei Holzhausen. Alle Angriffe des Feindes gegen Konnewitz und Probstheida wurden während des ganzen Tages zurückgeschlagen, aber bei Holzhausen ließ Marschall Macdonald sich überflügeln. Der Kaiser befahl ihm, eine andere Stellung bei Stoetteritz zu nehmen. Furchtbar tobte der Artilleriekampf. Marschall Augereau, der im Zentrum focht und einen Wald zu verteidigen hatte, hielt sich während des ganzen Tages in seiner Stellung.

Die Alte Garde stand in Reserve auf einer Bodenerhebung und hatte vier starke Kolonnen gebildet, die auf die vier Hauptangriffspunkte vorgeschickt werden konnten.

Marschall Oudinot wurde zur Unterstützung des Fürsten Poniatowski und des Marschalls Mortier zur Verteidigung der Zugänge zur Stadt Leipzig gesandt.

Der Sieg hing von dem Besitz des Dorfes Probstheida ab. Dieses griff der Feind viermal mit beträchtlichen Streitkräften an, und viermal wurde er unter ungeheuren Verlusten zurückgeschlagen.

Um 5 Uhr abends ließ der Kaiser seine Reserveartillerie auffahren, die den Feind mit einem Hagel von Geschossen überschüttete und ihn zwang, sich zwei Kilometer weit zurückzuziehen.

Währenddessen hatte die Schlesische Armee die Hallesche Vorstadt angegriffen. Ihre tagsüber immer und immer wieder erneuten Vorstöße wurden sämtlich abgeschlagen. Sie versuchte darauf, mit dem größten Teile ihrer Streitkräfte die Parthe bei Schönefeld und Sankt Thekla zu überschreiten. Dreimal gelang es ihr, auf dem linken Ufer festen Fuß zu fassen, aber dreimal warf Marschall Ney sie wieder mit dem Bajonett zurück.

Um 3 Uhr nachmittags gehörte der Sieg auf dieser Seite und auf der, wo der Kaiser gegen die Hauptarmee focht, den Franzosen!

Aber in diesem Augenblick gingen die sächsische Armee, Infanterie, Kavallerie und Artillerie, und die württembergische Kavallerie zum Feinde über. Von der ganzen sächsischen Armee blieben nur 500 Mann mit dem Höchstkommandierenden, General Zeschau, auf französischer Seite. Dieser Verrat riß nicht nur eine Lücke in die französische Schlachtlinie, sondern lieferte auch dem Feinde einen wichtigen Durchgang aus, der der sächsischen Armee anvertraut war. Diese trieb ihre Infamie so weit, auf dem Fleck die Mündungen ihrer Geschützrohre gegen die Division Durutte zu kehren. Einen Augenblick riß Unordnung in die französischen Reihen ein. Der Feind benützte sie, um die Parthe zu überschreiten und sich des Dorfes Reudnitz zu bemächtigen. Er war nur noch einen Kilometer von Leipzig entfernt.

Nun schickte der Kaiser seine berittene Garde unter General Nansouty mit zwanzig Geschützen vor, um die längs der Parthe auf Leipzig marschierenden feindlichen Massen in der Flanke anzugreifen. Er selbst ging mit einer Gardedivision auf das Dorf Reudnitz los. Die treffliche Ausführung dieser Bewegungen stellte die Ordnung wieder her, das Dorf wurde zurückerobert und der Feind weit zurückgedrängt.

Die Franzosen blieben Herren des Schlachtfeldes und hatten bei Leipzig sowie bei Wachau den Sieg davongetragen. Bei Anbruch der Nacht war der Feind auf der ganzen Linie um ungefähr zwei Kilometer zurückgedrängt.

Die Franzosen verloren 4000 Mann an Toten und Verwundeten, wogegen der Verlust des Feindes ein ganz riesiger war.

IV.

Um 6 Uhr abends gab der Kaiser seine Befehle für den folgenden Tag aus. Um 7 Uhr kam aber General Sorbier, der die Armee-Artillerie kommandierte, um Meldung über den Munitionsverbrauch des Tages zu erstatten: Es waren 95 000 Kanonenschüsse abgefeuert worden, die Reserven waren erschöpft, und man verfügte nur noch über 16 000 Schüsse, die kaum genügten, um das Feuer zwei Stunden lang zu unterhalten. Man sei also für die kommenden Ereignisse ohne Munition und könne sich erst, da das Heer in den letzten Tagen über 220 000 Kanonenschüsse abgegeben habe, an einem größeren Depotplatze, Magdeburg oder Erfurt, wieder mit frischen Vorräten versehen.

Diese Sachlage änderte alles und machte vor allem eine rasche Bewegung nach einem der großen Depotplätze notwendig. Der Kaiser entschied sich für Erfurt aus demselben Grunde, der ihn nach Leipzig geführt hatte, nämlich um sich Rechenschaft zu geben von dem Eindruck, den der Abfall Bayerns hervorgebracht hatte.

Napoleon erteilte sofort die nötigen Befehle, um das Gepäck, die Wagenparks und die Artillerie die Hohlwege von Lindenau passieren zu lassen. Denselben Befehl erhielten die Kavallerie und mehrere Korps. Er selbst begab sich nach Leipzig, wo er abends 9 Uhr im »Preußischen Hof« abstieg.

Die traurige Sachlage zwang die französische Armee, auf die Früchte zweier siegreicher Schlachttage zu verzichten, in denen sie so ruhmreich die vereinigten, an Zahl weit überlegenen Heere des ganzen europäischen Festlandes geschlagen hatte.

Indessen konnte die Rückwärtsbewegung nicht ohne Gefahr ausgeführt werden. Von Leipzig führte ein Hohlweg von fünf Kilometern Länge nach Lindenau. Zudem waren noch fünf oder sechs Brücken dem Marsch hinderlich. Man schlug dem Kaiser vor, er solle 6000 Mann mit 60 Geschützen nach dem von Wällen umgebenen Leipzig hineinwerfen, die Stadt als Anfangspunkt des Engpasses besetzen und ihre großen Vorstädte in Brand stecken, um den Feind zu verhindern, sich darin festzusetzen, und um der auf den Wällen aufgefahrenen französischen Artillerie Spielraum zu verschaffen.

So niederträchtig auch der Verrat der sächsischen Armee war, so konnte der Kaiser es doch nicht übers Herz bringen, eine der schönsten Städte Deutschlands zu zerstören und allen Greueln einer solchen Verteidigungsweise auszusetzen, noch dazu unter den Augen des Königs, der Napoleon von Dresden her zu begleiten verlangt hatte und über das Benehmen seines Heeres auf das tiefste betrübt war. Der Kaiser zog es vor, lieber einige hundert Wagen zu verlieren, als einem so barbarischen Vorschlage Folge zu geben.

Bei Tagesanbruch waren alle Parks, das Gepäck, die ganze Artillerie, die Garde und zwei Drittel des Heeres durch den Engpaß hindurch. Marschall Macdonald und Fürst Poniatowski waren mit der Verteidigung der Vorstädte betraut, die sie so lange halten sollten, bis das ganze Heer den Hohlweg passiert hätte, wonach sie gegen 11 Uhr ebenfalls nachzufolgen hätten.

Der Magistrat von Leipzig entsandte um 6 Uhr morgens eine Deputation an den Fürsten Schwarzenberg, um ihn zu bitten, die Stadt nicht zum Schauplatz eines Kampfes zu machen, der ihren Untergang herbeiführen würde.

Um 9 Uhr stieg der Kaiser zu Pferd und ritt in die innere Stadt, um dem König einen Besuch abzustatten. Er gab ihm anheim, selber seine Entschließung zu fassen, riet ihm aber, seine Staaten nicht zu verlassen und sie nicht dem Geist der Empörung preiszugeben, der schon seine Soldaten ergriffen habe. In Dresden war ein sächsisches Bataillon gebildet und mit der Jungen Garde vereinigt worden. Der Kaiser ließ es vor dem Schloß des Königs Aufstellung nehmen, um ihm als Wache zu dienen und ihn gegen die erste Bewegung des Feindes zu schützen.

Eine halbe Stunde später begab der Kaiser sich nach Lindenau, wo er die Räumung Leipzigs abwarten und die letzten Mannschaften über die Brücke rücken sehen wollte, bevor er den Marsch fortsetzte.

Es dauerte nicht lange, bis der Gegner erfuhr, daß der größte Teil des französischen Heeres Leipzig geräumt habe und daß dort nur eine starke Nachhut zurückgeblieben sei. Er schritt daher zum Angriff, wurde aber wiederholt zurückgeschlagen. Und während sie die Vorstädte verteidigen mußte, führte die Nachhut zugleich ihren Rückzug aus. Da indessen die zurückbleibenden Sachsen von den Wällen herunter ihr Feuer auf sie richteten, mußte sie ihren Marsch beschleunigen, was einige Unordnung hervorrief.

Der Kaiser hatte den Genietruppen befohlen, unter der großen Brücke, die von Leipzig nach Lindenau führt, Flatterminen anzubringen, um sie im letzten Augenblicke in die Luft zu sprengen und dadurch den Feind aufzuhalten und an der Verfolgung zu verhindern. General Dulanloy hatte den Obersten Montfort mit dieser Aufgabe betraut. Dieser aber, anstatt am Platze zu bleiben und selber das Zeichen zu geben, hatte einem Korporal und vier Soldaten Befehl erteilt, die Brücke in die Luft zu sprengen, sobald sie des Feindes ansichtig würden. Der Korporal, ein Mann von geringer Intelligenz und des besseren Verständnisses für seine Verantwortlichkeit bar, legte, als er das erste Gewehrfeuer auf den Wällen vernahm, Feuer an die Minen und sprengte die Brücke, während ein Teil des Heeres mit 80 Geschützen und einigen hundert Wagen sich noch auf dem anderen Ufer befand!

Als die Spitze dieser Abteilung an der Brücke anlangte und sie in die Luft fliegen sah, meinte sie, sie wäre in Feindes Hand, und ein Schreckensruf ging von Reihe zu Reihe: »Der Feind ist in unserem Rükken, und die Brücken sind zerstört.« Die Reihen lösten sich auf; jeder suchte sich zu retten, wie er konnte. Marschall Macdonald gelangte schwimmend über den Fluß. Graf Lauriston war weniger glücklich und ertrank; Fürst Poniatowski, der ein feuriges Pferd ritt, stürzte sich ins Wasser und verschwand in der Tiefe. Der Kaiser erfuhr die Katastrophe, als es zu spät war, helfend einzugreifen; es hätte auch keine Hilfe mehr gegeben. Oberst Montfort und der Korporal wurden vor ein Kriegsgericht gestellt.

Die französische Armee verlor allein durch dieses Unglück 12 000 Mann. Die Unordnung und Verwirrung, die es in ihre Reihen trug, änderten die ganze Sachlage, so daß das früher siegreiche französische Heer in Erfurt eintraf, als ob es eine Niederlage erlitten hätte. Es ist unmöglich, die Beweise der Teilnahme zu schildern, die die Armee bei der Nachricht von dem Tode des Fürsten Poniatowski, des Grafen Lauriston und so vieler Braven an den Tag legte, die diesem entsetzlichen Unfall zum Opfer fielen. Man kann sich aber wohl den Schmerz des Kaisers denken, der sich durch die Nichtbeachtung seiner vorsorglichen Anordnungen um den Erfolg so vieler Mühe und Anstrengung betrogen sah.

Am 23. Oktober traf der Kaiser in Erfurt ein, wo man alles vorfand, was die Armee nötig hatte. Aber das Heer hatte, trotz allen glänzenden Erfolgen, die Haltung des Siegers verloren, während der Feind den niederdrückenden Eindruck der Schlachten vom 16. und 18. Oktober abgeschüttelt und aus der Katastrophe vom 19. Oktober neuen Mut und Siegeshoffnung geschöpft hatte.

Der letzte der verhängnisvollen Tage von Leipzig steigerte den Verlust der französischen Armee an Toten, Verwundeten, Gefangenen, Ertrunkenen oder Versprengten auf ungefähr 60 000 Mann. Der Feind hatte im Gefecht nicht weniger verloren.

Dies war der Verlauf der langen und tragischen Schlacht bei Leipzig, einer der blutigsten und größten aller Zeiten, die den schreckensvollen Schluß des bei Lützen und Bautzen so glücklich begonnenen Feldzuges in Sachsen bildete.

V.

Gleich nach dem Übergang über die Saale auf der Brücke von Weißenfels waren Nachrichten von der österreichisch-bayrischen Armee eingetroffen. Diese hatte in Eilmärschen bereits den Main erreicht und zwang dadurch den Kaiser, sich gegen sie zu wenden. Am 30. Oktober stieß die französische Armee auf die österreichisch-bayrische, die bei Hanau in Schlachtordnung aufgestellt war und den Franzosen den Weg nach Frankfurt verlegen wollte. Trotz ihrer Stärke, trotz den starken Stellungen, die sie einnahm, wurde sie über den Haufen gerannt, in wilde Flucht geschlagen und aus Hanau herausgeworfen, das Graf Bertrand besetzte. General von Wrede wurde verwundet. Danach konnte die französische Armee ihre Rückzugsbewegung nach dem Rhein zu fortsetzen, den sie am 2. November überschritt.

Währenddessen fanden in Frankfurt Verhandlungen zwischen dem Baron von Saint-Aignan, dem Grafen Metternich und von Nesselrode sowie Lord Aberdeen statt; und Baron von Saint-Aignan konnte mit folgender Friedensbotschaft nach Paris abreisen: Der Kaiser sollte auf das Protektorat über den Rheinbund und Polen und auf die Elbdepartements verzichten; dagegen sollte Frankreich seine Alpen- und Rheingrenzen sowie Holland behalten; später würde man eine Linie in Italien festlegen, die Frankreich von den Besitzungen des Hauses Österreich trennen würde.

Der Kaiser nahm diese Bedingungen als Grundlage an, aber der Kongreß von Frankfurt war gleich dem von Prag nur auf List und Täuschung berechnet; man hoffte, daß Frankreich ablehnen würde. Während diese versöhnlichen Vorschläge gemacht wurden, verletzten die Alliierten die Neutralität der Kantone und drangen in die Schweiz ein. Endlich zeigten sie ihre wahren Absichten, indem sie als neuen Kongreßort Châtillon an der Seine, in Burgund, bestimmten.

Wenn der Kaiser in seinem Unglück viele böse Erfahrungen machen mußte, so wurden ihm doch auch sehr ehrenwerte und edle Gefühle entgegengebracht. So hatte er sich nie über die deutschen Fürsten selber zu beklagen; der gute König von Sachsen blieb ihm treu bis zur Selbstvernichtung; der König von Bayern ließ ihm loyalerweise mitteilen, daß er nicht mehr Herr der Lage wäre; der König von Württemberg zeichnete sich besonders durch seine Großherzigkeit aus; der Fürst von Baden gab nur im allerletzten Augenblick der Gewalt nach. Alle, diese Gerechtigkeit muß man ihnen widerfahren lassen, benachrichtigten beizeiten den Kaiser, damit er sich vor dem hereinbrechenden Gewittersturme retten könnte. Aber auf der anderen Seite welche Niederträchtigkeiten! ... Mit welchem Makel haben die Sachsen die militärische Ehre befleckt, als sie sich, in den französischen Reihen kämpfend, plötzlich gegen diese wandten! Bei den französischen Soldaten ist das Wort *saxonner* sprichwörtlich geworden, um eine Truppe zu bezeichnen, die eine andere meuchlings überfällt! Und um allem Schmerz den Gipfel aufzusetzen, war es ein Franzose, ein Sprößling Frankreichs, dessen französisches Blut ihm später eine Krone eintrug – Bernadotte, der seinem Vaterlande den Gnadenstoß versetzte! Und was das schlimmste in der Lage des Kaisers war: er sah die Entscheidung herannahen, er sah seinen Stern erbleichen, er fühlte, wie die Zügel seiner Hand entglitten, und er war dagegen ohnmächtig. Mit dem Feinde verhandeln, hieß, sich ihm ausliefern; das war klar, und die Folge hat die Richtigkeit dieser Ansicht bewiesen. Es blieb nur übrig zu kämpfen! Dabei verminderten sich täglich die Aussichten auf Erfolg. Böse Gesinnungen fingen an, sich in den französischen Reihen Bahn zu brechen, Ermüdung und Entmutigung griffen um sich, die Offiziere wurden energielos, linkisch und ungeschickt, es waren nicht mehr dieselben Männer wie beim Anfang der Revolution und wie in den guten Zeiten des Kaisers. Man wagte dem Kaiser zu sagen, die Soldaten seien der Ansicht, daß man sich anfangs für die Republik und für das Vaterland geschlagen habe, daß man jetzt aber nur für einen Mann kämpfe, für dessen persönliche Interessen, seinen unersättlichen Ehrgeiz! ... Elende Ausflüchte und Lügen! Die jungen Soldaten haben sich nie besser geschlagen, warum also die Wahrheit verbergen? Und diese war, daß im allgemeinen die hohen Führer nicht mehr wollten; sie waren vom Kaiser mit Ehren und Reichtümern überfüttert worden; sie hatten den Becher des Genusses gekostet und verlangten nun bloß nach Ruhe: Diese hätten sie sich um jeden Preis erkauft. Das *heilige Feuer* war erloschen.

Der denkwürdige Feldzug von 1813 war für die französische Jugend ein Triumph des ihnen angeborenen Mutes; für die englische Diplomatie ein Triumph ihrer rankevollen Schlauheit; für die Russen ein Triumph der Klugheit; für das Wiener Kabinett ein Triumph der Schamlosigkeit. Dieser Feldzug hat zur Folge gehabt die Auflösung der politischen Verhältnisse, die große Trennung der Völker von ihren Herrschern, die Verkümmerung der höchsten militärischen Tugenden: Treue, Gehorsam, Ehrenhaftigkeit. Man mag sagen, schreiben, lügen, was man will: Stets wird man zu diesem abscheulichen und traurigen Ergebnis gelangen. Diese Wahrheit wird mit der Zeit für alle Welt an den Tag kommen!

*

Siebentes Kapitel.

Vorbereitungen zum letzten Kampf.

I. Italien und Spanien. – II. Soult in Spanien. – III. Verteilung der Streitkräfte auf den wichtigen Punkten. – IV. Brief Napoleons an Metternich. – V. Der Kongreß zu Châtillon.

I.

Napoleon hatte die französische Armee im kläglichsten Zustande nach dem Rhein zurückgeführt. Die Garde war auf 10 000 Mann zusammengeschmolzen. Das XII. Korps Oudinots, das VII. Reyniers, das XVI. Augereaus und das IV. Bertrands waren nach und nach unter General Morand zu einem einzigen vereinigt worden und zählten am Tage ihres Einrückens in Mainz keine 12 000 Streiter. Das VI. Korps Marmonts und das III. Neys, die unter Marschall Marmont den Rhein von Mannheim bis Koblenz decken sollten, hatten keine 8000 Mann unter Gewehr. Das II. unter Victor hatte höchstens 5000 Mann, um den Oberrhein von Straßburg bis Basel zu verteidigen. Das XI. Korps Macdonalds und das V. Lauristons, die nach dem Niederrhein marschierten, zählten nur noch 9000 kampffähige Soldaten. Die französische Kavallerie war kaum noch 10 000 Mann stark.

Die Lage in Italien und Spanien war kaum erfreulicher. Prinz Eugène hatte anstatt der befohlenen 80 000 Mann nur 50 000 zusammenziehen können, mit deren Hilfe er versucht hatte, die Drau und Sau von Villach bis Laibach zu verteidigen, indem er Tirol mit seiner Linken, Krain mit seiner Rechten deckte. Er war aber gezwungen worden, sich erst auf den Isonzo, dann auf den Tagliamento zurückzuziehen, da die Österreicher in Masse in Kärnten erschienen und durch den Abfall Bayerns alle Pässe Tirols auf seiner Linken dem Feind geöffnet wurden. Er mußte sich schließlich auf Verona zurückziehen und den Österreichern Krain, Friaul und Welschtirol überlassen. Sein Heer war auf 36000 Mann zusammengeschmolzen, während die feindlichen Generale Hiller und Bellegarde deren 60000 zählten, den Tiroler Landsturm nicht mitgerechnet. Dabei hatte er Italien im Rücken, das den Franzosen bereits durch die Leiden des Krieges entfremdet zu werden begann und überdies durch päpstlich gesinnte Geistliche und die Engländer zur Empörung aufgereizt wurde. Von seinem Schwiegervater, dem König von Bayern, zum Abfall von Napoleon aufgefordert, wofür ihm namens der Koalition ein Fürstentum in Italien angeboten wurde, hatte Prinz Eugène geantwortet: ›Er verdanke sein Glück dem Kaiser und werde sich nicht von ihm trennen; sollte er aber genötigt werden, zu München ein Asyl zu suchen, so wäre er überzeugt, daß der König von Bayern dort lieber einen Schwiegersohn ohne Krone, als einen solchen ohne Ehre empfangen werde.‹

Das Ende des Jahres 1813 war in Spanien noch trauriger gewesen als in Italien. Als der Kaiser in Dresden die Niederlage von Vittoria und den Verlust Spaniens durch die Schuld seines Bruders Joseph, der sich eher wie ein Soubise als wie ein Napoleon benommen hatte, erfuhr, warf er seine Augen auf Soult, der gerade anwesend war und ihm geeignet erschien, das furchtbare Unglück wiedergutzumachen. Soult hatte seine guten Eigenschaften und seine Fehler. Sein Feldzug im Süden war eine hervorragende Tat; um so unglaublicher erscheint es, daß dieser Mann mit seiner Haltung, die einen großen Charakter verriet, nicht Herr in seinem eigenen Hause war. Er erklärte seine Bereitwilligkeit, bat aber den Kaiser, daß dieser erst mit seiner Frau spreche, um deren voraussichtlich sehr starken Widerstand zu brechen. Der Kaiser ließ sie kommen. Sie trug sofort eine äußerst feindliche Haltung zur Schau und erklärte mit lauten Worten, ihr Mann werde nicht nach Spanien gehen, er habe genug geleistet und verlange einer wohlverdienten Ruhe zu genießen. Der Kaiser antwortete ihr, daß er sie nicht gerufen habe, um ihre groben Ausfälle anzuhören, daß nicht er ihr Mann sei und daß übrigens dies seine Entschließungen auch nicht beeinflussen würde. Diese Sprache verwirrte sie, sie wurde kleinlaut und unterwürfig und suchte nur noch einige Zugeständnisse zu erhalten. Der Kaiser ging auf nichts ein, sondern empfahl ihr, Vernunft anzunehmen und ihren Mann nicht zu quälen, denn in großen, kritischen Augenblicken sei es das schöne Los der Frauen, ihren Männern die unangenehmen Stunden zu versüßen.

Nach dem russischen Feldzug hätte Napoleon sofort den König Ferdinand nach Spanien heimschicken sollen. Dadurch hätte er 180000 gute Soldaten frei bekommen. Was hätte er mit diesen machen können, wenn er sie zu Anfang des Feldzuges von 1813 gehabt hätte! Der Wiener Hof hatte große Besorgnisse vor dieser Vermehrung der französischen Streitmächte in Deutschland. Bei den Prager Verhandlungen sagte Metternich zum Kaiser von Österreich: »Wir müssen vorsichtig sein; sonst wird er sein Heer aus Spanien abrufen!« Bis zur Schlacht bei Vittoria wiederholte er fortwährend: »Es ist verdrießlich, daß die Franzosen sich zurückziehen, man wird sie nach Deutschland schikken.«

Wenn man einmal im Unglück ist, schlägt einem alles zum Schaden aus! Wenn diese Schlacht bei Vittoria früher gekommen wäre, so hätte Napoleon den Frieden unterzeichnet; aber sie kam gerade in dem Augenblick, wo sie nicht kommen durfte. Als die Verbündeten sahen, daß die Schlacht verloren war, daß das ganze Gepäck und alle Geschütze der französischen Armee in Spanien zurückgelassen werden mußten, daß die Engländer in Frankreich einrückten, da hielten sie die Sache des Kaisers für verloren. Die Franzosen haben sich damals sehr schlecht gegen ihren Kaiser benommen. Die Römer verdoppelten nach der Niederlage bei Cannä ihre Anstrengungen, aber zu jenen Zeiten hatte auch jedermann Furcht für seine Haut; da drohten Notzucht, Mord und Plünderung.

II.

Marschall Soult war sofort nach Spanien abgereist und hatte sich mit der Reorganisation der dort stehenden Armee beschäftigt. Er teilte sie in zehn Divisionen ein und übergab die Rechte dem General Reille, das Zentrum dem Grafen d'Erlon und die Linke dem General Clausel. Letzterer, dem es nach der Schlacht bei Vittoria durch ein Wunder von Mut und Geistesgegenwart geglückt war, Saragossa zu erreichen, war über Jaca nach Frankreich zurückgekehrt und mit 15 000 Mann zum Marschall Soult gekommen. Diese Bewegung hatte allerdings den Nachteil, Saragossa bloßzustellen, aber auch den Vorteil, die französischen Streitkräfte gegen die Engländer, die furchtbarsten Feinde der Franzosen in Spanien, zu konzentrieren. Diese 15 000 Mann waren die tapfersten, krieggewohntesten und abgehärtesten Soldaten, die es damals in Europa gab. Aber sie waren mißmutig und ärgerlich und hatten das Vertrauen zu ihren Führern verloren. Dieser Mangel an Vertrauen hatte ihre durch die Not bereits stark erschütterte Disziplin vollends untergraben. Gewohnt, nicht verpflegt zu werden und einzig von dem zu leben, was sie einer Bevölkerung entrissen, die sie haßten und von der sie gehaßt wurden, betrachteten sie sich als Herren über alles, was ihnen in die Hände fiel.

Dem Marschall Soult gelang es, vieles wiedergutzumachen und Ordnung zu schaffen, was um so nötiger war, als er es nicht nur mit den Spaniern, sondern auch mit der englisch-portugiesischen Armee zu tun hatte, die 45 000 Engländer und 15 000 Portugiesen zählte. Mit 70 000 Franzosen hoffte er jedoch dieser Armee und den 30 bis 40 000 Spaniern die Spitze bieten zu können.

Lord Wellington trug selbst nach der Schlacht bei Vittoria noch Bedenken, in Frankreich einzudringen. Er zog es vor, San Sebastian und Pampeluna zu belagern, um Zeit zu gewinnen. Die französische Armee stand im Tale von Saint-Jean-Pied-de-Port, fast parallel zum Meer, in Staffeln aufgestellt.

Am 24. Juli setzte Marschall Soult sich mit seiner ganzen Armee in Marsch, indem er General Vilatte mit der Reservedivision vorwärts von Bayonne ließ. Am 25. rückte er mit dem Korps des Generals d'Erlon in das obere Bastantal und mit dem Korps der Generale Reille und Clausel in das Tal von Roncevalles ein. Die letzteren hatten keine Mühe, die portugiesische Division und die beiden englischen Divisionen, die den Eingang von Navarra deckten, auf Pampeluna zurückzudrängen. Graf d'Erlon aber hatte nur mit großer Mühe den Paß von Moya gegen General Hill erstürmen können, wobei er 2000 Mann verlor. Alles wäre vortrefflich gegangen, wenn es dem General d'Erlon am folgenden Tage, dem 26., gelungen wäre, zu Reille und Clausel zu stoßen. Diese Vereinigung fand aber erst am 27. statt, und da befanden sich die Engländer bereits wieder in einer starken Stellung, vorwärts von Pampeluna; sie zählten vier Divisionen, zwei englische, eine portugiesische und eine spanische.

General Clausel hatte die Ansicht vertreten, man solle diese Stellung nicht in der Front angreifen, sondern sie umgehen und sich dann gegen Pampeluna wenden. Marschall Soult war aber entgegengesetzter Meinung gewesen. Er hatte die furchtbare Stellung angreifen lassen, und es war den Franzosen ergangen wie bei Vittoria, Talavera, an der Albuera und bei Salamanca: Man tötete dem Feinde eine Menge Leute, verlor deren ebenso viele und blieb am Fuße der feindlichen Position, ohne sie genommen zu haben. Am 28. Juli hatte das Gefecht aufs neue begonnen, aber ein Erfolg wurde ebensowenig erzielt, zumal da die Engländer sich in der Zwischenzeit noch verstärkt hatten, und am 29. war die französische Armee genötigt gewesen, sich aus Navarra nach Frankreich zurückzuziehen, nachdem sie binnen vier Tagen 10 bis 11000 Mann verloren und dem Feinde die gleichen Verluste beigebracht hatte.

Lord Wellington beschränkte sich darauf, Pampeluna einzuschließen, und wendete seine Hauptanstrengungen gegen San-Sebastian, wo General Rey mit 2500 Mann eine denkwürdige Belagerung aushielt. Marschall Soult machte zwar einen Versuch, ihm zu Hilfe zu kommen, überschritt die Bidassoa, griff die Höhe von Saint-Martial an und brachte dem Feinde große Verluste bei, mußte aber schließlich wieder über die durch Regengüsse angeschwollene Bidassoa zurückgehen und sah die heldenmütige Garnison von San-Sebastian am 8. September unterliegen. Von 70000 Mann auf 50000 zusammengeschmolzen, nahm das französische Heer Stellung mit seiner Linken an der Nive um Saint-Jean-Pied-de-Port und mit seiner Rechten vorwärts von der Nive längs der Bidassoa, deren Ufer es besetzte.

III.

Die Lage der französischen Heere war sonach auf allen Punkten eine sehr traurige: Am Rheine standen 50 bis 60000 Mann, die, von Strapazen erschöpft, sich gegen die 300000 Mann der Koalition schlagen sollten; in Italien 36000 Mann, die sich mit 60000 Österreichern messen und zugleich Italien im Zaume halten sollten, während Murat sich anschickte, die Franzosen im Stich zu lassen; und in Spanien standen an der Grenze 50000 durch das Unglück entmutigte Soldaten gegen die siegreichen 100000 Mann Lord Wellingtons. An derselben Grenze standen zwar noch 25000 alte tüchtige Soldaten; diese waren aber genötigt, die östlichen Pyrenäen gegen mehr als 70000 Engländer, Sizilianer und Katalonier zu decken. Mehr als 140000 Mann bester Truppen waren in den Festungen Europas zersplittert. Die Depots waren durch die Anstrengungen des Jahres 1813 so ziemlich erschöpft.

Die ehemals blühenden Finanzen waren ebenso erschöpft wie die französischen Heere. Für den Ankauf der Gemeindegüter hatten sich nur wenig Liebhaber gefunden. Das durch den Wert dieser Güter gedeckte Papier hatte 15 bis 20 Prozent verloren.

Der moralische Zustand des Landes war womöglich noch trostloser als sein materieller. Die Armee zwar war stets bereit, dem Feinde gegenüber die Waffenehre zu wahren. Die Nation aber war unwillig darüber, daß Napoleon die Siege von Lützen und Bautzen nicht benutzt hatte, um Frieden zu schließen, sie war voll Schrecken über das Herannahen der feindlichen Massen, kurz, moralisch erschöpft und gebeugt, gerade in einem Augenblicke, wo sie, um sich zu retten, der ganzen patriotischen Begeisterung bedurft hätte, die sie 1792 beseelt hatte.

Zum Glück hatte die Koalition die traurige Lage Frankreichs nicht in ihrem ganzen Umfange erkannt, sonst wären die Verbündeten wohl schneller vorgegangen und hätten dem Kaiser keine Zeit gelassen, seine Streitkräfte wieder neu zu organisieren.

Zu den verschiedenen Leiden, die die französischen Truppen seit ihrer Rückkehr aus Deutschland heimgesucht hatten, hatte sich eines gesellt, das fürchterlicher war als alle anderen, der Typhus. Erzeugt in den überfüllten Lazaretten an der Elbe, durch Kranke und Nachzügler nach dem Rheine gebracht, hatte er namentlich in Mainz entsetzliche Verheerungen angerichtet. Das IV. Korps, durch Vereinigung des alten IV. mit dem XII., VII. und XV. Korps auf 15 000 und bald durch allmählichen Anschluß Versprengter auf 30 000 Mann gebracht, hatte in einem Monat die Hälfte seines Effektivbestandes verloren und war wieder auf weniger als 15 000 Mann herabgesunken. Marschall Marmont gab sich viele Mühe, das Übel einzuschränken, und dank seinen verständigen Maßregeln wurde der drohende Fortschritt der Pest gehemmt. Nun ging der Kaiser an die Reorganisation der Korps. Er erhöhte die Zahl der Kompanien in den Bataillonen der Garde von vier auf sechs. Die Bataillone der Alten Garde vermehrte er bis auf 18, die der Mittleren auf 8, die der Jungen auf 52. Die Alte Garde sollte sich aus auserlesenen Leuten, die man der ganzen Armee entnahm, rekrutieren, die Mittlere und Junge aber aus Konskribierten, unter denen man die besten auswählte. Diese verschiedenen Maßregeln lieferten dem Kaiser 80 000 Mann Infanterie und mit Einschluß der anderen Waffen ungefähr 100 000 Mann. Mit 200 000 Mann der Linienarmee und 100 000 Mann kaiserlicher Garde zweifelte Napoleon nicht, die Heere der Verbündeten wieder aus Frankreich hinauswerfen zu können, wenn sie es wagen sollten, in das Land einzufallen.

Die Verbündeten begannen den Winterfeldzug mit 300 000 Mann.

Nach ihrem Operationsplan sollte die verbündete Hauptarmee durch die Schweiz in Frankreich einrücken, die Richtung auf Paris nehmen und ein Korps unter Bubna gegen Lyon entsenden, um später Verbindung mit Wellington zu suchen, der im Begriff war, die spanische Grenze zu überschreiten. Die schlesische Armee sollte vom Mittelrhein vorrücken und sich zwischen Seine und Marne mit der Hauptarmee vereinigen, um dann gemeinschaftlich gegen Paris zu operieren. Am 21. Dezember 1813 hatte die Hauptarmee ihren Rheinübergang bei Basel begonnen, und in der Neujahrsnacht 1814 war Blücher bei Caub über den Rhein gegangen.

Im Anfang des Jahres 1814 war die allgemeine Lage der Kriegführenden ungefähr folgende:

General Bülow stand bei Breda, wo er eine Division englischer Milizen unter General Graham und ein Kavalleriekorps unter General Winzingerode erwartete. Die Absicht dieses Korps war, in Belgien einzufallen und Antwerpen zu besetzen; es war ungefähr 20000 Mann stark.

General Blücher hatte mit der schlesischen Armee Koblenz verlassen und war im Anmarsch auf Luxemburg und Metz. Sein Heer bestand aus den Divisionen Langeron, Sacken und Yorck und zählte 40 bis 45000 Mann.

Ein drittes Korps war von Basel aufgebrochen und belagerte Hüningen und Belfort. Es hatte eine Garnison von 800 Mann nach Genf geworfen und bezweckte, die Schweiz im Zaum zu halten.

Es war klar, daß der Feind auf drei Seiten zugleich operieren würde. Erstens standen 60000 Mann, die seine Nordarmee bildeten, dem Marschall Davout, der mit 30000 Mann in Hamburg lag, und den Dänen gegenüber. Zweitens sollte die schlesische Armee gegen Metz, Saarlouis und Luxemburg oder, nach Überschreitung der Ardennen, gegen Mezières und Sedan vorgehen. Der dritte Angriff sollte von der großen Armee des Fürsten Schwarzenberg ausgehen, die aus den Korps Gyulai, Klenau, Liechtenstein, Colloredo, Wrede und der russischen Armee unter Wittgenstein bestand. Die Preußen unter General Kleist, die auch zu diesem Heere gehörten, waren in Erfurt geblieben. Diese große Armee zählte 100000 Mann, so daß also ungefähr 200000 Mann zum Einfall in Frankreich bereitstanden. Von diesen gingen aber sicherlich einige 40000 ab, da Schwarzenberg wenigstens 10000 zur Beobachtung der unfreundlich gesinnten Schweiz zurücklassen und ferner 15000 Mann vor Besançon und 20000 vor den festen Plätzen von Hüningen bis Landau, vor Belfort und Auxonne abkommandieren mußte, so daß er also seinen Vormarsch auf Langres und Nancy vielleicht mit 50 000 Mann ausführen konnte. Zu diesen konnten noch 25 bis 30 000 Mann der Blücher-Armee stoßen; dann hätte der Feind für seinen Marsch auf Paris nicht mehr als 80 000 Mann verfügbar gehabt. Das wäre ein tollkühnes Unternehmen, fast Wahnsinn gewesen, aber der Kaiser mußte ein solches doch ins Auge fassen.

Den feindlichen Kräften hatte Frankreich folgende Heerkörper entgegenzusetzen:

29 400 Mann standen in Holland und 7400 Mann in Belgien, ferner 33 700 Mann in den Städten des Nordens. An der Mosel und zwischen Maas und Mosel standen 39 700 Mann in Bereitschaft. Marschall Macdonald konnte mit dem I. Korps der Kavallerie und weiteren Truppen, die er leicht heranziehen konnte, auf Lüttich und Charlemont marschieren, die Maas besetzen und damit die rechte Flanke Blüchers bedrohen. Wäre General Blücher auf Paris losgegangen, so wäre Macdonald imstande gewesen, vor ihm dort einzutreffen.

Marschall Marmont verfügte über 15 000, Marschall Victor über 12 000, Marschall Mortier über 12 000 Mann. Diese vier Korps konnten den Feind aufhalten, ihm jeden Fuß Erde streitig machen, und wenn er entschlossen auf Paris marschierte, daselbst vor ihm anlangen, eine feste Stellung beziehen und sich mit den 60 000 Mann der Garde und anderer Korps vereinigen, so daß der Kaiser über 100 000 Mann in Paris verfügen konnte, wozu noch 20 000 Nationalgardisten stoßen konnten. Massenerhebungen in der Normandie, Picardie, Champagne, Ile de France, sollten weitere beträchtliche Verstärkungen ergeben. Wenn außerdem bis Mitte Februar die Angelegenheiten Spaniens eine bessere Wendung nahmen, dann verfügte der Kaiser über Streitmächte, die bald die Dinge ändern konnten. Auf jeden Fall aber mußte der Kaiser eines im Auge behalten: Unter keinen Umständen konnte von einem Aufgeben der Hauptstadt die Rede sein. Es war also sein eifrigstes Bemühen, möglichst viel Artilleriematerial heranzuziehen, um dem Feinde an Geschützen überlegen zu sein. Achtzig Geschütze sollten die Tore von Paris verteidigen, die Mauern der Hauptstadt wurden instand gesetzt, und insgeheim ließ der Kaiser Palisaden, spanische Reiter und Barrieren anfertigen, um die Hauptstadt mit einem vollständigen Verteidigungsgürtel zu versehen. Desgleichen sorgte er für die nötigen Vorräte und Lebensmittel.

IV.

Um kein Mittel unversucht zu lassen, das den Frieden herbeiführen konnte, schrieb der Kaiser am 16. Januar einen vertraulichen Brief folgenden Wortlauts an den Fürsten Metternich:

»Mein Fürst, die Verzögerungen in den Unterhandlungen sind weder Frankreichs noch Österreichs Schuld, aber gerade Frankreich und Österreich leiden am meisten darunter. Die Verbündeten haben bereits mehrere von unsern Provinzen besetzt. Wenn sie weiter vorgehen, wird eine Schlacht unvermeidlich, und ich zweifle nicht daran, daß Österreich in seiner Vorsorglichkeit bereits die Folgen einer solchen, ob sie nun von den Verbündeten oder den Franzosen verloren würde, in Erwägung gezogen hat.

Ich brauche Ihnen, Fürst, einem klardenkenden Manne, die Folgen einer solchen Schlacht wohl nicht erst vor Augen zu führen, und will mich darauf beschränken, sie flüchtig anzudeuten, im voraus dessen sicher, daß Ihr eindringlicher Verstand das Gesamtergebnis erfassen wird.

Das Kriegsglück ist täglichen Wechselfällen unterworfen. Mit jedem Schritt, den die Verbündeten vorwärts tun, schwächen sie sich, während die französischen Heere sich stärken. Mit jedem Schritt vorwärts verdoppeln sie den Mut und die Entschlossenheit einer Nation, die dann ihre teuersten und heiligsten Interessen zu verteidigen gezwungen ist.

Es ist nun ohne weiteres klar, daß die Folgen einer von den Verbündeten verlorenen Schlacht für keinen von ihnen ernster sein würden als für Österreich, da dieses nicht nur die Hauptmacht der Verbündeten, sondern auch eine der mitteleuropäischen Mächte ist.

Gesetzt den Fall, das Waffenglück bliebe den Verbündeten günstig, so liegt es im Interesse Österreichs, eingehend zu erwägen, welches die Lage Europas unmittelbar nach einer von den Franzosen im Herzen Frankreichs verlorenen Schlacht sein würde, und ob ein solches Ereignis nicht Folgen zeitigen könnte, die der von Österreich vertretenen Gleichgewichtsidee ebenso diametral entgegenliefe wie seiner ganzen Politik und den persönlichen Familienbeziehungen des Kaisers Franz.

Österreich betont, daß es den Frieden wolle, aber heißt es denn nicht, gerade diesem Ziel entgegenarbeiten oder darüber hinausschießen, wenn die Feindseligkeiten fortgesetzt werden?

Alle diese Erwägungen haben mich auf den Gedanken gebracht daß bei der gegenwärtigen Lage beider Armeen und in dieser strengen Jahreszeit ein Waffenstillstand beiden Parteien nur erwünscht und vorteilhaft sein könnte.

Ein solcher könnte in aller Form durch eine Konvention oder durch einen einfachen Austausch von Erklärungen geschlossen werden.

Er könnte für einen festen Zeitabschnitt begrenzt oder auf unbestimmte Zeit vereinbart werden, unter der Bedingung, daß er nur nach vorhergegangener achttägiger Kündigung aufhören könne.

Eine solche Vereinbarung scheint mir hauptsächlich von dem Wollen Österreichs abzuhängen, da dieses die Hauptleitung der militärischen Angelegenheiten in Händen hat.

In jedem Falle aber scheint es mir im Interesse Österreichs zu liegen, daß ein Halt gemacht wird und daß die Dinge nicht auf die Spitze getrieben werden.

Hauptsächlich in dieser Überzeugung schreibe ich heute vertraulich an Eure Exzellenz.

Wenn ich mich getäuscht haben und wenn dieser mein durchaus vertraulicher Schritt ohne Wirkung bleiben sollte, dann bitte ich Eure Exzellenz, ihn als nicht geschehen zu betrachten.

Sie haben mir so viel persönliches Vertrauen geschenkt, und ich selbst hege ein so großes zu der Redlichkeit Ihrer Ansichten und dem Adel Ihrer Gefühle, wie Sie sie mir bei jeder Gelegenheit bezeigt haben, daß ich zu hoffen wage, dieser Brief, den Vertrauen diktiert hat, werde, wenn er seinen Zweck nicht erreichen sollte, unter uns bleiben.«

Indessen versäumte der Kaiser nicht, die nötigen Anordnungen zu treffen, um sich dem Einmarsch der Verbündeten entgegenzusetzen. Marschall Mortier zog die Alte Garde bei Chaumont und Langres zusammen, Marschall Marmont marschierte mit dem VI. Korps und dem I. und V. Kavalleriekorps auf Colmar, während Marschall Victor mit dem II. Korps Straßburg besetzte, und Marschall Ney mit zwei Divisionen der Jungen Garde in Epinal Stellung nahm. Marschall Soult erhielt Befehl, 12000 Mann Infanterie und die Hälfte der Reiterei von der Pyrenäen-Armee nach Paris zu schicken; der Herzog von Albufera (Suchet) sollte mit einem Teil der Catalonischen Armee nach Lyon gehen. Troyes, Vitry, Soissons und Châlons-sur-Marne wurden armiert und befestigt. Vizekönig Eugène erhielt Befehl, infolge der Kriegserklärung des Königs von

Neapel über die Alpen zurückzukehren und die Piemontesischen Streitkräfte bei Alessandria und Genua zusammenzuziehen.

V.

Inzwischen war für die Friedensverhandlungen ein Kongreß in Aussicht genommen, der über die Bedingungen verhandeln sollte. Als Vertreter Frankreichs hatte der Kaiser den Herzog von Vicenza, Caulaincourt, bestellt, dem er für den Augenblick nichts Bestimmtes vorschreiben konnte, da er sich seine weiteren Entschließungen für später vorbehalten mußte. Er empfahl ihm an, alles anzuhören und zu beobachten und ihm täglich von allem Mitteilungen zu machen. Im allgemeinen solle er im Auge behalten, daß der Kaiser nicht von dem guten Glauben der Verbündeten überzeugt sei und daß er den Kongreß nur für eine Kriegslist halte. Er bezweifle, daß England den Frieden wolle, während er selber nichts sehnlicher wünsche als Frieden, aber einen ehrenvollen und dauerhaften. Ein Frankreich ohne seine natürlichen Grenzen, ohne Ostende und Antwerpen stände nicht mehr im richtigen Verhältnis zu den anderen Staaten Europas. England und alle Mächte hätten dies in Frankfurt bereits anerkannt. Die Eroberungen Frankreichs jenseits des Rheins und der Alpen seien nur Kompensationen für die Gebiete, die Österreich, Rußland und Preußen in Polen und Finnland, England in Asien erworben hätten. Er solle zusehen, die Absichten der Verbündeten zu ergründen. Wollten sie Frankreich in seine alten Grenzen einzwängen, so hieße das, es erniedrigen, und dagegen würde sich die ganze Nation auflehnen. Wenn die Nation ihn unterstützen würde, so ginge der Feind seinem Untergang entgegen. Wenn den Kaiser sein Glück verließe, so wüßte er, was er zu tun hätte: Lieber wollte er abdanken, als seine Hand dazu bieten, die Nation zu erniedrigen und schimpfliche Bedingungen zu unterschreiben.

Diesen allgemeinen Gesichtspunkten ließ der Kaiser bald darauf feste Instruktionen mit allen Einzelheiten folgen, die die verschiedenen Länder betrafen. Sie lauteten:

In Holland besitzt der Kaiser die Forts Lassalle, Moorland, Caffarelli und Schleuse, die seit drei Jahren 15 Millionen gekostet haben und in tadellosem Zustande sind.

Die Flotte befindet sich im Nieuwe Diep, der Admiral Ver Huell hält mit der französischen Garnison die Forts besetzt und besitzt Lebensmittel für 10 Monate. Wenn man die Forts ausliefert, muß die Flotte nach Frankreich zurückkehren können. Nieuwe Diep ist für die Engländer sehr wichtig, da es der Schlüssel Hollands ist und den Zutritt zur Zuidersee sperrt.

Frankreich besitzt außerdem an den Toren von Antwerpen Naarden und auf dem rechten Waalufer Gorkum. Vlissingen, Terveere und andere Forts der Insel Walcheren haben französische Besatzungen und sind uneinnehmbar. Bergen-op-Zoom, Herzogenbusch, Antwerpen und andere Plätze haben ebenfalls französische Garnisonen und sind gut ausgerüstet.

In Italien besitzt Frankreich Palmanova, Mantua und Alessandria, die im Verlaufe von 15 Jahren 50 Millionen Franken gekostet haben.

In Venedig befinden sich mehrere, Frankreich und dem Königreich Italien gehörige Schiffe. Diese müssen an beide Nationen zurückfallen.

Nachdem der Kaiser alles französische Eigentum in Holland, Flandern und Italien aufgeführt hatte, ging er zu dem Interesse über, das er an jedem dieser Länder hätte:

Die gänzliche Unabhängigkeit Italiens, Rom und Genua eingeschlossen, ist das erste Interesse Frankreichs. Die äußerste Grenze würde für Österreich der Isonzo bilden. In Piemont würde die französische Grenze dem Kamm der Alpen über den Tendapaß entlang bis Savona laufen. Das übrige gehört zu Italien. Man muß annehmen, daß England und Rußland mit diesem Arrangement einverstanden sein würden.

Wenn Österreich bis zur Etsch vorrückt, muß Mantua bei Italien, Piemont bis zur Sesia mit Genua und einer Linie, die möglichst bis Spezia geht, bei Frankreich bleiben. Diese Frage betrifft übrigens Seeinteressen und kann daher einen Widerstand Österreichs nicht hervorrufen.

Was Holland betrifft, so ist Frankreichs erstes Interesse, daß es ihm erhalten bleibe; sein zweites, daß es eine Republik mit ihrer alten Verfassung, aber ohne Statthalter, bleibe; sein drittes, daß es eher von einem Statthalter als von einem König regiert werde, auf alle Fälle aber keinen Herrscher bekomme, der irgendwelche Familienbeziehungen zu England habe.

Bei allen vorläufigen oder endgültigen Friedensbedingungen darf nicht vergessen werden, das Interesse der Holländer, Spanier, Polen und Deutschen zu wahren, die sich Frankreich angeschlossen haben; sie dürfen nicht später belästigt werden. Es ist darauf zu achten, daß die Präliminarien, die den Feindseligkeiten ein Ziel setzen sollen, möglichst unklar abgefaßt werden, da man durch Zeitgewinn nur Nutzen haben kann.

Eine gute Formel wäre zum Beispiel für die Unabhängigkeit Hollands, wenn man als Grenze das rechte Ufer des Wasserlaufs von Gorkum vorschlüge.

Für Italien muß man dasselbe Prinzip befolgen, weder die Alpen noch das Meer als Grenzen nennen. Dadurch könnte man vielleicht erreichen, am Ende der Verhandlungen in den Besitz von Spezia zu gelangen.

Man muß betonen, daß das einzige Mittel, die Erregung der Nation zu beruhigen, den Rüstungen ein Ziel zu setzen und eine Volkserhebung zu verhindern, die Räumung des französischen Gebietes sei, da dadurch der Regierung jeder Vorwand genommen werde.

Wenn Italien für unabhängig erklärt würde, würde der Kaiser Korfu an dieses abtreten, um Engländer und Russen zu befriedigen.

Wenn Österreich Venedig nähme, würde man vorziehen, Korfu an Neapel abzutreten, wofern Österreich es nicht etwa durch Bezahlung zu erwerben wünschte.

Von den Inseln Elba und Korsika darf keine Rede sein, beide müssen Frankreich erhalten bleiben, sowie Lucca der Prinzessin Elisa.

Wenn es nicht anders geht, kann man seine Einwilligung zur Rückkehr des Papstes nach Rom geben, dieser muß aber dann das Konkordat von Fontainebleau vom 25. Januar 1813 und die späteren Vereinbarungen anerkennen.

Man muß den Willen Frankreichs betonen, ein unabhängiges Italien als Nachbarn zu haben, wogegen auch weitere Abtretungen bis zum Abhang des Mont-Cenis erfolgen könnten.

Wenn Italien geteilt werden sollte, müßte Toskana an den König Joseph fallen.

Wenn man dem König von Westfalen seine Länder in Deutschland nehmen will, muß man ihn in Italien entschädigen.

Alles das ist in Übereinstimmung mit den Frankfurter Grundlagen, zu denen der Kaiser bereits seine Einwilligung erteilt hat. Was darüber hinaus verlangt wird, muß abgelehnt werden; schon deshalb, weil alle Kabinette und auch das englische die obigen Anerbietungen bereits gemacht haben. Ohne Mainz und Antwerpen würde Frankreich zu einer Macht zweiten Ranges herabsinken; dies wäre nicht im Interesse Österreichs, kann also auch von dessen Politik nicht unterstützt werden.

Auch die traurigsten Wechselfälle des Krieges werden den Kaiser nie dazu bringen, etwas zu ratifizieren, was er selber als eine Unehre und was Frankreich als einen Schimpf empfinden würde.

Man muß versuchen, das französische Gebiet durch einen Waffenstillstand zu säubern.

Dem Kaiser von Österreich muß nahegelegt werden, daß der Kaiser ihm absichtlich nicht geschrieben habe, weil er sonst gezwungen gewesen wäre, auch an die anderen Souveräne zu schreiben.

Zum Schluß dieser Instruktionen legte der Kaiser seinem Bevollmächtigten ans Herz, ihm so oft wie möglich Offiziere oder Meldereiter mit genauen Mitteilungen zu senden.

Da die Verbündeten fürchteten, daß die Ankunft des Herzogs von Vicenza im Hauptquartier Uneinigkeit zwischen ihnen hervorbringen könnte, so beschlossen sie, den Kongreß weit vom Hauptquartier tagen zu lassen, und beriefen ihn für den 3. Februar nach Châtillon ein. Lord Castlereagh mit einem Dutzend anderer Engländer war mit der Vertretung der englischen Interessen betraut, Stadion war von Österreich, Humboldt von Preußen, Rasumowsky von Rußland bevollmächtigt.

*

Achtes Kapitel.

Der Feldzug 1814.

I. Brienne und La Rothière. – II. Neue Instruktionen für Caulaincourt. – III. Siege über Blücher. – IV. Folgen der veränderten Kriegslage. – V. Kämpfe mit der Hauptarmee der Verbündeten. Montereau. Troyes. – VI. Schluß des Kongresses in Châtillon. Charakter des Lord Castlereagh. – VII. Laon. – VIII. Arcis-sur-Aube.

I.

Vor der Übermacht der Verbündeten hatten Marmont und Macdonald, die am Mittel- und Niederrhein die Grenze besetzt gehalten hatten, sich zurückgezogen. Auch Mortier folgte diesem Beispiel, nachdem er bei Bar-sur-Aube am 24. Januar gegen einen Teil der Hauptarmee gefochten hatte.

Napoleon hatte unterdessen bei Châlons-sur-Marne gegen 60 000 Mann zusammengezogen und sich selbst am 25. Januar dorthin begeben, um zunächst Blücher anzugreifen.

Was die Verbündeten am meisten fürchteten, war die Erhebung des ganzen französischen Volkes. Fürst Schwarzenberg ließ daher, um die Gemüter zu beruhigen, den verbündeten Truppen folgende Proklamation vorausgehen:

»Franzosen!

»Der Sieg hat die verbündeten Truppen an eure Grenze geführt; sie sind im Begriff, sie zu überschreiten.

»Wir führen keinen Krieg gegen Frankreich; weit von uns werfen wir nur das Joch zurück, das eure Regierung unseren Ländern auferlegen wollte, die die gleichen Ansprüche auf Unabhängigkeit und Wohlergehen haben wie das eure.

»Beamte, Eigentümer, Landleute, bleibt daheim: Die Wahrung der öffentlichen Ordnung, die Achtung des Privateigentums, die strengste Mannszucht werden den Durchzug der verbündeten Armeen kennzeichnen. Sie sind keineswegs von einem Verlangen nach Rache beseelt; sie wollen nicht die zahllosen Leiden vergelten, womit Frankreich seit zwanzig Jahren seine Nachbarn und die entferntesten Länder heimgesucht hat. Andre Grundsätze und andre Absichten als diejenigen, die eure Armeen zu uns geführt haben, walten im Rate der verbündeten Monarchen.

»Ihr Ruhm wird sein, den Leiden Europas das rascheste Ende gemacht zu haben. Die einzige Eroberung, nach der sie trachten, ist: Frieden für Frankreich und ein Zustand wahrhafter Ruhe für ganz Europa. Wir hofften dieses zu erreichen, bevor wir das französische Gebiet berührten; jetzt sind wir im Begriff, den Frieden dort zu suchen.«

Dieser Aufruf machte auf das französische Volk nur geringen Eindruck. Man ahnte, was man von den Alliierten zu erwarten hatte, und sah in ihnen keineswegs Friedenbringer.

Während die Armee des Fürsten Schwarzenberg bei Langres stand, war Blücher, nachdem er Nancy verlassen hatte, auf Saint-Dizier marschiert, hatte dann die Marne verlassen und war nach der Aube abgeschwenkt, um sich Schwarzenberg anzuschließen und diesen zu einem kühnen Marsche auf Paris zu bestimmen.

Als Napoleon am 27. Januar in Saint-Dizier einrückte, erfuhr er durch Gefangene und Landleute, daß Blücher an der Spitze von ungefähr 30 000 Mann vor ihm vorübergezogen sei. Er faßte sofort den Entschluß, ihm nachzueilen und ihn zu stellen. Mit Victor, Ney und der gesamten Kavallerie, ungefähr 17 bis 18 000 Mann, marschierte er auf Brienne los. Die Wege waren durchweicht, und man kam schwer vorwärts. Am 29. Januar entdeckten Grouchy, der die Kavallerie der Armee, und Lefèbvre-Desnoëttes, der die Gardekavallerie befehligte, endlich um vier Uhr nachmittags, als sie aus dem Walde von Ajou hervorbrachen, in einer leicht wellenförmigen Ebene die Kavallerie des Grafen Pahlen, die durch einige Bataillone Scherbatows gestützt wurde. Etwas weiter lag Brienne, und längs der Aube waren zahlreiche Truppen in Bewegung. Es war Blücher, der sich anschickte, an der Spitze des Korps Sacken durch Brienne zu ziehen, um Bar-sur-Aube zu gewinnen.

Lefèbvre griff sofort die feindliche Kavallerie an und nötigte sie, sich auf die Vierecke der Bataillone Scherbatows zurückzuziehen. Da die französische Infanterie sich noch in den Gehölzen befand, so mußte Napoleon während mehr als zwei Stunden sich damit begnügen, einen Artilleriekampf zu unterhalten, der indes mörderisch genug war. Als endlich Ney und Victor vorbrachen, befahl der Kaiser den Angriff, da die Zeit vorgerückt war. Die Infanterie Victors auf dem linken Flügel sah sich plötzlich der ganzen russischen Reiterei gegenüber. Ungestüm von ihr angegriffen, mußte sie zurückweichen und verlor einige Geschütze ihrer Artillerie. Aber in diesem Augenblick hatte eine nach der Rechten abgezweigte Brigade Victors Brienne umgangen, war in den Schloßpark gedrungen und hatte das Schloß gestürmt. Beinahe wäre Blücher mit seinem Stabe in ihre Hände geraten. Durch die Wegnahme dieser Stellung wurden die Russen erschüttert. Ney drängte nunmehr lebhaft auf sie ein und bemächtigte sich der Stadt, die Blücher um 10 Uhr abends vergebens den Franzosen wieder wegzunehmen versuchte.

Napoleon übernachtete in einem benachbarten Dorfe. Die Verwirrung war so groß, daß er sich plötzlich in der Dunkelheit von Kosaken umringt sah.

Bei Brienne, wo Napoleon seine ersten Lebenseindrücke empfangen hatte und wo er als junger Mann einen unbeschreiblichen Reiz darin fand, fern von dem geräuschvollen Treiben seiner Kameraden sich in ein Buch zu vertiefen oder nachzudenken – bei Brienne hätte er beinahe sein Leben beendet. Schon berührte die Lanze eines Kosaken seine Brust, als die Pistole des Generals Gourgaud diesen niederstreckte. Der Kaiser bedauerte es später, daß der offizielle Schlachtenbericht diesen Umstand nicht erwähnte, aber der Fürst von Neuchâtel (Berthier) hatte es nicht gewollt, um die Kaiserin nicht zu erschrecken und um zu verbergen, von welch großer Gefahr die Zukunft des Kaiserreiches bedroht gewesen war[1]. Der Kaiser mußte zu seiner Verteidigung den Degen ziehen. Es war das erstemal wieder seit seinen italienischen Feldzügen, und er war dieser Bewegung so entwöhnt, daß er sie kaum fertig brachte. Wäre er bei Brienne getötet worden, so wäre vielleicht der Friede geschlossen und sein Sohn auf den Thron erhoben worden!

Am nächsten Morgen sah man Blücher sich auf der Straße von Bar-sur-Aube zurückziehen. Er wurde bis zum Dorfe La Rothière verfolgt,

---

1 Gourgaud wurde für diese Tat von dem Kaiser mit einem Degen beschenkt, den dieser selbst im italienischen Feldzuge getragen hatte. Er hat ihn wie eine Reliquie aufbewahrt und bei seiner Abreise von Paris seiner alten Mutter anvertraut. C.

wo er haltmachte. Der Feind verlor dort ungefähr 4000 Mann an Toten und Verwundeten, während an Franzosen etwa 3000 Mann außer Gefecht gesetzt wurden. Das Treffen war sehr ehrenvoll für die jungen französischen Soldaten, die, einer gegen zwei kämpfend, gegen die ältesten Truppen der Verbündeten, die von tüchtigen Generalen geführt wurden, schließlich im Vorteil blieben. Der Erfolg brachte eine große moralische Wirkung hervor. Die Soldaten faßten wieder Mut und Vertrauen, die Verbündeten hatten wieder die Anwesenheit des Kaisers gefühlt, und ihnen war klargeworden, daß sie Paris keineswegs ohne Schwertstreich erreichen würden.

Während Blücher die bewaldeten Höhen rückwärts von La Rothière besetzte, setzte Fürst von Schwarzenberg alle seine Korps auf beiden Ufern der Aube in Bewegung, um dem tollkühnen Führer der preußischen Armee zu Hilfe zu kommen. Am 30. Januar stellte er hinter diesem die Korps der Generale Giulay und Prinz Eugen von Württemberg auf, die bei ihrer Verfolgung Mortiers in Bar-sur-Aube stehen geblieben waren. Seine Linke, aus sämtlichen österreichischen Reserven unter dem Fürsten Colloredo bestehend, richtete er auf Vandoeuvres, um die rechte Flanke Napoleons zu bedrohen und Marschall Mortier im Zaum zu halten. Seine aus den Bayern bestehende Rechte führte er nach Eclance, etwas über Trannes hinaus, und sandte Wittgenstein, der bereits in Saint-Dizier angekommen war, den Befehl, in aller Eile bis Soulaines vorzudringen. Das Korps Yorcks wurde ebenfalls auf Saint-Dizier dirigiert, und das Zentrum, wo Blücher, der Prinz von Württemberg und General Giulay standen, wurde noch durch die russische und preußische Garde verstärkt. Dies war eine ungeheure Anhäufung von Streitkräften; das Ganze betrug 170 000 Mann, wovon mehr als 100 000 um La Rothière konzentriert waren, denen Napoleon 30 000 Mann, vielleicht 40–45 000 gegenüberstellen konnte, wenn es Mortier gelang, von Troyes aus zu ihm zu stoßen.

Am 1. Februar begannen die Verbündeten, in de Ebene von La Rothière vorzugehen. Die Lage der französischen Armee war bedenklich, der Kaiser verfügte im ganzen höchstens über 32 000 Mann, die allerdings in einer gut gewählten Stellung standen. Er hatte seine auf die Aube gestützte Rechte bei Dienville, wo General Gerard mit den Divisionen Dufour und Ricard sich befand. Marschall Victor stand bei La Rothière im Zentrum, und der linke Flügel, die Division Lagrange, nur 4000 Mann stark, stützte sich auf den Wald von Ajou und war durch den Bach und das Dorf Morvilliers gedeckt. Napoleon selbst hielt sich mit zwei Divisionen Junger Garde, der gesamten Kavallerie und einer zahlreichen Artillerie in Reserve hinter La Rothière so, daß er sowohl Marmont als Victor zu Hilfe eilen konnte.

Das Feuer begann um 2 Uhr nachmittags, und die Franzosen verteidigten ihre Stellungen verzweifelt gegen die Übermacht. Stundenlang konnten die Verbündeten keinen Fußbreit Gelände gewinnen, doch schließlich blieb den Franzosen nichts weiter übrig, als sich in guter Ordnung zurückzuziehen. Sie verloren ungefähr 5000 Mann an Toten und Verwundeten, die Verbündeten 8 bis 9000 Mann. In der Nacht überschritt der Kaiser die Brücke von Lesmont und erreichte Troyes in guter Ordnung. Es blieben ihm höchstens noch 25 bis 26 000 Streiter übrig. Die Soldaten hatten nach wie vor das gleiche Vertrauen zu Napoleon, obwohl von den jungen Leuten eine Anzahl desertierte; die Führer aber, die im Gefecht stets mit bestem Beispiel vorangingen, überließen sich nach dem Ringen einer völligen Mutlosigkeit, die sie nicht einmal zu verbergen bestrebt waren. Ihr Trübsinn verbreitete sich nach und nach auch in den unteren Rangstufen, und der Winter mit seinen Leiden und Entbehrungen war nicht geeignet, ihn zu zerstreuen. In Troyes und Umgegend, wo die Lasten des Krieges sich bereits bitter fühlbar machten, fand die Armee eine wenig herzliche Aufnahme, und es kam zu beklagenswerten Auftritten zwischen Soldaten und Bauern.

II.

Napoleon war, obwohl schmerzlich ergriffen, doch keineswegs entmutigt oder niedergeschlagen. Sein Selbstvertrauen hielt ihn aufrecht, und er war auch mit gutem Grunde immer noch dazu berechtigt. Denn er sah dem Eintreffen von 15 000 alten Soldaten aus Spanien entgegen, die bereits in Orleans angekommen waren. In Paris sollte in wenigen Tagen die Organisation von zwei Divisionen Junger Garde vollendet sein. Dazu kamen noch weitere Neuorganisationen, so daß er darauf rechnen konnte, seine Streitkräfte binnen acht bis zehn Tagen auf 90 000 Mann gebracht zu sehen. Es war also noch nicht alles verloren, wenn man nur verstand, einige Tage kaltes Blut zu bewahren. Napoleon schrieb täglich an die Kaiserin und Cambacérès, um sie zu beruhigen, und versicherte ihnen und der Bevölkerung von Paris, daß mit Standhaftigkeit und Energie noch alles gerettet werden könnte.

In gleichem Sinne schrieb er an seinen Bevollmächtigten auf dem

Kongresse von Châtillon. Er teilte ihm außerdem mit, daß er auf seinen Märschen bemerkt habe, wie die feindlichen Truppen sich überall ganz schauderhaft aufführten. Alle Bewohner flüchteten in die Wälder; in den Dörfern fände man keine Bauern mehr. Der Feind zehre alles auf, stehle Pferde und Rinder, Kleider und Geräte der Bauern; sie schlügen die Leute, Männer und Frauen, und schändeten die Weiber. Dies traurige Bild veranlasse ihn, nochmals seinen Wunsch zu betonen, sein Volk von solchem Elend und solchen Leiden zu befreien, die geradezu entsetzlich seien. Das sollte auch dem Feinde zu denken geben, denn der Franzose verliere leicht die Geduld. Er sei von Natur tapfer, und wenn er gepeinigt würde, würden sich von selbst überall Banden organisieren. Der Herzog solle dem Kongreß von diesen Exzessen ein sehr energisches Bild entwerfen.

Auf seinen Wunsch sandte der Kaiser dem Herzog von Vicenza durch Marschall Maret die Vollmachten, wie er sie aufgesetzt hatte, unterschrieben ein und empfahl ihm an, in einem oder dem anderen Sinne ein Ende herbeizuführen, denn in wenigen Tagen würden Ereignisse stattfinden, die entscheidend wären. Da die Verbündeten jedenfalls über die Bedingungen unter sich einig seien, solle er sich dieselben geben lassen und sie annehmen, wenn sie annehmbar seien. Entgegenstehenden Falles würde er die Gefahr einer Schlacht, selbst des Verlustes von Paris und alles dessen, was darauf folgen würde, laufen.

Im Begriffe, von Troyes aufzubrechen, von wo aus er dem Herzog von Vicenza die Vollmacht gesandt hatte, beauftragte der Kaiser den Marschall Maret, ihm sofort noch einen Kurier zu senden, um dem Herzog mitzuteilen, daß der Kaiser ihm unbeschränkte Vollmacht gebe, die Verhandlungen zu gutem Ende zu führen. Er solle alles daran setzen, die Hauptstadt zu retten und eine Schlacht zu verhindern, der die letzten Hoffnungen der Nation zum Opfer fallen könnten. Er könne sich also als mit der nötigen Vollmacht versehen betrachten, um unter diesen wichtigen Umständen nach eignem Ermessen und allein für seine Person zu handeln.

III.

Der Kaiser rechnete noch mit einer Möglichkeit, die ihm durch eine Art von Vorgefühl angekündigt wurde. Diese konnte, wenn sie sich verwirklichte, den Sachen eine neue Gestalt geben und ihm den Sieg ermöglichen. Er wußte, daß unter den Führern der Verbündeten Eifersucht und Antipathien herrschten. Konnte daher z. B. nicht Blücher den Wunsch hegen, sich nach der Marne zu begeben und Schwarzenberg an der Seine zu lassen, um freier nach eignem Ermessen handeln zu können? Napoleon vermutete solches, und es war ihm gleich am zweiten Tage seines Rückzuges nach Troyes fast zur Gewißheit geworden. Verhielt es sich so, dann stand sein Plan bereits fest: ein Korps vor Schwarzenberg lassen, unbemerkt und schleunigst abziehen, gegen Blücher marschieren, diesen schlagen und sich dann wieder gegen Schwarzenberg wenden. Indessen sprach er zu niemanden davon, aus Furcht, seine geheimen Absichten könnten durch Indiskretionen des Generalstabes dem Feinde zu Ohren kommen.

Indem er einen solchen Fehler des Feindes voraussah, hielt er sich vom 3. bis 8. Februar in Troyes, dann in Nogent auf und glaubte bald die ersten Anzeichen davon zu entdecken. In der Tat hatte Blücher die Korps Yorck, Langeron und Kleist an sich gezogen und damit seine Armee auf 60 000 Mann gebracht. Mit diesen konnte er glauben, Napoleon gewachsen zu sein. Dem Fürsten von Schwarzenberg blieben noch 130 000 Mann.

Am 3. Februar rückte Blücher von Rosnay auf Saint-Ouen, den 4. auf Fère-Champenoise vor und nötigte dadurch den Marschall Macdonald, sich auf Château-Thierry zurückzuziehen. Dieser war den 8. Februar zu Château-Thierry längs der Marne, vom Korps Yorck gefolgt und in der Flanke von Blücher bedroht, der, der Straße von Montmirail folgend, ihn bei Meaux zu überflügeln hoffte.

Paris sah sich solchergestalt bloßgestellt und war in größter Unruhe.

Fürst von Schwarzenberg rückte seinerseits langsam und unschlüssig auf Troyes vor. Der Raum, der die beiden Heere trennte, wurde dadurch merklich größer, nur einige Kosaken hielten die Verbindung noch, aber ungenügend, aufrecht. Den 6. und 7. Februar lag Napoleon mit steigender Freude auf der Lauer, bis er mit Sicherheit die Lage erkannt hatte und dann beschloß, sich auf Blücher zu stürzen und damit zugleich Paris zu Hilfe zu kommen. Er brach daher am 9. mit seiner Alten Garde auf, um sich von der Seine nach der Marne zu versetzen, indem er jedermann ein unbedingtes Stillschweigen über seine Bewegungen auferlegte. Voller Hoffnung schrieb er einige Worte an Caulaincourt, Herzog von Vicenza, um dessen Mut zu beleben und ihn zu ermahnen, sich der unbedingten Vollmacht, die er ihm erteilt hatte, weniger frei zu bedienen, sondern die Ereignisse abzuwarten.

General Blücher hatte sich inzwischen in gleicher Entfernung von der Aube und der Marne über Fère-Champenoise und Montmirail in Bewegung gesetzt, Sacken vorausgeschickt und Olsuwieff, Kleist und Langeron bei sich behalten. Am 9. Februar hatte der Feind folgende Stellungen inne: General von Yorck stand mit 18000 Preußen bei Château-Thierry an der Marne, Sacken mit 20000 Russen auf der Straße von Montmirail, Olsuwieff mit 6000 Russen zu Champaubert und endlich rückwärts in Etoges Blücher mit 10000 Mann unter Kleist und 8000 Russen unter Capzewitz, welche letzteren die Reste von Langerons Korps bildeten. Durch einen dem Kaiser günstigen Umstand war der Punkt Champaubert, über den Napoleon, von Nogent kommend, die Straße von Montmirail erreichen mußte, nur von den 6000 Russen Olsuwieffs besetzt. Hier war die schwache Stelle des Feindes, durch die Napoleon in die Mitte der feindlichen Korps eindringen konnte. Mit Marmont, Ney, Mortier über 30000 Mann seiner besten Truppen verfügend, war er sicher, dieses Ziel bald zu erreichen.

Am 10. Februar bei Tagesanbruch trat der Kaiser den Vormarsch an. Marmont war an der Spitze mit der Kavallerie des I. Korps und den Divisionen Ricard und Lagrange, die das VI. Infanteriekorps bildeten. Als man sich dem Petit-Morin näherte, versanken Pferde und Kanonen im Morast, aber die Bauern, die von bester Gesinnung beseelt waren, rissen sie mit ihren Armen aus dem Sumpf. Einige russische Tirailleure, die die Ufer des Petit-Morin besetzt hielten, wurden zersprengt, und die Franzosen konnten die Brücke von Saint-Prix überschreiten, trotz den 24 Geschützen Olsuwieffs das Dorf Baye nehmen und die Höhen dahinter ersteigen. Auf dem Plateau angelangt, sah man die Russen sich schleunigst zurückziehen.

Napoleon war zu Marmont geeilt, dessen Infanterie, vom I. Kavalleriekorps in der Flanke gedeckt, vorwärts drang. Die Hauptsache war jetzt, so schnell wie möglich die Straße von Montmirail zu erreichen und das feindliche Korps, das sie besetzte, zu zersprengen, da man dadurch Blücher von Châlons und seiner Rückzugslinie abschneiden und die schlesische Armee stückweise vernichten konnte. Marmont hatte das I. Kavalleriekorps bereits zur Rechten vorwärts dirigiert. Napoleon ließ ihm den General de Girardin folgen. Bei diesem Anblick trat der Feind, die Gefahr erkennend, seinen Rückzug an. Marmont drängte ihn lebhaft auf Champaubert, und in der Ebene zur Rechten griff General Doumerc mit den Kürassieren ihn an. Völlig in die Flucht geschlagen, warfen sich die Russen in Unordnung auf Champaubert, in das Marmont mit gefälltem Bajonett an der Spitze von Ricards Infanterie einrückte, während die Kürassiere die Verbindung mit Châlons abschnitten; durch dieses Manöver wurde Olsuwieff zugleich von Blücher getrennt, der rückwärts bei Etoges geblieben war. Olsuwieff versuchte hinter Champaubert standzuhalten. Im Nu wurde aber seine Infanterie auseinandergesprengt, teils niedergehauen, teils gefangengenommen. Fünfzehnhundert Tote oder Verwundete, gegen 3000 Gefangene, darunter General Olsuwieff selbst mit seinem Stabe, und etwa 20 Geschütze waren die Trophäen dieses glücklichen Tages, dessen Resultat noch Größeres erhoffen ließ.

Napoleon empfand darüber ein lebhaftes Gefühl der Freude, wie es ihm seit langem nicht zuteil geworden war. Er glaubte jetzt wieder an seinen Stern und meinte beinahe wieder auf dem Gipfel der Größe zu stehen. Während er in einem Dorfwirtshause in Champaubert mit seinen Marschällen zu Abend speiste, sprach er von den Wechselfällen des Glückes mit jener lachenden Philosophie, die man in sich wiederfindet, wenn die bösen Tage vorbei sind, und mit Selbstvertrauen rief er aus: »Wenn ich morgen so glücklich bin wie heute, werde ich in 14 Tagen den Feind nach dem Rhein zurückgedrängt haben, und vom Rhein nach der Weichsel ist nur ein Schritt!« –

Ohne Zögern wandte sich der Kaiser am Morgen des 11. nach der Linken, folgte der Straße von Montmirail und ließ auf seiner Rechten den Marschall Marmont mit der Division Lagrange und das I. Kavalleriekorps, um Blücher im Schach zu halten, während man es mit den Generalen Sacken und Yorck zu tun haben würde.

Um 10 Uhr morgens traf Napoleon in Montmirail an der Spitze seiner Kolonne ein, die mit Ney, Mortier, der Gardekavallerie und der Division Ricard ungefähr 24 000 Mann stark war. Als er auf der Straße hinter Montmirail vorbrach, sah er Sacken, der von La Ferté-sous-Jouarre zurückkam, und in der Ferne die langsam heranmarschierenden Truppen Yorcks. Es galt nun, sofort Sacken die Straße zu sperren und ihn abzufertigen, um sich darauf auf den anderen Eintreffenden zu werfen.

Um sich den Durchgang zu erzwingen, wirft Sacken eine starke Infanteriekolonne gegen das Dorf Marchais, in dem sich bald ein sehr hitziges Gefecht entspinnt. Ricard verliert es, nimmt es aber wieder, und es bleibt schließlich gegen 2 Uhr nachmittags im Besitze der Franzosen. Die Russen besetzen eine starke Stellung bei Epine-aux-Bois.

Die Straßen waren durchweicht, und es kostete große Mühe, die Garde heranzuziehen. Als die erste Division der Alten Garde unter Friant endlich eingetroffen war, traf der Kaiser seine Anstalten, um dem Feinde den Todesstreich zu versetzen. Um den Angriff auf Epine-aux-Bois weniger mörderisch zu gestalten, gab er zum Schein gegen Marchais hin Terrain auf, um Sacken dorthin zu locken. Ricard gab sich den Anschein, als ob er zurückweiche und Marchais aufgäbe. Bei diesem Anblick beeilte sich Sacken, den anscheinenden Vorteil auszunützen, und verließ mit einem Teile seines Zentrums Epine-aux-Bois, um sich des Dorfes Marchais zu bemächtigen. Das war, was Napoleon gewollt hatte. Die Alte Garde stürzt sich auf Epine-aux-Bois und macht alles nieder, was sich darin befindet, während Nansouty, der auf der großen Straße vorgerückt war, die Truppen Sackens, die über Epine-aux-Bois hinausgerückt waren, niederreitet und sie zum Rückzuge zwingt. Binnen wenigen Augenblicken fallen 4 bis 5000 Gefangene nebst 30 Kanonen in die Hände der Franzosen, und die Kavallerie Nansoutys streckt 2 bis 3000 Mann zu Boden. Sacken hat keine andere Rettung, als in aller Eile, von der Nacht begünstigt, den Rückzug anzutreten und zu versuchen, zum General Yorck zu stoßen, den inzwischen die 2. Division der Alten Garde unter Marschall Mortier beim Dorfe Fontenelle im Schach gehalten hatte.

Dieser Kampf vom 11., die Schlacht bei Montmirail genannt, war noch glänzender als der vom Tage vorher. Von 20 000 Mann hatte Sakken 8000 an Toten, Verwundeten und Gefangenen verloren, während den Franzosen dieser schöne Triumph nicht mehr als 7 bis 800 gekostet hatte. Nun galt es, Blüchers ganze Armee in einzelnen Abteilungen zu vernichten.

Am 12. Februar verließ der Kaiser die Straße von Montmirail, um lotrecht auf die Marne zu marschieren, wo General Yorck mit ungefähr 18 000 Preußen und 12 000 Russen, die vom Korps Sacken übriggeblieben waren, auf der Straße von Château-Thierry aufmarschiert war. Beim Dorfe Caquerets kam es zum ersten Zusammenstoß. Man nahm das Dorf und rückte in der Ebene vor, in der sich die beiden Garde-Infanteriedivisionen entfalteten. General Yorck schickte seine Kavallerie mit ihrer Artillerie vor; aber General Nansouty stürzte mit den Schwadronen der Ehrengarden und der Gardekavallerie auf die preußische Reiterei, warf sie auf Château-Thierry, hieb einen Teil derselben nieder und nahm ihr die ganze Artillerie weg. Bei dieser schnellen Bewegung der französischen Reiterei war es gelungen, eine Nachhut von drei preußischen und vier russischen Bataillonen vom Hauptkorps des Feindes zu trennen. Der Kommandant der Gardedragoner, General Letort, stürmte mit 500 bis 600 Reitern gegen sie an, durchbrach ihre Reihen, tötete eine große Anzahl und brachte an 3000 Gefangene und eine zahlreiche Artillerie in seine Gewalt.

Nun warf die ganze Masse, Infanterie und Kavallerie, sich auf Château-Thierry. Prinz Wilhelm von Preußen war mit seiner Division vorwärts gegangen, um der Verfolgung der Franzosen Einhalt zu tun. Er wurde aber gleichfalls mit einem Verlust von 500 Mann geworfen. Die Franzosen rückten in buntem Durcheinander mit dem Feinde in Château-Thierry ein, wo noch viele Gefangene gemacht wurden. Leider hatte der Feind die Brücke von Château-Thierry zerstört, und eine weitere Verfolgung war daher unmöglich. Aber das Ergebnis der Manöver des Kaisers war auch so ein schönes. Er hatte, ohne mehr als 1000 Mann zu verlieren, drei von den Blücherschen Korps geschlagen, und es blieb ihm nur noch übrig, diesen selbst zu vernichten. Unermüdlich, wie in den Tagen seiner Jugend, verlor Napoleon keine Zeit, um sich den Erfolg zu sichern.

In der Richtung von Montmirail hatte Blücher kein Lebenszeichen von sich gegeben, und Marmont war in Etoges geblieben, ohne angegriffen zu werden. An der Seine war die Lage weniger friedlich. Fürst von Schwarzenberg hatte seine Truppen ausruhen lassen und sie dann gegen die Seine geführt, deren Lauf er von Mery bis Montereau beherrschte. Er versuchte nun, den Übergang über den Fluß bei Nogent-sur-Seine, Bray und Montereau zu erzwingen. Die Marschälle Victor und Oudinot leisteten nach Kräften Widerstand, verlangten aber dringend den Beistand Napoleons. Dieser ermutigte sie, standhaft auszuhalten, und versprach, ihnen zu Hilfe zu kommen, sobald er mit Blücher fertig geworden sein würde.

Napoleon hatte 36 Stunden in Château-Thierry zugebracht, als er in der Nacht vom 13. auf den 14. von Marmont die Nachricht erhielt, daß Blücher endlich wieder die Offensive ergriffen habe und wahrscheinlich auf Montmirail marschiere. Napoleon setzte sich auf der Stelle in Marsch.

Am Morgen des 13. hatte Blücher Vertus verlassen, das Plateau, auf dem Champaubert und Montmirail gelegen sind, erstiegen und Marmont zum Weichen gebracht, der sich mit seinen 5 bis 6000 Mann allmählich auf Champaubert, Fromentières und Vauchamps zurückgezogen hatte. Marmont hatte am 14. Vauchamps geräumt und sah ein wenig rückwärts auf der Straße von Montmirail der Ankunft Napoleons entgegen.

Nachdem Napoleon am 14. neun Uhr morgens zu Marmont gestoßen war, ergriff er sofort die Offensive. Blücher, der mit gewohnter Zuversicht marschierte, hatte die Division Zieten vorwärtsgeschickt. Als diese Vauchamps verließ, sah sie sich plötzlich von heftigem Artilleriefeuer empfangen, das ihr große Verluste verursachte und sie zwang, in das Dorf zurückzukehren, in dem sie kurz darauf von der Division Ricard angegriffen wurde. Diese drang in das Dorf ein, wurde aber wieder zurückgeworfen. Sie erneuerte den Angriff, drang ein zweites Mal ein und konnte sich diesmal, dank einer Umgehungsbewegung des Generals Grouchy, darin behaupten. Blücher, der an der Entschlossenheit der rings um ihn ausgeführten Bewegungen seinen Gegner erkannt hatte, faßte den Entschluß, ihm auszuweichen. Aber er hatte nicht mehr die Zeit dazu. Die Division Zieten mußte vor der Infanterie Ricards weichen, während Grouchy ihr den Rückzug abzuschneiden drohte. Vergebens formierte sie gegen diesen Karrees; sie wurde auseinandergesprengt und zum Teil genötigt, die Waffen zu strecken. Der Rest flüchtete in der Richtung auf das Hauptheer der Preußen. Die französische Reiterei brachte ungefähr 2000 Gefangene, 12 Kanonen und mehrere Fahnen in ihre Gewalt; 1000 tote und verwundete Preußen bedeckten das Schlachtfeld.

Napoleon befahl, sofort eine energische Verfolgung des Feindes aufzunehmen, und leitete diese selbst einen halben Tag lang. Blücher zog sich in zwei dichten Kolonnen zurück, auf seiner Linken Kleist, auf der Rechten Capzewitz, während seine Artillerie und seine Fuhrwerke die Straße verfolgten. Er wurde so, fortwährend mit Kanonenkugeln und Kartätschen überschüttet, bis drei Uhr nachmittags auf Janvilliers, Fromentières und Champaubert zurückgetrieben. Blücher tat sein Möglichstes, um seiner Infanterie seine eigene Tatkraft mitzuteilen, und es gelang ihm, seine Truppen in ziemlich guter Ordnung, wenn auch mit schweren Verlusten, bis zum Eingang von Etoges zurückzuführen. Er hatte bereits 7000 Mann an Gefangenen, Toten und Verwundeten eingebüßt, aber Marmont gedachte ihm noch weitere Siegesbeute abzunehmen. Er beschloß, ihm auch nachts keine Ruhe zu lassen und griff ihn unvermutet in der Dunkelheit in Etoges an, als gerade der von den Strapazen erschöpfte Feind sich ein wenig Ruhe zu gönnen begann. Dieser unvermutete Angriff hatte vollständigen Erfolg. Preußen und Russen wurden aus Etoges vertrieben und mußten in finsterer Nacht gegen Bergères und Vertus flüchten. General Orosoff wurde mit seinem Stabe gefangengenommen, und dieser letzte Teil des Tages kostete dem Korps Blüchers noch über 2000 Mann und viele Geschütze. Blücher hatte am Tage von Vauchamps 9 bis 10000 Mann an Toten, Verwundeten und Gefangenen eingebüßt. Somit hatte Napoleon beinahe ohne Schlacht in vier Schlag auf Schlag gelieferten Gefechten die Schlesische Armee gänzlich desorganisiert, ihr 28000 Mann außer Gefecht gesetzt, überdies eine ungeheure Menge Geschütze und Fahnen abgenommen und den kühnsten, tapfersten und erbittertsten seiner Gegner empfindlich gezüchtigt.

Er dirigierte sofort die 18000 Gefangenen auf Paris, damit die Hauptstadt wieder Mut fassen und in ihrem Glauben an das Genie des Kaisers neu gestärkt werden könnte. Paris hatte auch wirklich über die unerwarteten Triumphe des Kaisers sich herzlich gefreut. Diese Freude wurde aber durch die Nachricht getrübt, daß Schwarzenberg im Begriff sei, die Seine von Nogent bis Montereau zu forcieren, und daß Platows Kosaken sich bereits im Walde von Fontainebleau gezeigt hätten. Dringende Vorstellungen gingen daher an Napoleon ab, um ihn nach der Seine zurückzurufen, und diese veranlaßten denn auch den Kaiser, Marmont noch vor Beendigung des Kampfes bei Vauchamps zu verlassen und nach Montmirail zurückzukehren, um die nötigen Anordnungen zu treffen.

IV.

Napoleon wollte den Frieden, aber er wollte keine Bedingungen unterschreiben, die einen Makel für die nationale Ehre bedeutet hätten; er äußerte, daß er sich eher die Hand abschneiden würde. Er wollte den Frieden, denn unmittelbar nach der Schlacht von Brienne, im Augenblick, als die Unterhandlungen beginnen sollten, schrieb er von Troyes an seinen Bevollmächtigten in Châtillon, daß er ihm freie Hand gäbe, den Frieden abzuschließen, um dem Vormarsch des Feindes ein Ende zu setzen, der so verhängnisvoll für die französischen Provinzen war, um die Hauptstadt zu retten und eine große Schlacht zu vermeiden, deren Verlust alle Hoffnungen der Nation vernichten würde. Diese Vollmacht ließ er seinem Gesandten am 4. oder 5. Februar einhändigen; er widerrief sie zwar wieder, aber erst nach seinen Siegen. Wenn also die Alliierten den Frieden gewollt hätten, so hätten sie ihn haben können; 14 Tage lang hatten sie Zeit dazu. Er wäre in Châtillon geschlossen und unterzeichnet worden, ohne daß der französische Bevollmächtigte nötig gehabt hätte, weitere Instruktionen des Kaisers einzuholen, der damals nicht stark genug war, um gegen die Volksmeinung die Ratifikation eines unterzeichneten Vertrages zu verweigern. Aber die Alliierten dachten nicht an Frieden: Sie wollten sich an Frankreich rächen wegen seiner Triumphe; sie erinnerten sich der Tage der Trauer, wo die französischen Adler über ihren Hauptstädten prangten. Die Vorschläge von Châtillon, wie die von Dresden und Frankfurt, waren nur ein Köder, den sie auswarfen, um ihre Völker zu täuschen und in Frankreich Zwietracht zu säen.

Der französische Bevollmächtigte wünschte genaue Instruktionen, in welche Opfer er einwilligen könnte. Der Großmarschall Bertrand und der Herzog von Bassano drangen in Napoleon, den Wunsch des Herzogs von Vicenza zu erfüllen; er solle diesem aber die Freiheit lassen, von diesen Instruktionen abzuweichen und von seiner unumschränkten Vollmacht Gebrauch zu machen. Der Kaiser hielt mit seinem Minister eine lange Beratung, die weit in die Nacht hinein dauerte. Es wurde beschlossen, daß man ohne Zaudern Belgien und selbst das linke Rheinufer opfern müsse, wenn man den Frieden nur um diesen Preis haben könne; wenn aber der Verzicht auf nur eines dieser Länder den Frieden ermöglichen könnte, so wäre Belgien zu überlassen, wie groß auch der Wunsch des Kaisers wäre, diese schöne Provinz zu behalten. Denn damit wäre England befriedigt und sein Hauptzweck erreicht. Belgien könnte man ja in glücklicheren Zeiten wiedererobern, indem man nur einen Seekrieg durchzuführen hätte, der das Schicksal des Kaiserreiches nicht bloßstelle, während man nicht versuchen könne, das linke Rheinufer wieder zu nehmen, ohne einen europäischen Krieg zu entfesseln. In diesem Sinne erhielt der Bevollmächtigte seine Instruktionen: zuerst Belgien anbieten, dann, wenn es nicht anders ginge, das linke Rheinufer. Auf Italien, Genua, das Piémont, den Besitz in Deutschland, selbst die Kolonien, sei von vornherein zu verzichten.

Napoleon sollte diese Depesche am 8. Februar um 7 Uhr morgens unterzeichnen; um 5 Uhr erhielt er eine Meldung über die Bewegungen des russischen und preußischen Heeres, die ihn eine ruhmreiche Wendung der Dinge vorahnen ließ; er verschob die Antwort an den Herzog von Vicenza und eilte nach Champaubert. Seine Hoffnungen wurden gehoben durch eine Reihe von unerwarteten Triumphen; anstatt der großen Schlacht, die er hatte vermeiden wollen, trug er fünf denkwürdige Siege davon; die feindliche Armee verlor mehr als 90 000 Mann in zehn Tagen. Anstatt durch den Frieden, glaubte der Kaiser seine Hauptstadt durch die Waffen gerettet zu haben. Die Sachlage war geändert, damit änderten sich auch seine Pläne.

An seinen Unterhändler in Châtillon schrieb er daher am 17. Februar von Nangis aus, daß er die ihm erteilte Vollmacht wieder zurücknehme. Die Schlacht, die er habe vermeiden wollen, sei geschlagen und zum Vorteil des französischen Heeres ausgefallen. Die Vorsehung habe seine Waffen gesegnet. Er habe Zehntausende von Gefangenen gemacht und dem Feinde 200 Geschütze abgenommen; viele Generale seien gefangengenommen und mehrere Heere zersprengt worden. Er werde nun an die Vernichtung des Heeres des Fürsten Schwarzenberg herangehen und er hoffe es, bevor es die Grenze erreiche, vollständig aufzureiben. Der Herzog solle weiterhin alles tun, was dem Frieden dienen könne, er solle aber nichts unterzeichnen ohne seinen ausdrücklichen Befehl, weil der Kaiser allein die Sachlage beurteilen könne. Im allgemeinen wünsche er immer noch einen dauerhaften und ehrenvollen Frieden, aber nur auf der Frankfurter Grundlage. Wenn die Verbündeten am 9. Februar seine Vorschläge angenommen hätten, so würde die Schlacht nicht stattgefunden haben, und er hätte nicht nötig gehabt, das Heil Frankreichs in einem Augenblick aufs Spiel zu setzen, wo der geringste Mißerfolg das Land dem Untergang geweiht hätte. Er hätte aber dann auch nicht die Schwäche der Verbündeten kennengelernt. Jetzt aber sei die Lage geändert, und es sei nur richtig, daß er daraus seinen Vorteil zöge. Er wolle den Frieden, das könne aber nur ein solcher sein, der dem französischen Volke keine erniedrigenderen Bedingungen auferlege als die Frankfurter. Seine Lage sei sicherlich jetzt günstiger als in Frankfurt. Dort konnten die Verbündeten ihm Trotz bieten, da sie weit von Frankreich entfernt waren. Heute sei es anders. Heute habe er einen Vorteil über sie errungen, wie er einen solchen in seiner zwanzigjährigen militärischen Laufbahn trotz allen Siegen nicht aufweisen könne.

Er betone, daß er bereit sei, die Feindseligkeiten einzustellen und die feindlichen Heere ruhig in ihre Heimat zurückkehren zu lassen, wenn die Präliminarien auf der Frankfurter Grundlage unterzeichnet würden.

Der Mangel an Treu und Glauben und die Verletzung der heiligsten Vereinbarungen seitens des Feindes seien der alleinige Grund für die

Verzögerungen. Denn er sei so nahe bei ihm, daß, wenn er direkt mit ihm verkehren könnte, in vierundzwanzig Stunden Antwort auf die Depeschen da sein könne. Übrigens werde er ihm noch näher auf den Leib rücken.

Auf einen Bericht des Herzogs von Vicenza vom 17. Februar über seine Tätigkeit in Châtillon, antwortete ihm der Kaiser vom Château de Surville aus, daß der Herzog sich leider in einer Zone befände, die es ihm nicht ermögliche, die wahre Lage des Kaisers zu erkennen. Alles in seiner Meldung sei falsch, der Feind sei geschlagen, die Franzosen würden bald in Châtillon sein, und deshalb wiederhole er ihm seinen Befehl, nichts zu beschließen, bevor er ihn um seine Ansicht und seinen Willen befragt habe. Er glaube, der Herzog befände sich in einer Art unrechtmäßiger Gefangenschaft und würde durch falsche Nachrichten beeinflußt, man zwänge selbst die Meldereiter, Umwege von zweiundsiebzig Stunden zu machen, und drei von ihnen seien überhaupt spurlos verschwunden. Der Kaiser habe sofort Befehl gegeben, die englischen Kuriere zu arretieren.

Was die Gegenvorschläge der Verbündeten beträfe, die auf eine Verstümmelung Frankreichs herauskämen, so sei er darüber aufs höchste empört, ja, er halte sich für entehrt, weil er so etwas überhaupt anhören müsse. Lieber Paris und alles verlieren, als Frankreich der Schande preisgeben.

V.

Die Absicht der großen Armee Schwarzenbergs war, über Fontainebleau und Melun auf Paris zu marschieren. Die Hoffnung, in Paris einzuziehen, erhitzte in diesem Augenblicke die Phantasie Alexanders, und er eilte in fieberhafter Tätigkeit von einem Korps zum anderen, wie wenn er der Leiter des Ganzen wäre, während Kaiser Franz bescheiden in Troyes weilte und der König von Preußen allen Bewegungen seiner Bundesgenossen zustimmte, jedoch mit dem linkischen Wesen eines gesetzten Mannes, der sich zu einer eitlen und unruhigen Rolle wenig eignete. So lautete wenigstens die Schilderung des Generals Reynier, der gegen den Grafen von Merveldt ausgetauscht worden und durch Troyes gekommen war, wo er den Monarchen vorgestellt wurde. Kaiser Franz hatte ihn beschworen, seinem Schwiegersohn den Rat zu geben, sich den Forderungen der Verbündeten zu fügen. Der

König von Preußen hatte seiner Gewohnheit nach beinahe nichts gesagt, aber Alexander war sehr lebhaft gewesen. Auf die Äußerung des Generals, er hoffe, am 14. oder 15. Februar in Paris zu sein, hatte er erwidert: »Blücher wird vor Ihnen dort sein ... Napoleon hat mich gedemütigt; ich werde ihn demütigen. Ich führe gegen Frankreich so wenig Krieg, daß ich, wenn Napoleon getötet würde, auf der Stelle haltmachen würde.«

»Eure Majestät kämpft also für die Bourbonen?« hatte General Reynier darauf gefragt. »Auf die Bourbonen lege ich kein Gewicht«, hatte Alexander erwidert. »Wählen Sie ein Oberhaupt unter Ihren berühmten Generalen, und wir sind bereit, es anzunehmen.« Und er hatte dabei den Namen Bernadotte fallenlassen. General Reynier brachte den Zaren ganz außer Fassung, indem er ihm die Verachtung schilderte, mit der die Franzosen das Benehmen und die Talente des neuen schwedischen Prinzen beurteilten. Überrascht und verstimmt entließ er den General, der nach Paris eilte und sich Napoleon wieder zur Verfügung stellte.

Am 14. Februar, dem Tage der Niederlage Blüchers bei Vauchamps, waren die Stellungen der Armee Schwarzenbergs folgende: Fürst von Wittgenstein stand bei Provins, Marschall von Wrede bei Nangis, die Württemberger bei Montereau, Fürst von Colloredo im Walde von Fontainebleau, General Giulay bei Pont-sur-Yonne, die Kosaken in der Gegend von Orléans, Moritz von Liechtenstein mit den österreichischen Reserven bei Sens, endlich Barclay de Tolly mit der russischen und preußischen Garde in zweiter Linie zwischen Nogent und Bray.

Napoleon traf sofort seine Anstalten, um dem Fürsten von Schwarzenberg die Spitze zu bieten. Er beschloß, alle seine Streitkräfte hinter dem Yerres zu sammeln und den Feind in der Front anzugreifen, sobald er über 60 000 Mann verfügte. Er befahl den Marschällen Victor und Oudinot, die sich bis zum Yerres zurückgezogen hatten, sich dort zu behaupten, und meldete ihnen sein Eintreffen für den 16. Februar. Er traf an diesem Tage gerade im Augenblicke ein, als die Marschälle die Ufer des Flusses gegen die Vorhut Wittgensteins und Wredes verteidigten. Er nahm an, daß er höchstens die Hälfte der Armee Schwarzenbergs vor sich habe, und beschloß, sofort anzugreifen, obwohl er erst 35 bis 36 000 Mann zur Verfügung hatte. Doch mußten weitere 25 000 in einigen Stunden zur Stelle sein.

Den 17. stieg Napoleon früh zu Pferde und befahl den allgemeinen Vormarsch. General Gérard stieß zuerst auf den Feind und vertrieb den Grafen Pahlen aus Mormant. Die Vierecke der russischen Infanterie wurden gesprengt, ihre Kanonen genommen. Ihre Kavallerie wurde zum großen Teile vernichtet. Dieses Treffen kostete den Russen gegen viertausend Mann und 11 Kanonen. Nun rückte der Kaiser schleunigst auf Nangis vor, indem er gleichzeitig die Russen Wittgensteins und die bayrischen Truppen zurückwarf. Sodann richtete der Kaiser seine Anstrengungen auf die Wiedernahme der drei Seinebrücken, um den feindlichen Korps, die sich zu weit vorgewagt hatten, den Rückzug abzuschneiden.

Da die Nacht hereingebrochen war, gönnte sich der Kaiser, von Müdigkeit überwältigt, einige Ruhe, aber bereits um 1 Uhr nachts erteilte er seine weiteren Befehle. Sein Zorn war heftig, als er erfuhr, daß Marschall Victor bei Salins stehengeblieben war und so dem Feinde Zeit gelassen hatte, die Brücken von Nogent und Bray in Verteidigungszustand zu versetzen. Es blieb also nur die Brücke von Montereau übrig. Napoleon befahl dem Marschall Victor, sofort sein Bett zu verlassen, seine Truppen zu alarmieren und nach Montereau zu eilen. Oudinot und Macdonald erhielten Befehl, womöglich Nogent und Bray wegzunehmen.

Der Kaiser hatte im Laufe des Tages einen Entschluß zu fassen gehabt, der die Wichtigkeit der letzten französischen Erfolge bestätigte. Als er am Abend in Nangis eingetroffen war, hatte sich unerwartet ein Adjutant Schwarzenbergs, der Graf von Paar, eingestellt, um einen Waffenstillstand zu verlangen, den wenige Tage früher Caulaincourt vergebens um den Preis der bittersten Opfer zu erkaufen gesucht hatte! Dieser Umstand bewies, daß die Böhmische Armee sich in einer bedenklichen Lage befand. Der Kaiser verschob seine Antwort und setzte den Vormarsch fort. Seinem Unterhändler in Châtillon schärfte er nochmals ein, nichts ohne seine Einwilligung zu gewähren, betonte aber, daß er bereit sei, die Feindseligkeiten einzustellen, wenn die Verbündeten Präliminarien unterzeichneten, die die Frankfurter Anträge als Basis hätten.

Am 18. morgens war Marschall Victor vor Montereau eingetroffen. Vom Besitz der Brücke hing die Rettung des österreichischen Korps Colloredo ab, das sich bis Fontainebleau vorgewagt hatte. Daher war auch der Prinz von Württemberg, der sie verteidigte, zu energischem Widerstande entschlossen. Er stützte sich auf die Höhe von Surville und hatte sich durch eine zahlreiche Artillerie gedeckt. General Pajol, tapfer und intelligent wie stets, versuchte mit seiner Kavallerie in den

Rücken der Württemberger zu gelangen, wurde jedoch durch ein mörderisches Artilleriefeuer aufgehalten und mußte den Angriff der Infanterie Victors abwarten. Diese warf sich sofort auf Villaron und Saint-Martin, erschöpfte aber ihre Kräfte und wurde wiederholt zurückgeworfen. Unzufrieden mit Marschall Victor, übertrug Napoleon dem General Gérard den Oberbefehl. Dieser stellte eine Batterie von 60 Geschützen auf und erschütterte durch deren mörderisches Feuer zuerst die Württemberger, bevor er zum allgemeinen Angriff überging. Diesen unterstützten der mit der Alten Garde herbeigeeilte Kaiser und die Reiterei Pajols. Einem solchen Druck konnte der Feind nicht standhalten; er sah sich genötigt, die Brücke aufzugeben. Die Einwohner von Montereau begannen ihrerseits aus den Fenstern zu schießen. Der Kampf gestaltete sich bald zu einem wahren Gemetzel. Der Prinz von Württemberg war nahe daran, gefangen zu werden, und bewerkstelligte sein Entkommen nur, indem er 3000 Tote oder Verwundete und 4000 Gefangene nebst dem größten Teile seiner Geschütze in den Händen der Franzosen ließ.

Leider hatte das Korps Colloredo inzwischen bereits Zeit gehabt, nach der Yonne zurückzukehren, und es war nicht mehr möglich, dasselbe mit den übermüdeten Truppen, die seit 72 Stunden beständig marschiert und gekämpft hatten, noch einzuholen. Man mußte daher stehenbleiben und die ganze Armee über die wiedereroberte Brücke gehen lassen, um dann dem Fürsten von Schwarzenberg die entscheidende Schlacht zu liefern.

Der Kaiser wäre gern sofort auf Nogent marschiert, aber die Notwendigkeit, auf der einzigen Brücke von Montereau – die beiden anderen hatte der Feind zerstört – alle Truppen passieren zu lassen, führte den Verlust eines ganzen Tages – des 19. Februar – herbei. Am 20. setzten sich die Truppen gegen Nogent hin in Marsch.

Der Kaiser erledigte während dieser beiden Tage im Schlosse Surville noch andere dringende Geschäfte, die die Verteidigung der anderen Grenzen betrafen. General Maison, der in Belgien den General Decaen ersetzt hatte, nachdem dieser Willemstadt und Breda aufgegeben, hatte sich mit den Divisionen Junger Garde der Generale Rogent und Barrois auf die Engländer unter General Graham und die Preußen des Generals Bülow geworfen, sie genötigt, sich von Antwerpen zu entfernen, und hatte darauf 12000 Mann unter Carnot als Besatzung in Antwerpen gelassen. Während dieser ein entsetzliches Bombardement aushalten mußte, hatte General Maison mit einer Handvoll Soldaten zwischen den anderen Festungen des nördlichen Frankreichs manövriert und die Grenze geschützt. Der Kaiser sandte ihm den Befehl, nicht länger an diesen Festungen haftenzubleiben, vielmehr die feindlichen Truppen, die von Köln gegen die Champagne vorrückten, im Rükken zu fassen.

Sodann beschäftigte der Kaiser sich mit Augereau. Diesem war es gelungen, in den ersten Tagen des Februars zu den 3000 Konskribierten, die er in Lyon hatte, noch 3000 von Nîmes gekommene und, was von weit höherem Wert war, auch 10 000 alte, von der Armee von Katalonien abgegebene Soldaten heranzuziehen, und er schickte sich an, mit diesen Truppen ins Feld zu rücken, nachdem er ihnen einige Tage Ruhe gegönnt hatte. Sein Erscheinen bei Châlons und Besançon, im Rücken der Verbündeten, konnte von entscheidender Wichtigkeit bei einem etwaigen Rückzuge Schwarzenbergs werden.

Voller Ungeduld richtete der Kaiser folgenden Brief an Augereau.

Den 2. Februar 1814.

»Der Kriegsminister hat mir Ihren Brief vom 16. vorgelegt. Dieser Brief hat mich lebhaft beunruhigt. Wie! Sechs Stunden, nachdem Sie die ersten aus Spanien kommenden Truppen empfangen hatten, waren Sie nicht bereits im Felde! Sechs Stunden Ruhe hätten genügt. Ich habe das Gefecht bei Nangis mit der aus Spanien eingetroffenen Dragonerbrigade gewonnen, die seit ihrem Abmarsch von Bayonne noch nicht abgesattelt hatte. Den sechs Bataillonen von Nîmes fehlt es, sagen Sie, an Bekleidung, Ausrüstung und Übung im Waffengebrauch! Welch armseligen Grund geben Sie mir da an, Augereau! Ich habe 80 000 Feinde mit Bataillonen vernichtet, die aus Rekruten bestanden, die keine Patronentaschen hatten und kaum bekleidet waren. Die Nationalgarden, sagen Sie, sind erbärmlich. Ich habe deren hier 4000 von Angers und aus der Bretagne mit runden Hüten, mit Holzschuhen an den Füßen, ohne Patronentaschen, aber mit guten Gewehren versehen, und habe sie sehr nützlich verwenden können. Es ist kein Geld da, fahren Sie fort. Woher soll Geld kommen, solange der Feind uns unsere Einnahmen entreißt? Es fehlt Ihnen an Zugpferden: Nehmen Sie sie allenthalben, wo Sie welche finden! Sie haben keine Magazine! Das ist wirklich zu lächerlich! Ich befehle Ihnen, zwölf Stunden nach Empfang dieses aufzubrechen und ins Feld zu rücken. Wenn Sie noch der Augereau von Castiglione sind, behalten Sie das Kommando; wenn Sie aber die Last Ihrer 60 Jahre fühlen, so verzichten Sie darauf und übergeben Sie es dem nächstältesten General. Das Vaterland ist bedroht, ist in Gefahr. Es kann nur durch Kühnheit und guten Willen, nicht aber durch unnützes Zaudern gerettet werden. Sie müssen einen Kern von mehr als 6000 Mann Elitetruppen haben; ich habe deren nicht so viel, und trotzdem habe ich drei Armeen vernichtet, 40 000 Gefangene gemacht, 200 Kanonen genommen und dreimal die Hauptstadt gerettet. Der Feind flieht von allen Seiten auf Troyes. Seien Sie der erste im Kugelregen. Es ist nicht mehr die Rede davon, von ferne zu kommandieren, wie in den letzten Zeiten, sondern man muß die Stiefel anziehen, muß wieder mit der Entschlossenheit von 1793 auftreten. Wenn die Franzosen Ihren Federbusch bei den Vorposten sehen, wenn sie bemerken, wie Sie sich zuerst den Flintenschüssen aussetzen, so können Sie mit ihnen machen, was Sie wollen!«

Nicht weit von Augereau befand sich die Armee von Italien, der Napoleon den Befehl geschickt hatte, auf Lyon zu marschieren. Der Befehl war aber zu spät erteilt worden, als Prinz Eugène bereits in die hartnäckigsten Gefechte mit der österreichischen Armee verwickelt war. Er hatte den Mincio auf seiner Linken bei Valleggio überschritten, dann die österreichische Armee in der Flanke gefaßt und ihr in den Ebenen von Roverbella 6 bis 7000 Mann getötet, verwundet oder gefangengenommen. Die bestürzten Österreicher waren nach der Etsch zurückgegangen und hatten ihre Eroberungspläne bis zu dem Tage verschoben, wo Murat seine Versprechungen halten würde.

So lauteten die Nachrichten, die ein Adjutant des Prinzen Eugène, Herr de Tascher, Napoleon gerade im Augenblick des Gefechts von Montereau überbracht hatte.

Nach einem glänzenden Siege am Mincio und nach seinen noch glänzenderen Siegen zwischen Seine und Marne nunmehr noch bei der Räumung Italiens beharren zu wollen, erschien dem Kaiser unangebracht. Die Truppen des Prinzen Eugène konnten doch nicht mehr zur rechten Zeit eintreffen, und das freiwillige Aufgeben Italiens hätte ihn ein Pfand verlieren lassen, das zu Châtillon von großem Werte war. Der Kaiser kam daher zu dem leider verhängnisvollen Entschluß, die Lombardei nicht aufzugeben. Denn das sicherste wäre immer noch gewesen, die 30 000 Mann des Prinzen Eugène zurückzurufen.

Napoleon hatte sich auch mit den Armeen zu beschäftigen, die die Pyrenäen verteidigten und deren Unterstützung ihm höchst nützlich gewesen wäre. Wenn Marschall Suchet 7 bis 8000 Mann aus Barcelona und ebensoviel aus einigen anderen Festungen zog und diese Truppen mit den 15000 vereinigte, die ihm nach dem Abmarsche der auf Lyon entsandten Division noch geblieben waren, so konnte er mit diesen 30000 Mann vielleicht das Schicksal Frankreichs entscheiden, wenn man ihn nach Lyon rief. Napoleon erteilte ihm Befehle in diesem Sinne.

Endlich glaubte Napoleon auch, bevor er sich wieder in Marsch setzte, das Schreiben beantworten zu müssen, das ihm der Adjutant des Fürsten Schwarzenberg überbracht hatte. Zugleich richtete er ein zweites Schreiben an den Kaiser Franz. Er bemühte sich in beiden Briefen, die Sprache der Politik und der Vernunft zu sprechen. Er sagte, man habe an den Sieg appelliert, der Sieg habe sein Urteil gesprochen, und er erwarte mit vollem Vertrauen den Fortgang dieses Kampfes. Sei er weiter siegreich, so werde die Koalition vernichtet werden, und man werde dann berechtigterweise sehr weitgehende Forderungen von ihm zu erwarten haben. Würde er aber besiegt werden, so würde das Gleichgewicht Europas noch mehr als bisher gestört werden, aber nur zum Vorteil Rußlands auf Kosten Österreichs, das alle Früchte der Schlacht bei Leipzig verlieren und noch abhängiger von Rußland werden müsse. So wäre die Lage, ganz abgesehen von den Banden des Blutes, die doch am Ende auch etwas gelten und dahin wirken müßten, den Frieden im wahren Interesse Österreichs auf der Basis zu schließen, die es zu Frankfurt selbst angeboten habe.

Nachdem der Kaiser sich diesen verschiedenen Geschäften gewidmet und seine Truppen wieder organisiert hatte, brach er am 21. morgens vom Schlosse Surville auf, überschritt die Seine und ging bis Nogent an derselben hinauf. Überall war das Land ausgeplündert und in einem verzweifelten Zustande. Den folgenden Tag schlug er die große Straße nach Troyes ein mit den Truppen des Marschalls Oudinot, der Alten Garde, der Jungen Garde Neys und Victors, der Kavalleriereserve und der Artilleriereserve. Zur Rechten rückten auf Nebenstraßen Macdonald mit dem XI. und Gérard mit dem II. Korps und der Pariser Reserve vor. Grouchy stand bei Sezanne mit seiner Kavallerie und der Division Leval, und Marmont hatte mit dem VI. Korps das Land zwischen Seine und Marne besetzt, um Blücher zu beobachten und seine Verbindung mit Mortier in Soissons aufrechtzuerhalten. Die Streitkräfte Napoleons beliefen sich auf ungefähr 70000 Mann. Seine Absicht war nunmehr, die Seine am rechten Ufer hinaufzugehen, Schwarzenberg auf dem linken Ufer zu lassen, in der Höhe von Troyes den Fluß wieder zu überschreiten, sich der Rückzugslinie des Feindes zu bemächtigen und ihm zwischen Troyes und Vandoeuvres die Schlacht anzubieten. Die Ausführung dieses Planes konnte unermeßliche Folgen haben.

Am 22. Februar morgens drängte die französische Vorhut die Nachhut Wittgensteins gegen Châtres und warf sie dann auf die lange Brükke von Mery, dessen sie sich bemächtigte. Doch die Russen steckten den Ort in Brand, und die Feuersbrunst verhinderte ein weiteres Vorgehen der Franzosen. Zugleich zeigten sich hinter Mery zahlreiche Truppen, aber es waren weder Russen noch die Bayern Wredes, die man in dieser Richtung hätte erwarten dürfen. Wer waren diese Truppen? Wer führte sie? Der erstaunte Kaiser sollte es bald durch Gefangene erfahren. Es waren die Preußen, die er vorläufig für beseitigt gehalten hatte und die sich zum Teil von ihrer Niederlage wieder erholt und in Châlons gesammelt hatten, das ihnen Blücher als Vereinigungspunkt bezeichnet hatte. Es waren die Korps von Yorck und Sacken, die mit den Trümmern der Truppen Kleists und Langerons ein Heer von 32 000 Mann bildeten. Der tollkühne Blücher hatte den Entschluß gefaßt, sich für die vier bitteren Unglückstage zu rächen. Er hatte Kurier über Kurier an den Fürsten Schwarzenberg gesandt, um ihn von seinem neuen Unternehmen zu benachrichtigen, und hatte zahlreiche Verstärkungen zu sich herangezogen. Als er sich am 18. von Châlons auf Arcis in Marsch setzte, stießen weitere 15 bis 16 000 Mann zu ihm, so daß er nunmehr mit seinen 48 000 Streitern etwas Ernstliches unternehmen konnte. Er hatte sich dann gegen Mery gewandt, um der französischen Armee in die Flanke zu fallen.

Da der Kaiser Blücher auf dem rechten Ufer der Seine bei Mery fand, konnte er nicht mehr an seinem Plan festhalten. Er beschloß daher, den 23. Februar auf Troyes zu marschieren, um eine Entscheidungsschlacht herbeizuführen. Aber während er diese suchte, verzichtete Fürst Schwarzenberg darauf, sie zu liefern. Von Blücher getrennt, den er nicht so nahe glaubte, waren seine eignen Streitkräfte infolge der gelieferten Gefechte und der notwendig gewesenen Entsendungen auf 100 000 Mann zurückgegangen. Er wagte es daher nicht, mit diesen den 70 000 Mann Napoleons entgegenzutreten und an einem Tage die Frucht der Feldzüge von 1812 und 1813 aufs Spiel zu setzen. Er wollte lieber eine Hauptschlacht vermeiden, auf Bar-sur-Aube zurückgehen, dort Verstärkungen erwarten und inzwischen als Antwort auf den Brief des Kaisers demselben nochmals einen Waffenstillstand vorschlagen. Er beauftragte daher den Fürsten Wenzeslaus von Liechtenstein, sich ins französische Hauptquartier zu begeben, um über einen solchen zu unterhandeln.

Den 23. Februar zwischen Châtres und Troyes erschien Liechtenstein vor dem Kaiser. Napoleon schenkte ihm scheinbar Gehör, ohne jedoch seinen Marsch zu unterbrechen. Nachdem der Fürst ihn mit Komplimenten über seine schönen Operationen überhäuft hatte, sprach Napoleon viel von denen, die er noch vorhabe, übertrieb den Umfang seiner Streitkräfte und beklagte sich über die beleidigenden Anträge, die man seinem Unterhändler gestellt habe. Er schloß mit der Zusicherung, daß er von Troyes aus eine bestimmte Antwort geben werde.

Vor den Toren dieser Stadt eingetroffen, fand der Kaiser dort die Nachhut der Verbündeten, die entschlossen war, sie zu verteidigen, und die Stadt in Brand zu stecken drohte, wenn sie angegriffen würde. Diesem Elend wollte der Kaiser sie nicht aussetzen. Es wurde daher die Vereinbarung getroffen, daß am 24. die Nachhut unbehelligt abrücken und der Einzug der Franzosen ohne Widerstand stattfinden sollte.

Unmittelbar nach seinem Einzuge in Troyes beschäftigte der Kaiser sich mit dem Waffenstillstandsvorschlage, der ihm gemacht worden war. Er entsandte den Grafen de Flahaut mit seinen Instruktionen zu den feindlichen Vorposten. Diese gingen dahin, jede Waffenruhe während der Verhandlungen zurückzuweisen; denn er wollte den Fürsten Schwarzenberg nicht für einen vielleicht nichtssagenden Austausch von Reden entschlüpfen lassen. Ferner sollte er die Erklärung verlangen, daß die Friedensverhandlungen auf der Basis der Frankfurter Vorschläge stattfinden sollten, und endlich sollte eine Trennungslinie zwischen den kriegführenden Armeen in der Weise festgelegt werden, daß dadurch die Erhaltung von Mainz und Antwerpen für Frankreich im voraus gesichert würde.

VI.

In diesen Tagen empfing Napoleon den von den Alliierten in Châtillon übergebenen Entwurf eines Präliminarfriedens, eine Anhäufung empörender Zumutungen. Napoleon glaubte wohl das Recht zu haben, wieder aufzugeben, was er selber erobert hatte, nicht aber das, was die französische Republik erworben hatte. Trotzdem würde er, da das Heil des Vaterlandes Pflichten auferlegt, die allen anderen vorgehen, es getan haben, wenn ein endgültiger Friedensvertrag das sofortige Ergebnis so vieler und so schmerzlicher Opfer gewesen wäre. Aber was man ihm vorschlug, das war nur ein Präliminarfrieden, eine Waffenruhe, bei der alle die Waffen in der Hand behielten! Oder noch richtiger gesagt: Es war ein Waffenstillstand, wobei Frankreich die Waffen niederlegte, während die Feinde nicht nur die von ihnen schon eingenommenen Landesteile, sondern auch die Festungen Hüningen, Belfort und Besançon besetzten, deren Übergabe sie verlangten, obgleich sie in Gebieten lagen, die sie bis dahin gar nicht betreten hatten.

Ein solcher Vertrag war in Napoleons Augen weiter nichts als eine entehrende Kapitulation. Er schrieb daher seinem Bevollmächtigten: »Warum verlangen die Verbündeten nicht auch, daß wir ihnen unsere Gewehre und Kanonen ausliefern?« Auf solche Friedensvorschläge wäre nur die eine Antwort zu geben: Holt sie euch! Am Ende des dritten Punischen Krieges verlangten die Römer zuerst, daß die Karthager ihnen ihre Schiffe übergäben und ihre Kriegsmaschinen zerstörten; Karthago gehorchte, und bald darauf befahl der römische Senat, daß die Einwohner die Stadt verlassen sollten, weil es ihm beliebt hatte, den Beschluß zu fassen, daß sie in Flammen aufgehen sollte.

Dem Herzog von Vicenza wurden Instruktionen zugesandt, nach denen er einen Gegenvorschlag aufsetzen sollte. Der Vorschlag der Alliierten wurde der Kaiserin zugeschickt, um ihn einem außerordentlichen Rat vorzulegen, der eigens zu diesem Zweck zusammenberufen wurde und hauptsächlich aus Männern bestand, die während der verschiedenen Phasen der Revolution Einfluß ausgeübt hatten und zu den höchsten Würden des Kaiserreichs waren erhoben worden. Ein einziger verwarf voller Entrüstung den Vorschlag als die schmachvollste Zumutung, die während der ganzen französischen Geschichte an das Land gestellt worden wäre und der die Franzosen sich nicht mit Ehren unterwerfen könnten. Alle anderen waren der Meinung, man müsse sich der Notwendigkeit fügen.

Auf die Reklamationen Englands hin, daß seine Kuriere abgefangen würden und daß die englischen Bevollmächtigten in Châtillon sich nicht in Sicherheit befänden, schrieb der Kaiser am 26. Februar dem Herzog von Vicenza, er möge Lord Castlereagh beruhigen und betonen, daß nicht nur er respektiert werden würde, sondern auch alle anderen Engländer und Fremden, die von ihm mit Geleitsbriefen versehen seien; seine Verbindung mit Calais würde nicht unterbrochen werden. Châtillon selbst würde nicht oder nur auf Wunsch der Kongreßmitglieder von französischen Truppen besetzt werden, die Nationalgarde würde genügen, um den Dienst im Inneren der Stadt auszuüben; die Franzosen seien keine Russen oder Österreicher, daß sie heilige Dinge wie den Frieden mit Füßen träten. Die gleiche Mitteilung in bezug auf die österreichischen Meldereiter solle er dem Herrn von Stadion machen. Er solle die Gelegenheit benutzen, um nochmals auf Schluß der Unterhandlungen aufgrund der Frankfurter Vorschläge zu dringen. Weder Antwerpen noch Belgien könne abgetreten werden. Der Waffenstillstand, über den General Flahaut in Lusigny unterhandle, würde wohl nicht abgeschlossen werden, da der Feind eine ganz andere Linie vorschlage als der Kaiser. Die französische Armee stände bei Bar-sur-Aube und General Blücher bei Sezanne, wo Marschall Ney bereitstände, ihm in den Rücken zu fallen. Der Herzog solle die Unterhändler glauben machen, daß das kaiserliche Hauptquartier sich in Vandoeuvres befände.

Am 2. März schickte der Kaiser dem Herzog von Jouarre aus eine neue Erklärung, die er den Unterhändlern überreichen sollte. Sie lautete:

»Der Unterzeichnete hat von seiner Regierung den Befehl erhalten zu erklären, daß die Note der Bevollmächtigten der Verbündeten keinen Vorschlag enthält, sondern eine Kapitulation, die, gegen die Würde und Ehre Frankreichs verstoßend, keine Grundlage für Friedensverhandlungen abgeben kann. Die richtige Basis für jede Unterhandlung ist in den Vorschlägen enthalten, die durch Herrn von Metternich, Lord Aberdeen und Herrn von Nesselrode und im Namen des Kanzlers Hardenberg in Frankfurt übergeben und von Frankreich angenommen worden sind und von denen eine Kopie beiliegt. Der Unterzeichnete hat Befehl, wiederholt zu erklären, daß Frankreich auf keinen Fall auf seine natürlichen Grenzen Verzicht leisten kann, wie solche übrigens durch den Fürsten Metternich, Grafen Nesselrode und Lord Aberdeen selbst sehr treffend festgelegt sind. Frankreich muß seine Stellung unter den Mächten, wie es sie vor der Revolution innehatte, bewahren. Der Zuwachs an Gebiet, den es seitdem erhalten hat, steht nicht im Vergleich zu dem, was Rußland, Österreich und Preußen durch die Teilung Polens, die Verweltlichung der deutschen Bistümer und die Einverleibung Venedigs in Österreich, und England durch den Erwerb der Insel Malta, eines Teiles der holländischen Kolonien und der ungeheuer großen indischen Halbinsel gewonnen haben.

»England tritt an Frankreich nichts ab, wenn es ihm Pondichery und die Contore von Indien ohne die Ile de France und Réunion gibt. Ohne diese kann Frankreich aus den Contoren keinen Nutzen ziehen und würde darauf lieber ganz verzichten. Ebenso verhält es sich mit Guadeloupe, wenn England die Iles des Saintes und Tabago behält. Anstatt so laut von der Zurückgabe dieser Besitzungen an Frankreich im Interesse des Friedens zu reden, hätte also England einfach sagen können, es wolle nur Martinique, eine kleine und für Frankreich unwichtige Insel, zurückgeben.

»Da alle Mächte Europas unabhängig sein sollen, alle, also auch Spanien, Schweden, Dänemark, Bayern, Sachsen, Württemberg, die Schweiz, so müssen sie auch auf dem Kongreß vertreten sein, falls diese Mächte es nicht, um Verzögerungen zu vermeiden, vorziehen, die Gesandten Österreichs, Rußlands, Preußens oder Englands mit ihrer Vertretung zu bevollmächtigen. Frankreich kann unter keinen Umständen irgendeinen anderen Modus annehmen, der den vier Verbündeten eine Oberhoheit über die europäischen Mächte geben und Frankreich aus dem europäischen Konzert ausschließen würde. Die Bevollmächtigten der Verbündeten haben also nur als die Delegierten der unabhängigen Mächte zum Kongreß aufzutreten, was der Frankfurter Basis entspricht, die Frankreich angenommen hat: daß keine Macht sich die direkte oder indirekte Oberhoheit über die anderen anmaßen darf.

»Kein Land wünscht den Frieden sehnlicher herbei als Frankreich, da infolge der Koalition aller Völker kein Land ihn nötiger braucht. Der Unterzeichnete ist aber zu der Erklärung ermächtigt, daß, welche Leiden auch immer das französische Volk zu erdulden hat, und wie sehr auch die Umstände es erfordern, nichts es bewegen kann, etwas zu tun, was seinen Nationalcharakter herabsetzt und es von dem Rang heruntersteigen läßt, den es in der Welt seit Jahrhunderten eingenommen hat.

»Wenn Europa, nachdem es die Frankfurter Grundlagen, wie sie durch die Bevollmächtigten der Verbündeten selber aufgestellt und von Frankreich angenommen worden sind, gesehen hat, Kenntnis von der schimpflichen Kapitulation, die man jetzt der französischen Nation auferlegen will, genommen haben wird, dann wird es darüber das Urteil fällen, daß die Mächte sich verbündet haben, nicht um ein europäisches Gleichgewicht und einen ewigen Weltfrieden herzustellen, sondern um ein Volk von dreißig Millionen zu vernichten.«

Diese Erklärung sollte der Herzog von Vicenza unterzeichnen und dem Kongreß vorlegen. Zu gleicher Zeit ließ der Kaiser sie durch seinen Bruder Joseph dem Regentschaftsrat mitteilen.

Aber die militärischen Ereignisse zwangen den Kaiser, am 17. März von Reims aus seinen Vertreter zu ermächtigen, die unumgänglichen Konzessionen zu machen, um die Unterhandlungen aufrechtzuerhalten und das letzte Wort der Verbündeten zu hören. Am 27. März mußte der Kaiser seiner Hauptstadt zu Hilfe eilen, er traf am 30. in La Cour de France ein und erhielt die Nachricht von der Übergabe von Paris. Der Herzog von Vicenza hatte sich inzwischen ebenfalls nach Paris begeben, um die diplomatischen Verhandlungen wieder aufzunehmen und die Friedensbedingungen festzulegen, wozu er vom Kaiser wiederum unbeschränkte Vollmacht erhalten hatte.

Während des Kongresses hatte Napoleon den englischen Vertreter Lord Castlereagh einen Augenblick in seiner Gewalt. Infolge seiner Siege waren die französischen Truppen über Châtillon hinaus vorgedrungen, wo der Lord mit seinen Ränken beschäftigt war. Der englische Premierminister war dort nicht als offizielle Persönlichkeit und stand daher nicht unter dem Schutz des Völkerrechtes; er begriff dies und war daher in der entsetzlichsten Angst, weil er sich tatsächlich in Napoleons Händen befand. Der Kaiser ließ ihm sagen: er möge ruhig sein, er sei frei. Napoleon tat dies mehr um seiner selbst willen als dem Lord zuliebe; denn von diesem erwartete er sicherlich nichts Gutes. Einige Zeit darauf bekundete er seine Dankbarkeit auf ganz eigentümliche Art: Als Napoleon die Insel Elba als Aufenthaltsort wählte, ließ er ihm England als Asyl anbieten und bot alle seine Schlauheit und Beredsamkeit auf, um ihn zur Annahme dieser Anerbietung zu überreden. Später sind Anerbietungen eines Castlereagh dem Kaiser mit gutem Grunde verdächtig geworden; ganz gewiß dachte der Lord schon damals an eine schlechte Behandlung, wie Napoleon sie später auf St. Helena durch ihn erlitt.

Für das englische Volk war es zweifellos ein großes Unglück, daß sein leitender Minister persönlich mit den Monarchen des europäischen Festlandes unterhandelte: Dadurch wurde der Geist der englischen Verfassung verletzt. Der englische Stolz sah damals weiter nichts, als daß der Vertreter des britischen Volkes der Welt Gesetze vorschrieb; später ist er zur Besinnung gekommen und hat die Verluste ermessen, die daraus erwachsen sind! Denn es ist unumstößliche Tatsache, daß Lord Castlereagh alles hätte erlangen können; aber sei es nun aus Verblendung, aus Dummheit oder aus Hinterlist geschehen – er hat alle erreichbaren Vorteile aufgeopfert. Es scheint, als ob er, an der Festtafel der Könige sitzend, sich geschämt habe, als *Krämer* den Frieden zu diktieren, und daß er seinen Stolz darein gesetzt habe, als *großer Herr* aufzutreten. Sein Stolz hat dabei gewonnen; übrigens ist anzunehmen, daß auch seine materiellen Interessen nicht zu kurz gekommen sind; nur sein Land hat darunter gelitten und wird noch lange leiden.

Lord Castlereagh hat durch seine Intrigen und seine Dreistigkeit das ganze Kabinett von St. James beherrscht und besonders auch den Prinzregenten. Auf eine Mehrheit sich stützend, die er persönlich sich geschaffen hatte, war er stets bereit, im Parlament die Klinge zu führen, und er focht in der Tat mit der schamlosesten Verachtung von Vernunft, Recht, Gesetz und Wahrheit. Niemals kam es ihm auf eine Lüge an, er kannte kein Hindernis, alles war ihm gleichgültig; er wußte ja, daß er stets über die nötigen Stimmen verfügte, um alle Schwierigkeiten zu ebnen und das größte Unrecht gesetzlich zu machen. Er hat sein Land geopfert und den Festlandsmächten ausgeliefert.

Lord Castlereagh wurde, so hat man dem Kaiser versichert, sogar in England als die verkörperte Unmoral angesehen. Er begann seine Laufbahn als politischer Renegat; das ist allerdings in England ein alltägliches Vorkommnis, läßt aber doch stets einen unauslöschlichen Makel zurück. Er focht zuerst unter den Bannern der volksfreundlichen Partei und wurde dann der Mann der willkürlichen Gewalt. Wenn man ihn gerecht beurteilt, muß er nicht nur von den Irländern, seinen von ihm verratenen Landsleuten, verabscheut werden, sondern auch von den Engländern, deren Freiheiten im Innern er vernichtet, deren Interessen dem Ausland gegenüber er verraten hat.

Er hatte die Unverschämtheit, dem Parlament Schriftstücke als authentische vorzulegen, von denen er wußte, daß sie gefälscht waren, die er vielleicht selbst gefälscht hatte. Und auf diese hin wurde die Enthronung Murats ausgesprochen. Er machte ein Gewerbe daraus, sich selbst und das Parlament jeden Tag zu belügen, indem er dem Kaiser Worte in den Mund legte, von denen er wußte, daß sie falsch waren, die ihm aber seine Landsleute entfremden mußten. Eine solche Tat war um so gemeiner, als er den Kaiser in der Unmöglichkeit hielt, ihm zu antworten.

Lord Castlereagh hielt sich, als Schüler Pitts, für dessengleichen, er war aber nur sein Affe: Er verfolgte die Pläne und Ränke seines Meisters gegen Frankreich. Dabei bewies er seine einzigen und wahren Talente: Zähigkeit und Starrköpfigkeit. Pitt hatte große Gesichtspunkte, bei ihm ging das Interesse seines Landes allem anderen voran; er besaß schöpferischen Geist und regierte von seiner Insel als Stützpunkt aus die Könige des Festlandes, die er nach seiner Pfeife tanzen ließ. Castlereagh war das Gegenteil. Er ersetzte den schöpferischen Geist durch Ränkespiel; da er kein Genie besaß, zahlte er Hilfsgelder, er kümmerte sich wenig um das Interesse seines Landes, sondern benutzte den Kredit und den Einfluß der festländischen Herrscher, um seine Macht auf der Insel zu festigen und dauernder zu gestalten. Welch ein Spiel des Schicksals: Pitt mit all seinem Genie hatte nur Mißerfolge aufzuweisen, während Castlereagh, der Unfähige, vollen Erfolg einheimste! Oh Blindheit des Geschicks!!! ...

Castlereagh war ganz der Mann des Festlandes; als er der Herr Europas war, befriedigte er alle Welt, nur sein Land vergaß er. Seine Handlungen waren den nationalen Interessen desselben und seinen Prinzipien und Anschauungen dermaßen entgegengesetzt und in solchem Grade leichtfertig, daß es unverständlich erscheint, wie ein vernünftiges Volk sich von einem solchen Narren hat beherrschen lassen können.

Er nahm als Grundlage seiner Anschauungen die Legitimität, die für ihn ein politisches Dogma ist, selbst wenn sie den Thron seines eignen Herren untergraben würde; dagegen erkannte er Bernadotte gegen den legitimen Gustav den Vierten an, der sich für England aufgeopfert hatte. Er bestätigte den Usurpator Ferdinand den Siebenten zum Nachteil seines ehrwürdigen Vaters Karls des Vierten.

Mit den Verbündeten predigte er, als eine andere Grundlage, die Wiederherstellung der alten Ordnung, die Abstellung alles Unrechts, wie er es nannte, der Vergangenheit, endlich die Rückkehr zur öffentlichen Moral, und dabei opferte er die Republik Venedig, die er Österreich auslieferte, und Genua, das er dem Piemont anfügte; er vergrößerte Rußland durch Polen, dessen natürliche Feindin, er beraubte den König von Sachsen zugunsten Preußens, das ihm von keinem Nutzen mehr sein konnte; er entriß Norwegen den Dänen, die, von Rußland unabhängiger als die Schweden, ihm hätten den Schlüssel der Ostsee ausliefern können, während er Norwegen den Schweden auslieferte, die durch den Verlust Finnlands und der Inseln der Ostsee gänzlich in die Abhängigkeit von Rußland gefallen waren!

VII.

Am Tage, wo Napoleon in Troyes eingerückt war, nämlich am 24. Februar, begab Herr de Flahaut sich nach dem drei Meilen davon entfernten Dorfe Lusigny, wo er die feindlichen Unterhändler antraf. Rußland vertrat Herr von Schuwaloff, Preußen Herr von Rauch und Österreich Herr von Langenau. In diesem Augenblicke überschüttete Marschall Oudinot, indem er die feindliche Nachhut auf Vandoeuvres drängte, den Ort mit Kugeln. Auf Verlangen Flahauts ließ er dem Gefecht eine andere Wendung geben, und das Dorf wurde neutralisiert.

Herr de Flahaut stellte sofort seine Anträge, worauf die drei Kommissare mit sichtlicher Unzufriedenheit erwiderten, sie hätten keine Vollmacht, diplomatische Fragen zu berühren. Man beschloß, sofort an die beiden Hauptquartiere um neue Instruktionen zu schreiben. Napoleon ließ die Erklärung betreffs der Frankfurter Basis fallen, bestand aber auf seiner Demarkationslinie. Die Kommissare der Verbündeten schlugen eine andere vor. Sie wollten dieselbe bis Lille vorrükken und Chambéry behalten. Man stritt und nahm nochmals Zuflucht zu neuen Instruktionen, um die Verhandlungen nicht abzubrechen, woran keiner der beiden Parteien gelegen war, zumal da die Kriegsoperationen dadurch nicht beeinflußt wurden.

Fürst Schwarzenberg hatte sich inzwischen auf Chaumont zurückgezogen und die Bayern Wredes, die Russen Wittgensteins sowie die Württemberger des Kronprinzen nebst dem österreichischen Korps Giulay längs der Aube gelassen. Eine Abteilung des Korps Colloredo hatte er über Dijon auf Lyon detachiert, um Bubna zu Hilfe zu kommen. Auf diese Weise blieben ihm nur 90 000 Mann.

Blücher war zwischen Seine und Aube, von Mery bis Arcis, 48 500 Mann stark stehengeblieben und erwartete mit Ungeduld das Signal zu der großen Schlacht, die ihn rächen und ihm die Schlüssel von Paris ausliefern sollte. Auf Betreiben Lord Castlereaghs wurden ihm noch Verstärkungen in Gestalt der Korps Bülow und Winzingerode zugeführt. Lord Castlereagh machte sich den Verbündeten noch in anderer Weise nützlich, indem er es durchsetzte, daß sie unter sich einen neuen engeren Bündnisvertrag schlossen, dessen Dauer noch zwanzig Jahre über den Friedensschluß hinausgehen sollte, um imstande sein zu können, das neue europäische Gebäude aufrechtzuerhalten, das sie zu errichten beabsichtigten. Der Vertrag der »Heiligen Allianz« wurde am 1. März zu Chaumont unterzeichnet.

Blücher war am 24. Februar bei Anglure über die Aube gegangen und hatte sich auf Sezanne in Marsch gesetzt. Er ließ dem Fürsten Schwarzenberg melden, er sei, um ihm Luft zu machen, im Begriff, sich großen Gefahren auszusetzen, und bitte ihn dringend, sobald er ihn von Napoleons Gegenwart befreit haben werde, ungesäumt vorzurücken, um ihm dann den gleichen Dienst zu erweisen.

Während Napoleon von der Marne nach der Seine eilte, um die Gefechte von Nangis und Montereau zu liefern, hatte Mortier, der zur Verfolgung Yorcks und Sackens auf Soissons geschickt worden war, diese nicht einholen können, aber er hatte das einen Augenblick in die Hände der Verbündeten gefallene Soissons wieder genommen. Napoleon hatte ihn dann nach der Marne zurückgerufen, und er befand sich nun in Château-Thierry. Marschall Marmont, der zwischen Etoges und Montmirail in der Weise aufgestellt war, daß er sich einerseits mit Mortier und andrerseits mit Napoleon in Verbindung setzen konnte, hatte Etoges, Montmirail und Sezanne besetzt. Da Blücher am 25. gegen Sezanne vormarschiert war, hatte er sich in guter Ordnung auf Esternay hinter den Grand-Morin zurückgezogen. Darauf hatte er Mortier aufgefordert, sich mit ihm in der Gegend von Ferté-sous-Jouarre zu vereinigen, und Napoleon um Unterstützung gebeten.

Am 26. setzte er seine rückgängige Bewegung bis Ferté-Gaucher fort, von Blücher verfolgt, der seine Manöver nicht begreifen konnte. Am 27. Februar waren die beiden Marschälle bei Ferté-sous-Jouarre vereinigt, und nun erkannte Blücher ihre Absicht, Meaux zu erreichen, um sich wieder auf der Straße nach Paris zu befinden. Um dies zu vereiteln, dirigierte er auf seiner Linken Sacken auf Meaux selbst und ließ Kleist auf Sammeron vorrücken, um dort die Marne zu überschreiten. Sein Zweck war nicht allein, die Straße von Paris auf beiden Ufern der Marne abzuschneiden, sondern auch mit der Hauptmasse seiner Streitkräfte diesen Fluß zu überschreiten und sich durch ihn zu decken, wenn der sehr wahrscheinliche Fall einträte, daß Napoleon die Böhmische Armee losließe, um gegen ihn zu marschieren.

Aber die beiden Marschälle waren flinker als Blücher, und während er am 27. morgens kaum seine Entschlüsse gefaßt hatte, befanden sie sich schon im vollen Marsche auf Meaux und schlüpften zwischen dem Feind und der Marne auf der Straße des linken Ufers hindurch, die die verschiedenen Krümmungen des Flusses berührt, überschritten ihn auf der Brücke von Trilport, ließen die Division Ricard zur Verteidigung derselben zurück und marschierten auf Meaux, sich auf diese Weise mit ihren 14 000 Mann der Übermacht entziehend. Sie nahmen sofort eine gute Stellung hinter der Marne und dem Ourcq ein und baten wiederholt Napoleon und Joseph um Verstärkungen, da es sich um die Rettung der Hauptstadt handle.

Schon am 25. von der Bewegung Blüchers nach der Marne unterrichtet und den verwegenen Charakter dieses Generals kennend, zweifelte Napoleon nicht, daß er Unvorsichtigkeiten begehen werde, und schickte sich an, ihn schwer dafür büßen zu lassen. Er wies Marschall Victor an, die Seinebrücke von Mery wiederherzustellen und sich nach Plancy zu begeben, um dort die Aube zu überschreiten. Dem Marschall Ney befahl er, Troyes zu verlassen und die Aube bei Arcis zu passieren. Er war entschlossen, Troyes heimlich mit 34 bis 35 000 Mann zu verlassen und sich in den Rücken Blüchers zu werfen, um ihn gegen die Marne zu drängen, wo ihn die Marschälle Marmont und Victor empfangen sollten. Rückwärts von Troyes ließ er Streitkräfte, die fähig waren, dem Fürsten Schwarzenberg zu imponieren, und überließ den Marschällen Oudinot und Macdonald und dem General Gérard die Sorge, die Aube zu verteidigen, während seine Abwesenheit so lange als möglich geheimgehalten werden sollte.

Die wegen des Waffenstillstandes in Lusigny versammelten Kommissare stritten sich inzwischen weiter über die Grenze, die die kriegführenden Armeen trennen sollte. Bei seiner Abreise wies Napoleon Herrn de Flahaut an, die Verhandlungen fortzusetzen und selbst in verschiedenen Punkten nachzugeben, wofern nur Antwerpen und Chambéry in der Demarkationslinie eingeschlossen wären. Zwar erwartete er nichts von diesen Verhandlungen, doch wollte er sich auch nicht den Weg der Unterhandlung versperren.

Am 27. Februar morgens brach er insgeheim von Troyes auf, überschritt die Aube bei Arcis und nahm, während er seinen Kolonnen auf dem Fuße folgte, sein Nachtquartier in Herbisse bei einem armen Landpfarrer. Nach einem frugalen, aber heiteren Mahle brachte man die Nacht auf Stühlen, Tischen oder Strohbündeln zu.

Am 28. marschierte er mit seinen 35 000 Mann über Sezanne auf Ferté-sous-Jouarre. Am 1. März übernachtete er in Jouarre und erreichte am 2. März in aller Frühe Ferté-sous-Jouarre.

Während Napoleon so in aller Eile vorrückte, hatte Blücher die Zeit mit vergeblichen Anstrengungen gegen die Linie des Ourcq verloren. Er hatte versucht, das Korps Kleist über den Ourcq zu werfen, aber Marmont und Mortier hatten es gezwungen, nach bedeutenden Verlusten über den Fluß zurückzugehen; sie verdankten diesen Erfolg den Verstärkungen, die ihnen Joseph von Paris gesandt hatte.

Jenseits der Marne und längs des Ourcq stehend, den er nicht zu forcieren vermocht hatte, befand Blücher sich sonach zwischen den beiden Marschällen und Napoleon, der sich anschickte, die Marne zu überschreiten. Die Gefahr erkennend, entschloß er sich endlich am 3. morgens aufzubrechen und sich wieder der Aisne zu nähern, um sich entweder mit Bülow, der über Soissons herannahte, oder mit Winzingerode, der über Reims kam, zu vereinigen.

Napoleon bewerkstelligte seinen Übergang über die Marne in der Nacht vom 2. zum 3. März. Die Nachrichten, die er aus Troyes empfing, waren für ihn ein neuer Beweggrund, sich zu beeilen. Man meldete ihm, Fürst Schwarzenberg sei hinter das Geheimnis seines Abmarsches gekommen und habe wieder die Offensive ergriffen; er dränge bereits seine Marschälle auf Troyes und Nogent. In dieser Lage kam der Kaiser plötzlich auf einen großen militärischen Gedanken, dessen Folgen unermeßlich sein konnten. Sich, nachdem er Blücher geschlagen hätte, auf Schwarzenberg zu werfen, erschien ihm als eine wenig entscheidende Taktik. Wenn er aber aus Lille, Antwerpen, Ostende, Gorkum und Bergen-op-Zoom die dort garnisonierenden 20000 Mann und aus den Festungen Luxemburg, Metz, Verdun, Thionville, Mainz, Straßburg usw. noch doppelt so viel zu sich heranzog, so konnte er über Soissons, Laon auf Verdun und Nancy marschieren und mit 100000 Mann im Rücken Schwarzenbergs erscheinen, der diesen Augenblick nicht abwarten, sondern Paris aufgeben und auf Besançon zurückgehen würde. Dieser kühne Plan war ausführbar, denn die Mannschaften waren vorhanden und konnten ohne viel Strapazen und Zeitverlust die notwendigen Märsche bewältigen. Solchergestalt konnte der Krieg mit einem Schlage beendigt werden. Napoleon erließ sofort die dazu nötigen Befehle. Vor allem mußte nun aber Blücher kampfunfähig gemacht werden. Nach allen Berichten war dieser in größter Bedrängnis. Er sah sich in der Tat nach der Aisne abgedrängt, die er auf der Brücke von Soissons nicht überschreiten konnte, da Soissons in den Händen der Franzosen war. Ihm blieb nur der einzige Ausweg über Reims. Ihm diesen zu verlegen und ihn zu überflügeln, war die nächste Absicht des Kaisers, die ihm vollkommen gelang.

In Château-Thierry eingetroffen, hörte Napoleon auf, noch weiter nach rechts hinaufzugehen, und drängte, indem er grade auf Soissons losmarschierte, Blücher lebhaft auf Oulchy. Mortier und Marmont nahmen zugleich die Verfolgung des Feindes auf. Blücher befand sich in äußerster Gefahr. Ihm blieb kein anderer Ausweg mehr, als Soissons zu nehmen, das in französischer Gewalt war. Napoleons unversöhnlichster Feind war nahe daran, von den französischen Heeren erdrückt zu werden!

Am 4. März nahm Napoleon Stellung bei Fismes, an der einzigen Straße, die noch eine Möglichkeit für Blücher bot, in der Richtung nach Reims zu entschlüpfen, während Marmont und Mortier auf Soissons vordrangen. Welchen Entschluß Blücher auch fassen mochte, so war er jedenfalls gezwungen, die Aisne im Rücken mit 45 000 Mann gegen 55 000 zu kämpfen. Sein Untergang schien also gesichert. Was würde alsdann aus Bülow und Winzingerode werden, die heranannahten, um zu ihm zu stoßen? Und was aus Schwarzenberg, der auf der Straße nach Paris allein blieb? Der Kaiser und seine Truppen waren in freudigster Stimmung und brannten vor Kampflust, während unter den Truppen Blüchers die größte Entmutigung herrschte. Auf Schritt und Tritt stieß man auf im Stich gelassene Wagen und Karren, und etwa 1200 Nachzügler waren schon in französische Hände gefallen. Alles sprach für einen schnellen, entscheidenden Erfolg.

Da erhielt der Kaiser plötzlich die unerwartete und betrübende Nachricht, daß Soissons, der Schlüssel der Aisne, Soissons, das er aufs sorgsamste mit genügenden Verteidigungsmitteln versehen hatte, seine Tore dem Feldmarschall Blücher geöffnet und ihm den Übergang über die Aisne ausgeliefert habe! Mit einem Schlage hatte das Blättchen sich gewandt: Blücher hatte sich in der Tat nicht nur der Verfolgung Napoleons entzogen und war nunmehr durch die Aisne gedeckt, die jetzt ein Hindernis für die Franzosen bildete, sondern er hatte zu gleicher Zeit auch Bülow und Winzingerode an sich gezogen und stand dem Kaiser jetzt in der drohenden Stärke von 100 000 Mann gegenüber. Das alles hatte ein Schwächling verschuldet, der sich durch die Drohungen der feindlichen Generale so sehr hatte einschüchtern lassen, daß er ihnen Soissons ohne Schwertstreich übergab. General Moreau hieß der Schuldige. Napoleon wurde bei dieser Nachricht von einem tiefen Schmerz ergriffen, der um so größer war, als er sah, daß jetzt plötzlich die Gefahr sich von Blücher ab und gegen ihn selber gewandt hatte. Der Kaiser schrieb daher folgenden Brief an den Kriegsminister:

Fismes, den 5. März 1814.

»Der Feind war in der größten Bedrängnis, und wir hofften heute die Früchte einiger mühevollen Tage zu ernten, als der Verrat oder die Dummheit des Kommandanten von Soissons ihm diesen Platz übergab.

»Den 3. März mittags ist er mit Kriegsehren abgezogen und hat vier Geschütze mit sich hinweggeführt. Lassen Sie diesen Elenden sowie die Mitglieder des Verteidigungsrates verhaften; lassen Sie sie vor ein von Generalen gebildetes Kriegsgericht stellen und tragen Sie um Gottes willen Sorge, daß sie binnen 24 Stunden auf dem Grèveplatze erschossen werden! Es ist Zeit, ein Beispiel zu statuieren. Das Urteil soll gut motiviert, gedruckt, angeschlagen und überallhin verschickt werden. Ich bin genötigt, eine Bockbrücke über die Aisne zu schlagen, was mir einen Verlust von 36 Stunden verursacht und Verlegenheiten aller Art bereitet.«

Der Kaiser war entschlossen, Blücher trotz allem weiter zu verfolgen, denn er mußte ihn schlagen, sonst war es ihm unmöglich, sich gegen Schwarzenberg zu wenden. Er mußte ihn jenseits der Aisne aufsuchen, und zwar sofort, bevor der Feind daran dachte, die Übergänge dieses Flusses ungangbar zu machen. Er erteilte demgemäß seine Befehle am 5. morgens, gleich nachdem er die schlimme Nachricht erhalten hatte. Er sandte General Nansouty mit der Gardekavallerie nach der steinernen Brücke, über die bei Berry-au-Bac die große Straße von Reims nach Laon führt.

Während auf seiner Rechten General Corbineau in Reims eindrang und dort 2000 Mann Winzingerodes nebst vielem Gepäck aufhob, stieß General Nansouty auf die Kosaken Winzingerodes, vorwärts von der Brücke von Berry-au-Bac, chargierte sie im Galopp, warf sie und passierte die Brücke hinter ihnen trotz des Widerstands der leichten Infanterie, die sie decken sollte. Diese rasche Eroberung der steinernen Brücke machte es unnötig, andere Übergänge zu suchen. Da die Hauptmasse des Feindes noch in einiger Entfernung war, so beeilte Napoleon sich in der Nacht vom 5. auf den 6. sowie im Laufe des 6. März, seine Truppen auf das rechte Ufer der Aisne zu werfen, bevor

Blücher sich seinem Aufmarsche widersetzen konnte. Blücher war sehr unzufrieden darüber, daß der russische General die Brücke so leichtsinnig bewacht hatte, aber er hielt seinen Unmut zurück, denn er mußte seine empfindlichen und stolzen Bundesgenossen schonen. Er nahm auf dem Plateau von Craonne mit allen seinen Truppen Stellung. Diese Hochebene zieht sich gleich hinter der Brücke von Berry-au-Bac mehrere Meilen weit hin. Winzingerode hatte die Höhen von Craonne besetzt, Bülow stand in Staffeln zwischen Soissons und Laon, und Blücher war mit Sacken, Yorck, Kleist und Langeron teils auf das Plateau gerückt, teils hatte er am Ufer der Lette zwischen diesem Flüßchen und Laon Stellung genommen.

Napoleon beschloß, von seiner Linken aus einen Angriff auf das Plateau zu unternehmen, da er es auf dieser Seite nur mit einem Flügel der Verbündeten zu tun hatte, der vom übrigen Heere durch viele Hindernisse getrennt war, die jede Unterstützung fast unmöglich machten.

Am 10. März morgens gab er das Zeichen zum Angriff. Victor drang rechts in das Tal von Vauclerc, Ney links in das von Oulches ein. Im Park der Abtei Vauclerc stieß Victor mit der Division Boyer auf die gut aufgestellte und durch zahlreiche Artillerie, welche von der Hochebene herabfeuerte, gedeckte Infanterie Woronzoffs. Nach beträchtlichen Verlusten setzte Victor sich in den Gebäuden der Abtei fest, obgleich der Feind sie mit Haubitzen bestrich, und behauptete sich in den brennenden Gebäuden.

Ney war inzwischen mit Sacken ins Gefecht geraten und strengte sich an, den Meierhof Heurtebise wegzunehmen. Er hatte in das Tal von Oulches unter fürchterlichem Kartätschenfeuer vorrücken müssen, dem seine jungen Soldaten todesmutig getrotzt hatten. So war er bis an den Rand des Plateaus gelangt. Dort wurde er aber von einem heftigen, sicher gerichteten Gewehrfeuer empfangen und in die Schlucht zurückgeworfen, Ohne sich entmutigen zu lassen, sammelt er seine Bataillone wieder, feuert sie an, läßt eine einzige Kolonne bilden und diese im Sturmschritt den Feind angreifen. Die Kolonne fährt wie der Blitz auf die überraschte Infanterie Sackens nieder und wirft sie bis zum Dorfe Paissy zurück. Während Neys Linke auf der Hochebene Fuß faßt, wirft seine Rechte sich auf den Meierhof Heurtebise, dringt trotz heftigem Widerstande des Feindes ein und tötet alles, was ihn besetzt hielt.

Nachdem die beiden Flankenangriffe so das Zentrum freigemacht haben, geht Napoleon an der Spitze der Alten Garde gegen das Plateau vor; er ersteigt es und nimmt dem Meierhofe Heurtebise gegenüber Stellung.

Nun handelte es sich darum, sich auf dem Plateau zu behaupten und den Feind davon zu verjagen. Der Augenblick für die Kavallerie war gekommen. Nansoutys Schwadronen, die polnischen Lanzenreiter und reitenden Jäger voran, sprengen vorwärts, werfen mehrere russische Karrees, drängen den Feind auf Paissy und brauchen nur noch einen Schritt zu tun, um ihn in eine Schlucht zu stürzen. Da demaskieren die Russen, indem sie sich zurückziehen, eine Artillerielinie, die ein verheerendes Feuer gegen die französische Reiterei eröffnet und sie aufhält. Sie ist genötigt, sich diesem zu entziehen, und wird sofort von 12 russischen Schwadronen mit großem Ungestüm verfolgt. Diese dringen bis in die junge französische Infanterie ein, die die Fassung verliert und die Flucht ergreift. Vergebens ruft den Fliehenden Ney mit kräftiger Stimme und energischen Gebärden zu; ein panischer Schreck hat sie erfaßt. Sofort tritt Grouchy in die entstandene Lücke, aber ein Schuß streckt ihn vom Pferde, und seine Kavallerie, ihres Führers beraubt, bleibt unbeweglich, deckt jedoch die Infanterie Neys, so daß diese sich wieder sammeln kann.

Auf der Rechten behauptet Victor sich beharrlich am Saume des Waldes von Ailles. Schwer verwundet, wird er durch General Charpentier ersetzt. Napoleon befürchtet, daß seine Flügel am Ende weichen könnten, und läßt eine Division der Alten Garde vorrücken, während zugleich 80 Geschütze in Tätigkeit treten, auf die er schon sehnsüchtig gewartet hatte. Es war Zeit, denn Drouots Kanonen waren bereits sämtlich demontiert. Die Russen beginnen zu weichen, und die ganze französische Linie rückt nun vor und treibt die 50000 Mann Sackens, Woronzoffs und s vor sich her, bis sie zwei Meilen weiter in einer bewaldeten Vertiefung des Lettebettes Zuflucht finden. Die Russen hatten in dieser blutigen Schlacht bei Craonne 6 bis 7000 Mann verloren, aber Napoleon 7 bis 8000, was nicht zu verwundern ist, da die Franzosen unter einem verheerenden Feuer aufmarschieren mußten. Er war daher auch trotz des Endergebnisses dieses Tages sehr sorgenvoll in betreff des nächsten, aber seine Entschlossenheit blieb die gleiche; er mußte Blücher besiegen.

Die Franzosen biwakierten den 7. abends auf dem Plateau und nahmen am 8. zwischen Ange-Gardien und Chavignon am Eingange des Engpasses Stellung, der in die Ebene von Laon führt. Napoleon gewährte ihnen diesen Rasttag, um sie Atem schöpfen zu lassen und dem Marschall Marmont Zeit zum Einrücken in die Linie zu geben.

Am 9. morgens setzte er sich in Bewegung, um in die sumpfige Ebene von Laon herabzusteigen. Ney marschierte an der Spitze und hatte die Aufgabe, den Engpaß von Etonvelles nach Chivy zu forcieren. General Gourgaud war schon während der Nacht aufgebrochen, um ihn darin zu unterstützen, den gefährlichen Paß zu umgehen und dann plötzlich von der Flanke her bei Chivy zu erscheinen. Die Dragonerdivision Roussel hatte den Befehl, sich sofort, nachdem man den Engpaß hinter sich haben würde, im Galopp auf Laon zu werfen, um in die Stadt einzudringen.

Ney setzte sich am 9. schon nachts in Marsch, überraschte die feindliche Vorhut im Schlaf und bemächtigte sich der Ortschaften Etonvelles und Chivy. Gourgaud gesellte sich zu ihm, und beide marschierten in die Ebene von Laon herab, während Roussels Dragoner sich auf die Heerstraße warfen. Sie wurden jedoch durch ein mörderisches Kartätschenfeuer zurückgeworfen und konnten nicht daran denken, Laon zu überraschen. Die ganze Armee, 36000 Mann stark, entwickelte sich nun in der Ebene, Ney vorwärts von Chivy, Charpentier mit Victor zur Linken, Mortier zur Rechten und Friant im Zentrum. Drei Meilen entfernt auf der Rechten, von Napoleon durch bewaldete Hügel getrennt, marschierte Marmont mit 12 bis 13000 Mann auf der Straße von Reims.

Dichter Nebel bedeckte das Talbecken, in dessen Mitte sich Laon erhebt, dessen Türme über dem Nebelmeer herausragten. Unter dem Schutze des Nebels nahm Ney die Vorstadt Semilly, die am Fuße des steilen Berges liegt, auf dem Laon erbaut ist, und Mortier drang in die ebenso gelegene Vorstadt Ardon ein.

Blücher war, nachdem er das Plateau von Craonne aufgegeben hatte, fest entschlossen, unter den Mauern von Laon eine entscheidende Schlacht zu liefern. Er hatte zu viel Mut, Patriotismus und Stolz, um 48000 Mann ein Schlachtfeld zu überlassen, das er mit 100000 Mann besetzt hielt, zumal da unter den Russen die Ansicht verbreitet war, er habe sie absichtlich bei Craonne geopfert und im Stich gelassen. Sobald der Nebel sich zerstreut hatte, ließ er die Vorstädte nachdrücklich angreifen und vertrieb die Franzosen wieder daraus. Diese Vorstädte werden mehrmals gewonnen, verloren, wiedergewonnen. Napoleon schickte Adjutanten um Adjutanten an Marmont, um diesen herbeizuholen, denn er hoffte mit Recht, daß sein Erscheinen die Verbündeten so erschüttern würde, daß man sie vom Fuße der Anhöhe vertreiben könnte, an der die so hartnäckig festhielten.

Auf der Linken erzielten die Franzosen inzwischen einen Erfolg, indem sie das Dorf Clacy wegnahmen; er wurde indessen auf der Rechten durch den Verlust von Ardon aufgewogen, in das Bülow sich mit Wut hineinwarf. Alles hing jetzt davon ab, daß auf der Straße von Reims bei Marmont alles glücklich vonstatten ging. Dort lag die Entscheidung. Marmont war endlich von Festieux aus in die Ebene von Laon vorgerückt. Sein Geschütz hatte sich um 2 Uhr nachmittags hören lassen und Napoleon mit Hoffnung, Blücher mit Besorgnis erfüllt. Er marschierte auf das Dorf Athies, wo Yorck und Kleist standen. Er bombardierte den Ort, nahm ihn gegen Ende des Tages weg und blieb auf dem Punkte stehen, wo er seinen Sieg errungen hatte, um weitere Instruktion Napoleons zu erwarten und seinen Truppen Ruhe zu gönnen. Leider unterließ er es, die geeigneten Vorsichtsmaßregeln zu treffen, um sich gegen einen nächtlichen Überfall sicherzustellen. Mit großer Leichtfertigkeit überließ er diese Sorge seinen Unterbefehlshabern. Diese ließen ihre ermüdeten jungen Soldaten sich in die umliegenden Bauernhöfe zerstreuen und dachten nicht einmal daran, die Batterie von 40 Geschützen zu decken, die mit so großem Erfolge Athies beschossen hatte. Und doch hätten sie dieser verhängnisvollen Nacht mißtrauen müssen, denn Blücher war, als er das Geschütz Marmonts vernommen hatte, sogleich zu der Überzeugung gekommen, daß der Angriff von der Straße von Reims her der wahre, der andere von Soissons her aber eine bloße Finte gewesen sei. Auf der Stelle hatte er die in Laon in Reserve gebliebenen Generale Sacken und Langeron um die Stadt herumgehen lassen und sie mit dem größten Teil seiner Kavallerie zur Unterstützung Kleists und Yorcks entsandt, um mit der ganzen Masse einen nächtlichen Überfall auszuführen.

Gegen Mitternacht, während Marmonts Soldaten dessen am wenigsten gewärtig waren, stürzten sich die feindlichen Reiter mit einem fürchterlichen Geschrei in Masse auf sie. Alte Soldaten wären weniger überrascht und schneller gefaßt gewesen. Aber in den Reihen dieser jungen Infanterie verbreitete sich ein jäher, panischer Schrecken, so daß sie über Hals und Kopf die Flucht ergriff. Die Artilleristen, die ihre Stücke nicht wegführen können, fliehen, ohne an deren Rettung zu denken, während die feindliche reitende Artillerie, auf den Flanken galoppierend, in das Getümmel mit Kartätschen hineinschießt. Marmont wird von der Menge mit fortgerissen. Erst bei den Höhen von

Festieux macht das VI. Korps, der Kern von Marmonts Truppen, halt, und der Feind läßt von der Verfolgung ab.

Dieser Unfall machte die Lage Napoleons, der über Marmont in höchsten Zorn geriet, noch verzweifelter. Ihm blieb nur noch übrig, einen Angriff auf Laon zu versuchen und sein Heil auf einen glücklichen Zufall zu setzen.

Er war im Begriff, sich auf Laon zu stürzen, als Blücher ihm zuvorkam. Um 9 Uhr morgens warfen sich die drei Divisionen der Infanterie Woronzoffs auf Clacy. General Charpentier empfing sie mit fürchterlichem Musketenfeuer, während die Artillerie Neys entsetzliche Verheerungen unter ihnen anrichtete. Fünfmal wurde der Angriff der Russen zurückgeschlagen, die sich endlich auf Laon zurückzogen. Nun warf Napoleon die beiden Divisionen Neys auf Laon. Die jungen Soldaten überrannten alles, was sich ihnen entgegenstellte, erstiegen eine der Seiten der dreieckigen Felspyramide von Laon und gelangten glücklich bis an die Mauern der Stadt. Aber die tüchtige Infanterie Bülows hielt sie am Fuße des Walles auf und warf sie wieder von der Höhe herab. Nun ergab der Kaiser sich darein, Blücher für unbezwinglich zu halten. Er sah kein Mittel mehr, sich auf diesem Punkte zu behaupten, und er mußte, so schmerzlich es ihm auch war, an den Rückzug denken, den er am 11. März bewerkstelligte. Der Feind hütete sich, ihm zu folgen, und so konnte Napoleon Soissons wieder erreichen.

Die schrecklichen Kämpfe am 7., 9. und 10. hatten Napoleon ungefähr 12000 Mann, dem Gegner 15000 gekostet, aber diesem blieben immer noch 90000 Kombattanten, während die Franzosen kaum noch 40000 hatten. Das schlimmste waren aber der moralische Verlust und die militärischen Folgen der letzten Operationen. Denn nun war für Napoleon die Gefahr da, zwischen den beiden feindlichen Heeren erdrückt zu werden. Traurig kehrte er daher nach Soissons zurück, noch trauriger aber war die Armee, die die Lage wohl begriff. Doch war der Kaiser keineswegs entmutigt. Er schmeichelte sich immer noch mit der Hoffnung, daß ein Fehler des tollkühnen Blücher oder des behutsamen Schwarzenberg ihm das Übergewicht verschaffen würde. Einigen Trost sollten ihm in der Tat schon die nächsten Tage verschaffen. Es wurde ihm gemeldet, daß General von Saint-Priest 15000 Russen und Preußen an Verstärkungen heranführe und in Reims eingetroffen sei. Er brach heimlich mit 30000 Mann von Soissons auf, überraschte dieses Korps und brachte ihm einen Verlust von 6000 Mann bei. Saint-Priest verlor dabei sein Leben. Der Kaiser blieb danach in Reims, um zu sehen, was die Ereignisse ihm anraten würden, die sich in militärischer wie politischer Beziehung bedeutend verändert hatten.

VIII.

Fürst Schwarzenberg hatte in wirksamer Weise wieder die Offensive ergriffen, die Marschälle Oudinot und Macdonald bei Arsouvel, Arrentiers und Bar-sur-Aube zum Rückzuge gezwungen, Troyes wieder eingenommen und die Seine von Nogent bis Montereau besetzt.

In politischer Hinsicht sah es noch schlimmer aus. Die Besprechungen in Lusigny waren aufgegeben worden, und der Kongreß von Châtillon war ebenfalls geschlossen worden, nachdem ein Abgesandter der royalistischen Partei, Herr de Vitrolles, die verbündeten Monarchen davon überzeugt hatte, daß sie nur auf Paris zu marschieren brauchten, um dort eine Partei zu finden, die ihnen die Tore öffnen und die nach ihrem Einzuge behilflich sein würde, eine Regierung zu konstituieren, mit welcher sie einen Vertrag schließen könnten.

In Paris gewann die Lage ein äußerst drohendes Aussehen. Von der bisherigen Unterwürfigkeit gegen die Kaiserin-Regentin war man plötzlich zu einer wahren Wut übergegangen. Man war empört über die Hartnäckigkeit des Kaisers, den Krieg weiterzuführen.

Napoleon hielt sich trotz allem noch nicht für besiegt und beschloß, bis zum 17. in Reims zu verbleiben, um seine Truppen ausruhen zu lassen, Verstärkungen heranzuziehen und dann seinen Plan auszuführen, sich den Festungen zu nähern, die Garnisonen mit sich zu nehmen und die Verbindungslinie des Feindes abzuschneiden. Dazu war nur nötig, daß Paris sich noch fünf bis sechs Tage hielt. Am 17. morgens entschloß er sich, von Reims aufzubrechen und nach Epernay zu gehen. Dort erhielt er traurige Nachrichten von Paris. Die Hauptstadt war doppelt beunruhigt, einmal durch das Nahen der Verbündeten und dann durch den Gang der Ereignisse bei der Armee von Spanien zwischen Bayonne und Bordeaux. Man rief ihn mit lautem Geschrei nach Paris zurück. Er säumte daher nicht, den Weg nach Fère-Champenoise einzuschlagen, um sich von der Marne nach der Seine zu begeben. Den 18. morgens war die ganze Armee in dieser Richtung in Bewegung.

Der Kaiser hätte besser getan, unerschütterlich seinen Plan zu verfolgen, ohne in der geringsten Einzelheit davon abzuweichen: Er mußte alle Garnisonen zur Verstärkung heranziehen, die Aufständischen der von den Alliierten besetzten Landschaften um sich scharen, seinen Marsch an den Rhein fortsetzen. Binnen kurzer Zeit hätte er ein großes Heer gehabt. Murat hätte sich sofort wieder Napoleon angeschlossen; er und der Vizekönig Eugène hätten Wien besetzt, wenn die Alliierten es gewagt hätten, dem Kaiser Paris zu nehmen. Aber das hätten diese nicht getan. Gezittert hätten die Feinde vor der Gefahr, in die sie sich verstrickt gefunden hätten, und die verbündeten Herrscher würden es als eine Gnade angesehen haben, wenn Napoleon ihnen den Rückzug gestattet hätte. Man hätte Frieden geschlossen und diesen treulich gehalten. Alle waren so müde. Man hatte so viele Wunden zu pflegen. Um die auswärtigen Angelegenheiten brauchte der Kaiser sich dann vorläufig nicht zu kümmern; im Innern hätte ein solcher Ausgang des Krieges alle Illusionen der Übelgesinnten zerstört; alle Parteien, alle Interessen wären versöhnt worden. Umgeben von seinen siegreichen Kriegerscharen, hätte Napoleon sich triumphierend wieder auf seinen Thron gesetzt. Die tapfere und treue Bevölkerung würde der unsicheren und schwankenden als Musterbild gedient haben. Ein neues Geschlecht von Führern wäre dem französischen Volk erstanden. Die Zukunft würde allein der Beschäftigung mit der Wohlfahrt im Innern gehört haben.

Was waren es für Ereignisse an der spanischen Grenze, die die Hauptstadt so sehr in Aufregung zu setzen vermocht hatten? Marschall Soult hatte den Adour mit seiner Rechten und den Gave d'Oleron mit seiner Linken und dem Zentrum besetzt gehalten, solange Lord Wellington nicht vorwärtsrückte. Nachdem dieser aber mit acht englischen, zwei portugiesischen und vier spanischen Divisionen die Offensive ergriffen hatte, hatte Soult ihm den Gave d'Oleron überlassen und am Gave de Pau bei Orthez eine Stellung bezogen. Bayonne wurde von Wellington blockiert. Soult besaß nur noch 40 000 Mann, die nicht genügend waren, um zu siegen, aber hinreichend stark, dem Gegner Schritt für Schritt das Terrain streitig zu machen und Bordeaux zu decken. Bordeaux war in diesem Augenblick die Hauptstadt des Südens. Außer der besonderen Unzufriedenheit, die in allen Seestädten herrschte, deren Handel seit 20 Jahren ruiniert war, herrschte dort ein frömmelnder und royalistischer Geist, und man war im allgemeinen dem kaiserlichen Regime feindselig gesinnt. Zahlreiche royalistische Sendlinge waren bereits in Bordeaux erschienen, und eine Bewegung des Feindes konnte dort leicht eine Explosion herbeiführen. Marschall Soult sah daher ein, daß er die energischsten Anstrengungen machen müßte, um die englische Armee aufzuhalten.

Den 27. Februar hatte Lord Wellington den Gave überschritten und mit fünf englischen Divisionen den rechten Flügel der Franzosen, den General Reille befehligte, angegriffen, während auf dem entgegengesetzten Punkte General Hill mit einer englischen Division und den Spaniern und Portugiesen den General Clausel bei Orthez angriff. Der Kampf war lange und erbittert gewesen, und die Franzosen hatten sich in ihren Stellungen behauptet. In der Erwägung aber, daß diese Armee die letzte war, die man im Süden des Kaiserreiches noch besaß, hatte Marschall Soult es für klüger erachtet, seinen Rückzug anzutreten, nachdem er dem Lord Wellington ungefähr 6000 Mann getötet und verwundet und seinerseits 3 bis 4000 verloren hatte. Weitere Zusammenstöße mit der englischen Armee fürchtend, kam Soult auf den Gedanken, anstatt Bordeaux unmittelbar zu decken, gegen Toulouse hinaufzumarschieren, indem er annahm, die Engländer würden nicht wagen, auf Bordeaux loszugehen, solange er in ihren Flanken und ihrem Rücken wäre. Doch sollte er sich täuschen. Lord Wellington, der über mehr als 70 000 Mann verfügte, folgte ihm mit 60 000 und entsandte den Rest gegen Bordeaux unter Marschall Beresford, der in die Stadt am 12. März einrückte, ohne auf Widerstand zu stoßen. Sofort verlangten die Royalisten und Großkaufleute mit lautem Geschrei die Wiedereinsetzung der Bourbonen. Der Herzog von Angoulême eilte herbei, und man verkündete die Restauration der alten Dynastie angesichts der Engländer, die erklärten, daß innere Fragen sie nichts angingen.

Dies waren die Ereignisse, die die Gemüter der Pariser in Bewegung versetzt und Napoleon veranlaßt hatten, seine Truppen gegen Fère-Champenoise zu richten. Am 19. März marschierte der Kaiser auf Plancy, passierte mit der Gardekavallerie die dortige Brücke und rückte nach Überschreitung der Aube gegen die Seine vor. Er ließ General Sebastiani auf seiner Linken, um die Gegend von Arcis zu beobachten, und eilte mit der Alten Garde zu Pferd gradaus nach der Brücke von Mery an der Seine, das er vom Feinde besetzt fand, der sich offenbar zurückzog. Er kehrte daher wieder nach Plancy zurück, wo er übernachtete, und beschloß, am 20. morgens gegen Arcis zu marschieren, wohin Ney im Anmarsche war und wo im Laufe des Tages auch Friant mit der Alten Garde eintreffen mußte. Mortier und Marmont sandte er den Befehl, sofort zu ihm zu stoßen. Alles war somit in der Weise veranstaltet, daß er in kurzem über 70 000 Mann verfügen konnte.

Am 20. März verließ also der Kaiser Plancy, um am linken Ufer der Aube hinaufzugehen. General Sebastiani war mit den Divisionen Colbert und Exelmans vorausgegangen und hatte sich auf Arcis gewendet. Gegen Mittag hier angelangt, erhielt er von Sebastiani und Ney die Meldung, daß sie der Ansicht wären, zwischen Arcis und Troyes die ganze Böhmische Armee vor sich zu haben. Napoleon, der bei Mery die Kolonnen Schwarzenbergs auf dem Rückzuge gesehen hatte, konnte sich nicht vorstellen, daß der Fürst daran dächte, zwischen Troyes und Arcis die Schlacht anzunehmen. Eine auf der Straße von Troyes von einem jungen Offizier sehr leichtfertig ausgeführte Rekognoszierung bestärkte ihn in seiner Ansicht, so daß er keine Vorsichtsmaßregeln traf und in seiner Stellung die Ereignisse abwartete, die sich bald aufklären mußten. Und nur zu bald gewannen sie die schreckenvollste Klarheit.

Fürst Schwarzenberg hatte in der Tat, als er Napoleon in seiner Flanke bemerkt hatte, schleunigst den Rückzug von Nogent auf Troyes angetreten. Da er aber erkannt zu haben glaubte, daß der Kaiser höchstens über 40 000 Mann verfügte, und außerdem der beständigen Prahlereien und Sticheleien der Preußen müde war, so wollte er diesen beweisen, daß er ebenso fähig sei wie sie, der Begegnung des Kaisers der Franzosen zu trotzen. Er hatte sich daher rechts gewandt und war auf Arcis marschiert, um dort die Schlacht anzunehmen und die Franzosen zu verhindern, Troyes zu erreichen. Gegen 2 Uhr befand er sich Arcis gegenüber.

General Sebastiani hatte inzwischen weitere Rekognoszierungen vorgenommen. Bald entdeckte er denn auch die in Masse vorrückende bayrische und österreichische Kavallerie. Er kehrte mit verhängtem Zügel zurück und meldete dem Kaiser, wie es stand. Man beeilte sich, die Divisionen Colbert und Exelmans dem Feinde entgegenzuwerfen, aber diese wurden geschlagen, und Flüchtige wie Verfolgende drangen im Getümmel in Arcis ein. Ein Bataillon Polen unter Skrzynecky hatte eben noch Zeit, ein Karree zu formieren, um Napoleon aufzunehmen und ihn dem Strome der feindlichen Kavallerie zu entziehen. Stolz auf das ihnen anvertraute Gut hielten die Polen Stand unter einem Hagel von Kartätschen und den wiederholten Sturmritten unzähliger Schwadronen. Sobald der erste Anprall dieser Kavallerie vorüber war, verließ der Kaiser das Karree, brachte seine flüchtende Kavallerie zum Stehen und warf sie wieder gegen den Feind. Inzwischen hielt Ney bei Torcy wütende Angriffe aus, die von Bayern, Russen, Preußen und Österreichern ausgeführt wurden. Er wurde aus dem Dorfe herausgeworfen, nahm es aber wieder und behauptete sich darin.

Von Arcis nach Torcy eilend, hätte der Kaiser hier seine Laufbahn beinahe beendet gesehen. Eine Granate fällt vor einem Bataillon junger Soldaten nieder. Die dem rauchenden Geschoß zunächststehenden weichen zurück. Da treibt Napoleon sein Pferd auf die Granate, um die jungen Soldaten Verachtung der Gefahr zu lehren. Das Geschoß zerspringt, bedeckt ihn mit Feuer und Rauch, aber er geht wohlbehalten aus der glühenden Wolke hervor. Nur sein Pferd ist verletzt, und er besteigt sofort unter begeisterten Zurufen der Soldaten ein anderes.

Endlich eilt die sehnlichst erwartete Alte Garde herbei. Napoleon stellt sie vorwärts von Arcis auf und schickt Ney Unterstützung, so daß dieser abermals einen Angriff zurückschlagen kann. So erreicht man unter beständigen Kämpfen das Ende des Tages, und man entschlüpft einer Katastrophe, die bei weniger Energie unvermeidlich gewesen wäre. Doch erschien es nicht ratsam, am nächsten Tage eine zweite Schlacht mit dem übermächtigen Gegner anzunehmen. Deshalb ließ der Kaiser seine Truppen plötzlich am folgenden Tage, den 21. März, durch die Straßen von Arcis zurückgehen und die beiden Brücken überschreiten. Der Feind wollte den Übergang über den Fluß erzwingen, wurde aber durch ein mörderisches Feuer daran verhindert. Diese beiden Tage kosteten der Böhmischen Armee 8 bis 9000 Mann, während die Franzosen, dank ihrer Defensivstellung, nicht mehr als 3000 verloren.

*

Neuntes Kapitel.

Der Fall von Paris. Die Abdankung.

I. Marsch Napoleons in den Rücken der verbündeten Armeen. – II. Marsch der Verbündeten auf Paris. – III. Abreise der Kaiserin und des Königs von Rom aus Paris. – IV. Angriff der Verbündeten auf Paris. – V. Übergabe von Paris. – VI. Umkehr Napoleons und Rückmarsch nach der Hauptstadt. – VII. Die Marschälle kündigen dem Kaiser den Gehorsam auf. – VIII. Die Abdankung. – IX. Der Vertrag von Fontainebleau.

I.

Für den Kaiser war jetzt der Augenblick gekommen, einen bestimmten Entschluß zu fassen. Die Böhmische und die Schlesische Armee mußten unfehlbar sich nunmehr bald vereinigen, und dann mußte er von ihnen erdrückt werden. Es blieb ihm daher nichts weiter übrig, als seinen alten Plan wieder aufzunehmen, nämlich den Marsch nach den Festungen fortzusetzen, die dortigen Garnisonen heranzuziehen und den Feind von Paris ab und auf sich zu lenken.

Er brach demgemäß den 21. März nach Vitry an der Marne auf. Von dort konnte er leicht Bar-le-Duc erreichen und einige 30000 Mann aus Metz, Mainz, Luxemburg, Verdun und Straßburg zu sich heranziehen. Er konnte weitere 15000 Mann aus den Niederlanden empfangen. Ging er bis Metz, so konnte er Lothringen, Elsaß und die Freigrafschaft zur Erhebung bringen. Er konnte sich also in Metz leicht an der Spitze von 120000 Streitern befinden. Wenn dann außerdem Marschall Suchet, der Augereau ersetzen sollte, mit 40000 Mann auf Besançon marschierte, so konnten die Ereignisse eine ganz andere Gestalt gewinnen.

Napoleon meldete seine Entschlüsse nach Paris und empfahl aufs neue, sich nicht beunruhigen zu lassen, wenn der Feind sich Paris nähere. Die Verbündeten könnten höchstens auf zwei bis drei Tage dort erscheinen; denn sie müßten ihm folgen. Den Marschällen Marmont und Mortier befahl er, über Châlons zu marschieren, um an der Marne zu ihm zu stoßen.

Am 21. übernachtete er mit seiner Armee bei Sommepuis. Am 22. erreichte er Vitry, das er von 5 bis 6000 Preußen und Russen besetzt und durch Feldschanzen gedeckt fand. Er wollte eines so unwichtigen Postens wegen kein mörderisches Gefecht wagen, passierte daher die Marne auf der Furt von Frignicourt und übernachtete im Schlosse Plessis bei Orconte. Es war ein Unglück, daß er Vitry nicht mit Sturm nehmen ließ. Die Wegnahme dieser Stellung hätte die Alliierten sofort zum Stehen gebracht.

Den 23. hielt er es für ratsam, bei Saint-Dizier stehen zu bleiben, um Oudinot, Macdonald und Gérard zu erwarten, die noch zurück waren. Seine leichte Kavallerie schob er auf Bar-le-Duc vor, damit sie sich der Maasbrücke von Saint-Mihiel und der Moselbrücke von Pont-à-Mousson bemächtigte. Ohne die Marschälle Marmont und Mortier zählte er bereits 55 000 Mann. Dem Kriegsminister drückte er in einem Brief seine Zuversicht aus, daß er trotz des Ernstes der Lage Frankreich und sich selbst aus dieser furchtbaren Krise retten werde.

In diesem Augenblicke traf im Hauptquartier des Kaisers Caulaincourt ein, der vom Kongreß von Châtillon kam. Er berichtete, daß er dem Kongreß seinen Gegenentwurf auf die Forderungen der Verbündeten vorgelegt hätte. Die Bevollmächtigten der Mächte hätten ihn mit eiskaltem Schweigen angehört, sodann die Befehle ihrer Monarchen eingeholt und ihm am 18. März eine feierliche Note vorgelesen, worin sie erklärten, daß die Konferenz, da Frankreich nur alle von Europa bereits als unannehmbar bezeichneten Bedingungen wörtlich wiederholt habe, definitiv abgebrochen sei, und daß der Krieg mit der äußersten Energie werde fortgesetzt werden, bis Frankreich die Präliminarien vom 17. Februar unbedingt annehme. Zu dieser Erklärung habe Metternich ihm noch einen Privatbrief geschrieben und ihn dringend gebeten, vor dem Auseinandergehen des Kongresses alles wohl zu überlegen, denn das Frankreich Ludwigs des Vierzehnten, vergrößert durch die Erwerbungen Ludwigs des Fünfzehnten, sei wohl von einigem Wert und verdiene, daß man es nicht länger auf das so gefährliche und unsichere Spiel der Schlachten setze. Er habe jedoch als Vertreter Frankreichs nicht gewagt, seine Instruktionen so weit zu überschreiten, wie nötig gewesen wäre, um die Mitglieder des Kongresses in Châtillon zurückzuhalten, und sei daher am 19. abgereist. Es habe ihm große Mühe gekostet, zum Kaiser nach Saint-Dizier zu gelangen.

Der Kaiser befand sich gerade mit Berthier beim Abendessen, als Caulaincourt eintrat. Er antwortete ihm in aller Ruhe: »Sie haben wohl daran getan, zurückzukommen, denn ich will Ihnen nicht verhehlen, daß ich Sie desavouiert haben würde, wenn Sie das Ultimatum angenommen hätten. Jene Leute sind ja doch nicht aufrichtig. Hätten Sie nachgegeben, so würden sie bald mehr verlangt haben. Sie verbreiten überall, daß sie nur mich, nicht Frankreich bekriegen. Lauter Lügen! Im Grunde ist ihr Haß gegen Frankreich und dessen Größe gerichtet. England gelüstet es nach Belgien für das Haus Oranien; Preußen nach der Maas, um jenes Gebiet selber einzustecken; Österreich möchte uns Elsaß und Lothringen abnehmen, um darüber mit Bayern und den deutschen Fürsten zu feilschen. Man will uns vernichten oder so kleinmachen, bis wir nichts mehr sind. Nun, mein lieber Caulaincourt, da ist es besser zu sterben. Man soll diesmal nicht sagen können, daß ich für meinen Ehrgeiz kämpfe, denn es wäre mir ein leichtes, meinen Thron zu retten; aber den Thron mit einem gedemütigten Frankreich mag ich nicht. Sehen Sie die wackeren Bauern an, wie sie schon überall aufstehen und die Kosaken niedermachen! Sie geben uns das Beispiel! Sie sind besser als jene Elenden in Paris, die den infamen Vertrag annehmen wollten, den man Ihnen angeboten hat. Sie werden herrlichen Dingen beiwohnen, lieber Caulaincourt. Ich marschiere jetzt auf die Festungen und werde in einigen Tagen noch 30 bis 40000 Mann an mich heranziehen. Der Feind folgt mir augenscheinlich; anders läßt sich die Kavalleriemasse nicht erklären, die uns umgibt. Mein plötzliches Erscheinen in seinem Rücken hat Schwarzenberg zurückgeführt. Er wird nicht den Mut haben, sich auf Paris zu wagen, wenn ich seine Verbindungen bedrohe. Ich werde bald 100000 Mann haben. Damit werde ich mich auf den Nächsten stürzen, Blücher oder Schwarzenberg, gleichviel; ich werde ihn niederschmettern, und die Bauern von Burgund werden ihm den Garaus machen. Die Koalition ist ihrem Untergange so nahe wie ich dem meinigen, und wenn ich triumphiere, dann werden wir diese abscheulichen Verträge zerreißen. Täusche ich mich, je nun, so werden wir sterben! Aber sterben, nachdem wir unsere Ehre gerettet haben, wie so viele unsrer alten Waffengefährten alle Tage sterben.«

Freilich sagte auch der Kaiser sich im stillen: Wenn der Feind nicht folgte, könnte er in einigen Tagen in Paris einziehen. Dieser Ausgang nahte in der Tat. Die verhängnisvolle Stunde war gekommen!

II.

Fürst Schwarzenberg hatte, nachdem er am Tage nach Arcis-sur-Aube von Napoleon nicht wieder angegriffen wurde und durch Rekognoszierungen seinen Abmarsch nach Vitry festgestellt hatte, die Absicht seines Gegners durchschaut. Was tun? Sollte er ihm nach Lothringen folgen oder sich mit dem nahestehenden Blücher vereinigen, um mit ihm auf Paris zu marschieren? Militärisch durfte er seine Verbindungen nicht bedrohen lassen. Nahe lag auch die Gefahr, daß die Verbündeten, wenn sie vor Paris erschienen, nicht nur einen militärischen Gegner zu bekämpfen haben würden, sondern auch den Widerstand des Volkes. Diese Kämpfe konnten sie einige Tage aufhalten, und so konnte es geschehen, daß, während sie damit beschäftigt sein würden, die verbarrikadierten Eingänge der Vorstädte zu nehmen, Napoleon mit einer 100 000 Mann starken Armee sie im Rücken überfiele.

Aber die Lage war derartig, daß man an diesem Widerstand der Hauptstadt zweifeln konnte. Man glaubte zu erkennen, daß die Aussagen des Herrn de Vitrolles auf Wahrheit beruhten, und schenkte auch dem von London zurückgekehrten General Pozzo di Borgo Gehör, der den Verbündeten unablässig wiederholte, man müsse auf Paris marschieren, da die politische Macht des Kaisers vernichtet sei. Der Krieg müsse politisch beendet werden. Wenn die Verbündeten Paris nur mit dem Finger berührten, so würde der Koloß gestürzt sein, und sein Degen würde zerbrochen sein, den sie ihm auf dem Schlachtfeld nicht zu entreißen vermöchten. Auf diese Weise überredete Pozzo di Borgo den leicht zu überredenden Kaiser Alexander, dessen einziger Wunsch es war, sich zu rächen und Napoleon, der ihn gedemütigt hatte, zu entthronen. Preußen und Österreich hegten dieselben Gesinnungen. Zu alledem kam, daß Blücher mit seinen 100 000 Mann inzwischen zur Böhmischen Armee gestoßen war, nachdem er die Marschälle Marmont und Mortier vor sich hergetrieben hatte.

Das letzte Bedenken der verbündeten Monarchen schwand aber vor dem Inhalt aufgefangener Depeschen, die dem Kaiser Alexander nachts im Schlosse Dampierre überbracht wurden. Sie waren von höchster Wichtigkeit und bestanden in Briefen der Kaiserin und des Herzogs von Rovigo an Napoleon. Die Kaiserin drückte darin ihre Furcht vor den inneren Zuständen in Paris aus, und der Polizeiminister erklärte, Paris zähle in seinem Schoße einflußreiche Anhänger der

Feinde, die beim Erscheinen der verbündeten Armee dem Beispiel von Bordeaux folgen würden. Diese Enthüllungen machten allen Zweifeln ein Ende. Auf Paris zu marschieren, und zwar sofort bei Sonnenaufgang, erschien als der einzig richtige Entschluß.

Am 24. morgens verließen Alexander und Schwarzenberg Dampierre und begaben sich nach Sommepuis, wo der König von Preußen mit Blücher eingetroffen war. Hier wurde auf einem kleinen Hügel der verhängnisvolle Beschluß gefaßt, der die Armeen Europas in das Herz Frankreichs führen sollte. Alle Korps erhielten Befehl, auf Paris zu marschieren. Nur General Winzingerode wurde beauftragt, mit 10 000 Reitern, einigen tausend Mann leichter Infanterie und zahlreicher reitender Artillerie Napoleons Spur zu folgen, ihn zu belästigen und zu beobachten.

Am nächsten Morgen, den 25. März, setzten sich die nunmehr vereinigten Massen der Verbündeten in Bewegung. Blücher marschierte auf der Rechten, Schwarzenberg auf der Linken. Beide gingen auf Fère-Champenoise los, wohin sich auch Marmont und Mortier zurückzogen und das diese nur mit großem Verlust und unter beständigen Kämpfen erreichten. Es war ihnen aber unmöglich, dort festen Fuß zu fassen, und sie setzten ihren Marsch auf Sezanne fort. Sie entschlossen sich, auf einem der niedrigen Hügel an der Straße von Sezanne Stellung zu nehmen und dort die Nacht zu verbringen. Während sie mit den Vorbereitungen dazu beschäftigt waren, hörten sie plötzlich zu ihrer Rechten rückwärts eine entsetzliche Kanonade. Sie konnte nur dem General Pacthod gelten, der beauftragt war, Napoleon eine Verstärkung von 10 000 Mann zuzuführen. Mortier erinnerte sich, daß Pacthod ihn um Instruktionen gebeten hatte, die er ihm nicht hatte geben können.

General Pacthod war in der Tat, indem er zu den Marschällen zu stoßen versuchte, über Fère-Champenoise hinausgegangen und, um sie aufzufinden, bis Villeseneux vorgerückt. Dort von ihrer Rückwärtsbewegung unterrichtet, kehrte er, von der Kavallerie Wassiltzikoffs verfolgt, wieder um und wendete sich auf Fère-Champenoise gerade in dem Augenblick, wo Mortier diesen Ort verließ. Er marschierte in fünf Karrees und hatte sich gezwungen gesehen, in eine Talmulde zu flüchten, die auf allen Seiten von feindlichen Truppen umringt war. Diese richteten ein Kreuzfeuer auf die unglücklichen Karrees des Generals Pacthod. Zwei von diesen, die die Nachhut bildeten, hatten heldenmütigen Widerstand geleistet und, mit Kartätschen überschüttet, Stand gehalten, bis sie endlich, von Kavallerie durchbrochen, fast bis auf den letzten Mann niedergehauen wurden. Die drei anderen, gegen den Sumpf von Saint-Goud gedrängt, verschmolzen sich endlich zu einer einzigen Masse, während sie sich unter einem Kartätschenhagel beständig weigerten, das Gewehr zu strecken. Jede Artilleriesalve richtete entsetzliche Verheerungen unter ihnen an.

Kaiser Alexander und der König von Preußen, die hinzugeeilt waren, fühlten sich von so viel Heldenmut gerührt. Alexander ließ sie durch einen seiner Offiziere in seinem Namen auffordern, sich zu ergeben, und ihm ergab sich nun, was von ihnen noch übrig war.

Dieser unglückliche Tag von Fère-Champenoise, dem die Verbündeten den stolzen Namen einer Schlacht gegeben haben und der nichts weiter war, als die zufällige Begegnung von 100 000 Mann mit einigen versprengten Korps, die sich im Verhältnis von einem gegen zehn schlugen, kostete die Franzosen eine sehr zahlreiche Artillerie und 6000 Tote, Verwundete und Gefangene. Das Korps des Generals Compans, das zur rechten Zeit zurückgegangen war, war auf Coulomniers zu marschiert und auf der Straße von Meaux entkommen.

Nach allen diesen Mißerfolgen blieb nun den Marschällen mit den ihnen gebliebenen Truppen nichts weiter übrig, als sich zu beeilen, unter den Mauern von Paris rechtzeitig einzutreffen, um mit allem, was sich ihnen anschließen wollte, die Hauptstadt des Landes gegen das rachgierige Europa zu verteidigen. Die Marschälle verfügten noch über 12 000 Mann. Sie gewährten den Truppen eine ihnen unentbehrliche Rast, denn seit drei Tagen waren sie Tag und Nacht marschiert, und brachen am 27. auf, um sich Paris zu nähern, Marmont auf der Straße von Melun, Mortier auf der Straße von Mormant. Den 29. vereinigten sie sich und gingen auf der Brücke von Charenton über die Marne, auf dem Punkte ihres Zusammenflusses mit der Seine. Dort holten sie die Befehle Josephs und der Regentin bezüglich der Verteidigung der Hauptstadt ein.

General Compans hatte auf seinem Rückzuge die Truppen des Generals Vincent, die Château-Thierry, sowie die des Generals Charpentier, die Soissons geräumt hatten, aufgenommen, bei Meaux haltgemacht, alle Brücken zerstört, die Pulvervorräte ins Wasser geworfen und sich über Claye und Bondy auf Paris zurückgezogen.

Auch er verlangte weitere Instruktionen.

III.

Die Pariser Bevölkerung war von Schmerz ergriffen und verlangte nach einem Verteidiger, der sie retten könnte. Die auf 12 000 Mann zusammengeschmolzene Nationalgarde hatte keine 3000 Gewehre. Die übrigen hatten Piken, die sie nur lächerlich machten. Das Volk zitterte vor Grimm; es würde gern gekämpft haben, wenn man ihm hätte Waffen geben können. Über ihm stand die seltsamste Regierung von der Welt. Die Kaiserin-Regentin, für sich selbst und ihren Sohn besorgt, nicht mehr wissend, bei wem sie Rat suchen sollte, war fassungslos. Joseph, der die Throne seiner Familie einen nach dem anderen hatte fallen sehen, verzweifelte nun auch am Throne Frankreichs; er besaß auch weder die Fähigkeiten noch die Autorität, um sich der in Paris noch vorhandenen Widerstandselemente mit kräftiger Hand zu bemächtigen. Der Kriegsminister Clarke, Herzog von Feltre, fleißig, aber unfähig, schwach, nahe daran, untreu zu werden, allen Ansichten des von ihm verabscheuten Herzogs von Rovigo entgegentretend, war kaum imstande, die Hälfte der Befehle des Kaisers auszuführen, die sich auf die Armee bezogen. Der Herzog von Rovigo, als das Werkzeug des strengen Gebieters verschrien, fand bei niemand Gehör. Die anderen Minister waren bloße Fachmänner; sie wurden von der allgemeinen Bestürzung mit fortgerissen. Der einzige Mann, der fähig gewesen wäre, einzugreifen, Herr von Talleyrand, lächelte zu den Verlegenheiten aller dieser Männer, spottete über sie und vergalt ihnen mit Verachtung das Mißtrauen, das er ihnen einflößte.

Als der Kaiser im Begriff gestanden war, zur Armee abzureisen, wollte er Talleyrand auf seine Besitzungen verbannen, da er seine Anwesenheit in Paris in einem solchen Augenblick für ungemein schädlich hielt. Aber der Erzkanzler Cambacérès und der Polizeiminister Savary, die beide von ihm beeinflußt waren, traten mit solchem Eifer zu seinen Gunsten ein, daß sie ihm die Erlaubnis des Verweilens in Paris erwirkten. Dazu kam, daß allgemein behauptet wurde, Talleyrand sei so tief verachtet, daß er das Vertrauen aller Parteien verloren habe und daß er nicht mehr den allergeringsten Einfluß besitze. Und so war er geblieben.

Unter diesen Umständen wurde die Abreise der Kaiserin beschlossen. Die Nachricht davon machte den übelsten Eindruck. Besonders merkwürdig war am Tage der Abreise das Verhalten des kleinen Königs von Rom, der, sonst ein so folgsames Kind, ganz gegen seine Gewohnheit trotzig war und sich hartnäckig weigerte, den Palast zu verlassen. Er weinte und hielt sich an den Möbeln fest; man mußte ihn mit Gewalt losreißen und hinausbringen. Gewiß leitete ihn ein instinktmäßiges Gefühl! Auch die Kaiserin wollte bleiben, und der versammelte Familien- und Ministerrat war bereits auf dem Punkt, ihr nachzugeben, als ein ausdrücklicher Befehl Napoleons vorgebracht wurde, worin es hieß, daß sie bei drohender Gefahr Paris verlassen sollte. Dieser Befehl war allerdings notwendig gewesen, denn die Kaiserin war ganz jung, kaum zwanzig Jahre alt, und hatte von Staatsgeschäften keine Ahnung. Wäre sie fähig gewesen, persönliche Entscheidungen zu treffen, so würde Napoleon den entgegengesetzten Befehl gegeben haben. Dann hätte sie in Paris auf ihrem Posten bleiben müssen und würde es getan haben. Aber der Kaiser ahnte die Intrigen, deren Gegenstand sie bilden würde, und er wollte in Paris verhindern, was später in Orléans doch eingetreten ist. Zu welchen Folgen hat dies geführt! Es war geradezu ein Schicksalsschlag, daß Napoleon ihr nicht ebenfalls Befehl gab, von Orléans abzureisen.

Die Kaiserin verließ Paris am 29. März. Sie nahm die wertvollsten Papiere des Kaisers und den Rest seines Privatschatzes, 18 Millionen, sowie die Diamanten und Krondiamanten mit sich. Eine unruhige und unzufriedene Menge war auf dem Karusselplatz zusammengeströmt, als die Wagen des Hofes sich dort sammelten. Viele Leute erblickten in Marie Luise eine Garantie gegen die Barbarei der Fremden, da sie annahmen, man werde die Stadt, die die Tochter und den Enkel des Kaisers von Österreich in ihren Mauern besitze, nicht plündern, in Brand stecken oder zusammenschießen. Ihre Abreise erschien ihnen als eine Desertion, eine Art Verrat. Indessen blieb die Menge untätig und stumm. Einige Offiziere der Nationalgarde gaben sich alle Mühe bei der Kaiserin, um die Abreise zu verhindern, indem sie erklärten, sie seien bereit, sie und ihren Sohn bis aufs äußerste zu verteidigen. Unter Tränen erwiderte sie, sie sei eine Frau, habe keine Gewalt und müsse dem Kaiser gehorchen. Endlich, als wiederholte Meldungen eingingen, daß die Kavallerie des Feindes schon in den Umgebungen der Hauptstadt schwärme, reiste sie, von Kummer gebeugt, gegen Mittag ab, und bald war der lange, von 1200 Soldaten der Alten Garde eskortierte Wagenzug gegen Rambouillet hin den Augen entrückt.

IV.

Am Abend dieses unglücklichen Tages befanden sich die verbündeten Monarchen im Schlosse von Bondy. Da sie sich Paris von Nordosten näherten, beschlossen sie, es auf dem rechten Ufer der Seine anzugreifen, und zwar in drei gleichzeitigen Attacken: Eine sollte im Osten ausgeführt werden von Barclay de Tolly mit dem Korps Rajeffsky und sämtlichen Reserven, ungefähr 50 000 Mann, die von Rosny und Pantin aus das Plateau von Romainville wegnehmen sollten; eine im Süden, um den Angriff Barclays zu unterstützen, ausgeführt vom Kronprinzen von Württemberg, mit seinem und dem Giulayschen Korps durch das Gehölz von Vincennes gegen die *Barrière de Charonne* und die *Barrière du Throne;* eine dritte endlich im Norden in der Ebene von Saint-Denis, ausgeführt von Blücher an der Spitze von 90 000 Mann gegen die Höhen von Montmartre, Clichy und l'Etoile.

Auf französischer Seite konnten die Marschälle Marmont und Mortier nichts anderes tun, als die Höhen um Paris zu besetzen. Marmont erstieg mit seinen Truppen die Abdachungen von Charonne und Montreuil, um sich auf dem Plateau von Romainville bis Prés Saint-Gervais auszubreiten. Mortier sollte die Ebene von Saint-Denis erreichen und dann, die Rechte am Ourcqkanal, die Linke bei Clignancourt, am Fuße der Höhen von Montmartre Stellung nehmen.

Er brauchte, um in die Linie einzurücken, mehr Zeit als Marmont. Doch war Blücher, mit dem er es zu tun haben sollte, selber zu weit zurück, um ihm zuvorkommen zu können.

Als Marmont auf der Hochebene von Romainville erschien, fand er sie bereits von den Truppen Rajeffskys besetzt. Ohne Zaudern stürzte er sich auf sie, jagte sie vom Plateau und drängte sie auf Pantin und Noisy zurück. Das Gewehrfeuer und die Kanonade hatten Paris frühzeitig aus dem Schlaf gerissen, und Joseph hatte, begleitet vom Kriegsminister, vom Polizeiminister, von den Direktoren des Genies und der Artillerie, sein Hauptquartier auf dem Gipfel des Montmartre genommen.

Barclay de Tolly wollte den Verteidigern von Paris nicht den ersten Erfolg des Tages lassen. Er sandte daher einen Teil seiner Reserven vor, um das Plateau von Romainville wieder zu nehmen, was diesen auch trotz des verzweifelten Widerstandes Marmonts gelang, der sich auf Belleville zurückziehen mußte. Aber seine Artillerie hielt die Feinde in Respekt und riß jeden Augenblick ganze Reihen von ihnen nieder.

Marschall Mortier hatte inzwischen die Ebene von Saint-Denis erreicht und die vorgeschriebene Stellung eingenommen. Es war 10 Uhr morgens. Während Fürst Schwarzenberg seine beiden Flügel erwartete und die Marschälle sich auf die Defensive beschränken mußten, begnügte man sich beiderseits mit Kanonieren und Vorpostengeplänkel. Um diese Stunde hielt Joseph Kriegsrat auf dem Montmartre. Ihm war zur Gewißheit geworden, daß man die Hauptstadt zu übergeben genötigt sein würde. Er fürchtete zwar nicht die Gefahr, aber die Demütigung, und um keinen Preis wollte er Gefangener der Verbündeten werden. Von der Höhe des Montmartre sah man die Massen Blüchers heranziehen, und von Vincennes gekommene Offiziere meldeten, daß im Osten und Süden eine neue Armee vordringe und die *Barrière de Charonne* und die *Barrière du Thrône* angriffe. Da beschloß Joseph, eilends abzureisen. Statt Instruktionen zu hinterlassen, ermächtigte er die beiden Marschälle zu kapitulieren, sobald sie sich nicht mehr verteidigen könnten.

Inzwischen hatte der Angriff des Feindes Fortschritte gemacht. Blüchers leichte Kavallerie und Infanterie waren im Norden bereits bis zum Saume des Bois de Boulogne vorgedrungen, während das Korps Yorck nach La Chapelle und die Korps Kleist und Woronzoff auf La Villette marschierten. Die preußische Division Katzler, die preußische und badische Garde wurden dem Korps Rajeffsky zu Hilfe geschickt und gingen über den Ourcqkanal, um an einem neuen Angriffe teilzunehmen.

Im Süden hatte der Kronprinz von Württemberg ebenfalls Terrain gewonnen. Er hatte die Brücke von Neuilly überschritten und dort das Korps Giulays gelassen, um seinen Rücken zu decken. Dann hatte er die Brücke von Saint-Maur gestürmt und Charenton angegriffen.

Trotz heftigster Verteidigung dieses Postens durch die Nationalgarde und die Militärschüler von Alfort mußte er bald aufgegeben werden. Somit hatte der Feind alle Brücken der Marne im Besitz, auf denen ein Hilfskorps zum Entsatz von Paris hätte herbeieilen können. Eine zweite Kolonne des Prinzen von Württemberg war durch das Vincennesgehölz gezogen und hatte sich zu den Truppen des Grafen Pahlen gesellt, der im Verein mit Rajeffsky und Paskewitsch Montreuil, Bagnolet und Charonne angriff.

Nun standen alle verbündeten Streitkräfte in Linie, und das Gefecht erneuerte sich mit gesteigerter Hartnäckigkeit. Im Norden nahm der Feind unter großen Verlusten die Dörfer Pantin und Prés Saint-Gervais weg, wurde aber wieder vertrieben. Auf dem Plateau von Romainville war die Verteidigung ebenso energisch, aber weniger glücklich. Dort war der Feind bis zu den ersten Häusern von Menilmontant vorgedrungen und hatte die Flügel Marmonts gezwungen, sich Schritt für Schritt zurückzuziehen und die Divisionen Lagrange und Ricard bloßzustellen, die die Mitte des Plateaus besetzt hielten. Um diesen Luft zu machen, stellte der Marschall sich an die Spitze von vier Sturmkolonnen und stürzte sich auf die russischen Grenadiere, die in erster Linie marschierten. Aber alles war vergebens, obwohl die Franzosen mit einer wahren Wut fochten, und der Marschall mußte sich auf Belleville zurückziehen. Pantin war inzwischen auch vom Feinde besetzt worden.

Überall war der Kampf hitzig, und die Leute fielen zu Tausenden. Die französische Linie war mit einem Verluste von 5 bis 6000 Mann zurückgedrängt, aber die Verbündeten hatten schon an 10000 Mann verloren. Der Schlüssel von Paris war jetzt die Stellung von Belleville. Solange diese nicht genommen war, konnte der Feind keine ernstlichen Fortschritte machen. Die gekrümmte Linie der Verbündeten war in ihrer Mitte auf einem Punkte festgehalten, und dieser Punkt war Belleville. Fürst Schwarzenberg wollte den Tag nicht zu Ende gehen lassen, ohne hier die Entscheidung herbeigeführt zu haben. Er befahl daher, die Stellung mit Sturm zu nehmen. Der Feind wird mit furchtbarem Kartätschenfeuer empfangen, ganze Reihen werden niedergerissen, aber unaufhörlich dringen neue Massen vor, die einen im Süden des Plateaus über Charonne, die anderen auf dem Plateau selbst, Belleville gegenüber, und noch andere im Norden durch Prés Saint-Gervais. Im Süden ersteigen sie die Abhänge von Menilmontant und fassen vom äußeren Boulevard her Belleville im Rücken. Eine Division Preußen und Badener ersteigen den Hügel Saint-Chaumont. Der Feind dringt bis zur Barriere von Belleville vor.

Mortier schlägt sich inzwischen tapfer in der Ebene Saint-Denis zwischen La Villette und La Chapelle, ist jedoch gezwungen, die Ebene aufzugeben und sich auf die Barrieren zurückzuziehen. Im nämlichen Augenblick rückt Langeron gegen den Fuß des Montmartre vor. Langeron, ein Franzose, führt die feindlichen Truppen gegen Paris! Er ersteigt die Höhen und marschiert dann auf die Barriere von Clichy, die von der Nationalgarde mit einem Mute verteidigt wird, der zeigt, was die Pariser Bevölkerung hätte leisten können!

V.

Die Schlacht war verloren. Man konnte den Feind nicht mehr aufhalten. In diesem Augenblicke trifft General Dejean atemlos ein und meldet, daß Napoleon bei der Kunde vom Marsche des Feindes auf Paris umgekehrt sei, daß er in Eilmärschen herbeieile und daß er die Hauptstadt beschwöre, nur zwei Tage noch auszuhalten, um jeden Preis zu widerstehen oder den Feind mit Unterhandlungen hinzuziehen. Er habe an seinen Schwiegervater geschrieben, um die Verhandlungen wieder aufzunehmen und einen Waffenstillstand von einigen Stunden zu erhalten.

Marschall Mortier empfing General Dejean unter einem Kugelregen und überzeugte ihn bald, indem er ihm die Trümmer seiner Divisionen zeigte, daß es unmöglich sei, den Widerstand zu verlängern. Er teilte sofort dem Fürsten Schwarzenberg mit, Napoleon habe die Unterhandlungen wieder eröffnet, und inzwischen gebiete die Menschlichkeit, dem Blutvergießen Einhalt zu tun.

Ein Offizier ritt mit dem Briefe ab, eilte durch die Reihen der beiden Armeen und gelangte glücklich zum Fürsten Schwarzenberg. Dieser antwortete, er wisse von keinen Unterhandlungen, könne daher das Gefecht nicht unterbrechen, doch sei er geneigt, das Gemetzel einzustellen, wenn man ihm Paris sofort übergebe. Im nämlichen Augenblikke erschien ein von Marmont gesandter Offizier, um dem Fürsten die Kapitulation von Paris anzubieten!

Das Heer, die Pariser Nationalgarde, die herrliche Jugend der Militärschulen, sie alle haben sich unter den Mauern von Paris mit Ruhm bedeckt; aber die Geschichte wird eines Tages sprechen und das VI. Korps Marmonts anklagen. Ohne den Abfall dieses Korps hätten die Alliierten die große Hauptstadt räumen müssen; sie hätten nicht wagen können, auf dem linken Ufer der Seine die Schlacht gegen Napoleon anzunehmen, mit Paris im Rücken; sie würden nicht so weit gegen alle Regeln und Prinzipien der großen Kriegskunst verstoßen haben! Die Schicksalsschläge dieser Epoche waren Folgen des Abfalls des VI. Korps und der Armee von Lyon sowie der Intrigen, die im Senat gesponnen wurden.

Es ist ja fraglich, ob Napoleon noch rechtzeitig in der Hauptstadt hätte ankommen können, um dort Generalmarsch schlagen und die Sturmglocken läuten zu lassen. Er hätte am Abend, sofort nach seiner Ankunft in Troyes, wieder von dort aufbrechen müssen, anstatt erst am nächsten Morgen. Dann wäre er zur rechten Zeit in Paris gewesen. Marmont hat den Kaiser verraten, aber andere Leute sind noch schuldiger als er: Die Anhöhen, welche Paris beherrschen, sollten befestigt sein, aber sie waren es nicht. Überall machte sich die liederliche Aufsicht bemerkbar; es gab Batterien von Sechspfündern, an die man achtpfündige Kugeln ausgeteilt hatte. Des Kaisers Bruder, Prinz Joseph, reiste ab, ohne Befehle zu geben. Ein Adjutant Marmonts konnte seiner nicht habhaft werden, um seine Anordnungen zu empfangen. Joseph wußte wohl, daß mit dem Fall von Paris alles aus war, aber als er eine feindliche Kavallerieabteilung sah, die ihn auf dem linken Seineufer überholte, hatte er Furcht, abgefangen zu werden. Joseph war feige.

An das Anerbieten Marmonts knüpften sich ernste Unterhandlungen. Man bezeichnete Villette als Ort einer Zusammenkunft mit den Marschällen. Diese begaben sich dorthin und fanden daselbst Herrn von Nesselrode mit mehreren Bevollmächtigten. Es wurde den Marschällen bewilligt, mit ihren Truppen abziehen zu dürfen, wofern sie die Stadt sofort räumen wollten. Diese Bedingung wurde angenommen, und damit war die Kapitulation von Paris unterzeichnet. Denn außerdem war keine Regierung vorhanden, mit der man hätte verhandeln können. Die Minister hatten Paris verlassen und waren der Regentin gefolgt.

Nur einer war zurückgeblieben, der bestimmt war, diese leere Stelle auszufüllen, einer, gegen den aus einem geheimen Instinkte Napoleon das tiefste Mißtrauen empfand: Talleyrand. Nach beendigter Schlacht beeilte er sich, Marschall Marmont in dessen Wohnung, im Faubourg Poissonnière, aufzusuchen. Dort hatten sich schon Leute aller Art eingefunden, die sich nach einer Regierung umsahen und zu dem Manne gingen, der in diesem Augenblicke der Chef der einzigen Macht war, die in der Hauptstadt vorhanden war. Die beiden Präfekten, ein Teil des Gemeinderates und viele hervorragende Persönlichkeiten diskutierten dort über die Lage. Es trat dabei eine gewisse einmütige Stimmung gegen den Kaiser zutage, dessen Politik die Soldaten Europas an den Fuß des Montmartre geführt hätte. Die Royalisten, an denen es in dieser Versammlung nicht mangelte, nahmen keinen Anstand mehr zu sagen, man müsse sich einem unerträglichen Joche entziehen und sich an die Bourbonen wenden. Talleyrand rühmte den Mut und Geist des Marschalls. Niemand war für Schmeichelei so empfänglich wie dieser, und niemand verstand solche so geschickt anzuwenden wie Talleyrand. Er bemühte sich, ihm nachzuweisen, wie ernst die Lage sei, und gab ihm zu verstehen, daß unter den gegenwärtigen Umständen nur er die Mittel zur Rettung des Vaterlandes in Händen habe. Weiter ging er nicht. Aber als er sich entfernte, war der unglückliche Marmont berauscht und sah im Geiste eine glänzende Laufbahn sich vor ihm eröffnen, während der schlichte und bescheidene Mortier seinen Schmerz in sich verbarg.

Die Nacht war vorgerückt. Die von den Marschällen gewählten Offiziere begaben sich nach dem Schlosse Bondy, um dort das Wohlwollen der siegreichen Monarchen anzurufen.

In diesem Augenblicke traf Napoleon vor den Toren von Paris ein.

VI.

Der Kaiser war, wie berichtet, am 23. März bei Saint-Dizier stehengeblieben. Den 24. und 25. hatte er verschiedene Bewegungen zwischen Saint-Dizier und Vassier ausführen lassen, immer in der Meinung, den Fürsten von Schwarzenberg hinter sich hergezogen zu haben.

Den 26. nahm er eine ausgedehnte Rekognoszierung vor. Dabei bemerkte er gegen Vitry hin zahlreiche feindliche Kavallerie. Ohne Zaudern marschierte er auf sie los. In dem Augenblick, wo die Franzosen die Marne überschritten, wurden sie von 10 000 Reitern und einigen tausend Mann Infanterie angegriffen. Es war Winzingerode mit seinem Beobachtungskorps, auf den der Kaiser gestoßen war. Als der feindliche General die ganze französische Armee vor sich sah, begriff er, daß er sich zu weit vorgewagt hatte, und entschloß sich zum Rückzuge gegen Bar-sur-Aube hin. Doch es war zu spät. Man griff ihn aufs heftigste an, bedrängte ihn im Rücken und in der Flanke und verfolgte ihn bis zum Abend. Der Feind verlor dabei ungefähr 4000 Mann und 30 Kanonen, während Napoleon diese glänzende Waffentat, seine letzte in diesem verhängnisvollen Feldzuge, nur 3 bis 400 Mann gekostet hatte.

Aber während Napoleon am 27. auf Vitry marschierte, um den Feind daraus zu verjagen, wurde ihm ein von den Soldaten aufgegriffenes Bulletin des Feindes überbracht, das den Bericht über den traurigen Tag von Fère-Champenoise enthielt und dem Kaiser den Marsch der Verbündeten auf Paris in bestimmter Weise offenbarte. Er war natürlich betroffen von dieser Nachricht, noch betroffener aber über die Wirkung, die sie in seiner Umgebung hervorrief. Man warf ihm vor, daß er die Hauptstadt zugrunde gehen lasse, die der Feind, um Rache für Moskau zu nehmen, an allen vier Ecken in Brand stecken werde. Die Aufregung stieg dermaßen, daß der Kaiser dieser Stimmung Rechnung tragen und, nach Saint-Dizier zurückgekehrt, Berthier, Ney und Caulaincourt zu einer Beratung zusammenberufen mußte. Berthier und Ney waren der Ansicht, der Hauptstadt sofort zu Hilfe zu eilen. Der Kaiser dachte anders. Er hielt es für wichtiger, 100 000 Mann zu haben, als Paris zu retten. Da er indessen mit seiner Ansicht allein blieb, gab er nach und setzte sich noch am nämlichen Tage in Marsch auf Paris. Am 29. übernachtete er in Troyes. Auf eine Botschaft seitens des Herrn de Lavalette, der ihm die dringende Gefahr der Hauptstadt und die Intrigen, die sie im Inneren bedrohten, schilderte, verließ er die Armee und reiste eiligst allein weiter, nachdem er den General Dejean vorausgeschickt hatte, um sein Kommen zu melden. Gegen Mitternacht kam er in Fromentan an. Dort stieß er auf General Belliard, der, in Ausführung der Kapitulation von Paris, auf dem Wege nach Fontainebleau war, um dort einen geeigneten Platz für die Truppen der Marschälle zu suchen. Napoleon springt aus seinem Wagen, ergreift den General am Arm, führt ihn beiseite und bestürmt ihn mit Fragen: »Wo ist die Armee?« – »Sire, sie folgt mir.« – »Wo ist der Feind?« – »An den Toren von Paris.« – »Und wer hält Paris besetzt?« – »Niemand; es ist geräumt.« – »Wie! geräumt! ... und mein Sohn? meine Frau? meine Regierung? Wo sind sie?« – »An der Loire.« – »An der Loire? ... Wer hat einen solchen Beschluß fassen können?« – »Sire, man sagt, es sei auf Ihre Befehle hin geschehen.« – »Ich habe nie etwas ähnliches befohlen ... Aber Joseph, Clarke, Marmont, Mortier, was ist aus ihnen geworden? Was haben sie getan? Meine 200 Geschütze von Vincennes, was hat man damit gemacht? Und meine braven Pariser, warum hat man sich ihrer nicht bedient?« – »Sire, wir haben unser bestes getan, mehr weiß ich nicht.« – »Oh! Ich hätte es nicht anders erwarten sollen! Joseph hat mich um Spanien gebracht, jetzt bringt er mich um Frankreich! Und Clarke! Ich hätte auf Rovigo hören sollen, der mir sagte, Clarke sei ein Feigling, ein Verräter und dazu ein unfähiger Mensch! Aber genug der Klagen, der Schaden muß wiedergutgemacht werden. Caulaincourt, meinen Wagen, auf nach Paris!« – »Es ist zu spät Sire; die Armee hat es verlassen, und der Feind wird bald darin sein, wenn er nicht schon dort ist.« – »Dann werden wir ihn hinauswerfen, meine Pariser werden meine Stimme hören, sie werden sich erheben und die Barbaren aus ihren Mauern vertreiben.« – »Sire, ich wiederhole, es ist zu spät! Die Truppen folgen mir. Wir haben eine Kapitulation unterzeichnet, die uns nicht gestattet, zurückzukehren.« – »Eine Kapitulation? Und wer war so niederträchtig, eine solche zu unterzeichnen?« Als der Kaiser den Namen Marmont hörte, erfaßte ihn tiefer Schmerz. Marmont, der Neffe eines alten Brienner Kameraden, war sein Werk; er hatte ihn wie sein Kind, seinen eignen Sohn geliebt und vorwärtsgebracht. Und der hatte ihn verraten!

VII.

In Fontainebleau angelangt, ging der Kaiser ernstlich mit sich zu Rate und erwog, was er in seiner Notlage zu tun habe. Es blieben ihm 40–50 000 Soldaten; es waren die besten, treusten der Welt. Es lag in seiner Hand, die ungetreuen Generale zu ihrer Pflicht zurückzuführen oder sie wegzujagen. Bei dieser Sachlage konnte der Kaiser dreierlei unternehmen. Er konnte nach Paris gehen; denn es würde sicherlich kein Feldherr, mit der ungeheuren Hauptstadt im Rücken, es wagen, ihm die Schlacht anzubieten. Die ganze Einwohnerschaft hätte sich bei dem ersten Rufe des Kaisers revoltiert und ihm 100 bis 200 000 Kämpfer zugeführt. Was aber wäre geschehen, wenn dann die Alliierten auf ihrem Rückzuge Paris in Brand gesteckt hätten? Dann wäre ein solches Unglück sicherlich dem Kaiser ins Schuldbuch getragen worden.

Der Kaiser hätte Italien gewinnen und sich mit dem Vizekönig vereinigen können. Das wäre aber ein Schritt der Verzweiflung gewesen; der Boden Italiens war zu entfernt, die Gemüter wären erkaltet worden. Nur die geheiligte Erde Frankreichs konnte Wunder hervorrufen.

Keiner dieser beiden Wege war gangbar, so blieb also dem Kaiser nur eines übrig, nämlich, sich in der Defensive zu halten, das Gelände Schritt für Schritt dem Feinde streitig zu machen und den Krieg bis zum Eintritt günstiger Umstände weiterzuführen. Die günstige Voreingenommenheit, die für die Alliierten Platz gegriffen hatte, konnte nicht lange anhalten; es konnte nicht ausbleiben, daß das Üble, das sie taten, den allgemeinen Abscheu hervorrufen und das nationale Gefühl wiedererwecken würde. War es dann unmöglich, daß die Alliierten auf dem Boden, den sie zu schänden gewagt hatten, ihr Grab fanden? Das konnte aber lange währen, der Erfolg war immerhin zweifelhaft und lag jedenfalls in weiter Ferne.

Als Napoleon am 4. April 1814 im Schloßhof von Fontainebleau die Parade abgenommen hatte und mit dem Fürsten von Neuchâtel (Berthier) in sein Kabinett zurückkehrte, um diesem noch einige Befehle zu erteilen, bevor er zu Pferde stiege, um sein Hauptquartier nach Pont Thierry zu verlegen, erbat Berthier in ziemlicher Verlegenheit eine Audienz für die Marschälle. Der Kaiser befahl, sie eintreten zu lassen, zugleich mit ihnen aber auch den Herzog von Bassano (Maret), den Herzog von Vicenza (Caulaincourt) und den Großmarschall Bertrand.

Einer von den Marschällen stammelte: »Sire! Nur aus Ergebenheit für Ihre Person und Ihre Dynastie haben wir uns entschlossen, den Schleier zu zerreißen, der noch die furchtbare Wahrheit verbirgt. Alles ist verloren, wenn Eure Majestät zaudern, die Krone niederzulegen und sie auf das Haupt Ihres Sohnes zu setzen. Nur um diesen Preis ist der Frieden möglich. Die Armee ist ermüdet, entmutigt, aus allen Fugen gegangen. Meuterei ist schon in ihren Reihen. Gegen Paris zu marschieren, um mit Gewalt in die Hauptstadt einzudringen, ist völlig ausgeschlossen; jeder Versuch hieße nur unnütz Blut vergießen.«

Diese plötzliche Entmutigung der Heerführer stand in einem eigentümlichen Gegensatz zu dem laut kundgegebenen, glühenden Eifer der Truppen, die den Kaiser umgaben; aber sie entsprach den Berichten, die der Herzog von Vicenza über die Lage in Paris dem Kaiser abgestattet hatte; Caulaincourt hatte den Kaiser Alexander gesprochen, und dessen letzte Worte hatten gelautet: »Ich will mit Ihnen keine Diplomatie treiben, aber ich kann Ihnen auch nicht alles sagen. Begreifen Sie dies und verlieren Sie keinen Augenblick, sondern berichten Sie dem Kaiser Napoleon über unsere Unterredung und über den Stand der Dinge hier in Paris, und kommen Sie dann ebenso schnell zurück und überbringen Sie seine Abdankung zugunsten seines Sohnes. Was sein persönliches Schicksal anbelangt, so gebe ich Ihnen mein Ehrenwort, daß er angemessen behandelt werden wird; aber verlieren Sie nicht eine Stunde, sonst ist für ihn alles verloren, und ich werde nicht mehr in der Lage sein, für ihn oder für seine Dynastie auch nur das Geringste zu tun!«

Dieser Bericht war für den Kaiser ein unbestreitbares Symptom des immer weiter um sich greifenden Abfalls. Ein Bürgerkrieg wäre unvermeidlich gewesen, wenn er den Krieg fortgesetzt hätte. Ohne Zögern brachte daher Napoleon das Opfer, das man von seiner Vaterlandsliebe verlangte. Er setzte sich an ein Tischchen, auf dem sich einige Bogen Papier und ein Schreibgeschirr befanden, schrieb die Urkunde seiner Abdankung zugunsten seines Sohnes und beauftragte den Herzog von Vicenza, diese nach Paris zu bringen. Als Begleiter bestimmte er ihm den Fürsten von der Moskwa (Ney) und den Herzog von Ragusa (Marmont), den er seit einem Vierteljahrhundert als ein Glied seiner Familie betrachtet hatte. Er hatte mit ihm wie mit einem Bruder sein bescheidenes Einkommen geteilt, als er noch Artillerieleutnant war. Infolge einiger Einwände, die der Herzog von Bassano (Maret) machte, entschied der Kaiser sich jedoch für den Marschall Macdonald, der zudem zugegen war, während Marmont sich bei seinen Truppen befand.

Aber die Hingabe seiner Krone war noch nicht das empfindlichste Opfer, das dem Kaiser an diesem Tage beschieden war! General Gourgaud, den er zu Marmont entsandt hatte, kam zurück, ohne daß er sich seines Auftrags hatte entledigen können. Marmont hatte Napoleons Sache verlassen! Sein Armeekorps deckte nicht mehr Fontainebleau, und auf die Nachricht von seinem Abfall hatten die Alliierten sich geweigert, Napoleons Abdankung anzunehmen, und erklärt, daß sie den Thron der Bourbonen wieder aufrichten wollten.

Diese Nachrichten riefen in der Umgebung des Kaisers völlige Entmutigung hervor. Die Ereignisse entwickelten sich zu langsam. Jeder zügelte nur mühsam seine Ungeduld, sich in der neuen Ordnung der Dinge, die durch Ludwigs des Achtzehnten Thronbesteigung geschaffen werden mußte, eine Stellung zu sichern.

Napoleons Plänen, das Vaterland vor einer Gegenrevolution zu bewahren, hielt man entgegen, daß diese den Bürgerkrieg herbeiführen würden; man wußte nur zu wohl, daß man nur diese Möglichkeit als Folge einer Fortsetzung des Krieges hinzustellen brauchte, um des Kaisers Entschlüssen den Todesstreich zu versetzen. Zum Äußersten getrieben, rief Napoleon aus: »Wenn wir denn darauf verzichten müssen, Frankreich zu verteidigen, retten wir doch zum mindesten Italien, damit dieses seine Nationalität bewahrt und den unglücklichen, von der Rache der Emigranten bedrohten Franzosen als Zuflucht dienen kann!«

Ein dumpfes Schweigen zeigte dem Kaiser, daß er von den Männern, die er durch seine Wohltaten zu den höchsten Würden des Reiches und der Armee erhoben hatte, nichts mehr zu erwarten hatte.

Ermattet durch den inneren Kampf seiner Seele, widerstand er nicht länger und gab, seinem Eid getreu, die Krone zurück, die er nur angenommen hatte, um dem Ruhm und Wohlergehen des Vaterlandes zu dienen.

Er vollzog die Abdankung in folgender Erklärung:

»Da die alliierten Mächte den Kaiser Napoleon für das einzige bestehende Hindernis der Wiederherstellung des Friedens in Europa erklärt haben, so verzichtet der Kaiser Napoleon, treu seinem Eide, für sich und seine Erben auf den Thron von Frankreich und Italien, weil kein persönliches Opfer, selbst nicht das seines Lebens, ihm zu groß erscheint, als daß er es nicht dem Interesse Frankreichs darbrächte.«

Diese Erklärung, die die Alliierten in solcher Vollständigkeit nicht erhofft hatten, ebnete alles, und die Marschälle kehrten zu Napoleon mit dem sogenannten Vertrag von Fontainebleau zurück.

Seit dem russischen Rückzug trug Napoleon in einem seidenen Beutelchen, das er um den Hals gehängt hatte, stets Gift bei sich. Als er von Kosaken gefangengenommen zu werden befürchtete, hatte er Iwan befohlen, dieses Gift zu beschaffen, das nach der Versicherung des Anfertigers so stark sein sollte, daß bloßes Einatmen des Geruches genügte, um sofortigen Tod herbeizuführen.

Napoleons Leben gehörte nicht mehr seinem Vaterland. Die Ereignisse der letzten Tage hatten ihm die freie Verfügung darüber zurückgegeben.

»Warum soll ich so viel leiden?« dachte Napoleon bei sich selber; »wer weiß, ob nicht durch meinen Tod die Krone wieder an meinen Sohn gelangen würde? Frankreich würde gerettet sein!« Und nun gab es kein Zögern mehr. Der Kaiser löste das Gift in ein wenig Wasser auf und trank es mit einer Art von Glücksgefühl. Aber die Zeit hatte dem Gift die Kraft genommen. Entsetzliche Schmerzen preßten dem Kaiser einige Seufzer ab; man hörte diese und eilte zur Hilfe herbei. Gott wollte nicht, daß Napoleon damals sterben sollte.

Nie wurde ein Abfall so offenkundig begangen, nie war er von traurigeren Folgen begleitet, als der Marmonts. Im *Moniteur* hat er ihn selbst veröffentlicht mit seiner Unterschrift. Sie war die unmittelbare Ursache des Unglücks von Frankreich, der Untergrabung seiner Macht, der Verdunkelung seines Ruhmes! ... Andere haben auch verraten, auf noch häßlichere Weise, ihre Tat wurde aber wenigstens nicht durch ein amtliches Aktenstück geweiht. Marmont hatte der Kaiser wie einen Sohn erzogen und herangebildet und frühzeitig sein Glück begründet. Er war einer von denen, die der Kaiser am meisten geliebt hatte, deshalb wurde dessen Herz um so mehr von seinem Abfall getroffen.

IX.

Der Vertrag von Fontainebleau ist lange Zeit hindurch unbekannt geblieben, da er vom *Moniteur* nie veröffentlicht worden ist; es wird interessieren, den Wortlaut kennenzulernen.

Vertrag von Fontainebleau, vom 11. April.

Artikel I. Se. Majestät der Kaiser Napoleon verzichtet für sich, seine Nachfolger und Nachkommen, desgleichen für jedes Glied seiner Familie, auf jedes Souveränitäts- und Herrschaftsrecht über das Kaiserreich Frankreich und das Königreich Italien sowie über jedes andere Land.

Artikel II. Ihre Majestäten Kaiser Napoleon und Kaiserin Marie-Luise behalten diesen Titel und diese Würde während Lebzeiten.

Die Kaiserinmutter, die Brüder, Schwestern, Neffen und Nichten des Kaisers behalten desgleichen überall, wo sie sich befinden, ihre Titel als Mitglieder der kaiserlichen Familie.

Artikel III. Die Insel Elba, vom Kaiser Napoleon als Aufenthaltsort gewählt, wird, während seiner Lebenszeit, ein getrenntes Fürstentum bilden, das dem Kaiser zu vollem Eigentum und ganzer Souveränität gehört.

Außerdem erhält der Kaiser Napoleon zu Eigentum eine jährliche Rente von zwei Millionen Franken, eingetragen in das große Rentenbuch von Frankreich, von denen jedoch eine Million an die Kaiserin fällt.

Artikel IV. Alle Mächte verpflichten sich, ihre guten Dienste zur Verfügung zu stellen, um den Barbaresken-Staaten Respektierung der Flagge und des Gebietes der Insel Elba aufzuerlegen, wie wenn sie französisch wären.

Artikel V. Die Herzogtümer Parma, Piacenza und Guastalla werden freies Eigentum und Souveränitätsbesitz der Kaiserin Marie Luise; sie sollen übergehen auf ihren Sohn und die Nachkommen in grader Linie. Der Prinz, ihr Sohn, führt von nun an den Titel Prinz von Parma, Piacenza und Guastalla.

Artikel VI. In den Ländern, auf die der Kaiser verzichtet, werden für ihn und seine Familie Domänen oder Renten auf das Große Buch von Frankreich vorbehalten, die nach Abzug aller Lasten ein Reineinkommen von 2 500 000 Franken ergeben. Diese Domänen oder Renten gehören als volles Eigentum und zu ihrer völlig freien Verfügung den Prinzen und Prinzessinnen der kaiserlichen Familie und werden unter diese verteilt in folgendem Verhältnis: die Königinmutter erhält 100 000 Franken; König Louis 200 000 Franken; Königin Hortense und ihre Kinder 400 000 Franken; König und Königin Jérôme 500 000 Franken; Prinzessin Elisa 300 000 Franken; Prinzessin Pauline 300 000 Franken.

Die Prinzen und Prinzessinnen der kaiserlichen Familie behalten und bewahren außerdem ihre beweglichen und unbeweglichen Güter aller Art, die sie als Privatleute besitzen, im besonderen die Renten, die sie als solche genießen und die in das Große Buch von Frankreich und bei dem Monte Napoleone von Mailand eingetragen sind.

Artikel VII. Das jährliche Einkommen der Kaiserin Josephine wird herabgesetzt auf eine Million an Domänen oder in das große Buch eingetragenen Renten. Sie bleibt in vollem Besitz aller ihrer beweglichen und unbeweglichen Güter, über die sie den französischen Gesetzen gemäß verfügen kann.

Artikel VIII. Dem Prinzen Eugène, Vizekönig von Italien, wird eine passende Niederlassung außerhalb Frankreichs angewiesen werden.

Artikel IX. Die Besitzungen Sr. Majestät des Kaisers in Frankreich – außerordentliche oder Privatdomänen – fallen an die Krone.

Von den Geldern, die vom Kaiser Napoleon angelegt sind, sei es in dem Großen Buch oder in der Bank von Frankreich oder in Aktien auf die Staatsforsten oder irgendwie anders, und die der Kaiser der Krone überläßt, wird ein Kapital von nicht mehr als zwei Millionen abgesondert, das als Geschenk dienen soll zugunsten von Personen, deren Liste der Kaiser aufstellen und der französischen Regierung überreichen lassen wird.

Artikel X. Alle Krondiamanten fallen an Frankreich.

Artikel XI. Der Kaiser Napoleon verpflichtet sich, an die Schatzkammer und die anderen öffentlichen Kassen alle Summen und Wertpapiere zurückzugeben, die auf seinen Befehl etwa anderweitig angelegt worden sind, mit Ausnahme der Beträge, die von der Zivilliste herrühren.

Artikel XII. Die Schulden der Hofhaltung Sr. Majestät des Kaisers Napoleon, so wie sie am Tage der Unterzeichnung dieses Vertrages bestehen, werden sofort gedeckt aus den Rückständen, die nach der Aufstellung durch einen zu diesem Zweck zu ernennenden Kommissar der öffentliche Schatz der Zivilliste schuldig ist.

Artikel XIII. Die Verpflichtungen des Monte Napoleone von Mailand gegenüber allen seinen Gläubigern, französischen oder fremden, werden auf das genauste erfüllt werden, ohne daß sie irgendwelche Änderungen erleiden.

Artikel XIV. Die nötigen Geleitsbriefe werden erteilt werden für die Reise des Kaisers, der Kaiserin, der Prinzen und Prinzessinnen sowie für alle Personen des Gefolges, die diese zu begleiten oder sich außerhalb Frankreichs festzusetzen wünschen, desgleichen für die Wagen, Pferde und das Gepäck.

Die Alliierten werden Offiziere und Mannschaften als Eskorten stellen.

Artikel XV. Die Kaiserliche Garde stellt eine Abteilung von 12 bis 1500 Mann aller Waffen als Eskorte bis Saint-Tropez, wo die Einschiffung Sr. Majestät des Kaisers stattfindet.

Artikel XVI. Es werden Sr. Majestät dem Kaiser Napoleon eine Korvette und die nötigen Transportschiffe zur Verfügung gestellt, um ihn und seinen Hof an den Bestimmungsort überzuführen. Die Korvette bleibt Eigentum des Kaisers.

Artikel XVII. Seine Majestät der Kaiser kann mit sich führen und als Leibwache behalten 400 Mann Freiwillige, Offiziere, Unteroffiziere und Soldaten.

Artikel XVIII. Alle Franzosen, die den Kaiser und seine Familie begleiten, sind bei Strafe des Verlustes ihrer Nationalität gehalten, innerhalb drei Jahren nach Frankreich zurückzukehren, wofern sie nicht zu den Ausnahmen gehören, die die französische Regierung nach Ablauf dieser Frist zu genehmigen sich vorbehält.

Artikel XIX. Die polnischen Truppen aller Waffen im Dienste Frankreichs erhalten die Erlaubnis, in ihr Land zurückzukehren mit Waffen und Gepäck, als Zeichen der Anerkennung ihrer Dienste. Offiziere, Unteroffiziere und Mannschaften behalten ihre Orden und die mit diesen verbundenen Pensionen.

Artikel XX. Die Hohen Alliierten garantieren die Ausführung aller Artikel dieses Vertrages; sie verpflichten sich, die Annahme und Garantie derselben durch Frankreich zu erwirken.

Die Ratifikationen dieses Vertrages sollen ausgetauscht werden in Paris, innerhalb 10 Tagen oder wenn möglich früher.

Geschehen zu Paris am 11. April 1814. *Gezeichnet:* Caulaincourt, Herzog von Vicenza; der Marschall Herzog von Tarent, Macdonald; der Marschall Herzog von Elchingen, Ney[1]; der Fürst von Metternich.

Dieselben Artikel wurden getrennt gezeichnet, unter gleichem Datum, seitens Rußlands durch den Grafen von Nesselrode und seitens Preußens durch den Baron von Hardenberg. Ferner erfolgte eine

Erklärung in Form von Genehmigung,
im Namen Ludwigs des Achtzehnten.

Ich Unterzeichneter, Staatssekretär im Ministerium der Auswärtigen Angelegenheiten, nach Bericht an den König über die Forderung ihrer Exzellenzen der Herren Bevollmächtigten der alliierten Mächte in bezug auf den Vertrag vom 11. April, dem die provisorische Regierung seine Genehmigung erteilt hat, mache die Mitteilung, daß Se. Majestät zu erklären geruht hat, daß die Klauseln dieses Vertrages, die zu Lasten Frankreichs sind, treu gehalten werden würden. Ich habe die Ehre, dieses zur Kenntnis ihrer Exzellenzen zu bringen.

Paris, den 31. Mai 1814.

Gezeichnet: Der Fürst von Benevent.

1 Ney enthält sich hier, wahrscheinlich mit Rücksicht auf den Kaiser Alexander, von seinem Titel Fürst von der Moskwa Gebrauch zu machen. C.

Paasche & Luz, Kartograph. Anstalt Stuttgart.

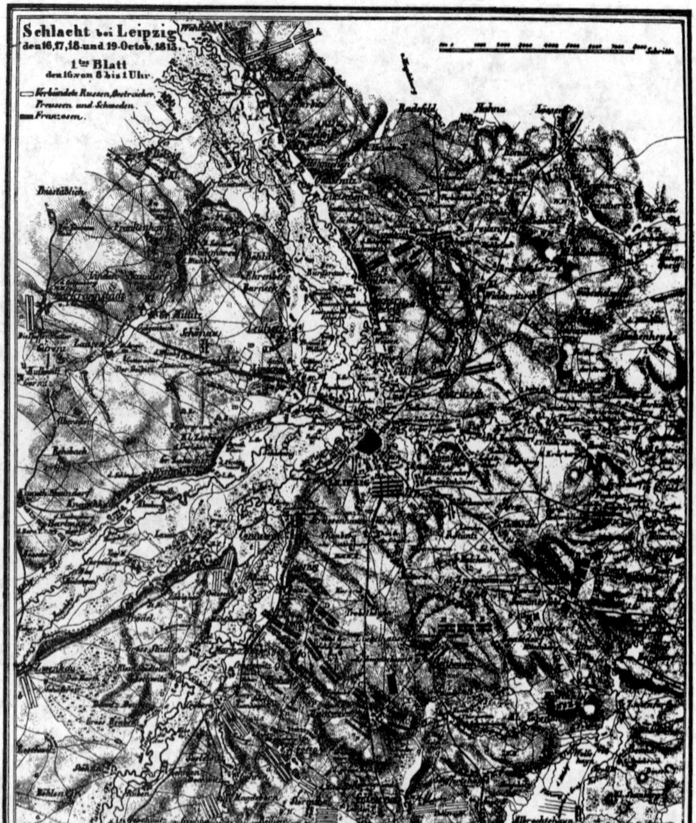

Stellung der Franzosen morgens A bis N; der Verbündeten a bis i. Die weiteren Buchstaben geben die darauffolgenden Bewegungen bis zum Mittag an.

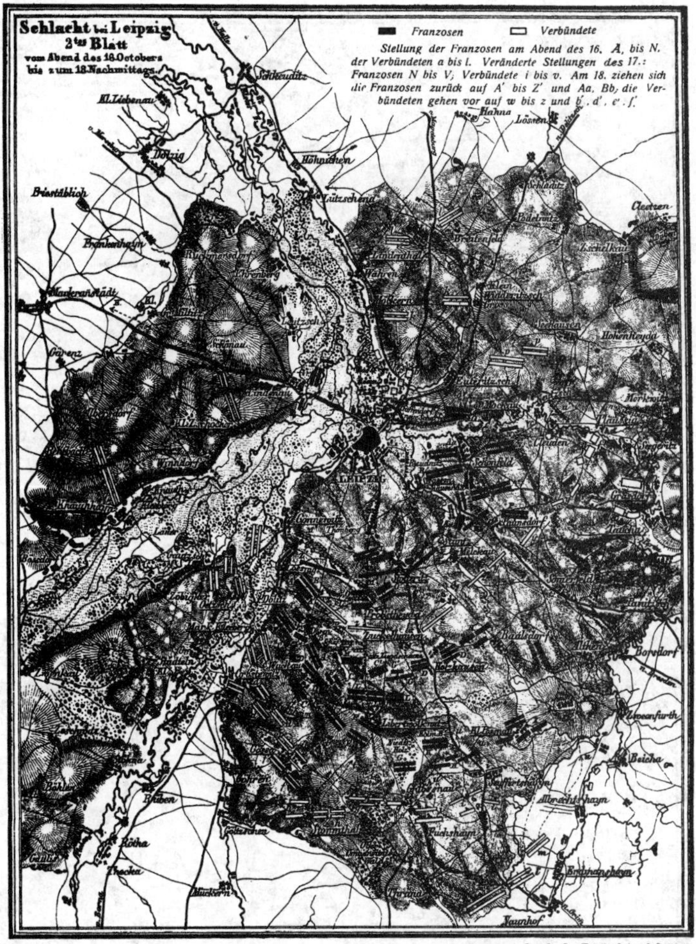

Paasche & Lux, Kartograph. Anstalt Stuttgart.

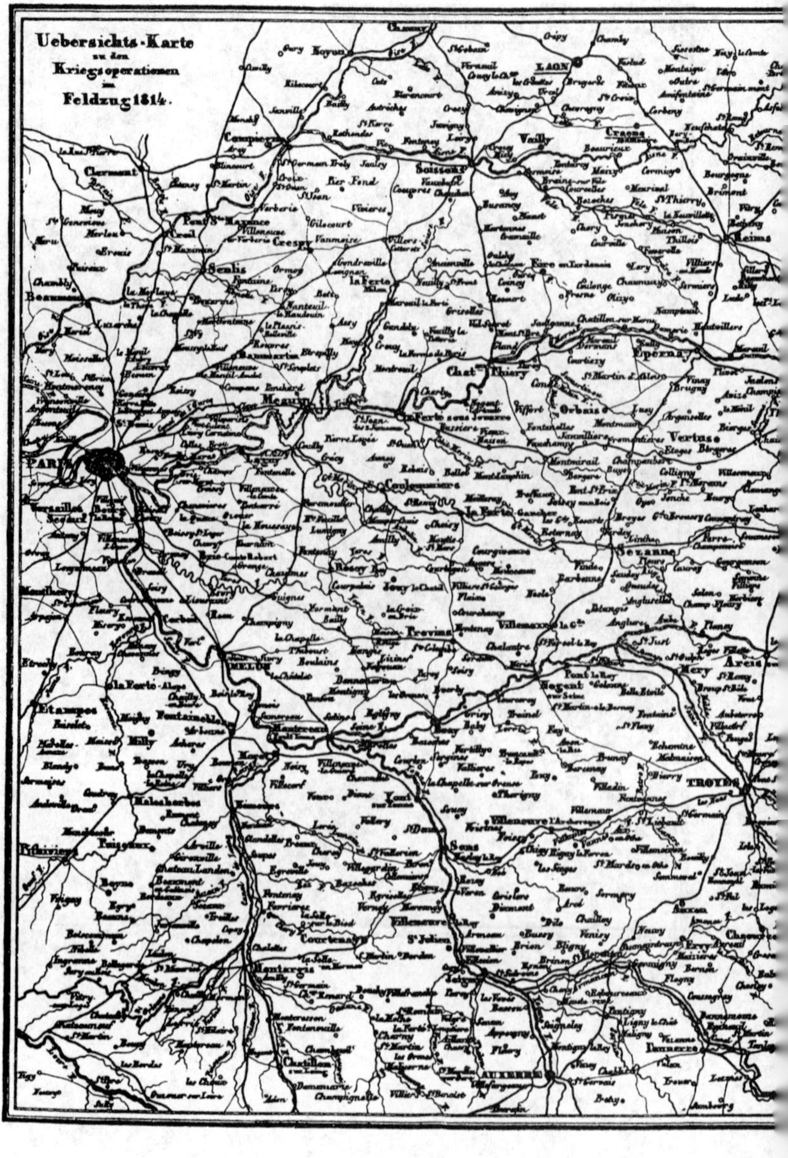
Uebersichts-Karte
zu den
Kriegsoperationen
im
Feldzug 1814.
LAON
Soissons
Reims
Compiègne
Senlis
Meaux
Epernay
Coulommiers
Provins
Nogent
Montereau
Fontainebleau
Etampes
Melun
Sens
TROYES
AUXERRE
Montargis
Courtenay
Versailles

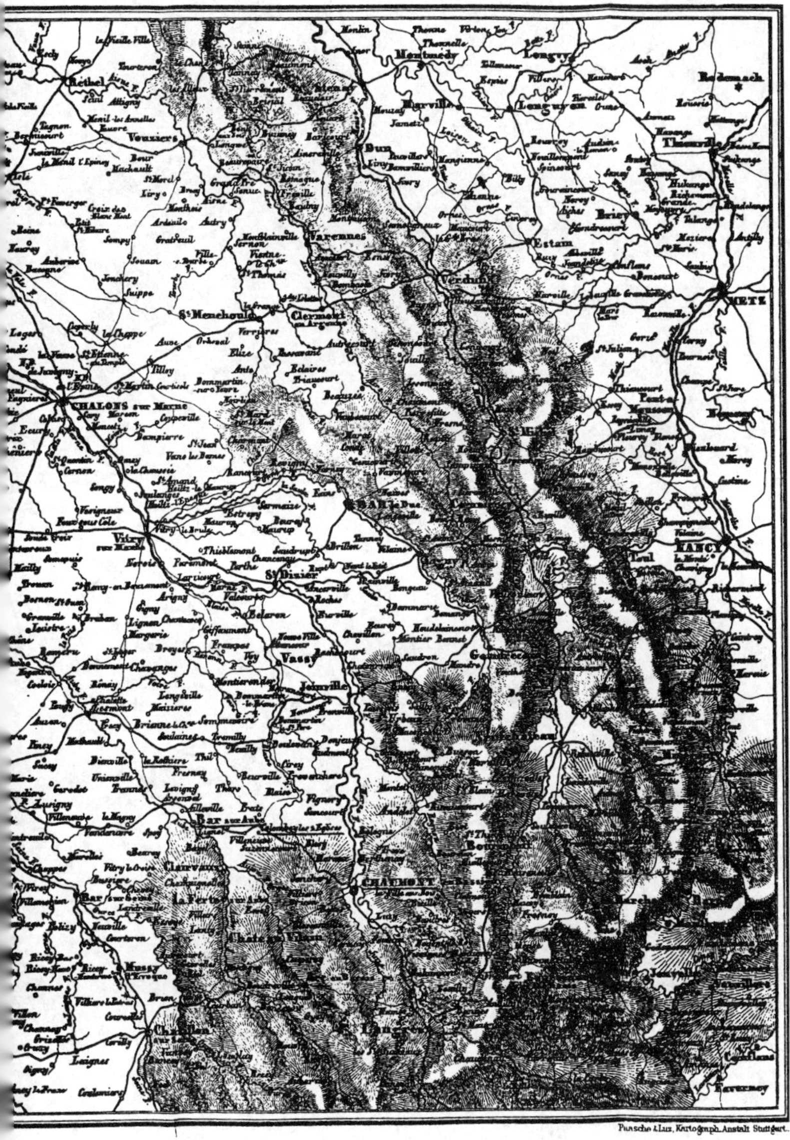

Pansche & Luz, Kartograph. Anstalt Stuttgart.

Vorwort.

Zu Anfang und Ende dieses Zehnten Bandes die Schilderung einer Reise in die Verbannung: Von Fontainebleau nach der Insel Elba; von Waterloo nach der Insel St. Helena. Dazwischen die Rückkehr von Elba, eine der wunderbarsten Episoden im Leben dieses Wunderbaren, und das ungeheure Ringen bei Waterloo! Dieser Band, der unter dem Titel

Meine letzte Niederlage

zugleich eine besondere Abteilung des ganzen Werkes bildet, besteht (mit Ausnahme des Anhanges) wieder, wie die I. Abteilung »Meine ersten Siege« aus fortlaufenden Diktaten des Kaisers selber. Seine Schilderung der Reise von Fontainebleau nach Elba und des dortigen Aufenthaltes kann als etwas fast Neues gelten. Sie findet sich meines Wissens nur in der 32-bändigen Ausgabe der *Correspondance* abgedruckt; eine gesonderte Ausgabe ist wohl nie erschienen, und von einer Übersetzung ist mir nichts bekanntgeworden. Sie scheint auch von den meisten Historikern nicht beachtet worden zu sein.

Napoleons Darstellung des Feldzugs von 1815 hat bekanntlich manchen Widerspruch gefunden. Ob Grouchy in dem Maße schuldig ist, wie Napoleon behauptet – auf diese Frage einzugehen, ist hier nicht der Ort. Napoleons Bericht über die Schlacht bei Waterloo – der im Wesentlichen der vom General Gourgaud nach seiner Rückkehr von St. Helena veröffentlichten *Rélation* zugrunde liegt – erregte namentlich auch Wellingtons Ärger im höchsten Grade. Er übte an Gourgaud die unedle Rache, den Verbannten, dem die Heimat verschlossen war, aus England ausweisen zu lassen! Freilich war es ihm wohl bitter genug, sich von Napoleon sagen lassen zu müssen, daß er die Schlacht eigentlich nur durch seine Unfähigkeit gewonnen, indem er aus übermenschlicher Dummheit eine Stellung wählte, die jeden Rückzug unmöglich machte, weil Rückzug gleichbedeutend gewesen wäre mit völliger Vernichtung!

Ich glaube, hierin hat Napoleon Recht. Aber freilich, daß der Eiserne Herzog so lange standhielt, das ist nun doch auch wieder groß, sehr groß. Und die Preußen, die allerdings Wellington gerettet haben, sollen nicht vergessen, daß sie selber verloren gewesen wären, wenn sie auf der von Wellington nicht behaupteten, sondern von Napoleon siegreich erkämpften Wahlstatt eingetroffen wären. Jedenfalls aber ist es gut, daß Napoleon den Anteil der Preußen am Siege richtig dargestellt hat: daß Wellington schon am Nachmittag verloren gewesen wäre, wenn nicht die ersten Truppen Bülows ins Gefecht eingegriffen hätten. Infolgedessen der um mindestens eine Stunde verfrühte Angriff der französischen Panzerreiter. Nichts kennzeichnet besser die stolze Selbstüberhebung des Briten als der Ausspruch, den Wellington nachmittags um vier Uhr zwanzig Minuten tat, nachdem der Ansturm der französischen Kürassiere an den Vierecken der englischen Garde zurückgeprallt war: »Die Schlacht ist mein! Und wenn die Preußen bald kommen, so ist der Krieg zu Ende.«

So berichtet als Ohrenzeuge der durchaus glaubwürdige Kapitän Gronow. Ja, so wird der Engländer gesagt haben! Den Ausspruch: »Ich wollte, es wäre Nacht oder die Preußen kämen!« muß man wohl in das Gebiet der *preußischen* Legende verweisen.

Wellingtons Heer bestand übrigens nur zu etwa einem Drittel aus Engländern. Waterloo ist ein deutscher Sieg. Freuen wir uns dessen!

Saint Jean sur Mer — Heinrich Conrad

Inhaltsverzeichnis

Erstes Kapitel.

Reise nach Elba.

Zweites Kapitel.

Elba.

Zehntes Kapitel.

Die Schlacht bei Mont St. Jean,

auch Waterloo oder Belle-Alliance genannt.

Elftes Kapitel.

Der Rückzug.

Zwölftes Kapitel.

Anhang.

Karten:

Register:

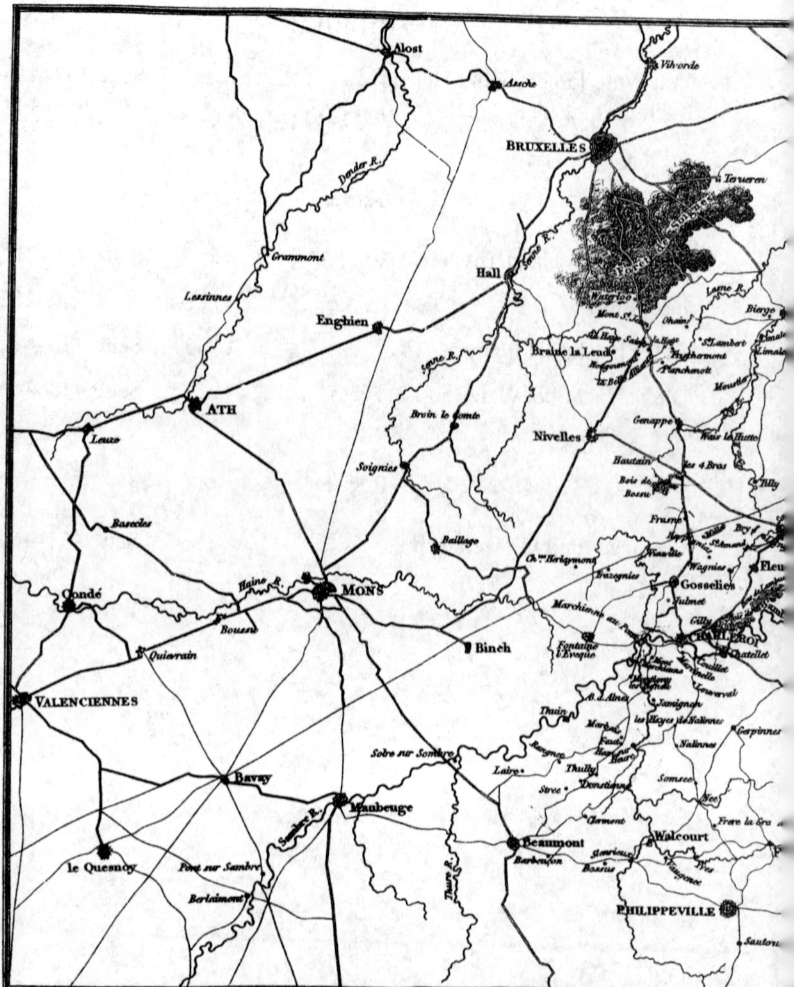

Alost
Assche
Vilvorde
BRUXELLES
à Terueren
Forêt de Soignes
Dender R.
Grammont
Lessinnes
Hall
Senne R.
Waterloo
Mont St. Jean
Enghien
Lasne R.
Bierge
Ohain
St. Lambert
Braine la Leud
Planchenoit
Senne R.
Brain le Comte
ATH
Leuze
Genappe
Nivelles
Soignies
Hautain
les 4 Bras
Bois de Bossu
Frasne
Basecles
Baillage
Gosselies
Haine R.
MONS
Condé
Bousse
Binch
Quievrain
Fontaine l'Evêque
CHARLEROI
Chatellet
VALENCIENNES
Thuin
Jamignon
Gerpinnes
Nalinnes
Solre sur Sombre
Laire
Thully
Somsee
Bavay
Maubeuge
Sambre R.
Clermont
Beaumont
Walcourt
le Quesnoy
Port sur Sambre
Barbençon
Berlaimont
Thure R.
PHILIPPEVILLE
Sautour

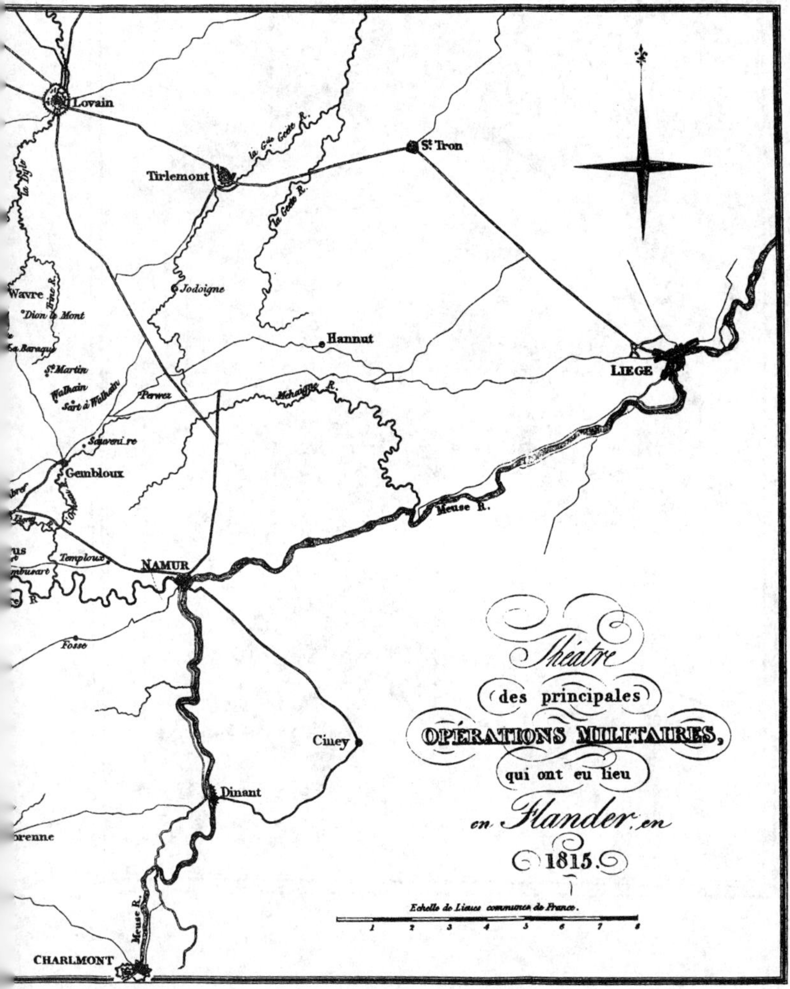

Théatre
des principales
OPÉRATIONS MILITAIRES,
qui ont eu lieu
en Flander, en
1815.
Echelle de Lieues communes de France.
1 2 3 4 5 6 7 8
Lovain
Tirlemont
St. Tron
la Gde. Geete R.
la Geete R.
Jodoigne
Wavre
Dion le Mont
Hannut
LIEGE
St. Martin
Walhain
Sart à Walhain
Perwez
Mehaigne R.
Sauveni.re
Gembloux
Meuse R.
Temploux
NAMUR
Fosse
Ciney
Dinant
Meuse R.
CHARLMONT

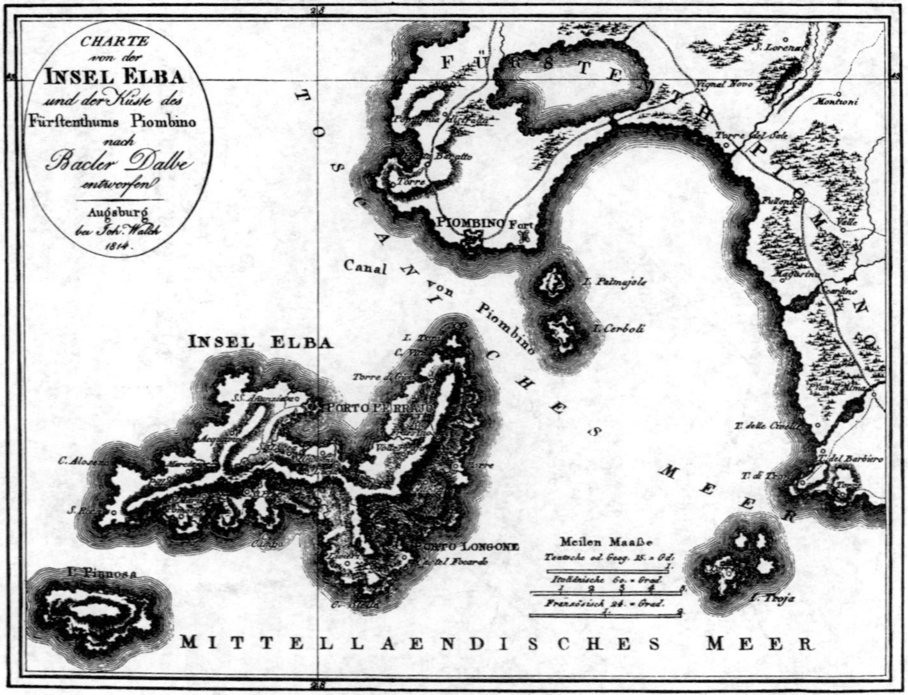
CHARTE
von der
INSEL ELBA
und der Küste des
Fürstenthums Piombino
nach
Bacler Dalbe
entworfen
Augsburg
bey Joh: Walch
1814.
FÜRSTENTHUM PIOMBINO
TOSCANISCHES MEER
MITTELLAENDISCHES MEER
INSEL ELBA
Canal von Piombino
PIOMBINO
Fort
Torre
S. Lorenzo
Vignal Novo
Montioni
Torre del Sole
Follonica
Valle
Scarlino
Plan d'Alma
T. delle Civette
T. del Barbiero
I. Palmajola
I. Cerboli
I. Troja
I. Pianosa
PORTO FERRAJO
PORTO LONGONE
C. Aloese
S. Rocco
Campo
Torre
Meilen Maaße
Teutsche od. Geog. 15. = Grad.
Italiänische 60. = Grad.
Französisch 24. = Grad.
1
2
3
4
5

Erstes Kapitel.

Reise nach Elba.

I. Austausch der Ratifikationen des Vertrages von Fontainebleau. – II. Der Kaiser verläßt Fontainebleau. – III. Aufenthalt in Tarare und Lyon. – IV. Begegnung mit dem Marschall Augereau in der Gegend von Tain. Aufenthalt in Valence. – V. Aufenthalt in Avignon und Orgon. – VI. Von Orgon nach Aix. – VII. Abendessen in einem Wirtshaus in der Nähe von Aix. – VIII. Ankunft in Fréjus. – IX. Kapitän Moncabrié ankert auf der Reede von Fréjus mit einer französischen Fregatte und einer Brigg, die er dem Kaiser zur Verfügung stellt. – X. Der Kaiser geht an Bord der englischen Fregatte *Undaunted.*

I.

Die Herzöge von Vicenza und Tarent[1] brachten nach Fontainebleau die sogenannte Konvention von Fontainebleau, die von England, Rußland, Österreich, Preußen und von der Provisorischen Regierung Frankreichs ratifiziert worden war. Der Kaiser wünschte sich mit einer Begleitung von 2000 Mann nach der Insel Elba zu begeben, über die er sich die souveräne Herrschaft vorbehalten hatte. Kommissare Rußlands, Englands und Österreichs sollten ihn begleiten, um sich über seine Abfahrt zu verständigen und die Ausführung des Vertrages zu gewährleisten. Der Kaiser von Österreich ließ eine Unterstützung von 3000 Mann anbieten, falls die 2000 Mann der Kaisergarde nicht stark genug sein sollten. Der Kaiser antwortete: »Ich brauche keine Fremden, ich brauche nicht einmal meine eigne Garde, um durch Frankreich zu reisen. Mir genügt ein englischer Kommissar, um die Überfahrt auf dem Mittelmeer zu sichern.«

Österreich ernannte zu seinem Kommissar den General Koller, Rußland den Grafen Schuwaloff, England den Obersten Campbell.

1 Caulaincourt und Macdonald

Von diesen war General Koller der eifrigste und der beste. Die Kommissare wurden in Fontainebleau vorgestellt, und der Kaiser bestimmte den folgenden Tag, den 20. April, zur Abreise.

Die Kaiserin und ihr Sohn sollten dem Kaiser folgen. Aber er konnte nicht einmal sein Weib sehen, sein Kind küssen: Sie wurden nach Wien gebracht. Dies war die erste Verletzung des Vertrages.

Aus der Alten Garde wurden Leute ausgesucht, die gewillt waren, dem Kaiser auf Elba als Leibwache zu dienen. Alle Generäle, Offiziere und Soldaten boten sich an. General Cambronne, Oberst Mallet und 800 Mann, auserlesene Leute der Alten Garde, alle mit ehrenvollen Narben bedeckt und mit den Denkmünzen von hundert Gefechten ausgezeichnet, erhielten den Vorzug. Sie verließen Fontainebleau am 18. April und marschierten über Briare, Auxerre und Lyon nach Savona, wo sie sich einschiffen sollten. Graf Bertrand widmete sich als Großmarschall dem Dienst des Kaisers in seiner neuen Stellung. Zur kaiserlichen Hofhaltung gehörten ferner Generalleutnant Graf Drouot, der kaiserliche Adjutant Oberst Germanowski, die Palastadjutanten Deschamps und Baillon, Intendant Peyrusse und Kabinettsekretär Rathery.

II.

Am 20. April 1814 verließ der Kaiser um 6 Uhr früh seine Gemächer und stieg die große Marmortreppe herunter. Die Alte Garde war auf dem Hof aufgestellt; der Kaiser ließ sie zum Kreise schwenken und hielt an sie die bekannte Ansprache. Er ließ sich die Adler der Alten Garde bringen und küßte sie. Tränen stürzten den alten Kriegern aus den Augen, Verzweiflung malte sich in ihren Zügen, und einen Augenblick fürchtete man, sie würden Ausschreitungen gegen die Kommissare begehen. Diese waren selber von dem unerwarteten Schauspiele hingerissen: General Koller schwenkte seinen Hut auf der Spitze seines Degens und überließ sich der höchsten Begeisterung, der Engländer Campbell sagte: »Oh, welch eine rührende Szene! Sie ist des großen Mannes würdig.« Die Einwohner von Fontainebleau füllten die nächsten Alleen; wer ein französisches Herz in der Brust hatte, war von dem Schauspiel tiefgerührt.

Der Kaiser stieg mit dem Großmarschall in seinen Wagen, ihm folgten die beiden Wagen des Generals Drouot und des Intendanten Peyrusse; hierauf die Kommissare, jeder für sich in seinem Wagen. Der Kaiser wollte keine Eskorte. Der Zug fuhr durch Nemours und kam am Abend in Briare an, wo die Nachtquartiere hergerichtet waren. Eine beträchtliche Volksmenge war dort zusammengeströmt; sie war von der tiefsten Entrüstung gegen die Fremden erfüllt. Die Kommissare wurden mehrere Male beschimpft; der Kaiser mußte sie in Schutz nehmen. Er empfing den Maire und unterhielt sich lange mit ihm. Dann speiste er allein zu Abend. Er bestimmte, daß die Weiterfahrt bei Tagesanbruch stattfinden solle.

In Nevers kam man sehr spät an. Dort lag eine Division der französischen Armee im Quartier. Die Bevölkerung von Stadt und Land war herbeigeeilt. Während der Nacht fanden große Tumulte statt; man beging Ausschreitungen gegen diejenigen, die man als Feinde Frankreichs und als Parteigänger des Auslands ansah. Der Kaiser befahl zum Schutz der Kommissare, daß die ganze Nacht Patrouillen gehen sollten. Er empfing mehrere Offiziere, die mit Tränen in den Augen zu ihm sprachen; er allein war ruhig. Der Kaiser speiste allein zu Nacht.

Am 22. April berührte man Moulins und traf abends in Roanne ein, das von einem österreichischen Regiment der Lyoner Armee besetzt war. Es war das erstemal, daß der Kaiser unterwegs fremde Truppen traf. Er speiste mit dem Großmarschall zu Abend, empfing dann den Maire und mehrere Bürger von Roanne und unterhielt sich lange mit ihnen. Als er am nächsten Morgen seinen Wagen bestieg und über die Brücke fuhr, war er tiefgerührt von den Gefühlen der Einwohner. Das österreichische Regiment schien von einer erwünschten Gesinnung beseelt zu sein. Da man von Roanne aus durch die österreichischen Vorposten fuhr, wurden die Wagen durch Abteilungen von 20 österreichischen Reitern eskortiert. Die Bevölkerung der Dörfer, durch die man fuhr, bekundeten ihren Ingrimm darüber, daß sie den Kaiser von fremden Truppen eskortiert sehen mußten. Napoleon teilte dies Gefühl und ließ dem General Koller sagen, es sei ihm unangenehm; der General ließ darauf die Eskorte abtreten.

III.

Um 4 Uhr nachmittags kam der Zug durch Tarare. Die ganze Bevölkerung der gewerbfleißigen Stadt war auf den Beinen; die Pferde konnten nur im Schritt vorwärts kommen; eine große Menschenmenge umringte den Wagen des Kaisers, man hörte die rührendsten Äußerungen: »Unsere Fabriken gediehen auf das allerbeste, was soll aus uns werden unter einer Regierung, die von den Engländern beherrscht wird!« Mehrere Einwohner, dem Anscheine nach die angesehensten Leute des Ortes, sagten zum Kaiser: »Erhalten Sie sich für uns! Es wird kein Jahr vergehen, und Sie sind wieder in Frankreich. Das Volk ist entschlossen, alles zu tun, um dies herbeizuführen.«

Der Kaiser wünschte bei Nacht durch Lyon zu kommen; er kannte die große Verehrung und Liebe, die die Einwohner der großen Stadt ihm entgegenbrachten. Er machte daher zwei Meilen vor Lyon im Dorf Savigny halt, um in einem kleinen Wirtshaus zu Abend zu essen, und speiste mit allen Personen zusammen, die an der Reise teilnahmen. Um 1 Uhr nachts kam er durch Lyon. Seit mehreren Tagen hatte sich das Gerücht verbreitet, daß der Kaiser durchkommen werde. Die Aufregung war groß. Prinz Hohenlohe war sehr unruhig und hielt die Garnison in den Kasernen bereit. Viele Bürger merkten an dem Verhalten der österreichischen Soldaten, daß der Kaiser während der Nacht durchfahren werde. Eine große Menge erwartete ihn und begleitete ihn bis an die Grenze der Vorstadt La Guillotière. Die Lyoner beteuerten ihre Gefühle für den Kaiser und sprachen die Hoffnung aus, daß vor Ende des Jahres die Lage der Dinge sich gebessert haben werde. Diese Hoffnungen wurden besonders vom niederen Volke kundgegeben. Der Kaiser sprach wenig und sagte nur einige tröstende Worte. Man fuhr die ganze Nacht hindurch. Bei Tagesanbruch stieg der Kaiser in einem Gasthof in Péage de Roussillon ab.

IV.

Am 24. April hielt halbwegs zwischen Tain und der Isère eine sechsspännige Kutsche mit zwei Kurieren auf der Straße. Marschall Augereau stieg mit drei Adjutanten aus und bat, den Kaiser sprechen zu dürfen. Napoleon verließ seinen Wagen und hörte ihn eine halbe Stunde lang an. Die Kommissare und Offiziere des Gefolges waren ebenfalls zugegen und bildeten in einer Entfernung von 60 Schritten eine Gruppe. Der Kaiser machte dem Marschall Augereau Vorwürfe, daß er so langsam operiert habe, so nachlässig gewesen sei und mit einer so schönen Armee sich Lyon habe nehmen lassen. Der General erbleichte, stammelte Entschuldigungen und verteidigte sich schlecht. Er sprach viel von der Wendung, die die Dinge zugunsten der Bourbonen genommen hätten; er sagte, er habe gehofft, daß die Kaiserin die Regentschaft für ihren Sohn übernehmen werde; für jeden Soldaten, der Ehre im Leibe habe, und für jeden Franzosen, der sein Vaterland liebe, sei es unmöglich, unter diesem neuen Szepter zu leben; er werde sich aufs Land zurückziehen, bis eine neue Ordnung der Dinge, die unfehlbar bald eintreten müsse, die nationale Partei zu neuem Leben erwekken werde. Der Kaiser bemerkte die Verlegenheit in der Haltung des Marschalls. Im Augenblick, wo sie wieder in die Wagen steigen wollten, bat der Marschall mit Tränen in den Augen um die Erlaubnis, den Kaiser umarmen zu dürfen. Der Kaiser wußte damals noch nichts von den Gefühlen, die der Marschall zuletzt bekundet hatte, und gewährte daher einem alten Waffengefährten diese Gunst.

Etwa einen Kilometer von der Isère entfernt, stiegen alle wieder aus; General Koller trat an den Kaiser heran und sagte ihm beiseite: »Ich habe vorhin einem höchst eigentümlichen Auftritt beigewohnt.« – »Warum? Augereau ist ein alter Soldat; er hat 20 Jahre unter meinen Befehlen gefochten, jetzt hat er nicht mehr denselben Eifer wie früher; übrigens hatte er wohl militärische Begabung, aber niemals Genie; auch fehlte es ihm an der Erziehung.« – »Eure Majestät überraschen mich! Sie sind von Augereau verraten worden; vor 14 Tagen hat er seinen Vertrag mit uns gemacht. Seine Bewegungen waren Scheinmanöver; offenbar kennen Sie nicht einmal seine Proklamation vom 16. April. Man hat sie mir gestern in Lyon gegeben; hier ist sie.« Der Kaiser verhehlte nicht seine Entrüstung beim Durchlesen dieser Proklamation, die derselbe Mensch unterzeichnet hatte, der ihm in diesem Augenblicke so ganz andere Reden gehalten hatte.

Am anderen Ufer der Isère stand eine Kompanie vom 23. leichten Infanterieregiment auf Vorposten. Sobald die Soldaten erfuhren, daß der Kaiser da sei, kamen sie herüber. Ein alter Hauptmann, mit Narben bedeckt, grüßte den Kaiser und sagte: »Sind Sie dem Elenden begegnet? Haben Sie ihm nichts gesagt? Er hat eine gute Witterung gehabt, nicht Ihre Ankunft in Valence abzuwarten: Die Truppen waren entschlossen, ihn vor Ihren Augen zu erschießen.« Obgleich der Kaiser bereits unterrichtet war, stellte er sich erstaunt und sagte: »Was ist denn mit ihm? Er ist doch Euer General!« – »Sie und Frankreich haben keinen größeren Feind; wir sind um klingende Münze verkauft worden!« Hierauf erzählte der alte Hauptmann die ganzen Vorgänge des letzten Feldzuges und sagte, was die Meinung der Armee über ihren General sei.

Um drei Uhr nachmittags kam man in Valence an. Das Artillerieregiment und mehrere andere Regimenter standen in Parade; die ganze Einwohnerschaft war auf der Straße. Wieder äußerten sich dieselben Gefühle wie bisher auf dem ganzen Wege. Obersten, Generale und andere Offiziere kamen an den Wagen. Der Kaiser unterhielt sich lange mit ihnen. Sie teilten ihm mit, Augereau habe nicht geglaubt, daß der Kaiser über Valence reisen werde; als sich aber die Nachricht von der Durchreise des Kaisers verbreitete, sei die Gärung unter den Truppen zu solchen Drohungen ausgeartet, daß der Marschall es für angebracht gehalten habe, abzureisen. Er habe Frankreich und die Armee verraten. Man übergab dem Kaiser Kopien der von dem Marschall veröffentlichten, aber von den Soldaten wieder heruntergerissenen Proklamationen. Die Kavallerie wollte durchaus den Kaiser eskortieren. Zwischen Montélimar und Valence traf man auf neue Regimenter, die den Kaiser baten, Revue über sie abzuhalten. Er machte infolgedessen Halt. Überall dieselben Gefühle, dieselbe Entrüstung und derselbe Abscheu vor dem Verräter, der die Lyoner Armee verkauft hatte.

Am Abend traf man in Montélimar ein. Der Kaiser speiste allein. Er empfing den Unterpräfekten, der ihm mitteilte, in Avignon herrsche sehr schlechte Gesinnung; das Volk sei aufgewiegelt; Agenten der sogenannten Provisorischen Regierung seien nach dort gekommen, um dem Kaiser einen Hinterhalt zu legen; ohne eine bedeutende Bedekkungsmannschaft setze dieser sich großen Gefahren aus. Der Unterpräfekt riet, den Weg über Grenoble und Sisteron einzuschlagen; denn es bestehe ganz sicherlich eine organisierte Verschwörung. Andere Bürger und Reisende, die aus der Provence kamen, baten, den Kaiser sprechen zu dürfen, und sagten dasselbe: in Marseille habe man den Frieden ausgerufen, die Engländer seien im Triumph in die Stadt eingezogen; die dreifarbige Flagge sei mit Füßen getreten, das Standbild des Kaisers zertrümmert worden. Ein Komitee sei zusammengetreten, und man hoffe, ein großes Verbrechen vollbringen zu können; Leute, die es ausführen sollten, wären vor mehreren Tagen von Paris gekommen und hätten beträchtliche Summen bei sich. Der Kaiser schenkte jedoch allen diesen dringenden Bitten kein Gehör; er befahl nur dem Großmarschall, schon um Mitternacht anspannen zu lassen, um vor Tagesanbruch Avignon zu passieren, und die Postpferde außerhalb der Stadt zu nehmen.

V.

In Avignon hielt sich eine große Anzahl fragwürdiger Gestalten auf, die sich zu allen Zeiten mit Verbrechen bedeckt und ihre Hände mit dem Blut von Angehörigen aller Parteien besudelt haben. Es war 6 Uhr morgens, als der Kaiser dort ankam; die Pferde befanden sich außerhalb der Stadt. Man teilte ihm mit, daß 3 bis 400 Menschen, die offenbar mit schlimmen Plänen umgingen, einen Teil der Nacht gewartet hätten. Man fuhr um die Wälle von Avignon herum; im Augenblick, wo der Wagen abfuhr, eilten mehrere von diesen Menschen herbei und stießen Verwünschungen aus. Man erreichte die Durance, die man auf der schönen Brücke von Bonpas überschritt. Eine Stunde später war man in Orgon; man fand dort beim Posthaus etwa hundert Männer und Weiber, die sehr aufgeregt zu sein schienen. Sie trugen riesige weiße Kokarden an ihren Hüten und schrien: »Es lebe der König!« Die neuen Nachrichten von Marseille waren in Orgon eingetroffen, und die ganze Gemeinde bereitete sich vor, den Friedensschluß nach dem Vorgang von Marseille zu feiern. Mehrere waren offenbar zu Gewalttaten geneigt und suchten den Wagen des Kaisers, der von den Kommissaren und den Personen seines Gefolges umringt wurde. Inzwischen begannen einige Bürger, die dem Anschein nach hierüber entrüstet waren, sich zu gemeinsamem Vorgehen zu sammeln. Sie hielten leidenschaftliche Ansprachen an die einzelnen Gruppen; dadurch wurden die Böswilligen in ihrem Treiben gelähmt. Unterdessen fuhr der Wagen ab.

VI.

Eine halbe Meile hinter Orgon ließ ein Reiter den Wagen des Kaisers anhalten und verlangte mit ihm zu sprechen; es war ein guter Franzose, der die Unruhen in Marseille und die Vorgänge in Aix und Lambesc selber mitgemacht hatte; da er nicht wußte, wo der Kaiser war, ritt er ihm aufs Geratewohl entgegen, um ihn zu warnen. Er sagte ihm, es seien Agenten von Paris mit Instruktionen vom Fürsten von Benevent[1] eingetroffen; dem Anscheine nach wären es Leute, die mit Lahorie[2] be-

1 Talleyrand.

2 General Lahorie, Teilnehmer an der Malletschen Verschwörung, im Herbst 1812, und als solcher erschossen. C.

kannt wären; ein gewisser Maubreuil würde erwartet, wenn er nicht bereits eingetroffen wäre; mehrere von den zur Ausführung des Verbrechens bestimmten Personen befänden sich bereits in Marseille; man suche dort zwölf bis fünfzehn Mann anzuwerben; sie wollten mit einer Gesamtzahl von dreißig Mann den Kaiser ermorden, von dem sie wüßten, daß er ohne Eskorte reiste, es würde jedoch nicht schwer sein, etwa sechzig Mann zusammenzubringen, um den Kaiser unterwegs zu schützen. Napoleon hörte aufmerksam diese Erzählungen an, denen er jedoch keinen rechten Glauben beimaß. Da er aber bereits in Avignon schlechte Erfahrungen gemacht hatte, beschloß er, zu Pferde zu steigen und ganz allein mit einem Pikör zu reiten, der ihm den Weg zeigen sollte. Er ritt in scharfem Trabe bis Lambesc, wo er die Pferde wechseln mußte. Da der Kaiser seine Uniform trug, wäre er beim Pferdewechsel sicherlich erkannt worden. Vor dem Posthaus sah Napoleon etwa dreißig verdächtige Gestalten, die in der Sonne herumlungerten; sie fragten, was es Neues gäbe und ob der Wagen des Kaisers im Laufe des Tages durchkommen werde. Immerhin schienen unter diesen Leuten auch einige Anhänger des Kaisers zu sein. Dieser entschloß sich, mit denselben Pferden bis Saint-Cannat weiterzureiten. Auf halbem Wege begegnete er bei einer kleinen Schänke mehreren anscheinend wohlhabenden Bauern, die ihm erzählten, binnen kurzem werde der Kaiser vorbeifahren; sie schienen der kaiserlichen Sache sehr ergeben zu sein und waren entrüstet über die schlechte Gesinnung der Marseiller. Sie hielten Napoleon für einen Offizier, der den Kaiser in Marseille treffen wollte. Zwei und eine halbe Stunde später befand der Reiter sich auf einer Anhöhe, von wo er Aix erblickte. Dort hätte man die Pferde wechseln müssen, und dabei wäre er sicherlich erkannt worden; er entschloß sich daher, wieder eine Meile zurückzureiten.

VII.

Bei einer kleinen Gastwirtschaft, die an der Straße lag, machte der Kaiser halt und bestellte ein Mittagessen. Die Wirtin war eine sehr neugierige, lebhafte und geschwätzige kleine Provençalin, der Wirt ein vernünftiger und ernster Mann. Man sprach nur vom Kaiser, und es war leicht zu merken, daß der Mann dem Kaiser sehr ergeben, die Frau aber ihm sehr feindlich gesinnt war. Allem Anscheine nach war sie die Herrin im Hause. Wenn sie ihre Sarkasmen und Verwünschungen vorbrachte, wurde der Mann ganz blaß und gebot ihr Schweigen, aber er tat dies mit großer Mäßigung. Der Kaiser zog sich in eins der Zimmer zurück, in denen gegessen werden sollte; die Frau folgte ihm, setzte sich neben ihn und sagte: »Ich weiß wohl, Sie gehören zum Gefolge dieses Menschen; an dem Diner, das Sie bestellt haben, merke ich, daß er hier absteigen wird; das wird uns nicht abhalten, ihn gut zu verpflegen. Aber ich bin derselben Meinung wie die Herren, die gestern hier speisten; sie begriffen nicht, wie man einen Mann, der über so viele Hilfsmittel verfügte, nach einer Insel schicken könnte, die so nahe bei Frankreich läge. Man sagt, er allein sei klüger als ganz Europa. Wissen Sie, Ihr Gesicht gefällt mir; ich rate Ihnen, schiffen Sie sich nicht mit dem Mann ein, denn mitten auf dem Meere wird man ihn sicherlich Wasser schlucken lassen; sonst wäre er ja in drei Monaten wieder hier.« Die Frau meinte es nicht böse. Der Wirt, ein Mann von 40 Jahren, muß wohl gedacht haben, der Fremde sei einer der vornehmsten Offiziere vom Gefolge des Kaisers, oder es muß ihm an dessen Benehmen irgend etwas aufgefallen sein – genug, sobald er erfuhr, was seine Frau gesagt hatte, kam er zu Napoleon und bat ihn wegen ihrer Bemerkungen um Entschuldigung. Er sagte, sie wäre eine gute Frau, aber verrückt. Man hätte ihr in Aix den Kopf verdreht; wenn er wirklich zum Gefolge des Kaisers gehörte, könnte er diesem sagen, daß er ruhig bei ihm essen könnte; er würde für den Kaiser sein Leben opfern und, um diesem zu dienen, alles tun, was in seinen Kräften stände. Zwei oder drei Stunden später kamen die Wagen an. Man aß zu Abend. Unterdessen hatte das Gerücht von der Ankunft des Kaisers sich in Aix verbreitet. Mehrere gute Bürger erschienen und teilten mit, es sei ein Streich vorbereitet worden; er dürfte nicht durch die Stadt fahren, ohne die Gemeindebehörden zu benachrichtigen, damit diese einige Kompanien Nationalgarde aufböten. Hierauf wurde mit den Kommissaren und den Offizieren des Gefolges beratschlagt. Einige waren der Meinung, der Kaiser solle sich von dem als zuverlässig bekannten Wirt führen lassen und um die Stadt herumreiten. Man fand es jedoch einfacher, an die Stadtbehörde zu schreiben und um eine Eskorte von zwei Kompanien Nationalgarde zu ersuchen. Sobald der Unterpräfekt von diesem Ansuchen erfuhr, stieg er mit zwei Zügen Gendarmen zu Pferde. Gegen Mitternacht passierte man Aix. Unterdessen erhielt man Nachrichten, daß die Pariser Agenten weitergereist wären und daß es schwierig sein würde, Fréjus zu erreichen, ohne in einen Hinterhalt zu fallen. Man hielt es für ein Gebot der Vorsicht, daß der Kaiser einen

Kapuzmantel anlegte und zum General Koller in dessen Wagen stiege. Der Unterpräfekt von Aix hielt es für unbedingt notwendig, die Wagen von zwei Gendarmerieoffizieren begleiten zu lassen. Übrigens waren alle diese Vorsichtsmaßregeln überflüssig; außerdem hatte man inzwischen das Departement Var erreicht, dessen Bevölkerung nicht mehr von Marseille, sondern im ganz entgegengesetzten Sinne von Toulon beeinflußt wurde. Um 7 oder 8 Uhr morgens kamen die Reisenden in Brignoles an, wo sie frühstückten. Hierauf setzten sie ohne Zwischenfall ihre Fahrt bis Luc fort. Dort erfuhren sie, daß die Prinzessin Pauline, die ihrer Gesundheit wegen sich in Nizza aufgehalten hatte, sich augenblicklich in einem Landhause eine Stunde von Luc entfernt befinde. Dort stieg man ab und verbrachte die Nacht. Die Prinzessin war krank. Sie hatte eine Schutzwache, bestehend aus einer Veteranenkompanie, lauter alte Soldaten. Übrigens hatten Behörden und Einwohner in sehr lobenswerter Rücksichtnahme über ihre Sicherheit und Ruhe gewacht.

VIII.

Am 27. April kam man um 9 Uhr morgens in Fréjus an. Die Bevölkerung war noch freundlicher gesinnt, als die in den zuletzt berührten Städten des Departements Var. Der Kaiser stieg in demselben Gasthof ab, wo er übernachtet hatte, als er 15 Jahre vorher von Ägypten zurückkam. Man hatte sich eigentlich in St. Tropez einschiffen wollen; da aber der Weg zu schlecht war, zog man Fréjus vor. Oberst Campbell hatte sich in Valence von der Gesellschaft getrennt und war nach Marseille gefahren, um dafür zu sorgen, daß man in Fréjus ein englisches Kriegsschiff vorfände und ohne Verzögerung abreisen könnte. In der Tat ging zwei Stunden nach der Ankunft des Kaisers die englische Fregatte *Undaunted* auf der Reede vor Anker. Am selben Abend wurde ihr Kapitän Usher vom Großmarschall dem Kaiser vorgestellt; er bot seine Fregatte zur Überfahrt an und schien großen Wert darauf zu legen, daß ihm dieses Vertrauenszeichen zuteil würde. Da die französische Flotte, die in Fréjus sein sollte, nicht vorhanden war, begann man das Gepäck an Bord zu bringen, und der Kaiser versprach, die englische Fregatte zur Überfahrt zu benutzen. Kapitän Usher hatte die Ehre, mit dem Kaiser zu speisen.

IX.

Während der Nacht erschien Kapitän Moncabrié mit der französischen Fregatte *Néréide,* der Brigg *Inconstant* und mehreren Transportschiffen auf der Reede; man nahm an, daß der Kaiser viel Gepäck bei sich hätte. Am Vormittag des 28. April wurde er dem Kaiser vorgestellt; er beteuerte, daß er und seine Mannschaften den größten Wert auf die Ehre legten, den Kaiser nach Elba bringen zu dürfen. Napoleon sagte ihm, er habe schon die Überfahrt auf der englischen Fregatte angenommen, selbstverständlich hätte er eine französische Fregatte vorgezogen; andrerseits könne es ihm nur unangenehm sein, sich auf einer französischen Fregatte zu befinden, die die weiße Flagge führe, wenn er auch wisse, daß der Kapitän und seine Leute die Tricolore in ihren Herzen trügen. Kapitän Moncabrié antwortete, dies könne kein Hindernis sein, er werde überhaupt keine Flagge führen; der Kaiser werde auf seiner Fregatte alle ihm gebührenden Ehren empfangen und werde gewiß nicht befürchten, daß man es ihm gegenüber werde an Rücksichten fehlen lassen. Er gab sich jedoch zufrieden, als der Kaiser ihm sagte, er habe bereits sein Wort gegeben. Der Kaiser fand großen Gefallen an dem Kapitän; er beauftragte ihn, seinen Offizieren und Leuten zu sagen, daß er die größte Liebe zu ihnen hege und sich für verpflichtet halte, jedes Opfer zu bringen, um ihnen dies zu beweisen. »Vor dem König von Frankreich«, rief der Kaiser, »kann ich durchaus keine Achtung empfinden, solange sein Thron von fremden Bajonetten unterstützt wird und solange er nicht selber durch seine Haltung bekundet hat, daß er sich zur französischen Nation bekennt!«

X.

Da der Wind schlecht war, bestieg der Kaiser am 29. April um 9 Uhr abends seinen Wagen und fuhr nach St. Raphael, das ein paar Kilometer von Fréjus entfernt liegt. Dort ging er an Bord der Fregatte *Undaunted.* Man erwies ihm alle Ehren und feuerte den Kaisersalut. Die Kajüte des Kapitäns war zur Aufnahme des Kaisers instand gesetzt worden. Mit ihm schifften sich die Generale Bertrand, Drouot, Koller und der Oberst Campbell ein. Graf Schuwaloff kehrte nach Fréjus zurück.

Am ersten Mai sichtete man die Küste von Korsika in der Nähe von

Calvi. Die hohen Berge der Insel verursachen für gewöhnlich Meeresstille. Man signalisierte das englische Geschwader, das den General Montrésor und die Truppen der korsischen Expedition von Genua brachte. Mehrere Offiziere der Marine und der Landarmee kamen an Bord und speisten mit dem Kaiser.

Am 3. Mai segelte man um Cap Corse herum und meldete, daß die Insel Elba in Sicht sei. Im Vorbeifahren nahm Kapitän Usher die Insel Capraja im Namen seiner Regierung in Besitz. Am Abend ankerte man auf der Reede von Porto Ferrajo. Drei Stunden vorher war ein Boot mit dem General Drouot abgefahren, der mit dem General Dalesme und den einheimischen Behörden alles für die Landung des Kaisers vorbereiten sollte. Diese wurde auf 9 Uhr früh des nächsten Tages festgesetzt.

Mit dem Benehmen des Kapitäns Usher und der englischen Offiziere und Mannschaften konnte der Kaiser außerordentlich zufrieden sein.

*

Zweites Kapitel.

Elba.

I. Beschreibung der Insel Elba. – II. Ankunft des Kaisers und der kaiserlichen Garde auf Elba. – III. Einrichtung der Kaiserinmutter, der Prinzessin Pauline und des Kaisers. Errichtung eines Theaters, einer Bibliothek und eines Krankenhauses in Porte Ferrajo. – IV. Verschiedene Ausflüge des Kaisers auf der Insel, nach Pianosa und nach der Einsiedelei von Marciana. – V. Die Insel beginnt aufzublühen. – VI. Der Kaiser verweigert jede Verbindung mit dem König von Neapel. – VII. Der Stand der öffentlichen Meinung in Italien und Frankreich. – VIII. Mordversuche unter Leitung des früheren Chouanführers Bruslart. – IX. Vierte Verletzung des Vertrages von Fontainebleau. Die italienischen Kaufleute bieten dem Kaiser Mittel an. – X. Benehmen des Obersten Campbell; seine hinterlistige Mitteilung an den Grafen Bertrand enthüllt die wahren Absichten des Wiener Kongresses. Rüstungen zur Verteidigung der Insel Elba.

I.

Die Insel Elba liegt zwischen Korsika und Toskana. Ihre Hauptstadt Porto Ferrajo liegt etwa 14 Kilometer vom italienischen Festland und dem Cap Piombino entfernt. Die Insel Palmajola, die zu Elba gehört, liegt auf dem halben Wege nach dem Festlande. Alle Schiffe, die von Genua und Livorno nach Civitavecchia und Neapel gehen, fahren durch den Sund von Piombino bei Porto Ferrajo vorbei. Der Verkehr ist sehr stark; es vergeht kein Tag, ohne daß mehrere hundert große und kleine Schiffe aller Nationen passieren. Zwischen Elba und Korsika liegt die Insel Pianosa, 14 Kilometer von Elba, 45 von Korsika entfernt. Die Schiffe von Marseille, Toulon und Spanien passieren diesen Sund auf ihrer Fahrt nach der Levante.

Die Insel Elba hat zwei ausgezeichnete Reeden, die von Porto Ferrajo und die von Porto Longone; Geschwader von 20 bis 30 Linienschiffen können dort in Sicherheit ankern. Die Reeden werden durch die beiden Festungen beschützt.

Die Insel enthält zwei schöne Häfen, zwei kleine Städte und sieben große Dörfer, im ganzen neun Gemeinden; ihre Bevölkerung kann auf 12000 Seelen geschätzt werden. Die Insel ist mit Weingärten bedeckt; ihr Haupterzeugnis ist der Wein, von dem durchschnittlich jedes Jahr für mehr als 1 Million ausgeführt wird. Dieser Wein ist sehr gut und wird in Genua und Toskana allen anderen italienischen Weinen vorgezogen. Maulbeerbäume sind gar nicht vorhanden, würden sich jedoch einführen lassen; dann würde Seidenerzeugung eine beträchtliche Hilfsquelle sein. Es sind nur zwei oder drei Olivengärten vorhanden, die nicht mehr als 3 oder 400 Fässer Öl liefern. Wie es scheint, würde der Ölbaum auf Elba gut fortkommen, aber die Ernte würde noch unsicherer sein als in Toskana und in der Provence. Edelkastanien gibt es nur in Marciana, wo ein ganzer Wald vorhanden ist, der für die Bewohner des Dorfes sehr wertvoll ist. Sie essen die Kastanien geröstet, machen aber kein Brot daraus. Das Kastanienholz wird viel zu Bauten verwandt. Im Walde von Monte Giove sind sehr schöne Bäume, besonders viele Eichen. Die Berge sind mit Buschholz bedeckt; man benutzt dieses zu Besen und als Brennholz. Alle Obstbäume gedeihen sehr gut. Die Ebenen von Porto Ferrajo und von Campo sind die ausgedehntesten der Insel; dort wird Getreide geerntet, das zur Ernährung der Insel für 4 Monate hinreicht. Der Kaiser führte den Anbau der Kartoffel ein und legte künstliche Wiesen an, die bis dahin unbekannt waren. Eine dritte Ebene, die reichen Ertrag liefern könnte, die Ebene von Campo del Agone, ist nur wenig angebaut.

Im Magnetberg ist Magneterz in großer Menge und sehr schöner Qualität vorhanden.

Am Monte Grosso in der Nähe des Meeres ist das große Eisenwerk von Rio; es beschäftigt 4 bis 500 Arbeiter und etwa 50 Schiffe, die das Erz befördern; die größten von diesen Schiffen haben 110 Tonnen Gehalt. Das Erz wird nicht auf der Insel geschmolzen; man schickt es nach Neapel, Civitavecchia, Genua oder Toskana in die Hochöfen; es liefert das beste Eisen von Europa. Das Bergwerk bringt 7 bis 800000 Franken jährlich ein; davon fallen 300000 als Reinertrag der Domäne zu.

In Porto Ferrajo gibt es mehrere Fischsalzereien. Der Fischfang an den Küsten ist sehr ertragreich; er wird von Genuesern und Neapolitanern ausgeübt; der Fischexport der Insel hat einen Wert von 2 bis 300 000 Franken. Die Fischsalzereien mögen dem Fürsten jährlich etwa 20 bis 30 000 Franken einbringen.

In Porto Ferrajo sind sehr schöne Salinen, die jährlich etwa 30 000 Franken einbringen, von denen die Hälfte als Reinertrag dem Fürsten zukommt.

Im ganzen zieht die Insel aus ihrem Export jährlich eine Einnahme von mehr als 2 Millionen; damit muß der Ankauf von Getreide, Fleisch und Manufakturwaren bestritten werden. Die Insel bezahlt an Steuern verschiedener Art eine Summe von 100 000 Franken; diese ist hinreichend, um die Kosten der Verwaltung zu decken. Porto Ferrajo bezog aus dem Stadtzoll und aus den Einkünften des Gemeindevermögens eine Gesamteinnahme von 40 000 Franken jährlich; damit konnten die Ausgaben gedeckt werden.

Die Insel Elba hatte 3 bis 400 Schiffe von verschiedener Größe, die sich teils dem Handelsverkehr der Insel selbst, teils der Küstenschifffahrt nach den verschiedenen Häfen Italiens widmeten. In Marciana leben sehr geschickte Schiffbauer, die landesübliche Barken bis zu einem Gehalt von 120 bis 130 Tonnen bauen.

Porto Ferrajo ist eine kleine Stadt, gegenüber der italienischen Küste auf einer Anhöhe gelegen, die die Reede beherrscht. Ihre Einwohnerzahl beziffert sich auf 3000 Seelen, Garnison und Beamte nicht mitgerechnet. Sie besitzt einen Hafen, in welchem selbst Linienschiffe mit drei Decks Platz finden können. Die Befestigungen von Porto Ferrajo sind von Cosmo de' Medici gegen die Barbaresken errichtet und während der 15 Jahre unter dem Kaiserreiche bedeutend verstärkt worden, so daß es als Festung ersten Ranges gelten kann.

Porto Longone ist ursprünglich von den Spaniern zur Festung gemacht worden. Vor ihrer Vereinigung mit Frankreich gehörte sie dem König von Neapel. Die nach Osten offene Reede ist sehr geschützt.

Die Insel Elba brachte Napoleon 500 000 Franken ein, nämlich 300 000 Franken aus dem Eisenbergwerk; 100 000 Franken aus der Fischsalzerei, den Salinen und einigen Domänen; 100 000 Franken aus Steuern und Gebühren. Die Ausgaben betrugen im ganzen 100 000 Franken für Gehälter der Richter und Verwaltungsbeamten, Besoldung der Gendarmerie, Gerichtskosten, Unterhalt der Wege usw. Es blieben also 400 000 Franken, die dem kaiserlichen Schatz zuflossen und zum Unterhalt der Befestigungswerke, der Marine, der Landtruppen und des kaiserlichen Haushalts dienten. Nach dem Vertrag von Fontainebleau mußten dem Kaiser außerdem jährlich 2 Millionen Franken bezahlt werden.

II.

Am 3. Mai ankerte die *Undaunted* um 10 Uhr abends auf der Reede von Porto Ferrajo; General Drouot ging sofort an Land, um den auf der Insel kommandierenden General Dalesme und die bürgerlichen Behörden von der Ankunft des Kaisers zu benachrichtigen. Am nächsten Tage, den 4. Mai, landete der Kaiser um 11 Uhr vormittags; die Kanonen der Fregatte, der Reede und der Festung feuerten den Salut. Die Truppen standen unter den Waffen. Napoleon begab sich nach der Kirche, wo ein Tedeum gesungen wurde; alle Autoritäten der Insel waren anwesend. Hierauf ging Napoleon in das Rathaus, das man in aller Eile zurechtgemacht hatte; dort empfing er die genannten Autoritäten. Das Volk war von denselben guten Gesinnungen beseelt wie die Garnison, die aus mehreren Abteilungen Artillerie und Infanterie bestand. Brigadegeneral Dalesme, der auf Elba kommandierte, war ein verständiger Offizier, der sich die Liebe der Einwohner erworben hatte.

Man schritt zur Übergabe der Insel, der beiden Festungen Porto Ferrajo und Porto Longone, des ganzen vorhandenen Materials und aller Munition für die Artillerie. Hierauf wurde das Wappen und die Flagge der Insel bestimmt, die auf blauem Grunde mit rotem Querstreifen drei Bienen trug. Die Kommissare schickten diese Flagge an alle Konsuln in den Mittelmeerhäfen. Sie wurde sofort in allen Häfen der Insel gehißt. Die Besitznahme erstreckte sich nach dem Protokoll auf die Insel Elba und die kleinen Inseln Palmajola, Pianosa und Monte Christo, die zur Insel Elba gehörten. Dieses Protokoll wurde vom General Koller für Österreich und vom Obersten Campbell für England unterzeichnet.

Von St. Tropez war Kapitän Moncabrié nach Toulon gesegelt, wo er Befehl empfing, sich nach Porto Ferrajo zu begeben, die Brigg *Inconstant* zur Verfügung zu stellen und den General Dalesme mit der französischen Garnison nach Frankreich zu befördern. Der Kapitän entledigte sich seines Auftrages in angemessener Weise. Eines Tages begab der Kaiser sich gleich nach Sonnenaufgang unangemeldet an Bord der französischen Fregatte und unmittelbar darauf an Bord der *Undaunted,* deren Abfahrt bevorstand. Die Gefühle, von denen die

Offiziere und Mannschaften der französischen Fregatte durchdrungen waren, lassen sich nicht beschreiben. An die Engländer hielt der Kaiser nach französischem Brauch eine Ansprache; der Kapitän übersetzte seine Worte. Das Benehmen der Engländer ließ nichts zu wünschen übrig, aber man merkte wohl, daß diese Art ihnen neu war. Die französische Fregatte fuhr mit dem General Dalesme und der französischen Garnison ab. Die Forts wurden von dem Freibataillon und der Nationalgarde besetzt. Nach einigen Tagen kam die Kaisergarde an.

Besatzungen und Offiziere der englischen Fregatte fühlten sich durch das ihnen vom Kaiser bezeigte Vertrauen sehr geschmeichelt. Eine französische Mannschaft hätte keine tiefere Ehrfurcht und keine bessere Gesinnung kundgeben können als diese englische. Um seiner Befriedigung Ausdruck zu geben, schenkte Napoleon dem Kapitän Usher eine Tabaksdose mit seinem Porträt und jedem Matrosen ein Goldstück.

General Koller kehrte nach Genua zurück; als fremder Kommissar blieb auf der Insel nur Oberst Campbell. Admiral Exmouth, der die Mittelmeerflotte befehligte, stellte eine Korvette zu seiner Verfügung; der Oberst bediente sich derselben, um Reisen nach Toskana, Genua und Civitavecchia zu machen; er verbrachte ganze Monate in Florenz oder Rom und erschien auf der Insel nur alle 4 oder 6 Wochen einmal.

Die Garde, die vom General Cambronne befehligt wurde, war von Briare am 21. April gleichzeitig mit dem Kaiser aufgebrochen. Sie marschierte über Auxerre, Lyon und Chambéry nach Savona und wurde überall mit Jubel empfangen. Die Gefühlsäußerungen der Bevölkerung aller Klassen machten einen tiefen Eindruck auf die Braven. Das war eine erste Belohnung für ihre Treue. Lyon ging damit allen Städten voran und verursachte eine solche Bewegung der Geister, daß die österreichische Garnison darüber sehr unruhig wurde. Die alten Soldaten waren ebenfalls sehr befriedigt von ihrem Empfang im Piémont und in der Stadt Savona. Hier fanden sie fünf große Transportschiffe vor, die der englische Admiral für ihre Überfahrt und die der Pferde und des Gepäcks bereitgestellt hatte.

Am 27. Mai ging die Garde auf der Reede von Porto Ferrajo vor Anker; der Kaiser fuhr ihr in seinem Boot entgegen. Die Zahl der alten Soldaten hatte sich unterwegs vermehrt, doch hatte General Cambronne darauf gehalten, daß niemand eintrat, der nicht bereits der Garde angehört hatte. Sie überbrachten aber die Gesuche von mehreren tausend Offizieren und Soldaten und von zahlreichen Zivilbeamten, die alle das Los des Kaisers zu teilen wünschten. Die Ankunft der Garde gab dem Städtchen Porto Ferrajo ein ganz anderes Aussehen.

Nach dem Vertrag von Fontainebleau hatten Napoleons Gattin und sein Sohn Parma und Piacenza erhalten. Hundert polnische Lanzenreiter und eine Anzahl Wagenpferde wurden von Elba nach Parma geschickt. Sie wurden von der Bevölkerung sehr gut, aber von den österreichischen Behörden sehr schlecht empfangen. Nachdem sie sich mehrere Monate in Parma aufgehalten hatten, mußten sie nach Elba zurückkehren. Parma und Piacenza blieben im Besitz des Kaisers von Österreich, der sich weigerte, die beiden Herzogtümer der Kaiserin und ihrem Sohn herauszugeben. Dies war die dritte Verletzung des Vertrages von Fontainebleau.

Obgleich alle Gesuche von Offizieren und Soldaten, die auf Elba zu dienen wünschten, abschlägig beschieden wurden, und obgleich man alles aufbot, um Zuzug fernzuhalten, kamen doch so viele, daß man genötigt war, ein zum großen Teil aus Korsen bestehendes Bataillon zu bilden. Dieses vermehrte sich jeden Tag durch alte Soldaten, die von Frankreich kamen. Das Bataillon wurde als Besatzung in die Festung Porto Longone gelegt. Die kleine Armee von Elba bestand aus einer Kompanie Artillerie der Alten Garde, 110 Mann; einem Bataillon Infanterie der Alten Garde, 800 Mann; 100 polnischen Lanzenreitern der Garde; 30 Gendarmen; einem Jägerbataillon von 500 Mann; einem Freiwilligenbataillon von 600 Mann; 50 Marinesoldaten der Garde; einer 26 Kanonen-Brigg mit einer Besatzung von 100 Mann nebst 4 kleinen Feluken und einigen anderen Fahrzeugen, die zusammen ebenfalls 100 Mann Besatzung hatten; die Gesamtzahl der Truppen betrug also 2300 bis 2400 Mann. Dazu kam noch die Nationalgarde, deren Stärke auf der ganzen Insel sich auf etwa 1000 Mann belief.

Porto Ferrajo wurde durch weitere Bauten der Forts von St. Cloud, Montebello und St. Hilaire, die der Genieoberst Vincent ausführte, zu einem außergewöhnlich stark befestigten Platz gemacht. Artilleriemunition war in beträchtlicher Menge vorhanden; die Lebensmittelmagazine wurden ergänzt und enthielten stets Vorräte für ein Jahr.

General Drouot war Gouverneur der Insel und führte den militärischen Oberbefehl zu Lande und zu Wasser. Dem Intendanten Bounod wurde die ganze Verwaltung des Kriegswesens übertragen. Der Großmarschall leitete alle Einzelheiten der Zivilverwaltung und der kaiserlichen Hofhaltung. Peyrusse war kaiserlicher Schatzmeister. Alles geschah durch diese höchsten Beamten; der Kaiser bekümmerte sich um nichts.

Die Ausgaben für Krieg und Marine beliefen sich alles in allem auf 1 Million 200 000 Franken. Davon wurden 1085 Mann der Garde und 1100 andere Soldaten unterhalten. Außerdem lebten auf der Insel etwa 100 pensionierte Generale, Obersten, Bataillonschefs, Hauptleute und Leutnants, die sich dorthin zurückgezogen hatten.

III.

In Porto Ferrajo war keine angemessene Unterkunft vorhanden. Am Hafen herrschte sehr starke Hitze, man konnte nur in der oberen Stadt wohnen. Aber auch hier war es notwendig, erst Häuser zu bauen. Von Toskana und Rom kamen Architekten und Maler, um ihre Dienste anzubieten und zugleich eine Zuflucht gegen politische Verfolgungen zu suchen. Sie machten einen kleinen, zweistöckigen Pavillon zurecht, in welchem der Kaiser sich einquartierte. Viele Häuser mußten niedergerissen werden; diese Arbeit vollzogen die Soldaten der Garde mit großem Eifer. Die niedergelegten Häuser waren zum Teil staatliche Gebäude, zum Teil gehörten sie Privatleuten, die dafür angemessen bezahlt wurden. Die Einwohner sahen diese Verschönerungen mit Vergnügen. Die Gardisten, die an diese Abbruchsarbeiten von Paris und anderen Orten her gewöhnt waren, sagten scherzend zu den Leuten von Porto Ferrajo: »Wir reißen immer die Hälfte der Häuser nieder, wenn wir uns irgendwo aufhalten, das ist so unsere Art; aber wir bezahlen bar und noch ein Viertel über den Wert.« In wenigen Wochen waren ein freier Platz und ein Garten neben dem Pavillon des Kaisers fertiggestellt. Dieser Pavillon hatte eine herrliche Aussicht nach der Küste von Toskana und Piombino. Ein in der Nähe gelegenes sehr schönes Kloster wurde als Kaserne für die Garde eingerichtet, die sich darin sehr wohl befand. Die Kaiserinmutter wurde im Vantinischen Hause untergebracht.

Prinzessin Pauline hatte Weingärten gekauft und etwa drei Miglien von der Stadt in reizender Lage eine Villa nach italienischer Art erbauen lassen. Sie wollte sich in diesem Hause einrichten. Da aber im September bei ihrer Rückkehr aus dem Bade diese Villa San Martino, die sie 100 000 Taler gekostet hatte, noch nicht ganz fertig war, bezog sie eine Wohnung im kaiserlichen Pavillon, wo die Baumeister mehrere schöne Zimmer für sie zurechtgemacht hatten.

Die Villa San Martino wurde mit großem Geschmack von sehr guten römischen Malern ausgeschmückt, die mit Lust und Liebe arbeiteten, da sie mehr ihren Gefühlen und Neigungen folgten, als auf Geldgewinn sahen.

Der 15. August wurde von den Insulanern mit einer gewissen Pracht gefeiert. Zahlreiche Familien kamen vom italienischen Festland herüber, um das Fest mitzumachen.

Noch vor Ablauf des Jahres war Napoleon leidlich untergebracht: Zu seiner Verfügung standen ein Pavillon in Porto Ferrajo, einer in Porto Longone, die Villa San Martino, die er zuweilen besuchte, und die Einsiedelei in Marciana, wo er während der großen Hitze mehrere Wochen zubrachte. Diese Einsiedelei liegt mitten in einem Kastanienwalde auf einem der Gipfel des Monte Capana; man sieht von dort aus Korsika, Italien, die Alpen und die umliegenden Meere. Dort befindet sich der Eiskeller, der die ganze Insel während des Sommers versorgt. Diese Einsiedelei ist sehr angenehm, gesund und kühl; man wird dort durch keine Fliegen belästigt. Es befindet sich daselbst auch eine schöne Kirche und ein Haus mit vier Zimmern. Während des Sommers wurden Zelte aufgeschlagen; im Winter sollte ein kleiner Pavillon erbaut werden.

In der Stadt Porto Ferrajo hatte es bis dahin keine Kutschen gegeben; fast alle Straßen mußten neu gepflastert und einige, die zu abschüssig waren, durch Aufschüttungen geebnet werden. Es wurde ein Schauspielhaus gebaut, wie sie in den italienischen Städten üblich sind; ein Lazarett mit Quarantänehaus diente für den Verkehr mit der Levante.

Die ganze Insel verschönerte sich; das Städtchen Porto Ferrajo wurde sauber und begann nach einer Hauptstadt auszusehen.

IV.

Sobald des Kaisers Pferde angekommen waren, begann man die Fahrstraßen zu verbessern und neue anzulegen. Die Landstraße von Porto Ferrajo nach Porto Longone diente gewöhnlich für die Spazierfahrten des Kaisers; die Entfernung beträgt 10 Miglien. Eine neue Straße wurde angelegt, um zu Lande nach Marciana kommen zu können; eine Abzweigung führte nach Campo.

Der Kaiser besuchte alle Gemeinden. Die Dörfer sind groß und gut gebaut; in jedem wohnen mehrere wohlhabende Familien, die schöne Häuser besitzen. Diese Rundreisen waren Festtage für die Einwohner; der Tag begann stets mit einer kirchlichen Feierlichkeit und schloß mit einem kleinen Ball.

Porto Longone beschloß Napoleon als Festung aufzugeben, da er nicht genug Leute hatte, um zwei Städte zu behaupten. Er ließ nur zwei starke Batterien zur Verteidigung der sehr guten Reede zurück. Alle Vorräte und Geschütze wurden nach Porto Ferrajo gebracht, wo sich seitdem mehr als 100 überzählige Kanonen befanden. Viele von diesen waren in schlechtem Zustande; General Drouot setzte sie zum Teil wieder instand, zum Teil verkaufte er sie und nahm dafür mehrere hunderttausend Franken ein.

Das Eisenbergwerk von Rio liefert eine sehr reiche Ausbeute an Erz. Es stand unter der Verwaltung des Herrn Pons (de l'Hérault), der sein Amt sehr gut versah und die Interessen des Eigentümers mit denen der Arbeiter zu vereinbaren wußte. Er war bei diesen sehr beliebt.

Als Napoleon das Bergwerk besichtigte, befahl er die Erbauung einer Mole, um dadurch den 100 Schiffen, die nach Rio gehörten, einen sicheren Hafen zu schaffen.

Der Kaiser verweilte mehrere Tage in Porto Longone, ging dann nach Capo Livieri und endlich nach Marciana und Campo.

Vom Strande von Campo fährt man gewöhnlich ab, wenn man die Insel Pianosa besuchen will. Der Kaiser machte dorthin einen zweitägigen Jagdausflug. Pianosa ist ein Korallenfelsen, von 15 Miglien Umfang; eine flache Ebene erhebt sich 20 Meter über dem Meer; sie ist mit Ölbäumen und allen möglichen anderen Bäumen bedeckt und hat mehrere Brunnen mit gutem Wasser. Der Enkel des Kaisers Augustus, Marcus Julius Agrippa, lebte dort in der Verbannung; man sieht noch die Ruinen seines Palastes und der von ihm angelegten Seebäder. Die Insel war nicht mehr bewohnt, weil die Barbaresken mehrere Male die ganze Bevölkerung fortgeschleppt hatten.

Marciana ist ein großes Dorf, das auf einer Anhöhe liegt, während eine stark bevölkerte Häuserreihe sich den Strand entlangzieht. Auf dem höchsten Gipfel liegt die Einsiedelei, wo Napoleon mit Vergnügen 14 Tage verbrachte.

V.

Das Bergwerk, die Fischerei, der freie Handel mit allen Häfen Italiens und die freie Weinausfuhr machten die Insel sehr wohlhabend. Durch die Ausgaben für die kaiserliche Hofhaltung und die Truppen kam viel Geld ins Land. Ein noch schöneres Aufblühen stand der kleinen Insel bevor, als die neue Flagge eingeführt wurde; die Barbaresken respektierten sie nicht nur, sondern versicherten stets von neuem ihre Freundschaft, so oft sie der Flagge begegneten. Von allen Seiten eilten Spekulanten herbei, um sich den Schutz dieser Flagge zunutze zu machen, die sogar der englischen vorgezogen wurde. Schutzbriefe wurden nur an solche Handelsleute ausgegeben, die auf der Insel selbst ansässig waren; daher begannen viele Kapitalisten der italienischen Handelsplätze Niederlassungen auf Elba einzurichten. Alle Schiffe der Insel waren voll beschäftigt, so daß man neue bauen und dazukaufen mußte. Genua und Neapel bevorzugten für ihren Handel mit den Inseln des Archipels und des Adriatischen Meeres die Flagge der Insel Elba als die sicherste. Wenn dieser Zustand noch einige Jahre angedauert hätte, so würde Elba zu höchstem Wohlstand gelangt sein.

VI.

Die algerischen Korsaren führten einen erbitterten Raubkrieg gegen den neapolitanischen Handel. Ein neapolitanisches Linienschiff von 74 Kanonen und eine Fregatte kreuzten im Sund zwischen Elba und Livorno. Diese Schiffe wollten mehrere Male Verbindungen mit der Insel anknüpfen, aber dies wurde ihnen stets verweigert. Der Kaiser hatte persönlich einen tiefen Groll gegen den König von Neapel und weigerte sich während seines ganzen Aufenthaltes auf Elba, mit ihm in Verbindung zu treten. Er erhielt Nachrichten von seinem Schwager nur durch die Prinzessin Pauline, die in Neapel eine Badekur gebraucht hatte.

VII.

Der Verkehr zwischen der Insel und Italien war sehr lebhaft. Alle Tage kamen und gingen Schiffe von und nach Livorno, Genua, Civitavecchia und den neapolitanischen Häfen. Von Livorno brachten die Schiffe Getreide, Tuch, und was die Insel sonst brauchte; sie brachten dorthin Früchte, Fische, eingemachten Tunfisch und Salz. Nach Genua wurde Wein und Erz exportiert; dafür wurden Teig- und Manufakturwaren eingeführt. Nach Civitavecchia schickte man Wein und Erz und bezog dorther Getreide. Mit Bastia auf Korsika bestand ebenfalls eine tägliche Verbindung; man erhielt Früchte und Holz und schickte Thunfisch, Salz usw. Ein Postschiff fuhr zweimal wöchentlich zwischen Piombino und der Insel hin und her; dieser Postdienst war so regelmäßig wie auf dem Lande; nur bei schlechtem Wetter gab es Verzögerungen von 5 bis 6 Stunden, selten mehr. Mit dieser Post erhielt man alle französischen und italienischen Zeitungen.

Die Brigg war beständig unterwegs. Sie segelte nach Genua, Civitavecchia und Neapel und besorgte, was die kaiserliche Hofhaltung brauchte; diese beschäftigte außerdem noch zwei Transportschiffe für denselben Dienst.

Der Kaiser schrieb während seines Aufenthalts auf der Insel keinen einzigen Brief; er unterhielt keinerlei politische Korrespondenz. Er las nur die Zeitungen, Broschüren und Schmähschriften und die sehr zahlreichen Briefe von Offizieren und Soldaten, die bei ihm in Dienst zu treten wünschten. Er erhielt 5000 solcher Briefe, davon 2000 aus Korsika, 2500 aus Genua, Piémont und dem Königreich Italien, 500 aus Frankreich. Neun Zehntel dieser Briefe waren von gemeinen Soldaten geschrieben, die aus dem französischen Kriegsdienst nach Hause gekommen waren; zum Teil waren sie als Ausländer verabschiedet worden, zum Teil kamen sie aus den englischen, deutschen und russischen Festungsgefängnissen zurück. Sie waren durch Frankreich gewandert und berichteten von der Stimmung, die unter Soldaten und Landleuten herrschte. Überall sprach man von der Insel Elba.

Mit Rom, Civitavecchia und Genua wurde ein sehr lebhafter Verkehr unterhalten. Genua und die ganze Riviera bekundeten die größte Anhänglichkeit an den Kaiser. Kein genuesisches Schiff näherte sich der Insel, ohne den Kaiser mit freudigem Zuruf zu begrüßen. Die Schiffe, die von den verschiedenen Häfen der Genueser Riviera kamen, machten sich ein Vergnügen daraus, Passagiere sogar ohne Papiere und ohne Erlaubnis der Behörden nach Elba zu befördern. Wenn die Korvette oder der bewaffnete Kutter des Kaisers irgendeinen Hafen anliefen, war es jedesmal ein Fest. Die Einwohner eilten herbei und erkundigten sich nach dem Kaiser. Nur in Livorno herrschte eine ganz andere Gesinnung; die Bevölkerung war feindselig und der Gouverneur sehr übelwollend. Livorno war eifersüchtig auf Porto Ferrajo; man sah mit neidischer Unruhe die Errichtung des Lazaretts und die Bevorzugung der Flagge durch die Barbaresken.

Häufig kam es vor, daß italienische Bürger oder genuesische, piemontesische, toskanische und römische Soldaten, die in Frankreich gedient hatten, nach Elba kamen, um sich zum Dienst beim Kaiser zu melden. Alle diese brachten Nachrichten aus Frankreich, die stets dahin lauteten: Ganz Frankreich, außer Marseille, rufe nach dem Kaiser! Einige dreißig Krieger, die auf Elba geboren waren, waren überall in Frankreich, wohin sie kamen, von den Bauern gefeiert und gepflegt worden, sobald man wußte, daß sie von Elba waren. Korsische Soldaten erhielten denselben Empfang. Man war also über die Gesinnungen aller Regimenter und aller Provinzen Frankreichs vollkommen unterrichtet; aus allen Berichten ging hervor, daß die öffentliche Meinung für den Kaiser war, daß Begeisterung und heiße Ergebenheit für seine Person von Monat zu Monat alle mehr und mehr ergriffen hatte, daß Volk und Heer ihn vor dem Frühling erwarteten; daß die Soldaten sich der weißen Kokarde schämten und eine dreifarbene im geheimen mit sich führten, ja daß mehrere diese schon unter der weißen angebracht trügen; daß sie ihre Mahlzeiten nie begännen, ohne zuerst die Gesundheit des Kaisers auszubringen: auf das Wohl des *Abwesenden* oder des *bald Heimkehrenden* oder auch des *Vater Veilchen,* wie sie ihn unter sich nannten. Nie würde der Name Ludwigs des Achtzehnten genannt. Die Offiziere waren gedemütigt durch die Bemühungen der Bourbonen, den Ruhm der Nation herabzusetzen. Einige Generale und Offiziere hätten sich den Bourbonen verkauft, aber sonst seien fast alle von derselben Gesinnung wie die Armee, obgleich die Bourbonen alles daran setzten, um diese zu gewinnen. Sie zahlten gut, verwöhnten die Soldaten und spendeten viel Geld. Wenn es ihnen manchmal gelang, den Ruf: *Es lebe der König!* aus den Soldaten herauszupressen, so konnten sie sicher sein, daß diese leise hinzufügten: *von Rom!* und daß sie das gespendete Geld auf das Wohl des *Abwesenden* vertranken: »Ihm verdanken wir es«, sagten sie, »denn man behandelt uns so gut, weil man sich fürchtet, daß er wiederkommt.« Noch ungeduldiger, den Kaiser wiederzuhaben, seien die Bauern und das Volk, die Befreiung von ihm erhofften; denn Adlige und Priester hatten wieder die Gewalt an sich gerissen und behandelten das Volk mit Hochmut, man befürchtete die Rückkehr zu den alten Feudalrechten und verspürte schon wieder die Ketten, die die Revolution gebrochen hatte.

Viele sehr vornehme Engländer kamen auch nach Elba. Sie ließen sich durch den Großmarschall oder General Drouot dem Kaiser vorstellen. Einer von ihnen, Lord Ebrington, hatte die hohe Ehre, mit dem Kaiser allein zu speisen. Auch diese äußerten sich über Frankreich und den Kaiser, sie bewunderten, wie sehr sich in diesem Lande alles zum Vorteile verändert habe, was alles Frankreich und Italien dem Kaiser verdanke, welche Arbeiten aller Art dieser veranlaßt habe, wie sehr er den Ackerbau gehoben habe, aber welche Anhänglichkeit und Begeisterung auch die beiden Völker für den Kaiser äußerten. Mehrere hatten aufmerksam unsere Fabriken studiert; sie gestanden, daß sie sich früher durch die von der englischen Regierung bestellten und bezahlten Schmähschriften hätten täuschen lassen, dann aber mit großem Erstaunen die Vollkommenheit der französischen Manufakturen bemerkt hätten, die unstreitig die schönsten in ganz Europa wären. Seeoffiziere, die die Arsenale von Antwerpen, Cherbourg, Amsterdam und Venedig besucht und die Touloner Flotte gesehen hatten, gaben zu, daß man überall die Hindernisse besiegt habe und daß ganz geräuschlos die Grundlage zu einer gewaltigen Seemacht gelegt worden sei. Sie bewunderten die Hafenanlagen in der Schelde und die Einrichtungen, die man getroffen hatte, um Linienschiffe nach französischem Modell in Holland zu erbauen, wo man bis dahin nur schlechte Schiffe gehabt hatte. Die Engländer, die von Paris kamen, empfanden die tiefste Verachtung für die Bourbonen, deren Regierung und die Personen ihrer Umgebung. Sie beklagten aufrichtig Frankreich, daß es in solche Hände gefallen wäre, wobei sie jedoch anerkannten, daß dies für England das größte Glück wäre. Mehrere von diesen Engländern hatten mit bekannten Persönlichkeiten verkehrt und erzählten ihre Gespräche mit diesen. Alles bestätigte, was schon aus einer oberflächlichen Lektüre des *Moniteurs* und aus den Erzählungen der Soldaten hervorging: daß nämlich die Bourbonen auf ihrem Throne gänzlich vereinsamt waren und daß die Liebe des Volkes und die Teilnahme der Nation sich von ihnen abgewandt hatte.

Mehrere französische Kaufleute, die nach Genua, Livorno oder Neapel reisten, um ihre dortigen Niederlassungen aufzulösen, besuchten die Insel Elba. Es waren lauter vernünftige Leute, die eine gewisse Bedeutung in der Geschäftswelt hatten. Sie alle hielten es für unmöglich, daß Frankreich noch lange unter dieser törichten Regierung bleibe. Nachdem Frankreich das erste Volk der Welt gewesen, sei es das letzte geworden; die Verachtung, die den Hof umgebe, treffe auch die ganze Nation; man verspüre dies sogar in den Handelsbeziehungen. Sie suchten herauszubekommen, ob der Kaiser nicht etwa die Absicht habe, nach Frankreich zurückzukehren. Alle sagten: »Einerlei, in welchem Hafen Frankreichs er landen wird, überall wird sich das Volk für ihn erheben; nur Marseille bildet eine Ausnahme.«

Man kann sich denken, wie begierig nach Nachrichten Offiziere und Soldaten waren. Die Erzählungen der Reisenden und der heimkehrenden Soldaten und die von den Schiffen mitgebrachten Neuigkeiten bildeten den Gegenstand aller Unterhaltungen und veranlaßten alle möglichen Gerüchte. Die Erregung der Geister stieg so hoch, daß der Kaiser ihr eine Ablenkung verschaffen mußte, indem er seine Gardisten schwere körperliche Arbeit verrichten ließ. Er ließ sie einen großen Garten vor ihrer Kaserne anlegen. Anfangs murrten die alten Krieger darüber; sie sagten: »Sind wir denn nach Elba gekommen, um Pioniere zu werden?« Als aber die Arbeiten trotzdem weitergingen, sagten schließlich die schlausten: »Das ist nicht natürlich, das ist eine List des Kaisers. Verlaß dich drauf, die Gemüse, die wir säen, kriegst du nicht zu essen.«

VIII.

Im Januar lief ein Schiff, das von Frankreich kam, die Insel Elba an. Ihm entstieg ein Gardes du Corps-Unteroffizier, der die weiße Kokarde trug. Dies verursachte große Unruhen; die Soldaten rotteten sich zusammen und behaupteten, der Mann habe sie beleidigen wollen. Zum Glück erfuhr der Kaiser von dem Vorfall, ließ sich den Mann, der den Lärm verursacht hatte, vorführen und fragte: »Was wollen Sie hier?« – »Ich reise nach Rom.« – »Was haben Sie dort zu tun?« – »Ich habe eine Rechnung in Ordnung zu bringen. Ich war unter dem Kaiserreich Magazinverwalter. Nach der Rückkehr des Königs hat man sich meiner Familie erinnert und mich zum Unteroffizier bei den Gardes du Corps gemacht.« – »Wie?« rief der Kaiser; »der König beruft in seine Gardes du Corps nicht die alten Veteranen, die in hundert Schlachten gesiegt haben, sondern armselige Menschen, die ihr Leben in den untersten Dienstzweigen der Verwaltung verbracht haben!«

Wenige Tage später verursachte ein Schiff, das von Livorno kam, einen noch größeren Skandal. An Bord befand sich ein Chouan, Adjutant des Gouverneurs von Korsika, Bruslart. Er trug die Uniform der

Chouans mit einer riesigen weißen Kokarde, und seine Kleidung war überall mit Lilien bestickt. Die Garnison war entrüstet über diesen Menschen. Die Offiziere erkundigten sich, und man erfuhr bald, daß er früher als Chouan in den westlichen Departements Räuber gewesen war. Er beteuerte, nur das schlechte Wetter habe ihn gezwungen, auf Elba an Land zu gehen. General Drouot gab ihm einen Offizier zur Bewachung. Da das schlechte Wetter andauerte, war er gezwungen, mehrere Tage zu verweilen. Jeden Morgen sah er die herrliche Kaisergarde Parade abhalten und hörte dazu die allen Franzosen teuren Melodien der Marseillaise, des *Veillons au salut de l'Empire!* und dergleichen. Er sagte zum Offizier, der ihn begleitete: »Sie sind hier ja mitten im Jahre 1793; das ist eine schreckliche Stadt.« Schließlich brachte man ihn wieder auf sein Schiff, und er versprach gern, niemals wiederzukommen.

Die verbrecherischen Anschläge Bruslarts waren kein Geheimnis; er war zum Gouverneur von Korsika nur deshalb gemacht worden, um eine geheime Mission auszuführen. Als Spießgeselle des früheren Chouans Georges hatte Bruslart Postwagen geplündert. Als der König nach Frankreich kam, ernannte er ihn zum Generalmajor und schickte ihn als Gouverneur nach Korsika. Bruslart wollte seinen verbrecherischen Anschlag durch Korsen ausführen lassen, die die Insel Elba kannten und in das Korsische Bataillon des Kaisers eintreten sollten; andere sollten nächtlicherweile auf der Insel landen, und man wollte dann den Kaiser in seiner Villa San Martino überfallen.

Als diese Pläne bekanntwurden, zeigte Napoleon sich nur noch mit einer Bedeckung von 12 Lanzenreitern. Alle Worte und Handlungen Bruslarts wurden sofort bekannt; die Korsen, an die er sich wandte, berichteten darüber unverzüglich nach Elba. Mehrere Agenten, die er nach Elba schickte, denunzierten sich selbst. Man bat den Kaiser um Erlaubnis, diesen Gefahren durch die Ermordung Bruslarts ein Ende machen zu dürfen. Er antwortete: »Nein. Als die Bourbonen nach der Ankunft Cadoudals und seiner Räuberbande in Paris das Attentat mit der Höllenmaschine betrieben, wurde mir der Vorschlag gemacht, die Erlaubnis zur Ermordung der Bourbonen in London zu erteilen. Ich weigerte mich. Noch weniger werde ich die Ermächtigung zu einem Mordversuch gegen einen gewöhnlichen Offizier erteilen. Wenn man ihn in einem gegebenen Augenblick verhaftet, mag man ihn als Meuchelmörder vor Gericht stellen und nach den Gesetzen bestrafen.«

Vor Bruslart hatte man den Generalmajor Milet-Mureau nach Korsika geschickt, einen braven Mann, der unter dem Direktorium Kriegsminister und unter dem Kaiserreich Präfekt gewesen war; diese Sendung erfolgte nur, um den geheimen Auftrag seines damaligen Adjunkten, des mit Verbrechen bedeckten Chouans zu verschleiern. Später hat man den Briefwechsel dieses Elenden mit dem Grafen Artois aufgefunden, wie man früher bereits den Briefwechsel des Prinzen mit Maubreuil gefunden hatte. Diese Briefe sollten den Gerichten übergeben werden, und der Prozeß würde vor ganz Europa die schändlichen Anschläge der Prinzen und die verbrecherische Niedertracht des Grafen von Artois enthüllt haben. Im Drange der vielen anderen Geschäfte hat man nicht die Zeit gefunden, diese Schriftstücke drucken zu lassen; übrigens wußte das Publikum ohnehin zur Genüge Bescheid. Hat der Graf von Artois nicht selber zugegeben, daß er das Attentat mit der Höllenmaschine, durch die hundert friedliche Pariser Bürger ums Leben kamen, gegen den Ersten Konsul ins Werk gesetzt hat? Hat er nicht zugegeben, daß bei den Verschwörungen Moreaus und Pichegrus, bei denen Rivière und Polignac die ersten Rollen spielten, Georges ein Attentat verüben sollte? Zielten nicht alle diese Unternehmungen auf die Ermordung des Ersten Konsuls ab?

Auf Korsika herrschte allgemeiner Unwille über die Umtriebe Bruslarts; mehrere Engländer äußerten ganz laut ihre Entrüstung über die Machenschaften, die der Elende zur Erreichung seines verbrecherischen Zweckes in Bastia anstellte. Er war der einzige Chouanhäuptling, der eine Stelle als Befehlshaber erhielt.

IX.

Die Ausgaben für die Garnison, die Garde, die Befestigungswerke und die Marine beliefen sich, wie gesagt, auf 1 200 000 Franken; sie sollten aus den 2 Millionen beglichen werden, zu deren Zahlung der französische Staatsschatz nach dem Vertrage von Fontainebleau verpflichtet war. Der Staatsschatz verweigerte die Zahlung, dies war die vierte Verletzung des Vertrages von Fontainebleau. Napoleon befahl, für 100 000 Taler alte eiserne Kanonen und andere Gegenstände, die zur Verteidigung der Insel nicht mehr gebraucht wurden, zu verkaufen. Als die Nachricht davon sich in Genua und im übrigen Italien verbreitete, glaubte man, der Kaiser sei vielleicht in Verlegenheit und habe Geld nötig. Zu seiner großen Freude erhielt er aus allen italienischen Städten zahlreiche Kreditbriefe zugesandt; man stellte ihm Mittel zur Verfügung, die weit über seine Bedürfnisse hinausgingen. Er würde diese Mittel in Anspruch genommen haben, wenn die Umstände es erfordert hätten, aber er hatte im Augenblick seiner Abreise von Elba noch 1 500 000 Franken – er hätte also mit seinen eignen Mitteln noch ein volles Jahr haushalten können.

X.

Der englische Oberst Campbell war auf der Insel geblieben; er hatte keinen Beglaubigungsbrief von seinem Souverän, bekleidete also keinen amtlichen Charakter im eigentlichen Sinne des Wortes. Eine englische Korvette stand ihm zur Verfügung und fuhr beständig zwischen Genua, Livorno, Civitavecchia und der Insel Elba hin und her. Oberst Campbell verbrachte seine Zeit größtenteils in Florenz, Livorno oder Rom, erschien jedoch alle sechs oder acht Wochen einmal auf der Insel. Er war Offizier in portugiesischen Diensten gewesen, später Kommissar bei der russischen Armee, die Danzig belagerte, und er sprach sich sehr entrüstet über die Verletzung der Danziger Kapitulation durch die Alliierten aus. In Fontainebleau, auf der Überfahrt und während der ersten drei Monate seines Aufenthaltes auf der Insel zeigte er sich von anständiger Gesinnung; er suchte sich nützlich und angenehm zu machen, aber während seiner Reisen in Italien gelang es dem Günstling Ludwigs des Achtzehnten, Herrn de Blacas, eine Korrespondenz mit ihm anzuknüpfen. Seitdem suchte er die Soldaten der Garde zu verführen und den Kaiser zu isolieren; er trieb sogar die Unverschämtheit so weit, sich an Bertrand und Drouot zu wenden. Um sich der Tatsachen zu vergewissern, schickten mehrere Gardeoffiziere ihm Grenadiere zu, die angeblich unzufrieden waren und ihn baten, ihnen zum Desertieren behilflich zu sein. Er ging in alle diese Fallen und wurde infolgedessen auf der ganzen Insel gehaßt und verachtet. Seine Reisen nach dem Festland wurden immer häufiger, und er kürzte seinen Aufenthalt auf der Insel stets so viel wie möglich ab.

Anfangs Februar gab er dem Großmarschall zu verstehen, die Inseln Pianosa und Palmajola gehörten eigentlich nicht zu Elba; man schreibe ihm, die starke Armierung dieser Inseln beunruhige das ganze Mittelmeer. Diese angeblichen Armierungen bestanden auf Palmajola aus zwei eisernen Kanonen; zu deren Bedienung waren vier Invaliden und ein Gouverneur vorhanden, der seit 60 Jahren die Insel nur einmal jährlich verlassen hatte, um sich seinen Sold zu holen. Auf Pianosa hatte man einen Turm erbaut, um die Wohnungen, die man auf der Insel errichten wollte, gegen die Barbaresken zu schützen. Der Großmarschall lachte dem englischen Obersten ins Gesicht und sagte ihm, seines Wissens habe er gar keine amtliche Eigenschaft, die ihn berechtige, über solche Angelegenheiten zu verhandeln; das Protokoll der Besitzergreifung laute vollkommen deutlich. Im übrigen werde durch die Bemerkungen des Obersten das Gerücht bestätigt, daß man den Kaiser angreifen wolle; aber Porto Ferrajo könne ein Jahr lang Widerstand leisten, und der Kaiser sei entschlossen, Europa zu zeigen, daß er sich der schändlichsten Gewalttat widersetze!

Der Oberst sagte nichts mehr und reiste einige Tage später ab. Man sah ihn nicht wieder. Das Fort Montebello, das soeben fertiggestellt war, wurde armiert; zwei Ladungen Korn, die von Civitavecchia eingetroffen waren, wurden gekauft, um die Verproviantierung zu vervollständigen. Napoleon war entschlossen, sich ein Jahr lang zu verteidigen, wenn der Wiener Kongreß ein neues Attentat gegen ihn begehen wollte. Die vornehmen Engländer, die Elba besuchten, waren entrüstet über das taktlose Benehmen des Obersten Campbell und sparten nicht mit kräftigen Ausdrücken ihrer Unzufriedenheit. Einige sprachen darüber mit dem Kaiser, der ihnen antwortete: »Von allen Nationen Europas besitzt die Ihrige die meisten Männer, die sich durch Unabhängigkeit und hochherzigen Charakter auszeichnen; zugleich aber gibt es keine andere, die ihrem Ministerium so viele niederträchtige, hinterlistige und ränkespinnende Agenten liefert. Es ist daher leicht, durch die von Ihrer Regierung verwandten Menschen deren Absichten kennenzulernen. Wenn Ihr Ministerium bei diplomatischen Verhandlungen einen Lord Cornwallis oder Saint-Helens verwendet, ist es aufrichtig und von ehrlichem Willen beseelt; wenn es aber einen Drake, einen Mac Kenzie, einen Wilson und dergleichen Leute verwendet, hat es die Absicht, zu täuschen und irrezuführen. Ich habe eine Zeitlang geschwankt, zu welcher Klasse ich den Obersten Campbell rechnen solle; nach den Vorfällen der letzten Zeit ist mir aber kein Zweifel mehr geblieben, daß er sich selber zu den Drake und Wilson rechnet.«

*

Drittes Kapitel.

Vorbereitungen zur Rückkehr.

I. Schilderung der zu Beginn des Jahres 1815 in Frankreich und Italien herrschenden Stimmung. – II. Ankunft des Auditeurs Fleury de Chaboulon auf Elba. Entsendung des Chevaliers Colonna nach Neapel. Der Kaiser entschließt sich, den französischen Thron zurückzuerobern und die Franzosen von der Bedrückung der Bourbonen zu befreien. – III. Streitkräfte, über die der Kaiser verfügen konnte. Vorbereitungen zur Abfahrt. Einschiffung des Kaisers.

I.

Zu Beginn des Jahres 1815 erfuhr man, daß in ganz Italien eine außerordentliche Gärung herrsche. Die Toskaner waren nicht zufrieden; sie waren unter dem Kaiserreich an eine regelmäßige liberale Regierung gewöhnt worden und hatten ihre Lage so aufgefaßt, daß ein Beginn zur Neugestaltung des italienischen Vaterlandes gemacht würde. Die Regierung des Großherzogs nahm ihnen jede Hoffnung; sie erschien ihnen engherzig und kleinlich. Die Gerichtsverfassung und der Code Napoleon wurden aufgehoben. Das mündliche Verfahren bei Zivilprozessen, die Öffentlichkeit der Untersuchung und Verhandlung in Strafprozessen hatten der Bevölkerung sehr gefallen; sie sah sich dieser Einrichtungen mit Bedauern beraubt. An das geheimnisvolle und willkürliche Verfahren der Zivil- und Strafgerichtsbarkeit konnten die Toskaner sich nicht mehr gewöhnen; sie waren daher mit dem neuen Zustand höchst unzufrieden. Unter dem Kaiserreich konnte die Industrie sich frei bewegen; niemals wurden ihr Hindernisse in den Weg gelegt; die Verwaltungsbehörden taten alles, um den Gewerbfleiß zu ermutigen und anzuregen. Der Gegensatz war daher groß, als alle alten Einrichtungen wieder eingeführt wurden; die früheren Privilegien wurden wieder hergestellt. Unter diesen Belästigungen hatte die Industrie sehr zu leiden, und dementsprechend war die Unzufriedenheit groß. Adel und Geistlichkeit hatten sich dem unter dem Kaiserreich herrschenden Geist angeschlossen, und dadurch war die Aufklärung im Volke sehr gefördert worden. Nachdem der Großherzog die Regierung wieder übernommen hatte, erwachte auch der alte Geist der Adligen und der Priester; ihre Anmaßung und ihr Stolz waren die gleichen geblieben. Der Großherzog gab für seine Hofhaltung nichts aus und schickte einen Teil seiner Einkünfte nach Wien; ein solcher Mann war in den Augen der Toskaner ein mittelmäßiger und jämmerlicher Fürst. Mehrere Male wurde er auf der Straße beschimpft. Die Gefühle, die einst für ihn geherrscht hatten, waren erloschen.

In Rom wurde die völlig unfähige päpstliche Verwaltung mit allen ihren Mißbräuchen wieder eingerichtet. Sie hatte schon früher den Unwillen aller Römer erregt und erschien diesen jetzt schändlicher und unerträglicher denn je.

Parma und Piacenza waren der Kaiserin Marie-Louise nicht übergeben worden; diese schien zu dauerndem Aufenthalt in Wien verurteilt zu sein; eine offenbare Verletzung des Vertrages von Fontainebleau.

Der Wiener Kongreß fällte die Entscheidung, daß Prinz Eugen Beauharnais keine souveräne Herrschaft erhalten sollte. Dies war die sechste Verletzung des Vertrages von Fontainebleau.

Die Besitzungen aller Prinzen und Prinzessinnen des kaiserlichen Hauses wurden in Frankreich sowohl als in Italien mit Beschlag belegt. Dies war die siebente Verletzung des klaren und deutlichen Wortlautes des Vertrages von Fontainebleau.

Die uralte Republik Genua, die das ganze Mittelmeer beherrscht hatte, war vom Wiener Kongreß dem Hause Savoyen geschenkt worden, das den Genuesern seit Jahrhunderten besonders verhaßt war. Genua war dem Kaiserreiche ergeben, weil dieses die Gleichheit aller Klassen sicherte, dem Handel auf allen Meeren Schutz gewährte und eine Flagge führte, die von den Barbaresken respektiert wurde. Durch das Haus Savoyen wurde den Genuesern wieder das Joch der Adelsherrschaft auferlegt; seine Flagge genoß keiner Achtung, sie wurde besonders von den Barbareskern offen verhöhnt.

Noch viel stärker war die Unzufriedenheit im ehemaligen Königreich Italien. Mailand, Brescia, Bologna, Venedig waren in Verzweiflung; Adlige, Bürger und Soldaten sahen sich dem drückenden Joch des Hauses Österreich unterworfen, sahen sich von den Deutschen beherrscht, deren Sitte und Lebensauffassung so sehr von der ihrigen abwich. Schon früher hatten die Italiener sich niemals daran gewöhnen können; sie hatten aber immerhin den kriegerischen Sinn und die überlegene Taktik der Österreicher geachtet. Aber die neuen Italiener, die in so wirksamer Weise zu den Triumphen der französischen Armee beigetragen hatten, die mit ihr zusammen in hundert Schlachten Sieger geblieben, die zweimal in Wien eingezogen waren, sie dünkten sich an Mut und kriegerischer Tüchtigkeit den Österreichern weit überlegen. Das Königreich Italien verlor seine Unabhängigkeit und damit die Gleichheit der Stände und die liberalen Gesetze, die das Kaiserreich ihm gegeben hatte. Eine Verschwörung folgte der anderen. Die Österreicher wurden fortwährend mißhandelt; sie erkannten die friedfertige Bevölkerung der Lombardei nicht wieder. Wenn sie auf der Straße von Bürgern oder Handwerkern verhöhnt wurden, konnten sie nicht wie früher mit dem Stock dreinschlagen, denn sie hatten es jetzt mit alten Soldaten zu tun, die sich durch zahlreiche Siege ausgezeichnet hatten. Sie nahmen daher in Mailand und in anderen großen Städten eine schwankende Haltung ein und vermehrten dadurch nur die Ungeduld der Italiener, ihre Unabhängigkeit wieder zu erlangen.

In Neapel herrschte König Joachim Murat. Sein Heer war ganz vom Geiste des kaiserlichen Heeres beseelt; die Armee bewahrte einen glühenden Haß gegen den alten sizilianischen Hof; sie war 60 000 Mann stark, mit einer großen Zahl italienischer und französischer Offiziere, die ihr einen gewissen Wert verliehen.

Es gelang mehreren italienischen Bürgern, die Insel Elba zu besuchen; sie unterbreiteten dem Kaiser verschiedene Vorschläge und erboten sich, ganz Italien zum Aufruhr zu bringen, wenn er versprechen wollte, an ihrer Küste zu landen und sich an ihre Spitze zu stellen. Der Kaiser suchte ihnen ihr Vorhaben auszureden; er sagte: »Ihr könnt nichts ohne Frankreich machen; Österreich würde euch mit seiner Kriegsmacht erdrücken; die vorhandenen Truppen sind nicht zahlreich genug; ihr habt nicht genug Waffen und keine einzige Festung. Das alles haben die Deutschen. Wenn ihr euer Vaterland liebt, so haltet euch ruhig, laßt Frankreich handeln; wartet, bis sich mit der Zeit die Lage der Dinge in Frankreich ändert. Die Verschwörungen, die ihr bis jetzt angezettelt habt und noch anzetteln werdet, schmieden Italiens Ketten nur noch fester. Ich selber kümmere mich nicht mehr um die Welthändel; sollte ich aber jemals wieder auftreten, so würde es nur im Interesse und mit Hilfe von Frankreich geschehen.«

Die Italiener folgten diesen Ratschlägen nicht. Österreich beförderte mit einer wahrhaft machiavellischen Politik durch seine eigne Polizei alle diese Verschwörungen. Man wußte sogar in das Komitee der Verschwörer einen französischen Agenten einzuführen, der angeblich im Namen Ludwigs des Achtzehnten für den Herzog von Berry unterhandelte. Der Schuft versprach ihnen eine Unterstützung durch eine Armee von 40 000 Mann; er war ein Spion. Als die österreichische Polizei auf diese Weise von allen Umtrieben Kenntnis erhalten hatte, verhaftete sie die hervorragendsten Patrioten und füllte mit ihnen die ungarischen und böhmischen Gefängnisse. Als der Kriegsminister Marschall Soult, überrascht von den im Umlauf befindlichen Gerüchten, eines Tages bei der Arbeit Ludwig den Achtzehnten fragte, ob er mit diesen Angelegenheiten etwas zu tun habe, antwortete der König: »Im Gegenteil! Ich kann und will mich nicht in die Angelegenheiten unserer Nachbarstaaten mischen. Ich habe wie Sie davon sprechen hören, daß der Herzog von Berry Italien bekommen solle. Allem Anschein nach ist dies eine Erfindung der österreichischen Behörden, die auf diese Weise entdecken wollen, wer in Mailand unzufrieden ist; es ist ganz einfach eine Polizeigeschichte.« Der Hauptagent, der im Solde der österreichischen Regierung die italienischen Patrioten ins Unglück gestürzt hatte, war so schamlos, nach der Rückkehr des Kaisers sich in Paris einzufinden; er wurde sofort verhaftet. Man fand bei ihm alle Beweise für seinen niederträchtigen Verrat, und er gestand das ganze teuflische Komplott ein.

II.

Anfang Februar 1815 reiste Fleury de Chaboulon von Paris ab, bestieg in Spezia ein kleines Boot und gelangte nach Porto Ferrajo. Er war Auditeur beim Staatsrat gewesen und dem Kaiser persönlich bekannt. Er hatte mehrere Besprechungen mit Napoleon und schilderte diesem die Lage Frankreichs, wie sie infolge des Verhaltens der Bourbonen nicht anders sein konnte und nach allen Berichten von Reisenden und Soldaten auch wirklich war. Fleury war über alle Einzelheiten unterrichtet und kannte die Meinungen aller hervorragenden Persönlichkeiten. Der junge Mann kam aus eignem Antrieb; er suchte Zuflucht auf der Insel Elba, weil die Vorgänge in Frankreich ihm das Herz zerrissen!

Der Verrat Talleyrands, vieler Senatoren, einiger Marschälle und Heerführer hatte den Kaiser mit solchem Ekel erfüllt, daß er der Regierung müde geworden war. Aber diese Stimmung verschwand angesichts der gewaltigen Bewegung in allen Provinzen, die ihn im Namen des Vaterlandes und der nationalen Sache zurückriefen. Der Kaiser hatte in Fontainebleau im Namen des Volkes und der Nation abgedankt; die Nation war jedoch nicht befragt worden, und die Regierung Ludwigs des Achtzehnten, des *seit 19 Jahren regierenden Königs von Frankreich und Navarra,* die alle Rechte der Nation vernichtet hatte, zerstörte auch die Gesetzlichkeit der republikanischen und der kaiserlichen Regierung. Alle Bestimmungen des Vertrages von Fontainebleau waren von den Bourbonen verletzt worden; ausgeführt hatten sie keine einzige.

Als souveräner Herrscher der Insel Elba beschloß der Kaiser, ohne fremde Hilfe mit seiner eignen Armee und Marine der Nation ihre Rechte wieder zu erkämpfen.

Die erste Schwierigkeit war die Überfahrt. Man schlug dem Kaiser vor, den König von Neapel um zwei Linienschiffe von 74 Kanonen zu bitten, die in jenen Gewässern kreuzten. Der Kaiser weigerte sich. Er erklärte: »Ich will nichts vom Ausland; ich will auf meiner eignen Marine abfahren, mit meiner eignen Armee in Frankreich landen und keine andere Flagge führen als die Farben meiner Nation.« Hierauf schlug man ihm vor, vertraute Leute nach Toulon und Marseille zu schicken, um die Gesinnung des Marschalls Masséna zu erforschen, desgleichen nach Grenoble und Lyon zu den Divisionskommandeuren und nach Paris zu den Marschällen und den hervorragendsten Persönlichkeiten des Zivil- und Militärstandes. Alle diese Maßregeln wies der Kaiser als überflüssig und gefährlich zurück. »Sie sind überflüssig«, sagte Napoleon, »weil das französische Volk nicht wie andere Völker auf seine eigne Meinung verzichtet und blindlings dem Beispiel der Autoritäten folgt. Im Gegenteil: in Frankreich würden die Behörden dem Antrieb des Volkes nachgeben, vorausgesetzt, daß dieser Antrieb, wie es natürlich sein müßte, im nationalen Sinne geschähe. Und wie könnten wir an den Gefühlen des Volkes zweifeln, da alle Berichte, die wir erhalten, übereinstimmend lauten? Die vorgeschlagenen Maßregeln sind außerdem gefährlich. Denn wenn diese große Sache als Komplott behandelt wird, können Indiskretionen nicht ausbleiben, und dann wird die Regierung auf ihrer Hut sein. Ferner würden die sogenannten Parteiführer Ansprüche erheben, obgleich sie in Frankreich gar nichts bedeuten, sobald die Nation ihren festen Willen kundgegeben hat.«

Tatsächlich hat weder ein mündlicher noch ein brieflicher Verkehr nach außenhin stattgefunden.

Indessen hielt der Kaiser es für notwendig, den Auditeur Fleury de Chaboulon nach Frankreich zurückzusenden. Dieser schiffte sich in Porto Longone nach Rom ein, wo er die notwendigen Pässe vorfinden sollte, um nach Paris weiterzureisen. Sobald er dort das erste Gerücht von der Landung des Kaisers vernähme, sollte er die Nachricht als verbürgt verbreiten, damit die Anhänger der kaiserlichen Sache sich verborgen halten könnten und damit die Bourbonen diese nicht als Geiseln festnähmen oder gar eine Bartholomäusnacht veranstalteten. Der Zeitpunkt der Landung des Kaisers war dem Herrn Fleury de Chaboulon unbekannt; er wußte nicht einmal, welchen Weg Napoleon einschlagen würde. Er begab sich nach Rom und verweilte dort mehrere Tage, sei es, weil er die Stadt besichtigen wollte oder weil er irgendwelche Schwierigkeiten mit seinen Pässen hatte. Er traf in Lyon erst gerade in dem Augenblick ein, als der Kaiser seinen Einzug hielt; er konnte also Napoleons Absichten nicht in Paris bekanntmachen.

Obgleich der Kaiser in seiner Verbannung keine Rücksichten zu nehmen brauchte und daher jede Aussöhnung mit dem König und der Königin von Neapel abgelehnt hatte, mußte er doch sein Verhalten ändern, sobald er sich entschlossen hatte, wieder seinen Thron zu besteigen. Er ließ also den Chevalier Colonna nach Neapel reisen, um dem König Joachim mündlich mitzuteilen, daß der Kaiser entschlossen sei, nach Paris zu marschieren und die Bourbonen zu verjagen. In dieser neuen Lage wolle er alles Unrecht vergessen, das der König von Neapel ihm angetan habe; dieser könne auf seinen kaiserlichen Schutz rechnen; er bitte ihn, daß er auf die erste Nachricht von der Landung des Kaisers in Frankreich einen vertrauenswürdigen Mann nach Wien schicke und selber mit dem österreichischen Gesandten in Neapel spreche, um seine friedlichen Absichten zu beteuern; zugleich aber solle er seine Armee an der Grenze seines Reiches aufstellen; denn wenn Österreich die Absicht haben sollte, seine Truppen in Frankreich einrücken zu lassen, würde der König von Neapel mit seinen 60 000 Mann sie nötigen, einen bedeutenden Teil ihrer Streitkräfte nach dem Süden zu schicken. Der Chevalier Colonna wußte nicht, wann und wie der Kaiser losschlagen wollte; er kam in Neapel zufällig gerade an demselben Tage an, an dem der Kaiser in der Provence landete. Er überbrachte seine Mitteilung an den König Joachim. Dieser, der sich über den Wiener Hof zu beklagen hatte, stellte seine Kriegsschiffe, seine Truppen und Geld zur Verfügung. Der Chevalier antwortete ihm, er sei nicht ermächtigt, irgend etwas anzunehmen, wohl aber einen Garantievertrag zu unterzeichnen, der dem König von Neapel jede Unruhe nehmen werde; wenn dieser glaube, daß es in seinem Interesse liegen würde, ein Angriffs- und Verteidigungsbündnis abzuschließen, sei er ermächtigt, ein solches zu unterzeichnen, nur dürfe es nicht zur Ausführung gelangen, solange es noch möglich sei, den Frieden mit den fremden Mächten aufrechtzuerhalten. Der König von Neapel schien über eine so große Mäßigung erstaunt zu sein. Er sandte sofort einen vertrauten Offizier und zwei Linienschiffe nach Porto Ferrajo, wo sie 20 Tage nach der Abreise des Kaisers eintrafen. Die Kaiserinmutter benutzte diesen Umstand, um sich auf dem einen der beiden Schiffe nach Neapel zu begeben. Joachim erklärte es für überflüssig, einen Vertrag zu unterzeichnen, ihm genüge schon dieses Entgegenkommen des Kaisers, und er werde diesem durch sein Verhalten den Beweis liefern, daß er nur unglücklich, aber nicht schuldig gewesen sei und daß man ihn selber getäuscht habe; der Kaiser werde sehen, wie er seinem Wohltäter, dem Oberhaupt seines Hauses, seine Dankbarkeit bezeigen werde. Er habe sich allerdings von Napoleons Sache losgesagt, aber er habe damals nicht angenommen, daß die Bourbonen jemals wieder den französischen Thron besteigen würden.

III.

Man konnte im ganzen 1500 Mann einschiffen, nämlich: eine Kompanie Gardekanoniere, 100 Mann; ein Bataillon Alter Garde, acht Kompanien, 700 Mann; ein Bataillon Jäger zu Fuß, 400 Mann; eine Kompanie Offiziersgarde, die alle Grade vom Obersten bis zum Unterleutnant enthielt, 100 Mann; eine Kompanie Lanzenreiter der Garde mit ihren Sätteln, aber ohne Pferde, 120 Mann; die Generale Bertrand, Drouot und Cambronne, mehrere Zivilbeamte usw., zusammen ungefähr 100 Mann. Die Gesamtzahl betrug 1520 Personen. Man stellte die erforderlichen Patronen her, rüstete 4 Geschütze aus und beschaffte Lebensmittel für zehn Tage.

Um diese Truppen nach dem Festlande zu befördern, bedurfte man mehrerer Schiffe von 8 bis 900 Tonnen. Die Brigg *Inconstant* nahm 500 Mann auf; da sie am besten segelte, wurden die Generale, die Kriegskasse und alle Offiziere der Artillerie und der Garde ihr zugewiesen; bei jeder Kompanie blieb auf den anderen Schiffen nur ein einziger Offizier. Dank dieser Anordnung konnte der Zug gelingen, selbst wenn nur die Brigg allein eintraf, auf der sich die Führer befanden. An ihrem Bord befanden sich, einschließlich der Besatzung, 600 Mann und die Reitpferde des Kaisers.

Am 20. Februar befahl der Kaiser dem Bergwerksdirektor Pons, drei große Transportschiffe von Rio zu heuern und als Grund anzugeben, daß Geschütze von Porto Longone nach Porto Ferrajo zu schaffen wären. Diese Fahrzeuge hielten 80 bis 90 Tonnen; sie gingen am 24. Februar auf der Reede von Porto Ferrajo vor Anker. Eine Bark von 200 Tonnen, die von Genua nach Neapel fuhr, wurde angehalten und nach dem Hafen von Porto Ferrajo gebracht; am 22. Februar heuerte man sie angeblich zu dem Zweck, Wagen und andere Gegenstände nach Neapel zu bringen; man schaffte auch wirklich eine große Berline an Bord, außerdem aber auch 2 bis 300 Mann und zwei Pferde. Eine armierte Schebeke, die dem Kaiser gehörte und von einem Schiffsleutnant befehligt wurde, nahm 200 Mann und zwei Pferde an Bord. Außerdem heuerte man eine kleine Feluke von 60 Tonnen, angeblich zu dem Zweck, Pferde nach der Insel Pianosa zu bringen; sie nahm 20 Pferde und 40 Mann an Bord. Die drei Schiffe von Rio erhielten je 200 Mann und 2 Pferde zugewiesen. Auf diese Weise gelang es, 1500 Mann und 34 Pferde einzuschiffen; acht davon waren Reitpferde des Kaisers, die übrigen dienten zur Bespannung der Geschütze.

Die Insel Elba liegt so dicht beim Festland, und es findet beständig ein so lebhafter Verkehr mit diesem statt, daß das Vorhaben erst in dem Augenblick enthüllt werden durfte, wo das Wetter so günstig war, um eine Überfahrt binnen 24 Stunden zu versprechen. Mannschaften und Ladung mußten innerhalb 2 oder 3 Stunden an Bord gebracht werden, damit man sich bereits auf halbem Wege befände, bevor die Abreise an der italienischen Küste ruchbar werden könnte. Die Brigg *Inconstant* war sehr bekannt, da sie viele Fahrten gemacht hatte; man hielt es daher für angebracht, sie neu anzustreichen und ihre Takelung zu verändern, um ihr das Aussehen eines Kauffahrteischiffes zu geben. Während am 23. Februar diese Arbeiten am Kai von Porto Ferrajo vorgenommen wurden, kam die englische Korvette und brachte Briefe. Am 26. ging sie frühmorgens wieder in See und fuhr nach Livorno. Da die Seeoffiziere das Wetter für günstig erklärten, wurde mittags Befehl gegeben, alle Schiffe mit Lebensmitteln und Wasser zu versehen. Dies war der schwierigste Teil der Aufgabe. Man hatte schon seit einigen Tagen die erforderliche Anzahl von Wasserfässern in mehreren Kellern gefüllt, ohne daß irgend jemand etwas davon gemerkt hatte. Man hatte sie auf der Schebeke nach der Reede geschafft; die Fässer enthielten angeblich Wein von der Insel Elba, den man nach Civitavecchia schicken wollte. Das Schiff war zu diesem Zweck schon mehrere Male verwandt worden und hatte als Rückfracht Getreide gebracht. In weniger als zwei Stunden waren alle Fahrzeuge mit Wasser, Lebensmitteln und Patronen versehen. Um 5 Uhr abends wurden die Truppen unter Gewehr gerufen; die Offiziere erhielten eine halbe Stunde Zeit, um ihre Sachen zu packen. Um 8 Uhr begannen die Truppen sich einzuschiffen; dies geschah an verschiedenen Punkten, um die Vorgänge nach Möglichkeit zu verschleiern. Trotzdem verbreitete die Nachricht sich sehr schnell in der ganzen Stadt; indessen schadete dies nichts, da man kein Schiff von der Insel abfahren ließ.

Um 9 Uhr ging der Kaiser an Bord; unmittelbar darauf wurden die Anker gelichtet; aber während der ganzen Nacht flaute der Wind allmählich immer mehr und mehr ab, und es dauerte mehrere Stunden, bis man die Reede verlassen hatte.

Um 7 Uhr hatte der Kaiser die Verwaltungsbeamten und die hervorragendsten Persönlichkeiten der Insel zu sich kommen lassen. Nachdem er die Wachen durch das einheimische Jägerbataillon und die Nationalgarde hatte ablösen lassen, ernannte er zum Gouverneur der Insel den Brigadegeneral Lapi, der auf Elba geboren war und bis dahin bereits die Nationalgarde befehligt hatte. Napoleon traf alle erforderlichen Maßnahmen, um die Behauptung der Insel während seiner Abwesenheit zu sichern.

Als der Kaiser abfuhr, wurde die ganze Stadt aus freiem Antrieb der Einwohner illuminiert. Die Kirchen waren während eines großen Teiles der Nacht voll von Menschen, die für das Gelingen seines Planes beteten. Wie man sich denken kann, befand sich die Kaiserinmutter in großer Aufregung, sie und die Prinzessin Pauline erfuhren erst um 9 Uhr, daß der Kaiser zu einem so gewagten Unternehmen auszog.

Während der letzten drei Stunden vor der Abfahrt wurde zugleich auch eine Expedition nach Korsika ins Werk gesetzt. Es war wichtig, sich der Insel zu bemächtigen, um die dort stehenden neun französischen Bataillone nebst einigen einheimischen Bataillonen sofort nach der Provence schicken zu können. Außerdem bot Korsika ein Asyl, falls der Expedition während der Überfahrt ein Unfall zustoßen sollte. Die Einwohner von Korsika waren von denselben Gesinnungen beseelt wie die Franzosen, mit den Unterschieden, die den Sitten und dem Charakter der Inselbewohner entsprachen. Nach Korsika gingen drei kleine

Feluken mit je 15 oder 16 Korsen, die in ihrem Lande großen Einfluß hatten; sie hatten bei sich Proklamationen, die Organisation einer Junta und den Befehl, Bruslart zu verhaften und aburteilen zu lassen. Die Expedition landete bei Fium' Orbo im selben Augenblick, als der Kaiser in Frankreich an Land ging. Bald stand ganz Korsika unter den Waffen; in den meisten Gemeinden der Insel wurde die Trikolore aufgepflanzt.

Die englische Korvette kam erst am 28. Februar in Porto Ferrajo an. Oberst Campbell ging sofort an Land. Er sah mit Erstaunen, daß die Lazarettwache nicht von der Kaisergarde, sondern von Nationalgardisten bezogen war. Er fragte nach seiner Gewohnheit, wie der Kaiser sich befinde; man antwortete ihm: »Der Kaiser ist abgereist.«

»Und der Großmarschall?«

»Abgereist.«

»Und die Garde?«

»Abgereist.«

»Wohin ist der Kaiser?«

»Nach Neapel.«

Dies glaubte man nämlich auf der ganzen Insel. In großer Aufregung eilte der Oberst zur Gräfin Bertrand, der er die Lösung des Rätsels zu entlocken hoffte. Er sagte zu ihr: »Nun, der Kaiser ist ja abgereist, aber seine Fahrt hat nicht lange gedauert: Ein englisches Kriegsschiff hat ihn festgenommen.« Die Gräfin Bertrand erbleichte, faßte sich aber schnell und fragte: »Wie haben Sie dies so schnell erfahren können, und wo hat man den Kaiser gefangen?« »Am Kap Argentaro.« Madame Bertrand lachte; sie war vollkommen beruhigt, denn der Monte Argentaro liegt auf dem Wege nach Neapel.

Oberst Campbell begab sich hierauf zum neuen Gouverneur und verlangte von diesem, er solle die Festung der englischen Korvette übergeben. General Lapi antwortete ihm: Dieses Verlangen sei ihm unverständlich, da der Krieg nicht erklärt sei; übrigens könne er sich verteidigen und werde die Festung nur auf ausdrücklichen Befehl seines Herren übergeben. Oberst Campbell ging sofort wieder auf sein Schiff und fuhr nach dem Festland, um dort neue Nachrichten zu erhalten.

*

Viertes Kapitel.

Die Rückkehr von Elba.

I. Von der Landung bis Grenoble. – II. Maßnahmen der Bourbonen. – III. Von Lyon bis Paris.

I.

Napoleon fuhr am 26. Februar 1815, abends 9 Uhr, von der Insel Elba ab; er selber befand sich auf der Kriegsbrigg *l'Inconstant,* auf der während der ganzen Überfahrt die Bienenflagge wehte[1]. Am 1. März landete er im Golf Jouan in der Nähe von Cannes; seine kleine Armee legte die dreifarbige Kokarde an; sie bestand aus 1500 Mann, größtenteils Soldaten der Alten Garde.

Sofort nach der Landung ließ der Kaiser mehrere Proklamationen drucken und verbreiten. Er hatte einen großen Fehler gemacht, daß er diese nicht schon auf Elba drucken ließ, aber er wollte nicht schon im voraus sagen, wohin er ginge. Er hatte etwa 100 Stück mit der Hand schreiben lassen. Überall riefen die Bauern und Soldaten, an die sie ausgeteilt wurden, sobald sie die Schrift sahen: »Ach, das ist ja nicht gedruckt! Zu solchen Zetteln habe ich kein Vertrauen, weil sie bloß mit der Hand geschrieben sind!« Der Kaiser hätte zum mindesten eine tragbare Druckerei mitnehmen sollen; es ist sehr wichtig, daß derartige Proklamationen den Stempel der Echtheit an sich tragen.

---

1 Sofort nach seiner Ankunft auf Elba, am 3. Mai 1814, hatte General Drouot, als kaiserlicher Gouverneur der Insel, im Namen des Kaisers auf den Forts die neue Fahne aufziehen lassen: Diese trug auf blauem Grunde einen roten Schrägstreifen mit drei goldenen Bienen; die Flagge wurde von den Küstenbatterien, der englischen Fregatte *Undaunted* und den im Hafen liegenden französischen Kriegsschiffen mit 21 Kanonenschüssen salutiert. Aus diesem Anlaß wurde ein Protokoll aufgenommen, das die Generale Drouot und Dalesme und die Kommissare der verbündeten Mächte unterzeichneten. C.

Die Aufrufe richteten sich an das französische Volk und an die Armee im Namen des Kaisers und an die Kaisergarde, die Generale, Offiziere und Soldaten der Armee im Namen mehrerer Teilnehmer an dem Zuge.

Aufruf an das französische Volk!

Golf Jouan, den 1. März 1815.

Napoleon, von Gottes Gnaden und nach den Verfassungen des Staates, Kaiser der Franzosen etc.

Franzosen! Der Abfall des Herzogs von Castiglione[1] lieferte Lyon ohne Verteidigung unseren Feinden aus. Die Armee, deren Oberbefehl ich ihm anvertraut hatte, war durch die Zahl ihrer Bataillone, die Tapferkeit und Vaterlandsliebe ihrer Truppen imstande, das ihr gegenüberstehende österreichische Armeekorps zu schlagen und dem linken Flügel der feindlichen Armee, die Paris bedrohte, in den Rücken zu fallen; die Siege bei Champaubert, Montmirail, Château-Thierry, Vauchamp, Mormans, Montereau, Craonne, Reims, Arcis-sur-Aube und St. Dizier, die Erhebung des braven Landvolkes in Lothringen, der Champagne, im Elsaß, der Freigrafschaft und Burgund und die Stellung, die ich im Rücken der feindlichen Armee eingenommen hatte und wodurch ich sie von ihren Magazinen und Trainkolonnen abschnitt, hatten den Feind in eine verzweifelte Lage gebracht. Die Franzosen waren im Begriff, machtgebietender denn je dazustehen; die Elite der feindlichen Armee war rettungslos verloren, sie hätte auf denselben Gefilden, die sie so erbarmungslos verwüstet hatte, ihr Grab gefunden – da lieferte der Verrat des Herzogs von Ragusa[2] dem Feinde die Hauptstadt aus und zerrüttete die ganze Armee.

Das unerwartete Benehmen der beiden Marschälle, die ihr Vaterland, ihren Fürsten und ihren Wohltäter verrieten, gab dem Kriege eine schicksalsschwere Wendung. Der Feind befand sich in einer so unglücklichen Lage, daß er nach dem vor Paris gelieferten Gefecht keine Munition mehr hatte, weil er von seinen Reservekolonnen abgeschnitten war.

Diese unerwarteten schweren Schläge zerrissen mir das Herz, aber

1 Marschall Augereau.
2 Marschall Marmont.

meine Seele blieb unerschütterlich. Ich tat nur das, was das Wohl des Vaterlandes mir gebot; ich ging in die Verbannung auf einen Felsen im Meer; mein Leben gehörte euch; es sollte euch noch nützlich werden. Ich erlaubte nicht, daß die zahlreichen Bürger, die mich begleiten wollten, mein Schicksal teilten; ich glaubte, daß ihre Anwesenheit in Frankreich dem Lande nützlich sein würde, und nahm nur eine Handvoll Braver mit, die ich als Leibwache nötig hatte.

Ich bin durch eure Wahl auf den Thron erhoben worden. Alles, was seitdem ohne eure Zustimmung geschah, ist ungesetzlich. Seit 25 Jahren hat Frankreich neue Interessen, neue Einrichtungen, einen neuen Ruhm. Dies alles kann nur durch eine nationale Regierung geschützt werden und durch eine Dynastie, die unter diesen neuen Verhältnissen entstanden ist. Wenn ein Fürst über euch herrscht, der mit Hilfe derselben Armeen, die unseren Boden verwüstet haben, auf meinen Thron gesetzt worden ist, so wird er vergeblich versuchen, sich auf die Grundsätze des Feudalrechtes zu berufen. Er könnte nur einer kleinen Zahl von Adligen Ehre und Rechte sichern. Diese aber sind Feinde des Volkes, das sie seit 25 Jahren in allen nationalen Versammlungen verurteilt hat. Eure innere Sicherheit und euer Ansehen nach außen hin wären auf ewig verloren.

Franzosen! In meinem Exil habe ich eure Klagen und Wünsche vernommen. Ihr riefet nach jener Regierung eurer eignen Wahl, die allein gesetzlich ist; ihr beschuldigtet mich, zu lange zu schlafen, ihr warft mir vor, daß ich meiner Ruhe die großen Interessen des Vaterlandes opfere.

Ich habe mitten durch Gefahren aller Art das Meer durchkreuzt. Ich trete unter euch, um mir meine Rechte, die auch die euren sind, wieder zu nehmen.

Alles, was einzelne seit der Einnahme von Paris getan, geschrieben oder gesagt haben, werde ich stets unbeachtet lassen; es wird nicht den geringsten Einfluß haben auf das Andenken, das ich wegen der wichtigen, von ihnen geleisteten Dienste ihnen bewahre; denn es gibt Ereignisse solcher Art, daß sie über Menschennatur hinausgehen.

Franzosen! Jede Nation, sei sie noch so klein, hat das Recht, von sich die Schande abzuschütteln, daß sie einem Fürsten gehorcht, der durch einen vorübergehend siegreichen Feind ihr aufgezwungen worden ist. Als Karl der Siebente in Paris einzog und den Eintagsthron Heinrichs des Sechsten umstieß, da erkannte er an, daß er seine Krone der Tapferkeit seiner braven Krieger und nicht einem Prinzregenten von England verdankte. So schreibe auch ich stets nur euch allein und den Braven meiner Armee den Ruhm zu, alles für mich getan zu haben.

Napoleon.

Aufruf an die Armee.

Golf Jouan, den 1. März 1815.

Soldaten! Wir sind nicht besiegt worden. Zwei Männer, die aus unseren Reihen hervorgegangen waren, haben unsere Lorbeeren, ihr Land, ihren Fürsten, ihren Wohltäter verraten.

Jene Menschen, die wir 25 Jahre lang ganz Europa durcheilen sahen, um uns Feinde zu schaffen, die ihr Leben damit verbrachten, unser schönes Frankreich zu verfluchen und in den Reihen der ausländischen Armeen gegen uns zu fechten, sollen sie jetzt unsere Adler beherrschen und in Fesseln schlagen, dieselben Adler, deren Blicke sie niemals haben ertragen können? Sollen wir dulden, daß sie die Früchte unserer glorreichen Taten ernten, daß sie sich unserer Ehren, unserer Güter bemächtigen, daß sie unseren Ruhm verleumden? Wenn ihre Herrschaft von Dauer wäre, würde alles verloren sein, selbst die Erinnerung an diese unsterblichen Tage. Mit welcher Erbitterung entstellen sie diese! Sie suchen zu vergiften, was die Welt bewundert, und wenn es noch Verteidiger unseres Ruhmes gibt, so sind diese unter denselben Feinden, die wir auf dem Schlachtfelde bekämpft haben.

Soldaten! In meinem Exil habe ich eure Stimme gehört. Durch alle Hindernisse und Gefahren hindurch bin ich zu euch gekommen.

Euer Feldherr, den ihr auf euren Schild erhobt, den die Wahl des Volkes auf den Thron berief, er ist euch wiedergegeben.

Kommt zu ihm!

Reißt die Farben ab, die die Nation geächtet hat, um die 25 Jahre lang alle Feinde Frankreichs sich sammelten! Steckt die dreifarbige Kokarde an; ihr trugt sie an unseren großen Tagen! Wir müssen vergessen, daß wir die Beherrscher der Nationen gewesen sind; aber wir dürfen nicht dulden, daß irgendeine sich in unsere Angelegenheiten mischt. Wer wollte den Anspruch erheben, Herr in unserem Hause zu sein? Wer hätte die Macht dazu? Schart euch wieder um die Adler, die ihr bei Ulm, Austerlitz, Jena, Eylau, Friedland, Tudela, Eggmühl, Aspern, Wagram, Smolensk, an der Moskwa, bei Lützen, Bautzen und

Montmirail zum Siege führtet! Glaubt ihr, diese Handvoll von Franzosen, die heute so anmaßend sind, könnten den Anblick eurer Adler ertragen? Sie werden dorthin zurückkehren, woher sie gekommen sind, und dort werden sie, wenn sie Lust haben, regieren, wie sie 19 Jahre lang regiert zu haben behaupten.

Euer Rang, euer Vermögen, euer Ruhm, das Vermögen, der Rang und der Ruhm eurer Kinder haben keine größeren Feinde als diese Prinzen, die das Ausland uns aufgezwungen hat. Sie sind die Feinde unseres Ruhmes; denn die Erzählung so vieler Heldentaten, die das französische Volk im Kampfe gegen sie vollbracht hat, um sich ihrem Joch zu entziehen, spricht ihnen das Urteil.

Alle Veteranen der Sambre- und Maas- und der Rheinarmee, der Italienischen und der Ägyptischen Armee, der Westarmee und der Großen Armee, sind gedemütigt, ihre ehrenvollen Narben sind beschimpft worden. Ihre Siege würden Verbrechen sein, alle diese Helden wären Rebellen, wenn, wie die Feinde des Volkes behaupten, die Prinzen, die sich bei den fremden Heeren befanden, ihre rechtmäßigen Herrscher gewesen wären. Ehren und Belohnungen werden denen zuteil, die diesen Prinzen gegen das Vaterland und gegen uns gedient haben.

Soldaten! Eilt zu den Fahnen eures Feldherrn. Seine Existenz ist identisch mit der eurigen; er hat keine anderen Rechte als das Volk und ihr; sein Vorteil, seine Ehre und sein Ruhm sind auch euer Vorteil, eure Ehre und euer Ruhm. Der Sieg naht euch im Sturmschritt; mit den nationalen Farben geschmückt, wird der Adler von Kirchturm zu Kirchturm bis zu den Türmen von Notre Dame fliegen, und dann werdet ihr mit Ehren eure Wunden zeigen können. Dann werdet ihr euch eurer Taten rühmen können; ihr werdet die Befreier des Vaterlandes sein. Wenn in eurem Alter eure Mitbürger um euch herumsitzen, dann werden sie voll Achtung euch eure Großtaten erzählen hören; ihr werdet mit Stolz sagen können: »Auch ich gehörte zu jener großen Armee, die zweimal in die Mauern von Wien, die auch in Rom, Berlin, Madrid und Moskau eingezogen ist, und die Paris von dem Makel gereinigt hat, den der Verrat und die Anwesenheit des Feindes der Stadt aufgedrückt haben.« Ehre diesen braven Soldaten, die der Ruhm des Vaterlandes sind! Und ewige Schande den verbrecherischen Franzosen, mögen sie noch so hochgeboren sein, die 25 Jahre lang Seite an Seite mit dem Ausland kämpften, um das Herz des Vaterlandes zu zerfleischen!

Napoleon.

An die Kaisergarde, die Generale, Offiziere
und Soldaten der Armee.

Golf Jouan, den 1. März 1815.

Soldaten, Kameraden! Wir haben euch euren Kaiser bewahrt, trotz der zahlreichen Hinterhalte, die man ihm gelegt hat; wir bringen durch Meere und tausend Gefahren ihn euch zurück. Auf dem heiligen Boden des Vaterlandes sind wir gelandet mit der nationalen Kokarde und dem kaiserlichen Adler. Tretet die weiße Kokarde mit Füßen! Sie ist das Zeichen der Schmach, des Verrates und des vom Ausland euch auferlegten Joches. Wir hätten zwecklos unser Blut vergossen, wenn wir dulden würden, daß die Besiegten uns das Gesetz vorschrieben.

In den paar Monaten der Bourbonenherrschaft habt ihr euch überzeugt, daß sie nichts gelernt und nichts vergessen haben. Sie werden immer noch von Vorurteilen beherrscht, die unseren Rechten und denen des Volkes feindlich sind. Diejenigen, die gegen ihr Vaterland, gegen euch die Waffen geführt haben, sind jetzt Helden. Ihr aber, ihr seid Rebellen, denen man freilich gnädigst verzeihen will, aber nur so lange, bis man durch die Bildung eines Armeekorps von Emigranten und einer Schweizergarde und durch die allmähliche Einstellung neuer Offiziere sich genügend gestärkt zu haben glaubt. Dann muß man, um auf Ehren und Belohnungen Anspruch haben zu können, die Waffen gegen sein Vaterland getragen haben. Um Offizier sein zu können, wird man eine Abstammung nachweisen müssen, wie sie ihren Vorurteilen entspricht; der Soldat wird immer Soldat bleiben müssen; das Volk wird die Lasten tragen, sie werden die Ehren haben!

Sie warten nur auf den Augenblick, wo sie es wagen können, die Ehrenlegion aufzuheben; einstweilen aber haben sie sie allen Verrätern gegeben, haben mit den Kreuzen um sich geworfen, um sie zu entwerten. Sie haben den Rittern der Legion alle politischen Vorrechte genommen, die wir mit unserem Blut errungen hatten.

Die 400 Millionen der außerordentlichen Krongüter, durch die unsere Dotationen sichergestellt, die das Erbe der Armee und der Preis unserer Erfolge waren, haben sie nach England schaffen lassen.

Soldaten der großen Nation, Soldaten des großen Napoleon, wollt ihr noch fernerhin Soldaten eines Fürsten sein, der 20 Jahre lang der Feind Frankreichs war, der sich rühmt, seinen Thron einem Prinzregenten von England zu verdanken?

Alles, was ohne Befragung und ohne Einwilligung des Volkes und der Armee geschehen ist, ist ungesetzlich.

Soldaten! Die Trommel ruft zum Kampf; wir marschieren! Eilt zu den Waffen! Eilt zu uns, zu eurem Kaiser, zu unseren Adlern und der Trikolore! Und wenn diese Menschen, die heute so anmaßend sind und die früher beim bloßen Anblick unserer Waffen flohen, uns standzuhalten wagen – welch' schönere Gelegenheit könnte es geben, unser Blut zu vergießen und die Siegeshymne anzustimmen!

Soldaten des 7., 8. und 19. Militärbezirkes, Besatzungen von Antibes, Toulon und Marseille, verabschiedete Offiziere, Veteranen unserer Armeen – euch winkt die Ehre, das erste Beispiel geben zu dürfen! Kommt mit uns, jenen Thron zu erobern, der das Palladium unserer Rechte ist, und möge die Nachwelt eines Tages sagen: Die Fremden, von Verrätern unterstützt, hatten Frankreich ein schmachvolles Joch aufgelegt; die Helden des Landes sind aufgestanden, und die Feinde des Volkes, der Armee, sind verschwunden und ins Nichts zurückgekehrt![1]

Gleich nach der Landung sandte der Kaiser eine Abteilung von 25 Mann nach Antibes. Dort stand ein Regiment, das man zu gewinnen hoffte; die Streitmacht wäre dadurch sofort verdoppelt worden. Leider mißlang der Anschlag; der Kaiser erfuhr durch Einwohner von Antibes, daß die kleine Schar gefangengenommen war. Dies verbreitete eine traurige Stimmung unter der Garde.

Bald kamen viele Menschen in das Lager; sie waren erstaunt über das Erscheinen des Kaisers und besonders über die geringe Zahl seiner Truppe. Unter anderen sagte ein Maire, als er die Geringfügigkeit der Streitkräfte bemerkte: »Wir fangen gerade an, glücklich und ruhig zu werden; Sie werden wieder alles in Unordnung bringen!« Diese Bemerkung machte auf den Kaiser einen unbeschreiblichen Eindruck!

Kaum hatte die Truppe sich im Biwak eingerichtet, so brachte man einen gewissen Milowski, in rotem Postillonsrock und ganz mit goldenen Tressen bedeckt, vor den Kaiser. Er war früher Reitknecht im Dienst der Kaiserin Josephine gewesen und war jetzt Kurier des Fürsten von Monaco. Er erkannte den Kaiser, der ihn nach den neuesten

---

1 Dieser von Napoleon verfaßte Aufruf ist von sämtlichen Offizieren, Unteroffizieren und Soldaten, die am Zuge teilnahmen, unterzeichnet; als letzter unterzeichnete der Adjutant des Kaisers und Generalstabschef der Garde, Divisionsgeneral Graf Drouot. C.

Nachrichten fragte. Er versicherte, Truppen und Volk seien für Napoleon. Von Paris bis Montélimar habe er überall rufen hören: Hoch der Kaiser! Die Provence dagegen sei nicht so gut gesinnt. Die Einzelheiten, die er berichtete, verwischten in den Gemütern wieder ein wenig den Kummer, den das Mißlingen des Handstreiches auf Antibes verursacht hatte.

Bald darauf brachte man den Fürsten von Monaco selber herbei; er war von Cambronne ein bißchen schroff behandelt worden. Napoleon besänftigte ihn wieder und sagte ihm, er könne sich sofort nach dem Abmarsch der Truppen in sein Fürstentum begeben. Der Kaiser richtete keine direkten Fragen an ihn, da er befürchtete, seine Antworten könnten den Mut der Truppen schwächen, deren Siegeszuversicht durch den Vorfall in Antibes etwas ins Wanken gekommen war. Monaco versicherte dem Kaiser, er zweifle am Erfolge des Unternehmens, da er nur so wenig Leute bei sich habe. Er urteilte nach dem, was er in den Salons vernommen hatte; sein Kurier hatte das Volk reden gehört.

Sobald der Mond aufging, befahl der Kaiser aufzubrechen, denn er fühlte die ganze Wichtigkeit eines schnellen Vorrückens. Niemand wußte, welcher Weg eingeschlagen werden sollte, selbst Bertrand nicht. Im Augenblick des Abmarsches entstand, sogar in der unmittelbaren Umgebung des Kaisers, einiges Murren, weil er nicht vor Antibes rückte, um die 25 Mann herauszuholen. Napoleon sagte den Unzufriedenen: »Und wenn auch mehr als die Hälfte von euch in Antibes gefangen wäre, würde ich von meinem Plane nicht abgehen.«

Man warf ein, ein paar Kanonenschüsse würden genügen. Der Kaiser aber rechnete sich aus, daß 2 Stunden zum Marsche nach Antibes nötig wären, 2 zum Rückmarsch, 3 bis 4 zum Aufenthalte vor der Festung. Damit wäre ein halber Tag verloren gewesen. Wenn es glückte, so war der Erfolg nichtssagend; wenn es, wie wahrscheinlich, mißglückte, so hätte dieser erste Fehlschlag den Feinden Vertrauen gegeben. Sie hätten Zeit gehabt, sich zu organisieren. Hätte Napoleon sich damit aufgehalten, ganz überflüssigerweise Granaten nach Antibes hineinzuwerfen, so wäre er verloren gewesen. Alles hing von seiner Schnelligkeit ab; er durfte die Kuriere von Antibes sich nicht zuvorkommen lassen. Außerdem konnte der Bevölkerung, wenn die Truppe schnell marschierte, die Schwäche derselben nicht so zu Bewußtsein kommen: Man liebt es nicht, sich auf solche Abenteuer einzulassen, wenn die zur Verfügung stehenden Mittel so schwache sind. Man glaubte aber, der Kaiser stände an der Spitze einer Armee!

Sein Plan war, Grenoble zu erreichen, den Mittelpunkt einer Provinz, wo sich eine zahlreiche Garnison, ein Zeughaus, viele Geschütze befanden, wo es, mit einem Wort, Hilfsmittel aller Art gab. Der Erfolg der Unternehmung hing davon ab, daß Napoleon sich blitzschnell Grenobles bemächtigte und die dortigen Truppen für sich gewann. Vor allen Dingen war also keine Zeit zu verlieren!

Der Kaiser bildete eine Vorhut von 100 Mann, deren Befehl er Cambronne übertrug. An der Gabelung der Straßen nach Avignon und nach Grasse kommandierte er: rechts! Und in diesem Augenblicke erst teilte er seinen Plan mit, nach Grenoble zu marschieren. In Grasse, das eine Bevölkerung von 10 000 Seelen hat, wollte er auf keinen Fall Rast machen; er ließ nur auf einer Anhöhe jenseits der Stadt haltmachen und die Truppe frühstücken. Einige frühere Terroristen erboten sich, Grasse zu revolutionieren; der Kaiser befahl ihnen, sich nicht zu rühren, sogar die Träger weißer Kokarden gänzlich in Ruhe zu lassen.

In Grasse ließ der Kaiser seine beiden Geschütze und seinen Wagen zurück, indem er dem Maire den ausdrücklichen Befehl gab, sie nach Antibes ins Arsenal bringen zu lassen. Ebenso hinterlegte er dort 1500 Gewehre; er hatte sie mitgebracht, sie waren aber überflüssig.

In Digue bezeigte man viel mehr Freude über das Erscheinen des Kaisers als in Grasse.

Überall sah man die kleine Truppe voll Überraschung vorbeimarschieren. Im Biwak bei Gap wurde der Kaiser von einer großen Menschenmenge umringt. Er sprach mit jedermann, wie einst in den Tuilerien an den Tagen des großen Cercle. Die Bauern waren voller Freude; sie sagten von den Adligen: »Sie wollten uns vor unsere Karren spannen.« Die ausgedienten Soldaten kamen an der Spitze ihrer Dorfleute und versicherten ihnen, es sei wirklich der Bonaparte. Die Landleute zogen aus ihren Taschen Fünffrankentaler mit dem Bild des Kaisers und riefen: »Ja, er ist es!« Alles gab dem Kaiser die Gewißheit, daß Volk und Truppen für ihn waren und daß man die Bourbonen verabscheute.

Merkwürdigerweise ließen sich keine Truppen sehen. Sisteron fand der Kaiser geräumt; alles war still. Das gab viel zu denken, aber alle bis zum letzten Soldaten waren entschlossen, für die Sache zu sterben, die die Sache der französischen Nation war. Es wurde mit der größten Schnelligkeit marschiert; die Vorhut war 35 Kilometer voraus; dann folgte der Haupttrupp, dann in einem Abstand von ebenfalls 35 Kilometern[1] die Nachhut mit der Kriegskasse. Die Gendarmen, denen der Kaiser begegnete, verkauften ihm ihre Pferde, um seine 100 Lanzenreiter beritten zu machen.

Plötzlich erschien Cambronne und meldete, er habe sich vor einem Bataillon des 5. Regimentes zurückziehen müssen. Man glaube, es habe ein Geschütz bei sich. Der Kaiser schalt ihn aus und sagte ihm, er müsse wieder in die Stadt einmarschieren und kühn auftreten.

Die Bauern versicherten fortwährend, die Soldaten würden für den Kaiser sein. Aber das Bataillon vom 5. blieb standhaft und wollte keinen Unterhändler herankommen lassen. Napoleon ließ es durch die Reiterei umgehen, während er selbst, das Gewehr unter dem Arm, mit der Vorhut vormarschierte. So gewann er diese Truppe. Die Freude war jedoch nicht übermäßig groß, weil der Kommandant zuerst hatte schießen lassen wollen, ehe er mit dem Bataillon überging. Die Soldaten hatten allerdings ihre Gewehre nicht geladen.

Der Kaiser hielt eine Ansprache an das Bataillon und fragte den Führer, ob er ihm treu bleiben würde; er antwortete, er habe bis dahin nur seine Pflicht zu tun geglaubt, von nun an aber würde er dem Kaiser überallhin folgen. Er leistete den Eid, desgleichen seine Soldaten, und Napoleon marschierte mit ihnen.

Ein Adjutant des Generals Marchand hatte Befehl zum Feuern gegeben; die Lanzenreiter verfolgten ihn. Er verbreitete auf seiner Flucht das Gerücht, Napoleon habe eine ganze Armee bei sich, auch zahlreiche Kavallerie.

Der Kaiser gab einem alten Soldaten einen Schlag und sagte zu ihm: »Was, alter Kerl, du hättest auf deinen Kaiser geschossen?« – »Schau her!« antwortete er, stieß seinen Ladestock in den Lauf und zeigte, daß das Gewehr nicht geladen war.

Vor und hinter dem Kaiser zogen Tausende von Landleuten, die in einem wahren Freudentaumel waren und aus voller Brust sangen: »Die Bourbonen sind nicht das Glück!«

Als in einiger Entfernung von Grenoble Labédoyères Adjutant erschien und endlich das ganze 7. Linienregiment überging, hatte der Kaiser keinen Zweifel mehr an dem Erfolge seines Unternehmens.

Um 10 Uhr abends kam er vor Grenoble an. Er fand die Tore geschlossen; die Wälle waren dicht mit Soldaten besetzt. Sie riefen: *Hoch*

---

1 Napoleon schreibt ausdrücklich »huit lieues«, und das sind 35 Kilometer. C.

der Kaiser! weigerten sich aber zu öffnen, indem sie sich auf einen Befehl des Generals Marchand beriefen. Napoleon ließ einen Trommelwirbel schlagen und erklärte, General Marchand sei abgesetzt. Da sagten die Soldaten: »Wenn er abgesetzt ist, ist das etwas anderes!« – und sie öffneten. Der Kaiser fragte den Obersten, der beim Tore befehligte, warum er nicht früher geöffnet hätte; er antwortete, er habe Marchand sein Ehrenwort gegeben, daß er ihm Zeit lassen wolle, mit allen ihm treu bleibenden Truppen abzuziehen.

General Marchand ließ dem Kaiser sagen, er könne nicht seinen Eid verletzen und ziehe sich daher für einige Zeit auf sein Landgut zurück. Wenn er ganz ehrliches Spiel gespielt hätte, so mußte er den letzten Platz seiner Division verteidigen!

In Grenoble wurde Napoleon wieder ein Souverän! Dort kam ein Offizier, der eben aus Lyon eingetroffen war, zum Kaiser, stellte sich als Adjutanten des Generals Brayer vor und sagte, sein General schicke ihn, um zu melden, daß er ebenso wie die ganze Garnison von Lyon für den Kaiser sei; er würde diesem sogar, wenn er es wünsche, die königlichen Prinzen als Gefangene zuführen. Napoleon kannte Brayer nicht und glaubte, er wolle ihn hintergehen; erst in der Nähe von Lyon vergewisserte er sich, daß alle seine Berichte über die Stimmung in der Stadt wahrheitsgetreu waren. Aus allen Dörfern eilten die Landbewohner ihm entgegen; sie waren von solcher Begeisterung erfaßt, daß der Kaiser, wenn er gewollt hätte, mit 500 000 Mann vor der Hauptstadt angekommen wäre.

II.

Am Sonntag den 5. März übermittelte der optische Telegraph von Lyon nach Paris die Nachricht, daß Napoleon in der Provence gelandet sei. Diese Nachricht schlug wie eine Bombe in die Tuilerien ein. Der König ließ sofort die Minister und die königlichen Prinzen zu einer Beratung zusammenrufen. Anfangs war man der Meinung, die Nachricht könne unmöglich richtig sein; wahrscheinlich werde die telegraphische Depesche verstümmelt sein. Es wurde um Aufklärung gebeten; der Telegraph von Lyon wiederholte wörtlich dieselbe Nachricht. Nun fragte man sich, welchen Zweck Napoleon verfolgen könnte. Der Kriegsminister Marschall Soult, Herzog von Dalmatien, erklärte mit aller Bestimmtheit, Napoleon könne nur beabsichtigen, von der Provence aus in Italien einzufallen, denn in Frankreich könne er nicht auf einen einzigen Anhänger zählen. Der Graf von Artois, der Herzog von Berry und ihre Höflinge erklärten, es sei eine einfache Geschichte, die die Gendarmerie erledigen werde; wahrscheinlich werde der Kaiser von der Marseiller Nationalgarde festgenommen werden.

Die königlichen Truppen befanden sich seit zwei Wochen auf dem Marsch, um drei Lager zu bilden: eines in der Freigrafschaft und Burgund, das zweite in der Gegend von Lyon, das dritte in der Provence. Im Lager bei Lyon sollte der Graf von Artois den Befehl führen. Im ganzen waren etwa 40 000 Mann in Bewegung gesetzt worden. Dies war auf Verlangen des Fürsten von Benevent geschehen, der als Bevollmächtigter am Wiener Kongreß teilnahm. Frankreich stand dort in geringer Achtung, weil die Alliierten der Meinung waren, der König könne es nicht wagen, seine Truppen zusammenzuziehen, ohne sich den größten Gefahren auszusetzen; außerdem seien seine Truppen unzufrieden, schlecht gekleidet und ausgerüstet und wenig zahlreich. Österreich, Frankreich und England hatten gegen Preußen und Rußland einen Bündnisvertrag geschlossen, dessen Hauptzweck das weitere Fortbestehen des Königreichs Sachsen war. Österreich und England glaubten jedoch nicht, daß Frankreich im Kriegsfall imstande sein würde, seinen Verpflichtungen nachzukommen. Jede der drei Mächte hatte sich verpflichtet, 150 000 Mann zu stellen. Frankreich bestand beim Kongreß darauf, daß der Thron von Neapel den Bourbonen, und zwar dem König Ferdinand zurückgegeben würde; Österreich widersetzte sich diesem Verlangen. Es hatten bereits einige Vorbesprechungen stattgefunden, um mit Hilfe von französischen, englischen und sizilianischen Truppen den König Joachim vom Thron zu stoßen; Österreich wollte aber nicht seine Waffen gegen einen Fürsten kehren, der sein Verbündeter war. Es hatte den Anschein, als ob Österreich nur deshalb eine so kräftige Sprache führte, weil es Frankreich für ohnmächtig hielt. Da nun Ludwig der Achtzehnte der Wiederaufrichtung des Bourbonentums in Neapel große Wichtigkeit beimaß, so war man auf den Gedanken gekommen, daß die Bildung der drei Feldlager auf Österreich Eindruck machen und die Verhandlungen erleichtern werde.

Man beschloß daher, den Marsch der Truppen, die ihre Garnisonen bereits verlassen hatten, zu beschleunigen und den schon ernannten Generalen zu befehlen, in größter Eile ihre Generalstäbe zusammenzustellen. Man fertigte also in der Nacht vom 5. zum 6. März neue Marschbefehle an die kommandierenden Generale ab. Der Generalintendant der Armee, Marchand, begab sich nach Lyon, um alle Vorbereitungen zu treffen; man beschloß, daß der Graf von Artois ebenfalls nach Lyon gehen solle, nicht um gegen Napoleon zu marschieren – denn man nahm an, daß dieser bereits verhaftet wäre –, sondern um den Oberbefehl im Lager zu übernehmen – man meinte, daß er damit seiner prinzlichen Würde nichts vergäbe, denn es wäre allgemein bekannt, daß der König ihn bereits vor mehreren Tagen bestimmt hätte.

Der Graf von Artois verließ am 6. März Paris. Der Herzog von Tarent (Macdonald), der sich in Bourges befand, erhielt zuerst den Befehl, sich nach Nîmes zum Herzog von Angoulême zu begeben, gleich darauf einen zweiten Befehl, so schnell wie möglich zum Grafen von Artois nach Lyon zu gehen.

In der Nacht vom 6. auf den 7. traf in Paris endlich der Kurier aus der Provence ein; er brachte genaue Nachrichten über Napoleons Landung und von dessen in Antibes erlittenem Mißerfolg, außerdem Abschriften aller Proklamationen. Die Bourbonen begriffen sofort, daß die Wirkung dieser Aufrufe auf Volk und Heer ihnen sehr gefährlich werden mußte, denn es waren darin schonungslos alle von ihnen begangenen Fehler aufgedeckt. Man sprach allerdings noch mit dem alten Hochmut von Napoleon und in Ausdrücken der Verachtung, aber die Furcht hatte sich bereits in allen Herzen eingenistet.

Man hielt es für notwendig, am 7. März den Herzog von Orléans nach Lyon zu schicken, um dem Grafen von Artois zur Seite zu stehen. Am 8. traf Graf Artois in Lyon ein. An demselben Tage hielt Napoleon Parade über die Garnison von Grenoble ab. Noch am 9. hatte man in Lyon keine Ahnung von den Vorgängen in Grenoble; indessen wußte man schon, daß der Kaiser von Gap weitermarschiert und überall mit der größten Begeisterung begrüßt worden war. In Lyon befehligte der General Roger de Damas; dieser vollständig unfähige Offizier hatte weder auf die Einwohner noch auf die Truppen den geringsten Einfluß. Unter den obwaltenden schwierigen Umständen brauchte man ganz andere Männer. Man übertrug den Oberbefehl in Lyon dem General Brayer. Dieser zeichnete sich besonders durch seinen Haß gegen die Bourbonen, durch seine Anhänglichkeit an Napoleon und durch seine Liebe zum Ruhm des Vaterlandes aus. Er erhielt den Befehl, einen Adjutanten nach Grenoble zu schicken, um von dort her Artillerie kommen zu lassen, an der es in Lyon gänzlich fehlte. General Brayer wußte aus Erfahrung, wie blitzschnell Napoleon sich zu bewegen pflegte; er dachte sich daher, daß der Kaiser wohl schon in Grenoble sein könnte und beauftragte seinen Adjutanten, ihn aufzusuchen und ihm zu sagen, daß er sich auf die Treue der Lyoner Garnison verlassen könnte; allerdings befänden sich die Prinzen in der Stadt, aber die Stimmung der Bevölkerung wäre so offenbar gegen sie, daß sie nichts ausrichten würden. Der Adjutant kam in Grenoble in dem Augenblick an, als der Kaiser weitermarschierte. Er ritt nach Lyon zurück, meldete, was sich in Grenoble ereignet hatte, und sagte den Prinzen, er habe den Kaiser selbst gesehen. Am 9. März machten die Prinzen dem General Brayer den Vorschlag, mit der Lyoner Garnison und einer Abteilung der Nationalgarde gegen Grenoble zu marschieren. Man konnte etwa 5000 Mann zusammenbringen. Schließlich begnügte man sich jedoch damit, eine Abteilung des 13. Dragonerregiments unter dem Adjutanten des Grafen Artois, Herrn von Polignac, vorzuschicken. Zu seinem großen Erstaunen erfuhr dieser kurz vor Bourgoin, daß die Vorhut der kaiserlichen Armee im Begriff stehe, in den Ort einzurücken. Reisende berichteten ihm die Vorgänge in Grenoble und teilten ihm mit, daß Truppen mit der dreifarbigen Kokarde vor Bourgoin ständen. Polignac kehrte sofort um. Alles war in der größten Aufregung. Es war nicht mehr davon die Rede, gegen die kaiserliche Armee zu marschieren; man wollte sich in Lyon verschanzen. Man beschloß, die Guillotièrebrücke zu sprengen; da man dies jedoch nur im äußersten Notfall tun wollte, so ließ man vor der Brücke eine Barrikade aufwerfen. An demselben 9. März hielten die Prinzen eine Parade über alle Truppen ab. Alles ging gut. Allerdings herrschte keine Begeisterung, es wurden aber auch keine Beleidigungen und keine aufrührerischen Rufe laut. Indessen war Lyon in voller Gärung; die ganze Bevölkerung befand sich in Aufregung, und die Anhänger des Königs, aus einigen Anwohnern der Place Bellecour bestehend, gingen zum Grafen Artois und sagten ihm, daß auf das Volk nicht zu rechnen sei; schon meutere es und widersetze sich der Sprengung der Guillotièrebrücke; beim Anblick des Kaisers würde man seine Begeisterung nicht eindämmen und den Ausbruch der Gefühle von elf Zwölfteln der Einwohner nicht hindern können. Die Prinzen wurden ebenfalls davon unterrichtet, daß die Truppen offen in Wirtshäusern und auf Spaziergängen verdächtige Redensarten machten und daß in den Gesichtern der Soldaten eine heimliche Freude zu lesen sei.

Marschall Macdonald befahl alle Offiziere der Garnison von Lyon zu sich, darunter auch den Grafen Roger de Damas; die Offiziere gaben zu verstehen, daß sie wünschten, dieser möchte der Versammlung nicht beiwohnen, er sei der Armee fremd. Als sie unter sich waren, hielt Marschall Macdonald eine Ansprache; er erinnerte die Offiziere an ihren Eid, ihre Pflicht und ihre Verbindlichkeiten dem Könige gegenüber, der sie in ihren Stellungen bestätigt, vielen von ihnen Orden verliehen und die Armee behandelt habe, als ob sie immer die seinige gewesen wäre; er zweifle nicht, daß die Garnison ihre Pflicht tun und den Prinzen und die Stadt Lyon verteidigen werde. Er schloß mit dem Rufe: *Es lebe der König!* Tiefes Stillschweigen antwortete ihm; Generale, Obersten, Offiziere, alle, mit niedergeschlagenen Augen bezeigten sie eine stumpfe Zurückhaltung, die auf nichts Gutes schließen ließ. »Nun«, fuhr der Marschall fort, »was bedeutet dies? Niemand antwortet, niemand wagt mich anzublicken, wir sind doch unter uns. Vergeßt, daß ich euer Chef bin! Vor euch steht nur ein Freund, euer Waffengefährte! Habt ihr um etwas zu bitten, ich werde die Bitte befürworten; habt ihr euch zu beklagen, ich werde für euch eintreten.« Diese Rede änderte nichts in der Haltung der Offiziere. Nach einer weiteren Pause rief der Marschall: »Also, wenn ihr nicht wollt, daß ich befürchten muß, eure Freundschaft und Achtung verloren zu haben, so laßt mich euren Entschluß wissen.« Da nahmen die Züge aller ein anderes Aussehen an, die Blicke belebten, die Herzen öffneten sich: »Herr Marschall«, sagte ein Oberst, »Sie müssen hier zwei verschiedene Meinungen auseinanderhalten, die der Offiziere und die der Mannschaften. Wenn wir hier versammelten Offiziere Ihre Gesinnung teilten und dem Könige mit Herz und Hand ergeben wären, so wäre damit noch nichts erreicht. Denn die Soldaten haben ihre eigne Meinung, sie sind fest entschlossen: sobald sie den *grauen Mantel* erblicken, werden sie ihm zueilen und auf uns schießen. Wie konnten Sie, der Sie die Armee kennen, sich solchen Illusionen hingeben? Blicken Sie in Ihr Herz! Für wen sollen wir uns schlagen? Für die Bourbonen, die Feinde unseres Landes, unserer Rechte und Prinzipien? Warum sollen wir bluten? Um die weiße Fahne mit Lorbeer zu schmücken? Wir alle sind mit ehrenvollen Narben bedeckt, die wir in hundert Gefechten seit fünfundzwanzig ruhmvollen Jahren gegen eben diese weiße Fahne erhalten haben! Sie fordern von uns Vertrauen zum Grafen Artois! Bringt er uns solches entgegen? Er, der hierherkommt mit zwölf Adjutanten, von denen keiner Schulter an Schulter mit uns gefochten hat, um die Nation zu verteidigen, von denen keiner die dreifarbene Kokarde getragen hat! Alle sind Emigranten, Adlige, unsere schlimmsten Feinde!

In ihren Augen sind wir Kanaille und Plebs, die Bauern nur Leibeigne. Gestern noch, wo in dieser äußersten Gefahr der Graf von Artois alle Künste der Verführung anwandte, um die Soldaten zu gewinnen, welches Band trug er da? Das des Heiligen Geistes, das nur der sich umlegen darf, der auf hundert Jahre Adel zurückblicken kann! Trug er vielleicht die Ehrenlegion, die allein dem Verdienste, dem Talent, ohne Unterschied von Geburt verliehen wird?« – »Gut«, antwortete der Marschall, »ich verpflichte mich, dem abzuhelfen, der Orden vom Heiligen Geist soll abgeschafft werden, die Prinzen werden nur noch die Ehrenlegion anlegen, sechs von den Adjutanten werden entlassen und durch unsere Offiziere ersetzt. Der König hat die Ehrenlegion aufrechterhalten, euch Beförderungen verliehen, ihr könnt also nicht sagen, daß er seine Versprechungen nicht gehalten hat.« Darauf erwiderte ein Offizier: »Er hat sie alle gebrochen! Er hat die Ehrenlegion beibehalten, um sie zu erniedrigen. Alle Chouans, alle Räuber der Vendée, alle Spione Englands sind damit dekoriert worden; wir erröten, sie zu tragen.« Nach mehreren Stunden des Streites ergriff General Brayer das Wort: »Herr Marschall, keine Illusionen! Der Prinz ist bei uns in Sicherheit; aber wenn eine dreifarbene Kokarde in Lyon eindringt, kann keiner von uns mehr für sein Leben garantieren. Generale, Offiziere und Mannschaften, wir alle sind nur von einem Gefühle beseelt. Wir sollen uns gegen den schlagen, dem wir unseren Ruhm, unsere Stellungen und unsere Ehren verdanken, gegen ihn, der unsere Rechte und Interessen und die des Volkes vertritt? Obgleich Sie erst 36 Stunden in dieser Stadt sind, müssen Sie doch erkannt haben, mit welcher Begeisterung sie an Napoleon hängt! Ohne Zweifel war dieser unglücklich, er hat abgedankt: Aber das hat sich zu unserem Vorteil und zum Glück der Nation gewendet. Wenn es einige Offiziere gibt, die neutral bleiben wollen, so existiert doch nicht ein einziger, der *Feuer* kommandieren würde gegen ihn, dessen Bild er in seinem Herzen trägt. Die Bourbonen verdanken ihren Thron den Fremden, Napoleon ist durch die Nation darauf erhoben worden. Ich bin ein alter Soldat und kenne den Geist Frankreichs: Wenn Sie Marseille ausnehmen, so werden Sie nicht einen Bauern, nicht einen Soldaten finden, der sich nicht unter das nationale Banner stellen würde. Damit die Bourbonen auf uns zählen könnten, müßten sie sich an die Spitze der Nation stellen, unsere Ehre und unsere Farben hochhalten und gutwillig das tun, was Sie uns heute vorschlagen. So wie jetzt die Sache liegt, ist es für sie unmöglich, zu uns zu halten.« – »So wollt ihr euch«, antwortete Macdonald, »mit

Schande und Unehre bedecken. Was soll ich nun, da dies euer Wille ist, den Prinzen sagen?« – »Daß sie sofort abreisen.«

Der Marschall suchte sofort die Prinzen auf, die ungeduldig waren, den Erfolg dieser wichtigen Unterhaltung zu erfahren; er riet ihnen, sofort abzureisen, da die kaiserlichen Truppen bereits über Bourgoin hinaus wären und das Departement Ain schon die Trikolore gehißt hätte; es sei zu fürchten, daß Napoleon, nunmehr Herr der beiden Rhôneufer, den Weg nach Burgund abschneide. Unterdessen hatte Graf Artois eilends alle Kasernen besucht, überall war er einer eisigen Haltung der Truppen begegnet, ja selbst Drohungen waren laut geworden. Ein alter dekorierter Dragoner vom 13. Regiment, dem er sagte, daß der Augenblick gekommen sei, für den König zu fechten, und dem er die Hand bot zur Bekräftigung seiner Treue, antwortete ihm: »Ich schlage mich nicht für die Feinde meines Landes! Ich habe meine Ehrenzeichen und Wunden erhalten im Kampfe gegen Engländer, Russen, Preußen und Österreicher, Ihre Freunde.« Da sahen die Prinzen ein, daß nichts weiter zu machen sei, als den Wagen zu besteigen und abzureisen. Ein einziger Mann von der Nationalgarde begleitete sie, die Gendarmerie hatte ihnen diesen Dienst verweigert. General Brayer hatte 50 Dragonern vom 13. Regiment Befehl gegeben, die Prinzen zu eskortieren, sie taten dies aber nur bis einen Kilometer vom Faubourg de Vaise. Die Volksmenge stürzte sich in Massen auf die Brückenbarrikaden und zerstörte diese. Viele Neugierige nahmen den Weg nach Grenoble, und gegen 4 Uhr kamen Nachrichten von Bourgoin.

III.

Der Kaiser hatte in Grenoble mit dem Großmarschall Drouot den Wagen bestiegen; drei Kilometer von Lyon stieß er auf den Volkshaufen, Männer, Frauen, Bürger aller Klassen zu Fuß, zu Wagen, zu Pferde. Eine halbe Stunde später empfing er General Brayer mit seinen Generalen und Stabsoffizieren. Der Kaiser stieg zu Pferde und kam um 8 Uhr abends im Faubourg de la Guillotière an. Auf der Brücke begrüßte ihn der Maire von Lyon, Baron von Fargues, der ihm die Schlüssel der Stadt übergab und ihn der begeisterten Freude der Einwohnerschaft über seine Anwesenheit versicherte.

Der Kaiser stieg im Palast des Erzbischofs ab. Das ganze Haus und die Höfe waren mit Generalen und Offizieren überfüllt, die ihm ihre begeisterten Gefühle bezeigten. Die ganze Stadt war festlich illuminiert. Einige Häuser der Place Bellecour, deren Besitzer zur feindlichen Partei gehörten, wurden von der Volksmenge bedroht: Auf Bericht davon traf der Kaiser sofort alle Anordnungen, um zu verhindern, daß dieser schöne Tag durch Exzesse besudelt würde. Dem General Brayer bezeugte er seine besondere Achtung und Befriedigung. Dem General war sein Betragen durch die reinste Vaterlandsliebe diktiert worden. Während der Nacht besetzten die Korps der Armee von Grenoble die Stadt. Das Bataillon Grenadiere der Alten Garde kam spät am selben Abend an. So hatten also diese Braven in 10 Tagen die Entfernung vom Golf Jouan nach Lyon – 110 Poststunden – durchmessen!

Am selben Tage, 10. März, meldete der Telegraph nach Paris, daß der Kaiser unter dem Jubel der Bevölkerung seinen Einzug in Lyon gehalten habe.

Am 11. März hielt der Kaiser auf der Place Bellecour eine Parade über die Truppen ab, an deren Schluß ein Regiment von Montbrison eintraf. Dieses meldete, daß die Departements Montbrison und Puy-de-Dôme die dreifarbene Kokarde angenommen hätten und daß alle Bauern zu den Waffen eilten. Die Parade dauerte mehrere Stunden; eine unzählige Volksmenge wohnte ihr bei, unter welche sich der Kaiser ganz allein und ohne Waffen mischte; er hörte ihre Wünsche an und bewilligte viele Belohnungen. Durch alle Tore von Lyon strömten Scharen von Landleuten herbei unter fröhlichen Gesängen, die während der drei Tage der Anwesenheit des Kaisers sein Haus unter frohen Ausdrücken ihrer Begeisterung belagerten. Verabschiedete und auf halbem Sold stehende Offiziere, die aus den benachbarten Departements herbeieilten, wurden wieder eingestellt.

Ein Kurier von Paris überbrachte für den Grafen von Artois bestimmte Depeschen, die dem Grafen Bertrand ausgehändigt wurden. Darunter befand sich eine Anweisung auf 800 000 Franken, die der Finanzminister dem Grafen zur Verfügung stellte. Die Bank verweigerte zuerst die Zahlung, bot sie aber nachher selbst dem Kaiser an, der davon nur 400 000 Franken annahm. Vom gleichen guten Willen waren alle Verwaltungen beseelt.

Der Kaiser empfing alle Behörden und hörte fast 2 Stunden lang die Vertreter der Stadt an. Die Unterhaltung war sehr lebhaft, und der Kaiser konnte in alle Verhältnisse und Bedürfnisse der großen Stadt Einblick gewinnen. Er ernannte Baron Fourier zum Präfekten von Lyon und sandte später von Paris aus viele Befehle zum Nutzen und Frommen der städtischen Einrichtungen.

Am 10. März noch vor Mitternacht hatte der Kaiser Befehl gegeben, eine große Anzahl von Booten auf der Saône bereitzuhalten, um die Truppen einzuschiffen. Auf diese Weise wurden sie in 48 Stunden ohne jede Ermüdung nach Châlon transportiert. Den Oberbefehl über eine neugebildete 3. Division erhielt General Brayer. Das 4. Husaren- und das 13. Dragonerregiment und die 4. leichte Artillerie marschierten zu Land nach Châlon und bildeten die Vorhut. Die Bewegungen der Truppen, welche die königliche Regierung behufs Konzentrierung vor Lyon anbefohlen hatte, waren bekannt; diesen sandte Graf Bertrand Befehl, sofort nach Auxerre und Paris zurückzumarschieren. Sobald sie diesen erhielten, steckten sie die dreifarbene Kokarde an, zerrissen die weiße und traten die weiße Fahne mit Füßen. Darauf traten sie den Marsch nach ihrem neuen Bestimmungsort an und vermehrten so die Armee des Kaisers. Am 13. März nahm der Generalintendant des Grafen Artois, Marchand, die dreifarbene Kokarde an und bat den Kaiser um seine Befehle. Er erhielt sofort die nötigen Aufträge, um die Ernährung der Armee zu sichern.

Der Kaiser entsandte Offiziere an alle Regimenter des 8. Militärbezirkes (Provence und Avignonnais). Schon beim Passieren von Digne war Herr Pons, der Direktor des Bergwerks von Elba, ein hervorragender, sehr ergebener Mann, vom Kaiser an den General Masséna geschickt worden, um diesen von der Landung Napoleons zu benachrichtigen. Seine Ankunft beunruhigte in hohem Grade die Agenten des Herzogs von Angoulême. Er hatte eine lange Unterredung mit Masséna. Der Marschall erklärte, daß er bei der ersten passenden Gelegenheit sich für Napoleon erklären werde, daß aber für den Augenblick die schlechte Gesinnung der Marseiller ein unüberwindliches Hindernis bilde, die dreifarbene Kokarde anzustecken. Ja, er müsse Pons sogar, um jeden Verdacht abzulenken, zum Schein auf der Festung If gefangen setzen, bis daß es ihm erlaubt sei, seine wahren Gefühle zu zeigen. Der König hatte Masséna aufs schwerste beleidigt: Er allein von allen Marschällen war nicht zum Mitglied der Pairskammer ernannt worden. Man hatte die Ironie so weit getrieben zu erklären, daß er kein Franzose sei, und ihm erst die Naturalisierungsurkunde verliehen, die noch dazu vom Grafen Vioménil ausgefertigt wurde. Man denke: Der Sieger von Rivoli, der Retter Frankreichs in der Schlacht von Zürich, zum Franzosen gestempelt durch die Gnade eines Mannes, der seit 25

Jahren die Waffen gegen sein Land geführt hatte! Man weiß wirklich nicht, worüber man sich mehr wundern muß: über die Dummheit oder die Ungerechtigkeit eines solchen Verfahrens. Alle Truppen des 8. Militärbezirkes teilten die Gefühle ihres Generals; aber der schlimme Geist der Marseiller und die Anwesenheit des Herzogs von Angoulême hielten diese im Schach.

Jetzt war Napoleon wieder Kaiser; er hielt es für angebracht, seiner Ankunft in der Hauptstadt Handlungen vorhergehen zu lassen, die über seine Prinzipien Klarheit schaffen sollten. Er erließ eine Amnestie für alle, welche ihren Eid ihm gegenüber gebrochen und die nationale Sache verraten hatten. Er nahm davon aus Talleyrand, den Marschall Marmont, die Mitglieder der Provisorischen Regierung und den Polizeipräfekten Baron Pasquier, die alle in der Ausübung ihres Amtes Verrat geübt hatten, und noch einige andere. Napoleon war der Ansicht, daß eine solche Amnestie, mit diesen Ausnahmen, geeignet sei, zugleich Beruhigung einerseits und Beschwichtigung des öffentlichen Unwillens andrerseits zu gewähren. Er erklärte für aufgelöst die Kammern der Deputierten und der Pairs: die Pairskammer, weil sie sich aus Emigrierten und Leuten, die gegen ihr Vaterland das Schwert gezogen hatten, zusammensetzte oder aus Senatoren, die eidbrüchig die Pläne der Vaterlandsfeinde unterstützt hatten; die Deputiertenkammer, weil sie des nationalen Charakters entbehrte; alle waren auf Grund der Verfassung des Jahres VIII gewählt worden, und ihre Mandate waren erloschen; außerdem hatten sie sich schuldig gemacht, indem sie Gesetze berieten, die im Namen Ludwigs des Achtzehnten, als *Königs von Frankreich und Navarra* erlassen wurden, also eines Königs nach mittelalterlichem Recht; endlich hatten sie selbst Zahlung von Schulden bewilligt, die von den Emigranten kontrahiert worden waren, um gegen die Nation Krieg zu führen.

Der Kaiser dekretierte weiter, daß die nicht von der Liste gestrichenen oder nicht amnestierten Emigrierten, die nach Frankreich im Gefolge der feindlichen Heere seit Beginn von 1814 zurückgekehrt wären, sofort das französische Gebiet zu verlassen hätten; die königlichen Haustruppen wären aufzulösen, Pferde und Waffen müßten der Kriegsverwaltung ausgeliefert werden; die Generale und Offiziere des Land- und Seeheeres, die vom König ernannt wären und nicht schon vorher in den Armeen der Nation gedient hätten, wären aus den Listen zu streichen und hätten keinen Sold mehr zu empfangen; alle vom König bewilligten Pensionen wären annulliert; der Feudaladel wäre aufgehoben, desgleichen alle Orden und alle Änderungen, die man bei der Ehrenlegion verfügt hätte. Endlich befahl der Kaiser die Einberufung aller Mitglieder der Wahlkollegien der Departements von Paris zu einem Maifeld, damit Maßregeln beschlossen werden könnten, die den Interessen und dem Willen des Volkes entsprächen. Auf diese Weise war mit einem Schlage alles vernichtet, was der König geschaffen hatte. Keine Unsicherheit über die Absichten der kaiserlichen Regierung blieb mehr bestehen: Keiner konnte behaupten, daß er durch direkte oder indirekte Versprechungen getäuscht worden sei. Am 14. März wurden diese Dekrete in Lyon durch Anschlag veröffentlicht und an alle Gemeinden Frankreichs versandt. Dieser Schritt des Kaisers war freimütig, loyal und seiner Macht entsprechend, der Macht eines Souveräns, dessen Rechte begründet waren auf den Willen und das Interesse des Volkes in seiner Gesamtheit. Die Dekrete erreichten Paris vor dem Kaiser und wurden am Tage seines Einzuges öffentlich angeschlagen; sie ließen in der öffentlichen Meinung keine Zweideutigkeit aufkommen.

Während seines dreitägigen Aufenthaltes in Lyon beriet sich Napoleon mit dem Maire, Baron de Fargues, und den obersten Behörden. Er wollte diese Stadt, die ihm bei allen Gelegenheiten so große Beweise von Treue gegeben hatte, auf den höchsten Grad von Ansehen und Gedeihen erheben.

Marschall Ney war Gouverneur des 6. Militärbezirks. Er erhielt am 5. März vom Kriegsminister den Befehl, sich nach Besançon zu begeben. Er sah den König, der ihm sein hohes Vertrauen aussprach: er erhoffe in diesem kritischen Augenblicke alles von seinem Talent und seiner Treue. Seit der Ankunft in Grenoble waren an alle Regimenter des 6. Militärbezirks Offiziere mit den Proklamationen geschickt worden.

Die Wirkung war, daß mehrere Korps, die zu der Armee gehörten, welche Ney befehligen sollte, die Trikolore annahmen und zum Kaiser übergingen. Es blieben dem Marschall nur drei Infanterie- und drei Kavallerieregimenter, die er in Lons-le-Saulnier vereinigte. Die ganze Freigrafschaft war in Bewegung. Die Nachricht von der Begeisterung der Lyoner und die ehrlose Flucht der Prinzen versetzte die Freigrafschäftler in den höchsten Freudenrausch. Die Soldaten brauchten durch die Bevölkerung nicht beeinflußt zu werden, aber überall in den Schänken und auf den Straßen sagten die Bürger zu ihnen: »Was, ihr wollt euch doch nicht gegen euren Vater schlagen? Wollt ihr etwa die Sache der Nation im Stiche lassen? Ist es möglich, daß ihr nicht längst euren Entschluß gefaßt habt?« Die Soldaten, die aus dem Dauphiné oder den Landschaften Lyonnais, Forez, Auvergne oder Burgund stammten, wurden von ihren Eltern und Verwandten brieflich aufgefordert, sich um die Fahne der Nation zu scharen und nicht zu vergessen, daß ihr Feldherr und einzig rechtmäßiger Herrscher der Kaiser wäre.

Am 12. schickte der Großmarschall Bertrand einen Offizier zum Marschall Ney mit einem Brief und mehreren Nummern von Grenobler und Lyoner Zeitungen; in diesen Zeitungen standen die erlassenen Aufrufe und die Adressen aller Regimenter und zahlreicher Städte und bürgerlicher Behörden. Der Brief enthielt nur wenige Worte; Bertrand sagte nur, der Kaiser rechne auf den Marschall; wenn unter den beispiellosen Umständen der Kaiser vielleicht gegen diesen oder jenen Vorwürfe erheben könnte, so wäre jetzt der Augenblick gekommen, sich von diesen zu reinigen.

Marschall Ney erhielt diesen Brief am 13. März; er glaubte darin eine Versicherung zu sehen, daß ihm sein Benehmen in Fontainebleau vergessen sein solle. Die Begeisterung von ganz Burgund und dem Dauphiné, besonders die Städte Grenoble und Lyon, riß ihn fort. Seine Truppen waren zum Teil schon zum Kaiser übergegangen. Die Regimenter, die ihm noch blieben, zitterten vor Ungeduld und sprachen laut davon, zu meutern und zum Kaiser überzugehen. Marschall Ney war im Grunde seines Herzens, wie alle Franzosen und zumal alle Soldaten, den Bourbonen übelgesinnt und besonders entrüstet über die Anmaßung ihrer Höflinge. Alle Formen ihrer Regierung, alle neuen Ansprüche, die sie erhoben, widersprachen ihren Neigungen und ihrer Vergangenheit. Die Verhältnisse lagen so, daß Ney nur zwischen zwei Entschlüssen die Wahl hatte: Entweder mußte er sich an die Spitze seiner Truppen stellen und persönlich ihnen das Zeichen zum Übergang geben, oder er mußte sich nach Paris zurückziehen und dann später neutral bleiben oder sich der Sache des Königs anschließen. Dieser zweite Entschluß entsprach den Versprechungen, die er dem König gegeben hatte, aber keineswegs der Energie seines Charakters, seinem Ehrgeiz und seiner Eitelkeit. Er entschloß sich also am 14. März, seine Truppen zusammenzurufen. Offiziere und Mannschaften waren wie betäubt. Man glaubte, der Marschall, dessen schlechtes Benehmen in Fontainebleau den Truppen bekannt war, werde gegen den Kaiser sprechen und einen neuen Treueid für den König verlangen. Hätte er dies getan, so würde ein Ausbruch der Leidenschaft erfolgt sein, der dem Marschall hätte gefährlich werden können; denn alle Soldaten erfüllte eine tiefe innerliche Entrüstung gegen diejenigen, die bei den Vorgängen in Fontainebleau gegen den Kaiser Partei ergriffen hatten. Aber alle Gesichter strahlten vor Freude, als man den ersten Satz der Proklamation des Marschalls hörte: Er erklärte die Bourbonen für unwürdig, in Frankreich zu herrschen, und Napoleon für den gesetzmäßigen Souverän. Die Soldaten zerrissen ihre weißen Kokarden und hatten in einem Nu die dreifarbenen angesteckt, die jeder bei sich im Tornister hatte. Mehrere Regimenter fanden ihre Adler wieder und steckten diese sofort auf Stangen; andere, die nicht so glücklich waren, schwenkten die Trikolore.

Am Vormittag des 16. März teilte Bertrand dem Kaiser mit, daß ein Adjutant des Marschalls Ney mit Depeschen von Lons-le-Saulnier angekommen sei; der Marschall schickte dem Kaiser seine Proklamation und legte schriftlich denselben Treueid ab, den er seine Soldaten hatte schwören lassen. Gleichzeitig bat er jedoch um seinen Abschied und um die Erlaubnis, sich auf seine Güter zurückziehen zu dürfen. Er begründete dies damit, daß Napoleon nach den Vorgängen in Fontainebleau wohl kein Vertrauen mehr zu ihm haben könne; doch schob er die Schuld an allem, was er gesagt und getan hätte, auf den Zwang der Verhältnisse und beteuerte immer wieder, daß das Bild des Kaisers unverlöschlich in sein Herz eingegraben sei; er habe sich bei seinem Schritt nicht von persönlichen Interessen leiten lassen, sondern sei nur seinem Herzen gefolgt, um den von der Nation erwählten Herrscher wieder auf seinen Thron zu setzen. Über die Proklamation des Marschalls war der Kaiser im ersten Augenblick sehr erstaunt, und er schwankte, welche Antwort er geben solle, denn nach seiner Meinung handelte Ney nur aus Ehrgeiz und Egoismus. Nach reiflicher Überlegung erschien es ihm jedoch angebracht, den vielen anderen, die sich ebenso schuldig gegen ihn gemacht hatten, ein beruhigendes Beispiel zu geben. Da dem Marschall, nachdem er in seiner Proklamation eine so entschiedene Sprache geführt hatte, ein Rückzug unmöglich war, so entschloß sich der Kaiser, in diesem Falle nur politischen Erwägungen Gehör zu schenken und sich eines Mannes zu bedienen, dessen Tapferkeit er hochschätzte, wenn er gleich von seinem Charakter und von seiner Klugheit nur eine geringe Meinung hatte. Er schrieb ihm daher:

»Mein Vetter! Bertrand übersendet Ihnen den Marschbefehl. Ich bezweifle nicht, daß Sie sofort nach Empfang der Nachricht von meinem Eintreffen in Lyon meinen Truppen Befehl gegeben haben, die Trikolore zu entfalten. Führen Sie die beiliegenden Befehle aus und kommen Sie zu mir nach Châlon. Ich werde Sie empfangen, wie ich es am Tage nach den Schlachten bei Elchingen und an der Moskwa tat.«

Während der Nacht vom 17. zum 18. März kamen Ney und sein Generalstab mit der Post an. Der Marschall erschien beim Lever des Kaisers, der ihn freundlich aufnahm und ihm nochmals versicherte, daß die Vorgänge von Fontainebleau vergessen sein sollten.

Die drei Kavallerie- und vier Infanterieregimenter des Marschalls hatten inzwischen Ergebenheitsadressen gesandt; sie bildeten eine sechste Division der Armee, die dem Kaiser folgte.

Am 10. März hatten die Prinzen in heller Verzweiflung Lyon verlassen. Marschall Macdonald war von einer Dragonerpatrouille verfolgt worden, die ihn um ein Haar verhaftet hätte. In Roanne traf er den Grafen Artois, der dort übernachten wollte. Er machte ihn auf die Gefahr aufmerksam, die ihnen drohte, denn auf die erste Kunde von den Lyoner Ereignissen würde ohne Zweifel die ganze Bevölkerung von Roanne sich erheben und sie festnehmen. Sie fuhren die ganze Nacht hindurch und kamen am 13. März in Paris an. Der Herzog von Orléans ließ sofort seine Familie nach London abreisen.

Der König ahnte jetzt, daß sein Sturz unabwendbar sei. Trotzdem versuchte man noch, eine zuversichtliche Haltung zur Schau zu tragen. Sofort nach dem Eintreffen der ersten Nachrichten von der Landung des Kaisers hatten der Herzog von Otranto (Fouché), der Herzog von Bassano (Maret), Graf Lavallette und andere eifrige Anhänger der nationalen Sache die beiden Generale Lallemand, den Kommandeur der reitenden Gardejäger, General Lefêbvre-Desnoëttes, und den Truppenkommandanten des 16. Militärbezirks Grafen d'Erlon aufgefordert, nach Paris zu marschieren, die Tuilerien zu umzingeln, die Prinzen gefangenzunehmen und auf diese Weise jede Unklarheit zu beseitigen. Die Generale folgten dieser Aufforderung aus eignem Antrieb, mit dem Kaiser hatte kein Verkehr stattgefunden, und von den Vorgängen im Süden wußten sie weiter nichts, als daß Napoleon gelandet wäre. Leider ließ Graf d'Erlon es gänzlich an Tatkraft fehlen. Seine bereits auf dem Marsch befindlichen Truppen kehrten auf Anordnung des Gouverneurs des 16. Militärbezirks, nämlich des Herzogs von Treviso (Mortier), in ihre Garnisonen zurück; der Marschall hatte aus Paris Befehl erhalten, sich unverzüglich nach Lille zu begeben, und hatte im Glauben, daß das Unternehmen des Kaisers gänzlich gescheitert sei, dem Marsch der Regimenter Einhalt geboten. In Paris wurde zu jener Zeit amtlich die Nachricht verbreitet, daß der Kaiser von seinen Truppen verlassen worden sei und als Flüchtling in den Alpen umherirre. General Lefêbvre-Desnoëttes, der mit seinem Regiment inzwischen in Compiègne eingetroffen war, glaubte infolge dieser Nachrichten seine Offiziere zu einer Beratung zusammenrufen zu müssen. Er hätte seine Soldaten befragen sollen. Die Offiziere aber erklärten: da die anderen Truppen in ihre Garnisonen zurückgekehrt seien, müßte man diesem Beispiele folgen. Der General trennte sich von seinem Regiment und hielt sich in Epernay verborgen. Der General Lallemand wurde auf seiner Reise zum Kaiser verhaftet. Oberst Marin hatte mehr Glück; er marschierte in der Richtung nach dem Dauphiné, wo nach seiner Meinung der Kaiser sein mußte, und traf diesen in Auxerre. Eine Abordnung der Gardejäger ging nach Paris und bat um Gnade. Diese Ereignisse verliehen einem Teil der Hofgesellschaft neuen Mut. Der König begab sich zu den Kammern, die gemeinsam im Saal des Gesetzgebenden Körpers tagten, und der Graf von Artois leistete bei dieser Gelegenheit den Eid auf die Verfassung. Der König erklärte, er wolle in Paris bleiben und in seiner Hauptstadt den Tod erwarten. Einige hundert junger Leute traten als *Freiwillige des Königs* ins Heer ein. Man ließ Abteilungen von Gardes du Corps und Vendéern durch die Straßen ziehen und: *Hoch der König!* rufen. Einige Zuschauer, die in der Menschenmenge: *Hoch der Kaiser!* riefen, wurden niedergemetzelt. Kurz und gut, man bildete wirklich eine Armee und gab die Kommandeurstellen lauter Männern, die als besonders ergebene Anhänger des Kaisers Napoleon galten. Zum Höchstkommandierenden wurde jedoch der Herzog von Berry ernannt, unter ihm befehligte Marschall Macdonald. General Belliard wurde Generalstabschef; das I. Armeekorps kommandierte General Rapp, der als früherer Adjutant des Kaisers zu dessen treusten Anhängern gehörte. Der Herzog von Reggio (Oudinot), der in Metz stand, erhielt Befehl, die Gardeinfanterie nach Paris zu schicken. Allen alten Soldaten wurden Belohnungen versprochen; wer wieder eintrat, wurde sofort Unteroffizier; die früheren Unteroffiziere wurden zu Offizieren befördert; mit einem Wort, man suchte sie auf jede Weise zu gewinnen. Der Kriegsminister, Herzog von Dalmatien (Soult), war inzwischen dem Hof verdächtig geworden; man gab sein Portefeuille dem Herzog von Feltre (Clarke). Über den Kaiser wurden die schlimmsten Nachrichten verbreitet. Ein Adjutant des Grafen Artois erdreistete sich sogar, von einem Balkon der Tuilerien herab, im Namen seines Prinzen der Menge mitzuteilen: der Kaiser sei geschlagen worden, habe Lyon und Grenoble aufgegeben und sich in das Gebirge flüchten müssen, wo er vom Marschall Ney verfolgt werde.

Aber am 17. erhielt der Hof die Proklamation Neys; am 18. erfuhr er, daß ganz Burgund, die Freigrafschaft, die Auvergne und das Nivernais sich für den Kaiser erklärt hätten, und daß letzterer in Auxerre eingetroffen sei. Der Brigadegeneral Ameil, der nach Lyon zur Armee des Grafen Artois geschickt worden war, hatte sich begeistert Napoleon angeschlossen. Er war von Bertrand der Vorhut zugeteilt worden, aber so unvorsichtig gewesen, sich von den Feinden gefangennehmen zu lassen. Er wurde dem König vorgeführt, der ihn befragte: »Wie wagten Sie es, Ihren Eid zu brechen und sich dem Usurpator anzuschließen?« – »Sire«, antwortete Ameil, »wir Soldaten sind Durchgänger: Wir brauchen außer unserer legitimen Liebe noch eine illegitime; Sie sind unser legitimer Herr, der Kaiser unsere Maitresse.« Der König lachte und schickte ihn nur in Arrest.

Indessen schmeichelte man sich noch mit der Hoffnung, Widerstand leisten zu können. Man rechnete auf die Haustruppen des Königs und die Garnison von Paris, die man für treu hielt. Bei der Parade am 12. März hatte sie *»Hoch der König«* gerufen. Das 1. leichte Infanterieregiment hatte sogar, dem Beispiel seines Obersten, Barons von Bournonville, folgend, sich auf die Knie niedergelassen. Aber als der Herzog von Reggio den Soldaten der Fußgarde Versprechungen des Königs überbrachte, antworteten sie: »Es ist zu spät, wir haben des Kaisers Befehle erhalten, ihm gehorchen wir.« Der Marschall begriff, daß nichts mehr zu erreichen war; bei weiteren Versuchen würde er sein Leben riskiert haben. Die Garde marschierte nach Troyes, um den Kaiser zu treffen. Weitere schlimme Nachrichten vom Ungehorsam der Truppen traten ein, die Faubourgs von Paris rührten sich, es gab keine Sicherheit mehr für den König. Er entschloß sich daher, in der Nacht vom 19. zum 20. Paris zu verlassen.

In derselben Nacht passierte der Kaiser Montereau und traf bei Tagesanbruch mit dem 4. Husaren- und dem 13. Dragonerregiment in seinem Schlosse von Fontainebleau ein. Die Grenadiere der Insel Elba und die verschiedenen anderen Divisionen kamen im Laufe des Tages an, so daß der Kaiser am 20. über 36 bis 40000 Mann mit mehr als 100 Kanonen verfügte. Und alle diese waren beseelt von glühendster

Begeisterung. Gegen Mittag kamen Nachrichten; der Hof habe Paris verlassen, Graf Lavallette habe die Leitung der Post, der Herzog von Rovigo die der Polizei übernommen; man erwarte den Kaiser mit höchster Ungeduld und habe schon die Trikolore gehißt.

Sofort reiste der Kaiser in einer Postkutsche mit dem Großmarschall und General Drouot ab. Unterwegs gesellten sich ganze Regimenter zu ihm und eine große Anzahl von Offizieren kam, ihm zu huldigen, unter diesen der Herzog von Vicenza (Caulaincourt), der Herzog von Danzig, Marschall Lefêbvre, Graf Lobau, der Herzog von Piacenza (Lebrun), die Kaiserlichen Adjutanten Grafen Flahault, Durosnel und Dejean und andere. Der Kaiser befahl Lobau, das Kommando der Truppen von Paris zu übernehmen und die Soldaten in die Kasernen zu führen. General Exelmans hatte inzwischen mit 3000 verabschiedeten Offizieren die Bewachung der Tuilerien übernommen und hatte sich des Schlosses Vincennes bemächtigt.

Um 9 Uhr abends erreichte der Kaiser die Tuilerien, umgeben von seinen Truppen und einer ungeheuren Menschenmenge. Es wäre unmöglich, die Erregung und Begeisterung zu beschreiben, die sein Kommen überall hervorrief. Die Proklamationen wurden noch am selben Abend öffentlich angeschlagen, und General Exelmans erhielt Befehl, an der Spitze von 3000 Mann leichter Kavallerie den König zu verfolgen.

Der Staatsrat Réal wurde zum Polizeipräfekten ernannt. Alle Minister wurden sofort vereidigt und übernahmen ihre Ämter. Um Mitternacht speiste der Kaiser mit dem Großmarschall und Graf Drouot.

Der Herzog von Feltre hatte anfragen lassen, ob er wieder nach Paris kommen dürfe; der Kaiser antwortete: er brauche nur die Proklamationen zu lesen; er könne kommen, aber nicht vor den Kaiser, der keine Verräter sehen könne. Diese Antwort veranlaßte ihn, dem König zu folgen.

Bei Tagesanbruch begrüßten die freudetrunkene Begeisterung der Pariser und 101 Kanonenschüsse die Trikolore, die auf der Kuppel der Tuilerien wehte. Das Joch des Königs der Fremden war abgeschüttelt, die Schande ausgelöscht. Die ganze Umwälzung hatte sich ohne Blutvergießen und Gewalttätigkeiten vollzogen. Graf Bondy wurde zum Seinepräfekten, General Hulin zum Platzkommandanten ernannt.

So vollzog sich, ohne jedes Hindernis, ohne daß ein einziger Tropfen Blut vergossen wurde, diese völlig gesetzmäßige Unternehmung, die der Nation ihre Rechte und ihren Ruhm wiedergegeben und die den

Makel weggewischt hat, der durch Verrat und die Anwesenheit der Fremden unserer Hauptstadt aufgedrückt war. So erfüllte sich die Prophezeiung in der Ansprache des Kaisers an seine Soldaten, daß der Adler mit der Trikolore von Kirchturm zu Kirchturm bis zu Notre-Dame fliegen werde.

In achtzehn Tagen war das wackere Gardebataillon vom Golf Jouan nach Paris marschiert und hatte eine Strecke durchmessen, die für gewöhnlich 45 Tage in Anspruch nimmt.

Vor den Toren von Paris zog dem Kaiser die ganze Armee entgegen, die bis dahin der Herzog von Berry befehligt hatte. Generale, Offiziere und Soldaten aller Waffen begrüßten ihren Feldherrn, den die Wahl des Volkes und der Wunsch der Armee zum Kaiser gemacht hatten. Jeder Soldat steckte die dreifarbige Kokarde an, die er schon in seinem Tornister trug. Alle warfen die weiße Kokarde von sich, die seit 25 Jahren das Erkennungszeichen für die Feinde Frankreichs und des Volkes gewesen war.

Am 21. März hielt der Kaiser um 1 Uhr mittags über alle Truppen der Pariser Armee Revue ab. Die ganze Hauptstadt war Zeugin der Begeisterung und Hingebung, die die tapferen Soldaten beseelte. Sie hatten ihr Vaterland wieder! Sie waren von der Bedrückung erlöst; in den Nationalfarben hatten sie die Erinnerung an alle jene hochherzigen Gefühle wiedergefunden, die die französische Nation stets ausgezeichnet haben!

Nachdem der Kaiser die Reihen abgeschritten hatte, bildeten alle Truppen ein Karree, und der Kaiser hielt folgende Ansprache:

»Soldaten! Ich bin mit einem einzigen Bataillon nach Frankreich gegangen, weil ich auf die Liebe des Volkes und auf die Erinnerung der alten Soldaten rechnete. Ich habe mich in meiner Erwartung nicht getäuscht gesehen. Soldaten, ich danke euch! Der Ruhm der Taten, die wir vollbracht haben, gehört einzig und allein dem Volk und euch. Mein eigner Ruhm beschränkt sich darauf, euch erkannt und richtig bewertet zu haben.

»Soldaten! Der Thron der Bourbonen war ungesetzlich, denn er war von Ausländern errichtet und durch den Willen der Nation abgelehnt worden; und vor allen Dingen war er ungesetzlich, weil er nur den Interessen einer kleinen Anzahl anmaßender Menschen Gewähr leistete und damit Ansprüche unterstützte, die unseren Rechten zuwiderlaufen. Soldaten! Nur der Kaiserthron kann Gewähr leisten für die Rechte des Volkes und vor allen Dingen für unser höchstes Interesse, für unseren Ruhm. Soldaten, wir werden ins Feld ziehen, um von unserm Boden diese Prinzen zu verjagen, die die Helfershelfer des Auslandes sind. Das französische Volk und ich rechnen auf euch. Wir wollen uns nicht in die Angelegenheiten fremder Nationen einmischen; aber wehe dem, der sich in die unsrigen einmischen würde!«

Diese Rede wurde vom Volk und von den Soldaten mit lautem Beifall aufgenommen.

Einen Augenblick später erschienen General Cambronne und mehrere Offiziere des Gardebataillons von Elba mit den alten Adlern der Kaisergarde. Der Kaiser ergriff abermals das Wort und sprach: »Seht hier die Offiziere des Bataillons, das mich in meinem Unglück begleitet hat; sie alle sind meine Freunde; sie waren meinem Herzen teuer. So oft ich sie sah, vergegenwärtigten sie mir die verschiedenen Regimenter der Armee; denn in ihren Reihen sind Männer aus allen Regimentern. Sie alle erinnerten mich an jene großen Tage, deren Andenken uns so teuer ist; denn sie alle sind mit ehrenvollen Narben bedeckt, die sie in den denkwürdigsten Schlachten empfangen haben. Indem ich sie liebte, liebte ich euch alle, Soldaten der französischen Armee! Sie bringen euch diese Adler zurück: möget ihr euch um sie scharen! Ich verleihe sie der Garde, aber ich verleihe sie damit der ganzen Armee.

»Verrat und unglückliche Ereignisse hatten diese Adler mit Trauerflor umhüllt! Aber dank euch, dank dem französischen Volk erstrahlen sie jetzt wieder im ganzen Glanz ihres Ruhms. Schwöret, daß diese Adler überall sein werden, wohin das Wohl des Vaterlandes sie ruft! Daß die Verräter und die Fremden, die unseren Boden betreten möchten, niemals den Anblick dieser Adler sollen ertragen können!«

»Wir schwören es!« riefen begeistert alle Soldaten; dann zogen die Truppen vorbei, und die Musik spielte dazu die Melodie: *Veillons au salut de l'Empire.*

*

Fünftes Kapitel.

Vor der Entscheidung.

I. Aussichtslose Bemühungen der Bourbonen. – II. Ernennung neuer Minister. – III. Die Glieder der kaiserlichen Familie. – IV. Über die geheime Vereinbarung, die gegen Ende des Jahres 1814 zwischen Österreich, Frankreich und England gegen Rußland und Preußen abgeschlossen wurde. – V. Ende des Wiener Kongresses. – VI. Murat. – VII. Die europäischen Mächte. – VIII. Das Maifeld.

I.

König Ludwig der Achtzehnte war ohne Aufenthalt von Paris bis Abbeville geflohen, wo er am 20. um 5 Uhr abends anlangte. Die Generale Rapp und Belliard waren nach Paris zurückgekehrt; den General Maison zu empfangen hatte der König sich geweigert und ihn auf sein Landgut verbannt. Die Pläne des Hofes wurden jeden Augenblick geändert, endlich hatte man sich dahin entschieden, sich der Stadt Lille zu bemächtigen und dort die weiße Flagge zu verteidigen. Von da aus könne man die Verbindung mit den Fremden leicht unterhalten. Am 23. März traf der König in Lille ein. Auf seinen Befehl verließ die Garnison die Stadt, kehrte aber auf Anordnung des Kommandierenden Marschalls Mortier, der sich nicht den Vorwürfen der Nation aussetzen wollte, wenn später die Stadt den Fremden ausgeliefert werden würde, wieder in dieselbe zurück. Die Soldaten bezeigten eine kühle feindliche Zurückhaltung gegen den Hof. Der Herzog von Treviso erklärte dem König, daß er für seine Person nicht garantieren könne; wenn auch nur ein Mann seiner Haustruppen in die Stadt eindringe, dann sei alles verloren. Übrigens waren diese, von Exelmans bedrängt und von der Feindschaft der Bauern bedroht, nach Verlust ihres Materials vollkommen zerrüttet und hatten sich zum Teil zerstreut. Daher verließ der König Lille und flüchtete nach Gent. Er entließ seine Leibwache und gab seiner Umgebung die Erlaubnis, nach Frankreich zurückzukehren. Die Marschälle Macdonald und Mortier sowie General Dessole machten davon Gebrauch, andere verbargen sich. Der Graf von Artois begab sich nach Ypern, und nur eine Handvoll Emigranten blieben bei den Prinzen. So waren Lille und alle Städte des Nordens der Trikolore gewonnen.

Auch das Elsaß schloß sich ihr an, nachdem sein Gouverneur, der Herzog von Albufera (Suchet), und Generalleutnant Gérard sich dem Kaiser zur Verfügung gestellt hatten. Nur der Herzog von Belluno (Victor), Gouverneur des 2. Militärbezirks, wollte dem König ergeben bleiben. Soldaten und Bauern aber revoltierten. Der Herzog mußte in Verkleidung flüchten und die Grenze passieren. Er zog sich nach Aachen zurück. Es war kein großer Verlust für Frankreich!

Der Herzog von Castiglione (Augereau) war Gouverneur der Normandie. Obgleich er sofort am 21. März in einer warmen Proklamation für Napoleon eintrat und dadurch viel zur Beruhigung der Normandie beitrug, weigerte sich der Kaiser dennoch, ihn wiederzusehen. Er konnte ihm den Verrat von Lyon nicht verzeihen.

Ende März wehte die Trikolore in ganz Frankreich mit Ausnahme von Bordeaux und Marseille.

Der Herzog von Angoulême hatte sich nach Bordeaux begeben, bevor ihm die Landung des Kaisers bekannt geworden war. Er erfuhr diese am 5. März und eilte nach Nîmes. Die Herzogin blieb und machte die größten Anstrengungen, um sich in Bordeaux zu halten. Am 12. März hielt sie Parade über die Truppen ab. Als am 22. März der Generalleutnant Clausel mit nur 500 Mann vor Bordeaux erschien, um das Kommando des 11. Militärbezirks zu übernehmen, befahl die Herzogin einer kleinen Abteilung von Nationalgardisten, den Fluß zu überschreiten und ihn anzugreifen. Sie verhandelten mit General Clausel, der sie von der Unsinnigkeit ihres Unternehmens überzeugte, da schon ganz Frankreich die Trikolore gehißt habe. Die Herzogin wollte das letzte versuchen. Sie eilte nach Schloß Trompette, wo das 8. leichte Infanterieregiment lag. Sie hielt eine Ansprache an die Soldaten, die ihr mürrisch zuhörten. Auf ihren Ruf *Hoch der König!* antwortete allein General Decaen, Gouverneur der Provinz, der sie begleitet hatte. Da rief sie verzweifelt: »Ich sehe ein, daß ich von Räubern und Mördern umgeben bin! Ihr habt mir tausendmal eure Ergebenheit bezeugt, und jetzt trachtet ihr nach meinem Leben.« – »Das nicht«, antwortete ein Offizier, »heute, wie vor 8 Tagen, werden wir Eure Hoheit beschützen, aber wir wollen keinen Bürgerkrieg, und wir wollen nicht gegen den Kaiser fechten.« – »So bleibt neutral und laßt die Bürgergarde von Bordeaux handeln.« – »Nein«, antwortete ein anderer Offizier, »wir werden nicht zusehen, wie sich Franzosen vor unseren Augen erwürgen.« General Decaen überzeugte die Herzogin, daß nichts mehr zu erreichen sei. Seit der Veröffentlichung der Proklamationen des Kaisers sei alles geändert, sie täusche sich über die Gefühle der Einwohner, eine Katastrophe stehe bevor, das beste, was die Herzogin tun könne, sei, sofort abzureisen und sich auf einer englischen Fregatte, die gerade im Flusse liege, einzuschiffen. Das tat sie am 1. April.

Generalleutnant Clausel besetzte Bordeaux; er hatte seinen Einzug in die Stadt einige Tage hinausgeschoben, um Blutvergießen zu vermeiden.

Der Herzog von Angoulême hatte inzwischen in Nîmes einige tausend Freiwillige organisiert, die durch Nationalgardisten von Bordeaux, Montauban, Toulouse, Avignon und Marseille verstärkt wurden. Mit diesen marschierte er in zwei Kolonnen auf Lyon. Die rechte wurde von Generalleutnant Ernouf befehligt; sie ging von Marseille aus über Sisteron, Gap und Grenoble; sie bestand aus zwei Linienregimentern, 3000 Freiwilligen und Nationalgardisten, im ganzen 5000 Mann. Die linke Kolonne, unter dem Herzog selbst, marschierte durch das Rhônetal über Avignon und Montélimar; sie bestand aus dem 12. Linien-, dem 14. Reitenden Jägerregiment und ungefähr 6000 Nationalgardisten, Freiwilligen und Emigranten. Das Dauphiné und Lyon waren von Truppen entblößt, da Napoleon alle mit sich geführt hatte. Man hoffte noch auf den Zuzug von 3000 Piemontesen und selbst einigen tausend Schweizern, um deren Unterstützung man gebeten hatte.

Generalleutnant Grouchy wurde vom Kaiser nach Lyon geschickt, desgleichen Generalleutnant Piré. Generalleutnant Chabert wurde beauftragt, auf Gap zu marschieren. Am 30. März nahm Baron von Escars, der die Vorhut des Herzogs von Angoulême befehligte, Montélimar nach einem leichten Kugelwechsel mit der Bürgergarde dieser Stadt. Am 2. April traf die Vorhut vor der Drômebrücke ein. Dort war Generalmajor Debelle, der dieses Departement unter sich hatte, mit 2000 Nationalgardisten herbeigeeilt; aber das 10. Linienregiment nahm die Brücke mit Sturm, und am Morgen des 3. März hielt der Herzog von Angoulême seinen Einzug in Valence, das sich von großen Streitkräften angegriffen glaubte und keinen Widerstand leistete. Am selben Abend erreichte die Vorhut des Herzogs die Ufer der Isère.

Sobald die Nachricht hiervon in Lyon eintraf, griff alles zu den Waffen, ganz Burgund stand auf, und mehr als 50000 Mann eilten von allen Seiten herbei. Generalleutnant Piré stellte sich mit 3000 Nationalgardisten dem Vormarsch des Feindes an der Isère entgegen.

Unterdessen war Generalleutnant Ernouf vor Gap angelangt. Das Bergvolk ergriff die Waffen und verließ seine Dörfer, die es nicht halten konnte. Es entwickelte sich ein Bauernkrieg, gleich dem in der Vendée; wenn man auf Bauern aus der Provence oder Marseiller Nationalgardisten stieß, wurden sie niedergemetzelt. Das 63. und 58. Linienregiment, die von Toulon kamen, gingen zum Generalleutnant Chabert über, sobald sie die Proklamationen Napoleons gelesen hatten und mit dem Bergvolk in Berührung gekommen waren. Ernouf ergriff die Flucht.

Auch im Rücken wurde der Herzog bedroht. Zahlreiche Abteilungen Bürgergarde hatten sich in Grenoble gebildet und schnitten ihm seine Verbindungen mit Avignon und der Brücke Saint-Esprit ab. Dadurch wurde er gezwungen, Valence aufzugeben und zum Rückzug zu blasen. Das 14. Jäger- und das halbe 10. Regiment desertierten. General Gilly bemächtigte sich der Brücke Saint-Esprit und schnitt ihm den Weg nach Marseille ab. Nun schickte der Herzog den Grafen Damas nach Avignon und bot dem General Gilly die Kapitulation an. Durch diese erhielt er die Erlaubnis, sich mit seinem Gefolge einzuschiffen und Frankreich zu verlassen. Generalleutnant Grouchy, der inzwischen in Montélimar eingetroffen war, verweigerte jedoch die Bestätigung der Kapitulation. Infolgedessen wurde der Herzog von Angoulême bei der Brücke Saint-Esprit festgenommen, seine Truppen wurden entwaffnet. Obgleich General Gilly, der unter Grouchy befehligte, nicht ermächtigt gewesen war, die Kapitulation zu schließen, so bestätigte der Kaiser trotzdem dieselbe, soweit die Person des Herzogs dabei in Frage kam, aber unter der Bedingung, daß er sich verpflichtete, durch den König die Krondiamanten herausgeben zu lassen. Am 16. April schiffte sich der Herzog in Cette auf einem schwedischen Schiff nach Spanien ein.

Nun wehte das weiße Banner nur noch über Marseille. Die royalistische Partei schien dort sehr stark zu sein. Aber der Marschall Masséna, Fürst von Eßling, ließ, nachdem er den Abfall der beiden Regimenter des Generals Ernouf erfahren und die Nachricht von der verunglückten Expedition erhalten hatte, kurz entschlossen die Trikolore in Marseille, Toulon und Antibes hissen und den Maire von Marseille sowie die Präfekten der Departements Bouches-du-Rhône und Gard festsetzen. Jetzt war auch die ganze Provence gewonnen. Masséna begab sich zum Kaiser nach Paris und wurde durch Brune ersetzt. Generalleutnant Verdier erhielt das Kommando von Marseille.

Auf der Insel Korsika hatte General Simon den Oberbefehl übernommen. Bruslart hatte schleunigst die Flucht ergriffen und sich auf einer englischen Fregatte eingeschifft.

Die Einwohner der Insel Elba hatten sich während der Abwesenheit des Kaisers musterhaft betragen. Generalleutnant Dalesme übernahm dort den Oberbefehl. Er erhielt ein Linien- und ein korsisches Bataillon.

So herrschte unter der Trikolore Frieden in ganz Frankreich. Dies war ohne große Opfer erreicht worden, bloß die unglückliche Expedition des Herzogs von Angoulême hatte einer kleinen Anzahl Menschen das Leben gekostet.

101 Kanonenschüsse wurden auf allen Festungen und Küstenbatterien des Landes abgefeuert und verkündeten Europa das große Ereignis. Die ganze Armee war wieder organisiert. Treu ihrem Eide, ihren Prinzipien und ihrer Meinung, die sie mit so großer Tapferkeit seit 25 Jahren verteidigt hatten, hielt sie das dreifarbene Banner aufrecht. Das Volk war gerächt, die Verräter waren bestraft, die Gerechtigkeit triumphierte!

Die Weltgeschichte wird mit Bewunderung den Edelmut verzeichnen, den der Sieger bei dieser Gelegenheit an den Tag legte. Der Baron de Vitrolles, der durch eine Verfügung aus Lyon von der allgemeinen Amnestie ausgeschlossen worden war, und der Herzog von Angoulême, der nach dem Gesetz der Wiedervergeltung sich selber das Todesurteil gesprochen hatte – sie wurden durch seine Gnade beide gerettet. »Ich will«, sagte Napoleon, »mich rühmen können, meinen Thron wiedergewonnen zu haben, ohne daß auf dem Schlachtfeld oder Schafott ein einziger Tropfen Blut geflossen wäre.«

II.

Der Kaiser vertraute das Portefeuille des Justizministeriums dem Erzkanzler des Reiches, Cambacérès, an, ernannte den Herzog von Bassano (Maret) zum Staatssekretär, zum Minister des Äußeren den Herzog von Vicenza (Caulaincourt), zum Kriegsminister den Fürsten von Eggmühl (Davout); Marineminister wurde wieder Decrès, Finanzminister der Herzog von Gaëta (Gaudin), Schatzmeister Graf Mollien und Polizeiminister der Herzog von Otranto (Fouché). Provisorisch übernahm der Herzog von Bassano das Ministerium des Inneren. Graf von Montalivet wurde Generalintendant des kaiserlichen Hofstaates. Fast alle Minister hatten ihre Stellen schon vor der Abreise des Kaisers innegehabt.

Der Erzkanzler hatte sich während des ganzen Jahres 1814 vollkommen korrekt benommen. Der Kaiser glaubte also die Justiz keinem Würdigeren anvertrauen zu können. Das Betragen des Marschalls Davout, Fürsten von Eggmühl, war ebenfalls rein und klar gewesen, er war der rechte Mann für das Kriegsministerium. Die beiden Finanzminister nahmen ihre alten Stellungen ein, in denen sie sich bewährt hatten. Das Polizeiministerium hatte bis zum Jahre 1810 Fouché geleitet. Er fiel dann in Ungnade und wurde auf ein Landgut bei Aix in der Provence verbannt. Fouché war ein eifriger Anhänger der Revolution gewesen und gehörte zur Partei Dantons. Aus dem Konvent wurde er als Ultrarevolutionär ausgestoßen. Er machte unter dem Direktorium Lieferungen für den Staat, wodurch er den Grund zu seinem Vermögen legte. Während dieser Epoche an die Spitze der Polizei berufen, handelte er mit Energie gegen die Manège, weil diese den Staatslieferanten feindlich gesinnt war, während er sie unterstützte. Am 18. Brumaire mißtraute Napoleon ihm wegen seiner Unmoral, er wurde nicht in das Geheimnis des Tages eingeweiht, aber er lieh seine Unterstützung. Während der Regierung des Ersten Konsuls wurde er selten ins Vertrauen gezogen und erst, wenn besondere Ereignisse bevorstanden, eingeweiht. So wußte er nichts vom Konkordat mit dem Papst, ebensowenig wußte er vorher von der Errichtung des Kaiserreichs. Er verpachtete die Spiele, was ihm jährlich mehrere Millionen einbrachte. Mit dem wachsenden Reichtum milderten sich seine Sitten, zumal er sah, daß die Politik des Ersten Konsuls sich darauf richtete, die alten Familien mit Wohlwollen zu behandeln und die Wunden der Revolution zur Vernarbung zu bringen. Da änderte er seine Prinzipien und suchte an Milde noch den Ersten Konsul zu übertreffen, um die Dankbarkeit der Personen, die Napoleon mit Wohltaten überhäufte, auf seine Person zu lenken. Der Kaiser lächelte zuerst über diese sonderbare Politik Fouchés, doch es genügte ihm zu wissen, daß er im Sinne der Regierung tätig war. Aber unmerklich schien der Minister eine Popularität sich schaffen zu wollen, die seinen Pflichten gegenüber dem Oberhaupte des Staates nicht entsprach. Das spitzte sich so zu, daß es nötig wurde, ihn abzusetzen. Der Kaiser beging einen Fehler, indem er ihm das Polizeiministerium wieder anvertraute.

In seiner neuen Stellung setzte er, wenn auch verschleiert, seine alte Politik fort: Er hielt sich abseits von der Regierung und suchte die Dankbarkeit für Gnadenbeweise, auf welche er gar keinen Einfluß ausüben konnte, auf sich zu lenken, während er alle strengen Maßregeln der Regierung in die Schuhe schob. Er hat viel Unheil angerichtet. Er suchte in die Pläne des Kaisers einzudringen, handelte voreilig und verpfuschte mehrere wichtige Angelegenheiten. So wagte er es, als es ihm schien, daß Napoleon sich von Josephine trennen wollte, im Jahre 1807 der Kaiserin in Fontainebleau den Rat zu geben, die Ehescheidung zu verlangen, und ihr den Entwurf eines Briefes an den Senat vorzulegen. Die Kaiserin war darüber erstaunt und so aufgeregt, daß sie erkrankte; es kam zu Erklärungen, und dadurch erfuhr Napoleon, daß sein Minister überall öffentlich von der Notwendigkeit seiner Scheidung im Staatsinteresse und im Interesse der kaiserlichen Dynastie spreche. Soviel Unverschämtheit empörte den Kaiser; schon hatte er die Absetzung Fouchés unterzeichnet, als er überlegte, daß dieser Schritt seinen späteren Absichten gefährlich werden könnte. Er nahm daher die Entschuldigungen des Ministers und sein Versprechen, sein Betragen ändern zu wollen, an.

Drei Jahre später fand die Scheidung statt; und Fouché rühmte sich jetzt seines Verhaltens, das er lange Zeit als Grund seiner Ungnade bereut hatte.

Fouché wollte durchaus zur fürstlichen Würde erhoben werden. Er fand dazu kein anderes Mittel, als mit Hilfe des Finanzmannes Ouvrards, Korrespondenten der Bankiers Labouchère und Hope, Unterhandlungen mit England einzuleiten. Gelegentlich der Reise des Kaisers nach Antwerpen suchte der König von Holland Napoleon auf und überbrachte ihm die Antworten des Hauses Labouchère und des Londoner Kabinetts; er war der Meinung, der Kaiser sei von allem unterrichtet. Der Unwille des Kaisers war maßlos. Nach Paris zurückgekehrt, stellte er im ersten Ministerrat, dem er präsidierte, den Herzog von Otranto zur Rede, der sich stammelnd entschuldigen wollte. »Nun ist das Maß voll«, sagte ihm der Kaiser, »vor drei Jahren hatten Sie die Kühnheit, sich in meine heiligsten Privatangelegenheiten zu mischen; heute unterhalten Sie Verbindungen und führen Unterhandlungen mit den Feinden des Landes, ohne meine Erlaubnis und ohne mein Wissen;

Sie haben für alle Ewigkeit mein Vertrauen verloren.« Er wurde abgesetzt und nach Aix verbannt. Der Herzog von Rovigo (Savary) wurde Polizeiminister.

Fouché blieb in Aix bis zum Feldzug 1813, dann wurde er nach Illyrien als Generalgouverneur gesandt.

Der Kaiser hielt ihn immer für einen Mann ohne Moral, ohne Gefühl, ohne politische Meinung und ohne jedes Empfinden für Dankbarkeit. Trotzdem ließ er sich nach dem großen Ereignis von 1815 durch den Herzog von Bassano und vertraute Personen, die für ihn eintraten, bewegen, ihm wieder Verzeihung angedeihen zu lassen, alle seine Fehler zu vergessen und sich nur seiner Verdienste zu erinnern. Er unterdrückte seinen Widerwillen und vertraute ihm zum dritten Male das Polizeiministerium an, nachdem er alle seine ihm 1814 treu gebliebenen Anhänger befragt hatte und nachdem alle diese Maßregel billigten.

Das Ministerium des Innern erhielt, nach einigen Tagen des Zauderns, Graf Carnot. Als Kriegsminister in der Regierung des Ersten Konsuls hatte er sich sehr schlecht bewährt. Er war fortwährend im Streit mit dem Finanzminister und dem Schatzmeister und war immer im Unrecht. Der Kaiser befürchtete, daß er bei Gelegenheit des Maifeldes seinen übertriebenen republikanischen Ideen freien Lauf lassen könnte. Indessen hoben seine Rechtschaffenheit, die Erinnerung an seine gute Haltung 1814, die Art, wie er sich nach dem unglücklichen russischen Feldzuge wieder zum Dienst meldete, alle Bedenken des Kaisers, und er ernannte ihn zum Minister.

Kultus und Handel erhielten die Grafen Bigot de Préameneu und Chaptal; Brücken- und Wegebau wurde dem Grafen Molé unterstellt, der Herzog von Rovigo zum Generalinspektor der Gendarmerie ernannt.

Der Herzog von Bassano, interimistischer Minister des Inneren, legte dem Kaiser die Liste aller Präfekten vor, die binnen 48 Stunden in ihre Departements abreisen mußten. So war die ganze Verwaltung organisiert worden.

III.

Prinz Joseph hatte das ganze Jahr 1814 in seinem Landhause im Waadtland, in der Nähe von Nyon, verbracht. Er erfuhr von der Landung des Kaisers erst, als dieser schon in Grenoble war. Er stellte sich sofort zur Verfügung des Kaisers, mit dem er Ende März in Paris zusammentraf.

Prinz Jérôme war mit seiner Familie seit 1814 in Triest. Nach der Landung des Kaisers schiffte er sich sofort nach Neapel ein.

Die Kaiserinmutter war auf Elba geblieben. Sie benutzte die Gelegenheit der Anwesenheit eines Schiffes des Königs Joachim, um sich nach Neapel einzuschiffen. Eine französische Fregatte holte sie und den Prinzen Jérôme von Neapel ab, um sie nach Frankreich zurückzuführen.

Prinzessin Elisa wurde in Bologna von den Österreichern festgenommen und nach Brünn transportiert. Prinzessin Pauline wurde in den Bädern von Lucca unter Bewachung gehalten. Der Vizekönig Eugène Beauharnais, der in Wien weilte, erhielt München als Aufenthalt angewiesen. Madame de Montesquiou, die Gouvernante des Königs von Rom, wurde dem jungen Prinzen genommen und dieser einer österreichischen Erzieherin übergeben. Madame de Montesquiou und ihr Sohn wurden in Wien zurückgehalten.

Prinz Lucien schickte den Prälaten, der ihn nach Paris begleitet hatte, nach Genua zurück. Der Kaiser hatte dem Monsignore eine Audienz bewilligt und ihn beauftragt, dem Heiligen Vater zu versichern, daß er ohne Furcht vor irgend welchen Belästigungen in Italien bleiben könnte.

Sobald Fürst Talleyrand, der sich in Wien als Vertreter beim Kongreß aufhielt, die Nachricht empfing, daß die Bourbonen Frankreich verlassen hätten, ließ er in Paris Schritte tun, um seine Begnadigung und die Erlaubnis zur Rückkehr nach Frankreich zu erhalten; er versprach, wichtige Dienste zu leisten.

Joseph riet dem Kaiser, Lucien als Generalgouverneur nach Korsika zu schicken. Napoleon beschloß, dies zu tun, wurde aber daran durch die hereinbrechenden Ereignisse gehindert. Hätte es geschehen können, so wäre er der Herr geblieben, und Korsika wäre eine Zufluchtstätte für verfolgte Patrioten geworden. Wie vielen Unglücklichen hätte die Insel nicht ein Asyl bieten können! Sicherlich hat der Kaiser einen großen Fehler begangen, als er bei seiner ersten Abdankung sich nicht die Oberhoheit über Korsika mit einer Zivilliste von mehreren Millionen ausbedang. Dort wäre er zu Hause gewesen, die Bevölkerung hätte seine Familie gebildet, er hätte über alle Arme und Herzen verfügt. 30 000, 50 000 Mann der Alliierten hätten ihn nicht niederzwingen können. Aber gerade die Aussicht auf ein so glückliches Geschick hielt den Kaiser davon ab, so zu handeln, er wollte nicht, daß man sage, er allein habe sich aus dem Schiffbruch der Nation in den sicheren Hafen gerettet. Im Jahre 1814 wäre er freier Herr gewesen, entweder Elba oder Korsika als Aufenthaltsort zu wählen, die Laune des Augenblicks entschied ihn für Elba. Wäre seine Wahl auf Korsika gefallen, so ist anzunehmen, daß die Rückkehr des Jahres 1815 gar nicht erfolgt wäre.

IV.

Zu Ende des Jahres 1814 und zu Beginn des Jahres 1815 herrschte Zwietracht auf dem Wiener Kongreß. Österreich, Frankreich und England hatten sich durch eine geheime Übereinkunft gegen Preußen und Rußland verbündet, die allem Anschein nach ihren Ansprüchen keine Grenze setzen wollten. Preußen wollte Dresden sich einverleiben, was gegen das Interesse Österreichs war. Frankreich, von Spanien unterstützt, verlangte vom Wiener Hof als Gegendienst für seinen Beistand gegen die preußischen Ansprüche seine Genehmigung, daß die sizilianischen Bourbonen wieder den Thron von Neapel besteigen sollten. Österreich weigerte sich dessen, teils aus Eifersucht gegen das Haus Bourbon, teils um nicht den König Joachim zu verraten, der soviel zu den Erfolgen der Alliierten im Jahre 1814 beigetragen hatte, indem er gegen das Oberhaupt seiner Familie und gegen seinen Wohltäter gemeinsame Sache mit den Feinden des Vaterlandes machte. Murat hatte damals den Ausgang des Krieges entschieden. Hätte er mit seiner Armee von 60 000 Mann sich mit der vom Vizekönig befehligten französisch-italienischen Armee vereinigt, so wäre das österreichische Heer gezwungen gewesen, zur Verteidigung von Kärnten und Tirol zurückzubleiben. Die Armee des Vizekönigs war der des Feldmarschalls Bellegarde überlegen, aber sie wurde durch die neapolitanischen Truppen in Schach gehalten. Das Gewicht, das er bei dieser Gelegenheit in die Wagschale legte, hatte also die Bedeutung von 120 000 Mann. Mit 100 000 Mann weniger hätten die Alliierten den Einmarsch in Frankreich nicht vor dem Frühjahr unternehmen können. Im Jahre 1814 war die neapolitanische Armee gut, weil sie damals 2000 französische, korsische oder königlich-italienische Offiziere und Unteroffiziere in ihren Reihen zählte; diese verließen sie sofort, als sie das Rundschreiben erhielten, wodurch der Großrichter Graf Molé alle Franzosen aus dem neapolitanischen Dienst abrief. Die österreichischen Bevollmächtigten beim Wiener Kongreß ließen oft durchblicken, wie wenig sie sich aus der Intervention des Tuilerienhofes machten; Ludwig der Achtzehnte, sagten sie, ist nicht imstande, 10 000 Mann zusammenzubringen, ohne befürchten zu müssen, daß diese sich gegen ihn selber wenden.

Der Fürst von Benevent[1] riet dem Tuilerienkabinett, drei Feldlager zu errichten: eins in der Freigrafschaft, das zweite vor Lyon, das dritte im Süden. Diese drei Lager konnten auf eine Stärke von 36 bis 40 000 Mann gebracht werden, ohne die Regierung zu einer Vermehrung des Heeresbestandes zu nötigen und ohne übermäßige Ausgaben zu veranlassen; sie würden jedoch den Einfluß Frankreichs im Ausland bedeutend verstärken. Dieser Vorschlag wurde angenommen. Während des Februars des Jahres 1815 wurden die Truppen in Bewegung gesetzt; Divisionsgeneral Ricard begab sich nach Wien und pries bei mehreren Anlässen der Kongreßverhandlungen den guten Zustand der französischen Armee, ihren Eifer und ihre Anhänglichkeit an den König. Er verkündete pomphaft, daß drei Feldlager mit 80 000 Mann sich in der Nähe der Alpen bildeten. Die französischen Bevollmächtigten verlangten, daß diese Armee, unterstützt durch eine spanische Division, sich entweder auf dem Landwege, über Genua, Florenz und Rom, oder zur See nach Süditalien begeben dürfte.

Der König von Neapel schlief aber keineswegs: Er versammelte sein Heer, das 60 000 Mann stark war, in den Marken und verlangte, um die Bemühungen der Abgeordneten des Tuilerienhofes lahmzulegen, seinerseits von Österreich freien Durchzug für die Truppen, die er über die Alpen nach Frankreich führen wollte. Er bestärkte, so sehr er nur konnte, die bereits weit verbreitete Meinung, daß die französischen Soldaten nicht Soldaten der Bourbonen wären.

So lagen die Verhältnisse, als Napoleon landete. Die französischen Regimenter, die die drei Lager im Süden bilden sollten, waren in Bewegung und befanden sich grade an den richtigen Orten, um ihm als Gefolge auf seinem Triumphzug vom Golf Jouan nach Paris zu dienen. Der damalige Kriegsminister, Marschall Soult, wurde des Verrats bezichtigt; aber der Schein trog: Die Bewegung und Aufstellung dieser Truppen, die so gut zum Marsch des Kaisers paßten, waren auf ausdrücklichen Befehl des Königs und auf das Verlangen der französischen Bevollmächtigten in Wien ausgeführt worden. Die Fremden zeig-

---

1 Talleyrand.

ten bei dieser Gelegenheit, daß sie die geheime Gesinnung des französischen Volkes und Heeres besser kannten als die Prinzen und Minister des Hauses Bourbon.

V.

Am 8. März erhielt man in Wien die Nachricht von der Landung des Kaisers in Frankreich; der Kongreß war noch nicht aufgelöst. Am 13. und am 25. März unterzeichneten die Vertreter der Mächte Erklärungen, die in der Weltgeschichte ohne Beispiel dastehen. Sie hielten den Kaiser für verloren: Er wird, sagten sie, durch die getreuen Untertanen Ludwigs des Achtzehnten sofort zurückgeschlagen und vernichtet worden sein. Als sie später erfuhren, daß die Bourbonen nirgends Widerstand geleistet hatten, daß sie weder im Süden noch im Norden, weder im Westen noch im Osten sich hatten halten können, daß ganz Frankreich sich für seinen alten Herrscher erklärt hatte, da war die Eitelkeit der Alliierten verletzt. Und trotzdem zauderten sie noch. Als aber der Wiener Hof von den feindlichen Gesinnungen des Königs von Neapel und bald darauf von seinem Einfall erfuhr, da zweifelte er nicht einen Augenblick, daß Murat nur auf Befehl Napoleons handelte, daß also der Kaiser fest und unerschütterlich bei seinem politischen System verharrte, daß er zum mindesten, wie auf dem Kongreß zu Châtillon, für sich die Krone Frankreichs mit Belgien und dem Rhein, vielleicht sogar die eiserne Krone verlangte. Jetzt gab es kein Zaudern mehr. Die Gesandten unterzeichneten einen Vertrag gegen Frankreich, wonach die vier Großmächte sich verpflichteten, je 150000 Mann zu stellen. Am 25. März wurden die Ratifikationen ausgewechselt, und man stellte die Rechnung auf, daß eine Million Streiter von allen europäischen Nationen Ende Juli an den französischen Grenzen versammelt sein würden. Nur Schweden und Portugal verweigerten ihre Beteiligung.

Zweimal unterlag der König von Neapel den sonderbarsten Wahnvorstellungen, zweimal wurde er die Ursache unseres Unglücks: im Jahre 1814, indem er sich gegen Frankreich, im Jahre 1815, indem er sich gegen Österreich erklärte.

Zwischen England und den Vereinigten Staaten von Nordamerika war Ende Februar in Gent der Frieden abgeschlossen und ratifiziert worden. Die englischen Truppen, für die in Kanada keine Verwendung mehr war, schifften sich ein und kehrten nach Europa zurück.

Der Herzog von Wellington hatte am 15. April sein Hauptquartier in Brüssel, Fürst Blücher das seinige in Lüttich. An Themse, Donau, Spree, Newa und Tajo hallte der Kriegslärm wider. Die französische Fregatte *Melpomene,* die sich an der neapolitanischen Küste befand, wurde von dem englischen Linienschiff *Rivoli* genommen; einige Tage später erhielt jedoch der Kommodore des Mittelmeergeschwaders aus London Befehl, daß er die französische Flagge respektieren solle, da der Krieg noch nicht erklärt sei. Die französischen Schiffe hatten infolgedessen freie Fahrt. Eine französische Fregatte brachte die Kaiserinmutter von Neapel nach Frankreich zurück. Diese Befehle der englischen Regierung hatten ihren Grund in der Unentschlossenheit der in Wien versammelten Monarchen und in dem begreiflichen Wunsch des Londoner Kabinetts, Zeit zu gewinnen; denn die in Belgien stehenden Heere waren bei weitem noch nicht imstande, dieses Land zu verteidigen; die englische Admiralität begegnete außerdem vielen Schwierigkeiten bei der Ausrüstung ihrer Schiffe; sie befürchtete, die Touloner Flotte könnte vor der englischen fertig werden und in See gehen.

VI.

Die Nachricht von Napoleons Landung beschleunigte den Abschluß der Verhandlungen des Kongresses. Alle Bestimmungen des Vertrages von Fontainebleau waren verletzt worden. Parma und Piacenza waren dem König von Rom genommen worden. Der Vizekönig Eugène hatte das ihm zugesicherte unabhängige Gebiet nicht erhalten. Die Marschälle waren mit ihrer Reklamation, die ihnen auf den *Monte-Napoleone* angewiesenen Dotationen behalten zu dürfen, abgewiesen worden. Vor allen Dingen hatte man sich insofern über den Vertrag hinweggesetzt, daß man Frankreichs Grenzen einschränkte und ihm die freie Bestimmung über seine Staatseinrichtungen nahm. Der Kongreß schien von jener Gesinnung beseelt zu sein, die die drei Mächte Österreich, Rußland und Preußen zur Teilung Polens getrieben hatte; die Rechte aller Völker und aller Nationen wurden verletzt. Die öffentliche Meinung von ganz Europa war auf den Kongreß erbittert. Die Italiener und die Deutschen – außer den Preußen und Österreichern – waren im höchsten Grade mißvergnügt. Auf die Nachricht von der Landung des Kaisers und von dessen Einzug in Grenoble erbleichten die Bedrücker der Völker vor Furcht. Unbekümmert um Recht, Gesetz und menschliches Gefühl sprach der Kongreß am 13. März über Napoleon gewissermaßen die Acht aus. Diese Erklärung des Kongresses sollte nach der Meinung ihrer Verfasser den Kaiser in seinen weiteren Fortschritten hemmen; aber als sie in den letzten Tagen des März nach Frankreich gelangte, befand Napoleon sich schon in den Tuilerien und war Herr des ganzen Landes.

Als die Nachrichten hiervon ganz unerwartet in Wien eintrafen, verbanden die Alliierten sich sofort wieder durch neue Verträge, die gegen Napoleon gerichtet waren.

Rußland wollte ganz Polen haben und dadurch mit einem einzigen Riesenschritt sich dem Süden Europas nähern und die Unabhängigkeit der Welt bedrohen. Es fürchtete die Hingebung, die die Polen dem Kaiser zollten. Österreich wollte ganz Italien sich einverleiben und alle Hoffnungen der Italiener auf Unabhängigkeit ersticken; es sah in der Liebe, womit sie an Napoleon hingen, das größte Hindernis. England begriff, daß durch die Heimkehr Napoleons die Vereinigung von Belgien mit Holland zunichte wurde. Preußen, das nach der Ausdehnung seiner Grenze in französisches Gebiet von Rußland und Frankreich in beiden Flanken bedroht war, zeigte aus Angst einen leidenschaftlicheren Haß gegen den Kaiser als alle anderen Großmächte.

Ludwig der Achtzehnte wurde zur Unterzeichnung des Vertrages zugelassen; obgleich er außer Landes sich befand und von aller Welt verlassen war, wurde er doch immer noch als Souverän angesehen.

Jede der vier Mächte verpflichtete sich, 150000 Mann zu stellen und ihren Verbündeten, Ludwig den Achtzehnten, wieder auf seinen Thron zu setzen. Dieser, der schon jede Hoffnung aufgegeben hatte und es als ein Glück ansah, in England Zuflucht zu erhalten, ließ sich nunmehr in Gent nieder, richtete sein Hoflager wieder ein, berief ein Ministerium, gründete Zeitungen und überschwemmte ganz Frankreich mit Pamphleten und Schriften. Sein Kriegsminister, der Herzog von Feltre (Clarke), ging nach London und gab dem Kabinett von Saint-James wichtige Auskünfte über Stärke und Hilfsquellen des französischen Heeres. Die Vendeer griffen wieder zu den Waffen; zu ihrer Niederwerfung mußte Napoleon eine Armee ins Feld schicken.

Der Kaiser hatte unterdessen allen Mächten Friedensanerbietungen gemacht. Er selber würde den schimpflichen Pariser Vertrag niemals unterzeichnet haben; da dies aber einmal geschehen war, nahm er das Faktum als unabänderlich hin. Er ließ also den Alliierten mitteilen, daß er den Vertrag anerkennen und unterzeichnen würde. Er nahm ihnen dadurch jeden Vorwand zu einem Krieg gegen Frankreich.

Alle Kabinette sandten gleichlautende Antworten: Sie beriefen sich auf die Beschlüsse des Wiener Kongresses.

Man hoffte in Paris, daß Österreich die Notwendigkeit begreifen würde, Frankreich nicht zugrunde gehen zu lassen. Denn wenn die Bourbonen mit Gewalt wieder eingesetzt wurden, so war das gleichbedeutend mit Frankreichs Untergang. Österreich hatte offenbar ein großes Interesse an der Unabhängigkeit Frankreichs, um ein Gegengewicht gegen die riesenhafte Machterweiterung Rußlands zu schaffen.

Einige Vorbesprechungen erweckten begründete Hoffnungen, daß Österreich den Kongreß sprengen und den napoleonischen Kaiserthron auf der Grundlage des Pariser Friedens stützen würde – da erregte die sinnlose Schilderhebung des Königs von Neapel die Befürchtung des Wiener Kabinetts, die österreichischen Absichten auf Italien durchkreuzt zu sehen. Von diesem Augenblick an war jede Möglichkeit einer Verständigung entschwunden.

Der Erklärung des Wiener Kongresses vom 13. März war ein Vertrag zwischen den vier Mächten gefolgt. Derselbe war in voller Kenntnis der Lage in Frankreich geschlossen worden: Man wußte, daß der König in Belgien war, daß ganz Frankreich die Trikolore gehißt und die französische Nation niemals eine größere Begeisterung bezeugt hatte. Jede Hoffnung auf Frieden war also geschwunden. Die französische Regierung hatte an alle Mächte Europas geschrieben: Rußland, Preußen und Österreich hatten den Empfang der Noten verweigert, England antwortete, es müsse sich mit seinen Alliierten verständigen, aber man wußte schon, daß im englischen Parlament die Partei des Lords Grenville – die Kriegspartei – das Oberwasser hatte.

Alle Truppen der Alliierten waren bereits in Bewegung, von Rußland, Österreich und Preußen waren sie im Anmarsch, und täglich landeten englische Abteilungen in Belgien. Dorthin war von Wien Lord Wellington geeilt. Feldmarschall Blücher hatte Berlin verlassen und sein Hauptquartier in Lüttich aufgeschlagen. Im Laufe des Juli mußten Österreicher und Russen an der französischen Grenze anlangen.

Die Kriegsvorbereitungen in Frankreich wurden mit großer Tätigkeit betrieben: Alle Festungen wurden armiert und verproviantiert. Paris und Lyon wurden als die beiden Hauptzentren des Widerstandes angesehen und demgemäß befestigt und bewaffnet. Die kaiserliche

Garde erbat und erhielt die Erlaubnis, an den Befestigungen von Paris mitzuarbeiten; täglich waren daran Zehntausende beschäftigt. Dieselbe Tätigkeit wurde in Lyon entwickelt.

Der Kaiser begab sich oft allein, nur von zwei Adjutanten begleitet, mitten unter die Arbeiter, die ihn mit Jubel umringten und unter begeisterten Rufen in die Tuilerien oder ins Elysée zurückgeleiteten. Die Übelwollenden mußten sich vor solchen Tatsachen beugen und einsehen, welche Hilfsmittel dem Kaiser durch die Liebe des Volkes zu Gebote standen.

Inzwischen hatten die Engländer, die fürchteten, daß sich gegen sie allein, bevor noch die Alliierten imstande wären heranzukommen, der erste Stoß richten würde, die Vendeer aufgewiegelt und zu den Waffen gerufen. Englische Fahrzeuge landeten die alten Führer der Vendeer, La Rochejacquelain und andere. Am 15. Mai hißten die Vendeer die weiße Flagge, und d'Autichamp predigte den Bürgerkrieg. England opferte die Vendeer, die die Armee Wellingtons mit ihren Leibern zu dekken hatten. Von der Loire, Toulouse und Bordeaux wurden Truppen herangezogen, und General Brayer eilte mit zwei Regimentern der Jungen Garde herbei. Eine Reserve von 3000 Gendarmen zu Fuß und zu Pferde wurde ebenfalls nach der Vendee dirigiert. Ende Mai zählte die kaiserliche Armee dort mehr als 20 000 Mann Linientruppen.

Die Vendeer wurden überall geschlagen; im Laufe des Juni fielen ihre Führer, La Rochejacquelain und mehrere andere, und damit war das Land wieder beruhigt. Der Zweck des englischen Kabinetts war nicht erreicht, da die Erhebung die Entschlüsse des Kaisers nicht beeinflußt hatte. Wohl aber haben die Vendeer zum Ruin des Vaterlandes und zum Triumph des Auslandes beigetragen, indem ihr Aufstand der flandrischen Armee des Kaisers 20 000 Mann guter Truppen entzog.

Ende April kam ein angeblicher Wiener Handlungsreisender nach Paris. Man unterrichtete den Kaiser davon, daß dieser mehrere Unterredungen mit Minister Fouché gehabt habe. Der Polizeipräfekt, Graf Réal, ließ den Mann arretieren, um 9 Uhr morgens ins Elysée führen und vor Napoleon bringen. Er berichtete, daß er mit Fouché konferiert habe und daß er beauftragt sei, dem Herzog von Otranto (Fouché) seitens des Fürsten Metternich mitzuteilen, daß er von ihm die Entsendung eines Vertrauensmannes nach Basel erwarte, wo er einen österreichischen Agenten antreffen würde. Beide würden sich durch verabredete Zeichen erkennen, ihre Namen brauchten nicht genannt zu werden. Der Handlungsreisende enthüllte diese Zeichen und wurde in Haft genommen. Der Kaiser schickte sofort einen seiner Vertrauten nach Basel, der die Rolle des Agenten Fouchés zu spielen hatte. Zwei Stunden später erschien Fouché zum Vortrag bei dem Kaiser. Letzterer versuchte ihn auf die Politik der Mächte zu bringen und hoffte, daß der Minister ihm von der Ankunft des Agenten sprechen würde, aber er sagte nichts davon. Drei Tage später erst, beim Abendempfang des Kaisers, redete er diesen mit verstörten Zügen an: Er hatte die Festnehmung seines Agenten erfahren. Er machte die verspätete Enthüllung, daß ein Agent zu ihm gekommen sei, um ihm eine lächerliche Sache vorzuschlagen, der er keine Aufmerksamkeit geschenkt habe; dabei legte er verschiedene Schriftstücke vor. Der Kaiser sagte nichts, sondern fragte nur, was aus dem Agenten geworden sei. Stammelnd antwortete der Herzog, er sei auf der Polizeipräfektur. Es war also klar, daß der Minister erst gesprochen hatte, nachdem und weil er wußte, daß die Intrige entdeckt worden sei. Gut wäre es gewesen, wenn der Kaiser den Minister sofort hätte arretieren lassen; indessen hielt er es für klüger, die Rückkehr seines nach Basel entsandten Vertrauensmannes abzuwarten, und begnügte sich damit, Fouché anzubefehlen, der Sache keine Folge zu geben. Einige Tage später kam der Agent aus Basel zurück. Er hatte mit einem Manne, den er für eine wichtige Persönlichkeit und Vertrauten des Fürsten von Metternich hielt, eine mehrstündige Konferenz gehabt. Man verlangte die Meinung Fouchés über die Lage Frankreichs zu erfahren und fragte, ob es nicht möglich wäre, alles friedlich beizulegen. Man schlug vor, daß die Alliierten Ludwig den Achtzehnten wieder auf den Thron setzten und für fünf Jahre die Garantie dafür übernähmen: 1) daß der Graf Artois, der Herzog von Berry und der Herzog von Angoulême Frankreich nicht wieder beträten, ebensowenig Graf Blacas oder andere verdächtige Persönlichkeiten; 2) daß Ludwig der Achtzehnte innerhalb fünf Jahren ein verantwortliches Ministerium bildete, das von den Mächten garantiert würde; daß der Herzog von Otranto, Graf Carnot und andere, über die man sich vereinbaren würde, diesem angehörten. Dagegen verpflichtete man sich, das Maifeld zu vereiteln und den Kaiser zu beseitigen. Man sprach auch viel von verschiedenen Möglichkeiten, vom Herzog von Orléans, vom König von Rom, von der Regentschaft, aber von nichts Festem, da die Mächte sich darüber noch nicht einig wären. Nur zu einem sei man entschlossen: Ludwig den Achtzehnten mit einem verantwortlichen Ministerium wieder einzusetzen. Dagegen schilderte der französische Agent die Lage Frankreichs, die Einmütigkeit der nationalen Gesinnung und die Schwierigkeit, den Kaiser zu beseitigen, der heute fester auf seinem Throne säße denn je, und er schlug dem österreichischen Agenten vor, nach Paris zum Maifeld zu kommen, um sich durch Augenschein von allem zu überzeugen. Er antwortete – es war offenbar ein sehr vernünftiger und gescheiter Mann –, daß allerdings die letzten Ereignisse, die sich in Frankreich abgespielt hätten, alles überträfen, was bis jetzt in der Geschichte vorgekommen sei, und daß selbst die Feinde des Kaisers von ihm nur in Ausdrücken größter Begeisterung sprächen; daß er glaube, man habe in Wien eine ganz falsche Meinung, daß alle Berichte, die er aus Burgund, dem Elsaß und ganz Frankreich erhalten habe, übereinstimmend lauteten; daß er also für sehr angebracht halte, nach Wien zurückzukehren, um das Ministerium aufzuklären und ihm die Ansicht des Herzogs von Otranto – er glaubte ja, es mit einem seiner Agenten zu tun zu haben – mitzuteilen. Er gab dem französischen Agenten Rendezvous in Basel in vierzehn Tagen und bat ihn, sich die Erlaubnis zur Reise nach Wien zu verschaffen, falls diese nötig sein würde.

Diese zweite Zusammenkunft fand ebenfalls statt. Der österreichische Agent erschien mit weitgehenden Instruktionen: sein Hof sei überzeugt, daß der Kaiser Herr in Frankreich sei, aber er beharre bei seiner Absicht, in der Koalition zu bleiben, um den Kaiser zu vernichten. Er wiederholte die früheren Vorschläge und wünschte Verhandlungen mit einem Ministerium einzugehen, das zu vereinbaren sei und das die Operationen der Alliierten bei ihrem Einrücken in Frankreich unterstützen würde. Im Verlaufe der Unterhaltung sprach der österreichische Agent von mehreren Dingen – er glaubte immer, einen Agenten Fouchés vor sich zu haben –, die die ganze verbrecherische Handlungsweise dieses Ministers enthüllten, von seinem Schriftwechsel mit dem Fürsten Metternich im Jahre 1814 und unter anderem von dem Rat Fouchés, sich des Kaisers zu entledigen; so lange dieser da sei, wäre alles zu befürchten; wenn er Frankreichs Boden wieder beträte, würde das ganze Land zu ihm halten; nicht nur die Armee und das Landvolk, sondern auch die Bürger, der Adel und die Geistlichkeit. Da Fouché durch die Ereignisse Recht behalten hätte, habe Fürst Metternich Vertrauen zu seiner Meinung und bitte ihn um einen Vorschlag, wie die Jakobiner und die Männer der Revolution vom Kaiser zu trennen seien. Der französische Agent antwortete, daß die Bourbonen alle ihre Anhänger verloren hätten und daß Europa und Frankreich nur dann zur Ruhe kämen, wenn man sich um Napoleon scharen würde. Der österreichische Agent schien überzeugt und für einen Vergleich mit dem Kaiser zu sein. Er verabredete eine neue Zusammenkunft in 14 Tagen.

Der Kaiser hielt den Augenblick noch nicht für gekommen, loszubrechen; aber das Vertrauen zwischen den beiden Agenten war so befestigt, daß er auf weitere Enthüllungen, vielleicht auf ein Schriftstück des Fürsten Metternich an Fouché hoffen konnte.

VII.

Einige Tage vor der Abreise von Elba, am 16. Februar 1815, sandte Napoleon einen seiner Kammerherren nach Neapel, um dem dortigen Hof bekanntzugeben: erstens, daß er aufbrechen werde, um in seine Hauptstadt zurückzukehren und seinen Thron wieder zu besteigen; daß er entschlossen sei, den Pariser Vertrag aufrechtzuerhalten und infolgedessen hoffte, daß die verbündeten Mächte sich nicht in diesen inneren Krieg einmischen würden; daß zudem die russischen Truppen bereits jenseits des Njemen, ein Teil der österreichischen jenseits des Inns, die Mehrzahl der preußischen jenseits der Oder und die Hälfte der englischen Armee in Amerika sich befänden; daß der Wiener Kongreß seine Verhandlungen beendigt habe und daß der Zar nach St. Petersburg abgereist sei. Zweitens: er wünsche, daß Murat einen Kurier nach Wien sende, damit sein Botschafter dem dortigen Hof mitteile, daß Frankreich den Pariser Vertrag auch weiterhin erfüllen werde und im besonderen auf alle seine Ansprüche auf Italien verzichte. Drittens: auf jeden Fall könnten die Feindseligkeiten nicht vor Ende Juli beginnen; Frankreich und Neapel würden Zeit genug haben sich zu verständigen; vor allen Dingen müßte der König seine Armee in einer guten Stellung vorwärts von Ancona verstärken, beim Eintreten unvorhergesehener Umstände müßte er sich von dem Grundsatz leiten lassen, daß es besser wäre zurückzuweichen als vorzurücken, daß er sich lieber hinter dem Garigliano als am Po schlagen sollte; er sollte nur zur Ablenkung dienen und vermöchte dabei sehr viel auszurichten, sobald er durch ein französisches Heer unterstützt würde; ohne solche Unterstützung könnte er jedoch gar nichts erreichen.

Der Abgesandte des Kaisers kam am 4. März in Neapel an; die Brigg *l'Inconstant,* vom Golf Jouan zurückkehrend, traf am 12. März dort ein. Wenige Tage später meldete ein Kurier aus Genua den Siegeseinzug Napoleons in Grenoble und Lyon. Der König machte nun aus seinen Gefühlen kein Hehl mehr; er verkündete laut seine Absicht, Italien zum Kampf aufzurufen. »Der Kaiser«, sagte er, »wird kein Hindernis finden, die ganze französische Nation wird zu seinen Fahnen eilen. Wenn ich zögere, an den Po zu marschieren, wenn ich bis zum Juli warte, werden die französischen Armeen das Königreich Italien wiederhergestellt und sich von neuem der Eisernen Krone bemächtigt haben; aber die Unabhängigkeit Italiens zu verkünden, kommt mir zu!«

Vergeblich warfen der Abgesandte des Kaisers und die Königin sich dem König zu Füßen und machten ihn auf die Gefährlichkeit und Waghalsigkeit eines solchen Unternehmens aufmerksam. Nichts vermochte ihm die Augen zu öffnen. Er reiste nach Ancona ab. Am 22. März, an der Spitze seiner Armee stehend, ließ er sich nicht einmal soviel Zeit, die Nachricht vom Einzug des Kaisers in Paris abzuwarten: Er ging über den Rubikon, marschierte durch die Romagna und überschwemmte den Kirchenstaat und Toskana mit seinen Truppen. Der Papst zog sich nach Genua, der Großherzog nach Livorno zurück. In Bologna angekommen, rief der König von Neapel die Bevölkerung des Königreichs zur Erhebung auf. Die Italiener aber fragten, warum er ihnen nicht von ihrem legitimen König Napoleon spreche; ohne seinen Befehl dürften sie sich nicht rühren; übrigens erscheine es ihnen unvorsichtig, loszuschlagen, bevor die französischen Truppen über die Alpen gekommen wären. Auf alle Fälle brauchten sie Gewehre; die Provinz Bologna hätte für sich allein 40 000 nötig; die neapolitanische Armee könnte aber kein einziges abgeben.

In den ersten Tagen des Aprils kam Prinz Lucien inkognito in Fontainebleau an; in seinem Wagen befand sich ein Bevollmächtigter des Papstes; durch ihn erhielt man in Paris die erste Nachricht von dem Friedensbruch des Königs von Neapel. Der Papst schrieb von Genua aus dem Kaiser: er werde in Spanien Zuflucht suchen, wenn Napoleon ihm nicht den Besitz von Rom zusichere. Der Bevollmächtigte des Heiligen Stuhls wurde in den Tuilerien empfangen; er reiste wieder ab, nachdem er für den Heiligen Vater die günstigsten Zusagen empfangen hatte. Der Kaiser garantierte ihm alles, was ihm durch den Pariser Vertrag zugesprochen worden war, und erklärte, daß er das Verhalten des Königs von Neapel, das seiner eigenen Politik widerspreche, aufs schärfste mißbillige.

Da Napoleon aber ohne genaue Nachrichten über die Vorgänge in

Italien war, entsandte er sofort einen Kurier und erfuhr durch diesen, daß – wahrhaft sinnlos – der König von Neapel Österreich den Krieg erklärt, sich gegen den Po in Bewegung gesetzt und die Italiener zur Freiheit aufgerufen habe; seine Truppen hätten den Kirchenstaat und am 3. April seine Vorhut Bologna besetzt. Einige Tage später trafen, auf dem Wege über die Schweiz, seine Erklärungen und Proklamationen an das italienische Volk ein.

Es wäre unmöglich, die Wirkung dieser seltsamen Vorgänge auf das englische Kabinett zu schildern: Das Betragen des Königs von Neapel mußte den Eindruck hervorrufen, als ob der Kaiser den Vertrag von Paris nicht halten, sondern die Unabhängigkeit Italiens wiederherstellen wollte.

Vor Ancona eingetroffen, überstürzte sich der König von Neapel dermaßen, daß er nicht einmal seine neapolitanischen Elitetruppen abwartete, sondern ohne Plan, ohne seine Armee vereinigt zu haben, vorging. Während er in Bologna war, erreichte seine Garde Florenz. Der österreichische General Nugent marschierte auf Pistoja.

In Bologna rief der König die Unabhängigkeit Italiens aus. Er sprach dabei weder von Napoleon noch von einem König von Italien. Viele italienische Offiziere folgten dem Ruf, aber der größte Teil der Nation wollte erst seine Beruhigung haben, bevor er sich entschied. Eine Deputation von Bologna interpellierte den König: »Sie sagen«, erklärte sie, »in Ihren Proklamationen nichts von unserem König, und wir haben doch einen solchen. Wenn wir unser Joch abschütteln, so handeln wir für ihn. Was macht, was befiehlt unser König? Während der letzten Tage seines Aufenthaltes auf Elba befahl er uns, ruhig zu sein und abzuwarten. Warum spricht er jetzt nicht zu uns? Warum erwähnen Sie ihn nicht in Ihren Proklamationen? Und wie ist es möglich, daß er uns zu den Waffen ruft, bevor eine französische Armee sich in den Alpen gezeigt hat?« Es fanden ernsthafte Verhandlungen statt, aus denen hervorging, daß der König ohne Veranlassung oder Zustimmung von Napoleon handelte. Von da ab verweigerten die Bologneser ihre Mitwirkung; sie hatten für seine Unternehmung nur fromme Wünsche.

Unterdessen hatte die österreichische Armee schon den Po überschritten und bedrohte die Vorhut des Königs zwischen Parma und Bologna. Auch drohte eine österreichische Division über Ferrara den Weg nach der Romagna abzuschneiden. Zugleich wurden die friedlichen Erklärungen Napoleons bekannt und seine feste Absicht, sich nur mit

Frankreich zu begnügen; sie standen in hellem Widerspruch mit allem, was der König von Neapel tat. Nun blieben die Italiener, die dem König schon ihr Unglück von 1814 in die Schuhe schoben, untätig. Der König erlitt mehrere, wenn auch ehrenvolle Niederlagen und mußte sich zurückziehen.

Am 22. Mai hielt die österreichische Armee ihren Einzug in Neapel. Einige Tage später schiffte Murat sich ein und traf Ende Mai in der Provence ein. Die Königin schloß eine Konvention mit den Engländern, die sie nach Frankreich bringen sollten, nachdem sie alle Festungen an diese ausgeliefert hätte. Letzteres geschah, doch brachen die Engländer sofort die Konvention, indem sie die Königin nach Triest einschifften und den Österreichern auslieferten. König Ferdinand von Sizilien kehrte nach Neapel zurück.

Als der Kaiser den Brief erhielt, in dem ihm der König seine Landung in Toulon mitteilte, konnte er seine Empörung nicht bemeistern: »Zweimal«, sagte er, »hat dieser Mann meinem Geschick einen unglücklichen Lauf gegeben.« Er ließ ihm antworten, daß er ihn nicht sehen wolle, er möge sich nach seiner Wahl auf ein Landgut in der Provence oder dem Dauphiné zurückziehen. Durch dieses unerwartete Ereignis verlor der Kaiser einerseits das Vertrauen Österreichs, das annehmen mußte, er habe hinter dem König von Neapel gestanden, andererseits die wertvolle Hilfe von 50 bis 60 000 Mann, die mit den italienischen Streitkräften vereinigt, Österreich gegebenenfalls zu einer wichtigen Diversion gezwungen hätten.

VIII.

150 000 Russen waren im Anmarsch; Ende Mai erreichten einige Regimenter die Elbe; vor Ende Mai konnten sie aber nicht den Rhein überschreiten. Der Kaiser von Rußland schien gegen Frankreich sehr aufgebracht zu sein; den Bourbonen gegenüber offenbarte er freilich bei jeder Gelegenheit seine Verachtung, aber man konnte seinen Worten kein Vertrauen schenken, er hatte einen falschen Charakter. Trotzdem wurde noch versucht, mit Rußland zu verhandeln mit Hilfe des ehemaligen Direktors der Helvetischen Republik, Laharpe, der Lehrer Kaisers Alexander gewesen war, und Ginguenés, eines früheren Gesandten des Direktoriums in Turin, der bekannt war wegen seiner Anhänglichkeit an die französische Republik und wegen seines Bourbo-

nenhasses. Man überlieferte an Alexander den Vertrag vom 6. Januar 1815, durch welchen England, Frankreich und Österreich sich verpflichteten, jedes 150 000 Mann zu stellen, um sich dem Ehrgeiz Rußlands und Preußens entgegenzusetzen und speziell um dem König von Sachsen Polen zu garantieren. Laharpe erstattete außerdem dem Kaiser Alexander Bericht von der Begeisterung in Burgund und der Freigrafschaft, durch welche er gereist war. Man gab Ginguené einige Hoffnung, aber offenbar nur, um Zeit zu gewinnen bis zum Augenblick, wo die ganze russische Armee den Rhein erreicht hätte, denn auch Rußland fürchtete, daß der Kaiser handeln würde, bevor alle Armeen die französische Grenze erreicht hätten.

Spanien hatte das Wiener Abkommen nicht unterzeichnet, es hielt sich abseits, erklärte aber Frankreich den Krieg. Indessen war Spanien nicht zu fürchten: Die französische Partei daselbst wurde von Tag zu Tag stärker, und 15 000 Spanier der besten Familien waren nach Frankreich geflüchtet. Die meisten Guerillaführer und die Partei der *Liberalen* hatten um den Schutz des Kaisers gebeten; ihnen waren endlich die Augen aufgegangen. Sie bereuten ihren Widerstand, hatten die wahren Interessen ihres Landes erkannt und wünschten nichts Besseres, als sich mit den spanischen Flüchtlingen zu verbinden, um Ferdinand zu verjagen und ihre Freiheit zu erkämpfen. Man hatte also die Truppen Ferdinands nicht zu fürchten, der sie in Galizien, Katalonien und anderen Provinzen nötig hatte, um einen Aufstand niederzudrükken. Wäre der Kaiser nicht unterlegen, so wären die *Liberalen* sicher Herren von Madrid geworden.

Sachsen war in Verzweiflung und voller Haß gegen die Unterdrükkung, die die Preußen ausübten. Der ungerechte Beschluß des Wiener Kongresses hatte tiefe Erbitterung verursacht.

Bayern, Württemberg, Baden und Hessen-Darmstadt waren für Frankreich: Sie alle fühlten, daß die Wiederherstellung des Kaiserreichs in seiner ganzen Herrlichkeit ihren einzigen Schutz bildete gegen die Unterdrückung der Preußen und Österreicher. Mit diesen Mächten fanden einige Besprechungen statt, aus denen hervorging, daß ihre Regierungen vollkommen geneigt wären, sich nach den ersten Erfolgen der französischen Waffen von der Koalition zu trennen und sich auf die Seite Frankreichs zu schlagen.

Auch die Schweiz war mit den Beschlüssen des Wiener Kongresses unzufrieden, der den Oligarchien wieder ihre Macht zurückgegeben hatte; das Landvolk und die neuen Kantone waren für Frankreich. Belgien und die vier Rheindepartements waren ob ihrer Trennung von Frankreich äußerst unzufrieden: Alle ihre Wünsche waren für den Kaiser und das gemeinsame Vaterland. Mit allen diesen Ländern waren Vereinbarungen getroffen: Der erste Sieg des Kaisers hätte ihren Aufstand zur Folge gehabt!

IX.

Durch eines der Dekrete von Lyon hatte der Kaiser die königlichen Kammern aufgelöst und alle Wähler zu einem Maifeld nach Paris berufen, um eine Verfassung nach dem Willen und den Interessen des Volkes aufzustellen. Zwei Wege hatten sich ihm dazu dargeboten: erstens, die Verfassung des Kaiserreichs wiederherzustellen, so wie sie im Januar 1814 bestand. Ihr war aber durch die Ereignisse des Jahres ein solcher Stoß versetzt worden, solche Veränderungen der Dinge und Personen waren vor sich gegangen, daß dieses System, das mit so viel Mühe aufgebaut worden war, dem Stande der Dinge in Frankreich anzupassen nicht mehr möglich schien. Zweitens: man konnte die königliche Verfassung als bestehend anerkennen, die Deputiertenkammer, als nichtnational, auflösen, eine neue Kammer berufen, und was die Pairskammer betraf, alle diejenigen bestätigen, die dem Kaiser den Eid leisteten, und diejenigen ausschließen, welche im Jahre 1814 noch emigriert oder erst seit dem 1. Januar nationalisiert waren. Aber einerseits erschien es dem Kaiser als ein Widerspruch, die Nation zu regieren auf Grund eines illegalen Aktes, der durch sie selbst nicht anerkannt worden war; andrerseits wäre es den Interessen des Volkes zuwider gewesen, eine Pairskammer aufrechtzuerhalten, deren Mehrheit ein der nationalen Bewegung entgegengesetztes Interesse hatte. Das würde die allgemeine Meinung verletzt und den nationalen Flug gelähmt haben. Etwas Neues mußte also gefunden werden, etwas Großes, das geeignet wäre, allen Hoffnungen gerecht zu werden und alle Meinungen zu befriedigen. Aus diesen Erwägungen entstand der Beschluß der Berufung des Maifeldes; Napoleon berief die 83 Wahlkollegien der Departements nach Paris, um ihnen eine Anzahl wichtiger Fragen zur Beratung vorzulegen. Sie sollten beschließen über das Prinzip der doppelten Kammern, die Erblichkeit der Pairswürde, die allgemeine Gleichheit, die Wiederherstellung aller durch die Revolution erlangten Volksrechte, endlich sollten sie den Eid des Kaisers entgegennehmen und die Kaiserin sowie den König von Rom krönen. Ferner sollte aus diesen 83 Wahlkollegien eine konstituierende Versammlung von 150 bis 200 Mitgliedern hervorgehen um die Einzelheiten der sozialen Organisation auszuarbeiten.

Aber Eile tat Not, der Krieg stand vor der Tür, und das Volk konnte nicht ohne Verfassung bleiben. Deshalb wurde beschlossen, mit Hilfe der Wahlkollegien das Volk über die neue Verfassung abstimmen zu lassen, so daß das Maifeld nur die Stimmen zu sammeln und das Resultat zu veröffentlichen hatte. Die Verfassung, von Carnot ausgearbeitet, war eine Mischung derjenigen von 1793 und vom Jahre VIII, aber mit kaiserlicher Autorität, und erhielt einen *Zusatzakt zu den Kaiserlichen Verfassungen,* der alle Elemente zu Reformen und Verbesserungen enthielt. So wurde das Maifeld auf den ersten Juni berufen. Um in keiner Weise einen Einfluß auszuüben, verzichtete der Kaiser auf den Brauch, die Präsidenten der Wahlkollegien zu ernennen, und überließ dies den Kollegien selbst.

Das Maifeld mußte aber noch mehrere Tage verschoben werden, bis man die Abstimmungen der 27 entferntesten Departements erhalten hatte. Die Zeit drängte, da am 15. Juni die Feindseligkeiten eröffnet werden sollten.

Die Wähler und die Deputationen versammelten sich auf dem Marsfelde, wo der Architekt Fontaine eine Art Zirkus zur Aufnahme von 30 000 Personen erbaut hatte, der gegen Wind und Wetter geschützt war. Die Nationalgarde von Paris und die Kaiserliche Garde besetzten den inneren Teil des Marsfeldes; eine ungeheure Menschenmenge bedeckte die Hügel der Umgegend und die Alleen des Marsfeldes.

Der Kaiser begab sich in großem Galaaufzuge von den Tuilerien über die Jenabrücke nach dem Marsfelde und bestieg unter allgemeinen Zurufen seinen Thron. Der Erzkanzler verkündete sogleich das Resultat der Volksabstimmung: Die Verfassung war mit 1 300 000 Stimmen gegen nur 3 bis 4000 angenommen worden. Ein Waffenherold verkündete hierauf die Verfassung; sie wurde empfangen mit dem hunderttausendstimmigen Schrei: »Es lebe der Kaiser!« Nach Empfang einer Adresse und einer Ansprache des Kaisers versammelten sich die 83 Wahlkollegien und die 200 Abordnungen der Armee um den kaiserlichen Thron und nahmen dort die neuen Adler mit den drei Farben aus der Hand Napoleons entgegen. Alle schworen, sie bis auf den letzten Blutstropfen zu verteidigen. Die Begeisterung dieser unzählbaren, von allen Seiten Frankreichs herbeigeeilten Menschenmenge war unbeschreiblich und erfüllte aller Herzen mit neuen Hoffnungen, erschreckte die Gegner und gewann die Furchtsamen und Unsicheren für den kaiserlichen Thron.

*

Sechstes Kapitel.

Zustand des Heerwesens in Frankreich.

I. Zustand der Armee am 1. März 1815. – II. Organisation eines Heeres von 800 000 Mann. – III. Bewaffnung, Bekleidung, Remonten, Finanzen. – IV. Zustand der Armee am 1. Juni 1815. – V. Die Festungen. – VI. Über die Notwendigkeit, die Hauptstädte zu befestigen. – VII. Paris. – VIII. Lyon.

I.

Während der letzten sechs Monate des Jahres 1814 hatte die französische Armee eine neue Organisation erhalten. Im März 1815 bestand sie aus 105 Regimentern Infanterie (von denen 3 in den Kolonien standen), vier Schweizerregimentern und vier Regimentern der früheren Garde, die als *Grenadiers* und *Chasseurs de France* bezeichnet wurden; aus 57 Regimentern Linienkavallerie und vier Kavallerieregimentern der früheren Garde mit den Namen: *Grenadiers, Dragons, Chasseurs* und *Lanciers de France;* aus 8 Bataillonen Train, zwei Bataillonen Pontonieren, drei Regimentern Sapeurs und Arbeitern; diese wurde *Genietruppen* genannt. Die Infanterieregimenter bestanden aus je 2 Bataillonen; nur sechs hatten 3 Bataillone. Der Sollbestand jedes Regiments betrug, eins ins andere gerechnet, etwa 900 Mann; von diesen waren 600 für den Krieg verfügbar. Die Kavallerie hatte einen Sollbestand von 25 000 Mann und 16 000 Pferden; sie konnte jedoch höchstens mit 11 000 Pferden ins Feld rücken. Von den Bataillonen des Artillerietrains waren nur die Cadres vorhanden; sie hatten 2000 Pferde an ihren Standorten und 6000 bei Bauern in Pflege. Der Gesamtsollbestand betrug 149 000 Mann, von denen 93 000 bewaffnete Streiter ins Feld rücken konnten – eine Macht, die kaum hinreichte, um die Festungen und wichtigsten Seehäfen zu schützen; denn alle Flotten waren abgetakelt, die Besatzungen entlassen; in Toulon lagen nur drei Fregatten und ein Linienschiff, in Rochefort zwei Fregatten. Da die

Marine außer 8 Bataillonen Kanonieren keine Mannschaften hatte, mußte die Landarmee für die Verteidigung von Cherbourg, Brest, Lorient, Rochefort und Toulon sorgen. Artilleriematerial war trotz der großen Verluste infolge der Übergabe von Antwerpen, Wesel, Mainz und Alexandrien so reichlich vorhanden, daß die Bedürfnisse der größten Heere befriedigt werden konnten, selbst wenn in mehreren Feldzügen neue Verluste erlitten wurden. Aber in den Zeughäusern lagen nur 150 000 neue Gewehre, 300 000 alte oder nur in den Bestandteilen vorhandene; dazu kamen die Gewehre, die sich in den Händen der Soldaten befanden.

Dies war völlig ungenügend. Alle Festungen waren unarmiert; die Palisaden und Belagerungsausrüstungen waren verkauft worden; doch konnte das vorhandene Artilleriematerial für eine neue Ausrüstung dienen.

II.

Um Europa mit gleichen Streitkräften zu bekriegen, war eine Macht von 800 000 Mann als notwendig erachtet worden. Die erste Sorge galt der Hebung des Selbstvertrauens in der Armee. Den Regimentern wurden die Nummern zurückgegeben, die sie seit dem Jahre 1794 getragen hatten und mit denen der ruhmvolle Glanz von fünfundzwanzig Feldzügen und tausend Gefechten verbunden war. Die Infanterieregimenter erhielten die Cadres für dritte, vierte und fünfte Bataillone, die Kavallerie Cadres für vierte und fünfte Schwadronen. Ferner wurden geschaffen die Cadres für dreißig Bataillone, Artillerietrain, zwanzig Regimenter Junger Garde, zehn Bataillone Genietruppen, zwanzig Regimenter Marinetruppen. Hierdurch erhielten alle auf Halbsold gesetzten Offiziere der Land- und Seekriegsmacht Beschäftigung. Man bildete zweihundert Elitebataillone Nationalgarde; jedes Bataillon hatte zwei Grenadier- und zwei Voltigeurkompagnien und war 560 Mann stark. Alle früheren Militärs wurden wieder zu den Fahnen gerufen; um sie zum Gehorsam zu veranlassen, waren keine Zwangsmaßregeln nötig – sie eilten mit freudigem Gesang herbei: Landleute, Handwerker, Arbeiter legten am Wochenende ihre Arbeit nieder, zogen ihre alten Uniformen an und begaben sich zu ihren früheren Regimentern. Dieser Aufruf hätte 200 000 Mann zu den Fahnen bringen sollen; wenn nur 130 000 Mann erschienen, so lag das daran, daß sehr viele in die

Elitebataillone der Nationalgarde eintraten, andere wieder als Ersatzmänner für Rekruten des Jahrgangs 1815 dienten.

Die Rekruten von 1815 wurden einberufen; sie hätten eine Zahl von 140 000 Mann ergeben sollen; aber bis Ende Mai waren erst 80 000 beisammen. Der Aufstand in der Vendée verursachte einen Ausfall. Außerdem waren in mehreren Departements die Rekruten für 1815 schon im Jahre 1814 eingezogen worden; diese zogen es vor, bei ihren Regimentern als alte Soldaten einzutreten.

Die zwanzig Marineregimenter wurden aus 30 000 Matrosen der früheren Flotten von Antwerpen, Brest, Rochefort und Toulon zusammengestellt; Offiziere und Steuermänner der Marine bildeten die Cadres. Im Juli sollte den Kammern ein Gesetz vorgelegt werden, das zur Aushebung von 250 000 Mann ermächtigte; die Aushebung wäre im September beendigt gewesen. Die Zahl der verabschiedeten oder auf Halbsold gesetzten Offiziere, Unteroffiziere und Soldaten betrug mehr als 100 000. Von diesen waren 30 000 imstande, Festungsdienst zu tun; sie folgten freudig dem Ruf, den der Kriegsminister Marschall Davout an sie erließ. Ihre Erfahrung und ihr Eifer leisteten sehr gute Dienste bei der Leitung der neuen Aushebungen und zur Sicherung der Festungen.

III.

Von der allergrößten Wichtigkeit waren die Feuerwaffen. Mit Säbeln waren die Zeughäuser in hinreichender Menge versehen. Die Artilleriedirektion wandte verschiedene Maßnahmen an, um die Leistungsfähigkeit der schon vorhandenen Waffenfabriken zu verdoppeln: 1. Die Arbeiter waren militärdienstfrei; 2. die Unternehmer erhielten die Vorschüsse, deren sie bedurften; 3. man ging von der Strenge der alten Vorschriften ab und gestattete auch andere Modelle als das von 1777. Kupferplatten wurden zu vielen Tausenden gegossen, die Werkstatt für gestanzte Platten wurde wieder eingerichtet. Die kaiserlichen Waffenfabriken konnten 20 000 Gewehre monatlich liefern; infolge dieser außerordentlichen Maßregeln erhöhte sich die Zahl auf 40 000. Man hätte also in sechs Monaten 240 000 neue Gewehre gehabt; aber auch diese Zahl war unzureichend. In allen großen Festungen wurden daher zahlreiche Werkstätten eingerichtet, um in einem Zeitraum von 6 Monaten alle in den Zeughäusern vorhandenen alten Gewehre reparieren zu können. Die beste Hilfe aber leisteten die in der Hauptstadt neu eingerichteten Werkstätten. Diese waren von dreierlei Art: erstens die Werkstätten, die aus den vorhandenen losen Bestandteilen Gewehre zusammenzusetzen hatten; die Schreiner der Vorstadt Saint-Antoine, anfangs sehr ungeschickt, erlangten bald eine große Gewandtheit in diesen Arbeiten; zweitens die Werkstätten zur Ausbesserung der alten Gewehre; drittens die Werkstätten, in denen neue Gewehre hergestellt wurden. Die in der großen Stadt sehr zahlreich vorhandenen Kupferarbeiter, Uhrmacher und Ziseleure wurden sämtlich beschäftigt. Diese Werkstätten wurden von Artillerieoffizieren mit soviel Eifer und Umsicht geleitet, daß sie schon im Monat Mai täglich 1500, im Juni täglich 3000 Gewehre lieferten; vom 1. Juli ab sollten sie sogar täglich 4000 Gewehre fertigstellen. In der Hauptstadt herrschte eine noch eifrigere Tätigkeit als im Jahre 1793, nur mit dem Unterschied, daß damals überall Verschleuderung, Zügellosigkeit und Unordnung zutage traten; die in den Werkstätten der Revolution angefertigten Waffen waren mangelhaft und leisteten schlechte Dienste; im Jahre 1815 dagegen war alles mit der größten Sparsamkeit nach den Grundsätzen einer guten Verwaltung eingerichtet. Alle Waffen, die aus diesen Werkstätten hervorgingen, entsprachen den Regeln der Kunst. Auf solche Weise wurde dieser so wichtige Dienstzweig sichergestellt.

Tuchfabriken, die für die Bekleidung der Truppen dienen konnten, waren in den Jahren 1812 und 1813 zahlreich vorhanden; sie konnten alle Bedürfnisse der Armeen befriedigen. Aber im Jahre 1814 ließ man sie gänzlich im Stich. Der Kriegsminister machte keine einzige Bestellung mehr; die Truppen, mit Ausnahme der sechs Regimenter, die den Namen des Königs und der königlichen Prinzen trugen, erhielten keine neue Bekleidung. Schon im April 1815 schoß der Staatsschatz den Tuchfabrikanten mehrere Millionen vor, und binnen vier Wochen waren ihre Betriebe wieder in Tätigkeit. Die Bekleidung von 800 000 Mann war keine Kleinigkeit; sie rechtzeitig durchzuführen, wäre ein Ding der Unmöglichkeit gewesen. Der Kriegsminister griff daher zu der Maßnahme, durch einen der Paragraphen des Gesetzes über die Aushebung von 250 000 Mann den nicht ins Feld rückenden Nationalgarden die Lieferung von 100 000 Ausrüstungen für die Feldarmee aufzulegen.

Die Lieferanten hatten bis zum 1. Juni 20 000 Kavalleriepferde beschafft; 10 000 völlig ausgerüstete Pferde lieferten die Gendarmen, die von da an ihren Dienst zu Fuß versahen; sie erhielten den Preis ihrer Pferde in bar ausbezahlt und machten sich binnen acht Tagen wieder beritten, indem sie sich Pferde nach ihrer eigenen Wahl kauften. Man beabsichtigte im Laufe des Juli wiederum die Hälfte dieser Pferde für den Armeedienst zu nehmen; den Kauf von weiteren 14000 Pferden hatte man sich unter der Hand gesichert. Am 1. Juni befanden sich also 46000 Kavalleriepferde bei den Depots oder den Regimentern, und Ende Juli würde man 60000 gehabt haben. 5000 Artilleriepferde hatte man von den Bauern wieder zum Dienst herangezogen, für 15000 Pferde war der Kauf mit Lieferanten abgeschlossen; davon waren bis zum 1. Juni 12000 geliefert worden; zu dieser Zeit waren also 18000 Artilleriepferde vorhanden.

Die Leichtigkeit, womit der Finanzminister, Herzog von Gaëta, und der Staatsschatzminister, Graf Mollien, diese ungeheuren Ausgaben bewerkstelligten, erregte allgemeines Erstaunen. Alle Dienstzweige konnten nur mit barem Gelde arbeiten; die meisten Lieferanten und Unternehmer verlangten sogar Vorschüsse. Trotzdem wurden die Zinsen der Staatsschuld und die Pensionen mit der größten Pünktlichkeit gezahlt; die Ausgaben im Inneren waren nicht nur nicht eingeschränkt, sondern sogar erhöht worden, in ganz Frankreich wurden die öffentlichen Arbeiten nach dem großartigen System wieder aufgenommen. »Da sieht man's«, sagten die Arbeiter, »der große Unternehmer ist wieder da; alles war tot – jetzt lebt alles wieder auf; wir gingen müßig – heute haben wir alle wieder Arbeit.« Es war allgemein der Glaube verbreitet, daß der Kaiser 100 Millionen in Gold von seinem Tuilerienschatz wieder aufgefunden habe; dies war Unsinn; der wahre Schatz, den er wiederfand, war die Liebe des Volkes und der gute Wille nicht nur der großen Masse der Nation, sondern auch der französischen und holländischen Kapitalisten. Der Staatsschatz gab 4 Millionen Rente der Amortisationskasse zu 50% ab, wofür die Staatswaldungen belastet wurden; auf diese Weise erhielt er eine bare Summe von 40 Millionen[1], die mit unglaublicher Geschwindigkeit ihm zuflossen.

Der König hatte Paris in solcher Hast verlassen, daß er weder den auf 6 Millionen geschätzten Kronsilberschatz noch das Geld, das in den über ganz Frankreich verbreiteten Zahlstellen des Staatsschatzes sich befand, hatte mitnehmen können; in diesen Kassen befanden sich 50 Millionen. Ein Teil dieser Summe war von seinem Finanzminister, dem Baron Louis, zu Börsenspekulationen mit königlichen Schatz-

---

1 Die üblichen Zinsen für Staatsschulden (Rente) betrugen damals 5%. 4 Millionen Rente bedeuten also ein Kapital von nominell 80 Millionen. C.

scheinen benutzt worden. Dieses verderbliche System wurde vom Herzog von Gaëta aufgegeben; er konnte zu derartigen Zwecken nur über einen dafür bestimmten Fonds verfügen. Die Steuern wurden nicht erhöht, aber das Volk beeiferte sich, diese vorauszubezahlen. Zahlreich waren freiwillige Gaben; in einigen Departements überschritt der Betrag derselben eine Million. Bei allen Paraden traten unbekannte Bürger an den Kaiser heran und überreichten ihm Päckchen von Banknoten; mehrere Male übergab Napoleon nach der Rückkehr in seine Gemächer dem Schatzminister 80 oder 100 000 Franken. Natürlich konnten auf solche Weise keine beträchtlichen Summen einkommen; wir erwähnen aber diese Fälle als ein Zeugnis für die nationale Begeisterung.

Am 1. Oktober hätte also Frankreich ein Heer von 800 bis 900 000 Mann mit voller Bewaffnung und Ausrüstung organisiert gehabt. Um die Unabhängigkeit des Landes zu sichern, galt es daher nur, die Eröffnung der Feindseligkeiten bis zum 1. Oktober zu verzögern. Die Monate Mai bis September waren dazu notwendig, aber auch hinreichend. Am ersten Oktober hätte Frankreich Grenzen von Erz gehabt, die keine Menschenmacht ungestraft hätte überschreiten dürfen.

IV.

Am 1. Juni hatten die unter den Waffen stehenden französischen Truppen einen Effektivbestand von 559 000 Mann. Das Kriegsministerium hatte also in zwei Monaten 414 000 Mann aufgebracht, fast 7000 Mann auf den Tag. Die Linienarmee zählte 363 000 Mann, die Reservearmee 196 000. Von der Linienarmee waren 217 000 Mann bewaffnet und völlig so ausgebildet, um jeden Augenblick ins Feld rücken zu können. Man teilte sie in 7 Armeekorps, 4 Korps Reservekavallerie, die Armee der Vendée und 4 Beobachtungskorps, die auf die ganze Grenze verteilt waren. Die Hauptstreitmacht lag in Quartieren so verteilt, daß sie Paris ebenso schnell erreichen konnte wie die flandrische Grenze. Am 1. Juni rückten alle Truppen aus den Festungen und überließen deren Verteidigung der Reservearmee.

Das I. Korps, vom Grafen d'Erlon befehligt, hatte seine Quartiere in der Umgegend von Lille; es setzte sich zusammen aus 4 Divisionen Infanterie von je 4 Regimentern, einer Division leichter Kavallerie von 4 Regimentern und 6 Batterien.

Das II. Korps, unter dem Grafen Reille, lag um Valenciennes herum; es war ebenso zusammengesetzt wie das I. Korps, aber etwas stärker, da einige Regimenter 3 Bataillone zählten.

Das III. Korps, das der Graf Vandamme kommandierte, wurde in der Gegend von Mézières zusammengezogen; es hatte 3 Divisionen Infanterie, eine Division Kavallerie und 5 Batterien.

Das IV. Korps, Kommandeur Graf Gérard, stand in der Gegend von Metz; es hatte 3 Divisionen Infanterie, eine Division leichter Kavallerie und 5 Batterien. Von seinen Infanterieregimentern war eins nach der Vendée abkommandiert.

Das V. Korps, vom Grafen Rapp befehligt, stand im Elsaß; es hatte 3 Divisionen Infanterie, eine Division leichter Kavallerie und 6 Batterien.

Das VI. Korps, unter dem Grafen von Lobau, war bei Laon versammelt; es bestand aus 3 Divisionen Infanterie, einer Division leichter Kavallerie und 6 Batterien; aber von jeder Infanteriedivision war ein Regiment nach der Vendée abkommandiert.

Das VII. Korps, vom Marschall Suchet befehligt, stand bei Chambéry; es bestand aus 2 Divisionen Linieninfanterie zu je 4 Regimentern, 2 Divisionen Elite-Nationalgarde von je 8 Bataillonen, einer Division leichter Kavallerie und 5 Batterien.

Das I. Beobachtungskorps unter General Lecourbe stand im Jura; es bestand aus einer Infanteriedivision von 3 Regimentern, 2 Divisionen Elite-Nationalgarde, einer Division leichter Kavallerie und 5 Batterien.

Das II. Beobachtungskorps stand am Var; es wurde vom Marschall Brune befehligt und bestand aus einer Infanteriedivision von 3 Regimentern oder 8 Bataillonen, einem Regiment Kavallerie und 3 Batterien. Diese Infanterieregimenter gehörten zum 23. Militärbezirk, wo sie durch korsische Freiwilligenbataillone ersetzt worden waren.

Das III. Korps, das die Ostpyrenäen beobachten sollte, stand unter General Decaen bei Toulouse; es bestand aus einer Infanteriedivision zu 3 Regimentern, einem Kavallerieregiment, 16 Bataillonen Elite-Nationalgarde und 3 Batterien.

Das IV. Beobachtungskorps unter General Clausel stand bei Bordeaux; es war ebenso zusammengesetzt. Diese beiden letzten Korps hatten jedes ein Infanterieregiment abgegeben, das nach der Vendée gesandt worden war.

Die Vendée hatte sich im April zum Kaiseradler bekannt, aber im Mai sich empört; General Lamarque war Kommandierender der dort stehenden kaiserlichen Armee. Diese bestand aus 8 Linienregimentern, 2 Regimentern der Jungen Garde, 2 Kavallerieregimentern, 10 Schwadronen Gendarmerie von je 400 Mann, 12 Bataillonen von zu anderen Armeekorps gehörenden Regimentern, die wegen der Dringlichkeit der Umstände in der Vendée zurückgehalten worden waren.

Die 4 Reservekorps der Kavallerie standen unter dem Oberbefehl des Marschalls Grouchy, sämtlich zwischen Aisne und Sambre; jedes Kavalleriekorps hatte 2 Batterien leichter Artillerie; jedes Korps bestand aus 2 Divisionen, jede Division aus 3 Regimentern. Das I. Korps, aus leichter Reiterei bestehend, wurde vom Grafen Pajol befehligt, das II. Korps, lauter Dragonerregimenter, vom Grafen Exelmans. Das III. Korps, Kürassiere, führte Graf Milhaud, das IV. Korps, ebenfalls Kürassiere, Graf Kellermann.

Die Kaisergarde bestand aus 4 Regimentern Junger Garde, 4 Regimentern Mittlerer, 4 Regimentern Alter Garde, 4 Regimentern Kavallerie und hatte 96 Geschütze.

Die Regimenter der Linie hatten im allgemeinen nur je 2 Bataillone; 600 Mann standen bei jedem Bataillon unter den Waffen; zur Vollzähligkeit fehlten 240 Mann. Die Ergänzungen waren jedoch bereits auf dem Marsch und würden vor dem 1. Juli eingetroffen sein. Die dritten, vierten und fünften Bataillone und die Depots wurden von allen Punkten aus in Bewegung gesetzt, um sich in Paris, in Lyon und im Westen zu vereinigen. Die Artillerie traf Zurüstungen für 500 neue Feldgeschütze mit Bedienungsmannschaften, Bespannungen und doppelter Munition.

Die 200 Bataillone der Elite-Nationalgarde, in einer Gesamtstärke von 112 000 Mann, standen vollzählig unter den Waffen. Hundertfünfzig Bataillone mit 84 000 Mann lagen als Besatzungen in den 90 Festungen oder Forts an den Reichsgrenzen. Von 48 anderen Bataillonen waren 16 dem Beobachtungskorps im Jura, 16 dem VII. Armeekorps zugeteilt; 16 standen als Reserve an der Loire. Graf Dumas hatte bei der Aushebung dieser Truppen die größte Tatkraft bewiesen; er hat sich bei dieser Gelegenheit um Frankreich wohlverdient gemacht. Außer diesen 200 Elitebataillonen wurden im Lauf des Monats Mai 48 Bataillone im Languedoc, in der Gascogne und im Dauphiné ausgehoben; die Bataillone aus dem Dauphiné standen im Juni in der Provence; die aus dem Languedoc verstärkten das III. Beobachtungskorps, so daß es 15 000 Mann zählte. Die Bataillone aus der Gascogne verstärkten das IV. Beobachtungskorps, das hierdurch dieselbe Truppenzahl erlangte wie das III. Die Verteidigung der Pyrenäen war auf diese Weise völlig gesichert. Diese Bataillone fehlen in der Berechnung der Gesamtstärke am 1. Juni, weil sie damals die Hauptstädte ihrer Departements noch nicht verlassen hatten und noch nicht vollständig organisiert waren; Ende Juni waren sie jedoch an ihren Bestimmungsorten angelangt. Von den 30 000 wieder eingestellten verabschiedeten Unteroffizieren und Soldaten verstärkten 20 000 die Festungsbesatzungen; 10 000 lagen als Garnisonen in Marseille, Bordeaux und anderen Städten, wo ihre Anwesenheit nützlich war, um die öffentliche Meinung zu elektrisieren und die Übelgesinnten zu überwachen.

V.

Die Armierung, Verpalisadierung und Verproviantierung der 90 Festungen wurde von erfahrenen Offizieren geleitet.

Die Festungen der ersten Linie an der Nordgrenze: Calais, Dünkirchen, St. Omer, Lille, Condé, Maubeuge und Philippeville waren für sechs Monate verproviantiert; die Mannschaften ihrer Besatzungen waren vollzählig, aber noch nicht eingekleidet und ausgebildet; sie gehörten zu der Elite-Nationalgarde, die noch in der Bildung begriffen war.

Die Festungen der zweiten Linie: Ardres, Aire, Béthune, Douai, Valenciennes, Quesnoy, Avesnes, Rocroy waren auf vier Monate verproviantiert und hatten die Hälfte ihrer Besatzungen.

Die Festungen der dritten Linie: Montreuil, Hesdin, Arras, Bouchain, Landrecies, Bapaume, Cambrai, Abbeville, Amiens, Péronne, Ham und Laon waren auf drei Monate verproviantiert und hatten ein Viertel ihrer Besatzungen.

An der Moselgrenze waren die Plätze der ersten Linie: Charlemont, Mézières, Sedan, Bouillon, Longwy, Diedenhofen, Saarlouis und Bitsch auf vier Monate verproviantiert und hatten vollzählige Besatzungen.

Die der zweiten Linie: Verdun, Metz, Pfalzburg, Toul waren auf vier Monate versehen und hatten die Hälfte ihrer Besatzungen.

An der Elsäßer Grenze hatten Landau, Lauterburg, Hagenau, Straßburg, Schlettstadt, Neubreisach und Hüningen Vorräte für sechs Monate und vollzählige Besatzungen.

An der Schweizer Grenze waren Belfort, Besançon, L'Écluse und

Auxonne auf vier Monate ausgerüstet und hatten ganze Besatzungen; desgleichen die Plätze an der Alpengrenze: Barraux, Briançon, Mont Dauphin, Colmars, Entrevaux und Antibes.

Die Festungen am Mittelmeer: Sainte Marguerite, Saint Tropez, Brégançon, die Forts auf den Hyerischen Inseln, Toulon, Bouc, Aigues Mortes, Cette und Collioure hatten Garnisonen, die stark genug waren, um sie gegen einen Handstreich zu schützen; mit der Verproviantierung war begonnen worden; die Küstenbatterien waren neu armiert.

Die Plätze der ersten und zweiten Linie an der Pyrenäengrenze, von Perpignan bis Bayonne, waren armiert und verproviantiert; sie hatten mehr oder weniger starke Besatzungen. Von Spanien her war wenig zu befürchten.

Die Festungen und Kriegshäfen am Atlantischen Ozean: Bayonne, Trompette, die Inseln Aix, Oléron und Ré, Rochelle, Nantes, die Insel Yeu, Belle Isle, Brest, Saint Malo, Cherbourg, Havre und Dieppe waren armiert und hatten hinreichend starke Besatzungen gegen eine Überrumpelung; mit der Verproviantierung war ein Anfang gemacht worden. Die Kanoniere der Küstenwachen taten Patrouillendienst. Da alle englischen Streitkräfte sich in Belgien oder Amerika befanden, war von der Seeseite her nichts Ernstliches zu befürchten.

VI.

Wenn die Feindseligkeiten – wie zu befürchten stand – vor dem Herbst begannen, mußten die Heere des gegen Frankreich verschworenen Europas viel zahlreicher sein als die französischen; in diesem Fall mußte das Schicksal des Kaiserreiches sich unter den Mauern von Paris und Lyon entscheiden. Diese beiden großen Städte waren einstmals – wie alle europäischen Hauptstädte – befestigt gewesen und waren es – ebenso wie diese – nicht mehr.

Wenn aber z. B. Wien im Jahre 1805 befestigt gewesen wäre, so würde die Schlacht bei Ulm nicht über den Ausgang des Krieges entschieden haben. Das von Kutusoff befehligte Armeekorps würde die anderen bereits bei Olmütz angekommenen russischen Korps und das aus Italien heranrückende Heer des Erzherzogs Karl abgewartet haben. Im Jahre 1809 hätte Erzherzog Karl, der bei Eggmühl geschlagen worden war und sich am linken Donauufer zurückziehen mußte, Zeit gehabt, Wien zu erreichen und sich dort mit dem Korps des Generals Hiller und dem Heere des Erzherzogs Johann zu vereinigen.

Wäre im Jahre 1806 Berlin befestigt gewesen, so würde die bei Jena geschlagene Armee sich dort gesammelt und das russische Heer würde sich mit ihr vereinigt haben.

Wäre im Jahre 1808 Madrid eine Festung gewesen, so wäre die französische Armee nach den Siegen bei Espinosa, Tudela, Burgos und Somo Sierra nicht auf die Hauptstadt marschiert; denn sie mußte die englische Armee des Generals Moore und die spanische Romanas hinter Salamanca und Valladolid lassen; diese beiden englisch-spanischen Heere würden sich unter den Festungswerken von Madrid mit den Heeren von Aragonien und Valencia vereinigt haben.

Im Jahre 1812 zog der Kaiser in Moskau ein. Wenn die Russen nicht den Entschluß gefaßt hätten, die Riesenstadt niederzubrennen – ein in der ganzen Weltgeschichte unerhörter Entschluß, den nur Russen ausführen konnten –, so hätte die Einnahme von Moskau die Unterwerfung Rußlands nach sich gezogen. Denn die Sieger fanden in der Hauptstadt alles Erforderliche, um die Bekleidung und Ausrüstung ihrer Armee zu ergänzen; sie fanden dort Mehl, Gemüse, Wein, Branntwein und alles, was für den Unterhalt eines großen Heeres notwendig ist, einschließlich der erforderlichen Pferde, um den Bestand der Kavallerie zu ergänzen. Sie fanden dort die Unterstützung von 30000 Freigelassenen oder Leibeigenen, die sehr wohlhabend waren und danach lechzten, das Joch des Adels abzuschütteln. Die Sieger hätten den Leibeigenen die Ideen der Freiheit und Unabhängigkeit gebracht, und diese Gefahr war dem Zaren so bedrohlich, daß sie ihm den Gedanken an Friedensschluß nahelegen mußte, zumal da der Sieger in seinen Forderungen sehr maßvoll war. Die Feuersbrunst zerstörte alle Vorratshäuser und zerstreute die Bevölkerung in alle Winde; die Kaufleute und der Bürgerstand waren zugrunde gerichtet; die große Stadt war eine Kloake voll von Unruhe, Aufruhr und Verbrechen. Wäre sie befestigt gewesen, so hätte Kutusoff sich unter ihren Wällen gelagert, und ihre Einschließung wäre nötig gewesen.

Konstantinopel ist eine viel größere Stadt als alle unsere modernen Hauptstädte; es verdankt seine Erhaltung durch Jahrhunderte hindurch nur seinen Befestigungswerken; ohne diese wäre Konstantins Reich schon im Jahre 700, nach einer Dauer von nur drei Jahrhunderten, zugrunde gegangen. Die glücklichen Moslim hätten schon damals die Fahne des Propheten aufgepflanzt; es gelang ihnen erst im Jahre 1453, acht Jahrhunderte später. Die Hauptstadt verdankte also ihr Dasein 800 Jahre lang nur ihren Mauern. Während dieser Zeit wurde sie 53 mal belagert, davon 52 mal ohne Erfolg. Die Franzosen und Venezianer nahmen sie allerdings ein, aber durch einen einzigen, sehr stürmischen Anlauf.

Paris verdankte ein dutzendmal die Rettung nur seinen Mauern:

Im Jahre 885 wäre es die Beute der Normannen geworden; die Barbaren belagerten die Stadt vergeblich zwei Jahre lang.

Im Jahre 1358 wurde Paris vom Dauphin vergeblich belagert; einige Jahre später öffneten die Bürger ihm ihre Tore, aber dies geschah freiwillig.

Im Jahre 1359 lagerte König Eduard von England bei Montrouge; er dehnte seine Plünderungen bis an die Mauern von Paris aus, wich aber von diesen zurück und zog nach Chartres.

Im Jahre 1427 schlug der englische König Heinrich der Fünfte den Angriff des französischen Königs Karl des Siebenten zurück.

Im Jahre 1464 schloß Graf Chalerais die Hauptstadt ein; alle seine Angriffe wurden abgeschlagen.

Im Jahre 1472 würde der Herzog von Burgund die Stadt eingenommen haben, wenn sie nicht ihre Mauern gehabt hätte; er mußte sich damit begnügen, ihre Bannmeile zu verwüsten.

Als Kaiser Karl der Fünfte im Jahre 1536 Herr der Champagne war, hatte er sein Hauptquartier in Meaux; seine Patrouillen streiften bis an die Mauern der Stadt, die nur ihren Befestigungen die Rettung verdankte.

In den Jahren 1588 und 1589 mußten Heinrich der Dritte und Heinrich der Vierte vor Paris umkehren; später öffneten die Einwohner ihre Tore, aber sie taten dies freiwillig, nachdem Heinrich der Vierte in Saint Denis seinen protestantischen Glauben abgeschworen hatte.

In den Jahren von 1636 an retteten die Festungswerke mehrere Male die Einwohner von Paris.

Welchen Einfluß auf die Weltereignisse würde es gehabt haben, wenn Paris in den Jahren 1814 und 1815 eine Festung gewesen wäre, die auch nur acht Tage lang hätte Widerstand leisten können!

Eine große Hauptstadt ist die Heimstätte für die Auslese der Nation; alle vornehmen Familien haben dort eine Wohnung; sie ist der Mittelpunkt aller Meinungen, der Sammelplatz aller Leistungen. Es ist ein ungeheurer Widersinn, einen so wichtigen Platz ohne eigene Verteidigungsmittel zu lassen. Nach der Heimkehr aus dem Feldzug von

Austerlitz ließ der Kaiser mehrere Pläne zur Befestigung der Anhöhen um Paris entwerfen und unterhielt sich oft darüber. Er führte diese Pläne nicht aus, weil er die Einwohnerschaft zu beunruhigen fürchtete, besonders aber, weil die Ereignisse mit unglaublicher Schnelligkeit aufeinanderfolgten.

Aber wie? wird man einwenden; Sie wollen Städte befestigen, deren Umkreis 25 bis 30 Kilometer mißt? Sie brauchen dazu 80 bis 100 Verteidigungsfronten, eine Besatzung von 50 bis 60 000 Soldaten, 800 oder 1000 Kanonen. 60 000 Soldaten sind ja eine Armee; ist es nicht besser, diese in freiem Felde zu verwenden?

Dieser Einwand wird im allgemeinen gegen alle großen Festungen erhoben; aber er ist hinfällig, weil er die Begriffe *Soldat* und *Mann* verwechselt. Allerdings sind zur Verteidigung einer großen Hauptstadt 50 bis 60 000 Mann erforderlich, aber nicht 50 bis 60 000 Soldaten. In Zeiten des Unglücks und nach schweren Niederlagen mag es einem Staat an Soldaten fehlen, niemals aber an Menschen zur inneren Verteidigung. 50 000 Mann, unter denen sich 2 bis 3000 ausgebildete Kanoniere befinden, werden eine Hauptstadt verteidigen und einer Armee von 3 bis 400 000 Mann den Eintritt wehren; auf freiem Felde werden diese 50 000 Mann, wenn es nicht ausgebildete Soldaten unter dem Befehl erfahrener Offiziere sind, vor einem Angriff von 3000 Reitern auseinanderstieben. Übrigens können alle großen Städte einen Teil ihrer Befestigungswerke durch Überschwemmungen verstärken, weil sie alle an großen Flüssen liegen; ihre Gräben können daher entweder auf natürlichen Wegen oder mit Hilfe von Feuerwehrpumpen gefüllt werden. So beträchtliche Festungen mit starken Garnisonen haben stets in der Umgegend eine Anzahl beherrschender Stellungen, die der Feind erst besetzen muß, weil er es sonst unmöglich wagen kann, in die Stadt einzurücken.

Aber gleichviel, für welchen Feldzugsplan Napoleon 1815 sich entschloß, gleichviel, wie sorgfältig die Armierung und Verproviantierung für die Garnisonen der 90 Grenzfestungen betrieben wurde – wenn die Feinde den Krieg vor dem Herbst eröffneten, so waren Paris und Lyon die beiden Hauptpunkte; solange man diese mit starker Macht besetzt hielt, konnte das Vaterland nicht verloren sein, brauchte es sich nicht den Feinden auf Gnade und Ungnade zu ergeben.

VII.

Der Ingenieurgeneral Haxo leitete die Pariser Befestigungsarbeiten. Zunächst ließ er die Höhen von Montmartre, die niedriger gelegenen Moulins und die Hochebene von der Butte Chaumont bis zur Anhöhe von Père Lachaise besetzen. Einige Tage genügten, um die Linien dieser Werke zu entwerfen und ihnen eine bestimmte Form zu geben. Er ließ den Oureq-Kanal vollenden, der von Saint Denis nach dem Bassin von La Villette geht. Mit dieser Arbeit waren die Offiziere des Brükken- und Wegebaus betraut; sie erledigten sie mit dem Eifer und Patriotismus, durch den sie sich stets ausgezeichnet haben; die Erdmassen wurden auf dem linken Ufer aufgeworfen, um einen Wall zu bilden. Auf dem rechten Ufer errichteten sie Halbmonde, die die Straßen deckten. Das Städtchen Saint Denis wurde durch Überschwemmungen geschützt. Von den Anhöhen von Père Lachaise bis an die Seine stützte der rechte Flügel der Werke sich auf Schanzen, die bei der Etoile aufgeworfen waren und unter den Kanonen von Vincennes lagen, und auf Erdwerke im Park von Bercy. Eine 1500 Meter lange Caponnière verband die Barrière du Trône mit der Schanze bei der Etoile. Diese Caponnière war schon vorhanden; die Heerstraße war erhöht und wurde durch zwei tüchtige Mauern geschützt. Am 1. Juni waren diese Werke vollkommen fertig und mit 600 Kanonen armiert. General Haxo hatte auch die Werke auf dem linken Seineufer, gegenüber dem Park von Bercy beginnend und bei der Barrière jenseits der Militärschule endigend, bereits entworfen; zu ihrer Vollendung wären vierzehn Tage nötig gewesen. Die Befestigungssysteme auf beiden Ufern standen dem rechten Ufer entlang über Saint Cloud, Neuilly und Saint Denis miteinander in Verbindung.

Nachdem die Stadt auf diese Weise geschützt war, mußte man ein Fort errichten, das den Triumphbogen bei der Etoile umspannte, die rechte Flanke auf die Batterien von Montmartre, die linke auf die Schanzen der Höhen von Passy stützte, deren Feuer sich mit dem der Schanzen bei der Militärschule auf dem anderen Ufer kreuzte. Die Kämme der Höhen von Belleville mußten von drei Forts gekrönt werden, damit die Truppen sich dort sammeln und den Feind verhindern könnten, in Paris von dieser Seite her einzudringen, selbst wenn er die Ringmauer schon erstürmt hätte. Bei einem auf die Dauer berechneten Befestigungssystem müßte man alle niedrig gelegenen Stadtteile unter Wasser setzen; die Brückenköpfe bei Charenton und bei Neuilly, also die Höhen des Kalvarienberges müßten durch je ein kleines Fort gesichert werden, damit die Armee auf beiden Ufern der Seine sowohl wie der Marne manövrieren könnte.

Das rechte und das linke Ufer erhielten getrennte Artillerieparks: das linke Sechs-, Zwölf- und Achtzehnpfünder; das rechte Vier-, Acht-, Sechzehn- und Vierundzwanzigpfünder. Generale, Obersten und zahlreiche Artillerieoffiziere waren einzig und allein mit der Leitung dieses Dienstes beschäftigt; ihnen unterstanden zwei Bataillone Marinekanoniere, 1600 Mann stark, die von den Küsten des Atlantischen Ozeans herangezogen worden waren, 14 Kompanien Linienartillerie, 1500 Mann stark, und 20 Kompanien Artillerie der Nationalgarde, der Freiwilligen aus den Polytechnischen Schulen und den Lyzeen. Dies ergab 5000 bis 6000 geübte Kanoniere, die leicht 1000 Geschütze bedienen konnten. Vierhundert eiserne Vierundzwanzig-, Achtzehn-, Zwölf- und Sechspfünder waren aus den Marinezeughäusern von Havre gesandt worden und wurden zu Batterien vereinigt; desgleichen 600 Feldgeschütze aus Bronze. Zwanzig bespannte Feldbatterien bildeten vier Reserven von je fünf Batterien; sie waren so aufgestellt, daß sie sich im Bedarfsfall nach jedem Punkt der Verteidigungslinie begeben konnten, sei es, daß die Verschanzungen von Belleville, sei es, daß die Seineufer bedroht worden wären. Abgesehen von diesen 6000 Kanonieren genügten 55 000 Mann zur Besetzung der Stadtmauer; Paris barg 100 000 Mann in Sicherheit, ohne daß darum die Feldarmee geschwächt zu werden brauchte.

VIII.

Divisionsgeneral Lery leitete die Arbeiten in Lyon; der Platz ist stark durch seine Lage am Zusammenfluß der Saône und des Rhône. Der General errichtete einen Brückenkopf bei Brotteaux auf dem linken Rhôneufer, um die Morandbrücke zu decken. Die Guillotièrebrücke deckte er durch einen *Tambour;* auf ihrem Mittelbogen brachte er eine Zugbrücke an. Die Vorstadt Guillotière liegt außerhalb der Festungswerke der Stadt; da sie aber von einer vaterlandsliebenden und mutigen Bevölkerung bewohnt wird, glaubte der General sie durch eine Reihe von Schanzen decken zu sollen, die ein längeres Standhalten ermöglichten.

Die alte Stadtmauer läuft auf den Höhen der Hügel und über Pierre-

Encise entlang; sie wurde ebenso wie die zwischen Rhône und Saône erhöht. Der schwache Punkt von Lyon ist die Strecke zwischen den beiden Flüssen. Es wurden vor dieser drei Stellungen befestigt, deren Flanken durch die Stadtmauer geschützt wurden und sich gegenseitig selber deckten. Hundertfünfzig Marinekanonen aus den Arsenalen von Toulon und ebenso viele bronzene Feldgeschütze wurden in Batterien aufgestellt. Am 25. Juni waren alle diese Werke fertig, verpalisadiert und armiert. Ein Bataillon Marinekanoniere, 600 Mann stark, 9 Kompanien Linienartillerie, 1000 Mann stark, und 900 Kanoniere aus der Nationalgarde, der Veterinärschule und den Lyzeen ergaben eine Gesamtzahl von 2500 Kanonieren; diese war mehr als ausreichend zur Bedienung der Geschütze. Ein zahlreicher Offizierstab der Artillerie lag in der Festung, in der auch bedeutende Vorräte angehäuft waren. Fünfzehn- bis zwanzigtausend Mann genügten zur Verteidigung von Lyon; man verfügte sogar über 30 000, ohne darum die Feldarmee schwächen zu müssen.

*

Siebentes Kapitel.

Der Feldzugsplan.

I. Konnte die französische Armee die Feindseligkeiten am 1. April eröffnen? – II. Drei verschiedene Feldzugspläne waren möglich. Erster Plan: In der Defensive bleiben, die feindlichen Heere nach Paris und Lyon ziehen. – III. Zweiter Plan: Am 15. Juni die Offensive ergreifen und in Belgien einrücken. – IV. Dritter Plan: Am 15. Juni die Offensive ergreifen, um im Fall des Mißerfolges den Feind unter die Mauern von Paris und Lyon zu locken. Für diesen dritten Plan entscheidet sich der Kaiser.

I.

Noch in der Nacht seines Eintreffens in Paris befahl der Kaiser dem General Exelmans, mit 3000 Reitern die Haustruppen des Königs zu verfolgen, sie gefangenzunehmen oder auseinanderzusprengen oder über die Grenze zu werfen. Aber diese Haustruppen, die aus so ungleichartigen Elementen bestanden, hatten sich schon von selber aufgelöst. Ein Teil der Überbleibsel wurde bei Béthune umzingelt und entwaffnet. Der andere Teil kam bis Neuve Eglise, wo der Graf von Artois die Leute entließ. General Exelmans bemächtigte sich aller Pferde, Vorräte und Gepäckwagen des Korps. Offiziere und Gardisten wurden von den Bauern gehetzt; sie warfen ihre Uniformen weg und verkleideten sich auf alle möglichen Arten, um der Entrüstung des Volkes zu entrinnen.

Einige Tage später marschierte Graf Reille mit 12000 Mann nach Flandern, um die Truppen des Grafen Erlon zu verstärken, die an der dortigen Grenze in Garnison lagen.

Der Kaiser erwog, ob er mit diesen 35 oder 36000 Mann am 1. April die Feindseligkeiten eröffnen sollte, indem er auf Brüssel marschierte und die belgische Armee um seine Fahnen scharte. Die englische und die preußische Armee waren schwach, lagen weit auseinandergestreut, hatten keine Befehle, keine Führer, keinen Plan; die Offiziere waren zum Teil auf Urlaub; der Herzog von Wellington war in Wien, Marschall Blücher in Berlin. Das französische Heer konnte am 2. April in Brüssel sein. Aber drei Gründe sprachen gegen einen solchen Plan:

Erstens hegte man Friedenshoffnungen; Frankreich wollte Frieden und würde eine vorzeitige Angriffsbewegung bitter getadelt haben. Zweitens hätte man, um die 35 bis 36 000 Mann zusammenzubringen, die 23 Festungen der dreifachen Nordlinie, von Calais bis Philippeville sich selber überlassen müssen. Wären die Bewohner dieser Grenzbezirke so zuverlässig gewesen wie die an der Elsäßer-, Vogesen-, Ardennen- oder Alpengrenze, so wäre eine solche Maßregel unbedenklich gewesen; aber in Flandern waren die Meinungen geteilt; es war unmöglich, die Festungen den einheimischen Nationalgarden anzuvertrauen; ein Monat war nötig, um die Bataillone der Elite-Nationalgarde zum Ersatz der Linientruppen in anderen Departements ausheben und an die flandrische Grenze marschieren zu lassen. Drittens war der Herzog von Angoulême im Anmarsch auf Lyon, die Marseiller bedrohten Grenoble. Die erste Nachricht vom Beginn der Feindseligkeiten würde die Unzufriedenen ermutigt haben; vor allen Dingen war es wesentlich, daß die Bourbonen den Boden Frankreichs verließen und daß alle Franzosen einig waren. Dies war erst am 20. April der Fall.

II.

Als im Lauf des Monats Mai die Ruhe in ganz Frankreich hergestellt war und als keine Aussicht mehr auf Erhaltung des Friedens blieb, da die feindlichen Heere schon im Anmarsch gegen die französischen Grenzen waren, da erwog der Kaiser, welchen Feldzugsplan er aufstellen solle. Es boten sich drei Möglichkeiten. Erstens: man blieb in der Defensive, ließ auf die Feinde das Odium des Angriffs fallen, hielt sich in den vielen Festungen und sammelte die Feldarmee unter den Mauern von Paris und Lyon, um auf diesen beiden Operationslinien mit aller Kraft den Entscheidungskrieg zu führen. Dieser Plan hatte viel für sich: Da die Verbündeten nicht vor dem 15. Juli mit ihren Rüstungen fertig waren, konnten sie nicht vor dem 15. August vor Paris und Lyon ankommen. Die ersten 6 Armeekorps, die 4 Korps schwerer Reiterei und die Garde sammelten sich bei Paris; sie hatten am 15. Juni

140 000 Mann unter den Waffen; am 15. August wären sie 240 000 Mann stark gewesen. Das 1. Beobachtungskorps und das VII. Armeekorps würden sich bei Lyon gesammelt haben; sie waren am 15. Juni 25 000 Mann stark; am 15. August würden sie 60 000 Streiter in ihren Reihen gezählt haben.

Die Befestigungswerke von Paris und Lyon wären am 15. August fertig gewesen und zur höchstmöglichen Vollkommenheit gebracht worden.

Bis zu diesem Termin hätte man Zeit gehabt, die zur Verteidigung von Paris und Lyon bestimmten Streitkräfte zu bewaffnen und zu organisieren. Die Stärke der Pariser Nationalgarde wäre auf 10 000 Mann beschränkt worden; dafür hätte man an ausgebildeten Schützen das Vierfache der bisherigen Anzahl, nämlich 60 000 Mann gehabt. Da diese Schützenbataillone Offiziere von der Linie hatten, würden sie gute Dienste geleistet haben. Diese 10 000 Mann Nationalgarde, 60 000 Schützen, 6000 Kanoniere aus der Linie, der Marine und der Nationalgarde und 40 000 noch nicht uniformierte Soldaten der Depots von 70 Infanterie- und Garderegimentern der bei Paris stehenden Korps würden die zur Deckung des verschanzten Lagers von Paris bestimmte Streitmacht auf 116 000 Mann gebracht haben.

In Lyon würde die Besatzung aus 4000 Mann Nationalgarde, 2000 Kanonieren, 12 000 Schützen und 7000 Mann von den Depots der um die Stadt herumstehenden elf Infanterieregimenter bestanden haben. Alles in allem 25 000 Mann.

Die feindlichen Heere, die von Norden und Osten her gegen Paris vordrangen, mußten 200 000 Mann vor den 42 Festungen an diesen beiden Grenzen zurücklassen. Wenn man die Stärke der feindlichen Armeen auf 600 000 Mann schätzte, so mußten sie bei ihrer Ankunft vor Paris auf 350 000 Mann zusammengeschmolzen sein. Die 120 000 Mann starke österreichische Armee, die gegen Lyon marschieren sollte, hätte die 10 Festungen an der Jura- und Alpengrenze beobachten müssen; sie wäre kaum mit 80 000 Mann vor Lyon angekommen.

Unterdessen würde die nationale Begeisterung ihren Höhepunkt erreicht und in der Normandie, Bretagne, Auvergne, der Landschaft Bresse usw. die größten Kraftanstrengungen veranlaßt haben. Zahlreiche Bataillone würden tagtäglich vor Paris und Lyon eingetroffen sein; Frankreich wäre immer stärker, die Verbündeten wären immer schwächer geworden.

240 000 Mann Linientruppen in der Hand des Kaisers, die auf den

beiden Ufern der Seine und der Marne unter dem Schutz des von 116 000 Mann verteidigten verschanzten Lagers von Paris manövriert hätten, würden gegenüber 400 000 Mann der Verbündeten Sieger geblieben sein. 60 000 Mann, die unter dem Befehl des Marschalls Suchet unter dem Schutz der von 25 000 Mann Reservetruppen verteidigten Festung Lyon auf den beiden Ufern des Rhône und der Saône manövriert hätten, würden mit der österreichischen Armee fertig geworden sein. Die heilige Sache des Vaterlandes mußte triumphieren!

III.

Der zweite Plan bestand darin, den Alliierten zuvorzukommen und die Feindseligkeiten zu beginnen, bevor diese bereit sein konnten. Da nun die Verbündeten die Feindseligkeiten nicht vor dem 15. Juli beginnen konnten, so mußte man also am 15. Juni ins Feld ziehen und die in Belgien stehende englisch-holländische und preußisch-sächsische Armee schlagen, bevor die Heere der Russen, Österreicher, Bayern, Württemberger usw. am Rhein ankommen konnten. Zum 15. Juni konnte man in Flandern ein Heer von 125 000 Mann zusammenbringen, außerdem alle Grenzen besetzen und den Festungen hinreichende Garnisonen geben.

Wenn man die englisch-holländische und die preußisch-sächsische Armee schlug, mußte sofort Belgien sich erheben, und die belgischen Truppen würden das französische Heer verstärkt haben.

Die Niederlage des englischen Heeres würde den Sturz des Kabinetts zur Folge gehabt haben, und dieses würde durch Freunde des Friedens, der Freiheit und der Unabhängigkeit aller Nationen ersetzt worden sein. Dieser einzige Umstand genügte, um dem Krieg ein Ende zu machen. Wäre dies aber trotzdem nicht der Fall gewesen, so würde die siegreiche französische Armee, durch das im Elsaß stehende Korps und die im Juni und Juli von den Depots gesandten Nachschübe verstärkt, sich gegen die russische und österreichische Armee nach den Grenzen gewandt haben.

Dieser Plan bot zahlreiche Vorteile; er entsprach dem Geist der Nation und dem Charakter des bevorstehenden Krieges. Er vermied die dem ersten Plan anhaftende furchtbare Notwendigkeit, Flandern, Picardie, Artois, Elsaß, Lothringen, Champagne, Burgund, die Freigrafschaft und das Dauphiné aufzugeben, ohne auch nur einen Schuß zu tun.

Aber konnte man wirklich mit einem Heer von 125 000 Mann die beiden Armeen schlagen, die Belgien besetzt hielten? Die englisch-holländische Armee zählte 111 000 Mann unter den Waffen, die preußisch-sächsische 130 000 Mann; das machte zusammen 241 000 Mann. Man durfte allerdings bei der Wertung der drei Heere nicht allein die Zahl als Maßstab anlegen; denn die Armeen der Alliierten bestanden zum Teil aus weniger guten Truppen. Ein Engländer konnte gleich einem Franzosen gezählt werden, aber von den Holländern, Preußen und verbündeten Truppen waren zwei auf einen Franzosen zu rechnen; sie standen unter Generalen, die an Tüchtigkeit sehr verschieden waren, und gehörten zu Nationen, deren Interessen und Gefühle auseinandergingen.

IV.

Über diesen Erwägungen verging der Mai. Der Aufstand in der Vendée schwächte die Flandrische Armee um 20 000 Mann, so daß sie nur noch 105 000 zählte. Dies war ein sehr verhängnisvolles Ereignis, das die Aussichten auf Erfolg beträchtlich schmälerte. Der Bürgerkrieg konnte sich von der Vendée aus weiter ausbreiten; wenn die Verbündeten sich mehrerer Provinzen bemächtigten, konnten sie den Bourbonen neue Anhänger gewinnen. Obgleich das Fürstenhaus den Franzosen antipathisch war, mußte doch der Marsch des Feindes gegen Paris und Lyon günstig für die Bourbonen wirken.

Andererseits streckten Belgien und die vier Rheindepartements dem Kaiser die Arme entgegen und riefen laut ihren Befreier herbei. Mit der belgischen Armee wurden mancherlei Einverständnisse unterhalten. Diese Erwägungen bestimmten den Kaiser, sich für einen dritten Plan zu entschließen, nämlich am 15. Juni die englisch-holländische und die preußisch-sächsische Armee getrennt anzugreifen und zu schlagen; wenn aber der Plan scheiterte, mit der Armee unter die Mauern von Paris und Lyon zurückzuweichen.

Ohne Zweifel eröffneten sich nach einer französischen Niederlage auch dem ersten Plan, auf den der Kaiser also zurückgriff, weniger Aussichten auf Erfolg; denn wenn der Feind am 15. Juni herausgefordert wurde, war anzunehmen, daß er zwei Wochen früher über den Rhein gehen würde. Zur Reorganisation der Pariser Nationalgarde war dann keine Gelegenheit mehr; in Abwesenheit des Kaisers ließen sich keine Veränderungen vornehmen. Napoleon war voll von Vertrauen auf den schließlichen Erfolg; die Armee zeigte viel guten Willen, das Volk die größte Tatkraft. Der Kaiser erinnerte sich, daß er im Jahre 1814 mit 40 000 Mann der Armee des Marschalls Blücher und des Fürsten Schwarzenberg, bei der die beiden Kaiser und der König von Preußen sich befanden, die Spitze geboten hatte. Diese vereinigten Heere waren 250 000 Mann stark; er hatte sie oft geschlagen. In der Schlacht bei Montmirail waren die Korps Sacken, Yorck und Kleist 40 000 Mann stark; sie wurden von 16 000 Franzosen, nämlich der Garde zu Fuß und zu Pferde, der Division Ricard, 1150 Mann, und einer Kürassierdivision angegriffen, geschlagen und über die Marne gejagt. Gleichzeitig wurde Marschall Blücher mit 20 000 Mann von dem Korps des Herzogs von Ragusa (Marmont), nur 4000 Mann, in Schach gehalten und ebenso die 100 000 Mann des Fürsten Schwarzenberg von den Korps Macdonald, Oudinot und Gérard, die zusammen höchstens 18 000 Mann stark waren. Ohne den Verrat von Männern, auf die Napoleon mit dem größten Recht zählen durfte, würde Frankreich auch damals schließlich doch triumphiert haben.

Der Herzog von Dalmatien, Marschall Soult, wurde zum Generalstabschef der Armee ernannt. Er erließ am 2. Juni einen Tagesbefehl und reiste unmittelbar darauf von Paris ab, um die flandrischen Festungen und die Armee zu besichtigen. Der Tagesbefehl lautete:

Die erhabenste Feierlichkeit hat soeben unsere Einrichtungen geweiht. Der Kaiser erhielt von den Beauftragten des Volkes und von den Abgeordneten aller Armeekorps die Wünsche der ganzen Nation in bezug auf die Zusatzakte zur Reichsverfassung, die seiner Genehmigung unterbreitet worden war, und ein neuer Eidschwur vereint Frankreich und seinen Kaiser. So erfüllen sich denn die Geschicke, und alle Anstrengungen einer ruchlosen Liga können nicht mehr die Interessen eines großen Volkes von dem Helden trennen, den die Welt wegen der glänzendsten Triumphe bewundert.

In diesem Augenblick, da der Wille der Nation sich so kraftvoll kundgibt, erschallt Kriegsgeschrei. In diesem Augenblick, da Frankreich mit ganz Europa im Frieden lebt, rücken feindliche Heere gegen unsere Grenzen vor. Was erhofft denn diese neue Koalition? Will sie Frankreich aus der Reihe der Nationen streichen? Will sie 28 Millionen Franzosen in Knechtschaft stürzen? Hat sie vergessen, daß die erste Liga, die gegen unsere Unabhängigkeit gebildet wurde, nur zu unserer Vergrößerung und zu unserem Ruhm führte? Hundert glänzende

Siege, die durch augenblickliche Schicksalsschläge und durch unglückliche Umstände nicht verwischt werden können, erinnern daran, daß eine freie Nation, von einem großen Mann geführt, unbesieglich ist!

In Frankreich ist jedermann Soldat, wenn es sich um die nationale Ehre und die Freiheit handelt: Ein gemeinsames Interesse einigt heute alle Franzosen. Die Verpflichtungen, die durch Gewalt uns aufgezwungen worden waren, sind nichtig geworden durch die Flucht der Bourbonen aus Frankreich, durch den von diesen an die fremden Armeen gerichteten Aufruf, sie wieder auf den von ihnen aufgegebenen Thron zu setzen, und durch den einstimmigen Willen der Nation, die die freie Ausübung ihrer Rechte wieder übernommen und feierlich allem, was ohne ihre Teilnahme geschehen war, ihre Zustimmung versagt hat.

Die Franzosen können nicht vom Ausland Gesetze empfangen; diejenigen, die in hochverräterischer Weise fremde Hilfe erbettelt haben, werden bald erkennen und verspüren, daß Verachtung und Ehrlosigkeit sich an ihre Fersen heften und daß sie die Schande, womit sie sich bedecken, nur dadurch abwaschen können, daß sie wieder in unsere Reihen eintreten.

Aber eine neue Laufbahn des Ruhms eröffnet sich der Armee! Die Weltgeschichte wird die Erinnerung an Taten aufbewahren, durch die die Verteidiger des Vaterlandes und der nationalen Ehre sich auszeichnen werden. Die Feinde sind zahlreich – sagt man. Was ficht das uns an? Um so ruhmvoller wird es sein, sie zu besiegen, um so größeren Glanz wird uns ihre Niederlage verleihen. Der Kampf, der sich entspinnen wird, ist nicht zu schwer für das Genie Napoleons, geht nicht über unsere Kräfte. Sieht man nicht in allen Departements, an Begeisterung und Hingebung wetteifernd, wie mit einem Zauberschlag fünfhundert prachtvolle Bataillone erstehen? Sie sind schon da, um unsere Zahl zu verdoppeln, unsere Festungen zu verteidigen, am Ruhm der Armee Anteil zu nehmen! Diesen Begeisterungssturm eines hochherzigen Volkes kann keine Macht bändigen – die Nachwelt wird ihn bewundern. Zu den Waffen!

Bald wird das Zeichen ertönen. Tue dann jeder seine Pflicht. Die Zahl der Feinde wird unseren siegreichen Kolonnen neuen Ruhmesglanz bringen. Soldaten! Napoleon führt unsere Schritte. Wir kämpfen für die Unabhängigkeit unseres schönen Vaterlandes. Wir sind unbesieglich!

*

Achtes Kapitel.

Die Eröffnung des Feldzugs.

I. Bestand und Stellung der französischen Armee am Abend des 14. Juni. – II. Bestand und Stellung der englisch-holländischen und der preußisch-sächsischen Armee am Abend des 14. Juni. – III. Manöver und Gefechte am 15. Juni. – IV. Stellung der kriegführenden Heere in der Nacht vom 15. auf den 16. Juni.

I.

Das IV. Korps, vom Grafen Gérard befehligt, marschierte am 6. Juni von Metz ab, ging über die Maas und kam am 14. in Philippeville an. Graf Belliard übernahm den Befehl in Metz und an der Saargrenze; er trug Sorge, die Bewegungen des IV. Korps zu maskieren, indem er die Grenze durch Abteilungen der Elite-Nationalgarden aus den Garnisonen von Metz, Longwy, Saarlouis usw. sowie durch Freikorps besetzte, die sich in den dortigen Departements gebildet hatten und bereits uniformiert und organisiert waren. Die Kaisergarde verließ Paris am 8. Juni und marschierte auf Avesnes. Das I. Korps verließ die Gegend von Lille, das II. Korps Valenciennes; beide stellten sich zwischen Maubeuge und Avesnes auf. Die Garnisonen aller Festungen von Dünkirchen an verschleierten diese Manöver, indem sie alle Straßenkreuzungen durch starke Abteilungen besetzten, so daß in dem Augenblick, als die Linientruppen sich zusammenzogen, die Vorposten verdreifacht waren; der Feind ließ sich hierdurch täuschen und glaubte, die ganze Armee ziehe sich nach dem linken Flügel zusammen. Das VI. Korps verließ Laon und marschierte auf Avesnes; die vier Reservekorps der Kavallerie zogen sich an der Sambre zusammen.

Der Kaiser verließ Paris am 12. Juni morgens, frühstückte in Soissons, übernachtete in Laon, wo er die letzten Befehle in bezug auf die Ausrüstung dieser Festung erteilte, und kam am 13. Juni in Avesnes an.

Am Abend des 14. Juni lagerte die Armee in drei Stellungen: der linke Flügel, bestehend aus dem I. und II. Korps in Stärke von mehr als 40 000 Mann, auf dem linken Sambreufer bei Ham-sur-Heure und Solre-sur-Sambre. Das Zentrum, mehr als 60 000 Mann, bestehend aus dem III. und VI. Korps, der Garde und der Kavalleriereserve, bei Beaumont, wo sich das Hauptquartier befand. Der rechte Flügel, mehr als 15 000 Mann, bestehend aus dem IV. Korps und einer Kürassierdivision, lagerte vorwärts von Philippeville. Die Lager befanden sich hinter niedrigen Hügeln, eine Marschstunde von der Grenze entfernt, so daß die Wachtfeuer nicht vom Feinde bemerkt werden konnten, der denn auch wirklich nichts merkte. Am Abend des 14. Juni wurde durch die Appelle festgestellt, daß die Armee 123 404 Mann mit 350 Geschützen zählte.

An diesem Abend redete der Kaiser seine Krieger durch folgenden Tagesbefehl an:

Soldaten! heute ist der Jahrestag von Marengo und Friedland, an welchem zweimal das Schicksal von Europa entschieden wurde. Damals, wie nach Austerlitz, nach Wagram, waren wir zu großmütig. Wir glaubten den Beteuerungen und Schwüren der Fürsten, die wir auf ihren Thronen ließen.

Heute haben sie sich miteinander verbündet und wollen die Unabhängigkeit und die heiligsten Rechte Frankreichs antasten. Sie haben den ungerechtesten Angriffskrieg begonnen.

Marschieren wir ihnen also entgegen! Sind wir nicht Menschen wie sie?

Soldaten! bei Jena waret ihr einer zu zwei gegen diese Preußen, die heute so anmaßend sind; bei Montmirail waret ihr einer gegen sechs.

Die von euch, die bei den Engländern waren, mögen den anderen von den Schiffsgefängnissen erzählen und von den entsetzlichen Leiden, die sie dort erduldet haben.

Die Belgier, Hannoveraner, Sachsen, Rheinbündler beklagen, daß sie ihre Arme der Sache von Fürsten widmen müssen, welche Feinde der Gerechtigkeit und aller Volksrechte sind. Sie wissen, daß diese Koalition unersättlich ist. Nachdem sie 12 Millionen Polen, 12 Millionen Italiener, 1 Million Sachsen, 6 Millionen Belgier verschlungen hat, wird sie auch die deutschen Staaten zweiten Ranges verschlingen müssen.

Die Wahnsinnigen! Ein vorübergehender Erfolg verblendet sie. Das französische Volk zu unterdrücken und zu erniedrigen, steht nicht in ihrer Macht. Wenn sie in Frankreich einmarschieren, werden sie dort ihr Grab finden!

Soldaten! Wir haben Gewaltmärsche zu machen, Schlachten zu liefern, Gefahren zu bestehen; aber wenn wir standhaft bleiben, wird unser der Sieg sein. Recht, Ehre und Glück des Vaterlandes werden wir zurückgewinnen.

Für jeden Franzosen, der ein Herz im Leibe hat, ist jetzt der Augenblick gekommen: zu siegen oder zu sterben!

II.

Die feindlichen Heere befanden sich am Abend des 14. Juni ganz ruhig in ihren Quartieren; die preußisch-sächsische Armee bildete den linken Flügel, die englisch-holländische den rechten.

Die erstgenannte, vom Marschall Blücher geführt, war 120 000 Mann stark, nämlich 85 000 Mann Infanterie, 20 000 Mann Kavallerie, 15 000 Mann Artillerie und Genietruppen mit 300 Geschützen. Sie war in vier Korps geteilt:

Das I. Korps, unter General Zieten, hatte Fühlung mit den Engländern und stand an der Sambre entlang; sein Hauptquartier war in Charleroi, Sammelpunkt war Fleurus.

Das II. Korps, vom General Pirch befehligt, lag an der Grenze in der Umgegend von Namur, das sein Sammelpunkt war.

Das III. Korps, unter General Thielemann, stand an der Maas in der Umgegend von Dinant; es sollte sich bei Ciney sammeln.

Das IV. Korps endlich, unter General Bülow, stand hinter den drei ersten; sein Hauptquartier war in Lüttich.

Jedes Korps brauchte, um sich zu sammeln, einen halben Tag. Die Armee sollte sich hinter Fleurus vereinigen. Das I. Korps befand sich bereits dort; das II. hatte, um dorthin zu gelangen, von Namur aus 36 Kilometer zu marschieren; das III. von Ciney 60 Kilometer; das IV. von Lüttich 70 Kilometer. Das Hauptquartier des Marschalls Blücher befand sich in Namur, 70 Kilometer von dem des Herzogs von Wellington, der sich in Brüssel aufhielt.

Die englisch-holländische Armee, die der Herzog von Wellington befehligte, bestand aus 24 Brigaden, nämlich 9 englischen, 10 deutschen, 5 holländischen und belgischen, und aus 11 Divisionen Kavallerie, bestehend aus 16 englischen, 9 deutschen und 6 holländischen Regimentern.

Die Stärke der englisch-holländischen Armee betrug 104 200 Mann; dazu kamen noch 8 englische Regimenter, die, von Amerika zurückgekehrt, in Ostende gelandet waren, ein englisches Regiment in Nieuport, ein Veteranenbataillon in Ostende und das 9., 25., 29. und 37. englische Regiment, die in den belgischen Grenzfestungen lagen, in denen außerdem noch beträchtliche Mengen Miliztruppen zusammengezogen waren.

Die 9 englischen, die 5 hannoverschen und die 2 Brigaden der Deutschen Legion bildeten sechs, die sogenannten *englischen* Divisionen. Die 5 holländischen und die nassauische Brigade bildeten drei, die sogenannten *belgischen* Divisionen. Die braunschweigischen Truppen bildeten eine Division für sich. Diese 10 Divisionen bildeten zwei große Infanteriekorps; das I. Korps stand unter dem Befehl des Prinzen von Oranien, dessen Hauptquartier sich in Braine le Comte befand; es bestand aus 5 Divisionen, nämlich 2 englischen, der Garde und der dritten, und den drei belgischen. Ihre Sammelpunkte waren Enghien, Soignies, Braine le Comte und Nivelles. Das II. Korps unter Lord Hill, dessen Hauptquartier in Brüssel war, bestand ebenfalls aus 5 Divisionen: 4 englischen und der braunschweigischen. Ihre Sammelpunkte waren Brüssel, Ath, Hal und Gent. Lord Uxbridge befehligte die Reiterei, deren Sammelpunkt Grammont war. Der große Artilleriepark befand sich um Gent herum. Jede Division brauchte einen halben Tag, um ihren Sammelpunkt zu erreichen.

Der Vereinigungspunkt für die ganze Armee war Quatrebras, 9 Kilometer vom rechten Flügel der preußischen Armee entfernt. Die Entfernung vom Hauptquartier des Prinzen von Oranien nach Quatrebras betrug 27 Kilometer; von Nivelles 11 Kilometer; von Enghien 57 Kilometer; von Soignies 48 Kilometer; von Brüssel, dem großen Hauptquartier der Armee, 36 Kilometer; von Gent 75 Kilometer; von Grammont 57 Kilometer, von Ath ebensoviel. Die beiden Armeen brauchten also zwei volle Tage, um sich auf einem Schlachtfeld zu vereinigen; nach ihrer Vereinigung waren sie 224 000 Mann stark.

In der Nacht vom 14. auf den 15. Juni meldeten vertraute Leute im französischen Hauptquartier zu Beaumont, daß in Namur, Charleroi und Brüssel alles ruhig sei. Dies war ein glückliches Vorzeichen. Es bedeutete schon einen großen Erfolg, daß es gelungen war, dem Feinde die Bewegungen des französischen Heeres während der beiden letzten Tage zu verbergen. Die preußische Armee fand sich bereits genötigt, ihre Vereinigung weiter zurück von Fleurus zu vollziehen, oder in dieser Stellung eine Schlacht anzunehmen, ohne auf den Beistand der englisch-holländischen Armee rechnen zu können.

Die kommandierenden Generale der feindlichen Heere waren von ganz verschiedenem Charakter; die Husarenmanieren des Marschalls Blücher, seine Rastlosigkeit und sein Wagemut standen im Gegensatz zu dem umsichtigen Charakter und dem langsamen Vorgehen des Herzogs von Wellington. Wenn die preußisch-sächsische Armee nicht zuerst angegriffen worden wäre, würde sie mehr Schnelligkeit und Eifer aufgeboten haben, um der englischen Armee zu helfen, als umgekehrt diese, um den Marschall Blücher zu unterstützen. Alle Maßregeln Napoleons hatten also den Zweck, die Preußen zuerst anzugreifen.

III.

Am 15. Juni setzten sich bei Tagesanbruch die drei französischen Kolonnen in Marsch. Die Vorhut des linken Flügels, nämlich die vom Prinzen Jérôme geführte Division vom II. Korps, traf bei Verlassen ihres Lagers auf die Vorhut des preußischen Korps Zieten; sie warf diese über den Haufen, besetzte die Brücke bei Marchiennes und nahm 500 Mann gefangen; die preußische Vorhut sammelte sich bei Charleroi.

Das Kavalleriekorps des Generals Pajol, das die Vorhut des Zentrums bildete, setzte sich um 3 Uhr früh in Marsch; es sollte vom Infanteriekorps des Generals Vandamme unterstützt werden. Von Beaumont bis Charleroi führt keine Heerstraße, um die Bewegung zu erleichtern, sondern es gibt nur schlechte Nebenwege, die jeden Augenblick Engpässe bilden. Das III. Korps hatte 7 Kilometer östlich von Beaumont biwakiert. Um 6 Uhr morgens war Graf Vandamme noch in seinem Lager, obgleich er zur selben Zeit abmarschieren sollte wie Pajols Reiterei. Der Kaiser bemerkte dies, marschierte mit seiner Garde voraus und rückte mittags in Charleroi ein, während Pajols leichte Reiter den Feind mit der blanken Klinge vor sich hertrieben. Das Korps des Generals Vandamme traf erst um 3 Uhr nachmittags ein. Der rechte Flügel, vom Grafen Gérard befehligt, gewann frühmorgens die Brücke von Châtelet durch Überrumpelung; die ganze Kolonne kam im Laufe des Abends an.

Die Entfernung von Charleroi nach Brüssel beträgt einige 60 Kilometer; eine Heerstraße führt von Charleroi nach Brüssel über Gosselies, Frasnes, Quatrebras, Gennape und Waterloo. Einen Kilometer hinter Charleroi zweigt eine andere Heerstraße sich nach rechts ab; diese führt über Gilly nach Namur, das 36 Kilometer von Charleroi entfernt liegt.

Das Zietensche Korps, durch seine Husarenpatrouillen von der Bewegung der französischen Armee unterrichtet, räumte in aller Eile Charleroi auf diesen beiden Straßen; die eine Division zog sich auf der Brüsseler Straße zurück und machte bei Gosselies halt; die andere marschierte auf der Namurer Straße bis Gilly. General Pajol verfolgte den Feind auf der Namurer Straße, General Clary mit einer Husarenbrigade auf der Brüsseler. Die Truppen scharmützelten auf diesen beiden Straßen; da General Clary nicht stark genug war, wurde er vom General Lefêbvre-Desnoëttes mit der leichten Gardekavallerie und ihren beiden Batterien unterstützt.

Die Division Duhesme, von der Jungen Garde zu Fuß, stellte sich hinter der Pajolschen Kavallerie als Reserve auf und schickte ein Regiment vor, um auf halbem Wege zwischen Charleroi und Gosselies eine Stellung zu beziehen und der Reiterei des Generals Lefêbvre-Desnoëttes als Deckung zu dienen. Graf Reille ging auf der Brücke bei Marchiennes über die Sambre und marschierte auf Gosselies, um dort die Brüsseler Straße zu erreichen und einen Vorstoß auf Quatrebras zu machen. General Graf Erlon hatte Befehl, den General Reille zu unterstützen.

Sobald Marschall Grouchy mit der Kavalleriereserve und dem auf dem Fuße folgenden III. Korps Charleroi erreicht hatte, marschierte er gegen Gilly, das General Zieten sofort räumte, um zwischen Gilly und Fleurus eine Stellung zu beziehen, die sich auf einen Wald stützte. General Reille nahm Gosselies nach leichtem Widerstand.

In diesem Augenblick traf Marschall Ney auf dem Schlachtfeld ein. Der Kaiser erteilte ihm sofort den Auftrag, sich nach Gosselies zu begeben und den Befehl über den ganzen linken Flügel zu übernehmen, der aus dem II. und I. Korps, der Kavalleriedivision Lefêbvre-Desnoëttes und dem Kellermannschen Korps schwerer Reiterei bestand. Die Gesamtstärke betrug 47 800 Mann. Der Kaiser befahl dem Marschall Ney, blindlings alles niederzurennen, was er auf der Straße von Gosselies nach Brüssel fände, sich jenseits von Quatrebras zu beiden Seiten der Straße aufzustellen und nach den Regeln der Kriegskunst starke Vorposten an den Straßen nach Brüssel, Namur und Nivelles auszusetzen. Die Division des Zietenschen Korps, die Gosselies verteidigt hatte, schwenkte links ab und zog sich auf Fleurus zurück. Graf Reille ließ sie von der 3. Division unter General Girard verfolgen und marschierte mit seiner Kavallerie und den anderen drei Divisionen auf Quatrebras. Prinz Bernhard von Sachsen-Weimar befehligte eine 4000 Mann starke Brigade Nassauischer Truppen (die 2. Brigade der 3. belgischen Division). Sobald er den Kanonendonner von Charleroi her hörte und den Rückzug des Generals Zieten erfuhr, marschierte er nach Frasnes und stellte sich 2 Kilometer vorwärts von Quatrebras zu beiden Seiten der Brüsseler Straße auf. Als aber General Lefêbvre-Desnoëttes nach einem leichten Artilleriekampf ihn zu umgehen und von Quatrebras abzuschneiden drohte, mußte er sich zurückziehen; er bezog eine Stellung zwischen Quatrebras und Gennape. Graf Reille marschierte, ohne ein Hindernis zu finden, mit seiner Infanterie weiter, um vorwärts von Quatrebras zu biwakieren; er wurde jedoch von Marschall Ney angehalten, der den Kanonendonner von Fleurus gehört und vom General Girard die Meldung empfangen hatte, daß in dieser Richtung bedeutende feindliche Streitkräfte ständen. Er hielt es daher für ein Gebot der Klugheit, eine Stellung zu beziehen. Seine Vorhut stand bei Frasnes und hatte Feldwachen auf Quatrebras vorgeschoben.

Die Korps Vandamme und Grouchy waren bei Gilly vereinigt; durch falsche Meldungen getäuscht, verloren sie zwei Stunden in ihrer Stellung, in dem Glauben, daß hinter den Wäldern und vorwärts von Fleurus sich 200 000 Preußen befänden. Der Kaiser ritt persönlich hin, um den Feind zu rekognoszieren, und da er zu der Ansicht kam, daß die Wälder nur von zwei Divisionen des Zietenschen Korps, 18 bis 20 000 Mann, besetzt seien, so befahl er, sofort vorwärts zu marschieren. Der Feind zog sich zurück und wurde scharf verfolgt. Ein Sturmritt von vier Schwadronen der Kaisergrenadiere, vom General Letort geführt, warf zwei Karrees über den Haufen und vernichtete das 28. preußische Regiment; aber der unerschrockene Letort wurde tödlich verwundet. Der General war einer der ausgezeichnetsten Reiteroffiziere; einen mutigeren konnte es nicht geben; keiner besaß wie er im höchsten Grade die Kunst, einen Angriff zu führen und seinen Menschen wie Pferden den elektrischen Funken mitzuteilen. Seine Stimme, sein Beispiel machten die Zaghaften zu den tapfersten Männern.

Während der Nacht stellten die Korps Vandamme und Grouchy sich in den Wäldern von Taillenet und Lambusart bei Fleurus auf.

IV.

In der Nacht vom 15. zum 16. Juni befand das französische Hauptquartier sich in Charleroi, das des Marschalls Blücher in Namur, das des Herzogs von Wellington in Brüssel. Das I. Korps der preußisch-sächsischen Armee, vom General Zieten befehligt, war um 2000 Mann geschwächt, die es im Lauf des Tages verloren hatte. Es stand auf den Anhöhen hinter Fleurus eng zusammengezogen und hatte dieses Dorf durch eine Abteilung besetzt. Das II. Korps, das sich in Namur gesammelt hatte, marschierte die ganze Nacht hindurch, um sich mit dem I. Korps bei Sombreffe zu vereinigen. Das III. Korps war teils bei Namur, teils bei Ciney versammelt; die erste Kolonne marschierte die ganze Nacht und kam am Vormittag des 16. Juni bei Sombreffe an; die zweite Kolonne konnte erst am Nachmittag während der Schlacht ankommen. Das IV. Korps unter General Bülow hatte den Befehl zur Vereinigung mit den anderen infolge der großen Entfernung erst sehr spät empfangen; es konnte sich erst am 16. Juni in Marsch setzen und kam in Gembloux, 9 Kilometer von Sombreffe, erst nach dem Verlust der Schlacht in der Nacht vom 16. auf den 17. an.

Am 15. Juni hatte der Herzog von Wellington gegen 7 Uhr abends einen Kurier vom Marschall Blücher erhalten, der ihm meldete: die Feindseligkeiten hätten begonnen, eine starke französische Rekognoszierungsabteilung hätte einige von den preußischen Vorposten niedergehauen. Dies schien dem Herzog keine besondere Anordnung erforderlich zu machen; er befahl nur, daß man auf der ganzen Linie auf der Hut sein solle. Aber um 11 Uhr abends brachte ein zweiter Bote des Marschalls ihm die Nachricht: die Franzosen wären am 15. Juni um 11 Uhr vormittags in Charleroi eingerückt und marschierten in breiter Front gegen Brüssel. Der ganze Raum zwischen Marchiennes, Charleroi und Châtelet wäre mit Truppen bedeckt; die Franzosen wären 150000 Mann stark, an ihrer Spitze befände sich der Kaiser.

Wellington sandte sofort in alle Quartiere den Befehl zum Ausrükken. Jede Division sollte nach ihrem Sammelpunkt marschieren und dort neue Befehle abwarten. Die 3. belgische Division, deren Quartiere weniger als 27 Kilometer von Quatrebras entfernt lagen, war die einzige, die schon am Morgen des 16. Juni dort eintreffen konnte. Vier andere Divisionen, die weniger als 40 Kilometer entfernt standen, konnten bis zum Abend desselben Tages eintreffen; aber der Rest der Armee konnte erst in der Nacht vom 16. auf den 17. und im Laufe des

17. Juni beisammen sein. In dieser Lage befand sich auch die Artillerie und Kavallerie. Selbst nach ihrer Vereinigung bei Quatrebras war die englisch-holländische Armee noch 9 Kilometer von Fleurus entfernt. Während der Nacht wurde in Brüssel Generalmarsch geschlagen; die dort stehenden Braunschweiger und die 5. englische Division traten am Morgen den Marsch auf Quatrebras an.

Die französische Armee blieb die Nacht über in drei Kolonnen. Der linke Flügel, vom Marschall Ney befehligt, hatte sein Hauptquartier in Gosselies, seine Feldwachen gegen Quatrebras vorgeschoben, seine Vorhut bei Frasnes; das II. Korps stand zwischen Frasnes und Gosselies, seine Vorhut bildete die Division des Generals Girard auf dem rechten Flügel, auf der Straße nach Fleurus. Das I. Korps stand in Kolonne von Marchiennes bis Gosselies.

Vom Zentrum biwakierten die Reservekavallerie und das III. Korps in den Wäldern zwischen Fleurus und Charleroi. Die Garde stand in Kolonne auf der Straße zwischen Charleroi und Gilly; das VI. Korps vorwärts von Charleroi.

Die dritte Kolonne, die den rechten Flügel bildete, stand vor der Brücke von Châtelet.

So war also die ganze Armee vereinigt, nachdem sie auf drei Brükken über die Sambre gegangen war. Der linke Flügel bei Marchiennes, das Zentrum 4 Kilometer weiter bei Charleroi, der rechte Flügel wieder 6 Kilometer weiter bei Châtelet. Die französische Armee biwakierte die Nacht vom 15. zum 16. Juni in einem Viereck, dessen Seiten 18 Kilometer maßen; sie konnte sich nach Belieben auf die preußisch-sächsische oder auf die englisch-holländische Armee werfen; denn sie stand schon in der Mitte zwischen den beiden.

Die beiden feindlichen Heere waren überrascht worden, ihre Verbindungen waren bereits sehr gefährdet. Alle Manöver des Kaisers hatten den gewünschten Erfolg gehabt. Er war Herr der Lage und konnte jede der feindlichen Armeen einzeln angreifen. Wollten sie dieses Unglück vermeiden – das schlimmste, das im Kriege eintreten kann –, so blieb ihnen nichts weiter übrig, als das Feld zu räumen und sich bei Brüssel oder gar jenseits davon zu vereinigen.

*

Neuntes Kapitel.

Schlacht bei Ligny.

I. Marsch der französischen Armee gegen die preußisch-sächsische. – II. Schlacht bei Ligny (16. Juni). – III. Gefecht bei Quatrebras. – IV. Stellung der Heere in der Nacht vom 16. auf den 17. Juni. – V. Manöver und Märsche im Laufe des 17. Juni. – VI. Stellungen in der Nacht vom 17. auf den 18. Juni.

I.

Marschall Ney erhielt während der Nacht Befehl, am 16. Juni bei Tagesanbruch über Quatrebras hinauszumarschieren, eine gute Stellung zu beiden Seiten der Brüsseler Straße einzunehmen und die Straßen nach Nivelles und Namur durch Vorposten vom linken und rechten Flügel zu besetzen. Der Generaladjutant, Graf de Flahault, überbrachte diese Befehle und blieb den ganzen Tag beim Marschall. Die Division des Generals Girard, die dritte vom II. Korps, die zur Beobachtung gegenüber von Fleurus stand, erhielt Befehl, in ihrer Stellung zu bleiben, um unter dem unmittelbaren Oberbefehl des Kaisers zu handeln, der mit dem Zentrum und dem rechten Flügel der Armee vormarschierte, um die preußische Armee anzugreifen, bevor das IV. Korps unter General Bülow sich mit ihr vereinigt hätte und bevor die englisch-holländische Armee, die sich auf dem rechten Flügel der Preußen sammelte, imstande wäre, diese zu unterstützen.

Die Plänkler beider Heere trafen im Dorfe Fleurus aufeinander. Nachdem einige Kanonenschüsse gewechselt worden waren, zogen die preußischen Schützen sich auf ihre Armee zurück, die man nunmehr in Schlachtordnung aufgestellt sah. Ihr linker Flügel stand beim Dorfe Sombreffe, zu beiden Seiten der Namurer Straße; das Zentrum beim Dorfe Ligny; der rechte Flügel beim Dorfe St. Amand; die Reserven auf den Hügeln bei der Windmühle von Brye. Die ganze Schlachtlinie erstreckte sich über 5½ Kilometer. Es war 10 Uhr früh. Die französische Armee machte halt und bildete ebenfalls Schlachtordnung. Das III. Korps stand vorwärts von Fleurus; 2 Kilometer von ihm entfernt auf dem äußersten linken Flügel die Division Girard; das IV. Korps bildete das Zentrum, Marschall Grouchy mit den Kavalleriekorps Pajol und Exelmans den rechten Flügel. Die Garde, Reiterei, Fußvolk und Artillerie und das Milhaudsche Kürassierkorps standen als zweites Treffen hinter der Hügelkette, welche die Ebene hinter Fleurus beherrscht.

Der Kaiser ritt mit geringer Bedeckung die Postenkette ab, bestieg mehrere Hügel und erhielt von den darauf befindlichen Windmühlen aus eine vollkommene Übersicht über die Stellung der feindlichen Armee, deren Stärke sicherlich mehr als 80 000 Mann betragen mußte. In der Front war sie durch eine tiefe Schlucht gedeckt, aber ihr rechter Flügel schwebte in der Luft. Die Schlachtlinie stand lotrecht zur Namurer Straße in der Richtung vom Dorf Sombreffe nach Gosselies; Quatrebras befand sich in senkrechter Richtung genau hinter dem Mittelpunkt der Schlachtlinie. Offenbar erwartete Marschall Blücher, nicht an diesem Tage angegriffen zu werden; er glaubte noch Zeit zu haben, seine Armee vollständig vereinigen und seinen rechten Flügel auf die englisch-holländische Armee stützen zu können, die auf den Straßen von Brüssel und Nivelles im Laufe des 17. nach Quatrebras marschieren sollte.

Ein Generalstabsoffizier brachte vom linken Flügel die Meldung, daß Marschall Ney in dem Augenblicke, als er unter Gewehr treten ließ, um in die Stellung vorwärts von Quatrebras einzurücken, in seiner rechten Flanke Kanonendonner gehört habe und deshalb stehengeblieben sei. Aus den ihm zugekommenen Meldungen ergebe sich, daß die englisch-holländische und die preußisch-sächsische Armee ihre Vereinigung in der Gegend von Fleurus bereits vollzogen hätten; unter diesen Umständen würde er umgangen werden, wenn er seine Bewegung fortsetzte; übrigens sei er bereit, die Befehle auszuführen, die der Kaiser ihm senden werde, nachdem er von der neuen Sachlage Kenntnis genommen habe. Der Kaiser erteilte ihm einen Tadel, weil er bereits 8 Stunden verloren habe; die nach des Marschalls Meinung neue Sachlage bestehe bereits seit dem gestrigen Tage. Er wiederholte den Befehl, sofort eine Stellung vorwärts von Quatrebras einzunehmen und dann eine Kolonne von 8000 Mann Infanterie mit der Kavalleriedivision Lefêbvre-Desnoëttes und 28 Geschützen auf der Straße von Quatrebras nach Namur vorzuschicken, die sie aber beim Dorfe Marbais verlassen solle, um die Anhöhen von Brye im Rücken der feindlichen Armee anzugreifen. Nach dem Abmarsch dieses Detachements würden ihm in der Stellung bei Quatrebras noch 32 000 Mann mit 80 Geschützen verbleiben, und diese seien hinreichend, um die im Laufe des 16. wahrscheinlich eintreffenden Abteilungen der englischen Armee in Schach zu halten. Marschall Ney erhielt diesen Befehl um 11½ Uhr. Er stand mit seiner Vorhut bei Frasmes. Um 12 Uhr mußte er seine Stellung vorwärts von Quatrebras bezogen haben; die Entfernung von Quatrebras nach den Hügeln von Brye beträgt etwas mehr als 7 Kilometer; die Kolonne, die er dem Marschall Blücher in den Rücken senden sollte, mußte also vor 2 Uhr beim Dorfe Marbais ankommen.

II.

Die französische Armee befand sich bei Fleurus nicht in einer Angriffsstellung, ein Teil ihrer Schlachtlinie war maskiert; die Preußen brauchten sich daher nicht zu beunruhigen. Aber um 2 Uhr befahl der Kaiser eine Frontveränderung in der Richtung auf Fleurus mit Vorschiebung des rechten Flügels. Infolge dieses Manövers stand das III. Korps in doppelter Kanonenschußweite von St. Amand, das IV. ebensoweit von Ligny, der rechte Flügel in gleicher Entfernung von Sombreffe. General Girard mit der 3. Division des II. Korps stand im rechten Winkel zum äußersten rechten Flügel der preußischen Armee. Die Schlucht, die die feindliche Stellung in der Front deckte, begann zwischen dem III. Korps und der Division Girard, so daß diese letztere sich links von der Schlucht befand. Die Garde und Milhauds Reiter machten das gleiche Manöver und standen nunmehr als zweites Treffen etwas mehr als 1 Kilometer hinter dem III. und dem IV. Korps. Das VI. Korps, das von Charleroi her unterwegs war, erhielt Befehl, seinen Marsch zu beschleunigen und sich als letzte Reserve vorwärts von Fleurus aufzustellen. Alle Anzeichen sprachen für die Vernichtung der preußischen Armee. Als General Graf Gérard den Kaiser um einige Instruktionen für den Angriff auf das Dorf Ligny bat, sagte dieser zu ihm: »Vielleicht ist in 3 Stunden der Ausgang des ganzen Krieges entschieden. Wenn Ney seine Befehle richtig ausführt, kommt keine Kanone der preußischen Armee davon; ich habe sie im Sack.«

Um 3 Uhr nachmittags griff das III. Korps das Dorf St. Amand an; eine Viertelstunde später stürmte das IV. Korps das Dorf Ligny, und

Marschall Grouchy drängte den linken preußischen Flügel zurück. Alle Stellungen und Häuser rechts von der Schlucht wurden erstürmt und die feindliche Armee auf das Gelände links von der Schlucht beschränkt. Der Rest des III. preußischen Korps traf während der Schlacht beim Dorf Sombreffe ein; hierdurch wurde die feindliche Armee auf 90 000 Mann verstärkt. Die französische Armee zählte 70 000 Mann einschließlich des VI. Korps, das gänzlich in Reserve blieb; ins Gefecht kamen weniger als 60 000 Mann.

Ligny wurde viermal genommen, verloren und wiedergenommen. Graf Gérard bedeckte sich dort mit Ruhm und betätigte ebenso viel Tapferkeit wie Talent. Der Angriff auf das Dorf St. Amand wurde weniger kräftig geführt; es wurde genommen und ging wieder verloren; dann aber legte General Girard, der den Befehl erhalten hatte, mit seiner Division links von der Schlucht vorzugehen, jene Unerschrockenheit an den Tag, die er während seiner militärischen Laufbahn schon so oft bewiesen hatte. Alles, was sich ihm in den Weg stellen wollte, warf er mit dem Bajonett über den Haufen; er eroberte die Hälfte des Dorfes, aber er selbst wurde dabei tödlich verwundet. In der anderen Hälfte des Dorfes behauptete sich das V. Korps.

Es war 5½ Uhr. Der Kaiser ließ die Infanterie seiner Garde mehrere Manöver ausführen, um den Angriff auf Ligny vorzubereiten; da traf von dem General Vandamme die Meldung ein, daß eine Kolonne von 30 000 Mann aller Waffen gegen Fleurus heranmarschiere; man habe sie anfangs für die vom linken Flügel ausgesandte Abteilung gehalten; sie sei aber nicht nur viel stärker, sondern sie marschiere auch auf einer anderen Straße; die Truppen des Generals Girard hätte sie als eine feindliche Kolonne erkannt, infolgedessen den von ihnen besetzten Teil des Dorfes geräumt und im Walde eine Stellung zur Deckung von Fleurus eingenommen. Sein eignes III. Korps sei bereits erschüttert, und, wenn die Reserve nicht herankäme, um die feindliche Kolonne aufzuhalten, würde er genötigt sein, St. Amand zu räumen und den Rückzug anzutreten.

Das Manöver dieser Kolonne erschien unerklärlich. Sie mußte zwischen Ney und Blücher oder auch zwischen Quatrebras und Charleroi durchgebrochen sein. Da jedoch die Meldung wiederholt wurde, ließ der Kaiser seine Garde haltmachen und schickte in aller Eile seinen vertrauten Adjutanten General Dejean ab, um Zahl, Stärke und Absichten dieser Kolonne zu erkunden. Eine Stunde später wußte Napoleon, daß diese vermeintliche englische Kolonne das vom Grafen d'Erlon befehligte I. französische Korps war. Es hatte 11 Kilometer von Quatrebras entfernt in Reserve gestanden und eilte herbei, um den Angriff auf St. Amand zu unterstützen. Die Division Girard hatte ihren Irrtum erkannt und ihre Stellung wieder eingenommen; im III. Korps war die Ordnung wiederhergestellt worden. Die Garde setzte nunmehr unverzüglich ihren Marsch auf Ligny fort. General Pecheux ging über die Schlucht; seine Bewegung wurde vom Grafen Gérard, der ganzen Garde und den Milhaudschen Kürassieren unterstützt. Alle Reserven des Feindes wurden mit dem Bajonett überrannt; das Zentrum der preußischen Linie wurde durchbrochen. Vierzig Geschütze, 8 Fahnen oder Standarten und zahlreiche Gefangene sind die Siegeszeichen dieses Tages. Marschall Grouchy, General Exelmans und General Pajol zeichneten sich durch ihre Tapferkeit aus. Generalleutnant Monthion erhielt während der Nacht den Auftrag, den linken Flügel der Preußen zu verfolgen. Der Feind gibt in seinen amtlichen Berichten seinen Verlust an Toten, Verwundeten und Gefangenen auf 25000 Mann an; dazu kommen noch 20000 Mann, die sich zerstreuten und an den Ufern der Maas bis nach Lüttich marschierten.

Die Garde und das VI. Korps erlitten keine Verluste; dagegen waren die des IV. Korps und der Kavalleriekorps Exelmans und Pajol beträchtlich; weniger stark litt das III. Korps. Die schwersten Verluste hatte die Division Girard. Der Gesamtverlust an Toten und Verwundeten betrug 6950 Mann.

Von den feindlichen Generalen wurden mehrere getötet oder verwundet. Marschall Blücher wurde von französischen Kürassieren niedergeritten und kam unter die Hufe ihrer Pferde, aber die Kürassiere ritten weiter, ohne ihn zu sehen, denn es war bereits Nacht. Es gelang dem Marschall, sich zu retten, wenn auch mit vielen Quetschungen und halb lahm.

Das Mißverhältnis zwischen den Verlusten der preußischen und denen der französischen Armee ist dadurch zu erklären, daß die Reserven der letzteren während der ganzen Dauer der Schlacht außerhalb Kanonenschußweite gehalten wurden und daß das III. und IV. Korps, die in der vordersten Linie standen, durch Falten im Gelände gedeckt waren, während das ganze preußische Heer in dichten Massen wie auf einem Amphitheater von St. Amand und Ligny bis zu den Hügeln von Brye aufgestellt war. Alle französischen Kanonenkugeln, welche die ersten Reihen fehlten, schlugen in die Reserve ein; kein Schuß ging verloren.

General Girard hatte sich im Jahre 1800 beim Übergang über den Ticino ausgezeichnet; im Feldzug 1813 hatte er viel zum Sieg bei Lützen beigetragen; er war einer der tapfersten Soldaten der französischen Armee und besaß in hohem Grade den echten Kriegsgeist.

Der Kaiser gab dem Grafen Gérard, der das IV. Korps befehligte, als Zeichen seiner Zufriedenheit den Marschallsstab; er sah in ihm eine der Hoffnungen Frankreichs.

III.

Der Prinz von Oranien, der sein Hauptquartier in Braine le Comte hatte, erhielt erst in der Morgendämmerung des 16. Juni den Befehl des Herzogs von Wellington, seine Truppen zusammenzuziehen. Er marschierte mit der 2. Brigade der dritten belgischen Division nach Quatrebras, um die vom Prinzen Bernhard von Sachsen-Weimar geführte Brigade zu unterstützen, die schon am 15. nach der vergeblichen Verteidigung von Frasnes eine Stellung zwischen Quatrebras und Genappe bezogen hatte. Der Prinz von Oranien blieb den ganzen Vormittag mit 8000 Mann belgischer und nassauischer Truppen aller Waffengattungen in dieser wichtigen Stellung, er wußte, daß die ganze englisch-holländische Armee ihre Quartiere verlassen hatte und auf den Heerstraßen von Brüssel und Nivelles auf Quatrebras marschierte. Er begriff die große Bedeutung dieser Stellung; denn wenn die Verbündeten sie verloren, konnten alle auf der Straße von Nivelles heranmarschierenden Truppen ihre Vereinigung mit der Hauptmacht nur auf Landwegen und hinter Genappe vollziehen. Hätte Marschall Ney die erhaltenen Befehle ausgeführt, wäre er mit seinen 43 000 Mann am 16. Juni sofort nach Sonnenaufgang auf Quatrebras marschiert, so würde er die Stellung eingenommen und mit seiner zahlreichen Reiterei und leichten Artillerie die ganze Division des Prinzen von Oranien auseinandergesprengt haben. Und was noch wichtiger war: Er konnte die Divisionen der englischen Armee, die auf den Straßen von Brüssel und Nivelles getrennt heranrückten, einzeln auf dem Marsch angreifen. Nachdem der Marschall mittags die neuen Befehle erhalten hatte, die der Kaiser ihm von Fleurus sandte, trat er mit den drei Infanteriedivisionen des II. Korps, einer Division leichter Kavallerie und der einen Kellermannschen Kürassierdivision den Marsch an. Im ganzen hatte er 16 000 Mann Infanterie, 3000 Reiter und 44 Kanonen bei sich (21 bis

22 000 Mann). Vor Gosselies ließ er zur Beobachtung von Fleurus als Reserve das I. Korps stehen. Dieses zählte 16 000 Mann Infanterie, die leichte Gardekavalleriedivision des Generals Lefêbvre-Desnoëttes und die andere Kellermannsche Kürassierdivision, zusammen 4500 Reiter und 64 Geschütze.

Um 2 Uhr schwärmten seine Schützen aus und begannen das Gefecht; aber erst um 3 Uhr, als der Kanonendonner der Schlacht bei Ligny in voller Stärke hörbar wurde, griff der Marschall den Feind ernstlich an. Die Division des Prinzen von Oraniens wurde sofort niedergerannt; sie wurde jedoch durch die Division des Herzogs von Braunschweig und die 5. englische Division unterstützt, die in aller Hast, wenn auch in schlechter Ordnung, herbeieilten. Diese beiden Divisionen waren um 10 Uhr morgens von Brüssel abmarschiert und hatten 35 Kilometer gemacht; sie hatten weder Artillerie noch Kavallerie bei sich. Der Kampf entbrannte aufs neue, und diesmal war der Feind an Zahl überlegen; denn die zweite Linie des Marschalls Ney stand um 13 Kilometer weiter rückwärts; doch waren auf der französischen Seite Artillerie und Kavallerie viel zahlreicher als beim Feinde. Die braunschweigischen Truppen wurden wie die nassauischen zurückgeworfen; sie ließen viele Tote auf dem Schlachtfelde, unter ihnen auch den regierenden Herzog von Braunschweig.

Das 42. schottische Regiment der Division Picton, das Karree gebildet hatte, um einem Kürassierangriff standzuhalten, wurde niedergeritten und zusammengehauen; der Oberst fiel, die Fahne wurde genommen. Die französischen Schützen hatten bereits den Pachthof Quatrebras erreicht, da kamen auf der Straße von Nivelles die erste englische Gardedivision und die dritte Division (Alten) im Laufschritt heran; sie hatten ebenfalls weder Artillerie noch Kavallerie.

Jetzt fühlte Marschall Ney, daß ihm sein zweites Treffen fehlte. Er ließ es herbeiholen; aber es war bereits zu spät – 6 Uhr nachmittags. Unterdessen schlug der Marschall sich mit seiner gewohnten Tapferkeit, und die französischen Truppen bedeckten sich mit Ruhm. Der Feind war zwar an Infanterie doppelt so stark, aber an Artillerie und Kavallerie weit unterlegen, konnte daher keine Fortschritte machen; da er jedoch in seiner Flanke durch einen Wald gedeckt war, behauptete er seine Stellung bis in die Nacht. Marschall Ney schlug sein Hauptquartier in Frasnes auf, 2 Kilometer von Quatrebras; seine Schlachtlinie stand auf doppelte Kanonenschußweite vom feindlichen Heere entfernt. Am Abend traf das I. Korps des Grafen d'Erlon ein, dessen

Ankunft durch die Seitenbewegung auf St. Amand nur um eine halbe Stunde verzögert worden war.

Der Verlust der englisch-holländischen Armee wird in den amtlichen Berichten auf 9000 Mann angegeben. Das französische Heer verlor 3400 Mann. Die Ursache dieses Mißverhältnisses in den Verlusten ist leicht zu erkennen: Die englisch-holländische Armee hatte keine Artillerie und Kavallerie und war deckungslos dem Eisenhagel aus 50 Kanonen ausgesetzt, die von 3 Uhr nachmittags bis 8 Uhr abends ununterbrochen schossen.

IV.

Das französische III. Korps biwakierte auf dem Schlachtfelde vorwärts von St. Amand, das IV. Korps vorwärts von Ligny, Marschall Grouchy bei Sombreffe, die Kaisergarde auf den Hügeln von Brye. Die leichte Kavallerie hatte Vorposten bis an die Namurer Straße vorgeschoben; das VI. Korps stand als Reserve hinter Ligny. Blücher trat in zwei Kolonnen den Rückzug auf Wavre an, die eine über Tilly, die andere über Gembloux, wo um 11 Uhr abends das von General Bülow geführte IV. Korps von Lüttich her eintraf. Die preußischen Flüchtlinge bedeckten die ganze Landschaft und begingen die entsetzlichsten Räubereien; die Stadt Namur und die Gegend zwischen der Sambre und der Maas fielen ihnen zum Opfer. Daß diese Bedrücker Belgiens und des linken Rheinufers eine solche Niederlage erlitten hatten, erfüllte die Bewohner von dreizehn Departements mit Hoffnung und Freude: Sie sahen sich schon wieder mit der großen Familie vereint, der ihre Liebe galt.

Der Herzog von Wellington verbrachte die Nacht in Quatrebras; fortwährend trafen auf den beiden Heerstraßen die englischen Truppen bei ihm ein. Sie waren aufs äußerste erschöpft, denn sie waren die Nacht vom 15. zum 16., den ganzen 16. und die Nacht vom 16. zum 17. Juni unterwegs gewesen.

V.

Im Morgengrauen des 17. Juni brach General Pajol mit einer Division seines leichten Kavalleriekorps und mit der Infanterie-Spitze vom VI. Korps zur Verfolgung der preußischen Armee auf. Er marschierte in der Richtung auf Wavre auf den Straßen von Tilly und Gembloux und erbeutete eine große Menge von Wagen und mehrere Munitionskolonnen. Marschall Ney erhielt Befehl, bei Tagesanbruch gegen Quatrebras zu marschieren und die englische Nachhut scharf anzugreifen. Graf Lobau marschierte mit zwei Infanteriedivisionen von seinem Korps, seiner leichten Kavallerie und den Milhaudschen Kürassieren auf der Namurer Straße gegen Quatrebras, um Neys Angriff dadurch zu unterstützen, daß er der englischen Armee in die Flanke fiel. Marschall Grouchy setzte sich mit dem Exelmansschen Kavalleriekorps und der Infanterie des III. und IV. Korps in Bewegung, um den General Pajol zu unterstützen und Blücher keinen Augenblick der Ruhe zu gönnen, um ihn dadurch an der Vereinigung mit Wellington zu hindern.

Er hatte klaren und deutlichen Befehl, sich stets zwischen der von Charleroi nach Brüssel führenden Landstraße und den Blücherschen Truppen zu halten, um in beständiger Verbindung mit der Hauptarmee zu bleiben und sich jeden Augenblick mit ihr vereinigen zu können. Es war anzunehmen, daß Marschall Blücher sich auf Wavre zurückziehen würde; der erwähnte Befehl schrieb dem Marschall Grouchy vor, gleichzeitig mit den Preußen dort einzutreffen. Wenn der Feind den Marsch auf Brüssel fortsetzte und die Nacht unter dem Schutze des Waldes von Soignies verbrächte, sollte er ihn bis an den Waldrand verfolgen lassen; wenn er sich dagegen auf die Maas zurückzöge, um seine Verbindungen mit Deutschland zu decken, sollte er ihn durch die Vorhut des Marschalls Pajol beobachten lassen, selbst aber mit der Exelmansschen Kavallerie und der Infanterie des III. und IV. Korps Wavre besetzen, um in Verbindung mit dem Hauptquartier zu sein, das sich auf der Straße von Charleroi nach Brüssel unterwegs befände. Die 3. Division des II. Korps, die in der Schlacht bei Ligny stark gelitten hatte, blieb zurück, um das Schlachtfeld zu behüten und die Verwundeten zu pflegen. Die französische Armee marschierte also in 2 Kolonnen auf Brüssel; die eine war 69 000, die andere 34 000 Mann stark.

Der Kaiser besuchte das Schlachtfeld und ließ den Verwundeten Hilfe bringen. Der Verlust der Preußen war ungeheuer. Auf einen französischen Leichnam kamen sechs preußische. Sehr zahlreiche Verwundete, die bis dahin hilflos dagelegen hatten, erhielten jetzt Pflege. Alle kaiserlichen Pagen und mehrere Offiziere blieben zurück, um ihnen Dienste zu leisten. Durch sein tätiges Mitleid zeichnete sich besonders aus der junge Gudin, ein Sohn des tapferen Generals, der in Rußland im Gefecht bei Walutina gefallen war.

Nach Erfüllung dieser heiligen Pflicht ritt Napoleon im Galopp davon, um gleichzeitig mit der Kavallerie des Grafen Lobau in Quatrebras anzukommen. Er traf sie beim Dorfe Marbais; als er aber angesichts des Pachthofes von Quatrebras eintraf, bemerkte er, daß dieser noch von einer englischen Kavallerieabteilung besetzt war. Gleich darauf kam eine französische Husarenschwadron von einer Rekognoszierung zurück; sie wurde von einem englischen Kavallerieregiment hart bedrängt. Die französische Reiterei stellte sich in Schlachtordnung, den rechten Flügel bildete das Milhaudsche Kürassierkorps, den linken die leichte Kavallerie. Die Infanterie stellte sich als zweites Treffen auf, und die Batterien protzten ab. 500 Reiter wurden abgeschickt, um die Verbindung mit Frasnes herzustellen und Nachrichten vom Marschall Ney einzuziehen. Wie kam es, daß dieser noch in seinem Lager war, während er doch seit 6 Uhr morgens auf dem Marsch sein sollte?

Am Waldrande angekommen, begannen die Husaren mit feindlichen Reitern zu scharmützeln, erkannten jedoch bald, daß sie die roten Ulanen der Kaisergarde für Engländer gehalten hatten. Zum Marschall Ney wurden mehrere Offiziere gesandt, um ihn zu drängen, daß er endlich gegen Quatrebras marschieren sollte. Unmittelbar darauf stellte Graf Lobau seine Kolonne wieder her und marschierte weiter.

Eine englische Marketenderin, die man als Gefangene einbrachte, gab Auskunft über die Bewegungen ihrer Armee. Der Herzog von Wellington hatte erst spät in der Nacht die Katastrophe von Ligny erfahren und sofort befohlen, den Rückzug in der Richtung nach Brüssel anzutreten. Er ließ den General Uxbridge mit einem Kavalleriekorps und mehreren Batterien leichter Artillerie als Nachhut zurück. Dieser zog sich sofort zurück, als er das Armeekorps des Grafen Lobau heranrükken sah.

Im Pachthof Quatrebras angekommen, ließ der Kaiser zwölf leichte Geschütze eine Batterie bilden, um zwei englische Batterien zu beschießen. Der Regen fiel in Strömen. Die Truppen des linken Flügels rückten immer noch nicht vorwärts. Der Kaiser wurde endlich ungeduldig und schickte seine Befehle unmittelbar an die Korpsführer. Endlich erschien Graf d'Erlon. Dieser stellte sich an die Spitze seiner Kolonne und machte einen kräftigen Angriff auf die englische Nachhut. General Reille folgte ihm mit dem II. Korps.

Als Marschall Ney erschien, sprach der Kaiser ihm seine Unzufriedenheit aus: durch die Unentschlossenheit und Langsamkeit des Marschalls hätte er drei sehr kostbare Stunden verloren. Der Marschall stammelte einige Entschuldigungen und suchte sich damit auszureden, daß er geglaubt habe, Wellington stehe noch mit seiner ganzen Armee bei Quatrebras. Das Korps des Grafen Lobau folgte dem II. Korps, hinter diesen beiden marschierte die Garde, die Milhaudschen Kürassiere bildeten eine Verbindungskolonne; eine Division der Pajolschen leichten Kavallerie leistete den Aufklärungsdienst unter dem Kommando des Generals Subervie. Der Kaiser begab sich zur Spitze der Armee. Das Wetter war entsetzlich; auf der Straße wateten die Soldaten bis über die Knöchel im Wasser, auf den Äckern sanken sie bis an die Knie ein. Die Kavallerie konnte nur mit Mühe, die Artillerie überhaupt nicht mehr vorwärtskommen. Diese Verhältnisse erschwerten auch der feindlichen Armee den Rückzug, so daß die französische ihr einigen Schaden zufügen konnte. Um 6 Uhr abends demaskierte der Feind plötzlich eine Batterie von 15 Geschützen, nachdem er bis dahin zur Deckung seines Rückzuges nur wenige Kanonen verwandt hatte. Das Wetter war sehr neblig.

Es war unmöglich, die Stärke der feindlichen Nachhut zu beurteilen; offenbar war diese in den letzten Augenblicken verstärkt worden, und da der Wald von Soignies in der Nähe war, so war anzunehmen, daß sie die Absicht hätte, sich während der Nacht in dieser Stellung zu behaupten. Um hierüber Gewißheit zu erlangen, ließ Napoleon die Milhaudschen Kürassiere aufmarschieren, um unter dem Schutze von 4 Batterien leichter Artillerie zum Angriff vorzugehen. In diesem Augenblick demaskierte der Feind 50 bis 60 Geschütze; die ganze Armee war auf dem Schlachtfeld. Um sie angreifen zu können, hätte man noch zwei Stunden Tageslicht nötig gehabt. Die französische Armee bezog eine Stellung vorwärts von Plancenoit; das Hauptquartier richtete sich im Pachthof Caillou ein, etwa 4 Kilometer vom Dorf Mont St. Jean.

Während dieses Rückzuges wurden mehrere englische Kavallerieoffiziere gefangengenommen und vor den Kaiser gebracht. Einige von ihnen waren verwundet; Napoleon ließ sie durch seinen eignen Leibarzt verbinden und befragte sie dann erst nach der Stellung ihrer Armee; General Flahault diente hierbei als Dolmetscher. Unter diesen Offizieren war auch der Kapitän Elphinston. Wenn man auf der Straße von Brüssel nach Quatrebras entlang ging, konnte man leicht erkennen, daß die Engländer ungeheure Verluste gehabt hatten, obwohl sie den größten Teil ihrer Toten schon begraben hatten.

Bei Tagesanbruch stieg General Pajol zu Pferde, verfolgte mit einer Division seines leichten Kavalleriekorps den Feind auf der Namurer Straße und erbeutete 10 Geschütze und mehrere Munitionskolonnen. Im ersten Dorfe erfuhr er, daß Blücher seine Truppen bei Wavre sammelte, daß aber noch viele Preußen in Gembloux wären. Exelmans schickte eine Dragonerbrigade dorthin; sie kam um 8 Uhr morgens an und stellte fest, daß das Bülowsche Korps auf dem linken Ufer des Flüßchens biwakierte. Um 3 Uhr nachmittags kam Marschall Grouchy in Gembloux an und erfuhr dort folgendes: das Bülowsche Korps, 30 000 Mann stark, habe nicht an der Schlacht teilgenommen; es sei erst im Laufe der Nacht von Lüttich angekommen, von wo es um 2 Uhr nachmittags abmarschiert sei; die Armee, die bei Ligny im Gefecht gewesen sei, habe viele Leute verloren; die Städte seien von Verwundeten und Flüchtlingen überfüllt. Marschall Grouchy schickte eine Kavalleriebrigade nach Valham, 7 Kilometer von Gembloux, an der Straße nach Wavre gelegen, und verschob die Verfolgung des Feindes auf den nächsten Tag, obgleich er den Tag über nur 2 Stunden marschiert war und Bülows Nachhut sich noch in der Nähe von Gembloux befand. Der Feind gewann ihm dadurch einen Vorsprung von 24 Stunden ab. Diese verhängnisvolle Unentschlossenheit ist die Hauptursache der Katastrophe vom 18. Juni und hat Frankreichs Untergang verschuldet.

Während des 17. Juni und der Nacht vom 17. zum 18. meldeten die Patrouillen des Generals Domon von der französischen Hauptarmee, daß sie mit den Patrouillen des Marschalls Grouchy Fühlung hielten. Dieser hätte den Marschall Blücher den ganzen Tag über verfolgt, ohne daß es jedoch zu irgendeinem Zusammenstoß von Bedeutung gekommen wäre. Um 9 Uhr abends meldete General Milhaud, der mit seinem Kavalleriekorps abgeritten war, um die Verbindungen mit dem Marschall Grouchy aufrechtzuerhalten: er habe Kenntnis erhalten, daß eine Kolonne feindlicher Kavallerie sich von Tilly in aller Eile auf Wavre zurückgezogen habe. 2000 Reiter wurden nach Hal geschickt, um den Wald von Soignies in der rechten Flanke zu umgehen und auf Brüssel zu marschieren. Der Herzog von Wellington geriet hierüber in Unruhe und sandte seine 4. Infanteriedivision dorthin. Während der Nacht kehrte die französische Reiterei in ihr Lager zurück; die englische Division blieb zur Beobachtung stehen und kam daher am Schlachttage nicht in Betracht.

VI.

Der Kaiser lagerte mit dem I., II. und VI. Infanteriekorps, der Garde, einer Division leichter Kavallerie vom Pajolschen Korps und den beiden Kürassierkorps der Generale Milhaud und Kellermann, im ganzen 62 000 Mann und 232 Geschützen, vorwärts von Plancenoit, zu beiden Seiten der großen Brüsseler Heerstraße, etwa 20 Kilometer von Brüssel entfernt. Ihm gegenüber lag die englisch-holländische Armee in einer Stärke von 90 000 Mann und 255 Geschützen. Ihr Hauptquartier befand sich in Waterloo. Marschall Grouchy mit 34 000 Mann und 108 Geschützen sollte in Wavre sein; in Wirklichkeit stand er noch bei Gembloux und hatte die preußische Armee aus dem Gesicht verloren. Diese befand sich bei Wavre, wo ihre 4 Korps in einer Gesamtstärke von 75 000 Mann vereinigt waren.

Um 10 Uhr abends schickte der Kaiser einen Offizier zum Marschall Grouchy, von dem er annahm, daß er in der Gegend von Wavre stände, und teilte ihm mit, daß am nächsten Tage eine große Schlacht stattfinden werde; die englisch-holländische Armee stehe in Schlachtordnung vor dem Walde von Soignies und habe ihren linken Flügel auf das Dorf La Haye gestützt. Der Kaiser befehle ihm, vor Tagesanbruch aus seinem Lager bei Wavre eine Division von 7000 Mann aller Waffen mit 15 Geschützen nach St. Lambert zu schicken, um sich mit dem rechten Flügel der Hauptarmee zu vereinigen und mit dieser gemeinsam zu operieren. Sobald er die Gewißheit habe, daß Blücher Wavre geräumt habe, um seinen Rückzug auf Brüssel fortzusetzen oder nach irgendeiner anderen Richtung zu marschieren, solle er mit der Mehrzahl seiner Truppen zur Unterstützung der von ihm nach St. Lambert entsandten Abteilung marschieren.

Um 11 Uhr abends, eine Stunde nach Absendung dieser Depesche, empfing Napoleon einen Bericht vom Marschall Grouchy, der um 6 Uhr abends abgefertigt war. Der Marschall meldete, er stehe mit seiner Armee bei Gembloux, Blücher habe sich auf Wavre zurückgezogen, er werde sich bei Tagesanbruch in Marsch setzen, um ihn zu verfolgen.

Also war Blücher ihm entwischt; er hatte ihn aus den Augen verloren! Grouchy war während des ganzen 17. Juni nur 9 Kilometer marschiert. Ein zweiter Offizier wurde um 4 Uhr morgens zu ihm gesandt, um den um 10 Uhr abends ihm erteilten Befehl noch einmal zu wiederholen. Um 5 Uhr erhielt der Kaiser einen neuen Bericht, der um 2 Uhr morgens von Gembloux abgeschickt war. Der Marschall schilderte seine im Laufe des Tages vorgenommenen Operationen in größerer Ausführlichkeit und kündigte an, daß er eine Stunde vor Tagesanbruch sein Lager verlassen werde, um noch am frühen Morgen in Wavre anzukommen.

*

Zehntes Kapitel.

Die Schlacht bei Mont St. Jean,

auch Waterloo oder Belle-Alliance genannt.

I. Schlachtlinie der englisch-holländischen Armee. – II. Schlachtlinie der französischen Armee. – III. Pläne des Kaisers; Angriff auf den Park von Goumont. – IV. General Bülow trifft mit 30000 Mann auf dem Schlachtfelde ein und verstärkt dadurch die Armee des Herzogs von Wellington auf 120000 Mann. – V. Angriff des I. Korps auf La Haye Sainte. – VI. General Bülow wird zurückgeworfen. – VII. Angriff der Kavallerie auf die Hochebene. – VIII. Manöver des Marschalls Grouchy. – IX. Manöver des Marschalls Blücher, wodurch die Zahl der auf dem Schlachtfelde versammelten Feinde auf 150000 Mann gebracht wird. – X. Manöver der Kaisergarde.

I.

Während der Nacht erteilte der Kaiser alle notwendigen Befehle für den nächsten Tag, obwohl alle Anzeichen dafür sprachen, daß die Schlacht noch nicht stattfinden würde. In den vier Tagen seit Eröffnung der Feindseligkeiten hatte er durch die geschicktesten Manöver seine Feinde überrascht, einen glänzenden Sieg erfochten und die beiden Heere voneinander getrennt. Dies war viel für seinen Ruhm, aber noch nicht genug für die Lage, worin er sich befand. Die dreistündige Verspätung im Marsch des linken Flügels hatte ihn verhindert, seinen ursprünglichen Plan auszuführen und die englisch-holländische Armee am Nachmittag des 17. Juni anzugreifen. Dies würde seinen Feldzug mit vollem Erfolge gekrönt haben. Jetzt war es wahrscheinlich, daß der Herzog von Wellington und der Marschall Blücher die Nacht benutzen würden, um durch den Wald von Soignies zu marschieren und sich vor Brüssel zu vereinigen. Nach dieser Vereinigung, die sich vor 9 Uhr morgens vollziehen würde, mußte die französische Armee in eine sehr heikle Lage geraten. Die beiden feindlichen Heere würden alle Verstärkungen an sich ziehen, die zur Zeit in ihrem Rücken ständen. 6000 Mann englischer Truppen, die in Amerika gefochten hatten, waren vor wenigen Tagen in Ostende gelandet. Unmöglich konnte die französische Armee es wagen, durch den Wald von Soignies zu marschieren, um am anderen Rande desselben den Kampf mit der doppelten Truppenzahl aufzunehmen, die sich in einer starken Stellung befand. Andererseits mußten binnen wenigen Wochen die russische, die österreichische und die bayrische Armee und andere Truppen über den Rhein gehen und an die Marne marschieren. Das V. Korps, das zur Beobachtung im Elsaß stand, war nur 20 000 Mann stark.

Von diesen wichtigen Gedanken stark in Anspruch genommen, ging Napoleon, nur von seinem Großmarschall begleitet, um 1 Uhr morgens zu Fuß aus. Sein Plan war, der englischen Armee auf ihrem Rückzug zu folgen und den Versuch zu machen, trotz der Dunkelheit der Nacht sie anzugreifen, sobald sie den Marsch angetreten hätte. Der Kaiser schritt die Feldwachen ab. Der Wald von Soignies schien in Flammen zu stehen; der Horizont zwischen diesem Walde, Braine l'Alleud, den Pachthöfen Belle-Alliance und La Haye, leuchtete im Schein der Wachtfeuer; ringsum herrschte das tiefste Schweigen. Die englisch-holländische Armee lag infolge der ungeheuren Anstrengungen der letzten Tage in tiefem Schlafe. Bei dem Walde in der Nähe des Schlosses Goumont hörte der Kaiser die Schritte einer marschierenden Kolonne; es war 2½ Uhr; um diese Stunde mußte die englische Nachhut beginnen, ihre Stellungen zu räumen, wenn das Heer sich zurückzog. Diese Täuschung dauerte jedoch nur kurze Zeit. Das Geräusch hörte auf, der Regen fiel in Strömen. Mehrere Offiziere, die zur Rekognoszierung ausgesandt waren, und einige Spione kamen um ½4 Uhr zurück und bestätigten, daß die Engländer sich nicht rührten. Um 4 Uhr brachten Patrouillen zum Kaiser einen Bauern, der einer englischen Kavalleriebrigade als Führer gedient hatte, als sie auf dem äußersten linken Flügel die ihr angewiesene Stellung beim Dorfe Ohain bezog. Zwei belgische Deserteure berichteten dem Kaiser, ihre Armee bereite sich zur Schlacht vor; eine Rückwärtsbewegung habe nicht stattgefunden; Belgien wünsche aufs innigste den Sieg des Kaisers; die Engländer seien ebenso verhaßt wie die Preußen.

Der englische General konnte nicht ärger gegen die Interessen seiner Partei und seiner Nation, gegen die allgemeine Lage in diesem Kriege und überhaupt gegen die einfachsten Regeln der Kriegskunst handeln, als wenn er in der von ihm eingenommenen Stellung blieb: hinter ihm lag der unwegsame Wald von Soignies; wenn er geschlagen wurde, war ihm jede Rückzugsmöglichkeit abgeschnitten. Die französischen Truppen biwakierten im tiefsten Kot. Die Offiziere hielten es für unmöglich, an diesem Tage eine Schlacht zu liefern. Das Erdreich war so aufgeweicht, daß Artillerie und Kavallerie nicht manövrieren konnten. Nach der Meinung der Offiziere waren 12 Stunden schönen Wetters erforderlich, um das Erdreich zu trocknen.

Der Tag begann zu grauen, als der Kaiser in sein Hauptquartier zurückkam. Er war sehr zufrieden, daß der feindliche General einen so großen Fehler beging. Es beunruhigte ihn nur, daß das schlechte Wetter ihn verhindern könnte, aus diesem Fehler Nutzen zu ziehen. Aber schon klärte die Luft sich auf; um 5 Uhr bemerkte der Kaiser einige schwache Strahlen der Sonne, die vor ihrem Untergang die Vernichtung der englischen Armee beleuchten sollte; die englische Oligarchie mußte an diesem Tage gestürzt werden, Frankreich ruhmvoller, mächtiger und stärker denn je wieder auferstehen!

Die englisch-holländische Armee stand in Schlachtordnung an der Straße, die von Charleroi nach Brüssel führt, vor dem Walde von Soignies, auf der Höhe einer sanft ansteigenden Fläche. Der rechte Flügel, aus der 1. und 2. englischen und der braunschweigischen Division bestehend, und von den Generalen Cook und Clinton befehligt, stützte sich auf eine Schlucht jenseits der Straße von Nivelles; vor ihrer Front hielt sie durch eine Abteilung das Schloß Goumont besetzt. Das Zentrum, bestehend aus der 3. englischen und der 1. und 2. belgischen Division, unter den Generalen Alten, Collaert und Chassé, stand vor Mont St. Jean, stützte sich mit dem linken Flügel auf die Straße von Charleroi und hielt mit einer ihrer Brigaden den Pachthof La Haye Sainte besetzt. Der linke Flügel, bestehend aus der 5. und 6. englischen und der 3. belgischen Division, unter den Generalen Picton, Lambert und Perponcher, stützte sich rechts auf die Straße von Charleroi, links auf das Dorf La Haye, das durch eine starke Abteilung besetzt war. Die Reserve stand bei Mont St. Jean auf dem Gelände zwischen den beiden Straßen, die von Charleroi und Nivelles nach Brüssel führen. Die Reiterei stand in drei Linien auf der Höhe von Mont St. Jean hinter der ganzen englischen Schlachtlinie, deren Ausdehnung 4½ Kilometer betrug. In seiner Front war der Feind durch ein natürliches Hindernis gedeckt, das Plateau bildete in seiner Mitte eine leichte Einsenkung, und der Abhang endigte mit einer tieferen Schlucht.

Die 4. englische Division unter General Colville hielt durch kleine Abteilungen alle Straßenkreuzungen und Abzweigungen auf dem rechten Flügel von Hal bis Braine l'Alleud besetzt. Dieselbe Aufgabe erfüllte auf dem linken Flügel vom Dorf Ohain an eine englische Kavalleriebrigade. Die Zahl der vom Feinde gezeigten Truppen wurde verschieden geschätzt, doch waren die geübtesten Offiziere der Meinung, daß sie mit Einschluß der Plänkler etwa 90000 Mann stark wären; diese Schätzung stimmte mit den dem Kaiser zugegangenen allgemeinen Auskünften überein. Die französische Armee zählte nur 62000 Mann. Gleichwohl erschien der Sieg als sicher; denn diese 62000 Mann waren gute Truppen, und in der feindlichen Armee konnten nur die Engländer, höchstens 40000 Mann, als solche angesehen werden.

Um 8 Uhr brachte man dem Kaiser das Frühstück, an welchem mehrere Generale teilnahmen. Napoleon sagte: »Die feindliche Armee ist der unsrigen etwa um ein Viertel überlegen; trotzdem haben wir mindestens 90 Chancen für und keine 10 gegen uns.« – »Ohne Zweifel«, bemerkte Marschall Ney, der in diesem Augenblicke eintraf, »wenn der Herzog von Wellington so einfältig wäre, auf Eure Majestät zu warten; aber ich bringe die Meldung, daß Wellingtons Kolonnen bereits im vollen Rückzug sind; sie verschwinden im Walde.« – »Sie haben sich versehen«, antwortete ihm der Kaiser; »dazu hat er keine Zeit mehr: er würde dem sicheren Untergang entgegengehen, die Würfel sind gefallen, und sie sind für uns.« In diesem Augenblick meldeten mehrere Artillerieoffiziere, die die Ebene untersucht hatten, die Artillerie könne manövrieren, wenngleich mit einigen Schwierigkeiten, die jedoch binnen einer Stunde sich erheblich vermindert haben würden. Sofort stieg der Kaiser zu Pferde, ritt zu den Vorposten gegenüber dem Pachthof La Haye Sainte, rekognoszierte noch einmal die feindliche Linie und beauftragte den Ingenieurgeneral Haxo, dem er volles Vertrauen schenkte, noch näher an den Feind heranzureiten, um sich zu überzeugen, ob irgend welche Schanzen oder Schützengräben vorhanden seien. Der General meldete gleich darauf, daß er keine Spur von Feldbefestigungen bemerkt habe. Der Kaiser überlegte eine Viertelstunde und diktierte seine Anordnungen für die Schlacht, die zwei Generale, auf der Erde sitzend, niederschrieben. Adjutanten brachten sie zu den verschiedenen Armeekorps, die voll von Ungeduld und Kampfesmut unter Waffen standen. Die Armee setzte sich in 11 Kolonnen in Marsch.

II.

Von diesen 11 Kolonnen sollten 4 die erste Linie, 4 die zweite, 3 die dritte Linie bilden. Von der ersten Linie bildete die Kavallerie des II. Korps auf dem linken Flügel die erste Kolonne; die zweite Kolonne bestand aus zwei Infanteriedivisionen des II. Korps; die dritte Kolonne aus den vier Infanteriedivisionen des I. Korps; die vierte aus der leichten Kavallerie des I. Korps. In der zweiten Linie bildete auf dem linken Flügel das Kellermannsche Kürassierkorps die erste Kolonne; die zweite bestand aus den beiden Infanteriedivisionen des VI. Korps; die dritte aus zwei Divisionen leichter Kavallerie; von diesen gehörte die eine zum VI. Korps und wurde vom Divisionsgeneral Domon befehligt, die andere war vom Pajolschen Korps abgezweigt und wurde vom Divisionsgeneral Subervie geführt; die vierte Kolonne bestand aus dem Milhaudschen Kürassierkorps. Von den drei Kolonnen der dritten Linie stand die erste auf dem linken Flügel, aus einer Division von Grenadieren zu Pferde und Gardedragonern bestehend unter dem General Guyot; die zweite aus den drei Divisionen der Alten, Mittleren und Jungen Garde unter den Generalleutnants Friand, Morand und Duhesme; die dritte aus den Jägern zu Pferde und Ulanen der Garde unter Generalleutnant Lefêbvre-Desnoëttes. Die Artillerie marschierte auf den Flanken der Kolonnen, die Gepäck- und Lazarettwagen bildeten den Schluß.

Um 9 Uhr kamen die Spitzen der vier Kolonnen der ersten Schlachtreihe an den Stellen an, wo sie aufmarschieren mußten. Gleichzeitig bemerkte man in größerer oder geringerer Entfernung die anderen sieben Kolonnen, die von den Höhen herabstiegen. Trommeln und Trompeten riefen zum Kampf, die Regimentsmusiken spielten Märsche, die in den Soldaten die Erinnerung an hundert Siege weckten. Die Erde schien stolz zu sein, so viele Helden zu tragen. Das Schauspiel war prachtvoll; es mußte auf den Feind, der von seiner Stellung aus jeden einzelnen Mann sehen konnte, den tiefsten Eindruck machen; die Armee mußte doppelt so stark erscheinen, als sie in Wirklichkeit war.

Die elf Kolonnen marschierten mit solcher Pünktlichkeit auf, daß nicht die geringste Verwirrung entstand. Jeder Mann stand auf dem Platz, den ihm der Feldherr in seinen Gedanken zugewiesen hatte. Niemals vorher hatten so große Massen sich mit solcher Leichtigkeit bewegt. Die leichte Kavallerie des II. Korps, die die erste Kolonne der ersten Schlachtreihe bildete, marschierte in drei Treffen auf und stand zu beiden Seiten der Landstraße Nivelles – Brüssel ungefähr in der Höhe der ersten Bäume des Parkes vom Schloß Goumont; sie klärte von ihrem linken Flügel aus die ganze Ebene auf und hatte Feldwachen auf Braine l'Alleud vorgeschoben; ihre reitende Batterie stand auf der Straße von Nivelles. Das II. Korps unter General Reille stand auf dem Gelände zwischen den Straßen von Nivelles und Charleroi und hielt eine Strecke von 1600 bis 1800 Metern besetzt. Die Division des Prinzen Jérôme bildete den linken Flügel und stand an der Landstraße von Nivelles und dem Park von Goumont. General Foy bildete das Zentrum, General Bachelu den rechten Flügel, der auf der Landstraße von Charleroi bis in die Nähe des Pachthofes Belle-Alliance marschierte. Jede Infanteriedivision stand in zwei Staffeln, die voneinander etwa 50 Meter entfernt waren, die Artillerie vor der Front, die Fuhrwerke in ihrem Rücken. Die dritte Kolonne, die aus dem I. Korps gebildet war und vom Generalleutnant Grafen d'Erlon befehligt wurde, stützte ihren linken Flügel auf den Pachthof Belle-Alliance, rechts von der Straße nach Charleroi; ihr rechter Flügel stand gegenüber dem Pachthof La Haye mit der Front gegen den linken feindlichen Flügel. Jede Infanteriedivision stand in 2 Staffeln, die Artillerie in den Zwischenräumen zwischen den Brigaden. Die leichte Kavallerie, die die vierte Kolonne bildete, marschierte auf dem rechten Flügel in drei Treffen auf; sie beobachtete La Haye und Frischermont und schob Posten auf Ohain vor, um mit den feindlichen Patrouillen in Fühlung zu bleiben; ihre leichte Artillerie stand auf dem rechten Flügel.

Kaum hatte die erste Schlachtlinie sich gebildet, da erschienen die Spitzen der vier Kolonnen der zweiten Linie an den Punkten, wo sie aufmarschieren sollten. Die Kellermannschen Kürassiere standen in zwei Linien, die 50 Meter voneinander entfernt waren, sie stützten ihre Linke auf die Landstraße von Nivelles, 200 Meter vom zweiten Treffen des II. Korps entfernt, ihre Rechte auf die Straße von Charleroi. Die Ausdehnung betrug 2 Kilometer. Die eine von ihren Batterien bezog eine Stellung auf dem linken Flügel an der Straße von Nivelles, die andere Batterie stand auf dem rechten Flügel an der Straße von Charleroi. Die zweite Kolonne, vom Generalleutnant Grafen Lobau befehligt, stellte sich hundert Meter hinter der zweiten Linie des II. Korps auf; sie blieb in Divisionskolonnen, die eine Tiefe von 200 Metern hatten, links von der Landstraße nach Charleroi stehen. Zwischen den beiden Divisionskolonnen war ein Raum von 200 Metern; die Artillerie stand auf ihrer linken Flanke. Die dritte Kolonne, bestehend aus der leichten Kavallerie der Generale Domon und Subervie, stand dicht geschlossen an der Straße von Charleroi, ihrer Infanterie gegenüber, von der sie nur durch diese Straße getrennt war; ihre leichte Artillerie befand sich auf ihrer rechten Flanke. Die vierte Kolonne, das Milhaudsche Kürassierkorps, marschierte in zwei Treffen auf, die mit einem Abstand von fünfzig Metern untereinander etwa 200 Meter hinter der zweiten Linie des I. Korps standen. Ihr linker Flügel lehnte sich an die Straße von Charleroi, der rechte erstreckte sich in der Richtung auf Frischermont. Die Ausdehnung ihrer Stellung betrug ungefähr 1600 Meter; die Batterien befanden sich teils auf dem linken Flügel, an der Straße nach Charleroi, teils vor dem Zentrum.

Bevor diese zweite Linie sich noch gebildet hatte, erschienen die Spitzen der drei Kolonnen der Reserve an den ihnen angewiesenen Punkten. Die schwere Reiterei der Garde stellte sich, 200 Meter hinter Kellermann, in zwei Linien mit einem Abstand von 50 Metern in Schlachtordnung auf; ihr linker Flügel stand an der Straße von Nivelles, der rechte an der Straße von Charleroi, die Artillerie im Zentrum. Die mittlere Kolonne, aus der Gardeinfanterie gebildet, marschierte in sechs Staffeln zu je sechs Bataillonen, mit Zwischenräumen von je 20 Metern auf. Sie stand zu beiden Seiten der Straße von Charleroi, ungefähr beim Pachthof Rossomme. Die Batterien, die zu den verschiedenen Regimentern gehörten, stellten sich auf dem linken und rechten Flügel auf; die Reservebatterien zu Fuß und zu Pferde standen hinter der Linie. Die dritte Kolonne (Jäger zu Pferde und Gardeulanen) bildete zwei Treffen mit 50 Metern Abstand, 200 Meter hinter dem General Milhaud; der linke Flügel stand an der Straße von Charleroi, der rechte nach Frischermont zu, die leichte Artillerie befand sich beim Zentrum. Es erscheint unglaublich – aber um ½11 Uhr vormittags war das ganze Manöver vollzogen; alle Truppen befanden sich in ihren Stellungen, das tiefste Schweigen herrschte auf dem Schlachtfelde.

Die Armee stand in sechs Linien, deren jede die Gestalt eines lateinischen V hatte. Die beiden ersten, die aus Infanterie bestanden, hatten ihre leichte Kavallerie auf den Flügeln; die dritte und vierte bestand aus Kürassieren, die fünfte und sechste aus Gardekavallerie. Sechs Linien Gardeinfanterie standen senkrecht zu den Spitzen dieser sechs V. Das VI. Korps stand in geschlossener Kolonne senkrecht zu den Linien, die die Garde bildete; seine Infanterie stand links, seine Kavallerie rechts von der Straße. Die Landstraßen von Charleroi und Nivelles waren freigelassen worden, damit die Reserveartillerie mit größter Schnelligkeit jeden Punkt der Schlachtlinie erreichen könnte.

Der Kaiser ritt durch die Reihen. Die Begeisterung, die alle Soldaten beseelte, läßt sich nicht schildern: Die Infanteristen schwenkten ihre Tschakos auf den Bajonetten; Kürassiere, Dragoner und leichte Reiter steckten ihre Helme oder Tschakos auf die Säbel. Der Sieg schien gewiß zu sein; die alten Soldaten, die in so vielen Schlachten gefochten hatten, bewunderten die ganz neue Schlachtordnung; sie suchten die Absichten ihres Generals zu erraten und disputierten über die Art, wie der Angriff ins Werk gesetzt werden würde. Unterdessen erteilte der Kaiser seine letzten Befehle, ritt dann zu seiner Garde, die auf den Höhen von Rossomme stand, und stieg ab; von dort aus übersah er beide Armeen; die Aussicht erstreckte sich nach rechts und links noch weit über das Schlachtfeld hinaus.

Eine Schlacht ist eine dramatische Handlung mit Anfang, Mitte und Schluß. Die Schlachtordnung, die die beiden Heere einnehmen, und die ersten Bewegungen, bevor sie handgemein werden, entsprechen der Exposition eines Dramas; die Gegenbewegungen der angegriffenen Armee schürzen den Knoten; es werden neue Anordnungen nötig, die zur Krisis führen und durch diese zur Lösung des Knotens. Sobald das Zentrum der französischen Armee sich demaskierte und den Angriff eröffnete, mußte der feindliche General Gegenmanöver machen, und zwar entweder durch seine Flügel oder hinter seiner Schlachtlinie, um eine Ablenkung zu erwirken oder dem angegriffenen Teil Hilfe zu bringen. Kein solches Manöver konnte dem geübten Auge Napoleons entgehen, da er sich im Mittelpunkte aller Vorgänge befand. Er hielt alle Reserven in der Hand, um sie nach Belieben dorthin zu richten, wo der Drang der Umstände ihre Anwesenheit nötig machte.

III.

Zehn Divisionen Artillerie, unter denen sich drei Divisionen Zwölfpfünder befanden, vereinigten sich zu einer Batterie, deren linker Flügel auf den niedrigen Hügeln jenseits von Belle-Alliance sich auf die Landstraße von Charleroi stützte und vor dem linken Flügel des I. Korps stand. Diese Batterie hatte die Aufgabe, den Angriff auf La Haye Sainte zu verstärken. Diesen Angriff sollten zwei Divisionen vom I.

Korps und die beiden Divisionen vom VI. Korps durchführen, während gleichzeitig die beiden anderen Divisionen des I. Korps sich gegen das Dorf La Haye wenden sollten. Auf diese Weise mußte der ganze linke Flügel des Feindes umgangen werden. Die leichte Kavalleriedivision des VI. Korps sollte in geschlossener Kolonne, in den Flanken durch die leichte Kavallerie des I. Korps gedeckt, an diesem Angriff teilnehmen, der von dem zweiten und dritten Treffen der Kavallerie und von der ganzen Kavallerie zu Fuß und zu Pferde unterstützt werden sollte. Sobald die französische Armee La Haye und Mont St. Jean im Besitz hatte, schnitt sie dem ganzen rechten Flügel der Engländer, auf dem sich deren beste Kräfte befanden, die Straße nach Brüssel ab. Daß der Kaiser den linken Flügel der Engländer und nicht den rechten umgehen wollte, geschah aus drei Gründen. Erstens: Er konnte sie auf diese Weise von den Preußen, die in Wavre standen, abschneiden und die Vereinigung mit ihnen verhindern, wenn sie eine solche geplant haben sollten. Selbst wenn eine solche nicht beabsichtigt gewesen wäre, würde infolge eines Angriffs auf den rechten Flügel die zurückgeworfene englische Armee sich auf die Preußen zurückgezogen haben; wenn aber der Angriff gegen den linken Flügel gerichtet wurde, waren die Engländer von den Preußen getrennt und wurden in der Richtung auf die See abgedrängt. Zweitens: Der linke Flügel war dem Anschein nach viel schwächer als der rechte. Drittens: Der Kaiser erwartete jeden Augenblick das Eintreffen einer Abteilung des Marschalls Grouchy auf seinem rechten Flügel, und er wollte nicht das Wagnis eingehen, von dieser Abteilung durch feindliche Truppen getrennt zu werden.

Während alle diese Vorbereitungen für den entscheidenden Angriff getroffen wurden, eröffnete die Division des Prinzen Jérôme ein bald sehr lebhaft werdendes Gewehrfeuer beim Walde von Goumont. Da der Feind ungefähr vierzig Geschütze demaskiert hatte, ließ General Reille die Artillerie seiner 2. Division vorrücken, und der Kaiser sandte dem General Kellermann Befehl, seine zwölf leichten Geschütze vorauszuschicken. Bald wurde die Kanonade sehr heftig. Prinz Jérôme nahm mehrere Male den Park von Goumont und wurde ebensooft wieder herausgeworfen. Das Gehölz wurde durch die englische Gardedivision verteidigt, die besten Truppen des Feindes, die Napoleon mit Vergnügen auf dem rechten Flügel sah, weil dadurch der große Angriff auf den linken Flügel um so leichter wurde. Prinz Jérôme wurde von der Division Foy unterstützt. Auf beiden Seiten wurden Wunder an

Tapferkeit verrichtet; die englische Garde bedeckte mit ihren Leichen den Wald und die Parkwege des Schlosses, aber sie verkaufte ihr Blut teuer. Nach verschiedenen Wechselfällen, über die mehrere Stunden vergingen, blieb der ganze Wald in den Händen der Franzosen; im Schloß aber hatten sich mehrere hundert tapfere Engländer zur Verteidigung eingerichtet und leisteten einen unbezwinglichen Widerstand. Der Kaiser befahl, eine Batterie von acht Haubitzen auffahren zu lassen, diese schossen die Scheunen und das Dach des Herrenhauses in Brand, und die Franzosen gewannen die Stellung.

Dem Marschall Ney wurde die Ehre zuteil, den großen Angriff des Zentrums zu befehligen; einen mutigeren und mit solchen Aufträgen vertrauteren Mann hätte der Kaiser nicht finden können. Ney schickte einen seiner Adjutanten ab, um zu melden, daß alles bereit sei und daß er nur noch auf das Zeichen zum Angriff warte. Bevor der Kaiser dieses gab, beschloß er, noch einen letzten Blick über das ganze Schlachtfeld zu werfen. Dabei bemerkte er in der Richtung auf St. Lambert eine Wolke, die er für Truppen hielt. Er fragte seinen Generalstabschef: »Marschall, was sehen Sie da nach St. Lambert zu?« – »Ich glaube fünf- bis sechstausend Mann zu erblicken, wahrscheinlich ist es eine Abteilung vom Korps Grouchy.« Alle Fernrohre des Generalstabs wurden auf diesen Punkt gerichtet. Das Wetter war ziemlich neblig.

Einige behaupteten, wie es bei solchen Gelegenheiten stets geschieht, es seien gar keine Truppen da, sondern nur Bäume; andere sagten, es seien Kolonnen, die sich in einer Stellung befänden; wiederum andere meinten, es seien marschierende Kolonnen. In dieser Ungewißheit ließ Napoleon, ohne sich noch länger mit Mutmaßungen zu plagen, den Generalleutnant Domon rufen und befahl ihm, mit seiner Division leichter Kavallerie und der Division des Generals Subervie das ganze Gelände auf dem rechten Flügel aufzuklären, so schnell wie möglich mit den bei St. Lambert sich zeigenden Truppen Fühlung herzustellen, sich mit ihnen zu vereinigen, wenn sie zum Marschall Grouchy gehörten, und ihnen die Spitze zu bieten, wenn es Feinde wären. Diese 3000 Reiter brauchten nur zu vieren rechts abzuschwenken, um außerhalb der Linien der Armee zu sein. Sie durchritten schnell und ohne jede Unordnung eine Entfernung von 5½ Kilometern und stellten sich dann senkrecht zum rechten Flügel der Armee in Schlachtordnung auf.

IV.

Eine Viertelstunde später brachte ein Jägeroffizier einen preußischen Schwarzen Husaren, der von einer Abteilung reitender Jäger, die in Stärke von 300 Mann zwischen Wavre und Plancenoit streifte, gefangengenommen war. Dieser Husar hatte einen Brief bei sich; er war sehr intelligent und gab alle Auskünfte, die man wünschen konnte. Die Kolonne, die man bei St. Lambert bemerkte, war die Vorhut des preußischen Generals Bülow, der mit 30 000 Mann heranmarschierte; es war das preußische IV. Korps, das bei Ligny nicht zugegen gewesen war. In dem Brief wurde tatsächlich das Eintreffen dieses Korps gemeldet; der General bat den Herzog von Wellington um weitere Befehle.

Der Husar erzählte, er sei frühmorgens in Wavre gewesen; die drei anderen preußischen Armeekorps hätten dort die Nacht vom 17. zum 18. biwakiert; sie hätten keinen Franzosen vor sich; er vermute, die Franzosen wären auf Plancenoit marschiert; eine Patrouille von seinem Regiment sei während der Nacht bis auf 10 Kilometer an Wavre herangeritten, ohne auf irgendein französisches Korps zu stoßen. Der Herzog von Dalmatien schickte sofort den aufgefangenen Brief mit den Aussagen des Husaren dem Marschall Grouchy und befahl diesem abermals, sofort auf St. Lambert zu marschieren und dem Bülowschen Korps in den Rücken zu fallen. Es war 11 Uhr; der Offizier hatte, auf guten Wegen, höchstens 18 bis 22 Kilometer zu machen, um zu Grouchy zu gelangen; er versprach, um 1 Uhr dort zu sein. Durch die letzte Nachricht, die vom Marschall eingegangen war, wußte man, daß er bei Tagesanbruch auf Wavre marschieren wollte; gleichviel, ob er die vom kaiserlichen Hauptquartier im Laufe der Nacht an ihn abgefertigten Befehle erhalten hatte oder nicht, so mußte er um diese Stunde unzweifelhaft bei Wavre im Gefecht sein. Mit dem Fernrohr war jedoch in jener Richtung nichts zu bemerken, man hörte auch keinen Kanonendonner. Bald darauf meldete General Domon, daß einige gut berittene Patrouillen in der Richtung von St. Lambert auf feindliche Patrouillen gestoßen seien; man könne ganz sicher annehmen, daß die bemerkten Truppen feindliche seien; er habe nach mehreren Richtungen gut berittene Patrouillen ausgeschickt, um die Verbindung mit Grouchy herzustellen und dem Marschall Nachrichten und Befehle zu überbringen.

Der Kaiser ließ unverzüglich dem Grafen Lobau den Befehl überbringen, die Straße von Charleroi zu überschreiten und sich zur Unterstützung der leichten Reiterei nach St. Lambert zu begeben, unterwegs eine gute Stellung auszuwählen, wo er im Notfall mit 10000 Mann 30000 aufhalten könnte, und endlich den General Bülow nachdrücklich anzugreifen, sobald er die ersten Kanonenschüsse der von Grouchy in den Rücken der Preußen entsandten Truppen hören würde.

Diese Anordnungen wurden auf der Stelle ausgeführt. Es war von der höchsten Wichtigkeit, daß Graf Lobau sein Manöver ohne Zögern vollzog. Marschall Grouchy mußte von Wavre 6000 bis 7000 Mann nach St. Lambert geschickt haben; diese schwebten in Gefahr, da das Bülowsche Korps 30000 Mann stark war; ebenso war aber das Bülowsche Korps gefährdet und sogar verloren, wenn es im gleichen Augenblick im Rücken von 6000 bis 7000 Mann und in der Front von einem Mann, wie dem Grafen Lobau, angegriffen wurde. 17 bis 18000 Franzosen, in solcher Aufstellung und von einem solchen General befehligt, waren 30000 Preußen weit überlegen. Diese Ereignisse änderten jedoch den ersten Plan des Kaisers. Er sah sich auf dem Schlachtfelde um 10000 Mann geschwächt, die er gegen Bülow hatte schicken müssen, und hatte nur noch 52000 Mann gegen 90000. Die feindliche Armee, gegen die er zu kämpfen hatte, war um 30000 Mann vermehrt worden, die bereits auf dem Schlachtfelde erschienen waren; sie zählte 120000 Mann gegen 62000, also zwei gegen einen.

»Wir hatten heute morgen neunzig Chancen gegen zehn«, sagte Napoleon zum Herzog von Dalmatien; »durch die Ankunft Bülows haben wir dreißig verloren; aber wir haben noch sechzig gegen vierzig; und wenn Grouchy den entsetzlichen Fehler wiedergutmacht, den er gestern beging, indem er bei Gembloux herumspazierte, wenn er also seine Mitteilung sehr schnell schickt, dann wird der Sieg noch entscheidender sein, denn das Bülowsche Korps wird gänzlich verloren sein.«

Um den Marschall Grouchy machte Napoleon sich keine Unruhe; wenn er seine Abteilung nach St. Lambert geschickt hatte, blieben ihm noch 27 bis 28000 Mann. Die drei Korps des Marschalls Blücher, die bei Ligny 90000 Mann gezählt hatten, waren in Wavre auf 40000 zusammengeschmolzen; denn sie hatten nicht nur 30000 in der Schlacht verloren, sondern weitere 20000 hatten sich in kleinere Abteilungen aufgelöst und plünderten an den Ufern der Maas. Dazu kam noch, daß der Marschall mehrere Abteilungen hatte aussenden müssen, um diese Versprengten und den von Namur und Lüttich her unterwegs befindlichen Troß zu decken. 40 oder 45000 geschlagene und entmutigte

Preußen konnten es nicht mit 28000 siegreichen Franzosen in guten Stellungen aufnehmen.

V.

Es war Mittag. Kleingewehrfeuer hatte sich auf der ganzen Linie entsponnen, aber ein wirkliches Gefecht fand nur auf dem linken Flügel im Walde beim Schloß Goumont statt. Dem äußersten rechten Flügel gegenüber standen die Truppen des Generals Bülow noch unbeweglich; sie schienen noch in der Aufstellung begriffen zu sein und ihre Artillerie abzuwarten, die noch nicht aus den Hohlwegen heraus war. Der Kaiser sandte dem Marschall Ney Befehl, mit seinen Batterien das Feuer zu eröffnen, den Pachthof La Haye Sainte zu erstürmen und mit einer Infanteriedivision zu besetzen, ferner das Dorf La Haye zu erstürmen und den Feind zu verjagen, um jede Verbindung zwischen der englisch-holländischen Armee und dem Bülowschen Korps abzuschneiden. Bald spieen 80 Feuerschlünde Tod und Verderben auf den ganzen linken Flügel der Engländer; eine von ihren Divisionen wurde durch Vollkugeln und Kartätschen gänzlich vernichtet. Während dieses Angriffs beobachtete der Kaiser mit gespannter Aufmerksamkeit die Anordnungen, die der feindliche General traf. Auf dem linken englischen Flügel rührte sich nichts, aber Napoleon bemerkte, daß gegen seinen linken Flügel eine Kavallerieattacke vorbereitet wurde; er ritt im Galopp dorthin. Der Angriff hatte bereits stattgefunden, hatte eine Infanteriekolonne zurückgeworfen, die in der Ebene vorrückte, ihr zwei Adler abgenommen und sieben Geschütze unbrauchbar gemacht. Napoleon befahl einer Brigade der Milhaudschen Kürassiere, von der zweiten Schlachtlinie, diese Kavallerie anzugreifen. Die Kürassiere stürmten vorwärts mit dem Rufe: »Hoch der Kaiser!« Die englische Kavallerie wurde zersprengt; der größte Teil blieb tot oder verwundet auf dem Schlachtfelde. Die Geschütze wurden wieder genommen; die Infanterie war in Sicherheit. Es fanden noch mehrere Infanterie- und Kavallerieangriffe statt; die Einzelheiten derselben gehören jedoch mehr zur Geschichte der betreffenden Regimenter, als in eine allgemeine Darstellung der Schlacht, die durch die Aufzählung der vielen Einzelvorgänge nur unübersichtlich werden würde. Genug, nach dreistündigem Gefecht wurde der Pachthof La Haye Sainte trotz des Widerstandes der schottischen Regimenter von der französischen Infanterie genommen und damit die Absicht des französischen Feldherrn verwirklicht. Die 5. und 6. englische Division wurden vernichtet; General Picton blieb tot auf dem Schlachtfelde.

Während dieses Kampfes durchritt der Kaiser unter einem Hagel von Vollkugeln, Kartätschen und Granaten die Linien der Infanterie des I. Korps, der Milhaudschen Kürassiere und der Garderegimenter, die in der dritten Schlachtlinie standen. Ein und dieselbe Kugel schlug oft in mehrere Linien ein. Der tapfere General Desvaux, der die Gardeartillerie befehligte und an des Kaisers Seite ritt, wurde von einer Kanonenkugel zerrissen. Dies war ein empfindlicher Verlust, besonders in diesem Angenblicke, denn niemand kannte so gut wie Desvaux die Stellungen, die die einzelnen Reservebatterien der Garde, im ganzen 96 Geschütze stark, auf dem Schlachtfelde einnahmen. Brigadegeneral Lallemand folgte ihm im Befehl und wurde bald darauf verwundet.

In der englischen Armee herrschte bereits Unordnung. Gepäck- und Munitionswagen und viele Verwundete, die die Franzosen von der Brüsseler Straße und vom Waldrande her vorstürmen sahen, ergriffen die Flucht. Die Überbleibsel der von der französischen Reiterei zusammengehauenen englischen, belgischen und deutschen Regimenter flohen in der Richtung auf Brüssel. Es war 4 Uhr nachmittags. Der Sieg wäre entschieden gewesen, wenn nicht gerade in diesem Augenblicke das Korps des General Bülow seine erfolgreiche Umgehung vollzogen gehabt hätte.

Schon um 2 Uhr nachmittags hatte General Domon gemeldet, daß Bülow in drei Kolonnen hervorbräche, daß die französischen Jäger zwar noch das Gefecht aufrechthielten, aber vor dem Feinde zurückwichen, der ihm sehr zahlreich zu sein schiene. Er schätzte die Stärke der Preußen auf mehr als 40 000 Mann und meldete ferner, daß seine Patrouillen, obwohl sie meilenweit in mehreren Richtungen das Gelände durchstreift hätten, vom Marschall Grouchy keinerlei Nachricht gebracht hätten, daß man also auf diesen nicht mehr rechnen dürfte. Im selben Augenblicke erhielt der Kaiser sehr verdrießliche Nachrichten von Gembloux: Anstatt mit Tagesanbruch von dort abzumarschieren, wie Grouchy in seiner Depesche von 2 Uhr nachts geschrieben hatte, hatte er um 10 Uhr morgens sein Lager noch nicht verlassen. Der Offizier schrieb diese Unterlassung dem entsetzlichen Wetter zu. Eine lächerliche Entschuldigung. Die unentschuldbare Langsamkeit eines sonst so eifrigen Generals war bei einer so gefahrvollen Sachlage völlig unerklärlich.

VI.

Der Geschützkampf zwischen dem Bülowschen und dem Lobauschen Korps entbrannte bald mit großer Heftigkeit. Die preußische Armee marschierte in Staffeln, das Zentrum voraus. Ihre Schlachtlinie stand senkrecht zu der der französischen Armee; sie lief der Straße von La Haye Sainte nach Plancenoit parallel. Das preußische Zentrum schickte etwa 30 Geschütze vor; die französische Artillerie stellte diesen eine gleiche Anzahl entgegen. Nach einer einstündigen Kanonade bemerkte Graf Lobau, daß die erste Staffel nicht unterstützt wurde. Er stürmte gegen das preußische Zentrum vor, durchbrach es und warf es weit zurück; aber die beiden anderen Linien, die durch die schlechten Wege zurückgehalten zu sein schienen, vereinigten sich mit der ersten Staffel. Die Preußen versuchten aber nicht, die französische Linie zu durchbrechen, sondern sie in ihrer linken Flanke zu umgehen. Graf Lobau fürchtete, überflügelt zu werden; er trat seinen Rückzug in schachbrettförmiger Ordnung an und näherte sich der Hauptarmee. Die preußischen Batterien verdoppelten ihr Feuer; man zählte nicht weniger als 60 Geschütze; die Vollkugeln schlugen auf der Landstraße vor und hinter Belle-Alliance ein, wo sich der Kaiser mit der Garde befand. Diese Straße war die Operationslinie der französischen Armee. Im gefahrvollsten Augenblick war der Feind so nahe, daß er die Straße mit Kartätschen bestrich. Der Kaiser befahl jetzt dem General Duhesme, der die Junge Garde befehligte, sich mit seinen beiden Infanteriebrigaden und 24 Geschützen der Gardeartillerie auf den rechten Flügel des VI. Korps zu begeben. Eine Viertelstunde später eröffnete diese gewaltige Batterie ihr Feuer, und bald hatte die französische Artillerie die Oberhand; sie war besser aufgestellt, und die Geschütze wurden besser bedient. Sobald die Junge Garde in den Kampf eingegriffen hatte, schien die Vorwärtsbewegung der Preußen zu stocken; man bemerkte ein Schwanken in ihren Linien; trotzdem fuhren sie fort, sich über ihren linken Flügel hinaus auszudehnen, und standen bereits in der Flanke des rechten französischen Flügels, der gerade die Höhe von Plancenoit erreicht hatte. Nun aber schloß General Morand mit 4 Bataillonen der Alten Garde und 16 Geschützen sich an den rechten Flügel der Jungen Garde an; zwei Regimenter der Alten Garde besetzten eine Stellung vorwärts von Plancenoit. Die preußische Linie war überflügelt; General Bülow wurde zurückgeworfen; sein linker Flügel wich zurück, und unversehens folgte die ganze preußische Linie dieser

Rückwärtsbewegung. General Graf Lobau, General Duhesme und Marschall Morand marschierten vorwärts und besetzten binnen kurzer Zeit die Stellungen, die die Artillerie des Generals Bülow innegehabt hatte. Der Angriff des preußischen Generals war nicht nur mißlungen, sondern dieser hatte auch alle seine Reserven ins Feuer geführt. Anfangs hatte man ihn im Schach gehalten, jetzt war er zurückgeworfen. Die preußischen Kanonenkugeln erreichten nicht nur nicht mehr die Straße von Charleroi, sondern nicht einmal die Stellungen, die Graf Lobau besetzt hielt. Es war 7 Uhr abends.

VII.

Es war 2 Uhr nachmittags, als Graf d'Erlon das Dorf La Haye erstürmt und den ganzen linken englischen Flügel und den rechten Flügel des Generals Bülow umgangen hatte. Die leichte Reiterei des I. Korps, die die feindliche Infanterie auf dem Plateau von La Haye verfolgte, war durch überlegene Kavalleriemassen zurückgeworfen worden. Da ritt Graf Milhaud mit seinen Kürassieren die Höhe hinan und ließ zugleich den General Lefêbvre-Desnoëttes benachrichtigen, der sich sofort in Trab setzte, um ihn zu unterstützen. Es war 5 Uhr. In diesem Augenblick drohte der Angriff des Generals Bülow als die größte Gefahr; er war nicht im Schach zu halten, sondern entwickelte immer neue Truppen und dehnte seine Linie immer weiter nach rechts aus. Die englische Reiterei wurde von den tapferen Kürassieren und Gardejägern zurückgeworfen. Die Engländer räumten das ganze Schlachtfeld zwischen La Haye Sainte und Mont St. Jean, das bis dahin ihr linker Flügel innegehabt hatte, und wurden auf ihren rechten Flügel zusammengedrängt. Nach diesen glänzenden Reiterangriffen hallte das Schlachtfeld von Siegesgeschrei wieder. Der Kaiser sagte: »Es ist um eine Stunde zu früh; wir müssen jedoch das Errungene behaupten.« Er sandte den Kellermannschen Kürassieren, die auf dem linken Flügel noch in ihrer alten Stellung standen, Befehl, im scharfen Trabe heranzueilen, um die französische Reiterei auf dem Plateau zu unterstützen. In diesem Augenblick bedrohte General Bülow die Armee in der Flanke und im Rücken; es war wichtig, an keiner Stelle eine Rückwärtsbewegung zu machen und sich in der Stellung zu behaupten, die die Kavallerie allerdings zu früh eingenommen hatte. In diesem kritischen Augenblicke war das Erscheinen der 3000 Kürassiere, die mit dem Rufe *Hoch der Kaiser* in scharfem Trabe, unter dem Geschützfeuer der Preußen, heranstürmten, von glücklicher Wirkung. Die Reiter glaubten zur Verfolgung der englischen Armee herbeigerufen zu sein, aber Bülow machte immer noch Fortschritte in der Flanke und im Rücken. Man fragte sich, ob man schon Sieger oder noch in Gefahr wäre, und die Soldaten, sogar die Offiziere, suchten die Antwort darauf in den Zügen ihres Feldherrn zu lesen, in denen sich volle Zuversicht aussprach. Es war die sechzigste Feldschlacht, in der der Kaiser während der 20 Jahre seiner Laufbahn befehligte.

Unterdessen war die schwere Kavalleriedivision der Garde, die unter dem Befehl des Generals Guijot in der zweiten Linie hinter den Kellermannschen Kürassieren stand, ebenfalls in scharfem Trabe nach dem Plateau geritten. Sobald der Kaiser dies bemerkte, schickte er den Grafen Bertrand, um sie zurückzurufen.

Diese Division war seine Reserve; als aber der General ankam, war sie bereits im Gefecht, und jede Rückwärtsbewegung wäre gefährlich gewesen. Schon um 5 Uhr abends sah sich also der Kaiser seiner Kavalleriereserve beraubt – gerade jener Reserve, deren richtige Anwendung ihm so oft den Sieg verschafft hatte. Diese 12000 auserlesenen Reiter verrichteten allerdings Wunderdinge, sie warfen die an Zahl überlegene feindliche Reiterei, die sich ihnen entgegenstellen wollte, ritten mehrere Infanteriekarrees nieder, nahmen 60 Geschütze und holten 6 Fahnen mitten aus den Karrees heraus. Diese Fahnen wurden von drei Gardejägern und drei Kürassieren dem Kaiser vor dem Pachthofe La Belle-Alliance überreicht. Zum zweiten Male im Laufe dieses Tages hielt der Feind die Schlacht für verloren und sah mit Entsetzen, wie schwierig infolge der schlechten Wahl des Schlachtfeldes der Rückzug werden würde. Die Brigade Ponsonby wurde von den roten Gardeulanen unter General Colbert angegriffen und über den Haufen gerannt; ihr General sank von sieben Lanzenstichen getroffen tot vom Pferde. Der Prinz von Oranien wurde schwer verwundet und wäre beinahe gefangengenommen worden. Leider mußte aber diese tapfere Kavallerie sich darauf beschränken, das von ihr eroberte Schlachtfeld zu behaupten, denn sie wurde nicht durch starke Infanteriemassen unterstützt, da diese noch durch den Angriff Bülows festgehalten wurden. Als endlich um 7 Uhr abends Bülows Angriff zurückgeworfen war und die Kavallerie sich immer noch auf dem von ihr eroberten Plateau behauptete, war der Sieg gewonnen: 62000 Franzosen hatten 120000 Mann geschlagen. Alle Gesichter strahlten vor Freude, Hoffnung belebte alle Herzen. Dieses Gefühl war erklärlich nach dem Erstaunen über diesen Flankenangriff einer ganzen Armee, der eine volle Stunde sogar den Rückzug der französischen Armee bedroht hatte. In diesem Augenblick hörte man deutlich den Kanonendonner des Grouchyschen Armeekorps, das, danach zu urteilen, von Wavre bis hinter St. Lambert im Gefecht sein mußte.

VIII.

Marschall Grouchy war erst um 10 Uhr vormittags aus seinem Lager bei Gembloux aufgebrochen; zwischen 12 und 1 Uhr befand er sich auf halbem Wege nach Wavre. Er hörte den entsetzlichen Kanonendonner von Waterloo. Kein geübter Soldat konnte sich darin täuschen, daß aus mehreren hundert Feuerschlünden zwei Armeen sich gegenseitig den Tod zusandten. General Exelmans, der die Kavallerie befehligte, geriet hierüber in große Aufregung; er ritt zum Marschall und sagte: »Der Kaiser ist im Kampfe mit der englischen Armee, daran kann kein Zweifel sein; ein so furchtbares Feuer bedeutet kein bloßes Treffen. Herr Marschall, wir müssen auf den Kanonendonner losmarschieren. Ich bin ein alter Soldat der Italienischen Armee; hundertmal habe ich den General Bonaparte diesen Grundsatz predigen hören. Wenn wir links abschwenken, sind wir in zwei Stunden auf dem Schlachtfelde.« – »Ich glaube, Sie haben recht«, antwortete ihm der Marschall; »aber wenn Blücher aus Wavre über mich herfällt und mich in der Flanke packt, komme ich in Gefahr, angeschuldigt zu werden, daß ich meinem Befehl nicht gehorcht habe; dieser aber lautet dahin, gegen Blücher zu marschieren.«

In diesem Augenblick gesellte Graf Gérard sich zu ihnen und gab dem Marschall denselben Rat wie Graf Exelmans. Er sagte außerdem: »Ihr Befehl trug Ihnen auf, gestern in Wavre zu sein, aber nicht heute; das sicherste ist, auf das Schlachtfeld zu marschieren. Sie können sich nicht verhehlen, daß Blücher Ihnen einen Vorsprung von einem Tagemarsch abgewonnen hat; gestern war er in Wavre, Sie waren in Gembloux; wer weiß, wo er jetzt ist? Wenn er sich mit Wellington vereinigt hat, werden wir ihn auf dem Schlachtfelde finden, und dann ist Ihr Befehl buchstäblich ausgeführt. Ist er aber nicht da, so wird Ihre Ankunft die Schlacht entscheiden. In 2 Stunden können wir am Gefecht teilnehmen, und wenn wir die englische Armee vernichtet haben, was tut uns dann der schon geschlagene Blücher?« Der Marschall schien überzeugt zu sein, aber gerade in diesem Augenblicke erhielt er die Meldung, daß seine leichte Kavallerie bei Wavre eingetroffen und bereits mit den Preußen handgemein geworden sei. Die ganze preußische Streitmacht sei dort versammelt und betrage mindestens 80 000 Mann. Infolge dieser Nachricht setzte Grouchy seinen Marsch auf Wavre fort, wo er um 4 Uhr nachmittags eintraf. Da er die ganze preußische Armee vor sich zu haben glaubte, verwandte er 2 volle Stunden darauf, sich nach allen Regeln in Schlachtordnung aufzustellen und seine Anordnungen zu treffen. In diesem Augenblicke traf bei ihm der Offizier ein, der morgens um 10 Uhr vom Schlachtfelde abgesandt worden war. Er schickte den General Pajol nach Limale, eine Wegstunde hinter St. Lambert gelegen. Dort führt eine Brücke über die Dyle. General Pajol kam um 7 Uhr abends dort an und ging über den Fluß. Während dieser Zeit griff Grouchy Wavre an.

IX.

Marschall Blücher hatte die Nacht vom 17. zum 18. Juni mit seinen vier Armeekorps, in Stärke von 75 000 Mann, bei Wavre verbracht. Als er erfuhr, daß der Herzog von Wellington entschlossen wäre, vor dem Walde von Soignies die Schlacht anzunehmen, wenn er auf seine Mitwirkung rechnen könne, schickte er am Morgen sein IV. Korps ab, das bei Limale über die Dyle ging und sich in St. Lambert sammelte. Dieses Korps war unversehrt, es hatte an der Schlacht bei Ligny nicht teilgenommen. Blüchers leichte Kavallerie, die in einem Umkreis von mehreren Meilen das Gelände um das preußische Lager bei Wavre durchstreifte, hatte noch keine Nachricht vom Marschall Grouchy; um 7 Uhr morgens hatte sie außer einigen Patrouillen noch nichts gesehen. Blücher schloß daraus, daß die ganze Armee vor Mont St. Jean vereinigt sei. Er setzte das vom General Pirch befehligte II. Korps, das auf 18 000 Mann zusammengeschmolzen war, in Bewegung und marschierte selber mit dem I. Korps des Generals Zieten, das nur noch 13 000 Mann zählte. General Thielmann mit dem III. Korps ließ er in der Stellung bei Wavre zurück.

General Pirch marschierte mit dem II. Korps über Lasne, Blücher mit dem I. Korps nach Ohain, wo er sich um 6 Uhr abends mit der dort stehenden englischen Kavalleriebrigade vereinigte. Er empfing dort die

Meldung, daß Marschall Grouchy mit beträchtlichen Streitkräften um 4 Uhr vor Wavre erschienen sei, daß er Anstalten zum Angriff mache und daß das III. Korps nicht in der Lage sei, ihm Widerstand zu leisten. Blüchers Entschluß konnte nicht zweifelhaft sein: Er marschierte mit seiner Hauptmacht zur Vereinigung mit General Bülow und den Engländern weiter und schickte dem General Thielmann Befehl, solange wie möglich standzuhalten und sich erst, wenn er dazu gezwungen würde, auf die Hauptarmee zurückzuziehen. Blücher war in der Tat gar nicht mehr imstande, nach Wavre zurückzumarschieren; er wäre dort erst bei dunkler Nacht angekommen und hätte sich, wenn die englisch-holländische Armee geschlagen war, zwischen zwei Feuern befunden. Wenn er dagegen seinen Marsch zur Vereinigung mit den Engländern fortsetzte und diese siegreich fand, hatte er immer noch Zeit genug, sich gegen Grouchy zu wenden. Seine Bewegung ging sehr langsam vor sich, seine Truppen waren sehr ermüdet, die Wege waren völlig grundlos und verengten sich alle Augenblicke zu Hohlpässen.

Es gelang ihm, mit den beiden Kolonnen, deren Gesamtstärke 31 000 Mann betrug, die Verbindung zwischen General Bülow und den Engländern wiederherzustellen. Bülow, der im vollen Rückzug war, machte halt; Wellington, der voller Verzweiflung nur die sichere Niederlage vor sich sah, fühlte sich gerettet. Die Kavalleriebrigade von Ohain und ein Teil der 4. Division vom rechten Flügel stießen wieder zu ihm.

Hätte Marschall Grouchy die Nacht vom 17. zum 18. vor Wavre verbracht, wie er nach dem ausdrücklichen Befehl es tun mußte, so wäre Marschall Blücher mit allen seinen Truppen zur Beobachtung dort stehengeblieben, denn er würde geglaubt haben, daß er von der ganzen französischen Armee verfolgt würde. Hätte Grouchy, wie er in seiner Depesche von 2 Uhr nachts geschrieben hatte, bei Tagesanbruch, also um 4 Uhr, unters Gewehr treten lassen, so wäre er allerdings nicht mehr rechtzeitig vor Wavre eingetroffen, um die Entsendung des Generals Bülow zu verhindern; aber er hätte die drei anderen Korps des Marschalls Blücher festgehalten, und damit war der Sieg noch gewiß. Aber Marschall Grouchy kam erst um ½5 vor Wavre an und griff erst um 6 Uhr an; da war es zu spät! Die französische Armee, die mit 62 000 Mann über eine Armee von 120 000 Mann gesiegt hatte, die um 7 Uhr die Hälfte des Schlachtfeldes der Engländer und Holländer besetzt hielt, die das Korps des Generals Bülow zurückgeworfen hatte, sah sich den Sieg entrissen, als Blücher mit 30 000 Mann frischer Truppen eintraf. Durch diese Verstärkung wuchs die Zahl der Alliierten auf 150 000 Mann, sie hatten also die 2½fache Übermacht.

X.

Sobald der Angriff Bülows zurückgewiesen war, gab der Kaiser dem Generalstabschef der Garde, General Drouot, Befehl, seine ganze Garde vor dem Pachthof La Belle-Alliance zu sammeln. Dort stand Napoleon mit 8 Bataillonen, die in zwei Linien aufgestellt waren; die anderen 8 Bataillone waren zur Unterstützung der Jungen Garde und zur Verteidigung von Plancenoit abmarschiert. Unterdessen hatte die Reiterei, die immer noch ihre Stellung auf dem Plateau behauptete, von wo sie das ganze Schlachtfeld übersehen konnte, die letzte Angriffsbewegung des Generals Bülow wohl bemerkt. Da sie aber auf die zu ihrer Unterstützung bereitstehenden Reserven der Garde vertraute, so beunruhigte sie sich nicht weiter und stieß ein Siegesgeschrei aus, als sie bald darauf die Preußen zurückgeworfen sah. Sie wartete nur auf die Ankunft der Gardeinfanterie, um den Sieg zu entscheiden, da sah sie zu ihrer ungeheuren Überraschung die zahlreichen Kolonnen des Marschalls Blücher erscheinen. Einige Regimenter machten eine Rückwärtsbewegung. Der Kaiser bemerkte das. Es war von der größten Wichtigkeit, die feste Haltung der Kavallerie wiederherzustellen. Da er sah, daß er noch einer Viertelstunde bedurfte, um seine ganze Garde zu sammeln, stellte er sich an die Spitze von 4 Bataillonen und rückte mit diesen über La Haye Sainte hinaus vor. Gleichzeitig sandte er Adjutanten aus, um auf der ganzen Schlachtlinie die Nachricht zu verbreiten, daß Grouchy da sei und daß mit ein wenig Standhaftigkeit der Sieg entschieden sei. General Reille zog vorwärts von Schloß Goumont sein ganzes Korps auf den linken Flügel zusammen und machte sich zum Angriff fertig. Es war wichtig, daß die ganze Garde auf einmal ins Gefecht kam. Als der Kaiser sah, daß die Kavallerie ihre Haltung verlor und daß zu ihrer Unterstützung eine Infanteriereserve notwendig war, folgte er dem Drang der Umstände und befahl dem General Friant, mit seinen 4 Bataillonen von der Mittleren Garde dem feindlichen Angriff zuvorzukommen, die Kavallerie faßte sich wieder und ging mit altgewohnter Tapferkeit vor. Die 4 Gardebataillone warfen alles zurück, was sie auf ihrem Wege trafen; Reiterangriffe verbreiteten Schrecken in den englischen Reihen. Zehn Minuten darauf trafen die anderen Gardebataillone ein. Der Kaiser stellte sie brigadeweise auf: von der 1. Brigade zwei Bataillone in Schlachtlinie, die beiden anderen in Kolonnen auf dem rechten und linken Flügel; die 2. Brigade stellte er in Staffeln auf, so daß er alle Vorteile der verschiedenen Aufstellungen für sich hatte. Die Sonne war bereits untergegangen. General Friant, der in diesem Augenblick verwundet vorüberkam, sagte, alles gehe gut, der Feind scheine seine Nachhut zu bilden, um den Rückzug zu decken, aber er werde vollständig zersprengt werden, sobald der Rest der Garde hervorbrechen würde.

Nur eine Viertelstunde war nötig! In diesem Augenblicke kam Marschall Blücher vor La Haye an und warf das französische Korps, das das Dorf verteidigte, über den Haufen. Es war die 4. Division des I. Korps. Sie leistete nur geringen Widerstand und ergriff in zügelloser Unordnung die Flucht. Sie wurde allerdings von vierfacher Übermacht angegriffen, aber es war bereits Nacht, und Marschall Blücher hätte keine Zeit mehr gehabt, das Dorf mit Sturm zu nehmen, wenn die französische Division nur einige Entschlossenheit gezeigt und sich in den Häusern verbarrikadiert hätte. Dort soll zum ersten Male der Ruf erschollen sein: »Rette sich, wer kann.« Sobald die französische Linie infolge der geringen Widerstandskraft der Division von La Haye durchbrochen war, überströmte die preußische Reiterei das ganze Schlachtfeld. General Bülow rückte wieder vor; Graf Lobau leistete kräftigen Widerstand. Das Getümmel wurde so arg, daß Napoleon der Garde, die zum Angriff angetreten war, befehlen mußte, eine Frontveränderung vorzunehmen. Dieses Manöver wurde in guter Ordnung vollzogen.

Die Garde stand also nunmehr im Kehrt: der linke Flügel nach La Haye Sainte zu, der rechte nach Belle-Alliance zu, mit der Front gegen die Preußen und den von La Haye her bevorstehenden Angriff. Unmittelbar darauf bildete jedes einzelne Bataillon Karree. Die vier Schwadronen der Leibgarde ritten gegen die Preußen Attacke.

In diesem Augenblick rückte die von Ohain kommende englische Kavalleriebrigade vor. Diese 2000 Reiter schoben sich wie ein Keil zwischen General Reille und die Garde. Auf dem ganzen Schlachtfeld herrschte ein furchtbares Durcheinander; der Kaiser hatte kaum noch Zeit, sich in den Schutz eines Bataillonskarrees zu begeben. Wenn die Division Reservekavallerie des Generals Bülow sich nicht ohne Befehl und in Unordnung den Kellermannschen Kürassieren angeschlossen hätte, würde sie diesen Angriff zurückgewiesen und die englische Reiterei verhindert haben, in die französische Schlachtlinie einzudringen; dann hätte die Garde zu Fuß allen Anstrengungen des Feindes die Spitze bieten können.

General Bülow marschierte nach links ab und dehnte die Überflügelung der französischen Linie immer weiter aus. Die Nacht vermehrte die Unordnung und vereitelte jedes wirksame Eingreifen. Wäre es noch hell gewesen und hätten die Truppen den Kaiser sehen können, so würden sie sich trotz alledem noch gesammelt haben; aber in der Dunkelheit war nichts mehr möglich. Die Garde trat den Rückzug an; das feindliche Feuer hatte sich in ihrem Rücken schon auf 700 Meter genähert, und die Landstraßen waren abgeschnitten. Lange Zeit blieb der Kaiser mit seinem Generalstab bei den Garderegimentern auf einem Hügel. Vier Geschütze feuerten von dort aus lebhaft in die Ebene hinein; bei der letzten Salve wurde der englische General Uxbridge verwundet. Endlich war kein Augenblick mehr zu verlieren. Der Kaiser mußte querfeldein reiten. Kavallerie, Artillerie und Infanterie bildeten einen wüsten Knäuel. Es gelang dem Generalstab, die kleine Stadt Genappe zu erreichen; man hoffte dort, ein Korps sammeln und eine Nachhut bilden zu können, aber alle Anstrengungen waren vergeblich. Es war 10 Uhr abends. Da es ihm selber unmöglich war, eine Verteidigung zu organisieren, setzte der Kaiser seine letzte Hoffnung auf die Division Girard vom II. Korps, die er auf dem Schlachtfeld von Ligny zurückgelassen und der er den Befehl gesandt hatte, nach Quatrebras zu marschieren, um den Rückzug zu decken.

Niemals hat die französische Armee sich besser geschlagen, als in diesen Tagen; sie hat Wunder an Tapferkeit verrichtet, und die Überlegenheit der französischen Truppen aller Waffengattungen war so groß, daß ohne das Eintreffen des I. und II. preußischen Korps ein vollständiger Sieg über die englisch-holländische Armee und das Korps Bülow, also eine doppelte Übermacht, errungen gewesen wäre.

Die Verluste der englisch-holländischen Armee und des Bülowschen Korps waren während der Schlacht viel stärker als die der Franzosen. Die Verluste, die die Franzosen auf dem Rückzuge erlitten, waren allerdings sehr beträchtlich, denn der Feind machte 6000 Gefangene, aber sie erreichen doch nicht die Verluste der Alliierten im Verlaufe dieser vier Tage. Diese werden von ihnen selbst auf 60 000 Mann angegeben, wovon auf die englisch-holländische Armee 22 800 kommen, nämlich 11 300 Engländer, 3500 Hannoveraner, 8000 Belgier, Nassauer und Braunschweiger. Die Preußen verloren 38 000 Mann. Die französische Armee verlor 41 000 Mann, wobei die Verluste auf der Flucht bis an die Tore von Paris eingerechnet sind.

Die Kaisergarde hat ihren alten Ruf bewahrt. Sie hatte mit unglücklichen Verhältnissen zu kämpfen: Als sie in das Gefecht eingriff, war sie bereits auf beiden Flügeln umgangen, von Flüchtlingen und Feinden umringt. Wären ihre Flügel gedeckt gewesen, so hätte diese Garde sich so geschlagen, daß alle Angriffe der beiden feindlichen Armeen vergeblich gewesen wären. Mehr als vier Stunden lang haben 12 000 französische Reiter einen Teil des feindlichen Schlachtfeldes besetzt gehalten; sie haben gegen die ganze Infanterie und gegen 18 000 Mann englischer Kavallerie gekämpft, deren Angriffe ohne Ausnahme zurückgewiesen wurden.

Generalleutnant Duhesme, ein narbenbedeckter alter Krieger von der größten Tapferkeit, wurde gefangengenommen, als er eine Nachhut sammeln wollte. Auch Graf Lobau geriet in Gefangenschaft. General Cambronne von der Garde blieb schwerverwundet auf dem Schlachtfeld liegen. Von 24 englischen Generalen wurden 12 getötet oder schwer verwundet. Die Holländer verloren drei Generale. Der französische General Duhesme wurde am 19. Juni von einem Braunschweiger Husaren ermordet, obgleich er Gefangener war; dieses Verbrechen ist ungestraft geblieben. Er war ein unverzagter Soldat, ein ausgezeichneter General, der an guten wie an bösen Tagen sich stets als fest und unerschütterlich bewährte.

*

Elftes Kapitel.

Der Rückzug.

I. Sammeln der französischen Armee bei Laon. – II. Rückzug des Marschalls Grouchy. – III. Die Hilfsmittel, die Frankreich noch übrigblieben. – IV. Abdankung des Kaisers und Wirkungen derselben.

I.

Die Straße nach Charleroi ist sehr breit; sie genügte für den Rückzug der Armee. Die Brücke von Genappe ist ebenso breit: 5 oder 6 Wagenreihen können nebeneinander fahren. Aber sobald die ersten Flüchtlinge ankamen, hielten die dort befindlichen Trainkolonnen es für angebracht, sich zu verbarrikadieren: Sie stürzten die Wagen um und sperrten die Straßen, so daß nur ein Durchlaß von 5 oder 6 Meter Breite blieb. Alle Kolonnen drängten sich nach diesem Punkt; kein Mensch dachte an die anderen Brücken, die rechts und links in einer Entfernung von weniger als vier Kilometern vorhanden waren. Bald herrschte eine fürchterliche Verwirrung. Außerdem liegt Genappe in einem Talkessel. Die ersten preußischen Truppen, die die französische Armee verfolgten, kamen um 11 Uhr abends auf den die Stadt beherrschenden Höhen an. Mit leichter Mühe zersprengten sie die Handvoll tapferer Soldaten, die der nie verzagende General Duhesme um sich versammelt hatte, und rückten in die Stadt ein. Unter den von ihnen erbeuteten Wagen befand sich auch der Reisewagen des Kaisers, den dieser seit Avesnes nicht mehr benutzt hatte. Es war Brauch, daß dieser Wagen auf dem Schlachtfelde sich hinter den Reserven der Garde befand; er enthielt stets ein Necessaire, einen Anzug zum Wechseln, einen Degen, einen Mantel und ein Feldbett.

Um 1 Uhr morgens kam der Kaiser in Quatrebras an, stieg bei einem Biwak ab und entsandte mehrere Offiziere zum Marschall Grouchy. Er teilte diesem den Verlust der Schlacht mit und befahl ihm, sich auf Namur zurückzuziehen. Die Offiziere, die er vom Schlachtfeld aus abgeschickt hatte, um die Division Girard von Ligny abzuholen, sie bei Quatrebras aufzustellen oder sie, wenn noch Zeit dazu vorhanden wäre, nach Genappe zu führen, überbrachten ihm die unangenehme Nachricht, daß es ihnen unmöglich gewesen sei, diese Division zu finden. Artilleriegeneral Neigré, ein ausgezeichneter Offizier, befand sich mit der Artilleriereserve in Quatrebras; aber er hatte nur eine schwache Bedeckungsmannschaft. Es wurden einige hundert Reiter zusammengebracht, Graf Lobau stellte sich an ihre Spitze und traf alle in Anbetracht der Umstände möglichen Anordnungen, um eine Nachhut zu bilden. Die Soldaten vom I. und II. Korps, die auf der Brücke von Marchiennes über die Sambre gegangen waren, wandten sich nach dieser Brücke und verließen bei Quatrebas oder bei Gosselies die Heerstraße und liefen querfeldein. Die Truppen der Garde und des VI. Korps zogen sich auf Charleroi zurück. Der Kaiser sandte den Prinzen Jérôme nach Marchiennes mit dem Befehl, die Armee zwischen Avesnes und Maubeuge zu sammeln. Er selber begab sich nach Charleroi. Als er um 6 Uhr morgens dort ankam, waren viele Mannschaften, besonders Reiter, schon über die Sambre gegangen und nach Beaumont weitermarschiert. Der Kaiser machte einen einstündigen Halt auf dem linken Ufer, fertigte einige Befehle ab und reiste dann nach Philippeville weiter, um bessere Verbindungen mit dem Marschall Grouchy zu haben und seine Befehle nach der Rheingrenze senden zu können. Nachdem er vier Stunden in Philippeville verweilt hatte, nahm er die Post und reiste nach Laon, wo er am 20. Juni nachmittags 4 Uhr ankam. Er hatte eine Besprechung mit dem Präfekten, beauftragte seinen Adjutanten, den Grafen Bussy, die Verteidigung der wichtigen Festung zu überwachen, und schickte den Grafen Dejean nach Guise, den Grafen Flahault nach Avesnes. Er erhielt Depeschen vom Prinzen Jérôme, der ihm mitteilte, daß er mehr als 25 000 Mann mit etwa 50 Geschützen hinter Avesnes gesammelt habe; General Morand befehlige die Garde zu Fuß, General Colbert die Gardekavallerie; die Armee vermehre sich stündlich, die meisten Generale seien eingetroffen, der Verlust sei nicht so beträchtlich, wie man habe glauben können; mehr als die Hälfte des Artilleriematerials sei gerettet; 170 Geschütze seien allerdings verloren, aber ihre Bedienungsmannschaften und Pferde seien in Avesnes angekommen. Der Kaiser befahl, daß diese nach La Fère marschieren sollten, um dort Kanonen in Empfang zu nehmen; er beauftragte zuverlässige Offiziere, eine neue Feldartillerie herzustellen.

Marschall Soult erhielt Befehl, mit dem großen Generalstab sein Quartier in Laon aufzuschlagen. Der Präfekt traf alle Maßnahmen, um die Vorratshäuser der Stadt zu füllen und für die Verpflegung einer Armee von 80 bis 90 000 Mann zu sorgen, die binnen wenigen Tagen in der Umgebung der Stadt versammelt sein mußte. Der Kaiser erwartete, daß die feindlichen Generale, um ihren Sieg auszunützen, ihre Armee in Eilmärschen bis an die Somme führen würden; er befahl dem Prinzen Jérôme, Avesnes am 22. Juni mit der Armee zu verlassen und diese unter die Mauern von Laon zu führen; dort sollten auch Marschall Grouchy und General Rapp eintreffen.

Da Paris nur 12 Stunden entfernt war, erachtete der Kaiser es für notwendig, sich dorthin zu begeben; seine Anwesenheit bei der Armee war während der Tage vom 21. bis 24. Juni unnötig; er rechnete darauf, am 25. Juni wieder in Laon zu sein. Diese sechs Tage wollte er in der Hauptstadt darauf verwenden, die allgemeine nationale Erhebung zu organisieren, die letzten Vorbereitungen zur Verteidigung von Paris zu treffen und die Absendung aller Verstärkungen, die er von den Depots aus den Provinzen erhalten konnte, zu beschleunigen. Wenn man annahm, daß das Korps Grouchys, wie nicht zu bezweifeln war, ungeschwächt eintraf, so mußte, wie man leicht berechnen konnte, der Verlust der französischen Armee geringer sein, als der der feindlichen Armeen in den Schlachten bei Ligny und Waterloo und im Gefecht bei Quatrebras. Es ist in der Tat später festgestellt worden, daß der Verlust der Alliierten sich auf 63 000 Mann belief und daß der der Franzosen 41 000 Mann nicht überstieg, wobei sogar die Gefangenen einberechnet sind, die sie auf dem Rückzuge verloren.

II.

Am 18. Juni hatte Marschall Grouchy um 6 Uhr abends bei Wavre den Angriff eröffnet; General Thielmann setzte ihm tapferen Widerstand entgegen, wurde aber geschlagen. Graf Gérard mit dem IV. Korps erzwang den Übergang über die Dyle. Generalleutnant Pajol war mit 12 000 Mann nach Limale entsandt worden; er drängte dort Bülows Nachhut zurück, ging über die Dyle und marschierte über die Anhöhen weiter; um 10 Uhr abends wurde es aber so dunkel, daß er seinen Marsch nicht fortsetzen konnte, und da er außerdem von Mont St. Jean her keinen Kanonendonner mehr hörte, bezog er eine Stellung. Beim

Angriff auf Wavre wurde Graf Gérard schwer verwundet; eine Gewehrkugel durchschlug seine Brust; aber zum Glück war die Verwundung nicht tödlich.

Am 19. Juni griff General Thielmann bei Tagesanbruch den Marschall Grouchy an; er wurde zurückgeschlagen. Das Dorf Bierges und alle Anhöhen jenseits von Wavre wurden von den Franzosen erstürmt. Brigadegeneral Penne, ein hervorragender Offizier, wurde in diesem Gefecht tödlich verwundet. Marschall Grouchy befahl, den Feind zu verfolgen und in der Richtung auf Brüssel zu marschieren; da erhielt er die Nachricht vom Verluste der Schlacht und den Befehl des Kaisers, seinen Rückzug auf Namur zu bewerkstelligen. Er trat diesen sofort an. Die Preußen folgten ihm vorsichtig; als sie sich indessen zu weit vorwagten, wurden sie zurückgeworfen und verloren mehrere Geschütze und einige hundert Gefangene. General Vandamme bezog eine Stellung bei Namur, Marschall Grouchy bei Dinant. Alle Angriffe, die General Thielmann unternahm, scheiterten. Am 25. Juni war das ganze Korps des Marschalls Grouchy in Rethel; am 26. vereinigte es sich bei Laon mit der Armee; es zählte 32 000 Mann, darunter 6500 Reiter, 108 Geschütze, außerdem befanden sich bei dem Korps etwa tausend Fußkranke oder Leute, die zu kleinen Kavalleriedepots gehörten.

III.

Frankreichs Lage war nach Waterloo kritisch, aber nicht verzweifelt; es war damit gerechnet worden, daß der Angriff auf Belgien mißlänge, und für diesen Fall hatte der Kaiser alle Vorbereitungen getroffen. Am 27. Juni waren 70 000 Mann zwischen Laon und Paris versammelt; 25–30 000 Mann, darunter die Depots der Garde, waren von Paris und verschiedenen Garnisonen her im Anmarsch. General Rapp mußte mit 25 000 Mann auserlesener Truppen in den ersten Julitagen an der Marne eintreffen; alle Verluste an Artilleriematerial waren wieder ausgeglichen worden. Paris allein enthielt 500 Feldgeschütze, und man hatte nur 160 verloren. Paris wäre also am 1. Juli von einer Armee von 120 000 Mann mit 340 Feldgeschützen gedeckt gewesen. Dieses entsprach der Stärke des Heeres, das am 15. Juni über die Sambre gezogen war. Die Hauptstadt hatte außerdem zu ihrer Verteidigung 36 000 Mann Nationalgarde, 30 000 Schützen, 6000 Kanoniere, 600 Festungsgeschütze und sehr starke Verschanzungen auf dem rechten Seineufer; die auf dem linken Ufer wären in wenigen Tagen fertig gewesen. Die englisch-holländische und die preußisch-sächsische Armee, die um mehr als 80 000 Mann geschwächt waren, zählten nur noch 140 000 Mann und konnten mit höchstens 90 000 Mann über die Somme gehen; sie mußten dort die Mitwirkung der Österreicher und Russen abwarten, die nicht vor dem 15. Juli an der Marne eintreffen konnten. Paris hatte also 25 Tage Zeit, um durch Verproviantierung und durch Ausbau der Befestigungen seine Verteidigung vorzubereiten. Während dieser Zeit konnte man Truppen aus allen Gegenden Frankreichs heranziehen. Am 15. Juli konnten übrigens höchstens 30–40 000 Mann am Rhein angekommen sein; die Hauptmasse des österreichisch-russischen Heeres konnte erst später am Kampfe teilnehmen. In der Hauptstadt fehlte es weder an Waffen und Munition noch an Offizieren. Die Zahl der Schützen konnte leicht auf 80 000 erhöht, die Feldartillerie bis auf 600 Geschütze vermehrt werden.

Marschall Suchet, der sich mit dem General Lecourbe vereinigt hatte, mußte zu dem genannten Zeitpunkt mehr als 30 000 Mann vor Lyon beisammen haben; dazu kam noch die Besatzung dieser gut bewaffneten, gut verproviantierten und stark verschanzten großen Stadt. Die Verteidigung aller Festungen war gesichert; sie wurden von ausgewählten Offizieren befehligt, und ihre Besatzungen bestanden aus treuen Truppen.

Alles konnte wiedergutgemacht werden, aber dazu gehörten Charakterstärke, Tatkraft und Festigkeit seitens der Offiziere, der Regierung, der Volksvertretung und der ganzen Nation. Diese mußte von den Ideen der Ehre, des Ruhmes und der nationalen Unabhängigkeit beseelt sein. Hätte sie doch ihre Augen auf Rom gerichtet, wie es sich nach der Schlacht bei Cannae verhielt, nicht auf Karthago nach der Schlacht bei Zama! Wenn Frankreich sich auf solche Höhe erhob, war es unbesieglich. Sein Volk enthielt mehr militärische Elemente als irgendein Volk der Welt, Kriegsmaterial war in solchem Überfluß vorhanden, daß alle Bedürfnisse befriedigt werden konnten.

IV.

Am 21. Juni betraten Blücher und Wellington mit 2 Kolonnen den Boden des Kaiserreiches. Am 22. gerieten die Pulvermagazine in Avesnes in Brand. Die Festung ergab sich. Am 24. Juni zogen die Preußen in

Guise, der Herzog von Wellington in Cambray ein; am 26. Juni war er in Péronne. Während dieser Tage wurden die flandrischen Festungen der 1., 2. und 3. Linie eingeschlossen.

Unterdessen erfuhren die beiden Feldherren am 25. Juni, daß der Kaiser am 22. Juni abgedankt hatte, nachdem die Kammern ihm den Gehorsam verweigert hatten. Infolge dieser Ereignisse war die Armee entmutigt, während Napoleons Feinde im Innern neue Hoffnungen schöpften. Die Alliierten hatten daher keine andere Sorge mehr, als möglichst schnell nach der Hauptstadt zu marschieren, unter deren Mauern sie in den letzten Tagen des Juni mit weniger als 90 000 Mann ankamen. Wäre Napoleon noch dagewesen, so wäre dieses Vorgehen ihnen verhängnisvoll geworden und hätte zu ihrer völligen Vernichtung geführt. Aber der Kaiser hatte abgedankt! Die schwachen Abteilungen von Linientruppen, die sich in Paris befanden, mehr als 6000 Mann von den Depots der Garderegimenter, die Schützen der Nationalgarde, die aus der Bevölkerung der großen Hauptstadt ausgewählt worden waren – alle diese waren ihm treu ergeben; mit ihnen hätte er seine inneren Feinde zerschmettern können. Um aber die Beweggründe zu erklären, die das Verhalten des Kaisers bei diesem wichtigen und durch seine Folgen für ihn und für Frankreich so verhängnisvollen Anlaß bestimmten, müssen wir weiter ausholen, und dies wollen wir im folgenden Buch tun.

*

Zwölftes Kapitel.

Bemerkungen.

I.

Man hat dem Kaiser vorgeworfen, er habe die Diktatur in dem Augenblick niedergelegt, als Frankreich einen Diktator ganz besonders nötig hatte; er habe die Verfassung des Reiches geändert in einem Augenblicke, als er nur daran hätte denken dürfen, wie er es vor einem feindlichen Einmarsch bewahren könnte; er habe geduldet, daß die Vendéer aufgehetzt wurden, die doch anfangs sich geweigert hatten, gegen die kaiserliche Regierung die Waffen zu ergreifen; er habe die Kammern einberufen, während es genügt hätte, Soldaten einzuberufen; er habe abgedankt und damit Frankreich auf Gnade und Ungnade einer uneinigen und unerfahrenen Volksvertretung überlassen; wenn es auch dem Kaiser unmöglich gewesen sei, ganz allein das Vaterland zu retten, so habe doch auch die Nation unter diesen kritischen Umständen ohne Napoleon Ehre und Unabhängigkeit nicht retten können.

Wir wollen auf diese Fragen hier nicht eingehen, da sie im X. Buch ausführlich behandelt worden sind[1].

II.

Die Kunst, womit zu Beginn des Feldzuges die Bewegungen der verschiedenen Armeekorps der Kenntnis des Feindes entzogen wurden, ist höchst bemerkenswert. Marschall Blücher und der Herzog von Wellington sind überrascht worden; von allen Manövern, die in unmittelbarer Nähe ihrer Vorposten vor sich gingen, haben sie nichts gesehen und nichts erfahren.

1 Dieses Buch ist leider nicht veröffentlicht worden. C.

Um die beiden feindlichen Heere anzugreifen, konnten die Franzosen ihren rechten oder linken Flügel umgehen oder ihr Zentrum durchbrechen. Im ersten Falle mußten sie über Lille vorbrechen und trafen dann auf die englisch-holländische Armee; im zweiten marschierten sie über Givet und Charleroi und stießen auf die preußisch-sächsische Armee. In beiden Fällen blieben die beiden Heere vereinigt, denn auch im Falle einer Niederlage wäre der eine Teil auf den anderen gedrängt worden. Der Kaiser entschied sich dafür, seine Bewegungen durch die Sambre zu decken und durch schnelle und geschickte Manöver die Linie der beiden Armeen bei Charleroi, ihrem Vereinigungspunkte, zu durchbrechen. Er konnte hoffen, sie zu trennen und dann einzeln angreifen zu können. So lieferte ihm die Kriegskunst Mittel, die ihm fehlenden 100000 Mann zu ersetzen. Dieser Plan wurde mit Kühnheit und Weisheit entworfen und ausgeführt.

III.

Mehrere Generale waren durch die Ereignisse des Jahres 1814 in ihrem Charakter wankelmütig geworden; sie hatten einiges von jener Kühnheit, Entschlossenheit und Zuversichtlichkeit verloren, die ihnen selber so viel Ruhm eingebracht und so viel zu den Erfolgen der früheren Feldzüge beigetragen hatte.

1. Am 15. Juni sollte das III. Korps um 3 Uhr morgens unters Gewehr treten und um 10 Uhr vor Charleroi ankommen; es kam erst um 3 Uhr nachmittags an!

2. An demselben Tage fand der Angriff auf die Waldungen vor Fleurus, der auf 4 Uhr nachmittags befohlen war, erst um 7 Uhr statt. Die Nacht brach an, bevor man in Fleurus einrücken konnte, wohin nach dem Plan des Kriegsherrn das Hauptquartier noch an demselben Tage verlegt werden sollte. Hierdurch entstand ein Zeitverlust von sieben Stunden, der zu Beginn eines Feldzuges sehr unerwünscht war.

3. Der linke Flügel, 43000 Mann stark, erhielt Befehl, nach Quatrebras zu marschieren, vorwärts von diesem Ort eine Stellung zu beziehen und sich darin zu verschanzen. Der linke Flügel verlor acht Stunden; der Prinz von Oranien behauptete am 16. Juni mit nur 9000 Mann diese wichtige Stellung bis 3 Uhr nachmittags. Als der Befehlshaber dieses linken Flügels endlich gegen Mittag von Fleurus aus wieder den Befehl zum Vorrücken empfing, und als er sah, daß der Kaiser mit den

Preußen ins Gefecht kommen würde, marschierte er auf Quatrebras, aber nur mit der Hälfte seiner Truppen. Die andere Hälfte ließ er in einer Entfernung von 9 Kilometern zurück, um seinen Rückzug zu dekken, vergaß sie aber gänzlich bis 6 Uhr abends – da erst fühlte er das Bedürfnis, sie zu seiner eignen Verteidigung heranzuziehen. In den früheren Feldzügen hätte derselbe General die Stellung vor Quatrebras um 6 Uhr morgens besetzt, hätte die ganze belgische Division geschlagen und gefangengenommen und hätte die preußische Armee umgangen, indem er auf der Namurer Straße eine Abteilung vorgesandt hätte, die der feindlichen Schlachtlinie in den Rücken gefallen wäre. Oder er hätte sich auf die Straße nach Genappe geworfen, die Braunschweiger und 5. englische Division, die von Brüssel kamen, auf dem Marsche überrascht und wäre dann der 1. und 3. englischen Division, die auf der Straße von Nivelles heranzogen, entgegenmarschiert. Beide englische Abteilungen hatten weder Kavallerie noch Artillerie und waren zu Tode erschöpft. Ney war immer der erste im Feuer, aber er vergaß die Truppen, die er nicht unter den Augen hatte. Die Tapferkeit eines kommandierenden Generals ist eine andere als die eines Divisionsgenerals; ebenso muß die eines Divisionsgenerals eine andere sein als die eines Grenadierhauptmanns.

4. Die französische Armee kam am 17. Juni um 6 Uhr abends vor Waterloo an; sie wäre um 3 Uhr dagewesen; verhängnisvolles Zaudern hatte diese Verzögerung verschuldet. Der Kaiser schien darüber sehr ärgerlich zu sein; er zeigte auf die Sonne und rief: »Was gäbe ich darum, wenn ich heute Josuas Macht hätte und die Sonne zwei Stunden in ihrem Marsche anhalten könnte!«

IV.

Niemals hat der französische Soldat mehr Mut, guten Willen und Begeisterung gezeigt; er war durchdrungen von dem Gefühl seiner Überlegenheit über alle Soldaten Europas. Sein Vertrauen zum Kaiser war ungeschwächt, vielleicht sogar noch gewachsen; aber gegen seine anderen Führer war er mißmutig und mißtrauisch. Die Fälle von Verrat, die im Jahre 1814 vorgekommen waren, standen immer vor seinem Geiste; jedes Manöver, das er nicht begriff, beunruhigte ihn; er hielt sich für verraten. Als bei St. Amand die ersten Kanonenschüsse fielen, trat ein alter Korporal an den Kaiser heran und sagte ihm: »Sire, nehmen Sie sich in acht vor dem Marschall Soult, Sie können sich darauf verlassen, der verrät uns.« – »Sei nur ruhig«, antwortete Napoleon, »für den bürge ich wie für mich selber.« Mitten in der Schlacht meldete ein Offizier dem Marschall Soult, General Vandamme sei zum Feinde übergegangen; seine Soldaten verlangten mit lautem Geschrei, man solle den Kaiser davon in Kenntnis setzen. Gegen Ende der Schlacht sprengte ein Dragoner mit bluttriefendem Säbel heran und schrie: »Sire, kommen Sie geschwind zur Division! Der General fordert die Dragoner auf, zum Feinde überzugehen.« – »Hast du ihn gehört?« – »Nein, Sire, aber ein Offizier, der Sie sucht, hat es gesehen und hat mich beauftragt, es Ihnen zu sagen.« Unterdessen wurde dem braven General durch eine Kanonenkugel ein Bein weggerissen, nachdem er einen feindlichen Angriff zurückgeworfen hatte.

Am Abend des 14. Juni vermehrten allerdings wirkliche Desertionen die Unruhe der Soldaten. Ebenso scheint es ziemlich gewiß zu sein, daß am Abend der Schlacht von Waterloo, als das Dorf La Haye vom Marschall Blücher angegriffen wurde, bei der 4. Division des I. Korps der Ruf gefallen ist: *Rette sich, wer kann!* Das Dorf ist jedenfalls nicht so verteidigt worden, wie es hätte geschehen müssen. Ferner ist es wahrscheinlich, daß mehrere Offiziere, die Befehle überbringen sollten, verschwunden sind. Wenn aber auch einige Offiziere desertiert sind, so hat sich doch kein einziger Soldat dieses Verbrechens schuldig gemacht; mehrere Verwundete töteten sich selbst auf dem Schlachtfelde, als sie die völlige Niederlage der Armee erfuhren.

V.

Am 17. Juni bestand die französische Armee aus drei verschiedenen Teilen: 62 000 Mann marschierten unter dem Befehl des Kaisers auf der Heerstraße von Charleroi gegen Brüssel; 34 000 Mann unter Grouchy verfolgten die Preußen auf der Straße nach Wavre und hatten ebenfalls die belgische Hauptstadt als Ziel; 3000 Mann (die Division Girard) blieben auf dem Schlachtfelde von Ligny, um den Verwundeten Hilfe zu leisten und für unvorhergesehene Fälle eine Reserve bei Quatrebras zu bilden. Außerdem waren 4 bis 5000 Mann zur Bedekkung der Reserveartillerie und des Trosses in Fleurus und Charleroi geblieben. Die 34 000 Mann des Marschalls Grouchy mit ihren 108 Geschützen waren hinreichend, um die preußische Nachhut aus allen

Stellungen, die sie etwa einnehmen konnte, herauszuwerfen, den Rückzug der besiegten Armee zu beschleunigen und sie in Schach zu halten. Es war ein schöner Erfolg des Sieges bei Ligny, auf diese Weise 34000 Mann einer Armee gegenüberstellen zu können, die 120000 Mann stark gewesen war. Die vom Kaiser selbst befehligten 62000 Mann genügten, um die 90000 Mann starke englisch-holländische Armee zu schlagen. Das Mißverhältnis, das am 15. Juni in bezug auf die Stärke der kriegführenden Parteien bestand, hatte sich sehr geändert. Das Verhältnis war 1:2 gewesen, war aber jetzt nur noch 3:4. Hätte die englisch-holländische Armee die 62000 Mann, die ihr gegenübertraten, geschlagen, so hätte man Napoleon den Vorwurf machen können, sich verrechnet zu haben; aber es geht aus dem eignen Zugeständnis des Feindes hervor, daß ohne das Eintreffen des Generals Bülow die englisch-holländische Armee schon vor 3 Uhr nachmittags das Schlachtfeld hätte räumen müssen. Selbst nach Bülows Ankunft, wodurch ihre Gesamtstärke auf 120000 Mann gebracht wurde, hätte sie noch zwischen 8 und 9 Uhr abends die Schlacht verloren, wenn nicht Blücher mit seinem I. und II. Korps erschienen wäre.

Der Plan, am 17. Juni in zwei Kolonnen auf Brüssel zu marschieren, bot mehrere Vorteile; der linke Flügel drängte die englisch-holländische Armee, der rechte unter Grouchy die preußisch-sächsische, und am Abend mußte die ganze französische Armee auf einer Linie von kaum 20 Kilometern, von Mont St. Jean bis Wavre, mit den Vorposten am Waldrande, vereinigt stehen. Der am 17. Juni vom Marschall Grouchy begangene Fehler, nach einem Tagesmarsch von kaum 9 Kilometern in Gembloux haltzumachen, statt nach Wavre, d. h. 12 bis 13 Kilometer weiterzumarschieren, wurde so verschlimmert, daß er nicht wieder gutzumachen war, indem er am nächsten Tage, dem 18. Juni, zehn Stunden verlor und, statt um 6 Uhr früh, erst um 4 Uhr nachmittags vor Wavre eintraf.

Obgleich er den Auftrag hatte, den Marschall Blücher zu verfolgen, verlor Grouchy ihn 24 Stunden lang aus den Augen, nämlich von 4 Uhr nachmittags des 17. Juni bis zur gleichen Stunde des 18. Juni.

Das Vorrücken der Kavallerie auf das Plateau, während der Angriff des Generals Bülow noch nicht völlig abgewiesen war, war unerwünscht; der Kaiser hatte die Absicht, dieses Manöver ausführen zu lassen, aber erst eine Stunde später, und demselben durch die 16 Bataillone Gardeinfanterie und 100 Kanonen Nachdruck zu verleihen.

Die vom General Guyot befehligten reitenden Grenadiere und Dragoner der Garde gingen ohne Befehl ins Gefecht. Die Armee hatte also schon um 5 Uhr nachmittags keine Kavalleriereserve mehr. Wäre um ½9 Uhr diese Reserve noch vorhanden gewesen, so wäre das Gewitter, das über das Schlachtfeld hereinbrach, noch beschworen worden; nach Zurückwerfung der feindlichen Kavallerieangriffe hätten beide Armeen auf dem Schlachtfelde übernachtet. Wenn auch nach und nach alle Truppen Bülows und Blüchers eingetroffen wären, so blieb die französische Armee doch noch im Vorteil, denn die 34 000 Mann des Marschalls Grouchy mit ihren 108 Geschützen waren ganz frisch und würden noch in der Nacht das Schlachtfeld erreicht haben, um mit der Hauptarmee zu biwakieren; die beiden feindlichen Heere hätten sich die Nacht über durch den Wald von Soignies gedeckt. Es war sonst in allen Schlachten Brauch, daß die Division der Gardegrenadiere und -dragoner den Kaiser nicht aus dem Gesicht verlor und nur infolge eines von Napoleon ihrem General gegebenen mündlichen Befehles angriff.

Der kommandierende General des Gardekorps, Marschall Mortier, legte am 15. Juni in Beaumont bei Beginn der Feindseligkeiten den Befehl nieder. Er wurde nicht ersetzt, und daraus entstanden mehrere Unzuträglichkeiten.

VI.

Am 13. und 14. Juni manövrierte die französische Armee auf dem rechten Ufer der Sambre, die Nacht vom 14. zum 15. biwakierte sie 2 Kilometer von den preußischen Vorposten. Trotzdem war Marschall Blücher gänzlich ahnungslos. Als er am Vormittag des 15. Juni in seinem Hauptquartier in Namur erfuhr, daß der Kaiser bereits in Charleroi eingezogen war, lag die preußisch-sächsische Armee noch in ihren Quartieren, die sich über 130 Kilometer erstreckten; sie brauchte zwei Tage, um sich zu sammeln. Blücher mußte schon am 15. Mai sein Hauptquartier in Fleurus aufschlagen, die Quartiere seiner Armee auf eine Ausdehnung von 35 Kilometer beschränken und die Übergänge über die Maas und die Sambre durch Vorposten bewachen; dann hätte seine Armee am 15. Juni mittags bei Ligny versammelt stehen können, um dort den Angriff der französischen Armee abzuwarten, oder sie hätte am Abend des 15. gegen diese marschieren können, um sie in die Sambre zu werfen.

Obgleich Marschall Blücher überrascht worden war, verharrte er doch bei seinem Plan, sein Heer auf den Höhen von Ligny hinter Fleurus zu vereinigen, obwohl er Gefahr lief, dort angegriffen zu werden, bevor noch seine ganze Armee beisammen war. Am Vormittag des 16. Juni hatte er erst zwei Armeekorps in der Hand, und die französische Armee war schon in Fleurus. Das III. Korps traf im Laufe des Tages ein, aber das IV., unter General Bülow, konnte nicht mehr rechtzeitig zur Schlacht kommen. Sobald Blücher erfuhr, daß die Franzosen in Charleroi waren, mußte er seiner Armee als Sammelpunkt weder Fleurus noch Ligny angeben, denn diese Orte lagen bereits unter den feindlichen Kanonen, sondern vielmehr Wavre, wo die Franzosen erst am 16. Juni ankommen konnten. Er hätte dann bis zum 17. Juni einen ganzen Tag Zeit gefunden, um alle Korps seiner Armee zu vereinigen.

Nach dem Verlust der Schlacht bei Ligny durfte der Rückzug des preußischen Generals nicht nach Wavre, sondern mußte in der Richtung auf die Armee des Herzogs von Wellington entweder nach Quatrebras, wo dieser sich ja behauptet hatte, oder Waterloo bewerkstelligt werden. Der ganze Rückzug Blüchers am Vormittag des 17. Juni war widersinnig; denn die beiden verbündeten Armeen, die am Abend des 16. Juni nur 5½ Kilometer voneinander entfernt waren und als Verbindung eine schöne Heerstraße hatten, so daß sie schon als vereinigt gelten konnten, waren am Abend des 17. Juni um mehr als 18 Kilometer voneinander entfernt und durch Engpässe und ungangbare Wege getrennt.

Der preußische General hat gegen die drei Hauptregeln der Kriegskunst verstoßen: Erstens, man soll seine Quartiere beisammen halten; zweitens, man soll als Sammelpunkt einen Ort angeben, den alle vor dem Feinde erreichen können; drittens, man soll sich auf seine Verstärkungen zurückziehen.

VII.

Der Herzog von Wellington wurde in seinen Quartieren überrascht; er hätte diese schon am 15. Mai in einem Umkreis von 35 Kilometern um Brüssel zusammenziehen und die flandrischen Straßen durch Vorposten besetzen müssen. Die französische Armee manövrierte drei Tage lang im Bereich seiner Vorposten; seit 24 Stunden hatte sie die Feindseligkeiten eröffnet, ihr Hauptquartier befand sich seit 12 Stunden in Charleroi. Von allem diesem wußte der englische General in Brüssel nichts, und seine Armee lag in vollkommener Sicherheit in ihren Quartieren, die sich über mehr als 90 Kilometer erstreckten.

Der Prinz von Sachsen-Weimar, der zur englisch-holländischen Armee gehörte, hatte am 15. Juni um 4 Uhr nachmittags eine Stellung vorwärts von Frasmes inne. Er wußte, daß die französische Armee in Charleroi war. Wenn er einen Adjutanten nach Brüssel gesandt hätte, wäre dieser um 6 Uhr abends dort angekommen. Der Herzog von Wellington erfuhr aber erst um 11 Uhr abends, daß die französische Armee in Charleroi war; er verlor also 5 Stunden, während er unter schwierigen Umständen einem solchen Manne gegenüberstand, daß der Verlust einer einzigen Stunde von großer Wichtigkeit war.

Die Infanterie, Kavallerie und Artillerie der englischen Armee lagen voneinander getrennt; die Folge war, daß die Infanterie bei Quatrebras ohne Kavallerie und Artillerie ins Gefecht kam und große Verluste erlitt; denn sie war gezwungen, in dichten Kolonnen unter dem Eisenhagel von 50 Feuerschlünden den Kürassierangriffen standzuhalten. Ohne Kavallerie, um sie zu beschützen, und ohne Artillerie, um sie zu rächen, wurden diese tapferen Soldaten einfach zur Schlachtbank geschleppt. Da keine der drei Waffen auch nur einen Augenblick der beiden anderen entbehren kann, müssen ihre Quartiere und Stellungen so beschaffen sein, daß sie sich stets gegenseitig unterstützen können.

Obwohl der englische General überrascht war, gab er doch als Vereinigungspunkt für seine Armee im Laufe des 16. Juni die Stellung von Quatrebras an, die sich bereits in der Gewalt der Franzosen befand. Er setzte seine Truppen der Gefahr aus, in einzelnen Abteilungen, sofort nach ihrem Eintreffen, vernichtet zu werden; diese Gefahr war um so größer, da er sie ohne Artillerie und Kavallerie ankommen ließ. Er lieferte seine Infanterie zerstückelt und ohne den Beistand der beiden anderen Waffen dem Feinde aus. Sein Vereinigungspunkt hätte Waterloo sein müssen. Er hätte dort den ganzen 16. Juni und die Nacht vom 16. zum 17. für sich gehabt, und dies war hinreichend, um seine ganze Armee, Infanterie, Kavallerie und Artillerie an diesem Punkt zu vereinigen.

VIII.

Der englische General hat am 18. Juni die Schlacht bei Waterloo geliefert. Sein Entschluß war sowohl gegen die Interessen seiner Nation wie gegen den von den Verbündeten beschlossenen allgemeinen Feldzugsplan. England braucht so viele Leute zur Rekrutierung seiner Armeen in Indien, den amerikanischen Kolonien und den anderen ausgedehnten Niederlassungen. Es lag daher nicht im Interesse des Landes, sich leichten Herzens auf einen mörderischen Kampf einzulassen, der ihm seine einzige Armee kosten konnte und ihm auf alle Fälle sein reinstes Blut kosten mußte. Der Kriegsplan der Alliierten bestand darin, nur mit ihrer Gesamtmacht zu schlagen und sich auf keine Teilgefechte einzulassen. Nichts widersprach mehr ihren Interessen und ihrem Plan, als den Erfolg ihrer Sache in einer Schlacht mit ungefähr gleichen Kräften aufs Spiel zu setzen; denn alle Wahrscheinlichkeiten sprachen gegen sie. Wäre die englisch-holländische Armee bei Waterloo vernichtet worden, was hätten dann den Alliierten die zahlreichen Heere genützt, die sich anschickten, den Rhein, die Alpen und die Pyrenäen zu überschreiten?

Indem der englische General sich entschloß, die Schlacht vor dem Walde von Soignies anzunehmen, rechnete er auf die Mitwirkung der Preußen. Diese konnte aber erst am Nachmittage stattfinden; er war also 12 Stunden lang, von 4 Uhr morgens bis 4 Uhr nachmittags, allen Angriffen der Franzosen ganz allein ausgesetzt. Eine Schlacht dauert im allgemeinen nicht länger als sechs Stunden; diese Mitwirkung der Preußen war also illusorisch.

Wenn er aber auf die Preußen rechnete, so nahm er an, daß die ganze französische Armee ihm gegenüberstehen werde; er glaubte also mit 90 000 Mann von verschiedenen Nationen sein Schlachtfeld zwölf Stunden lang gegen eine Armee von 104 000 Franzosen behaupten zu können.

Diese Rechnung war offenbar falsch. Er würde sich keine drei Stunden behauptet haben. Um 8 Uhr morgens wäre alles entschieden gewesen, und die Preußen wären bei ihrer Ankunft in die Niederlage mit hineingerissen worden. Beide Armeen wären an ein und demselben Tage vernichtet worden.

Wenn er darauf rechnete, daß ein Teil der französischen Armee den Regeln der Kriegskunst gemäß die Preußen verfolgte, so mußte ihm auch klar sein, daß er von diesen keine Hilfe erhalten konnte, daß die Preußen, die bei Ligny geschlagen waren, 25–30 000 Mann auf dem Schlachtfelde und 20 000 Mann an Versprengten verloren hatten, sich nicht durch Abgabe von Hilfskräften schwächen würden, wenn sie von 25–30 000 siegreichen Franzosen verfolgt würden, sondern daß sie ihre Zahl kaum würden für hinreichend gehalten haben, um selber standzuhalten. In diesem Falle hätte die englisch-holländische Armee ganz allein den Angriff von 62 000 Franzosen den ganzen 18. Juni aushalten müssen. Jeder Engländer wird zugeben, daß der Ausgang eines solchen Kampfes nicht zweifelhaft war, da die englische Armee nicht so organisiert war, um die Stöße der kaiserlichen Armee auch nur 6 Stunden lang auszuhalten.

Während der ganzen Nacht vom 17. zum 18. Juni war das Wetter entsetzlich gewesen; infolgedessen war bis 9 Uhr morgens das ganze Gelände völlig unwegsam. Dieser Verlust von 5 Stunden, von Sonnenaufgang gerechnet, war durchaus nur zum Vorteil der Engländer. Durfte aber ihr Feldherr den Ausgang eines derartigen Kampfes davon abhängen lassen, wie das Wetter in der Nacht vom 17. zum 18. Juni sein würde? Marschall Grouchy hat das anscheinend unergründliche Geheimnis gefunden, mit 34 000 Mann und 108 Geschützen während des ganzen 18. Juni weder auf dem Schlachtfeld von Mont St. Jean noch bei Wavre anwesend zu sein! Hatte denn aber der englische Feldherr die Zusicherung des Marschalls, daß er sich so eigentümlich benehmen würde? Das Verhalten des Marschalls Grouchy, der sich 20 Jahre hindurch so oft an der Spitze seiner Reiter ausgezeichnet hatte, war ebenso unerwartet, wie wenn die Erde sich aufgetan und seine Armee auf dem Marsch verschlungen hätte.

Wäre Grouchy auf dem Schlachtfelde von Mont St. Jean gewesen, wie der englische und der preußische Feldherr während der ganzen Nacht vom 17. zum 18. Juni und noch am Vormittag des 18. Juni geglaubt haben, und hätte das Wetter der französischen Armee erlaubt, sich um 4 Uhr morgens in Schlachtordnung zu stellen, so wäre die englische Armee vor 7 Uhr früh zersprengt und zerfetzt gewesen; sie hätte alles verloren. Und wenn das Wetter der französischen Armee auch nur erlaubt hätte, um 10 Uhr in Schlachtordnung zu stehen, so wäre um 1 Uhr nachmittags das Schicksal der englisch-holländischen Armee besiegelt gewesen; ihre Trümmer wären über den Wald hinaus oder in der Richtung auf Hal geworfen worden; man hätte vollkommen Zeit gehabt, im Laufe des Nachmittags dem Marschall Blücher entgegenzugehen und ihm ein gleiches Schicksal zu bereiten. Hätte Grouchy sich am Abend des 17. Juni vor Wavre gelagert, so würde die preußische Armee den Engländern keine Hilfe gesandt haben, und diese würden von den ihnen gegenüberstehenden 62 000 Franzosen vollständig geschlagen worden sein.

Die Stellung von Mont St. Jean war schlecht gewählt. Die Hauptbedingung ist, daß eine Armee im Rücken ihres Schlachtfeldes keine Engpässe hat. Während der Schlacht wußte der englische Feldherr sich seine zahlreiche Kavallerie nicht zunutze zu machen. Er dachte nicht daran, daß er auf seinem linken Flügel angegriffen würde, ja angegriffen werden mußte; er glaubte, der Angriff würde auf dem rechten Flügel erfolgen. Nachdem ihm die 30 000 Preußen Bülows Luft gemacht hatten, würde er im Laufe des Tages zweimal seinen Rückzug angetreten haben, wenn ihm dieses möglich gewesen wäre! So ist also tatsächlich, oh seltsames Spiel menschlicher Geschehnisse! die schlechte Wahl seines Schlachtfeldes, die jeden Rückzug unmöglich machte, die Ursache seines Erfolges geworden.

IX.

Man wird fragen: Was sollte denn der englische General nach der Schlacht bei Ligny und dem Gefecht bei Quatrebras tun? Hierüber kann es zweierlei Meinungen geben. Er mußte in der Nacht vom 17. auf den 18. Juni auf der Straße von Charleroi durch den Wald von Soignies marschieren; die preußische Armee mußte ebenfalls auf der Straße von Wavre durch den Wald marschieren. Die beiden Armeen mußten sich bei Tagesanbruch vor Brüssel vereinigen. Jede von ihnen mußte eine starke Nachhut zur Verteidigung des Waldes zurücklassen. Man mußte einige Tage Zeit gewinnen, damit die nach der Schlacht von Ligny verstreuten Preußen wieder zu ihrer Armee gelangen konnten. Wellington mußte sich um die 14 englischen Regimenter verstärken, die als Besatzungen in den belgischen Festungen lagen oder kurz vorher in Ostende gelandet waren. Dann konnte er den Kaiser der Franzosen manövrieren lassen, soviel dieser Lust hatte. Würde er wohl mit einer Armee von 100 000 Mann durch den Wald von Soignies marschiert sein, um am Ausgang die beiden vereinigten Armeen anzugreifen, die in einer Stärke von mehr als 240 000 Mann in Schlachtordnung standen? Etwas Besseres konnte sicherlich den Alliierten nicht geschehen. Würde der Kaiser sich darauf beschränkt haben, selber eine Stellung zu beziehen? Er hätte sich in dieser nicht lange halten können; denn 300 000 Russen, Österreicher, Bayern usw., die bereits am Rhein angekommen waren, wären in wenigen Wochen an der Marne gewesen. Dies hätte den Kaiser gezwungen, seiner Hauptstadt zu Hilfe zu eilen. Dann mußte die englisch-preußische Armee marschieren und sich unter den Mauern von Paris mit den anderen Verbündeten vereinigen. Damit hätten sie nichts aufs Spiel gesetzt, hätten keinerlei Verluste erlitten, hätten im Einklang mit den Interessen der englischen Nation und mit dem von den Alliierten angenommenen allgemeinen Feldzugsplan und mit den Regeln der Kriegskunst gehandelt.

Vom 15. bis zum 18. Juni hat der Herzog von Wellington beständig so manövriert, wie sein Feind es wünschte. Er hat nichts von dem getan, was dieser befürchtete. Die englische Infanterie hat sich als fest und tüchtig bewiesen. Die Kavallerie hätte Besseres leisten können. Die englisch-holländische Armee ist zweimal im Laufe des Tages durch die Preußen gerettet worden: das erstemal vor 3 Uhr durch Bülow mit 30 000 Mann, das zweitemal um 8 Uhr abends durch Blücher mit 30 000 Mann. 62 000 Franzosen haben 120 000 Mann geschlagen; der Sieg wurde ihnen zwischen 8 und 9 Uhr abends entrissen, aber nur durch 150 000 Mann.

Man stelle sich vor, wie die Bevölkerung von London sich benommen haben würde, wenn sie erfahren hätte, daß ihre Armee völlig vernichtet sei, daß man das edelste Blut des Landes verschwendet hätte, um für die Sache der Könige gegen die der Völker, für die Privilegien gegen die Gleichheit, für die Aristokraten gegen die Liberalen, für die Prinzipien der Heiligen Allianz gegen die der Souveränität des Volkes zu kämpfen!

*

Anhang.

Von Waterloo bis Sankt Helena.

Das X. Buch von Napoleons Darstellung der Vorgänge während der Hundert Tage ist leider verlorengegangen, wenigstens nicht veröffentlicht worden. Wir besitzen aber gerade über die Periode unmittelbar nach der Schlacht bei Waterloo eine Anzahl persönlicher Äußerungen des Kaisers, durch die er die Sachlage jedenfalls viel schärfer beleuchtet, als er es in einem, für den Druck bestimmten Werk getan haben würde. Der Herausgeber teilt im nachstehenden diese Äußerungen wörtlich mit, wie sie sich bei Gourgaud, Las Cases und Montholon finden.

Aus Gourgauds Tagebüchern. Gespräch:

Napoleon (zu Gourgaud): Was hätte ich nach Ihrer Meinung nach der Schlacht bei Waterloo tun sollen?

Gourgaud: Sire, sofort nach der Ankunft in Paris zu den Kammern gehen, eine Ansprache an sie halten, ihnen begreiflich machen, daß alles von der Einigkeit abhänge.

Napoleon: Ja, aber seit drei Tagen hatte ich kaum etwas gegessen. Ich war todmüde. Als ich ankam, warf ich mich in die Badewanne. Dann aß ich. Ich konnte nicht mehr. Ich habe die Minister holen lassen. Wäre ich zu den Kammern gegangen, so hätte man mich voll Respekt angehört, vielleicht mit Beifall. Da ich nach der Verfassung nicht den Beratungen beiwohnen durfte, so wäre nach meinem Fortgehen alles in demselben Geleise weitergegangen. Ich hätte also eine große Zahl von Abgeordneten in die Seine werfen lassen müssen, hätte unter sie treten müssen wie Cromwell. Allerdings, den Fouché, den hätte ich sofort nach der Ankunft erschießen lassen sollen; er war die Seele der Partei; sein Todesurteil wäre unter den Fenstern der Deputierten ausgerufen worden, und ich hätte zu diesen sprechen können: »Was war denn der Mann, der hier von der Trikolore redete? Ein Mensch, der aus Frankreich floh, um sich im Ausland zu verstecken, der nur mir seine Rückkehr nach Paris verdankte. In diesem Augenblick ist Rettung nur bei den Männern, die ihr Vaterland lieben!«

Zum Schluß hätte ich eine Reinigung der Kammern verlangt und sieben oder acht von ihren Mitgliedern hängen lassen, zu allererst natürlich Fouché. Aber dazu mußte ich mich ganz und gar den Jakobinern ergeben, Blut vergießen, und schließlich: hätte es genützt? Ich gestehe Ihnen, ich hätte den Entschluß gefaßt, wenn ich gedacht hätte, es könne glücken, aber diesen Glauben hatte ich nicht. Und dann, ich sah, daß ich im Blute waten, mich zum Abscheu der Menschheit machen mußte. Da zog ich es vor, zugunsten meines Sohnes abzudanken: Mochten sie selber sehen, wie sie fertig wurden, und dabei merken, daß man nicht allein gegen meine Person Krieg führte, sondern doch gegen Frankreich selber.

Gourgaud: Ja, Sire, das ist wahr: wären Eure Majestät in die Kammern nach ihrer Auflehnung gegangen, so hätten Sie wenig zu hoffen gehabt; wären Sie aber gleich nach Ihrer Ankunft dort erschienen, so hätten Sie die Auflehnung verhindert. Eine Atmosphäre des Respektes vor Ihrer Person hätte Sie umgeben, Sie hätten die Abgeordneten elektrisiert!

Napoleon: Bah, mein Lieber, ich war geschlagen! Der Respekt vor mir war groß, solange ich gefürchtet war. Aber wo ich nicht das Recht des legitimen Herrschers besaß, wo ich Hilfe suchte, mit einem Wort: als Besiegter – da hatte ich nichts zu erhoffen! Nein, was ich mir vorzuwerfen habe, das ist, daß ich nicht dem Fouché den Kopf abschlagen ließ. Man kann sagen, er ist mit einem blauen Auge davongekommen. Daru schlug mir sogar vor, ein Kriegsgericht über ihn einzusetzen; die Mitglieder waren schon bestimmt; es waren die von dem Kriegsgericht, das den Herzog von Enghien verurteilt hatte. Ich wäre von ihnen gut bedient worden.

Wenn Fouché, statt mich zu verraten, sich ehrlich an mich angeschlossen hätte, so wäre er mir sehr nützlich gewesen. Er war die Seele der mir feindlichen Clique, er hätte seine ganze Gefolgschaft überredet, sich zur national gesinnten Partei zu halten.

Ja! Ich hätte sofort in die Kammern eilen sollen, aber ich war ermattet, und dann, wer konnte glauben, daß sie sich so schnell erklären würden? Ich wußte nicht, daß Lafayette die Sitzung in Permanenz erklären würde. Um 8 Uhr war ich angekommen, und um 12 Uhr mittags empörten sie sich.

Kurz und gut, sie haben mich überrascht, ich bin auch nur ein

Mensch. Ich hätte mich an die Spitze der Armee stellen können, die für meinen Sohn war, und gewiß wäre alles besser gewesen, als nach St. Helena zu kommen. Es gab noch viele Hoffnungen, und die Alliierten konnten ihre Meinung ändern. Sie hätten indessen fortwährend gesagt, daß sie nur gegen mich Krieg führten. Sogar die Armee selbst wäre davon beeinflußt worden.

Alle Welt hatte mich verlassen. Ich sagte zu den Pairs, als sie eine Abordnung zu mir sandten: »Erklärt den Nationalkrieg! Versichert, daß Ihr keinen Frieden schließen werdet, solange die Alliierten in Frankreich sind!« Aber sie glaubten, es würde gehen wie 1814. Sogar Cambacérès besuchte mich nicht mehr, Regnault fiel von mir ab; Ney endlich schrie in der Pairskammer, alles wäre verloren, wir hätten keine 8000 Mann mehr. Carnot allein versicherte mir, es wäre nur eine Panik, wie sie auch in der Revolution vorgekommen wäre; die Armee würde sich unter den Kanonen von Paris wieder sammeln. Alle anderen glaubten, es wäre alles verloren. Frankreich ist geschändet worden; es ist nur noch eine entehrte erbärmliche Nation. Sie hat ihren verdienten Lohn empfangen; statt fest zu mir zu stehen, hat sie mich verlassen!

Wenn ich nach Waterloo in Paris geblieben wäre, wenn ich etwa 100 Köpfe hätte abschlagen lassen – Fouchés zuerst! –, so hätte ich mit der Canaille mich in Paris halten können. Ich hätte die Kammern durch die Republikaner auseinanderjagen lassen.

Die Weltgeschichte wird mir vielleicht vorwerfen, zu schnell abgedankt zu haben. Es war von meiner Seite ein wenig Groll dabei im Spiel. Von Malmaison aus schlug ich der Provisorischen Regierung vor, mich an die Spitze der Armee zu stellen, um die Unvorsichtigkeiten des Feindes auszunützen. Die Herren wollten nicht; ich schickte sie zum Teufel! In diesem Falle kann man mit Recht sagen, daß die Provisorische Regierung Frankreich verraten hat. Denn sowie ich einmal abgereist war, konnte man nichts anderes mehr tun, als was man getan hat.

Ich hätte mich auch ganz einfach, ohne die Provisorische Regierung zu befragen, nach meiner Abdankung als Stellvertreter Napoleons II. an die Spitze der Truppen stellen können. Sie hatten nur zu mir Vertrauen. Blücher und Wellington wären nicht so schnell gekommen; aber schließlich hätte ich doch weichen müssen; für mich allein hätte ich eine Kapitulation unterzeichnen können, aber als ich sah, daß die Kammern sich gegen mich auflehnten, anstatt sich an mich anzuschließen, da begriff ich, daß alles aus war.

Ich hätte keine Kammern schaffen sollen, ich mußte mich zum Diktator erklären! Aber man konnte hoffen, daß die Alliierten, wenn sie mich die Kammern berufen sähen, Vertrauen zu mir fassen würden. Wenn ich Sieger geblieben wäre, so hätte ich mir den Teufel was aus den Kammern gemacht!

Über die Zeit von Napoleons Abdankung bis zu seiner Ankunft in St. Helena besitzen wir nur sehr wenig Äußerungen aus seinem eignen Munde. Da nun dieser wichtige und interessante Abschnitt in der Selbstbiographie Napoleons unmöglich gänzlich fehlen darf, so geben wir im nachstehenden einen stark gekürzten Auszug aus dem Tagebuch seines Verbannungsgenossen, des Generals Gourgaud, und aus des Grafen Las Cases Mémorial de Sainte-Hélène.

19. Juni 1815[1]. Der Kaiser kam um 7 Uhr morgens in Charleroi an; er ritt durch die Stadt und über die Sambre und hielt dann einige Zeit auf der Wiese, jenseits der Brücke, auf dem rechten Ufer. Dort suchte er einige Reiter, Carabiniers usw. zu sammeln. Vergebliche Bemühungen! Wenn man auf der einen Stelle die Leute in Reih und Glied gebracht hatte, schlichen andere sich auf einer anderen Stelle davon. Der Kaiser aß einen Bissen. Er ließ durch mich vier Kompagnien von Pontonieren, die mit ihrem Brückentrain in der Nähe waren, befehlen, ihre Wagen und Boote stehen zu lassen und sich mit den Pferden und Trainsoldaten auf Avesnes zurückzuziehen. Ferner beschleunigte ich die Abfahrt einer Wagenkolonne von Bauernkarren, die mit Wein, Brot etc. beladen waren; es war auf ihnen eine beträchtliche Menge von Lebensmitteln vorhanden, und bei der Armee kamen wir vor Hunger um. Der Kaiser, immer noch sehr ermüdet, verlangte eine Kalesche; man machte ihn aber darauf aufmerksam, daß die Straße von Fuhrwerken überfüllt sei und daß er zu Wagen unmöglich der feindlichen Reiterei entkommen könnte, deren Erscheinen man jeden Augenblick erwartete. Hierauf stieg er wieder zu Pferde; wir verfolgten eine Strecke die Straße nach Avesnes; da aber mehrere Meldungen eingingen, daß feindli-

1 Bis zum 4. Juli sind alle Berichte aus Gourgauds Tagebuch entnommen. Vom 5. Juli an vermerke ich bei jedem Bericht, ob er von Gourgaud oder Las Cases herrührt. C.

che Streifkorps schon in Beaumont seien, entschloß der Kaiser sich, nach Philippeville zu reiten; kurz darauf begegneten wir französischen Flüchtlingen, die uns entgegenmarschierten und den Weg versperrten. Der Kaiser zauderte einen Augenblick und hielt; da wir aber keine Feinde sahen und wohl oder übel weitermußten, so setzten wir uns wieder in Bewegung. Endlich kam der Kaiser, ganz zerschlagen vor Müdigkeit, beinahe allein in Philippeville an; bei ihm waren nur Soult, Bertrand, Drouot, Flahault, ich, Labédoyère, Amillet und zwei oder drei Ordonnanzoffiziere. Der Kaiser stieg in einem Wirtshaus am Hauptplatz ab und ließ den Kommandanten kommen. Wir aßen ein wenig, und ich erfuhr, der Kaiser würde mit der Post nach Paris fahren; man lieh von dem Kommandanten der Festung, General Dupuy, seinen Wagen, und es wurden noch zwei Halbkutschen zurechtgemacht. In diesem Augenblick kam auch der Herzog von Bassano zu uns. Der Kaiser hatte die Liste seiner Begleiter aufgestellt, mein Name befand sich darauf. Wir reisten mit Postpferden über Rocroy; bei einem Dorf holten wir den Wagen des Kaisers ein; wir speisten dort zu Abend, und man ließ uns für das Essen 300 Franken bezahlen. Wir berieten, welcher Weg einzuschlagen sei, und es wurde beschlossen, daß wir, weil anderswo keine Pferde zu haben sein würden, wieder die Heerstraße nach Mézières benutzen sollten; wir kamen dort inkognito durch, ebenso in Reims.

20. Juni. Von Reims kamen wir am 20. nach Berry au Bac, wo wir frühstückten; hier hielten wir Rat: Drouot, Flahault, Labédoyère, Dejean usw. (Soult war in Philippeville geblieben).

Wir waren alle darüber einig, der Kaiser müßte sofort nach der Ankunft in Paris, so wie er ginge und stände in seinen kotigen Stiefeln in die Deputiertenkammer eilen, die Katastrophe mitteilen, Hilfe verlangen und sofort wieder abreisen, um sich an die Spitze der Grouchyschen Armee und der inzwischen gesammelten Heerestrümmer zu stellen. Wenn es dazu dienen könnte, den Frieden zu erlangen, müßte er sich erbieten, der Krone zu entsagen.

Den nächsten Halt machten wir in Laon, wo wir mit dem Ruf: Es lebe der Kaiser! empfangen wurden. Alle Landleute der Umgegend erboten sich, diese Stellung zu verteidigen. Der Kaiser stieg in einen anderen Wagen, und wir fuhren endlich nach Paris ab, wo wir um 8 Uhr eintrafen. Der Kaiser bestellte sogleich nach seiner Ankunft die Minister und nahm ein Bad.

22. Juni. Der Kaiser wurde von allen ängstlichen Leuten bestürmt,

die sich in der Hoffnung wiegten, daß man, wäre nur Napoleon nicht mehr da, sofort Frieden erhalten würde. Des Drängens aller dieser Leute müde und niedergeschlagen durch sein großes Unglück, entschloß er sich, abzudanken und sich nach den Vereinigten Staaten zurückzuziehen. Der Kaiser schlug mir vor, ihn zu begleiten, was ich voll Eifer annahm.

24. Juni. Das Elysée bot einen ganz anderen Anblick als 14 Tage vorher! Keine Besucher ..., keine Wagen ..., Offiziere der Nationalgarde rotteten sich in den benachbarten Straßen zusammen und riefen aus vollem Halse: »Hoch der Kaiser! ... Verlaß uns nicht!« Aber die Minister stellten dem Kaiser vor, seine Anwesenheit in Paris lähme alle ihre Befehle, trotz seiner Abdankung sei er doch noch der Herrscher. Endlich ließ der Kaiser sich überreden und entschloß sich, am nächsten Tage sich nach Malmaison zu begeben, um dort die von ihm erbetenen Pässe nach den Vereinigten Staaten abzuwarten.

25. Juni. Um halb 1 Uhr fuhr der Kaiser vom Elyséepalast ab; eine große Menschenmenge stand vor dem Eingang zum Palais und erfüllte die Luft mit den Rufen: Hoch der Kaiser! Napoleon war zu bewegt, um dieses letzte Lebewohl empfangen zu können, und ließ seine sechsspännige Kutsche mit der Eskorte durch die Rue St. Honoré fahren, während er selbst im Garten mit dem Großmarschall in dessen zweispännigen Wagen stieg und den Weg durch die Champs-Elysées nahm. Erst außerhalb der Barrière von Chaillot verließ der Kaiser die Equipage des Großmarschalls, um in seine eigne zu steigen.

Um halb zwei Uhr kamen wir in Malmaison an, wo die Königin Hortense uns erwartete. Der Kaiser ging lange mit dem Herzog von Rovigo (Savary) auf und ab, der von der Provisorischen Regierung mit dem Kommando der Leibwache beauftragt war. Diese bestand aus ungefähr 300 Mann von der Alten Garde und 40 Dragonern. Der Kaiser spazierte ungefähr eine Stunde lang mit dem General, der sich nach Kräften bemühte, ihn das Peinliche seines Auftrages nicht empfinden zu lassen.

Als Napoleon wieder das Schloß betrat, war er erstaunt, dort nur wenige Leute zu bemerken, und sagte zu mir: »Nun? Ich sehe ja keinen einzigen von meinen Adjutanten!« Ich antwortete: viele Leute, die wir im Glücke um uns sähen, verließen uns im Unglück. Gegen Abend kamen 6 Ordonnanzoffiziere aus Paris und meldeten sich beim Kaiser, der sich um 11 Uhr zur Ruhe begab. Im Laufe des Abends kamen auch die Generale Piré und Chartran, aber nur, um Geld zu verlangen.

26. Juni. Ich fuhr mit Montholon im Torwagen nach Paris, um meine Angelegenheiten zu ordnen und meinen Verwandten Lebewohl zu sagen. Ich ging ins Ministerium, um ein Duplikat meiner Bestallung vom 8. Juni zu erhalten, und traf dort mehrere Herren, die mich alle aufforderten, den Kaiser zu bitten, daß er Frankreich verlassen möchte. Abends um 7 Uhr kam ich wieder in Malmaison an. Ich fand dort den Herzog von Bassano, die Herzogin von Vicenza und Madame Duchâtel, die Zutritt zum Kaiser erhalten hatten. Auch Madame Regnault war gekommen, um mitzuteilen, daß gegen den Kaiser eine Verschwörung unter Leitung Fouchés bestehe. Madame Walewska war ebenfalls herbeigeeilt. Die Generale Piré und Chartran hatten ihren Angriff erneuert und wirklich jeder einen Scheck erhalten. Während der Nacht kam der Minister Decrès, um mit dem Kaiser zu sprechen.

27. Juni. Ziemlich viele Besuche: Flahault, Labédoyère, Bassano, Exkönig Joseph kamen, ebenso Decrès. Es wurde viel geredet, aber kein Beschluß gefaßt. Piré und Chartran kamen in hellem Zorn von Paris zurück; jener hatte nur 12000 Franken erhalten, der andere nur 6000.

28. Juni. Auf das Gerücht von der Annäherung des Feindes rekognoszierte ich mit Montholon zusammen die Umgegend von Malmaison. Wir bezeichneten die Plätze, wo wir unsere kleine Truppe hätten aufstellen müssen. Wir waren fest entschlossen, die Einnahme des Schlosses teuer zu verkaufen, falls es etwa von einem feindlichen Streifkorps angegriffen werden sollte. Der Kaiser befahl mir, kleine Patrouillen von je drei Dragonern in der Richtung nach Gonesse und St. Germain auszusenden. General Becker bekam von Davoust den Befehl, die Brücke bei Châtou zu zerstören; ich ritt mit ihm dorthin, und wir trafen die notwendigen Anordnungen. Die Brücke brannte die ganze Nacht. Während des Tages hatten wir ziemlich lebhaften Geschützdonner in der Richtung von St. Denis gehört.

29. Juni. Die Ungewißheit ist immer noch die gleiche. Die Pässe für die Vereinigten Staaten kommen nicht. Der Feind rückt heran. Der Kaiser schickt Becker nach Paris und läßt die Provisorische Regierung bitten, sich an die Spitze der vor Paris zusammengezogenen Truppen stellen zu dürfen, um das preußische Korps zu vernichten, das infolge der Nachricht von Napoleons Abdankung unvorsichtig vordringt. Der Kaiser erbietet sich zu ehrenwörtlicher Verpflichtung, daß er sofort nach Durchführung dieser Aufgabe Frankreich verlassen und sich, seinem ersten Plan gemäß, nach Amerika begeben werde. Die Provisori-

sche Regierung, die durch den bloßen Aufenthalt Napoleons in Malmaison zu einem Nichts herabgedrückt wurde, wünschte nicht im geringsten, diesen an der Spitze der Truppen zu sehen; sie wies seine Anerbietungen zurück und opferte so ihren Privatinteressen das Wohl des Vaterlandes. Sie wollte lieber Paris durch die Feinde geplündert, als durch Napoleon befreit sehen. Nachdem Becker um ¾5 Uhr zurückgekehrt war, entschied der Kaiser sich zur Abreise nach Rochefort. Am Morgen war Résigny auf der Polizeipräfektur gewesen, um die Pässe zu verlangen; es war nur einer da für Labédoyère, der zu uns kommen sollte, jedoch durch seinen Freund Flahault davon abgehalten wurde. Der Marineminister hatte an zwei Fregatten, die in Rochefort lagen, Befehl gesandt, sich segelfertig und zur Verfügung des Kaisers zu halten.

Dieser reiste, begleitet von Bertrand, Becker und Rovigo, um 5 Uhr in einer einfachen gelben Kalesche ab; er trug einen kastanienbraunen Frack. Die Kalesche fuhr zur kleinen Parktür heraus. Der Kaiser war in dem kleinen Hof, gleich links, wenn man aus dem Schloß kommt, in den Wagen gestiegen. Die Reise sollte über Rambouillet, Vendôme, Châteaudun, Tours, Niort gehen. Ich richtete mich im Coupéwagen ein, und man gab mir zur Aufbewahrung 100 000 Franken in Gold. Ich nahm die Pistolen aus den Equipagen des Kaisers und verteilte die Waffen auf die Wagen des Reisezuges. Ich hatte 16 Schüsse abzufeuern. Mein Wagen und der mit den Kammerdienern folgte dem des Kaisers; die anderen fuhren über Orléans, Limoges und Saintes.

30. Juni. Der Kaiser, der unter dem Namen des Generals Becker reiste, war bis Rambouillet gekommen. Als mein Wagen dort eintraf, ließ ein Diener ihn halten und sagte mir, Se. Majestät lasse mich rufen. Ich begab mich ins Schloß, wo ich den Kaiser in großer Ungeduld fand; er wartete auf Nachrichten aus Paris, das er nur sehr widerstrebend verließ. Ich fand Becker, Rovigo und Bertrand zusammen; wir speisten mit dem Kaiser, der sehr ermüdet war und sich bis zum anderen Morgen um 8 Uhr ausruhte.

1. Juli. Der Kaiser fuhr über Châteaurenaud, wo er von dem Wirt, bei dem er speiste, erkannt wurde. In Vendôme schienen die Einwohner nicht freundlich gesinnt zu sein; als der Wagen des Kaisers, der hinter dem meinigen fuhr, durch den Ort kam, riefen einige Leute: Es lebe der König! Der Kaiser wurde auch von der Postmeisterin erkannt. Die gute Frau erwies mir tausend Freundlichkeiten wegen meiner Anhänglichkeit an Napoleon. Sie erzählte mir, die Kaiserin habe bei ihr

logiert, und sie glaubte, der arme Mensch – so nannte sie den Kaiser – wäre nach Valençay verbannt.

Der Kaiser speiste in Poitiers, von wo er einen Kurier nach Rochefort sandte; um 8 Uhr abends kam er in Niort an und erhielt dort die Nachricht, daß Rochefort von den Engländern blockiert sei. Als ich am Abend durch St. Maixent kam, rottete sich ein Menschenhaufen um meinen Wagen zusammen. Da wir auf frische Pferde warten mußten, speisten wir zu Abend; während wir bei Tische saßen, kam der Bürgermeister mit mehreren bewaffneten Leuten, um unsere Pässe zu visitieren. Er machte uns Schwierigkeiten. Inzwischen waren die Pferde gekommen, ich stieg wieder in den Wagen und sagte, wenn man mich auf meiner Reise aufhalten wollte, so würde ich mich verteidigen wie gegen Räuber. Endlich fuhren wir ab.

2. Juli. Ich kam um 3 Uhr morgens in Niort an. Zwei höhere Gendarmerieoffiziere erschienen im Posthaus in der Vorstadt, wo ein Gendarm mich verhaftet hatte. Sie erkannten mich und führten mich voll Geheimnistuerei in den Gasthof *Zum Großen Hirsch,* wo ich erfuhr, daß der Kaiser sich im Gasthaus *Zur Goldenen Kugel* befände. Der Präfekt Busche bat um eine Audienz und wurde angenommen. Man schwankte, welchen Entschluß man fassen sollte. Der Hafenkommandant von Rochefort, Kerkadin, kam nach Niort und wurde sofort vorgelassen. Er meldete, es lägen zwei französische Fregatten segelfertig, aber die Reede von Aix wäre blockiert. Infolgedessen schrieb man nach Paris; der Kaiser nahm Wohnung bei dem Präfekten. Ich meldete dem Kaiser die Ankunft seines Bruders Joseph; das ganze Offizierkorps des 2. Husarenregiments machte ihm einen Besuch. Sie erboten sich, sich ihm anzuschließen, baten ihn, sich wieder an die Spitze der Armee zu stellen; sie wollten mit ihm auf Paris marschieren. Der Kaiser lehnte ab; sie waren untröstlich darüber. Das Volk umringte die Präfektur und rief: Hoch der Kaiser! Nach dem Essen wurde Rat gehalten; man war der Ansicht, es wäre besser, nach Orléans umzukehren, wo sich die Armee befand.

Um 9 Uhr abends diktierte der Kaiser mir meine Instruktionen und schickte mich nach Rochefort. Ich sollte mich erkundigen, ob wir Aussichten auf Durchkommen hätten, ob der Weg über Maumusson frei wäre, ob man sich nicht eines amerikanischen Schiffes bedienen könnte; dieses müßte 5 bis 6 Meilen vom Lande auf hoher See kreuzen, und man müßte mit einer guten Doppelpinasse heranfahren. Der Kaiser sagte mir, ich möchte nur ruhig in seinem eignen Wagen reisen. Auf der

Landstraße waren in regelmäßigen Abständen Piketts von je 20 Reitern aufgestellt; man hielt mich für Napoleon und rief: Hoch der Kaiser!

3. Juli. Ich kam um 3 Uhr in Rochefort an, stieg im Gasthaus *Zum Pascha* ab und begab mich sofort zum Seepräfekten, Herrn de Bonnefoux, um ihm meine Instruktionen vorzulegen.

Der Kaiser kam um 8 Uhr an und stieg in der Präfektur ab, wo ich noch mit dem Präfekten verhandelte. Alle Koffer wurden mit der größten Hast gepackt; ich hatte Adjutantendienst beim Kaiser. Um 1 Uhr kamen Las Cases und Frau von Montholon; sie waren in Saintes angehalten worden und hatten sich in gefährlicher Lage befunden.

(Gourgaud) 5. Juli. Das ganze Gepäck wurde auf die *Saale* und die *Méduse*[1] verladen. Der Kaiser besprach mit mir die Einrichtung seines Haushaltes; Montholon und ich sollten seine Adjutanten sein. Er ließ uns sofort einen Entwurf niederschreiben und fragte mich, ob ich Las Cases kenne und wozu dieser wohl zu gebrauchen sei. Er wollte ihn bei der Kasse anstellen; ich sagte, er würde einen guten Vorstand des Kabinetts abgeben; er wäre ein wohlunterrichteter Mann, der den Herzog von Bassano ersetzen könnte.

(Las Cases) 5. Juli. In Rochefort trug der Kaiser nicht mehr die militärische Uniform. Eine große Menschenmenge umgab beständig die Präfektur, in der er wohnte; von Zeit zu Zeit ließen Zurufe sich hören; der Kaiser erschien zwei- oder dreimal auf dem Balkon. Durch Generale, die entweder persönlich kommen oder vertraute Abgesandte schicken, werden ihm viele Anerbietungen gemacht.

---

1 Der Kapitän der *Méduse,* Ponée, bot dem Kaiser an, allein den Kampf mit dem englischen Linienschiff *Bellerophon* aufzunehmen, während die *Saale,* Kapitän Philibert, mit dem Kaiser an Bord, in See steche; aber Philibert weigerte sich, diese ruhmvolle Aufgabe zu übernehmen. Hierauf erboten sich zwei junge Seeoffiziere, die zur Brigg *L'Epervier* und zur Korvette *le Vulcain* gehörten, eine Doppelpinasse zu bemannen, die Napoleon nach den Vereinigten Staaten bringen könne. Es waren der Schiffsleutnant Genty und der Kadett Doret; alle beide wurden wegen dieses Anerbietens von den Schiffslisten gestrichen. Ferner lag bei der Insel Aix eine dänische oder eigentlich schleswig-holsteinsche Brigg, die *Magdalene;* sie gehörte einem gewissen F. F. Frühl von Oppendorf und wurde von dessen Schwiegersohn, einem jungen französischen Schiffsleutnant, namens Besson, befehligt. Dieser stellte dem Kaiser die Brigg zur Verfügung.

Besson, der später im Dienst Mehemet Alis von Ägypten stand, hat dem Fürsten Pückler-Muskau das Manuskript eines Berichtes über diese ereignisvollen Tage gegeben. Ich teile es weiter unten in der Übersetzung Pücklers mit. C.

Während des ganzen Aufenthaltes in der Präfektur von Rochefort herrscht dort eine Etikette wie in den Tuilerien; es ist uns kaum möglich, zu ihm zu gelangen; er empfängt außer Bertrand und Savary fast keinen Menschen, und wir sind in allem, was sein Schicksal anbetrifft, auf Gerüchte und Mutmaßungen angewiesen. Wir haben jedoch den Eindruck, daß der Kaiser in all der Aufregung, die um ihn herum herrscht, ruhig und unerschütterlich bleibt, sich sehr gleichgültig zeigt und vor allen Dingen sehr wenig Eile hat.

(Gourgaud) 7. Juli. Pariser Zeitungen melden den bevorstehenden Einzug der Engländer in die Hauptstadt. Befürchtungen dieserhalb. Ich verstärke die Wache, quartiere mich für die Nacht im Palais ein.

(Gourgaud) 8. Juli. Um 6 Uhr morgens schickte der Kaiser mich auf die in dem Hafen liegenden Fregatten. Ich beriet mit den Kapitänen Philibert und Ponée. Sie versicherten mir, die Brise wehe tagsüber von der See, nachts vom Lande her, aber sie sei zwölf Kilometer von der Küste nicht mehr zu spüren; die englische Flotte läge staffelweise im ganzen Golf, ihre Schiffe kreuzten von den Sables bis zur Gironde; es wäre daher nur geringe Hoffnung auf Durchkommen. Ich kehrte nach Rochefort zurück, wo ich um 3 Uhr nachmittags ankam. Ich fand lauter verstörte Gesichter. Alle Welt, mit Ausnahme des Kaisers, war in der lebhaftesten Erregung. Rovigo sagte mir, der Kaiser würde sich trotz Wind und Flut in Fouras einschiffen, ich dürfte dem Kaiser nicht von diesem Plane abreden. Ich sagte jedoch Seiner Majestät die Wahrheit.

Um 4 Uhr brach man auf; der Kaiser fuhr in dem Wagen des Präfekten. Wir bestiegen bei Fouras ein Hafenboot: der Kaiser, Becker, Lallemand, Bertrand, Rovigo und ich, außerdem 10 Ruderer. Um 5 Uhr 10 Minuten verließ Napoleon Frankreich unter bedauernden Zurufen der Bevölkerung, die am Ufer zusammengeströmt war. Das Meer war stürmisch bewegt, so daß wir uns in einiger Gefahr befanden. Wenige Minuten nach 7 Uhr legte der Kaiser an der *Saale* an und wurde mit den seinem Range gebührenden Ehren empfangen; doch wurden die Kanonen nicht gelöst, denn ich hatte vorher gemeldet, daß dieser Salut nicht stattfinden dürfte. Der Kaiser ließ sich die Offiziere vorstellen und unterhielt sich mit Kapitän Philibert.

9. Juli. Um 1 Uhr morgens schlägt der Wind nach Norden um und bläst bis 3 Uhr. Hierauf Windstille. Um 4 Uhr läßt der Kaiser mich rufen. Ich erstatte ihm Meldung betreffs des Windes. Die Brigg *Epervier* geht um 6 Uhr vor Anker. Napoleon besucht die Insel Aix, spricht

von Batterien und Befestigungen. Die Bewohner laufen ihm überall nach und rufen: Hoch der Kaiser! Der Kaiser kehrt an Bord zurück. Um 9 Uhr kommt der Seepräfekt mit Papieren und bespricht sich mit Bertrand und Becker. Bald erfährt man, die Provisorische Regierung verlange, daß der Kaiser binnen 24 Stunden abfahre, sei es auf einem Aviso, sei es mit den beiden Fregatten oder mit einem Parlamentär. Um 11 Uhr Frühstück. Jedermann ist traurig und niedergeschlagen. Der Kaiser schließt sich ein.

Die Ansichten sind geteilt. Die einen wollen, Napoleon solle sich an Bord der vor Bordeaux liegenden *Bayadère* oder auf ein im Fluß vor Anker liegendes amerikanisches Schiff begeben, während die beiden Fregatten auslaufen werden, um die Aufmerksamkeit des englischen Kreuzergeschwaders nach einer anderen Richtung abzulenken. Andere raten, der Kaiser solle auf einem kleinen Fahrzeug von der Art der sogenannten *Fliegen* zu entkommen suchen; ein solches ist vorhanden. Noch wieder andere meinen, er solle sich auf der Insel Aix mit Waffengewalt verteidigen oder sich zu Clausel nach Bordeaux begeben. Am Abend einigt man sich endlich dahin, Las Cases und Rovigo zu den Engländern zu schicken, um deren Absichten auszuforschen und zu fragen, ob die Pässe angekommen seien und ob man abreisen könne. Las Cases, der englisch spricht, soll sagen, daß er es nicht verstehe, um auf diese Art die Meinung der Engländer, mit denen man in Berührung kommen wird, kennenzulernen.

(Gourgaud) 10. Juli. Rückkehr der Herren Las Cases und Rovigo. Der *Bellerophon* folgt ihnen unter vollen Segeln. Man glaubt, das Schiff wolle einen Angriff machen, aber es wirft nur in nächster Nähe Anker. Die Engländer wissen jetzt bestimmt, daß der Kaiser da ist.

(Las Cases) 10. Juli. Während der Nacht werde ich mit dem Herzog von Rovigo zum Kommodore des englischen Kreuzergeschwaders entsandt. Wir sollten fragen, ob die uns von der Provisorischen Regierung versprochenen freien Geleitscheine nach den Vereinigten Staaten angekommen seien. Uns wurde geantwortet, sie seien nicht eingetroffen, aber man werde unverzüglich dem kommandierenden Admiral Bericht erstatten. Auf unsere Frage, ob der Kaiser vielleicht mit den Fregatten unter Parlamentärflagge abreisen könne, wurde geantwortet, daß man diese sofort angreifen werde. Auf die Frage, ob er auf einem neutralen Schiffe reisen dürfe, erklärte man: jedes neutrale Fahrzeug werde streng durchsucht und vielleicht sogar nach einem englischen Hafen gebracht werden. Man legte uns jedoch nahe, daß wir uns nach

England begeben sollten, und versicherte, eine schlechte Behandlung sei dort auf keinen Fall zu befürchten.

Das englische Linienschiff *Bellerophon,* an dessen Bord wir gewesen waren, folgte uns und ging auf der Reede von Basques vor Anker. Die Kriegsschiffe der beiden Nationen lagen sehr nahe beieinander.

(Gourgaud) 11. Juli. Es kommen Zeitungen, die den Einzug des Königs in Paris melden. Der Kaiser schickt den General Lallemand an Bord der *Bayadère,* die in der Gironde liegt.

(Gourgaud) 12. Juli. Während der Nacht wird das Gepäck nach der Insel Aix geschafft. Alle an Bord sind tieftraurig. Ein Viertel nach 10 Uhr fährt der Kaiser in einem Boot nach der Insel Aix, begleitet von General Becker, Bertrand, Planat und mir. Nur die Rufe: Es lebe der Kaiser! mit der Begeisterung der Verzweiflung von den Mannschaften der *Saale* und der *Méduse* ausgestoßen, unterbrechen die traurige Stille. Dieselben Rufe empfangen Napoleon bei der Landung auf Aix; er bezieht das Haus des augenblicklich abwesenden Kommandanten. Das englische Schiff *Bellerophon* nähert sich unter vollen Segeln; es feuert eine Salve ab; man meint, es seien Freudenschüsse wegen des Einzugs unserer Feinde in Paris. Der Kaiser fragt mich nach meiner Ansicht: ob ich ihm rate, auf einem kleinen Fischerkutter oder auf dem dänischen Schiff, das bei der Insel ankert, abzusegeln, oder ob er sich den Engländern gefangengeben solle. Ich antworte, ich dürfe nicht wagen, meine Meinung auszusprechen, da auf alle Fälle das Wagnis groß sein werde. Der Kaiser besteht darauf, daß ich mich äußere. Ich versetzte darauf: »Nach meiner Meinung ist es vorzuziehen, sich der englischen Nation zu ergeben, bei der der Kaiser Bewunderer finden wird; es ist besser, als auf dem Fischerkutter zu fliehen. Wahrscheinlich würde dieses Fahrzeug gekapert werden, und dann würden die Verhältnisse sich gänzlich ändern, denn man würde Eure Majestät in den Londoner Tower werfen. Vielleicht wäre es da noch besser, mit den beiden Fregatten den Durchbruch zu erzwingen oder sich auf die *Bayadère* zu begeben.«

Rovigo stimmt für den Fischerkutter, um bei der Nacht abzufahren. Rovigo begibt sich an Bord der *Saale.*

(Gourgaud) 13. Juli. Während der Nacht gibt es Alarm an Bord der Fregatten. Die englischen Pinassen feuern Flintenschüsse ab. Der Kaiser schickt mich nach der Küstenwache, um dort Erkundigungen einzuziehen. Man sagt mir, zwei englische Fregatten lägen im Strome vor Bordeaux, eine bei Maumusson, ein Linienschiff und eine Fregatte auf der Reede von Basques. Um 8 Uhr kommt der Herzog von Rovigo zurück. Er berichtet, die Offiziere, die den Fischerkutter bemannen sollten, begännen kleinlaut zu werden; nach ihrer Angabe sei es sehr schwierig durchzukommen, wenn die Engländer ihre Boote ausgesetzt hätten. Der Kaiser fragt nach meiner Meinung; ich rate ihm davon ab, die Flucht in einem Boot zu wagen.

Um 9 Uhr kommt General Lallemand von Bordeaux zurück, wo er auf der Korvette war. Viel geheimnisvolles Hin- und Herreden. Der Großmarschall sagt mir, der Kaiser sei entschlossen, auf der dänischen Brigg abzusegeln, deren Kapitän ein früherer Offizier von den Marinesoldaten der Garde sei. Man habe soeben in Rochefort eine Ladung Branntwein für das Schiff gekauft, auf diesem sei ein Versteck vorhanden; der Kapitän habe alle Papiere in Ordnung, einen Paß usw. An Bord seien nur vier Matrosen, nur vier Personen würden den Kaiser begleiten können.

Ich antwortete ihm, ich würde Frankreich nur verlassen, um dem Kaiser zu folgen, und ich würde nur mit ihm zusammen abreisen. Ich begebe mich zum Kaiser, der mir voll Bedauern sagt, er könne auf dem dänischen Schiff nur Bertrand, Lallemand, Rovigo und einen Diener (Ali[1]) mitnehmen. Er würde viel lieber mich nehmen als Lallemand, aber dieser kenne Amerika und sei mit dem Kapitän des Dänen befreundet. Er findet es vernünftig, daß ich nur in seiner Begleitung Frankreich verlassen wolle; er ist mir stets zugetan, er hat sich an mich gewöhnt, aber seine Rolle ist ausgespielt; wenn er erst in Amerika ist, so wird er dort als einfacher Privatmann leben; er wird niemals wieder nach Frankreich zurückkehren können. Nachrichten von Europa sind einen oder zwei Monate unterwegs, ebensoviel braucht er für die Überfahrt; eine Rückkehr wie die von der Insel Elba ist also von nun an gänzlich ausgeschlossen.

Ich wiederhole ihm, er hätte besser getan, sich nach England zu begeben; dieser edle Entschluß sei für ihn der beste, er könne nicht die Rolle eines Abenteurers spielen, die Weltgeschichte werde ihm eines Tages den Vorwurf machen, daß er nur aus Furcht abgedankt habe, da er ja das Opfer nicht ganz vollziehe.

---

1 Saint-Denis, genannt Ali, war seit 1806 im Dienst des Kaisers. Ende 1811 wurde er zweiter Mameluk, unter dem Namen Ali, und versah die Pflichten eines Kammerdieners. Im Felde hatte er das Fernrohr und das Likörfläschchen des Kaisers zu halten. Im Jahre 1813 wurde ihm Hauptmannsrang verliehen. C.

Er antwortet mir, meine Gründe wären richtig, es wäre der klügste Entschluß, er wäre auch sicher, in England gut behandelt zu werden, auch Lavalette wäre dieser Ansicht, aber eine derartige gute Behandlung würde gewissermaßen etwas Demütigendes für ihn haben, er wäre ein Mensch und könne den Gedanken nicht ertragen, unter seinen erbittertsten Feinden zu leben; er könne diesen Widerwillen nicht überwinden, außerdem würde die Weltgeschichte ihm keinen Vorwurf daraus machen können, daß er versucht hätte, sich seine Freiheit zu bewahren, indem er sich nach Amerika begäbe.

Ich mache den Kaiser darauf aufmerksam, daß man ihn schlecht behandeln würde, falls man ihn gefangennehmen sollte.

Er versichert: Alsdann wäre er Herr über sein Geschick; er würde sich töten.

»Nein«, rufe ich, »das werden Eure Majestät nicht können, bei Waterloo, da ging es an, aber heute ist es unmöglich. Ein Spieler tötet sich, ein großer Mann trotzt dem widrigen Geschick.«

Der Kaiser unterbricht mich, indem er sagt, am Tage vorher habe er die Idee gehabt, sich nach der englischen Fregatte zu begeben und dort bei der Ankunft zu rufen: »Wie Themistokles suche ich bei Euch Zuflucht, da ich nicht an der Zerstückelung meines Vaterlandes Anteil haben will.« Er habe sich aber nicht dazu entschließen können.

In demselben Augenblick fliegt ein kleiner Vogel zum Fenster herein, und ich rufe: »Das ist ein Glückszeichen!« Ich fange das Vögelchen mit der Hand, und Napoleon sagt zu mir: »Es sind genug Unglückliche hier, geben Sie ihm die Freiheit zurück.«

Ich gehorche, und der Kaiser fragt weiter: »Was prophezeit der Vogelflug?« Der Vogel fliegt nach rechts, und ich rufe: »Sire, er lenkt den Flug nach dem englischen Kreuzer!«

Der Kaiser nimmt die Unterhaltung wieder auf. Er glaubt nicht, daß jemand denken könnte, er würde jemals wieder nach Europa zurückkehren. Hierauf spricht er vom dänischen Schiff: »Bah! Es werden wohl auch fünf von uns hineingehen. Also, Sie werden mit mir kommen!«

Nach dem Diner, das sehr traurig verlief, übergab Bertrand mir zwei Paar Pistolen, um sie im Auftrage des Kaisers den Kapitänen Ponée und Philibert zuzustellen. Sie dankten mir dafür und riefen: »Ach, Sie wissen nicht, wohin Sie gehen! Sie kennen die Engländer nicht. Raten Sie dem Kaiser von einem solchen Vorsatz ab[1]!« Ich kehre zurück. Man bringt unser ganzes Gepäck an Bord des Dänen, sobald es völlig dunkel geworden ist. Ich gehe bis an die Spitze der Insel, wo das Schiff angelegt hat. Man schickt Las Cases und Lallemand auf die Fregatte, um sich von dort aus als Parlamentäre auf die englischen Schiffe zu begeben. Gegen Mitternacht werden unsere Vorbereitungen zur Abreise wieder eingestellt.

Ich füge hier den auf Seite 405, Anm. erwähnten Bericht des Kapitäns Besson ein. Er ist wichtig, weil daraus unwiderleglich hervorgeht, daß Napoleons Flucht hätte gelingen müssen; denn die Brigg wurde während ihrer ganzen Fahrt von keinem englischen Schiff angehalten. C.

(Besson). Der Kaiser kam in Rochefort am 3. Juli frühmorgens an. Ich war damals Schiffsleutnant und dem Generalstab der Marine attachiert. Da ich leicht bemerkte, daß der Kommandant der zwei Fregatten, die das provisorische Gouvernement zu des Kaisers Disposition gestellt hatte, sehr wenig Lust bezeigte, alles und selbst sein Leben zu wagen, um Seine Majestät von ihren Feinden zu retten – so faßte ich schnell den Plan, dem Kaiser anzubieten, ihn auf einem der Schiffe meines Schwiegervaters nach den Vereinigten Staaten von Amerika zu bringen[2]. Ich war deshalb genötigt, meiner Frau das ganze Projekt mitzuteilen, und ihre Antwort entsprach vollkommen meiner Erwartung. »Der Kaiser«, erwiderte sie ohne Zögern, »ist in einer solchen Lage, daß es für jeden Mann die höchste Ehre ist, ihn daraus zu befreien. Biete ihm den besten Segler unter den drei Schiffen meines Vaters an, und befehlige das Fahrzeug selbst, wenn Seine Majestät es wünscht. Um mich mache dir keine Sorgen! Ich bin bereit, lieber alles zu leiden, als dir hinderlich zu sein, eine so große Tat auszuführen.«

Ich begab mich also ohne Verzug zu dem Marschall Bertrand, den ich schon früher zu kennen die Ehre hatte, und teilte ihm meine Ideen mit. An demselben Abend ward ich schon dem Kaiser vorgestellt, der mein Projekt annahm, nachdem er nur einige, wenig bedeutende Modifikationen darin gemacht hatte, worauf ich sogleich einen simulierten Kontrakt über die Ladung mit dem Grafen Las Cases abschloß. Keine andere Belohnung für die Reeder ward von mir verlangt als Er-

---

1 Man verbreitete, um die Engländer irrezuführen, in der Umgebung des Kaisers absichtlich die damals noch falsche Meinung, daß Napoleon sich den Engländern ergeben wolle. C.

2 Besson hatte eine vermögende Dänin, oder vielmehr Schleswig-Holsteinerin, geheiratet. Pückler.

stattung der Kosten der Expedition. Herr von Bonnefoux, See-Präfekt des fünften Arrondissements, gab ebenfalls seine Einwilligung, und ich erhielt von ihm einen offiziellen Befehl, mich ganz nach dem Willen des Kaisers zu richten und ihn, wenn er es wünsche, nach den Vereinigten Staaten zu bringen.

In folgendem bestand mein schnell entworfener Plan:

Die Jacht *Magdalena* unter dänischer Flagge und in Kiel 1812 gebaut, um gegen die englischen Kreuzer im Baltischen Meer zu agieren, nahm eine Ladung Branntwein, für Amerika bestimmt, ein. Sie wurde mit zwei Expeditionen versehen, die eine für Kiel, die andere für New York. Im Schiffsraum waren zwischen zwei Reihen Branntweinfässern fünf leere Fässer angebracht, die man inwendig mit Matratzen ausgepolstert hatte, um im Fall einer Untersuchung fünf Personen darin verstecken zu können. In der Kajüte befand sich unter dem englischen Kamin eine Falltüre, um mit jenem Versteck zu verkehren, das mit hinlänglichem Mundvorrat auf fünf Tage versehen war. Frische Luft ward in die Fässer durch sehr künstlich verdeckte Röhren geführt, die unter den Bettstellen der Kajüte ihren Ausgang hatten. Dieses so eingerichtete Schiff sollte sich nach der Insel Aix begeben und zwischen den kleinen Fahrzeugen Anker werfen, die daselbst einen guten Wind zum Absegeln erwarteten. Dort sollten die nötigen Effekten der Passagiere 24 Stunden vor ihnen selbst eingeschifft werden, und nachdem alles in Ordnung gewesen, würde die Jacht unter Segel gegangen sein, um aus dem Pertuis Breton zu fahren, zwischen dem festen Lande und der Insel Aix hindurchgehend sich dann nach der Insel Noirmoutier dirigiert haben, und von da nach Ouessant, ihrem Ausgangspunkte für das hohe Meer gesegelt sein.

Indem man dieser Richtung folgte, war es damals beinahe unmöglich, nicht zu reüssieren, denn die Engländer standen noch vor der Gironde und am Eingang des Pertuis d'Antioche, das heißt gerade auf der entgegengesetzten Seite. Auch der Erfolg bestätigte dies, denn die *Magdalena* hat in vollster Sicherheit diesen Weg wirklich eingeschlagen, einen Tag vor der unglückseligen Einschiffung des Kaisers auf dem *Bellerophon,* und ist auf der ganzen Tour nicht einem einzigen feindlichen Kreuzer begegnet!

Sobald der Plan nach der angegebenen Weise definitiv angenommen war, erteilte der Marschall Bertrand dem Grafen Las Cases Befehl, alles, was zu dessen Ausführung noch nötig sei, zu beschleunigen. Die Herren Roy Bré & Comp. von Rochefort wurden bestimmt, das

Fahrzeug zu chargieren und die nötigen Expeditionen zu erteilen. Ich nahm alles übrige auf mich, und um desto weniger Verdacht zu erregen, verkleidete ich mich als Handelskapitän aus dem Norden. Der Erfolg war komplett, denn der General Becker erfuhr erst, daß ich der französischen Marine angehöre, als der Kaiser sich an Bord des *Bellerophon* begab, und es war bei diesem Anlaß, daß er mir sagte: »Herr Kapitän, es tut mir leid, daß Sie sich durch Ihren Eifer so schwer kompromittiert haben; Ihr Plan hätte, ich muß es gestehen, ein besseres Schicksal verdient.«

Man entfaltete eine so große Tätigkeit, daß ich schon am 6. Juli früh von Rochefort abging, um mich nach Marine zu begeben, wo ich den nötigen Branntwein für die Ladung der *Magdalena* in Empfang nahm. Den 10. fuhr ich nach der Insel Aix, wo ich erfuhr, daß sich der Kaiser am Bord der *Saale* befände und daß er vom Kapitän Philibert, der diese Fregatte kommandierte, gänzlich verlassen worden sei, indem dieser ihm erklärt: die Gegenwart eines englischen Schiffes im Eingang des Pertuis d'Antioche lege des Kaisers Abreise ein unüberwindliches Hindernis in den Weg; denn er, der Kapitän, habe den gemessenen Befehl, seine Fregatte und ihre Equipage keiner Gefahr eines ungewissen Kampfes auszusetzen, um des Kaisers Person in Sicherheit zu bringen. Der Herr Schiffskapitän Ponée, Kommandant der Fregatte *Méduse,* benahm sich anders. Dieser Brave bot dem Kaiser an, ihn an seinen Bord zu nehmen und ihn zu retten oder mit ihm zu sterben, hinzufügend: daß er zwar in den Grund gebohrt werden könne, aber ihm sein Ehrenwort verpfände, daß er sich nie ergeben werde. Dieses edelmütige Anerbieten hatte kein besseres Schicksal als das meinige, wie man später erfahren wird, und der einzige Grund, der den Kaiser verhinderte, es anzunehmen, war seine Abneigung, diejenigen, welche ihm folgten, einem so ungewissen Schicksal auszusetzen.

Seine Majestät verließ hierauf die Fregatte *Saale* noch um 9 Uhr abends.

Ich ward an demselben Abend zum Kaiser gerufen und mit vieler Güte von Seiner Majestät empfangen. Er befahl mir, auf der Stelle alle seine Effekten und die der Personen seiner Begleitung einzuladen. Ich fing um 10 Uhr nachts damit an, und um Mitternacht war alles vollendet. Es blieb nichts übrig einzuschiffen als die Passagiere. Es ist nötig, hier eines Umstandes zu erwähnen, der beinahe mir das Leben gekostet hätte. Alle Punkte der Insel waren auf das beste bewacht und namentlich derjenige, welchem gegenüber die *Magdalena* vor Anker lag. Fünfzig Schritte von einem Marineposten hatte ich den Fleck unsrer Einschiffung absichtlich bestimmt, um jedes quid pro quo zu vermeiden, und deshalb den Herrn Grafen Bertrand gebeten, den Kommandanten des Postens zu avertieren, keine Achtung auf den Lärm zu geben, den er zwischen 10 und 12 Uhr in dieser Nacht hören könnte. Überzeugt, daß wir hiernach unsere Operation ungestört beginnen könnten, schritt jeder von uns frisch ans Werk, aber kaum hatten wir einen kleinen Teil der Effekten an Bord gebracht, als eine Füsillade auf uns gerichtet ward, die einem meiner Dänen, neben dem ich selbst stand, den Arm zerschmetterte und unsere Barke wie ein Sieb durchlöcherte. Ich sprang sogleich ans Land, auf die Gefahr, erschossen zu werden, und eilte nach dem Posten, wo ich die Sachen bald wieder in Ordnung brachte. Niemand daselbst war benachrichtigt worden, die braven Leute aber, die uns deutsch sprechen hörten, hatten dies für englisch gehalten und uns demzufolge eine volle Ladung zugesandt.

Kurz nach Mitternacht begab ich mich zum Kaiser, um ihm zu melden: daß alles bereit und der Wind günstig sei. Seine Majestät erwiderte: für diese Nacht sei die Abreise unmöglich, indem er noch den König Joseph erwarte. »Gehen Sie herunter«, setzte er hinzu, »und speisen Sie mit Bertrand. Dieser wird Ihnen ein neues Projekt mitteilen, geben Sie Ihre Meinung darüber an ihn ab und kommen Sie dann wieder zu mir zurück.«

Der Kaiser zeigte eine große Ruhe, schien jedoch nachdenkend, und ich bemerke dies nur, um den Veröffentlichungen jener Zeit zu widersprechen, welche allgemein behaupteten, Napoleon habe in Rochefort fast immer geschlafen, und sei durch seine Lage so abgespannt gewesen, daß er sich zu Ergreifung keines Entschlusses mehr habe aufraffen können. Im Gegenteil fand ich ihn nicht im geringsten weder abgespannt noch aufgeregt. Wie gewöhnlich häufig Tabak nehmend und dabei sehr aufmerksam auf das hörend, was man ihm sagte, schien er mir eher die tragische Verwicklung seiner Lage mit allzuviel Gleichgültigkeit zu betrachten. »Welch ein Unglück, Sire«, sagte ich, bevor ich mich entfernte, »daß Eure Majestät nicht heute abreisen können! Die Rade des Basques ist frei von Feinden. Die Pertuis Bretons sind offen – wer weiß, ob sie morgen noch sein werden!«

Diese Worte waren leider prophetisch! Noch am 12. wußten die Engländer nichts von des Kaisers Ankunft in Rochefort, die ihnen erst durch den Besuch des Herzogs von Savary und Grafen Las Cases auf dem *Bellerophon* bekannt ward. Dies wird dadurch unwidersprechlich bewiesen, daß sie sich bis zu diesem Zeitpunkt unverrückt am Eingang der Gironde und des Pertuis d'Antioche hielten, um jeden Fluchtversuch der Fregatten, die auf der Reede der Insel Aix vor Anker lagen, zu hindern. An demselben Abend aber, wo sie des Kaisers Ankunft durch die genannten Herren erfuhren, setzte sich sofort der *Bellerophon* in Bewegung, um in der Rade des Basques Anker zu werfen! allerdings die rechte Position, die er von Hause aus nehmen mußte, um beide Ausgänge zugleich zu bewachen.

Ich verließ den Kaiser und stieg zum Grafen Bertrand hinab, der mir sagte, daß einige junge Offiziere, an deren Spitze sich ein gewisser Genty, Schiffsleutnant, befände, gekommen wären, um dem Kaiser anzubieten, ihn an Bord einer Schaluppe (chaloupe pontée) von Rochelle einzuschiffen, und ihn damit bis zum Eingang der Rivière de Bordeaux zu bringen, die Meerenge von Maumousson passierend, wo sich ein amerikanisches Schiff befände, das dem Kaiser die Überfahrt nach Amerika gestatten würde, oder dessen man sich im Fall der Weigerung bemächtigen könnte. Es waren in der Tat mehrere amerikanische Schiffe bei Royant, die der General L'Allemand besuchte, und deren Kapitäne Sr. Majestät ihre Dienste angeboten hatten.

Da ich die braven jungen Leute sehr wohl kannte, die dieses Anerbieten machten, und deren Namen der Nachwelt erhalten zu werden verdienen (die Herren Doret, enseigne de vaisseau, Ritter der Ehrenlegion, ein junger Mann voll Unternehmungsgeist, der Ehre und dem Kaiser treu ergeben, Condé, Aspirant erster Klasse, in jeder Art würdig, in die Fußstapfen seines braven Vaters, des Kommandanten Condé, zu treten, und Genty, einer der entschlossensten Offiziere, der den ganzen spanischen Krieg unter den marins de la garde mitgemacht hatte), so erwiderte ich dem Marschall: ich sei überzeugt, daß der Himmel selbst Seiner Majestät einen sichern Rettungsweg anzeige und daß man ihn nur sogleich benutzen müsse, da jeder Umstand sich zum glücklichen Gelingen zu vereinigen schiene. »Was wollen Sie damit sagen?« rief der Marschall verwundert aus.

Ich will mich sogleich näher erklären, erwiderte ich. Die zwei Schaluppen von Rochelle sind vortreffliche Segler, bessere ohne Zweifel als die englischen Kreuzer. Man müßte sie abschicken, eine durch die Enge von Maumousson, die andere durch den Pertuis d'Antioche, und auf beiden Personen und Effekten einschiffen, die dem Kaiser angehören, doch so, daß die Schiffsequipagen unter sich selbst nicht wüßten, wer sich an Bord der andern Schaluppe befände. Dann brauche man nur, fuhr ich fort, den Befehlshabern beider leichten Fahrzeuge, jedem separat, Auftrag zu geben, die englischen Kreuzer selbst aufzusuchen, sich von ihnen jagen zu lassen und sie so weit abzuziehen, als es ihnen möglich sei; hier aber müsse man die Nachricht unter der Hand verbreiten, daß Napoleon sich auf einer dieser Schaluppen eingeschifft habe, so daß das Personal einer jeden Schaluppe selbst der Meinung bleibe, der Kaiser sei auf der andern. Sobald dieser Plan genehmigt und gehörig verbreitet sei, könne man die Schaluppen am folgenden Abend absegeln lassen, und der Kaiser würde am Morgen darauf mit mir folgen, wodurch er dann zwei Chancen mehr hätte, seine Rettung glücklich zu bewerkstelligen. Es ist um so nötiger, setzte ich ausdrücklich hinzu, von allen diesen günstigen Umständen auf das schleunigste zu profitieren, da es höchst wahrscheinlich ist, daß der Feind, der sich jetzt noch am Eingang des Pertuis d'Antioche unter Segel hält, des Kaisers Gegenwart ignorieren muß, denn wüßte er sie, so würde er gewiß nicht ermangeln, eine Position in der Rade des Basques zu nehmen, von der er beide Pertuis zu bewachen imstande ist.

Der Marschall schien meine Meinung zu teilen, und da er den Kaiser sogleich davon benachrichtigen wollte, nahm er mich mit zu ihm hinauf.

Wir fanden Napoleon mit dem Ellbogen auf ein schönes Necessaire von Vermeil gestützt, ein Geschenk von seiner Gemahlin Marie Louise, und ein Meuble, welches Seine Majestät gewünscht hatte, bis auf den letzten Augenblick bei sich zu behalten, welches daher auch fast allein von allen noch nicht an Bord gebracht worden war. Der Kaiser erhob den Kopf und sagte mit dem Ausdruck sehr guter Laune: »Nun, Bertrand, was hat Ihnen Kapitän Besson gesagt?« Nachdem ihm alles, was ich gesagt, wiederholt worden war, bezeigte er seine volle Zufriedenheit mit meinem Vorschlag und befahl sogleich, mehrere Effekten seiner Suite und eine Anzahl Provisionen an Bord der genannten Schaluppen bringen zu lassen, die Sage zu verbreiten, daß er selbst auf einer derselben sich einschiffen wolle, und sie dann beide kurz vor seiner eignen Abreise abzusenden; dann fuhr er fort: »Jetzt bin ich entschlossen, mit Ihnen, Kapitän, in der Nacht vom 13. auf den 14. abzufahren.«

Ich sah mit tiefem Schmerz ein, daß dieser neue Aufschub alles unnütz machen werde, und wagte auch diesem Gedanken Worte zu geben, jedoch ohne Erfolg.

Den 11. und 12. beschäftigte man sich mit den Schaluppen, und am 13. früh gingen sie unter Segel mit allen Instruktionen, die verabredet waren, welches ungehindert stattfand, obgleich der *Bellerophon,* infolge des unterdes erhaltenen Besuches des Herzogs von Savary und des Grafen Las Cases, schon am 12. abends seine neue Position in der Rade des Basques genommen hatte.

Am 13. kam Herr Marchand mit Tagesanbruch zu mir an Bord, um mir einen ledernen Gürtel mit Gold angefüllt für des Kaisers Rechnung anzuvertrauen, und brachte mir zugleich den Befehl, mich sogleich selbst zu Seiner Majestät zu verfügen. Wie es schien, war das wenige Gold, das der Kaiser mit sich nahm, geteilt worden, und Herr Marchand hatte jedem, der sich mit Seiner Majestät einschiffen sollte, einen Teil davon aufzubewahren gegeben.

Um sieben Uhr begab ich mich zum Kaiser, den ich vollständig angezogen in seinem Zimmer auf- und abgehend fand. »Ah, da sind Sie!« rief er bei meinem Eintritt, »die Schaluppen sind abgefahren. Also, auf heut abend ... der Würfel ist geworfen.« Er frug mich hierauf, ob ich sicher sei, diese ganze Küste genau zu kennen, indem er mit dem Finger auf die Karte von Poitou mit der Insel Aix usw. zeigte, welche auf dem Tische lag. Als ich antworten wollte, trat Herr Marchand ein und sagte dem Kaiser etwas ins Ohr, worauf ich schnell verabschiedet wurde. Im Herausgehen begegnete ich einer Person, die ich vorher nie hier gesehen, und erfuhr später, daß es der König Joseph gewesen sei.

Der ganze Tag ging mit möglichster Vervollständigung aller Vorbereitungen zur Reise hin, und bei Einbruch der Nacht sagte man mir, daß die Herren, welche der Kaiser von neuem nach dem *Bellerophon* geschickt, zurückgekommen seien. Es ist keinem Zweifel unterworfen, daß erst an diesem Tage gewisse Personen von Napoleons Gefolge ihn definitiv bewogen hatten, aus Besorgnis, mit ihm an Bord meiner Jacht gefangengenommen zu werden, sich mit dem Kapitän Maitland in ernstliche Unterhandlungen einzulassen, und daß dessen Antwort eben eingetroffen war, doch hatte ich damals noch keine Ahnung davon.

Im Gegenteil, als Seine Majestät mich, kurz nachdem es dunkelte, wieder rufen ließ, fühlte ich die größte Freude, endlich dem Ziele meiner Wünsche nahe zu sein.

Als ich eintrat, fand ich den Herzog von Savary, den Grafen Las Cases, den Grafen Montholon und einen mir unbekannten Fremden gegenwärtig. »Kapitän«, sagte der Kaiser zu mir, »Sie werden sich sogleich an Ihren Bord verfügen und meine sämtlichen Effekten wieder ausschiffen lassen. Ich danke Ihnen aufrichtig für alles, was Sie für mich haben tun wollen. Wenn es sich darum handelte, ein unterdrücktes Volk zu befreien, wie es meine Absicht war, als ich die Insel Elba verließ, so würde ich keinen Augenblick anstehen, mich Ihnen anzuvertrauen, aber da hier nur einzig und allein von meiner Person die Rede ist, so will ich die, welche mir treu geblieben sind und die mein Schicksal teilen, nicht Gefahren aussetzen, die zum mindesten unnütz sind. Ich bin entschlossen, nach England zu gehen, und ich begebe mich morgen auf den *Bellerophon.*«

Ein Blitz, der aus heiterer Luft mich niedergeschmettert hätte, würde keine schrecklichere Wirkung auf mich haben machen können als diese letzten Worte. Ich fühlte, daß alles Blut aus meinen Wangen wich, Tränen stürzten aus meinen Augen, und ich blieb einige Augenblicke unfähig, eine Silbe zu erwidern. Gleich einem aufgeschlagenen Evangelium lag es vor mir, wie furchtbar sich der Kaiser in seinen ritterlichen Ideen über die Großmut des englischen Gouvernements irre, und tausend Gedanken der traurigsten Art stürmten auf mich ein. War ich nicht selbst während fünf langer Jahre zu verschiedenen Malen das Opfer dieses Gouvernements gewesen, dessen Treue von jeher nur mit der punischen verglichen werden konnte![1] Es ist daher nicht zu verwundern, daß ich voraussah, was nachher geschah. »Nach England, Sire«, rief ich endlich mit erstickter Stimme, »nach England! Dann sind Sie verloren! Der Tower von London wird Ihre Wohnung sein, und Sie mögen sich glücklich schätzen, wenn es Ihnen nicht noch schlimmer ergeht. Wie, Eure Majestät wollen sich, Hände und Füße gebunden, diesem verräterischen Kabinett übergeben, das frohlocken wird, den vernichten zu können, der es so tief ins Herz zu treffen wußte und seiner ganzen Existenz den Untergang drohte – Sie, der Einzige, den es zu fürchten hat, wollen sich ihm freiwillig und ohne alle Not übergeben? Sire …« Gott weiß, was ich in meiner Verzweiflung noch hinzugesetzt haben würde, als der General Savary, der sich in einer Ecke des Salons befand, mit seiner sonoren Stimme einfallend, mir auf barsche Weise Schweigen auferlegte. »Kapitän«, rief er, »Sie erlauben sich zu viel! Vergessen Sie nicht ganz, in wessen Gegenwart Sie sich befinden!«

---

1 Kapitän Besson war zweimal Gefangener auf den schrecklichen englischen Pontons, sein Entkommen von dort ist romanhaft und seine zurückgebliebene Erbitterung wohl verzeihlich. Pückler.

»Oh, lassen Sie ihn sprechen!« sagte der Kaiser mit einem wehmütigen Blick, der mich bis ins Innerste erschütterte. Doch sah ich bald, als ich nur einigermaßen meine Fassung wiedererlangt, wie unnütz hier alles weitere sei.

»Verzeihung, Sire«, fuhr ich fort, »wenn ich zu viel gesagt; ich selbst aber bin durch Ihre Entscheidung wie vom Donner gerührt und vermag nur noch um Eurer Majestät Nachsicht zu bitten. Was Sie aber betrifft, Herr Herzog«, fügte ich, mich zu diesem wendend, hinzu, »so ersuche ich Sie, wenigstens den Posten zu befehlen, diese Nacht nicht wieder auf mich zu feuern, denn es wäre zu grausam für mich, hier durch eine französische Kugel beim gezwungenen Ausladen von Effekten getroffen zu werden, die in Amerika landen zu können ich gern mein Leben zehnmal geopfert haben würde.«

»Gehen Sie, Kapitän«, sagte der Kaiser sanft, »und beruhigen Sie sich. Wenn Ihr Geschäft getan ist, kommen Sie wieder.«

Ich tat, wie mir befohlen, obgleich in der trostlosesten Gemütsstimmung, und um 9 Uhr abends am 14. Juli war alles beendet, worauf ich auch sogleich zur Meldung beim Kaiser wieder zurückkehrte. Ich fand ihn allein mit Herrn Marchand, den man wohl die personifizierte Treue nennen könnte, dessen Gefälligkeit für mich sich nie verleugnete, und ohne dessen Hilfe der Kaiser für mich vielleicht ganz unzugänglich geblieben sein würde. Denn das Reich der Intrigue hatte schon ebenso festen Fuß auf der Insel Aix gefaßt als früher in den Tuilerien. Ich will nur ein Beispiel davon anführen. Die Personen, die bestimmt waren, sich mit dem Kaiser auf der *Magdalena* einzuschiffen, waren der Marschall Bertrand, der Graf Las Cases und der General Montholon. Die zwei letzteren waren nur sehr unbedeutend bei dem Gouvernement des Königs kompromittiert und hatten daher nichts zu fürchten, während der General Lallemand bereits zum Tode verurteilt war. Dessenungeachtet konnte es dieser verdienstvolle General nie dahin bringen, seine Reklamation dem Kaiser vor Augen zu legen. Durch alle möglichen Mittel immer daran verhindert, bat er mich endlich zu gestatten, daß er sich als Matrose verkleidet unter meine Besatzung mischen und so sein Leben retten dürfe.

Sobald der Kaiser mich eintreten sah, ging er auf mich zu und sagte: »Kapitän, ich danke Ihnen von neuem; sobald Sie sich hier frei gemacht haben werden, kommen Sie zu mir nach England. Ich werde ohne Zweifel auch dort noch« – setzte er lächelnd hinzu – »eine Person Ihres Charakters nötig haben können.«

»Ach, Sire«, erwiderte ich betrübt, »warum darf ich auch nicht die mindeste Hoffnung hegen, daß je ein Tag kommen wird, wo ich einem so schmeichelhaften Befehl Folge zu leisten berufen werden mag!«

Ich wollte, meiner Empfindung nicht mächtig, mich eilig entfernen, als der Kaiser mir zu bleiben winkte und Herrn Marchand hinausschickte, um den Marschall Bertrand zu holen; dann nahm er von einigen Waffen zu seinem Privatgebrauch, die in einem Winkel der Stube standen, eine kostbare Doppelflinte auf, die er lange auf der Jagd geführt, und indem er sie mir darreichte, sagte er mit sehr bewegter Stimme: »Ich habe Ihnen in diesem Augenblick, mein Freund, nichts anderes anzubieten als diese Waffe. Wollen Sie sie als ein Andenken an mich annehmen!«

Dieses mir so unschätzbare Geschenk und die unbeschreibliche Anmut, mit der es gemacht wurde, bewogen mich, da ich mich mit dem Kaiser allein sah, fast unwillkürlich zu einem letzten Versuch. Ich warf mich ihm zu Füßen und beschwor ihn unter Tränen bei allem, was mir die kummervollste Überzeugung eingab, sich nicht den Engländern zu überliefern, da jetzt noch nichts verloren sei, und ich mich anheischig mache, in zwei Stunden Zeit alle seine Effekten von neuem wieder an Bord zu schaffen, worauf er augenblicklich selbst folgen könne. Es bedürfte nur seines Entschlusses, seines Befehls. – Ach! Alles war umsonst! – »Wohlan, Sire!« rief ich aufstehend ... doch der unterdessen eingetretene Marschall unterbrach mich: »Kapitän, lassen Sie von Ihrem unnützen Bestreben ab«, rief er unwillig, »Ihr Eifer ist lobenswert, Ihr Benehmen ist edel, aber Seine Majestät kann jetzt nicht mehr zurück.«

Es mochte wohl so sein, und ich verschluckte, was mir noch auf der Zunge schwebte. »Es bleibt also nichts übrig, als mich bei Eurer Majestät zu beurlauben«, sagte ich, »und abzureisen mit derselben Jacht, Sire, die für Eure Majestät bestimmt war. Ich werde genau der Route folgen, die Sie approbiert hatten, und die Zeit wird, fürchte ich, Eure Majestät nur zu bald lehren, welche von beiden Partien zu ergreifen die sicherste war.«

Den Tod im Herzen zog ich mich jetzt zurück und begab mich an meinen Bord. Es war zehn Uhr abends. Ich ließ auf der Stelle die Anker lichten und segelte mit einer frischen Ostbrise ab, ohne durch irgend etwas beunruhigt zu werden. Beim Anbruch des Tages befand ich mich am Eingang der Pertuis Bretons unter die Küstenfahrer gemischt.

Es ist unnötig zu bemerken, daß der Kaiser sich erst um fünf Uhr früh auf dem *Epervier* einschiffte und um neun Uhr früh am 15. auf dem *Bellerophon* ankam.

Ich hatte also längst vorher schon meinen Weg mit den Küstenfahrern unbemerkt fortgesetzt, und erst nachdem ich mich den Sables d'Olonnes gegenüber befand, nahm ich selbst Abschied von meinem Kapitän, ihm den Befehl gebend, sich durch den englischen Kanal auf Ouessant und Kiel zu dirigieren, wo er auch zwanzig Tage darauf glücklich ankam, ohne, wie bereits am Eingang erwähnt wurde, von einem einzigen englischen Kreuzer visitiert oder sonst beunruhigt worden zu sein. Hierauf kehrte ich für meine Person mit einem der Küstenfahrer nach Rochefort zurück, wo ich mich zum Marine-Präfekten begab, um dessen Befehle einzuholen. Dieser sagte mir, daß er auf Verlangen des Kaisers bis zum letzten Augenblick zwei Kisten mit Silbergeschirr bei sich zurückbehalten habe, um sie Madame Besson zu übermachen, im Fall der Kaiser mit mir gegangen wäre. Da dieser jedoch nun einen andern Entschluß gefaßt, so habe er es für passend gehalten, diese Kisten nebst noch einigen andern, die ihm Seine Majestät anvertraut, auf den *Bellerophon* zu senden. In der Tat sind es diese nämlichen Silberkisten, deren Verkauf dazu diente, in Helena des Kaisers dringendste Bedürfnisse zu befriedigen, ich selbst aber war sehr entfernt davon gewesen, nur zu ahnen, daß Seine Majestät die Fürsorge so weit getrieben haben würde, sich sogar mit dem Schicksal meiner Frau zu beschäftigen, im Fall mein Projekt zur Ausführung gekommen wäre.

Mein erstes Wiedersehen mit meiner Frau war sehr traurig! Wir brauchten lange Zeit, ehe wir gegenseitig Worte finden konnten für unsern tiefen Schmerz. Der unglückselige Entschluß des Kaisers vernichtete ihn selbst auf immer, aber auch mein Schicksal war unvermeidlich niedergezeichnet. Ich mußte das Opfer meiner freiwilligen Handlung werden, und ich ward es. Verabschiedet, als unwürdig dem neuen Gouvernement zu dienen, sah ich mich gezwungen, mein Vaterland zu verlassen, während ich meine durch die Aufregungen der letzten Tage erkrankte Frau in Rochefort allein zurückließ, wo sie lange allen Arten von Scherereien ausgesetzt blieb. Nichts ward ihr erspart, und sie wurde so nach und nach von den Verfolgungen der Polizei bis nach Bordeaux getrieben, wo sie endlich Gelegenheit fand, sich nach Kiel einzuschiffen. Hier sahen wir uns im Dezember 1816 zum erstenmal wieder.

(Gourgaud) 14. Juli. Wir sehen das Parlamentärboot mit der dreifarbigen Flagge neben dem englischen Kriegsschiff. Las Cases und Lallemand kehren zurück. Der Kaiser läßt uns zu sich kommen und fragt uns nach unserer Ansicht. Alle ohne Ausnahme sind der Meinung, wir müßten uns an Bord des englischen Geschwaders begeben. Ich bleibe allein mit dem Kaiser, der mir einen soeben geschriebenen Entwurf zeigt. Er sagt, auch Lavalette gebe denselben Rat wie wir.

»Wie Themistokles ...« Er fragt mich, wie ich den Brief an den Prinzregenten finde? Ich antworte: »Er treibt mir die Tränen in die Augen.« Der Kaiser fügt hinzu, er habe mich auserwählt, um diesen Brief zu überbringen. Er diktiert mir seine darauf bezüglichen Instruktionen: ein Landhaus mieten; nicht bei Tage nach London kommen; Verbannung nach den Kolonien nicht annehmen. Hierauf diktierte der Kaiser mir einen Brief, den Bertrand dem englischen Kapitän schreiben sollte; er wird mich mit Las Cases auf das Linienschiff senden, wo letzterer als Quartiermeister die Kajüte für den Kaiser in Ordnung bringen soll. Außerdem diktiert Napoleon mir eine Kopie des von mir zu überbringenden Briefes, ruft Bertrand herein, läßt diesen die Briefe schreiben und gibt mir als Geschenk den von seiner eignen Hand geschriebenen Entwurf des Briefes an den Prinzregenten.

Wir werden an Bord des *Bellerophon* gut empfangen. Kapitän Maitland läßt Las Cases und mich in seine Kajüte eintreten, wo sich die Korvettenkapitäne Gambier und Sartorius befinden. Las Cases stellt sich immer noch, als verstehe er kein Englisch[1]. Kapitän Maitland und seine beiden Offiziere zweifeln augenscheinlich nicht im geringsten daran, daß ich sofort nach London geschickt werde. Las Cases ist ganz entzückt: Er versteht alles, was die englischen Offiziere sagen; der Brief an den Prinzregenten hat großen Eindruck auf sie gemacht. Er rät mir, dem Kaiser zu schreiben, daß man ihn gut aufnehmen werde. Ich wende ein, daß ich von dem, was um mich her gesprochen wird, nichts verstehe; er dagegen könne alles an Bertrand schreiben und den Brief mit unserem zurückfahrenden Boot schicken; ich selbst müsse mich auf die mir zur Verfügung gestellte Korvette begeben. Bei Anbruch der Nacht nimmt Kapitän Sartorius mich und meinen Diener François mit an Bord der *Slaney,* einer Korvette von vier Kanonen und acht Karonaden.

---

1 Diese Täuschung verschnupfte die Engländer in hohem Maße. Möglicherweise hat der Ärger hierüber dazu beigetragen, daß Las Cases später von St. Helena ausgewiesen wurde. C.

(Las Cases) 14. Juli. Um 4 Uhr morgens begebe ich mich mit dem General Lallemand abermals an Bord des *Bellerophon,* um zu fragen, ob keine Antwort eingetroffen sei. Der englische Kapitän sagt uns, er erwarte sie jeden Augenblick; wenn übrigens der Kaiser sich sofort nach England einzuschiffen wünsche, so sei er ermächtigt, ihn aufzunehmen und dorthin zu bringen. Nach seiner persönlichen Ansicht – und diese werde von mehreren anwesenden Kapitänen geteilt – sei es ganz unzweifelhaft, daß man Napoleon in England mit aller Rücksicht behandeln werde, auf die er Anspruch machen könne; in England werde weder vom König, noch von den Ministern eine willkürliche Gewalt ausgeübt wie auf dem Festlande; das hochherzige Gefühl und der freie Sinn des englischen Volkes stehe selbst über dem Willen des Herrschers.

Ich antwortete, ich werde dem Kaiser über das Anerbieten des englischen Kapitäns und überhaupt über das ganze Gespräch berichten – ich glaube, den Kaiser Napoleon gut genug zu kennen, um annehmen zu können, daß er nicht abgeneigt sein werde, sich vertrauensvoll nach England zu begeben, um dort weitere Möglichkeiten zu finden, seine Reise nach den Vereinigten Staaten fortzusetzen. Ich sagte: Solange Napoleon anwesend ist, wird das Volk seine Hoffnungen stets auf ihn setzen; von allen Seiten sind ihm fortwährend Anerbietungen gemacht worden, aber er ist fest entschlossen, unter keinen Umständen einem Bürgerkriege weder als Anlaß noch als Vorwand zu dienen; mit der größten Hochherzigkeit hat er dem Throne entsagt, um den Abschluß des Friedens zu erleichtern; und um diesen noch schneller herbeizuführen und zu einem dauernden zu gestalten, ist er fest entschlossen, in die Verbannung zu gehen.

General Lallemand, der zum Tode verurteilt war und daher ein großes persönliches Interesse an dem zu fassenden Entschluß hatte, fragte den Kapitän Maitland, den er von Ägypten her kannte, ob ein Mann wie er, der durch die inneren Unruhen seines Heimatlandes kompromittiert sei, jemals zu befürchten haben werde, daß man ihn an Frankreich ausliefern werde, wenn er freiwillig nach England komme. Kapitän Maitland versicherte, dies würde nicht der Fall sein, und wies jeden Zweifel daran als eine Beleidigung Englands zurück. Bevor wir uns trennten, wurde von beiden Seiten noch einmal das Besprochene zusammengefaßt. Ich wiederholte: es sei möglich, daß der Kaiser in Anbetracht der Verhältnisse und seiner eignen Neigungen das Anerbieten des Kapitäns Maitland annehmen und sich nach England begeben werde, um dort seine Pässe für Amerika in Empfang zu nehmen. Kapitän

Maitland sagte, er wünsche ausdrücklich dahin verstanden zu werden, daß er eine Gewähr für die Bewilligung der Pässe nicht übernehmen könne. Hierauf trennten wir uns. Im Grunde des Herzens glaubte ich nicht, daß man uns die Geleitscheine geben würde; aber der Kaiser wollte nur noch in Ruhe leben; er war entschlossen, fortan den politischen Ereignissen persönlich gänzlich fernzubleiben; die Möglichkeit, daß man uns verhindern würde, England zu verlassen, beunruhigte uns daher nicht allzusehr. Hierauf beschränkten sich aber auch unsere Befürchtungen, und ich bin überzeugt, daß Maitland fest geglaubt hat, weiter werde die englische Regierung nicht gehen. Ich glaube, daß er und die anderen Offiziere es aufrichtig meinten, als sie die Gefühle des englischen Volkes schilderten.

Um 11 Uhr waren wir wieder zurück. Die Augenblicke waren kostbar geworden; ein bestimmter Entschluß mußte gefaßt werden. Der Kaiser berief uns zu einem Rat; alle vorhandenen Möglichkeiten wurden besprochen: Die Benutzung des dänischen Schiffes erschien aussichtslos; die kleinen Blockadebrecher kamen überhaupt nicht mehr in Betracht, denn die Einschließung durch die englischen Schiffe war undurchdringlich. Es blieben nur noch zwei Möglichkeiten: Entweder kehrte der Kaiser ins Binnenland zurück, um den Bürgerkrieg zu entzünden, oder er nahm die Anerbietungen des Kapitäns Maitland an.

Man entschied sich für das letztere, denn man sagte: In dem Augenblick, wo wir den *Bellerophon* betreten, sind wir auf britischem Boden, und dann sind die Engländer durch die selbst von den barbarischen Völkern anerkannten geheiligten Pflichten der Gastfreundschaft gebunden; wir stehen unter den bürgerlichen Gesetzen Englands; die Engländer sind doch nicht so unempfindlich gegen den Ruhm, daß sie nicht eine so schöne Gelegenheit begierig ergreifen sollten.

Sofort nach dieser Beratung schrieb Napoleon an den Prinzregenten:

Königliche Hoheit,

Verfolgt von den Parteien, die mein Land zerfleischen, gehaßt von den größten Mächten Europas, habe ich meine politische Laufbahn vollendet. Wie Themistokles setze ich mich an den Herd des englischen Volkes; ich stelle mich unter den Schutz seiner Gesetze und erwarte diesen von Eurer Königlichen Hoheit, als dem mächtigsten, ausdauerndsten und hochherzigsten meiner Feinde.

Napoleon.

Gegen vier Uhr kehrte ich mit meinem Sohne und General Gourgaud an Bord des *Bellerophon* zurück, wo ich bleiben sollte. Ich hatte den Auftrag, dem Kapitän zu melden, daß Se. Majestät am nächsten Morgen kommen werde, um ihm eine Abschrift des Briefes an den Prinzregenten zu übergeben.

General Gourgaud hatte den Auftrag, unverzüglich das Handschreiben des Kaisers dem Prinzregenten von England zu überbringen und diesem persönlich zu übergeben. Kapitän Maitland las Napoleons Brief und bewunderte ihn sehr; er ließ zwei andere Kapitäne Abschriften davon nehmen, legte ihnen jedoch Geheimhaltung auf, bis der Brief öffentlich bekannt gemacht werden würde. Hierauf traf er seine Anordnungen, um den General Gourgaud auf der Korvette *Slaney* unverzüglich nach England zu schicken.

Die Korvette hatte sich erst seit wenigen Augenblicken vom *Bellerophon* entfernt; ich befand mich mit meinem Sohne allein in der Kajüte des Kapitäns, der hinausgegangen war, um einige Befehle zu erteilen. Plötzlich stürzte er wieder in die Kajüte und rief in höchster Aufregung: »Graf Las Cases, ich bin angeführt! Während ich mit Ihnen unterhandelte und auf Ihre Veranlassung mich durch Absendung eines Schiffes geschwächt habe, ist Napoleon entwischt, wie man mir soeben meldet. Hierdurch würde ich meiner Regierung gegenüber in eine entsetzliche Lage geraten!« Ich hätte alles, was ich auf der Welt besaß, gern dafür gegeben, daß diese Nachricht wahr gewesen wäre. Der Kaiser hatte sich in keiner Weise gebunden; ich selber hatte vollkommen in gutem Glauben gehandelt; und da ich durchaus unschuldig war, so hätte ich mich bereitwillig als Opfer hingegeben. Ich fragte mit der größten Ruhe den Kapitän, um welche Zeit der Kaiser nach seinem Bericht abgefahren sei. Maitland war über die Nachricht in solche Aufregung geraten, daß er sich nicht einmal so viel Zeit gelassen hatte, nach diesem Umstand zu fragen. Er eilte wieder auf Deck, kam zurück und sagte mir: »Um 12 Uhr mittags!« – »Nun, dann kann die Abfahrt der *Slaney,* die Sie eben erst abgeschickt haben, Ihnen nicht zur Last gelegt werden. Aber beruhigen Sie sich, ich habe den Kaiser um 4 Uhr nachmittags auf der Insel Aix verlassen.« Der Kapitän fragte noch einmal eindringlich, ob dies auch wahr sei. Ich gab ihm mein Wort. Er wandte sich zu einigen Offizieren, die dabei standen, und sagte ihnen auf englisch, die Nachricht müsse offenbar falsch sein, ich sei zu ruhig und habe ihm außerdem mein Wort gegeben.

Das englische Blockadegeschwader unterhielt zahlreiche Verbindungen mit der französischen Küste. Daß die Engländer von allen unseren Absichten auf das genauste unterrichtet waren, habe ich bald darauf durch folgenden Vorfall feststellen können: An Bord der *Northumberland,* auf der wir die Überfahrt nach St. Helena machten, hatte Admiral Cockburn uns seine Bibliothek zur Verfügung gestellt. Als einer von uns zufällig in einem Bande der Encyclopaedia Britannica blätterte, fand er darin einen Brief, den irgend jemand aus La Rochelle an den Kommodore des englischen Blockadegeschwaders gerichtet hatte; in diesem Briefe standen Wort für Wort alle unsere Abmachungen mit dem dänischen Schiff; der Augenblick der Abfahrt war genau angegeben usw. Der Brief ging unter uns von Hand zu Hand und wurde dann sorgfältig wieder an seinen alten Platz gelegt. Wir erfuhren aus ihm eigentlich nichts Neues, denn wir wußten längst, wieviel Verrat von allen Seiten geübt wurde; immerhin war es interessant, einmal einen Beweis dafür vor Augen zu haben. Daß der Brief sich an Bord der *Northumberland* befand, erklärt sich wohl daraus, daß Kapitän Maitland, als er uns dem Admiralschiff übergab, auch alle auf uns bezüglichen Schriftstücke abgeliefert hatte. Ich nehme an, daß dies der Brief war, der den Kapitän in solche Aufregung versetzte, als ich schon bei ihm an Bord war.

(Las Cases) 15. Juli. Als es Tag wurde, bemerkte man die französische Brigg *L'Epervier,* die unter Parlamentärsflagge auf den *Bellerophon* zuhielt. Da Wind und Flut entgegenstanden, schickte Kapitän Maitland sein Boot aus. Als dieses zurückkam, war der Kapitän in großer Erregung und suchte mit seinem Fernrohr festzustellen, ob der Kaiser sich darin befände. Alle Augenblicke fragte er mich, ob ich ihn sehe; ich konnte ihm aber keine Antwort geben. Endlich war kein Zweifel mehr: Der Kaiser und seine Offiziere befanden sich im Boot, das bald darauf am *Bellerophon* anlegte. Ich stand an der Schiffstreppe und stellte dem Kaiser den Kapitän vor. Napoleon sagte zu ihm: »Ich betrete Ihr Schiff, um mich unter den Schutz der Gesetze Englands zu stellen.« Kapitän Maitland führte ihn in seine Kajüte und übergab ihm diese.

(Gourgaud) 15. Juli. Um 8 Uhr früh begegnen wir der *Superbe,* auf welcher Admiral Hotham sich befindet. Mein Kapitän begibt sich zu ihm an Bord und kommt bald zurück; um 6 Uhr signalisiert man eine englische Fregatte, die ein dänisches Schiff durchsucht.

(Las Cases) 16. bis 22. Juli. Wir hatten auf unserer Fahrt wenig günstige Winde.

Kaum befand der Kaiser sich einige Tage inmitten seiner erbittertsten Feinde, die fortwährend die törichtsten Geschichten über ihn in die Welt gesetzt hatten, da machte sich schon die Wirkung geltend, die ein solches Genie stets ausüben wird. Kapitän, Offiziere und Mannschaften behandelten ihn mit derselben Ehrerbietung wie sein eignes Gefolge. Der Kapitän nannte ihn stets *Sire* und *Eure Majestät.* Wenn der Kaiser das Deck betrat, zog ein jeder den Hut ab und blieb entblößten Hauptes, solange er anwesend war; dies war anfangs nicht der Fall gewesen. Wenn man seine Kajüte betreten wollte, mußte man durch seine Offiziere angemeldet werden. An seinem Tische erschienen englische Offiziere nur, wenn sie eingeladen waren. Mit einem Wort: an Bord des *Bellerophon* war Napoleon Kaiser.

(Gourgaud) 22. Juli. Um 6 Uhr früh kommt England in Sicht. Am Abend laufen wir in den Hafen von Plymouth ein. Um 9 Uhr setzt Kapitän Sartorius, der mich bis dahin im Glauben erhalten hatte, er würde mich nach London bringen, sein Boot aus; er weigert sich aber, mich mitzunehmen, um mit dem Admiral Keith zu sprechen. Ich erinnere ihn daran, daß Kapitän Maitland mir von so etwas nicht gesprochen habe; ich lege Verwahrung ein gegen eine solche Täuschung; ich verlange die Erlaubnis, nach London zu reisen, um dem Prinzregenten den Brief des Kaisers zu überbringen. Abgelehnt! Abgelehnt! ...

Ich bin angeführt! Ich hätte Maitland für einen anderen Mann gehalten. Sollte ich mich in betreff des englischen Edelsinns getäuscht haben?

Daß Sartorius nicht darauf rechnet, an Bord zurückzukommen, sondern daß er sich nach London begeben wird, geht daraus hervor, daß er einen Koffer und Mantelrock mitgenommen hat.

(Gourgaud) 23. Juli. Um Mitternacht kommt das Boot zurück. Es bringt einen Brief von Sartorius an seinen ersten Leutnant; dieser erhält Befehl, den Anker zu lichten und sich sofort nach Torbay zu begeben; ich protestiere abermals. Mittags fahren wir ab; wir ankern bei Torbay. Ich verlange von neuem an Land gehen zu dürfen. Abgelehnt! Ich verlange diese Weigerung schriftlich. Wieder abgelehnt! Man hißt das Signal *Quarantaine,* wodurch jeder Verkehr mit uns verboten wird. Man stellt vier Schildwachen auf, um Boote von der Annäherung abzuhalten. Eines kommt jedoch und bringt eine Zeitung.

(Gourgaud) 24. Juli. Der *Bellerophon* geht bei Torbay vor Anker; kurz darauf, gegen 8 Uhr, begebe ich mich an dessen Bord. Der Kaiser läßt mich eintreten; ich erzähle ihm, was mir begegnet ist. Er sagt mir,

Admiral Hotham habe einen Offizier gesandt, der für eine Änderung der Lage sorgen werde, und fragt mich, ob ich seinen Brief bei mir behalten habe. – »Ja, Sire!« Man bringt Zeitungen. Eine große Menge Neugieriger nähert sich dem *Bellerophon;* man setzt Boote aus, um sie fernzuhalten.

(Gourgaud) 26. Juli. Halb zwei Uhr morgens kommt Sartorius von London zurück; um 3 Uhr gehen wir unter Segel. Über seine Reise ist nichts ruchbar geworden. Um 4 Uhr kommen wir vor Plymouth an; Maitland geht sofort an Land. Während seiner Abwesenheit wirft die Fregatte *Liffey* backbords vom *Bellerophon* Anker. Boote mit Offizieren halten die Schaluppen voller Neugieriger fern. Man feuert sogar Gewehre ab. Maitland läßt sagen, daß er am Lande beim Admiral speisen werde. Um 9 Uhr kehrt er an Bord zurück, scheint verlegen zu sein und sagt nichts Bestimmtes. Unsere Lage scheint sich nicht zu verbessern. Wir alle werden allmählich unruhig, ob der Kaiser überhaupt in England aufgenommen werden wird. Nur Las Cases hat keinen Zweifel daran, ebenso wenig wie an der Anerkennung Napoleons des Zweiten. Er hält eine große Lobrede auf die englische Freiheit und streitet sich darüber lebhaft mit Lallemand, der ihn mit dürren Worten zum Kuckuck schickt. Während der Nacht legt eine andere Fregatte, der *Eurotas,* sich an unser Steuerbord. Der Kaiser sagt mir, ich solle den Brief an Maitland übergeben, der ihn verlange, um ihn nach London zu bringen.

(Las Cases) 26. Juli. Während der Nacht waren Befehle eingetroffen, daß wir uns sofort nach Plymouth begeben sollten; wir gingen in aller Frühe unter Segel und trafen gegen 4 Uhr nachmittags an unserem neuen Bestimmungsorte ein; es war am 10. Tage nach unserer Abfahrt von Rochefort. Seit der Abdankung des Kaisers sind 35 Tage vergangen, und inzwischen hat unser Himmel sich schwer umwölkt. Um uns herum flüstert man in bezug auf den Ort unserer Verbannung Nachrichten, von denen eine immer schlimmer ist als die andere. Einkerkerung im Tower von London schien noch für verhältnismäßig milde gehalten zu werden; mehrere sprachen auch von St. Helena.

Bald nachdem wir vor Anker gegangen waren, erschienen zwei Fregatten und warfen rechts und links von dem Linienschiff in so geringer Entfernung ihre Anker aus, daß sie uns beinahe berührten. In diesem Augenblick sagte jemand mir ins Ohr, diese Fregatten würden uns während der Nacht entführen und mit uns nach St. Helena segeln.

Ich kann unmöglich den Eindruck schildern, den diese furchtbaren

Worte auf mich machten. Im Nu war mein ganzer Leib von kaltem Schweiße bedeckt, die Haare standen mir zu Berge.

Bald darauf erschien der Kaiser auf Deck, wie es seine Gewohnheit war. Ich war eine Zeitlang in seiner Kajüte mit ihm zusammen, teilte ihm aber nicht mit, was ich gehört hatte; denn ich wollte ihn trösten, nicht aber ihn quälen. Die Gerüchte waren allerdings schon auf anderen Wegen zu ihm gedrungen, aber der Kaiser war so voll Vertrauen auf den Erfolg seines Briefes an den Prinzregenten, daß er von keinem Zweifel etwas hören wollte.

(Gourgaud) 27. Juli. Ich frage Maitland, warum die Fregatten so dicht bei uns liegen. Er antwortet mir mit lauter faulen Ausreden und ruft schließlich, es geschehe auf Befehl des Admirals. Ich spreche mit dem Kaiser darüber, der mir antwortet, wir müßten den Bescheid vom Offizier der *Superbe* abwarten. Maitland fährt wieder an Land; bei seiner Rückkehr scheint er weniger verlegen zu sein. Er kündigt für den nächsten Tag den Besuch des Admirals Keith an; der Salut für diesen wird nicht gefeuert werden, weil auch für den Kaiser nicht die Kanonen gelöst worden sind.

28. Juli. Der Admiral kommt um ein Viertel vor zwölf, tritt bei Sr. Majestät ein, bleibt 20 bis 25 Minuten, kommt heraus, tritt an die Damen Bertrand und Montholon heran, sagt ihnen tausend Höflichkeiten und erklärt, wir könnten alle an Bord bleiben, man habe die anderen Schiffe nur vorgeschlagen, damit wir uns bequemer einrichten könnten. Wir schöpfen ein wenig Hoffnung.

29. Juli. Es regnet den ganzen Tag. Maitland geht um 5 Uhr an Land. Er bringt Zeitungen mit, worin davon die Rede ist, uns nach St. Helena zu schicken.

30. Juli. Maitland fährt wie gewöhnlich an Land; er kommt um 2 Uhr wieder und bringt uns Zeitungen mit fürchterlichen Nachrichten. Er meldet, daß demnächst ein Unterstaatssekretär eintreffen und die Entscheidung der englischen Regierung überbringen werde. Wir sind aufs tiefste niedergeschlagen. Es fällt uns auf, daß Maitland fortwährend zwischen Schiff und Land hin und her fährt. Er sagt, Keith werde erst am nächsten Tage kommen. Unsere qualvolle Unruhe wächst. Es geht das Gerücht, der Kaiser werde nur mich und vier Offiziere bei sich behalten dürfen.

(Las Cases) 29. und 30. Juli. Seit einigen Tagen ging das Gerücht, es werde ein Unterstaatssekretär von London kommen, um dem Kaiser die Beschlüsse der Minister offiziell mitzuteilen. In der Tat erschien Sir

Bunbury mit dem Admiral Lord Keith und übergab ein amtliches Schriftstück, das die Deportation des Kaisers verfügte und die Anzahl der Personen, die ihn begleiten dürften, auf drei Offiziere beschränkte. Von diesen sollten jedoch der Herzog von Rovigo und der General Lallemand unter allen Umständen ausgeschlossen sein, da sie von den französischen Staatsbehörden verfolgt würden.

Dieses Schriftstück, das ich dem Kaiser ins Französische übersetzen mußte, lautete wörtlich:

Das Ministerium an den Admiral Lord Keith.

Da es dem General Bonaparte erwünscht sein mag, ohne längere Verzögerung die Absichten der Großbritannischen Regierung in bezug auf seine Person zu erfahren, so wird Eure Lordschaft ihm folgende Nachrichten mitteilen.

Es würde sich schlecht mit unseren Pflichten gegenüber unserem Lande und den Verbündeten Sr. Majestät vertragen, wenn General Bonaparte Mittel oder Gelegenheit behielte, von neuem den Frieden Europas zu stören. Es ist daher unerläßlich, daß er in seiner persönlichen Freiheit beschränkt wird, soweit unser erster und wichtigster Zweck es bedingt.

Die Insel St. Helena ist zu seinem künftigen Wohnsitz bestimmt worden; ihr Klima ist gesund, und ihre geographische Lage wird erlauben, ihn dort mit größerer Nachsicht zu behandeln, als es in Anbetracht der Notwendigkeit, sich seiner Person zu versichern, an anderen Orten der Fall sein könnte.

Man erlaubt dem General Bonaparte, unter den Personen, die ihn nach England begleitet haben, mit Ausnahme jedoch der Generale Savary und Lallemand, drei Offiziere auszuwählen. Diese und sein Chirurg werden die Erlaubnis erhalten, ihn nach St. Helena zu begleiten; sie dürfen jedoch ohne Genehmigung der Großbritannischen Regierung die Insel nicht verlassen.

Kontreadmiral Sir Georges Cockburn, der zum Höchstkommandierenden am Kap der Guten Hoffnung und in den angrenzenden Gewässern ernannt worden ist, wird den General Bonaparte und sein Gefolge nach St. Helena bringen. Über die Einzelheiten seiner Aufgabe wird er genaue Weisungen erhalten.

Sir Georges Cockburn wird wahrscheinlich in wenigen Tagen zur Abfahrt bereit sein; es ist daher wünschenswert, daß General Bonaparte unverzüglich die Personen bestimme, die ihn begleiten sollen.

Obwohl wir auf die Verbannung nach St. Helena gefaßt waren, fühlten wir uns durch diese Nachricht völlig niedergeschmettert. Der Kaiser kam jedoch wie gewöhnlich auf Deck, an seinem Gesicht und seiner Haltung war keine Veränderung zu bemerken.

(Gourgaud) 31. Juli. Maitland bringt schlechte Nachrichten. Admiral Keith und Unterstaatssekretär Bunbury kommen um 11¼ Uhr und begeben sich zu Napoleon, bei dem sie dreiviertel Stunden verweilen. Sie teilen dem Kaiser mit, er müsse nach St. Helena gehen. Seine Offiziere, mit Ausnahme von Rovigo und Lallemand, dürfe er mitnehmen. Der Kaiser erklärt, er werde nicht gehen; eher werde sein Blut den *Bellerophon* röten! Indem er zu den Engländern gekommen sei, habe er der Nation die größte Huldigung dargebracht; das gegenwärtige Benehmen aber werfe einen dunklen Schleier über Englands Zukunft!

Der Admiral bittet den Kaiser, an ihn einen Brief hierüber zu richten, und der Kaiser schreibt, er ziehe den Tod St. Helena vor; er sei kein Kriegsgefangener!

Später sagte der Kaiser zu uns, er wolle auf keinen Fall nach St. Helena gehen; das hieße auf unedle Art sterben!

»Ja, Sire!« rufen wir, »auf sehr unedle Art! Es ist besser, wir lassen uns in tapferer Gegenwehr töten oder werfen Feuer in die Pulverkammer!«

Lallemand spricht am Abend sehr aufgeregt mit den Engländern und wirft ihnen ihr Betragen vor. Maitland schreibt an Lord Melville. Er erklärt uns, die Wendung der Dinge tue ihm leid; er habe nicht denken können, daß es so kommen werde.

(Gourgaud) 1. August. Der Kaiser wiederholt mir: nach St. Helena gehen, das hieße, seine Laufbahn auf unedle Weise beenden. Er werde nicht gehen.

Großer Andrang Neugieriger. Wir bemerken unter ihnen mehrere mit roten Nelken im Knopfloch. Las Cases setzt große Hoffnungen auf diese Nelkenträger.

(Las Cases) 1. August. Heute fragte mich der Kaiser im Laufe der Unterhaltung, ob ich ihn nach St. Helena begleiten würde. Ich antwortete, wie meine Gefühle es mir geboten, daß ich mit der größten Freude dazu bereit sei, daß ich aber befürchte, man werde mich nicht zulassen, da er nur drei Offiziere mitnehmen dürfe. Während wir hierüber sprachen, stürzte plötzlich Madame Bertrand, uneingeladen und unangemeldet, in des Kaisers Kajüte und schrie, er solle nicht nach St.

Helena gehen und nicht ihren Mann mitnehmen. Als der Kaiser mit erstauntem Gesicht ihr eine ruhige Antwort gab, eilte sie ebenso schnell wieder hinaus. Der Kaiser fragte mich ganz verwundert: »Begreifen Sie etwas davon?« Im selben Augenblick hörten wir lautes Geschrei und das Getrappel vieler Menschen, die nach dem Hinterteil des Schiffes liefen. Madame Bertrand hatte sich ins Meer stürzen wollen, und man mußte unsägliche Mühe aufwenden, um sie davon zurückzuhalten. Man kann nach dieser Szene vielleicht beurteilen, was in uns anderen vorging.

(Las Cases) 2. und 3. August. Frühmorgens teilte der Herzog von Rovigo mir mit, daß ich endgültig zur Teilnahme an der Reise bestimmt bin; der Kaiser hätte ihm gesagt, daß er auf mich rechnete, selbst wenn nur zwei Personen ihn begleiten dürften; er erwarte von mir, daß ich ihm nützlich sein und ihn aufheitern werde.

Am Abend ließ der Kaiser mich wie gewöhnlich kommen, um über alle möglichen Gegenstände zu plaudern. Er befragte mich auch über St. Helena: ob es wohl möglich sein werde, das Leben dort zu ertragen usw. und rief plötzlich aus: »Nun, ist es denn schließlich schon gewiß, daß ich dorthin gehen werde? Wenn er nicht will, ist doch kein Mensch von seinesgleichen abhängig!« Nach einer kleinen Pause, während welcher wir in der Kajüte auf und ab gingen, fuhr er fort: »Mein Lieber, ich habe manchmal Lust, Euch alle zu verlassen, und das wird mir nicht allzuschwer fallen. Bald werde ich Euch Menschen entwischt sein, alles ist zu Ende, und Ihr kehrt zu Euren Familien zurück. Gewissensbedenken halten mich durchaus nicht zurück, denn ich glaube wie so mancher andere, daß man die Strafen im Jenseits als eine Ergänzung zu den nicht genügenden Belohnungen im Himmel ausersonnen hat. Wie sollte Gott in seiner unendlichen Güte dazu kommen? Und was ist es schließlich? Man kehrt ein wenig früher zu ihm zurück.«

Ich sprach mich mit aller Entschiedenheit gegen solche Gedanken aus. Der Kaiser gab mir zum Teil recht und meinte endlich: »Aber was sollen wir denn in diesem verlorenen Winkel anfangen?« – »Sire, wir werden von unserer eignen Vergangenheit leben; in ihr werden wir reichliche Befriedigung finden. Wir haben die Lebensgeschichten Cäsars, Alexanders, haben wir nicht unsere Freude daran? Nun, bald wird die Welt Besseres haben: Sie werden auf St. Helena Ihr ganzes Leben wieder durchleben und werden es beschreiben.« – »Gut, wir werden unsere Memoiren schreiben. Ja, Sie haben recht: Man muß arbeiten. Arbeit ist das beste Mittel, um die Zeit zu töten. Schließlich muß man doch sein Schicksal erfüllen, das ist immer mein Grundsatz gewesen. So möge denn auch mein Geschick sich erfüllen!«

(Las Cases) 4. August. Während der Nacht war Befehl gekommen, in aller Frühe die Anker zu lichten. Wir gingen unter Segel, und auf dem Schiff war die Neugier groß, wohin die Fahrt ginge. Aus Zeitungen und Gesprächen hatten wir erfahren, daß die *Northumberland* uns nach St. Helena bringen sollte. Wir wußten, daß dieses Schiff noch in Chatham oder Portsmouth lag, um ausgerüstet zu werden; wir mußten also auf eine Verzögerung von mindestens 8 oder 10 Tagen rechnen. Der *Bellerophon* war zu alt für die Reise, war auch nicht mit den nötigen Lebensmitteln versehen; außerdem waren die Winde in diesem Augenblick für die Fahrt nach St. Helena ungünstig. Unsere Verwunderung stieg noch, als wir sahen, daß das Schiff den Kurs nach Osten richtete; es dämmerte in uns eine leise Hoffnung, daß wir vielleicht doch nicht nach St. Helena deportiert werden würden.

Wir waren der Meinung, daß der Kaiser in diesem entscheidenden Augenblick in aller Form gegen die ihm zugefügte Gewalt Einspruch erheben müßte. Napoleon selbst legte wenig Wert darauf, nahm dann aber doch einen von mir aufgesetzten Entwurf entgegen, den er durcharbeitete, verbesserte und, mit seiner eigenhändigen Unterschrift versehen, an Lord Keith schickte:

Protest.

Angesichts des Himmels und der Menschen protestiere ich hiermit feierlich gegen die Gewalt, die mir angetan wird, gegen die Verletzung meiner heiligsten Rechte, die dadurch geschieht, daß man gewaltsam über meine Person und Freiheit verfügt. Frei bin ich an Bord des *Bellerophon* gekommen; ich bin nicht der Gefangene, ich bin der Gast Englands. Ich bin auf die Aufforderung des Kapitäns gekommen, der gesagt hat, er habe Befehle von der Regierung, mich aufzunehmen und nebst meinem Gefolge nach England zu bringen, wenn dies mir angenehm wäre. In gutem Glauben bin ich erschienen, um mich unter den Schutz der Gesetze Englands zu stellen. Sobald ich das Deck des *Bellerophon* betrat, befand ich mich am Herde des britischen Volkes. Wenn die Regierung, indem sie dem Kapitän des *Bellerophon* befahl, mich und mein Gefolge aufzunehmen, mir nur einen Fallstrick legen wollte, hat sie sich der Ehre verlustig gemacht und ihre Flagge besudelt.

Ich rufe das Urteil der Weltgeschichte an. Sie wird sagen: Ein Feind, der 20 Jahre lang mit dem englischen Volk Krieg führte, kam in seinem Unglück aus freiem Antrieb, um unter Englands Gesetzen Zuflucht zu suchen; welchen schlagenderen Beweis seiner Achtung und seines Vertrauens konnte er dem britischen Volk liefern? Aber wie antwortete man in England auf eine solche Hochherzigkeit? Man streckte scheinbar diesem Feinde gastlich die Hand entgegen; und als er in gutem Glauben sich überliefert hatte, da opferte man ihn!

An Bord des *Bellerophon.* Napoleon.

Der Herzog von Rovigo teilt mir mit, daß der Kaiser verlangt habe, mich nach London zum Prinzregenten zu schicken; dies sei jedoch rund abgeschlagen worden.

(Gourgaud) 4. August. Um 2 Uhr morgens empfängt Maitland Befehl, sich segelfertig zu halten. Man lichtet die Anker. Bald hören wir, daß der Kapitän Befehl hat, die Reede zu verlassen. Der Kaiser werde nicht einmal das Recht haben, die Offiziere seiner Begleitung auszuwählen, sondern Admiral Keith werde diese bestimmen. Der Kaiser antwortet darauf, er wolle nicht abfahren. Er verläßt seine Kabine nicht; man sagt, er habe sich vergiftet.

Der Kapitän begibt sich nach der Korvette, auf der der Admiral sich befindet. Als er zurückkommt, sagt er, Bertrand sei ebenfalls von den Begleitern ausgenommen gewesen – aber der Admiral wolle es auf seine Verantwortung übernehmen, ihn mitfahren zu lassen, wenn er es wünsche. Großes Schwanken Bertrands und seiner Frau; sie scheinen nicht viel Neigung zu haben, den Kaiser zu begleiten. Dieser speist nicht und läßt sich nicht sehen. Am Abend geht Montholon zu ihm; er scheint sich besser zu fühlen und lacht darüber, daß man ihn wohl gern hätte sterben sehen.

(Gourgaud) 5. August. Starker Seegang, der Kaiser ist unwohl, und wir alle haben die Seekrankheit.

(Gourgaud) 6. August. Um 6 Uhr sieht man in der Ferne ein Schiff. Man glaubt, es sei die *Northumberland.* Um 11 Uhr ist man dicht bei dem Schiff, und das Geschwader steuert nach Torbay, wo es vor der Reede beilegt. Der Kaiser schickt endlich die Liste der Personen, die ihn begleiten sollen. Ich stehe als vierter darauf. Bertrand überbringt sie dem Admiral; er hat vom Kaiser den ausdrücklichen Befehl, er solle darauf bestehen, daß ich mitkomme. Als er zurückkommt, meldet er, die Engländer wollten nicht gestatten, daß ich mitreise; aber der Kaiser besteht darauf. Man übergibt uns Geldkatzen mit je 16000 Franken.

(Las Cases) 6. August. Die Admirale Keith und Cockburn (der die *Northumberland* befehligt) sind an Bord des *Bellerophon* gekommen. Sie haben mit dem Kaiser verhandelt und ihm einen Auszug aus den Instruktionen bezüglich unserer Überführung und unseres Aufenthaltes auf St. Helena übergeben. Diese lauteten dahin, daß in den nächsten Tagen alle unsere Sachen durchsucht werden sollten, um Geld, Banknoten und Diamanten für uns in Verwahrung zu nehmen. Ferner erfuhren wir, daß man am nächsten Tage uns unsere Waffen abnehmen und uns an Bord der *Northumberland* bringen werde.

Da der Kaiser sein Gefolge auf drei Personen beschränken mußte, wählte er den Großmarschall Bertrand, Montholon, Gourgaud und mich; da nach den Instruktionen der Kaiser nur drei Offiziere mitnehmen durfte, kam man dahin überein, mich als Zivilperson anzusehen und mit Hilfe dieser Auslegung als vierten zuzulassen.

(Las Cases) 7. August. Der Kaiser richtet an Lord Keith einen neuen Protest wegen der Gewalt, die seiner Person angetan wird, indem man ihn vom *Bellerophon* entfernt. Ich erhalte den Auftrag, diesen Protest an Bord des *Tonnant* zu bringen. Admiral Keith, ein sehr schöner alter Herr mit ausgezeichneten Manieren, empfing mich mit der größten Höflichkeit, vermied jedoch sorgfältig, auf den Gegenstand einzugehen, indem er sagte, er werde schriftlich antworten. Ich fragte ihn, ob es wohl wirklich dahin kommen werde, daß man dem Kaiser mit Gewalt seinen Degen wegnehmen werde. Er sagte, man werde ihm den Degen lassen, aber nur ihm allein. Alle übrigen würden entwaffnet werden. Ich zeigte ihm, daß man dies bei mir bereits getan hatte; man hatte mir nämlich meinen Degen abgenommen, als ich mich zu ihm an Bord begab.

Ein Sekretär, der an einem Seitentisch arbeitete, machte Lord Keith auf englisch darauf aufmerksam, der Befehl laute dahin, daß Napoleon selber entwaffnet werde. Der Admiral antwortete ihm ziemlich barsch: »Kümmern Sie sich um Ihre Arbeit und mischen Sie sich nicht in unsere Angelegenheiten.«

Ich versuchte, das Gespräch noch einmal auf die Zusicherungen zu bringen, die vom Kapitän Maitland dem Kaiser gemacht worden waren; Lord Keith hörte mich jedoch offenbar mit großer Ungeduld an und erklärte, wenn der Kapitän solche Versicherungen gegeben hätte, wäre er ein Dummkopf gewesen, denn in seinen Instruktionen hätte nichts davon gestanden; dessen wäre er ganz sicher, denn er selber hätte diese Instruktionen ausgegeben. Ich befreite ihn von meiner Gegenwart, da ich sah, daß ein längeres Verweilen bei diesem Thema unerwünscht war.

Ein Zollbeamter und Admiral Cockburn durchsuchten das Gepäck des Kaisers; sie beschlagnahmten 4000 Napoleons und ließen 1500 unberührt, damit die Leute bezahlt werden könnten; das war der ganze Schatz des Kaisers.

Unterdessen war der Augenblick gekommen, den *Bellerophon* zu verlassen. Der Kaiser hatte sich schon seit geraumer Zeit mit dem Großmarschall eingeschlossen; wir warteten im Vorzimmer. Plötzlich öffnet sich die Tür; der Herzog von Rovigo stürzt sich schluchzend und von Tränen überströmt, dem Kaiser zu Füßen und küßt ihm die Hände. Ruhig, unerschütterlich umarmt der Kaiser ihn und setzt dann seinen Weg nach dem Boot fort, alle ihm Begegnenden freundlich grüßend. Alle Franzosen, die zurückbleiben mußten, zerflossen in Tränen; ich konnte mich nicht enthalten, zu Lord Keith, mit dem ich mich im Gespräch befand, die Bemerkung zu machen: »Sie werden beobachtet haben, Mylord, daß nur die von uns weinen, die zurückbleiben müssen.«

Um 1 oder 2 Uhr nachmittags erreichten wir die *Northumberland.* Der Kaiser blieb auf Deck und plauderte ganz vertraulich mit mehreren Engländern, die an ihn herantraten.

Die englischen Minister hatten es scharf getadelt, daß man an Bord des *Bellerophon* dem Kaiser zu viel Ehrfurcht erwiesen hätte, und hatten entsprechende neue Befehle erlassen.

Auf der *Northumberland* herrschten daher ganz andere Manieren; es war strenger Befehl gegeben worden, den Kaiser nur mit dem Titel General anzureden und ihn überhaupt diesem Range entsprechend zu behandeln. Wirklich ein ausgezeichneter Einfall der englischen Staatsmänner! Der Kaiser sagte: »Sie können mich nennen, wie sie wollen, ich bleibe doch immer Ich, daran können sie nichts ändern!« Es war in der Tat der Gipfel der Lächerlichkeit, dem Mann, der Europa beherrscht hatte, nur den Titel General zu geben. Er hatte 7 oder 8 Könige gemacht, von denen mehrere noch ihre Krone von Napoleons Gnaden trugen; er war länger als 10 Jahre Kaiser der Franzosen gewesen, war als solcher vom Oberhaupt der Kirche gesalbt und geweiht worden; die Souveränität war ihm zwei- oder dreimal durch die Wahl des französischen Volkes übertragen worden; er war vom ganzen europäischen Kontinent als Kaiser anerkannt worden, hatte als solcher mit allen Herrschern unterhandelt und mit ihnen Kriegsbündnisse und Handelsverträge abgeschlossen. Kein einziger von den regierenden Fürsten Europas hätte dem Begründer seiner eignen Dynastie ein solches Maß von Gesetzmäßigkeit nachweisen können. Der Kaiser hatte die Absicht gehabt, bei der Landung in England ein Inkognito anzunehmen und sich Oberst Duroc oder Muiron zu nennen; er dachte nicht mehr daran, seitdem man es unternahm, ihm seine rechtmäßigen Titel streitig zu machen.

(Gourgaud) 7. August. Las Cases begibt sich um 8 Uhr zum Admiral. Man nimmt ihm seinen Degen ab und sagt uns allen, daß wir unsere Waffen abzuliefern haben. Wir murren darüber, denn wir fühlen, wie die Behandlung strenger wird.

Um 12 Uhr kommt Cockburn mit einem Kommissar; er meldet, daß wir uns an Bord der *Northumberland* zu begeben haben. Der Kommissar leitet die Gepäckbeförderung und untersucht die Koffer. 80 000 Franken, die dem Kaiser gehören, werden mit Beschlag belegt. Ich bitte den Admiral, mir meinen Diener zu lassen. Er schlägt es ab, indem er sagt: »Das sind also diese berühmten französischen Offiziere, die sich nicht einmal ohne Diener behelfen können!« Um 2 Uhr nimmt der Kaiser von Rovigo und Lallemand Abschied, weigert sich, von dem ersten die ihm anvertraute Geldkatze wieder zu nehmen und schenkt dem anderen die Ladung des Dänen im Werte von 30 000 Franken. Der Kaiser bietet Maitland eine Tabaksdose an, die dieser aber ablehnt; er gibt dem Kapitän der Seesoldaten und dem zweiten Leutnant je ein Paar Pistolen. Wir besteigen eine Schaluppe: Bertrand, der Admiral, Las Cases, Montholon, ich, die Damen Bertrand und Montholon und zuletzt der Kaiser. Als wir bei der *Northumberland* ankommen, stehen die Matrosen auf dem Deck. Der Kaiser grüßt und unterhält sich mit einigen Offizieren. Ein Boot mit Neugierigen wird von einem Kutter untergesegelt; zwei oder drei Menschen ertrinken. Nach dem Diner unterhält der Kaiser sich mit den Parlamentsmitgliedern Littleton und Lord Lowther. Um 7 Uhr speisen wir alle zusammen, hierauf wird Vingt-et-un gespielt.

(Las Cases) 8. und 9. August. Auf dem Schiff war die größte Verwirrung; es herrschte ein unbeschreibliches Durcheinander von Menschen und allerlei Gegenständen. Wir waren in solcher Hast abgefahren, daß an Bord beinahe nichts sich an seinem richtigen Platze befand; während wir schon unter Segeln waren, arbeitete man unablässig an der Ausrüstung des Schiffes. Die für den Kaiser bestimmten Räume waren folgendermaßen angeordnet: Hinter dem Fockmast befanden sich zwei gemeinsame Räume und zwei Privatkajüten. Der gemeinsame Speisesaal war ungefähr 10 Fuß breit; seine Länge entsprach der ganzen Breite des Schiffes. Er erhielt sein Licht durch zwei an den Seiten befindlichen Luken und ein Oberfenster. Der übrige Raum bildete den Salon, der rechts und links durch zwei symmetrisch angebrachte Zimmer verkleinert wurde; jedes dieser Zimmer hatte eine Tür zum Speisesaal und eine andere zum Salon. Der Kaiser erhielt das Zimmer zur Linken angewiesen, darin wurde sein Feldbett aufgeschlagen; der Admiral bewohnte das rechte. Es war ausdrücklich befohlen worden, daß der Salon gemeinsamen Zwecken zu dienen habe und daß er keineswegs nur dem Kaiser ausschließlich zur Verfügung stünde; soweit ging die Kleinlichkeit der englischen Minister.

Die Tafel fügte sich der Form des Saales an. Der Kaiser saß an der Spitze, in der Richtung des Schiffes, den Salon im Rücken; links von ihm Madame Bertrand, rechts der Admiral; rechts neben diesem Madame de Montholon. Dann kam die kleine Seite des Tisches, die der Kommandant des Schiffes, Kapitän Roß, einnahm. An dem entsprechenden Platze gegenüber saß Monsieur de Montholon, neben Madame Bertrand, dann kam der Schiffssekretär. In die dem Kaiser gegenüberliegende Seite der Tafel teilten sich in folgender Reihenfolge vom Kommandanten des Schiffes aus: der Großmarschall, der Oberst des 53. Regiments, ich und Baron Gourgaud. Der Admiral lud täglich einige Offiziere zum Essen ein, die sich dann zwischen uns einschoben. Ich saß dem Kaiser schräg gegenüber. Die Musik des 53., die erst frisch angeworben war, übte sich während des ganzen Mahles auf Kosten unserer Ohren. Wir hatten zwei Gänge, aber es fehlte an Abwechselung in den Speisen; außerdem war unser Geschmack so verschieden von dem unserer Wirte. Sie taten allerdings, was sie konnten, und wir durften ja auch nicht allzu heikel sein!

(Las Cases) 11. bis 14. August. Der Kaiser frühstückt allein in seiner Kajüte, zu unregelmäßigen Stunden. Wir Franzosen frühstükken nach unserer Sitte um 10 Uhr, die Engländer um 8 Uhr nach ihrer Gewohnheit. Der Kaiser ließ sich täglich durch einen von uns Vortrag halten über den Zustand des Windes, die zurückgelegte Meilenzahl, erhaltene Neuigkeiten usw. Er las viel; um 4 Uhr kleidete er sich an und spielte dann mit einem von uns Schach im gemeinsamen Salon; um 5 Uhr meldete der Admiral, daß angerichtet sei.

Jedermann weiß, daß der Kaiser nie länger als eine Viertelstunde bei Tisch saß. Hier dauerten die beiden Gänge 1 bis 1½ Stunden; dies war ihm höchst peinlich, aber er ließ es sich nicht anmerken. Die neue Küche, die Verschiedenartigkeit der Speisen und ihre Beschaffenheit erhielten weder sein Lob noch seinen Tadel, niemals drückte er einen Wunsch oder eine Unzufriedenheit aus. Seine beiden Diener, die hinter ihm standen, bedienten ihn. Der Admiral bot ihm anfangs von allem an; aber der einfache Dank des Kaisers und die Art, wie dieser ausgedrückt wurde, genügten, um den Admiral zu veranlassen, dies nicht zu wiederholen. Der Admiral war allerdings immer sehr aufmerksam, aber er wandte sich später nur noch an die Diener und zeigte diesen die besonders guten Sachen, die es etwa gab. Der Kaiser blieb allen Vorgängen bei Tisch vollkommen fremd; er sah und hörte nichts und mischte sich niemals in die Unterhaltung, die übrigens stets in französischer Sprache, aber sehr zurückhaltend, geführt wurde. Höchst selten brach er das Schweigen, um irgendeine wissenschaftliche oder technische Frage zu stellen, oder um einige Worte an die vom Admiral gelegentlich eingeladenen Schiffsoffiziere zu richten. In solchen Fällen wandte sich der Kaiser meistens an mich, ihm seine Fragen zu übersetzen. Bekanntlich haben die Engländer die Gewohnheit, nach dem Dessert noch sehr lange bei Tisch sitzen zu bleiben, um zu trinken und zu plaudern. Der Kaiser, der durch die Länge der Mahlzeit schon sehr ermüdet war, hätte diesen Brauch nicht ertragen können. Schon am ersten Tage erhob er sich unmittelbar nach dem Kaffee und ging auf Deck; der Großmarschall und ich folgten ihm. Der Admiral geriet darüber ganz außer Fassung: Er erlaubte sich sogar, darüber eine leise Bemerkung zu seinen Landsleuten zu machen; aber die Gräfin Bertrand, deren Muttersprache Englisch ist, wies ihn zurecht, indem sie sagte: »Vergessen Sie nicht, Admiral, daß Sie mit dem Manne zu tun haben, der der Herr der Welt war, und daß Könige sich um die Ehre stritten, zu seiner Tafel zugelassen zu werden.«

»Da haben Sie recht!« antwortete der Admiral.

Cockburn hatte übrigens einen recht gesunden Menschenverstand und gute Manieren, zuweilen wußte er sich sogar sehr liebenswürdig zu benehmen. Von Stund an suchte er dem Kaiser die Mahlzeiten nach Möglichkeit zu erleichtern: Er beschleunigte das Auftragen der Speisen und bestellte schon vorzeitig den Kaffee für den Kaiser und die Herren, die mit ihm hinausgingen. Sobald der Kaiser den Kaffee getrunken, entfernte er sich; alle Anwesenden erhoben sich und blieben stehen, bis er den Speisesaal verlassen hatte. Die Zurückbleibenden saßen noch länger als eine Stunde bei der Flasche.

Der Kaiser ging bis in die Nacht hinein mit dem Großmarschall und mir auf Deck hin und her; dies wurde allmählich eine tägliche Gewohnheit.

Nach diesem Spaziergang begab der Kaiser sich wieder in den Salon, wo wir Vingt-et-un spielten. Für gewöhnlich zog er sich nach Verlauf einer halben Stunde zurück.

(Las Cases) 15. August. Am Vormittag baten wir um Zutritt zum Kaiser und wurden alle gleichzeitig vorgelassen. Er war erstaunt über unser Erscheinen: Es war sein Geburts- und Namenstag, aber er hatte nicht daran gedacht.

Ein Tag verlief wie der andere; jeden Abend wurde Vingt-et-un gespielt; zuweilen nahmen der Admiral und einige Engländer am Spiel teil. Der Kaiser zog sich zurück, nachdem er gewöhnlich seine 10 oder 12 Napoleons verloren hatte; dies war bis dahin jeden Tag der Fall gewesen, weil er sich darauf versteifte, seinen Einsatz stehenzulassen, bis dieser zu einer beträchtlichen Summe angewachsen wäre. Heute hatte der eine Napoleon sich auf 96 vermehrt. Der Admiral hielt die Bank. Der Kaiser wollte noch stehenlassen, um zu sehen, wie hoch er noch kommen könnte. Er glaubte jedoch zu bemerken, daß es dem Admiral ebenso angenehm wäre, wenn er es nicht täte, und zog daher seinen Gewinn ein. Er hätte sechzehnmal gewonnen, und sein Gewinn würde mehr als 60 000 Napoleon betragen haben. Es war ja auch sein Geburtstag!

(Las Cases) 16. bis 21. August. Der Kaiser blieb den ganzen Vormittag in seiner Kajüte; die Hitze war groß; er zog sich nicht an und blieb fast unbekleidet. Er konnte nicht schlafen und stand jede Nacht mehrere Male auf. Sein Hauptzeitvertreib war Lesen. Er ließ mich fast jeden Vormittag kommen; ich übersetzte ihm, was in der Encyclopaedia Britannica und in den an Bord befindlichen Büchern über St. Helena stand.

Wie ich bereits erwähnte, stand der Kaiser stets lange vor allen anderen vom Tisch auf; der Großmarschall und ich folgten ihm natürlich auf Deck; oft blieb ich aber allein mit ihm, weil der Großmarschall sich zu seiner Frau begab, die fast immer leidend war.

Nach den ersten Bemerkungen über Wind und Wetter und die Fahrgeschwindigkeit des Schiffes wählte der Kaiser irgendeinen Gegenstand für das Gespräch, und zwar häufig denselben, den wir schon am Tage vorher behandelt hatten. Nachdem wir zehn- oder zwölfmal das Deck seiner ganzen Länge nach durchmessen hatten, lehnte er sich gewöhnlich an die vorletzte Kanone auf der Backbordseite. Die Midshipmen hatten sehr bald diese Gewohnheit bemerkt, und das Geschütz hieß auf dem ganzen Schiff nur noch: des Kaisers Kanone.

(Gourgaud) 23. September. Um 11 Uhr morgens passieren wir die Linie. Um 9 Uhr hatten die Matrosen ihre Zeremonie abgehalten; wir machten uns darauf gefaßt, tüchtig naß zu werden, aber man schonte uns. Zuerst kam ein Matrose zum Admiral, der auf dem Hinterdeck stand, und fragte ihn in Neptuns Namen, wo der General Bonaparte wäre. Der Admiral antwortet, der General habe schon die Linie passiert; die Mannschaften kommen auf einem Wagen mit Musik, einer ist als Neptun, ein anderer als Amphitrite verkleidet. Es ist ein richtiges Saturnal. Alle Personen, die noch nicht die Linie passiert hatten, traten eine nach der anderen vor. Ich kam nach dem General Bertrand an die Reihe, gab einen Napoleon und bekam keinen Wasserguß. Seine Majestät läßt mich rufen und fragt, was da vorgeht; er beauftragt mich, in seinem Namen Neptun 100 Napoleons zu geben. Ich verlange das Geld von Bertrand; dieser findet, es sei zu viel und zaudert, ein solches Geschenk zu machen. Die Zeit verstreicht; wir fragen den Admiral um seine Meinung; dieser antwortet, wenn Neptun fünf Napoleons bekäme, so wäre das sehr schön. Schließlich bekommt Neptun gar nichts, infolge von Bertrands lächerlichen Bedenken!

(Las Cases) 23. September. Das Überschreiten der Linie ging unter eigentümlichen Umständen vor sich, wie sie vielleicht in jedem Jahrhundert nur ein einzigesmal eintreten: Wir kreuzten sie unter 0 Grad Länge, 0 Grad Breite und mit 0 Grad Abweichung.

(Las Cases) 14. Oktober. Der Admiral hatte uns gesagt, wir würden noch heute St. Helena sehen. Kaum waren wir von Tisch aufgestanden, so ertönte der Ruf: »Land!« Es war bis auf eine Viertelstunde genau der uns vorausgesagte Zeitpunkt. Der Kaiser begab sich nach dem Vorderschiff, um nach dem Lande auszusehen, und glaubte es zu bemerken; ich sah nichts. Infolge der Windstille blieben wir die ganze Nacht unbeweglich liegen.

(Las Cases) 15. Oktober. Bei Tageslicht sah ich die Insel in aller Bequemlichkeit ganz in der Nähe; ihr Umfang schien mir anfangs ziemlich beträchtlich zu sein; aber je näher wir kamen, desto kleiner erschien sie. Endlich, 70 Tage nach der Abfahrt von England warfen wir gegen Mittag den Anker aus: Er ist das erste Glied der Kette, die den modernen Prometheus an seine Klippe fesseln soll!

Der Kaiser hatte sich gegen seine Gewohnheit schon am frühen Morgen angezogen und war auf Deck erschienen; er war nach vorn gegangen, um das Ufer besser betrachten zu können. Man sah ein Städtchen zwischen ungeheuren kahlen Felsen, die bis in die Wolken ragten. Jeder Vorsprung, jede Spalte, jeder Gipfel war mit Kanonen gespickt. Der Kaiser betrachtete alles mit seinem Fernrohr; ich stand neben ihm und wandte meine Augen nicht von seinem Antlitz ab. Ich konnte nicht den geringsten Eindruck wahrnehmen, und doch lag vor ihm sein ewiges Gefängnis, vielleicht sein Grab!

Bald darauf zog der Kaiser sich zurück; er ließ mich rufen, und wir arbeiteten wie gewöhnlich.

Der Admiral, der schon am frühen Morgen an Land gefahren war, kam gegen 6 Uhr sehr ermüdet zurück. Er hatte alle passenden Wohnungen besichtigt und glaubte etwas Zureichendes gefunden zu haben; aber es waren Reparaturen nötig, und diese konnten 2 Monate in Anspruch nehmen. Nun befanden wir uns fast 3 Monate in unserem hölzernen Gefängnis, und die ausdrücklichen Vorschriften der Minister lauteten dahin, daß wir an Bord bleiben müßten, bis unser Gefängnis an Land bereit wäre. Der Admiral – diese Gerechtigkeit muß ich ihm widerfahren lassen – war nicht imstande, eine derartige Barbarei zu begehen. Er erklärte uns mit einer gewissen inneren Freude, er werde auf seine eigne Verantwortung uns schon am nächsten Tage an Land setzen.

(Gourgaud) 15. Oktober. Nachdem wir von 9 Uhr abends bis ½7 Uhr morgens mit gebraßten Segeln stillgelegen haben, wird um 12 Uhr Anker geworfen; ich war in des Kaisers Kajüte, als wir uns der Insel näherten. Als er sie erblickte, rief er: »Das ist kein hübscher Aufenthaltsort! Ich hätte besser getan, in Ägypten zu bleiben: ich wäre zur Stunde Kaiser des ganzen Orients!«

*

Nachwort.

»Das ist kein hübscher Aufenthaltsort«, rief Napoleon beim ersten Anblick der Insel St. Helena. Gewiß prophetische Worte – aber andererseits ist so viel sicher: seinem Ruhm hätte ein Ende in Glanz, Pracht und Macht nicht so viel geben können wie dieser tragische Ausklang in ein sechsjähriges Martyrium auf dem Felsen im Weltmeer.

Prometheus! Der gefesselte Titan, der Fels und auch der Geier, Sir Hudson Lowe.

Napoleon selber hat über seinen Aufenthalt auf Sankt Helena so gut wie nichts Schriftliches hinterlassen – außer einem allerdings sehr umfangreichen Briefwechsel mit den englischen Behörden, besonders dem Gouverneur.

Aber wir haben sehr inhaltsreiche Darstellungen seiner Getreuen: Las Cases, Montholon, Gourgaud; dazu kommen noch die berühmten, freilich mit großer Vorsicht zu benutzenden Schriften seiner beiden Ärzte, O'Meara und Antommarchi. Und endlich die Veröffentlichungen seiner englischen Folterknechte, die sich allerdings nur recht lahm haben verteidigen können, deren Stimme aber gerechterweise doch auch gehört werden muß.

Ich habe es unternommen, in chronologischer Folge diese verschiedenen Autoren zu drei Supplementbänden zu »Napoleons Leben von Ihm Selbst« zusammenzustellen, und ich darf wohl sagen, daß auf diese Weise ein ganz überraschendes Gesamtbild entstanden ist; denn auch die an sich schon bekannten Einzelzüge erhalten dadurch, daß überall beide Parteien zu Worte kommen, oft eine ganz eigentümliche Beleuchtung. Ich glaube sagen zu dürfen: Dieser Epilog, der in drei Bänden alles wesentliche bringt, was an authentischen Zeugnissen vorhanden ist, steht im Lichte der Wahrheit.

Aber darüber noch hinaus wächst nach meinem Gefühl die Bedeutung dieses Epilogs: Er ist erschütternd als Zeugnis vom Leiden eines Menschen, eines großen Menschen. *Napoleons Leben* ist nicht vollständig ohne *Napoleons Sterben auf Sankt Helena.*

Saint Jean sur Mer — Heinrich Conrad

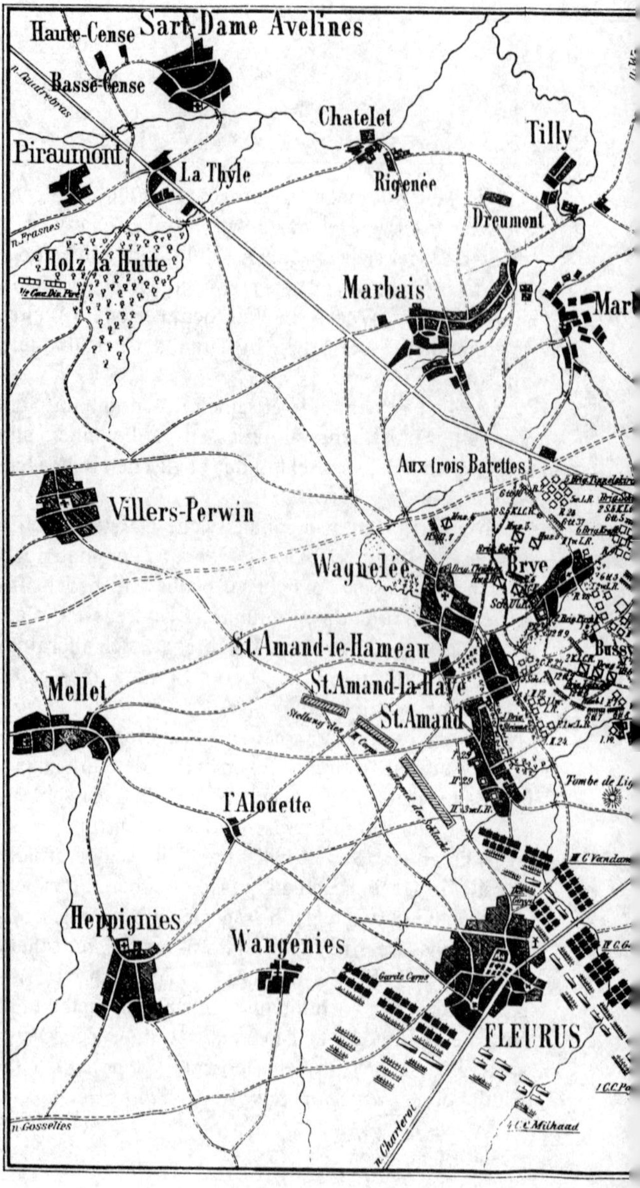
Haute-Cense
Sart-Dame Avelines
Basse-Cense
n. Quatrebras
Chatelet
Tilly
Piraumont
La Thyle
Rigenée
Dreumont
n. Frasnes
Holz la Hutte
Marbais
Aux trois Barettes
Villers-Perwin
Wagnelée
Brye
St. Amand-le-Hameau
St. Amand-la-Haye
Mellet
St. Amand
l'Alouette
Tombe de Lig
Heppignies
Wangenies
Garde Corps
FLEURUS
n. Gosselies
n. Charleroi
4 C.C. Milhaud

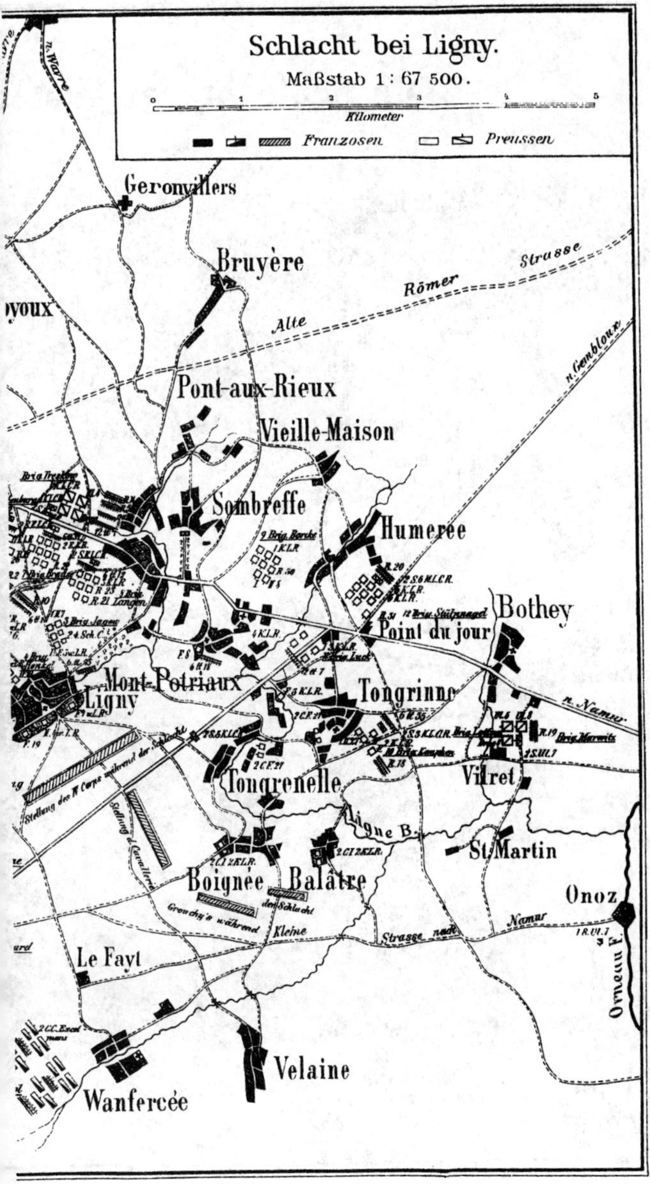

Schlacht bei Ligny.
Maßstab 1 : 67 500.
Kilometer
Franzosen
Preussen
Geronvillers
Bruyère
Alte Römer Strasse
n. Gembloux
Pont-aux-Rieux
Vieille-Maison
Sombreffe
Humerée
Bothey
Point du jour
Mont-Potriaux
Ligny
Tongrinne
n. Namur
Vilret
Tongrenelle
Ligne B.
St. Martin
Boignée
Balâtre
Onoz
Le Fayt
Velaine
Wanfercée
Orneau F.

Die Schlacht bei Water

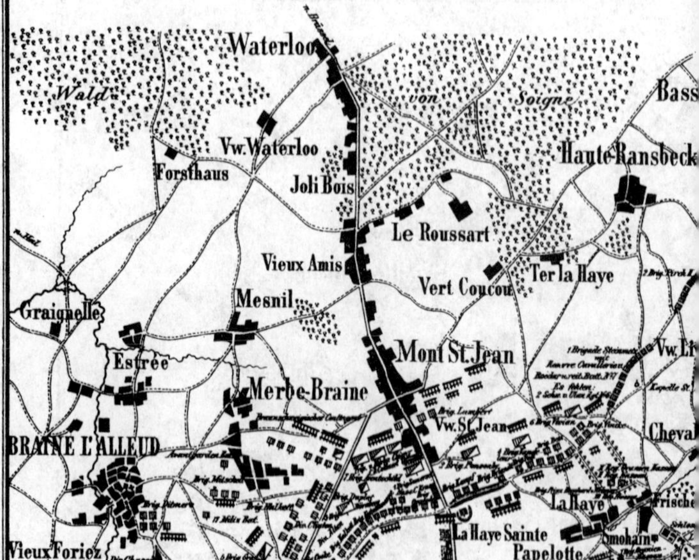

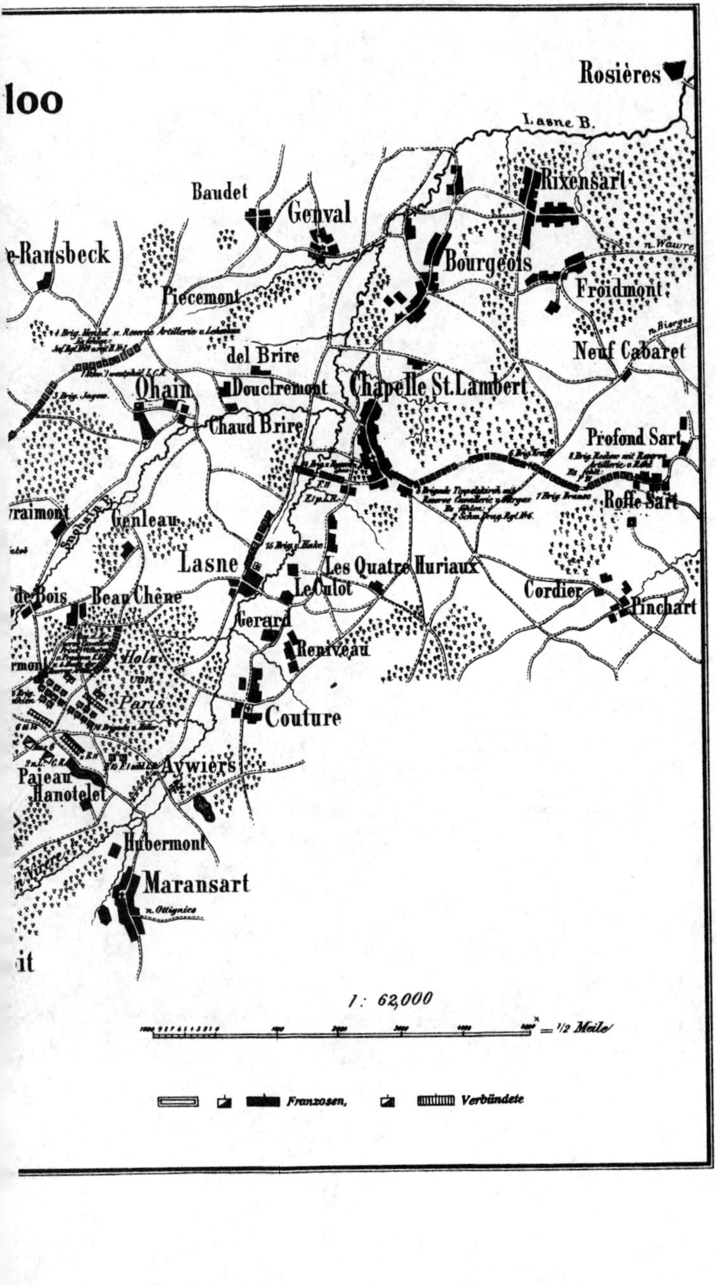

loo
Rosières
Lasne B.
Baudet
Genval
Rixensart
e-Ransbeck
Bourgeois
Froidmont
Piecemont
n. Wawre
n. Biarges
del Brire
Neuf Cabaret
Ohain
Douclremont
Chapelle St.Lambert
Chaud Brire
Profond Sart
Roffe Sart
Genleau
Lasne
Les Quatre Huriaux
Le Culot
Cordier
Pinchart
de Bois
Beau Chêne
Gerard
Reniveau
Holz von Paris
Couture
Aywiers
Pajeau
Hanotelet
Hubermont
Maransart
n. Ottignies
1: 62,000
= 1/2 Meile
Franzosen,
Verbündete

Personen- und Ortsregister